福州年鉴

FUZHOU YEARBOOK

（总第33卷）

2020

中共福州市委　福州市人民政府　主办

《福州年鉴》编纂委员会　编

海峡出版发行集团｜海峡文艺出版社

图书在版编目(CIP)数据

福州年鉴. 2020/《福州年鉴》编纂委员会编. —福州:海峡文艺出版社,2021.5
ISBN 978-7-5550-2647-1

Ⅰ.①福… Ⅱ.①福… Ⅲ.①福州—2020—年鉴 Ⅳ.①Z525.71

中国版本图书馆 CIP 数据核字(2021)第 091040 号

福州年鉴(2020)

《福州年鉴》编纂委员会 编

责任编辑	蓝铃松
出版发行	海峡文艺出版社
经　　销	福建新华发行(集团)有限责任公司
社　　址	福州市东水路 76 号 14 层　　**邮编** 350001
发 行 部	0591—87536797
印　　刷	福州报业鸿升印刷有限责任公司　　**邮编** 350028
厂　　址	福州市仓山区建新北路 151 号
开　　本	889 毫米×1194 毫米　1/16
字　　数	1143 千字
印　　张	33.5
印　　数	0001—2000
版　　次	2021 年 5 月第 1 版
印　　次	2021 年 5 月第 1 次印刷
书　　号	ISBN 978-7-5550-2647-1
审 图 号	榕图审〔2021〕05 号
定　　价	280.00 元

如发现印装质量问题,请寄承印厂调换

《福州年鉴》编纂委员会

王命瑞　市人力资源和社会保障局局长
吴建青　市自然资源和规划局局长
游　昕　市生态环境局局长
陈漠诚　市城乡建设局局长
罗若谷　市住房保障和房产管理局局长
林　坦　市城市管理委员会主任
蔡　文　市交通运输局局长
陈济斌　市水利局局长
林　健　市农业农村局局长
林汉隽　市商务局局长
廖胜彪　市粮食和物资储备局副局长
翁国平　市文化和旅游局局长
陈劲松　市卫生健康委员会主任
张则铭　市退役军人事务局局长
陈仁德　市应急管理局局长
李小荣　市审计局局长
吴晓杰　市政府外事办公室主任
陈　昱　市委宣传部副部长、市政府新闻办公室主任
童桂荣　市林业局局长
林海华　市海洋与渔业局局长
陈宗胜　市市场监督管理局局长
张　涵　市体育局局长
彭锦华　市统计局局长
杨立宏　市人民防空办公室主任
郑道新　市医疗保障局局长
杨猛猛　市地方金融监督管理局局长
严　萍　市信访局副局长
高明保　市机关事务管理局局长
王　刚　市国有资产监督管理委员会主任
林如长　市总工会党组书记、副主席
陈　浩　共青团福州市委书记
陈　红　市妇女联合会主席
李　辉　市社会科学界联合会党组书记、副主席
卓继辉　市文学艺术界联合会党组书记、副主席
叶　青　市残疾人联合会执行理事会副理事长
尤典真　市科学技术协会党组书记、副主席
蓝桂兰　市归国华侨联合会主席
林鸿榕　市台湾同胞联谊会会长
潘　威　中国国际贸易促进委员会福州市委员会会长
程　辉　市委统战部副部长、市中华职业教育社党组书记

《福州年鉴》编纂委员会办公室

《福州年鉴（2020）》撰稿人名单

（按姓氏笔画顺序）

丁杨菲　于永钦　万　粒　王　均　王　勉　王　翀　王　博　王　辉　王　晶　王　锋　王庆金　王晓佳
王晓莉　王培欣　方　杰　左榕燕　卢余清　卢菲菲　叶　平　叶　璐　叶伟奇　叶晨昱　叶敏英　兰克辉
兰静晖　邢　坤　朱凌姗　任　平　庄　言　庄丽婷　刘　力　刘用福　刘明聪　刘莉鑫　江　帆　江允英
江海航　许昌民　苏　敏　苏明辉　苏治伟　苏燕铃　李　敏　李　康　李　然　李中平　李国琛　李倩倩
李海峰　李梦杭　李梅婷　杨　迪　杨兰英　杨妙萍　杨泽航　杨晓梅　杨智文　连蔡煜　吴　霞　吴卫航
吴云峰　吴文可　吴全福　吴宏姜　吴金捷　吴晓萍　吴萍萍　吴梦倩　吴鼎义　吴锦地　吴静欣　吴静欣
吴增辉　邱耀宗　何孝伟　何剑梁　余　芳　余珊珊　余荣发　邹惠珍　闵　锐　汪海涌　沈　凡　宋彩惠
张　一　张　宇　张　艳　张　磊　张　薇　张先玲　张华邦　张行文　张易楠　陆小磊　陈　今　陈　冬
陈　贞　陈　羽　陈　孜　陈　玢　陈　乘　陈　鸿　陈　寅　陈　辉　陈　晶　陈　锋　陈　裕　陈　强
陈　暖　陈　锦　陈　颖　陈　嘉　陈　榕　陈　瑾　陈　璐　陈　曦　陈小刚　陈云娟　陈少华　陈丹彤
陈书强　陈武进　陈佳霖　陈济奋　陈艳梅　陈晨晖　陈婉平　陈维桦　陈斐瑜　陈静华　范珊珊　林　云
林　东　林　乐　林　宇　林　城　林　亮　林　莹　林　捷　林　萍　林　硕　林　楠　林　锦　林　攀
林仁平　林玉和　林仕锋　林圣杰　林伟民　林志鸿　林秀明　林宏民　林妙花　林松福　林明明　林诚锦
林珍彦　林城冰　林晓艺　林鸿胤　林舒浩　林榕捷　欧阳龙　卓　鹏　罗　谦　念　忠　周　卉　周金媛
郑　丹　郑　凯　郑　娴　郑　辉　郑龙腾　郑思吟　郑凌峰　郑海云　郑颖青　孟　越　赵　龙　胡方磊
侯世欢　俞　意　俞少奇　俞君静　俞耀华　饶　潇　姜小凯　姜含林　洪东旭　姚　颖　秦　月　袁庆烽
徐立剑　殷桂贤　翁夏菁　高剑雄　郭　清　唐思晟　唐夏芸　唐福来　黄　羽　黄　莹　黄　超　黄　媛
黄　璟　黄兰英　黄华平　黄庆华　黄志强　黄杨见　黄启韩　黄启韩　黄金寿　黄剑峰　黄晓元　黄舒烨
章　榕　梁鑫智　曾　进　曾长旺　游小倩　谢　弢　谢　辉　蒙　璐　赖晓琴　雷良桃　雷振宇　詹璐瑶
蔡斯雨　廖世清　缪丹琳　黎　明　潘正林　潘竞波　魏飞飞　魏淑佳　魏博文　魏慧玲

编 辑 说 明

一、《福州年鉴》是中共福州市委、福州市人民政府主办，《福州年鉴》编辑部承编的地方综合年鉴。1988年创刊，每年出版一卷。《福州年鉴》以马克思列宁主义、毛泽东思想、邓小平理论、“三个代表”重要思想、科学发展观、习近平新时代中国特色社会主义思想为指导，旨在全面、系统、准确地反映福州市自然、政治、经济、文化、社会、生态等方面的基本情况，为读者了解和研究福州市提供资料查询。

二、《福州年鉴》主体内容由类目、分目、条目组成，以条目为表现内容的基本形式。全书条目标题统一用黑体加【】表示，下一层次标题用楷体区别。

三、《福州年鉴（2020）》为总第33卷，主要记载2019年度福州市的基本情况、发展变化及年度大事要闻。全书主体内容有三个部分：（1）卷首设特载、专题、大事记、市情概貌；（2）主体部分为各类事业；（3）卷末设县（市）区，人物名录，附录及统计资料。设有46个类目、246个分目、1519个条目，配有121幅彩页图片、128幅正文照片和示意图、109张表格。

四、《福州年鉴（2020）》稿件主要由市直部门、各县（市）区、园区、驻榕部队、省直单位撰稿并审核。书中涉及的主要数据由于各供稿单位资料来源、统计口径及统计时点不尽相同，可能略有差异，读者在引用相关数据时应以福州市统计局正式公布的统计数据为准。数字如果是约数，客观上会造成各分项相加不等于总项的情况。如无特殊说明，数据均不含平潭。增长速度、指数均采用“水平法”。

五、《福州年鉴（2020）》文字、标点符号、计量单位均依国家现行规范（部分保留“亩”的计量单位）。

六、《福州年鉴（2020）》配备双重检索系统，书前刊有总目和中、英文目录，书后备有主题分析索引，范围详及条目和图表。

七、《福州年鉴（2020）》内容在福州史志网（http://fz.fjdsfzw.org.cn）发布。

延平东站
延平站
S10宁光
南
平
市
峰福
合福
闽
江
宁
德
市
翠屏湖
(古田水库)
G3京台
古田县
S0313政古
古田北站
古田站
水口水库
三
明
市
尤
溪
G70福银
泉
州
市
德化县
G2517沙厦
永春县
S55秀永
仙游县
莆
田
市
G1523甬莞
东圳水库
莆田市
城厢区
荔城区
涵江站
涵江区
莆田站
秀屿区
G228
岩头
下洋
廷坪
下祝
翁山头
池楼
尾桥
汶合
长基
刘地
S211
东桥
东桥镇
梧溪
洋里
洋里
双溪
大湖
岭头
管洋
大湖
后井
田垱
井下
大目溪
白沙
白沙镇
莲花峰
义由
安仁溪水库
闽清北站
小箬
福田
洋石
伴岭
高洋
桔林
雄江镇
黄楮林
G316
凤山
石郑
重坑
梅城镇
闽清县
梅溪镇
闽清
梅溪
金沙
金沙镇
白樟镇
云龙
际下
S308
垅面
云际
上演
白中镇
坂东镇
三溪
池园镇
仙下
店前
斜洋
塔庄镇
福里
上莲
谷口
省璜镇
省璜
和平
福斗
先锋
中埔
霞拔
东洋
大洋镇
康乐
山田
盘谷
红星
姬岩
白云
前洋
丹云
岭下
芹洋
小洲
龙村
油洋水库
清凉镇
蒲边
葛岭
樟城镇
城峰镇
永泰县
石圳
永泰东
葛岭镇
下苏
S213
S211
长庆镇
中洋
昌福
石塘
G1517莆炎
G534
三峰
连山
同安镇
三捷
富泉
永泰西
永泰站
万石
天门山
盖洋
嵩口镇
溪口
后亭
梧埕
溪湖
西安
岭路
青云山
长坑
赤锡
状口
大喜
G355
坵演
梧桐镇
溪门
吉坑
里洋
东湖尖
1682
梧桐
金钟水库
G1517莆炎
永莆
塘前
赤鲤
东山
齐云
镜洋镇
后溪
一都镇
少林
东张镇
岭下
东张水库
双溪
联华
金芝
建新水库
建新
凤迹
新厝镇
鸿尾
鸿尾
桥头
南洋
南元
大罕
罗洋
山洋
春光
溪南
闽侯县
竹岐
甘蔗
街道
荆溪镇
闽侯
荆溪
永丰
甘蔗
合福
福州西
福州市
鼓楼区
仓山区
旗山
五都
南屿镇
福州南
茂田
旗山
南通镇
G355
G1523甬莞
建南
十八重溪
古崖山尾
G324
G534
昌福
霍口
东宅
黄鹤
刘洋
川边
霍口畲族乡
福湖
六锦
日溪
坂头
汶洋
长基
芹石
仁洲
G1505福州绕城
寿山
福州森林公园
新店

编制单位：福建省地图出版社　审图号：榕图审〔2021〕05号　资料截至：2019年12月

闽江两岸（叶义斌 摄）

全国宜居城市

滨江滨海生态园林城市

福布斯中国大陆最佳商业城市百强城市

全国服务外包示范城市

全国『十三五』服务业综合改革试点区域

全国『十三五』海洋经济创新发展示范城市

中国领军智慧城市

中国软件特色名城

全国黑臭水体治理示范城市

全国森林旅游示范市

『健康中国』年度标志城市

城市荣誉

国家森林城市

国家园林城市

全国文明城市

国家卫生城市

中国优秀旅游城市

全国绿化模范城市

国家环保模范城市

全国首批创建生态文明典范城市

全国双拥模范城市

国家历史文化名城

时政要闻

2019年，福州凝心聚力、攻坚突破、奋勇争先，各项工作都取得新进展。6月5日，中共福州市委十一届九次全会召开。深入学习贯彻习近平总书记在参加十三届全国人大二次会议福建代表团审议时的重要讲话和对福建、福州工作的重要指示批示精神，认真贯彻落实省委十届八次全会精神，动员全市干部不忘初心、牢记使命，真抓实干、开拓进取，奋力开创新时代有福之州、幸福之城建设新局面。

2019年5月6日，省委书记于伟国出席第二届数字中国建设峰会主论坛并发言 （叶义斌 摄）

2019年1月3日，省长唐登杰带领省直相关单位人员到福州征求省政府工作报告意见　　（叶义斌 摄）

2019年7月29日，省委副书记、市委书记王宁察看铜盘河沿线，检查城区水系综合治理工作 （叶义斌 摄）

2019年6月5日，中共福州市委十一届九次全会召开 （叶义斌 摄）

2019 年 7 月 29 日，福州市委副书记、市长尤猛军在古厝保护工作布署会上作工作布署　（叶义斌 摄）

2019 年 4 月 27 日，2019 年数字党建高峰论坛在福州长乐数字教育小镇举行　（陈暖 摄）

名城保护

2019年6月8日，《人民日报》重新发表2002年时任福建省省长习近平为《福州古厝》一书撰写的序言。《〈福州古厝〉序》重刊，在福州市引发强烈反响。

2019年7月28日，福州举办福州古厝保护与文化传承论坛。冶山、新店遗址公园建设全面提速。屏山公园、于山公园完成改造。上下杭、朱紫坊、烟台山历史风貌区基本完成修复。马尾船政文化城启动建设。温麻、和平街、昙石山等15个特色历史文化街区即将建成开放。中山路、池后弄、浮头街等51条传统老街巷得到保护整治。严复故居、宏琳厝等135处文物和历史建筑完成保护修缮。鼓岭旅游度假区获评全国新兴森林旅游地。永泰庄寨建筑群入选第八批全国重点文物保护单位。福州茉莉花茶窨制工艺入选国家级非遗代表性项目保护实践优秀案例。

人民日报　　2019年6月8日　星期六　　3　要闻

《福州古厝》序

习近平

编者按：2002年，时任福建省省长的习近平同志为福建人民出版社《福州古厝》一书撰写了序言。在2019年中国文化和自然遗产日（每年6月的第二个星期六）来临之际，重新发表习近平同志这篇关于文化遗产保护的重要文章，对于保护好古建筑、保护好传统街区、保护好文物、保护好名城、保护好自然遗产，对于在全党、全民中大力倡导热爱文化、珍惜文化的情怀，对于我们更好传承文明、增强文明自信，具有重要而深远的意义。

福州派江吻海，山水相依，城中有山，山中有城，是一座天然环境优越、十分美丽的国家历史文化名城。福州的古建筑是构成历史文化名城的要素之一。

古建筑是科技文化知识与艺术的结合体，古建筑也是历史载体。当我们来到戚公祠，似乎可以感受到它正气宇轩昂地向我们介绍戚将军带领着戚家军杀得倭寇丢盔弃甲的战史。当我们来到马尾昭忠祠，它正语气凝重地向我们叙谈福建水师遭到法国军舰突袭奋起反抗的悲壮历史。当我们来到林文忠祠，它正眉飞色舞地向我们讲起，林公则徐气壮山河的壮举——指挥军民在虎门销烟的历史。当我们来到开元寺，它正自豪得意地向我们表述，大铁佛是我们的先人掌握高超的冶铸技术的证明——古建筑有着丰富的人文内涵。

保护好古建筑、保护好文物就是保存历史，保存城市的文脉，保存历史文化名城无形的优良传统。福建有福州、泉州、漳州、长汀四座国家级历史文化名城，这是福建的骄傲。另外，还有许多省级的历史文化名村、名镇。

作为历史文化名城的领导者，既要重视经济的发展，又要重视生态环境、人文环境的保护。发展经济是领导者的重要责任，保护好古建筑，保护好传统街区，保护好文物，保护好名城，同样也是领导者的重要责任，二者同等重要。因此，在经济发展了的时候，应加大保护名城、保护文物、保护古建筑的投入，而名城保护好了，就能够加大城市的吸引力、凝聚力。二者应是相辅相成的关系。

现在有些地方名城保护、古建筑的保护出现一些问题，根源就在于只顾眼前的一些经济利益，随意改变文物管理体制，将原为文物部门管理的文物保护单位移交别的部门管理。殊不知古建筑的保护、传统街区的保护、任何文物保护单位、文物保护点的保护，都需有专门业务知识和掌握国家文物法规政策才能保护好。福建也出现有这样的苗头，我们不希望出现问题，要求依法加强管理保护。

我曾有幸主持过福州这座美丽古城的工作，曾为保护名城做了一些工作，保护了一批名人故居、传统街区，加强了文物管理机构，增加文物保护的财政投入。衷心希望我的后任和全省各个历史文化名城的领导者比我做得更好一些。

保护好古建筑有利于保存名城传统风貌和个性。现在许多城市在开发建设中，毁掉许多古建筑，搬来许多洋建筑，城市逐渐失去个性。在城市建设开发时，应注意吸收传统建筑的语言，这有利于保持城市的个性。

《福州古厝》一书，林林总总，介绍福州城乡许多功能各异的古建筑，它将让人们了解名城的魅力，相信读者会从中受益的。

2019 年 7 月 28 日，福州古厝保护与文化传承论坛开幕式暨主论坛在海峡国际会展中心举行 （叶义斌 摄）

历时近半年，2019 年于山公园完成 20 年来最大规模的提升改造，以“显山露塔”“通达通透”的崭新风貌迎接八方来客 （原浩 摄）

鳌峰坊

烟台山公园

名城保护

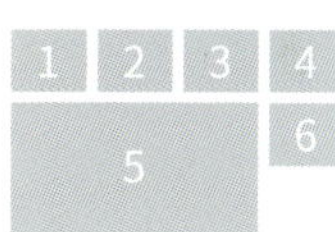

1 2019 年 2 月 1 日，福州市特色历史文化街区春节活动在鼓楼区鳌峰坊主会场开幕，其他县（市）区特色历史文化街区同步设立分会场　（池远　摄）

2 2019 年 9 月 30 日，修复改造后的烟台山公园重新开园　（叶义斌　摄）

3 2019 年 10 月，仓山区阳岐严复纪念馆提升改造工程完工　（叶义斌　摄）

4 2019 年 11 月 21 日，全省首个文化遗产保护巡回法庭——“福州古厝与文化遗产保护巡回法庭”在上下杭永德会馆揭牌成立　（曾建兵　摄）

5 2019 年，永泰庄寨建筑群人选第八批全国重点文物保护单位，图为和城寨　（张培奋　摄）

6 2019 年，福州茉莉花茶窨制工艺人选国家级非遗代表性项目保护实践优秀案例　（黄立新　摄）

城市建设

2019年，福州市全市入选全国首批城市体检试点城市、国家城镇老旧小区改造试点城市。实施连片旧屋区改造45个、老旧小区整治80个、立面景观整治157个、小街巷整治98条，建设垃圾分类屋（亭）4747座，红庙岭焚烧发电厂三期、餐厨垃圾处置厂等9个项目建成投用，五城区生活垃圾分类全面推开。

年内，福州市启动城市大脑建设，城市公用设施进一步健全。实施缆化下地550项，整治沿街箱柜1548个，拆除围挡240万平方米，规范电动自行车管理，地铁2号线开通运营。

2019年3月，改造后的烟台山历史风貌区亭下路（池远 摄）

2019年8月，改造后的台江区白马桥 （郑帅 摄）

2019年5月，改造后的福州地铁2号线西洋站周边景观 （郑帅 摄）

2019年9月17日，福州城市大脑科技创新产业联盟暨福州城市大脑研究院成立仪式举行 （叶义斌 摄）

2019年4月26日，福州地铁2号线开通载客试运营，福州迎来地铁换乘时代 （池远 摄）

2019年9月29日，滨海新城集中动工仪式举行（张人峰 摄）

2019年7月16日，志愿者宣传垃圾分类知识（林瑞琪 摄）

1 2 3 4
5 6

1 2019年1月24日，国内铁路跨度最大矮塔连续钢结构斜拉桥——福平铁路乌龙江特大桥全桥合龙 （朱榕 摄）

2 2019年1月29日，三江口大桥主线开放通行。三江口大桥是福州市城区内规模最大的跨江段桥梁 （叶义斌 摄）

3 2019年4月20日，三环辅路跨福飞高架桥正式通车，经三环辅道由西往东前往福州火车站北广场车辆可实现快速通行 （陈建国 摄）

4 2019 年 9 月 29 日，福州绕城高速公路东南段浦口枢纽互通至闽侯青口枢纽互通段通车 （叶义斌 摄）

5 2019 年 7 月 3 日，福州城区第二批治堵项目之一——橘园洲大桥东桥头及周边拓宽改造工程完工 （叶义斌 摄）

6 2019 年 9 月 25 日，福州—平潭海峡公铁大桥鼓屿门航道桥合龙，标志着世界最长、我国首座跨海峡公铁两用大桥胜利贯通 （邹家骅 摄）

水系治理

2019 年，旗山湖、晋安湖全面开挖，晋安河直排闽江通道建成投用，修复排水管网 1130 千米，城区内涝治理初见成效。新建永久截污管道 60 千米、雨污水管网 472 千米，清除内河淤泥 39 万立方米，城区 99 条主干河道、23 条支流黑臭水体治理基本完成。

2019 年 10 月，福州白马河进行首次干塘清淤，11 月底白马河全线完工通水　（叶义斌 摄）

2019 年 6 月，施工中的东西河一体化泵闸　（叶义斌 摄）

1 2019年1月，市民向内河治理建设者送锦旗（叶义斌 摄）

2 2019年11月21日，福州市启动全河道验收复核，是截至2019年底，全市水系项目规模最大、环节最全、涉及部门最多的综合性验收复核。图为工作人员在飞凤河取水化验（叶义斌 摄）

3 2019年6月17日，晋安河直排闽江通道通水（张人峰 摄）

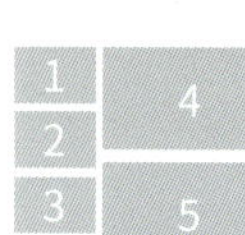

1 2019年，经过改造治理后的陆庄河 （原浩 摄）

2 2019年，经过改造治理后的梅峰河 （叶义斌 摄）

3 2019年，经过改造治理后的陈厝河 （陈暖 摄）

4 2019年，经过改造治理后的浦东河 （詹瑞琴 摄）

5 2019年，经过改造治理后的三捷河 （陈奇 摄）

活力经济

2019年，福州市实现地区生产总值9392.30亿元，比上年增长7.9%。新增规模以上工业企业超400家、国家级高新技术企业396家、省级科技小巨人领军企业127家、省级“专精特新”企业59家、上市企业3家。13家民营企业入选中国民营企业500强。

全市数字经济规模达3500亿元，东南大数据产业园新注册企业133家，马尾物联网产业基地新引进关联企业51家，新增区块链企业22家，新建升级版标准厂房65.7万平方米，成立5G、城市大脑等产业联盟。通过“榕博汇”等活动引进高层次人才2000人，新培养高技能人才6000人。举办第二届数字中国建设峰会，荣获2019中国领军智慧城市奖。

2019年，福州将数字融入产业发展，多家知名企业入驻中国东南大数据产业园 （黄志鹏 摄）

福州最大物联网产业综合体——中国·福州物联网创新发展中心 （王彦 摄）

1 4
2
3 5

[1] 2019 年 5 月 17 日，首航客轮“安麒 6 号”驶离马尾琅岐对台综合客运码头，福州马尾琅岐至马祖南竿福澳航线开通（林善传 摄）

[2] 2019 年 10 月 28 日，国内首个以国产数字生态为主要方向的数字创新赛道——鲲鹏赛道·鲲鹏训练营在福州软件园开启（池远 摄）

[3] 2019 年 11 月 11 日，第三届“榕博汇”——2019 福州人才对接会开幕，近 500 名博士、硕士与 194 家用人单位展开面对面对接洽谈（叶义斌 摄）

[4] 2019 年 5 月 4 日，第二届数字中国建设峰会在福州开幕（叶诚 摄）

[5] 2019 年 6 月 18 日，第十七届中国海峡项目成果交易会在福州开幕（叶诚 摄）

海上福州

2019年，福州海洋生产总值突破2600亿元，福州（连江）国家远洋渔业基地获批，福州海洋研究院挂牌成立，深海“振渔1号”“福鲍1号”养殖试验进展顺利，更新改造远洋渔船67艘，首艘磷虾捕捞船赴南极作业，福州金鱼获国家农产品地理标志认证。成功举办海交会、海丝博览会、丝路国际电影节、海丝国际旅游节等重大活动。

2019年5月30日，2019海峡（福州）渔业周——中国（福州）国际渔业博览会在福州海峡国际会展中心开幕　（叶义斌 摄）

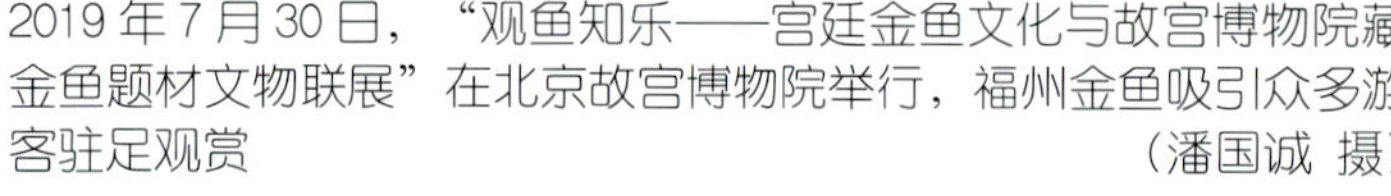

2019年7月30日，“观鱼知乐——宫廷金鱼文化与故宫博物院藏金鱼题材文物联展”在北京故宫博物院举行，福州金鱼吸引众多游客驻足观赏　（潘国诚 摄）

2019年12月28日，第五届“海上丝绸之路”（福州）国际旅游节启动仪式在海峡国际会展中心举行　（陈暖 摄）

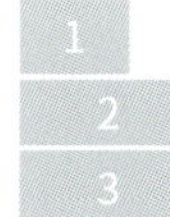

1 2019 年 1 月 21 日，福建三峡海上风电国际产业园金风科技工厂首台 6.7 兆瓦风电机组在福清江阴下线，是亚太地区已投运最大海上风电机组（余少林 摄）

2 2019 年 5 月 24 日，全国首创的深远海海鱼机械化养殖平台——“振渔 1 号”在连江县筱埕镇定海湾海域启用（王锴煌 摄）

3 2019 年 7 月 16 日，“福鲍 1 号”抵达东洛岛海域（陈如根 摄）

扶贫振兴

2019 年，福州市农林牧渔业总产值比上年增长 3.6%，粮食安全省长责任制考核居全省第一。新建设施农业 185 公顷，建设全国数字农业试点 2 个，新增省级现代农业智慧园 2 个、省级农业物联网应用基地 6 个，闽清梅溪镇、福清一都镇入选全国“一村一品”示范村镇，实现所有乡镇市级科技特派员全覆盖。

打造美丽乡村 400 个，晋安九峰村、前洋村成为省级示范样板。全面消除薄弱村。东西部扶贫协作等工作深入开展，福州与定西扶贫劳务协作模式入选联合国“全球减贫案例”。

2019 年，福州市在智慧农业基地开展“物联网＋农业种植”实验。图为市农业气象试验站智慧大棚 （黄凌 摄）

2019 年，闽清县梅溪镇梅埔村白河江自然村甜橄榄丰收，该村人均橄榄收入超过 15 万元 （蒋祖德 摄）

2019 年，晋安区寿山乡九峰村被农业农村部评为 2019 年中国美丽休闲乡村，并获评国家 AA 级旅游景区称号 （邹家骅 摄）

1 2019 年 10 月 16 日，“2019 中国扶贫国际论坛”在北京举行，“全球减贫案例征集活动”110 个获奖案例中，福州市人社局报送的案例《东西部劳务协作助力脱贫攻坚——以福建福州市与甘肃定西市加强扶贫劳务协作为例》，从全球 30 多个国家的 820 个征集案例中脱颖而出，受到表彰　（市人社局 供图）

2 2019 年 2 月 25 日晚 9 时许，来自定西市 155 名务工人员抵达福州火车站，福州市和各县（市）区用工企业前往接站　（池远 摄）

3 2019 年，定西务工人员在榕企接受上岗技能培训　（郑帅 摄）

4 2019 年，福州市人社局工作人员赴渭县北城村看望慰问贫困户　（张铁国 摄）

5 2019 年，福州市人社局劳动就业中心工作人员向宁夏固原群众宣讲相关政策　（张铁国 摄）

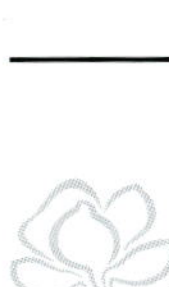

1 2019 年 8 月 3 日，首届福清（沙埔）开渔节暨海洋文化旅游节在福清沙埔镇开幕 （姜克红 摄）

2 2019 年，马尾区实现美丽乡村全覆盖。图为实施乡村改造后的琅岐红光湖公园 （叶义斌 摄）

3 2019 年 4 月 13 日，第二届福州（福清）枇杷节在福清一都镇举行 （杨勇 摄）

4 2019 年 21—22 日，福州市中国农民丰收节主会场活动在闽清县举行 （石美祥 摄）

文体活动

2019 年，福州成功举办丝路国际电影节、海丝国际旅游节、第十六届中国戏剧节等多场大型文艺活动。成功举办举重世界杯、世界女子围棋大赛、福州国际马拉松等多项大型体育赛事。

2019 年 8 月 5—9 日，第七届海峡青年节在福州举办　（叶义斌　摄）

2019 年 10 月 15 日，第六届丝绸之路国际电影节开幕式在五一广场举行　（叶义斌　摄）

2019 年 1 月 20 日，“全福游 有全福”系列活动之 2019“百城万人游福州”中国 · 福州新春文化旅游月在三坊七巷光禄吟台启动 （池远 摄）

2019 年 6 月 21 日，2019“宜夏”榕城文化艺术季在福州海峡文化艺术中心开幕，拉开从夏至（6 月 21 日）到立秋（8 月 8 日）的文化艺术盛宴序幕 （池远 摄）

2019 年 6 月 26 日，以“康巴风 榕宿情”为主题的西藏昌都市康巴文化艺术团感恩巡回演出在福州市工人文化宫举行 （池远 摄）

2019 年 10 月 26 日，第十六届中国戏剧节在福州海峡文化艺术中心开幕。图为本届戏剧节的开幕大戏滑稽戏《陈奂生的吃饭问题》 （叶义斌 摄）

2019 年 2 月 15 日晚，第十七届“两马同春闹元宵”活动在马尾东江滨公园启幕　　（叶义斌　摄）

2019 年 3 月 3 日，福州首届“拗九论坛”在福州三坊七巷名人家风家训馆举行　　（郑帅　摄）

2019 年 1 月 20 日，2019 年全国徒步大会开幕式暨福建福州“红红火火过大年”第十五届万人健步行活动在花海公园举行　　（叶义斌　摄）

2019 年 2 月 17—18 日，2019 年海峡两岸民俗文化节在福州花海公园举行（叶义斌　摄）

2019 年 9 月 1 日，“林则徐遗迹保护暨福州历史名人文献保护成果展”在福州市林则徐纪念馆开展（池远　摄）

2019 年 11 月 28 日，纪念虎门销烟 180 周年五馆联展（福州、虎门、伊犁、蒲城、澳门五地林则徐纪念馆）在福州市林则徐纪念馆开展（池远　摄）

2019 年 11 月 22 日，首届国际黄檗禅论坛在福清黄檗山万福寺举办（王光慧　摄）

2019 年 2 月 23—27 日，2019 年举重世界杯赛暨 2020 年东京奥运会资格赛在马尾体育馆开赛。中国举重队收获 31 枚金牌，9 次打破、2 次平世界纪录。图为福州名将李发彬在男子 61 公斤级的比赛中，夺得一枚金牌 （张旭阳 摄）

2019 年 6 月 7 日，2019 年中华龙舟大赛（福州站）决赛在海峡国际会展中心浦下河段龙舟池举行 （叶义斌 摄）

2019 年 11 月 16 日，2019 环福州 · 永泰国际公路自行车赛在五一广场开幕。17—23 日，16 个国家和地区的 22 支国际和地区自行车职业队参赛（叶义斌　摄）

2019 年 12 月 15 日，2019 福州国际马拉松赛在五一广场开跑，赛道贯穿三坊七巷、乌山、西禅寺、上下杭、林文忠公祠、烟台山等著名景点（叶义斌　摄）

民生福祉

2019 年，福州市完成为民办实事项目 17 项 52 件。新改扩建幼儿园 20 所、中小学 37 所，建成智慧教室 2285 间，普惠性幼儿园学额覆盖率提高至 85.4%。

执法工作满意率、“扫黑除恶”好评率居全省第 1，群众安全感率居全省第 2，社会安定稳定。军门社区“13335”工作法在全国推广。

2019 年 11 月 30 日，中国科学院大学福建学院在鼓楼区揭牌并开建，杨桥中学、茶园山中心小学分别加挂中国科学院大学福建学院附属中学、中国科学院大学福建学院附属小学校牌（池远 摄）

2019 年 8 月 31 日，福州滨海新城举行天津大学—新加坡国立大学福州联合学院、福州软件职业技术学院、福州第三中学滨海校区、福州滨海实验学校及融侨赛德伯学校开学仪式，天津大学福州国际校区一期同日开工建设。图为天津大学福州国际校区一期开工动建现场（叶义斌 摄）

1 2019 年 5 月 20 日，福州市最大的养老机构——福州市社会福利中心（福州市国德老年康养中心）对外开业，园区内的福州仓山国德老年医院同步开业（邹家骅 摄）

2 2019 年 7 月 1 日，晋安区茶园街道养老助餐食堂启动运营，首创了政府主导、多方参与的共管模式（陈 暖 摄）

3 2019 年 4 月 20 日，福州市 5G 产业促进大会数字经济示范点体验活动在仓山区第一中心幼儿园举行。仓山区第一中心幼儿园不仅有全国首创的“儿童接送机器人”，还有全省首创的智慧晨检机。图为家长带着小孩刷脸出园（石美祥 摄）

在春节期间集中帮扶就业困难人员、残疾登记失业人员就业创业。2019 年 1 月 23 日，福州市人社局等单位联合举办“2019 年福建省 · 福州市就业援助月招聘会”（池远 摄）

2019 年 12 月 21 日，“不忘改革初心 牢记改革使命——中国改革 (2019) 年会”在长春举行，中国经济体制改革杂志社发布“2019 中国改革年度案例”最终名单，福州市鼓楼区“‘军门社区工作法’促进社区治理现代化”入选年度十佳案例。图为军门社区将大数据应用于社区管理（邹家骅 摄）

1 2019 年，福州建设安置型商品房 3.7 万套，新增供应租赁住房 4546 套。图为联建新苑安置房（池远 摄）

2 2019 年 9 月 26 日，福州长乐区医院外科综合大楼启用（余少林 摄）

生态榕城

2019年，福州市完成造林绿化4400公顷，中心城区种植乔木7万株，提升林荫大道62条，新建串珠公园102个、滨河绿道100.8公里，完成拆墙透绿535处、边角地绿化238处，“绿进万家、绿满榕城”专项行动有效展开。城市空气质量在全国省会城市排名第三。

1 2019 年 5 月 27 日，全国关注森林活动组委会召开关注森林活动 20 周年总结表彰大会，福州市获“关注森林活动突出贡献单位”称号，是全国受到表彰 10 个城市之一，也是福建省唯一受表彰城市。图为黄楮林保护区（张人峰 摄）

2 2019 年，福州市完成造林绿化 4400 公顷，中心城区种植乔木 7 万株，提升林荫大道 62 条。图为工业路上盛放的羊蹄甲（叶义斌 摄）

3 2019 年 5 月 23 日，福州市古树名木司法保护活动在永泰县梧桐镇坵演村启动。福州、永泰两级法院和林业局在坵演村设立福建省首个古树名木司法保护工作点（曾建兵 摄）

2019 年，福州市新建串珠公园 102 个、滨河绿道 100.8 公里。图为改造后的白马河公园（池远 摄）

2019 年，登云溪沿线完成综合治理（陈暖 摄）

2019 年，晋安琯尾社区通过拆墙透绿工程，新增开放休闲空间（邹家骅 摄）

2019 年 9 月底，“鸟类天堂”三江口马航洲湿地生态修复工程基本完成（陈暖 摄）

2019 年，福州城市空气质量在全国省会城市排名第三。图为福州西湖左海（叶义斌 摄）

2019 年，鼓岭旅游度假区获评全国新兴森林旅游地

（陈暖 摄）

2019 年，福州市启动“村植千树”三年行动（2019—2021），提升乡村绿化水平。图为福清东张镇少林村

（叶义斌 摄）

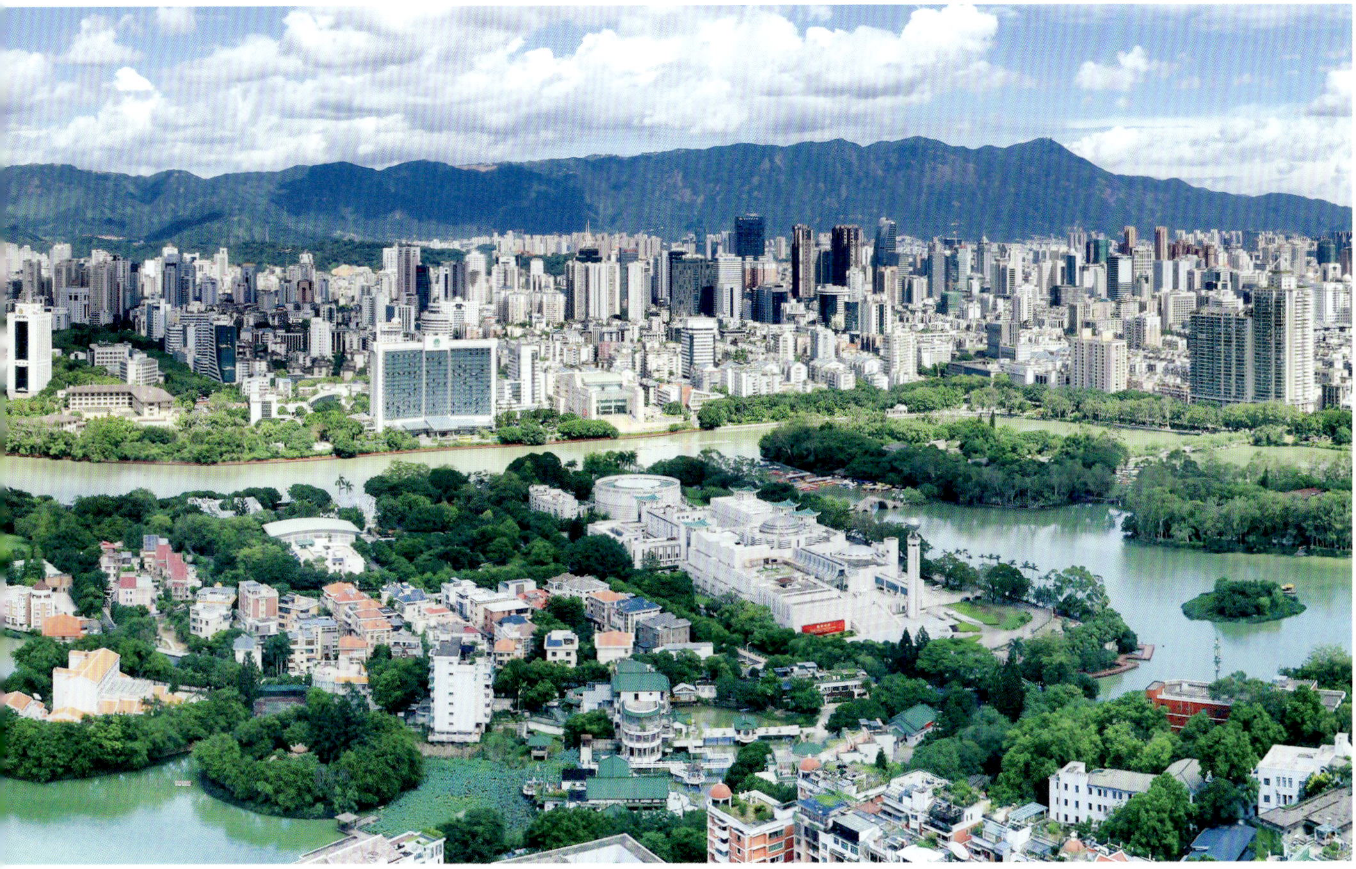

福州市提升打造4条总长近125千米。可以“看山望水忆乡愁”的福州特色慢行道，分别命名为“吉道”“文道”“福道”“乐道”。2019年底，4条慢行道基本完工

1 "福道"金牛山段（蒋文洁 摄）

2 "吉道"六一北路段（邹家骅 摄）

3 "文道"白马北路段（邹家骅 摄）

4 "乐道"台屿河段（陈建国 摄）

福州解放

1949年5月，中国人民解放军第二野战军解放闽北大部分地区。7月，第三野战军第十兵团进军福建。8月6日，福州战役拉开序幕。在福州地区党组织、游击队的有力配合下，8月17日福州解放，福州人民翻开历史新篇章。

第三野战军第十兵团司令员叶飞做战前动员

第28军一部进入福州西门一带

福州解放时间

第十兵团解放福州先头部队认真执行群众纪律，露宿街头不扰民

国民党福州市警察局警察上街贴标语，欢迎福州解放

福州市民自发走上街头，欢庆解放

1949 年 10 月初，福州人民欢庆第一个国庆节

福州人民 5 万多人举行庆祝福州解放大游行

1949 年 8 月 17 日，解放福州城区的最后一战——攻克万寿桥（后改名为解放大桥）图为万寿桥旧景

礼赞讴歌

为庆祝新中国七十华诞，福州市社会各界以各种方式向伟大的祖国献礼：路边红旗飘飘，河畔张灯结彩，公园内鲜花绿植摆出喜庆的造型，广场上人们踏着轻快的节奏载歌载舞、五彩缤纷的焰火照亮了榕城的夜空……榕城大地处处披上节日盛装、传出欢声笑语、洋溢着浓厚的节庆氛围。

2019年9月30日，福建省庆祝中华人民共和国成立70周年焰火晚会在福州市闽江两岸金山大桥至三江口大桥的部分区域举行（陈奇 摄）

我和我的祖国
篇章

1 2019 年 9 月 27 日，福州市庆祝中华人民共和国成立 70 周年大型音乐会在海峡文化艺术中心举行 （叶义斌 摄）

2 2019 年 8 月 17 日，福州解放——庆祝中华人民共和国成立 70 周年专题图片展在三坊七巷安民巷新四军驻福州办事处旧址举行 （叶义斌 摄）

3 2019 年 8 月 17 日，八 · 一七革命纪念馆揭牌开馆 （邹家骅 摄）

4 2019 年 10 月 1 日，市民在烟台山公园举办国庆庆祝活动 （叶义斌 摄）

2019 年 9 月 30 日，烈士纪念日向革命烈士敬献花篮仪式在福州文林山革命陵园举行　（张人峰　摄）

2019 年 10 月 1 日，福建省庆祝中华人民共和国成立 70 周年升国旗仪式在福州五一广场举行　（邹家骅　摄）

数字福州 2019

年末常住总人口

780 万人

城镇化率

70.5%

森林覆盖率

58.1%

地区生产总值

9392.30 亿元

一般公共预算总收入

1095.36 亿元

社会消费品零售总额

4198.94 亿元

进出口总额

367.02 亿美元

城镇居民人均可支配收入

47920 元

农村居民人均可支配（纯）收入

21320 元

第一产业增加值：526.47 亿元
第二产业增加值：3830.99 亿元
第三产业增加值：5034.84 亿元
工业增加值：2610.31 亿元
三次产业比例：5.6:40.8:53.6

一般公共预算收入：668.08 亿元
一般公共预算支出：946.76 亿元
城镇非私营单位在岗职工平均工资：86100 元
城镇居民人均消费支出：32662 元
农村居民人均消费支出：17711 元

出口总额：261.40 亿美元
进口总额：105.62 亿美元
实际利用外资（验资口径）：9.41 亿美元
金融机构年末存款余额（本外币）：15293.58 亿元
金融机构年末贷款余额（本外币）：17035.95 亿元

普通高等学校数：35 所
普通高等院校在校学生数：340330 人
卫生机构数：2252 个
卫生技术人员数：60878 人
卫生机构床位数：38277 张

• 数据来自《福州统计年鉴 -2020》

总目

特 载

专 题

大事记

市情概貌

中共福州市委员会

福州市人民代表大会

福州市人民政府

中国人民政治协商会议福州市委员会

纪检　监察

民主党派与工商联

群众团体

法　治

军　事

应急管理

外事 侨务 港澳台事务

自然资源管理

生态环境保护

经济管理

市场监督管理

财政　税务

农业　农村

工　业

建筑业 房地产业

商贸流通与服务业

金融业

信息业

旅游业

对外及对港澳台经济贸易

经济协作 扶贫开发

新区 自贸区

园区建设

城乡建设与管理

交通　邮政

口　岸

科学技术

社会科学

教　育

文　化

历史文化街区

体　育

卫生健康

社会生活

县（市）区

人物名录

附　录

统计资料

索　引

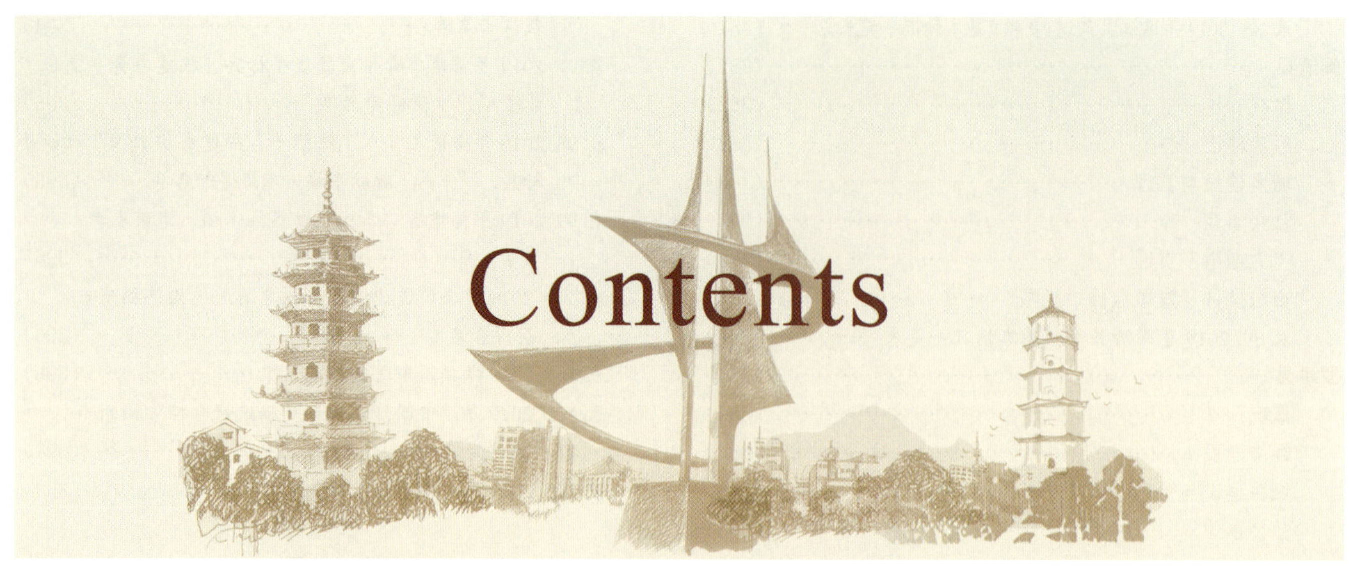

Contents

Special Issue

Special Topic

Memorabilia

City Profile

Fuzhou Municipal Committee of the Communist Party of China

Fuzhou Municipal People's Congress

Fuzhou Municipal People's Development

Fuzhou Municipal Committee of the Chinese People's Political Consultative Conference

Discipline Inspection and Supervision

The Democratic Parties and The Association of Industry and Commerce

Social Organizations

Rule of Law

Military

Emergency Management

Foreign Affairs, Hong Kong, Macao and Taiwan Affairs

Natural Resources Management

Ecology and Environment

Economic Management

Market Regulation

Finance and Tax

Agriculture and Rural Affairs

Industry

Construction and Real Estate

Commodity Circulation and Services Industry

Financial Industry

Information Industry

Tourism

Foreign, Hong Kong, Macao and Taiwan Economic Trade

Economic Cooperation and Poverty Alleviation

New District and Pilot Free Trade Zone

Park Construction

City Construction and Management

Transportation and Postal Services

Port

Science and Technology

Social Science

Education

Culture

Historical and Cultural Blocks

Sport

Health

Social Life

County (City) and District

Person

Appendix

Statistical Data

Index

坚持新发展理念 加快高质量发展

——2019年12月26日中共福建省委副书记、
福州市委书记王宁在市委经济工作会议上的讲话

这次会议的主要任务是，以习近平新时代中国特色社会主义思想为指导，深入学习贯彻中央、省委经济工作会议精神，总结我市经济工作，部署明年任务。根据市委常委会研究，我讲四点意见。

一、要深入学习领会，切实把思想和行动统一到中央、省委的决策部署上来

这次中央经济工作会议，是在全面建成小康社会取得新的重大进展、我国经济社会发展处于关键时期召开的一次重要会议。习近平总书记发表的重要讲话，从国内国际两个方面，深刻分析了经济形势，全面阐述了明年经济工作的总体要求、政策取向、重点任务，提出了一系列新观点、新论断、新要求。李克强总理在讲话中对明年经济工作作了具体部署。我们要认真学习、深刻领会，坚决抓好贯彻落实。

我们要深刻领会中央对形势的判断。中央强调，要客观、全面、辩证、积极看待形势，既要看到经济稳中向好、长期向好的基本趋势没有改变，我国还是风景这边独好；又要看到结构性、体制性、周期性问题相互交织，“三期叠加”影响持续深化，经济下行压力加大。我们要准确领会中央的判断，保持战略定力，坚定发展信心；增强忧患意识，做到未雨绸缪。

我们要深刻领会谋划工作的基本出发点。中央要求，各级领导干部谋划工作时，要胸怀两个大局，即中华民族伟大复兴的战略全局、世界百年未有之大变局。我们要按照中央的要求，把握好两个大局之间的联动关系，不断提高驾驭复杂局面的能力。

我们要深刻领会优化经济治理方式的新要求。中央强调，必须从系统论出发，协调不同部门、不同政策在经济体治理系中的定位和功能，防止顾此失彼。我们要善于运用系统论的方法，来提升经济治理效能，努力在多重目标中寻求动态平衡，在高质量发展中实现系统优化。

我们要深刻领会防范化解风险的新要求。中央强调，要用大概率思维应对小概率事件，坚决驯服“灰犀牛”问题，全面防范“黑天鹅”事件。我们要保持对潜在风险的警惕性、紧迫感，主动出手，果断应对，牢牢守住不发生系统性风险的底线。

我们要深刻领会全面建成小康社会的目标任务。中央强调，全面建成小康社会是国家整体目标，实现这一目标是对全国而言的。各地情况千差万别，我们要尽力而为、量力而行，不要在数字上层层算账、层层报账，更不要弄虚作假。我们作为东部沿海省会城市，要对照既定目标、关键性指标，继续抓重点、补短板、强弱项，确保全面建成小康社会，努力为全国、全省多作贡献。

我们要深刻领会贯彻新发展理念的新要求。中央强调，新发展理念是一个整体，提出的要求是全方位的、多层面的，不能笼统、简单、概念化地大喊发展口号，不能只抓经济指标这一项，不能只顾一点不及其余。我们要坚决克服单打一思想，把注意力集中到解决各种不平衡不充分的问题上来，努力推动高质量发展。

中央经济工作会议的内涵丰富，要求很多。各地各部门要按照于书记、唐省长在省委经济工作会议上的部署要求，在前一段学习的基础上，紧密结合当前工作，继续深刻学习领会，准确把握精神实质，坚持稳稳地做、实实地干，努力把“三大攻坚战”、高质量发展、优化区域经济布局、改革开放、改善民生等重点任务落深落细落实。

二、要充分肯定我市经济社会发展取得的成绩，进一步坚定信心、保持定力

两年多来，我们深入学习贯彻习近平新时代中国特色社会主义思想，传承习总书记在福州工作期间的思想理念、实践成果，创造性工作，创新性探索，进一步理清了新时代福州发展的战略思路。我们提出了建设有福之州、打造幸福之城的总目标，确立了建设创新、开放、绿色、幸福的现代化城市的新定位，坚持了东进南下、沿江向海的大方向，全面建设福州新城区（滨海新城），推动经济发展始终保持强劲健康势头，全面建成小康社会取得明显成效。

第一，我们组织开展四大专项行动，高质量发展跨出了坚实步伐。我们针对福州发展的薄弱环节和资源禀赋，开展了“三个福州”建设、抓项目促发展、招商引资、营商环境提升等专项行动。今年数字经济规模将达3500亿元，数字经济发展指数全省第1，海洋经济总产值突破2600亿元；通过“项目年”“招商年”“三产年”等，项目建设成效显著，“五个一批”综合考评连续8个季度位居全省前列，全市固定资产投资连续多年高位增长，为全省作出了重要贡献；营商环境排名从2018年的73位，提升到今年的43位，城市信用综合排名上升至全国第3，政府透明度居全国第8。

第二，我们组织实施五大攻坚战，推动城市功能品质显著提升。通过治水攻坚，我们基本消除了城区内河黑臭，获评全国黑臭水体治理示范城市称号；通过治涝攻坚，率先建立联排联调机制等，我们有效解决了城区内涝的问题；通过治堵攻坚，实施“接二连三”工程，我们完成缓堵软硬件项目715个、总投资580亿元，现在城区平均车速同比提高8.4%，日均堵情同比下降8.5%；通过旧改攻坚，我们完成1600万平方米、约7万户的改造任务，群众居住条件大大改善；通过绿化攻坚，我们建成了串珠公园270个、滨河绿道500公里，森林覆盖率位居省会城市第2。与此同时，垃圾分类、电动自行车规范管理等，正在有力有序推进。所有这些，都赢得了市民群众和社会各界的一致好评。

第三，我们抓住一个主攻方向，新城新区建设取得重大进展。近三年，滨海新城实施了5批265个重点项目，总投资3100亿元，完成征迁交地超5.3万亩，拆除面积超320万平方米。创新了规划编制、项目运作、开发建设、用地保障等机制，快速推进地铁6号线、滨海快线等建设，引进了天津大学，落地了国家区域医疗中心，与华山医院建立了合作关系，滨海新城5所学校集中开学，基础设施、公共配套等加快完善，一座产城融合的现代新城，逐步由蓝图变为现实。

第四，我们坚决守住两条底线，生态环境保护和民生事业持续加强。加大钢铁等重点行业落后产能淘汰力度，鼓励发展绿色制造，3家企业入选国家绿色供应链管理示范企业，绿色建筑占比达89%，全面完成省里下达的主要污染物总量减排指标年度控制任务，空气质量常年保持全国省会城市前列。始终坚持以人民为中心，今年投入近8成财政支出、约700亿用于民生事业发展，为老百姓办了17项52件实事，入园难、看病难、办事难、养老难、停车难等一批的问题逐步得到解决。

第五，我们夯实一个保障，全面提振干部干事创业精气神。率先出台学习新思想长效机制，扎实开展“不忘初心、牢记使命”主题教育，认真学习《习近平在福州》采访实录，激发出干事创业的强大动力；坚持一线考核，强化正向激励，发现选拔了103位“担当尽责、激情创业”的好干部；大力整治“虚僵躲拖腐”等突出问题，打通了抓落实、联系服务群众的“最后一公里”，全市各级干部不等不停不看，不混日子，不当懒汉，卯足劲头，拼命地干，有力推动了发展提速。

通过全市上下的共同努力，几年来，我们的经济发展速度，始终保持在8.5%以上，许多工作走在了全省前列，得到了省委、省政府的肯定。这些成绩来之不易，靠的是习近平新时代中国特色社会主义思想的指引，靠的是习总书记当年为我们擘画的“3820工程”“闽江口金三角经济圈”“海上福州”等战略思路的引领，靠的是“马上就办、真抓实干”优良作风在福州的传承弘扬，靠的是我们四套班子、各级各部门和广大干部群众，团结一心，拼搏奋斗。在今后的工作中，我们要继续坚持一张蓝图绘到底，奋力开创福州经济社会发展新局面。

在看到成绩的同时，我们也要清醒看到困难挑战。当前，我市发展的外部环境依然复杂严峻，受中美经贸摩擦，稳外资、稳外贸难度较大。传统产业转型不够快，工业“含新量”不足，新的重大项目接续不够有力，部分企业生产经营仍较困难，财政预算平衡难度加大。中心城区功能品质需要进一步提升，新城区的基础建设、产业导入、人口集聚任重道远，福州都市圈构建尚未破题。同时，教育、医疗、养老等民生领域，还存在不少短板，与老百姓的新期待还有差距，等等。这些短板问题，需要我们在明年的工作中，着力突破，认真解决。

三、要准确把握明年经济工作总体要求，全力推动全市经济高质量发展

明年是全面建成小康社会和“十三五”规划收官之年，既是决胜期，也是攻坚期。对福州来讲，明年更是具有特殊意义的一年，我们要实现高质量发展落实赶超，要推动经济规模突破万亿大关，还要举办第44届世界遗产大会、第三届数字中国建设峰会、世界城市日中国主场活动等具有重大影响的国际性活动。我们的使命十分重大，我们的工作非常重要。

我市明年经济工作的总体要求是：以习近平新时代中国特色社会主义思想为指导，全面贯彻党的十九大和十九届二中、三中、四中全会精神，坚决贯彻党的基本理论、基本路线、基本方略，增强“四个意识”、坚定“四个自信”、做到“两个维护”，紧扣全面建成小康社会目标任务，坚持稳中求进工作总基调，坚持新发展理念，坚持以供给侧结构性改革为主线，坚持以改革开放为动力，坚持以抓项目促跨越为抓手，推进高质量发展落实赶超，坚决打赢三大攻坚战，全面做好“六稳”工作，加快建设“三个福州”，统筹推进稳增长、促改革、调结构、惠民生、防风险、保稳定，保持经济运行在合理区间，努力在营造良好发展环境上再创佳绩，在推动两岸融合发展上作出示范，加快推进新时代有福之州治理现代化，全力打造令人向往的幸福之城，确保全面建成小康社会和“十三五”规划圆满收官，得到人民认可、经得起历史检验。

市委考虑，明年经济发展的主要预期目标是：坚持高质量发展，地区生产总值增长8%，经济总量迈上万亿新台阶。从这几年的发展态势、奠定的基础和第四次全国经济普查的情况分析来看，我们有支撑、有条件、有能力实现这样的目标；从争当新时代新征程上的排头兵的要求看，我们要有这样的决心、这样的追求、这样的担当，来实现这个目标。当然，我市这个目标的设定，高出了全省 0.5-1 个百分点，并不是轻轻松松、敲锣打鼓就能完成的。全市各级各部门都要对标对表、主动融入，自我加压、多作贡献，通过大家同心协力拼搏，全力以赴冲刺，努力推动福州发展迈上新台阶、实现新跨越。

具体工作中，明年要重点抓好六个方面。

第一，要坚持创新驱动，加快建设“三个福州”。这是推动经济高质量发展的关键抓手。要突出创新引领，通过技术创新、模式创新、服务创新，推动“三个福州”建设实现新提升、迈向中高端。

一要深入实施数字经济领跑行动。全面落实数字福州三年行动计划，聚焦大数据、物联网、人工智能、区块链、5G等重点领域，加大行业领军企业、独角兽企业引进力度，争取新引进数字经济项目 100 项以上，培育壮大东南大数据产业园等 5 大数字产业基地，力争明年数字经济规模突破 4300 亿元，占 GDP 比重超 45%。

要以举办第三届数字中国建设峰会为契机，扎实推进福建鲲鹏生态创新中心建设，积极筹建数字福州区块链研究院，加快打造国家数字经济创新发展试验区。要持续深化数字创新应用，加快建设“城市大脑”，聚焦民生服务、政府管理、城市治理等，创新推出 100 个以上数字应用示范场景，打造全国数字应用第一城。

数据是最有价值的资源，绝不能让数据躺在仓库里睡大觉。要加快建设城市大数据平台，落实健康医疗大数据试点成果转化，组建公共数据开放专家委员会，力争开放数据 4500 万条，电子证照入库 2200 万份，推动数据汇聚共享利用走在全国前列。

二要加快向海进军步伐。习总书记当年指出，“江海兴，则福州兴。”我们要围绕建设国家海洋经济发展示范区，大力发展海洋经济，重点发展临港产业、现代渔业、海工装备、海洋医药等新兴产业，高标准打造 4 大千亿临港产业基地，力争海洋生产总值达 2900 亿元，年均增速两位数以上。要加快完善临港基础设施，提速港后铁路前期工作，加快建设国际深水大港，不断开辟海丝新航线。

这两年深海养殖加快发展，“振鲍 1 号”“振渔 1 号”下水试点，逐步向莆田、宁德推广。我们要以获批国际远洋渔业基地为契机，保持这股势头，进一步深化与振华重工等合作，科学开发利用海峡、海湾、海岛、海岸资源，加快建设“海上粮仓”。

三要加快打造平台经济集聚区。中央提出，要引导平台经济有序竞争。我们要用好省会城市的资源优势，加快整合产业链、融合价值链、贯通供应链、盘活金融链，大力推动电子商务、现代物流、文化旅游等平台建设，做大做强永辉 1233、朴朴等本土平台企业，力争明年全市平台企业纳统超 800 亿。

比如，综合电商平台，要以获批跨境电商综合试验区为契机，推动服装鞋帽、轻工食品等线下专业市场与“一达通”、元洪在线等线上平台加强对接，打造线上线下融合、境内境外一体的综合贸易大平台。金融服务平台，要发挥马尾基金小镇、软件园基金大厦等集群优势，做大做强海峡基金港，打造基金综合服务平台，促进金融服务向线上服务、平台服务转变。

四要强化创新支撑。以国家自主创新示范区建设为抓手，着力破解影响创新创业创造的体制机制问题，持续实施 R&D 投入稳增、高新技术企业倍增、科技人才培育 3 大计划，力争明年科技型中小企业突破 1000 家、领军企业突破 500 家。

明年国家将要组建首批国家实验室，省里也要加快创新研究院、创新实验室的建设。我们要抓住机遇，乘势而上，重点支持中科院海西研究院、物联网开放实验室、光电创新实验室等平台建设，加快打造一批省、市众创空间。同时，进一步完善产学研用深度融合的机制，鼓励在榕企业、在榕高校共建创新平台，推动更多科技成果转化为现实生产力。

第二，要加快产业转型升级，全面振兴实体经济。坚持以项目为抓手，夯实制造业基础，推动服务业提升，促进新业态繁荣，全面提高经济整体竞争力。

一要实施抓项目促跨越行动。明年省里将实施扩大有效投资“百千万”计划，国家安排地方政府专项债券力度也会加大。我们要密切跟踪对接，紧扣高质量发展落实赶超、新区新城建设、“十四五”规划编制等，抓紧梳理谋划一批战略性、基础性、支撑性、带动性强的重大项目。比如，聚焦交通、水利、能源、市政等领域，谋划实施一批重大基础设施项目；聚焦大数据、区块链、5G 等发展，大力推动工业互联网等基础设施投资；聚焦老旧小区、城市停车难、农村饮水安全等问题，持续加大民生补短板投入力度。

要紧紧围绕“五个一批”，抓好项目引进、落地、开工、竣工、投产 5 大环节，确保全年新开工项目 1600 个，建成或部分建成项目 800 个，固投总量突破 4600 亿元。特别是要继续招大引强，聚焦产业链招商，盯住富士康工业互联、京东方等 7 个招商突破点，重点跟进万华化学等 86 个重大产业项目，确保明年二产项目数占比超 20%，发挥产业项目促投资、扩需求、稳增长的作用。

二要推动传统产业质量提升。传统产业是转型升级的主战场，要综合运用技改扩能、数字赋能、“企业上云”等各种举措，推动产业迈向中高端。要围绕构建“142”产业体系，继续实施百亿龙头、千亿产业集群培育计划，培育壮大光电芯片等 16 个产业基地，力争百亿企业达 32 家，千亿产业集群扩容至 6 个以上。

要抓住国家支持集成电路、高端装备等战略性产业发展，支持加大设备更新、技改投入的契机，深入推进新一轮企业技术改造，用好技改完工奖励、技改基金等政策，继续实施 100 项以上重点技改项目。

要持续抓好规下企业提升，着力培育一批主营业务突出、竞争力强、发展前景良好的中小企业，力争新增 50 家省级以上“专精特新”企业。同时，要强化园区承载，抓好 22 个工业园区改造提升，明年新建 55 万平方米“升级版”标准厂房。

三要创新推动现代服务业发展。围绕打造现代服务业集聚区，加快发展总部、金融、物流、会展等，力争引进企业总部 50 家以上，金融业增加值突破千亿，会展业进入省会城市前10。围绕打造新零售之都，提升苏万宝、仓山万达等重点商圈“智慧化”水平，支持盒马、超级物种等新零售业态扩大规模，引导传统外贸与跨境电商融合。

要积极运用市场化的手段，引导各类市场主体参与服务供给，推动生产性服务业向专业化和价值链高端延伸，推动生活性服务业向高品质和多样化升级。要大力推动主辅分离，实施一批市级先进制造业与现代服务业深度融合示范项目，引导制造业企业向服务型制造转型。

四要培育更多新经济新业态。积极培育新能源汽车、5G、人工智能等新经济，大力发展楼宇经济、夜色经济、全域旅游等新业态，打造一批新经济、新业态的集聚区，不断增强经济发展的新动能。比如，发挥省会楼宇多的优势，打造更多的“保险楼”“会计楼”“律师楼”，提升中央商务区能级，培育壮大楼宇经济。比如，加快旅游集散中心建设，发展全域旅游，推动观光游向体验游升级，力争明年接待国内外旅客超1亿人次，实现旅游总收入超1400亿元。比如，加快打造“夜福州”等夜生活集聚区，大力发展夜市、夜游、夜消费，鼓励商场、商圈延时经营，点亮城市夜经济。

第三，要聚焦短板弱项，坚决打好三大攻坚战。三大攻坚战的成果如何，决定着全面小康的成色。要全面梳理，抓紧补短板、强弱项、保打赢，为经济社会持续健康发展打牢坚实基础。

一要巩固精准脱贫成果。目前，全市还有易返贫人口134户443人，困难边缘群众252户744人，稳定脱贫不能有丝毫松懈。要严格落实“四个不摘”的要求，完善困难边缘群众动态管理机制，建立解决相对贫困的长效机制，加大教育、卫健、医保、住建等部门项目资金倾斜扶持力度，多措并举防止返贫。要强化东西部扶贫协作，深入开展援宁、援藏、援疆工作，全面落实帮扶任务，助推定西市、固原市早日全面脱贫。

二要打好污染防治攻坚战。牢固树立生态文明是千年大计的理念，突出精准治污、科学治污、依法治污，深入实施大气、水、土壤污染防治，守住守好福州的蓝天白云、绿水青山、清新空气。

要打好蓝天保卫战，加强扬尘污染防控，加大工业企业大气污染综合治理，保持空气质量全国前列。要打好碧水保卫战，巩固黑臭水体、劣Ⅴ类小流域治理成效，打造3-5个山水林田湖草生态修复示范工程，主要流域水质优良率达90%以上。要打好净土保卫战，开展危险废物排查治理，完成闽清、永泰21处废弃矿山治理，坚决查处城区建筑工地侵占绿地、破坏生态等问题。

要抓好中央生态环保督察整改落实，确保问题整改群众满意率达70%以上。要持续开展绿化福州、绿满榕城等行动，打造美丽中国“福州样板”。

三要牢牢守住底线，防范化解重大风险。当前金融、房地产、社会稳定等方面，还有不少风险隐患，绝不能掉以轻心，必须增强风险防控意识，早识别、早预警、早发现、早处置，始终筑牢安全防线。

要突出防范化解隐性债务风险，继续抓信贷不良率处置，持续控增量、化存量，及时有效处置各类金融风险，确保不发生区域性、系统性风险。目前，我市P2P网贷存量有6亿多，极易引发次生风险，要稳妥推进专项整治，严打“套路贷”、非法集资等乱象，引导全市网贷机构全部退出。要抓好民营上市企业纾困，重点关注10家质押率25%以上的上市企业，妥善处置股权质押、债券违约风险。要加大治安防控体系建设，维护安定稳定局面。

第四，要持续深化改革开放，激发经济发展活力。市委十一届十次全会对推进省会治理现代化作出了部署，我们要抓好11项行动的落实，积极用改革的办法，破解经济社会发展中的难题，持续提升开放水平，不断增强高质量发展的动力。

一要抓好重点领域、关键环节改革。落实中央、省里即将实施的国企改革三年行动，持续深化股权多元化、混合所有制改革，明年市属国企主要经济指标要实现两位数增长。

要认真贯彻全省医改推进会的部署要求，学习借鉴三明医改经验，深化“三医”联动改革，优化公立医院绩效考核，协同推进医保体制改革，完善医联体、医共体运行机制，健全分级诊疗体系，推动医改取得新突破。

要扎实推进集成改革试点任务，全面推进福清县域集成改革试点、居家社区养老服务集成改革试点，努力形成一批创新性、制度性的改革成果，为全省乃至全国探索路径、积累经验、作出示范。

各县（市）区、各部门、各领域都要加强改革探索，培育典型经验，做好复制推广，推动改革成果从“盆景”变“风景”。

二要着力优化营商环境。落实《优化营商环境条例》，加快营商环境3.0改革，继续压缩办税、通关、执行合同、不动产登记等时限，推进“证照分离”改革全覆盖试点，完成第七轮简政放权工作，争取排名再前进8个位次。要完善信用体系建设，研究出台市级社会信用条例，建立信用清单制度，力争我市信用综合排名，保持在全国前五水平。

优化营商环境的成效，最终要让企业有获得感。要认真贯彻中央关于营造更好发展环境支持民营企业改革发展的《意见》，研究出台新一轮降本减负措施，强化惠企政策落实，完善“一企一议”服务机制，常态化为企业排忧解难。

三要大力发展开放型经济。用好“六区叠加”优势，主动融入“一带一路”，加快建设开放型大平台、大通道，打造对外开放新高地。要积极融入海丝核心区建设，积极参与省里“丝路海运”“丝路飞翔”工程，办好海丝博览会、丝路国际电影节、海丝国际旅游节等重大活动，加快建设国家级邮轮旅游发展实验区，打造海丝战略支点城市。

要围绕稳外贸，精准帮扶外贸负增长重点企业，多元开拓“一带一路”、东盟、欧洲、金砖国家市场，培育跨境电商出口新增长点，力争外贸进出口增速不低于3%。要充分发挥自贸区先行先试优势，争取原油进口资质及配额、二手汽车出口试点等政策支持，争取获批福州空港保税区。

四要探索两岸融合发展新路。福州作为距离台湾最近的省会城市，要在健全榕台融合发展的制度机制上下功夫，努力成为“第一家园”建设的排头兵。要认真落实中央、省、市一系列推动融合发展的措施，不断扩大政策覆盖面，为更多台商台胞在榕工作、学习、生活提供便利。要认真落实“新四通”，加强榕台经贸、能源、行业标准对接，加快推进我市与马祖通水、通电、通气、通桥工作，不断夯实榕台融合发展基础。

要健全经贸合作机制，加强榕台集成电路、医疗康养、装备制造、大数据等优势产业对接。要创新人才交流机制，用好海峡青年交流营地等平台，办好一年一度的海峡青年节，支持、引导更多台湾青年来榕就业创业。要完善文化交流机制，持续开展海峡两岸合唱节等民间交流活动，进一步增进文化认同、促进民心相通。

第五，要加快建设福州都市圈，打造高质量发展新动力源。今年以来，国家加大了对现代化都市圈的培育，我们要抢抓机遇，做强新城，提升老城，振兴乡村，争取列入国家现代化都市圈一体化发展示范区。

一要加快建设福州新城区。按照“三年形成集聚、五年形成组团、七年形成副中心雏形”的目标，坚持产城融合发展，全力推进地铁6号线、滨海快线、东南快速通道等重大基础设施建设，加快建设新城综合医院、滨海实验学校、海峡青少年活动中心、租赁住房等公共服务配套，依托东南大数据产业园、临空经济区，把健康医疗、临空产业、智能制造、大数据应用等产业导入新城，进一步增强新城承载能力，迅速集聚人气商气，为打造城市副中心奠定基础。

三江口、琅岐岛是福州新城区的重要部分。要加快三江口开发，构建樟岚、梁厝、下洋、清富四大片区空间布局，擦亮环江路、湿地公园等生态名片，努力打造美丽福州示范区。琅岐岛要突出生态优先，加快文旅开发、基础设施配套等，全力打造国际生态旅游岛。

二要持续抓好城市更新。以举办第44届世遗大会、世界城市日中国主场活动为契机，全面实施新一轮城市品质提升行动，加快推进“10片区、10门户、10条主要线路”等2157个项目建设，持续抓好古厝保护、治水、治堵、治涝、绿化等工作，充分展示福州颜值品质、文化底蕴。要抓好连片旧屋区改造，加大征迁交地，创新安置方式，多渠道筹措资金，努力完成三年改造目标。现在我们还有不少老旧小区，存在市政基础设施老化、公共服务缺失等问题，要加大整治、改造力度，谋划生成、滚动实施一批项目，持续改善市民居住条件。要继续做好水系综合治理攻坚扫尾，新建串珠公园100个，推动城区156条内河全部转入常态化运维管养，真正让水清起来、动起来、活起来，内河沿岸绿起来、美起来。要深化海绵城市建设，力争20%以上建成区达到海绵城市的建设要求。

三要引领带动闽东北协同发展区建设。按照今年莆田联席会明确的目标任务，围绕“八个互动”，健全完善协同工作机制，以推进13个平台建设为主线，加快落实10大协同项目，扎实开展部门协作活动，推动协同发展取得新成效，真正发挥引领、辐射带动、服务的作用。比如，要强化基础设施协作，加快福莆城际铁路、福平铁路、福厦客专等项目建设，加快形成“闽东北1小时通勤圈”。要深化产业协作，围绕打造深海养殖、全域旅游、新能源汽车产业链等，做足产业互补融合文章。

四要扎实推进乡村振兴。认真学习贯彻习总书记日前在中央政治局常委会会议专门研究“三农”工作时的重要讲话精神，按照中央农村工作会议部署，围绕“五个振兴”，扎实推进8大行动93项重点任务，加快建设6个省级重点县、15个特色乡镇、145个示范村，打造一批不同类型中级版、高级版示范村典型。持续抓好农村人居环境整治，落实“一革命五行动”，推进美丽乡村示范村建设。要抓好农村集体产权制度改革试点，盘活农村集体资产。要推动优质教育、医疗、养老等公共服务向乡村转移，带动资金、技术、人才等要素向乡村聚集，促进乡村全面振兴发展。我们要学习借鉴晋江等地先进经验，加快建立乡村治理工作推进机制，开展试点示范建设，培育推广一批乡村治理“福州经验”。

第六，要坚持以人民为中心，保障和改善民生。既要尽力而为、又要量力而行，聚焦群众最急最忧最盼的问题补短板，有效保障、改善困难群众基本生活，不断增强人民群众的获得感、幸福感、安全感。

一要着力办实事、补短板。坚持像抓发展一样抓民生，办好明年17项53个为民办实事项目。要围绕办好人民满意的教育，持续深化教育体制改革，推动学前教育更加公平普惠，义务教育更加优质均衡，普通高中高质量、多样化发展，着力解决进城务工人员子女就学难等问题。

要持续深化“健康福州”建设，加快国家区域医疗中心建设，做强市属专科医院，提升基层医疗卫生服务能力，确保居民主要健康指标居全省前列。

要积极应对人口老龄化，健全养老服务体系，新建、提升一批居家社区养老服务照料中心、农村幸福院，不断扩大养老服务供给总量。

就业是最大的民生。要完善就业优先政策体系，力争新增城镇就业11.2万人，确保零就业家庭动态清零。不到一个月就是春节了，各地要做好保工资、保运转、保基本民生“三保”工作，特别是要全面排查、依法治理拖欠农民工工资问题，让他们安安心心、快快乐乐地回家过年。

二要探索市场化民生供给。在政府保基本的同时，要更好发挥市场供给灵活性优势，深化民生服务领域市场化改革，借鉴引进清华大学附中、华山医院等优质资源的经验做法，鼓励各类主体参与民生项目建设，丰富服务层次，提升服务质量，增加有效供给，满足群众多层次、多样化的需求。

要鼓励社会力量投资建设医养结合养老机构、阳光健康小镇，探索田园候鸟式养老服务。要支持社会力量发展托育服务，加快发展多种形式的婴幼儿照护服务，着力解决“一老一小”的问题。

要加强困难群众住房保障，大力发展租赁住房，总结提升安置型商品房建设经验，加强设计、施工、配套等关键环节监管，提升安置房建设品质，让被安置群众享有更好的居住条件。

三要完善基层社会治理。坚持发展新时代“枫桥经验”，持续推广“13335”军门社区工作法，着力建设社会治理共同体，推进更高水平的平安福州建设。

要打好扫黑除恶攻坚战，持续深化“一案一整治”，建立健全依法打深打透、长效常治的机制，持续推进解难题、化积案行动。

明年我市的重大活动很多，要严格落实安全生产责任制，强化安全生产、公共安全领域突出问题的大排查、大化解、大整治，全面消除安全隐患。

四、要加强党对经济工作的领导，切实把制度优势转化为治理效能

第一，要把“两个维护”落实到经济工作中。进一步提高各级党组织领导经济工作的能力水平，不折不扣地把中央、省委的各项决策部署，落实到基层，落实到一线，切实把各方面的积极性、主动性调动起来，把全社会的活力潜力激发出来。

第二，要抓好班子、带好队伍。完善一线考核干部机制，引导各级党员干部，积极投身经济建设一线，锤炼斗争本领，提高解难题、化风险、促发展的能力，努力把各项经济工作抓得更好。

第三，要持续转变作风。巩固拓展主题教育成果，持续开展基层减负年、作风建设年、服务基层年，进一步提振精气神，激励新时代新担当新作为，力戒形式主义、官僚主义。特别是要传承弘扬总书记当年“四下基层”等好做法，深入调研，科学论证，合理确定“十四五”发展目标、工作思路、重点任务，扎实做好“十四五”规划编制工作。

同志们，抓好明年的经济工作，意义重大，影响深远。我们要更加紧密地团结在以习近平同志为核心的党中央周围，开拓创新，锐意进取，接续奋斗，加快建设有福之州，打造令人向往的幸福之城，坚决夺取全面建成小康社会的伟大胜利！

政府工作报告

——2020年1月5日福州市人民政府市长尤猛军在福州市第十五届人民代表大会第四次会议上的报告

各位代表：

现在，我代表福州市人民政府，向大会报告政府工作，请予审议，并请市政协各位委员提出意见。

一、2019年工作回顾

2019年，在以习近平同志为核心的党中央坚强领导下，在省委、省政府和市委的直接领导下，市政府以习近平新时代中国特色社会主义思想为指导，全面贯彻党的十九大和十九届二中、三中、四中全会精神，认真落实习近平总书记对福建、福州工作的重要讲话和重要指示批示精神，凝心聚力、攻坚突破、奋勇争先，各项工作都取得了新的进展。

根据第四次全国经济普查以及省统计局对我市地区生产总值的初步修订结果，预计全市地区生产总值突破9200亿元，同口径增长8.6%；一般公共预算总收入1095亿元，下降2%（剔除减税降费因素，同口径增长9.2%）；地方一般公共预算收入668亿元，下降1.8%（剔除减税降费因素，同口径增长8.1%）；出口总额1803亿元，增长10.2%；实际利用外资60亿元，增长8.3%；社会消费品零售总额5116亿元，增长9.5%；城镇居民人均可支配收入47791元，增长7.5%；农村居民人均可支配收入21069元，增长8.5%；固定资产投资增长10%；居民消费价格总水平上涨2.5%；城镇登记失业率2.7%。完成省下达的减排降碳任务。

一年来的工作主要体现在：

（一）改革开放不断深化。福州新区承接省级行政许可审批事项17项，完成重点项目投资超2200亿元。滨海新城探索建立扁平高效、权责统一的管理模式。自贸区福州片区推出创新举措92项，完成重点试验任务200项，6项试点经验在全国推广。完成生态文明体制改革任务17项。国家自主创新示范区福州片区推出创新举措6项。国资国企主要经济指标持续保持两位数增长。农村土地承包经营权确权登记颁证平稳收尾。农村集体产权制度改革基本完成。第四次全国经济普查顺利完成。政府机构改革全面落实。成功举办海交会、海丝博览会、丝路国际电影节、海丝国际旅游节等重大活动。成功举办海峡青年节等两岸文化交流活动45场。出台促进两岸经贸合作6条措施，琅岐至马祖南竿客运航线开通运营，连江向马祖船运供水工程正式启用。闽东北协同发展区建设稳步推进，长平高速全线贯通，平潭海峡公铁大桥顺利合拢。榕港澳、闽浙赣皖、泛珠三角区域协作不断深入。

（二）产业转型持续加快。规上工业增加值增长8.6%。引进富士康工业互联、华为鲲鹏生态创新中心等产业项目1918个，动建蓝谷海工装备、罗源闽光H型钢等产业项目1377个，建成奔驰技改、西门子研发中心等产业项目471个，培育兴业信托、慧连无车承运等产业平台203个，新增规上工业企业超400家、国家级高新技术企业396家、省级科技小巨人领军企业127家、省级“专精特新”企业59家、上市企业3家。技改投资增长20%，民间投资增长5.1%，13家民营企业入选中国民营企业500强，811家工业企业实现“上云上平台”，纺织化纤产业总产值突破3000亿元，轻工食品产业总产值突破2000亿元，规上工业总产值突破万亿大关。三产增加值增长9.5%。新增限上商贸企业836家、企业总部126家。中安绿色等一批供应链金融项目加快建设，京东、拼多多等一批跨境电商项目快速落地，东街口、东二环泰禾等一批重点商圈持续提升，朴朴、永辉生活等一批新零售企业迅速壮大，福清永鸿文化旅游城、永泰水上乐园等一批旅游项目竣工开业，兴银理财正式开业，海峡基金港上线运营。全年展览面积达136万平方米、增长20%。接待游客9630万人次。数字经济规模达3500亿元，东南大数据产业园新注册企业133家，马尾物联网产业基地新引进关联企业51家，新增区块链企业22家，新建升级版标准厂房65.7万平方米，成立5G、城市大脑等产业联盟。通过“榕博汇”等活动引进高层次人才2000人，新培养高技能人才6000人。成功举办第二届数字中国建设峰会，荣获2019中国领军智慧城市奖。

（三）城市品质快速提升。旗山湖、晋安湖全面开挖，晋安河直排闽江通道建成投用，修复排水管网1130公里，城区内涝治理初见成效。新建永久截污管道60公里、雨污水管网472公里，清除内河淤泥39万立方米，城区99条主干河道、23条支流黑臭水体治理基本完成。全市造林绿化6.6万亩，中心城区种植乔木7万株，提升林荫大道62条，新建串珠公园102个、滨河绿道100.8公里，完成拆墙透绿535处、边角地绿化238处，“绿进万家、绿满榕城”专项行动有效展开。实施连片旧屋区改造45个、老旧小区整治80个、立面景观整治157个、小街巷整治98条，利用零星地块建设街头小公园105个，市民居住环境得以改善。实施橘园洲东桥头、三环跨福飞路高架等城区缓堵项目381个，南台大道主线、环岛路主线等172条新改扩建市政道路竣工通车，交通健康指数上升6.9%，高峰延时指数下降3.4%。更新公交车519辆，优化公交线路67条，改建公交站台101个，新建公共充电桩2011台、公共停车泊位1.5万个，开通地铁公交接驳专线11条，城市公交体系进一步完善。新建自来水供水管网327公里、燃气管网179公里、公厕320座，完成市区路灯节能增亮综合改造，启动城市大脑建设，城市公用设施进一步健全。实施缆化下地550项，整治沿街箱柜1548个，拆除围挡240万平方米，规范电动自行车管理，实施闽江沿线规划管控，城市精细化管理水平持续提高。建设垃圾分类屋（亭）4747座，红庙岭焚烧发电厂三期、餐厨垃圾处置厂等9个项目建成投用，五城区生活垃圾分类全面推开。清理批而未供土地3.9万亩，处置“两违”1238万平方米，一批历史遗留问题得到有效解决。长乐滨海新城落地国电投氢能等产业项目133个，建成数字中国会展中心等基础设施项目22个，路网水网电网绿网初步形成，规划体系不断完善。三江口片区落地亚升集团总部等产业项目8个，建成三江口大桥等基础设施项目12个。长乐机场第二跑道立项获批，福州港集装箱吞吐量突破340万标箱，地铁2号线开通运营，绕城高速东南段等4个高速公路项目建成通车，城际铁路F1线（福州火车站—长乐机场）动工建设，城市承载能力日益增强。入选全国首批城市体检试点城市、国家城镇老旧小区改造试点城市。城市空气质量在全国省会城市排名第3。

（四）乡村振兴稳步推进。全市农林牧渔业总产值增长3.6%，粮食安全省长责任制考核全省第1。新建设施农业2775亩，建设全国数字农业试点2个，新增省级现代农业智慧园2个、省级农业物联网应用基地6个，闽清梅溪镇、福清一都镇入选全国“一村一品”示范村镇，实现所有乡镇市级科技特派员全覆盖。海洋生产总值突破2600亿元，福州（连江）国家远洋渔业基地获批，福州海洋研究院挂牌成立，深海“振渔1号”“福鲍1号”养殖试验进展顺利，更新改造远洋渔船67艘，首艘磷虾捕捞船赴南极作业，福州金鱼获国家农产品地理标志认证。农村生活污水处理率达86%、无害化厕所普及率达97.9%，新改建农村公路209.6公里，93个重大水利项目完成年度投资计划，所有建制村通客车。打造美丽乡村400个，整治裸房3026栋，657个村完成“村植千树”，晋安九峰村、前洋村成为省级示范样板。整治提升高速公路、高速铁路沿线人居环境931公里。整治违建坟墓6万余台。治理水土流失13万亩。完成补充耕地1.2万亩。全面消除薄弱村。少数民族聚居区、革命老区、海岛等欠发达地区加快发展。援宁援藏援疆、东西部扶贫协作等工作深入开展，福州与定西扶贫劳务协作模式入选联合国“全球减贫案例”。

（五）名城保护全面提速。成功举办福州古厝保护与文化传承论坛，成功申办第44届世界遗产大会。冶山、新店遗址公园建设全面提速。屏山公园、于山公园完成改造。上下杭、朱紫坊、烟台山历史风貌区基本修复。马尾船政文化城启动建设。温麻、和平街、昙石山等15个特色历史文化街区即将建成开放。中山路、池后弄、浮头街等51条传统老街巷得到保护整治。严复故居、宏琳厝等135处文物和历史建筑完成保护修缮。鼓岭旅游度假区获评全国新兴森林旅游地。永泰庄寨建筑群入选第八批全国重点文物保护单位。福州茉莉花茶窨制工艺入选国家级非遗代表性项目保护实践优秀案例。

（六）营商环境明显优化。营商环境“前沿距离”分数排名较2018年底提升11位，城市信用综合排名进入全国前三，获评全国社会信用体系建设示范城市。行政审批办理时限压缩比例全国第1，企业开办时间压缩至2个工作日以内，一般不动产登记压缩至4个工作日，市级审批服务事项“最多跑一趟”“一趟不用跑”占比分别达93%、57.2%，进口和出口整体通关时间分别压缩65.6%、85.1%，出口退税办理时间压缩至3.4个工作日，“执行合同”时间缩短至418天。精简、下放审批服务事项229个。e福州“一码通行”应用覆盖全市。运用“一企一议”协调机制帮助企业解决问题4642个。落实减税降费146.4亿元。不良贷款率降至全省最低。

（七）民生福祉日益增进。各级财政用于民生支出737亿元，占一般公共预算支出的77.4%。完成为民办实事项目17项52件。新改扩建幼儿园20所、中小学37所，建成智慧教室2285间，普惠性幼儿园学额覆盖率提高到85.4%。福州滨海实验学校、福州三中晋安校区等建成开学，天津大学福州国际校区动工建设并开始招生。市妇幼保健院新院等17个重点医卫项目加快建设，国家区域医疗中心、复旦大学附属华山医院福建医院落户福州，晋安、闽清、永泰被确定为紧密型医共体国家级试点县，全市新增医疗床位1500张。成功举办第十六届中国戏剧节、庆祝中华人民共和国成立70周年焰火晚会等多场大型文艺活动。成功举办举重世界杯、世界女子围棋大赛、福州国际马拉松等多项大型体育赛事。新建居家社区养老服务照料中心27个、农村幸福院210个。城镇新增就业13万人。免除五城区居民基本殡葬服务费。建设安置型商品房3.7万套，新增供应租赁住房4546套。成立市应急指挥中心，整治市县两级重大安全隐患点422个，安全生产和食品药品安全态势基本平稳。执法工作满意率、扫黑除恶好评率居全省第1，群众安全感率居全省第2，社会安定稳定。军门社区“13335”工作法在全国推广。全国文明城市、国家卫生城市创建工作取得新成效。民族团结进步事业深入推进，宗教工作法治化水平不断提升。侨情调查顺利完成，华侨华人新生代工作得到加强。信访、行政复议、司法行政、仲裁以及军民融合、国防动员、退役军人服务、民兵预备役、双拥、海防、人防、反走私等工作继续加强。广播影视、新闻出版、哲学社会科学、文学艺术、统计、科普、气象、防震、地方志、档案、老龄、青少年、妇女儿童、残疾人、慈善、红十字等各项事业健康发展。

（八）政府建设切实加强。扎实开展“不忘初心、牢记使命”主题教育，认真学习《习近平在福州》采访实录，“四个意识”更加牢固，“四个自信”更加坚定，“两个维护”更加坚决。弘扬“马上就办、真抓实干”优良作风，开展“基层减负年”“作风建设年”“服务基层年”系列活动，政府透明度指数居全国49个较大城市第8位，战略性新兴产业培育、事中事后监管等工作得到国务院办公厅通报表扬。贯彻中央八项规定及实施细则精神，严守廉洁制度，完善审计管理体制，整治“虚僵躲拖腐”突出问题，全年实施效能问责146人次。认真执行市人大及其常委会决定决议，自觉接受人大法律监督、工作监督，提请市人大常委会审议地方性法规草案6件，办复省、市人大代表建议481件，满意率达99%。自觉接受市政协民主监督，支持市政协开展协商民主实践，召开政府政协联席会、协商会28场，办复省、市政协提案487件，满意率达100%。

各位代表，成绩来之不易，这是省委、省政府和市委正确领导的结果，是全市人民团结奋斗、社会各界大力支持的结果。在此，我代表市人民政府，向全市人民，向人大代表、政协委员、各民主党派、工商联、无党派人士、各人民团体、离退休老同志和社会各界人士，向中直、省直机关企事业单位和驻榕部队指战员、武警官兵、公安干警、消防救援队伍指战员，向关心支持福州发展的港澳台同胞、海外侨胞和国际友人，表示衷心的感谢！

在总结成绩的同时，我们也清醒地看到当前发展中还存在不少困难和问题，主要是：龙头企业不够强，工业“含新量”不够足，新引进的产业项目中大项目、好项目还不够多；垃圾分类、电动自行车规范管理等任务仍然艰巨，城市精细化管理水平仍然不高，城市功能品质还有待提升；新区建设亟待提速增效，乡村振兴依然任重道远；教育、医疗、养老等民生事业与广大群众的期盼还有较大差距；一些部门、一些干部形式主义、官僚主义现象时有发生，等等。对此，我们将采取有效举措，认真加以解决。

二、2020年工作安排

根据市委统一部署，今年市政府工作总体要求是：以习近平新时代中国特色社会主义思想为指导，全面贯彻党的十九大和十九届二中、三中、四中全会精神，坚决贯彻党的基本理论、基本路线、基本方略，增强“四个意识”、坚定“四个自信”、做到“两个维护”，紧扣全面建成小康社会目标任务，坚持稳中求进工作总基调，坚持新发展理念，坚持以供给侧结构性改革为主线，坚持以改革开放为动力，坚持高质量发展，坚决打赢三大攻坚战，全面做好“六稳”工作，以“数字福州”“海上福州”“平台福州”建设为主攻方向，开展“抓项目促跨越”专项行动，确保全面建成小康社会和“十三五”规划圆满收官，奋力推动新时代有福之州、幸福之城建设迈上新台阶、实现新跨越。

今年经济社会发展的主要预期目标是：地区生产总值增长8%，地方一般公共预算收入增长3%，固定资产投资增长10%，社会消费品零售总额增长9.5%，进出口总额增长3%，实际利用外资增长3%，城镇居民人均可支配收入增长7.5%，农村居民人均可支配收入增长8%，居民消费价格总水平涨幅控制在3%以内，城镇登记失业率控制在3.5%以内，完成节能减排降碳任务。

为实现上述预期目标，重点抓好以下八个方面工作：

（一）围绕“三个福州”，打造经济增长新引擎。

以“数字福州”培育产业发展新动能。力争数字经济规模突破4300亿元。修订区块链、物联网、大数据、5G商用、人工智能等产业发展政策，强化政策引领。加快清华—福州数据技术研究院、百度人工智能实验室等产学研用平台建设，做大做强东南大数据产业园、马尾物联网产业基地、福州软件园等重点园区，夯实载体支撑。组建数字福州区块链研究院，建成市级区块链“孵化器+实训基地”，新培育区块链企业30家以上，新增区块链技术应用示范20项以上，打造区块链经济综合试验区。建设5G实验室，建设5G基站5500个，加强技术研发创新，实施“人工智能+”应用示范项目20个以上，推进“5G+”应用示范工程。完善可信数字身份、经济运行分析、城市大数据等公共应用平台，拓展e福州“一码通行”服务范围，加快城市大脑建设，打造全国数字应用第一城。对标上海进博会，加强数字经济展示与招商功能，高水平办好第三届数字中国建设峰会。

以“海上福州”拓展产业发展新空间。力争海洋生产总值突破2900亿元。拓展江阴港区外贸航线，加快江阴港区6—9号泊位、松下港区12—13号泊位等项目建设，打造国际深水大港。加快美得石化一期、中景石化二期等项目建设，做强江阴、可门、罗源湾、环松下港区等四大临港工业基地。加快海图水下机器人、艾尔姆风能叶片等项目建设，做大海洋工程装备制造业。加快福抗药业升级改造、大北农疫苗生产车间改造等项目建设，做大海洋生物医药产业。加快华电风电、长乐外海海上风电场等项目建设，做大海洋可再生能源产业。推进连江、福清争创省级海洋产业发展示范县。加快国家海洋经济发展示范区建设。

以“平台福州”构建产业发展新模式。力争平台经济规模突破800亿元。落实扶持平台经济发展四条措施，聚焦电子商务、物流、工业互联网等领域，引进小马货运、卖好车、欧普手机区域中心等一批平台项目。促进1233全球消费品供应链、福耀供应链、乐纺云等项目发展，培育一批大型供应链服务平台。扶持元洪在线、纵腾电商、永辉买菜等企业发展，壮大一批消费品特色电商平台。构建良好的平台经济生态，鼓励县（市）区建设平台经济集聚区。

（二）围绕改革开放，激发体制机制新活力。

加强重点领域改革。科学编制“十四五”规划纲要。加大对“小、散、弱”事业单位整合撤并力度，推进福清县域集成改革试点，完成乡镇（街道）基层管理体制改革。推进市属国企战略性重组和专业化整合，完善国有资本管理体制。系统推进“三医”联动，健全医联体、医共体建设机制，实施深化医改三年行动计划。推进居家社区养老服务集成改革。稳妥推进农村土地流转，落实土地承包关系稳定并长久不变的政策。完成重点生态区位商品林赎买6000亩，深化集体林权制度改革。

扩大对外开放。深化联动招商、以商招商、小分队招商、“一把手”招商、企业化招商等招商新机制，持续开展“回归工程”。办好第三届海丝博览会暨第二十二届海交会、第七届丝路国际电影节、第六届海丝国际旅游节等活动，推进中日产业合作示范区、福清“两国双园”建设，拓展“一带一路”沿线交流合作。发挥海外榕籍华侨华人的优势，深化榕港、榕澳交流，办好与日本长崎结好40周年等系列活动，加强对外经贸合作。举办第八届海青节、闽王文化交流等特色活动，加快推进榕马通水通电通气，办好台湾会馆，落实各项惠及台胞台企政策。推动沿海快捷大通道等十大协作项目建设，打造闽东北综合交通枢纽等13个协作平台，推动闽东北协同发展区融合发展。深化泛珠三角、闽浙赣皖区域协作，继续抓好与渭南、延安、吉安对口合作，推进与西藏八宿、新疆奇台的对口支援工作。

加快自贸区建设。扩大“国际贸易单一窗口”集成范围，建立更加可靠、便捷的“电子口岸”。争取获批原油非国营进口资质及配额，建立与香港、澳门、新加坡“3+1”经贸洽谈合作机制。推动国家惠台政策在自贸区率先落地，建立榕台双向投资综合服务体系。探索在新加坡、印尼等国建立“海丝”自贸仓，构筑跨境物流平台。支持自贸区内金融机构开展“区块链+金融”试点，用好海峡基金业综合服务平台。以企业需求为导向，推出全国“首创性”举措30项以上。

争创一流营商环境。启动优化营商环境3.0改革，争取营商环境“前沿距离”分数排名进入前35位。推进“证照分离”“照后减证”，力争实现企业开办“一站式”服务、“一日内”办结。继续压缩建设项目审批、办税、进出口通关、“执行合同”、不动产登记等办理时间，推出20个简单事项试行“全城通办”，力争实现“一趟不用跑”事项比例达60%以上。出台市级社会信用条例，拓展信用产品应用，力争城市信用综合排名保持全国前列。用好上市企业纾困基金，完善“一企一议”协调机制，清理拖欠民营企业中小企业账款，缓解民营和中小微企业融资难融资贵问题，落实好民营企业扶持措施，支持民营企业心无旁骛做实业。

（三）围绕高质量发展，构建现代产业新体系。

强化创新驱动。发挥国家自主创新示范区福州片区改革“试验田”作用。支持省创新实验室、重点实验室、工程研究中心、新型研发机构等创新平台建设，打造晋安湖、旗山湖两个“三创园”，培育省级以上高新技术企业300家、“专精特新”企业50家、科技小巨人领军企业50家，新增市级以上众创空间15家、行业技术创新中心5家、知识产权示范优势企业50家。持续开展人才提质聚榕专项行动，组建人才发展联盟和高校合作联盟，引进培养高层次、高技能人才1万人以上、技工人才2万人以上。

壮大先进制造业。推动企业技改，实施技改项目100项以上，完成技改投资800亿元以上。推动企业上市，力争12家以上企业进入上市程序。推动企业“上云上平台”，力争新增“上云”企业450家。推动强链补链工程，加快万华化学基地、天际汽车、长城服务器等重点项目落地动建，增强产业链韧性。推动16个重要产业基地发展，做大钢铁、汽车、纺织、化纤等产业集群。推动工业园区改造，提升园区基础设施，建成升级版标准厂房55万平方米以上。推动阿石创二期、星云电子二期、飞毛腿锂电池、博那德一体化等重点项目加快进度，力争新型显示、集成电路、化工新材料等战略性新兴工业产业规模突破3000亿元。

提升现代服务业。建设宜家家居、摩天轮文旅综合体等重点项目240个，力争三产增加值增长9.3%。推进消费升级，鼓励网络消费、绿色消费、智能消费，促进工业品下乡、农产品进城，挖掘内需潜力、释放消费需求。推进总部经济发展，力争新增企业总部50家以上。推进新零售业态扩张，支持谊品生鲜等新零售企业扩大规模，加快7—11等品牌连锁便利店建设。推进商圈“智慧化”改造，推广东街口智慧商圈模式，提升城区重点商圈智慧化水平。推进夜间经济发展，积极开发闽江夜游、晋安河夜游等项目，鼓励苏万宝、东二环泰禾等商圈延时经营，提升历史文化街区开发运营水平，打造泛三坊七巷、泛上下杭等夜间经济示范区。推进物流枢纽建设进程，加快福清公路港、盛辉智慧物流园等项目建设。推进跨境电商建设，支持海运快件中心、中云誉金等项目做大，加快亚联、敦煌网等项目落地。推进金融业集聚，加快发展数字金融、科技金融、绿色金融等各类金融，支持市金控集团、海峡银行做大做强，守住不发生系统性金融风险底线，力争金融业增加值突破千亿。推进旅游业提升，持续建设国家森林旅游示范城市，支持县（市）区创建省级全域旅游示范区，建成海丝国际旅游中心，力争接待游客超1亿人次。推进会展业做大，办好首届中国（福州）食品博览会、首届中国（福州）装备制造业博览会等大型展会。推进“农+超”扩面，提升改造农贸市场20个，实现“农+超”改造工作拓展到县（市）城关及重点街镇。

发展特色现代农业。落实粮食安全省长责任制，确保粮食种植面积基本稳定在121万亩以上，新增高标准农田14万亩，力争七大优势特色产业全产业链总产值超过2000亿元。发展品牌农业，启动金鱼产业园、茉莉花茶产业园建设，新增“三品一标”农产品22个、省级以上“一村一品”示范村40个，培育市级以上农业产业化龙头企业320家。发展设施农业，推进福清台湾农民创业园、长乐现代龙眼产业园等农业产业园建设，新建优质农产品标准化示范基地32个、设施农业2000亩以上。发展休闲农业，推进长乐牛仔梦幻田园、晋安禾意农业产业基地、永泰幸福庄园等项目建设，打造乡村旅游精品示范村10个、休闲农业示范点10个。发展农产品精深加工，推动闽清竹材精深加工、胜田食品等项目建设，建成农产品产地初加工中心25个。发展林下经济，推动永泰丹云三叶青、闽清东桥铁皮石斛等项目建设，新增林下经济示范基地10个以上。发展现代渔业，推广连江深海海工装备养殖模式，建设福州（连江）国家远洋渔业基地，建设人工鱼礁，打造“海洋牧场”，办好渔业周·渔博会。

（四）围绕城乡融合，打造协同发展新格局。

加快建设新区新城。全面提速滨海新城建设，加快长乐机场第二跑道、东南快速通道等80个基础设施项目建设，加快复寅精准医学创新中心、研发楼四期、京东物流园等60个产业项目建设，加快临空经济区“一核五片”6个百亿组团建设，争取获批福州空港综合保税区。高标准建设三江口片区，加快文化旅游城、道庆洲过江通道、马航洲湿地公园、嘉里中心等100个重点项目建设，打造樟岚、梁厝、下洋、清富四大片区。扎实开展国家城乡融合发展试验区建设。继续推动闽江口、福清湾、江阴湾等3个组团开发建设，加快福州新区与平潭一体化发展。

提升老城宜居品质。围绕10个重要门户、10个重要片区、10条重要线路，开展10个专项行动，落实城市品质提升项目2157个。继续推进城市体检工作，建立以信息化为主要手段的长效工作机制。继续推进水系综合治理，推动内涝治理和黑臭水体治理从整治建设阶段全面转入长效运营管理。继续推进连片旧屋区改造，加快同晖地块、洋下新村、三叉街新村等106个旧屋区、城中村改造项目建设进度。继续推进老旧小区整治，新启动整治项目60个。继续推进城区缓堵工程，落实福马路提升改造、站东互通改造等188个缓堵项目。继续推进城市精细化管理，提升环卫、市容、园林、施工工地、市政施工、货运车辆运输管理水平。继续推进电动自行车规范管理，实施减存量、控增量、严管理等综合措施。继续推进生活垃圾分类，巩固“四定”工作成果，建成投用垃圾焚烧协同处置、厨余一期、洋里生活垃圾收运一体化等项目，实现分类准确率80%以上，回收利用率35%以上。继续推进缆化下地、拆墙透绿、街头小公园建设、小街巷整治、立面景观整治、海绵城市建设以及群租房整治、住宅小区物业管理提升等工作，持续优化人居环境。继续推进“两违”、夜间大排档、流动摊点、占道售货亭、流浪犬、渣土车违规等整治，着力改善市容市貌。办好2020年世界城市日中国主场活动。

扎实推进乡村振兴。打造省级乡村振兴重点县6个、特色乡镇15个、示范村145个，建设一批中级版、高级版示范村典型。新建美丽乡村174个、提升200个，实现美丽乡村建设全覆盖。落实农村人居环境整治“一革命五行动”，在实现行政村污水治理全覆盖、农村生活垃圾处置体系全覆盖、农村无害化户厕基本覆盖的基础上，逐步开展农村黑臭水体整治和生活垃圾干湿分类试点。加快霍口水库、“一闸三线”、“高水高排”等78项重大水利设施项目建设，治理水土流失10万亩。持续抓好高速公路、高速铁路沿线人居环境整治。推进“四好农村路”建设。打造数字乡村试点示范村20个以上。选派市级科技特派员600人以上。

完善城市基础设施。加快福平铁路、福厦客专等铁路建设。加快地铁4号线、5号线、城际铁路F1线建设，建成地铁1号线二期、6号线长乐段，推动地铁2号线马尾延伸段工可获批。建成长福高速、莆炎高速福州段。加快洪塘大桥、城区北向第二通道、工业北路延伸线南段等96个市政道路项目建设。新改扩建市政道路100公里、国省道147公里。新增公共停车泊位5000个、新能源公交车235辆，优化公交线路40条，新增地铁公交接驳专线15条，改造公交站台100个。实施饮用水安全“六个100%”工程，新建自来水供水管网50公里、燃气管网50公里。

（五）围绕生态建设，增创绿色发展新优势。

深化生态文明体制改革。完善排污权、用能权、碳排放权等环境资源有偿使用制度，深化连江生态产品市场化试点改革、永泰林地占补平衡试点改革，推广“福林贷”等普惠制林业金融。健全自然资源资产负债表，开展党政领导干部自然资源资产离任审计。落实生态补偿和生态环境损害赔偿制度，实行生态环境损害责任终身追究制。

高效利用生态资源。建立完善国土空间规划体系，完成国土空间总体规划编制。健全海洋资源开发保护制度。健全自然资源产权制度、确权登记制度、有偿使用制度。加强闽江沿线规划管控，保护闽江河口等重要湿地生态。严厉打击破坏林地、湿地、岸线、野生动植物等生态资源违法犯罪行为。完成第三次全国国土调查。

打好污染防治攻坚战。深化工业、机动车等污染源综合治理，健全臭氧污染应急响应机制。推进闽江、龙江等流域保护治理，全面落实河（湖）长制。建立地下水监测体系，加大集中式饮用水水源地保护。统筹山水林田湖草系统治理，加强土壤污染管控和修复。推进海漂垃圾综合治理，强化重点海域污染防治。力争污染地块安全利用率达90%、主要流域水质优良率达90%以上、空气质量保持全国168个重点城市前十。

提高城乡绿化水平。推进国家森林城市提升行动，植树造林6万亩，完成“三沿一环”等重点生态区位绿化提升7900亩。深入开展“绿进万家、绿满榕城”行动，推广庭院绿化、屋顶绿化、垂直绿化、阳台绿化，完成闽江两岸公共空间贯通工程。继续开展“村植千树”行动，在房前屋后、路边村头新种果树、乡土树种60万株以上。

（六）围绕文化传承，展现历史名城新风貌。

办好世界遗产大会。按照“数字世遗、人文世遗、绿色世遗”理念，办成一届具有国际标准、中国风采、福建特色、福州元素的国际盛会。全力打好城市品质、古厝保护、生态环境、产业项目、文明素质提升五大攻坚战，展示福州形象，讲好福州故事，努力实现“办好一次会，搞活一座城”。

全面推进名城保护。启动修订《福州历史文化名城保护条例》。加快新店古城遗址公园建设，建成冶山遗址公园。完成乌山公园整治。提速船政文化城建设。修复协和大学旧址。开放南公园、梁厝、利桥等特色历史文化街区。整治45条传统老街巷。修缮12处重点文物和100处历史建筑。实施鼓岭旅游度假区新一轮整治提升工程。建设非遗展示馆、古厝展示馆。启动三坊七巷、朱紫坊、上下杭、烟台山联合申遗论证工作。

繁荣文化事业。加快市群艺馆新馆、市少儿图书馆新馆、市科技馆新馆等项目建设，开放运营市美术馆新馆，提升基层文化服务中心400个，推进《福州通史》编纂工作，加快海西动漫“创意之都”建设，打响“文化惠民·七进”等群众文化品牌。传承弘扬闽都文化，加强文艺精品创作，促进哲学社会科学、新闻出版、广播影视、文学艺术等事业繁荣发展。

（七）围绕补齐短板，回应人民群众新期待。

推进教育均衡发展。新改扩建公办幼儿园27所，全面完成小区配套园整治，普惠性幼儿园学额覆盖率稳定在85%以上。新改扩建中小学24所，组建教育集团3个、教学联合体2个。支持福州职业技术学院打造国家优质校和“双高校”，建设1—2个高水平的职业教育专业群。推动闽江学院更名，加快天津大学福州国际校区建设。推广闽侯、长乐教师“县管校聘”经验，完善教师绩效考核办法，推进校长聘任制等改革试点，落实中小学家访工作规定，提升中小学课后服务覆盖率，加强师德师风建设。持续抓好特殊教育、老年教育、继续教育、社区教育。

着力建设健康福州。持续开展爱国卫生运动。建成复旦大学附属华山医院福建医院，推进国家区域医疗中心建设。支持省儿童医院、妇产医院等省级重点项目建设，加快市二医院改扩建、市中医院五四北分院等14个市级重点项目建设，建成市肺科医院医技楼、孟超肝胆医院门诊楼等6个项目，新增医疗床位3000张以上。提升20所中心乡镇卫生院、20所社区卫生服务中心能力，建成标准化村卫生所75个。拓展“榕医通”功能，建设区域互联网医院服务平台。新建晋安、闽清2个省级慢性病综合防控示范区，力争所有县级中医院达二甲水平。开展短缺药品保供稳价工作，强化药品、医疗器械质量安全监管，保障群众基本用药需求。持续开展群众体育健身活动。继续办好自行车、羽毛球、龙舟、马拉松、围棋等高水平赛事，更新、新建健身路径250条，建成足球场52片。做好第七次全国人口普查工作。

完善社会保障体系。实施全民参保计划，实现法定人群基本全覆盖。落实社保降费减负政策，提高城乡居民医保政府补助标准。加快三级三类养老服务设施建设，支持社会力量兴办普惠托育服务机构。抓好住房租赁市场发展试点工作，新增供应租赁住房5000套，动建安置型商品房2万套。实施职业技能培训4.5万人。城镇新增就业11.5万人。发展社会救助、慈善和残疾人事业。

巩固脱贫攻坚成果。开展脱贫攻坚“回头看”，完善农村困难边缘群众、易返贫对象监测、帮扶制度，探索建立解决相对贫困长效机制，实现稳定脱贫。完善革命老区、少数民族贫困村基础设施。强化东西部扶贫协作，帮助定西、固原贫困群众如期脱贫。

（八）围绕共建共享，提高社会治理新效能。

完善社会治理。大力推广军门社区“13335”治理经验，健全基层群众自治制度。推进县、乡、村信访评理室建设，健全矛盾纠纷排查化解机制。加强普法工作，健全司法救助体系。加强民族工作，依法管理宗教事务。落实退役军人安置、管理和保障工作，做好新一轮双拥模范城创建迎检。加强军民融合、国防教育、国防动员和海防、人防、反走私等工作。支持工会、共青团、妇联、残联等人民团体发挥更大作用。扎实做好统计、防震、科普、气象、保密等工作。

建设平安福州。推进市域社会治理现代化试点建设。深化扫黑除恶专项斗争，持续推进综治中心、“雪亮工程”和立体化社会治安防控体系建设，依法防范和惩治各类违法犯罪活动。加强社会治安“五级巡防”队伍建设，广泛发动群众参与联防共治。强化安全生产监管和隐患排查整治，落实安全生产责任制。加强救援队伍建设，完善多元化救灾保障机制。落实“菜篮子”市长负责制，保障生猪等重要副食品供给，保持物价水平总体稳定。积极创建国家食品安全示范城市。

提升文明素养。开展“迎世遗·讲文明”系列主题活动，持续深化文明城市、文明村镇、文明单位、文明校园、文明家庭创建。开展“扣好人生第一粒扣子”专题活动，加强未成年人思想道德建设。开展群众性精神文明创建活动。推动学雷锋志愿服务制度化、常态化。开展移风易俗专项治理活动。全力做好第六届全国文明城市总评迎检工作。

三、打造人民满意的服务型、法治型政府

把牢政治方向。全面贯彻落实习近平新时代中国特色社会主义思想和习近平总书记对福建、福州工作的重要讲话和重要指示批示精神，认真学习领会《习近平在福州》采访实录，持续开展“不忘初心、牢记使命”主题教育，增强“四个意识”，坚定“四个自信”，把“两个维护”体现在工作中、体现在行动上，确保党中央国务院、省委省政府和市委各项决策部署落到实处。

落实依法行政。严格遵守宪法法律，构建职责明确、依法行政的政府治理体系。推行行政执法“三项制度”，规范执法自由裁量权。认真执行市人大及其常委会决定决议，自觉接受人大法律监督、工作监督和政协民主监督，积极办理人大代表建议、政协提案和协商意见。广泛听取各民主党派、工商联、无党派人士和各人民团体、社会各界人士的意见建议，主动接受舆论监督和群众监督。

提升治理能力。大力弘扬“马上就办、真抓实干”优良作风，坚决整治形式主义、官僚主义等突出问题。开展“服务基层年”“抓项目促跨越”专项行动，坚持一线考核、正向激励，倡导斗争精神、增强斗争本领。明晰权责清单，加强效能督查，提高执行力和公信力。

遵守廉洁制度。履行从严治党主体责任，贯彻中央八项规定及实施细则精神，推动党风廉政建设向纵深拓展。完善工程建设、资源开发、金融信贷等重点领域监督机制，扎实推进审计全覆盖，压减权力设租寻租空间，严肃查处群众身边的不正之风和“微腐败”问题。扎实推进审计全覆盖，落实审计整改责任。依法保护企业合法权益，构建新型亲清政商关系。

各位代表，扬帆新时代，奋斗正当时。让我们更加紧密地团结在以习近平同志为核心的党中央周围，高举习近平新时代中国特色社会主义思想伟大旗帜，在省委、省政府和市委的坚强领导下，不忘初心、牢记使命，开拓创新、拼搏进取，为推动高质量发展落实赶超，为建设令人向往的有福之州、幸福之城而努力奋斗！

壮丽70年 奋斗新时代

马上就办　真抓实干　建设有福之州　打造幸福之城
庆祝新中国成立70周年福州专场新闻发布会举行

9月1日上午，以“马上就办 真抓实干 建设有福之州 打造幸福之城”为主题的福建省庆祝新中国成立70周年福州专场新闻发布会在省政府新闻发布厅举行，来自境内外媒体的84名记者参会。市委副书记、市长尤猛军作主题发布并回答记者提问，市委常委、常务副市长林飞，市委常委、宣传部长阮孝应回答有关提问。省委宣传部副巡视员卓少锋主持发布会。

尤猛军在新闻发布时说，新中国成立70年来，在党中央、国务院和省委、省政府的坚强领导下，福州从一穷二白走向经济强市，从纸褙小城走向宜居新城，从海防前哨走向开放前沿，从温饱不足走向全面小康，经济社会发生了深刻的历史性变化。

尤猛军说，回顾这70年，福州之所以能取得巨大的发展和进步，关键在于毫不动摇坚持和完善党的领导，关键在于始终遵循习近平新时代中国特色社会主义思想的指引，关键在于毫不动摇把党建设得更加坚强有力。特别是近年来，福州大力弘扬“马上就办、真抓实干”优良作风，推行一线考核、一线巡察，干部队伍精神面貌焕然一新，大干快上、力争上游，比学赶超、竞相发展的氛围正在加快形成。

尤猛军说，福州将始终以习近平新时代中国特色社会主义思想为引领，聚焦“机制活、产业优、百姓富、生态美”，进一步提振精气神、争当排头兵，推进高质量发展落实赶超，加快建设有福之州、打造幸福之城，为实现中华民族伟大复兴的中国梦作出新的更大贡献。

随后，媒体记者围绕经济发展、城市建设、文化遗产保护、优化营商环境、构建产业体系、城市基层党建等方面纷纷提问。尤猛军、林飞、阮孝应用具体的事例和翔实的数据，逐一回答大家的提问，现场气氛活跃。

（摘自《福州日报》2019年9月2日1版，记者覃作权）

一张蓝图绘到底　砥砺奋进谱新篇
——庆祝新中国成立70周年福州专场新闻发布会答记者问实录

昨日，以“马上就办 真抓实干 建设有福之州 打造幸福之城”为主题的福建省庆祝新中国成立70周年福州专场新闻发布会在省政府新闻发布厅举行。主题发布后，市委副书记、市长尤猛军，市委常委、常务副市长林飞，市委常委、宣传部长阮孝应围绕“建设有福之州 打造幸福之城”，回答了记者的提问。

老城提升和新城建设同步推进

新华社记者：许多市民明显感觉到，近几年福州的城市品质越来越好。请问，福州市在城市建设发展方面主要做了哪些工作？

尤猛军：非常感谢新华社记者的提问。习总书记在福州工作时，提出福州应当“变得更美、更精、更亮”。历届市委、市政府遵循习总书记的教导，坚持以人民为中心的理念，把群众关注的热点作为市委、市政府工作的重点。我们现在是把老城提升和新城建设这两件事有机结合起来，同步推进。

首先，在老城提升方面，我们重点做了这么几件事：

一是多条地铁同步建设。2016年1号线开通，2019年2号线开通，现在在建的有1号线二期、4号线、5号线、6号线、滨海快线，这5条加起来总长189公里、总投资超过1500亿元。这也就意味着，在1号线、2号线开通之后，今后每年都会有一条地铁线路开通，到2023年，福州整个地铁网络将基本形成。

二是113个连片旧屋区同时改造。2000年夏天，时任省长的习近平同志，带着他的班子，走进潮湿闷热、狭小拥挤的台江苍霞棚户区。面对群众改善居住条件的强烈愿望，习总书记深情地说，大家要记着，“政府”的前面是“人民”两个字，我们的政府不仅要锦上添花，更要雪中送炭。在习总书记的亲自推动下，苍霞棚户区一个月完成动迁，一年内3000多户、将近1万人搬进新房。当年老旧的苍霞棚户区，现在已经成为福州市的文明社区。总书记的为民情怀、老百姓的殷切期盼，成为我们持续推进城中村连片旧屋区改造的强大动力。去年，我们一年之内实施了连片旧屋区改造61片，已经完成拆迁1200万平方米；今年，我们还将改造连片旧屋区52片，拆迁量超过500万平方米。

三是全面整治老旧小区。2017年，我们整治了老旧小区35个；2018年，我们整治了老旧小区300个；今年，我们还将继续整治老旧小区80个。老旧小区整治有一些创新的做法：既做看得见的，又做看不见的；既做硬件，又做软件；既做地上的，又做地下的；既有政府主导，又有群众参与；既有政府投入，又有市民出钱。老旧小区的全面整治，改善了市民的居住环境，得到市民的认可和欢迎。

四是舍得拿出大量的黄金地块奉献给市民作为公共休闲空间。3年来，我们建成休闲步道12条，总长108公里；建成生态公园15个，总面积将近8000亩；开挖扩挖7个城区调蓄、景观湖，总面积将近4000亩。沿城区内河水系建成串珠公园200多个，滨河绿道450公里，新增公园绿地3000多亩。

五是把群众发动起来，大家都来种树。

我们提出了一个新的理念，叫做“坚持种大树、造绿荫”。3年来，全市新种乔木55万株，其中仅四城区就新种乔木29万株。目前，我市建成区绿化覆盖率达44.9%，人均公园绿地面积达15.1平方米。今年，我们又展开了“绿进万家、绿满榕城”专项行动，继续加大绿化福州的力度。

六是标本兼治缓解城区交通拥堵。从2016年开始，我们开展了交通拥堵的缓解工作。组织实施湖东路下穿、尤溪洲桥头改造、浦上大道拓宽等交通治堵的软硬项目644个、总投资590亿元，现在效果初步显现，城区高峰平均车速同比提高6.1%，拥堵延时指数同比下降2.3%。我举一个缓堵项目的例子——五四路口改造项目。通过立交桥的建设，打通了五四路和二环路两条主干道的连接点，这样，进出城市的通道顺畅了。

七是精准整治立面景观。我们改变以往整条街道整治的状况，用“两条腿走路”的办法，一条街一条街去梳理、去研究，哪一些需要整治、哪一些不需要整治，最后精准提出整治节点和整治项目。去年，我们已经确定的东街口、苍霞新城周边等2320个精准整治项目已经全部完成，下一步还要继续做。

八是用系统的理念整治城区水系。3年多来，我们把内涝治理、黑臭水体治理、污染源治理、水系周边环境治理、水系智慧管理体系建立等5件事一起做，3200多个项目靠两条腿走出来，同步实施。目前，我们的黑臭水体治理已经进入尾声，156条大部分已经完成，内涝治理取得一定成效，联排联调中心已经发挥很好的作用。今年上半年，我们得到通知会有一场暴雨，通过联排联调中心大数据算一下，将在城区某地增加涝水1000万立方米，再通过联排联调预先放水1200万立方米，给暴雨涝水提供了足够的空间，这就是联排联调中心的作用。现在走到水系周边一看，整个面貌得到改变，我经常说现在已经是一条水道，一条风的廊道，还有一条绿道。

九是提升城市精细化管理。近几年，我们借鉴了杭州、厦门等城市的经验，引入精细化管理的理念，比如提升保洁水平、推行公厕革命、动态修补人行道、推行垃圾分类、建设夜景工程、缆化下地、拆墙透绿、街头小公园建设等，今年正在做的城市精细化管理有44类项目。

以上九项是推进老城环境改造的几条措施，现在的城市正在逐步变新、变绿、变畅、变美，我们希望通过不断地努力，让我们市民能够住得舒适一点，生活质量会有所提高。

在新城建设方面，大家都知道，习总书记在福州工作的时候，围绕福州城市的空间拓展，高瞻远瞩地提出了“沿江向海”“东进南下”的战略构想。怎么把总书记的战略构想落到实处？我们启动了福州滨海新城建设。滨海新城规划面积188平方公里，面朝东海，坐拥东湖，涵盖空港、海港、信息港，空间大、生态优、条件好。经过两年多的建设，滨海新城已粗具规模。

在新城建设方面，我们主要抓了6件事：

一是区划调整。长乐正式撤市设区。

二是规划编制。47项规划已经全部完成。

三是配套建设。启动180个重点项目建设，仅交通基础设施这一块，就有1条高铁（福平铁路）、2条地铁（地铁6号线、滨海快线）、2条高速（东绕城高速、长平高速）、4条快速路（东部快速路、东南快速路、清江快速路、泽竹快速路）。

四是抓功能疏解。把老城区高端优质的医疗、教育、文化、养老资源引导到新城来，像8月31日开学的天津大学新校区、福州三中滨海校区、融侨国际双语学校等，以此增强新城吸引力。

五是抓产业支撑。重点抓了两个方面：一个是建设中国东南大数据产业园，另一个是建设新城临空经济区。

六是抓生态完善。做好三件事，把好山、好水、好风光融入新城：一个是沿着海边打造了一条宽300米、长13公里的森林景观带；一个是启动15平方公里的东湖湿地保护规划建设；再一个是规划建设4个公园，包括董奉山国家森林公园、城市植物园、中央公园、滨海公园等。

通过新城建设，福州从“沿江建城”转向“沿江向海”，我觉得这是福州城建史上具有里程碑意义的一次跨越。

加快构建现代化产业体系

福建电视台记者：习近平总书记非常重视实体经济，他说实体经济是一国经济的立身之本、财富之源。请问，近年来，福州在推动产业发展、壮大实体经济方面，做了哪些工作，取得了哪些成效？

林飞：感谢记者的提问。近年来，我们充分发挥多区叠加的政策优势，扎实推进高质量发展落实赶超。2019年6月，市委、市政府召开全市产业发展促进大会，将全力推动“数字福州”“海上福州”“平台福州”确定为产业发展的主攻方向，着力加快构建现代化产业体系，壮大实体经济。具体来说，我们主要采取了以下四个举措：

一是大力支持民营企业发展。2018年，民营经济占全市经济总量接近七成，我市先后出台《中共福州市委、福州市人民政府关于印发〈福州市促进民营经济健康发展的若干意见〉的通知》及实施细则等文件，并在2018年11月29日召开福州市民营经济发展大会，进一步完善市、县领导干部挂钩服务企业制度，第一时间帮助民营企业了解和掌握中央、省、市各项惠企政策，及时掌握企业发展中存在的困难和需求，对症下药、精准帮扶，帮助企业发展壮大。2018年，我市民间投资增长29.9%，居全省第一。

二是以提高中心城市竞争力为目标，对全市重点工业园区实行市领导分管制度，在资金补助、人才引进、项目落地、要素保障等方面对重点工业园区、重点企业予以支持倾斜。

三是加大财政、金融对实体经济的支持。市财政2019年、2020年两年以基金、税收贡献奖励、贷款贴息等方式支持产业发展投入为70亿元；支持企业上市，2014年至今，我市A股上市企业14家，其中福光股份在科创板首批上市；我们还高度关注企业不良贷款处置，全市银行贷款不良率为全省最低。

四是突出创新驱动和人才支撑。出台了《中共福州市委福州市人民政府印发福州市推动新一轮经济创新发展十项政策的通知》，引进天津大学—新加坡国立大学共建福州国际校区，投资建设清华福州大数据研究院、中科院上海微电子所马尾物联网实验室，联合投资建设超算中心、人工智能公共技术服务平台。同时，我们加大产学研合作，市政府与福州大学、福州市有关重点企业共同开展引进优秀博士工作，目前已为7家企业引进10位博士。

通过以上措施，我市经济发展取得一定成效：一方面，经济总量持续较快增长。2018年我市完成地区生产总值7856.81亿元，增幅位居全国省会城市第5位。无论是总量和增幅都位居全国省会城市的前十。今年上半年，我市经济继续保持良好的运行态势，地区生产总值增长8.5%，增幅排名上升至全国省会城市第3位。打造了纺织化纤、轻工食品、机械制造、冶金建材、电子信息等五大千亿产业集群，建成了22家重点工业园区、16个重要工业产业基地，永辉超市、恒申控股、福耀玻璃等13家福州民企跻身“2018中国民企500强”，数量位居全省首位。另一方面，创新驱动成效明显。全市R&D（研究与试验发展）投入总量2016年到2018年连续三年保持全省第一。启动高新技术企业倍增计划，截至2018年，我市高新技术企业数量比增38%，增量排名全省第一。截至2019年6月，全市发明专利拥有量达13777件，连续8年位列全省第一，每万人发明专利拥有量达18.92件。

怀着特殊的感情、特殊的责任 保护传承千年文脉

中央广播电视总台央视新闻记者：我们都知道福州是国家历史文化名城，有着悠久的历史和非常深厚的文化底蕴。今年6月，人民日报重刊了习近平总书记的《〈福州古厝〉序》，让“福州古厝”成为热词。我特别想了解一下，在城市发展和建设过程中，福州是如何传承和保护独特文脉的？

尤猛军：非常感谢记者的提问，我来回答这个问题。习总书记非常重视历史文化遗产的保护。他在福州工作期间提出一个非常明确的要求，“要把全市的文物保护、修复、利用搞好，不仅不能让它们受到破坏，而且还要让它更加增辉添彩，传给后代”。我们始终遵循习总书记的教诲，怀着特殊的感情、特殊的责任，来做好延续城市文脉这一件事。

围绕历史文化名城的建设，我们主要做了这么几件事：

第一，强化立法。先后颁布了“名城保护管理条例”等12部名城保护法规，夯实名城保护的法治基础。

第二，完善规划。我们编制了《福州市历史文化名城保护规划》等32项专项规划，通过这些专项规划把历史和文化的保护列入城市建设的总体布局之中。

第三，举办论坛。记者提到，习总书记专门撰写了《〈福州古厝〉序》，今年7月28日，市委、市政府专门举办“福州古厝保护与文化传承论坛”，通过论坛把国内外先进保护理念汇聚起来加以吸纳。

第四，建设遗址公园。在完善提升昙石山遗址公园的基础上，新建冶山、新店2个闽越古城遗址公园。

第五，提升“三山两塔”。对屏山、于山、乌山以及乌塔、白塔进行改造提升。目前，屏山公园、于山公园已改造完成，于山公园准备在农历八月十三举办开园仪式，到时欢迎大家来参观指导。

第六，修复历史风貌区。全力打造上下杭、朱紫坊、烟台山、马尾船政等4个历史风貌区。烟台山将于今年完成修复，上下杭和朱紫坊将于明年完成修复。

第七，打造特色历史文化街区。按照“承载族群的根、追溯文化的源，留住记忆、勾起乡愁”的理念，我们下达的任务是，全市12个县（市）区打造15个特色历史文化街区，经过两年的努力现在已经粗具规模，明年春节前将全部建成开放，到时候请媒体朋友们予以关注。

第八，整治传统老街巷。我们已完成154条老街巷整治，今明两年将继续整治96条传统老街巷，留下老城的味道，留下老城的记忆。

第九，修缮文物和古建筑。我们梳理了一下，今明两年，重点修缮20个重点文物项目、155处文保单位、100处历史建筑，这些已经形成项目清单，下达到所有责任人。

第十，拓展鼓岭鼓山的文化内涵。这是福州很重要的一个宝贝，我们梳理6个方面174个整治提升项目，春节前这些都会得到全部落实。

以上是几年来，我们围绕历史文化遗产保护所做的几项主要工作。福州市委、市政府希望通过不断的努力，保护城市的文脉，来留住城市的“根”与“魂”。这里有一件事拜托大家，明年第44届世界遗产大会将在福州举办，我在这里代表市委、市政府诚挚邀请大家届时光临指导。

加强城市基层党建 激发党员干部干事创业精气神

福建日报记者：我们知道推进各项事业关键在党，关键在人。20多年前，习总书记在福州工作时大力倡导“马上就办、真抓实干”优良作风，推动福州大发展。我想请教一下，近年来福州市在传承弘扬“马上就办、真抓实干”优良作风、

加强党的建设以及提振精气神方面做了哪些工作，取得哪些成效？谢谢！

阮孝应：感谢记者的提问，下面就您的提问我来回答。早在上世纪90年代初，时任福州市委书记的习近平同志亲自谋划实施了“堡垒工程”，拉开了福州城市基层党建工作的序幕。在探索实践的基础上，2012年我们总结形成了“135”社区党建工作模式。近年来，我们进一步解放思想、先行先试，加快体制机制改革，加大开放融合力度，夯实基层保障基础，进一步形成了“1235”城市基层党建工作路径，也就是做强街道一个“轴心”，做活“五在社区”和“红色领航”两个载体，做实队伍、阵地、技术三个支撑，做优党的基层组织、基层治理、服务群众、制度规范、责任落实五个体系。具体来说有三个特点：

一是优化机构，让机制更加灵活。包括两个方面：一方面，我们优化街道内部的机构设置，形成了“1+4+N”的机构模式。就是把街道的“前台”整合为一个党群服务中心，“后台”调整为“基层党建”“营商环境”“公共服务”“公共管理”4个办公室，并且根据需要增设1～2个工作机构。另一方面，我们全面推行街道“大工委”、社区“大党委”制，推广设立街道党建促进会、社区“党建联盟”，推动1200多个驻区单位党组织与街道、社区党组织共驻共建、融合发展。通过优化机构设置，我们充分调动了基层党组织服务群众的积极性。

二是倾斜资源，让干事有依托。干事既需要资金，又需要阵地。在这个方面我们也做到两手抓：一方面，将街道社区党建工作经费纳入各级财政预算，确保每个社区的党建工作经费不少于10万元、服务群众的专项工作经费不低于20万元。另外一个方面，我们还实施社区场所“达标升级”工程，要求全市社区综合服务场所平均面积要达到300平方米以上，并建成“一区一馆”“一街一中心一党校”的格局。目前，全市1.5万多支党员志愿服务队、28.9万名党员志愿者常年活跃在街道社区。

三是强化激励，让干部有奔头。为了建设一支留得住、有激情的社区工作队伍，我们也出了两招：一招是，建立社区工作者职级、职称“双轨”的成长链，让社区工作者干活感到有出路、有盼头；另一招是，分批选配千名专职化的城市基层党建工作者，并且在街道社区和“两新”组织之间可以交流使用。通过这两招，目前福州基层党务人才紧缺的难题得到破解。

抓好城市基层党建工作，可以说有效地激发了福州基层党员干部干事创业的积极性和主动性。在这个基础上，我们进一步抓住“干部”这个关键因素，激励全市广大党员干部提振精气神，强化担当有为，传承和弘扬好习近平总书记在福州工作期间大力倡导的“马上就办、真抓实干”优良传统，切实做到内化于心、外化于行。在这一方面，我们重点做了4项工作：

一是着眼“实干”，坚持一线考核。2016年起，我们在全市探索推行一线考核干部机制，构建了一套系统配套、逻辑严密、链条闭合的干部工作体系。目前，我们组建了197支考核组，有1200多人参与，覆盖了全市12个县（市）区、130多个市直单位。在考核过程中，我们比较注重实效。比如，对急难险重任务，我们采取“动态跟踪、实地勘察、列席旁听、节点对账、明察暗访”的考核办法；对日常工作，我们采取“个人自评、领导点评、群众评议、组织考评”的考核办法；对存在问题的单位，我们开展蹲点调研、“点穴考核”。同时，我们坚持正向激励与反向问责相结合，强化了考核结果的运用，树立了鲜明的用人导向。

二是着眼“敢干”，注重关心关爱。为了充分调动和激发干部队伍的积极性，我们陆续出台了《关于进一步关心关爱基层干部的若干措施》《关于进一步激励广大干部新时代新担当新作为的若干措施》等一系列文件。一方面，评先评优突出基层导向，在年度考核中将优秀的等次向基层、向重点项目指挥部予以倾斜；另一方面，落实“三个区分开来”要求，旗帜鲜明为敢于担当、踏实做事、不谋私利的干部撑腰和鼓劲。

三是着眼“真干”，开展专项督察。我们聚焦那些“不思进取、不接地气、不抓落实、不敢担当”等问题，突出“五查五看”，开展了覆盖全市公职人员的专项督察，提出了4300多条整改措施。同时，我们还深入开展“提振精气神、建设新福州、争当排头兵”“市直机关服务基层年”等活动，狠抓干部作风建设，进一步传导了压力，同时，也警醒了干部。

四是着眼“会干”，强化培训锻炼。我们把提高党员干部理论水平和履职能力，作为干部队伍建设的一个非常重要的环节。主要采取了4个办法：第一个是，持续兴起习近平新时代中国特色社会主义思想“大学习”热潮，让新思想、新理念在福州党员干部中入心入脑。第二个是，在建立健全领导干部专业化培训体系的基础上，分类开展时间短、规模小、精细化、专业化的一种“短小精专”干部培训。第三个是，围绕市委、市政府关注的重大问题和经济社会发展的热点难点问题，我们办好“左海大讲堂”高端论坛，提高干部的素质。第四个是，注重干部多岗位锻炼，丰富实践经验。去年以来，我们选派了175名干部到一线历练、到老区挂职、到先进城市学习交流。

通过这一系列的举措，“马上就办、真抓实干”已经成为福州党员干部的精神内核，并将始终成为新时代福州干部队伍作风建设的一项非常重要的内容。

用“三个福州”为产业赋能

香港大文集团记者：前不久，福州市委、市政府将“数字福州”“海上福州”“平台福州”确定为产业发展的主攻方向。请问，你们是怎么考虑的？

尤猛军：面对新的发展形势、新的发展机遇、高质量发展落实赶超的具体要求，福州的产业发展要找到一条创新之路，这条创新之路在哪里？我们认为，要把“数字福州”“海上福州”“平台福州”作为产业发展的主攻方向。

第一，以“数字福州”培育产业发展的新动能。什么叫做“数字福州”？就是以发展数字经济为重点，运用现代信息技术，来实现福州经济和社会信息化。福州发展数字经济基础条件得天独厚。早在2000年，习总书记就高瞻远瞩地提出了“数字福建”发展战略。经过20年的累积，去年全市数字经济规模突破2800亿元。基础已经具备，我们希望通过新一代信息技术的运用，通过数字经济向各行各业的广泛渗透，让福州的产业活起来、强起来。

第二，以“海上福州”拓展产业发展新空间。习总书记在福州工作时指出，“海上福州”建设就是以全面发展海洋经济为中心，以海岸建设为依托，以海域开发为重点，打造“蓝色聚宝盆”。为什么要把“海上福州”作为重中之重呢？同样也是因为我们有基础，我们还拥有独特的天然禀赋。2018年全市海洋生产总值达2240亿元。特别是我们的远洋渔业，产量、产值都占全省的半壁江山。所以，我们认为，福州发展海洋经济前景广阔、大有可为。市委、市政府希望，通过建设“海上福州”，进一步融入“一带一路”倡议，为福州产业开拓出一片新的天地、新的空间。

第三，以“平台福州”构建产业发展新模式。所谓“平台福州”，就是利用现代信息技术，汇聚省会资源优势，构建以平台经济为鲜明特征的福州现代服务业体系。为什么要把“平台福州”作为我们主攻方向？因为福州发展平台经济优势独特，而且我们这几年已经做了一些很好的尝试，比如永辉超市打造的1233全球消费品供应链平台、市文旅局正在打造的省级旅游集散平台。我们希望通过平台经济的建设，推动大平台、大市场、大流通融合发展，推动服务业、第三产业能够有一个质的飞跃。

总之，我们要把“三个福州”导入、渗透、运用、覆盖到全市产业发展的全领域、全过程，用“三个福州”为产业赋能，最终构建起具有福州特色的现代产业体系。

优化营商环境 激活市场活力

中央广播电视总台央广记者：福州营商环境越来越优化，企业家纷纷点赞。请问，在营造一流营商环境、激发市场活力这方面，福州有哪些举措，成效如何？

林飞：福州将优化营商环境工作作为长期推进的重点工作之一，早谋划、高站位、抢开局，由市委书记、市长亲自挂帅，在国内较早全面启动、系统部署优化营商环境工作，施行了一系列扎实有效的举措，激发市场主体活力，提振在榕企业信心决心，助推经济高质量发展。

一是打造高效便捷的政务服务环境。持续深化“放管服”改革。先后完成六轮简政放权，取消下放了一批审批事项，市级审批服务“一趟不用跑”事项占比达32.13%；全市范围内企业开办时间压缩至3天；102个事项下沉至社区。全面铺开“互联网+政务”。建成5大公共基础数据库及10余个专题数据库，网上政务服务能力居全国32个省会和重点城市前列。其中，审批事项时限压缩比例位列全国第一；上线福州市企业服务平台，截至8月底，累计受理企业诉求13000多件，满意率达99.61%。降低通关成本。推行通关一体化、通关无纸化、提前报关等措施，集装箱进出口成本降低892元。

二是建立宽松优惠的产业发展环境。加码减税降费。进一步减免或降低城镇土地使用税、社保费率等企业税费，今年全年预计减税100亿元。各级各部门主动走访、挂钩服务，及时掌握、解决企业面临的困难和问题，打通了优化提升营商环境的“最后一公里”。今年上半年，共协调企业问题1967个，办结率93.3%。最大限度释放政策红利。近年来，我们陆续出台了创新发展的121条政策、扶持民营经济的36条、进一步降低企业成本7项措施等一系列政策，并适时开展第三方评估，听取企业意见，评估政策效果，确保各项惠企政策能落地、落实、落细。

三是构筑公平公开的法治信用环境。

实行“信易+”创新试点，推进信用数据共享，开展35个领域的信用联合奖惩制度，率先在福州自贸片区试点跨境电商领域信用评级、在工程建设领域招投标中使用第三方信用报告。在最新一期全国36个省会、直辖市、副省级城市综合信用指数排名中，福州位列第3，这是我们开展信用工作的最好成绩。

（摘自《福州日报》2019年9月2日3版，记者蒋雅琛、谢星星整理）

沧桑巨变70载 有福之州铸辉煌

——庆祝新中国成立70周年福州专场新闻发布会侧记

“很高兴在这里和各位媒体记者朋友见面，向大家汇报福州的发展和变化。福州是福建省会，地处东海之滨、闽江之畔，这里有灵山有秀水，有历史有文化，有传统有现代，有时尚更有活力。”昨日，在以“马上就办 真抓实干 建设有福之州 打造幸福之城”为主题的福建省庆祝新中国成立70周年福州专场新闻发布会上，市委副书记、市长尤猛军热情的开场白，为各界媒体打开观察福州的一扇窗。

福州是八闽古都，2200多年的建城史赋予了这座国家历史文化名城深厚的底蕴。福州有侨台优势，拥有海外乡亲400多万、在台榕籍乡亲80多万，是著名的侨乡和台胞祖籍地。福州是开放前沿，是全国首批沿海开放城市，2015年被确定为21世纪海上丝绸之路战略支点城市。福州是生态之城，是全国最绿和空气质量最好的城市之一。福州是有福之州，是习近平总书记治国理政思想的重要形成地和实践地。

70年艰苦创业，70年春华秋实。今日福州，发展质量节节攀升，城乡面貌焕然一新，改革开放蹄疾步稳，人民群众安居乐业。

从一穷二白 迈向经济强市

GDP从1949年的1.26亿元增长到7857亿元，工业总产值从1952年的0.84亿元增长到9968亿元，财政总收入从1950年的188万元增长到1118亿元，三次产业结构从55.1∶13.7∶31.2优化为6.3∶40.8∶52.9……70年来，福州从一穷二白迈向经济强市。

从农业看，特色现代农业不断壮大，先后荣获“中国鱼丸之都”“中国金鱼之都”“中国鳗鲡之都”等称号，茉莉花茶进入中国茶叶品牌十强行列。

从工业看，现代工业体系逐步建立，拥有纺织化纤、轻工食品、机械制造、电子信息、冶金建材等5个千亿产业集群。

从商业看，新零售之都现雏形，2018年全市社会消费品零售总额达4666.5亿元、占福建省的三分之一。

从民营经济看，2018年全市民营经济实现增加值5139.95亿元、占GDP的65.4%，13家民营企业进入中国民营企业500强。

从数字经济看，成功举办两届数字中国建设峰会，2018年全市数字经济规模突破2800亿元，获评全国首个“中国软件特色名城”。

从海洋经济看，境外远洋渔业基地数量全国第一，水产品加工量、加工产值居全省第一，成为全国唯一获批“国家海洋经济发展示范区”的省会城市。

从高新技术产业看，拥有高新技术企业1500家，R&D（研究与试验发展）高于全国平均水平，发明专利数全省最多，成为国家创新型试点城市、国家自主创新示范区。

从纸褙小城 迈向宜居新城

70年前的福州，城里四处都是简陋、低矮的连片棚屋木房，被称为“纸褙的福州城”。70年来，福州城市规模不断扩大、功能持续完善、品质日益提升，实现从纸褙小城向滨江滨海现代化城市的华丽蝶变，先后荣获全国文明城市、国家卫生城市、国家森林城市、中国优秀旅游城市、中国领军智慧城市等称号。

城市空间逐步拓展。全市建成区面积从1949年的11平方公里扩大到现在的292.85平方公里，城镇化率从10%提高到70.3%。

基础设施日益完善。福州机场、港口、高速、高铁、地铁一应俱全，水、电、气应有尽有，城市基础设施由滞后型向适度超前型转变。

生态建设走在前列。空气质量在全国省会城市排名第3，森林覆盖率在全国省会城市排名第2，人均公园绿地面积从1950年的1.97平方米提高到2018年的15.14平方米。

历史文化有效传承。2个古城遗址公园、4处历史风貌区、15条特色历史文化街区、232条传统老街巷正在建设，数百处重点文物和古建筑正在修缮，留下乡愁和记忆。

乡村振兴步伐加快。实现“县县通高速、镇镇有干线、村村通客车”，乡镇生活污水处理、行政村农村生活垃圾处理实现全覆盖，美丽乡村建设覆盖率达73.55%。

从海防前哨 迈向开放前沿

改革开放以来，福州得风气之先、乘政策之利，解放思想、敢闯敢试。到2018年底，全市累计设立外资企业7675家，实际利用外资164.97亿美元，来榕投资或设立机构的世界500强企业达93家，经济外向度进一步提高，全面开放新格局正在形成。

体制机制持续创新。从被赋予“特殊政策，灵活措施”，到被批准为首批沿海开放城市，再到拥有“六区叠加”政策优势，福州改革开放路子越走越宽、体制机制越来越活，社会主义市场经济体制日趋完善。

对外开放向纵深推进。全面融入“一带一路”，获批全国第二批自贸试验区，与17个国外城市建立友好城市关系，牵头设立21世纪海上合作委员会，进出口总额从改革开放初期的394万美元增加到2018年的348亿美元。

营商环境不断优化。上世纪90年代，福州在全国首开行政服务“一栋楼”办公的先河。目前，福州审批服务时限压缩比例位列全国第一，城市信用状况综合排名位居全国省会及副省级以上城市第3位。

榕台交流合作深入拓展。全国第一家台资企业、第一个台湾个体工商户、第一家赴台投资公司、第一条跨海光缆、第一张电子台胞证等，都诞生在福州。改革开放以来，率先签订“两马协议”、率先实现对台“大三通”。目前，全市已入驻台资企业927家。

从温饱不足 迈向全面小康

70年来，福州坚持以人民为中心，千方百计提高人民群众的生活质量。70年间，城市居民的人均收入从76元提高到4.4万元，农民的人均收入从47元提高到1.9万元。

教育事业蓬勃发展。学校数量增至2018年的2528所，全日制高校数量由最早的3所发展到目前的35所，普惠性幼儿园学额覆盖率提高到77.28%。

医疗卫生水平快速提升。医疗卫生机构从1950年的633个增加至2018年的4172个，每千人床位数从1.77张提高到5.14张，2018年荣获首届“健康中国”年度标志城市称号。

公共文化服务明显增强。以前福州一个县（市）只有一个文化馆，现在2197个村均有文化站，全市还拥有博物馆、图书馆、艺术中心等大型文化建筑设施70多个，今年福州成为国家公共文化服务体系示范区。

体育事业协调发展。全市拥有海峡奥体中心等体育场馆17个，建成全民健身点1.58万个，主城区初步形成“10分钟健身圈”。2015年，福州还成功承办全国首届青运会。

社会保障体系日趋完善。医疗保险、生育保险、失业保险实现应保尽保，城乡居民基本养老保险制度实现全覆盖，企业职工养老保险参保人数从改革开放初期的15.5万人增至2018年的434万人。

养老服务体系初步形成。在全国率先实施居家养老，社区居家养老服务照料中心、市县社会福利中心实现全覆盖，每千名老年人拥有养老床位36张，农村幸福院覆盖率达65%以上。

居住条件大幅改善。城镇居民人均住房建筑面积从1950年的不足4平方米提高到2018年的42.4平方米，农村居民人均住房建筑面积从不足5平方米提高到66.5平方米。

脱贫攻坚成效显著。所有建档立卡扶贫对象全部脱贫，永泰省级、闽清市级扶贫开发重点县顺利“摘帽”。

（摘自《福州日报》2019年9月2日4版，记者谢星星、蒋雅琛）

打造令人向往的幸福之城

大道如虹新城起

——打造令人向往的幸福之城系列述评之一

“习书记卓越的大局观对福州的总体规划产生了深刻影响。他多次在规划会上提出，规划是灵魂，是龙头，是城市发展的动力。凡事都是‘预则立，不预则废’。由此，习书记创造性地提出了‘闽江口金三角经济圈’的构想，主持制定了‘3820工程’总体规划，即福州市3年、8年、20年的发展规划。今天，20多年过去了，我们仍可以说，他当年对福州的总体规划既很科学又非常具有前瞻性，适应当时的发展需求，同时能够有效对接未来发展。”

——摘自《习近平在福州》采访实录

闽江东流入海，海风溯江而上，江海交融中孕育着希望。上世纪90年代，习近平总书记在福州的闽江口，找到了福州发展腾飞的突破口，创造性提出了“闽江口金三角经济圈”的构想，勾勒出福州沿江向海的发展路径。身处历史洪流，更需要战略定力和战略自信。沿着习总书记指引的方向，福州市委市政府始终坚定不移地推动城市发展“东进南下”，一张蓝图绘到底，一茬接着一茬干，在更高的起点上建设“闽江口金三角”。

东方风来，繁花满目。如今的福州，城市发展大踏步向海进军，新区新城建设如火如荼，三江口组团日新月异，一个产业更高端、交通更便捷、生活更宜居的现代化城市正翻开崭新的发展篇章。

大交通 筑起发展高地

老城疏解，新城建设，离不开交通基础设施的支撑引领。“大福州”的蓝图上，一座座路桥强筋健骨，筑起了新区新城的框架，引领福州沿江向海的发展步伐。

2019年9月29日，东南绕城高速顺利通车，全长160公里的福州“四环”实现闭合，将连江、长乐、闽侯等8个县(市)区串联起来，构成外围快速环线，让百里之遥，变咫尺之近。

另一条交通大动脉328国道(滨海大通道)，则依偎着蓝色岸线，穿越连江、长乐、福清等沿海经济最活跃的走廊，纵贯新区。环南台岛滨江休闲路、东部快速通道、道庆洲大桥、机场第二高速、长平高速、长福高速、福平铁路、316长乐漳港至营前段、沈海扩容二期、104国道连晋段改线工程、地铁6号线、滨海快线F1……条条轨道交通、高速路、快速路，在城区、滨海新城、三江口组团和平潭岛架起了快速通道。乌龙江之上，座座桥梁飞架两岸，你追我赶，那是城市渴望自身发展的东进步伐。

长乐国际机场，每天300架次飞机升降，数百条国际国内航线，连成了福州对外开放的“空中丝路”，福州机场二期建设后将实现“双跑道、双航站楼”。

日升月落，福州港江阴港区，繁忙的岸桥吊卸着来自世界各地的货物，岸桥越来越高，靠泊的集装箱船不断刷新总吨重记录，2019年福州江阴港年吞吐量首破200万标箱。

根据新区发展规划，到2020年，新区城市框架、高端产业、基础设施及生态体系初步形成，马尾新城基本建成，重点产业园区、重要城市组团建设取得重大突破。

海陆空联动，人行货流天地宽。新城崛起的基石已经铺就，立足不同功能定位，完善产业配套支撑，三江口、滨海新城等正强势崛起。

滨海新城 “数字福船”扬帆起航

如果将城市之间的竞争比作赛道，那么滨海新城则寄托了福州弯道超车的希望。

从贫瘠的风沙地上崛起的滨海新城，是当年郑和下西洋的启航处，天然带着敢闯敢试的“基因”。2年多来，从塔吊如云到高楼林立，一座先行先试的创新之城、云集战略性新兴产业的高新之城已腾“云”驾“物”而起，矗立于东海之滨。V形大楼、数字福船、水上威尼斯酒店等极具科技感、现代感的地标建筑，骄傲地宣示着“数字中国”示范区的领异标新。

大数据是滨海新城的特色产业，目前已建成福州国家级互联网骨干直联点、“海峡光缆一号”和省级“政务云”“商务云”等一批大数据产业基础设施；引进了国家健康医疗大数据中心、国土资源大数据应用中心等国家级平台。三大电信运营商、奇虎360、贝瑞和康、比特大陆等一批龙头大数据企业纷纷入驻。

截至目前，东南大数据产业园累计注册企业351家，注册总资本347.9亿元，初步形成一批面向健康医疗、教育等领域的大数据行业应用服务企业，形成了大数据、云计算和VR产业链雏形，呈现出大数据集聚发展的态势。

滨海新城安置房一期竣工，福州长乐空港医院竣工，滨海新城综合医院一期主体工程封顶，融侨赛德伯双语学校建成投入使用，福州实验学校、福州三中滨海校区主体完工……交通、医疗、教育、保障房等各项民生配套设施紧张有序推进，新城的“软实力”和吸引力逐步提升。

最美三江口 崛起商务文旅重镇

三江交汇，山水交融，美丽的三江口片区是城市东进南下和疏解老城、连接滨海新城的重要节点。

这里，海峡文化中心的“茉莉花”幽幽绽放闽都之韵，随着三江口文化旅游城首个地标福星轮亮灯试运营，商务文旅重镇的地位已然奠定。

没有产业，就没有片区发展和人口涌入。目前，三江口片区正聚焦总部经济以及文化、体育、教育等高端产业，加大招商力度。

凭天时之利、地利之便、人和之势，嘉里集团、亚升集团、省交发集团、绿地集团纷纷投来橄榄枝，一批大项目、好项目源源不断汇聚。截至目前，已有8个大项目落地三江口片区，涉及地块面积超过1200亩。

隆冬时节，这片希望的土地上，大开发、大建设的良好态势依旧，项目征迁加快推进，建设现场塔吊林立、钩机轰鸣。樟岚收储地块一、二、三完成征迁，下洋商务中心完成征迁，国际金融中心地块A完成征迁，16个重点征迁项目已全面完成净地交付，总交地2130亩、拆旧40万平方米。

立足城市新中心和滨江商务区，樟岚片区、梁厝片区、下洋片区、清富片区建设你追我赶，同步推进建设总部经济、商务金融、文体教育等功能承载区。

和三江口一江之隔，琅岐岛正朝着世界级乐园群和文旅产品集聚区建设挺进。琅岐葡萄节等多场文旅活动，让小岛原生态的滨海风情绽放光彩，一波波人潮涌进岛内。以生态为核心，多维复合发展的国际生态旅游岛雏形已现。

近年来，借助闽江口组团的东风之便，琅岐岛交通基础设施建设突飞猛进，琅岐闽江大桥、环岛路构建内联外通的路网骨架，先后甩掉了轮渡，告别了孤岛，东南绕城高速让当地首次通上高速，往返福州只要30多分钟。这里还将开展公铁两用跨江大桥、高速公路、铁路、水运等交通建设，积极融入滨海大通道，成为闽江入海口最闪亮的明珠。

惊涛拍岸卷千雪，健儿弄潮逐浪高。从老城区、三江口到滨海新城，从滨江跨向滨海，福州发展空间得到有效扩展，产业赛道得以顺利转换，产业体系更为多元清晰，新区新城的示范引领作用不断增强。

风再起时，新城已起，未来已来。

（摘自《福州日报》2020年1月4日2版，记者朱榕、王玉萍、余少林）

建设“三个福州” 锻造产业支撑

——打造令人向往的幸福之城系列述评之二

“福州现在很多成规模的产业，都是习书记在福州工作时打下的良好基础。这些产业现在依然是福州经济发展的重要支撑，而且已经在全国具有不可忽视的影响力楚地看到了。”

——摘自《习近平在福州》采访实录

当下，高质量发展成为广泛共识。面对千帆竞渡，如何脱颖而出？习总书记在福州工作时期的探索和实践是一份宝贵的财富，为我们前进提供了指引。担负续写光荣与梦想的使命，福州擂响战鼓，提出以产业发展为主攻方向，建设“三个福州”的目标。

过去一年，全市上下咬定目标奋力奔跑，持续增强项目带动，引进富士康工业互联、华为鲲鹏生态创新中心等产业项目1918个，动建蓝谷海工装备、罗源闽光H型钢等产业项目1377个，建成奔驰技改、西门子研发中心等产业项目471个；坚持发展实体经济不动摇，推动工业转型升级，加快培育新兴产业、推动现代服务业跨越发展、持续优化营商环境，以建设“三个福州”驱动经济发展高质量。

培育新动能 做数字经济的领跑者

迈向高质量发展，必须心中有“数”。作为“数字福建”的火车头，福州沿着习总书记指引的方向奋进，以“数字福州”建设培育新动能，构建起新时代现代产业体系的重要支撑，全力打造数字中国建设示范城市和数字中国福建样本排头兵。

新动能是什么？如何提升福州产业发展品质？触摸过去一年“数字福州”发展的脉动，答案就在其中。

过去一年，福州积极参与创建国家数字经济创新发展试验区，发展显示、光电芯片、物联网、大数据、软件信息等五大产业基地。东南大数据产业园新注册企业133家，马尾物联网产业基地新引进关联企业51家，新增区块链企业22家，福州入选首批5G试点城市……新动能是推动数字产业化、将数字资源转化为产业发展的新蓝海。

过去一年，云计算、大数据、物联网、区块链等新一代信息技术的应用持续深化；福州加快推动数字乡村建设、智能商圈、智慧社区试点建设；811家工业企业实现“上云上平台”，完成国家工业互联网标识解析二级节点平台部署……新动能是推动产业数字化、实现信息技术与实体经济的深度融合。

过去一年，第二届数字中国建设峰会签约的95个项目中，有近七成完成转化，落地了支付宝数字城市科技、皮皮虾跳动科技等一批重点项目；与字节跳动、比特大陆、蚂蚁金服等数字经济龙头企业合作不断深化，争取拓展一批新的合作项目。新动能还是一批又一批数字经济的项目接续生成，为发展增强后劲。

立当前，谋长远。实施数字经济领跑行动，福州在财政、科技、用地、园区、招商等方面接连出台新政，举办一批数字经济领域创新赛事和会议，同步推进产学研用协同发展，发挥数字中国建设峰会的平台效应，促进各类创新要素向福州集聚。

回望2019年，建设“数字福州”的拔节之声铿锵响亮。站在新起点，新动能澎湃涌动，成为推动高质量发展的重要力量。

开拓新空间 做海洋经济的领跑者

以发展的眼光看待大海，开拓新空间，福州描绘出一幅向海图强的蔚蓝画卷。

交通基础设施向立体伸展。总投资超212亿元的机场二期扩建工程立项获批；国际深水大港建设扎实推进，建成生产性泊位186个，其中万吨级以上深水泊位56个，开辟国内外航线73条。

临港工业向两翼加速集聚。申远新材料、中景石化、福化天辰等化工新材料产业项目加快建设；以宝钢德盛、大东海、三钢闽光为龙头的钢铁产业规模加速壮大；以三峡风电产业园为载体，海上风电装备产业加速集聚……福清、长乐、连江、罗源工业投资占全市总量的三分之二，支撑作用增强。

现代渔业向深远海迈进。福州（连江）远洋渔业基地获批，成为第三个国家级远洋渔业基地；全国首创的深远海海鱼机械化养殖平台——“振渔1号”在连江县启用；我市在全省率先入渔南极海域，进行试验性生产作业；离岸深水环保智能渔场等养殖新业态、新模式不断涌现，“捕捞—养殖—加工—仓储—贸易—物流”全产业链的水产品产业集群粗具规模。

有了新空间，福州经略海洋就有了承载之地。一年来，福州以全省十三分之一的海域面积、全省四分之一的海岸线和三分之一的海岛，创造了相当于全省三分之一的海洋经济总量，是全省海洋经济当之无愧的领跑者。

“下一步，我们将继续以‘海上福州’建设拓展发展新空间，加快推进一批重大基础设施和产业项目建设，打造四大特色临港产业基地，加快建成具有国际影响力、国内一流的海洋强市。”市海上办相关负责人说。

构建新模式 做平台经济的领跑者

在人们的固有印象中，纺织是传统产业，与高新技术并无交集。然而，长乐“一朵云”的升起却打破众人的想象，让“老树”发出“新芽”。

“乐纺云”是“互联网+纺织业”公共服务平台，以商贸、金融、仓储、物流及产业大数据应用的全面对接和互通运用，助力长乐纺织化纤行业与大数据深度融合。“在平台上注册交易后，我们线上线下相结合，销售量节节攀升，而且平台给予我们融资等方面支持也为企业的转型升级和可持续发展提供了助力。”福建省金纶高纤股份有限公司董事长郑宝佑说。

搭上平台，新模式破土萌发，“乐纺云”与传统纺织企业的合作只是一个缩影。去年以来，福州将“三产年”专项行动和平台经济建设同步推进，深挖新增项目，三产占GDP比重不断上升。去年前三季度，全市实现三产增加值2783.6亿元，比增9.8%，总量及增幅均居全省第一，对全市GDP增长贡献率为57.7%。

市商务局相关负责人介绍，去年以来，我市大力发展平台经济，出台了建设工作方案，全面铺开推进工作；优化平台经济发展主攻方向，积极发挥福州名优特消费品及传统产业资源优势，打造上下游行业集聚融合发展的平台示范企业（项目）。与此同时，以项目为抓手，通过联动招商、产业链招商，大力引进培育一批具有发展潜力的平台经济项目，中安绿色等一批供应链金融项目加快建设，京东、拼多多等一批跨境电商项目快速落地，东街口、东二环泰禾等一批重点商圈持续提升，朴朴、永辉生活、7-11等一批新零售企业迅速扩大，兴银理财开业运营，海峡基金港上线运营。

“我们正在研究拟定平台经济促进政策，今年将以‘引进、培育、壮大、构建生态’的工作目标为指引，进一步夯实‘平台福州’工作机制，大力推进平台经济发展，力争推动一批重点平台项目取得突破性进展，为推动全市经济高质量发展作出积极贡献。”市商务局相关负责人说。

（摘自《福州日报》2020年1月5日3版，记者蒋雅琛、颜澜萍、谢星星）

城市品质提档升级 幸福能量不断积蓄

——打造令人向往的幸福之城系列述评之三

“习书记还为福州提出了一个‘建设大都市’的发展远景。现在，20多年过去了，我们再回过头来看，习书记当初并没有‘高估’福州，也没有‘低估’福州，他对福州的预估是恰如其分的，对福州的定位和未来发展，都把握得非常准确。在习书记规划的发展框架下，福州这些年发展顺利，城市规模不断扩展，基础设施不断完善，科学技术不断进步，宜居环境得到有效落实，政府的办事效率、市民的综合素质都在大幅度提升。”

——摘自《习近平在福州》采访实录

三山鼎峙、闽江穿城，文化悠远、沉稳灵动。

两年多来，福州的城市工作迈出更大、更坚定的步伐，城市变得更秀美、更加宜居，更有韵味。以闽江为坐标，福州城里，历史文化名城保护不断加强，精细化提升“水陆并进”，“绣”出了碧水绕城、绿意盎然的好生态，更“住”下了“倚江而居”、处处畅达的好居所。

“树高千尺，唯有根深。”伴着不断提档升级的城市品质，有福之州的幸福能量正不断积蓄，让宜居生活有质感，更有温度。

安居梦圆 有福之州强“底气”

从“蜗居”到“安居”，从“忧居”到“宜居”，有福之州的美好愿景之下，是广大市民平凡而切实的安居梦。

旧改，是一场漫长的“战役”。为让人民群众住新房、住好房，接续习总书记当年“安居工程”“广厦工程”的愿景，2018年，三年旧改集结号再度吹响，106个项目纳入改造计划，征迁旧房2339万平方米，涉及群众近9.3万户。

随着战鼓擂响，各级干部自加压力，与时间赛跑。2018年，福州实施并基本完成61个旧改项目共4.52万户1088万平方米，2019年实施45个旧改项目共2.02万户573万平方米，昔日“纸褙福州城”，已成繁华新闽都。

播种幸福的每一次踏实脚步，都传递着民生至上的温度，体现着品质为先的态度。

立足连片旧屋区改造，2019年，市委、市政府首次提出，加快推进城区零星地块精准旧改工作，在全市范围内摸排危房、旧房，对严重影响景观效果的“漏网之鱼”进行精准“打捞”。2019年以来，五城区已实施77个零星地块精准旧改项目。

分布在各处的老旧小区，也纷纷脱下旧衣，换上新装。路面坑洼难觅踪影，绿地之上鲜花盛开，孩子们在球场上欢乐地奔跑，新修的活动室歌声响亮。雨污管网、社区道路、安防监控、绿化卫生……与市民生活息息相关的方方面面，都获得长足提升。2019年，新增的80处老旧小区提升改造完工，首批5个试点片区的改造也正在紧锣密鼓推进。

护好文脉 有福之州有“深度”

古巷逶迤，串起福州千年文脉；庄寨无言，道尽闽都历史风采。千年古都的历史记忆，早已浸润在福州城内的一砖一瓦。随着历史文化名城保护工作不断推进，昔日繁华闽都的点滴正渐渐浮现。

青砖白墙，黑瓦窄巷，是许多老福州的旧时回忆。传承习近平总书记关于历史文化遗产保护的重要思想，我市先后投入160多亿元，重点开发三坊七巷、朱紫坊、上下杭等历史风貌区，新打造鳌峰坊、南公园等15条特色历史文化街区，梳理老城记忆，回味福州故事。“守旧”同时，还引入全新业态，传承福州元素。“护城”河畔，再现悠悠水脉；古巷清幽，坊间又迎新客。逛坊巷，游古厝，已成为榕城新兴的旅游方式。

自三坊七巷“起跑”，传承历史、保护文化的理念如蒲公英般飘散，在一处处公园、街巷落地生根：冶山、新店遗址公园建设全面提速，屏山公园、于山公园先后完成改造，“屏山十八景”焕然一新，状元峰顶光彩依旧；中山路、池后弄、浮头街等51条传统老街巷得到保护整治，街边有声导览牌将一段段榕城故事娓娓道来；上下杭、朱紫坊、烟台山等历史风貌区基本修复，成为全新的“打卡”胜地。老城记忆，正渐渐走入寻常生活。

成功举办福州古厝保护与文化传承论坛、成功申办第44届世界遗产大会，严复故居、宏琳厝等135处文物和历史建筑完成保护修缮，永泰庄寨建筑群入选第八批全国重点文物保护单位、茉莉花茶窨制工艺入选国家级非遗代表性项目保护实践优秀案例……

不忘本来，方能开辟未来。这是福州在历史文化名城保护中，给出的响亮宣言。

畅行无阻　有福之州壮“筋骨”

交通，是决定一座城市幸福品质的关键因子。堵点，却是幸福生活的“盲点”。一场地上地下的治堵保畅攻坚，持续为老城幸福生活“提速”。

城市路网，万绪千头。在地上，为串起畅通出行，“重大项目、快进快出、接二连三、加密路网、畅通节点、破解难点、路口改造、保障入非”等措施齐头并进。2019年，实施橘园洲东桥头、三环跨福飞路高架等城区缓堵项目381个，172条新改扩建市政道路竣工通车，交通健康指数上升6.9%，高峰延时指数下降3.4%。如今，“两环”和“15条接二连三联络性通道”的路网主骨架全面形成，城区（五区）路网密度已达8.1公里／平方公里，居全省前列。

地铁，服务出行，乃治堵利器。在地下，让老城“新生”的“加速器”开足马力。2019年12月27日，随着闽东北协同发展区城际铁路F1线（福州滨海快线）开建，福州轨道交通线网，迈进了1号线和2号线2条线路运营，4、5、6号线等多条线路在建的崭新阶段。

通过“通南北、连东西”的1号线和2号线换乘，地铁串联起浦上商圈、万宝商圈和东街口商圈等主城区重点商圈，连接了文教、医疗、商务、人文、风景名胜等重要区域。

“骨架”舒展，一路跨越，一路发展。越来越多的地铁线路正为城市注入新活力，开拓新空间，驶向更加幸福的明天。

美景环抱　有福之州添“色彩”

水是城市生态环境的重要组成部分，是一个城市生命力、活力的自然体现。

秉持习近平总书记在福州时提出的“全党动员，全民动手，条块结合，齐抓共治”的治水方略，福州从群众最关注的问题入手，对274公里的绵延水网展开持续“一千零一夜”的全域治理。

沿河截污、内河清淤，让水清起来，此为治标；管网清疏、修建闸泵，把水引进来，让水多起来、动起来，此为治本。107条主干河道和49条支流，在“系统、综合、生态、全面”的方法指引下，展开立体攻坚。

“一盘棋”治理，加上“清单式”项目管理、“卷地毯”集中攻坚、“标准化”质量管控，2019年，城区99条主干河道、23条支流治理基本完成。从污染到治理，从疏离到亲近，“水清、河畅、岸绿、景美”的新“榕颜”已然展现。

水系治理的春风，带走了脏臭污水，也吹绿了一条条滨河绿道。去年，102个串珠公园沿河布下，串起滨河绿道100.8公里。12条休闲步道、15座生态公园就像一个个绿色生态氧吧，将开放空间、公共绿地和历史文化资源有机融合，各具魅力。

依托“园林+”理念，各类配套设施也在串珠公园内“生根发芽”。串珠公园，既是一条条风景秀丽的绿带，也是生活中的休闲港湾。

滨河绿道之外，闲置已久的零星旧改地块也被一并纳入改造计划。2019年以来，不少闲置、废弃或无人管理的未利用零星地块及1年内无法进场施工的收储地进行了提升改造。昔日荒地废墟，已被105个街头小公园替代。

风雨多经志弥坚，关山初度路犹长。沿着习近平总书记当年擘画的宏伟蓝图，站在新时代起点的福州，将牢记嘱托，行稳致远，为实现“老城市新活力”的历史使命书写新的篇章。

（摘自《福州日报》2020年1月6日3版，记者孙漫、阮冠达）

城市之治随民心　发展之果惠民生

——打造令人向往的幸福之城系列述评之四

“从习书记主持福州工作以来，他规定市委、市政府每年至少要给福州市民做20件大的实事，这其中囊括了市政建设、百姓福利等方面的内容。但每年雷打不动、排在第一位的事，都是‘菜篮子工程’的持续建设。这是一个涉及福州市民日常生活的大事，又是长期的工作，习书记每年都重点抓，严格督办。而在其他的实事里面，从来也没有过名不副实的项目，事事件件都抓在民生上，抓在老百姓的困难诉求上，抓在人民群众的迫切需要上。”

——摘自《习近平在福州》采访实录

20多年前，习近平总书记用“菜篮子工程”装载百姓的殷殷期待，用“一栋楼办公”缩短群众的奔波之路，用一个个惠民之举为福州社会治理夯实民生之基。

20多年来，历届市委、市政府践行“关注民生、关心群众”理念，朝着“幼有所育、学有所教、劳有所得、病有所医、老有所养、住有所居、弱有所扶”奋勇前进。

两年多来，幸福在榕城大地升腾。数十所幼儿园新改扩建，更多孩子在家门口“入好园”；“榕医通”新增多项便民举措，群众看病少排队、更安心；“一窗”升级让“数据多跑路”，市民办事少跑腿……不断加码的暖心工程，持续提高的治理能力，托起了更加充实的获得感、幸福感、安全感。

一个都不少 生活更有温度

建设有福之州、幸福之城，是栖息在闽江两岸的福州人民，对美好生活的向往。

美好生活，从逐梦起飞开始。

“校园变美了，费用降低了，师资更强了，怎能不开心！”谈及仓山区螺洲中心幼儿园从小区配套园到镇里首个公办园的转变，家长们的满意之情溢于言表。正是得益于我市的普惠性学前教育工程，困扰家长的“入园难”“入园贵”得到缓解，越来越多孩子带着梦想启航。

2019年，全市新改扩建幼儿园20所，普惠性幼儿园学额覆盖率达85.4%。市人大常委会的满意度测评结果显示，我市学前教育普惠工作的6项测评结果均为“满意”。

美好生活，最美不过夕阳红。

2019年，我市最大的养老机构福州市社会福利中心开业。这个花园似的“新家”让刘水玉奶奶和家属很惊喜。歌唱、手工捏花、交新朋友，服务还能随叫随到，“在这住感觉比在家还舒心呢！”

全市有161家各级各类养老机构、414个居家社区养老服务站、75个居家社区养老服务照料中心，共同守护着“夕阳红”。市县两级社会福利中心社会化运营率达90%，用专业化服务惠及长者；我市还通过科技赋能，加速建设全市统一的智慧养老平台，为康养服务带来更多可能。

美好生活，一个也不能少。

走在省级革命老区村的闽清金沙镇墘面村，青山田园相映成画。村居环境“六清”专项整治后的美景，为这个小山村的振兴路带来前景。墘面村将打造红色教育基地，壮大特色产业，加速由过去的建档立卡贫困村蝶变为“红、富、美”的美丽乡村。

乡村振兴“脉动”更加有力，脱贫攻坚成果不断巩固。全市农林牧渔业总产值增长3.6%，全面消除薄弱村。脱贫攻坚的进程，凝聚着东西部的山海深情，福州与定西扶贫劳务协作模式入选联合国“全球减贫案例”。

我市不忘牵起9000余名农村留守儿童和困境儿童的小手，帮扶5.53万城乡低保对象、特困人员的生活，让困难群众一步一个脚印地踏上小康路。

撑起保护伞 安全更有保障

“没有全民健康，就没有全面小康。”健康城市建设，是群众生活的幸福载体。

眼下，滨海新城综合医院项目露出俊俏的“容颜”，展示高大的“身姿”。年内，这家国家区域医疗中心就能投用，加入福州4100多个医疗卫生机构方阵。

优质医疗供给能力与水平正在增强，“补短板”与赶超步伐不断加快，2019年“健康福州”结出累累硕果：按时推进17个市级卫生领域重点项目；开展115所标准化村卫生所建设；全国首个区域统一的“一站式”便民服务平台——“榕医通”继续升级改造，新增6项便民举措……一项项医疗惠民举措，为群众撑起一把坚固的健康保护伞。

大卫生、大健康理念之下，以治病为中心转变为以人民健康为中心，全民健身正与全民健康深度融合。2019年，我市提升改造77个行政村农民体育健身工程，更新340条智能化健身路径，健身者随处可见。福州国际马拉松赛等30项全民健身活动为城市注入源源不断的活力，市民在“家门口”就能体验国际赛事。

安全与健康同行，拉长衡量民生幸福的标尺。

民以食为天，食以安为先。我市抓好“菜篮子工程”，全方位创建国家食品安全示范城市，构建起食品安全“一品一码”追溯体系，实现全市公立中小学校及幼儿园“明厨亮灶”工程全覆盖，用“四个最严”捍卫市民舌尖上的安全。

对安全问题的“零容忍”，也带来社会的安定稳定。扫黑除恶专项斗争开展以来，我市向黑恶势力发起了一轮又一轮凌厉攻势。去年，福州市扫黑除恶工作好评率、执法工作满意率全省第一，群众安全感达99.2%。

高水平的“平安福州”，还有刚性治安防控体系做保障。我市持续推进“一县（市）区一特色品牌”普法示范点建设，推进网格化管理平台、综治中心一体化建设，织密保障和提高群众安全的防护网。

治理现代化 幸福更有质感

新时代，人民对美好生活的需要日益广泛。城市如何让生活更美好，如何帮市民办好事、传好声、发好力？面对民生新考题，福州市依靠制度创新、技术创新，持续推动城市治理现代化。

为让群众好办事、少跑腿，可选择的办事方式越来越多。

线上，“只跑一个窗口，就能办成以前跑好几趟的事，太方便了！”在市市民服务中心“五险一金”联办窗口，钟女士不到20分钟就完成了企业医社保开户。2019年以来，“五险一金”联办、“证照联办”套餐等多项服务，让企业、市民充分享受到“一窗”升级的红利。

线下，通过融合40多个委办局，整合12个县（市）区的近70项便民、公共服务，福州新型智慧城市的统一入口“e福州”让市民办事像“网购”一样方便。目前，我市“一趟不用跑”事项占比已超五成。

为随时倾听群众呼声、回应群众期待，“民声通道”越来越宽。

市“12345”便民（惠企）服务平台通过网站、APP等渠道“广开言路”，将市民提出的教育、住房等难题传至对应部门快速处置、快速回复。2019年，我市在原有平台基础上上线福州市企业服务平台，为企业发展难题“传声”。过去一年，平台共受理诉求74.85万件，群众满意率为99.52%，切实做到“事事有着落、件件有回音”。

为让更多群众参与治理、共享成果，社会治理“舞台”越来越大。

聚焦社区治理体系现代化，我市社区治理三年行动第一年度253个城市社区和1116个农村社区超额完成年度社区治理创建任务。军门社区工作法入选2019年中国改革年度案例，为社区治理现代化提供实践样板。

一系列居民参与治理的创新机制接连涌现。在鼓楼，通过全面推行"居民恳谈日"等机制，将"为民作主"转化为"让民作主"；在台江，"民非"组织当管家的模式入驻各街道，让"脏乱差"小区变得"洁净美"……新时代的城市基层治理，多元主体积极参与其中，共建共治共享的社会治理新格局逐渐成形。

泱泱闽江之水，拳拳赤子之心。福州始终坚持"增进民生福祉是发展的根本目的"，高质量补齐民生短板，高水平推进治理现代化，让幸福之城发展有速度、民生有温度。

（摘自《福州日报》2020 年 1 月 7 日 3 版，记者莫思予、林瑞琪，见习记者汪培清）

开放福州 拥抱八面来风

——打造令人向往的幸福之城系列述评之五

"现在，很多重量级外商到福州投资，很多国际会议也在福州举办。许多出国旅游的市民回来后感言，福州越来越有'国际范儿'。大家都有目共睹，福州正向着习书记当年规划的'国际化大都市'迈进。福州在古代就是'海上丝绸之路'的出发点之一。现在，习总书记提出的'一带一路'倡议，又把福州与'21 世纪海上丝绸之路'紧密连接在一起。"

——摘自《习近平在福州》采访实录

拥抱八面来风，起舞广阔世界。

沿着习近平总书记指引的方向，有福之州高举开放旗帜，以开放引领思想解放，以开放加快动能转换，以开放倒逼深化改革。两年多来，市委、市政府坚持大开放战略不动摇，积极融入"一带一路"建设、海丝核心区建设，发挥多区叠加优势，不断拓展高层次开放平台，全力发展开放型经济，积极谋划榕台融合发展新路，深入推动闽东北协同发展，对外开放之路越走越宽。

风从海上来 扬帆"海丝"新征程

"丝绸之路是古老、神奇的路，吸引我们来到中国、福州。作为丝绸之路另一端的电影人，我想在这里寻找合作伙伴。"在第六届丝绸之路国际电影节上，来自土耳其的制片人马穆特·奥扎科卢的寥寥数语，道出了有福之州的开放格局。

作为古代海上丝绸之路的东方起点之一，千年前，一艘艘帆船从福州起航，开启中国与世界海上互联互通的历史画卷。如今，乘着"一带一路"东风，这一现实画卷正在波澜壮阔地展开，市委、市政府深入贯彻习近平总书记确定的福州发展战略，积极融入海丝核心区建设，打造 21 世纪海上丝绸之路战略支点城市。

海丝博览会、"国际友城看福州"活动、海丝国际旅游节……近年来，随着一场又一场重量级国际盛会举办，越来越多类似马穆特·奥扎科卢的外国人造访福州，榕城的国际知名度和影响力不断提升。

在开放中扩大"朋友圈"，在开放中争当排头兵。放眼福州机场，这里已成为中国东南沿海最繁忙的机场之一，更是"一带一路"重要门户枢纽机场，每天飞机起降 300 多架次，实现了习近平总书记当年提出的"展示八闽文化之窗"的殷切期望；置身福州江阴港区，大型船只频繁靠泊装卸的场景每天都在上演，一条条"一带一路"航线把福州和世界紧紧联系在一起……

以开放的胸襟拥抱世界，以国际的视野融入世界。如今，福州与丝路沿线国家及地区的全方位合作不断实现新的突破，全方位、多层次、宽领域的开放特色越发明晰。

风从高处来 开放型经济展现新活力

对外开放兴，则福州兴。党的十八大以来，多区叠加为福州带来千载难逢的开放发展良机，市委、市政府将一个个中央决策转化为"福州行动"，全力发展更高层次开放型经济。

将对外投资审批制改为备案制，建立对外投资一站式服务平台；构建榕满欧货运通道，开通福州至欧洲空中快线；打造 30 多个"一带一路"国家进口商品展示馆……作为改革的试验田，福州自贸片区依托便利化的营商环境，成就一片开放乐土。挂牌以来，福州自贸片区完成重点试验任务 200 项，6 项试点经验在全国推广；共引进海丝沿线国家和地区投资项目备案 45 项，合同外资总额 3.74 亿美元；核准对"一带一路"沿线国家和地区投资 66 项，协议投资总额 8.82 亿美元。

一项又一项改革带来一流的营商环境。2019 年，我市营商环境"前沿距离"分数排名较 2018 年底提升 11 位，城市信用综合排名进入全国前三，行政审批办理时限压缩比例全国第一，政府透明度指数居全国 49 个较大城市第 8 位。

开放支点撬动发展机遇。以海丝沿线国家和地区为重点，福州企业积极开展国际化经营——2019 年伊始，埃及政府与网龙网络控股有限公司签署谅解备忘录，开展智慧集装箱教室建设；在福清，企业组建食品行业产业联盟，在国内及印尼、哈萨克斯坦等地先后规划多个食品工业园区和种植养殖基地……

在全球化竞争合作的洪流中，福州已成为资源配置能力强、体制机制活、服务效能高的改革开放新高地，正向加速发展更高层次开放型经济迈进。

风从宝岛来 走出融合发展新路

一湾浅浅的海峡，联结两地情谊深深；一盘皎皎的圆月，照亮榕台发展巨轮前行。

"放水！"2019 年 12 月 27 日，连江黄岐镇对台客运码头供水站的 3 个加水栓同时开闸，福建向马祖近期供水工程正式启用。这标志着榕马"共饮一江水"的美好愿望初步实现；

在福州台湾青年创业创新创客基地，福建春秋展业生物科技有限公司总经理李昭辉正忙着为新产品申请专利。两年前入驻时，这还是一家无人问津的小公司。如今，该公司已成为"新四板"挂牌企业；

再看台青陈柏叡，他在福州工作生活已经 9 年，从结婚证的办理，到住房补贴的落实，再到购房贷款方面的优惠，在福州走的每一步，他都感受到"家"的温暖。

这些只是榕台融合发展新路的小小缩影。作为离台湾最近的省会城市，福州深入贯彻落实习近平总书记关于“探索海峡两岸融合发展新路”的重要讲话精神，努力建设台胞台企登陆的第一家园。

建成投用琅岐对台客运码头，举办第七届海峡青年节等特色交流活动，新对接富士康工业互联网等台资项目，出台促进两岸经贸交流合作6条措施、促进榕马率先融合发展23条措施、探索两岸融合发展新路43条措施……2019年以来，一项项政策温暖人心，一次次交流拉近距离，一场场合作互利共赢，这一切都让榕台乡亲在融合发展中心灵更加契合，让两岸命运共同体成为越来越生动的现实。

风从山海来 奏响协同发展之歌

区域协同发展是引领高质量发展、提升核心竞争力的重要源泉。作为闽东北“四市一区”的“老大哥”，福州带头围绕“八个互动”，推进区域协同发展向更高水平和更高质量迈进。

“开工！”2019年12月27日，闽东北协同发展区首条城际铁路F1线福州滨海快线动工建设。这是“四市一区”在基础设施互联互通的又一重大突破。铁路、公路、港口、机场……一张立体综合交通网络在闽东北大地上延伸、加密。

依托福州数字经济优势，“四市一区”在自动驾驶、大数据等前沿技术上开展联合攻关，抢占新能源汽车未来发展制高点。在产业协同发展上，各地立足各自资源禀赋，实现产业合理化布局，山海正奏出产业融合发展的激昂交响曲。

以教育、医疗、文化、信息等为重点，福州发挥省会城市资源优势，推动公共服务共建共享，一系列民生实事正在加速推进；以生态文明建设为目标，“四市一区”协同探索从“生态佳”走向“生态+”，进一步擦亮新福建的生态底色……

“山”与“海”亲密联动，激发出强大的内生动力；兄弟敞开怀抱齐发力，延伸出广阔的发展机遇与空间。眼下，福州正以前所未有的开放姿态，在闽东北协同发展中铿锵前进，一个新的区域经济增长极，正迸发出蓬勃活力。

站上新起点，有福之州正以更大的开放拥抱发展机遇，以更广的视野谋划发展思路，以更实的举措构筑发展格局，推开更高水平对外开放的大门。

（摘自《福州日报》2020年1月8日3版，记者谢星星、颜澜萍、蒋雅琛）

1月

1日　福州市第四次全国经济普查开始入户登记，普查对象是在福州市境内从事第二产业和第三产业的全部法人单位、产业活动单位和个体经营户。

1日　闽侯旗山湖工程——千亩湖体启动开挖，护岸和景观工程同步动工。

2日　福建省首个养老领域PPP项目——晋安区社会福利中心在宦溪镇开工，通过引进社会资本，建设具有五星级服务的综合性智慧型养老社区。

2日　福州市300个老旧小区基本完成整治。

3日　福州市长乐区台湾青年就业创业基地（两岸企业港）挂牌成立，首批12家企业入驻基地，总投资额逾11亿元。基地位于长乐（鹤上）商贸物流园区，规划面积4万平方米。

4—8日　中国人民政治协商会议第十三届福州市委员会第三次会议在福州海峡国际会展中心举行。会议听取关于市政协十三届三次会议提案审查情况的报告，审议通过《中国人民政治协商会议第十三届福州市委员会第三次会议决议》。

5—9日　福州市十五届人民代表大会第三次会议在福州海峡国际会展中心举行。会议表决通过《关于福州市人民政府工作报告的决议》《关于福州市2018年国民经济和社会发展计划执行情况及2019年国民经济和社会发展计划的决议》《关于福州市2018年预算执行情况及2019年预算的决议》《关于福州市人民代表大会常务委员会工作报告的决议》《关于福州市中级人民法院工作报告的决议》《关于福州市人民检察院工作报告的决议》，表决通过《福州市城市内河管理办法》。

7日　滨海新城19个重大项目集中开工。集中开工的重大项目以产业项目为主，涵盖基础设施、公建配套等方面。

10日　由福州市政府、中国联通福建省分公司、中国联通网络技术研究院共同主办的“5G联通智慧生活”——中国联通5G创新应用峰会在福州举行。市政府与福建联通签订“数字福州”战略合作协议。

12日　福州市政府与北京电影学院签订战略合作协议，计划在长乐区建设“北影长乐影视小镇”。

14日　由中共福州市委宣传部、福州市发改委共同主办的“了不起的城市·福州”幸福之城算数发布会举行。

12—14日　第十六届中国会展行业年会（CCEIM）暨2018年度中国会展产业颁奖盛典在海南三亚举行，会上福州市获“2018年度中国十大影响力会展城市”称号。

15日　福州首只纾困发展基金落户福州·马尾基金小镇，由华福证券有限责任公司、福州市华侨基金有限责任公司、兴银成长资本管理有限公司联合设立，认缴出资额5亿元。

17日　福州·宁德山海协作工作座谈会在福州召开。两市8个部门签订有关项目合作协议。

20日　福州市获颁国家气候标志——“中国气候生态城市”，成为全国首个获该称号的省会城市。

20日　“全福游 有全福”系列活动之2019“百城万人游福州”中国·福州新春文化旅游月在三坊七巷光禄吟台启动。活动以“向幸福出发，带幸福回家”为主题，为期一个月。

20日　2019年全国徒步大会开幕式暨福建·福州“红红火火过大年”第十五届万人健步行活动在花海公园举行。

21日　福建三峡海上风电国际产业园金风科技工厂首台6.7兆瓦风电机组在福清江阴下线，为亚太地区已投运的最大海上风电机组。

22日　福州市首个以铁路为主题的公园在马尾君竹河畔建设完成。

24日　中共福州市第十一届纪律检查委员会第四次全体会议召开。全会审议通过市纪委常委会工作报告，审议通过市纪委十一届四次全会决议。

24日　全国铁路跨度最大矮塔连续钢结构拉桥——福（州）平（潭）铁路乌龙江特大桥全桥合龙。

29日　三江口大桥主线开放通行。三江口大桥是福州市城区内规模最大的跨江段桥梁，南岸起点为小环岛路，北岸终点与机场二期高速相接，道路全长6.38千米。跨江段桥长1.68千米，桥面宽度42.5米，设双向8车道。

2月

1日　福州市特色历史文化街区春节活动在鼓楼区鳌峰坊主会场开幕，其他县（市）区特色历史文化街区同步设立分会场。

13日　滨海新城启动建设满两周年，累计完成项目投资510亿元，推进227个重点项目建设。

13日　福州市人民政府网站发布关于闽清县退出市级扶贫开发工作重点县的公告。经市委、市政府研究，同意闽清县退出市级扶贫开发工作重点县。

15日　2018年学雷锋志愿服务“四个100”先进典型名单公示，福州市有4个典型入选。该活动选出全国100名最美志愿者、100个最佳志愿服务组织、100个最佳志愿服务项目及100个最美志愿服务社区，福州入选4个典型分别为：黄以孟、陈霞、福州市闽都乡学讲习所、福州市鼓楼区东街街道军门社区。

15—19日　第十七届“两马同春闹元宵”活动在马尾东江滨公园举行。除马尾东江滨公园灯展亮灯仪式外，活动还包括赠送马祖花灯、组团赴马祖与马祖乡亲共庆佳节等。

17日　福州市出台开展建筑工程安全隐患排查整治专项行动方案，在全市范围摸排自建民房、在建工程和市政设施安全隐患。

17—18日　2019年海峡两岸民俗文化节在福州花海公园举行，设置8个展区，并安排文创民俗快闪、巡游等民俗活动。

23—27日　2019年举重世界杯赛暨2020年东京奥运会资格赛在马尾体育馆开赛。中国举重队收获31枚金牌，9次打破、2次平世界纪录。其中福州选手李发彬在男子61公斤级的比赛中以抓举141公斤的成绩获金牌；邓薇在女子64公斤级比赛中获抓举113公斤金牌、挺举141公斤金牌、总成绩254公斤金牌，同时打破该级别抓、挺、总三项世界纪录。福州选手李雯雯6次打破世界青年纪录。

25日　福州市相关县（市）区与西藏昌都市八宿县结对帮扶签约仪式在福州举行。

26日　2019年“诚信八闽行”系列活动在福州举行启动仪式。

28日　福建省首家全国性基金管理服务平台——海峡基金港暨海峡基金业综合服务平台落户福州自贸片区。

3月

3日　首届“拗九论坛”在三坊七巷名人家风家训馆举行。

5日　2019年福建省“向上向善好青年”人选公示，福州5人入围，包括“创业创新好青年”人选李长锦，“勤学上进好青年”人选李膺舟，“诚实守信好青年”人选林文斌，“孝老爱亲好青年”人选黄思林、陈旺。

7日　福州市首个乡厨家厨组织在长乐成立。福州市餐饮烹饪行业协会外烩分会长乐片区在长乐区梅花镇举行成立仪式。

11日　福州市美丽乡村建设问题和房屋安全隐患排查整治推进会召开，会议要求全面开展美丽乡村建设项目问题排查整改专项行动。

18日　第一届闽台食品安全高峰论坛暨产业对接会在马尾区举行。

19日　由文化和旅游部主办的公共文化产品供给侧改革现场经验交流会在上海举行，总结第三批国家公共文化服务体系示范区（项目）创建工作并进行命名颁牌，福州获颁“国家公共文化服务体系示范区”牌匾。

20日　位于甘肃省定西市陇西县永吉乡的许家湾福州希望小学爱心厨房投入使用，为福州市在定西捐建的首个爱心厨房。

21日　福州市第一届应急管理专家委员会成立大会在市应急管理局举行，110名应急管理专家获聘。

21—22日　华为中国生态伙伴大会在福州海峡国际会展中心举行，发布智慧园区解决方案，2万余人参会。

22日　福州市政府与华为技术有限公司签订战略合作协议。

29日　滨海新城2019年第一季度18个重大项目集中开工。项目总投资逾105亿元，涉及基础设施、产业发展、功能配套等领域。

29日　福州市政府与兴业银行股份有限公司签署战略合作框架协议。根据协议，兴业银行将在2019—2023年期间为福州市提供意向性泛金融支持，重点支持滨海新城建设、城市基础设施建设、绿色金融发展、民营经济发展、个人普惠性金融融资及创新性融资等。

4月

2日　第二届数字中国建设峰会吉祥物——“数娃”首次亮相。其设计理念源于“数字中国”概念，由福州市树榕树的叶子、福建云计算中心建筑外观六边形、二进制字符“0”和“1”、点赞大拇指等元素组合设计而成。

3日　福建省首本大陆直接采认台胞职业资格证发放，为福州市人社局职业技能鉴定指导中心向台湾厨师林中超颁发中式烹调师（高级工）职业资格证书。

13日　2019闽台匠人大会在福州开幕，来自闽台的近百名名匠参会。由两岸名匠与资深文化学者组成的专家评审团评选出闽台名匠、闽台优秀匠师和闽台优秀匠人，并为获奖者颁发证书。

16日　福州·定西东西部扶贫协作联席会在福州召开。

17日　福建省首次评选出15名省“国防人物”人选及15名省“国防人物”提名奖获得者。福州市6人入选，其中卢福祥、赵禄禄、何文波、郑晓燕为省“国防人物”，吴国伟、张子闽获提名奖。

18日　中国·福州物联网产业创新发展中心启用。该发展中心位于马尾快安片区，占地面积6.5公顷，共10栋建筑，建筑面积27万平方米，集企业总部、科技研发、创新孵化、生产制造等功能于一体。

19日　福州市5G产业促进大会在海峡国际会展中心开幕。福州市5G产业联盟在会上揭牌成立，并举行福州市首个5G试商用项目——5G公交车（51路）首发仪式。大会展示5G无人机、5G潜水艇、5G+远程驾驶、5G智慧治水等5G产业最新技术、产品和应用。

22日　闽宁互学互助对口扶贫协作第二十三次联席会议在福州举行。

22—24日　宁夏回族自治区党政代表团在福州等地考察交流。

24日　福州江阴港区上线5G“智

慧港口”平台，实现大范围立体监控模式，构建AR实景指挥平台，为全省首个5G“智慧港口”平台。

26日　福州地铁2号线开通试运营。2号线西起闽侯县苏洋村，东至晋安区鼓山镇，与1号线呈十字交叉，线路总长30.3千米，全线设22个站点。

26日　福建省总工会公布2019年福建省五一劳动奖先进集体与个人名单。福州市38名个人获省五一劳动奖章，10个集体获省五一劳动奖状，33个集体获省工人（五一）先锋号。

26日　福州市召开全面推行城区生活垃圾分类工作动员部署视频会议。

27日　以“数字党建推进信息共享红色领航带动创新发展”为主题的2019年数字党建高峰论坛在福州长乐数字教育小镇举行。

27日　福州港江阴港区新增1条海丝航线。该航线由万海航运和运达航运联合开辟，投入3艘集装箱船舶，每周六挂靠福州江阴港，运行航线为仁川—青岛—上海—香港—蛇口—越南岘港—胡志明凯莱港—蛇口—香港—福州江阴港—仁川。

28日　福州市首个出租车共享服务站在连江南路三高路口的华为出租车公司启用。

29日　2019年福州市师徒大会在福州工人文化宫举行。大会揭晓2019年“十大福州工匠”名单。

29日　福州市表彰2019年第36届福州市劳动模范103人，首次有4名台湾同胞当选福州市劳模。

5月

1日　福州五城区全面推行生活垃圾分类工作，完成桶（袋）分发的单位和小区按照垃圾分类标准要求开展工作。

1日　福建自贸区首个“知创福建”平台——“知创福建”福州自贸片区南台岛区块工作站授牌仪式在福州自贸片区仓山办事处举行。“知创福建”是一站式、综合性公共服务平台，集知识产权的申请、受理、许可、维权、评估、抵押、担保、融资、交易、监控、管理、法律援助、宣传培训等于一体。

5—9日　第二届数字中国建设成果展览会在福州海峡国际会展中心举行。31个省区市和港澳台地区共421家政府、机构或企业代表参展，展区面积6.2万平方米，比首届峰会增长50%，成果展参展企业493家，比首届峰会增长近70%。63项国内自主可控核心技术在峰会展出，新技术新产品首展率超过50%。

6—8日　第二届数字中国建设峰会在福州举行。29个部委、31个省区市和新疆生产建设兵团的嘉宾、23名“两院”院士、4名国外院士及国内知名企业、大型央企和独角兽企业负责人等约1500人参会。峰会对接数字经济项目总数587个，总投资额4569亿元，其中签约项目308个，总投资额2520亿元。福建、江苏、广东、贵州四省大数据管理部门签署《跨省域大数据战略合作协议》。峰会举办12场论坛。

7日　2019数字中国创新大赛总决赛及颁奖仪式在福州海峡国际会展中心举行，从参赛的451所高校、1182家企业8915个选手中，评出6个一等奖、6个二等奖、6个三等奖，还评出最佳商业潜力奖、最佳算法能力奖、最佳创新价值奖和最佳现场表现奖。

6日　福州东西部产业扶贫协作项目——永辉千吨中蜂药蜜产业项目在甘肃省定西市岷县茶埠镇特色食品产业园开工奠基。项目占地面积6266.67平方米，总投资2000万元。

8日　由数字中国创新大赛组委会、数字中国研究院（福建）指导，市大数据发展管理委员会、鼓楼区政府主办的“2019数字中国创新大赛人才合作大会暨福州软件园数字人才工作站揭牌仪式”在福州软件园举行，福州软件园数字人才工作站成立。2019数字中国创新大赛总决赛的18支赛队选手、福州市数字经济领军企业、专业投资机构、高校、科研院所负责人近200人参加活动。

8日　福建省闽台青年文旅创意产业促进中心在福州揭牌。

8日　福州市首届“FIOT”杯物联网职业技能竞赛在位于马尾区的阳光学院举行。来自全市物联网企业和各大高校的125名选手、36个团队围绕“物联网系统开发专业应用”工种开展竞赛。

9日　2018年中国连锁百强发布，福州2家企业入榜。其中，永辉排名第6位，新华都排名第40位。

9日　福建自贸区福州片区首个税企银三方对接会在马尾区大德广场福州·马尾基金小镇举行。

14日　福州市社会应急救援机动队伍授牌仪式举行，5支社会应急救援队200余名队员代表参加仪式，为福州市首次将社会应急救援力量纳入政府统一管理的应急体系范畴。

15日　全国妇联评选2019年度全国最美家庭999户，福建省25户家庭入选，其中福州市6户。

18—22日　第二届21世纪海上丝绸之路博览会暨第二十一届海峡两岸经贸交易会在福建福州举行。80个国家和地区133个团组参展，展览面积12万平方米，展位4500个，设有“海丝”沿线国家和地区商品展区、台港澳展区和进出口商品展区等19个展区。举办2019丝路中欧投资论坛、2019中国供应链高峰论坛、海洋经济与城市发展·港口合作论坛3个平行论坛。同时举办投资促进大会项目签约活动，福州市各县（市）区、园区与项目投资方集中签约160个重点项目，总投资1949亿元，涵盖大数据、物联网、生物医药等领域。

19日　福州·定西东西部扶贫协作——智慧·生态扶贫论坛在福州举行。

20日　福州市最大的养老机构——福州市社会福利中心（福州市国德老年康养中心）对外开业，园区内的福州仓山国德老年医院同步开业。

23日　福州市古树名木司法保护活动在永泰县梧桐镇坵演村启动。福州、永泰两级法院和林业局在坵演村设立福建省首个古树名木司法保护工作点。

24日　全国首创的深远海海鱼机械化养殖平台——“振渔1号”在福州市连江县筱埕镇定海湾海域启用。

25日　福州建设“海丝”支点城市课题研讨会在福州召开。

27日　全国关注森林活动组委会召开关注森林活动20周年总结表彰大会，对全国关注森林活动突出贡献单位和个人进行表彰。福州市获“关注森林活动突出贡献单位”称号，是全国受到表彰10个城市之一（全国表彰46个单位和57名个人），也是福建省唯一受表彰城市。

30日至6月1日　2019海峡（福州）渔业周·中国（福州）国际渔业博览会在福州海峡国际会展中心开幕。该届渔博会成为全国首个获得商务部批准的国家级渔业专业展会、福建省首个经商务部批准的国际性专业展会。展示面积4.6万平方米，设置“海上福州”主题展区、福建现代渔业馆、深远海养殖装备展示馆、“稻田养鱼”示范展示馆、闽台休闲渔业馆5个形象展示专馆，配套有重点项目签约仪式、首届中国渔业渔村振兴论坛、全球渔业交流合作会议、闽台休闲渔业研讨会、海峡两岸渔业资源增殖放流活动、中国水产商贸大会暨全球闽籍水产采购商大会、渔业品牌宣传推介活动等活动，以及中国（福州）世界金鱼大赛、金鱼文化节、鱼丸节、鲍鱼节、海带节等活动。

31日至6月3日　市委副书记、市长尤猛军率福州市政府代表团赴甘肃省定西市开展东西部扶贫协作活动。2日，福州·定西东西部扶贫协作工作联席会召开，福州市8家企业与定西市相关部门和企业签订合作协议；福州市扶贫发展基金会和在榕企业现场捐赠总价2300多万元的资金和设备。

6月

5日　福州市产业发展促进大会召开。大会发布全市促进产业发展的“1+3+7”政策文件，即《关于加快福州市产业发展的工作意见》，“数字福州”“海上福州”“平台福州”3项《行动方案》，以及财政支持、用地保障、园区建设、产业招商、项目服务、企业培育、协调机制等7份配套文件。会上，市工商联向全市企业家发出《关于促进福州市产业发展的倡议书》。

5日　中共福州市委十一届九次全会召开。全会审议《中共福州市委关于深入学习贯彻习近平总书记在参加十三届全国人大二次会议福建代表团审议时重要讲话精神的决定》和5个配套措施，表决通过《中国共产党福州市第十一届委员会第九次全体会议决议》。

5日　福建省红十字会应急救护培训网络平台“人人急救”发布仪式在福州大学举办，为全国首个应急救护培训APP，以及全国首个可同时在电脑PC端、手机微信端和手机APP进行应急救护培训的网络平台。

6日　由省海洋与渔业局、福州市政府联合举办的“6·6”八闽放鱼日主会场活动，在闽江公园望龙园百花台景区举行。“八闽放鱼日”活动在全省设分会场11个，投放大黄鱼、真鲷、黑鲷、长毛对虾、石斑鱼、棘胸蛙等物种超4亿尾（粒）。其中，福州主会场放流日本鳗鲡3000尾，鲢、鳙鱼40万尾。同期，连江与马祖交接海域放流真鲷、黑鲷、花鲈、大黄鱼约300万尾，闽江口海域放流长毛对虾1.6亿尾。

6日　福州市商务局与连江县政府签署合作备忘录，共建连江数字娱乐产业园，为全市首个数字服务业产业园。

7日　2019年中华龙舟大赛（福州站）决赛在海峡国际会展中心浦下河段龙舟池举行。

11日　上海证券交易所官网发布的科创板股票上市委员会2019年第2次审议会议结果公告显示，福州市的福建福光股份有限公司，成为全省第一家、全国第四家科创板过会企业。

11日　国家邮政局邮政业安全中心安全教育培训基地（福州）揭牌仪式在闽江学院举行，标志全国首个邮政业安全教育培训基地建成。

14日　第十一届海峡论坛·第十届海峡两岸船政文化研讨会在福州开幕。

18—21日　第十七届中国·海峡项目成果交易会在福州举行。期间，全市各县（市）区对接项目849个，总投资339亿元，其中，合同项目642个，投资307亿元；协议项目171个，投资22亿元；意向项目36个，投资10亿元。投资1亿元及以上的项目29个，投资总额256亿元，占对接项目总投资额的75%。

22日　2019年福州“海丝文博游”旅游月暨博物馆联展活动在福州市博物馆启动。

27日　农业农村部同意选址连江县建设福州（连江）国家远洋渔业基地。福州（连江）国家远洋渔业基地规划建设面积1533.3公顷，范围覆盖连江县、马尾区和福清市部分渔港和区域。

29日　福州滨海新城2019年第二季度18个重大项目集中开工。

7月

15日　越南芽庄—福州国际航线首航，航班由海南太美航空股份有限公司运营，越南捷星太平洋航空承运。

16日　福建省首个深远海鲍鱼养殖平台——福鲍1号抵达连江县苔菉镇东洛岛海域。福鲍1号总长37.25米，型宽33.2米，型深8.1米，设计布置鲍鱼养殖箱1.5万个。

18日　京津闽“美丽中国·同心光明行”空中救援福建站在福州东南眼科医院举行启动仪式。

19日　永泰县入选新一批国家电子商务进农村综合示范县名单。

20日　由兴业银行主承销的“福州市水务投资发展有限公司2019年度第一期绿色中期票据”在中国银行间债券市场发行，为全省首支非金融企业绿色债券。

22日　福建福光股份有限公司在上海证券交易所挂牌上市交易，是全国首批25家科创板上市企业之一、福建省首家在科创板上市企业、福州市政府产业引导基金投资的首个科创板上市企业。

23日　2019海峡两岸乡村可持续发展研讨会在福州举行。

25日　兴业银行福州分行为参加“福州市杨桥西路兰尾村旧屋区改造项目（监理）”的投标人开出全省首张符合《中华人民共和国电子签名法》要求、具有法律效力的投标保证金银行电子保函。

26—28日　福州古厝保护与文化传承论坛在福州举行，来自国内外文化遗产保护等领域的专家学者500多人参会。福州市会同与会32个城市代表和中外嘉宾发布《福州宣言》。

31日　人工智能与物联网深度融合高峰论坛在福州举行，现场启动中国AI+IoT创新创业大赛，百度云智学院福州分院揭牌。

8月

5—9日　第七届海峡青年节在福州举行，安排34项活动，主要活动有海峡青年福州峰会、中华文化与两岸文创产业融合发展论坛、两岸青年“携手·同心”联欢晚会、2019两岸青年原创音乐交流季、两岸青年走进有福之州、第三届“海青杯”两岸青少年棒球邀请赛、2019两岸青年“第一家园”电竞赛、“海青杯”两岸青年服饰设计创业大赛等。

6日　“旗山论谈”——人才·项目·资本·服务暨闽东北人才协同发展对接活动在福州开幕。

8日　福州市长乐东湖数字小镇国家AAA景区挂牌仪式举行。

9日　福州市花卉行业工会联合会成立，为全国省会城市首个成立的该行业工会联合会。

10日　国家重点研发计划项目“精准医学大数据的有效挖掘与关键信息技术研发”中期研讨会暨“精准医学数据及应用开放共享平台”发布会在福州市长乐东南大数据产业园举行。

12日　全国首个电子保函监管辅助系统在马尾区公共资源交易服务中心落地运行。

12日　国家发展改革委员会、中国人民银行公布第二批社会信用体系建设示范城市（区）名单，福州市等16个城市（区）入选。

22日　第十八届中日地方交流促进研讨会开幕式暨主论坛在福州举行。中国外交部、相关省市政府、JET项目归国国际交流员代表、民间团体、企业人士及日本国相关省厅、驻华大使馆、驻广州总领事馆、地方政府、在华相关机构、地方政府在华事务所相关代表等180多人参加活动。

23日　甲申海战135周年、甲午海战125周年公祭活动在福州马尾马江昭忠祠举行。

29日　厦门大学永泰人工智能研究院落地永泰智慧信息产业园。

30日　福州黎明职业技术学院产业研究院、福州黎明职业技术学院曼奇立德概念设计学院和游龙分院在位于仓山区的福建橘园文化创意园里揭牌。

9月

1日　省总工会发布2019年“八闽工匠年度人物”，福州市林玉登、孙国伟、冯振波、马红星4人入选。

4—6日　福州市党政代表团赴甘肃省定西市开展东西部扶贫协作活动。5日，福州·定西东西部扶贫协作工作推进会召开。

5日　第七届全国道德模范名单揭晓，福州市王锦萍入选，为全市首位全国道德模范。翁希明获提名奖。

5日　由福州市主办的21世纪海上合作委员会2019年第二次专业会议暨委员会第五次专业会议在菲律宾马卡提市召开。来自印度尼西亚、马来西亚、日本、菲律宾、新加坡、韩国、尼泊尔和国内北京、重庆、西安、海口、长沙、成都、郑州、济南、长春、义乌等城地组织亚太区和21世纪海上合作委员会会员，以及城地组织非洲区和大都市协会分部代表近100人参会。

6日　第十二届海峡两岸科普论坛暨2019年全国科普日福建省主场活动启动仪式在福州举行。

6日　福建省第二届“最美教师”寻访活动发布仪式在福建师范大学旗山校区举行，发布10名“最美教师”和30名“最美教师”提名奖。福州市闽清县杉村学校毛文丑获评为“最美教师”。

6日　京东物流首家保税协同仓项目在福建自贸区福州片区福州保税港区国际物流园启用。

11日　于山风景名胜公园开园仪式举行，于山风景区完成改造提升并开园。

10—11日　2019首届元洪国际食品交易会在福清市元洪在线展示体验交易中心（福清元洪国际食品产业园区）举行。

12日　福州市“不忘初心、牢记使命”主题教育工作会议召开。

17日　福州城市大脑暨闽东北信息化战略合作发布会在数字中国会展中心举行，宣布全国首个自主开放城市大脑在福州启动建设。会上，比特大陆发布城市大脑核心部件——算丰第三代AI芯片BM1684；福州城市大脑产业联盟暨福州城市大脑研究院宣布成立；闽东北四市一区签订《闽东北协同发展区信息化协同发展战略合作框架协议》。

17日　“2019中国文旅品牌影响力大会·大国之旅景区评选”结果发布，三坊七巷获“大国之旅”综合大奖和智慧景区建设先锋单项奖。

17日　2019年福州市国家网络安全宣传周启动仪式暨福州市“青少年网络素养教育基地”授牌仪式在闽侯县实验小学举行，首批14所学校被授予“青少年网络素养教育基地”称号。

17日　福州市市场监督管理局发布《2019年福州市市民质量满意度调查报告》《服务业顾客满意度测评报告（2019年）》。

17日　福州市首张“导盲犬使用者乘车证”由市道路运输综合服务中心颁发。

19日　巴西坎皮纳斯市政府驻福州办事处揭牌仪式举行。

19日　福州市光电行业协会成立。

19—20日　福建省第二届工业控制系统信息安全攻防大赛在位于马尾的中国福州物联网产业创新发展中心举行。19日，福建省工业互联网信息安全产业基地揭牌仪式在该中心举行。

20—22日　第八届闽都文化论坛暨闽都文化艺术系列对台交流活动在台中市举行。20日，以“闽都文化与海峡两岸文化交流”为主题的“第八届闽都文化论坛”在逢甲大学举行。21—22日，“闽都古韵——闽都文化走进台湾书画摄影作品巡回展”在台中市举行。

21日　“弘扬林公志　传承民族魂——林则徐史迹展”在新疆昌吉州博物馆开幕。

23日　生态环境部公布首批100个“最美水站”，马尾闽安水站成为福州市唯一入选水站。

23日　闽东北劳模联盟“我和我的祖国共成长”系列巡回宣讲团首场宣讲活动在福州工人文化宫举行。

24日　2019中国城市信用建设高峰论坛在济南开幕，论坛发布第二批社会信用体系建设示范城市，以及2019年《中国城市信用状况监测评价报告》。在城市信用监测综合排名中，福州市位列省会及副省级以上城市第六。

25日　平潭海峡公铁大桥合龙贯通。

25日　全国首台具有完全自主知识产权的10兆瓦海上风力发电机组在位于福清的中国三峡福建产业园东方电气风电有限公司福建生产基地下线。

27日　“壮丽七十载　讴歌新时代”福州市庆祝中华人民共和国成立70周年

大型音乐会在海峡文化艺术中心举行。

27日　第十四届福州读书月活动启动，福州文明讲师团成立。

29日　中共福州市委滨海新城工作委员会、福州滨海新城开发建设指挥部挂牌成立。滨海新城2019年第三季度15个重大项目集中开工活动同日举行。

29日　福州绕城高速公路东南段主线（浦口枢纽互通至闽侯青口枢纽互通段）和长平高速公路一期项目通车，绕城高速闭合形成总长约160千米的福州“四环”，串联连江、琅岐、长乐、闽侯等地。

29日　由省委省政府主办的庆祝中华人民共和国成立70周年闽港澳台四地联欢晚会在位于福州的福建省奥体中心举行。

29日　福州市人才发展集团成立大会暨揭牌仪式在福州市人才储备中心举行。

29日　“庆祝中华人民共和国成立70周年暨纪念福州解放70周年——林白与五县中心县委游击队”论坛在福州市老年大学举行。

29日　闽海百年历史纪念馆在三山人文纪念园开馆。

30日　福建省各界庆祝中华人民共和国成立70周年大会在福州举行。

30日　“新时代 新福建”——福建省庆祝中华人民共和国成立70周年大型主题展在福建博物院开幕。

30日　烈士纪念日向革命烈士敬献花篮仪式在福州文林山革命陵园举行。

30日　魁岐革命纪念馆在马尾魁岐革命公园揭牌。

30日　经过修缮改造的仓山烟台山公园开园。

30日晚　福建省庆祝中华人民共和国成立70周年焰火晚会在福州市闽江两岸金山大桥至三江口大桥的部分区域举行。

10月

1日　福建省庆祝中华人民共和国成立70周年升国旗仪式在福州五一广场举行。

8日　全国人大常委会副委员长武维华率全国人大常委会渔业法执法检查组在福州开展执法检查。

9—10日　省委副书记、市委书记王宁，市长尤猛军率队赴深圳市走访企业、开展招商活动，学习考察深圳市城市建设、经济发展经验。

11—12日　福州市四套班子领导开展“不忘初心 牢记使命”主题教育集中学习研讨。

12日　清华大学乡村振兴工作站——闽清工作站动工仪式在闽清县梅溪镇樟洋村举行。

15—20日　第六届丝绸之路国际电影节在福州举行，其间举办“金丝路”传媒荣誉评选、电影展映、电影论坛、电影市场交流、颁奖典礼等主体活动，以及电影嘉年华、影迷之夜等95场配套活动，展映从52个国家和地区征集并精选的160多部影片，并首次设立丝路国家电影推介馆。15日，电影节开幕晚会在福建大剧院举行；19日，“一带一路”电影产业联盟圆桌会议、中外电影合作峰会在三坊七巷水榭戏台举行；20日，闭幕式颁奖典礼在福州海峡奥体中心举行。

16日　“2019中国扶贫国际论坛”在北京举行，发布“全球减贫案例征集活动”110个获奖案例，福州市《东西部劳务协作助力脱贫攻坚——以福建福州市与甘肃定西市加强扶贫劳务协作为例》案例入选，为全国东西部扶贫劳务协作唯一入选的案例。

16日　国务院公布第八批全国重点文物保护单位名单，永泰庄寨（仁和庄、昇平庄、积善堂、绍安庄、中埔寨）建筑群入选。

16日　福州永泰县法院、县林业局与中国人民财产保险股份有限公司永泰支公司签约共建“生态环境司法+保险”战略合作关系，推行全省首个“古树名木保护+保险”工作机制。

17—18日　第二届中国（福建）国际智慧商业大会暨2019联商风云会在福州海峡国际会展中心举行，其间举行1场主论坛、6场平行分论坛、展览展示、访学旅等活动。

17—19日　首届福建名村班在连江三落厝举行，来自全省15个名村35名的管理或文旅从业者参加培训。

21日　福州市政府与兴业证券股份有限公司签订战略合作框架协议。根据协议，兴业证券将加强股权投资基金合作，扶持福州市战略新兴产业发展，帮助构建具有福州特色的现代产业体系；加大投资银行业务合作，助力榕企上市融资和挂牌交易；开展债券、资产证券化等直接债权融资业务，探讨与第三方共同组建资本学院，加强政府经济咨询。

22日　仓山区阳岐严复纪念馆改造完工并开馆。

25日　永泰县政府与中南高科举行项目合作投资签约仪式，引入中南高科产业集团入驻永泰智慧信息产业园建设智能制造园。福建菲特普环保科技有限公司等30家企业同日签约入驻园区。

26日至11月12日　第十六届中国戏剧节在福州举行。其间举办戏剧创作论坛、戏曲音乐创作论坛、剧目评论会，和闽台交流合作剧目暨福建优秀剧目展演、闽剧文献展、参演剧团媒体见面会等配套活动；展演来自全国各地的30台剧目，涵盖21个戏曲剧种及话剧、音乐剧、儿童剧。26日，开幕式在海峡文化艺术中心举行，中国文联授予歌剧表演艺术家郭兰英、越剧表演艺术家王文娟“中国文联终身成就戏剧家”称号，演出开幕剧目滑稽戏《陈奂生的吃饭问题》。11月12日，闽剧《红裙记》在闭幕式上演出。

26日　纪念南下服务团入闽70周年暨《南下南下》纪念册首发式在福州举行。

28日至11月3日　全国首个以国产数字生态为主要方向的数字创新赛道——鲲鹏赛道·鲲鹏训练营在福州软件园举行。

21日　福州市政府与兴业证券股份有限公司签订战略合作框架协议。根据协议，兴业证券将加强股权投资基金合作，扶持福州市战略新兴产业发展，帮助构建具有福州特色的现代产业体系；加大投资银行业务合作，助力榕企上市融资和挂牌交易；开展债券、资产证券化等直接债权融资业务，探讨与第三方共同组建资本学院，加强政府经济咨询。

11月

4日　中共福州市委常委会召开“不忘初心·牢记使命”主题教育调研成果

交流会。

4日　福州市出台《关于进一步促进两岸经济文化交流合作的若干措施》。

5日　福银高速闽侯鸿尾互通通车，闽侯县高速互通增至14个，位居福建省县级第一。

5日　“福州市促进在榕高校科技成果转移转化”系列活动启动仪式暨百家企业进福大项目对接会在福州大学举行，9项科技成果转化项目与相关企业对接并签约。

5—10日　2019中国（福州）羽毛球公开赛——汇丰世界羽联·世界巡回赛超级750赛在福州海峡奥体中心举行。

6日　福州市专利奖名单揭晓，27项专利获奖，其中金奖4项，优秀奖23项。

7日　淮安市党政考察团到福州市考察营商环境建设工作。

7日　福州市消防救援支队举行国旗护卫队授牌仪式，福州市政府授予支队“福州市五一广场国旗护卫队”标牌。支队为全国唯一一支承担省会中心广场升降国旗任务的消防救援队伍。

8日　由中共福州市委组织部、福州日报社联合主办的首届“福州最美奋斗者故事（集体、个人）网络点赞活动”收官，活动评选出10个“福州最美奋斗者”集体和10名“福州最美奋斗者”个人。

8日　福州市海洋与渔业技术中心在闽侯县南通春园鲤生态养殖场举办福州市海洋与渔业技术中心金鱼养殖试验推广基地授牌仪式。

9日　新疆昌吉州党政代表团到福州考察。

10—22日　“回首家山无限情——纪念林则徐修浚西湖190周年”专题展在林则徐纪念馆举行。

10日　“闽都人才林”在晋安牛岗山公园揭牌。

10日　福州市启动五城区已登记上牌的绿色号牌电动自行车号牌更换工作。

11日　第三届“榕博汇”——2019福州人才对接会开幕。64所高校近500名博士、硕士，以及福州市重点企事业单位、闽东北其他地区重点企事业单位参会。会上举行福州市引进高层次人才合作协议签约仪式及“榕博汇智库”授牌仪式，为福州市第一届“闽都英才”代表颁发证书，并宣布11月11日为“福州人才日”。

11日　福州市县（市）区与新疆昌吉州奇台县结对帮扶签约仪式在福州举行。福州市鼓楼区、台江区、仓山区、晋安区、马尾区、长乐区、福清市、闽侯县、连江县等9个县（市）区与奇台县半截沟镇、奇台镇、坎尔孜乡等15个乡镇分别签订结对帮扶框架协议书。

11日　福建华侨主题馆在三坊七巷宫巷11号刘冠雄故居开馆。

13日　“中国县域工业经济发展论坛（2019）”在北京召开，中国信通院发布《中国工业百强县（市）、百强区发展报告（2019年）》，福清市位列工业百强县（市）榜单第28名，闽侯县位列第96名。

13日　农业农村部乡村产业发展司发布《2019年中国美丽休闲乡村名单公示》，福建省10个村入选，晋安区寿山乡九峰村为福州市唯一村落。

15日　《福州市政务数据资源管理办法》《福州市政务数据汇聚共享管理暂行办法》《福州市政务数据资源共享开放考核暂行办法》《福州市公共数据开放管理暂行办法》等4部数据资源相关管理办法印发实施。其中，《福州市公共数据开放管理暂行办法》是全国首个地市级政府出台的公共数据开放管理类的专项管理办法。

15日　第十七届中国国际农产品交易会在南昌开幕，发布中国农业品牌目录300个具有代表性的特色农产品区域公用品牌，福州2个品牌上榜，为一都枇杷和福州茉莉花茶。

16日　2019环福州·永泰国际公路自行车赛在五一广场开幕，17—23日，16个国家和地区的22支国际和地区自行车职业队参赛。

16日　首届“左海杯”戏剧节颁奖仪式暨八闽戏剧（越剧）进校园（闽江学院站）活动在闽江学院举行。

16—17日　第15届全国网络编辑年会暨2019年数字出版与新媒体传播研讨会在闽江学院举行，围绕数字出版与新媒体传播开展学术交流和业务研讨，为该年会首次落地福州。福建省传播学会年会同期举行。

19日　学习贯彻党的十九届四中全会精神省委宣讲团报告会在福州举行。

19日　2019福建省民营企业100强发布暨福州市招商推介系列活动在福州举行。省工商联发布“2019福建省民营企业100强”“2019福建省民营企业制造业50强”榜单。

19日　第四届中国金汤奖颁奖典礼在江苏启东市举行，福州获中国“十佳温泉旅游目的地”称号。

19日　在西班牙巴塞罗那国际会展中心举办的“世界智慧城市大会”上，福州永泰县“重点工作攻坚作战指挥平台”获中国赛区“数字乡村与智慧小镇奖”。

20日　中国东南工业互联网高峰论坛暨省市与富士康工业互联网股份有限公司签约活动在福州举行。

20日　寻找闽都古厝论坛（第三季）在福州举行。

21日　福建省首个文化遗产保护巡回法庭——“福州古厝与文化遗产保护巡回法庭”在上下杭永德会馆揭牌成立，台江区人民法院“福州古厝与文化遗产保护巡回法庭”　在上下杭永德会馆和三坊七巷安民巷53号设立2个办案点。

21—22日　全国工程建设项目审批制度改革工作交流培训会在福州召开。

22日　2019“一带一路”国际商协会大会在北京国际饭店会议中心举行，福州市作为该届大会的主宾城市，市委副书记、市长尤猛军在会上向全球进行主题推介。“一带一路”国际商协会大会为全球首个以商会、行业协会等社会组织为参与主体的国际合作交流平台。

22—23日　中国基金会发展论坛·2019年会在福州举行，2600多家机构参加。

22—24日　第35届中国植保信息交流暨农药械交易会在福州海峡国际会展中心举行，为该交易会首次在福州举办，展览规模13万平方米，28个国家和地区的1000多家企业参展。

22日　首届国际黄檗禅论坛在福清黄檗山万福寺举行。

23日　福建广播电视大学、闽南师范大学、福建江夏学院、宁德师范学院、福建商学院、福建信息职业技术学院、厦门城市职业学院、厦门软件职业技术学院、黎明职业学院、泉州经贸职业技术学院10所合作联盟院校代表在福州共同签署《福建省继续教育学分银行合作联盟章程》，标志福建省继续教育学分银行合作联盟成立。

25—28日，全国人大常委会副委员长张春贤率全国人大常委会调研组到福州、厦门、南平开展社会救助立法调研。省委书记于伟国、省长唐登杰在福州与调研组一行座谈。

25日　福州·定西东西部扶贫协作十大生态产业项目对接洽谈签约系列活动在福州举行，定西市政府驻福州办事处同期揭牌。

25日　大陆首个台湾社工服务中心在马尾区社会组织孵化基地揭牌。

25日，福建省（福州）职业技能提升行动服务周活动启动仪式在福州市工人文化宫举行。

26日　“2019年中国·福建人才创业周”活动在福州启动。

26日　2020数字中国创新大赛启动发布会在福州举行。大赛为期4个月，设置数字政府、智慧医疗、鲲鹏计算、网络安全四大赛道和中小学生赛道。

26日　国家海关总署和世界海关组织举办的“雷电”暨“大地女神”第五期国际联合行动总结大会在深圳开幕，联合国环境署向福州海关缉私局颁发“亚洲环境执法奖”。

27日　福州市第44届世界遗产大会筹备暨五大提升工程推进会召开。

27日　福州市政府办公厅印发《关于进一步发展流通促进消费增长若干措施》。

27日　福建自贸试验区最佳创新举措和平台发布会在福州举行。

28日　公安部举办首批“枫桥式公安派出所”命名揭晓仪式，福州市公安局东街派出所等首批100个基层派出所入选。

28日至12月27日　纪念虎门销烟180周年五馆（福州、虎门、伊犁、蒲城、澳门五地林则徐纪念馆）联展在福州市林则徐纪念馆举行。

29日至12月1日　第二届福建食品博览会在福州海峡国际会展中心举行。展出面积2万平方米，设有800多个标准展位。2019首届中国海洋食品行业高峰论坛、特色食品强县推介会、采购对接洽谈会、行业交流等配套活动同期举行。

29日　福州市举行“军民共创双拥模范城”系列活动启动暨关爱困难军人家庭基金发放仪式。

29日　福州市政协农业和农村委员会、福建省农业科学院农业经济与科技信息研究所合作建立的“农业和农村工作研究基地”签约挂牌。

29日　马尾区农村集体聚餐示范点授牌仪式在琅岐镇红光村举行，向红光村、劳丰村、长柄村、亭头村4个农村集体聚餐示范点颁发牌匾并配置设施设备，为福州市首次推出农村集体聚餐示范点。

30日　由省政府发展研究中心等主办的2019年福建省县域经济高质量发展报告会举行，发布2019年度福建省县域经济实力“十强”、经济发展“十佳”县（市）评价结果。福清市、闽侯县分居经济实力“十强”县（市）第三位和第四位，闽清县、福清市分居经济发展“十佳”县（市）第一位和第九位。

30日　中国科学院大学福建学院在鼓楼区揭牌并开建，杨桥中学、茶园山中心小学分别加挂中国科学院大学福建学院附属中学、中国科学院大学福建学院附属小学校牌，并设立“卢嘉锡班”。

12月

4—6日　第二届全国社区大讲堂在福州举行。

4日　第二届“吴清源杯”世界女子围棋赛总决赛暨中日女子围棋超新星邀请赛颁奖仪式在福州举行，福州市被中国围棋协会授予国内第一块“大师故里，围棋名城”牌匾。第二届“吴清源杯”世界女子围棋赛于4月26日在福州开赛，其间，吴清源诞辰105周年纪念展在吴清源会馆举行。

4日　2019海峡两岸新媒体创业大赛在福州启动。

5日　2019年“宪法进社区主题日”全国主场活动在晋安区牛岗山公园举行。

5—8日　“海丝圆梦——第二届海上丝绸之路国际舞蹈艺术交流周”活动在福州举行。

5—11日　“国际友城看福州”友城交流和地方政府合作研修班在福州举行。

6—8日　“爱旅游 爱生活——2019福建旅游生活展”在福州海峡国际会展中心举行。展会面积2万平方米，设10个展区、1000个标准展位。

6—8日　2019首届海丝国际文化旅游装备展览会在福州海峡国际会展中心举行。

6日　黄乃裳诞辰170周年纪念大会在福州大学举行。电影《诗巫风云》新闻发布会、《黄乃裳诞辰170周年纪念邮折》首发式同期举行。

6日晚　“海丝连世界·欢乐游福州”花车巡游在福州南江滨西大道举行，16辆花车、10个表演方阵共23支表演团队参演。

7日　第十届福州（永泰）温泉国际旅游节启动仪式在永泰县小汤山文化中心举行。

7—8日　以“网络药理学与智慧中医药”为主题的第四届世界中医药科技大会暨网络药理学专业委员会学术年会在福州召开。

10日　中共福州市委十一届十次全会召开，审议通过《中共福州市委深入贯彻〈中共中央关于坚持和完善中国特色社会主义制度、推进国家治理体系和治理能力现代化若干重大问题的决定〉的实施意见》和全会决议。

11日　“2019巴斯文化论坛”在福州举行，发布《巴斯文化宣言》。大熊猫“巴斯”在福州生活33年，曾于1987年应邀赴美访问，1990年成为北京亚运会吉祥物“盼盼”原型，2015年中国国家品牌形象宣传片《巴斯向世界人民问好》登上美国纽约时代广场；2017年9月，37岁的“巴斯”离世，成为世界上最长寿的圈养大熊猫。

12—15日　首届福建消费品采购会暨商圈（步行街）博览会在福州海峡国际会展中心举行。主展区福州海峡国际会展中心展出面积2.2万平方米，设置10个特色展区，569家企业参展；分展区包括福州东街口商圈、东二环泰禾商圈、台江苏万宝商圈、仓山万爱商圈等。第五届福建省中小商贸流通企业服务节启动仪式、首届闽菜节颁奖典礼、马来西亚专场采购对接会、闽港经贸合作交流座谈会同期于12日开幕式期间举行。“八闽美食嘉年华”系列活动在全省同期举行。

12日　智能产业高峰论坛暨华为（福州）人工智能孵化中心启动活动在仓山区举行。

14日　闽东北协同发展区联席会议召开。会议审议闽东北协同发展区“e闽东北”信息服务、“工业互联网”协作、综合交通枢纽、海峡青年节、高端装备产业、基金发展、旅游综合服务等13个共享平台建设方案，确定福莆宁城际铁路、福州机场二期扩建、沿海大通道、深海养殖合作、新能源汽车产业链协作、国家区域医疗中心、海丝国际旅游中心等十大协同项目。福州、莆田、南平、宁德、平潭四市一区之间签订协同推进科技特派员工作，福宁、福莆城际铁路合作，产业园区协作共建，产业与旅游合作，福州新区与平潭综合实验区一体化发展等协议，并联合与福州大学、福建师范大学签订合作协议。

15日　2019福州国际马拉松赛在五一广场开赛。22个国家和地区的5万名选手参赛。

15日　船政文化马尾造船厂片区保护建设工程项目（一期）举行开工仪式。

17日　福州市政府与公安部第一研究所在北京举行基于“互联网+可信身份认证平台”的战略合作协议签约仪式。

17日　福州市政府与中国银行签署战略合作框架协议。根据协议，中国银行将在2020—2024年间，通过本外币贷款、跨境金融结算、票据承兑和贴现、贸易融资、海外发债、海外上市和配售、跨境并购、金融衍生品交易、投资银行与资产管理等方式，在福州新区开发建设、城市基础设施和民生工程、“一带一路”建设、自贸试验区建设、对台金融合作、“三个福州”建设、海洋经济发展示范区打造、科技创新重大工程、民营经济等领域，为福州市提供金融支持。

18日　福州市第二十六次见义勇为表彰大会召开，表彰奖励31名见义勇为先进分子（集体）。

18日　全国优秀建筑设计展示馆在福州三坊七巷郎官巷开馆，为全国唯一的优秀工程勘察设计奖常年展馆。

19日　国家发展和改革委员会等18个部门联合下发《关于开展国家城乡融合发展试验区工作的通知》，福州东部片区入选首批11个国家城乡融合发展试验区，为福建省唯一入列的片区。福建福州东部片区试验范围包含福州市仓山区、长乐区、马尾区、福清市、闽侯县、连江县、罗源县，平潭综合实验区，宁德霞浦县，区域面积8935平方千米。

19日　兴业银行全资理财子公司兴银理财有限责任公司在福州开业，标志福州成为继北京、上海、深圳、青岛之后，全国第5个拥有银行理财子公司的城市。

19日　由闽东北协同发展区劳模联盟主办、福州市总工会承办的闽东北讲解员职工技能大赛决赛举行，为闽东北协同发展区劳模联盟首次举行劳动竞赛。赵依杰—廖海林劳模工作室联盟签约仪式同期举行。

20日　第二届区块链产业与企业家国际峰会在福州数字中国会展中心举行。工信部人才交流中心首次发布《区块链产业人才岗位能力标准》，启动区块链产业人才专家智库。福州市举行数字福州区块链研究院、数字福州区块链孵化器揭牌仪式，发布《福州区块链应用场景》，启动“链上榕城”计划。会上还举行区块链企业招商项目签约仪式，长乐区政府与中国电子科技网络信息安全有限公司等12家区块链企业签订战略合作协议。“区块链赋能政务服务创新”高峰论坛、圆桌对话和福州区块链经济综合试验区高端研讨会同期举行。

20日　第十七届中国会展行业年会（CCEIM）、2019年度中国会展产业年度颁奖典礼、中国会展行业合作交流大会在浙江乌镇召开，福州市入选2019年度中国十大影响力会展城市。

21日　人力资源和社会保障部在成都召开深化构建和谐劳动关系综合配套改革试点启动会，启动8个地区深化构建和谐劳动关系综合配套改革试点，福州市入选。

21日　“不忘改革初心　牢记改革使命——中国改革（2019）年会”在长春举行，中国经济体制改革杂志社发布“2019中国改革年度案例”最终名单，福州市鼓楼区“‘军门社区工作法’促进社区治理现代化”入选年度十佳案例。

21日　2019福州市森林旅游节在永泰县启动。福州森林旅游资源地图和福州十大特色森林旅游资源在启动仪式上首次发布。

24日　国务院发布《关于同意在石家庄等24个城市设立跨境电子商务综合试验区的批复》，福州市入选全国第四批跨境电子商务综合试验区。

25日　曹学佺闽剧展示馆在仓山区建成开馆。

26日　福州市政府与中信银行签署战略合作框架协议。根据协议，中信银行将在5年内，在“三个福州”建设、福州新区开发、城市基础设施升级改造、民生工程、“一带一路”建设、自贸试验区建设、海洋经济发展示范区打造、对台金融合作、国企改革、民营经济等领域，为福州市提供金融支持。

27日　闽东北协同发展区城际铁路F1线（福州滨海快线）在国货路站举行开工仪式。F1线为闽东北协同发展区首条城际铁路，起于福州火车站，经福州老城区、滨海新城、长乐机场，至大鹤车辆段，总长约62.4公里。

28日　第五届“海上丝绸之路”（福州）国际旅游节在福州海峡国际会展中心开幕，海上丝绸之路（福州）文旅经济高峰论坛同期举行。旅游节持续至2020年1月31日，其间举行海丝国际旅游中心项目招商推介会等活动。

（编辑　黄铭　姚国榕　黄雯倩）

市情概貌

自然资源

【地理】 福州市是福建省省会，位于福建省中部东端，介于北纬25°15′～26°39′、东经118°08′～120°31′之间。东临台湾海峡，西靠三明市、南平市，南邻莆田市，北接宁德市。地貌属典型的河口盆地，东有鼓山，西有旗山，南有五虎山，北有莲花峰，其海拔多在600～1000米之间。南部为盆地的大部分；北部为山地，从西南向东倾斜；西部为中低山地；东部丘陵平原相间。山地、丘陵占全区土地总面积的72.68%，其中山地占32.41%，丘陵占40.27%。鹫峰、戴云两山脉斜切南北，闽江横贯市区东流入海。

【土地资源】 2019年末，福州市土地总面积118.61万公顷，其中，耕地14.79万公顷，园地5.33万公顷，林地68.64万公顷，草地1.15万公顷，城镇村及工矿用地10.30万公顷，交通运输用地2.79万公顷，水域及水利设施用地11.53万公顷，其他土地4.08万公顷。

【矿产资源】 2019年，福州市境内已发现各类矿产56种(包括亚矿种)。优势矿产以砂、石、土、地热为主，金属矿产矿种少、储量小，高品位矿少。已经探明列入福建省矿产资源储量表的固体矿产14种。福州市开发利用的矿产有11个矿种，主要矿种为建筑用花岗岩和建筑用凝灰岩、叶蜡石、地热、矿泉水、陶瓷土。建筑用花岗岩、凝灰岩主要产于福清、连江、闽侯、永泰等县（市）；叶蜡石主要产于晋安、闽清、罗源、福清等县（市）区。福州市地热资源丰富且有特色，地热田（点）主要分布于市城区和永泰、闽侯、闽清、连江、福清等县（市）。境内地热资源埋藏浅、水温高、水质好，自古有“闽中温泉甲天下”之美誉，福州市2010年12月获“中国温泉之都”称号，永泰县、连江县及闽清县也先后获“中国温泉之乡”称号。陶瓷土矿主要产于闽清县，为建筑陶瓷、电陶瓷的主要原料。

（市自然资源和规划局）

【水资源】 2018年，福州市（不含平潭，下同）年平均降水量1548.2毫米，折合水量182.53亿立方米，比上年偏多4.5%，比多年平均偏多0.9%，属平水年。最大点降水量为闽侯县溪南2117.5毫米，最小点降水量为长乐区梅花1013.5毫米。地表水资源量72.58亿立方米(永泰县最大，16.26亿立方米，占福州市地表水资源总量22.4%，比多年平均偏少19.6%；长乐区最少，3.54亿立方米，占比4.9%，比多年平均偏少33.3%），地下水资源量23.27亿立方米(扣除山丘区与平原区重复计算量；占福州市水资源总量31.9%；永泰县最多，4.78亿立方米，占福州市地下水资源量20.5%；长乐市最少，1.13亿立方米，占4.9%），地下水与地表水不重复计算量0.34亿立方米，水资源总量72.92亿立方米，人均水资源拥有量1002立方米，外市入境水量为276.36亿立方米，全市入海水量为70.31亿立方米（不含过境水量）。年供水总量33.48亿立方米，其中地表水源（蓄、引、提）供水量33.13亿立方米，地下水源供水量0.35亿立方米。年用水总量33.48亿立方米，其中农业用水量9.99亿立方米，占总用水量29.8%，比上年下降6.6%；工业用水量15.96亿立方米，占47.7%，增长21.2%；城镇公共用水量2.73亿立方米，占8.2%，增长3%；居民生活用水量3.96亿立方米，占11.8%，与上年持平；河道外生态环境用水量0.84亿立方米，占2.5%，与上年持平。水文部门对福州市主要江河重要河段1128.1千米河长进行评价，其中水质符合和优于《地表水环境质量标准》（GB3838-2002）Ⅲ类水的河长1021千米，占评价河长90.5%；超标（Ⅳ、Ⅴ、劣Ⅴ类）河长107.1千米，占9.5%，主要超标项目为总磷。

（市水利局）

【林业资源】 2019年，福州市林业用地面积74.89万公顷（其中生态公益林31.34万公顷，商品林43.55万公顷），有林地面积64.51万公顷。全市森林覆盖率58.06%，林木总蓄积5074万立方米，森林蓄积量4860万立方米。全市有国家级森林公园5个、省级森林公园10个。全年完成植树造林4866.67公顷，完成森林抚育13200公顷、封山育林13333.33公顷。

（市林业局）

【海洋资源】　2019年，福州市海域面积8200平方千米。大陆岸线长度920千米，约占全省1/4，其中乡级以上海岛海岸线长度94千米。海岛406个，其中无居民海岛390个，有居民海岛16个。

（市自然资源和规划局）

气　候

【概况】　2019年，福州市气候属较好年景。全市年平均气温20.7℃，比常年平均高0.8℃，属显著偏高；平均年雨量1424.6毫米，比常年平均少5.1%，属正常；平均年日照时数1567.9小时，比常年平均少3.8%，属正常。

【气温】　2019年，福州市年平均气温20.7℃，比常年平均高0.8℃，属显著偏高。从各月平均气温看，1月显著偏高，4月、8—10月和12月偏高，其余月份正常。各县（市）区年平均气温19.8℃～21.3℃，距平0.2℃～1.2℃，其中罗源和福清正常，福州市区偏高，其余县（市）区属显著偏高至异常偏高。各县（市）区年最低气温1.8℃～6.3℃，闽清和永泰出现在12月8日，福清出现在1月27日，其余县（市）区出现在1月23日。各县（市）区年最高气温37.7℃～39.7℃，福州市区出现在9月9日，其余县（市）区出现在8月11日前后。

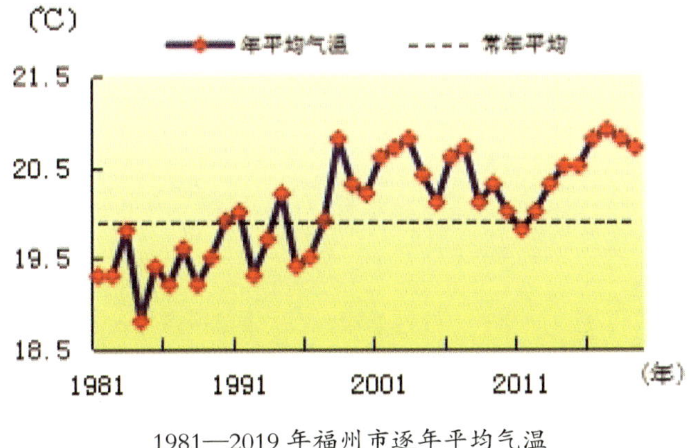

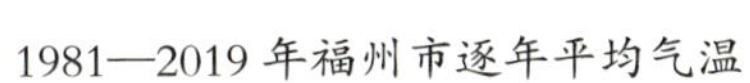
1981—2019年福州市逐年平均气温

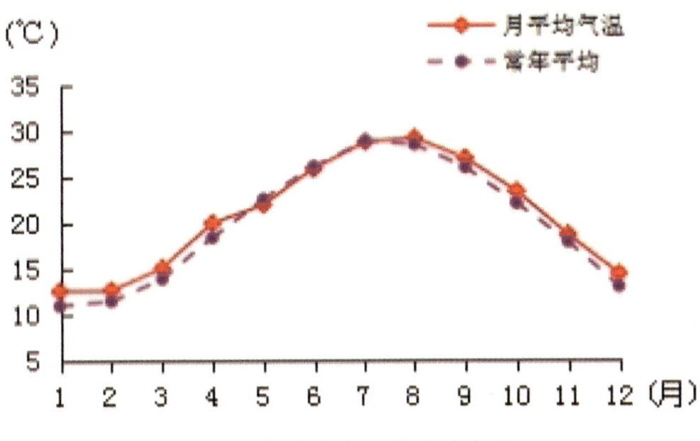

2019年福州市逐月平均气温

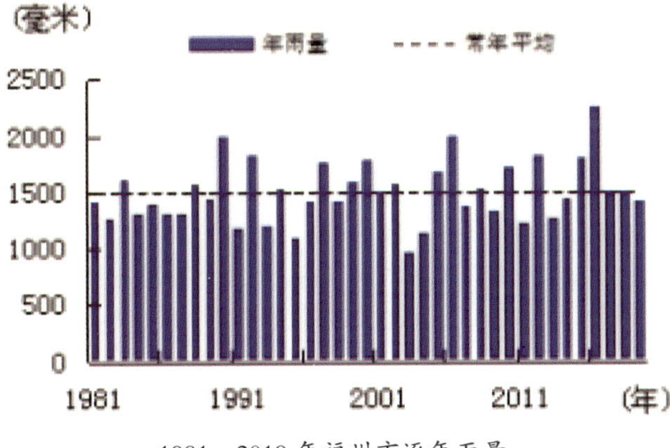

1981—2019年福州市逐年雨量

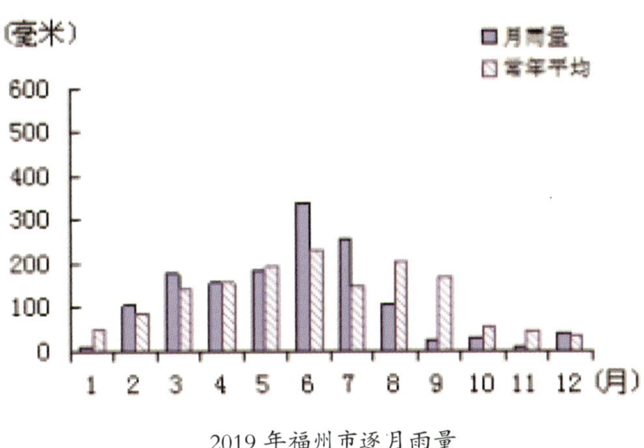

2019年福州市逐月雨量

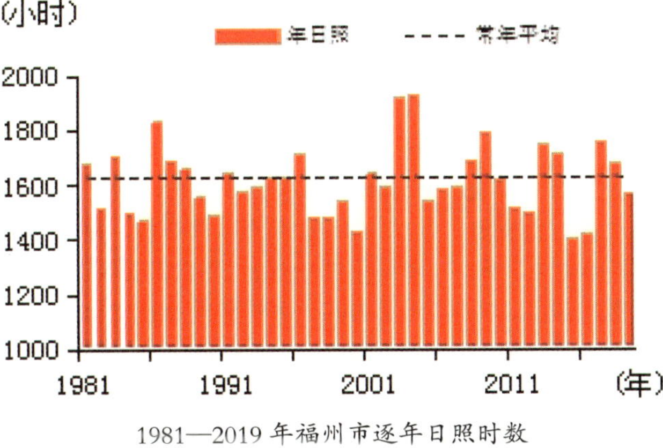

1981—2019年福州市逐年日照时数

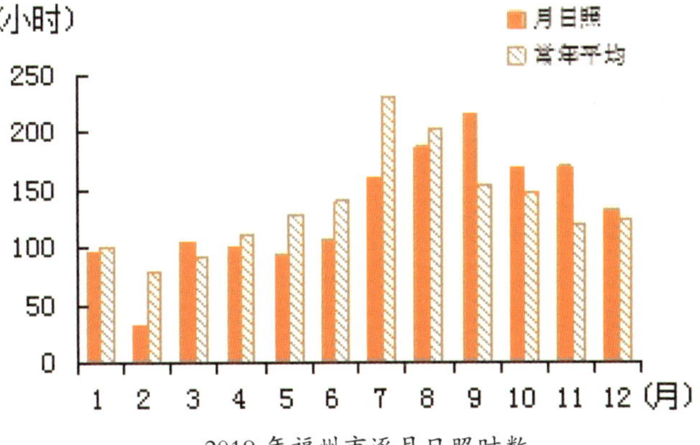

2019年福州市逐月日照时数

表 1　　**2019 年福州各县（市）区主要气象要素及其评价**

	市区	闽清	闽侯	永泰	罗源	连江	长乐	福清	全市
平均气温（℃）	20.8	21.3	21.0	20.9	19.8	20.6	21.0	20.3	20.7
距平（℃）	0.6	1.1	0.9	1	0.3	1.2	1.1	0.2	0.8
评价	偏高	异常偏高	显著偏高	异常偏高	正常	异常偏高	显著偏高	正常	显著偏高
雨量（毫米）	1346.3	1360.3	1400.5	1613.4	1527.2	1512.1	1446.7	1190.4	1424.6
距平百分率	-3.3	-6.1	-2.1	6.1	-8.7	-3.2	-0.2	-22.5	-5.1
评价	正常	正常	正常	正常	正常	正常	正常	正常	正常
日照时数	1573.3	1681.8	1636.1	1545.0	1493.6	1493.7	1594.4	1524.9	1567.9
距平百分率	0.7	2.8	1.5	-7.5	-6.6	-4.7	-4.2	-11.7	-3.8
评价	正常	正常	正常	正常	正常	正常	正常	显著偏少	正常
最大日雨量（20~20）时	82.7	99.3	123.4	126.7	79.1	98.3	87.5	92.2	—
最大日雨量（08~08）时	102.4	100.5	154.1	218.5	93.3	85.0	72.9	92.2	—
年最低气温	4.9	2.1	4.0	1.8	2.5	4.7	5.6	6.3	—
年最高气温	39.7	38.7	38.5	39.1	38.3	39.4	38.6	37.7	—

【雨量】　2019 年，福州市平均年雨量 1424.6 毫米，比常年平均少 5.1%，属正常。各月雨量分布十分不均，其中 1 月和 8—11 月偏少至异常偏少，3 月和 6 月偏多，7 月显著偏多，其余月份正常。各县（市）区年雨量 1190.4 ～ 1613.4 毫米之间，均属正常。各县（市）区年度最大日雨量（08 时—08 时）72.9 ～ 218.7 毫米。

【日照时数】　2019 年，福州市平均年日照时数 1567.9 小时，比常年平均少 3.8%，属正常。从各月日照时数看，其中 2 月、5 月和 6 月偏少，7 月异常偏少，9 月异常偏多，11 月显著偏多，其余月份正常。各县（市）区年日照时数 1493.6 ～ 1681.8 小时，其中福清显著偏少，其余县（市）区均属正常。

【重要气象事件】　2019 年，影响福州市的灾害性天气主要有较强冷空气、强对流天气、暴雨、台风、高温、干旱等。影响较重的气象灾害有 5 月 31 日至 6 月 2 日暴雨天气和 8 月初至 12 月初的干旱。

较强冷空气过程　2019 年，福州市经历 4 次较强冷空气过程，分别为 1 月 21—23 日、2 月 21—24 日、3 月 22—24 日、12 月 2—4 日，其中 1 月 21—23 日和 12 月 2—4 日两次过程较为明显。

1 月 21—23 日，各县（市）区城区最低气温过程降幅 4.4℃～ 9.5℃，其中闽清和永泰的过程降幅超过 8℃，各县（市）区城区过程最低气温 2.4℃（永泰）～ 6.6℃（福清），都出现在 23 日。全市有 22 个乡镇过程最低气温低于 0℃，以 23 日闽侯大湖乡 -3.1℃为最低。

12 月 2—4 日，除福清外，各县（市）区城区最低气温过程降幅 7.1℃（长乐）～ 10.6（罗源）℃；各县（市）区城区过程最低气温 3.8℃（罗源）～ 8.7℃（福清）。其中罗源达寒潮标准，闽清、闽侯、永泰、连江达强冷空气标准。全市有 11 个乡镇过程最低气温低于 0℃，以罗源西兰乡 -2.6℃（4 日）为最低。

强对流天气　2019 年，福州市出现两次冰雹强对流天气过程。4 月 25 日 14 时起，闽清三溪乡、闽侯竹岐乡、仓山区螺洲镇和三江口、马尾区君竹街道陆续出现冰雹。4 月 25 日 12 时起，闽侯洋里乡、大湖乡，晋安区日溪乡、寿山乡，永泰红星乡，连江的部分乡镇，以及福清宏路街道先后出现冰雹天气。

暴雨　2019 年，福州市经历 5 次连续性暴雨、7 次大范围暴雨、10 次局地暴雨过程（包含台风暴雨），主要非台风暴雨有 5 次。

4 月 30 日，福州市自西向东出现大雨到暴雨，局部大暴雨。统计 4 月 30 日 13 时至 5 月 1 日 8 时累积雨量，全市 95 个乡镇雨量大于 50 毫米，其中有 18 个乡镇雨量大于 100 毫米，以闽侯荆溪镇 163.3 毫米为最大，最大小时雨强出现在晋安区寿山乡 66.2 毫米（30 日 15—16 时）。

5 月 15—19 日，福州市连续中到大雨，部分乡镇暴雨。统计 5 月 15 日 8 时至 20 日 8 时累积雨量，全市 91 个乡镇超过 50 毫米，其中有 25 个乡镇超过 100 毫米，以闽侯荆溪镇 176.8 毫米为最大。最大小时雨强为闽侯荆溪镇 92.0 毫米（5 月 18 日 18—19 时）。暴雨过程造成永泰县 12 个乡镇受灾，转移危险区人员 602 人，农田及秧苗、蔬菜受淹 10 公顷，部分乡村道路发生小溜方，直接经济损失 275 万元。

5 月 31 日至 6 月 2 日，福州市明显降雨。其中 5 月 31 日部分县市暴雨，永泰大部分乡镇和其余县市局部乡镇出现大暴雨，永泰城峰镇特大暴雨，当日永泰国家气象站突破 5 月日雨量历史极值；6 月 1—2 日全市中到大雨，局部暴雨。统计5月31日14时至6月3日8时累积雨量，全市142个乡镇雨量大于50毫米，其中有71个乡镇大于100毫米，8个乡镇大于200毫米，以永泰城峰镇290.9毫米为最大。最大小时雨强为永泰岭路乡71.8毫米（5月31日19—20时）。暴雨过程造成永泰县、闽清县共28个乡镇受灾，转移危险区人员3551人，受灾人口5010人，倒塌房屋17间，全市直接经济损失8650万元，其中永泰县直接经济总损失8453万元。

7月5—11日，福州市连续中到大雨，部分乡镇暴雨到大暴雨。统计7月5日8时至12日8时的过程累积雨量，全市所有乡镇的降雨量均大于50毫米，其中11个县市（区）122个乡镇降雨量大于100毫米，2个县市（区）的3个乡镇超过250毫米，以长乐江田镇331.1毫米为最大；最大小时雨强为长乐江田镇92.2毫米（6日14—15时）。暴雨过程造成福清市、仓山区共9个乡镇受灾，转移危险区人员833人，受灾人口478人，全市直接经济损失250万元。

8月29日夜里，福州市出现分散性暴雨天气。统计8月29日20时至30日8时的累积降雨量，全市4个县市（区）21个乡镇降雨量超过50毫米，其中有永泰县、闽侯县共4个乡镇降雨量超过100毫米，以永泰清凉镇167.8毫米为最大。最大小时雨强为永泰清凉镇124.2毫米(29日23时—30日00时)。

热带气旋　2019年，影响福州市的热带气旋有6个，分别为第4号台风“木恩”（影响时间7月2—3日）、第5号台风“丹娜丝”(影响时间7月17日)、第9号台风“利奇马”（影响时间8月9—11日），第11号台风“白鹿”（影响时间8月23—25日)，第13号台风“玲玲”（影响时间9月2—5日）、第18号台风“米娜”（影响时间9月30日—10月1日）。其中第4号台风“木恩”和第11号台风“白鹿”给全市带来较大风雨，其余4个台风主要影响是沿海出现8～10级阵风。

受第4号台风“木恩”外围环流和低压倒槽的共同影响，7月2—3日全市部分乡镇出现暴雨。统计2日8时至4日8时累积雨量，全市8个县市（区）67个乡镇雨量超过50毫米，其中有6个乡镇超过100毫米，以福清渔溪镇的127.5毫米为最大，最大小时雨强为闽侯南屿镇51.3毫米（2日17—18时）。

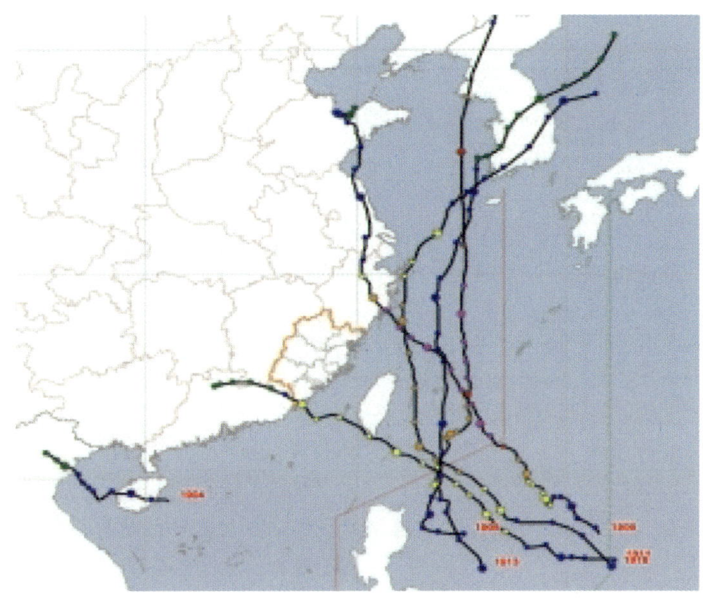
2019年影响福州市的台风路径图

第11号台风“白鹿”于8月25日7时25分登陆漳州东山县沿海，登陆时中心附近最大风力10级（25米/秒）。受第11号台风“白鹿”影响，8月23日20时至25日20时沿海出现10～12级阵风，统计23日20时至25日20时，全市6个县市区15个乡镇20个站点出现10级以上阵风，以晋安区宦溪镇鼓岭柱里景区34.5米/秒（12级）为最大。永泰3个乡镇过程累积雨量超过50毫米，以嵩口镇55.5毫米为最大。

高温　2019年，福州市各县（市）区均出现日最高气温≥35℃的高温天气，其中闽清、闽侯、永泰≥35℃的高温日数41～67天；各县（市）区均出现日最高气温≥37℃的高温天气，其中闽清、闽侯、永泰≥37℃的高温日数8～20天，其余县（市）区出现1～2天≥37℃的高温天气。高温天气主要出现在7月19—21日、7月24—27日、7月29—30日、8月8—16日、8月27—29日、9月6—9日、10月1—2日、10月11日。其中8月11日连江最高气温39.4℃，突破该站历史最高气温记录；10月1日连江(35.2℃)、长乐(35.3℃)、福清(34.8℃)，10月2日闽清(37.9℃)、永泰（37.7℃）先后突破10月最高气温历史纪录。

气象干旱　2019年8月初开始，福州市降水持续偏少，统计8月1日至10月10日各县（市）区的累积雨量64.2毫米（闽侯）～249.4毫米（长乐），比常年平均少37.6%～81.4%。至10月10日，除长乐中旱，福州市区、罗源、连江、福清重旱外，其余3个县（市）区达到气象特旱标准。10月11—12日有明显降雨，其中12日大部分县（市）区出现中到大雨，长乐出现暴雨；长乐旱情解除，其余地区旱情有所减轻。10月16日至12月4日降雨稀少，旱情再度发展，统计10月16日至12月4日各县（市）区的累积雨量为0.3毫米（福清）～14.3毫米（罗源），比常年平均少82.5%～99.5%。至12月5日，除长乐中旱，闽侯特旱外，其余6个县(市)达到气象重旱标准。12月5日，全市出现中到大雨，干旱明显缓解。

秋寒　2019年9月24日，罗源县出现“23型”秋寒，比常年平均早4天；其余县（市）区于10月13—19日陆续出现“23型”秋寒，均属偏迟。福州市区、罗源、永泰于10月20—21日出现“20型”秋寒，其中福州市区比常年平均早5天，罗源、永泰属正常；其余县（市）区于11月5—9日出现“20型”秋寒，均属偏迟。

（郑颖青）

行政区划 人口

【行政区划】　福州市简称榕，辖鼓楼、台江、仓山、晋安、马尾、长乐6个区，闽侯、连江、罗源、闽清、永泰、平潭6个县及福清市。总面积

表2　**2019年福州市县(市)区行政区划一览表**

县(市)区名称	面积(平方千米)	街道、乡(镇)名称	社区居委会(个)	村委会(个)
鼓楼区	35.7	东街、南街、安泰、水部、温泉、鼓东、鼓西、华大、五凤街道，洪山镇	69	—
台江区	18	茶亭、洋中、后洲、新港、瀛洲、苍霞、义洲、上海、宁化、鳌峰街道	52	—
仓山区	142	仓前、下渡、临江、三叉街、对湖、上渡、金山、东升街道，建新、盖山、仓山、城门、螺洲镇	79	102
晋安区	567	茶园、王庄、象园街道，新店、岳峰、鼓山、宦溪镇，寿山、日溪乡	80	114
马尾区	281	罗星街道，马尾、亭江、琅岐镇	14	62
长乐区	717.5	吴航、航城、营前、漳港街道，梅花、金峰、潭头、玉田、江田、古槐、鹤上、首占、文武砂、湖南、文岭、松下镇，罗联、猴屿乡	31	226
福清市	1518.24	玉屏、龙山、龙江、音西、宏路、石竹、阳下街道，东张、海口、龙田、高山、渔溪、城头、江镜、三山、江阴、港头、沙埔、东瀚、上迳、新厝、镜洋、一都、南岭镇	58	438
闽侯县	2136.33	甘蔗街道，白沙、尚干、祥谦、青口、南通、南屿、上街、荆溪镇，竹岐、洋里、鸿尾、大湖、小箬、廷坪乡	31	297
连江县(含马祖)	1228	凤城、晓澳、浦口、琯头、敖江、东岱、东湖、丹阳、马鼻、透堡、官坂、黄岐、筱埕、苔菉、长龙、坑园镇，潘渡、蓼沿、下宫、安凯、江南、马祖乡，小沧畲族乡	37	243
罗源县	1187	凤山、鉴江、松山、起步、中房、飞竹镇，白塔、西兰、洪洋、碧里乡，霍口畲族乡	13	189
闽清县	1503.83	梅城、坂东、池园、梅溪、白樟、白中、塔庄、东桥、雄江、金沙、省璜镇，云龙、上莲、三溪、下祝、桔林乡	21	271
永泰县	2241	樟城、嵩口、梧桐、葛岭、城峰、清凉、长庆、同安、大洋镇，塘前、富泉、岭路、赤锡、洑口、盖洋、东洋、霞拔、盘谷、红星、白云、丹云乡	17	255
平潭县	392.93	潭城、苏澳、澳前、北厝、流水、平原、敖东镇，岚城、中楼、白青、南海、屿头、大练、东庠、芦洋乡	23	192

(吴云峰)

11968平方千米。市人民政府驻鼓楼区乌山路96号。2019年，全市辖43个街道、99个镇、45个乡(含连江县马祖乡)、2个民族乡，525个社区居委会、2389个村民委员会。

【人口】 2019年，福州市总户数208.25万户，总人口数664.96万人(人口数据不含平潭，下同)，比上年增加7.17万人，平均每户3.19人。其中，市区(鼓楼、台江、仓山、晋安、马尾、长乐六区，下同)总户数94.56万户，总人口数289.66万人，比上年增加5.06万人；六县(市)(福清市、闽侯、连江、闽清、罗源、永泰县，下同)总户数113.69万户，总人口数375.31万人，比上年增加2.11万人。60周岁以上老年人口126.44万人，占总人口19.01%，比上年多4.00万人。男女比例：男性338.88万人，占50.96%；女性326.08万人，占49.04%；男比女多12.8万人；市区男性144.61万人，女性145.04万人，女比男多0.43万人；六县(市)男性194.27万人，女性181.03万人，男比女多13.24万人。

人口自然变动　全年全市出生人口8.49万人，比上年少1.54万人，人口出生率12.84‰，比上年下降2.52‰。死亡人数3.76万人，比上年少0.015万人，人口死亡率5.68‰，比上年下降0.09‰。人口自然增长4.74万人，人口自然增长率7.16‰。市区人口出生3.74万人，人口出生率13.02‰，死亡人数1.60万人，死亡率5.58‰，人口自然增长2.14万人，人口自然增长率7.44‰。六县(市)人口出生4.76万人，人口出生率12.71‰，死亡人数2.15万人，死亡率5.76‰，人口自然增长2.6万人，人口自然增长6.95‰。市区人口自然增长率比六县(市)高0.49‰。

人口机械变动　2019年，福州市迁入人口16.67万人，迁出人口14.07万人，人口机械增长率3.92‰，比上年低0.17‰。市区迁入人口11.21万人，迁出人口8.23万人，人口机械增长率10.37‰，比上年高1.14‰。六县(市)迁入人口5.46万人，迁出5.85万人，

人口机械增长率 -1.03‰，比上年下降 1.08‰。

（林攀）

民族 宗教

【民族】 福州市56个民族成份齐全。2019年，全市少数民族人口8.87万人，占全市总人口的1.32%，少数民族流动人口5万人。畲族人口4.7万人，约占全市少数民族总人口的53%。万人以上少数民族有畲族、回族；千人以上少数民族有满族、苗族、彝族、壮族、布依族、侗族和土家族等。

全市有连江县小沧畲族乡和罗源县霍口畲族乡2个少数民族乡，有82个少数民族行政村，其中，畲族村80个、回族村1个、满族村1个，主要分布在罗源、连江、永泰、晋安、福清、长乐等6个县（市）区。全市少数民族属散杂居型，呈大分散、小聚居状态，85%以上人口居住在偏远山区。

【宗教】 福州是全国、全省宗教工作的重点地区，有佛教、道教、伊斯兰教、天主教、基督教五大宗教，2019年，全市依法登记的市级宗教团体有5个（福州市佛教协会、福州市道教协会、福州市基督教三自爱国会、福州市基督教协会、福州市天主教爱国会），依法登记的宗教活动场所1285处。福州市民间信仰活动场所遍布城镇乡村，10平方米以上民间信仰场所3938座，其中列入省级民间信仰联系点31座，市级民间信仰联系点26座。全市经认定备案宗教教职人员1800多人。

（吴静欣）

国民经济和社会发展情况

【概况】 2019年，福州市实现地区生产总值9392.30亿元，比上年增长7.9%。其中，第一产业增加值526.47亿元，比上年增长3.8%；第二产业增加值3830.99亿元，增长7.8%；第三产业增加值5034.84亿元，增长8.3%。三次产业增加值占地区生产总值的比重，第一产业为5.6%，第二产业为40.8%，第三产业为53.6%。全年人均地区生产总值120879元，比上年增长6.9%。全年限额以上批发和零售企业实现网上商品零售额188.72亿元，比上年增长26.2%。

年末全市常住人口780万人（人口数据含平潭，下同），比上年末增加6万人。其中，城镇常住人口550万人，占总人口比重（常住人口城镇化率）为70.5%，比上年末提高0.2个百分点。全年出生人口9.7万人，出生率12.5‰；死亡人口4.5万人，死亡率5.8‰；自然增长率6.7‰。年末全市户籍总人口710.09万人，比上年增长7.42万人。

表3　2019年年末福州市人口数及其构成

指　　标	年末数（万人）	比重（%）
常住人口	780	100
其中：城镇	550	70.5
乡村	230	29.5

表4　2019年福州市居民消费价格比上年涨跌幅度

指　　标	全　市（%）
市区居民消费价格总水平	2.5
食品烟酒	7.1
衣着	1.4
居住	0.4
生活用品及服务	1.3
交通和通讯	-1.3
教育文化和娱乐	1.3
医疗保健	1.0
其他用品和服务	3.9

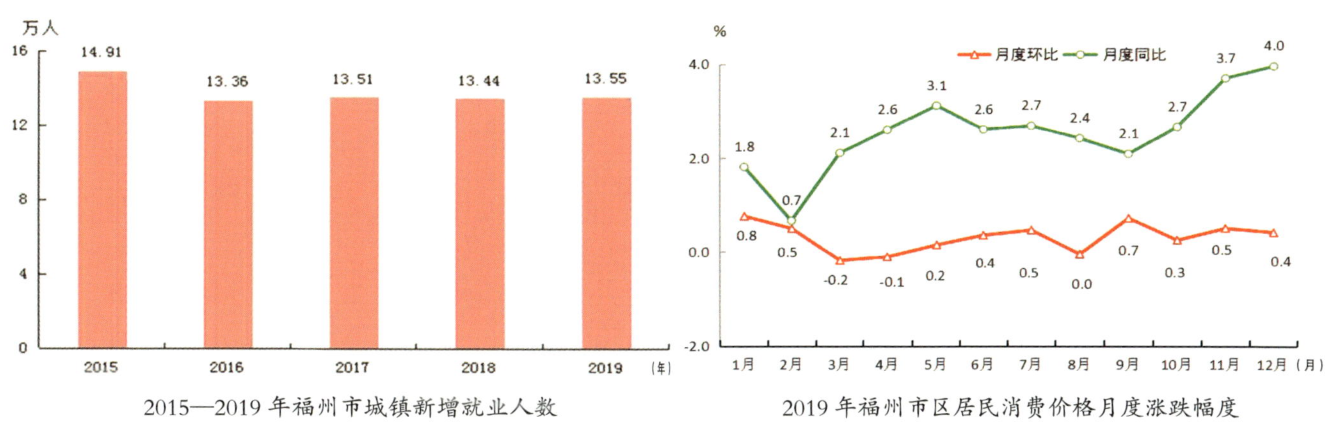

2015—2019年福州市城镇新增就业人数

2019年福州市区居民消费价格月度涨跌幅度

表 5　　2019 年福州市新建商品住宅销售价格涨跌幅度（月度同比）

月份	1 月	2 月	3 月	4 月	5 月	6 月	7 月	8 月	9 月	10 月	11 月	12 月
涨跌幅度（%）	8.7	8.9	9.8	10.6	12.9	10.8	9.9	8.1	7.4	6.6	4.7	4.2

2015—2019 年福州市一般公共预算总收入及增长速度

2015—2019 年福州市粮食产量及增长速度

全年城镇新增就业 13.55 万人，就业困难人员实现再就业 4523 人，失业人员再就业 14232 人，农业富余劳动力转移就业 36807 人。年末城镇登记失业率 2.16%，比上年末降低 0.25 个百分点。

全年市区居民消费价格总水平比上年上涨 2.5%，其中食品烟酒类价格上涨 7.1%，衣着类上涨 1.4%，教育文化和娱乐类上涨 1.3%，居住类上涨 0.4%，医疗保健类上涨 1.0%，其他用品和服务类上涨 3.9%，生活用品及服务类上涨 1.3%，交通和通信类下降 1.3%。

全年全市一般公共预算总收入 1095.36 亿元，比上年下降 2%，其中，地方一般公共预算收入 668.08 亿元，比上年下降 1.8%；一般公共预算支出 952.17 亿元，上涨 3%。全市税收收入 491.76 亿元，比上年下降 2.4%。

【农业】　2019 年，福州市农林牧渔业完成总产值 934.92 亿元，比上年增长 3.8%。粮食种植面积 8.429 万公顷，比上年增加 960 公顷，其中稻谷面积 3.899 万公顷，比上年减少 980 公顷；油料种植面积 2.11 万公顷，增加 553.33 公顷；蔬菜种植面积 13.987 万公顷，增加 5453.33 公顷。

全年粮食产量 46.88 万吨，比上年增加 0.94 万吨，增长 2%。其中，稻谷产量 23.49 万吨，比上年减少 225 吨，下降 0.1%。

全年肉蛋奶总产量 28.16 万吨，比上年下降 6.7%。肉类总产量 16.71 万吨，比上年下降 8.1%，其中，猪肉产量 12.02 万吨，下降 13.7%；禽肉产量 3.44 万吨，增长 9.3%；牛肉产量 0.33 万吨，增长 7.9%；羊肉产量 0.61 万吨，增长 9.3%。年末生猪存栏 71.18 万头，比上年下降 22.3%；生猪出栏 153.08 万头，下降 12.5%。牛奶产量 0.61 万吨，下降 8.9%。

全年水产品产量 271.5 万吨，比上年增长 5.1%。其中，淡水产品产量 25.89 万吨，增长 7%；海水产品产量 245.63 万吨，增长 4.9%。

【工业】　2019 年，福州市工业增加值 2610.31 亿元，比上年增长 8.6%；规模以上工业增加值增长 8.7%。在规模以上工业中，分经济类型看，国有控股企业比上年增长 2.8%，大中型企业增长 7.3%；国有企业增长 5.5%，集体企业增长 13.1%，股份制企业增长 12.2%，外商及港澳台商投资企业增长 1.9%，私营企业增长 12.9%；分轻重工业看，轻工业增长 9%，重工业增长 8.5%；分门类看，采矿业增长 34.9%，制造业增长 8.9%，电力、热力、燃气及水生产和供应业增长 6.4%。工业产品销售率 96.64，比上年降低 0.45 个百分点。

全市规模以上工业的 35 个行业大类中有 16 个增加值增速在两位数，其中，非金属矿采选业比上年增长 34.9%，通用设备制造业增长 31.3%，文教、工美、体育和娱乐用品制造业增长 21.8%，化学原料和化学制品制造业增长 21.6%，

表 6　　2019 年福州市主要农产品产量

产品名称	产量（万吨）	比上年增长（%）
粮食	468813	2.0
春收	51753	7.9
夏收	58725	0.0
秋收	358335	1.7
油料	52167	4.2
其中：花生	49358	5.1
油菜籽	2787	-8.9
甘蔗	35701	4.2
茶叶	42399	5.3
园林水果	837424	8.2
蔬菜	4106955	5.2
食用菌	239383	7.0

黑色金属冶炼和压延加工业增长 21%。规模以上工业中十大主导行业增加值比上年增长 5.8%，其中，黑色金属冶炼和压延加工业增加值增长 21%，化学纤维制造业增加值增长 16.5%。六大高耗能行业增加值比上年增长 13%，占规模以上工业增加值的比重为 25.5%。工业战略性新兴产业增加值比上年增长 6.3%，占规模以上工业增加值的比重为 23.8%。高技术制造业增加值比上年增长 7.1%，占规模以上工业增加值的比重为 11.5%。装备制造业增加值比上年增长 3.7%，占规模以上工业增加值的比重为 22.4%。

全年规模以上工业企业实现利润总额 514.66 亿元，比上年增长 0.4%。其中，集体企业 1.8 亿元，下降 49.7%；股份制企业 352.02 亿元，下降 0.8%；外商及港澳台商投资企业 153.93 亿元，增长 3.9%；非公有制企业 441.26 亿元，增长 3.8%；国有企业 3.40 亿元，增长 42.3%。规模以上工业企业资产负债率 54.2%，每百元营业收入中的成本为 88 元，提高 0.54 元，营业收入利润率 5.34%。

【建筑业】 2019 年，福州市建筑业实现增加值 1241.22 亿元，比上年增长 5.7%。全市具有资质等级的总承包和专业承包建筑业企业完成建筑业总产值 4719.27 亿元，比上年增长 14.8%。

【固定资产投资】 2019 年，福州市固定资产投资比上年增长 9%，其中，第一产业投资增长 34.2%，第二产业投资增长 14.5%（工业投资增长 16.4%），第三产业投资增长 6.8%。基础设施投资比上年下降 0.2%，占固定资产投资的比重为 27.3%；民间投资增长 4.4%，占固定资产投资的比重为 57.7%。从到位资金情况看，全年到位资金比上年增长 10.5%，其中，国家预算资金增长 14.7%，国内贷款增长 19.4%，自筹资金增长 13%，其他资金下降 1.6%。

全年房地产开发投资 1812.77 亿元，比上年增长 25.9%。其中，住宅投资 1288.84 亿元，增长 33.4%；办公楼投资 106.84 亿元，增长 25%；商业营业用房投资 122.92 亿元，下降 7.8%。年末商品房待售面积 375.04 万平方米，比上年末增加 0.66 万平方米。年末商品住宅待售面积 94.39 万平方米，比上年末增加 3.17 万平方米。

全年新开工建设城镇保障性安居工程住房 11072 套，基本建成城镇保障性安居工程住房 5701 套。

全年房地产开发投资 1812.77 亿

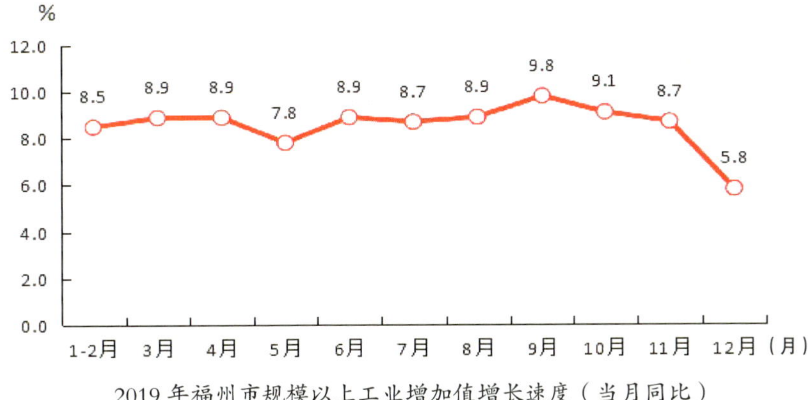

2019 年福州市规模以上工业增加值增长速度（当月同比）

表 7 2019 年福州市规模以上工业企业主要工业产品产量

产品名称	单位	产量	比上年增长（%）
发电量	亿千瓦时	751.28	4.6
# 火电	亿千瓦时	340.19	3.5
水电	亿千瓦时	79.52	27.9
核电	亿千瓦时	307.53	0.7
风力	亿千瓦时	24.04	8.2
食用植物油	吨	733473	14.2
纱	万吨	349.13	5.0
化学纤维	吨	5477572	21.5
人造板	立方米	375465	6.7
鞋	万双	43153.40	42.4
塑料制品	吨	1454230	11.5
水　泥	吨	6078686	−7.3
花岗石板材	万平方米	106.59	−54.7
粗　钢	吨	9779492	36.6
钢　材	吨	11845732	33.6
铝　材	吨	596185	16.1
汽　车	辆	67126	−45.6
其中：轿车	辆	7812	−11.8
显示器	万台	3037.20	−3.5
打印机	万台	31.25	8.7
彩色电视机	台	49150	−91.9
布	万米	42140	−9.8
纯碱	吨	290660	17.8
烧碱	吨	136135	12.4
集成电路	万块	5497	5.6

2015—2019年福州市固定资产投资增长速度

元，比上年增长25.9%。其中，住宅投资1288.84亿元，增长33.4%；办公楼投资106.84亿元，增长25%；商业营业用房投资122.92亿元，下降7.8%。年末商品房待售面积375.04万平方米，比上年末增加0.66万平方米。年末商品住宅待售面积94.39万平方米，比上年末增加3.17万平方米。

全年新开工建设城镇保障性安居工程住房11072套，基本建成城镇保障性

表8　2019年福州市分行业固定资产投资情况

行业	投资额比上年增长（%）
农、林、牧、渔业	31.5
采矿业	−28.1
制造业	17.2
电力、热力、燃气及水的生产和供应业	14.1
建筑业	−90.9
批发和零售业	−80.7
交通运输、仓储和邮政业	−2.6
住宿和餐饮业	−38.9
信息传输、软件和信息技术服务业	−16.0
金融业	−32.8
房地产业（含房地产开发）	22.7
租赁和商务服务业	−23.5
科学研究和技术服务业	−36.5
水利、环境和公共设施管理业	−5.2
居民服务和其他服务业	−87.6
教育	40.0
卫生和社会工作	160.2
文化、体育和娱乐业	−22.4
公共管理和社会组织	−43.4

表9　2019年福州市房地产开发和销售主要指标完成情况

指　标	单位	实绩	比上年增长(%)
投资完成额	亿元	1812.77	25.9
商品房屋施工面积	万平方米	8480.51	7.1
其中：住宅	万平方米	5458.31	11.1
2019年新开工面积	万平方米	1743.02	−4.8
商品房屋竣工面积	万平方米	389.85	−46.1
其中：住宅	万平方米	246.61	−44.1
商品房屋销售面积	万平方米	1708.19	−0.2
其中：住宅	万平方米	1330.07	5.9

安居工程住房5701套。

【国内贸易】 2019年，福州市社会消费品零售总额4198.94亿元，比上年增长9.6%。在限额以上企业商品零售额中，按消费形态统计，商品零售额2870.75亿元，比上年增长13.6%；餐费收入额201.59亿元，增长11.3%。按销售单位所在地统计，城镇消费品零售额2847.84亿元，比上年增长13.2%；乡村消费品零售额224.5亿元，增长16.2%。

限额以上企业商品零售额中，通讯器材类零售额比上年增长20.6%，服装鞋帽针纺织品类增长8.%，金银珠宝类增长2.6%，粮油食品类增长15.7%，日用品类增长21.5%，家具类增长8.9%，化妆品类增长20.9%，汽车类增长7.8%，体育、娱乐用品类增长30.0%，家用电器和音响器材类增长20.3%，石油及制品类增长17.5%。

【对外经济】 2019年，福州市实际利用外商直接投资9.4亿美元，新批合同外资金额39.4亿美元。新批合同外资项目310个，比上年少214个。

新批境外投资项目30个，新批境外协议投资总额3.6亿美元，其中，中方协议投资额2.6亿美元。年度新批台资项目124个，比上年少50个，对台贸易额92.8亿美元，下降23.5%。

全年对外承包工程完成营业额8.6亿美元，比上年下降1.3%；对外承包工程期末在外人员40771人，下降16.3%。对外劳务合作完成营业额1707万美元，比上年下降17.1%；对外劳务合作期末在外人员35339人，

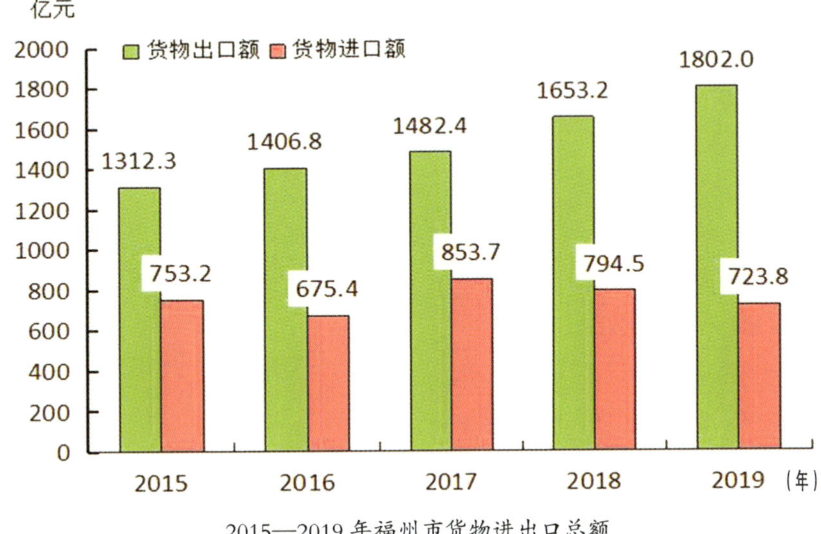

2015—2019年福州市货物进出口总额

表10 **2019年福州市进出口主要分类情况**

指标	实绩（亿元）	比上年增长（%）
进出口总额	2525.8	3.2
进口总额	723.8	-8.9
出口总额	1802.0	9.0
其中：一般贸易	1420.7	15.6
加工贸易	363.9	-14.7
其中：机电产品出口	572.9	11.8
其中：高新技术产品出口	107.5	-11.3

表11 **2019年福州市对主要市场进出口情况**

国家和地区	出口额（亿元）	比上年增长（%）	进口额（亿元）	比上年增长（%）
美国	337	-11.4	24.8	-46.3
欧盟	277.1	7.4	586.1	-5.3
东盟	371	39.8	116.1	-2.3
日本	93.9	3.5	53.5	-8.3
中国香港地区	65.3	-28.3	2.5	263.3
中国台湾地区	40.7	7.7	52.1	-37.7
韩国	45.8	3.9	75.7	-7.9
俄罗斯联邦	18.1	21.4	4.2	0.8

下降2%。

【交通】 2019年,福州市交通运输、仓储和邮政业实现增加值314.67亿元,比上年增长10.7%。年末公路里程(不含平潭)11659千米,比上年增长1.59%,其中高速公路总里程673千米,增长14.69%;年末铁路营业里程475千米(干线409千米、支线66千米),其中高速铁路总里程342千米,与上年持平。

全年沿海港口完成货物吞吐量17038.2万吨,比上年增长16.8%,其中外贸货物吞吐量5485.77万吨,增长4.6%。集装箱吞吐量340.82万标箱,比上年增长5.1%,其中,对台直航集装箱吞吐量30.16万标箱,下降9.2%。

年末全市汽车保有量140.99万

表12 2019年福州市分行业外商直接投资情况

行业	实际利用外资(万美元)
总计	77877
农、林、牧、渔业	170
制造业	11418
电力、热力、燃气及水生产和供应业	1028
建筑业	6806
批发和零售业	19114
交通运输、仓储和邮政业	4805
住宿和餐饮业	846
信息传输、软件和信息技术服务业	10126
金融业	1369
房地产业	15561
租赁和商务服务业	1451
科学研究和技术服务业	1166
水利、环境和公共设施管理业	1994
居民服务、修理和其他服务业	612
教育	79
卫生和社会工作	183
文化、体育和娱乐业	1149

表13 2019年福州市各种运输方式完成货物运输量与旅客运输量情况

指标	单位	绝对数	比上年增长(%)
公路			
货物运输量	万吨	19759	10.8
旅客运输量	万人次	8368	-4.2
水路			
货物运输量	万吨	10554	10.1
旅客运输量	万人次	149	23.1
铁路			
货物发送量	万吨	689	8.8
旅客发送量	万人次	3428	5.7
民航			
货邮吞吐量	万吨	13	-1.6
旅客吞吐量	万人次	1476	2.6

辆（含三轮汽车和低速货车），比上年末增长7.4%，其中私人汽车保有量119.03万辆，增长6.1%。全市轿车保有量84.53万辆，比上年增长6.1%，其中私人轿车保有量76.24万辆，增长4.7%。

【邮电】 2019年，福州市完成邮政业务总量119.13亿元，比上年增长22.31%；电信业务总量756.3亿元，增长59.11%。邮政业务收入60.89亿元，比上年增长13.52%；电信业务收入106.51亿元，下降1.38%。邮政业全年完成邮政函件业务1832.72万件，快递业务量4.76亿件。年末全市电话用户总数1156.6万户，其中固定电话用户163.00万户，移动电话用户993.60万户（4G电话用户830.30万户，净增61.80万户）。年末全市互联网宽带接入用户（不含手机上网用户）369.78万户，比上年末增加34.39万户。

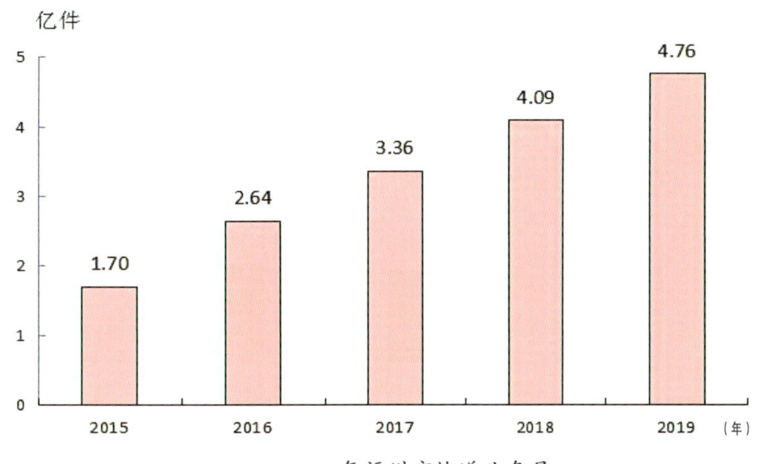

2015—2019年福州市快递业务量

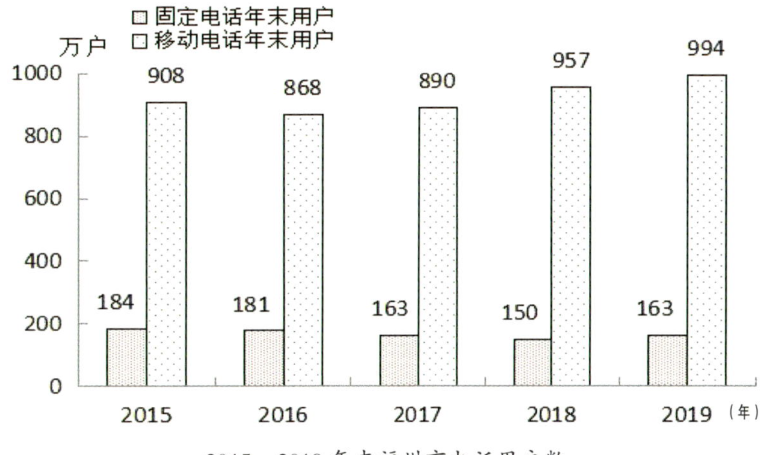

2015—2019年末福州市电话用户数

【旅游】 2019年，福州市接待境内外游客（含一日游）9654.17万人次，比上年增长17.3%。其中，接待境外游客173.4万人次，增长7.1%；国内游客9480.77万人次，增长17.5%。旅游总收入1450.58亿元，比上年增长23.9%，旅游外汇收入19亿美元，增长5.2%。年末星级酒店42家，星级酒店客房8333间，A级景区40个，全年经福州口岸赴台旅游3.5万人次，比上年下降3.96%。

【金融】 2019年末，福州市金融机构本外币各项存款余额15757.34亿元，比上年末增长10.9%，其中，非金融企业存款4928.35亿元，增长3.6%，住户存款6154.33亿元，增长18.5%。金融机构本外币各项贷款余额17443.72亿元，比上年末增长13.5%，其中，短期贷款3800.02亿元，增长15.5%，中长期贷款12876.23亿元，增长13.2%。金融机构人民币存款余额15367.47亿元，比上年末增长11.1%，金融机构人民币贷款余额17137.37亿元，增长14.9%。年末境内上市公司45家，比上年多2家，市价总值8420.01亿元，比上年增长27.3%；全市股票、基金交易额78791.73亿元，全年期货交易额31456.83亿元。年末股民资金开户数

表14 **2019年福州市全部金融机构本外币存贷款情况**

指标	年末数（亿元）	比上年末增长（%）
各项存款余额	15757.34	10.9
其中：非金融企业存款	4928.35	3.6
住户存款	6154.33	18.5
其中：人民币存款	15367.47	11.1
各项贷款余额	17443.72	13.5
其中：短期贷款	3800.02	15.5
中长期贷款	12876.23	13.2
其中：人民币贷款	17137.37	14.9

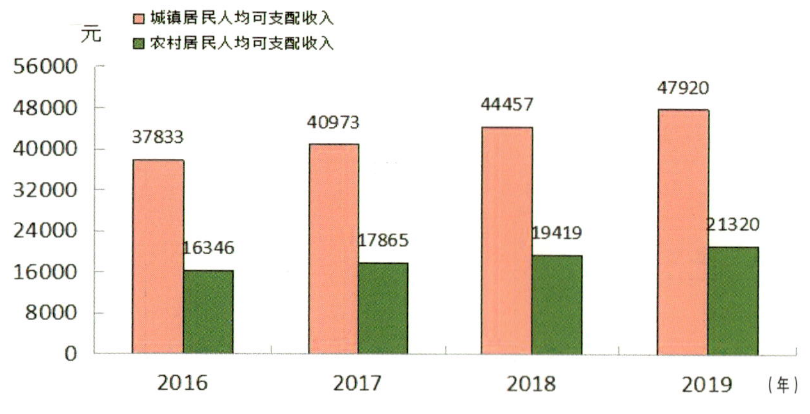

2016—2019 年福州市城镇及农村居民可支配收入

418.48 万户，新增 54.24 万户；年末期货公司 3 家，期货营业部 34 个；证券公司 2 家，营业部 136 个；外资金融机构（不包含保险和证券机构）在福州设立的分行 10 个。

全年内外资保险公司保费收入 343.28 亿元，比上年增长 13.3%，其中，财产险保费收入 97.48 亿元，人身险保费收入 245.79 亿元。支付各类赔款及给付 101.11 亿元，比上年增长 8.2%，其中，财产险赔款 53.90 亿元，人身险赔款 47.21 亿元。年末各类保险营业网点 405 个，外资保险机构在福州设立分公司 15 个，代表处 1 个。

【人民生活】 2019 年，福州市居民人均可支配收入 38719 元，比上年增长 9.5%。按常住地分，农村居民人均可支配收入 21320 元，比上年增长 9.8%；城镇居民人均可支配收入 47920 元，增长 7.8%。

全市居民人均生活消费支出 27490 元，比上年增长 10.3%。按常住地分，农村居民人均生活消费支出 17711 元，比上年增长 9%；城镇居民人均生活消费支出 32662 元，比上年增长 9.4%。

【社会保障】 2019 年末，福州市社会基本养老保险参保人数 444.96 万人，比上年增加 12.46 万人，其中参保城镇企业职工 199.69 万人，城乡居民基本养老保险人员 224.87 万人，被征地农民养老保障人员 51.5 万人，机关事业单位养老保险人员 20.4 万人。年末基本医疗保险参保人数 621.56 万人，其中职工基本医疗保险参保人数 159.42 万人，城乡居民基本医疗保险参保人数 462.14 万人。年末生育保险参保人数 114.69 万人，比上年减少 5.08 万人。

全市失业保险参保人数 130.76 万人，比上年增加 6.9 万人。年末工伤保险参保人数 177.61 万人，比上年增加 2.1 万人。年末全市领取失业保险金人数 18549 人，比上年增加 9100 人；全市纳入城市最低生活保障的居民 6701 人，减少 471 人；纳入农村最低生活保障的居民 43969 人，增加 653 人；全年保障特困人员供养对象 6777 人。

【教育】 2019 年，福州市研究生教育招生 10989 人，在校研究生 30822 人。普通高等教育招生 107017 人，在校生 340330 人。中等职业教育招生 33632 人，在校生 85918 人。全市普通高中招生 36976 人，在校生 105660 人。初中招生 84940 人，在校生 243783 人。普通小学招生 108094 人，在校生 589118 人。特殊教育在校生 1736 人。学前教育在园幼儿 277908 人。市级示范园 78 所，省级达标中学 74 所。初中毕业升学率 98.2%。

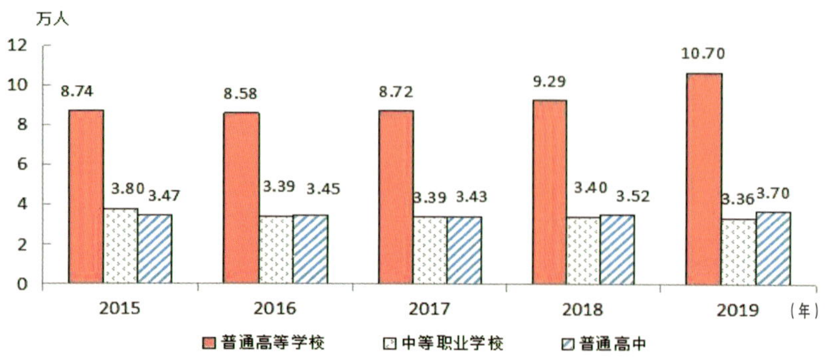

2015—2019 年福州市各类学校招生人数

【科学技术】 2019 年末，福州市有国家级创新型企业 3 家，国家创新型试点企业 4 家；高新技术企业 1407 家，比上年增加 380 家。新认定省级企业技术中心 11 家，新认定市级企业技术中心 12 家。全市专利申请量 29035 件，其中发明专利申请 8783 件；全市专利授权量 18981 件，其中发明专利授权 3374 件。全年登记技术合同 3528 项，成交额 50.11 亿元。

【文化】 2019 年末，福州市文化系统有艺术表演团体 9 个，公共图书馆 14 个，文化馆 12 个，群艺馆 1 个，剧场、剧院数 1 个，博物馆、纪念馆 38 个。各类艺术表演团体演出 1852 场，公共图书馆藏书量 1138.72 万册，博物馆、纪念馆收藏文物 17.04 万件，图书流动点 869 个，乡镇综合文化站 130 个，农家书屋 2195 个。

年末全市有影院 61 个，减少 1 个。广播电台、广播电视台共 8 座，广播节目 11 套，电视节目 13 套。年末有线电视用户 145.36 万户，入户率 62.6%。年末行政村有线电视联网率 90.8%，广播综合人口覆盖率、电视综合人口覆盖率均为 100%。

【卫生】 2019 年末，福州市有各级各类医疗卫生机构 4332 个，其中医院 132 个，社区卫生服务中心（站）182 个，乡镇卫生院 124 个，村卫生所 2080 个。年末卫生机构床位 38277 张。年末卫生技术人员 60878 人，其中，执业医生、执业（助理）医师 23588 人，注册护士 26839 人，乡镇卫生院卫技人员 5280 人，村卫生所卫技人员 822 人。年末每千人

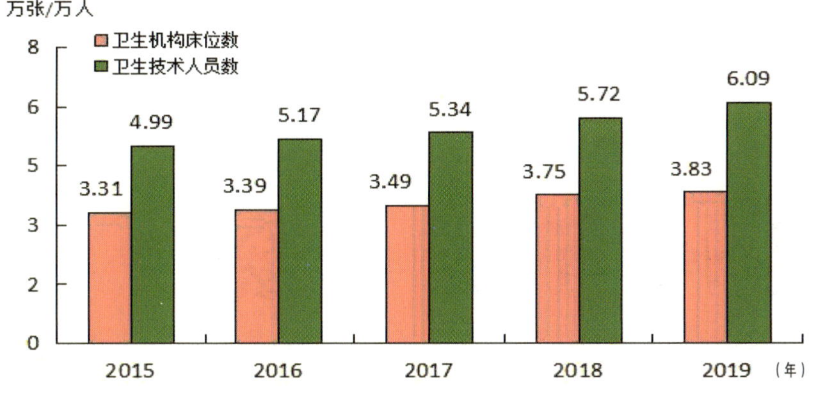

2015—2019年福州市卫生机构床位数和卫生技术人员数

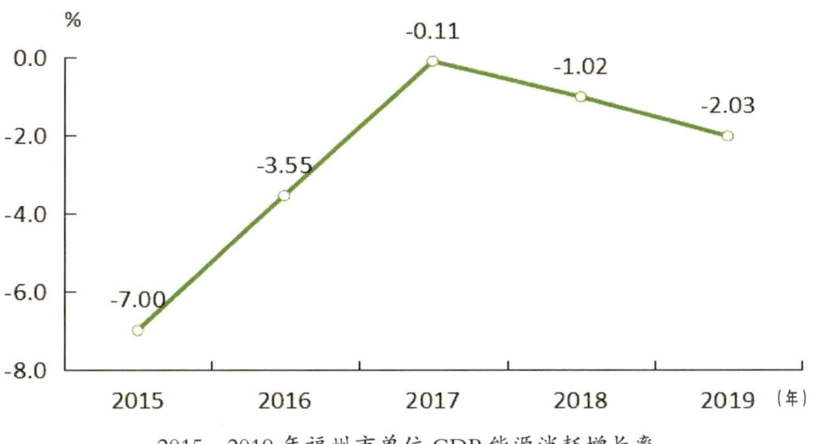

2015—2019年福州市单位GDP能源消耗增长率

拥有卫生机构床位5.21张，每千人拥有医院床位4.39张，每千人拥有卫生技术人员8.29人，每千人拥有医生3.21人。

【体育】 2019年，福州市运动员在国际比赛中获得6枚金牌、2枚银牌、2枚铜牌，在全国比赛中获得11枚金牌、6枚银牌、16枚铜牌。在第二届青运会上福州运动员取得11枚金牌、5枚银牌、8枚铜牌。全市有体育场馆数135个，总面积91.51万平方米。全市含12个县（市）区举办龙舟、登山、健步行、武术、舞蹈、篮球、气排球、兵乓球、柔力球、健身气功、桥牌、象棋围棋、门球、足球、定向越野、农耕大赛等30多项近千场次的全民健身活动，参与群众500多万人次。

【能源消耗】 2019年，福州市规模以上工业能耗1630.22万吨标准煤。全社会用电量比上年增长3.7%。万元地区生产总值能耗比上年下降2.03%。

【资源、环境】 2019年，福州市森林覆盖率58.1%。全年植树造林总面积5013.33公顷，其中人工更新造林总面积3286公顷。商品材产量30.07万立方米，比上年增长10.35%。年末公园数116座，公园绿地面积4166.28公顷。年末建成区新增绿地面积348.60公顷，建成区绿地率42.2%。全市新增公园绿地面积197.82公顷，人均公园绿地面积14.77平方米。

全市主要河流整体水质为优。闽江（福州段）干流水质功能区达标率、敖江（福州段）干流水质功能区达标率、龙江流域水质功能区达标率、5个市级饮用水水源地水质达标率、县（市）级以上饮用水水源地水质达标率均为100%。

全市城区环境空气达标率98.6%，城区环境空气达标天数360天，空气质量综合指数3.0。区域环境噪声57.2分贝，区域交通噪声分贝68.7分贝。

全市城镇、农村生活垃圾无害化处理率均为100%，污水处理率93.6%。

【安全生产】 2019年，福州市发生各类生产安全事故205起、死亡94人、受伤人数123人，按可比口径，分别比上年下降14.9%、14.6%和33.5%。全年未发生重特大事故。

（林鸿胤）

（编辑 黄铭）

中共福州市委员会

重要会议及活动

【概况】 2019年，中共福州市委召开十一届九次、十次全会，深入学习贯彻习近平新时代中国特色社会主义思想和党的十九大、十九届二中、三中、四中全会精神，审议《中共福州市委关于深入学习贯彻习近平总书记在参加十三届全国人大二次会议福建代表团审议时重要讲话精神的决定》《中共福州市委深入贯彻〈中共中央关于坚持和完善中国特色社会主义制度、推进国家治理体系、治理能力现代化若干重大问题的决定〉的实施意见》等文件；年内召开常委会会议28次。

【市纪委十一届四次全会】 2019年1月24日召开。省委副书记、市委书记王宁强调，要深入学习领会习近平总书记的重要讲话精神，提高全面从严治党的思想自觉、政治自觉；要准确把握全市管党治党的形势，增强抓好党风廉政建设和反腐败斗争的责任感、紧迫感；要保持战略定力，巩固发展反腐败斗争压倒性胜利；要坚持以上率下，严格贯彻新形势下党内政治生活若干准则。会议审议通过市纪委常委会工作报告、市纪委十一届四次全会决议。

【市委农村工作会议、全市农村人居环境整治和扶贫开发工作会议】 2019年1月26日召开。省委副书记、市委书记王宁强调，要吃透精神，把握形势，进一步提高做好“三农”工作的自觉性、主动性；要咬定目标不放松，高质量完成好今明两年“三农”工作的硬任务；要加强党对“三农”工作的全面领导，切实把农业农村优先发展落到实处。市委副书记、市长尤猛军主持会议。

【全市经济运行分析会暨坚持高质量发展落实赶超工作推进会议】 2019年2月11日召开。省委副书记、市委书记王宁主持会议并讲话，强调要迅速收心归位，起跑加速，确保实现开门红；要抓实工作，不务虚功，提高工作的质量和效率；要敢于攻坚，创造性地开展工作；要提振精神，担当作为，凝聚起干事创业的强大合力。市委副书记、市长尤猛军作具体工作部署。

【市委政法工作会议】 2019年2月15日召开。省委副书记、市委书记王宁强调，要认真学习领会，全面准确把握习近平总书记重要讲话精神；要保持清醒头脑，强化风险意识，加快建设更高水平的平安福州、法治福州；要坚持党对政法工作的绝对领导，打造一支高素质的政法队伍。市委副书记、市长尤猛军主持会议。市委常委、政法委书记高明作具体工作部署。

【市委十一届九次全会】 2019年6月5日召开。全会审议通过《中共福州市委关于深入学习贯彻习近平总书记在参加十三届全国人大二次会议福建代表团审议时重要讲话精神的决定》和《中国共产党福州市第十一届委员会第九次全体会议决议》。省委副书记、市委书记王宁代表市委常委会向全会作报告，强调要深入学习贯彻习近平总书记重要讲话精神，凝聚推动新时代有福之州、幸福之城建设的强大动力；要把握重点任务，持续精准发力，推动新时代有福之州、幸福之城建设迈上新台阶；要一以贯之推动全面从严治党，为各项工作任务落实提供坚强政治保证。

【全市产业发展促进大会】 2019年6月5日召开。省委副书记、市委书记王宁主持会议并讲话，强调加快产业发展是建设有福之州、打造幸福之城的关键支撑；要把握产业发展的主攻方向，突出抓好“三个福州”建设；要用好改革创新的法宝，促进福州产业大发展；要举全市之力，打一场促进产业发展的漂亮仗。市委副书记、市长尤猛军作具体工作部署。

【全市生态环境保护工作推进会】 2019年7月5日召开。省委副书记、市委书记王宁主持会议并讲话，强调要提高政治站位，坚决扛起生态文明建设的重大政治责任；要以此次第二轮环保督察为契机，抓住重点，持续发力，全面提升全市生态环境保护工作水平；要加强组织领导，全力打赢生态文明建设这场持久战。市委副书记、市长尤猛军作具体工作部署。

【市委上半年经济分析会】 2019年7月24日召开。省委副书记、市委书记王宁主持会议并讲话，强调要拿出更大的干劲，全力抓产业、上项目；要勇于改革创新，持续优化营商环境；要高标准、高效率推进新区新城建设；要全力办实事补短板，实现惠民生、促发展；要以开展主题教育为新的动力，激励干部扑下身子抓经济、全力以赴抓发展。市委副书记、市长尤猛军作工作部署。

【福州古厝保护工作部署会议】 2019年7月29日召开。省委副书记、市委书记王宁主持会议并讲话，强调要提高思想认识，坚决扛起福州古厝保护的历史责任、政治责任；要正确理解和把握古厝保护的几个关系，认真借鉴吸收论坛成果；要坚持问题导向，加大工作力度，把福州古厝保护抓实、抓出成效；要举全市之力，全力办好世界遗产大会。市委副书记、市长尤猛军作工作部署。

【全市教育大会】 2019年8月8日召开。省委副书记、市委书记王宁出席会议并讲话，强调要深入学习贯彻总书记关于教育的重要论述，增强抓好新时代教育工作的责任感、紧迫感；要全面落实立德树人根本任务，着力培育高质量的社会主义建设者、接班人；要大力培养新时代好教师，努力打造高素质的教师队伍；要办好人民满意的教育，全力建设教育强市；要加强党的全面领导，为教育事业发展提供坚强保障。

【全市“不忘初心、牢记使命”主题教育工作会议】 2019年9月12日召开。省委副书记、市委书记王宁主持会议并讲话，强调要深入学习贯彻习近平总书记的重要讲话、重要指示精神，切实增强抓好第二批主题教育的思想自觉、政治自觉、行动自觉；要认真贯彻中央和省委的部署要求，保持先行融入的强劲态势，推动第二批主题教育深入开展 要加强组织领导，确保主题教育取得实效。

【市委机关党的建设工作会议】 2019年10月22日召开。省委副书记、市委书记王宁出席会议并讲话，强调要认真学习贯彻习近平总书记重要讲话精神，增强抓好机关党的建设工作的思想自觉、行动自觉；要聚焦重点任务，扎实推进全市机关党的建设落细落实；要全面加强领导，切实扛起推进机关党的建设的政治责任。

【市委政协工作会议】 2019年11月13日召开。省委副书记、市委书记王宁出席会议并讲话，强调要深入学习贯彻习总书记重要讲话精神，进一步增强做好新时代人民政协工作的责任感、使命感；要认清形势，明确要求，不断加强和改进全市政协工作；要加强党对政协工作的全面领导，推动全市政协事业不断取得新发展、新成效。

【全市建设工程案件警示教育大会】 2019年11月20日召开。省委副书记、市委书记王宁主持会议并讲话，强调要高度警醒，清醒认识营滨路腐败案件的严重危害、不良影响；要以案为鉴，深刻剖析案件背后的突出问题；要举一反三抓整改，持续推进全面从严治党。市委常委、市纪委书记、监委主任修兴高通报案件查处情况。

【世界遗产大会筹备工作暨五大提升工程部署大会】 2019年11月27日召开。省委副书记、市委书记王宁主持会议并讲话，强调要提高政治站位，统一思想认识，举全市之力办好这场大会；要坚持精益求精，高标准、高质量推进大会筹备工作；要全力打好五大提升攻坚战，实现“办好一次会，搞活一座城”，向世界展示有福之州的魅力风采；要加强组织领导，确保各项筹备工作落到实处。市委副书记、市长尤猛军作工作部署。

【市委十一届十次全会】 2019年12月10日召开。全会审议通过《中共福州市委深入贯彻〈中共中央关于坚持和完善中国特色社会主义制度、推进国家治理体系、治理能力现代化若干重大问题的决定〉的实施意见》和《中国共产党福州市第十一届委员会第十次全体会议决议》。省委副书记、市委书记王宁代表市委常委会向全会作报告，强调要切实把思想行动统一到党的十九届四中全会精神上来，增强抓好贯彻落实的责任感、使命感、紧迫感 要聚焦重点任务，坚持守正创新，扎实推进新时代有福之州治理现代化；要加强党的全面领导，为推动制度优势转化为治理效能，提供坚强的政治保障。

【全市“担当尽责、激情创业”好干部座谈会】 2019年12月12日召开。省委副书记、市委书记王宁出席会议并讲话，肯定103位优秀干部的表现和贡献，强调要在学懂弄通做实新思想上争当排头兵；要在学习《习近平在福州》采访实录上争当排头兵；要在高质量发展落实赶超上争当排头兵；要在解决群众最急最忧最盼问题上争当排头兵；要在加快推进新时代有福之州治理现代化上争当排头兵；要在提振干事创业精气神上争当排头兵，全方位展现福州干部担当尽责、激情创业的时代风采。市委常委、组织部部长吴深生宣读《通报》。

【市委经济工作会议】 2019年12月26日召开。省委副书记、市委书记王宁出席会议并讲话，强调要深入学习领会中央、省委经济工作会议精神，切实把思想和行动统一到中央、省委的决策部署上来；要充分肯定全市经济社会发展取得的成绩，进一步坚定信心、保持定力；要准确把握明年经济工作总体要求，全力推动全市经济高质量发展；要加强党对经济工作的领导，切实把制度优势转化为治理效能。

（唐思晟）

全面深化改革

【概况】 2019年，福州市组织召开11次市委深改委会议，学习贯彻中央和省委改革重大决策部署，研究制定年度改革《工作要点》和《细化分解方案》，审定47项改革事项，谋划实施212项年度改革任务。完成年度改革任务208项，占年度任务98%，未完成的4项改革任务主要因政策冲突、机构改革等原因申请调整序时进度。聚焦“三个福州”、新区新城建设、水系治理、乡村振兴、闽东北协同发展等领域，研究制定36项重点突破改革事项。各专项小组推动形成各领域、各层面改革制度成果文件145份。市委深改办落实督查考核，建立健全工作台账，定期盘点销账，推行动态管理。全面完成36项重点突破改革事项。制定市委全面深化改革《工作规程》《专项工作小组工作规程》《专项工作小组联络员会议制度》，编印《福州改革情况交流》经验刊登38篇和特刊4篇，被《福建改革财经情况》采刊31篇，报送量和采刊量连续5年位列全省各设区市第一。创新建立全省首个改革成果储备点库，率先探索“福州改革地图”，为全省推出“福建改革地图”提供样本。

【“三个福州”建设】 2019年，福州市围绕数字福州建设，实施数字经济领跑行动，举办第二届数字中国建设峰会，与蚂蚁金服合作推出全国首个“智慧商圈可视化管理平台”，在全省率先引入“三码融合”项目，上线全省首个楼宇经济信息化系统，首创东街口“刷脸购物”街区和茉莉分信用购一条街，率先探索智慧商圈建设的“福州经验”，数字经济规模突破3500亿元，获“2019中国领军智慧城市奖”，福州软件园获评“中国最具活力软件园”。围绕海上福州建设，创新海洋经济发展模式，探索推进海洋资源生态产品市场化改革试点工作，探索建立海域海岛储备使用机制，组织公开有偿出让海域海岛使用权，建设启动全国首个私募基金业综合服务平台——海峡基金港。围绕平台福州建设，推进电子商务、物流及供应链服务、工业（农业）+互联网等203项平台项目建设，推动“1233国际供应链平台”“朴朴电商”等项目发展，全国首家物联网开放实验室——福州物联网开放实验室通过CNAS和ISO9001质量管理体系认证，“中国福建光电信息科学与创新实验室”获批建设，新增10家省级新型研发机构，推动“元洪在线”等“互联网+渔业”交易平台规范化建设运营。

【城市建设、社会治理、生态提升等重点领域体制改革】 2019年，福州市在城市建设、社会治理、生态提升等重点领域体制改革方面形成一批具有福州特色的改革亮点，并在全省乃至全国推广。创新货币化对接安置，首创安置型商品房模式，推动3.7万套安置型商品房、4546套租赁住房建设；创新推行“卷地毯”工作法，城区全面消除黑臭水体，获评为“全国黑臭水体治理示范城市”；福州东部片区成为首批国家城乡融合发展试验区；“城市双修”试点工作全面完成，全市双修优秀案例被住建部在全国推广；深化全域海绵城市建设，267个海绵试点项目全部完工。开展城市治理工作，五城区全面实施生活垃圾分类制度，鼓楼区在全省率先推出社会治理“一线呼叫、一线报到、一线处置”机制，台江区创新试行星级商务楼宇评定制度，仓山区探索实施“规划、规范、提升、示范、招商”工业园区改造提升机制，晋安区探索推行党员领导干部走街串巷“管家式”服务工作机制。福州入选全国首批城市体验试点城市、国家城镇老旧改造试点城市，城市空气质量在全国省会城市排名第三。

【滨海新城建设】 2019年，福州市创新新城开发建设模式，设立滨海新城党工委，调整组建开发建设指挥部，实行大部制、企业化、扁平化运作和员额制、年薪制、聘任制管理等创新举措，探索没有直管区情况下高效推进新城建设的模式。创新土地资源要素保障和供地方式，采取全程代办及信息化手段，实现滨海新城土地获批平均用时提速1/3。创新“财政+国企+金融”运作理念，拓展多元化融资渠道，保障新城政府投资项目资金需求。创新“指挥部+片区+征迁小组”与“项目推动”双轨并行的征迁交地工作模式。发挥园区产业及平台优势，加快发展大数据存储和运算、物联网、虚拟现实、健康医疗、人工智能等产业，促进产城融合。

【乡村振兴】 2019年，福州市探索实施高质量服务乡村振兴战略新模式，启动30个乡村振兴试点镇、311个乡村振兴试点村建设，创建6个省级乡村振兴重点县、15个省级特色乡镇和145个省级示范村，晋安九峰村、前洋村被选为省级示范样板，九峰村入选“2019年中国最美休闲乡村”“全国开展美好环境与幸福生活共同缔造活动精选试点村”，福清市东山村等46个村获评“国家森林乡村”，闽清梅溪镇、福清一都镇入选全国“一村一品”示范村镇。推动福清国家级畜禽数字农业建设试点和国家级农村一二三产业融合发展先导区建设，农村集体产权制度改革的“闽侯经验”“福清经验”得到农业农村部、省农业农村厅的肯定，福州·定西生态扶贫合作和扶贫劳务协作两个案例入选联合国“全球减贫案例”，粮食安全省长责任制考核连续3年位居全省第一，市供销社连续4年获全省设区市供销社综合业绩考核一等奖，福州金鱼获国家农产品地理标志认证。完成9家农垦国有农场公司制改制。

【民生领域改革】 2019年，福州市推出18项改革事项，加快补齐医疗、文化、教育等民生短板。推进公立医院综合改革、县域医共体建设、“互联网+医疗健康”等改革，探索建立全国首个“一站式”全覆盖平台“榕医通”，在全省率先建设定点零售药店移动应用平台，推进新版家庭医生电子签约服务系统和“榕医通”家庭医生签约模块平稳上线运行，县域医共体建设覆盖9个县（市）区，公立医院改革医疗服务患者满意率居全省设区市第一。推进文化人才培养、文化惠民工程、媒体融合发展等改革，探索“媒体+文创”发展新模式，打造“福州有意思”“一碗福州”“我把福州寄给你”等文创平台，《闽侯籍“花匠”陈荣顺：让鲜花在家乡沃土盛开》入选中央网信办的“共和国追梦人”宣传专题，福州茉莉花茶窨制工艺入选国家级非遗代表性项目保护实践优秀案例；创新打造《福州，听我说》《福哥讲理论》《有理姚说》等理论宣讲品牌。推进学前教育普惠发展、义务教育均衡发展、高考综合改革以及教师“县管校聘”改革试点等工作。

【营商环境优化】 2019年，福州市推进“放管服”改革，在全省率先建立“一窗受理、集成服务”模式，制定政务服务事项标准，启用市县两级政务服务平台、开展政务服务大数据分析、实现市县两级远程异地评标全覆盖，实施工程建设项目审批“七大清单”，项目审批“协调咨询室”创设经验获住建部在全国范围推广，福州市被住建部增列为工程建设项目“清单制 + 告知承诺制”审批改革试点城市。在全省率先设立“福州人才日”，创新发布“人才一趟不用跑”服务模式。推进行政审批改革，行政审批办理时限压缩比例全国第一，企业开办时间压缩至 2 个工作日以内，一般不动产登记压缩至 4 个工作日，市级审批服务事项“最多跑一趟”“一趟不用跑”分别占比 93%、57.2%，精简、下放审批服务事项 229 个，e 福州“一码通行”应用覆盖全市，福州营商环境“前沿距离”分数排名较 2018 年底提升 11 位，城市信用综合排名进入全国前三，获评全国社会信用体系建设示范城市。

【体制机制改革】 2019 年，福州市重点围绕深化党的组织制度、干部人事制度、基层组织建设制度、人才发展体制机制改革，推出 28 项改革事项，在全省率先出台《关于建立学习贯彻习近平新时代中国特色社会主义思想长效机制的意见（试行）》，建立常态化学习贯彻“七项机制”，形成系统全面的闭环制度体系。坚持党管人才原则，取得省对市人才工作目标责任制考核“四连冠”。成立全省首个市级党群服务中心，开通省内首档全媒体党群互动交流节目《党风政风热线》。《见人见事考实绩 干多干少不一样 —— 福州市推行一线考核考出干部精气神》案例入选中组部《贯彻落实习近平新时代中国特色社会主义思想在改革发展稳定中攻坚克难案例》丛书。鼓楼区“134”城市基层党建工作机制获评全国城市基层党建创新优秀案例，鼓楼区重点企业业务技术骨干人才培育服务模式获评全国人才工作创新优秀案例。围绕纪检监察体制改革，完成市级党政机关派驻纪检监察机构改革和全市 173 个乡镇、25 个特殊区域监察组组建工作。福州市惠民资金网实现全市乡镇（街道）村级财政性资金收支情况公示“全覆盖”，并在全省以及省外多地得到复制推广。在全省率先推广县（市）区党委书记任巡察工作领导小组组长的做法，全面推进巡察向村级党组织延伸。

【福清市县域集成改革试点】 2019 年，福州市推进福清市县域集成改革试点工作，探索“市县同权”，第一批下放 264 项省、市权限给福清市。集成推进行政管理、经济体制、生态文明、开放开发、乡村发展、社会事业、基层党建等 7 大领域改革，探索推出 32 项改革措施。10 月 16 日，省委深改委第八次会议将福清市确定为全省第一批县域集成改革试点之一。11 月 19 日，市委常委会会议研究通过福清市县域集成改革《总体方案》《任务分解清单》《赋权清单》。2020 年 1 月 21 日，《总体方案》和《第一批赋权清单》印发实施，全面推进福清市县域集成改革试点工作。

【居家社区养老服务集成改革试点】 2019 年，福州市探索推进居家社区养老服务集成改革试点，创新推出“3443”居家社区养老服务模式。12 月 11 日，《福州市居家社区养老集成改革试点总体方案》和《任务分解清单》印发实施，推进居家社区养老服务集成改革试点工作。

【民主法制改革】 2019 年，福州市在民主法制改革方面推出 15 项改革举措，率先在全省完成市、县两级检察院内设机构改革，首次在人代会上审议通过实体性法规《福州市城市内河管理办法》（修订），推动水系治理创新成果制度化，在全省率先开展网络议政远程协商，成立全省首个政协委员党委及各专委会党支部（兼合式），探索建立警情全流程管控新机制，创新推出“东街所办案工作微信号”，鼓楼法院实习法官助理工作机制入选全国法院第 6 批司法改革案例。

【社会治理体制改革】 2019 年，福州市在社会治理体制改革方面推出 17 项改革举措，在全省首创法律援助驻法院律师调解工作室的“福州模式”，探索构建“社工 + 专家志愿者”工作机制和“家庭 + 学校 + 社区”服务模式，创新组建福州市心理健康服务专家组和心理危机干预队伍，创新开展“解难题、化积案”专项行动，办结化解 102 件重点信访积案，全市执法工作满意率、扫黑除恶好评率居全省第一，群众安全感率居全省第二。

【生态文明体制改革】 2019 年，福州市在生态文明体制改革方面推出 17 项改革举措，通过划定生态保护红线、推进河湖长制、完善生态文明建设责任追究机制、建立领导干部自然资源资产离任（任中）审计制度、健全生态保护补偿机制、实施生态环境损害赔偿制度、打好污染防治攻坚战等举措，健全生态文明制度体系，改善生态环境。福州市获“全国关注森林活动 20 周年突出贡献单位”，永泰县入围全国首批“国家全域旅游示范区”，永泰县、闽侯县获评为“全国绿化模范单位”。

【榕台交流与对外开放体制改革】 2019 年，福州市在榕台交流与对外开放体制改革方面推出 11 项改革举措，出台自贸创新举措 92 项，其中全国首创 17 项，6 项试点经验在全国推广，出台探索海峡两岸融合发展新路 43 条措施及两岸经贸交流合作 6 条措施，在市民（行政）服务中心设立台胞台企服务专门窗口。中国—印度尼西亚“两国双园”被国家发改委列入中国—印度尼西亚工业化与产能合作重点项目，拼多多、京东等近 30 家国内顶级电商平台入驻新区，马尾基金小镇成为福建省管理私募基金规模最大的区域，被中国母基金联盟评为“2019 年中国基金小镇行业年度杰出贡献 20 强”。

【基层改革创新】 2019 年，福州市鼓楼区军门社区工作法获评“2019 中国改革年度十佳案例”，入选中组部《贯彻落实习近平新时代中国特色社会主义思想 在改革发展稳定中攻坚克难案例》丛书，并在第二届全国社区工作大讲堂上作经验交流；鼓楼区国家服务业综合改革示范典型工作以全国第四名的成绩通过国家发改委总结评估，并在全国服务业发展大会上作典型交流。台江区落实“楼长制”，创新打造福州首条信用可视化街区的商圈党建品牌，“民非”组织“家园事务服务中心”参与社会治理的经验做法被“学习强国”、《福建日报》等媒体刊发报道。仓山区创新“12510”智能产业行动体系，初步形成较完整的产业链条和发展生态；“设立海峡股权交易中心台资版”经验获评“全国首创可复制推广创新举措”。晋安区在全市率先推进村级巡察试点工作，推动多元联动养老食堂和“证照联办”服务系统建设，探索建立“六联融合”党建新机制，成立全国首个火车站党建联盟服务综合体——“八闽第一站”，“晋安新智荟”品牌被中央统战部列入全国新阶人士统战工作实践创新基地重点项目。马尾区开设全省首个涉外登记“一窗受理”服务窗口，启用全省首个投标保证保险无纸化保函系统，在全国首创跨境电商同业担保模式，创新设立大陆首家台湾社工服务中心，在全国首创台湾社工引进和服务机制。长乐区推进强警改革，“AI无人警亭”入选全国智慧警务十大创新案例；创新打造“线上+线下”智慧养老服务新模式。福清市推进生命公园、乡贤促进会、农村幸福院、“同置业、壮村财”等工作，推动县域集成改革、农村集体产权股份制改革、新型城镇化、城市执法体制改革、公立医院综合改革、分级诊疗、乡村讲师团、畜禽数字农业建设、农村一二三产业融合发展先导区等试点工作。闽侯县在全国首创“原态修复、代偿修复、替代修复、异地修复、公益修复”的生态修复“5+”办案模式，“闽侯微法院”在中国移动微法院试点推进会上作典型经验发言。推进连江县生态产品市场化改革试点，在国家发改委召开的国家生态文明试验区建设经验交流会上作典型经验交流。闽清县在全市率先建立政府投资小规模建设工程“阳光平台”，“每日接访一小时”、村居“谈心出气会”等信访工作经验在全省信访工作会议上作典型发言，率先在全国建立清华大学乡村振兴工作站闽清工作站。罗源县在全省率先推行企业“一站式办理、一天开业”“一窗受理、八天注销”审批改革和“联合中介”套餐服务，成立全省首家实体性乡村振兴培训学校。永泰县获评2019年国家级电子商务进农村综合示范县，创立全省首家古树名木工作联络室，建成全国首个“古村落古庄寨复兴司法保护基地”。高新区在省内率先设立国家专利审查员实践基地。

（张华邦）

组织工作

【概况】 2019年，福州市推进“不忘初心、牢记使命”主题教育，结合习近平新时代中国特色社会主义思想“大学习”热潮，深化一线考核干部工作机制，开展“担当尽责、激情创业”优秀干部发现选拔专项行动。开展营造干事创业良好氛围专项行动，推动为基层减负，推进职务与职级并行工作。实施“红色领航工程”，推进两新、国企、高校等领域基层党建，开展抓党建促乡村振兴专项行动。开展人才提质聚榕专项行动，形成“市委人才办+人才发展中心、人才发展集团、人才发展促进会”的“1+3”人才工作体系，打造“榕博汇”“旗山论谈”等人才工作品牌，连续4年在省对市人才发展绩效考评中获第一名。

【“不忘初心、牢记使命”主题教育】 2019年，福州市开展“忆初心、讲担当、谋发展”主题实践活动。抽调153名干部成立22个市委巡回指导组，248个参学单位、1.8万个党组织、31.89万名党员、1800多名县处级以上党员干部参加主题教育。开展学习研讨交流1.8万次，集中轮训600余场，确立4336个调研课题，完成调研报告4336篇，提出意见建议1.2万条；查摆问题2.9万条，明确整改措施3.1万条，其中专项整治梳理排查牵头、主责两个方面问题2168条，制定整改措施3685条。

【一线考核干部】 2019年，福州市围绕项目年、招商年、三产年和“数字福州”“海上福州”“平台福州”建设等市委市政府中心工作，深化一线考核工作，全面掌握市管领导班子运行情况，全方位、近距离、多角度考核了解市管干部履职尽责情况，一大批优秀干部在一线得到提拔重用，相关经验做法在《人民日报》、央视《新闻联播》等中央媒体报道。开展“担当尽责、激情创业”优秀干部发现选拔专项行动，结合年度考核、一线考核发现储备203名各领域、各类别的优秀干部。开展推选百名“担当尽责、激情创业”好干部活动，组织召开专题座谈会，通报表扬103名好干部。

【干部教育培训】 2019年，福州市出台《2019—2022年福州市干部教育培训规划》，印发《2019年福州市干部教育培训工作要点》《关于2019年培训计划的通知》等文件，对全年工作进行安排部署。拓展党校、名校、境外、革命老区、发达地区等5个办学渠道，通过党性教育、在线学习、“左海大讲堂”“干部夜校”论坛、学习交流、社会力量参与等5个办学平台开展培训。全年选调领导干部参加各类脱产培训136期20136人次，比上年增长42.5%，其中举办主体班、专题班、讲座（大讲堂、干部夜校）等98期，培训19460人次；选送领导干部参加中央部委和省直机关举办的培训班39期84人次；指导推动市直单位组织举办各类培训675场次，培训10.8万人次。将“福州干部在线学习平台”4.3万多名参学人员移转到“福建干部网络学院”平台。

【干部监督管理】 2019年，福州市根据《党政领导干部选拔任用工作条例》规定程序和“凡提四必”，对拟提任或进一步使用人选的档案必审；个人有关事项报告必核，凡漏报瞒报有“硬伤”的一律从严处理，先后重点查核282人，有14人因漏报、瞒报诫勉处理暂缓任用；对纪检监察机关意见必听，凡不干净的“一票否决”，有7人因市纪委函复暂缓使用不予提名；对线索具体的信访举报必查，凡未查清的一律不上会研究，有1名公示对象暂缓任用。根据《领导干部报告个人有关事项规定》和《领导干部个人有关事项报告查核结果处理办法》，结合干部提任、巡察等进行重点核查和随机抽查。

【党建制度改革】 2019年，福州市建立推行学习贯彻习近平新时代中国特色社会主义思想7项长效机制。研究制定《关于在2019年市委市政府中心工作中开展一线考核干部的实施方案》，开展《关于提高干部政治素质考察质量的思考》课题调研。支持滨海新城体制机制创新，实施“指挥部+长乐功能区”合署办公、指挥部全员岗位聘任制和实行“岗位+业绩”的绩效工资制度等改革举措。推动市直单位和各县市区、高新区党员政治生活馆建设全覆盖，成立全省首个市级党群服务中心，打造“福州党建超市”平台，开通省内首档全媒体党群互动交流节目《党风政风热线》。打造“市委人才办+人才发展中心、人才发展集团、人才发展促进会”的“1+3”人才工作体系。

【公务员人事管理】 考录遴选 2019年，福州市公务员（参公人员）招录计划数512个，报名人数31788人。福州考区参考人数38087人，1534名考生参加面试，全市新考录公务员（含参公管理人员）501人。

职位管理 推进公务员职务与职级并行制度实施工作，完成全市职级职数设置并报省委组织部审批，完成12092名原非领导职务公务员（含已晋升县以下机关职级）的职级套转工作，并按干部管理权限进行备案。开展职级晋升工作，全市79个市直单位、9个县（市）区开展非市管干部职级晋升，其中晋升四级调研员45人次，一级主任科员472人次，二级主任科员33人次，三级主任科员441人次，四级主任科员264人次。开展公务员登记审批工作，办理公务员、参公人员的登记审批手续1357名（公务员1117名、参公人员240名），其中新考录公务员395名、新考录参公人员153名、军转安置人员190名、交流调配615名。开展全市“全国公务员管理信息系统”维护管理工作，更新采集全市公务员（含参公）信息32062人，其中行政26691人，参公群团753人，参公事业4618人。年内市直党政机关调配干部265名，事业单位调任行政机关16人。

考核培训 按照2018年度绩效管理考评、“2019抓促项目年”行动、“2019招商年”行动、在承担重大任务中做出突出贡献的单位或项目集体的业绩或排名，调整年度考核优秀等次比例。全年市直机关非市管干部有12180人参加考核，其中优秀等次2198人，称职9569人，基本称职10人，不称职3人，不定等次400人，未参加考核27人。组织3期453人参加新录用公务员初任培训班，组织学员参观行政（市民）服务中心“领航工程”红色走廊。举办4期副科级干部进修班，安排领导科学以及与所任职务相关的课程培训，近200名副科级干部参训。开展专门业务提升培训，全市155名公务员及相关领域专业技术人员参加培训。开设5期干部夜校，调训1950人次。配合省委组织部开设11期省级公务员精准扶贫、创新创业、社会治理与法治政府建设等方面的专题培训班，调训70人。

奖励监督 给予在急难险重、日常一线工作中表现突出的人员奖励。其中招商专项行动中给予3人记二等功，24人记三等功，71人嘉奖。给予参加第十六届省运会的福州市体育局记集体三等功，1人记二等功、2人记三等功，7人嘉奖；给予参与“2·16”建筑坍塌事故救援的福州市消防救援支队记集体二等功，6人记三等功，12人嘉奖。给予全市289名2016—2018年连续3年年度考核优秀的市直机关公务员（含参公、机关工勤人员）记三等功。开展“红黑”名单报送工作，福州市市直机关及各县（市）区19名公务员列入诚信黑名单。

【人才队伍建设】 2019年，福州市实施“人才强市”战略，省对市“人才发展指数”绩效考核中连续4年全省第一，国家重大人才计划、“万人计划”、省引进高层次ABC类人才等项目入选人数全省第一。制定《关于开展人才提质聚榕专项行动的实施方案》，运行市高层次人才发展中心，成立市属国企“福州市人才发展集团”，建立健全“市委人才工作领导小组+人才发展中心、人才发展集团、人才发展促进会”的“1+3”人才工作体系。推进“五个一千”人才行动计划，完成引进培养千名博士、建设千套酒店式人才公寓、招聘千名“一懂两爱”村务工作者等计划，评定首届“闽都英才”。升级福州特色人才工作品牌，举办第三届“榕博汇”，设立“11·11”福州人才日、“闽都人才林”和“榕博汇智库”；举办“旗山论谈”，启动闽东北人才协同发展模式，推动榕台两岸人才资质互认。推出“线上信息跑、线下专员跑，人才一趟不用跑”人才服务模式，开设人才服务热线。

【基层党组织建设】 2019年，福州市开展“红色领航工程”“达标创星”活动，完成231个软弱涣散党组织整顿，推动基层党建全面进步、全域提升。实施抓党建促乡村振兴专项行动，选派832名金融助理到镇村挂职，全面消除村集体年经营性收入5万元以下的薄弱村。完成全市43个街道体制改革，成立全省首个市级党群服务中心，开通全省首档全媒体党群互动交流节目《党风政风热线》，推广“福州党建超市”平台，推动机关、社区党组织“线上结对、线下共建”，形成以街道社区为主的共建共治共享工作格局，《从“135”社区党建工作模式到整体系统推进城市基层党建的嬗变》获评全国城市基层党建创新最佳案例。培育“新新向党”党建典型范例，春伦茶业、网龙公司等入选“新时代民营企业党建典型案例”。推进数字建设与基层党建融合发展，举办第二届“数字党建”高峰论坛。

【党员队伍建设】 2019年，福州市按照《中国共产党党员教育管理工作条例》，开展党员教育培训、党员信息化管理、党内关怀帮扶等工作，落实“三会一课”、谈心谈话、党员活动日、党性定期分析等党内基础制度。全年下拨使用党员教育补充经费超1500万元。排查跟进200余名未落实党员组织关系的退役军人党员。走访慰问生活困难党员、老党员、患病党员、优秀共产党员、优秀党务工作者等累计1.3万人次。申报发放省级基层干部关心关爱专项资金50.8万元，市级基层干部关心关爱专项资金28.7万元。表彰全市100名优秀共产党员、99名优秀党务工作和94个先进基层党组织。

（张宇）

宣传工作

【概况】 2019年，福州市宣传工作围绕学习宣传贯彻习近平新时代中国特色社会主义思想，以庆祝中华人民共和国成立70周年为主线，推进各项工作。年内获评“国家公共文化服务体系示范区”称号。市委宣传部被中宣部评为“基层理论宣讲先进集体”“舆情信息工作优秀单位”。

2019年，福州市组织市直宣传系统主题教育党支部书记培训班，建立工作计划、定期报告制度。市委宣传部部务会集中研讨10场，召开座谈会87场，为基层党员干部上党课15场，提交调研报告15篇。组织编写《福州市“不忘初心、牢记使命”主题教育特色辅导教材》。学习贯彻《中国共产党宣传工作条例》，编印《习近平总书记关于宣传思想文化工作系列重要讲话资料汇编》。完成文化产业发展与创新、新闻发言人、“有福之州、文明同行”等专题培训110多场。举办宣传系统干部增强“四力”暨意识形态工作培训班，打造提升“处长讲坛”、“新思想我来讲”微型党课、“文明新语”学习交流等学习平台。组织重点课题调研，建立领导干部挂钩联系基层一线优秀干部制度，开展“服务基层年”“壮丽70年·奋斗新时代”主题采访、文艺工作者“深入生活、扎根人民”主题实践等活动。

【理论工作】 2019年，福州市委在全国率先出台《关于建立学习贯彻习近平新时代中国特色社会主义思想长效机制的意见（试行）》。开展《习近平在福州》采访实录学习宣传。统筹制定市委理论学习中心组年度学习计划，执行理论学习中心组学习计划报备、学习情况通报等制度，市、县两级党委理论学习中心组集中学习369场。推广运用“学习强国”平台，实现在职党员干部全覆盖，1336篇（条）稿件被福建分平台采纳，投稿量和采用量均居全省第一位。组织全市各级业余讲师深入基层开展分众化、互动化宣讲4.1万场。组建宣讲团，市、县两级宣讲团赴基层开展集中宣讲322场。策划制作《有理姚说》系列网络理论宣传节目，策划拍摄“学习故事”系列视频。举办市级基层理论宣传骨干培训班，全市举办各级各类理论培训41场、参训4000人次。召开全市基层理论宣讲经验交流会，编印福州市基层理论宣传“千军万马”工程系列丛书。组建乡村讲师团147个、宣讲小分队217支。市社科规划立项43项，编发9期市社科研究《成果要报》。市中特研究中心2018年度项目结项29项、2019年度项目立项30项，5个项目被省中特研究中心立项。开展第十届社科优秀成果奖评审。举办福州市社科界学术年会。

【宣传思想工作】 2019年，福州市委宣传部组织市属媒体策划推出“壮丽70年·奋斗新时代”“爱国情 奋斗者”“祖国，福州对您说”等系列报道。举办“新中国成立70周年系列主题新闻发布会”福州市专场发布会。举办中国人民解放军长江支队入闽70周年纪念大会及主题大型音乐会、焰火晚会、福州闽剧节等系列活动。组织理论研究、学术交流、社科普及等主题活动，组织国旗悬挂“三个一”示范活动，开展“我和我的祖国”宣讲演讲、传唱合唱、征集展示、展演展播、灯光秀、互动体验、红色研学等群众性宣传教育。成立市委宣传思想工作领导小组（意识形态工作领导小组）及办公室。加强和改进工作报告、形势分析和专题督查、检查考核等制度，组织市委第七轮、第八轮落实意识形态工作责任制专项巡察。完成新闻工作者协会换届，修改并审议通过《福州市新闻工作者协会章程》。加强社科类学会监管工作，推动落实重大事项报告制度。加强对户外宣传审批、安装、维护、撤除和备案全流程管理，推进户外融媒体电子宣传栏试点建设。

【新闻宣传】 2019年，福州市委宣传部组织“沿着总书记指引的方向前进”“不忘初心、牢记使命”主题教育等主题宣传。策划组织40多场重大宣传活动，市属媒体持续开辟“建设有福之州 打造幸福之城”“加快建设三个福州”“为福州追梦人点赞”等专栏专题，推出系列报道5500余篇（条）。策划开展“建设有福之州 打造幸福之城——请您来献策”主题宣传互动活动，开设“幸福邮箱”。第三季《福州，听我说》首次引入网络海选模式，“学习强国”平台同步发布41个、220分钟的宣讲短视频，《八闽快讯》头条刊发。完善“4·2·1+N”模式，召开市级新闻发布会47场。在福建新闻奖评选中，市属媒体37件作品获奖。组织引导中央、省属等境内外媒体对全市开展正面报道，包括《人民日报》47篇、新华社近700篇（条）、中央广播电视总台460多条，《福建日报》近1000篇、福建电视台1500多条。对第二届数字中国建设峰会、第二届21世纪海上丝绸之路博览会等活动进行宣传报道，MV《天下福地 最美福州》全网点击量超2000万。举办“外交部福建全球推介活动”“国新办福建省主题新闻发布会”，23部新媒体作品获得10万+阅读量。与中央电视台合作拍摄“海外福州人”欧洲专辑，《福州晚报》海外版刊出中文版188期、英文版36期。福州日报社用户粉丝数突破1307万，福州广播电视台启动福州电视中心二期项目，加快建设福视悦动三期融媒体智慧平台。全年全网阅读量“十万+”作品689件，“百万+”作品71件，“千万+”作品23件。加快县级融媒体中心建设，完成机构设置、“三定”方案，建成统一的“福州新闻云”技术平台。

【网信工作】 2019年，福州市组建“红色引领”网络宣传员队伍，构建福州市网评大V联盟，建立“榕媒体联盟”、千号联盟、政务微博传播矩阵。策划开展各类网络公益活动，建设青少年网络素养教育基地。推进全市网络态势感知系统建设，建立网络安全技术支撑单位库，提升技术管网能力。履行属地管理责任，实现属地网站分级分类管理，对政务、媒体“两微一端”及具有一定影响力自媒体账号分类摸清底数，依法依规开展互联网应用商店、网络直播服务企业的属地备案管理。开展“清朗2019”等网络生态专项治理行动。

（杨智文）

统战工作

【概况】 2019年，福州市统战系统开展课题调研156项、列入市委重点课题24项，报送统战信息2200余条，统战信息工作在全省统战系统各地市考评中位列第一，统战政策理论研究课题成果获评一等奖。全市统战系统引进招商项目104个、总投资367.1亿元；动员统一战线成员3.35万人次参与乡村建设、扶困助学等活动，发动民营经济、港澳台侨人士捐赠善款超过13亿元、受众24万人次、解决就业3122人。牵头开展榕台交流与对外开放体制改革任务24项。

【多党合作和政治协商】 2019年，福州市各民主党派按照“四新”“三好”总要求，坚持和完善新型政党制度。开展“不忘合作初心，继续携手前进”主题教育和各类纪念活动300多场次，举办“我和我的祖国”主题宣讲和征文比赛、“坚定信念跟党走”“提升民主党派党务工作能力”等专题培训班，组织各类学习研讨活动260多场次。推进“季谈会”和“每月直报”两大政党协商品牌建设，召开专题会4场、形成80份建议，4件“每月直报”得到市委主要领导批示。开展课题调研85项，纳入市委年度重点调研课题17项。建立35个“党（盟、会、社）员之家”，打造“一党派一品牌一基地”，培育“博爱·阳光法律援助”“黄丝带帮教”“树人阳光行”等社会服务工作品牌8个。推进榕定两地民主党派扶贫协作工作，开展各类社会服务活动117场次、帮扶900多户困难群众、捐款捐物超过1500万元。

【非公有制经济工作】 2019年，福州市推动各级惠企扶企政策落实，开展“进基层、送政策、解难题、促发展”活动，协调解决民营企业生产经营中遇到的困难和问题。开展“守法诚信经营，坚定发展信心”“百会千企培训工程”理想信念教育活动，召开福州市异地商会新春座谈会和异地商会（北京）工作交流会。开展“乡村振兴乡贤助力服务团”“榕商助推乡村振兴战略行动”“千企帮千村”等工作，筹集各类帮扶资金近7500万元，用于基础建设、扶困助学、产业建设等，投建54个基础配套项目及18个产业发展项目，直接受益3万多人。组织300多名民营经济代表人士参加清华大学和市委党校培训班。榕商郑宝佑入选第五届全国非公有制经济人士优秀中国特色社会主义事业建设者，14名榕商获“福建省非公有制经济优秀建设者”表彰。

【“春风·春雨·光彩”行动】 2019年，福州市光彩事业促进会参与乡村振兴战略、扶贫帮困助学、“榕商联村”“千企帮千村”“百侨帮百村”活动等社会公益事业，捐赠公益资金1194.25万元，其中400万元用于帮扶全市10个“榕商助推乡村振兴战略行动”示范村开展乡村道路整治、村文体中心改造等基础设施建设以及水电站整修、民宿农家乐改造、文化景区品质提升、生态观光农场整治改造等产业项目建设；279.85万元用于建设乡村道路、乡村水利设施、乡村民宿、公共厕所和植树绿化等项目13个；100万元用于建设甘肃定西市彰县“巾帼扶贫车间”；120万元对定西市开展“光彩帮困助学助能5个100帮扶行动”；94.4万元对全市337名困难乡亲和困难大学生进行助学。

【民族宗教事务】 2019年，福州市举办宗教工作专题培训班3场，宣传新修订的《宗教事务条例》。加强宗教工作“三支队伍”建设，建立宗教工作联络人信息库，强化市县两级联合执法。创建“中华民族团结进步窗口”，举办“三月三”畲乡文化旅游节、“畲乡凤来仪”首届中国畲族传统服饰文化周等活动。加大对82个少数民族乡村帮扶力度，发展特色生产性项目。加强城市少数民族流动人口管理服务。

【新的社会阶层人士统战工作】 2019年，福州市加强对新的社会阶层人士的团结引导，全市有新阶联成员2051人，年内成立市新阶联党支部，支持各县（市）区探索设立“同心驿站”。成立“榕媒体”联盟，涵盖全市130余家新媒体、粉丝数2100万。建设“晋安新智荟”“同心公益家园”等2个全国第三批实践创新重点项目，建成各级各类示范点73个，相关做法在全国新阶层统战工作东部片会上作典型发言，并在全国统战系统推广。完成市留学生同学会转为群众团体并更名工作，申请群团编制5个。实施“同心领航计划”和“精英培育工程”，举办各级各类培训活动240余场、覆盖2530人次、获市级以上表彰47人次。打造“流量扶贫，助农增收”和“融合传播，助企增效”两大品牌，发起“福州两岸青年音乐人筑梦联盟”“世界自闭症关注日”“青春筑梦新时代”等活动，关于加强全省大龄自闭症患者康复就业的政协提案获省委主要领导批示。

【联谊工作】 2019年，福州市推动成立澳门长乐同乡联谊会、澳门福州十邑腰鼓艺术文化协会，邀请50多个访问团近2500名乡亲回榕参访。推进福州台湾会馆复建，指导福州海峡两岸和平统一促进会完成换届。举办“古厝情怀·清新闽乡”首届港澳榕籍青少年夏令营、港澳榕籍社团骨干国情研修班、榕台青年夏令营、两岸金门籍青少年国学夏令营、“和谐一家亲·扎根幸福城”榕台文化缘探寻等活动。

（杨泽航）

精神文明建设

【概况】 2019年，福州市召开文明创建动员部署大会，推进公民道德教育、志愿服务等精神文明建设工作。福州网络文明宣传工作在2019年全国文明办主任培训班上作典型经验交流，诚信建设工作在福建省诚信工作推进会上作典型经验交流。年内通过2018年全国文明城市年度测评工作，在28个省会、副省级城市中名列第13位。

【文明城市建设】 2019年，福州市制定印发《福州市2019年度文明城市建设工作任务分解表》和《落实全国文明城市创建动态管理举措（负面清单）任务分解表》。召开福州市文明创建动员部署大会，印发《全国文明城市测评体系福州市任务分解表》《全国未成年人思想道德建设工作测评体系福州市任务分解表》。开展“走街串巷察实情文明创建在行动”主题行动。组织暗访督查和模拟测评，对文明城市创建工作不力的2批（次）39个单位进行红（黄）牌警告，并督促整改到位。福州市以第

13名成绩通过2018年全国文明城市年度测评工作，马尾区获福建省2018年度文明城区年度测评第一，永泰县获福建省2018年度文明县城年度测评第一。

【公民道德教育】 2019年，福州市开展“我推荐、我评议身边好人”和道德模范推选活动，经推选评议1人获评为第七届全国道德模范，1人获评为第七届全国道德模范提名奖，4人获评为第六届福建省道德模范，16人获评为第六届福州市道德模范，10人入选第六届福州市道德模范提名奖；7人入选“中国好人榜”，14人入选“福建好人榜”，43人入选“福州好人榜”。福州市首次实现全国道德模范零的突破，获评省级道德模范人数为历届之最。开展文明家庭创建，建设家风家训乡贤文化馆，推进“家风讲堂”“家风动车社区行”等活动，6户家庭入选全国最美家庭，22户家庭入选福建省最美家庭，100户家庭入选福州市最美家庭。组织“我们的节日”、诚信建设、文明餐桌、文明交通、文明旅游、第十四届福州读书月、“城市榜样—文明出行我最棒”等群众性实践教育活动。组织“我们的节日”市级主场活动47场，全市累计开展活动1600场次。制定实施《福州市集中治理诚信缺失突出问题 提升全社会诚信水平的实施方案》，协调推进19个重点领域失信问题治理。“福州微文明”微信公众号订阅量超过80万，推出“垃圾分类挑战赛”微信小游戏，参与人次超过640万。开设抖音号，举办短视频大赛，发布垃圾分类、好人好事等短视频，累计点赞数超50万。开展“文明点亮幸福生活”公益广告征集，参与福建省“正气微视频”征集展播评选活动，获优秀组织奖。成立公益广告宣传创作提升工作指导小组，会同建设部门规范美化建筑工地围挡公益广告。在鳌峰书院、广东会馆等古厝设立“福州道德讲堂”，开展闽都文化、国学经典讲座。

【农村精神文明建设】 2019年，福州市推进37项移风易俗“五进”宣传活动，累计进机关、进校园、进企业、进村居、进家庭宣传312场，编撰印发《我身边的移风易俗故事》1.5万册。开展移风易俗专题调研工作，调研报告在《福州调研》上刊登。推进文明村镇建设，完成56个省级文明村镇、435个市级文明村镇的届中初评工作。开展“福州市美丽乡村文明建设示范村”创建活动，确认11个行政村为2019年福州市美丽乡村文明建设示范村。年内对10个薄弱村乡风文明建设进行扶持。

【志愿服务】 2019年，福州市推进新时代文明实践中心建设，晋安区、福清市和闽侯县入选全国第二批新时代文明实践中心建设试点县（市）区。开拓福清试点，打造福清市75个新时代文明实践示范所、示范站，完成34个全国文明单位和培育对象与福清市24个新时代文明实践所结对共建。拓展志愿服务项目，举办志愿服务创新项目大赛活动，选树创新项目20个，引导各类志愿服务组织和团体等参与志愿服务。开展垃圾分类志愿服务，组织进社区活动4000余场，参与志愿者超14万人次。围绕“数字中国”建设峰会、海丝电影节等大型活动，开展会务保障等志愿服务，常态开展文明交通劝导、地铁站文明引导等专项志愿服务活动。开展学雷锋志愿服务“四个100”、星级志愿者评选等活动，评定四星级志愿者52名，各县（市）区认定一至三星级志愿者超过1540人。黄以孟、陈霞获选全国最美志愿者，闽都乡学讲习中心获选全国最佳志愿服务组织，鼓楼区东街街道军门社区获选全国最美志愿服务社区。

【未成年人思想道德教育】 2019年，福州市开展文明校园创建活动，组织文明校园创建观摩，推进290所各级文明校园与149所乡村学校少年宫结对共建。围绕“扣好人生第一粒扣子”主题教育实践活动，开展2019年福州市“新时代好少年”推选活动，有1名学生入选全国新时代好少年，2名学生入选福建省新时代好少年，14名学生入选福州市新时代好少年及提名奖。推进“公共文化服务校园行”活动，2018—2019学年有127家服务单位完成对接项目286项、活动1046场次，筛选20个高质量公共文化服务校园行特色项目优先进入乡村学校。加强市未成年人心理健康辅导站和12个县（市、区）校外未成年人心理健康辅导站点建设，组织心理健康教育专家和专业志愿者进入学校、社区开展巡讲。

（魏淑佳）

机关党的工作

【概况】 2019年，福州市直机关党建工作以开展“不忘初心、牢记使命”主题教育为契机，聚焦围绕中心、建设队伍、服务群众，推进机关党的建设各项工作落实。组织召开市直机关学习《习近平在福州》采访实录交流会，组织机关业余讲师团开展宣讲5502场，开展机关基层党支部达标创新活动，建立市委市直机关工委和福州滨海新城党工委党建共建共享机制。年内市委市直机关工委获“福州市五一劳动奖状”，被福建省总工会评为“福建省模范职工之家”；“双百”创建工作机制、市直机关党代表工作室服务机制分别被省委省直机关工委、省委编办、省发改委、省效能办评为“推进机制活 建设新福建”全省机关体制机制创新优秀案例一、二等奖；福州市直机关在职干部职工温暖工程活动工作室被福建省创建青年文明号活动组委会评为“省级青年文明号”；市直机关党代表工作室服务机制案例获“守初心 担使命”全国党刊基层党建创新案例入选案例。

【政治建设】 2019年，中共福州市委市直机关工委组织召开市直机关学习《习近平在福州》采访实录交流会。结合开展“不忘初心、牢记使命”主题教育，组织开展4场专题报告会，辅导机关干部1700人次。在东部办公区、市公安局等10个市直单位集中区开展新思想学习宣传图板巡回展示，印制《习近平新时代中国特色社会主义思想学习宣传图册》3.5万册，订购《习近平关于“不忘初心、牢记使命”论述摘编》3.5万本。落实《党委（党组）意识形态工作责任制实施办法》，加强市直机关党的舆论阵地建设，督查市直各单位开展公共领域宣传载体检查和整改。搭建党代表履职平台，组织市直机关党代表工作室9

名驻室党代表开展接待活动19场次接待37人次，收集意见建议51条，开展走访慰问活动8场次慰问79人次。

【思想建设】 2019年，福州市组织机关业余讲师团开展宣讲5502场，受众148.6万人次。推广“学习强国”平台，推动市直机关全部党组织纳入平台组织架构，注册学习人数27352人，覆盖率85.78%。编印福州机关党员《学习文选》12期27万册。开展市直机关党员干部教育基地遴选，授牌第二批12个“福州市直机关党员干部教育基地”。

【主题教育】 2019年，中共福州市委市直机关工委举办市直机关“不忘初心、牢记使命”主题教育机关党支部书记培训示范班，培训机关党支部书记480人次。下拨48万元专项培训经费用于16家支部数在30个以上的系统党委和单位开展培训，培训党支部书记1876人次。市直机关900多个党支部组织开展“忆初心、讲担当、谋发展”主题实践活动，19400多名党员参与，开展专题学习讨论12400多人次，参加党性教育实践6000多人次，12200人次参加主题党日活动。成立9个专题调研组，实地调研68家单位，现场帮助解决11家单位86.3万元党建经费困难问题。

【机关作风建设】 2019年，中共福州市委市直机关工委组织发动市直机关102个单位与罗源、闽清200个行政村结对共建，参与共建村“村植千树”绿化行动。结合纪念中华人民共和国成立70周年和中国共产党成立98周年，举办市直机关庆祝中华人民共和国成立70周年“礼赞新中国 奋进新时代 建功新福州”文艺汇演，开展“两优一先”评选表彰工作，评选表彰60名优秀共产党员、40名优秀党务工作者、50个先进基层党组织。从百名“担当尽责、激情创业”好干部、“两优一先”优秀代表中筛选组建市直机关“强化省会排头兵意识”先进事迹报告团，举办市直机关“强化省会排头兵意识”先进事迹报告会。指导推动市直机关在重大项目建设一线、窗口岗位设立党员“攻坚队”320个、“示范岗”578个、“党员先锋岗”376个。

2019年9月19日，福州市举办市直机关庆祝新中国成立70周年“礼赞新中国 奋进新时代 建功新福州”文艺汇演 （市委市直机关工委 供）

【机关基层党组织建设】 2019年，中共福州市委市直机关工委制定下发《关于深入贯彻全面从严治党要求进一步落实党组（党委）书记、机关党委书记、党支部书记抓党建工作责任的实施意见》。开展市直机关基层党支部达标创星活动，指导26家涉改单位完成党组织组建或更名工作、38个基层党组织换届选举、3家软弱涣散党组织整顿转化。依托“互联网+党建”，启动“智慧党建”服务平台建设。联合市财政局制定《福州市市直机关基层党组织党建活动经费管理办法》。组织16095名机关党员完成“党建超市”平台注册认证，1059家机关单位线下与共建社区签订协议。加强党务干部队伍建设，举办市直机关党务干部专题培训班10场次，受训人数2700人次，实现100%专职副书记拟任人选考核、任前谈话。建立党务干部“蓝青工程”工作机制，形成22对“蓝青”结对子。慰问困难党员、因公牺牲、因公殉职党员家属、新中国成立前老党员等1018名，发放慰问金116.15万元。

【党建品牌建设】 2019年，福州市开展闽东北协同发展区机关党建合作交流工作，推动建立市委市直机关工委和福州滨海新城党工委党建共建共享机制。创新提升市直机关党员政治生活馆功能作用，建立党内组织生活选学项目库，设计“八个一”活动流程菜单，全年为各级机关党组织170批次2929人次提供党内政治生活实践阵地，并设立13个“市直机关党员政治生活馆分馆”。开办市直机关干部夜校，全年举办培训53期，其中主题讲座16期、素质拓展兴趣班11期、业务微课堂26期，培训机关干部18061人次。召开深化拓展市直机关“双百”创建现场交流会，开展市直机关党建文化示范长廊评选活动和新一轮“双百”创建活动，近250个基层党组织参与创建，评选“优秀机关党建品牌”85个、“优秀党员活动场所”80个，党建文化示范长廊58个。

【机关党风廉政建设】 2019年，中共福州市委市直机关工委开展“五个一”（组织一场警示教育基地参观、讲授一堂廉政党课、收看一部警示教育片、开展一次集体廉政谈话、进行一次典型案例通报活动）系列警示教育。参与中纪委关于中央八项规定精神贯彻情况调研，提出改进作风建设意见建议15条。协助市纪委监委开展集中整治形式主义官僚主义行动，对12个非派驻行政事业单位的自查问题清单、即知即改情况和整改计划进行审核把关。组织市直单位、五城区党员干部2300多人参观市工程项目招投标工作警示教育展。市直机关组织党员干部参加旁听庭审585人次，参观警示教育基地319批、9609人次，开设警示教育课1078场、参课人数41536人次。配合市纪委监委编印《落实中央八项规定精神制度汇编》，帮助收集提供文件规定等107件。直接审理给予党纪处分6件，受理报批案件34件34人，审结30件30人，提前沟通40件40人，提出修改建议215条，纠正适用条规25件，审批审理处分党员中轻处分和组织调整的占80%。

【机关精神文明建设】 2019年，中共福州市委市直机关工委组织动员市直、区直机关党员志愿者56832人次开展“助力新福州、建功新时代”文明交通劝导、“垃圾分类从我做起”等志愿服务活动。举办“垃圾分类 从我做起”志愿者骨干动员暨现场培训会，培训机关党员志愿者骨干150多人。组织开展“我为党旗添光彩”无偿献血活动，机关干部参加2000多人次，累计献血78万多毫升。制定下发《福州市直机关星级志愿者评定办法（试行）》，组织市直机关开展三星级志愿者评定工作。开展心理健康志愿服务活动，全年承接个案14个、开展团体训练5场次205人次。

【机关群团工作】 2019年，中共福州市委市直机关工委指导工、青、妇组织按各自章程开展工作，推进其换届工作，更新完善团建、劳模和困难职工数据库。开展“五一先锋岗”“巾帼文明岗”“青年文明号”等创建活动，组织开展“赛本领、比技能，赛质量、比服务，赛规范、比作风”和“为民服务、马上就办”为主题劳动技能竞赛、“品汉字韵味 筑书香家庭”暑期亲子阅读、“精彩人生·女性享学吧”女干部素质提升、“助力乡村振兴 相约‘姐妹乡伴’”等主题活动。开展市直机关在职干部职工医疗互助活动，全年发放医疗救助金441.35万元、帮扶救助844人（次）。开展“建功新时代、展现她风采”机关女性成长故事征集展示活动，有63个单位推荐作品88篇。开展市直机关母亲健康“1+1”活动，有41单位捐款近15.2万元。举办市直机关“迎新春 送万福”、第九套广播体操比赛、第25届“双拥杯”游泳比赛、“金辉杯”第十届省市直机关篮球邀请赛、第十二届市直机关青年交友活动等活动，有5350人（次）参加。

（林萍）

机构编制

【概况】 2019年，福州市机构编制工作梳理拟定涉改对应省级“三定”部门的18家机构职能、职责，相应开展党政机构改革、重点领域改革和事业单位改革，开展控编减编工作专项检查。年内创新构建集不动产登记和房屋交易于一体、具有福州特色的不动产登记体系的经验做法在全国重点刊物《中国机构改革与管理》刊登推广。创新完善工商、质监、食药监和知识产权等机构和职能整合的做法于6月在国家市场监管总局召开的经验交流会上交流。整合组建城区水系联排联调中心以建立集中统一、配置科学、精简高效的城区水系管理新体制的做法分别于1月在全省住房城乡建设工作会议暨全省城建有关工作现场会和10月在国家生态文明试验区建设典型经验交流会上介绍。市委编办连续6届获评为“福建省文明单位”。

【党政机构改革】 2019年，福州市委编办梳理全市涉改对应省级“三定”部门的18家机构职能，梳理拟定主要职责248条，研究提出各部门间调整加强的职责76条。会同市直有关部门，梳理划分层级事权55条。结合全市工作实际，对未重新“三定”的市直部门，结合机构改革工作实际，调整机构编制事项，明确内设机构设置并规范名称，开展内设机构职责调整备案工作。对18家重新“三定”的市直党政机构，在信息化产业、自然资源管理、生态环境保护、民生保障、农业农村等领域方面，确需多个部门管理的事项，界定职责关系，对40项工作提出分工意见，写入各相关部门“三定”规定。结合机构改革调整相关机构编制事项。完成边防管理体制改革，接收边防部队划转市县公安编制，并相应成立海防支队，作为内设执法勤务机构。向省申报政法编制置换，将行政与公安司法部门间划转和纪检监察派驻公安司法部门的编制进行置换调整。结合市场监管综合行政执法改革调整，将物价、专利执法职责划入支队管理，设立物价检查大队，调整划入原价格监督检查分局行政编制。调整市林业局3个内设机构名称并增加自然保护地、风景名胜区管理相关职责。将自然资源系统设区市级16名行政编制调整到市属区级，将医保系统中12个县级医保机构43名行政编制调整到设区市级。调整科技局内设机构适应新的职能调整需要，并相应核定职责。将市工信局承担的经济技术协作、对口支援有关职责划入市发改委，相应划转编制和调整内设机构名称。调整市审计局内设机构，设立市委审计委员会办公室秘书处、自然资源和生态环境审计处，相应调整4个内设机构名称并规范职责。调整市国资委内设机构名称，核减专职监事正科级职数3名。调整市房管局内设机构，撤销住房补贴管理处，职责并入住房管理处，设置房屋征收管理处。调整市建设局内设机构，设立消防与化工工程监管协调处，承接省下放的建设工程消防设计审查验收职责，法规计划处规范设置并调整职责。开展改革评估调研工作，在上级规定的机构限额内设置55家市直党政机构，44家部门进行“三定”，其中18家重新“三定”、26家补充“三定”。落实机构改革“四减一不增”的要求，党政机构的部门领导职数精减3.85%，内设机构总数精减0.67%，行政编制总量控制在中央核定的员额数内。

【重点领域改革】 2019年，福州市创新不动产登记体系。整合土地、房屋、林地、海域等不动产登记机构和职责，在原市房屋登记中心基础上，将原市土地登记中心、市林权登记中心及四城区承担房屋、林地登记的编制人员一并划转，创新组建福州市不动产登记和交易中心。相关经验做法得到中央编办肯定并在全国重点刊物《中国机构改革与管理》刊登推广。创新推进市场监管体制改革，创新完善工商、质监、食药监和知识产权等机构和职能整合，重新设立市、县两级市场监督管理局，完善市、县两级市场监管综合行政执法队伍和产品质量等技术支撑机构，调整优化物价检查、执法等相关职责。创新组建城区水系联排联调中心。整合市建委、市城管委、市水利局等3个部门所属的市内河引水管理所、市供排水管理中心、市城区水库管理处、市内河管理处，并划转市闽江下游管理处沿江闸站管理使用职责和人员编制，创新组建福州市城区水系联排联调中心，变“多龙管水”为“一龙治水”，建立城区水系管理新体制。开展乡镇（街道）基层管理体制改革准备，配合省委编办到基层开展调研，梳理当前基层管理体制存在的问题，听取改革意见建议。指导县（市）区开展基层机构设置、编制情况、职能配置等相关事项的梳理工作。

【事业单位改革】 2019年，福州市实行事业单位转隶调整。结合党政机构改革，将市委党史研究室与市地方志编纂委员会整合，设置市委党史和地方志研究室。根据党政机构改革涉及部门整合、更名和职责划转情况，同步实施24家市直部门（单位）所属189家事业单位隶属关系调整，以及相关事业单位人员编制划转工作。推进承担行政职能事业单位改革。梳理市属491家事业单位承担行政职能情况，对市属74家承担行政职能事业单位（不含执法机构）的职责和名称进行规范。推进产经营类事业单位改革。根据中央编办事改司和省事改办要求，指导督促相关行政主管部门组织实施所属生产经营类事业单位改革工作，制定改革时间表，报送改革进展情况，推进生产经营类事业单位改革。完成全市67家生产经营类事业单位转企改制或者撤并工作。

【机构编制监督管理】 2019年，福州市委编办按照省、市实名制管理办法的规定，执行核编制度。依托实名制管理系统，开展对各县（市）区、各部门的机构编制工作开展情况的动态监测，开展控编减编工作专项检查。推进机构编制法定化，编印《中国共产党机构编制工作条例》《机构编制监督检查宣传手册》《严肃机构编制纪律相关规定文件汇编》等宣传材料。开展市、县两级选人用人问题自查整改工作，对违规审批设置的机构一律发文撤销或调降机构规格、对违规核定的领导职数和人员编制一律发文核销。开展机构编制问题台账整改工作，对全市未销号问题进行逐项跟踪、督查督办，市直单位相关问题均整改到位。推进机构编制信息化，更新机构编制统计指标，全市机构编制统计工作位居全省前列。开展网上名称管理工作，市、县两级中文域名注册率均保持在100%。完成81家市直单位域名更名、71家域名新增工作，并清理注销不合规的域名。结合职务职级并行工作，对实名制数据库非领导人员职务职级进行重新分类。结合执法队伍改革工作，对实名制数据库内设机构执法类别进行细分。完成机构编制云平台权责清单汇聚工作，试点开展机构编制职能库、清单库、职务名称管理系统建设工作。

【事业单位登记管理】 2019年，福州市根据《事业单位登记管理服务标准化规范》，简化办事流程、压缩办理时限，配合党政机构改革，开展涉改的机关事业单位法人统一社会信用代码赋码和登记工作。推动“双随机、一公开”监管全覆盖、常态化，加强事业单位法人异常名录管理和事业单位信用体系建设。开展事业单位法人年报公示信息和抽查工作，强化年报宣传督导与审查工作，实现年报工作全网办理，做到“一趟不用跑”。

【机构编制资源调配】 2019年，福州市推进群团改革，调整市侨联内设机构，增设组织和基层建设部、文化联络处更名为文化联络部、办公室加挂权益保障部牌子、文化联络处不再加挂权益保障处牌子，相应调整科级领导职数。市留学生同学会更名为市欧美同学会（市留学人员联谊会），由社团变更为群众团体，相应设立机关内设机构和核定群团编制。规范市公安局队建制机构管理，交警支队、技侦支队法制处更名为法制大队，相应调整科级领导职数，调整局机关内设机构，设置审批处。核定市计生协机关党组织专职副书记职数1名。配合退役军人事务局制定军转干部安置分配方案，开展军转干部接收安置和随军家属安置工作。创新编制资源配置方式。落实高层次人才专用编制“周转池”政策，调剂37名编制用于保障2019年全市引进高层次人才需求。创新公益类事业单位体制机制，推进市属公立医院编制管理创新，探索“人员控制数”管理。加大编外合同教师人员控制数使用力度，在教师控制数员额内支持市教育局招聘编外合同教师82名。推进“县管校聘”管理体制改革工作，完善编制管理体制，加强县域内中小学教师统筹管理。提升综合执法效能。整改组建包括城市管理在内的6个领域综合执法队伍，精简机构4家、调整下放事业编制91名。

（李中平）

信访工作

【概况】 2019年，福州市信访总量35709件次，比上年下降1.9%。进京到非接待场所上访80人次，比上年下降32.8%；到省集体上访42批297人次，批次比上年下降4.5%；到市集体访79批498人次，批次下降23.3%、人次下降38.5%。

【领导接访】 2019年，福州市委、市政府领导接待群众来访25批39人，参加市领导大接访活动的市直有关部门领导接待群众来访954批1617人次，各县（市）区、乡镇领导接待群众来访5224批次9505人次。省委副书记、市委书记王宁先后14次对信访工作做出批示，阅批群众来信，挂钩化解2件信访积案，3次带案到县区约访群众，现场研究化解5件信访突出问题；市长尤猛军听取信访工作汇报，定期接待来访群众，研究解决信访事项。每月15日和每周一设有市领导接访活动，筛选市领导接待群众来访件，制定市领导大接访活动方案。重大敏感时期，市、县、乡三级每天安排一名领导接待到访群众。

【信访工作制度改革】 2019年，福州市信访局根据《福建省建立“最多投一次”阳光信访工作机制方案(试行)》，在鼓楼区开展“最多投一次”阳光信访机制试点。研究制定《关于深入弘扬新时代“枫桥经验”推行建立“信访评理室”的指导意见》，建设乡村“信访评理室”，学习“枫桥经验”，市、县（区）、镇(街)三级建立矛盾纠纷多元调处平台，成立矛盾纠纷多元调解工作领导小组，市、县（区）、镇（街）、村（居）四级建立健全矛盾纠纷调解室、信访评理室、法律服务室等功能场所，开展品牌调解室建设，协调有关部门开展多元调解工作。对各县(市)区乡村评理室建设、评理员选聘、评理室工作流程进行明确规范。创新信访督导方式，运用视频系统和电话抽查方式进行信访督查。

【信访秩序维护】 2019年，福州市实施依法处理信访事项“路线图”，落实信访工作“七项机制”，完善依法信访运行机制、信访与司法和行政对接机制。市信访局按依法分类处理信访诉求规定，转送交办有权处理机关及时导入法定途径按程序处理；符合《信访条例》规定的信访事项，按照相关规定处理。定期开展信访基础业务规范化检查，通报检查中发现的问题。组织福州市信访干部集中培训、轮训，组织各县(市)区、高新区信访局分管领导和工作人员进行以会代训，学习有关政策规定、讲解信访信息系统操作知识，邀请省信访局专家到市、各县(区)授课辅导。到县(市)区、市直有关单位开展信访基础业务规范化督导检查，对录入登记不及时、信息不准确、要素不齐全等问题进行全面整改。全年有1098家部门和单位接入应用福建信访信息系统，接入应用数居全省首位。利用一楼接访大厅TED显示屏、制作悬挂信访部门、职能部门依法分类处理信访诉求办理流程图，通过选送信访案例、编写发放宣传资料，进行信访法治宣传教育引导。每周一、三聘请律师参与接访。9月16—20日，市信访系统开展法律法规及网上信访宣传周活动，市信访局、各县（市）区信访局发放宣传资料，向群众开展政策法规宣讲，进行手机APP信访、微信信访等网上信访渠道演示。

【信访矛盾纠纷化解】 2019年，福州市各县（市）区先后成立“访调对接”工作领导小组，制定“访调对接”工作办法，建立联席会议制度，规范调解流程，融合法学会、街道、社区、专职人民调解队伍和行业性调委会，以及村居法律顾问等多支力量，构建调解人才队伍，推进信访矛盾纠纷多元化解。开展公开听证专案评审。根据各县（市）区实际，研究制定福州市专案评审和公开听证的任务指标（专案评审20件，公开听证20件），下发各县（市）区。创新信访工作方法，整合社会资源，引入第三方力量参与信访工作。运用社工理念调处信访问题，组织退休干部参与信访矛盾纠纷化解。吸纳律师、心理咨询师参与一线接访。全年邀请律师108人次参与一线接访，接待群众300多批次。围绕重点领域、重点群体、重点问题、重点人员，开展信访矛盾化解攻坚。建立健全信访矛盾排查机制，按照“三到位一处理”原则，综合运用法律指引、经济调节、协商调解、听证评理、教化疏导等手段方法。全年化解攻坚件178件。开展“解难题、化积案”专项行动，筛选两批重点信访积案（第一批52件、第二批50件），由市、县两级党政领导带头包案推进化解。其中，市领导包案31件，县领导包案71件，化解100件积案。

【信访复查复核】 2019年，福州市信访局收到群众信访复查复核申请97件，受理9件，其中信访复查5件，信访复核4件。作出信访复查复核意见8件，其中信访复查4件，信访复核4件。不予受理88件，纠错交办41件。

【信访系统扫黑除恶】 2019年，福州市信访局围绕互联网金融、网络自媒体等新兴行业领域，农村农业、国土资源、建筑工程、交通运输、采石挖砂、市场交易等重点行业领域，开展收集排查涉黑涉恶信访信息线索，并建立专门台账，为职能部门提供信息线索。对群众来信来邮来访事项进行分析研判，排查梳理出反映涉黑涉恶方面的内容。按照“分级负责、归口办理”的原则，第一时间将涉黑涉恶信访件批转给有关责任单位核实、办理、反馈，通过信访信息网报送给市委政法委（市扫黑办）。分别建立群众来信来邮涉黑涉恶信息台账和群众来访事项涉黑涉恶信息台账。全年摸排筛查涉黑涉恶信访信息32件，处理市扫黑办转来群众来信35件。

（徐立剑）

老干部工作

【概况】 2019年，福州市县两级老干部局服务管理老干部1485人，其中离休干部903人（抗日战争时期参加革命工作的108人，解放战争时期参加革命工作的795人），厅级退休干部92人，“5·12”退休干部（1949年10月1日至1950年5月12日之间参加工作，享受供给制待遇的退休干部）490人。

【老干部待遇保障】 政治待遇 2019年，福州市采取“八个一”举措引领离退休干部中融入“不忘初心、牢记使命”主题教育。向全市离退休干部党员发出《倡议书》和《主题教育应知应会》各200余份。建设“福州市老党员政治生活馆”。举办专题报告，邀请省委第一巡回指导组组长、福建师范大学教授郑传芳向离退休干部党员做《“不忘初心、牢记使命”的科学内涵和时代要求》专题报告。举办市直单位离退休干部党支部书记“不忘初心、牢记使命”专题培训班，组织参观福建省革命历史博物馆，开展主题党日活动。组织市直单位离退休干部党支部在职联络员到古田接受革命初心教育。开设市级老领导、市直单位离退休干部党支部学习党的十九届四中全会精神红色大讲坛，实现市直单位离退休干部党支部学习全覆盖。组织400多名离退休干部党员参观上下杭历史文化街区。开展离退休干部党支部达标创星和“银发丹心 辉耀榕城”桑榆之星评选活动。

生活待遇 提高离休干部和“5·12”退休干部护理费标准。提高离休干部无工作遗偶定期定额生活补助标准。走访慰问易地安置离休干部和离休干部遗偶27人，特困离休干部88人；慰问并补助医药（医保）费市直离休干部无工作遗偶143人。实现政府购买服务离休干部全覆盖。

离退休干部党建 建立福州市离退休干部工委“1+3”工作模式（发挥市委离退休干部工委统筹谋划、组织指导和督促检查作用，加强和推进老党员之家、老党员政治生活馆、老干部之家建设工作），规范离退休干部党建工作。

推行老党员之家“1361”工作机制，全市各级“老党员之家”实现规范建家、特色立家。举办市直单位离退休干部党组织书记和在职联络员培训班。开展“离退休干部党支部达标创星”活动，39个离退休干部党支部获五星党支部称号。以“离退休干部党建融入城市基层党建工作”为重点课题，开展调研，在12个县（市）区挂牌成立社区离退休干部党员党建工作室43个。

【老干部志愿服务】 2019年，福州市“夕阳红”老干部宣讲团进社区以邮票、课件、福州方言、板报等多种形式宣讲党的十九届四中全会精神。市老干部志愿服务队开展送宣讲、送教学、送文艺、送医、送书画进社区的“五进社区”活动以及送宣讲下乡、送文化下乡、送科技下乡的“三下乡”活动。全市12个县（市）区的特色历史文化街区相继成立20个“老党员志愿者服务站”。每月10日，全市100多位离退休党员志愿者在历史文化街区宣讲。市老干部活动中心举办“礼赞新中国 奋进新时代”——福州市老干部献礼新中国成立70周年书画摄影展，展出老干部书画作品100幅、摄影作品77幅。全市关工委开展“学党史、新国史”、“福州故事百讲”、“中华魂”读书、“庆祝新中国成立70周年”等主题教育活动2300余场，参与人数近70万人。

【老干部学习活动场所建设】 福州市老党员政治生活馆 2019年10月，福州市老党员政治生活馆开馆，重点展出习近平新时代中国特色社会主义思想和习近平总书记关于老干部工作的重要论述及关心关爱老干部的史实。老党员政治生活馆主馆面积300平方米，设置离退休干部党建展区、党建书吧、老党员志愿者驿站、健康咨询室、攀谈室、宣誓厅等10个区域。全年开展活动50多批次，参与人数1000多人次。

老年大学 市老年大学全年招生1.3万人次、4所分校5000人次；12所县（市）区校学员总数近1.8万人次。年内推进市老年大学新教学楼建设，五一中路分校办学面积从1200平方米增加到3500平方米，晋安区老年大学新增教室面积300平方米，罗源县老年大学新建综合楼5500平方米。鼓楼、晋安、长乐、福清、闽侯、连江、闽清等7所老年大学被评为福建省达标老年大学。市老年大学组织召开教学大纲编修推进会，完成部分主要课程教学大纲编制、自编1套教材、6本教案。打造“互联网+老年教育”新模式。

（李敏）

党校工作

【概况】 2019年，中共福州市委党校举办各类培训班102期，培训学员超1万人次。开设“习近平新时代中国特色社会主义思想”系列专题，打造一批“习近平在福州”现场教学点。推进各级各类课题申报立项和结项工作，全年立项28项，结项39项。全年编印20期《决策咨询参考》和1期专报。年内引进1名博士，选派（送）43人（次）参加各类培训。

【干部教育培训】 2019年，中共福州市委党校举办各类培训班102期，培训学员超1万人次。完成主体班培训任务19期，参训学员近900人次。举办9个主题的专题研讨班，培训学员1500余人次。举办其他各类任职培训班等计划内培训班次34期，培训学员3900余人次。拓展计划外培训，举办各类委托培训、合作培训班次39期，培训学员4500余人次。与江西南昌市、甘肃定西市等兄弟校院建立合作办学关系。完成视频选订325门，对接课件视频达548.5课时。福州干部在线学习平台归并移转到福建干部网络学院学习平台。举办4期左海大讲堂，培训干部3000多人次。党的理论教育和党性教育的比重不低于总课时的70%，开发“习近平新时代中国特色社会主义思想”系列专题，打造7个“习近平在福州”系列现场教学点。落实《学员“双百分”考核制度》，开展“一班一卷”学员档案管理工作，对2018年春季学期第二阶段以来学员档案进行整理归档。年内召开全市校院系统教学和科研工作会议，成立“用学术讲政治”教学改革领导小组。调整教学评估体系，要求每个教研部至少打造1门“用学术讲政治”的精品课。建立校院第一批教学精品课库，开展以“坚持‘用学术讲政治’，深化党校（行政学院）教学改革”为主题的福建省党校教育研究会福州分会年会。

【党校科研资政工作】 2019年，中共福州市委党校组织申报各类课题立项28项，其中福建省委党校中特理论研究中心课题立项8项，福州市社科规划项目立项1项，福州市中特理论研究中心课题立项6项，福州市委办2019年度重点调研课题立项1项，2019年市综治办调研课题立项1项，2019年度市直机关工委重点调研课题立项1项，福州市政法委平安建设课题立项1项，福州市党校系统课题立项9项。年内全校教职工发表科研论文73篇，其中在省级CN以上期刊上发表46篇，市级CN刊物17篇。

2018年度各类课题结项39项，其中福建省委党校中特理论体系研究中心课题结项12项，其他省级课题结项3项，福州市社科规划项目结项1项，福州市中特理论研究中心课题结项4项，福州市党校系统课题结项12项，福州市党建重点调研课题结项3项，福州市政法委平安建设课题1项，其他市级课题结项3项。2018年度全省党校、行政学院系统课题优秀成果评奖，福州市有6项成果获奖。

编印20期《决策咨询参考》和1期专报，完成《2018年度决策咨询成果汇编》的编印工作。围绕2019年全市经济社会发展中的热点、难点问题，结合全省校院系统科研和决策咨询工作协作会议精神，制订《2019年度决策咨询课题选题指南》。举办以“庆祝新中国成立七十周年，建设有福之州幸福之城”为主题的福州党校系统“市情论坛”，收到文章33篇。探索开展校“教研部决策咨询课题”申报工作。

校刊《福州党校学报》全年刊发103篇文章，其中《习近平新时代中国特色社会主义思想》及《党的建设》栏目刊发37篇，《福州市情》栏目刊发15篇文章。

（黄璟）

政策研究

【概况】 2019年，中共福州市委政策研究室撰写各类专报36篇，起草各类文稿210多篇，获省、市领导批示150件（次），19篇（次）课题成果在中央、省属刊物（媒体）刊载。编辑市重点课题和市直部门报送的优秀课题成果26篇，编发《决策信息参考》《福州调研》《报刊专送件》等161期，编印《闽都通讯》《福州城市科学》等16期，蝉联全省重点课题优秀调研成果组织奖。在全国率先制定出台市委《关于建立学习贯彻习近平新时代中国特色社会主义思想长效机制的意见（试行）》。

【课题调研】 2019年，中共福州市委政策研究室参与市人大课题调研、立法协调，指导修改并制定工作方案、实施意见等，推动电动自行车规范化管理工作开展。围绕城市功能品质提升、老旧小区改造、垃圾分类等民生问题，先后起草《生活垃圾分类投放的问题和建议》《提升城市灯光夜景品质的思路》《扎实做好新一轮老旧小区改造工作的若干意见》等调研文稿，强化重点工作的督查调研。牵头形成城市治理、数字经济、干部队伍建设、滨海新城建设、脱贫攻坚、军民共建、乡村振兴等7个专题、18篇典型材料，在中央、省级刊物上刊载。对接市政府领导调研课题，参与自贸区体制机制创新、制造业高质量发展、住房保障体系建设等相关工作的研究，提出工作建议。

【调研成果转化】 2019年，中共福州市委政策研究室围绕市委十一届十一次全会主题，牵头制定《中共福州市委深入贯彻〈中共中央关于坚持和完善中国特色社会主义制度、推进国家治理体系和治理能力现代化若干重大问题的决定〉的实施意见》，提出全力推进11项行动，加快构建11个制度体系，为贯彻落实党中央和省委决策、推进省会治理现代化作出系统安排。围绕市直机关服务基层年活动，研究制定《市直机关服务基层年考评办法》。围绕“三个福州”建设、现代产业体系构建等课题开展调研，形成《加快省会平台经济发展的建议》《深远海养殖产业模式分析报告》《关于加快推动我市夜间经济发展的建议》《关于对我市工业企业技术改造政策开展试点评估的情况报告》等一批调研文章，相关建议转化为市政府的具体举措和项目。策划组织3场产业发展座谈会，形成促进产业发展的《决策参考》。

【决策信息服务】 2019年，中共福州市委政策研究室创新开设《决策信息参考》重要信息报送平台，报送经济、城建、民生、环保等领域重要信息1040条，获市领导批示80条次，并转市直相关部门研究落实。

（俞少奇）

保密工作

【概况】 2019年，福州市机构改革将市县两级保密行政管理部门并入同级党委办公厅（室）。召开2次保密专题工作会，举办3期保密工作业务培训班，牵头组织18个部门成立网络保密组，开展4次专项保密检查。全年完成8个部门涉密信息系统测评审批。

【保密机构改革】 2018年12月，中共福州市委办公厅（以下简称市委办公厅）、福州市人民政府办公厅印发《福州市市级机构改革实施方案》，将中共福州市委保密委员会办公室（市国家保密局）的职责划入市委办公厅。市委办公厅加挂中共福州市委保密委员会办公室牌子，对外可使用福州市国家保密局名称。2019年2月20日，中共福州市委机构编制委员会办公室印发《关于调整市委办公厅机构编制的通知》，市委办公厅增设保密一处、保密二处。7月7日，福州市国家保密局保密技术检查中心更名为福州市保密技术检查中心，加挂福州市保密技术服务中心牌子。2019年，市县两级保密行政管理部门并入同级党委办公厅（室），鼓楼区、台江区、福清市配备保密委专职副主任，8—10月，台江区、晋安区、仓山区、长乐区成立保密技术检查中心。永泰县保密技术检查中心更名为永泰县保密技术服务中心。

【保密管理】 2019年，福州市委召开2次保密专题工作会，听取保密工作汇报，研究解决市级保密部门机构人员配置等突出问题。11月，根据机构改革、人事变动，调整市委保密委员会组成人员。年度县（市）区保密工作绩效考评分值从0.05分增至0.1分，比上年增加1倍。加强重大会议、活动保密服务保障，牵头组织18个部门成立网络保密组，并派员进驻现场，开展第二届数字中国建设峰会安全保密服务保障工作。赴市文旅局、市名城委对福州古厝保护与文化传承论坛开展现场指导检查，提供保密服务和技术支持。完成“5·18”海交会、“6·18”交易会、“海丝国际电影节”保密服务保障工作。

【保密宣传教育】 2019年，福州市国家保密局举办3期保密工作业务培训班。10月，首次赴四川大学国家保密学院暨国家保密教育培训基地成都分基地举办保密办主任培训班，12个县（市）区和高新区、部分市直单位41人参训。全市各级保密部门72人次到基层讲授保密课，宣传保密知识。11月，联合闽侯县国家保密局在闽侯民俗园开展“不忘初心，保密同行”普法直播宣传活动，现场设置舞台区、宣传展位区、灯谜竞猜区、保密长廊区等特色区域，通过现场网络直播与直播间互动访谈，12个县（市）区、高新区保密部门和闽侯县县直单位300多人参加活动。组织开展保密法宣传月活动，编制3期600多份《福州保密工作》简报分发全市各级各单位，向新任、调任的处级领导干部发出《保密提醒函》189份。全市各级各单位召开研究部署会议201次，领导讲话186场，批示199次；放映保密教育录像片150场，观看人数1.5万人；印发宣传材料1.1万份，组织内部人员学习324场1.2万人；制作活动宣传栏179期，悬挂、播放保密宣传标语1113条，发送保密宣传短信1.4万条；举办专题培训班153期，参加人数3576人。组织开展“保密伴我行，护航新时代”保密宣传教育作品征集活动，全市征集作品

2019年11月12日，福州市国家保密局联合闽侯县国家保密局，在闽侯民俗园开展“不忘初心，保密同行”普法直播宣传活动　（市国家保密局 供）

61份，其中微动画《公民和国家安全》、论文《确保电子档案安全，服务数字经济建设》，分获影视作品类与理论研究类优秀奖，获奖数量居全省首位。开展保密信息通联工作，全年征订《保密工作》杂志1888份、《保密科学技术》杂志200份，征订量创历年新高，12个县（市）区全部达标。向省国家保密局报送保密工作信息350多篇，刊登250篇，市局门户网站动态更新信息180条。

【保密监督检查】 2019年，福州市国家保密局组织开展保密自查自评督查、高考和医学考试、研究生考试、保密绩效考评4次专项保密检查。配合省国家保密局赴福清、仓山调研保密工作，配合市邮政管理局开展保密专项检查，对1家市直单位未按要求清退中央文件问题开展保密核查，均未发现失泄密情况。协助省国家保密局开展国家秘密载体印制资质书面审查和资质年审辅导工作，辅导5家公司资质申请完成6项印制资质初审，指导10家公司资质换证、11家公司资质年审。全年完成8个部门涉密信息系统测评审批，颁发合格证8张。组织开展定密事项报备统计工作。

【保密技术防护】 2019年，福州市国家保密局开展互联网（文档）检查监控系统巡查，对7家市直部门进行现场核查，下发保密整改通知书7份、保密风险隐患告知书12份。参与保密课题研究，牵头组织福州市“基于流量的移动端APP敏感文件信息泄露检测与保护技术的研究与实现”科技计划项目，探索对微信、QQ以及QQ邮箱等手机APP传输敏感文件的基本检测功能。

（陈云娟）

党史和地方志研究

【概况】 2019年，中共福州市委党史和地方志研究室开展福州解放口述采访、专题图片展开幕式暨《口述福州——解放1949》首发式等活动，完成首批4本福州市村镇志精品工程丛书、《福州古代人物著述录》等公开出版。

【庆祝中华人民共和国成立70周年暨福州解放70周年系列活动】 口述采访　2019年，中共福州市委党史和地方志研究室联合福州日报社、福建老年报社，在市委老干部局、市总工会、省新四军研究会协助下，向社会寻找亲历、亲见、亲闻福州解放过程的“三亲”者，摸底200名老同志，确定110名对象开展口述访谈活动。经口述采访，征集到数百张福州解放相关图片，及30多篇回忆文章，制作成影音图文资料，设立数据库存档。

专题图片展　8月17日，在三坊七巷安民巷53号新四军驻福州办事处旧址举办福州解放专题图片展开幕式暨《口述福州——解放1949》首发式。图片展为期半年，展出福州解放历史照片260余幅，每个工作日安排“红二代”志愿讲解员讲解。全市800多家单位、3000多批社会群众、3.5万多人次观展。

党史书籍出版发行　8月出版《口述福州——解放1949》，收录45篇福州解放亲历者口述回忆文章、17篇关于福州解放的回忆文章，并附有福州解放大事记，内部出版《初心之旅——〈口述福州——解放1949〉采访手记》。

【资政研究】 2019年，中共福州市委党史和地方志研究室完成年度福州市社科联课题《打造红色文化品牌 助推福州高质量发展》的调研报告，撰写《传承福州红色文化基因 助推红色遗址保护利用》调研报告，开展对中国工农红军北上抗日先遣队途经福州地区革命遗址保护、开发、利用的工作。完成《汲取奋进力量 勇担职责使命——王荷波生平事迹宣教工作回顾与展望》调研报告。对福州市的红色文化资源进行调查摸底，形成《抓住主题教育契机，大力提升我市红色文化影响力》的资政参考。撰写《将编修村镇志作为振兴我市乡村文化的重要抓手》资政参考。

【红色文化传承】 2019年，中共福州市委党史和地方志研究室与福州市地铁公司合作，拍摄制作《红色福州》《方志福州》两部党史方志宣传片，在福州地铁各站点循环播放。协助市老区促进会完成《福州老区——不忘初心的根》宣传片的拍摄制作。“福州史志”微信公众号推送220篇文章，“福州史志”新浪微博推送802篇文章。8月底完成“福州史志网”改版上线，设有9个版块60个栏目，全文数据库439部，1.6亿字，设有8个总库，7个字库，全年新增1822条信息上传。编纂《福州史志》，全年4期，每期约8万字。主办林白和五县中心县委游击队论坛，参与闽海百年历史纪念馆开馆仪式及吴石、何遂铜像落成仪式等活动。

【革命遗址保护】 2019年，福州市调查登记统计的革命遗址有290余处，其中102处被列为国家级和省、地、县级文物保护单位和爱国主义教育基地，47处被列为市级党史教育基地，14处被列为市级党性教育基地，50余处被列为国防、廉政建设、“两学一做”学习等教育基地。

【志书编纂与出版】 2019年6月，完成对全市二轮县（市）区综合志书的评稿工作。组织37个村镇开展村镇志编修工作，其中《螺洲镇志》《东张镇志》《紫山村志》《斌溪村志》纳入福州市首批村镇志精品文化工程，于12月经中国文史出版社出版发行。12月27日，在罗源县斌溪村召开福州市村镇志精品文化工程丛书首发式。组织编纂《福州古代人物著述录》，于12月经海峡书局出版发行，《福州茶志》编纂进入总纂，指导市人社局进行《福州市人力资源和社会保障志（1949—2005）》审改。

【年鉴编纂】 2019年，《福州年鉴（2019）》在历年各卷的基础上，结合产业结构优化升级、机构改革情况，对部分内容进行更新、调整，将“纪检 监察”“市场监督管理”内容由分目调整为类目，设置“应急管理”“自然资源管理”“生态环境”“卫生健康”等类目，新增“退役军人事务”“库区移民”等分目。《福州年鉴（2018）》获评福建省年鉴编纂质量评选特等奖。

（陈曦）

档案工作

【概况】 2019年，福州市档案馆馆藏总量331730卷、330520件。开展国家重点档案抢救工作，制定《福州市档案馆2019年全省国家重点档案修裱工作实施方案》，修复107卷、5103页民国档案。市档案局举办全市档案人员基础业务培训班，全市机构改革涉改单位、市级企事业单位的专（兼）职档案员等共160人参加培训。年内市档案馆获福建省市级综合档案馆首次业务建设评价第一名，被国家人力资源社会保障部、国家档案局授予“全国档案系统先进集体”称号。市档案馆2名干部获评全省首届“档案工匠”，1名干部获评福州市“担当尽责、激情创业”好干部。

【档案监督管理】 2019年，福州市档案局联合市审改办制定《福州市市、县、乡三级档案行政审批和公共服务事项通用目录》，对应调整省、市网上办事大厅的服务事项目录、办事指南。推进政务服务事项“最小颗粒化”工作，为办事企业和群众提供精准快捷服务。清理16份历年市“两办”出台的档案规范性文件。联合省档案局、市城建档案馆、福州地铁集团出台福建省地方标准《城市轨道交通工程档案管理规范》。会同市城建档案馆对福州市轨道交通2号线项目档案进行预验收。印发《福州市档案局关于做好福州市机构改革涉改单位档案交接工作的通知》及《福州市机构改革涉改单位档案交接情况登记表》，以中共福州市委办公厅、福州市人民政府办公厅名义转发《市档案局关于做好市级机构改革中档案工作的意见》，规范市级机构改革涉改单位档案处置工作。成立专项工作小组，采取“包干制”模式，实现对100余家市级机构改革涉改单位档案监督指导全覆盖。开展第二届数字中国建设峰会档案指导工作，研究制定《第二届数字中国建设峰会福州市筹备工作领导小组档案管理规定》等文件，指导及检查督促各工作组档案收集、招投标、档案数字化等工作。参与世界遗产大会筹备工作，推动档案工作与世界遗产大会各项工作同步开展。开展污染源普查档案指导验收工作，和市生态环境局联合出台《福州市第二次全国污染源普查文件材料整理技术细则》和《福州市第二次全国污染源普查纸质档案数字化加工规范》。开展市直单位档案指导、验收工作，全年对市直单位档案工作开展指导、验收120余次。

【档案资源建设】 2019年，福州市档案馆接收37家单位档案14404卷、144689件；鼓楼区档案馆接收重大活动、重要会议照片档案3000余张；闽清县档案馆接收“尼伯特”台风灾后重建项目档案1134卷；罗源县档案馆征集到《畲族语言——畲族研究书系》等档案资料300余册；永泰县档案馆征集到历史老照片241张、民俗影像资料229盒。

【档案信息化建设】 2019年，福州市开展档案信息化建设，推进数字档案共享工作，完成存量纸质档案数字化832.93万页，著录目录118.65万条。福州市档案馆累计完成馆藏纸质档案数字化2228.65万页，数字化率91.6%，数字化总量居全省第一，仓山、马尾区档案馆馆藏档案100%数字化。市档案局联合市大数据委、市行政（市民）服务中心管委会印发《福州市政务服务事项电子文件归档技术规范（试行）》，申报的“互联网+电子政务环境下跨层级电子档案全流程管理研究”研究项目被列为国家档案局重点科技项目。市档案馆利用“身份证+人脸识别”技术开发的婚姻档案自助查询平台在第二届数字中国建设峰会展出。

【档案服务】 2019年，福州市档案馆根据群众查档需求，开展“同城跨馆”档案利用工作，对市、县两级档案馆的10多类民生档案数字化副本1203.65万页进行整合共享利用，拓展“异地查档、跨馆服务”工作机制范围，牵头并完成全省各设区市档案馆开展市际跨馆服务，先后与广州、昆明、长沙、西安、沈阳等21家档案馆开展省际跨馆服务。驻市民服务中心窗口继续推行“窗口无否决权”、周末无休式查档服务。

【档案宣传】 2019年，福州市档案局联合“先锋944”福州新闻广播，通过《我执法 我普法》系列节目开展全省首次档案执法检查全媒体直播，在线观看人数1万多人次。市档案馆联合鼓楼区、晋安区等10家县（市）区综合档案馆和城建档案馆、不动产登记档案馆、国土资源档案馆等专业档案馆，以“新中国的记忆”为主题在福州牛岗山公园开展“6·9”国际档案日系列宣传活动。参加由省、市委宣传部和省、市社科联在仓山万达广场联合举办的“礼赞新中国 奋进新时代”2019年社会科学普及宣传周主会场活动。

（陈辉）

（编辑 姚国榕）

福州市人民代表大会

综　述

【概况】 2019年，福州市人大及其常委会共召开代表大会1次、常委会会议7次、制定修订法规3件、废止2件；备案审查规章和规范性文件29件；开展执法检查6项、专题询问2项、满意度测评2项，听取审议“一府两院”专项工作报告27项；作出决定决议14项；任免国家机关工作人员108人次；组织办理代表议案12件、建议493件（含闭会期间）。

【立法工作】 2019年，福州市人大常委会颁布《福州市城市内河管理办法》，于2019年1月9日起施行；颁布《福州市烟花爆竹销售和燃放管理办法》于2019年12月1日起施行；颁布施行《福州市生活垃圾分类管理条例》，于2020年1月1日起施行。对《福州市文明行为促进条例》《福州市电动自行车管理若干规定》《福州市社会信用条例（草案）》进行研究审议。2019年11月27日，批准废止《福州市城市房屋拆迁管理办法》《福州市流动人口计划生育管理办法》的决定。

【人事任免】 2019年，福州市人大及其常委会依法选举任免国家工作人员108人次，其中选举国家工作人员7人次，办理市人大常委会组成人员和市人大常委会办事机构、工作机构负责人任职、辞职27人次，任免政府组成人员2人次，审判人员41人次，检察人员31人次。

表15　2019年福州市人大常委会、政府副职以上和“两院”正职领导选举任免情况

时 间	被任免人员	通过任免会议	任免职务
1月9日	肖　华	市第十五届人民代表大会第三次会议	选举为福州市第十五届人民代表大会常务委员会副主任
1月9日	张时贵	市第十五届人民代表大会第三次会议	选举为福州市人民检察院检察长
4月29日	许南吉	市第十五届人大常委会第十九次会议	任命为福州市人民政府副市长
4月29日	阮孝应	市第十五届人大常委会第十九次会议	免去福州市人民政府副市长
8月30日	柯有铭	市第十五届人大常委会第二十一次会议	接受辞去福州市第十五届人民代表大会常务委员会副主任职务的请求，报福州市第十五届人民代表大会第四次会议备案
8月30日	李文彬	市第十五届人大常委会第二十一次会议	免去福州市人民政府副市长
12月30日	许南吉	市第十五届人大常委会第二十四次会议	免去福州市人民政府副市长

表16　2019年福州市人大常委会组成人员和办事机构、工作机构负责人选举任免情况

时 间	被任免人员	通过任免会议	任免职务
1月9日	叶　勇	市第十五届人民代表大会第三次会议	选举为福州市第十五届人民代表大会常务委员会委员
1月9日	欧阳九生	市第十五届人民代表大会第三次会议	选举为福州市第十五届人民代表大会常务委员会委员

续表 16

时间	被任免人员	通过任免会议	任免职务
1月9日	吴兰铮	市第十五届人民代表大会第三次会议	选举为福州市第十五届人民代表大会社会建设委员会主任委员
1月9日	李　锋	市第十五届人民代表大会第三次会议	选举为福州市第十五届人民代表大会监察和司法委员会主任委员
2月28日	杨信增	市第十五届人大常委会第十八次会议	任命为福州市人大常委会农村经济工作委员会主任
8月30日	刘晓强	市第十五届人大常委会第二十一次会议	接受辞去福州市第十五届人民代表大会常务委员会秘书长职务的请求，报福州市第十五届人民代表大会第四次会议备案
8月30日	陈　巍	市第十五届人大常委会第二十一次会议	免去福州市人大常委会城建环境工作委员会主任职务，接受辞去福州市第十五届人民代表大会常务委员会委员的请求，报福州市第十五届人民代表大会第四次会议备案
8月30日	黄宇清	市第十五届人大常委会第二十一次会议	任命为福州市人大常委会城建环境工作委员会主任
10月31日	赵春荣	市第十五届人大常委会第二十二次会议	接受辞去福州市第十五届人民代表大会常务委员会委员的请求，报福州市第十五届人民代表大会第四次会议备案

表 17　　2019年福州市人民政府工作部门主要负责人决定任免情况

时间	被任免人员	通过任免会议	决定任免职务
12月30日	游　昕	市第十五届人大常委会第二十四次会议	任命为市生态环境局局长
12月30日	郭海阳	市第十五届人大常委会第二十四次会议	免去市生态环境局局长

（连蔡煜）

重要会议及决议决定

【福州市十五届人民代表大会第三次会议】　2019年1月5—9日在福州海峡国际会展中心举行。出席会议的有市第十五届人民代表大会代表，部分省人大代表，市级老领导，市政协委员，部分中央、省属驻榕单位、驻榕部队负责人，市政府工作部门和市直机关、企事业单位、群团组织负责人列席会议。22位公民旁听大会。

会议听取市人民政府市长尤猛军作的《福州市人民政府工作报告》、市发展和改革委员会代表市人民政府作的《福州市2018年国民经济和社会发展计划执行情况及2019年国民经济和社会发展计划草案的报告》（书面）、市财政局代表市人民政府作的《福州市2018年预算执行情况及2019年预算草案的报告》（书面）、市人大常委会主任陈为民作的《福州市人大常委会工作报告》、市中级人民法院院长胡志伟作的《福州市中级人民法院工作报告》、市人民检察院代检察长张时贵作的《福州市人民检察院工作报告》。经过审议，会议决定批准上述6项工作报告。表决通过《福州市城市内河管理办法》，该部法规为市人代会表决通过的第一部实体性法规。

会议选举肖华为福州市第十五届人民代表大会常务委员会副主任。选举张时贵为福州市人民检察院检察长，报经福建省人民检察院检察长提请福建省人民代表大会常务委员会批准任命。表决通过福州市第十五届人民代表大会社会建设委员会、监察和司法委员会主任委员、副主任委员、委员人选名单。组织大会选举产生的23名国家工作人员进行宪法宣誓。大会期间组织出席会议的全体市人大代表集中视察城区水系综合治理工作情况。

【福州市十五届人大常委会会议】　2019年，福州市十五届人大常委会召开常委会会议7次。分别是：

第十八次会议　2月28日召开。会议听取市人民政府关于促进民营经济发展工作情况的报告、关于房屋征收回迁安置专题询问审议意见落实情况的报告、关于深入开展“扫黑除恶”专项斗争工作情况的报告；审议、表决通过关于办理市十五届人大三次会议主席团交付审议的代表议案的决定；审议、表决通过市十五届人民代表大会常务委员会代表资格审查委员会关于个别代表的代表资格的报告；会议进行人事任免。

第十九次会议　4月29日召开。会议传达贯彻十三届全国人大二次会议和省委、市委相关会议精神；听取和审议市人民政府关于大力发展普惠性学前教育情况报告审议意见研究处理情况的报告，并开展满意度测评；听取市人民政府关于《福州市劳动争议处理若干规定》《福州市食用农产品质量安全管理办法》

《福州市海上交通安全管理条例》《福州市水工程管理条例》《福州市科学技术进步若干规定》实施情况的报告；听取和审议市人民政府关于企业国有资产管理情况的报告；听取市人民政府关于2018年环境状况和环境保护目标完成情况的报告、关于巩固少数民族脱贫攻坚成果，助力乡村振兴战略工作情况的报告、关于加强福州国家历史文化名城保护工作情况的报告；审议、表决通过2019年省提前下达市级新增地方政府债券分配方案；会议还进行人事任免，决定任命许南吉为市人民政府副市长。

第二十次会议　6月25—27日召开。会议开展促进民营经济发展工作专题询问、养老事业发展工作专题询问；会议听取市人民政府关于《贯彻〈关于促进两岸经济文化交流合作的若干措施〉实施意见》落实情况的报告、关于全面实施预算绩效管理情况的报告、关于城市内河整治和管理工作情况的报告；会议听取和审议市人民政府关于推动“加快建设有福之州、打造幸福之城”工作情况的报告、市人民政府关于实施乡村振兴战略工作情况的报告、市中级人民法院关于商事审判工作情况的报告、市人民检察院关于生态资源检察工作情况的报告、市人大常委会执法检查组关于《中华人民共和国水污染防治法》执法检查情况的报告、市人大常委会执法检查组关于《中华人民共和国教师法》和《福建省实施〈中华人民共和国教师法〉办法》执法检查情况的报告；会议审议市人大常委会主任会议关于提请审议《福州市人民代表大会常务委员会关于全力推动新时代有福之州幸福之城建设的决定（草案）》的议案、市人民政府关于提请审议《福州市生活垃圾分类管理条例（草案）》的议案、《福州市烟花爆竹销售和燃放管理办法（草案修改二稿）》；会议审议、表决通过《福州市人民代表大会常务委员会关于全力推动新时代有福之州幸福之城建设的决定》《福州市烟花爆竹销售和燃放管理办法》；会议进行人事任免。

第二十一次会议　8月28—30日召开。会议传达贯彻习近平总书记对地方人大及其常委会工作的重要指示精神以及全国人大常委会纪念地方人大设立常委会40周年座谈会精神；听取市人民政府关于《福州市环境保护条例》《福州市环境噪声污染防治若干规定》《福州市荣誉市民称号授予条例》《福州市志愿服务条例》《福州市法律援助条例》实施情况的报告；听取和审议市人民政府关于2019年1—7月市本级预算执行情况的报告、市人民政府关于2018年市本级预算执行和其他财政收支情况的审计工作报告、市人民政府关于2019年1—7月国民经济和社会发展计划执行情况的报告、市人大常委会执法检查组关于检查《中华人民共和国禁毒法》《福建省禁毒条例》实施情况的报告、市人大常委会执法检查组关于检查《福州市人民代表大会常务委员会关于对接国家战略建设海上福州的决议》实施情况的报告；听取市人民政府关于农村垃圾治理工作情况的报告、市人民政府关于完善基层医疗卫生服务体系建设情况的报告以及市中级人民法院、市人民检察院关于深化司法体制改革工作情况的报告；审议《福州市文明行为促进条例（草案）》《福州市电动自行车管理若干规定（草案）》；审议并表决通过《福州市人大常委会关于批准2018年市本级决算的决议》《福州市人大常委会关于批准市本级2019年第二批新增地方政府债券分配方案的决议》《福州市人大常委会关于废止〈福州市流动人口计划生育管理办法〉的决定》《福州市人大常委会关于废止〈福州市城市房屋拆迁管理办法〉的决定》《福州市生活垃圾分类管理条例》；会议进行人事任免。

第二十二次会议　10月29—31日召开。会议开展促进民营经济发展工作专题询问、养老事业发展工作专题询问；会议听取和审议市人民政府关于开展房屋征收回迁安置工作专题询问整改和落实情况的报告，并开展满意度测评；会议听取市人民政府关于为民办实事工作情况的报告、关于“数字福州”建设情况的报告、关于旧屋区改造工作情况的报告；听取和审议市人民政府、市中级人民法院、市人民检察院关于市十五届人大三次会议代表建议、批评和意见办理情况的报告、市人大常委会关于市十五届人大三次会议代表议案办理情况的报告、市人大常委会执法检查组关于检查《福建省华侨权益保护条例》实施情况的报告、市人大常委会执法检查组关于检查《福州市气象探测环境和设施保护规定》实施情况的报告；会议审议市人民政府关于提请审议《福州市社会信用条例（草案）》的议案、《福州市文明行为促进条例（草案修改稿）》《福州市电动自行车管理若干规定（草案修改稿）》；会议进行人事任免。

第二十三次会议　12月3日召开。会议传达贯彻党的十九届四中全会精神和省委、市委常委会（扩大）会议精神；听取市人民政府关于2018年度国有资产管理情况的综合报告、关于2018年度市本级预算执行和其他财政收支审计查出问题整改情况的报告；听取和审议市人民政府关于实现2019年稳增长目标推进高质量发展情况的报告；审议、通过《福州市人民代表大会常务委员会关于开展评议公安派出所工作的决定（修订）》《福州市人大常委会评议福州市公安派出所工作办法（修订）》《福州市人民代表大会常务委员会关于召开福州市第十五届人民代表大会第四次会议的决定》；审议、通过福州市人大常委会代表资格审查委员会关于个别代表的代表资格的报告；会议进行人事任免。

第二十四次会议　12月30日召开。会议审议市人民政府关于提请授予郭鹏凯等13人“福州市荣誉市民”称号的议案，表决通过有关决定；听取市十五届人大四次会议筹备工作情况和会议安排意见的报告；审议市十五届人大四次会议日程（草案）、市十五届人大四次会议主席团及有关人员名单（草案）、市十五届人大四次会议选举办法（草案）、市人大会常委会工作报告（稿）、市十五届人大三次会议主席团交付市人大常委会审议的代表提出的12件议案办理情况的综合报告（草案）、市十五届人大三次会议代表建议、批评和意见办理情况的综合报告（草案）；审议、通过《福州市人民代表大会关于进一步推进福州古厝保护的决定（草案）》，决定提请市十五届人大四次会议审议；审议、通过市十五届人大常委会代表资格审查委员会关于个别代表的代表资格的报告；会议进行人事任免。

【福州市人民代表大会常务委员会关于全力推动新时代有福之州幸福之城建设的决定】 2019年6月27日，福州市第十五届人民代表大会常务委员会第二十次会议通过。根据市委重大决策部署，推动新时代有福之州、幸福之城建设，从增强责任感使命感、形成强大合力等方面提出要求。

【福州市人民代表大会常务委员会关于开展评议公安派出所工作的决定】 2019年12月3日，福州市第十五届人民代表大会常务委员会第二十三次会议通过。《决定》就福州市开展评议公安派出所工作的指导思想、评议对象及主要内容等提出要求。

【福州市人大常委会关于授予"福州市荣誉市民"称号的决定】 2019年12月30日，福州市第十五届人大常委会第二十四次会议通过。决定授予郭鹏凯、穆言灵、程高登、博娜蒂娅·坦德拉德薇、阿拉丁、陈奕廷、张铠镳、吴换炎、张泰卿、林逢生、林宏修、张仕国、熊雨前等13人"福州市荣誉市民"称号。

【福州市人民代表大会关于进一步推进福州古厝保护的决定】 2019年12月30日，福州市第十五届人大常委会第二十四次会议审议并表决通过市十五届人大常委会关于提请审议《福州市人民代表大会关于进一步推进福州古厝保护的决定（草案）》，并将提交市十五届人民代表大会第四次会议审议。

（连蔡煜）

监督工作

【概况】 2019年，福州市人大常委会开展执法检查6次、专题询问2次、满意度测评2次、听取审议政府专项工作报告27项。

【专题询问及满意度测评】 *民营经济发展工作专题询问* 2019年2月28日，福州市第十五届人大常委会第十八次会议听取市人民政府关于促进民营经济发展工作情况的报告；6月26日，福州市第十五届人大常委会第二十次会议围绕建立、落实"一企一议"工作机制的情况；落实减税降费等惠企政策、简化惠企资金申报手续的情况；解决企业融资难、融资贵问题的情况；降低企业资金成本、提升工程项目结算评审时效，促进民营经济发展工作进行专题询问。10月30日，市第十五届人大常委会第二十二次会议再次就该项工作情况开展专题询问，了解上半年专题询问相关事项落实及完成情况，并就完善企业服务平台建设，强化"一企一议"机制落实；抓好政策完善落实，更好释放政策红利；规范政府投资项目的结算工作，提高评审时效；破解用地、融资等企业发展难题，优化营商环境；聚焦"三个福州"，激发民营企业发展潜力等提出意见、建议。

养老事业发展工作专题询问 6月27日，福州市第十五届人大常委会第二十次会议围绕福州市出台的有关养老事业发展的相关文件落实情况开展专题询问。10月31日，市第十五届人大常委会第二十二次会议再次就该项工作情况开展专题询问，了解上半年专题询问相关事项落实及完成情况，并就做好老年人基础数据的收集和完善工作；加强顶层设计和集成改革试点工作，完善养老政策体系、产业体系、监管体系、评估体系、服务体系建设；推动养老服务提质增效；加强政府社会市场家庭养老合力；激发养老市场活力等提出意见、建议。

发展普惠性学前教育情况报告审议意见研究处理情况满意度测评 4月29日，福州市第十五届人大常委会第十九次会议对《福州市人民政府关于大力发展普惠性学前教育情况报告审议意见研究处理情况的报告》进行满意度测评。经表决，坚持政府主导大力发展普惠性幼儿园、健全学前教育经费投入、科学规划布局、多渠道建设普惠性幼儿园、加强教师队伍建设、完善幼儿园教师培训机制等6项工作测评结果全部为"满意"。

房屋征收回迁安置工作专题询问整改和落实情况满意度测评 10月31日，福州市第十五届人大常委会第二十二次会议对市政府关于房屋征收回迁安置工作专题询问整改和落实的总体情况开展满意度测评，经表决，测评结果为"满意"。

【法律法规实施情况检查】 *《福州市劳动争议处理若干规定》等5部法规实施情况* 2019年4月29日，福州市第十五届人大常委会第十九次会议听取市人民政府关于《福州市劳动争议处理若干规定》《福州市食用农产品质量安全管理办法》《福州市海上交通安全管理条例》《福州市水工程管理条例》《福州市科学技术进步若干规定》实施情况

2020年11月17—19日，福州市人大常委会执法检查组开展《福州市闽菜技艺文化保护规定执法检查》

（市人大常委会 供）

的报告。

《中华人民共和国水污染防治法》实施情况　2019年6月3—6日，福州市人大常委会对《中华人民共和国水污染防治法》实施情况进行检查。要求福州市各级人民政府发挥新闻舆论的导向和监督作用，加大法规的宣传力度；建全督查体系，推动全市河（湖）长制全面落实；建设完善城镇截污配套工程管网，提高污水处理厂相关指标进水浓度；强化工业污染治理，确保各类工业园区污水处理设施及配套在线监控设备正常运行；加强饮用水水源地环境监管，提升农村饮用水合格率，推进长乐、闽侯、连江、永泰、马尾等县区建立完善双水源供水或应急备用水源建设；畅通群众举报渠道，加强环境执法队伍建设，加大环境执法力度，保持水环境执法的高压态势。

《中华人民共和国教师法》《福建省实施＜中华人民共和国教师法＞办法》实施情况　2019年6月上旬，福州市人大常委会对《中华人民共和国教师法》《福建省实施＜中华人民共和国教师法＞办法》实施情况进行检查。要求福州市各级人民政府及有关部门要加大对“一法一办法”、尊师重教传统美德、师德师风典型代表等方面的宣传力度；提高教师工资福利待遇；完善编制核定机制，探索编制动态管理制度；深化学校人事制度改革，探索建立统筹规划、统一选拔的乡村教师补充机制；强化教师职业道德教育。

《中华人民共和国禁毒法》《福建省禁毒条例》实施情况　2019年7月下旬至8月上旬，市第十五届人大常委会对《中华人民共和国禁毒法》和《福建省禁毒条例》实施情况进行检查。要求福州市各级人民政府应当将禁毒工作纳入国民经济和社会发展规划，巩固政府统一领导、禁毒委组织协调、成员单位履职尽责、全社会共同参与的禁毒工作社会化新格局；开展全民禁毒宣传教育，普及毒品预防知识，继续深化涉毒严打措施，结合扫黑除恶专项斗争，最大限度提升缉毒执法效能；完善禁毒工作各项机制建设，明确市、县两级禁毒委成员单位职责，推动公安禁毒专业队伍建设。

《福州市法律援助条例》等5部法规实施情况　2019年8月28日，福州市第十五届人大常委会第二十一次会议听取《福州市法律援助条例》《福州市环境保护条例》《福州市环境噪声污染防治若干规定》《福州市志愿服务条例》《福州市荣誉市民称号授予条例》实施情况的报告。

《福州市人民代表大会常务委员会关于对接国家战略建设海上福州的决议》实施情况　2019年7月下旬至8月上旬，福州市人大常委会对《福州市人民代表大会常务委员会关于对接国家战略建设海上福州的决议》实施情况进行检查。要求福州市各级人民政府要完善工作机制，围绕国家海洋强国和“一带一路”倡议，调整充实项目库，打造一批“海上福州”的特色和亮点；优化产业结构，推进海洋经济高质量发展；坚持绿色发展，推行严格的环境保护标准，实施陆海统筹、河海兼顾的治理模式，严格控制“两高一过”产业，强化海洋生态环境执法力度，严格控制陆源污染物排放，清除海漂垃圾；制定财政金融等优惠政策，支持海洋龙头企业开展应用性、基础性、前沿性研究，扶持高校和科研机构技术创新服务平台和产学研合作基地、海洋科技企业孵化器等平台建设、加快培育壮大创新型海洋科技群体；加快对外拓展，提升海洋经济开放合作水平。

《福建省华侨权益保护条例》实施情况　2019年9月上旬，福州市人大常委会对《福建省华侨权益保护条例》实施情况进行检查。要求福州市各级人民政府及有关部门树立“大侨务”理念，加强涉侨法律法规宣传，推动涉侨优惠扶持政策落地见效；强化服务意识，提高服务水平，加强各涉侨部门的协调合作，推动涉侨纠纷联动协调，形成爱侨护侨工作合力；在出台福州市华侨回国定居办理事项“三简化”新规的基础上，实现华侨护照在各领域的便利化应用，为华侨办理各项社会事务提供更便利的条件；加强华侨捐赠项目的管理，做好侨乡文化的传承与保护工作。

《福州市气象探测环境和设施保护规定》实施情况　2019年9月下旬至10月上旬，福州市人大常委会对《福州市气象探测环境和设施保护规定》实施情况进行检查。要求福州市各级人民政府及有关部门要妥善处理好城市发展和气象探测环境保护之间的关系，将气象探测环境保护规划纳入城市发展规划进行全盘考虑；加快晋安、连江气象台站的迁建进度，开展相关专项规划编制实施工作，避免新址探测环境再次受到破坏；利用“多规合一”平台，建立健全相关气象的征求备案制度，从源头上避免气象探测环境遭受破坏；拓展《保护规定》及相关法律法规的宣传范围，开展法律知识培训。

【“一府两院”专项工作报告的听取和审议】　*市人民政府关于企业国有资产管理工作情况报告的听取和审议*　2019年，福州市人大常委会听取和审议市人民政府关于企业国有资产管理工作情况的报告。要求市人民政府及国资监管等单位，优化国有企业布局结构，引导国有资本重点投向战略性新兴产业和优势产业，推动产业链向高附加值延伸，提高企业核心竞争力；加快建立现代企业制度，完善企业法人治理结构，提高企业运行效率；着力推进股权多元化和混合所有制改革，鼓励民营资本等各类资本参与改革，提升资产证券化水平，促进国有资本与各类资本的优势互补，增强企业发展内生动力；健全企业国有资产监管体系，坚持政企分开、政资分开，明确出资人职责边界，稳步推进各类经营性国有资产的集中统一监管，加快实现从管企业向管资本转变；加快国有企业监管信息平台建设，加强信息共享，提高监管效能，促进国有资产保值增值。

市中级人民法院关于商事审判工作情况报告的听取和审议　2019年，福州市人大常委会听取和审议市中级人民法院关于商事审判工作情况的报告。要求审判机关要继续加强执行工作，健全执行联动联席会议制度，优化各种强制执行措施综合应用，巩固“基本解决执行难”成果；落实立案登记制，加强立案窗口建设，提高网上立案应用效果；遵守法律及司法解释有关审限的规定，加强对鉴定机构的监督制约，减少鉴定时间对法院审理、执行期限的影响；创新

调解机制，努力提高调解能力，有效化解矛盾纠纷、促进社会和谐；打击“虚假诉讼”，加强对事实证据的审查力度；加速推进破产审判工作，把握“执转破”的条件，畅通“执行不能”案件通过法院移送进入破产程序的通道；加强与仲裁机构的衔接，完善与规范律师调查令制度，落实法官员额制改革完善人员分类管理制度，提升商事审判专业化水平。

市人民检察院关于生态资源检察工作情况报告的听取和审议　2019年，福州市人大常委会听取和审议市人民检察院关于生态资源检察工作的情况。要求检察机关要加大生态环境犯罪惩治力度，坚决依法打击破坏土地资源、森林资源、水资源等生态环境资源领域多发性刑事犯罪；强化生态环境领域法律监督，针对有案不移、有案不立、以罚代刑等问题，开展专项监督活动；完善生态环境领域修复机制，将生态修复补偿机制从森林推广运用到水流、土地、矿产等领域；推进完善“两法”衔接机制，切实堵住管理监督漏洞；办理生态环境领域职务犯罪，并依法定程序提起公诉；推动跨区域生态司法保护协作，助力闽东北协同发展；运用科技手段，及时掌握收集生态环境领域犯罪线索；加强宣传工作，增强全民法治生态意识。

市人民政府关于实施乡村振兴战略工作情况报告的听取和审议　2019年，福州市人大常委会听取和审议市人民政府关于实施乡村振兴战略工作情况的报告。要求市人民政府大力推进乡村产业高质量发展，因地制宜确定乡村产业发展主攻方向，推进农产品加工流通规模化、标准化发展，加快发展地理标志产品；强化集体经济“造血”功能，建立村企结对帮扶长效机制；及时编制完成县级乡村振兴规划，夯实社会事业和基础设施建设；深化农村产权和土地制度改革，激活农村土地经营权，盘活农村闲置废弃农房和闲置宅基地，激发农村发展活力；培育更多的新型职业农民、专业人才和各类市场主体，助力乡村建设和社会治理；加强乡风文明建设，深入推进文化下乡，挖掘本土优秀文化，将治理有效的方式方法形成村规民约，建立务实管用的移风易俗工作长效机制。

市人民政府关于2018年市本级决算（草案）的报告、市人民政府关于2018年市本级预算执行和其他财政收支情况的审计工作报告、市人民政府关于2019年1—7月市本级预算执行情况报告的听取和审议　2019年，福州市人大常委会听取和审议市人民政府关于2018年市本级决算（草案）的报告、市人民政府关于2018年市本级预算执行和其他财政收支情况的审计工作报告、市人民政府关于2019年1—7月市本级预算执行情况的报告。要求市人民政府及有关部门要着力发挥财政对产业发展的支持和引导作用，完善与“三个福州”建设相适应的财政政策体系，建立健全产业扶持资金评估退出机制，及时调整效用不明显的资金，综合运用股权投入、政府采购等方式，撬动各类资本投入，激发实体经济活力；落实好国家减税降费政策，建立工程结算全过程、常态化管理机制，优化惠企政策申报流程，压缩资金兑现时限；执行人大批准的预算，从严控制科目调剂和新增项目，加快支出进度，盘活闲置资金和国有资产，压减一般性支出，加大对重点支出、转移支付资金的考核力度，加强政府债务管理和风险评估预警；强化审计监督和整改工作，落实审计问题整改责任，加大对重大政策贯彻落实、国有企业、预算绩效的审计力度。

市人民政府关于2019年1—7月国民经济和社会发展计划执行情况报告的听取和审议　2019年，福州市人大常委会听取和审议市人民政府关于2019年1—7月国民经济和社会发展计划执行情况的报告。要求市人民政府及有关部门要全面实施数字经济领跑行动，推进国家海洋经济发展示范区建设，发挥平台经济作用，以“平台福州”构建产业发展新模式。执行产业发展规划，全面改造提升工业园区，推进传统产业优化升级，培育壮大战略性新兴产业和高新技术产业。加快培育服务业发展新动能，促进新产业、新业态、新商业模式“三新”经济发展。要围绕强产业、补链条，突出抓好产业项目招商，提高招商落地项目生效率。抓好“一企一议”机制和促进民营经济健康发展36条意见的落实，畅通企业困难诉求服务渠道，加快惠企政策兑现和政府投资工程结算评审。提高基础教育和基层医疗卫生服务质量，继续加大旧屋区改造力度，抓好生态环境整治，改善城乡宜居环境。

（连蔡煜）

代表工作

【议案办理】　关于制定《全力加快建设有福之州、打造幸福之城的决定》的议案办理　2019年4月，福州市人大常委会开展“加快建设有福之州、打造幸福之城”专题调研活动，由市人大常委会领导带队，组织市人大常委会组成人员和市人大代表，赴各县（市）区和高新区开展专题调研活动，实地查看50多个企业、村居和建设项目，召开20多场座谈会，收集意见建议200多条，了解有福之州、幸福之城建设的现实基础、发展方向、实现路径。在调研的基础上，市人大社会委牵头起草《福州市人民代表大会常务委员会关于全力推动新时代有福之州幸福之城建设的决定（草案）》。6月27日，《决定（草案）》经市十五届人大常委会第二十次会议表决通过。

关于制定《福州市城市生活垃圾分类管理办法》的议案办理　福州市人大常委会城环工委会同法工委、市司法局、城管委开展专题调研。6月25日，市十五届人大常委会第二十次会议对《福州市生活垃圾分类管理条例（草案）》进行一审。一审后，市人大常委会城环工委会同法工委，深入已实施垃圾分类的小区、垃圾转运站及红庙岭垃圾处置场进行实地调研，征求社会各界的意见建议，在此基础上，对法规草案进行多次研究修改。2019年8月30日，该法规经市十五届人大常委会第二十一次会议审议通过。9月26日，该法规经省十三届人大常委会第十二次会议批准，于2020年1月1日起正式施行。

关于制定《福州市文明行为促进条例》的议案办理　福州市人大常委会教科文卫工委会同法工委及有关单位组织开展了相关立法调研。8月29日，市十五届人大常委会第二十一次会议对《福州市文明行为促进条例》（草案）进行一审。会后，组织召开7场立法论证会，分别征求社会各界意见。根据常委会审议意见及论证会的有关修改建议，对《条例》草案逐条研究、修改，形成《福州市文明行为促进条例（草案修改稿）》，并于10月29日提交市十五届人大常委会第二十二次会议二审。会后，市人大常委会相关工作机构根据审议意见，对草案修改稿进行研究修改论证，形成草案修改二稿，将于2020年提交市人大常委会会议进行三审。

关于制定《福州市非机动车管理条例》的议案办理　福州市人大常委会成立由常委会主要领导担任组长的调研组，会同市委政研室开展调研，召开多场座谈论证会，并向市委报送专题调研报告。8月和10月，市十五届人大常委会第二十一次、二十二次会议分别对《福州市电动自行车管理若干规定（草案）》进行一审和二审。目前该法规草案正作进一步修改论证。

关于制定《福州市传统脱胎漆器保护条例》的议案办理　福州市人大常委会财经工委多次组织有关部门和代表开展调研和座谈，调研认为，脱胎漆器与寿山石雕、软木画一起，已被列入国家非物质文化遗产名录，脱胎漆器行业存在经济效益不高、工艺大师年龄偏大、传承人数量较少、知识产权保护薄弱等困难，保护工作亟需加强。福州市通过增加传统工艺美术保护专项资金、举办工艺美术设计创新大赛评选活动、研究制定《福州漆艺技法保护和行业发展规划》、实行大师带徒津贴制度等有效措施，保护和发展脱胎漆器等传统工艺美术。2020年，市人大常委会拟开展非物质文化遗产保护立法，届时将会统筹考虑脱胎漆器保护的有关规定，为推动脱胎漆器等传统工艺美术文化、技艺的传承保护提供有力的法律保障。

关于制定《福州市社会工作服务条例》的议案办理　福州市人大社会委赴市民政局、市人社局等部门及部分社会工作服务机构进行深入调研。调研认为，目前福州市社会工作服务仍处于起步阶段，存在机构数量少、专业化程度低、人员流动性大等问题，且国内立法实践较少，仅广州市出台社会工作服务条例于2019年1月1日施行。鉴于制定社会工作服务条例对推动社会工作人才队伍建设、社会工作服务机构发展和提升社会工作服务水平具有重要意义，建议开展调研论证，适时启动立法程序。

关于制定《福州市停车场管理条例》的议案、关于制定《福州市公共停车场管理条例》的议案办理　福州市人大监察司法委、市人大常委会监察司法工委召集有关部门开展调研、座谈了解情况。调研认为，目前，福州市城区停车供需矛盾突出，市政府于2010年4月颁布《福州市停车场管理办法》中的一些条文已不适应当前城市交通发展对停车场建设与管理的需要。2019年初，市政府办公厅要求由市司法局牵头，自然资源和规划、交通、城管、交警等部门配合，结合福州市区停车现状，提出符合管理实际的《福州市停车场管理办法》修改意见，修订工作计划于2020年完成。建议由市政府先行修订政府规章《福州市停车场管理办法》，待今后调研论证、条件成熟时再进行地方立法。

关于制定《福州市历史风貌区和优秀历史建筑保护条例》的议案办理　福州市人大常委会教科文卫工委组织部分常委会组成人员、市人大代表、教科文卫工委委员，先后赴鼓楼、台江、马尾、闽清、永泰等地开展调研。调研认为，现行的《福州市历史文化名城保护条例》已对历史文化风貌区保护相关工作作出规定，市人民政府于2019年5月出台《福州市历史建筑保护管理办法（试行）》，对历史建筑的保护内容进行规范。建议待现行的地方性法规和规范性文件实施一段时间后，再结合福州市实际，适时研究制定相关地方性法规。

关于制定《福州市海上构（建）筑物登记办法》的议案办理　福州市人大常委会农经工委围绕海上构（建）筑物登记管理立法的必要性、可行性等问题，组织市自然资源和规划局、海洋与渔业局开展专题研究。调研认为，根据现有法律法规，海上渔业平台、设备属于动产，不属于海上构（建）筑物，不能办理不动产权属登记。同时，对于动产权属登记，法律明确只有特定动产船舶、航空器、机动车可以办理。海上渔业平台虽属于动产，但没有列入登记范围，无法开展权属登记、评估、发证工作。开展《福州市海上构（建）筑物登记办法》立法工作时机尚未成熟，待条件成熟后再开展立法工作。

【代表建议办理】　2019年，福州市十五届人大三次会议期间及闭会以来，市人大代表围绕福州市改革发展稳定大局，针对群众普遍关心的民营经济、城市建设、海上福州、生态保护、教育卫生、文化旅游和乡村振兴等问题，提出建议、批评和意见493件（含闭会建议14件）。根据代表建议内容和各承办单位职能，相关建议分别交由市人大常委会有关机构、政府系统、市法院、市检察院和有关党群组织等单位研究办理。10月29日，市第十五届人大常委会第二十二次会议听取市人民政府、市中级人民法院、市人民检察院关于市十五届人大三次会议代表建议、批评和意见办理情况的报告。市人大代表在市十五届人大三次会议期间及闭会期间提出的建议已全部办复，其中代表对建议办理情况表示满意或基本满意的486件，占总件数的98.58%。

（连蔡煜）

（编辑　苏颖）

重要会议及活动

【市政府常务会议】 2019年，福州市人民政府召开29次常务会议，均由市长尤猛军主持。

第一次常务会议 1月9日召开。会议审议《福州市人民政府 福建国航远洋运输（集团）有限公司战略合作框架协议》（送审稿）、《福州市人民政府 北京电影学院战略合作框架协议》（送审稿）、《福州市人民政府 中国联合网络通信有限公司福建分公司“数字福州”战略合作框架协议》（送审稿）、《福州市人民政府 福建省算域大数据科技有限公司 北京比特大陆科技有限公司福州“城市大脑”合作备忘录》（送审稿）、《福州市人民政府 中国平安保险（集团）股份有限公司战略合作框架协议》（送审稿）。

第二次常务会议 1月22日召开。会议审议《福州市海绵城市建设市直部门及县（市）区绩效考评办法》（送审稿）、《中共福州市委 福州市人民政府关于坚持农业农村优先发展做好“三农”工作实施意见》（送审稿）、《关于开展“村植千树”绿化行动（2019—2021年）的实施意见》（送审稿）、《福州海绵城市专项规划（修编）》（送审稿）、《福州市人民政府与中国动漫集团有限公司战略合作框架协议书》（送审稿）。研究市政府领导成员工作分工、推荐评选全省住房和城乡建设系统先进集体和先进个人、闽清县市级扶贫开发工作重点县退出、福州海洋研究院建设、国家级海上风电检测中心项目落地、福州物联网开放实验室有限公司引进新投资人、福州滨海新城2018年第15号地块拟挂牌出让方案、海峡农副产品物流中心家禽市场等4个专业性市场招商方案、金凤新苑等4个公共租赁住房租金标准、滨海快线火车站实施方案和6号线东调段滨海新城设计、地铁6号线110KV主变电所及进线回路工程施工总承包项目招标方案调整、软件园A区（A1、A2地块）发展创新型产业项目应补缴土地价款、融信白宫项目A2区土地核验等有关问题。

第三次常务会议 1月31日召开。会议审议《福州市支持中小企业发展若干措施》（送审稿）、《关于进一步做好当前和今后一个时期促进就业工作的实施意见》（送审稿）、《鼓岭国家级旅游度假区总体规划修编（2018—2035）》（送审稿）、《福州市人民政府 兴业银行股份有限公司战略合作框架协议》（送审稿）。研究表彰福州市体育局集体三等功、福州市国家勋章和国家荣誉称号推荐提名人选、推荐评选全国钢铁工业先进集体和劳动模范、推荐评选全国建材行业先进集体和劳动模范、福州市推进5G发展工作方案、福州市深化环境监测改革提高环境监测数据质量工作方案、福州市生态环境损害赔偿制度改革实施方案、第四届福州市政府质量奖获奖名单、福州航空公司购买首山丽景和双湖新城房屋、仓山区仓山镇联建村集体建设用地建设租赁房试点方案、福州大学部分教师金山吉苑经济适用住房购房时间认定、三江口旅游综合体项目后续开发建设、排尾红星棚改项目涉及省电力管培中心和省运输技校搬迁、奥体新天地花园项目等有关问题。

第四次常务会议 2月28日召开。会议审议《关于进一步促进社会力量办医的实施意见》（送审稿）、《关于鼓励社会力量投资兴办教育的实施意见（试行）》（送审稿）、《关于开展城镇小区配套幼儿园治理工作的实施方案》（送审稿）、《福州市城区亮化提升工作方案》（送审稿）、《福州市免除基本殡葬服务费实施方案》（送审稿）、《第二届数字中国建设峰会整体预算方案》（送审稿）和《第二届数字中国建设峰会赞助商回报权益方案》（送审稿）、《福州市工业互联网标识解析二级节点项目（一期）建设实施方案》（送审稿）。研究打好福州市“大棚房”问题专题清理整治行动“春季坚决战”、福州市第二批历史建筑（群）建议名单、福州市氢能项目推进工作方案、华威公司西园客运站用地安置、闽化有限公司整体估值机构选定、福州丰鑫工贸有限公司股权处置、《福州市网络预约出租汽车管理实施细则》部分条款修订、公布“四好农村路”建设（第一批）市级示范乡和优秀乡路长、推荐永泰县生态环境局作为第二届中国生态文明奖先进集体候选单位等有关问题。

第五次常务会议 3月22日召开。

会议宣布市政府领导分工调整事宜，传达学习习近平总书记在参加十三届全国人大二次会议福建代表团审议时的重要讲话以及全国两会精神、省委视频会议精神，学习研读《习近平关于狠抓落实做好督查工作论述摘编》。审议《福州市提升城市供水水质行动方案》（送审稿）、《福州市生活垃圾分类管理办法》（送审稿）和《2019年全面推行城区生活垃圾分类工作实施方案》（送审稿）、《2019年福州市优化营商环境工作方案》（送审稿）、《福州市历史建筑保护管理办法（试行）》（送审稿）和《福州市历史建筑保护修缮管理意见（试行）》（送审稿）、《福州新店古城遗址保护规划》（送审稿）、《新建福州至厦门铁路福州市境内“三电及管线”迁改工程三方协议》（送审稿）、《关于引进台湾教师来榕任职若干扶持措施（试行）》（送审稿）、《关于促进工业企业高质量增长的若干措施》（送审稿）。研究全市经济普查有关工作、福州市第三次全国国土调查工作、筹备成立福州市5G产业联盟、近期经营性用地出让方案、天安登云项目规划用地、“四好农村路”建设和养护改善工程补助、严复纪念医院项目供地、金色康城二期项目开发补缴地价款、引进行政挂职类博士薪酬待遇及“五险一金”缴交基数、福州滨海新城2017年第62-A、B、C、D、E地块拟拍卖出让和福州滨海新城2018年第3号地块拟挂牌出让等有关问题。

第六次常务会议　4月10日召开。会议审议《福州市海洋经济发展示范区建设总体方案（2018—2020）》（送审稿）、《新建福州至厦门铁路福州市境内“三电及管线”迁改工程三方协议》（送审稿）、《福州市人民政府　深兰科技（上海）有限公司战略合作框架协议》（送审稿）、《关于进一步规范工业用地项目增容标准认定审批机制的实施意见》（送审稿）。研究福州市五一劳动奖状和福州市第三十六届劳动模范候选人，推荐评选全国、全省残疾人工作先进单位和先进工作者，推荐评选全国林业系统保护森林和野生动植物资源先进集体，推荐评选“抓项目促发展”专项行动先进集体和先进个人，2019年市级重点项目计划安排，福州商贸大厦复建，增拨福州台商投资区开发建设有限公司注册资本金，福州市面粉公司与中粮集团合资方案，调整2019年福州市月最低工资标准及非全日制用工小时最低工资标准，市中级法院、市检察院参加福州市项目考评及享受相关待遇，2019年福建省提前下达市本级新增地方政府债券分配方案等有关问题。

第七次常务会议　4月24日召开。会议审议《福州市促进电子商务产业加快发展的实施办法》（送审稿）、《关于进一步创新福州滨海新城开发建设体制机制实施意见（试行）》（送审稿）、《关于加快区块链产业发展的三条措施》（送审稿）、《福州市人民政府　同济大学　阳光城集团股份有限公司福州人工智能产业园战略合作框架协议》（送审稿）、《福州市人民政府　杭州海康威视数字技术股份有限公司战略合作框架协议》（送审稿）、《福州市人民政府　北京字节跳动科技有限公司项目落地合作协议书》（送审稿）、《福州市人民政府　北京比特大陆科技有限公司　北京百度网讯科技有限公司　北京中海纪元数字技术发展股份有限公司战略合作框架协议》（送审稿）、《福州市人民政府与海淀区人民政府共建城市大脑战略合作框架协议》（送审稿）、《福州市残疾儿童康复救助办法》（送审稿）、《福州市政府性融资担保机构尽职免责管理办法（试行）》（送审稿）和《福州市人民政府　中国电子智能制造合作框架协议》（送审稿）。研究福州市食品安全工作暨食安创城工作、福州市大中型地下垃圾转运站规划建设、第八批市级文物保护单位、“三湖一园”造价调整、福州滨海新城2017年第11-B-b号地块拟挂牌出让方案、福州市老年大学新建教学楼教学设备专项经费、第十六届省运会市备战参赛工作表现突出个人奖励工作方案等有关问题。

第九次常务会议　5月15日召开。会议审议《福州市人民政府　非凡中国控股有限公司体育产业战略合作协议》（送审稿）。研究推荐第五届福建省“荣誉公民”候选人、第二十一届海峡两岸经贸交易会平台发布政策措施、2019年海峡（福州）渔业周总体方案、2018年度福州市绩效考评结果及绩效奖励、违建别墅问题清查整治专项行动部署会、洪塘大桥拓宽改建工程三环互通方案、福州城区北向第二通道工程（晋安段）PPP实施模式调整谈判情况等有关问题。

第十次常务会议　5月24日召开。会议审议《福州市建立和完善房地产市场平稳健康发展长效机制工作方案》（送审稿）、《规范全市管道燃气特许经营秩序和提高管道燃气覆盖率实施方案》（送审稿）、《福州市生活垃圾分类管理条例》（送审稿）、《关于贯彻落实〈福建自贸试验区建设2019年工作要点〉推进福州片区高质量发展工作方案》（送审稿）、《福州市食品安全委员会工作规则》（送审稿）、《福州市社会信用管理办法》（送审稿）、《福州市市属国有企业负责人安全生产职责清单及责任追究暂行规定》（送审稿）、《福建两翼（闽东北）发展投资基金设立框架》（送审稿）、《福州市建筑垃圾管理规定实施细则（试行）》（送审稿）。研究“招商2018”行动拟表扬和奖励工作、给在“2·16”建筑坍塌事故救援中表现突出的集体和个人奖励、进一步梳理福州市中央环保督察问题整改任务责任清单、全市产业发展促进大会相关政策文件、工程建设项目审批制度改革工作、大儒世家D地块项目逾期竣工违约金、飞凤山水厂建设工程供地等有关问题。

第十一次常务会议　5月29日召开。会议审议《福州市农村宅基地及房屋确权登记实施意见（试行）》（送审稿）、《福州市农村宅基地及房屋确权登记试点工作方案》（送审稿）和《福州市人才发展集团有限公司组建方案》（送审稿）。研究福州市房屋安全隐患排查整治专项行动工作情况、福州市邮轮旅游发展实验区建设、福州木材厂地块征收审计历史遗留问题、华侨创新教育产业园一期二期项目用地协议出让价格、融侨奥体花园项目（奥体13号地块）配套用房用地性质变更补缴地价款等有关问题。

第十二次常务会议　6月10日召开，会议审议《福州市公交场站专项规划（2017—2035年）》（送审稿）、《福州市人民政府　国网福建省电力有限公司泛在电力物联网支撑数字福州建设战略合作框架协议》（送审稿）和《关于进一步规范提升物业管理工作实施意见》（送审稿）。研究第六届丝绸之路国际电影节筹备情况，进一步加强福州市社会治安第四级村、社区级巡逻防控工作的实施方案，福州市城区亮化规划、项目方案和招标方案，福州桂湖气化站项目用地协议出让价格，近期拟出让20幅地块出让方案等有关问题。

第十三次常务会议　7月3日召开。会议传达学习中央扫黑除恶督导“回头看”情况反馈会和市委常委会有关精神。审议《福州市城市体检工作方案(2019—2020年)》(送审稿)、《关于规范城市轨道交通工程招投标工作的若干意见》(送审稿)、《福州滨海新城东湖湿地公园修建性详细规划方案》(送审稿)、《福州东南大数据产业园共享区人才住房试行方案》(送审稿)、《福州市人民政府与招商蛇口工业区控股股份有限公司战略合作框架协议》(送审稿)。研究第二轮中央生态环境保护督察迎检工作、减税降费、福州学校(暂名)设计费和招标方案、嘉里樟岚项目地块控规及规划设计条件调整、螺洲片区部分温泉有偿使用权公开出让方案、凤山路街头绿地地下空间停车场地块、王庄危旧项目C-b2地块交地时间认定、进一步规范福州市装配式建筑工程项目招投标工作、福州市机关保中心执行企业职工基本养老保险制度人员移交、兆元光电项目补充协议(四)有关内容重新认定、京东方项目债转股、加大厦航洲际航线补贴、福州滨海新城第四批和第五批项目、福州商贸大厦复建、鼓楼区永安街汇诚中心项目控规及规划条件调整、2019-16号宗地解除出让合同等有关问题。

第十四次常务会议　7月11日召开。会议审议《关于全面实施预算绩效管理的实施方案》(送审稿)、《完善福州市城市标识引导系统工作方案》(送审稿)、《关于鼓励和支持港澳青年来榕创业就业的实施办法》(送审稿)、《福州市人民政府　福建中海创科技有限责任公司战略合作框架协议》(送审稿)、《福州市展会发展专项资金管理办法》(送审稿)。研究推荐评选全国教育系统先进集体和先进个人、推荐评选全省商务系统先进集体和先进工作者、调整市级国有资本收益收缴比例等、实行国Ⅰ汽车禁止进入市区三环路以内行驶和实施淘汰补助、授予福州四城区2家燃气经营企业管道燃气特许经营权、福州市优化营商环境工作情况和推进“放管服”改革工作情况、富闽广场消防登高操作场地涉及公共绿地、香港华榕集团鹭岭安保地块收回、城区户外广告运营管理。

第十五次常务会议　7月23日召开。会议审议《福州新区与平潭综合实验区一体化发展战略合作协议》(送审稿)、《关于推进全市高新技术企业标准厂房建设工作方案》(送审稿)、《关于推进服务业园区建设工作方案》(送审稿)《关于全市工业园区改造提升实施意见》(送审稿)、《福州市保障产业用地实施意见》(送审稿)、《关于进一步加强福州古厝保护工作的意见》(送审稿)、《关于加强城市建设中文物保护工作的意见》(送审稿)、《关于进一步加强福州市非物质文化遗产保护工作的十条措施》(送审稿)。研究奖励十六届省运会备战参赛工作表现突出个人、进一步完善福州市职工基本医疗保险有关政策、神福商务中心项目开发等有关问题。

第十六次常务会议　7月31日召开。会议审议《福州市城市内河名录》(送审稿)和《福州市城市内河管理办法实施细则(草案)》(送审稿)、《福州市轨道交通资源接入管理办法(试行)》(送审稿)、《福州市人民政府关于贯彻〈福建省人民政府关于改革国有企业工资决定机制的实施意见〉的通知》(送审稿)、《福州市文明行为促进条例》(送审稿)、《合作共建福建医科大学附属第一医院滨海新城院区(复旦大学附属华山医院福建分院)框架协议》(送审稿)、《福州市人民政府　兴业证券股份有限公司战略合作框架协议》(送审稿)。研究2019年福州市精准景观改造任务清单、闽台(福州)蓝色经济产业园PPP项目退库整改、废止《福州市城市房屋拆迁管理办法》《福州市流动人口计划生育管理办法》、做好2019年城乡居民基本医疗保险、2019年市级重点项目前期经费安排方案等有关问题。

第十七次常务会议　8月7日召开。会议审议《福州市电动自行车管理办法》(修订—送审稿)和《福州市电动自行车管理若干规定》(送审稿)、《关于进一步规范建设项目增容审批流程的意见》(送审稿)。研究评选推荐福州市教育工作先进集体和先进工作者、闽江流域(福州段)山水林田湖草生态保护修复项目、支持兴银理财项目落地、琴亭湖畔项目用地性质调整补缴地价款、晋安区岳峰镇竹屿村钢材市场征收补偿历史遗留问题、妥善解决兆元光电项目设备补贴等有关问题。

第十八次常务会议　8月23日召开。会议审议《福州市远洋渔业全产业链发展情况与对策建议》(送审稿)、《福州市2019年绩效管理工作实施方案》(送审稿)、《福州市人民政府　福建省广播影视集团战略合作协议》(送审稿)、《安置型商品房项目建设及回购款拨付工作流程》(送审稿)。研究2019年福州市本级第二批新增地方政府债券分配情况、开展全国法治政府建设示范创建评选活动推荐申报工作、城区水系治理项目串珠公园及沿河步道建设增补增量、近期拟出让地块、福建嘉达纺织股份有限公司福飞路厂区规划调整和收储补偿等问题。

第十九次常务会议　9月12日召开。会议审议《福州市四城区污水治理工作全过程考核办法(试行)》(送审稿)、《闽东北协同发展区信息化协同发展战略合作框架协议》(送审稿)、《福州市人民政府　国家电力投资集团有限公司福建分公司战略合作框架协议》(送审稿)。研究全市安全生产形势及“防风险保安全迎大庆”工作情况、福州市铁路沿线环境综合整治工作进展情况、福州市旧屋区改造日照标准、福州市城区水系综合治理PPP项目调整考核方案及建立试营运机制、太平汀洲苍霞旧改项目资金结算、第44届世界遗产大会福州工作领导小组方案、提升教育质量若干举措、兴业银行总部大楼项目缴交地价款、市管道路通信线路缆化下地资金补助方案等有关问题。

第二十次常务会议　9月17日召开。会议审议《福州市落实中央财政支持住房租赁市场发展试点工作方案》(送审稿)、《关于进一步完善福州中心城区住房保障体系实施方案(试行)》(送审稿)、《福州市利用集体建设用地建设租赁住房试点实施细则》(送审稿)和《关于福州市空置房产改造为公共服务设施的意见(试行)》(送审稿)。研究神福商务中心项目开发等有关问题。

第二十一次常务会议 9月18日召开。会议审议《福州市党政领导干部食品安全责任制清单》(送审稿)、《中国福建光电信息科学与技术创新实验室共建协议书》(送审稿)、《关于进一步规范涉迁庙宇处置管理工作的意见》(送审稿)、《福州市人民 中国电信福建分公司共同推动“三个福州”暨双千兆城市建设战略合作框架协议》(送审稿)。研究市区部分道路名称命(更)名方案、华大村下后营和加洋巷旧改项目交地以及竣工时间调整、地铁机电系统工程质量安全监督购买第三方技术服务、橘园洲地下停车场项目退地、红庙岭垃圾渗沥液处理厂改扩建(二期)工程启动商业运营等有关问题。

第二十二次常务会议 9月29日召开。会议研究福州市加强电动自行车规范管理工作方案、第五届“海上丝绸之路”(福州)国际旅游节活动方案、福州市市与县(市)区财政事权和支出责任划分改革实施方案、推荐评选全国物流行业先进集体劳动模范和先进工作者等有关问题。

第二十三次常务会议 10月17日召开。会议审议《福州市社会信用条例》(送审稿)、《福州轨道交通建设项目变更管理规定》(送审稿)。研究《中华人民共和国土地管理法》新修改情况、进一步规范规划用地管理、进一步规范提升物业管理工作实施方案、江城锦绣项目规划调整、仓山区东藤苑土地证办理、世茂鼓岭柱里宾馆项目、福厦客专福州南站广场及相关配套设施项目规划设计及工程可行性研究委托情况、三江口片区近期拟出让地块方案等有关问题。

第二十四次常务会议 11月1日召开。会议审议《福州市政务数据资源管理办法》(送审稿)、《福州市政务数据资源共享开放考核暂行办法》(送审稿)、《福州市公共数据开放管理暂行办法》(送审稿)和《福州市政务数据汇聚共享管理暂行办法》(送审稿)。研究福州新区滨海新城CBD项目输配环区域设计方案和滨海新城2019年第32号、33号地块出让方案、福州滨海新城2019年第3号、28号地块出让方案、福州市第四批非物质文化遗产代表性项目代表性传承人名录、福州市“荣誉市民”候选人名单等有关问题。

第二十五次常务会议 11月18日召开。会议听取福州地铁集团有限公司潘红卫同志作的关于福州至长乐机场城际铁路车站、区间工程、车辆段、停车场及基地工程施工、监理招标方案及开工有关问题的情况汇报。

第二十六次常务会议 11月25日召开。会议传达学习中央有关统计工作重要文件精神。审议通过《福州市关于进一步发展流通促进消费增长的若干措施》(送审稿)、《关于促进平台经济发展的七条措施》(送审稿)、《福州市城镇老旧小区改造试点工作方案》(送审稿)、关于进一步完善福州市中心城区住房保障体系的实施方案(试行)》(送审稿)、《福州市人民政府 华为技术有限公司福建鲲鹏生态创新中心战略合作协议》(送审稿)、《长乐松下港城冶金产业发展规划(2018—2025)》(送审稿)。研究推荐评选全国市场监管系统先进集体、优秀基层工作者及优秀市场监管场所候选名单,申报2020年省重点项目,福州市国土空间总体规划(2020—2035年)编制工作,第三届数字中国建设峰会筹备情况,近期经营性用地出让方案,四城区出让项目动建进展情况,推进福宁城际铁路前期工作,解决天安登云历史遗留项目问题,横屿组团L06地块遗留问题,投资组建福建省海峡星云信息科技有限公司,公交地铁换乘优惠等有关问题。

第二十七次常务会议 12月6日召开。会议传达学习全国安全生产电视电话会议精神及福州市贯彻落实意见,全国扫黑除恶专项斗争第二次推进会和省委、市委常委会会议精神及市行业整治组贯彻落实意见。审议《福州市人民政府 中国建筑股份有限公司城市投资建设合作框架协议书(2019)》(送审稿)、《关于进一步完善商品住房分片区精准调控的实施意见》(送审稿)、《关于加强我市已收储用地上零星历史建筑保护利用管理的实施意见》(送审稿)。研究推荐评选全国商贸流通服务业先进集体、劳动模范和先进工作者候选名单,推荐评选全国交通运输系统先进集体、劳动模范和先进工作者候选名单,2019年全省军转干部安置工作主要要求及福州市营职以下(含技术职务)军转干部安置计划,仓山龙津阳岐水系综合治理及运营维护PPP项目部分支流另行实施,调整更新福州城区个人二手房交易计税评估价格等有关问题。

第二十八次常务会议 12月13日召开。会议审议《福州市中心城区及福州新区幼儿园布局专项规划(2018—235)》(送审稿)、《福州市中心城区及福州市区中小学布局专项规划(2018—2035)》(送审稿)、《福州市人民政府公安部第一研究所战略合作协议》(送审稿)、《福州市人民政府 中国银行股份有限公司战略合作框架协议》(送审稿)和《福州市人民政府 中信银行股份有限公司战略合作框架协议》(送审稿)。研究2019年市直单位综治责任目标完成情况考评结果和奖励,推荐评选省级见义勇为人员,推荐评选全国邮政行业先进集体、劳动模范和先进工作者,2020年市委、市政府为民办事项目,福州市“多规合一”工作,连江县潘渡、江南、下宫等三个乡撤乡设镇,福州市建筑设计院与福州市建筑科学研究所转企改制方案等有关问题。

第二十九次常务会议 12月22日召开。会议审议《福州市2019年国民经济和社会发展计划执行情况及2020年计划草案的报告(讨论稿)》、《福州市2019年预算执行情况和2020年预算草案的报告(讨论稿)》、《福州市十五届人大四次会议政府工作报告》(讨论稿)》、《福州市“抓项目、促跨越”专项行动方案》(送审稿)、《福州市深化改革加强食品安全工作实施方案》(送审稿)、《关于企业利用自有零星用地建设办公用房实施意见(试行)》、《福州市基本公共服务领域市与县(市)区共同财政事权和支出责任划分改革实施方案》(送审稿)、《福州市人民政府 福建师范大学教育领域合作框架协议》(送审稿)。研究取消、下放、合并和暂停实施一批行政审批和公共服务事项,特艺城项目房屋征收历史遗留问题,推荐评选全国粮食和物资储备系统先进集体和先进工作者等有关问题。

【市委农村工作会议、全市扶贫开发工作和农村人居环境整治会议】 2019年1月26日召开。中共福建省委副书记、福州市委书记王宁出席会议并讲话，市长尤猛军主持会议。

【全市特色历史文化街区春节活动】 2019年2月 1日开幕，福州市市长尤猛军为鳌峰坊特色历史文化街区落笔开街，现场体验新春文化旅游月活动，并鸣枪发令启动新春健步行活动。主会场设在鼓楼区鳌峰坊，其他县（市）区特色历史文化街区同步设立分会场，福山郊野公园也在同日举办新春健步行活动。

【全市经济运行分析会暨坚持高质量发展落实赶超工作推进会】 2019年2月11日召开。中共福建省委副书记、福州市委书记王宁主持会议并讲话，市委副书记、市长尤猛军作工作部署。

【福州城市建设管理成效观摩点评会】 2019年2月22日召开。福建省委书记于伟国在观摩点评会上讲话，省长唐登杰出席点评会，福州市市长尤猛军参加有关活动。来自全省各设区市、平潭综合实验区党委政府和省直有关单位的“一把手”参加会议。

【“携手绿化八闽，共建宜居家园”的全民义务植树活动】 2019年3月20日举行。福建省委书记于伟国、省长唐登杰，福州市委书记王宁，市长尤猛军参加植树活动。

【第二届数字中国建设峰会】 2019年5月6日举行。福州市委副书记、市长尤猛军主持并参加多个相关活动。峰会期间，福州市企业服务平台上线运行暨人工智能+“12345”企业服务电话首拨仪式举行，市长尤猛军出席并致辞，同时拨通第一通“12345”企业服务人工智能客服电话。

【2019数字中国创新大赛总决赛及颁奖仪式】 2019年5月7日举行。十二届全国政协副主席、大赛总顾问王钦敏，福建省副省长李德金出席并为获奖队伍颁奖。福州市长尤猛军出席活动。

【全市整治违建坟墓三年行动部署会】 2019年5月14日召开。福建省委副书记、福州市委书记王宁出席会议并讲话，市长尤猛军主持会议并作具体部署。

【马尾琅岐至马祖客运航线首航暨“万人游马祖”活动】 2019年5月17日举行。福建省委副书记、福州市委书记王宁，市长尤猛军出席活动，宣布新“两马航线”——福州马尾琅岐至马祖南竿福澳航线开通。

【第二届21世纪海上丝绸之路博览会暨第二十一届海交会投资促进大会】 2019年5月18—22日召开。福建省委副书记、福州市委书记王宁，市长尤猛军等1000多人出席活动。

【2019中国供应链高峰论坛】 2019年5月18日召开。中共中央台办、国务院台办副主任裘金佳，福建省委副书记、福州市委书记王宁，市长尤猛军等领导及国内外供应链领域知名专家学者、企业家代表等参加活动。

【21世纪海上合作委员会“海洋经济与城市发展——港口合作论坛”】 2019年5月18日召开。福州市市长尤猛军主持开幕式并作主旨演讲。并代表福州市与柬埔寨暹粒市签署缔结友好城市关系协议书，与缅甸仰光市签署缔结友好城市关系意向书。

【2019海峡（福州）渔业周·中国（福州）国际渔业博览会】 2019年5月30日开幕。福建省委副书记、福州市委书记王宁，市长尤猛军等领导参加巡馆活动或出席重点项目签约仪式。

【2019年中华龙舟大赛（福州站）决赛】 2019年6月7日举行。福建省委副书记、福州市委书记王宁宣布大赛开幕。省委常委、组织部长、副省长杨贤金，国家体育总局社会体育指导中心主任、中国龙舟协会主席范广升，市长尤猛军等参加活动并为获奖队伍颁奖。

【全市农村人居环境整治提升现场观摩暨推进会】 2019年6月21日召开。上午，各县（市）区、福州高新区党委或政府主要领导、分管领导，乡村振兴办、美丽乡村办负责人，26个美丽乡村精品示范村及所在乡镇负责人等，实地观摩晋安区寿山乡九峰村、前洋村试点工作情况；下午，福建省委副书记、福州市委书记王宁主持召开推进会，对学习借鉴试点村经验，推动福州市农村人居环境整治提升提出要求，市长尤猛军作具体部署，省住建厅厅长林瑞良、省农业农村厅厅长黄华康到会作指导讲话。

【中央生态环境保护督察边督边改工作推进会】 2019年7月 20日召开。福建省委副书记、福州市委书记王宁主持会议并讲话，市长尤猛军作具体工作部署。

【福州古厝保护与文化传承论坛开幕】 2019年7月28日开幕。住房和城乡建设部副部长黄艳，国家文物局党组副书记、副局长顾玉才，福建省委副书记、福州市委书记王宁出席论坛并致辞。市长尤猛军主持开幕式并作主旨发言。

【2019年海峡青年（福州）峰会】 2019年8月7日召开。福州市市长尤猛军出席峰会。近1500名来自海峡两岸的嘉宾和青年代表参加峰会。

【第十八届中日地方交流促进研讨会】 2019年8月22日召开。福建省委副书记、福州市委书记王宁，日本国自治体国际化协会理事长冈本保，市长尤猛军等出席开幕式。

【福建省庆祝中华人民共和国成立70周年福州专场新闻发布会】 2019年9月1日召开。福州市市长尤猛军作主题发布并回答记者提问。

【福州城市大脑暨闽东北信息化战略合作发布会】 2019年9月17日举行。福州市市长尤猛军在发布会上致辞。宣布全国首个自主开放城市大脑在福州启动建设。

【“壮丽七十载 讴歌新时代”福州市庆祝中华人民共和国成立70周年大型音乐会】 2019年9月27日举行。由福州市委宣传部、市文化和旅游局主办。

福建省委副书记、福州市委书记王宁，市长尤猛军等观看演出。10月1日上午，市长尤猛军参加庆祝中华人民共和国成立70周年省、市升国旗仪式。市长尤猛军参加国庆焰火晚会演练检查。参加向革命烈士敬献花篮仪式活动。参加福建省各界庆祝中华人民共和国成立70周年大会。

【第六届丝绸之路国际电影节】 2019年10月15日开幕。福建省委副书记、福州市委书记王宁，省委常委、宣传部部长梁建勇，副省长郭宁宁，国家电影局副局长李国奇，市长尤猛军等出席开幕式。来自俄罗斯、巴基斯坦、泰国、意大利、斯洛文尼亚、印度尼西亚等25个国家的电影业界人士参加本届电影节。

【第五届“海上丝绸之路”（福州）国际旅游节】 2019年12月28日开幕。福建省副省长郭宁宁、斯里兰卡副大使尤格纳丹，文化和旅游部有关负责人，以及“一带一路”沿线国家和地区的旅游业界人士近千人参加开幕式。福州市领导尤猛军、何静彦、阮孝应、鄢萍、李春出席活动。

（吴晓萍）

政务督查

【概况】 2019年，福州市人民政府督查室编发各类督查通报45期；完成《市政府工作报告》及省、市为民办实事项目、市政府常务会议和市长办公会议议定事项等市政府重大决策部署和目标任务的督办落实；重点开展市政府部署的城区水系综合治理、优化营商环境工作、连片旧屋区改造、别墅专项清理整治、国庆期间安全生产、垃圾分类“四定”工作等50多个专项任务的督查督办，赴实地督查或暗访抽查230多人次，召开各类督办协调会（约谈会）50余场。

【领导批办件督查】 2019年，福州市人民政府督查室实行《市委市政府主要领导签批交办事项督办反馈工作制度》，规范市主要领导批示（办）件的登记、交办、督办、反馈、归档等环节，细化各项工作流程，力求做到“零差错”。全年办理市政府主要领导批示件6161件，其中报市委主要领导件1090件，直转件4370件，批办件701件。

【人大代表建议督查】 2019年，福州市政府系统承办代表建议419件，其中会议期间收到代表建议405件，均全部办复。所提问题已解决或基本解决的有226件（A类），占总件数55.8%；所提问题正在解决或列入计划逐步解决的有137件（B类），占总件数33.83%；所提问题因政策、财力或客观条件限制暂时无法解决的有37件（C类），占总件数9.14%；所提代表建议有关部门留作参考的有5件（D类），占总件数1.23%。代表对办理情况表示满意或基本满意的401件，满意率达99.01%；不满意的4件，占0.99%。

【政协委员提案督查】 2019年，福州市政府系统承办市政协委员提案450件，均办复。其中提案所提建议已采纳、问题已解决或基本解决的（A类）302件，占总件的67.11%；提案所提建议拟采纳、问题正在解决或列入规划逐步解决的（B类）141件，占总件的31.33%；提案所提问题因条件限制或其他原因暂时无法解决的（C类）7件，占总件的1.56%；所提建议留作参考的（D类）0件。政协委员对提案办理结果的满意率100%。

（吴宏姜、黄杨见、杨兰英、林珍彦）

机关效能建设

【概况】 2019年，福州市机关单位工作人员被效能问责177人次（单位）（科级干部72人，科级以下干部105人），其中被效能告诫9人、被效能通报批评37人、被诫勉教育131人；有8家单位被效能通报批评。年内，市效能办的工作12次得到市委、市政府领导的表扬和肯定批示，其中市委书记王宁肯定性批示1次，市长尤猛军肯定性批示6次，各位副市长肯定性批示5次。

【效能制度规范】 2019年，福州市效能办建立周例会制度和“督查统一行动、领导直接指挥、持证上岗、执法亮证”的工作检查制度；梳理总结机关效能工作实践，形成效能服务全市产业高质量发展的4项机制、12条措施（4项机制：挂图作战、工作清单的实施机制；上下贯通、左右联动的督查机制；一晒二排三通报机制；建立督查成果运用机制。12条措施：挂图作战、上墙督办措施；5天预警、3天约谈措施；建立台账、专人负责措施；联合作战督查措施；分区划片工作措施；采取“四不两直一回头”（不发通知、不打招呼、不听汇报、不搞陪同，直奔基层、直奔现场）的督查措施；每月“晒”工作成绩单措施；按照成绩高低、先后顺序进行排位措施；每个月在一定范围内进行全市通报，并向市委、市政府主要领导报告；将产业发展等专项工作的全过程督查情况，纳入当年度年终绩效管理考核；将日常督查情况纳入绩效管理察访核验工作，并将年终考评成果与市纪委监委、市委组织部共享共用，作为单位和个人评先评优、干部选拔任用的重要依据；针对专项工作制定相应的考评办法，实行差异化考评，建立责任连带措施）。制定效能推动市直机关服务基层活动3项措施（抓服务、查落实、严考核）。这些措施办法，得到来榕考察的广西壮族自治区绩效办、北京市政府绩效办、大连市政府督考办等单位一致好评，并得到国务院调研组的肯定。

【效能督查】 2019年，福州市效能办开展“抓效能、强督查、促落实”专项行动，解决机关效能建设中存在的不作为、慢作为、乱作为、敷衍塞责、推诿扯皮等突出问题，推动机关效能建设取得新成效。对城区水系治理、第2届“数字中国”建设峰会、滨海新城建设、国有土地清查清退、促进产业高质量发展、城区改造提升、小街巷整治、连片旧屋区改造、缆化下地、拆墙透绿、垃圾分类、中央环保督察信访问题整改等120多项重要工作，采取随机抽查、四不两直等方式开展督查检查，向市委、市政府提交督查报告310多份；对涉及福州市经济发展和城市建设1万多项重点工作和项目，采取挂图作战、挂钩督办方式定期督查并每月将工作成绩单“晒”出来，并向市委、市政府主要领导和分管领导报告，确保政令畅通、指令到位、工作落实；对省、市领导批示和交办任务重点跟踪督查；对市委、市政府主要领导会议纪要、现场调研、批示或交办的84项重要工作，建立台账专门督查，构建“全办总台账、处室分台账、一事一台账、一人一台账、要事急事专门台账”的督查台账，确保市委、市政府部署的每项任务，尤其是市委、市政府主要领导交办的每个事项有人跟踪、有人督促、有人落实。对即将滞后的事项，采取“预警、约谈”措施，对责任单位进行督促提醒，并对已经滞后的事项，实施专报、通报。10月，开展效能监督员换届工作并从各级人大代表、政协委员、优秀企业家代表及相关市直单位中选聘35名第九届效能监督员，并组织参与明查暗访。全年，对市直单位、县（市）区、乡镇（街道）、基层所站等单位和部门，开展机关作风常态化的暗访督查，开展暗访督查167次，督查单位1256家（次），发现问题361个。各级机关效能机构办理效能投诉件781件，督办群众不满意投诉件145件，督查各类项目213个、开展督查317次，其中市领导批示、交办的督查任务111件次；发出“效能督办单”117份、“效能整改通知书”36份，提交督查报告、督查专报、反馈函等183份；召开各类协调会、督办会110多场，参与督查人员1900多人（次）。

【绩效管理】 2019年，福州市效能办建立指标“申请→审核→准入（退出）”工作机制。制定《促进福州市产业高质量发展督促考评办法》，将县（市）区第三产业和规上工业指标完成情况与市直指标牵头单位的绩效考评等次挂钩。将“市直机关服务基层年”活动开展情况纳入市直机关年度绩效管理内容并牵头制定《“市直机关服务基层年”考评实施细则》。首次开展2019年绩效公众评议模拟调查工作，牵头召开新闻通气会，报道福州市在市场物价、用工环境、交通出行、食品安全、教育状况、方便企业办事等方面工作的成效与亮点。年内在福建省对市绩效考评中，福州市绩效考评总得分90.85分，位列全省第二名，评为“优秀”等次，正向激励连续2年获得满分（10分）成绩，改革创新成绩从2018年全省第七名提高到2019年第四名。

（林榕捷）

政务公开

【概况】 2019年，福州市各级政府及其工作部门主动公开政府信息19116条，审查受理政府信息公开申请2738件，政府网站政务公开专栏或网页访问量1514.82万人次，比上年增长17.51%。中国社科院公布《中国政府透明度年度报告（2019）》，福州市政府透明度位居全国49个较大市（含省会城市和计划单列市）第八位。年内，市政府办公厅印发《福州市2019年政务公开工作主要任务的通知》，逐项分解落实国务院、省政府政务公开工作任务，健全政务公开工作机制。建成福州市政府信息公开监察系统二期项目，政府信息公开电子监察范围从市直部门、县（市）区政府扩大到县（市）区直部门及乡镇（街道），实现对全市政府信息公开单位电子监察全覆盖。

通过“福州发布”政务微博发布信息5570条，微博粉丝（听众）数量达77.5万人。截至2019年底，市档案局（馆）政府信息公共查阅场所累计接收、保存市本级政府信息公开单位报送的政府公开信息54901条（份）。福州市通过政府公报、报刊广播电视、新闻发布会、政务微信公众号等其他形式公开政府信息，其中政府公报公开政府信息95条，政务微信公众号公开1561条，报刊广播电视公开220条。

【重大决策公开】 2019年，福州市对涉及公共利益和公众权益的重大事项，除依法应当保密之外，主动向社会公布决策草案、决策依据等，并通过市政府门户网站《民意征集》《网上调查》等专栏征求意见。健全“政企直通车”和企业家参与涉企政策制定机制，推广“一企一议”服务企业协调机制，构建“亲”“清”政商关系。开通“12345”企业服务专线，福州成为全国15个开通企业服务专线城市之一。“12345”平台新设“企业诉求登记”功能，将各种渠道收集到的问题汇聚到企业服务平台统一处理，实现全流程线上闭环管理。市发改委牵头落实“一企一议”工作机制，通过“一企一议”平台申报各县（市）区、高新区主要领导协调的企业和重大项目问题4584个，截至2019年底，办结4562个，办结率99.53%。

【重要部署执行公开】 2019年，福州市加大稳增长、促改革、调结构、惠民生、防风险、保稳定系列政策措施的执行和落实情况公开力度。通过市政府门户网站、《福州日报》《福州晚报》以及政务新媒体公开为民办实事项目落实情况、扫黑除恶专项行动开展情况、深化各领域改革信息。发挥督查和审计作用，跟踪重大行政决策实施情况，市政府门户网站《审计公开》栏目公开重大行政决策实施情况审计相关信息45篇。

【行政执法信息公开】 2019年，福州市根据《福建省全面推行行政执法公示制度执法全过程记录制度重大执法决定法制审核制度实施方案》《福州市全面推行行政执法公示制度执法全过程记录制度重大执法决定法制审核制度工作方案》，在全市开展执法单位落实推行行政执法“三项制度”（即行政执法公示制度、执法全过程记录制度、重大执法决定法制审核制度）情况摸底和专项调研，督促全市落实推行行政执法“三项制度”16项工作任务、39项具体措施，规范行政审批、行政处罚等行政权力运行。在市政府门户网站设置《福州市行政执法公示》专题专栏，集中向社会依法公开行政执法主体、行政执法人员名单等行政执法相关信息，接受社会监督。

【“三大攻坚战”信息公开】 防范

化解重大风险攻坚战信息公开　2019年，福州市开展互联网金融风险专项整治，市政府召开专题会研究P2P网贷机构风险处置问题，组织仓山区、台江区、鼓楼区等落实属地风险化解和处置责任，督促出现风险的网贷机构应对风险。市金融监管局发起设立市级纾困基金，全面摸底、排查上市企业股权质押风险，综合利用直接债权融资、债权类基金、股权类基金、转贷过桥、贷款担保等多种手段，为企业解决融资难、融资贵问题。省市县金融监管部门联合举办“忠诚保平安”“敬老月·远离非法集资防范金融诈骗”“非法集资宣传月”“利剑除黑恶”金融领域扫黑除恶警示展，制作发布防范非法集资宣传片《天下无非》。

精准脱贫攻坚战信息公开　在市政府网站开设《脱贫攻坚》栏目，市农业农村局公布《福州市深入开展消费扶贫助力打赢脱贫攻坚战十条措施》《福州市开展落实解决“两不愁三保障”突出问题工作实施方案》《关于下达2019年扶贫开发工作重点县退出工作经费的通知》《关于下达2019年省级扶贫开发专项资金的通知》等政策措施，全年公开东西部扶贫协作信息13条、扶贫政策信息4条、扶贫项目及使用情况7条、扶贫典型经验20条。

污染防治信息攻坚战公开　编制完成并印发实施《福州市突发环境事件应急预案》《福州市饮用水源地突发环境事件应急预案》《福州市大气重污染应急预案》《福州市生态环境局突发环境事件应急预案》，健全环境应急值守制度，公布突发性环境事件进展情况及处理结果。按月公布闽江、敖江、龙江等重点河流断面水质状况，市区及县（市）空气质量SO2、NO2、PM10、PM2.5、O3、CO等6项污染物达标情况及市区6个水源地及县（市）区14个饮用水源地水质状况。将污染源环境监管信息公开作为环境信息公开工作重点，加强环境重点监管对象、污染物排放、污染源、建设项目环评信息公开。

在福州市政府网站设置《污染源环境监管信息公开》栏目，公开建设项目环境影响评价、建设项目环境影响报告书、环境影响评价批复文件等信息，实现环评受理、审批和验收过程全公开。截至2019年底，福州市政府公开排污许可证5件，重点排污单位环境信息396家，建设项目环境影响评价信息45条，“12369”咨询投诉案件1660件。

【“放管服”改革信息公开】　2019年，福州市推进“互联网+政务服务”工作。完善福州市政务清单管理系统。按照福建省“同名称、同类型、同依据、同编码”的“四级四同”要求，结合本轮市级机构改革后各部门职责调整变化情况，市直各审批部门梳理本系统行政许可、行政确认、公共服务等各类政务服务事项的名称、类型、依据等基本要素，实现市、县、乡三级政务服务事项基本目录标准化。通过福州市政务清单管理系统对接省网上办事大厅，统一提供外网查询、申报入口，企业、群众可在福州市及所属县（市）区的各个分厅查询、办理有关事项。简化企业办事流程，优化营商环境。在全市推广“互联网+政务服务+金融服务”改革，福州市市场监督管理局先后和11家银行签订《企业登记注册合作协议》，在合作银行下辖239个网点显著位置悬挂“企业注册便民服务点”牌匾。将企业登记与刻章两个环节由“串联”改为“并联”办理，首创全国领先的“零延时”刻章服务，将企业开办时间再压减1天，提速30%以上。发票申领业务也入驻“企业开办”窗口，实现企业登记、公章刻制、发票申领“一窗受理”“一站式”服务。这些做法获得国家市场监管总局肯定，市场监管总局政务信息网刊文推广福州工作经验。优化企业注销程序，推进企业注销便利化。简化企业注销提交材料，市场监管和税务部门加强信息共享，企业注销时无需提交纸质清税证明。通过“福建省企业注销网上服务专区”，实现企业注销“一网”办理。年内全市有20530家企业、28921户个体户实行简易注销登记。

网上办事服务事项标准化　市、县两级同步启动行政审批标准化工作，梳理公开审批事项，制定全市通用的审批服务事项目录，规范事项名称、职权类别、实施依据、服务对象等要素，做到不同层级同一事项名称、职权类别、实施依据等相同，未纳入目录管理的事项不得实施审批。各级各部门按照“应进必进”原则，推动事项进驻网上办事大厅，为群众提供项目齐全的审批服务。年内市级部门2237个审批服务事项全部实现网上办事指南与办事服务事项标准化。

“双随机、一公开”监管　2019年8月，福州市成立全市市场监管领域跨部门联合“双随机、一公开”联席会议制度，由分管副市长担任总召集人，强化各成员单位联系沟通。印发《2019年下半年福州市企业“双随机、一公开”跨部门联合抽查实施方案的通知》，重点监管关系人民群众身体健康和生命财产安全的17个行业，随机抽查企业8713家，约占全市企业总数的3.5%。加强标准宣传贯彻实施，全年组织专题培训5场次，参训人员400余人次，发放宣传册700余册。构建“信用+双随机”监管机制，推进国家企业信用信息公示系统信息归集，实施联合惩戒。福州市参加企业信用信息归集工作成员单位34家，各县（市）区成员单位227家。截至2019年底，福州市累计归集公示企业信用信息数量158.22万条，其中行政许可信息52.17万条、行政许可变更92.76万条、行政处罚信息4.9万条、抽查检查信息4.7万条、联合惩戒信息0.17万条、小微企业扶持信息3.49万条。修订完善《福州市失信企业协同监管和联合惩戒实施方案》等6个工作方案及11项联合奖惩事项清单。

证明事项清理专项行动　制定印发《关于公布福州市本级设定的证明事项清理结果的通知》，在全省率先开展证明事项清理专项行动，精简涉企涉民证明材料，制定证明事项清单，推行清单之外无证明。截至2019年底，保留证明事项109项；取消证明事项104项，其中无法律法规依据的50项，通过有效证件可以证明的12项，已实现部门间信息共享并取消的6项，改为由部门主动调查核实的23项，采取申请人书面承诺解决的13项；可共享的涉企涉民证明事项15项。

【重点民生领域信息公开】　就业创

业领域信息公开　2019年，福州市发布《福州市职业技能提升行动实施方案（2019—2021年）》《福州市出台市属国有企业工资内外收入监督检查暂行办法》等促进公共就业创业政策文件7篇，通过市电台“政风行风热线”、进企业开展政策宣讲、“摇工作”手机客户端等渠道宣传解读政策。

在全国率先开发启用手机“摇工作”平台，首创推出公共就业服务“摇工作手机APP”，成为促进公共就业服务重要平台。截至2019年底，用户超过20万，每天保持4万条以上有效信息，被中国就业促进会评为年度全国地方十大创新事件之一，获人社部全国首届创业周优秀项目奖。建成失业保险稳岗补贴、失业保险待遇等信息系统，依托网络平台进行全网办申报，实现“群众一趟不用跑”。“福州就业”微信公众号上线运行，主要包括“政策一览”“招聘求职”“为您服务”三大模块14个子模块。

教育领域信息公开　2019年，福州市教育局重新梳理更新市政府门户网站教育领域部分栏目及《福州市教育局政务信息公开处室分工表》。教育决策信息公开。公开《福州市引进中小学优秀青年教育人才办法补充规定》《福州市高中阶段学校考试招生制度改革实施方案》《福州市教育局关于2019年秋季幼儿园招生工作意见》《关于做好2019年义务教育招生工作的通知》《福建省深化高等学校考试招生综合改革实施方案》《福州市校外培训机构设置标准（试行）》等12件政府文件。教育管理和服务信息公开。全年公开做好学前教育、义务教育、特殊教育、职业教育、高中教育等方面的政策信息183条。教育执法、经费监督检查等方面执行情况和结果信息公开。随机抽查17所学校，公开民办学校办学资质、办学质量等信息。特别对小升初部分民办学校摇号录取结果、五城区幼儿园招生派位结果、随迁子女小学一年级招生学位余额及电脑派位录取结果、中招投档录取等招生工作执行情况和结果信息进行公示公告。

医疗领域信息公开　在福州卫生人才网公开全市卫生健康系统招聘公告等信息，围绕保障人民群众身体健康，加大医疗服务、药品安全、疫苗监管、公立医疗卫生机构绩效考核结果等方面信息公开。全年公开重大疾病预防控制信息255条、国家免疫规划信息27条、突发公共卫生事件应急信息10条、传染病疫情及防控信息43条。公开疾病应急救助、健康扶贫政策落实情况信息，向建档立卡贫困人口发放就医明白卡或联系卡以及精准扶贫医疗叠加保险政策宣传手册等，指导贫困人员就医就诊并享受相关政策。运用政务新媒体平台，开展有关健康扶贫工作的报道和宣传。公开公共场所、医疗、放射诊疗、传染病防治等卫生监督行政处罚信息。开展妇幼健康和职业病防控等知识科普宣传，在市卫健委网站上发布健康科普信息192条。

征地信息公开　落实自然资源部办公厅2019年6月制定的《农村集体土地征收基层政务公开标准指引》，细化农村集体土地征收基层政务公开事项、内容、流程、时限、方式等。市自然资源和规划局印发《关于做好农村集体土地征收基层政务公开工作的通知》，要求各县（市）区基层部门按规定主动做好各类征地信息公开工作，并同步衔接省征地信息公开平台，全年公开征地方面信息307条。

公共服务、公益事业、社会救助等民生领域信息公开　按照《福州市人民政府办公厅关于印发福州市推进社会公益事业建设领域政府信息公开工作实施方案的通知》精神，在市政府门户网站《社会救助和社会福利》栏目公开就业、医疗、受灾人员和临时救助等信息76条，老年人、残疾人和儿童福利等信息9条；《灾害事故救援》栏目公开地质灾害防范部署信息25条，卫生防疫信息89条，应急预案信息107条，突发事件应对信息107条，天气预警信息215条，自然灾害、应急处置与救援信息60条；《公共文化体育》栏目公开文化遗产保护、公共文化体育设施名录、公益性文化服务活动、公益性体育赛事和活动等信息259条。

【财政信息公开】　2019年，福州市在福州市政府门户网站《财政预算决算》专栏公开2019年市本级政府预算和部门预算、2018年市本级政府决算和部门决算。市财政局组织指导福州市本级各部门完成预决算公开工作，除涉密部门外，市直部门均已公开2019年部门预算及2018年部门决算，实现市级预算单位预决算公开全覆盖。各县（市）区政府及其工作部门财政预决算信息也全部公开。公开专项资金实施主体预算安排、2019年一般公共预算政府性基金发展性项目绩效目标及2018年一般公共预算发展性项目绩效自评结果。公开地方政府债务信息。公布《2018年福州市本级新增债务存续期情况公开表》《2019年政府债务限额情况》等，公开地方政府债务限额、余额、使用安排及还本付息等信息。福州市政府采购网及市政府门户网站公开政府集中采购项目福州目录、标准及实施情况，全年公示2019年新增政府采购领域行政处罚信息50条。

【政策解读】　2019年，福州市围绕市委市政府2019年经济社会发展主要预期目标、重点任务、重大举措、重要部署，公开解读相关政策措施。按照“谁起草谁解读”的原则，做到政策性文件与解读方案、解读材料同步组织、同步审签、同步部署，实现相关解读材料与政策法规文件及时公开、精准解读。在市政府门户网站开设《新闻发布会》《在线访谈》专栏，制定年度市政府门户网站高端访谈计划，以网站视频直播方式，邀请市直单位主要领导对公众普遍关心和涉及公众切身利益的经济建设、就业就学、医保社保、环境保护等热点问题及相关政策进行宣传解读。全年，市政府门户网站发布《在线访谈》200期，其中主要负责人参加访谈152场；召开新闻发布会66场，其中主要负责人参加42场。

惠企政策梳理　依托福州市权责清单管理系统，2019年3月在福州市网上办事大厅网站统一上传发布惠企政策文件，录入惠企办事指南信息，建立惠企政策和办事指南动态更新机制。

重要政策解读　通过开展政策宣讲和送政策上门，加强《福州市人民政府关于加快培育一批产业基地打造新经济增长点的意见》《福州市人民政府办公厅关于印发〈完善服务企业和重大项目协调机制的工作细则〉的通知》等政策文件的解读。

回应社会关切 开展涉榕网络舆情的收集、研判、报送和处置工作，抓好重大突发敏感事件、关系群众切身利益问题和社会舆论热点等舆情信息的收集、上报和态势研判。制定网络舆情突发应急处置预案，健全网络舆情收集报送和反馈工作机制，完善舆情发现机制，拓宽舆情发现渠道，正面引导网络舆论，稳妥处置涉榕重大突发敏感舆情。开展人大代表建议和政协委员提案办理结果信息公开工作，全年在市政府门户网站《提案办理》专栏发布人大代表建议办理结果480件，政协委员提案办理结果458件。

政策解读效果 2019年，福州市政府出台《福州市人民政府办公厅关于加强政策解读工作的通知》，在福州市政府网站开设《政策解读》专栏，“福州发布”政务微博、“e福州”政务微信公众号、“e福州”APP以及市直各部门政务微博微信同步发布政策解读材料，通过音视频、图文并茂等多种形式开展解读工作。福州市政府门户网站发布政策解读资料412篇，其中文字解读364篇、图片解读56篇、视频解读17篇。“e福州”APP，构建起政府与企业、政府与百姓之间的桥梁，打造智慧城市一体化惠民便民综合服务统一入口。截至2019年底，“e福州”APP累计注册用户数突破280万，日活跃用户突破30万，市民使用各类应用服务累计近1.6亿人次，位居全国政务便民类APP前列。全年“@福州发布”政务微博发布微博信息5570条，获网友转发、评论、点赞4.33万次，粉丝数近77.5万人，总阅读数5098万人次，在人民日报和新浪微博联合发布的《2019年人民日报·政务指数微博影响力报告》中，“@福州发布”连续3个季度位居福建十大党政新闻发布微博第一位。

【政务公开制度建设】 制定《福州市大数据发展管理委员会关于印发福州市2019年度政务公开绩效指标考核评估办法的通知》，继续将政务公开工作纳入市委市政府对市直单位和县（市）区政府绩效考核指标体系。截至2019年底，市政府信息公开单位538家，专职工作人员13名，兼职人员587人，投入政府信息公开工作经费54.39万元。完成福州市政府信息公开监察系统二期项目建设，实现对全市政府信息公开单位电子监察全覆盖。加强政务公开工作人员培训，准确把握新《条例》各项规定，提升公开的数量和质量。2019年6月，市政府办公厅举办市政府信息公开电子监察系统（二期）项目培训；9月，邀请专业律师开展政府信息依申请公开办理答复与诉讼案件处理相关业务培训。全年各级各部门组织开展19场政府信息公开工作业务培训，参训人员1067人。

【政府信息主动公开】 2019年，福州市各级政府及其工作部门主动公开政府信息19116条，其中，市、县（市）区、乡镇（街道）各级政府公开政府信息6610条，各级政府工作部门公开政府信息12506条。截至2019年底，全市各级政府及其工作部门历年累计主动公开政府信息321796条，其中，市、县（市）区、乡镇（街道）各级政府累计公开政府信息110978条，各级政府工作部门累计公开政府信息210818条。各级政府及其工作部门公开政府信息的主要类别有：机构职能类信息1909条，占9.99%；政策、规范性文件类信息755条，占3.95%；规划计划类信息639条，占3.34%；行政许可类信息2050条，占10.72%；重大建设项目信息1070条，占5.6%；为民办实事类信息660条，占3.45%；民政扶贫救灾、社会保障就业类信息931条，占4.87%；国土资源、城乡建设、环保能源类信息834条，占4.36%；科教文体卫生类信息1058条，占5.53%；安全生产、应急管理类信息1884条，占9.86%。

【政府信息依申请公开】 2019年，福州市各级政府及其工作部门收到政府信息公开申请2738件，其中市本级政府收到237件，下级政府收到470件，各级政府工作部门收到2031件。其中当面申请484件，占17.68%；网络申请1272件，占46.46%；以信函形式申请982件，占35.86%。收到申请数量较大的部门有：市自然资源和规划局、市房管局、市市场监督管理局、市发改委等。截至2019年底，全市各级政府及其工作部门历年累计收到政府信息公开申请16945件，其中市本级政府收到1219件，下级政府收到2220件，各级政府工作部门收到13506件。

受理办理情况 2019年，福州市各级政府及其工作部门经审查受理政府信息公开申请2738件，已办理答复2703件（其中23件是2018年底受理结转2019年初办结的申请件）。其中：“予以公开”786件，占29.08%；“部分公开”255件，占9.43%；“不予公开”193件，占7.14%；“无法提供（包含本机关不掌握相关政府信息、没有

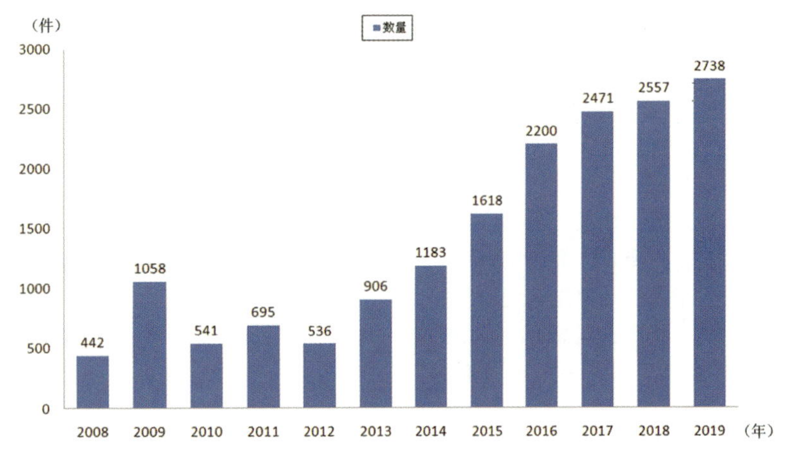

2008—2019年福州市受理政府信息公开申请数量

现成信息需要另行制作和补正后申请内容仍不明确）”1148件，占42.47%；“不予处理（信访举报投诉类申请、重复申请、无正当理由等）”197件，占7.28%；其他处理124件，占4.59%。截至2019年底，还有58件申请件正在办理。

“不予公开”的政府信息　2019年，“不予公开”的主要原因有：属于国家秘密6件，占3.11%；属于其他法律行政法规禁止公开28件，占14.51%；属于保护第三方合法权益25件，占12.95%；属于内部事务信息65件，占33.68%；属于过程性信息37件，占19.17%；属于行政执法案卷5件，占比2.59%；属于行政查询事项27件，占13.99%。

【政府信息管理】　2019年8月，福州市政务数据开放平台开通试运行。11月，制定印发《关于<福州市政务数据资源管理办法><福州市公共数据开放管理暂行办法><福州市政务数据资源共享开放考核暂行办法>的通知》，加强政务数据资源管理，规范和推进政务数据汇聚共享、开放开发。加强政府信息公开保密审查。依照《保密法》《政府信息公开条例》以及其他有关规定，建立健全政府信息发布保密审查机制，将“五公开”纳入办文办会流程，草拟公文时，即在发文单上明确主动公开、依申请公开、不予公开等属性，周知性、普发性的公文列入主动公开范围，拟不公开或依申请公开的公文，依法依规说明理由，纳入公文运转流程同步流转审批。

【公开平台建设】　政府网站规范发展　2019年，福州市提高政府网站管理服务水平，推进政府网站优质规范发展。落实《福建省人民政府办公厅转发国务院办公厅关于印发政府网站发展指引的通知》文件要求，完善网站信息保障的任务包干机制、网站管理监督的周期性闭环工作机制、网站业务技术的定期学习机制和网站考核指标的沟通交流机制，抓网站绩效考核工作，加强门户网站建设管理和内容保障，加大政务公开和信息公开力度，增强门户网站公共服务和互动交流水平。按照国家信息安全等级保护管理规范和技术标准，加强网站日常运行情况监测，开展网站安全系统建设和安全等级技术测评，保障全市政府网站平稳运行。完成市政府网站集约化建设，依托市政府网站群，整合县（市）区及市直各部门网站。截至2019年底，全市53家市直单位和12个县（市）区政府均依托市政府网站建设子网站，建成高聚合度、覆盖市、县（市）区、乡镇（街道）的政府网站群。做好机构改革后政府网站普查监管工作，优化、调整栏目设置，提升政府网上履职能力和服务水平。推动政府网站地址向IPV6迁移。向电信运营商申请并获得13个独立IPV6地址（市级和12个区县），用于市级和区县单位网站域名的IPV6解析。截至2019年底，市级网站已经支持并开通IPV6访问。计划2020年初，各区县网站全部开通IPV6访问。

政务新媒体　发挥新媒体平台作用，加强新媒体平台维护管理。印发《关于福州市2019年度政府网站与政务新媒体绩效考核实施方案的通知》《关于福州市2019年度政务公开绩效指标考核评估办法的通知》，每月通过福州市政府网站群运维监测平台对全市39家政府部门网站和314家政务新媒体开展检查并通报。做好政务新媒体监管工作，常态化监测全市各政务新媒体平台，督促不合要求政务新媒体进行整改甚至关停整合。截至2019年底，全市有政务新媒体314个，其中“e福州”APP整合汇集全市政务服务、公共服务领域超过60项应用服务内容，实现“让市民用一个APP畅享城市综合服务”。福州市政务微信矩阵包含25个市直单位和18个重要机构，成为市民办理各项事务、政府实行便民服务的统一平台。

办事大厅线上线下融合发展　梳理公开审批服务事项、办事指南、办事流程。整合优化实体办事大厅“一站式”功能，实现“一个窗口”“一次办理”。在全省率先启用市县统一的“福州市政务服务管理平台”，横向对接省网上办事大厅，纵向贯通市、县、乡、村四级平台，实现群众办事“只上一张网”。依托该平台推行全流程网上办理。截至2019年底，全市53家市直单位、12个县（市）区、高新区及其辖区内乡镇街道，除涉密外的所有行政审批事项全部入驻省网上办事大厅福州分厅，97.34%的审批事项实现在线申请、网上预审、在线审批。市、县两级同步启动行政审批标准化工作，梳理公开审批事项，制定全市通用的审批服务事项目录，规范事项名称、职权类别、实施依据、服务对象等要素，做到不同层级同一事项名称、职权类别、实施依据等相同，未纳入目录管理的事项不得实施审批。按照“应进必进”原则，推动各级各部门事项进驻网上办事大厅。截至2019年底，市级部门2237个审批服务事项全部实现网上办事指南与办事服务事项标准化。将办事大厅各部门设置的分散窗口，统一整合为企业开办类、社会事务类、经营管理类、通关贸易类和投资项目类等5类综合窗口，推行“前台综合受理、后台分类审批、统一窗口出件”服务模式，实现办事大厅“一站式”服务，提高审批效率，实现排队时间、办理时间、跑腿次数、申请材料、行政成本、廉政风险等“六个大幅减少”。排队等候时间由原有的33分钟，减少为14分钟，减少近58%；审批事项平均办理时长由7.2天降低至3.3天；受理窗口数量由原有102个减至56个，窗口减少45%；“一趟不用跑”事项比例达57.8%；累计减少材料2000份。年内鼓楼区设置“行政事项代办”专窗，为个体工商户群体免费代办设立登记、注销及变更等高频事项，推出高频事项、热点事项一站办、一窗办、一次办服务。

政务热线电话清理整合　按照《福州市人民政府办公厅关于印发福州市12345便民服务平台运行管理办法的通知》，明确便民服务专线清单，配合省有关部门开展省属热线、市共建热线的整合工作，对全市政务热线电话进行摸底调查，截至2019年底，全市已整合“12319”（数字城管）、“12369”（环保）、“12350”（安全生产）、“968906”（市医保）等138条热线，实现“12345”一号受理。

表 18

2019 年福州市主动公开政府信息情况

单位：件

第二十条第（一）项			
信息内容	新制作数量	新公开数量	对外公开总数量（2019 年）
规章	10	13	13
规范性文件	343	343	343
第二十条第（五）项			
信息内容	项目数量	年增 / 减	处理决定数量
行政许可	1391	0	863748
其他对外管理服务事项	3609	0	956602
第二十条第（六）项			
信息内容	项目数量	年增 / 减	处理决定数量
行政处罚	6542	0	192679
行政强制	98	0	10567
第二十条第（八）项			
信息内容	项目数量	年增 / 减	
行政事业性收费	664	0	
第二十条第（九）项			
信息内容	采购项目数量	采购总金额	
政府集中采购	6632	2091200052.16 元	

表 19

2019 年福州市收到和处理政府信息公开申请情况

单位：条

（所列数据的勾稽关系为：第一项加第二项之和，等于第三项加第四项之和）			申请人情况						
			自然人	法人或其他组织					总计
				商业企业	科研机构	社会公益组织	法律服务机构	其他	
一、年新收政府信息公开申请数量			2653	50	3	10	12	10	2738
二、上年结转政府信息公开申请数量			16	7	0	0	0	0	23
三、年度办理结果	（一）予以公开		752	20	3	4	3	3	785
	（二）部分公开（区分处理的，只计这一情形，不计其他情形）		250	4	0	0	2	1	257
	（三）不予公开	1. 属于国家秘密	5	0	0	1	0	0	6
		2. 其他法律行政法规禁止公开	27	0	0	0	0	1	28
		3. 危及“三安全一稳定”	0	0	0	0	0	0	0
		4. 保护第三方合法权益	24	1	0	0	0	0	25
		5. 属于三类内部事务信息	61	3	0	0	0	1	65
		6. 属于四类过程性信息	37	0	0	0	0	0	37
		7. 属于行政执法案卷	5	0	0	0	0	0	5
		8. 属于行政查询事项	22	4	0	0	0	1	27

续表 19

(所列数据的勾稽关系为：第一项加第二项之和，等于第三项加第四项之和)			申请人情况						
			自然人	法人或其他组织					总计
				商业企业	科研机构	社会公益组织	法律服务机构	其他	
三、年度办理结果	(四)无法提供	1. 本机关不掌握相关政府信息	997	24	0	5	7	2	1035
		2. 没有现成信息需要另行制作	82	1	0	0	0	0	83
		3. 补正后申请内容仍不明确	30	0	0	0	0	0	30
	(五)不予处理	1. 信访举报投诉类申请	12	0	0	0	0	0	12
		2. 重复申请	18	0	0	0	0	0	18
		3. 要求提供公开出版物	0	0	0	0	0	0	0
		4. 无正当理由大量反复申请	166	0	0	0	0	0	166
		5. 要求行政机关确认或重新出具已获取信息	1	0	0	0	0	0	1
	(六)其他处理		124	0	0	0	0	0	124
	(七)总计		2612	57	3	10	12	9	2703
四、结转下年度继续办理			57	0	0	0	0	1	58

表 20　**2019 年福州市政府信息公开行政复议、行政诉讼情况**

单位：件

行政复议					行政诉讼									
					未经复议直接起诉					复议后起诉				
结果维持	结果纠正	其他结果	尚未审结	总计	结果维持	结果纠正	其他结果	尚未审结	总计	结果维持	结果纠正	其他结果	尚未审结	总计
25	6	2	5	38	12	0	13	9	34	8	0	1	7	16

(叶伟奇)

行政(市民)服务中心建设

【概况】 2019 年，福州市行政服务中心入驻 44 个审批服务部门和单位，受理 2337 个审批和服务事项，全年受理各类申请 48.93 万件，当场办结 40.30 万件，当场办结率 82.35%。福州市市民服务中心入驻 41 家部门(单位)，提供 408 项审批服务事项，其中 271 个事项可实现当场办结，全年受理各类申请 222.24 万件，工作日日均受理 7430 件，双休日日均受理 3688 件；当场办结 190.85 万件，当场办结率 85.88%。

福州市公共资源交易服务中心全年交易项目 18680 个，交易总额 1425.524 亿元，比上年增长 55.66%。其中政府采购交易项目 993 个，交易额 49.265 亿元，比上年降低 8.68%；网上超市交易项目 16930 个，交易额 3.66 亿元，比上年增长 16.19%；工程建设项目招标投标交易项目 649 个，交易额 551.485 亿元，比上年增长 23.09%；土地使用权出让交易数 78 个，交易额 818.674 亿元，比上年增长 100.30%；采矿权出让交易项目 1 个，交易额 1.101 亿元；国有产权交易项目 29 个，交易额 1.338 亿元，比上年降低 31.56%。

【简政放权】 2019 年，福州市行政(市民)服务中心开展第七轮简政放权工作，取消 26 个市直部门 71 项审批服务事项。下放办件量大且与县域经济社会发展关系密切的 14 个部门 75 项行政审批和公共服务事项到县(市)区办理。通过“串改并”优化措施，合并 57 项行政审批和公共服务事项，简化审批流程，压缩审批时限。暂停实施 26 项暂不能取消但常年无办件量的行政审批和公共服务事项。

【营商环境】 工程项目审批制度改革　2019 年，福州市通过统一审批流程、统一信息数据、统一审批体系、统一监管方式，实现项目审批“减事项、减环节、减时限、减材料”，取消审批事项 29 个，减少、合并审批事项 25 个，取消各类材料 40 项。政府投资房建类、市政类项目审批时间压减至 90 个工作日，社会投资项目压减70个工作日，小型工程建设项目压减至50个工作日。

企业开办落实商事登记制度改革　将企业登记、公章刻制、发票申领等业务窗口合并为统一的“企业开办”窗口，打造企业开办“一站式”服务专区，通过改串联为并联、部门信息共享等方式实现企业开办事项1个工作日办结，提供企业开办“一站式、全链条”服务，打造企业开办“福州速度”。

联办套餐服务　市行政服务中心设立“证照联办”受理专窗，推出开汽车租赁公司、开药品零售连锁店等8个服务套餐；各县（市）区行政服务中心推出开餐馆、开幼儿园等20个服务套餐。全市“证照联办”套餐服务年内办结755件。市民服务中心设立“五险一金”联办专窗，整合社会保险登记、公积金账户开户等涉及企业开办服务的事项，提供企业开户、注销及变更等9项套餐服务，年内办理940家开办企业申办的“五险”联办服务4810件。

【审批服务便民化】　“最多跑一趟”改革　2019年，福州市对审批事项流程进行全面梳理，明确全流程网办、窗口受理快递收送达、移动终端自助办结等6种实现群众办事“一趟不用跑”的方式，提升网上办事大厅四、五星级事项比例，推行福建省内“榕证通”快递全免服务，结合电子证照应用，“最多跑一趟”事项的比例达94.01%，“一趟不用跑”事项比例由32.13%提升至57.23%。

【公共资源交易】　2019年，福州市行政（市民）服务中心在全省率先全面取消市、县两级公共资源交易服务收费，全年为各方交易主体减轻负担1005万元。推行年度保证金信用贷款服务，参与工程建设招投标的企业可以采用以信用作为抵押的方式，从银行获得贷款用于缴存年度投标保证金，全年为73家投标企业提供3650万元贷款。在全省率先采用信用考核取代入驻保证金工作机制，为政府采购网上超市供应商累计减免入驻保证金近1000万元。福州市上线建设工程电子保函服务平台，在全省率先实现银行电子保函数字签章功能，与兴业银行合作提供电子保函服务，全年应用电子保函的投标企业1011家/次，释放保证金3.55亿元。推行远程异地评标，在全省率先实现市、县两级远程异地评标全覆盖，与温州、南平建立远程异地评标工作机制，全年开展50个远程异地评标项目。

（吴梦倩）

机关事务管理

【概况】　2019年，福州市机关事务管理局（简称福州市机关局）开展办公用房、公务用车、公务接待专项检查，以及国家级和省级节约型公共机构示范单位创建，建设福州市政府机关园区数字化3年建设规划，完成第二届数字峰会等重要会议重大活动服务保障，完成机关事务管理、后勤保障、接待服务各项工作。

【财务管理】　2019年，福州市机关局从细编制年度部门预算，开展年度决算，加强会议差旅、公务接待及一般性支出等各项行政经费监管，主动公开2018年度财政决算，压缩一般性和“三公”经费支出，完成市委办公厅、市政府办公厅等21家财务代管单位的工资、公积金、医保支出和项目经费保障3.2亿元。

【办公用房管理】　2019年，福州市机关局完成市直单位办公用房摸底及市党政机关办公用房信息统计，完成市级机构改革27家涉改单位办公用房调整，完成乌山机关大院内市纪委监委有关办公用房修缮、武警驻地有关房屋改造等项目，调剂解决市直机关党工委等5家市直单位办公用房。落实办公用房修缮政策，从严核定办公用房面积，控制办公用房维修改造项目，核准市农科所等5家单位维修申请。

【公务车辆管理】　2019年，福州市机关局规范公务用车管理，强化公务车辆改革后公车编制、配备、更新和使用管理，核定保留公务用车编制，开展福州市直机关公务用车号牌管理、车辆更新、调配、报废工作，完成2019—2021年度市直公务车辆定点维修和保养项目、保险项目招标，组织市直各单位开展公务车辆ETC安装工作，更新完善“全省一张网”车辆信息，建立车辆信息电子数据库和资料档案库。福州市直机关公务用车管理服务中心按照应急预案随时保障应急用车，监督指导运营团队调度，完成市领导及机关干部调研、督查、扶贫、走访慰问、应急救灾等集中公务出行保障1009辆/次，为120家市直部门派车12257辆/次，安全行车128.40万千米，实现百万公里安全行车无事故。

【会议会务保障】　2019年，福州市机关局完成第二届数字中国建设峰会、第二十一届海峡两岸经贸交易会、第

2020年7月1日，福州市党群服务中心揭牌　（市行政市民服务中心　供）

十七届中国·海峡项目成果交易会、2019中国（福州）国际渔业博览会、世界闽商大会、第六届丝绸之路国际电影节、第十六届中国戏剧节等18场重大活动、重要会议的会务服务和接待保障任务。在第二届数字中国建设峰会中，做好115位峰会重要嘉宾一对一接待和40多场次市领导与重要嘉宾会见会谈餐叙安排以及机场火车站嘉宾迎送贵宾通道协调保障等重要工作，完成约1300名嘉宾的食、宿、行保障。福州人民会堂管理处完成281场次市级会议服务保障。

【公共机构节能】 2019年，福州市机关局参加创建全国能效领跑者，完成福州市2136家公共机构能耗数据统计以及2018年度能源消耗总量和强度“双控”目标责任评价考核工作，指导创建国家级4家、省级7家“节约型公共机构示范单位”。利用节能宣传周开展“绿色发展节能先行”主题宣传，普及生活垃圾分类知识。

【乌山机关大院和东部办公区管理】 2019年，福州市机关局以乌山机关大院和东部办公区为重点，开展集中办公区安全管理。实行人防、物防、技防并举，完善群防联防机制，妥善处置群体性上访，协调公安部门、各入驻单位协同做好治安维稳和群访疏解工作。开展环卫绿化、公共设施维护等物业服务，完成修缮改造项目13项。开设乌山大院第二食堂，改善就餐环境，延长就餐保障时间，协调属地市场监管部门对机关食堂开展食品安全监督检查。

【“数字乌山”系统建设应用】 2019年，福州市机关局以机关事务工作“数字化+标准化”建设为抓手，开展福州市政府机关园区数字化3年建设（一期项目简称“数字乌山”项目）。5月，第二届数字峰会展示项目成果，被新华网专题采访报道。8月，项目通过专家初验，实现园区数字化安防、数字化资产管理和数字化服务。11月14日，项目入选第二十一届高交会智慧城市展，助力福州市在“2019年度亚太智慧城市评选”中获“2019中国领军智慧城市”称号。

【垃圾分类】 2019年，福州市机关局成立市级垃圾分类工作指导组，推动市直单位垃圾分类工作纳入市级绩效考核指标。召开各类动员部署、专题协调、现场会6次，组织专家授课、宣传培训8场，在集中办公区建设垃圾分类屋（亭）9个，刊发福州机关后勤简报7期宣传垃圾分类工作。制定《市级党政机关等公共机构生活垃圾分类工作督查考核实施方案》，明确考核方式、考核时间以及具体要求，每周采取“双随机”方式对市直单位开展检查。

（翁夏菁）

人事人才管理

【概况】 2019年，福州市新增省级人选1名、省引进高层次ABC类人才215人、省工科类专业人才781人、市“双一流”毕业生1347人，全市入选市级以上人才项目人选超过8100人。

【闽都人才高地建设】 2019年，福州市采取措施，推进闽都人才高地建设。

引才政策 福州市重点企业引进的高层次人才，符合条件的入编福州大学享受在编人员待遇，帮助京东方、瑞芯微、贝瑞等9家企业合作引进清华大学、北京大学、英国帝国理工大学等13名优秀博士。与福建师范大学、福建工程学院、闽江学院签订合作协议，三方合作引才岗位编制120个，形成“编制池”。开展国家、省、市各项人才项目申报工作，全市新增“百千万人才工程”省级人选1名、省引进高层次ABC类人才215人、省工科类专业人才781人、市“双一流”毕业生1347人，省对市人才工作目标责任制考核工作连续4年全省第一。全市入选市级以上人才项目人选逾8100人。

人才服务出台 《福州市人才驿站管理办法（试行）》，在全市人才集聚区域建设一批行业型、创业型、服务型、综合型人才驿站。出台《关于进一步做好福州市“双一流”高校毕业生落地奖励等人才项目申报审核工作的通知》，放宽“双一流”高校毕业生落地奖励申报条件，减少申报所需材料，并将“双一流”高校毕业生落地奖励、引荐奖励、新设博士后科研工作站建站补助、出站留榕博士后奖励等审批权限予以下放，加快人才项目申报审核工作。加强人才服务平台建设，中国福州留学人员创业园滨海新城分园于5月开园，全年引进15个项目入驻，并引进国内知名人力资源公司麦斯特进驻分园。截至2019年底，中国福州留学人员创业园总孵化企业90家，其中拥有国家专家项目9个、省专家项目22个。推进人才工作信息平台建设，3月启用高层次人才网络申报平台，ABC人才、工科人才、“双一流”人才等人才项目全部实现线上申报。全年发放省级资金7350余万元、市级资金1800余万元，办理引进人才和高校毕业生落户1758人。

【事业单位人事管理】 *事业单位招聘* 2019年，福州市批复县区事业单位公开招聘计划903人，中小学、幼儿园教师招聘计划571人，卫生系统招聘计划1063人，市属高校招聘计划295人，3家市直事业单位招聘计划40人。举办2019年福州市事业单位公开招聘考试，计划招聘440人，15974人参加笔试。全年计划招聘3312人。

职称制度改革 落实省《关于进一步改进职称评审申报工作的通知》《关于建立部分专业技术职业资格和职称对应关系的通知》《关于支持工程技术领域高技能人才与专业技术人才职业贯通发展的通知》，改进职称申报堵点问题，推进职称管理服务方式转变，促进职称制度与职业资格制度衔接，畅通高技能人才与工程技术人才职业发展通道。印发《关于开展台湾地区专门职业及技术人员（技术士）直接采认相应职称工作的通知》，对在福州市从事相应专业技术工作的台湾居民，取得“台湾地区专门职业及技术人员（技术士）考试及格证书比照认定职称目录”提及52项考试及格证书的，可直接采认相应职称并发放证书。组织清理专业技术职称评审委员会，全市保留71个评审委员会（高级6个，中级38个，初级27个）。年内，福州市向省里委托评审高级530人（含正高131人），中级51人；组织开展中高级评委会18场，参加评审1868人，

2019年2月14日，市长尤猛军参加“2019年高校毕业生供需见面会暨博士对接洽谈会”（刘登祥 摄）

评审通过1470人，淘汰率21%；经省第二届特殊人才职称评审委员会直接考核确认享受教授、研究员待遇高级工程师任职资格11人。全年发放各类资格证书15307本，其中初级会计证书6322本，中级会计证书1094本，经济师证书926本，执业药师证书536本，社会工作者资格证589本，笔译专业证书118本，口译专业证书8本，注册测绘师42本，出版专业证书17本，审计专业资格证书132本，一级消防工程师81本，招标师9本，一级计量师7本，环境影响评价师7本。

岗位设置管理　出台《福州市正高级教师聘期考核办法（试行）》，对全市教育系统51位中小学、中专正高级

表21　2019年福州市新评聘正高级专业技术人员情况

序号	姓名	单位	序号	姓名	单位
1	薛　蓉	福州教育研究院	40	陈章明	福建省福州儿童医院
2	林华民	长乐区教师进修学校	41	黄圣余	福建省福州儿童医院
3	郑　辉	福建省福州第二中学	42	陈树兴	福建省福州肺科医院
4	黄炳锋	福建省福州第三中学	43	李红艳	福建省福州肺科医院
5	杜开颜	福建省福州第三中学	44	张　弘	福州市皮肤病防治院
6	林　枫	福建省福州第八中学	45	刘宝荣	福建医科大学孟超肝胆医院
7	林　松	福建省福州高级中学	46	蔡春花	福州市中医院
8	黄伟明	闽清县第一中学	47	张　宏	福州市疾病预防控制中心
9	王卫红	福州教育学院附属第一小学	48	蔡圣珠	福州台江医院
10	高　玉	福州教育学院附属第二小学	49	陈苏湞	福州市晋安区医院
11	林　武	福州市钱塘小学	50	余小燕	福州市晋安区医院
12	陈　华	福州市屏西小学	51	邱　朔	连江县晓澳卫生院
13	洪丽玲	福州市宁化小学	52	陈建国	连江县医院
14	张依芳	闽侯县甘蔗小学学区	53	陈建辉	闽清县中医院
15	林世凤	闽清县实验小学	54	林建斌	福州市长乐区医院
16	夏　全	福清市城关小学	55	姚行松	福州市长乐区医院
17	陈　瑜	福州市仓山区实验幼儿园	56	陈代星	福州市长乐区医院
18	周　日	平潭一中	57	程念宁	福建省罗源县医院
19	陈乃航	福州市闽都文化艺术中心	58	张启连	福建省罗源县中医院
20	汤寒枫	福州市广播电视台	59	潘仰魁	闽侯县祥谦镇中心卫生院
21	郑幼林	福州市寿山石行业协会	60	陈煜沁	闽侯县南通镇卫生院
22	郑则评	福州雕刻工艺品总厂	61	黄方正	福州市第一医院
23	潘惊石	罗源盛世寿山石有限公司	62	陈红梅	福建省福州儿童医院
24	刘　凡	福州市第一医院	63	黄炜铭	闽清县中医院
25	林　慧	福州市第一医院	64	林锦松	福州市长乐区医院

续表21

序号	姓名	单位	序号	姓名	单位
26	蔡继勇	福州市第一医院	65	薛严锋	福建省福州市长乐区中医院
27	黄　岩	福州市第一医院	66	林　浩	福建省福州市长乐区中医院
28	何嘏娜	福州市第二医院	67	严玉清	福清市中医院
29	熊圣仁	福州市第二医院	68	郭晓林	福州经济技术开发区医院
30	马千里	福州市第二医院	69	赵　敏	福建省福州肺科医院
31	吴建军	福州市第二医院	70	吴卫洪	福州市仓山区建新镇卫生院
32	翁碧海	福州市第二医院	71	兰邦旺	连江县中医院
33	林玉平	福州市第二医院	72	赖惠英	永泰县妇幼保健院
34	杨庆武	福州市第二医院	73	方剑锋	福清市渔溪镇中心卫生院
35	丛伟东	福建省福州神经精神病防治院	74	余乃洪	福清市第二医院
36	陈明森	福建省福州神经精神病防治院	75	黄勤越	闽清县总医院
37	刘首云	福州市第六医院	76	张育广	闽清县东桥中心卫生院
38	朱德华	福州市第六医院	77	任　锋	闽清县塔庄中心卫生院
39	王元信	福州市第八医院			

教师进行统一聘任管理，加强聘期考核规定，建立“职务能上能下、待遇能升能降”的聘任管理机制。对市属中小学和鼓楼区、台江区、晋安区、仓山区、高新区、长乐区、福清市、闽侯县、闽清县、罗源县的中小学幼儿园进行岗位结构比例调整，增加高级岗位1983个、中级岗位1284个，推进长乐区、闽侯县开展中小学、幼儿园教师“县管校聘”工作。优化卫生系统岗位机构比例，将二级医疗、卫生、计生机构高级专技岗位比例提高至20%，基层医疗卫生机构高级专技岗位比例提高至15%，中级提高至40%。全年批复551家县（市）区属事业单位调整、变更岗位，市属事业单位158家调整、变更岗位，完成市属事业单位聘任3100人次，调动核岗196人，审核干部保健待遇72人。

人事考试　组织开展5项2019年度考试，其中，福建省考试录用公务员笔试参考38087人；社会工作者职业水平考试参考3935人；一级建造师执业资格考试参考16516人；执业药师资格考试参考4164人；经济专业资格考试参考6243人；一级消防工程师资格考试参考3887人。组织开展15项职业（执业）资格考试资格审核，其中咨询工程师（投资）报考人数756人，审核通过人数659人；环境影响评价工程师报考人数190人，审核通过人数170人；一级注册计量师报考人数66人，审核通过人数60人；二级注册计量师报考人数103人，审核通过人数100人；社会工作者（初、中级）报考人数4107人，审核通过人数3935人；社会工作者（高级）报考人数38人，审核通过人数24人；翻译专业（口译）报考人数244人，审核通过233人；翻译专业资格（笔译）专业报考人数1516人，审核通过1499人；审计师专业报考人数683人，审核通过638人；注册设备监理师专业报考人数13人，审核通过5人；注册测绘师专业报考人数251人，审核通过239人；出版专业报考人数175人，审核通过161人；注册安全工程师专业报考人数1895人，审核通过1685人；执业药师专业报考人数4642人，审核通过4192人；经济专业报考人数6611人，审核通过6241人；一级消防工程师专业报考人数4410人，审核通过3885人。

表彰奖惩　全市有6家先进集体和6名先进个人获国家部委表彰；50家先进集体和125名先进个人获省级工作部门表彰；80家先进集体和203名先进个人获市级党委政府表彰；60家先进集体和178名先进个人获县（市）区级党委政府表彰。开展“庆祝中华人民共和国成立70周年”纪念章发放工作，全市纪念章颁发对象654人，其中离休干部591人，建国前老党员59人，建国前老工人4人。对“招商2018”行动、十六届省运会备战参赛工作以及执行安保维稳工作等表现突出的16名事业单位工作人员予以记功、38名事业单位工作人员予以嘉奖。全年事业单位工作人员受政纪处分的有64人次、受党纪处分的有174人次。

【工资收入分配制度改革】　企业工资收入分配调整　2019年，福州市发布2019年企业工资增长指导线（上线为12%、基准线为8%、下线为3%），发布2019年劳动力市场工资指导价位（涉及17个行业、565个职位、165个技术等级工种）和2018年度企业人工成本信息。出台《福州市人民政府关于改革国有企业工资决定机制的实施意见》，并制定国有企业工资总额预算执行结果备案、工资内外收入监督检查、工资分配信息披露式样等配套文件。推进国有企业负责人薪酬制度改革，认定2018年度、2019年度市属国企负责人薪酬计发基数，审核2017年度市管企业正职负责人薪酬问题，完成市管企业负责人2017年度备案和信息公开。

事业单位工资管理　为事业单位年度考核合格和优秀的工作人员晋升1级

表 22　2019 年福州市获省级以上先进集体表彰情况

序号	表彰项目	表彰对象
1	全国钢铁工业先进集体	福建罗源闽光钢铁有限责任公司高棒车间
2	全国教育系统先进集体	福州市聋哑学校
3		闽侯县东南学校
4	全国档案系统先进集体	福建省福州市档案馆
5	全国市场监管系统先进集体	福建省福州市鼓楼区市场监督管理局
6	全国法院“基本解决执行难”工作先进单位	福清市人民法院
7	全省水利系统先进集体	福州市水政监察支队
8		福州市长乐区连柄港灌区管理处
9		福清市水利局
10		罗源县水利局
11		永泰县水利局
12	全省机要系统先进集体	中共福州市委机要局
13		中共福州市鼓楼区委机要局
14		中共福州市长乐区委机要局
15		中共连江县委机要局
16	全省台办系统先进集体	中共福州市委台港澳工作办公室（原中共福州市委台湾工作办公室）
17		中共福州市马尾区委台港澳工作办公室（原中共福州市马尾区委台湾工作办公室）
18	全省民政系统先进集体	福州市文林山革命公墓管理处
19		福州市晋安区民政局
20		福州市马尾区民政局
21		福州市闽清县民政局
22		福州市永泰县民政局
23	全省共青团系统先进集体	共青团台江区洋中街道铺前社区支部委员会
24		共青团福州市直机关工作委员会
25		共青团闽江师范高等专科学校委员会
26		共青团福州市委员会办公室
27	全省残联系统先进集体	马尾区残疾人联合会
28		长乐区残疾人联合会
29		罗源县残疾人联合会
30		永泰县残疾人联合会
31	全省住建系统先进集体	福州市城乡建设局
32		福州市园林中心（原福州市园林局）
33		福州市城区水系联排联调中心
34		永泰县住房和城乡建设局
35		罗源县村镇规划建设管理站
36		福州市城市规划展示馆
37		福州市台江区住房保障和房产管理局

续表22

序号	表彰项目	表彰对象
38	全省住建系统先进集体	福州市鼓楼区城市管理局
39		福州住房公积金中心（原福州住房公积金管理中心）
40	全省工会系统先进集体	福州市总工会
41		福州经济技术开发区总工会
42		福州福清市总工会
43		长乐恒申合纤科技有限公司工会委员会
44	全省商务系统先进集体	福州市商务局
45		中国(福建)自由贸易试验区福州片区管理委员会福州经济技术开发区办事处
46		福州市晋安区商务局
47		福清市商务局
48		福州市闽侯县商务局
49		福州市罗源县工业和信息化局（罗源县商务局）
50	全省人大系统先进集体	福州市人大常委会办公厅
51		福州市台江区人大常委会宁化街道工委
52	全省保密系统先进集体	福州市委保密委员会办公室
53		福州市人民检察院保密委员会办公室
54		福州市鼓楼区委保密委员会办公室
55		福清市委保密委员会办公室
56		罗源县委保密委员会办公室

表23　　2019年福州市获省级以上先进个人表彰情况

序号	表彰项目	表彰对象
1	全国残联系统先进工作者	徐世元（福州市残联副理事长）
2	全国机械工业劳动模范	陈　城（福建雪人股份有限公司车间主任）
3	全国模范教师	蔡玉芳(福州屏东中学高级教师)
4		毛文丑（闽清县杉村学校一级教师）
5		陈　东（闽江学院讲师）
6	全国教育系统先进工作者	徐　聪（福州格致中学校长）
7	全省水利系统先进个人	周中华（福州市水利局办公室主任）
8		王　峰（闽清县水利局副局长）
9		鲍仕榕（福州市水政监察支队综合科科长）
10		林其武（福州市闽江下游管理处工程管理科科长）
11		廖敏杰（福州市仓山区螺洲防洪堤管理所助理工程师）
12		房建城（福州市马尾区水利管理站副站长）
13		林松宝（福州市水利局计财处处长）
14		林修焰（闽侯县水利局综合科科长）
15		刘美芳（连江县洪水预警报中心副主任）

续表 23

序号	表彰项目	表彰对象
16	全省机要系统先进工作者	林心怡（中共福州市仓山区委机要局副局长）
17		孙　帆（中共福州市晋安区委机要局局长）
18		王壮财（中共福清市委机要局副局长）
19		谢振铨（中共闽侯县委机要局局长）
20		吴湘宇（中共闽清县委机要局副局长）
21		卓爱玉（中共罗源县委机要局科员）
22		鲍英瑜（中共永泰县委机要局局长）
23	全省优秀法官	林燕芳（福州市中级人民法院刑事审判第二庭副庭长、一级法官）
24	全省优秀法院干警	陈　湘（闽侯县人民法院行装科科长）
25	全省法院先进个人	吴明烽（福州市鼓楼区人民法院执行局副局长）
26		吴智斌（福州市马尾区人民法院执行局副局长、二级法官）
27		陈　堃（福州市晋安区人民法院行政审判庭一级法官）
28		余良炎（福清市人民法院三山人民法院副庭长、二级法官）
29		何　晖（连江县人民法院执行局副局长、二级法官）
30		苏燕伟（永泰县人民法院执行庭副庭长、法官助理）
31		黄新星（闽清县人民法院立案庭庭长、二级法官）
32	2016—2018 年度福建省重点项目建设先进工作者（省有关单位推荐）	谢　冰（福州市铁路项目征收建设指挥部征地协调科科长）
33		陈永锋（福州莆炎高速公路有限责任公司董事长、高级工程师）
34		罗　奕（华能港务有限公司工程管理部主任、高级工程师）
35		盛　雷（福清海峡发电有限公司综合管理部经理）
36		胡旦明（神华罗源湾港电有限公司总经理助理、高级工程师）
37	2016—2018 年度福建省重点项目建设先进工作者	王勇兵（福州市马尾工业建设总公司总经理）
38		郑国清（福州市长乐区发展和改革局重点办主任、工程师）
39		黄诚华（福清市铁路建设领导小组办公室副主任）
40		刘棋官（福建申远新材料有限公司副总经理）
41		陈　城（福建省水投集团霍口水务有限公司总工、高级工程师）
42		鄢利标（闽清县白金园区指挥部项目负责人）
43		何则银（福建省永泰一建工程有限公司项目负责人、工程师）
44		杨　邦（福州滨海新城建设总指挥部规划建设指挥部用地规划处处长、福州市长乐区规划局滨海分局局长）
45		林　航（元翔福州国际航空港有限公司候机楼管理公司运行保障部经理、助理工程师）
46		陈淼英（福州市发展和改革委员会交能处、铁轨办负责人）
47		陈永锋（福州市城区水系联排连调中心常务副主任、高级工程师）
48		林志平（福州市交通运输委员会重点办负责人、高级工程师）
49		蒋盛钢（广州地铁设计研究院股份有限公司福州分院院长、高级工程师）
50	全省台办系统先进工作者	唐跃新（中共福州市委台港澳工作办公室沿海三通处处长）
51		陈少聪（中共福州市台江区委台港澳工作办公室主任）
52		王　坚（中共福州市仓山区委台港澳工作办公室主任）

续表23

序号	表彰项目	表彰对象
53	全省台办系统先进工作者	谢云芳（中共连江县委台港澳工作办公室秘书宣传科科长）
54		张　勤（中共福清市委台港澳工作办公室副主任）
55	全省民政系统先进工作者	杨玉华（福州市民政局办公室主任、人事处处长）
56		顾　萍（福州市军队离休退休干部服务中心党支部书记、主任）
57		蒋朝荣（福州市军队离休退休干部五凤休养所水电工）
58		林　辉（福州市台江区民政局低保管理中心主任）
59		刘晓初（福州市仓山区民政局办公室主任）
60		吴礼荣（福州市晋安区民政局副局长）
61		叶剑平（福州市马尾区民政局办公室主任）
62		陈家辉（福州市长乐区民政局社会事务科负责人）
63		姚远见（福清市殡葬管理所副所长）
64		姚为强（闽侯县社会福利中心副主任）
65		黄淑斌（连江县民政局低保科科长）
66		彭盛强（罗源县社会福利中心主任）
67		黄　卉（闽清县民政局办公室主任）
68		张厚国（永泰县救助管理站负责人）
69	全省共青团系统先进工作者	胡　超（共青团福州市委员会常委、宣传维权部部长）
70		娄　艳（福州市鼓楼区教育局团委书记、区少先队总辅导员）
71		蔡标兵（福州市台江区鲲鹏青少年事务服务中心团支部副书记）
72		赵莹莹（福州市晋安区茶园街道团工委书记）
73		余林燕（恒申控股集团有限公司团委书记）
74		陈钰锋（共青团连江县委员会书记）
75		沈佳丽（共青团闽江学院委员会组织宣传科员）
76		张锦庭（福州地铁集团有限公司团委书记）
77		刘会坚（福州三中团委书记）
78	全省残联系统先进工作者	严　臻（晋安区残疾人就业服务指导中心职员）
79		黄道亮（闽清县残联副理事长）
80	全省住建系统先进工作者	王金露（福州市城乡建设局城市建设处主任科员）
81		杨德水（福州市城乡建设局镇村建设指导处副处长）
82		何增平（福州市建设工程质量监督站党总支书记、高级工程师）
83		卢敏卿（福州市纪委驻市城乡建设局纪检组副组长）
84		施伯超（福州市地铁建设工程质量安全监督站站长）
85		兰　剑（福州市台江区建设局局长）
86		林晖榕（福州市晋安区城乡建设局副主任科员）
87		林铭文（福清市住房和城乡建设局审批科负责人、高级工程师）
88		林　涛（中共福州市晋安区委副书记、晋安区人民政府代区长）
89		陈忠凯（福建六建集团有限公司副总裁、高级工程师）
90		孙良辉（福州市自然资源和规划局用地规划管理处长）
91		陈　晖（福州市住房保障和房产管理局物业处副处长）

续表 23

序号	表彰项目	表彰对象
92	全省住建系统先进工作者	李建国（福州市鼓楼区园林中心工程师）
93		宋海鹏（福州市环境卫生管理处规划建设科科长）
94		陈健玲（福州住房公积金中心城区管理部主任、中级经济师）
95	全省工会系统先进工作者	李青松（福州市鼓楼区总工会党组成员、主任科员）
96		苏建华（福州市晋安区总工会综合科负责人）
97		陈泉元（智恒科技股份有限公司工会主席）
98		顾　珺（福州顺丰速运有限公司工会主席）
99		朱国华（福建博思软件股份有限公司工会副主席）
100		官庆瑜（福州市教育工会科员）
101		曾　莉（福州结核病防治医院工会干事）
102		陈　超（福建省汽车运输有限公司工会副主席）
103	全省商务系统先进工作者	林为城（福州市商务局对外贸易处副处长）
104		谢　伟（中国福建自由贸易试验区福州片区管理委员会经济发展局企业服务科科长）
105		邓　青（福州市鼓楼区商务局外贸科科长）
106		郑　烨（福州市台江区商务综合行政执法大队科员）
107		郑　伟（福州市仓山区商务局局长）
108		王钢清（福州市马尾区商务局副局长）
109		王利琴（福州市长乐区商务局科员）
110		林敏捷（福州市连江县招商中心主任）
111		张礼垒（福州市闽清县商务综合行政执法大队队长）
112		郭文秀（福州市永泰县商务局科员）
113		周　宇（福州高新技术产业开发区商务局科员）
114	全省人大系统先进工作者	缪存建（福州市人大常委会侨台工委秘书处处长）
115		林敏超（福州市鼓楼区人大常委会办公室工作人员）
116		杨　婷（福州市台江区人大常委会办公室行政人员）
117		刘　嘉（福州市仓山区人大代表服务中心主任）
118		蒋　萍（福州市晋安区人大常委会财经工委主任）
119		陈雅华（福州市马尾区人大常委会人事代表工委主任）
120		柯能航（福州市长乐区人大常委会办公室科员）
121		方起家（福清市人大常委会代表服务中心主任）
122		林升富（闽侯县青口镇人大主席团主席）
123		吴　婷（连江县人大常委会办公室副主任）
124		黄鼎恩（罗源县人大常委会办公室职工）
125		林秀燕（闽清县人大常委会人事代表工委主任）
126		吴京生（永泰县人大常委会教科文卫工委主任）
127	全省保密系统先进工作者	汪学英（福州市委保密办二处处长）
128		王东曜（福州市交通运输局办公室副主任）
129		倪晓琴（福州市粮储局办公室副主任科员）
130		王玉珍（连江县委办副主任、保密办主任）
131		方玉珍（闽侯县国家保密局副局长）

薪级工资，调整人数1.9万人。结合各单位的岗位调整、人员变动、业务收入等因素核定279家市属事业单位年度绩效工资总量，已出台的事业单位待遇政策项目全部纳入总量管理，避免在国家规定框架外新设项目。根据《福州市企业化管理事业单位工资总额暂行办法》，核定全市11家企业化事业单位工资总额，年人均工资最高23.71万元，最低7.13万元。制定全市“1+X”规范津贴补贴专项督查工作方案，每季度各单位自查自纠，元旦、春节、五一、端午、中秋、国庆等重要时间节点开展督查，发现42条问题线索，追还资金约220万元。

【退休干部管理】 2019年，福州市先后在春节、拗九节、端午节、重阳节等传统节日，开展写春联、煮拗九粥、包粽子、登山等传统活动，举办庆祝中华人民共和国成立70周年活动，组织退休医疗专家赴连江县黄岐镇开展卫生下乡义诊咨询活动，推进活动学习场所建设，全市退休干部参加活动超过8万人次。

（黄启韩）

发展研究

【概况】 2019年，福州市人民政府发展研究中心组织完成各类调研成果160多项，编发《研究报告》179期，编辑出版《福州经济》杂志6期，编印《2019年福州发展研究报告》文集。

【重点课题调研】 2019年，福州市人民政府发展研究中心完成市委、市政府交办的制定服务基层专项考核办法、促进中日合作交流研究、组织征求专家代表工作意见等任务。参加国务院发展研究中心、省政府发展研究中心组织的经济运行情况、县域经济发展等专题调研。

【政策咨询服务】 2019年，福州市人民政府发展研究中心组织全市政府系统开展重点课题调研工作，指导、协调各县（市）区，市直部门完成市政府下达的调研任务133项。牵头成立市乡村振兴战略智库专家服务团，协调市社科院、闽江学院等5个单位，落实工作任务。抽调业务骨干，参加第44届遗产大会的筹备工作。

【其他研究工作】 2019年，福州市人民政府发展研究中心开展前瞻性研究，形成《探索在我市建立全国性茶期货市场研究》《发展深海“一条鱼”养殖产业大有可为》《将编修村镇志作为振兴我市乡村重要抓手》等调研报告。利用国研网、中国智库网等平台，收集分析各地经验做法，向市委、市政府上报《从苏州市看中美贸易摩擦的影响及对策》《我国大城市群一体化的趋势与政策建议》等专报件。

（林舒浩）

福州市人民政府驻北京联络处

【概况】 2019年，福州市人民政府驻北京联络处（简称福州市政府驻京联络处）完成招商项目18个，项目投资总额85.3亿元，其中中国（连江）海峡国际农产品物流园项目，投资额39.3亿元；火车站南广场交通枢纽综合服务中心项目，投资额12.38亿元；西门子项目建设基地项目，投资额7.5亿元；中铁运营维护中心项目，投资额4.26亿元；福建砼艺建材有限公司项目，投资额3亿元。

【招商工作】 2019年，福州市政府驻京联络处以引进大项目为核心，聚焦“机制活、产业优、百姓富、生态美”，承接北京高端产业转移，计划将驻京招商资源进行整合、梳理。将各县域园区的发展情况、资源禀赋、产业优势及项目需求，进行归纳总结，在对接项目过程中实地考察。利用商协会平台及在京榕籍乡贤的资源，捕捉项目线索并建立数据库，按照“捕捉信息，建立联系，登门拜访，活动洽谈，实地考察，巩固跟进”六步法，实行主动招商、贴身招商。着力收集中央、国家、部委重大的政务、经济、科技、教育、文化等信息；瞄准京津冀、长三角和珠三角等地，筛选具有时效性、前瞻性、操作性的信息要闻和政策做法。与各省市区驻京办事信息协会及信息服务有限公司加强合作，拓展信息来源量。通过筛选、整合、编辑各类信息，第一时间向福州市委、市政府及市直有关单位报送。

【维稳工作】 2019年，福州市政府驻京联络处按照“统一管理、统一指

2019年11月22日，在由人民网、环球时报社主办的“一带一路”国际商协会大会在北京国际饭店会议中心举行，福州作为本届大会的主宾城市，市委副书记、市长尤猛军在会上向全球进行主题推介。福州驻京联络处在京全程参与会务服务与保障

（福州市人民政府驻北京联络处 供）

挥、统一要求、统一调度”的工作要求，建立驻京维稳的“全链条维稳机制”，实现驻京工作资源、信息、力量等要素的有机整合。制定工作规范，明确其常态化工作职责，明确责任单位、明确责任领导、明确专人负责、明确工作标准。建立健全日常联络工作机制，依法依规开展在京的维稳工作，推进驻京维稳长效机制建设。加强驻京信访队伍建设，加强人员培训。配合全国“两会”、一带一路峰会、亚洲文明对话、中华人民共和国成立70周年庆典活动、十九届四中全会等驻京维稳工作任务。

（李国琛）

福州市人民政府驻上海办事处

【概况】 2019年，福州市人民政府驻上海办事处（简称福州市政府驻沪办）接待福州市、县（区）等赴沪考察团和出国中转团组40多批次，为福州市交易分团参加第二届“进博会”提供保障服务。搜集、整理长三角地区改革开放和经济建设方面的重大政策举措和先进经验，报送给福州市委、市政府，为福州市领导决策提供参考资料。

【招商引资】 2019年，福州市政府驻沪办配合福州市各县、区开展针对长三角地区企业的招商引资工作，开展市县/区两级联动招商。年内金控均和（福州）供应链有限公司、振华重工海上福州建设有限公司、福建均和信息产业发展有限公司、福州宸亚传媒有限公司、福州华垠宸亘文化传媒有限公司、福建亚升投资集团有限公司、福州盛为投资有限公司、福建省均和电力技术有限公司、福建众人通信息技术有限公司、福建亚飞海运有限公司、福建珍农发展有限公司、福州量子中金数码技术有限公司、福建海华惠普科技有限公司等落户福州市相关县、区，完成市政府“2019招商年”行动下达给驻沪办的任务。

【企业服务】 2019年，福州市政府驻沪办通过上海市福州商会与企业进行互动沟通，与上海市有关政府部门协调，帮助福州籍近万家在沪大小企业及10万多从业人员提供服务。

【接待工作】 2019年，福州市政府驻沪办接待福州市、县（区）等赴沪考察团和出国中转团组40多批次。在第二届上海国际进口博览会期间，福州市领导应邀参加虹桥国际经济论坛及场内巡馆活动、福建新一轮开放政策解读和项目对接会、福建省医疗器械及医药保健采购对接会等活动。结合市招商引资和经贸合作的需要，安排市领导走访重要客商，开展招商、推动在谈项目，以及后勤服务工作。

【《上海信息》编印】 2019年，福州市政府驻沪办围绕长三角地区的自贸区改革、供给侧改革、创新驱动战略、新兴产业发展、智能制造等热点问题，组织人员多渠道搜集、整理江、浙、沪改革开放和经济建设方面的重大政策举措和先进经验，编辑《上海信息》及时准确地报送给福州市委、市政府及相关单位，为福州市领导决策提供参考资料。

（吴金捷）

福州市人民政府驻深圳（广州）办事处

【概况】 2019年，福州市人民政府驻深圳（广州）办事处（简称福州市政府驻广深办）走访在粤知名企业100余家，组织客商回榕考察20批次，接待福州市委、市政府、市直机关部门、各区县（市）领导及深圳、广州市政府相关部门领导等共计78批，396人次。年内，联合市投促局在深圳、广州举办2场福州投资环境推介会，邀请近百家知名企业参会。全年招商落地项目24个，投资总额73.22亿元，在全市招商考评中位列第12名，促成明确投资意向项目8个，投资总额约80亿元。被广州协作办评为“全国驻穗机构表扬单位”。

【招商工作】 2019年，福州市政府驻广深办实行全员招商，办事处领导带头，重点围绕电子信息、高端装备制造、纺织化纤、高端冶金建材、精细化工、生物制药等6条产业链18个细分产业对接服务。实行“小分队先行—相关职能部门联络—具体区县（市）、工业区

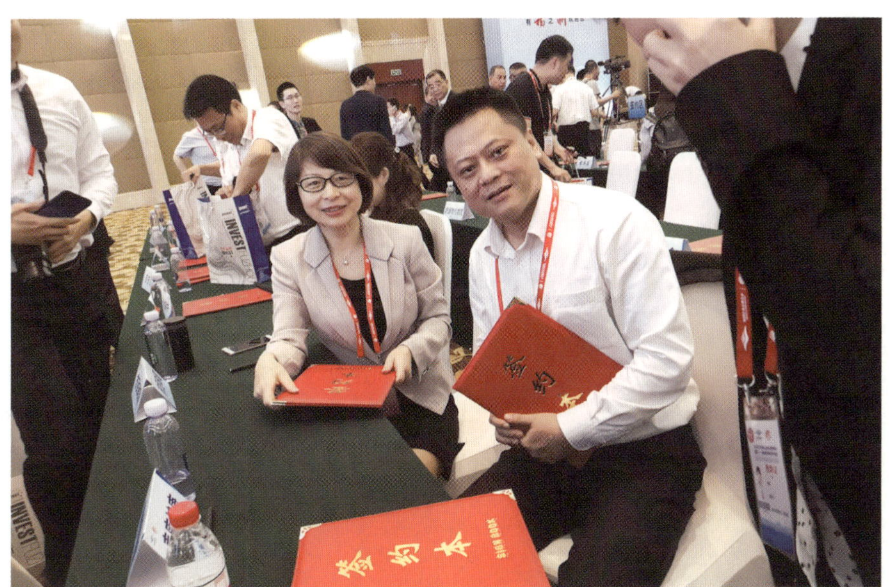

2019年5月18日，在福州市人民政府举办的第二届21世纪海上丝绸之路博览会暨第二十一届海峡两岸经贸交易会上，福州市政府驻广深办招商引资项目泰康之家福州高端康养项目成功签约。泰康人寿华南区副总经理任帆与福州代表在会场签约合影

（福州市政府驻广深办 供）

对接跟踪项目—高层领导视情互访”方式。在2019全球（深圳）物联网智慧未来峰会、第二届智能终端技术创新峰会、中国国际进口博览会、深圳高交会等国内外有影响力的活动中联络参会参展企业，鼓励榕籍客商回乡投资。全年招商落地项目24个，投资总额73.22亿元：1. 众赢时代区块链技术产学合作基地，投资额3.07亿元；2. 蓝网医疗信息科技产业园，投资额10亿元；3. 博创防爆电子支付产品项目，投资额0.55亿元；4. 腾盛集团工业电气设备实验中心，投资额0.8亿元；5. 福建铁交控股有限公司，投资额0.5亿元；6. 爱车主服务生态平台，投资额1.26亿元；7. 福建索贝科技有限公司，投资额0.5亿元；8. 福州朴朴时代电子商务有限公司，投资额5亿元；9. 特艺城供应链管理有限公司，投资额1亿元；10. 福建百视威文化传播有限公司，投资额0.5亿元；11. 福建罗景斯家政服务有限公司，投资额1.95亿元；12. 福建煦垒网络科技有限公司，投资额0.5亿元；13. 福建一伏新能源科技有限公司，投资额0.5亿元；14. 福建金大机械制造有限公司，投资额2.23亿元；15. 江润水产养殖项目，投资额3亿元；16. 微信智慧生活项目，投资额2.11亿元；17. 物联网综合技术基地，投资额1.2亿元；18. 迈迪网—东南区域中心及工业互联网应用服务平台项目，投资额10亿元；19. 富智造（福建）数字科技有限公司，投资额0.5亿元；20. 工业互联网科技赋能和工业人工智能支撑软件开发，投资额4.92亿元；21. ROSA机器人操作系统项目，投资额2.82亿元；22. 福建越华晖实业有限公司年产LCD液晶显示屏420万组ITO导电玻璃2600万片项目，投资额15.16亿元；23. 万业高新实验中心，投资额2.75亿元；24. 迦南香精混合分装生产项目，投资额2.4亿元。

【商会工作】 2019年，福州市政府驻广深办依托商会平台，在市政协港澳委员会议及市统战工作等重要活动和节点中，组织和引导深圳市福州商会和广州市福州商会把参与爱心公益事业作为商会一项重要工作。

【联络工作】 2019年，福州市政府驻广深办与广深两地政府相关部门联络，向广州协作办报送政务信息，加强与深圳兄弟单位的政务沟通；走访各省市办事处，参加全国驻深单位联席会议和全国驻穗机构联谊会，探讨办事处工作及招商引资经验，扩大办事处的外联网络。协助深圳市龙华区委维稳工作领导小组办公室，妥善协调诚丰家具债务事件，化解矛盾冲突。

【会务与接待工作】 2019年，福州市政府驻广深办联合举办2场福州招商推介会；协助市政协、市委统战部在深召开2019年福州市政协港澳委员和市海联会常务理事座谈会、香港榕籍社团工作会议；协助福州参展代表团参加在粤举办的广交会、高交会、文博会和人才大会等重要展会。接待福州市委、市政府、市直机关部门、各区县（市）领导及深圳、广州市政府相关部门领导78批，396人次。完成10月8—10日，福建省委副书记、福州市委书记王宁和市长尤猛军带队赴深圳走访考察的接待保障工作。

（朱凌姗）

（编辑　苏颖）

中国人民政治协商会议福州市委员会

综　述

【概况】　2019年，中国人民政治协商会议福州市委员会（简称福州市政协）召开全体委员会议1次，常务委员会议7次。组织开展专题议政性常委会议2场、专题协商会6场、对口（界别）协商会8场、重点提案办理协商10场。完成“推进福州市汽车先进制造业与现代服务业深度融合”“福州市深化国家生态文明试验区建设”等课题调研16个，组织界别活动121场次。审查立案提案459件，办复率100%。完成《叙事——福州闽剧评话织艺保护传承的集体记忆》（待出版）、《福州西湖史话》《祝福祖国——庆祝中华人民共和国成立70周年·人民政协成立70周年专辑》（福州文史资料第37辑）等史料征编、出版；开展《叙事——福州城区内河水系综合治理的集体记忆》征编和《福州市政协志》续编工作。

【政协委员服务管理】　2019年，福州市政协首次委托国内知名高校复旦大学、浙江大学举办2期委员异地读书班。对4名2018年考核分数60分以下的委员进行约谈，依法依章程对1名违纪违法委员责令其辞去委员资格。为在榕的各级政协委员搭建共同学习、共同履职、相互交流平台。

【提案工作】　2019年，福州市政协接收提案646件，经审查，立案459件，立案率71.1%。其中，委员提案335件，集体提案124件；政协第十三届福州市委员会第三次会议期间接收提案413件，平时提案46件。立案、提案交由84个单位办理，收回办复件1033件次，均在规定时限内办理并答复提案者，办复率100%。委员对提案办理结果表示满意的占94.8%，表示基本满意的占5.2%。

（庄丽婷　陈小刚）

重要会议

【政协第十三届福州市委员会第三次会议】　2019年1月4—8日在福州举行。省委副书记、市委书记王宁等市领导出席会议。委员们听取并协商讨论市长尤猛军所作的福州市人民政府工作报告，听取并协商讨论市中级人民法院工作报告、市人民检察院工作报告以及计划、预算报告。会议审议并同意市政协主席何静彦代表政协第十三届福州市委员会常务委员会所作的工作报告，审议并同意市政协副主席雷成财代表政协第十三届福州市委员会常务委员会所作的提案工作情况的报告，补选许宝月等4人为十三届市政协常委。

【市政协十三届常委会】　2019年，福州市政协常务委员会召开常委会会议7次。分别是：

第11次会议　1月5日召开。会议协商讨论并同意《中国人民政治协商会议第十三届福州市委员会第三次会议选举办法（草案）》《中国人民政治协商会议第十三届福州市委员会第三次会议大会选举总监票人、监票人名单（草案）》。会议听取《中国人民政治协商会议第十三届福州市委员会常务委员候选人建议人选名单（草案）》、市政协副秘书长林敦关于追认《中国人民政治协商会议第十三届福州市委员会部分委员、专门委员会兼职副主任变更名单》的说明。会议审议并通过《中国人民政治协商会议第十三届福州市委员会各专门委员会兼职副主任名单（草案）》。

第12次会议　1月6日召开。会议听取市政协秘书长张大斌关于各组协商选举办法，总监票人、监票人名单，常务委员候选人建议人选名单等文件草案以及讨论市政府工作报告、市政协常委会工作报告和提案工作情况的报告等报告的情况汇报。会议审议通过《中国人民政治协商会议第十三届福州市委员会第三次会议选举办法（草案）》《中国人民政治协商会议第十三届福州市委员会第三次会议大会选举总监票人、监票人名单（草案）》。会议审议通过《中国人民政治协商会议第十三届福州市委员会常务委员候选人名单（草案）》。

第13次会议　1月7日召开。会议听取市政协秘书长张大斌关于各组审议《中国人民政治协商会议第十三届福州市委员会第三次会议决议(草案)》的情况汇报。会议审议同意《中国人民政治协商会议第十三届福州市委员会第三次会议决议(草案)》。

第14次会议　3月26日召开。会议传达学习习近平总书记在全国两会上的重要讲话精神、全国两会精神以及全省领导干部会议、十二届省政协常委会第九次会议和市委常委会会议的主要精神。会议审议并通过《政协福州市委员会常务委员会2019年工作要点》。会议审议并通过《中国人民政治协商会议第十三届福州市委员会部分专门委员会副主任任职名单》。

第15次会议　8月2日召开。会议传达学习全国地方政协工作经验交流会、全省市县政协主席工作座谈会暨秘书长工作会议、十二届省政协常委会第十一次会议、中共福州市委十一届九次全会精神。会议审议并通过新修订的《中国人民政治协商会议福州市委员会专门委员会通则》。审议并通过《中国人民政治协商会议福州市委员会提案工作条例》。审议并通过《政协第十三届福州市委员会常务委员会关于推进福州市汽车先进制造业与现代服务业深度融合的建议案(草案)》。审议并通过《中国人民政治协商会议第十三届福州市委员会副秘书长任免名单(草案)》。审议并通过《中国人民政治协商会议第十三届福州市委员会部分专门委员会主任、副主任任免名单(草案)》。审议并通过《中国人民政治协商会议第十三届福州市委员会不再担任常务委员名单》。会议围绕“推进先进制造业与现代服务业深度融合”主题,组织市政协常委实地视察闽侯海峡汽车文化广场、福建奔驰汽车有限公司,围绕“推进福州市汽车先进制造业与现代服务业深度融合”议题开展专题协商。市工信局就福州市先进制造业和汽车制造业发展情况、市商务局就福州市服务业发展情况、青口投资区管委会就投资区工作情况进行书面通报。市政协党组成员、副主席林恒增代表市政协提出《政协第十三届福州市委员会常务委员会关于推进福州市汽车先进制造业与现代服务业深度融合的建议案》。市工信局、市商务局、市自然资源和规划局、市委编办、闽侯县作回应发言。市委副书记、市长尤猛军应邀出席会议并作部署讲话,市政协党组书记、主席何静彦主持会议并讲话。

第16次会议　11月14日下午、15日上午、18日上午召开,会期1.5天。会议传达学习中共十九届四中全会,以及省委、市委常委会(扩大)会议的主要精神;中央政协工作会议暨庆祝中国人民政治协商会议成立70周年大会,以及省委、市委政协工作会议的主要精神。会议审议并通过《中国人民政治协商会议第十三届福州市委员会部分专门委员会主任任免名单》。审议并通过《中国人民政治协商会议第十三届福州市委员会常务委员变更名单》。会议听取市政协调研室主任陈小刚关于《政协第十三届福州市委员会常务委员会关于福州市深化国家生态文明试验区建设若干问题的建议案(草案)》起草情况的说明。组织市政协常委围绕“福州市国家生态文明试验区建设工作情况”主题,集中视察鼓楼区中山大院垃圾分类处理点、台江区打铁港、仓山区流花溪、晋安区红庙岭循环经济产业园以及闽侯县旗山湖等。围绕“福州市深化国家生态文明试验区建设若干问题研究”议题开展专题协商。市发改委(市生态办)、市自然资源和规划局、市生态环境局、市城乡建设局、市审计局、连江县政府就3年来落实国家生态文明试验区(福州实施方案)基本情况、主要亮点、存在问题及下一步计划进行书面通报。市政协副主席林锋代表市政协提出《政协第十三届福州市委员会常务委员会关于福州市深化国家生态文明试验区建设若干问题的建议案》。陈子华、林景、余深画等3名市政协委员从加快推动福州市建筑垃圾资源化利用、建设绿色城市、打造“福山福水检察蓝”品牌等角度围绕“福州市深化国家生态文明试验区建设若干问题”建言献策。车云、陈硕和王果等3名市政协委员、智库专家还就建立完善的福州市生态环境空中监测系统、发展绿色经济、推进农用地土壤污染风险管控等方面作书面发言。市自然资源和规划局、市生态环境局、市地方金融监管局作回应发言,并提出加强和改进工作的具体措施。省委副书记、市委书记王宁应邀出席会议并讲话,市委副书记、市长尤猛军出席会议并作部署讲话,市政协党组书记、主席何静彦主持会议并讲话。

第17次会议　12月27日召开。会议传达学习中央经济工作会议,省委十届九次全会、省委经济工作会议,市委十一届十次全会、市委经济工作会议精神。会议期间召开市政协党组理论学习中心组(扩大)学习会暨市政协常委会议专题学习会,专门邀请中央马克思主义理论研究和建设工程首席专家郑传芳教授,作学习《治理体系和治理能力现代化的重大意义——学习党的十九届四中全会精神》的专题讲座。会议听取市政府副市长杭东作关于《政府工作报告(征求意见稿)》起草情况的说明。市法院党组副书记、副院长林志雄,市检察院副检察长顾颀分别作《福州市中级人民法院工作报告(征求意见稿)》《福州市人民检察院工作报告(征求意见稿)》起草情况的说明,以及2019年办理委员提案、建议等工作情况的通报。市政府督查室主任陈登兴通报市政府办公厅关于市政协常委会议建议案、专题协商成果和委员提案的办理落实情况。会议审议并通过《关于同意郑勇同志辞去中国人民政治协商会议第十三届福州市委员会副主席职务的决定》。会议审议并通过《中国人民政治协商会议第十三届福州市委员会副秘书长任免名单》《中国人民政治协商会议第十三届福州市委员会部分专门委员会主任、副主任任免名单》的说明。会议审议并通过《中国人民政治协商会议第十三届福州市委员会常务委员、委员、专门委员会兼职副主任变更名单》。书面审议《福州市政协主席会议关于2019年工作情况的报告》。听取市政协调查研究室主任陈小刚关于《中国人民政治协商会议第十三届福州市委员会常务委员会工作报告(草案)》起草情况的说明。市政协提案委员会主任余松同志关于《中国人民政治协商会议第十三届福州市委员会常务委员会关于十三届三次会议以来提案工作情况的报告(草案)》起草情况的说明。会议审议并通过《关于召开中国人民政治协商会议第十三届福州市委员会第四次会议的决定》《中国人民政治协商会议第十三届福州市委员会第四次会议议程》《中国人民政治协商会议第十三届福州市委员会第四次会议日程》《中国人民政治协商会议第十三届福州市委员会第四次会议政协委员分组原则》《中国人民政治协商会议第十三届福州市委员会第四次会议各组召集人名单》。会议审议并通过《关于授权主席会议审议福州市政协十三届十七次常委会议未尽事宜的决定(草案)》的说明。审议并通过《中国人民政治协商会议第十三届福州市委员会第四次会议秘书长、副秘书长名单》。书面审议《市政协专门委员会2019年工作总结和2020年工作思路》。

（庄丽婷 陈小刚）

政治协商

【全体会议协商】 2019年，在福州市政协十三届三次会议期间，全体委员及列席人员围绕市委中心任务和市政府工作报告展开。就“海上福州”建设、对台交流合作、激发民营经济活力、深化改革扩大开放、生态文明建设、打造幸福之城等事关福州发展大局的6个方面重点课题，以及产业发展、城市建设管理、乡村振兴、人才队伍建设、民族宗教、港澳台侨外事等12个方面工作提出299条建议。

【常委会议协商】 2019年，福州市政协开展2场常委会议协商。一场是由市政协主席何静彦和副主席郑勇、林恒增牵头，市政协调研室、经建委具体负责，与市政府及市工信局、市商务局、市资源规划局、市编办、闽侯县政府等围绕“推进先进制造业与现代服务业深度融合”议题开展常委会议协商。另一场是由市政协主席何静彦和副主席林锋牵头，市政协调研室、人资环委具体负责，与市政府及市发改委、市资源规划局、市生态环境局、市城乡建设局、市审计局、市地方金融监管局、连江县政府等围绕“福州市深化国家生态文明试验区建设若干问题研究”议题开展常委会议协商。

【专题协商】 2019年，福州市政协开展6场专题协商。一是由市政协副主席林绍彬、林恒增牵头，市政协经建委具体负责，与市政府及市财政局，市工信局、市地方金融监督管理局、市金控集团、福建海峡银行等，开展“推进政策性融资担保体系建设助力民营经济发展”专题协商。二是由市政协副主席林绍彬、林恒增牵头，市政协农业和农村委具体负责，与市政府及市海洋与渔业局、市农业农村局、市发改委、市财政局、市自然资源和规划局、市文旅局、市林业局、闽侯县政府开展“推动闽侯县荆溪镇关中村打造“金鱼小镇”专题协商。三是由市政协副主席林治良、郑勇牵头，市政协教科卫体委具体负责，与市政府及市卫健委、市教育局、市体育局、市财政局、市人社局、市市场监管局、市新闻出版局、市广播电视局，开展“加强青少年近视防控”专题协商（网络议政远程协商）。四是由市政协副主席郑云春、罗蜀榕牵头，市政协港澳台侨和外事委具体负责，与市政府及市海洋渔业局、市商务局、市投促局、市科技局、福州海关、市台港澳办、市外事办，福清市政协、连江县政协、罗源县政协，开展“发挥港澳台侨作用助推福州海洋经济发展”专题协商；五是由市政协副主席王绍知、林锋牵头，市政协社法委具体负责，与市政府及市委政法委、市公安局、市大数据委、市自然资源和规划局、市房管局、市民政局、市司法局，开展“打造智慧社区幸福升级版，助力平安福州建设”专题协商。六是由市政协副主席林绍彬、林恒增牵头，市政协文化文史和学习委具体负责，与市政府及市城乡建设局、市名城委、市自然资源和规划局、市文物局、晋安区政府，开展“福建协和大学遗址的保护”专题协商。

【对口（界别）协商】 2019年，福州市政协各专门委员会共开展8场对口（界别）协商。分别是：

市政协副主席林绍彬、林恒增牵头，市政协经建委具体负责，与市市场监督管理局、市大数据发展委、市工信局、市公安局交警支队、电信局、移动公司等开展“加强外卖餐饮监管，助力创建食安之城”对口协商。

市政协副主席林绍彬、林恒增牵头，市政协农业和农村委具体负责，与市名城委、市自然资源和规划局、市城乡建设局、市农业农村局、市文旅局及开展“加强福州传统村落活态传承”对口协商。

市政协副主席林治良、郑勇牵头，市政协教科卫体委具体负责，与市教育局、市财政局、市人社局、市自然资源和规划局开展“大力推进福州市学前教育深化改革规范发展”界别协商。

市政协副主席郑云春、罗蜀榕牵头，市政协港澳台侨和外事委具体负责，与市外事办、市文化和旅游局、市文投集团、福州日报社开展“传承闽都文化拓展我市海外联谊工作的意见建议”对口协商。

市政协副主席王绍知、林锋牵头，市政协社法委具体负责，与市委政法委、市公安局、市发改委、市交通运输局、市城管委开展“规范市区机动车道路停车”对口协商；与市公安局、市司法局、市市场监管局、市不动产登记中心开展“保障律师调查取证权，改善营商环境”对口协商。

市政协副主席郑云春、罗蜀榕牵头，市政协民宗委具体负责，与市民宗局、市文化和旅游局，晋安区、长乐区、连江县、罗源县政府等开展“加强少数民族非物质文化遗产保护”对口协商。

市政协副主席王绍知、林锋牵头，市政协人资环委具体负责，与市自然资源和规划局、市生态环境局、市水利局、市海渔局等开展“加强海岸带生态修复与保护”对口协商。

【网络议政远程协商】 2019年，福州市政协选择“做好我市儿童青少年近视防控工作”“规范市区机动车道路停车”2个议题，在全省率先开展网络议政远程协商活动，在调研报告中分别吸纳委员和社会公众通过网络提出的建议，在拓展基层群众参与政协协商渠道上进行探索。对接“数字福建政协云”建设，组织省政协首场网络议政远程协商会“加强福建省全民健身公共服务体系建设”福州分会场活动。

【政协应用型智库建设】 2019年，

福州市政协将“健全政协应用型智库运行机制”列入市委深化改革2019年工作要点，开展改革创新。在2018年依托委员初步建立市政协应用型智库的基础上，选择农业和农村委、文化文史和学习委率先探索智库成员向专家学者拓展，建立调研基地，联合对一些长期性战略性基础性的重大问题开展跟踪研究，建立具有政协特色的应用型智库运行机制。文化文史和学习委在协商调研、福州古厝视察、文史资料征编等工作中，发挥文史研究员和智库专家作用。港澳台侨和外事委依托智库成员开展“福州海丝文化（港澳台侨）有关史料收集与研究”工作。农业和农村委与福州大学、福建农林大学、福建省农科院的有关院所签订框架合作协议、挂牌设立研究基地。

（庄丽婷 陈小刚）

民主监督

【监督机制创新】 2019年，福州市政协与省政协提案委联合出台《关于建立省市政协联合督办提案工作机制的意见》，就共同协商提案选题、共同制定督办方案、共同组织督办活动、共同推动成果转化等作出明确规范。省政协主席崔玉英参加“2019年省市政协‘福州大学城地区基础教育及医疗卫生’提案联合督办回头看”活动。围绕“2018年省市政协‘传统手工艺传承与保护’提案联合督办回头看”开展专项民主监督活动，助力福州相关非物质文化遗产保护。制订、修订《福州市政协提案工作条例》《福州市政协提案审查工作细则》《关于进一步提高提案质量的实施意见》等文件。

【专项民主监督】 2019年，福州市政协编制《福州市政协专项民主监督工作指南（试行）》，对专项民主监督的议题选择、组织实施、结果报送等作出规范。对以市委、市政府采纳转化市政协重点协商建议案，印发实施方案或文件办理告知单为监督内容，开展专项民主监督。在“推进美丽乡村和特色小镇建设”专项民主监督中，邀请智库专家参与专业性指导，创新监督工作机制。全年针对“加快补齐民生社会事业短板”等4个议题开展专项民主监督。

【委员视察考察】 2019年，福州市政协修订《福州市政协委员视察考察工作规程》，增加“考察”形式，把委员密切联系群众、实现自我教育，与履行政治协商、民主监督、参政议政职能一体设计、一体落实。组织有关界别委员视察考察第二届数字中国建设峰会成果展览、榕台融合发展、汽车制造业与服务业深度融合、生态文明试验区建设等有关情况。组织党外委员“感受新时代新成就，坚定信心携手前进”专题考察。针对11类84项福州古厝保护项目，组织政协委员和智库专家分赴各县（市）区开展视察，形成视察报告呈报市委、市政府决策参考，助力筹办第44届世界遗产大会。

（庄丽婷 陈小刚）

文史资料和宣传信息

【文史资料征编】 2019年，福州市政协主办“闽韵流风 剧坛传响——第十六届中国戏剧节闽剧文献展”，这是闽剧400多年发展史上的首次系统文献展，也是市政协文史馆自2018年开馆以来在文史资料展示功能和团结联谊载体功能拓展上的一次有益尝试。与省政协联合举办庆祝新中国和人民政协成立70周年“致敬祖国”书画展。完成《叙事——福州闽剧评话伬艺保护传承的集体记忆》（待出版）、《福州西湖史话》、《祝福祖国——庆祝中华人民共和国成立70周年·人民政协成立70周年专辑（福州文史资料第37辑）》等史料征编、出版，精选精编《福州文史》季刊。开展《叙事——福州城区内河水系综合治理的集体记忆》征编和《福州市政协志》续编工作。

【宣传和信息编报】 2019年，福州市政协召开第十四次政协理论研讨会。在《中国政协》杂志、人民政协报（网）等报道46篇，在《福建日报》《政协天地》等报道16篇，在《福州日报》等市属媒体报道226篇，参与报道委员260多人次。全年收集政协委员报送的各类专报信息1500余条，被全国政协办公厅采用9条，被省政协办公厅采用93条，得到省领导批示11人次；向市委、市政府报送《政协简报》（社情民意专报）104期，报送协商成果专报23期，获得市领导批示70余人次。

（庄丽婷 陈小刚）

2019年10月，“闽韵流风剧坛传响——第十六届中国戏剧节闽剧文献展”在市政协文史馆开幕

（蒋婉岚 摄）

交流联谊

【党派团体委员调研协商】 2019年，福州市政协通过课题调研、协商议政、民主监督等活动，为市各民主党派和无党派人士在政协更好发挥作用创造条件。在市政协年度协商计划中，有11个议题安排市政协各参加单位与市政协专委会联合承办，占议题总数的55%。支持各民主党派以各自党派名义在政协参与重大问题和重要措施的讨论协商，参加大会发言、协商座谈会、调研、视察、提案督办等各类履职活动，发表意见、提出建议。50%的重点提案为各党派集体提案，60%以上的社情民意信息为各党派团体反映。

【界别委员调研协商】 2019年，福州市政协创新界别工作机制，首次在政协全会期间安排界别活动，形成《福州市政协2019年各界别工作计划》。首次在年度履职考核中对组织界别活动的召集人和委员予以激励。首次运用网络议政平台，拓展界别协商形式和内容。采取跨专委会和多界别联组活动等形式，创新界别活动组织形式。全年各界别开展活动121场次，比上年增长40.7%；有1772人次参加，比上年增长16%；各界别平均开展活动4.17次，比上年增长40.4%。

【港澳台委员活动】 海峡论坛·第十届海峡两岸船政文化研讨会 2019年6月14日在福州开幕，主题为船政与两岸融合发展历史。除开幕式外，还有学术主旨发言、圆桌论坛、两岸船政名家进校园、两岸青年博士话船政、两岸专家学者考察船政文化遗存等。

第六届榕台中小学生书画交流展 7月26日，第七届海峡青年系列活动之“亲情海峡，彩虹书画”第六届榕台中小学生书画交流展在福州画院开幕。500多名两岸师生及家长参加开幕式及相关活动。书画交流展自年初启动以来，征集到书画作品10000多件，其中获奖作品312幅，参展作品180幅。

第十六届榕台青年夏令营 8月20日在福州开营，为期8天。营员由台湾新竹高中、竹北高中、马祖高中和福州金山中学推举的85名学生参加，其中台湾青年49人。夏令营的主题是“跨越海峡·牵手相约”。活动形式主要是通过青年间体验式交流，认识和感受福州、福建，了解大陆交通、乡村发展现状以及闽都文化、朱熹理学等。

福州市政协港澳委员和市海联会常务理事深圳座谈会 10月27日在深圳召开。市政协主席何静彦，市委常委、统战部长陈晔，市政协副主席郑云春，以及120多名市政协港澳委员、海联会常务理事、异地商会负责人出席会议。陈晔通报福州市2019年以来经济社会发展情况。会议对2018年深圳座谈会期间所提意见建议的部门办理情况进行通报。与会人员围绕学习贯彻习近平总书记在中央政协工作会议暨庆祝中国人民政治协商会议成立70周年大会上的重要讲话精神发言，对促进榕港澳交流合作，对福州市经济建设、招商引资及补齐民生短板等方面发表意见和建议。

其他活动 邀请在榕台胞代表列席政协全体会议和有关活动，开展在榕台资企业走访活动，就台胞在榕就业就学等方面组织专题调研。联合举办第二届在榕高校台生“五四”青年体验营，首次组织在榕台湾青年走进福州政协，了解协商民主文化，感受参政议政氛围。通过走访慰问、课题调研、参观考察等，加强与台港澳及海外社团的联系联谊，邀请侨胞代表列席政协全体会议。

【民族宗教委员活动】 2019年，福州市政协赴民族乡村举办精准扶贫、金秋助学、义诊送药等系列公益活动。应邀参加第三届海丝佛教福建论坛暨纪念雪峰开山义存真觉大师圆寂1111周年系列活动开幕式、庆祝中华人民共和国成立70周年感恩赞美歌会、庆祝祖国70周年华诞暨已亥中华传统道教文化文艺晚会、福建省陈靖姑文化研究会第一次会员代表大会等重要节庆和纪念活动。

（庄丽婷　陈小刚）

（编辑　苏颖）

纪检监察

综 述

【概况】 2019年，福州市纪检监察机关立案查处违反政治纪律案件27件。履行协助职责和监督专责，开展全面从严治党主体责任落实情况检查，对落实“两个责任”不力的126名干部实施问责，其中给予党纪处分76人。强化政治巡察，一体推进“三项改革”，推进派驻机构改革，推动监察职能向基层延伸，实现乡镇（街道）和特殊区域派出监察机构全覆盖。根据“六带头、六严禁”要求，强化自我监督约束。

【巡察工作】 2019年，福州市纪委监委在全省率先推广县（市）区党委书记任巡察工作领导小组组长，纪委书记、组织部长任副组长的做法，推动巡察工作开展。加大巡视巡察整改日常监督力度，市委常委、市政府分管领导参加巡察反馈会，推动被巡察党组织立行立改、全面整改。市县两级巡察466个单位，发现“三大问题”6406个，违反“六项纪律”问题1946个，移交领导干部问题线索894条；根据巡察移交线索，立案审查调查314人，给予党纪政务处分294人，移送司法机关处理17人。开展稳定脱贫专项巡察暨巡察“回头看”和法院、公安系统提级联动交叉巡察，推进巡察向村级党组织延伸。创新巡察结果通报机制，由市委常委、分管副市长到相关被巡察单位通报。健全巡察组织体系，市县两级巡察机构编制数增加至225名，其中市级巡察机构编制数46名，居全省首位。

【纪检监察体制改革】 2019年，福州市纪委监委强化上级纪委对下级纪委的领导和指导，实行“三个提名考察办法”，探索形成纪委书记、副书记和纪检组长、副组长选配、培养、使用的良性渠道。落实县（市）区纪委重要岗位人选提名考察办法，强化双重管理体制，严把选人用人关口。加强纪检监察机关与司法机关、执法部门在线索移交、调查措施使用、案件移送等方面的协调衔接，完善党领导反腐败的工作体制、决策机制和实施举措，促进制度优势转化为治理效能。完成市级党政机关派驻机构改革，推进市管国有企业、金融企业和市属公办高职高专院校纪检监察体制改革，推动监察职能向基层延伸，在全市173个乡镇、25个特殊区域组建监察组，实现乡镇（街道）和特殊区域派出监察机构全覆盖，推动乡镇纪检组织建设全面实现“三个百分百”。

【纪检监察队伍建设】 2019年，福州市纪委监委开展“不忘初心、牢记使命”主题教育，举办庆祝新中国成立70周年系列活动。创建全国文明单位，全面落实党建工作责任制，建成纪检监察党员政治生活馆。开展“大学习、大比武、大练兵”，举办监督执纪工作规则和监督执法工作规定培训班，通过“清风讲坛”培训干部2800人次，组织全员学习中央纪委纪检监察干部培训系列课程，委托中国纪检监察学院、中国政法大学、复旦大学等举办培训班8期、培训干部1086人次。公开招录、择优选调49名干部，选优配强一线监督队伍。按“六带头、六严禁”要求，强化自我监督约束，建立市本级纪检监察干部廉政档案225份。

（市纪委监委）

党风廉政建设

【概况】 2019年，福州市纪委监委按照市委部署，由市纪委监委牵头负责主题教育专项整治工作，会同相关部门推进中央部署的8个方面重点问题、省委确定的7个方面难题积案专项整治，解决一批事关群众切身利益的难点问题。聚焦“五个一批”“重中之重”项目，深入一线强化监督，召开协调会28场次，发现问题27个，提出意见建议14条，推动重点项目建设开展。推进“四访”活动，开展重复信访举报化解工作，全市纪检监察机关接受检控类初次举报总量比上年下降47.7%，降幅居全省首位。开展信访举报分级录入扫描试点工作，相关经验在全国试点工作现场会上交流。规范市管干部廉政档案建设、管理和运用，综合信访举报和案件查处情况绘制“廉情地图”，加强政治生态分析研判。严把选人用人政治关、廉洁关，审核干部选拔任用党风廉政情况99批714人次。落实“三个区分开来”要求，严肃查处诬告陷害案件5起，及时为干部澄清正名。

【干部作风建设】 2019年，福州市纪委监委在元旦春节、五一端午、中秋国庆期间，组织19个市级督查组集中开展督查，加强节前纪律提醒、节中明察暗访、节后问责通报。全年查处违反中央八项规定精神问题152起，给予党纪政务处分192人，通报曝光37批78起典型案例。紧盯领导干部利用名贵特产特殊资源谋取私利问题，组织处级干部开展自查自纠，并将上述问题纳入第二批主题教育专项整治，全市查处领导干部利用名贵特产特殊资源谋取私利问题10起，给予党纪政务处分11人。聚焦“虚僵躲拖腐”问题，开展基层减负年、作风建设年、市直机关服务基层年活动，集中整治形式主义、官僚主义，查处形式主义、官僚主义问题140件270人，其中给予党纪政务处分159人。

【廉政宣传教育】 2019年，福州市纪委监委以主题教育为契机，利用广播电视、报刊网站、公交地铁等平台，及各级廉政教育基地和廉政文化建设示范点等各类载体，以访谈、专版、文稿、图片等不同形式开展廉政宣传。组织市音协专家创作一首廉政歌曲，参加全省廉政歌曲征集活动。开展福州市纪委监委《我和我的祖国》快闪拍摄活动。开展“一镇一孝廉”创建活动，挖掘古今孝廉人物事迹，联合市电视台推出林则徐、陈若霖、陈宝琛等孝廉人物短视频、公益宣传片、抖音系列融媒体作品14部。以“一镇一孝廉，清风满榕城”为主题，开展各类线下活动，发动相关单位在公交、地铁等公共领域播放孝廉文化相关视频，弘扬中华优秀传统文化。加强“清风福州”微信公众号的运营管理，全年关注用户人数23.8万多人，累计推送信息274期，单条信息最高阅读量44354人次。拍摄《大道直行》警示教育片，协助市委召开警示教育大会，组织近2万名干部及相关人员前往现场观看。年内，有85人向纪检监察机关主动投案。在市直机关开展“严规矩、守纪律、勇担当”警示教育专题系列活动，全市党员干部参观警示教育基地1000多场3万多人次，开设警示教育课3000多场次12万人次。

（市纪委监委）

腐败预防与惩治

【概况】 2019年，福州市纪检监察机关立案1900件，其中县处级干部案件29件，给予党纪政务处分1916人，移送司法机关115人，全市173个乡镇（街道）纪委监察组做到乡镇自办案件全覆盖。完成省纪委监委交办案件4件，其中有私分国有资产超千万元的重大职务犯罪案件。紧盯工程建设领域腐败问题，全面彻查长乐营滨路建设工程案件，处理党员干部37人，其中27名党员干部主动投案自首。开展追逃追赃“存量清零”行动，追回外逃人员数量居全省前列。对历年累积的777件疑难线索进行集中清理研判、分类处置，运用“四种形态”批评教育帮助和处理8361人次，其中一、二种形态占92%，监督执纪由惩治极少数向管住大多数拓展。加强审查调查安全工作，开展多轮安全工作督查检查，制定完善19项审查调查安全管理制度，选任69名审查调查安全员，推进谈话场所规范化建设。

【扶贫领域腐败和作风问题专项治理】 2019年，福州市纪委监委，查处全市扶贫领域违规违纪问题72起，处理143人，给予党纪政务处分66人。对接全省扶贫（惠民）资金网，提升福州市惠民资金网功能，公示75类91亿元扶贫惠民资金发放情况，以及2705个村居150余亿元村级财政性资金收支情况，网站访问量3300多万人次。自2017年网站运行以来，通过数据比对和公开监督，发现扶贫惠民领域问题线索572条，对321人给予党纪政务处分。

【扫黑除恶专项治理】 2019年，福州市纪委监委制定深挖彻查“保护伞”行动方案。完成中央督导反馈问题整改，与市政法委协作配合，研究制定、督促落实“三长”签字背书制度，有效传导压力责任，强化协同联动，突出责任倒查，推动扫黑除恶专项斗争纵深发展。全年，查处涉黑涉恶腐败和充当“保护伞”案件97件97人，给予党纪政务处分78人，移送司法12人，市纪委监委被评为全省扫黑除恶专项斗争先进单位。

【民生领域突出问题专项整治】 2019年，福州市纪委监委围绕教育、医疗、环保、食品药品安全，以及民生资金分配管理使用等领域存在的突出问题，督促相关职能部门承接上级，结合市情，针对性地制定专项整治方案，形成省、市、县三级上下联动、市直职能部门左右协同参与的专项整治格局。第二批主题教育期间，已公布3批次漠视群众利益突出问题专项整治工作成果。制定推进减税降费政策落实监督检查方案，会同市税务、财政等部门梳理编印福州市《减税降费政策清单》，探索创新监督方式方法，开展联合督导调研，推动各级各部门自觉照单履责，促进减税降费政策红利落地。全年落实各项新增减免税费146.38亿元，其中个人所得税改革减税32.67亿元。

【移风易俗专项治理】 2019年，福州市纪委监委制定《关于加强违建坟墓治理工作的实施意见》《福州市整治违建坟墓三年行动方案》，强化监督执纪问责，发现违建坟墓问题线索60条，给予党纪政务处分30人，全年查处各类移风易俗违规问题69个106人，给予党纪政务处分33人。

（市纪委监委）

（编辑　苏颖）

民主党派与工商联

中国国民党革命委员会福州市委员会

【概况】 2019年，中国国民党革命委员会福州市委员会（简称民革福州市委会）下辖5个工委，4个总支，50个支部。党员1042名，其中本科以上540人，占51.82%，中级职称以上675人，占64.78%。担任市级以上人大代表、政协委员18人次。全年提交提案、建议54件。利用民革微信公众号，发布信息90余条，被《团结报》、团结网采用7条次。出版《福州民革》4期，被民革中央评为《团结报》征订工作先进集体二等奖。

【参政议政】 2019年，民革福州市委会在省级“两会”，提交省人大代表建议5件，省政协委员个人提案2件。其中《打造“海丝IP”，推动福建文化旅游发展》《关于福建文化海外驿站现状及对策建议》获新华网等多家媒体采访报道。在市级“两会”，提交市政协集体提案15件，市人大建议5件，市政协委员个人提案25件。提交市政协大会发言2篇，其中《关于福州市农村垃圾污水治理现状及对策建议》作为大会口头发言，《福州海上丝绸之路文化遗址旅游资源的保护与利用》被选为市政协重点提案。围绕“三个福州”、生态文明建设和榕台交流等开展实地调研6项。完善常委会专题听取各课题进展机制，提升调研质量。《关于进一步加大扶持力度 培育软件和信息服务业龙头的建议》获2019年福建统一战线建言献策成果汇报会暨第十五届建言献策论坛二等奖；《构建虚拟联盟 助推闽台教育资源交流合作》获民革福建省委优秀调研成果二等奖。参与市政协常委会协商课题《关于福州市深化国家生态文明试验区建设若干问题研究》，承担子课题《关于推动机制砂产业高质量发展助力资源集约节约利用的调研报告》的调研任务；与市政协社法委共同开展“打造智慧社区幸福升级版，助力平安福州建设”专题协商调研，均在《福州调研》上刊载。《关于进一步推进我市老旧小区智慧改造工作的建议》《关于进一步突出海洋特色，实现“海上福州”蓝色梦想的建议》获市政府主要领导批示。报送社情民意信息201条，被各级部门采用34条次，批示5条。《对“暂停赴台自由行”政策的反映和完善建议》被中央统战部采纳；《我省商业综合体扎堆分布竞争白热化现象应引起重视》被全国政协采用，获省领导批示。

【思想理论建设】 2019年，民革福州市委会以习近平新时代中国特色社会主义思想和中共十九大精神为统领，通过主委会、常委会及各级专题学习会议

2019年6月17日，福州首个“民革党员之家”在陈绍宽故居举行揭牌仪式

（民革福州市委会 供）

和暑期骨干新党员培训班等形式，开展“不忘合作初心，继续携手前进”主题教育活动。召开主题教育活动部署会，开展征文活动，组织观看话剧《县委书记廖俊波》，带领基层举办形式多样的专题学习。将福建省首家民革党史教育基地——陈绍宽故居建设成民革市委首个“民革党员之家”，开展相关活动近50场。开展庆祝中华人民共和国成立70周年、人民政协成立70周年系列活动，参加全市统一战线书画摄影展活动和征文，参加民革中央专题演讲比赛，举办“翰墨丹青颂祖国”书画采风和专题展览，走访慰问2名获得“庆祝中华人民共和国成立70周年”纪念章的民革党员。

【组织建设】 2019年，民革福州市委会修订《基层组织工作条例》，制订《民革福州市委党员管理若干办法》，健全党员电子档案，加强党员资料更新；选送26名党员参加市委党校、省社会主义学院培训，发展新党员11人。建成分别以“党员教育”“社会服务·健康医疗”“祖统·文化”为特色的陈绍宽故居、福州瑞来春堂中医馆、福建拓福美术馆3个“民革党员之家”示范点。陈绍宽故居、福州瑞来春堂中医馆两处“民革党员之家”被民革中央评为全国“优秀民革党员之家”，社会法律第一支部被评为民革“示范支部”。

【榕台交流】 2019年，民革福州市委会参与福州市政协于7月、8月组织的赴台交流，开展榕台书画交流及《生态环境保护与土地集约节约利用》的课题调研。参与第七届“海峡青年节”，联合承办第六届“榕台中小学生书画展”和第十六届“榕台青少年夏令营”，活动报道《书画为媒 心手相连》被《团结报》刊登。与永泰县人民政府联合承办3期“同心杯”两岸青年乡村振兴研修营，探索两岸“乡建乡创”融合发展新道路；与闽王研究会合作，承办2019年闽王春祭大典。学习中共十九大对台工作精神、习近平总书记在纪念台湾同胞书发布40周年大会上重要讲话精神；协助民革福建省委开展“贯彻落实国台办31条惠台措施、福建66条实施意见及融合发展42条措施”专项调研；赴台企调研，邀请相关访台单位参加专题座谈会。收集在榕台商、台属对大陆各级惠台措施实施及促进两岸融合发展的意见，先后报送多篇涉台信息，其中《关于进一步完善对台政策的建议》被省政协采用。

【社会服务】 2019年，民革福州市委会与民革定西市委签订扶贫协作协议书并在当地设立博爱扶贫基地，开展持续帮扶。联络福州市卫健委将定西市通渭县榜罗镇卫生院培训医务人员纳入帮扶计划。组织购买甘肃定西、贵州纳雍农特产品开展“消费扶贫”；分别组织经济界、农业领域党员参加考察、招商活动。开展“国家宪法日”专题普法活动，以中山法律援助工作站为平台，提供法律援助。服务企业督查工作，赴福州市大数据委和台资企业调研，就企业反映的问题形成社情民意信息。与闽侯白沙镇共建“博爱·阳光”社会服务基地，开展义诊、法律援助、文化下乡等社会服务活动。组织民革党员、机关干部赴湖前社区开展综治文明共建活动，为居民义诊并开展普法、禁毒和移风易俗宣传。邀请清华大学、福州大学专家为永泰乡镇干部、两岸“乡创乡建”团队、榕台创业青年授课。为永泰长庆镇5个试点村规划特色产业项目，助力乡村振兴。

（王晓莉）

中国民主同盟福州市委员会

【概况】 2019年，中国民主同盟福州市委员会（简称民盟福州市委会）下辖福清、长乐2个县区级委员会，5个区工委，2个总支，76个基层支部。盟员1977人，其中具有中高级职称的占71.94%，教育、文化界占63.93%。年内，民盟福州市委会获民盟中央“民盟思想政治建设和宣传工作先进集体”称号，2名盟员获民盟中央“民盟思想政治建设和宣传工作先进个人”称号。

【参政议政】 2019年，民盟福州市委会在“两会”期间提交《关于加强福州市中心城区生活垃圾分类管理的建议》《关于推动福州市乡村产业振兴的建议》等15件集体提案；民盟界别人大代表、政协委员提出提案、议案、建议19件，其中大会发言《大数据助推我市就业扶贫工作的建议》被副市长严可仕批示；集体提案《关于大力发展普惠性学前教育的建议》被福建省委副书记、福州市委书记王宁批示。完成各级各类调研成果27篇，其中承接民盟省委调研课题1篇，中共福州市委重点课题2篇，市政协协商课题2篇；完成中共福州市委每月直报件3篇。《深化我市学前教育改革规范发展的建议》得到省委

“不忘合作初心，继续携手前进”主题教育活动之参观“庆祝新中国成立70周年专题图片展之福州解放系列”

（民盟福州市委会 供）

副书记、市委书记王宁和副市长李春的批示，《全力打造闽都文化核心　积极融入“一带一路”建设》被评为第五届“一带一路”·文化与产业发展研讨会优秀论文。承办第三届“一带一路”世界遗产文化论坛，有6名专家学者发表主旨演讲。全年向盟省委、市政协、市委统战部上报信息358条，被各级单位采用及领导批示80条，其中《我省纺织企业急盼提高用电质量》被省领导批示，《关于强化民营企业融资过程中刑事法律风险防控的建议》《更多关心关注新型职业青年这一群体》《医疗机构与养老机构应逐步完善医养合作协议的履行》《关于加快电动车充电桩布局的建议》《建议为福州内河上的桥“树名立传”》等被市政府主要领导批示。

【思想理论建设】　2019年，民盟福州市委会组织盟员参加盟省委、市政协、市委统战部举办的各种征文、知识竞赛，举办“礼赞新中国，奋进新时代”羽毛球赛，以弘扬民盟传统，凝聚盟员共识。推荐优秀盟员和盟务专职干部参加盟省委和中共市委统战部举办的各类培训班23人次，推荐3名盟员赴基层挂职锻炼。开展新盟员和骨干盟员培训班4场次，培训232人次。开展“不忘合作初心，继续携手前进”主题教育活动，召开主题教育动员部署会、理论中心组学习、民主生活会前意见征求会35场，参加盟员近400人次；领导班子成员到基层开展宣讲活动11次，参加盟员168人次；深入基层调研、走访和参加支部活动7次，参加盟员113人次；在盟员之家、传统教育基地、红色文化基地、爱国主义教育基地举行主题教育现场活动14次，参加盟员78人次。

【组织建设】　2019年，民盟福州市委会发展新盟员62人，新成立福清市“盟员之家”和高新区“盟员之家”，“盟员之家”总数达到8家。制定《民盟福州市委会关于落实盟省委“百支部千盟员”走访活动的工作方案》，走访调研福清、长乐及五区工委等基层组织，及时发现基层组织建设中的新问题。民盟市直机关二支部、民盟长乐二支部、民盟福清东张片区支部和民盟鼓楼教育支部等4个支部获评盟省委“创特色增活力2018年度先进基层组织”。

【社会服务】　2019年，民盟福州市委会举办民盟福州·定西第二期教师观摩、交流活动，组织定西市岷县的28名教师到金山中学实地参观、观摩教学示范课，开展4场讲座和1次现场说课活动。组织盟员特级教师等一行5人赴定西开展送教送培，举办专题讲座3场。组织盟员教师在福清东张中学开展“农村教育烛光行动·福清西部行”活动。组织盟员到福清一都中学开展北京四中数字校园合作项目现场调研，并安排一都中学的教师参加北京四中网校在福州的培训。协调仓山小学、金山中学与毕节市七星关区中小学开展结对帮扶。春节期间，赴新厦社区开展春节慰问和义务写春联活动，走访部分困难群众，送上价值5000元的慰问品；开展题为“我们的节日·拗九节”的敬老慰问活动；联合新厦社区开展“移风易俗，树文明新风”“扫黑除恶”“垃圾分类”等主题宣传活动；赴福州市台江区老人公寓开展敬老慰问活动，送去洗衣机等价值千元的慰问品。

（王翀）

中国民主建国会福州市委员会

【概况】　2019年，中国民主建国会福州市委员会（简称民建福州市委会）下辖1个县级市委会，5个区工委，1个企业家委员会，30个支部，7个专门委员会（含艺术中心）。会员1187人，平均年龄52.9岁，经济界人士占比83%。年内，2名特约信息员获2018年福州市政协系统优秀特约信息员，1名工作人员获2018年福州市政协系统信息工作先进个人。民建福州市委获评2017—2018年度全省民建社情民意信息工作先进单位一等奖，10名机关干部和会员获评2017—2018年度全省民建社情民意信息工作先进工作者，3条信息获评2017—2018年度全省民建社情民意好信息。

【参政议政】　2019年，民建福州市委会在市“两会”期间围绕滨海新城建设、养老产业、乡村振兴等建言献策，向大会提交集体提案14件、委员个人提案39件。其中集体提案《关于塑造文化名片彰显滨海新城魅力的建议》被列为重要提案，获市委主要领导批示；调研课题《关于运用大数据助推福建省乡村振兴的建议》获2018年省重点课题优秀调研成果三等奖。全年报送各类社情民意信息278条，其中13条被民建中央采用，14条被省政协和省委办采用，15条被市政协和市委办采用。《警惕知识产权专利数量泡沫带来的伪创新风险》《建议以“信易+”为抓手打造信用福州升级版》《关于在我市设立新媒体孵化基地的建议》《建议加强对公立幼儿园足球特色班监管》《我省园区低效用地问题亟待引起重视》等8条信息获省、市领导批示，其中《警惕知识产权专利数量泡沫带来的伪创新风险》获国家领导人批示，《关于在我市设立新媒体孵化基地的建议》获市主要领导批示。

【思想理论建设】　2019年，民建福州市委会制定《民建福州市委“不忘合作初心，继续携手前进”主题教育活动实施方案》。结合纪念中华人民共和国成立70周年、人民政协成立70周年、中国共产党领导的多党合作和政治协商制度确立70周年的契机，开展“中华人民共和国成立70周年座谈会”“我用歌声颂祖国”“庆祝三个70周年书画摄影展”、主题征文活动、观看爱国影片活动。编辑出版《2017—2019咨政建言文集》《庆祝中华人民共和国成立70周年专刊》，组织参观廉政教育、红色教育基地。召开理论专委会2019年工作推进会，部署民建中央、民建省委会、省委统战部、市政协、市委统战部各项理论研讨征稿工作，征集8篇论文报送省民建。全年通过微信公众号发送文章200多篇，出版《福州民建》4期。

【组织建设】　2019年，民建福州市委会转入会员6人，转出3人，发展会员17人，发展率1.47%。其中具有中高级技术职称5人，经济界人士16人，硕士研究生以上学历1人。召开2019

2019年1月，民建福州市委会出席市两会人大代表、政协委员合照

（民建福州市委会　供）

年第2次、第5次主委会议研究福清市委会换届有关事宜；与市统战部协商福清市委会领导班子及组成机构人选；开展市委会委员增补和辞去工作；走访中共马尾区委统战部和马尾区工委就工委工作等听取意见建议；转发省委会《关于开展民建福建省优秀支部评选活动的通知》，指导各支部做好领导班子分工协作。推进仓山工委财经支部"会员之家"筹建工作，全年新增会员之家1个。推荐后备干部和骨干成员参加省委统战部举办的第36期各民主党派、无党派人士进修班、民建福建省委举办的第27期骨干会员暨基层组织负责人培训班、民建中央举办的骨干会员培训班、福州市委统战部举办的2019年民主党派党务工作能力培训班以及福州市委统战部和组织部共同举办的2019年党外中青年骨干培训班等各级各类培训班。

【社会服务】　2019年，民建福州市委会定期走访会员企业，了解企业的生产经营状况，组织会员企业家参加民建中央及省民建组织的"非公"论坛等活动。在第二届21世纪海上丝绸之路博览会期间，"民建馆"首次亮相"5·18"，免费为会员企业家提供参展面积600平方米、展位60多个，有23家会员企业入驻。23家会员企业销售额近40万元，达成合作意向50多项。7月17日，市委会组织召开"我为'三个福州'建设献良策"座谈会，40多名会员企业家参加会议。年初，市委会联合台江工委、企业家委员会前往政和县洋屯村开展"三下乡"扶贫帮扶活动，为20名困难户发放慰问金和慰问品，同时为群众送医送药、免费体检、送春联。前往湖前、开元社区开展春节慰问活动，与湖前社区、开元社区签定社区结对共建协议，向10名贫困户发放慰问金和慰问品。组织企业家会员前往甘肃走访慰问定西市陇西县赵家岔村、漳县韩川小学和渭源县锹峪中学开展扶贫助学活动，资助贫困学生100名。委托福州市红十字会设立民建专门账户，通过网络募捐的形式在全市各级民建组织发出对丰宁募集善款的倡议，募集慈善资金12万元。

（林宇）

中国民主促进会福州市委员会

【概况】　2019年，中国民主促进会福州市委员会（简称民进福州市委会）下辖5个工委，4个总支，41个支部。会员884人，其中教育、文化界665人，占75.2%；中高级职称750人，占84.8%。担任各级人大代表、政协委员的会员有81人次，其中22人次担任各级人大、政协常委会常委。年内，民进福州市委会获评为民进全国组织建设先进地方组织、民进全省参政议政工作、宣传思想工作、社会服务工作先进集体。获评为民进全国先进基层组织2个，获民进全国、全省先进个人称号24人。

【参政议政】　2019年，民进福州市委会向省人大提交建议8件、市人大提交建议5件，其中1条议案被省人大纳入立法规划，1条建议案被评为省人大优秀建议，并被列为省人大主要领导重点督办建议。向市政协十三届三次会议提交集体提案19件，委员个人提案29件。在大会上作"积极有为，争取福州新区成为国家统筹耕地跨省占补平衡试点"口头发言。大会书面发言"完善我市重点生态区位商品林赎买改革的建议"得到福州市领导批示。《关于交警指挥中心与120急救中心建立联动机制的建议》《关于进一步规范我市校车运营市场的建议》等2件提案被列为2019年度市政协领导重点督办提案。围绕多区联动、传统古村落保护、高新区高质量发展等课题，完成调研报告18篇，其中完成中共福州市委重点调研课题3篇；完成民进福建省委会调研课题15篇，其中2篇调研报告刊载于《福州调研》。调研报告《福州新区争取国家统筹耕地跨省占补平衡试点的建议》获评福州市优秀调研课题成果三等奖。调研报告《关于推动我省县域农业产业化发展的建议》《关于促进福建民宿产业发展的建议》获评民进全省优秀调研成果奖。《福建省海洋经济产业结构转型调整之对策与建议》等6篇调研报告得到民进福建省委会采用，并被转化为福建省政协十二届三次会议大会发言和集体提案。全年报送社情民意信息168条，其中2条被民进中央和中央统战部采用，11条被省政协和省委办公厅采用，25条被市政协和市委办公厅采用。《关于将"远程诊疗"模式推向农村地区，破解"农村看病难"的建议》等9条社情民意信息获省、市领导批示。8条社情民意信息被民进福建省委会、市政协评为优秀信息。信息直报件《关于福州市海域亟待推进海上厕所革命的建议》，得到福州市主要领导批示，并召开海上厕所治理推进会，要求财政、农业农村、海洋渔业等市直部门及连江、罗源、福

2019年12月21日上午，民进福建省委会、民进福州市委会“民进公益服务站”入驻社区暨揭牌仪式在福州市台江区光明社区举办。图为民进福建省委会主委严可仕和中共台江区委宣传部部长杨奇共同为服务站揭牌　（民进福州市委会　供）

清等县市制定工作方案，推动农村人居环境整治。

【思想理论建设】　2019年，民进福州市委会开展“不忘合作初心，继续携手前进”主题教育活动，制定《民进福州市委会关于深入开展“不忘合作初心，继续携手前进”主题教育活动实施方案》，到连江透堡、福清闽中罗汉里根据地旧址、冰心文学馆等地参访。举办暑期读书班、新会员培训班、参政议政骨干培训班以及《习近平关于统一战线重要思想的溯源与发展》专题学习讲座。举办“不忘合作初心，继续携手前进”宣讲报告会，100多人参加。结合中华人民共和国成立70周年，举办乒乓球团体赛、书画摄影展、“同心70年”主题征文、“为祖国母亲喝彩，向祖国母亲献礼”系列快闪活动、“银发展才艺，礼赞新时代”重阳节活动，组织会员参加民进全省“壮丽70年，礼赞新时代”知识竞赛暨颁奖文艺汇演。全年编发《福州民进》5期，推送公众号信息85条，报送主题征文10篇次。全年有72篇（次）稿件得到各级各类媒体刊登，其中2篇征文被中共福建省委统战部公众号采用，50篇（次）刊载于《民主》杂志等中央媒体。

【组织建设】　2019年，民进福州市委会发展新会员30人，其中本科学历26人，硕士研究生及以上4人，教育界11人，经济、法律、城建、管理等人士19人，平均年龄36.9岁。开展“基层组织建设主题年”活动，召开民进福州市七届五次全体委员会议，完成届中调整主委工作。先后拜访5个县（市）区委统战部及相关单位，就基层组织建设相关事宜交换意见。调研台江工委等5个基层组织，指导基层组织开展主题教育、党派履职等各项活动。组织150人次基层组织领导班子成员和骨干会员参加各级各类培训学习。规范基层组织经费使用与管理，出台《基层组织经费管理和使用暂行办法》《关于暂存经费使用管理的暂行规定》《基层组织费用报销规范材料》。完成连江总支等6个基层组织的换届工作，对格致中学支部进行届中调整，新成立台江综合支部。

【社会服务】　2019年，民进福州市委会在浦下社区、金斗社区开展新春慰问、“春联进万家”公益活动、拗九节敬老活动、绘本捐赠暨共读志愿等活动，居民参与 200多人次。在光明社区挂牌“民进公益服务站”，与民进福建省委会联合开展眼科义诊活动，受益群众数50多人次。开展“榕定民进手拉手”助学活动，向秦祁中学捐赠2万元的教研教学设备；联合仓山工委向10名品学兼优的贫困生捐赠1万元助学金。向晋安区宦溪中学捐赠5000元助学金，解决部分留守孩子学习以及生活上的实际困难。

（黄庆华）

中国农工民主党福州市委员会

【概况】　2019年，中国农工民主党福州市委会（简称农工党福州市委会）下辖1个地方组织（福清市委会）、5个区工委会、71个基层组织，其中总支7个、市直属支部或支部委员会18个。有党员1765人，本科以上学历1118人，占63.3%；中高级职称1400人，占79.3%。其中担任各级人大代表、政协委员109人，在各级政府部门担任实职15人，担任特约监督员14人。年内，获评2019年度农工党福建省信息工作标兵单位、2019年综治工作二等奖。获农工党中央、福建省委、市政协社情民意信息先进个人18人；获市级以上荣誉称号33人。

【参政议政】　2019年，农工党福州市委会向市政协十三届三次全会报送2篇大会发言和15件集体提案。大会发言《畅医疗之通，缓就医之痛》得到福州市副市长李春的批示；提案《关于推进我市城区卫生服务中心标准化建设的建议》获福州市委书记王宁批示；《关于提升我市乡村医生岗位吸引力的建议》被列为重点监督类提案；1件被省委会选为全国政协提案，3件被选为福建省政协提案。“助力打通民生短板‘最后一公里’”得到福州电视台《政协之声》的报道。每月直报《关于在福州设立海峡两岸国医药馆的几点建议》获市委书记王宁等3位市领导批示。完成中共福州市委重点课题2项，省委会重点课题3项。《关于探索绿色金融发展，促进生态产品价值的建议》等2篇被《福州调研》刊登，得到市政协主要领导肯定。《加强我省青少年近视防控工作提升视觉健康水平的探讨》等2篇获农工党全

2019年7月18日，中共福建省委统战部常务副部长臧杰斌（左四）为农工党福州市东南眼科医院支部“党员之家”揭牌，农工党福建省委会专职副主委杨琳（右三），福州市委统战部副部长程辉（左三）莅临指导　　（农工党福州市委会　供）

省2019年优秀调研论文二等奖，《以县域医共体改革为契机，全面提升农村卫生工作的建议》获三等奖。全年编报《福州农工信息》169期，其中被中央统战部《零讯》采用1篇、全国政协信息局采用3篇、农工中央采用7篇、省级部门采用71篇、市级部门采用26篇，省市主要领导批示24件次。信息考评得分连续2年位居全市政协及统战系统第一。

【思想理论建设】　2019年，农工党福州市委会通过开设微课堂、中心组学习、常委全委会议、暑期读书班等多种形式，传达贯彻中共十九届四中全会精神，学习习近平在福州、厦门和宁德等系列采访实录。上报3篇理论文章，其中1篇获农工中央2019年度优秀论文奖，2篇获农工党全省优秀论文三等奖。完成《习近平担任福州市委书记期间指导党派工作的事迹》《党外干部队伍建设研究》理论研讨任务。开展“不忘合作初心，继续携手前进”主题教育活动。开设“加强自身建设、提高履职能力”专题，以“弘扬爱国奋斗精神，建功立业新时代”为主题，征集优秀农工党员事迹，向农工中央报送3篇专访，在省委会公众号刊登8篇先进事迹，1名党员在农工党全省作个人事迹宣讲。开展庆祝中华人民共和国成立70周年系列活动，参与农工党中央、省市统战系统征文比赛、书画摄影展、歌颂祖国等庆祝活动，其中《雷奶奶重见光明》获农工党全国微视频比赛二等奖；征文《我的农工情怀》被《前进论坛》刊登，3篇获农工党全省征文比赛二等奖、6篇获征文比赛三等奖、12篇获征文比赛优秀奖；2幅书画作品被农工党中央采用；获农工党演讲比赛全省第二名。各基层组织开展主题教育活动20场。

【组织建设】　2019年，农工党福州市委会发展新党员47人，其中大学本科以上39人，中高级职称31人。开展廉洁风险预警提示活动。实行班子成员调研课题、走访基层负责制，制订《委员履职情况表》。完成连江县总支换届、福清市委会换届、4个支部届中调整工作。指导基层创建33个三星级以上支部，其中五星级支部7个、四星级支部13个。建成5个基层组织“党员之家”，东南眼科医院支部“党员之家”成为全省统战系统样板。选送18名骨干党员参加省、市统战部和省社会主义学院举办的培训。年内，农工党员中有提任副处级1人，提任正科级2人，提任副科级3人，到省外挂职1人、到街道挂职1人。

【社会服务】　2019年，农工党福州市委会开展医疗义诊、法制宣传、慰问扶贫、美丽乡村建设调研等活动6场，义诊群众1100人，捐赠药品、慰问金价值1.1万元。东南眼科医院支部赴定西开展眼科医疗援助和技术帮扶，捐赠130例复明白内障手术。参与农工党省委会“岭腰乡同心助学活动”，捐赠助学金7000元。开展消费扶贫，购买大方县猕猴桃价值3.67万元。赴司法强制隔离戒毒所开展禁毒宣传，向市政协提交《关于重视新型毒品防治的几点建议》的提案。

（侯世欢）

中国致公党福州市委员会

【概况】　2019年，中国致公党福州市委员会（简称致公党福州市委会）有县（市）委会1个、工委会5个、总支部2个，支部36个。有党员915人，其中女党员412人；党员平均年龄56.8岁，中上层人士占73.8%；中高级以上职称占66.9%。在政府机关和司法部门担任副科级以上职务38人。各级人大代表19人次、各级政协委员81人次。年内，获评为致公党中央“致公党先进集体”，致公党省委会“调研和提案工作先进集体”“社情民意信息工作先进集体”“‘不忘合作初心，继续携手前进’主题教育活动优秀集体”，市委统战部“福州市侨届纪念中华人民共和国成立70周年系列活动优秀组织单位”。全市致公党员获得市级以上表彰14人次。

【参政议政】　2019年，致公党福州市委会在省、市“两会”期间提交大会发言、提案、议案和建议55件。其中在市政协十三届三次大会上提交大会发言1篇，集体提案16件，《关于打造“福州长乐国际机场——滨海新城——市区迎宾大道”的建议》被确定为重点提案，由市政府主要领导牵头督办，大会发言获中共市委主要领导批示。致公党福州市委会推荐的参政议政成果转化成效良好，6件分别被采纳为省人大个人议案和建议，6件被致公党省委会采纳为省政协大会书面发言和团体提案，其中《关于推进福州滨海新城与平潭综合实验区联动发展的建议》获中共省、市委领导批示5人次。报送各类调研报告和理论研究论文30多篇次，其中《关于探索两岸融合发展新路的建议》被致公党中央采纳，获得国家领导人批示，2篇重点调研报告被《福州调研》刊载，1篇理论研究报告被《福建省社会主义学院学报》刊载，1篇政协理论文章被市政协理论研讨会选编采用并作会议交流发言，《深化新时代“福”文化内涵，培育壮大“福”文化产业》《时间轴视角下福州历史文化名城保护的再思考》2篇调研报告分获中共福州市委2018年度市优秀调研成果一、三等奖，1篇调研报告获评省委统战部建言献策论坛优秀调研三等奖。上报社情民意信息162条，其中被全国政协、中央统战部采用6条（其中《零讯》采用1条），被致公党中央采用9条，被中共福建省委办公厅、省政协专报件采用13条，被中共福州市委办公厅、市政协专报采用16条。《以“极简式”归纳宣传七十载建国成就》获国家领导人批示，1条信息获中共省领导批示，1条获中共市领导批示，2条获评为“致公党中央2018年参政议政优秀成果”。

【思想理论建设】 2019年，致公党福州市委会开展“不忘合作初心，继续携手前进”主题教育活动，全面铺开“初心不忘：聆听历史”“初心笃行：我献一策”“初心聚力：共绘同心圆”“初心护航：志愿者在行动”等“牢记初心携手行”系列活动。制作主题教育活动专题展板2版，移动展板6版，推送微信公众号7期，《福州致公》刊物专栏报道1期，整辑学习宣传文字材料4万余字，征集征文和书画作品70余件（篇），摄影作品200余张，主办、协办或派员参加征文、宣讲、书画摄影展、诗歌朗诵会等纪念活动7场次，牵头和指导各基层组织召开主题教育活动讲座、座谈会等20余场次。举办暑期读书班、新党员培训班、中青年骨干党员培训班等集中培训党员130人次。选送骨干党员、机关干部参加中共省、市委党校，省、市社会主义学院以及致公党中央、省委会举办的各类学习培训班28人次，组织基层党员参加各类专题学习讲座100多场次。

2019年8月27日，致公党福州市委会邀请来榕参加21世纪海上合作委员会“海洋生态保护与管理”专题研讨活动的部分成员代表和海洋研究专家，召开“同心助推——高质量共建‘一带一路’座谈会” （致公党福州市委会 供）

【组织建设】 2019年，致公党福州市委会发展新党员22人，其中博士1人，硕士2人，中、高级职称8人，侨眷属20人。多次走访福清、鼓楼、台江、晋安、马尾以及闽江学院统战部。完成增补副主委1人、常委1人，福清市委会14个支部完成换届。建成长乐总支部、闽侯总支部、福清市委会、直属机关支部、福清市直支部等5家“党员之家”。

【对外及对台交流】 2019年，致公党福州市委会参与接待印度尼西亚海洋统筹部部长卢胡特（副总理级）等到访数10人次。派员参加“第十一届海峡论坛·两岸社区服务恳谈会”。协助做好“追梦中华福建行—2019年华侨子弟‘寻根之旅’夏令营（福州站）”活动，在福州文艺家之家开讲“中华诗词诵读”精品课。参与市“五侨”部门举办的“我和我的祖国·同唱一首歌”公益快闪、“加纳福建华人华侨工商联合总会庆典”等活动，及各类涉侨调研活动40多人次。

【社会服务】 2019年，致公党福州市委会向闽清茶口致公小学捐赠教学用具移动音响1套，磁带播放器2台，为38名优秀学生赠送价值1万元的学习文具和2000元的体育用品。组织机关干部赴社区开展垃圾分类、平安综治、扫黑除恶宣传30多人次。组织20多名医卫界致公党员分别在福清市、晋安区和长乐区开展义诊和医疗知识培训4次，服务对象1000多人次。组织基层党员及机关干部开展文明交通劝导、文明道德宣讲、平安宣传、垃圾分类进村居、移风易俗进校园等志愿活动100多人次，制作各类宣传展板10面，分发宣传小册子200多份，服务对象800多人次。

（陈锋）

九三学社福州市委员会

【概况】 2019年，九三学社福州市委员会（简称九三学社福州市委会）下辖1个县级市委会，1个区委会，5个工委，1个基层委员会，40个支社。有社员777人，其中高级职称占45.7%，中级职称占39.5%。年内，获评为九三学社中央组织部“九三学社组织工作先进集体”“社福建省委参政议政先进集体二等奖”“信息工作先进集体二等奖”“全省新闻宣传工作先进集体”“社会服务工作先进集体”“社务工作量化考评先进集体”；13名社员分获“社省委优秀社员”“参政议政先进个人”“优秀信息员”“社会服务工作先进个人”称号。

【参政议政】 2019年，九三学社福州市委会在各级“两会”上提交大会发言、提案、建议172件，其中全国政协提案10件，省政协大会发言材料1件，党派提案4件，市政协大会发言材料2件，党派提案13件，委员提案19件，

九三学社福州市委持续打造社市委“科普教育实践基地”——消防和地震安全体验中心。图为社市委青年志愿者在体验中心开展消防、地震应急等安全常识义务解说员培训 （彭丽娟 摄）

市人大议案3件，人大代表建议24件。党派提案《关于打造以人为本出行系统，提升市民幸福指数的建议》被福州市政协列为重点提案，《关于打造我市跨境电商升级版的建议》被列为福州市政协重要提案摘报。16件提案、建议被福州市主流媒体刊载，多人次接受福州市新闻媒体专访。在表彰全国政协成立70年来100件有影响力重要提案中，由全国政协委员、社福州市委主委林绍彬提交的委员提案《关于设立“平潭岛对台自由贸易区”，构建两岸经贸合作试验基地的建议》获殊荣。开展调研、界别活动30场，重点课题18项。完成福建省政协民主监督考察协商课题《加强我省城区内河整治与管理的建议》，向社省委报送《以全生态战略定位，大力推进我省乡村的全面振兴》等4项课题，《关于完善知识产权质押融资体系的建议》入选福建省统战系统第十五届建言献策论坛。向中共福州市委报送《关于打造我市跨境电商生态圈的建议》《加强我市海滩资源保护与利用，打造人与自然和谐发展新格局》等2项课题，与福州市政协合作开展《加强海岸带生态修复与保护》对口协商课题，3件课题调研报告在《福州调研》上刊登。开展多场界别活动，推动《做大做强我市海洋装备产业，推动海洋经济高质量发展》等3项课题的开展和相关提案的形成。全年报送社情民意信息97条，被采用29条，其中全国政协1条、社中央4条、省政协6条、市政协3条、中共省委办1条、市委办14条。《关于加快建立海漂垃圾清理整治长效机制的建议》《关于农村集体聚餐推行食品安全责任保险的建议》《加快汇聚地下管线数据提升城市治理精细化水平》获省、市领导批示。

【思想理论建设】 2019年，九三学社福州市委会开展“不忘合作初心 继续携手前进”主题教育活动，形成《主题学习教育活动工作问题清单》。举办“品读好书·传承传统”主题读书活动及诗歌朗诵会、“我和我的祖国”“同心70年”征文、书画摄影展、“弘扬爱国奋斗精神、建功立业新时代”等系列活动。开展向“九三”先贤、“九三楷模”和身边优秀社员学习活动。以社刊、网站、微信公众号，讲好中国故事和时代故事，讲好多党合作故事和九三学社故事。全年通过网站、微信公众号推送文章125篇，出版社刊4期。开展社员思想状况问卷调查，以基层组织建设、党外干部队伍建设为主题开展新时代中国特色社会主义参政党理论研讨。开展“五四运动与九三学社发展”等理论文章征集活动，征集理论文章20篇，向社福建省委、福州市政协、中共福州市委统战部推荐9篇。

【组织建设】 2019年，九三学社福州市委会完成长乐区委及所属5个支社换届工作，对社福清市委班子进行届中增补。全年抽调选送22名骨干社员参加福建省社会主义学院各民主党派和无党派人士进修班、社福建省委2019年骨干社员培训班、社福建省委基层组织负责人培训班、中共福州市委统战部中青年骨干培训班等培训学习。7名社员获职务提拔或职级晋升。推进示范基层组织建设和基层组织社务量化考评工作，表彰15个先进集体和64名先进社员。

【社会服务】 2019年，九三学社福州市委会承办九三学社中央科普巡讲福建行·永泰活动2场。承接社福建省委“九永合作”项目，组织专家社员到永泰县大喜村等6个乡村开展特色农业发展、生态保护、文旅开发调研，进行对口帮扶项目洽谈协商，在永泰县梧桐镇、同安镇开展助学帮困活动。推进与市二医院的医联体合作项目洽谈，帮助永泰县金野家庭农场项目申报农业“五新”示范项目。赴南平市政和县东平中心小学捐赠科普图书，在东平中学打造“九三学社爱心图书室”。赴福州市第二社会福利院开展爱心捐赠等活动。在闽侯县闽都民俗园开展以“全国爱眼日”科普宣传和义诊志愿者服务系列活动；参加2019年福州市“全国科普日”主场活动，开展公民生态环境行为规范、青少年爱眼护眼常识、大气污染防控、地震灾害防御与应急避险知识宣传。与市防震减灾中心、晋安区消防大队联合打造消防和地震安全体验中心项目，并开展消防知识普及和地震科普体验活动。赴岂微网络、众联信息科技有限公司等科技企业开展惠企新政策解读、“一企一议”建议征集活动。推进“九三学社同心林”建设，围绕“绿色福州、生态福州”开展认捐树苗公益活动。

（庄言）

台湾民主自治同盟福州市委员会

【概况】 2019年，台湾民主自治同盟福州市委员会(简称台盟福州市委会)下辖鼓楼、台江、仓山、晋安4个基层组织，下设参政议政、青年工作、妇女工作、老年工作4个专委会。有盟员134人，盟员平均年龄47.2岁，其中具有中高级职称47人。担任各级人大代表3人，政协委员29人。全年，提交议案建议27件，接待台湾客人5批96人次，捐助公益事业2万余元。年内，获台盟中央市级组织参政议政工作突出进步奖，2名盟员分获台盟中央第七次、第八次议政协商论坛二等奖、一等奖，1名盟员获台盟中央参政议政工作先进个人。

2019年6月5日，台盟福州市委会在马尾区船政格致园内举办"印象对岸 榕台青年说"活动
(台盟福州市委会 供)

【参政议政】 2019年，台盟福州市委会在全国以及省、市"两会"上提交提案、建议27件，在福州市政协十三届三次会议上作《关于加快发展福州休闲农业的建议》大会发言及书面发言《关于提高路面养护管理水平，有效维持道路质量的建议》，分别得到市领导批示。《加快发展休闲农业产业助推新时代福州乡村振兴》被确定为市政协重点督办提案。完成《从台资企业发展看营商环境优化的现状与对策》《贯彻新发展理念，推动经济高质量发展》等12篇调研报告。上报的78条社情民意信息中，被省、市各级部门采用6条次，获领导批示1条次。11月，台盟福州市委会组织市、区两级台盟界别政协委员及部分在榕任教台籍农业、规划专业老师和市农业农村局等部门专家学者赴福清市一都镇融台园台资农场开展界别调研活动。

【思想理论建设】 2019年，台盟福州市委会以主委会、全委会、机关例会、中心组学习、培训交流座谈等形式开展理论学习活动，与社区共同学习《习近平新时代中国特色社会主义思想学习纲要》等学习读本。暑期读书班期间，邀请专家为盟员开展台情分析、社情民意信息专项辅导、演讲技巧培训等3场专题讲座。组织机关干部利用福州干部在线平台、法宣云APP等进行线上理论学习。开展"不忘合作初心，继续携手前进"、纪念中华人民共和国成立70周年等主题教育活动。8月底，联合九三学社福州市委会、民进福州市委会在河南大别山干部学院举办为期5天的"不忘合作初心，坚定信念跟党走"主题教育培训班。发动盟员参加台盟中央、省委统战部、台盟福建省委会、市委统战部开展的征文、书画摄影展、文艺汇演等纪念中华人民共和国成立70周年纪念活动，征集7篇征文，其中获台盟中央"我们与奋进的70年"征文活动二等奖1篇，三等奖2篇，优秀奖4篇。11月底，台盟福建省委会与盟市委领导班子成员、各区工委主、副委等进行交流座谈，前往仓山区廉政文化建设示范点濂江书院开展廉政警示教育活动。推选1名盟员为"不忘合作初心，继续携手前进"主题教育活动先进个人，事迹刊登在中共福建省委统战部微信公众号上。

【组织建设】 2019年，台盟福州市委会发展新盟员2人，推荐4名盟员参加福州市2019年党外中青年骨干培训班。开展纪念"五四"运动100周年系列活动，组织骨干青年盟员赴永泰县嵩口镇月洲村开展乡村振兴及文创产业、文化传承和观光休闲农业等议题的调研。与共青团马尾区委合作，在马尾区船政格致园举办"印象对岸·榕台青年说"活动。重阳节期间，走访慰问老盟员，开展听老盟员讲台盟故事、口述历史活动，并组织老盟员、老台胞赴长乐闽江河口湿地博物馆参观。

【社会服务】 2019年，台盟福州市委会春节前夕赴龙泉社区、宦溪镇黄土岗村、永泰二中等地慰问困难群众、贫困学子；"三八"节期间，联合台盟福建省委会，组织妇委会成员、部分女盟员以及机关干部，走访福州市第二福利院，并捐赠物资；拗九节、端午节期间对共建社区开展慰问帮扶活动；"六一节"前夕，台盟仓山区工委参加盟省委组织的"闽台同心关爱女童行动"，对仓山区贫困女童进行捐资助学；台江区工委在春节、中秋节等节日期间对长期帮扶对象陈碧钗进行走访慰问。年内，累计捐款捐物2万余元。开展服务地铁、"移风易俗"、垃圾分类、"平安三率""普法六进"宣传等各类志愿服务。

【榕台交流服务】 2019年3月，台盟福州市委会开展"榕台巾帼 海峡姐妹情"交流活动以及共建"榕台青年林"植树活动。6月，协办第十届海峡两岸船政文化研讨会。7月，承办"亲情海峡，彩虹书画"第六届榕台中小学生书画交流展，近500名两岸师生及家长参加开幕式。8月，协办以"跨越海峡，牵手相约"为主题的第十六届榕台青年夏令营；与福建省婚庆行业协会、福州市婚姻服务业协会合作，主办第七届海峡青年节·"情圆巴士共沐爱河"两岸青年联谊交友、集体婚礼观礼活动。9月，邀请部分在榕台商、建筑和规划专业台籍教师参观调研建设中的福州台湾会馆。

（周金媛）

福州市工商业联合会

【概况】 2019年，福州市工商业联合会（简称福州市工商联）有会员3.86万人（不含在外异地商会会员），比上年增长20.5%，增幅创历年新高；所属商会452家，比上年增长25.6%，其中异地商会205家、行业商（协）会86家、综合类商（协）会9家、乡镇（街道）商会151家、园区商会1家。全市12家县（市）区工商联中有11家被确认为全国“五好”县级工商联。截至2019年底，福州市实有私营企业29.1万家、个体工商户32.78万户，占内资各类市场主体的93.74%；12家福州民企入围全国工商联评选出的“2019中国民营企业500强”，连续3年保持全省第一；36家福州民企入围“2019福建省民营企业100强”，数量位居全省首位。

【参政议政】 2019年，福州市工商联将调研成果转化为工商联集体提案12件、委员提案21件、社情民意信息9条，7件工商联集体提案提交市政协十三届四次全会并获立案。编写《福州民营经济发展报告（2018）》，汇总市、县两级工商联会员企业家提交的代表建议、委员提案等269项建言献策成果，编印《参政议政文集》。调研文章《建设廉租适租周转房，降低企业用工成本》《重视被迁企业的安置工作》等建议得到市有关领导的重视，并报送有关部门阅研。面向福州“三新”企业开展调研，以“培育‘三新’企业，加快发展新经济”为题作市政协十三届四次大会发言，得到福州市委书记王宁、市长尤猛军和常务副市长林飞的专门批示，并由市工信局牵头，研究将其转化为具体实施意见。

【会员服务】 2019年，福州市工商联邀请司法机关进商会、进民企解读产权保护、涉企税法政策，指导市民企协会等5家商会成立人民调解委员会，为会员提供法律维权服务；邀请中科院林惠民院士举办企业科技创新专题讲座，推荐福建阿石创新材料有限公司等5家会员企业获评院士（专家）工作站；组织8个异地商会团组、会员企业400多人次参加“5·18”海交会以及各类在榕招商推介活动11场；协助41名会员企业家办理APEC商务旅行卡。年内，新增8家市级在榕异地商会、1家异地福州商会、9家市级行业商协会，并全部吸纳为团体会员。指导县级工商联组建10家县级异地商会，指导15家市级在榕异地商会、8家异地福州商会完成换届，指导符合条件的10家在榕异地商会和3家市级行业商会成立党支部，指导3家基层商会党组织完成换届。年末，市工商联社会组织党委下辖53家基层商会党组织，党员337名，党组织覆盖率96.6%，党的工作覆盖率100%，43家参与达标创星活动的商会党组织全部达标。由福州市工商联牵头，从11家市直单位抽调业务骨干组建“福州市惠企政策宣讲团”，开展“惠企政策进民企”活动，全年举办宣讲活动3场，参训规模近千人次。编印《福州市惠企政策选编》等宣传材料近4000册。指导福州市屏南商会等5家基层商会利用换届、年会，邀请“惠企政策宣讲团”成员进商会开展政策宣讲活动6场，参训企业家700多人次。

【回归工程】 2019年，福州市工商联引导广大榕商通过“回归工程”渠道对接符合“三个福州”建设要求的项目。引进6个总投资144.2亿元“数字福州”投资项目、10个总投资106.22亿元“平台福州”投资项目、4个总投资96.1亿元“海上福州”投资项目，其中在建项目5个、已备案项目3个、正在推进项目和协议项目12个。落实“招商2019”专项行动目标任务，推动大东海新天地等8个总投资66.48亿元招商项目落户福州。

【社会服务】 2019年，福州市工商联引导157家民营企业、基层商协会采取“五个一批”的方式，结对帮扶福州市103个村，累计捐资2369.75万元用于助学帮困、村容整治、兴修基础设施等。动员153家民营企业、基层商协会通过公益捐助、项目投资、安置就业、消费扶贫、产业对接等方式，累计捐资公益帮扶2874.65万元、投资产业帮扶5030万元、投入消费帮扶1322.6万元，助力定西市119个村脱贫攻坚。福建大东海集团设立“定西·国镜教育帮扶基金”资助当地700名困难学子完成大学学业；华翔集团、坤彩科技公司资助通渭县添置教育、医疗等设备；永辉超市在岷县兴建中蜂药蜜生产精深加工项目；春晖制衣在临洮县设厂，以“扶贫车间”模式吸纳当地困难群众在家门口就业；罗源县食用菌行业协会在渭源县建设食用菌基地，每年培训不少于200名食用菌生产加工技术人才；市电子商务商会运用电商平台帮助定西特色农产品拓展网上销路。年内恒申控股集团获评全国“万企帮万村”先进民营企业；市服装同业公会等14家商会和企业获评为福建省“千企帮千村”精准扶贫先进民营企业；福建春伦集团获评为福建省“千企帮千村”助村富民明星企业。

【思想理论建设】 2019年，福州市工商联联合市委统战部先后在清华大学、市委党校举办2期非公有制经济人士理想信念培训班，选送320多名执委以上企业家、基层商协会骨干、商会党支部代表和青年企业家代表参训。举办3期“榕商大讲堂”，邀请上海振华重工创始人管彤贤等优秀企业家讲述自身创业经历和企业成长故事。罗源县工商联以及各基层商协会也结合“不忘初心、牢记使命”主题教育和“七一”党建主题，组织党员企业家开展座谈交流、红色基地考察等活动。福建金纶高纤股份有限公司董事长郑宝佑获评第五届全国非公有制经济人士优秀中国特色社会主义事业建设者，冠城大通股份有限公司董事长韩孝煌等14名企业家获评福建省非公有制经济优秀建设者。

（余芳）

（编辑　苏颖）

群众团体

福州市总工会

【概况】 2019年，福州市总工会新增建会单位7360家，基层工会1.46万个，涵盖单位5.1万家，工会会员140.8万人（不含工会组织关系隶属省直机关工会及省总直属会员数），新发展会员4.43万人。组织22批机关志愿者到基层工会开展调研，其中16篇调研报告和论文在全省评选中获奖。在全市推广福大怡山文化创意园、软件园等共享职工之家的建设经验。工会干部转变工作作风案例选送参加“福州，听我说”电视宣讲比赛，获金奖。开展50人以上企业建会专项行动，“八大群体”企业建会率85.3%。年内，获评为“全国绿色出行宣传月和公交出行宣传周活动成绩突出集体”“全国市级工会财务工作先进单位”“全省工会系统先进集体”。

【职工劳动竞赛】 2019年，福州市总工会开展“当好主力军 建设幸福城”职工建功立业活动，在滨海新城、轨道交通、三江口片区等重点领域开展市级示范性劳动竞赛22场、县级示范性劳动竞赛75场，参赛职工50多万人。

【职工权益维护】 2019年，福州市总工会开展“百人以上工会建会”“维护职工队伍稳定”专项活动，市县两级职工服务中心处理职工来信来访418件，办结率100%。强化与法院、人社、司法等有关部门在劳动争议调处、欠薪专项整治、安全生产等方面的联动协调，建立健全基层工会劳动法律监督委员会1.1万个。职工维权合议庭巡回审判点公开调解、审理劳动争议案件28件。

2019年4月29日，2019年福州市师徒大会在福州工人文化宫举行 （吴凡 摄）

【职工帮扶服务】 2019年，福州市总工会推进城镇困难职工解困脱困，职工温暖工程覆盖6575家基层工会，106.56万名职工。开展“万名工会干部进万家”帮扶行动，对2873名困难职工进行回访，在全省率先完成核查走访工作。落实分类帮扶，救助生活困难职工7146人，发放救助金1006万元。关爱新福州人和特殊行业一线职工，连续10年举办新福州人集体婚礼。组织400多名新福州人及其家属开展“新福州人看福州”活动，举办36场职工交友联谊活动，开办15个工会暑托班，组织960名一线职工参加疗休养，为1.04万名一线环卫职工赠送保温杯，为春节期间坚守岗位的职工配发每桌价值800元的年夜饭物资1086桌。

【职工创新创业创造】 2019年，福州市总工会加快市职工“创新创业创造”中心二期建设，征集1287项职工创新成果参加全省职工“五小”创新大赛，获奖225项。打造“致敬劳动者 建设幸福城”现代“师徒制”品牌，组织千名职工集体拜师，获《工人日版》头版头条宣传推介。年内，市职工“三创”中心获省级、市级众创空间，闽台职工文化交流基地称号。

【职工教育培训】 2019年，福州市总工会开展“有福之州、幸福长卷”创作、闽东北劳模巡回宣讲等庆祝中华人民共和国成立70周年活动。各基层工会开展“五月风讲堂”系列主题宣讲、主题班会580场，推送微信932条，阅读量超300万人次，官方微信平台获评为“全省工会2019年度最具影响力新媒体”。制定《新时代福州产业工人队伍建设改革任务清单》，助力1200名职工提升学历，帮助2万名职工提升职业技能，在福州职业技术学院设立“工匠学院”。

（郑辉）

2019年，纪念五四运动100周年青年“快闪”活动在五一广场举办　（邹家骅　摄）

中国共产主义青年团福州市委员会

【概况】 2019年，福州市有青年191.5万人（14～28周岁青年109.5万人），其中在册团员24.04万人，团青比例21.95%。全市有各级团组织11063个，团干部10485名，其中专职团干部342人，乡镇街道团委书记172人、村（社区）团支书2627人。全市有16个团属青少年事务社工机构，有111名专职和420名兼职青少年事务社工。有“青年大学习”讲师团讲师50多人，开展宣讲活动100余场次。全年开办团员、青年参与“青年大学习”主题团课6期，参加团员、青年15.8万人次。推送网络文化作品3142篇，阅读量9955.7万人次，转发量1307.55万次。

【青年志愿者服务】 2019年，中国共产主义青年团福州市委员会（简称共青团福州市委）引导58.2万名青年注册“志愿汇”志愿者，组建青年志愿者团队327个，形成“垃圾分类、青春先行”“敬老爱青”“关爱农民工子女”等多个团属青年志愿服务品牌，志愿者活跃度位居全省首位。招募3495名青年志愿者为“第二届数字中国建设峰会”“丝路电影节”等8场大型社会活动提供志愿服务22万小时。举办福州市“垃圾分类·青春先行”主题青年志愿服务活动专题培训班，组建“垃圾分类服务队”100支，开展志愿服务活动300余场；组建“垃圾分类小督导”，推动少先队常态化参与社区治理。

【青年扶贫协作帮扶】 2019年，共青团福州市委整合市青联、青企协、青创、希望公益服务中心等单位，协作帮扶项目30个，募集社会资金30万元为定西贫困生提供免费营养午餐。制定“定西青苗圆梦计划”，资助50名定西寒门学子圆梦大学。筹集善款166.7万元，帮扶313名农村困难家庭大学新生入学。向永泰县白云中心小学捐赠价值近3万元的办公用具等。向闽清、永泰等偏远山区小学捐赠图书10万余册。倡导市场化消费扶贫，搭建多家企事业单位与定西长期建立稳定供销关系，对接“朴朴”等优质电商平台设立定西扶贫馆，累计销售定西农特产品400余万元，得到国务院扶贫办《扶贫专刊》的专题报道。

【两岸青少年交流行动】 2019年，共青团福州市委承办以“追梦·筑梦·圆梦”为主题的2019海峡青年（福州）峰会，吸引两岸青年代表1500余人参加，其中台湾首次来大陆青年624人，比例超50%。组织12名香港优秀大学生和19名台湾优秀大学生到榕，开展为期1个月的暑期岗位实习活动。成立福州两岸青年音乐人筑梦联盟和福州青年文艺志愿者服务队，举办两岸青年音乐人新春演唱会和“青春筑梦新时代”歌会。

【青年创业就业】 2019年，共青团福州市委加强青创和台创中心建设，全年新发展青年创业导师24人。每周三常态化开展“台青服务日”活动，开展青年创业导师交流活动30多场，发放“青创贷”450万元。围绕政策服务、资源服务、生活服务等方面开展精准帮扶，对接办理49家台湾青年在榕创业一次性开业补贴。协办领取11件租金补贴及装修补贴。开设惠台专窗，提高对台胞、台企的服务质量。

【特殊青少年关爱帮扶】 2019年，共青团福州市委推出“福州爱”服务特殊青少年自强成长计划、“情暖童心益童成长”关爱留守儿童暑期夏令营、“小书桌大梦想”城中村儿童社区学习环境改善支持计划等品牌，开展活动90余场，关注困境青少年3000余人，帮扶175人。承接市禁毒办、市防艾办毒品预防和防治艾滋病宣传活动，开展专项服务298场，服务青少年1.8万人次。

【青少年权益维护】 2019年，共青团福州市委开展共青团与人大代表、政协委员开展关爱重点青少年“天S牵手计划”专项行动，有94名人大代表、政协委员与重点青少年结对。投入100万元用于预防青少年违法犯罪，开展青少年安全自护、禁毒、法制宣传、行为矫治等工作，全年在学校社区开展班会、讲座和冬夏令营等相关活动1000余场，服务青少年1.3万人次。在全省率先建立青少年司法社工参与涉案未成年人帮教工作机制。

【少先队工作】 2019年，共青团福州市委在鼓楼区、台江区建立社区少工委，将少先队工作纳入中小学党建工作。成立少先队工作学会，编写《少先队活动》，推动少先队课程规范化、标准化，其中一至八年级上册全部编写完毕，并进入试点推广阶段。成立红领巾志愿服务队，开展“红领巾心向党，争当新时代好队员”主题教育活动。开展垃圾分类、古厝保护、文明骑行、水系治理等志愿服务活动1000多场，参与团员、队员超50万人次。

（潘竞波）

福州市妇女联合会

【概况】 2019年，福州市妇女联合会（简称福州市妇联）有基层组织2949个。创建“妇女微家”200个。推动福清、闽侯、永泰等县（市）区妇联配齐领导班子，推荐选送近300名女干部参加培训班。投入资金134万元，开展乡村振兴、垃圾分类、家庭服务、家庭教育、妇女儿童维权、精准扶贫等政府购买服务，累计服务妇女群众近10万人次。举办“幸福之城·让爱回家”原创音乐会、“悦读家·幸福城”福州地区展演活动及《我和我的祖国》系列宣传教育活动，112万余名妇女参加。年内，福州市妇联获全国维护妇女儿童权益先进集体。

【创业创新巾帼行动】 2019年，福州市妇联开展“春风行动”，举办女性专场招聘活动34场次，为农村进城务工妇女、城镇下岗失业妇女和女大中专毕业生提供就业指导服务13989人次，达成就业意向2200人。实施女大学生创业创新启航计划，474个女大学生巾帼创业团队参与全省创新创业大赛，其中23个项目获奖，福州市妇联获最佳组织奖。年内，开展“巧妇贷”工作，帮助2732名创业妇女贷款27189万元。各县（市）区妇联创建巾帼党性教育示范基地18个，培育巾帼党课讲师20人，组建一支由240名各行各业女性组成的巾帼宣讲队。

【巾帼脱贫攻坚行动】 2019年，福州市妇联实施“巾帼脱贫攻坚八个一”行动，承办第五届福建省“为爱奔跑·母亲健康1+1”大型公益募捐活动，募集善款213万元，对224名“两癌”贫困妇女进行救助。与中国人寿联合定制低保费高保障的“女性安康保险”，全年有3.35万名妇女参加保险。募集春蕾款46.16万元，资助贫困学子245名。援建“春蕾爱心书屋”2所，赠送价值8万元的图书。向定西市妇联捐赠253万元扶贫资金，用于建设巾帼扶贫车间、巾帼家美积分超市及培训贫困妇女和慰问贫困妇女儿童等。

【乡村振兴巾帼行动】 2019年，福州市妇联举办“专家快车农村行”、新农村大讲堂培训班27期，1630名农村妇女参加。实施“姐妹乡伴——福州市基层妇女组织助力乡村振兴发展计划”公益项目，开展活动133场，对853名农村妇女进行技能培训，6011人次参与乡村生态整治、家庭关爱、乡风文明、产业发展和村庄公共事务管理等活动，梅洋村、前洋村成为全省妇女干部培训的现场教学点。

【妇女儿童合法权益维护】 2019年，福州市妇联开展婚姻家庭纠纷排查化解工作，排查化解婚姻家庭纠纷风险隐患785件，走访帮扶平安家庭未达标户1359户。处理妇女群众诉求件649件。开通婚姻服务“400”热线，与民政部门联合在婚姻登记窗口设立婚姻家庭辅导室，提供婚前指导、婚姻矛盾纠纷调解等服务。开展“建设法治福州巾帼行动”，发动全市妇联围绕反校园欺凌、禁毒、反邪教、反家暴、反性侵等主题，开展普法宣传活动2400场。联合司法部门帮扶女性戒毒人员等特殊群体900余人次。

【家庭文明建设】 2019年，福州市妇联开展寻找“最美家庭”活动，新增全国最美家庭2户、福建省最美家庭22户、福州市最美家庭100户。举办“激荡家国情·奋进新时代”八闽好家庭好家风巡讲、攻坚一线干部家属代表团“一线行”、海峡两岸集体婚礼暨家风家德传承展、“树清廉家风·创最美家庭”等主题活动。举办“茉莉姐姐”家风学堂37期；举办“茉莉飘香·为爱诵读”家庭读书会、亲子阅读展演、百日亲子线上打卡阅读等活动。以“立德树人·从家出发”为主题，开展线上线下家教公益大讲堂，科学家教知识吸引250多万人次参与学习。在王庄街道实施“我爱我家 垃圾分类 福妞先行”家庭环保服务项目，举办“低碳环保迎新春 绿色

2019年8月8日，市妇联“姐妹乡伴”公益项目助力乡村振兴（市妇联 供）

健康过大年”“垃圾分类，我能行”等环保公益主题宣传行动。组建市巾帼环保志愿者协会、福建省巾帼环保讲师团，举办垃圾分类巾帼志愿者骨干培训班，通过“1+N”帮带效应，发动万余名巾帼志愿者在五城区开展垃圾分类宣传指导巾帼志愿活动。

【新“两纲”实施】 2019年，福州市妇联召开全市妇女儿童工作委员会会议，研究解决涉及妇女儿童切身利益的相关问题。参与评估《福建省女职工劳动保护条例（修订草案征求意见稿）》等3部法规政策。开展“两纲”年度监测统计工作，围绕实施重难点问题，推动相关成员单位谋划解决办法。组织妇幼专家赴基层开展“妇女健康关爱月”“妇幼健康公益行”等活动13场，受益妇女儿童2000多人。

（黎明）

福州市科学技术协会

【概况】 2019年，福州市科学技术协会（简称福州市科协）所属有市级学会69个，企业科协348个（其中新成立28个），高校科协4个。市本级预算内科普经费4650.14万元，市级人均科普经费6.39元；县（市）区科普经费1586.95万元，人均2.20元。联合市高新区管委会、晋安区招商办、自贸区经济技术开发区办事处、市投促局等4家单位完成9项招商任务，项目总投资21.9亿元。年内，获评为2019年全国科普日活动优秀组织单位。组织2019年全民科学素质网络竞赛活动，获评为全民科学素质纲要实施办公室颁发的优秀组织单位。

【校地合作】 2019年，福州市科协落实福州市政府与福州大学新一轮战略合作协议，福州大学国家大学科技园建设稳步推进。其中闽侯双创示范中心项目建设为“双创”工作提供支持；科技园怡山园区“互联网+企业孵化”工程项目成效显著；科技园铜盘园区提升项目推进协调；孟超医学与交叉科学中心项目启动建设，共建校企联合研发创新平台3个；深化与新大陆集团合作，推进双方共建“人工智能研究院”，完成“海洋生物高值高质化利用技术创新服务平台”建设；开展产学研项目合作，人才培养与高端人才培训取得进展，推进与闽江学院的共建有序开展；福州市与中国人民大学续签新一轮战略合作协议，双方将在人才交流、课题研究、人才培育、合作论坛、信息服务、咨询评估等领域开展全面合作。

【院士专家工作站建设】 2019年，福州市科协促成新建8个院士工作站。福建六壬网安股份有限公司等9个院士工作站和福州米立科技有限公司等15个专家工作站通过福州市政府认定授牌。9名院士、21名领衔专家带领128个研发团队与设站企业合作开展59个项目的研发攻关，项目总投资2.02亿元。2个院士工作站被授予福建省示范院士专家工作站称号，19个院士工作站被授予福建省院士专家工作站称号，年认定省级院士站数量创历史新高。“6·18”期间，福州市有3个院士项目签约。至年底，通过市政府认定的院士（专家）工作站246个，其中院士工作站50个，专家工作站194个，海外专家工作站2个。

【创新驱动助力工程试点】 2019年，福州市科协促成19家学会服务站入选福建省科协学会创新驱动服务站，其中国家级学会创新驱动服务站1家，省级18家，建站数量位居全省首位。

【科普传播】 2019年，福州市科协在65个社区开展科普标准化建设。实施福州科技馆“1+N”分馆的“借力科普”模式，组织15个科技馆分馆联合开展大型科普主题活动。改造升级福州科技馆北馆及自然馆展厅，改造面积1000平方米，投入经费315万元，完善太阳系八大行星、四季星空、太空实验室、嫦娥工程演示系统、登陆火星等12件航空航天展项，互动展区完善若干机器人、光影及互动展项，VR展区新增6人飞船、火星车、生涯体验中心等6件展品，并于2019年底对外开放，参观人数突破31万人次。推进福州科技馆新馆建设，完成新馆项目选址、方案设计、立项审批。开展科普中国“百城千校万村”行动，补助101个“科普中国e站”82万元。在福州茶亭公园建设电子科普显示屏。指导台江、马尾、连江3个区县成功创建第二批福建省科普示范县（市、区）。发挥“福州科普”微信公众号等新媒体的科普宣传作用。组织福州科技馆“科普大篷车”到县（市）区开展32场科普活动，受众4.5万人。

【品牌科普活动】 2019年，福州市科协以“礼赞新时代、智慧新生活”为主题，举办2019年福州市暨晋安区全国科普日主场活动，组织近170场分会场活动。开展2019年“全国科技周”、防震减灾日、食品安全活动周等主题科普活动。福州科技馆举办“2019年新春科普游园活动”“第九届在榕高校大学生才艺节”等24场科普活动，参与者4万人次。

【科技下乡】 2019年，福州市科协参加“2019年全市文化、科技、卫生三下乡”启动仪式暨集中示范活动，捐赠《科普法》《反邪教知识》《垃圾分类》《科学减炭常识》《科学用药常识》等科普资料3000多册（份），捐赠晋安区寿山乡前洋村5万元用于支持科普硬件设施建设及开展科普活动。

【乡村振兴】 2019年，福州市科协开展科普助力乡村振兴试点村建设工作，精选第一批30个行政村组织实施。在罗源中房镇举办“第十九届福建省科协年会系列活动乡村振兴老区行——院士专家革命老区结对帮扶活动”。组织7家国家级、省级、台湾地区学会，3家市级学会，邀请33名农业专家，组成8支服务队伍，到中房镇开展帮扶，签订10项帮扶协议。首次组织学会服务团，在罗源县中房镇下湖村建立农村学会服务站，组织5个市级农口、医口类学会为当地提供为期1年的帮扶，组织专家帮扶6批次、60多人。在闽清、闽侯、永泰等乡村实施12项学会联村送科技活动，建设农村学会服务站。发动涉农县（市）区开展农村实用技术培训项目需求调研活动，全部筛选63个项目，9个培训基地给予资金补助。向福州市连江、长乐、福清、马尾派遣10名省级科技特派员。

【青少年科技活动】 2019年，福州市科协举办福州市第35届青少年科技创新大赛暨第十二届“两马”青少年科技教育交流活动、第十五届福州市青少年电脑机器人竞赛。组织福州市代表队参加第34届青少年科技创新大赛省赛和国赛。组织参加青少年科学影像节展映展评等各类科技竞赛活动。开展青少年科学调查体验活动、中学生高校科学营活动、社区青少年科学工作室夏（冬）令营活动、核电科普知识竞赛等。

【第十九届福建省科协年会暨第十七届福州市科协年会】 2019年，福州市科协召开第十九届福建省科协年会暨第十七届福州市科协年会，年会由福建省科学技术协会和福州市人民政府共同主办，福州市科协承办。年会以“创新创业创造”为主题，设主会场和20个分会场。开展“历史建筑保护创新发展高峰论坛历史建筑保护创新发展高峰论坛”等12个专项活动，邀请20名院士和1200多名国家级、省级学会的专家、5600多名科技工作者参会，邀请王陇德、李儒新2位院士和齐悟大脑创始人兼CEO王一作主旨报告，省、市四套班子领导参加开幕式，

【重点课题调研】 2019年，福州市科协开展21项重点课题调研，编印21期《专家建言》，其中《福州城市垃圾分类处理的调查与研究》被《福州政研专报》《福州调研》采用，获评为2018年度优秀调研成果一等奖；《从老城新区联动视角的研究》被省委政研室的《调研内参》采用，获评2018年度优秀调研成果二等奖；5篇被《福州调研》刊载。《扎实做好新一轮老旧小区改造工作的若干建议》被省委副书记、市委书记王宁等多位市领导批示。

【科技人才工作】 2019年，福州市科协联合市委宣传部、市科技局开展2019年“最美科技工作者”推荐工作。开展第十五届福建青年科技奖候选人推荐申报工作，第四届福州青年科技奖评选工作。推荐3名科技工作者入选第十三届福州读书月“书香人家”与“读书明星”。配合市委人才办做好各项人才工作。建立福州市科技专家库。出版《福州高级科技专家名录》之《农业卷》《医药卫生卷1》《医药卫生卷2》《工业与信息化卷》《建设卷》，收录福州市工、农、医、城建领域正高职称以上科技专家2230名。组织开展全国科技工作者日系列活动。

【榕台科技交流与合作】 2019年，福州市中国农技协福建连江海带科技小院、中国农技协福建闽侯青梗菜科技小院被命名为中国农村专业技术协会科技小院联盟（福建）第一批科技小院。举行中国农村专业技术协会科技小院联盟（福建）成立大会暨科技小院授牌仪式、2019海峡科技专家论坛分会场——海峡两岸农业绿色发展与乡村产业振兴论坛在连江县举行。

（陈贞）

福州市社会科学界联合会

【概况】 2019年，福州市社会科学界联合会（简称福州市社科联）新成立研究会1个，有市级哲学社会科学类社会团体48个，其中有40个业务主管社团，8个团体会员社团。注册社科普及志愿团体22家，登记志愿者827人。组织2019年度市社科规划立项工作，设立社科基层调研联系点（乡村振兴项目）。举办2019年社会科学普及宣传周活动、第二届福州市社科界学术年会系列论坛。

【社科研究】 2019年，福州市社科联确定立项资助课题43个，其中重大项目3个，重点项目20个，一般项目20个，资助金额90万元。发表学术研究成果57篇，其中国家权威刊物、CSSCI来源期刊、英文国际刊物、国家级刊物论文20篇，省级刊物论文34篇，市级刊物论文3篇。编印《理论与实践研究（2018卷）》上、下册，收集整理2018年度结项的28项市社科规划成果，涉及产业转型升级、营商环境优化、乡村振兴发展、城市品质提升、城乡居民养老、城市智慧管理、闽都文化传承、红色文化保护、教育质量提升等热点难点问题的对策建议。编印学术集刊《福州新区研究》，收集整理9个福州新区研究项目，涉及福州新区管理体制、扶持政策、两岸文化合作、生态旅游建设、人才队伍建设、金融与城镇化等问题研究。编印社科规划研究《成果要报》11期，其中《福州打造幸福之城的文化支撑》获省委副书记、市委书记王宁批示，《福州市辐射带动海峡西岸城市群建设发展研究》等2项成果获市委、市政府领导批示，《新时期进一步做好老干部精准服务工作的思考与探索》被省委老干部局评为福建省2019年度老干部工作调研文章一等奖，《形塑好公平正义的政法形象——福州市政法系统新闻宣传工作调研报告》等4项成果分别被评为2019年度福州市平安建设（综治工作）重大课题调研报告优秀、良好等次，11项成果获市县级有关领导肯定性批示和采用。

【学会工作】 2019年，福州市社科联27家正常运行的社会组织年检合格率100%。批准成立市老年事业研究会，注销市统计学会、市教育学会、市价格协会、市精神文明建设理论研究会、市经济体制改革研究会、市卫生经济学会、市物资经济学会、市粮食经济研究会、市海洋经济协会等9家学会，市新闻工作者协会、市船政文化研究会、市诚信促进会、市城市金融学会等4家学会完成换届选举。编印《新时代福州市社科联社会组织创新实践（2018卷）》。举办第二届福州市社科界学术年会5场，其中8月举办由福州市社科联、福州广播电视台主办，福州市易经文化研究会承办的海峡青年节重点项目——首届中华文化与两岸文创产业融合发展论坛，由福州市社科联主办、福州市长江支队历史研究会承办的“不忘初心跟党走　红色基因代代传——庆祝中华人民共和国成立70周年”主题教育论坛；9月，举办由福州市社科联、福州市委

党史和地方志研究室主办，福州市中共党史学会、福州市闽浙赣边区革命史研究会承办的“纪念福州解放70周年——林白暨五县中心区委游击队”红色论坛；10月，举办由福州市社科联、福州市老年学学会承办的“老年健康·尊严·幸福——共享有福之州、共创幸福之城”论坛；12月，在晋安区寿山乡举办由福州市社科联、中共福州市委乡村振兴办、晋安区人民政府主办的“福州乡村振兴论坛”。

【社科宣传普及】 2019年4月27日，由福州市社科联、中共台江区委宣传部、台江区税务局、台江区社科联联合主办的“双杭大讲堂——‘四大名著’讲座系列之《水浒传》”开讲，现场100余名书友、超23万名网络直播线上观众参与讲座。10月19—25日，省市区三级联办2019年社会科学普及宣传周活动，主会场设仓山区。以“礼赞新中国 奋进新时代”为主题，举办开国大典图片展、“礼赞新中国 建设新福建”主题图片展、“庆祝中华人民共和国成立70周年”现场有奖知识抢答比赛、“社会科学在你身边”普及咨询、社科普及读物赠送、广场文化演出、历史文化名人讲坛、《福建省社会科学普及条例》普法、社科精品图书推介展等活动，机关干部、社区群众、高校师生、媒体记者1000余人参加。科普周期间，发动市民群众参与省社科联举办的“以习近平新时代中国特色社会主义思想为指导推进新时代新福建建设”“庆祝中华人民共和国成立70周年”网上有奖竞答活动，26万多人次参与。全市各分会场以普及咨询、展览展示、讲坛讲座、公益宣传、文艺汇演、赠阅读物等多种形式开展各类社科普及活动130余场。

（张薇）

2019年8月6日，海峡青年节重点项目——首届中华文化与两岸文创产业融合发展论坛在福州市博物馆举办 （市社科联 供）

福州市文学艺术界联合会

【概况】 2019年，福州市文学艺术界联合会（简称福州市文联）有市属文艺家协会会员5558人，省级会员1948人，国家级会员489人。年内，多形式开展习近平新时代中国特色社会主义思想和党的十九大精神宣传、纪念五四运动100周年、庆祝中华人民共和国成立70周年主题文艺活动。6月，启动第四届福州市茉莉花文艺奖评选工作，征集评选作品699件，评选出10个艺术门类获奖推荐作品88件。

【文艺活动】 2019年，福州市文联先后举办“礼赞新中国、幸福新福州”——福州市文艺界迎接中华人民共和国成立70周年新春元宵音乐会、“礼赞新中国、幸福新福州”——福州市文艺界庆祝中华人民共和国成立70周年主题文艺演出、“礼赞新中国、幸福新福州”——福州市文艺界庆祝中华人民共和国成立70周年主题艺术展、“礼赞新中国、幸福新福州”——福州市文艺界庆祝中华人民共和国成立70周年主题征文等活动，编辑出版主题征文作品集2部、拍摄制作文艺片1部。举行2018年度福建省践行社会主义核心价值观“最美人物”发布仪式晚会、首届福建省“国防人物”颁奖活动撰稿工作。完成2019年福建省新闻界庆祝记者节暨新闻奖颁奖会、“2019八闽工匠年度人物”发布仪式创作舞台脚本。参与第六届丝绸之路电影节“电影节现状——突破与创新”论坛工作。举办“见证上下杭”摄影图片展暨新书发布会，启动福州城市水系综合治理系列文艺创作项目。举办第四届海峡两岸生态摄影展暨“幸福之城”福州城市水系综合治理摄影展，“幸福榕城”微电影创作大赛。年内，接待匈牙利威克文化艺术交流协会及美国福建书画家协会艺术家一行到福州交流访问。

【文艺惠民】 2019年，福州市文联组织200余名文艺志愿者走进福清龙田、罗源中房、长乐梅花镇等地开展志愿服务活动，捐赠儿童文学读物2000余册，惠及留守儿童1800余人，实地创作作品被核心期刊和国家级、省级报刊刊发数10篇。吸引在榕13所高校近2000名大学生加入“新时代文艺志愿者队伍”。春节期间，开展“文艺进万家”“迎新春、送万福”义务写春联、拍摄全家福等惠民品牌文艺活动。

（郑龙腾）

福州市归国华侨联合会

【概况】 2019年，福州市有归侨侨眷约270万人，海外乡亲约400万人，主要华侨华人社团260多个，分布在世界160个国家和地区。福州市归国华侨联合会（简称福州市侨联）第十二届委员会有委员176人，主席1人，副主席（含兼职）16人，常委60人。聘任海外港澳台60多个国家和地区有影响的侨团领袖193人担任荣誉职务，其中名誉主席2人，荣誉主席10人，国内顾问6人，港澳顾问28人，海外顾问40人，海外委员101人，台湾侨界特邀委员6人。有基层侨联组织942个。市侨联有团体会员5个，包括侨商会、华侨历史学会、法律顾问委员会、青年委员会、越柬老归侨联谊会等。开展政协侨界委员界别活动，赴侨资企业佳新创辉有限公司、永顺达有限公司及民生银行仓山支行调研营商环境。授牌省级“侨胞之家”14个、“示范点”5个。开展“基层组织建设落实年”“贴心人与实干家”主题实践活动，指导永泰县、罗源县、晋安区侨联完成换届，出台侨联基层组织建设补助支持方案，为基层“侨胞之家”创建示范点补助2万元，新组织成立补助5000元。推动中国侨联基层侨联组织统一社会信用代码赋码工作。《聚侨力 护侨益 连侨心——闽清县积极打造“亲情侨联”品牌》《基层侨联组织如何开展工作——福州市鼓楼区侨联的探索与实践》被《中国侨联工作》刊用，《发挥传统侨乡优势，夯实基层基础，建设新时代的基层侨联》被中国侨联内刊《基层组织建设》采用。年内，获评为2019年度全省侨联系统信息传播工作先进集体，闽侨智库福州委员会成员刘伟、詹华、何华龙、陈栩、陈蔚、石丽钦、阮碧玉、唐宜等获先进个人称号，市侨商联合会当选中国侨商联合会常务理事单位。

2019年8月29日，福州市侨联首个海外法律咨询服务站在阿根廷正式授匾

（市侨联 供）

【招商引资引智】 2019年，福州市侨联牵线完成6个项目，总投资31亿元。组织海内外侨商侨领参与“创业中华”“5·18”“6·18”“9·8”大型展会。组织市侨商会举办“同叙侨商情 共谋新发展”2019年新春座谈会，赴深圳华为公司、滨海新城参观考察等。开展“百侨帮百村——联村助户”活动，救助困难学生70人、困难村民257人、失依儿童13人。赴定西开展“奉献福州侨界爱心助力定西脱贫攻坚”活动，市侨联、市侨联兼职副主席、市侨商联合会向定西市侨联共捐赠70万元，用于助学困难学生、贫困村危房改造、帮扶困难群众养兔养羊等。

【侨胞权益维护】 2019年，福州市侨联与市法院、市司法局、市边防支队、市仲裁委员会、共建律师所协作，推进涉侨诉调法官工作室、侨联法律援助站、“一侨一号”岗、涉侨仲调工作室等护侨机制有效运作。创新建立市侨联海外法律咨询服务团及海外法律咨询服务站机制，首批聘请阿根廷、法国、马来西亚、澳大利亚、英国、美国6个国家的9名海外华侨华人律师及法律工作者，担任海外法律咨询服务团成员。8月，在阿根廷诚信律师事务所正式挂牌成立首家咨询服务站，其做法被中央统战部《每日汇报》刊登转发。开展每周二的法顾委接待工作日，向来访侨胞提供免费的法律咨询，关注、化解涉侨矛盾纠纷。组织法顾委成员赴闽清县白中镇霞溪村考察“巡回审判点”和新农村建设情况，赴侨资企业调研生产经营状况。举办省、市、区三级“12·4”国家宪法日侨法宣传。召开市侨联法顾委（法咨委）成立15周年座谈会，编辑《纪念福州市侨联法律顾问委员会十五周年》画册。

【联络联谊】 2019年，福州市侨联走访慰问重点侨领，接待澳洲福州同乡会、美国福州十邑同乡会、日本福州十邑社团联合总会等海外社团和侨领100多批500多人次。组团出访柬埔寨、日本、美国，开展项目招商。应邀出访菲律宾、阿联酋、塞浦路斯，拜访海外乡亲、社团和海外代表人士，参加海外乡亲各种活动。与巴布亚新几内亚、卢森堡、文莱、厄瓜多尔等国家和地区的新侨社团建立联系机制，走访侨二、三代新阶层人士。举办3期海外青少年“中国寻根之旅”夏（冬）令营活动，联合闽江师专举办2019年海上丝绸之路华文师资研修班。举办“翰墨侨心 筑梦榕城”中美侨界书画家联谊会、庆祝中华人民共和国成立70周年座谈会暨中外书画家联谊会。开展“村植千树”绿化行动，组织华侨历史学会骨干会员赴泉州开展侨乡历史文化调研。举办“福州侨胞与共和国”主题学习交流会，邀请归侨优秀代表、侨史研究学者、资深记者参加。邀请省委党校党史专家，为市、县两级侨联干部作党史新中国史学习讲座。联合市涉侨部门开展福州侨界“我和我的祖国同唱一首歌”快闪活动，组织70个国家的侨胞和港澳同胞及侨联工作者，在五一广场合唱《我和我的祖国》。配合市委统战部开展福州市侨界庆祝“中华人民共和国成立70周年主题征文美术书法活动”，组织侨界100余件作品参展。

（黄姗姗）

福州市台湾同胞联谊会

【概况】 2019年，福州市登记定居台胞2035人。全市台胞有市人大代表1人，县（市）区人大代表1人，市政协委员9人，县（区）政协委员21人。福州市台湾同胞联谊会（简称福州市台联）全年接待台湾同胞320余人，组织联谊活动20余次，参加活动1000余人次。走访慰问困难台胞、80岁以上高龄台胞61人，发放两节慰问款13.04万元，“两补”专项资金89.93万元，助学金9000元。接待和处理台胞的来信来访9件。招商引资项目7个，总投资16.23亿元。

【联谊交流】 2019年，福州市台湾同胞联谊会（简称福州市台联）主办第二届榕台大学生闽都文化冬令营、“闽台社区融合发展交流”活动、第七届海青节“文脉源长·情传两岸”两岸学子科举文化交流体验营暨第二届台湾学子重走科举路研习营、“两岸一家亲”两岸新人集体婚礼活动、“乡亲相爱一家人”福州台湾教师中秋国庆联谊活动、“闽台青年夏令营”、“跨越海峡·牵手相约”第十六届榕台青年夏令营活动、“海峡两岸少数民族青年创新创业论坛”等文化交流活动，其中科举文化研习营得到新华社、人民网、中新网、环球网等50多家媒体的关注和连续报道。

【台胞参政议政】 2019年，福州市台联开展在榕高校台生“五四青年营”主题活动，带领台湾青年走进政协，参观市政协文史馆、书画馆，并进行座谈。引导台籍人大代表、政协委员围绕两岸交流、经济社会建设为重点参政议政，提交《建议我市将引进的高层次台湾人才子女纳入台商子女入学暂行规定实施范围》《关于推进台湾初中毕业生有效对接福州就读高中的建议》等提案。

【台湾会馆重修】 2019年，福州市台联制定《关于征集福州台湾会馆有关科举和涉台文物史料实物及其线索的启事》，征集各地相关文物史料，提升福州台湾会馆历史内涵。完成屋顶修缮、空调、消防管道、水电线路、室内砖、基础展架、功能房等基础项目。联系有关档案馆、博物馆、展馆和市直相关部门，走访台胞和有关专家，收集展陈所需的文物史料、资料等实物及其线索。

（陈乘）

福州市残疾人联合会

【概况】 2019年，福州市有持第二代中华人民共和国残疾人证的残疾人9.49万人，其中视力残疾1.2万人、听力残疾1万人、言语残疾0.1万人、肢体残疾4.1万人、智力残疾1.4万人、精神残疾1.1万人、多重残疾0.5万人。一级残疾1.5万人，二级残疾3.1万人，三级残疾2.2万人，四级残疾2.7万人。福州市残疾人联合会（简称福州市残联）下属福州市残疾人就业服务指导中心（简称市就业中心）及福州市残疾人辅助器具服务中心（简称市辅具中心）。全市177个乡镇（街道）均成立残联，配备有134名专职残疾人联络员，2712个村（社区）均成立残协并选聘残疾人联络员（兼称）。全市建有残疾人综合服务设施11家，残疾儿童康复机构46家，残疾人就业服务机构13家，残疾人辅助性就业机构7家，福乐家园（残疾人托养服务机构）10家，残疾人社区康复站44家，建立市级残疾人辅具展示厅和县（市）区辅具适配站11家，残疾人法律援助站7个，盲人按摩机构63家。全年办理4件市人大代表建议和4件市政协提案，满意率均为100%。召开福州市残疾人联合会第六届主席团第二次全体会议，增补福州市残联第六届主席团委员、副主席，通过市残联执行理事会副理事长，增补理事。年内，《多措并举加强残疾人民生保障》《福州市残疾人托养服务工作实施方案（试行）》《关于进一步加强和规范福州市基层残疾人组织建设的意见》等多项工作经验文章获省残联转发，在全省各地推广。福州市残联党组书记、理事长郑永登《大力创新“四化”工作法 推动残疾人事业高质量发展》一文获《人民周刊》全国党政干部创新论坛征文活动二等奖。《福州市城乡肢体残疾人辅具需求及精准施策的研究》被中辅具编入论文集。完成福州市政府系统重点调研课题《我市城乡肢体残疾人康复需求及精准施策专题研究》。在全国第十届残疾人运动会暨第七届特奥会上获得7金12银11铜牌、破1项全国纪录。年内，福州市残联获评为市级文明单位，机关党员活动室获评为市直机关工委“优秀党员活动场所”，机关党建文化长廊获评为市直机关工委“党建文化示范长廊”。市辅具中心获评为市级“巾帼文明岗”，获评为全省残联系统先进集体4个，先进工作者2人，全省自强模范4人，全省扶残助残先进集体5个，全省扶残助残先进个人2人，徐世元、钟陶秀获评为全国残联系统先进工作者和全国助残先进个人。

【残疾人社会保障】 2019年，福州市出台《福州市残疾人托养服务工作实施方案（试行）》《关于扶持残疾人辅助性就业机构建设的实施方案（试行）》《福州市听力残疾人助听器适配补贴实施方案》等市级助残文件。实施困难残疾人生活补贴和重度残疾人护理补贴，落实残疾人参加居民基本医疗保险和居民基本养老保险政府代缴补助政策，为6.65万名残疾人办理城乡居民基本养老保险，参保率92.29%；为8.26万名残疾人办理城乡居民基本医疗保险，参保率97.49%。落实重度残疾人全部纳入医疗救助对象、29项残疾人医疗康复项目纳入基本医保支付范围。落实贫困残疾人享受最低生活保障，实现重度及三级精神、智力成年无业残疾人单独施保，1.32万名残疾人纳入最低生活保障。1959名残疾人纳入特困供养。为4481名残疾人家庭发放“一户多残”困难残疾人家庭补贴750万元，为6.9万名残疾人办理意外伤害保险，为1337名残疾人提供居家托养服务补助每人2000元，两节期间走访慰困难残疾人5500余人。

【残疾人扶贫】 2019年，福州市出台《福州市残联打好残疾人脱贫攻坚战三年行动实施方案》，农村建档立卡残疾人脱贫率100%。为70户残疾人家庭实施家庭无障碍改造，市级每户补贴1500元，县级每户补贴1000元，农村贫困残疾人家庭存量危房改造率100%。发挥惠民资金网作用，全市上线项目4个（残疾人扶残助学金、残疾人就业创业补贴、贫困残疾人春节慰问补贴、残疾人居家托养服务），年度残联系统惠民资金网总上线资金1341.78万元。推进福州定西残联东西部扶贫协作工作，市级安排东西部扶贫协作项目资金411.5万元，各对口帮扶县（市）区落实帮扶资金600余万元。

【残疾人康复及辅具适配服务】 2019年，福州市残联为1.53万名有康复需求的残疾人提供康复服务，服务率99.3%。全市报备残疾儿童康复机构46家（新增10家）。实施0～14岁残疾儿童康复训练救助2219人2566.56万元，贫困精神病患者服药救助和住院救助777人135.45万元，0～6岁听力障碍儿童装配电子耳蜗及康复训练救助，提供223名精神病患者康复在院训练补助321.12万元。加强社区康复建设，多部门协同的精神病肇事肇祸核查工作有序开展。开展政府购买老年残疾人精准康复服务试点工作，全市筛查评估2034人，居家康复服务196人41.78万元。推进残疾人辅具补贴制度改革，为5190名残疾人提供辅具适配服务，辅具适配率99.79%。其中听力辅具和假肢矫形器辅具补贴987例85余万元。开展辅具下乡服务活动和辅具补贴制项目回访工作，下乡40余次服务残疾群众800余人。发放残疾人机动轮椅车燃油补贴1490人38.7万元。为五城区589名残疾人代步车投保，为145名低保代步车主发放交通补贴。完成五城区残疾人机动轮椅车“一车一档”更新换证827辆。

【残疾人就业】 2019年，福州市新增城镇就业1567人，新增农村就业8704人，新增就业培训1101人次。扶助441名农村困难残疾人就业创业每人5000元。推行用人单位按比例安排残疾人就业，扶持残疾人集中就业、自主就业创业以及灵活就业、接纳高校残疾人毕业生就业，发放扶持残疾人就业创业“1+7”政策扶持资金663.39万元。举办常态化残疾人就业招聘会26场，推荐就业183人，年度新毕业残疾人大学生就业率100%。开展残疾人就业援助月活动、第二批就业培训基地授牌等活动，扶持盲人按摩行业取得成效。

福建省第八届残疾人运动会福州代表队轮椅健身操展示现场 （林素霞 摄）

【扶残助学】 2019年，福州市残联为2000多名残疾学生及残疾人子女发放扶残助学金600多万元。完成中央彩票公益金助学项目（学前教育）17名，每人补助3000元。核查551名未入学适龄残疾儿童数据，核查率100%。残疾儿童接受义务教育比例90%，残疾人学生高招录取率100%。

【残疾人权益保障】 2019年，福州市残联回复人民网网民留言、中残联信访系统、省信访信息系统、“12345”便民（惠企）服务平台等来信170件，“12385”残疾人热线来电来访650多人次，信访办理及时率100%。

【残疾人文体活动】 2019年，福州市残联通过知识普及讲座助残政策宣传、义诊、“自强脱贫·助残共享”医患助行公益活动、“以爱随行·情暖星途”慈善义演、“万人公益授课·百人免费康复”自闭症早期干预公益活动、“奥尔夫音乐师资培训”公益活动、关爱残疾儿童行动（爱心礼包）赠送发放仪式、辅具补贴制受理“一站式”爱心服务、“为残疾朋友提供免费维修小家电志愿服务、轮椅体验和垃圾分类宣传、地铁站残疾预防视频及画册宣传等多种形式，帮助残疾人。3月3日第20个全国“爱耳日”，市残联与市卫健委合作，在市政府新闻发布会上介绍福州市新生儿耳聋基因筛查项目开展情况及听力残疾儿童康复服务情况，着重介绍国家救助政策及福州市落实听力残疾儿童康复救助制度的主要项目的康复情况。实施残疾人文化进家庭“五个一”和残疾人体育“六个一”项目，残疾人康复体育关爱家庭181户，残疾人体育健身示范点24个（提前完成“十三五”任务），残疾人体育健身指导员135人。在全国第十届残疾人运动会暨第七届特奥会上，福州市获7金12银11铜牌、破1项全国纪录。福州市7名选手参加全国第六届残疾人职业技能大赛获美发和动漫设计项目第五名。福州市脱胎漆器和蛋雕作品在第十一届海峡论坛·2019两岸残障人士交流嘉年华活动中得到中国残联副主席吕世明、省委常委周联清等与会领导和观众的赞赏并参加全国第三届展能节展演。

【第三代残疾人证到期换证工作】 2019年，福州市残联与市卫健委联合下发《关于做好第二代残疾人证到期换证工作的通知》，以及福州市第二代《中华人民共和国残疾人证》残疾评定定点医院和医师名单的、福州市第二代《中华人民共和国残疾人证》残疾评定定点医院机构公章和评定医师签名样本，完善残疾人证的发放管理。指导县（市）区残联开展第二代残疾人证到期换证工作，督促到期证的更换，完成二代证到期证换证1.45万本。开展第三代残疾人证（智能化）换发和应用推广工作，制定《福州市第三代残疾人证（智能化）换发和应用推广工作实施方案》，联合卫健部门及定点医疗机构深入街镇居（村），采取主动上门入户评定和基层集中评定相结合，为15个乡镇112名行动不便的重度残疾人提供残疾评定上门服务。加强残疾人基本服务状况和需求信息动态更新，全年收集96515名持有中华人民共和国残疾人证的残疾人基本服务状况和需求数据，及近2810个村（社区）的残疾人服务设施状况信息，动态更新信息采集96.6%。

（郑海云）

9月17日，市关工委发动爱心企业家为闽侯县祥谦镇33名困难儿童发放10万元助学金，解决他们学习生活中的经济困难 （陈今 摄）

福州市关心下一代工作委员会

【概况】 2019年，福州市关心下一代工作委员会（简称福州市关工委）有关工委组织3769个，成员2.62万人，其中“五老”（老干部、老教师、老专家、老劳模、老战士）人员1.8万人。全市有173个乡镇（街道）、2604个行政村（社区）、732所学校、136个机关事业单位以及121家企业组建关工委组织。全市各级关工委有报告团361个，“五老”报告员2258名，涵盖各县（市）区、乡镇（街道）以及部分村（社区）和学校。年内，福州市网络家长学校（以下简称网校）总开课数46节，有321所中、小学和幼儿园的家长参加，有248万多人次参加听课。编印《福州市网络家长学校创建与发展》《福州市网络家长学校工作手册》，拍摄《福州市网络家长学校专题汇报片》。

【青少年思想道德教育】 2019年，福州市关工委以“福州故事百讲”为品牌，联合市委宣传部、文明办、老干部局、教育局下发《关于开展“庆祝中华人民共和国成立70周年”主题教育系列活动的实施意见》。组织报告员下乡、进校开展庆祝中华人民共和国成立70周年“福州故事百讲”活动；开展“中华魂”主题教育读书活动，拨款2万元为市属中小学购买歌颂党、歌颂祖国等优秀书籍；举办“两赛”“两评选”活动，“两赛”即“我和我的祖国”中小学生征文、演讲比赛，选送优秀作品参加全省第22届新时代好少年“我为祖国点赞”征文和演讲朗诵比赛，分获特等奖、一、二、三等奖及9金10银12铜；“两评选”，即优秀德育视频课件及“五老”教育课件评选，推荐优秀作品参加全省展示评选，分别获得小学组二等奖、初中组一、二、三等奖和高中组二等奖；邀请马尾区关工委杜进兴制作《辉煌70年 闽都变新颜》中华人民共和国70周年主题教育课件，并在全市推广。全市各级关工委开展学“两史”“福州故事百讲”“中华魂”读书、“庆祝中华人民共和国成立70周年”等主题教育活动2301场，参与人数69万人。

【网络家长学校建设】 2019年，福州市关工委召开6次部门联席会，研究网校工作、课程安排、网校平台升级改造等事项。结合中国关工委开展“五老弘扬好家教好家风”主题活动，开设4节“好家教好家风”主题课程；结合“禁毒日”宣传工作，开设《青少年毒品预防》专题课，听课3万多人次，开设4节新生入学指导专题课，听课60多万人次；结合垃圾分类新时尚，开设《践行垃圾分类，守护有福之州》主题讲座，听课90多万人次；开展面对面咨询1202人次，预约热线电话咨询1216人次，网络咨询34人次；举办团辅与讲座57场，参与8108人次。联合闽清县、长乐区关工委举办青少年心理健康教育活动；联合福建省新华职业技术学校开展“防校园欺凌”讲座团辅等活动。

【青少年关爱行动】 2019年，福州市关工委配合省关工委在鼓楼区西湖社区和仓山区菖蒲社区开展法制教育和关爱工作试点，创建“青少年零犯罪零受害”社区（村）学校及乡镇（街道）。把“五失”青少年和留守儿童、外来工子女作为关爱帮扶的重点对象，制定具体帮扶方案和措施。年内，市关工委在闽侯县开展“五失”青少年关爱行动，发动爱心企业家为该县33名困难学生助学捐款30万元。针对农村留守儿童和一些“五失”家庭子女心理问题比较多，市心理健康服务团结合专家下乡进校，跟踪进行心理辅导；罗源县关工委配合县委统战部，筹集资金45万元助力138名贫困学子圆梦；连江县关工委开展“精准关爱护苗行动”慰问活动，慰问44名困难及留守儿童，发放慰问金4.4万元。

【青少年科技教育服务】 2019年，福州市各级关工委成立科技服务团128个，科教员853人，举办科技培训186期，其中种子工程培训班37期，参加培训1.04万人次。评选出农村和城镇各10个优秀“种子工程”，为“福州市青少年科技教育服务示范基地”授匾。配合市科协开展青少年科技创新大赛，组织台湾学生与福州市中小学生开展两岸青少年科技文化交流等活动。

（陈今）

福州市红十字会

【概况】 2019年，福州市红十字系统筹募款物1175万多元，救助弱势群体1.1万多人次。连续3届被评为省级“文明单位”，被中国红十字博爱理事会评为2019年度优秀理事单位，红十字志愿者陈霞当选2018年度全国学雷锋志愿服务“四个100”先进典型，红十字阳光应急救援志愿服务队被评为“省百家优秀志愿服务组织”，副队长林芳被评为省第二批“五星级志愿者”。中央、省、市媒体刊出或转载《风雨中的“强者”——记福建省福州市红十字会党组书记、常务副会长胡晓强》《救命绝招 来这免费学——福州红十字应急救护体验对外开放》《生命如花 感恩有你——记2019年遗体和人体器官捐献者音乐追思悼念活动》《生命接力 跨越千里——福州22岁大学生陈夏雨捐献造血干细胞》《美女研究生 捐造血干细胞——福建省首位捐造血干细胞的在读女研究生》《“5·20”闽京传递特殊大爱——福州两位志愿者同天分别捐献造血干细胞和淋巴细胞》《福大成立造血干细胞捐赠志愿服务队》《闽侯八中张伟：台上教书育人——台下献血救人》《“防灾减灾”进校园—临其境学救护》《厚德精医 仁爱至诚——福能海峡红十字会正式成立》等专题报道。12月3—4日，中国红十字2019年《博爱》理事会会议在福建省福州市召开。代表参观考察福州市红十字会备灾救灾仓库及福州市红十字曙光救援总队指挥中心，并到应急救护体验馆体验。利用第二届21世纪海上丝绸之路博览会暨第二十一届海峡两岸经贸交易会、第十七届中国·海峡项目成果交易会等平台，加强与斯里兰卡等“一带一路”沿线国家和地区红十字组织沟通交流。

【应急救援】 2019年，福州市红十字会常备救灾金300万元，备灾救灾仓库储备救灾物资价值超过100万元。1月14日晚，阳光红十字救援志愿服务队迅速赶往乌龙江，配合警方开展搜寻持刀伤人跳江逃逸男子；6月27日，红十字（曙光）应急救援总队开赴永泰参与重型卡车坠河打捞救援；9月30日，红十字（曙光）应急救援总队完成福州庆祝中华人民共和国成立70周年焰火晚会水域安全保障工作等。

【人道救助】 2019年，福州市红十字会开展“博爱送万家 温暖你我他——元旦、春节关怀活动”，筹募善款善物价值近150万元，慰问2000余户6000名困难群众。开展“救治一个患者 解放一个家庭——重特大疾病医疗救助行动”，全年救助550多人次，590余万元，其中市本级救助170余人次，290余万元。开展“博爱情·学子梦——人道助学行动”，联合兴业银行开展“特资筑梦 爱心传递”助学活动，集中慰问一批困难家庭的中小学和大学生及研究生。开展“弘扬正能量——关怀见义勇为、道德模范人道行动”，为福州市见义勇为基金会捐款2万元。开展“关爱儿童——爱幼护幼人道行动”，慰问车祸重伤的安溪男孩王根灿及其家人。开展“关爱老人——尊老敬老人道行动”，联合市政协、市农工党、致公党、九三学社及市机关局等单位，慰问对口扶贫村的困难群众及麻风病院等病残老人。开展“关爱女性——妇女保护人道行动”，与市计生协、市妇联等单位联合开展“生育关怀”慰问活动。“健康扶贫——向浦城县中医医院无偿捐赠医疗设备”，爱心企业家、福建浩响医疗器械有限公司董事长林哲畊通过福州市红十字会向浦城县中医医院捐赠价值人民币120万元的高速全自动生化免疫检测仪器。与市委宣传部联合开展2019年福州市文化科技卫生“三下乡”集中服务活动；与福州东南眼科医院联合开展2019年“红十字连江、福清光明行”活动，为当地350多名群众免费进行眼部检查，并对符合手术条件的贫困白内障和胬肉患者实施扶贫复明手术。利用“9·9公益日”活动，发动全市红十字系统、学校及各机关事业单位1.97万人次，筹款14.6万元等。5月，福建大世界华夏房地产有限公司通过福州市红十字会定向捐赠5万元，用于闽侯县延平乡横溪自然村的房屋修缮。9月，福州民天集团通过福州市红十字会捐资40万元，用于罗源县西兰乡许洋村的文旅项目开发。

【生命救援工程】 2019年，福州市遗体器官捐献报名登记1371人，实现遗体捐献52人、器官（含组织）捐献8人。4月2日，在三山陵园人生广场举行主题为“生命如花”福州市遗体与器官捐献者音乐诗会追思悼念活动。开展“热血一夏·爱满十城”无偿献血公益行活动，联合市委文明办、市卫健委、省献血办、省血液中心在各区级机关及直属单位开展无偿献血活动。举办活动16场次，1560多人次献血超过26万毫升。全年动员造血干细胞捐献483人次，采集26人份高分辨血样，体检9人，成功捐献7人。

2019年4月2日，福州市纪念遗体与器官捐献者音乐诗会现场（市红十字会 供）

建成市本级及永泰、闽侯、罗源、闽清、福清、鼓楼等7个“红十字博爱驿站”。

【救护培训】 2019年，福州市红十字会开展应急救护培训“十百千万”工程建设，即建设10个培训中心、建立100名师资队伍、1000场救护培训落地、10万民众受训获益，推动红十字应急救护培训“七进”工作开展，主动为外（台）资企业、电力、学校、机关事业单位、社区（街道）等各行各业的人员开展自救互救知识和技能培训工作。举办应急救护培训班121期，颁发5320人急救员证书，举办应急救护知识讲座1048期，受众9.8万人。1月16—20日，为来自全市大中专院校、初高中学校及各救援队和志愿服务队队员进行应急救护初级师资培训，培训应急救护师41名。

【榕台交流】 2019年，福州市红十字会坚持把查人转信作为一项重要工作来抓，为失散亲人重逢团聚服务。10月，台湾金门红十字组织22人到榕参访，协商“榕金”红十字人道救助绿色通道等合作。发挥马尾—马祖“两马”、连江—马祖“连马”2条红十字人道绿色救助通道，制定生命救援接力行动方案和应急救助措施。开展滞留或遇险渔民双向护送等工作，全年双向护送12人次。

（林楠）

福州市慈善总会

【概况】 2019年，福州市慈善总会接受社会捐赠款物4598.63万元，救助支出款物9037.53万元。与市双拥办、市民政局、市退役军人事务局联合开展“关爱军人困难家庭救助活动”，救助困难军人家庭215个，每个家庭发放救助金5000元，计107.5万元。年内，扶贫济困“331救助工程”获“第二届善行八闽·海峡公益慈善项目大赛”二等奖。

【慈善情暖万家慰问活动】 2019年，福州市慈善总会开展“慈善情暖万家”系列慰问活动，筹措资金28.94万元，到鼓楼、晋安、长乐、罗源、永泰等地慰问困难户501户，慰问麻疯病人16人。举办第四届“慈善爱心年夜饭”，到鼓楼区、仓山区等慰问困难户400户。

【慈善救助331工程】 2019年，福州市慈善总会到闽侯、福清、晋安、罗源、闽清、连江、长乐、永泰、马尾等地开展慈善救助活动，救助281人，其中孤寡老人171人，贫困高中生110人，每人补助2000元，合计56.2万元。

【慈善医疗救助】 2019年，福州市慈善总会与中华慈善总会合作开展免费赠药活动，发放肺癌、直肠癌特种药品1547人次，价值3489.59万元；与福州东南眼科医院合作，完成免费白内障手术300例，手术费等价值63万元；与台江医院、中德骨科医院合作发放医疗救助金99.43万元。

【扶贫工作】 2019年，福州市慈善总会筹措对口扶贫甘肃省定西市的资金、物资62万元，全部用于救助定西市对口扶贫，其中福州东南眼科医院为渭源、岷县80名贫困老年白内障患者施治，价值52万元；福州为民再生资源利用有限公司捐赠衣物1500件，价值10万元。年内，参与“百会联百村”扶贫攻坚行动，到罗源县中房镇叠石村、下湖村开展对口帮扶，捐赠善款12万元。设立“扶贫开发基金”，在永泰县丹云乡开展生产生活救助活动，捐赠善款7.5万元。

【中华慈善日捐赠活动】 2019年9月4日，福州东南眼科医院金山新院举办福州市慈善复明行动2020—2029年“十年捐”捐赠仪式，宣布持续推进慈善复明行动，未来10年将免费救助3000名贫困白内障患者。9月5日上午，“爱心救助、健康扶贫”捐赠恤病仪式在福州中德骨科医院举行，福建金钥匙绿色农业扶贫发展股份有限公司捐赠善款60万元，并在福州市慈善总会设立中德骨科救助基金，定向用于医疗救助等符合慈善法规定的救助对象。

（林松福）

福州市个体劳动者协会私营企业协会

【概况】 2019年，福州市个体劳动者协会、私营企业协会（简称福州市个私协）有个体会员41.96万户，从业人员90.68万人；私营企业会员26.88万户，从业人员203.61万人。

【企业会员服务】 2019年，福州市个私协利用短信平台向会员企业发出节

2019年1月16日，福州市政协原副主席郑新清带领市慈善总会工作人员前往罗源开展“慈善情暖万家”慰问活动　　（市慈善总会　供）

日问候、银企对接宣传以及生日问候短信1万多条，帮助会员企业了解新出台制度和政策。成立商务公司为入驻的会员企业提供注册地址、记账、报税等服务，吸引企业509家，注册资金55.82亿元。定期走访会员企业，为企业协调解决问题，保证企业规范经营。

【技术职称评定】 2019年，福州市个私协向会员企业发放3000多份“福州市私营企业协会职称评审须知”。全年参加职称评定14929人，其中中级职称5424人，初级职称6552人。

【非公党建】 2019年，福州市个私协帮助有条件的私营企业组建党支部，发展新党员，福州市私营企业党委下属组建党总支2个、党支部49个，党员444人。

（黄超）

福州市消费者权益保护委员会

【概况】 2019年，福州市消费者权益保护委员会（简称福州市消委会）受理消费者投诉2254件，结案2253件，结案率99.96%，为消费者挽回经济损失259.12万元，其中欺诈行为得到加倍赔（补）偿44件，赔（补）偿金额4.23万元。生活社会服务类、食品类、家用电子电器类位居投诉类别前3位，分别占投诉总量的17.39%、11.76%、10.03%；质量问题、售后服务、合同纠纷位居投诉性质前3位，分别占投诉总量的30.7%、15.93%、11.85%。

【“3·15”国际消费者权益日活动】 2019年，福州市消委会组织纪念活动86场，参加人数2.39万人次，接受咨询7316人次，受理投诉347件，挽回经济损失3.19万元，发放宣传材料9.5万份。省委宣传部、省高院、省市场监督管理局（省知识产权局）、省司法厅、省住建厅、省文旅厅、省药监局、福州海关、市市场监督管理局、省市消委会等部门联合在福建会堂举行福建省、福州市“3·15”国际消费者权益日宣传活动。活动现场播放“不忘初心　书写消费维权新答卷”电视专题片，回顾省、市政府职能部门2018年维权工作，发布省市场监督管理局、福州海关就规范市场秩序、保护消费者权益等方面的相关统计数据。省美容化妆品产业商会、省室内设计师协会等行业协会发布“行业自律、诚信兴商”承诺，并举行2019年福建省食品安全“一品一码”追溯食品类别发布仪式。市消委会联合省消委会、市市场监督管理局、市律师协会等单位开展“3·15”国际消费者权益日公益宣传咨询活动，宣传解读“信用让消费更放心”年主题，邀请部分行业企业代表作典型发言，组织百余家行业企业举行信用承诺签名，向社会公开征集消费民事公益诉讼案件线索。

【商品质量抽检】 2019年，福州市消委会联合省消委会开展现制奶茶比较试验，抽查20家奶茶店现制现售的40款样品。委托福州海关技术中心参考GB 2760-2014《国家食品安全标准　食品添加剂使用标准》、GB/T 21733-2008《茶饮料》《中国居民膳食指南（2016）》《卫生部办公厅关于通报食品及食品添加剂中邻苯二甲酸酯类物质最大残留量的函》以及国内外相关机构建议等，对蛋白质、脂肪、总糖、咖啡因、茶多酚、塑化剂、山梨酸、柠檬黄、二氧化钛等18个项目进行检测。检测发现样品在营养成分方面差别较大，存在蛋白质偏低、脂肪、总糖、茶多酚较高、标称无糖实际含糖等问题。市消委会发布现制奶茶比较试验结果及消费提示，引导消费者理性消费、合理饮用，并组织召开现制奶茶比较试验通报会，向奶茶经营企业发出诚信经营倡议，提高产品质量，规范警示标识。市消委会采取主观评测方式，组织消费维权志愿者及消费者代表对福州老字号、热门品牌及超市销售的9个品牌肉燕进行品尝和打分。

【消费宣传教育】 2019年，福州市消委会通过报纸、微信公众号、网站发布“2018年消费投诉十大典型案例”，印发《中华人民共和国电子商务法》《福建省物业管理条例》《维权之剑》《消费维权实用攻略》和“十大案例”2.8万份，发布警示提示、消费常识、维权动态520篇。联合县（市）、区消委会试点推进倡导线下实体店无理由退货承诺工作，出台《福州市线下零售企业开展“无理由退货”承诺工作指引（试行）》。到社区、企业、学校开展“防范非法集资，守住钱袋子”“共同携手蓝天，共筑生命健康”等活动，参与各级政府及相关部门开展的食品安全宣传周、消费品质量安全“进社区”、“12·5”国际志愿者现场志愿服务等活动。

【社会监督检查】 2019年，福州市消委会召开由市直有关职能部门、部分大型零售企业和基层消委会相关人员参

2019年，“3·15”国际消费者权益日活动现场　（市消委会　供）

加的3场城市消费者满意度测评调研座谈会，听取收集政府及有关部门、消费品行业企业和消费者的意见建议，探讨消费环境改进措施。参与政府职能部门组织的消费市场专项执法检查，配合市场监管等执法部门开展农村假冒伪劣食品、学校及周边食品安全等专项整治，依法查处销售假冒伪劣和不合格商品违法行为。联合省消委会开展元旦、春节期间市场供应消费体察活动、“美丽乡村”体验式调查活动（试点）以及学生用品、中秋食品消费体察活动及中消协和省消委会下达的物业服务调查体验任务。公开招募由政府公务员、法律工作者、公司职员、专业技术人员、在校大学生、退休干部等82人组成的消费维权志愿者队伍，召开消费维权志愿者聘任暨培训会。与福州市市场监督管理局、福州市鼓山地区人民检察院等单位在福建省福清监狱成立福建首家狱内网上超市消费权益保护站。全年约谈汽车销售企业、超市影院、奢侈品店、商场百货、旅行社、房地产公司等21家，并向部分拒不作出整改的单位发出劝谕，督促相关企业规范经营。

【消费者维权案例举要】 2019年2月13日，朱女士投诉称，其2018年12月12日在一电商平台某品牌旗舰店购买1个价格为1086元的珐琅锅。在2月9日发现锅内掉瓷后，其即向该品牌售后反映，要求更换新锅，事后却被告知是由于其使用不当导致掉瓷，不在理赔范畴。朱女士对此说法不予认可。市消委会将投诉信息录入至中消协电商直通车平台，并转给对应电商平台进行处理。经调解，该品牌售后为朱女士办理珐琅锅更换手续。

3月8日，陈女士投诉仓山区一家居商场某专柜，称其在该专柜购买1台价格1.38万元的进口燃气热水器，其中合同约定“产品连续维修2次没有修好的需无条件退货”。在产品使用过程中，热水器频繁出现故障，次数达到3次以上，且经多次维修仍无法修复后，专柜否认销售过该产品。陈女士与专柜交涉，要求按照合同约定退货，遭到拒绝。经调解，该专柜办理退货手续，并退还陈女士购物款项1.38万元。

3月19日，台胞黄女士投诉闽侯县上街镇某家具店，称其1月在该店订购黑檀大板等家具，总价4.1万元。在收到运来的黑檀大板后，发现材质与约定的非洲黑檀并不相符。经与家具店交涉未果，黄女士要求家具店退还黑檀大板所购金额，对尚未出货的其余家具也相应取消订单。由于黄女士在投诉时未提供板材相关检测报告以及家具店无法办理黑檀大板退货进关手续，经调解，由家具店补偿黄女士7000元，同时对尚在运输途中的其他家具进行召回，按照相应价格予以退款。

3月29日，郑女士投诉鼓楼区某干洗店，称其2月份将衣服送到该店干洗，在取衣时发现衣服袖子有破洞。与干洗店交涉，认为是由于干洗店洗涤不当造成的，要求予以赔偿，但双方就赔偿金额自行协商后未能达成一致意见。经调解，由干洗店根据消费者提供的衣服购买发票，在扣除相应年限折旧后，按照衣服原价1180元的80%，赔偿郑女士944元。

6月27日，郑女士、张女士和卢女士投诉福州某物业服务有限公司，称该公司工作人员郑某擅自将工作中收集的涉及3人的个人相关信息在小区物业服务微信群进行公布，且在没有提供相关证据的情况下，指称投诉人在组织业主修理电梯过程中侵占小区公共资金，其行为涉嫌侵害消费者人格尊严和个人信息依法得到保护的权利，要求物业公司及相关人员停止侵害、恢复名誉、消除影响、赔礼道歉。在通过企业约谈、发出劝谕等手段，督促该公司承担侵权责任未果后，福清市消委会建议消费者通过法律途径维护自身合法权益。

8月18日，翁先生投诉福清市江阴镇某游乐中心，称其在该中心开展的“充值200赠送100元”促销活动期间，充值200元办理一张会员卡。在8月份该中心贴出即将停止营业告示后，翁先生前往办理退款手续，但被告知在扣除赠送的100元后，只能退还40元。翁先生对此做法不予认可，要求该游乐中心按照卡内余额的7折退款。经调解，由游乐中心在扣除已消费的156元后，按照消费者预付充值金额与赠送金额的比例，对卡内剩余金额进行处理，退还翁先生96元。

8月19日，程女士投诉福州某健身会所，称其2018年6月在该会所购买100节私教课，金额为3.57万元，并在合同中备注“若是教练辞职，消费者可以退款”。2019年8月，由于程女士的私人教练辞职，致使其无法继续后续课程。程女士联系会所要求退款，会所不愿为程女士核查课程次数，并以其没有合同为由拒绝退款。经调解，由会所在扣除已消费的私教课程费用2499元后，退还程女士33201元。

9月23日，叶女士投诉晋安区某地板商行，称其5月份与该商行签订定货协议，订购木地板并缴纳订金4万元，其中在未被告知的情况下备注“定制产品，不予退换”等字样。之后，叶女士发现商行提供的木地板样品有异味，同时被告知需支付地板配件相关费用。与商行交涉，要求退货并退还订金，商行以定制产品为由，予以拒绝。经调解，由该商行在扣除地板样品费用216元后，退还叶女士39784元。

10月6日，郑女士投诉连江县苔菉镇某童装店，称其带孩子在该店购买衣服时，由于店内放置物存在安全隐患，致使其孩子的嘴巴被磕伤，遂与商家进行交涉，要求赔偿，遭到拒绝。经调解，由童装店赔偿郑女士医疗费及交通费1000元。

10月25日，张女士投诉台江区某餐饮店，称其10月21日通过外卖平台在该店订购一份面食，支付21.5元。在食用过程中，发现面汤中有1只死的蟑螂，随即对食物外包装及剩余食物等进行拍照留存。在与餐饮店和外卖平台交涉，均未得到满意结果后，要求餐饮店按照《食品安全法》相关规定赔偿800元。市消委会多方查询张女士在外卖平台的订餐及投诉记录，并在综合消费者提供证据以及网络相关数据后，联系该外卖平台，要求在核实相关数据后，督促餐饮店进行赔付。经调解，由餐饮店一次性赔偿张女士800元。

（刘用福）

（编辑　苏颖）

地方立法

【概况】 2019年，福州市人大常委会制定修订地方性法规3件，废止2件。开展耕地耕作层土壤剥离和再利用规定、城市建筑立面管理办法、软木画技艺保护规定、房屋租赁管理办法、停车场管理条例、古寨堡保护条例、非机动车（电动自行车）管理办法等立法项目调研，组织议案的领衔代表会同市直有关部门，对立法的必要性、可行性进行充分研究论证。

【福州市城市内河管理办法】 2019年1月9日，福州市第十五届人民代表大会第三次会议表决通过。3月28日，经福建省第十三届人民代表大会常务委员会第九次会议批准，于6月1日起施行。该部法规为全市首部经市人民代表大会审议通过的实体性法规。

【福州市烟花爆竹销售和燃放管理办法】 2019年6月27日，福州市第十五届人民代表大会常务委员会第二十次会议表决通过。9月26日，经福建省第十三届人民代表大会常务委员会第十二次会议批准，于12月1日起施行。

【福州市生活垃圾分类管理条例】 2019年6月25日，福州市第十五届人大常委会第二十次会议审议《福州市生活垃圾分类管理条例（草案）》。8月30日，市第十五届人民代表大会常务委员会第二十一次会议表决通过。9月26日，经福建省第十三届人民代表大会常务委员会第十二次会议批准，于2020年1月1日起施行。

【福州市文明行为促进条例】 2019年8月29日，福州市第十五届人大常委会第二十一次会议审议市人民政府提请的《福州市文明行为促进条例（草案）》，会后根据审议意见对草案进行修改，形成《福州市文明行为促进条例（草案修改稿）》。10月29日，市第十五届人大常委会第二十二次会议对草案修改稿进行审议。

【福州市电动自行车管理若干规定】 2019年8月29日，福州市第十五届人大常委会第二十一次会议审议市人民政府提请的《福州市电动自行车管理若干规定（草案）》，会后根据审议意见对草案进行修改，形成《福州市电动自行车管理若干规定（草案修改稿）》。10月29日，市第十五届人大常委会第二十二次会议对草案修改稿进行审议。

【福州市流动人口计划生育管理办法】 2019年8月30日，福州市第十五届人大常委会第二十一次会议表决通过《福州市人大常委会关于废止＜福州市流动人口计划生育管理办法＞的决定（草案）》。11月27日，福建省十三届人大常委会第十三次会议批准《福州市人民代表大会常务委员会关于废止〈福州市流动人口计划生育管理办法〉的决定》。

【福州市城市房屋拆迁管理办法】 2019年8月30日，福州市第十五届人大常委会第二十一次会议表决通过《福州市人大常委会关于废止＜福州市城市房屋拆迁管理办法＞的决定（草案）》。11月27日，福建省十三届人大常委会第十三次会议批准《福州市人民代表大会常务委员会关于废止〈福州市流动人口计划生育管理办法〉的决定》。

【福州市社会信用条例】 2019年10月31日，福州市第十五届人大常委会第二十二次会议审议《福州市社会信用条例（草案）》。

（连蔡煜）

政法综治

【概况】 2019年，福州市政法系统以开展“不忘初心、牢记使命”主题教育为契机，以“保安全、护稳定、迎大庆”为主线，推进服务大局、扫黑除恶、平安建设、创新增彩、队伍建设5个方面工作。完成中华人民共和国成立70周年维稳安保任务，扫黑除恶专项斗争战果持续位居全省前列；全市群众安全感

2019年8月5日，中共福州市委常委、政法委书记高明赴罗源开展挂钩督办中央环保督察重点信访件和突出生态环境问题　　（市委政法委　供）

率99.22%，位居全省第二；扫黑除恶好评率、执法工作满意率分别为91.76%、98.28%，均位居全省第一；“平安福州”公众号位居法制网全国政法公众号影响力前20位。福州市公安局“3·30”专案组、台江区检察院、福清市法院等获国家级表彰，48个集体、24名个人获省部级以上表彰；平安中国“三微”比赛获奖作品数位居全省第一。中共中央政治局委员、中央政法委书记郭声琨到福州调研时肯定福州市政法工作。

【服务保障经济社会发展】　2019年，中共福州市委政法委围绕市委市政府推进数字福州、海上福州、平台福州建设等系列活动，统筹推动政法各部门健全完善司法保障措施，服务全市经济社会发展大局。市委政法委出台《关于依法保障和服务民营经济健康发展的若干意见》，在深化改革创新、促进公平竞争、严格规范执法等方面提出工作措施23条。市中院制定《奋力冲刺“六个更加”司法服务保障有福之州　幸福之城建设的工作意见》，全年受理各类案件19.05万件，审执结17.14万件；市检察院出台服务和保障“三个福州”建设实施意见12条，全年批捕各类刑事犯罪嫌疑人8256人，起诉1.24万人，办理公益诉讼案件141件；全省公安机关破获各类刑事案件2.21万件，破案率比上年提升2.3个百分点；全市司法行政部门调解案件1.48万件，调解成功率99.9%，为7502件案件提供法律援助；全市民政部门推动85个城市社区、269个农村社区完成标杆社区创建。

【国家安全和社会稳定维护】　2019年，福州市开展枪爆物品整治攻坚2019行动，破获涉枪涉爆刑事案件72件，收缴枪支696支、子弹7.02万发、管制器具7263把、炸药4491千克。开展反邪宣传“七进”活动1600余场，收缴反宣品1600余份；罗源县岐屿社区创新“无邪教社区”建设模式。开展“烈焰2019”、打击“盗抢骗”、打击非法集资等专项行动，全市刑事案件总量、侵财案件数分别比上年下降5.3%、6.3%。开展“飓风肃毒2019”专项行动，全市毒品犯罪破案数、抓获数、移送起诉数和查处吸毒人员数均位居全省第一，社区戒毒社区康复执行率和报到率均为100%。

【平安福州建设】　2019年，福州市在全省率先启动“平安小区”创建活动，加强社区治理体系建设。“雪亮工程”建设联网视频监控资源11万路，社会治安“五级巡防”队伍整合力量3.3万人，网格化平台办理网格事件424.3万件，网格员开展网格服务32.2万次。推进矛盾纠纷排查调解，福州市在全国首创“智慧法援智能指派模式”，在全市13家法院诉讼服务中心实现律师法律服务工作站全覆盖；福清市、连江县创新打造“乡贤调解室”“乡贤帮帮团”等调解模式。开展公共安全领域突出问题“大排查、大化解、大整治”攻坚行动，整改化解各类问题隐患5.47万处，化解率98.3%。

【扫黑除恶专项斗争】　2019年，福州市公安局建立黑恶线索核查中心，完善“三长”签字背书制度，推动各县（市）区实现涉黑案件“零突破”。市扫黑除恶专项斗争领导小组摸排打击组累计“清零”涉黑涉恶积案63件，新增查封、冻结、扣押涉案资产15.9亿元。市扫黑除恶专项斗争领导小组违纪查办组新增查结涉黑涉恶腐败38人、“保护伞”30人、问责29人，实现全年各县（市）区新立“保护伞”案件全覆盖。建立村（社区）党组织书记县级备案管理制度，排查整顿软弱涣散村党组织231个，查处不符合条件的村两委成员56人。市扫黑除恶专项斗争领导小组舆论宣传组组织各媒体刊发全市扫黑除恶报道700余篇，推出“扫黑除恶进行时”“扫黑除恶福州在行动”等专题报道，累计访问量超过560万人次。市扫黑除恶专项斗争领导小组行业整治组牵头对全市19家重点单位进行全面督导，破获“三霸六黑”团伙31个，实现各县（市）区“三霸六黑”案件全覆盖。针对中央、省督导“回头看”指出问题，以及主题教育专项整治问题，加大涉行业违法犯罪打击力度，破获黄赌案件5695件、毒品犯罪案件891件；电信网络诈骗案件发案数、财产损失数、破案数和抓获人数实现“两降两升”。

【政法领域改革】　2019年，福州市统筹推进政法领域全面深化改革。市中院在全省首创服刑罪犯在榕履行财产刑机制，在全省率先开通减假案件信息化平台；台江区法院设立“福州古厝与文化传承保护巡回法庭”，创新“打击+修复”保护模式；晋安区法院在全省率先应用中国移动微法院平台办理跨省域立案；闽侯县法院探索“指尖司法模式”，并在全国试点推进会上作经验介绍。市检察院在全国首创督促监护令制度，推动形成家庭、学校和社会共同预防未成年人犯罪机制；在全省率先完成内设机构改革，实施“捕诉一体”办案新模式；在全省率先创建“云课堂”直播平台，实现“法治进校园”巡讲全覆盖；在长乐区建成全国首个公益诉讼法治教育基地。全市公安机关推出“互联网+”“自助+”窗口服务，266项业务实现网上办事；建成“三横三纵”大数据中心，试点建设电子物证实验室、“算力云”、无人警局。

（陈璐）

法治政府建设

【概况】 2019年，中共福州市委召开全面依法治市委员会第一次和第二次会议，审议通过市委全面依法治市委员会、协调小组、办公室工作规程，协调小组人选名单和委员会2019年工作要点，部署法治政府建设工作。推进全国法治政府建设示范创建活动，福州市政府申报的创建“全国行政审批制度改革示范市”（单项示范创建类）和鼓楼区政府申报的创建“全国法治政府建设示范区”（综合示范创建类）两个项目通过中央依法治国办的集中书面评审和全国法治政府建设示范创建第三方评估组的实地评估。全市完成1949年至2018年底的党内法规和规范性文件集中清理工作，通过清理基本掌握市委印发文件底数及其适用情况。

年内，市政府办公厅（市政府法制办公室）的法制工作职责划入市司法局。中共福州市委全面依法治市委员会办公室设在市司法局，承担委员会的具体工作，设置市委依法治市办秘书处，负责处理市委依法治市办日常事务。

【地方性法规规章】 2019年，福州市司法局提请市政府常务会议审议并向市人大常委会报送《福州市生活垃圾分类管理条例》《福州市社会信用条例》《福州市电动自行车管理若干规定》等6项法规项目，提请市政府常务会议审议并以市政府令形式公布《福州市电动自行车管理办法（修订）》《福州市生活垃圾分类管理办法》和《福州市社会信用管理办法》3项规章。年内，福州市政府立法评审委员会成立。

【行政复议】 2019年，福州市各级行政复议机关收到复议案件954件，受理822件，审结764件。全市各级行政机关新增行政诉讼案件2302件，审结1836件。创新行政复议审结方式，市司法局与法院、信访部门、政府主要执法部门建立行政争议化解联动机制；加强全市各级行政机关行政复议应诉能力和执法规范化能力建设，优化市级依法行政绩效考评指标设置。

【行政执法监督】 2019年，福州市司法局完成市直部门权责事项、办事指南、行政处罚自由裁量标准等合法性审核2000多项。在全市范围开展执法单位落实“三项制度”情况摸底和专项调研，督促落实推行行政执法“三项制度”16项工作任务、39项具体措施。在全省率先将信用修复信息纳入行政处罚决定文书告知受处罚人的信息范围，保障失信主体的合法权益。在全省率先推动开展自贸区行政审批事项证明事项告知承诺制试点，将市场监督管理局等12家试点单位81项政务事项83项证明事项纳入告知承诺制试点范围。配合省委依法治省办开展“营造法治化营商环境 保护民营企业发展”专项督察。

【规范性文件备案审查】 2019年，福州市司法局报送备案以市政府和市政府办公厅名义制定发布的规范性文件32件；审查县（市）区政府和市直各部门报送备案的规范性文件167件，登记备案符合登记条件的规范性文件163件；印发《关于进一步加强行政规范性文件备案审查工作的通知》，推进全市规范性文件备案审查工作制度化、规范化。年内，市司法局完成福州市法律顾问智库成员名单调整。

（陈玢）

公　安

【概况】 2019年，福州市刑事案件总量、八类暴力案件、侵财案件分别比上年下降4.6%、上升11.3%、下降6.3%。现行命案全部破案，八类暴力案件、“两抢”案件破案率分别为93.7%、96.8%。交通事故四项指数全面下降。全市扫黑除恶好评率、执法工作满意率全省第一。群众安全感率99.22%，位居全省第二；综治考评居全省第二。推进47个年度公安改革项目建设。全面完成70周年大庆等重大安保任务，完成343批次警卫任务和第二届“数字中国”建设峰会等408场次重大活动安保任务。开展边防部队成建制划归公安机关，完成市公安局海防支队和县级公安机关海防大队机构设置。全年举办各类培训班119期，6000余人次参训。年内东街派出所入选全国首批“枫桥式公安派出所”，许鸿升获全国“最美基层民警”提名奖，陈明月入选“福建省十大政法人物”。

【刑事犯罪侦查】 2019年，福州市刑事案件立案4.68万件，比上年下降5.3%，补立案年前案件1764件；破获现行案件1.9万件，上升0.5%，破获年前案件3181件，破案率比上年提升2.3个百分点。八类暴力犯罪案件破案率93.7%。现行命案连续3年全部破案，并破获积案9件。盗窃、抢劫、抢夺等主要侵财案件数量分别比上年下降18.6%、31.3%、37.8%。刑侦综合绩效全省第二。

扫黑除恶专项斗争 组织集中统一收网行动25次，破获涉黑社会性质组织15个、涉恶集团25个、涉恶团伙21个，破获九类涉恶案件2042件，刑拘九类涉恶人员3165人，查封、扣押、冻结涉案资产估值15.9亿元，侦办涉黑、涉恶集团、九类涉恶案件数分别位列全国（计划单列市、省会）第一、四、六名。市公安局侦办2018年“3·30”福清林氏父子涉黑专案被公安部记集体一等功；福州市作为全省唯一的扫黑“排头兵”单位被上报中央扫黑办。

“烈焰2019”专项行动 侵财案件立案3.78万件，比上年下降6.3%；破案1.18万件，上升4.5%，破案率31.1%，上升3.2个百分点。其中，电信网络诈骗案件立案数、群众损失数分别比上年下降2.6%、18.8%，破案

数、刑事拘留犯罪嫌疑人数分别上升33.9%、22.2%。市反诈骗中心拦截诈骗案件1.01万件，封堵电话173个，冻结账户337个，成功止付涉案金额2205万元，冻结金额2740万元。

整治涉枪犯罪　全市涉枪案件比上年下降30.8%，破案率95.7%，上级下发涉枪线索100%核查反馈，刑拘犯罪嫌疑人96人，缴获各类枪支75支、子弹1281发。

网上追逃　开展“云剑”追逃行动，抓获“云剑”目标逃犯1236人，完成抓存比第一阶段40%、第二阶段25%任务目标，抓获一批潜逃多年、逃往境外的重大逃犯，年前逃犯归案率66.7%，本地上网逃犯库存数比年初下降60.75%。

智慧侦查建设　推进福州高清视频监控系统一期（2.5万路）、公安信息化建设、公共安全云平台（公安部分）等项目建设，深化市区（县）合成视频侦查24小时快侦快破工作机制，依托视频线索直接或并串破案2639件，抓获犯罪嫌疑人2266人。筹建电子物证室并牵头长乐、福清两地开展电子物证试点建设工作，推动闽侯刑事技术四室建设。全市通过现场指掌纹破获盗抢骗案件515件，通过DNA认定773件，通过Y库、指纹等技术手段比对破获命案积案3件。全年批准逮捕7114人，移送起诉10764人，批捕率、起诉率分别为82.64%和93.45%。

【刑事要案】　“套路贷”团伙案　2019年1月15日至5月17日，福州市公安局在福州市及河南省安阳市、广东省东莞市开展抓捕行动，摧毁以福州市仓山区曹某平等人为首的“套路贷”黑社会性质组织，抓获组织成员22人，查扣涉案资产估值6389.02万元，查明该组织于2015年底至2018年底长期实施“套路贷”、聚众斗殴、寻衅滋事、敲诈勒索、非法拘禁、强迫交易、诈骗等一系列有组织违法犯罪活动。

“2·27”网络贩卖枪支案　2月27日，永泰县公安局抓获林某、侯某等13名犯罪嫌疑人，缴获射钉枪改制火药枪支12支、单管猎枪2支、弩1支、各类子弹280余发及大量枪支配件，捣毁制贩窝点1个，摧毁该利用网络进行制造、买卖、传借枪支的违法犯罪团伙，梳理交易线索136条，涉及全国25个省、市、自治区。

恶势力集团案　6月14日，福州市公安局摧毁以晋安区杨某华为首的恶势力犯罪集团，先后抓获杨某华等犯罪嫌疑人10人，查扣、冻结涉案资产88.82万元，查明该涉恶集团涉嫌敲诈勒索、寻衅滋事、聚众扰乱交通秩序、职务侵占等犯罪。

“7·10”三死一伤命案　7月10日，晋安公安分局经侦查布控，抓获犯罪嫌疑人林某文，查明其因邻里噪音等矛盾纠纷，持刀在晋安区火车站新村小区杀害3人、刺伤1人。

网络投资电影诈骗案　7月25日，闽侯县公安局在闽侯县甘蔗镇世贸御龙湾小区内捣毁以周某棱为首的犯罪团伙，抓获犯罪嫌疑人13人，查明该团伙通过网络聊天以诱骗受害人投资电影的方式对他人实施诈骗，涉案金额5500多万元，查扣涉案电脑17台、手机25部及银行卡等作案工具，冻结资金1900万元。经梳理，该案涉及全国受害人约200人，已查实123人。

黑社会性质组织案　10月18日，福州市公安机关摧毁以毛某春为首的黑社会性质组织，抓获毛某春等犯罪嫌疑人44人，查扣、冻结涉案资产4.3亿元，查明该组织涉嫌强迫交易、聚众斗殴、故意伤害、寻衅滋事、非法拘禁、故意毁坏财物、破坏生产经营、诈骗等犯罪。

部督“国际梅花协会”民族资产解冻类诈骗案　2019年4月以来，连江县公安机关分别在福建福州、莆田、漳平及云南丽江等地抓获以陈某木为首的民族资产解冻类诈骗犯罪团伙成员12人，冻结多套涉案房产，价值1000余万元，查明该团伙自1998年以来以“国际梅花协会”组织投资收益为名，诱骗他人投资。

【经济犯罪侦查】　2019年，福州市各类经济犯罪立案1880件，比上年下降1.73%；破案1356件，下降13.24%；抓获犯罪嫌疑人947人，上升4.3%。侦破公安部挂牌督办案件1件，省公安厅挂牌督办案件13件。综合绩效连续四年居全省第一，获公安部通令嘉奖1次。

“猎狐2019”专项行动　全市抓获经济犯罪境外在逃人员18人，其中在册境外逃犯12人，新增逃犯6人。

“云端2019”专项行动　市公安局发起陈某、高某杰等人非法经营假烟案集群战役，抓获犯罪嫌疑人42人，涉案价值4000余万元。

非法集资犯罪专项行动　开展集中整治交易场及互联网金融风险隐患，完善风险防控和预警监测，全市非法集资、传销等涉众型案件立案185件，破获173件（其中年前积案86件，3年以上积案14件，5年以上积案11件），抓获205人，移送起诉174人，挽回损失10.17亿元，挽损率131%，绩效排名全省第一。策应公安部经侦局部署开展的“打击东霖国际网络传销”犯罪行动，重点对象抓获率100%，获公安部通令嘉奖。

全国涉税“百城会战”行动　全年虚开增值税专用发票案立案267件，破案57件，移送起诉32人，侦办公安部挂牌督办案件1件、省公安厅挂牌督办案件4件。

侵权假冒犯罪专项行动　全市侵权假冒犯罪案件立案582件，破案553件，其中省公安厅挂牌督办案件31件，依托“云端行动”发起全国性战役7件，完成外地发来打击任务40件。

扫黑除恶专项斗争　摸排涉黑恶线索15条，核查扫黑办移送的线索10条，核查并按期反馈省公安厅经侦总队下发的涉黑恶线索5条。年内破获以曹某、金某等人为首的仓山“2·23”套路贷团伙案，带破案件110件，抓获26名犯罪嫌疑人，成为全省第一起以经侦警力为主侦破的涉黑案件。

【经济犯罪要案】　2019年1月，福州公安经侦部门破获一起网络生产、销售假冒“耐克”“匡威”牌鞋类产品案件，抓获嫌疑人2人，捣毁售假窝点1个，现场查扣3700余双假冒鞋子成品，涉案价值1700余万元，挽回损失金额328万元。

【禁毒工作】　2019年，福州市开展“禁毒2019两打两控”暨“飓风肃毒2019”专项会战行动，全年破获毒品刑事案件

839件，摧毁涉毒团伙117个，抓获毒品犯罪嫌疑人1283人，移送起诉毒品犯罪嫌疑人1258人，查处吸毒人员4096人，缴获各类毒品24.8千克、各类制毒物品48.72千克。全市破案数、抓获毒品犯罪嫌疑人数、移送起诉数、查处吸毒人员数连续3年全省第一。福州市作为全国5个代表城市之一在全国禁毒示范城市创建推进视频会上作经验介绍，并作为第一批全国禁毒示范创建工作先进城市受到国家禁毒委通报表扬。

开展以清查隐性吸毒人员、社戒社康复吸毒人员为重点的“清隐”行动，加强涉网吸毒人员发现查处，全年查获吸毒人员4239人。推广吸毒人员毛发检测技术应用，对全市正在执行社区戒毒和社区康复、且距离末次吸毒被查处时间间隔6个月以上人员开展毛发检测工作，全年检测毛发样本3000余份，检出毒品反应呈阳性样本600余份。

培育具有福州特色的禁毒文化，将禁毒工作与弘扬林则徐爱国精神相结合，邀请福州籍男篮运动员王哲林担任禁毒形象大使，举办“6·26”国际禁毒日主题宣传暨纪念林则徐“虎门销烟”180周年活动，设立全国第一家林则徐主题邮局并发行禁毒主题纪念邮资封，连续两年组建“福马”禁毒创城跑团，创作《虎门销烟》禁毒公益MV及《无毒之州、幸福之城》《我和我的祖国》等禁毒宣传片，拍摄社工题材微电影《返途》等。

【巡特警工作】 2019年，福州市构建全市武装巡逻防控体系，落实反恐处突“1、3、5分钟”快速反应机制，市公安局部署12个执勤岗点，全年出动警力25740人次。落实公安部、省公安厅关于学习推广新时代“漳州110”部署，开展“110”处警模式改革，在长乐、福清、闽侯、连江、罗源、闽清、永泰7个县（市）区主城区，实施以巡特警为主负责处警的警务机制改革。全年为保障各类安保任务出动警力9406人次，完成各类警卫保卫任务107场次，其中，第二届“数字中国”建设峰会期间出动警力840人次；国庆系列活动安保期间出动警力808人次，完成搜爆任务8场次，部署无人机检测点10个、手持式反制枪16个，驱离处置“黑飞”无人机、排查疑似频率100余次。

【出入境与往来港澳台管理】 2019年，福州市公安出入境管理部门办理各类出入境证件110.09万件次，比上年下降11.6%，其中公民因私出国（境）108.28万人次（公民因私出国29.75万人次，内地居民往来港澳地区59.09万人次，大陆居民往来台湾地区19.3万人次，前往港澳通行证1404人次），出入境通行证2341人次，各类外国人证件、签证、居留许可1.08万件次。窗口办理台湾居民证件1259件次，长乐国际机场口岸为台胞办证2491件次，福州港办证1157件次。在全省首创出入境证件预受理服务，在市民服务中心出入境大厅投放自助预受理设备12台，前台受理时间由原来的7分钟缩短至3分钟。在全省率先投放外国人办理签证证件自助拍照及填表设备。市公安局出入境受理窗口入驻高新区行政服务中心，发证窗口入驻福州市市民服务中心和高新区行政服务中心。

落实“全国通办”政策，外省居民在福建省申办出入境证件“零门槛”，登录国家移民管理局政务服务平台可使用8项功能，实现“一趟不用跑”；外省居民申请赴港澳台团队旅游实现自助办理立等可取。推动12项移民出入境便利政策措施落地。3月，开通邮政速递“掌上办理”，通过双向速递实现“一趟不用跑”办理港澳台旅游再次签注，申请人通过“掌上办理”快递2.4万件次，占总快递量的73%；7月，出（国）境证照签发自动审批范围由3种新证首次申请和港澳台旅游再次签注扩大至护照换发和失效重新申领；9月，支付宝缴费功能嵌入自助签注机，市民中心出入境办证大厅新增启用“台胞证受理专窗”，向台湾居民提供“一次有效台湾居民来往大陆通行证”及“台湾居民来往大陆通行证”的新证和换补发证受理服务；11月，推出“网上办理赴港澳商务企业登记备案”和“网上受理、审批、签发赴港澳商务签注”两项“全程网办”举措；12月，开通华侨护照查询服务。

全年查处“三非”外国人案件880件1102人，处理非法入境73件263人、非法居留807件839人、非法就业35件157人。查获出入境领域案件2件，刑拘8人，批捕6人，行政处罚18人次。

【社会治安管理】 2019年，福州市受理治安案件4.66万件，比上年下降42.2%；查处4.64万件，下降42.2%。完成中华人民共和国成立70周年大庆安保维稳工作任务，确保福建省在福州市举办的9场70周年庆祝活动安全有序；完成第二届“数字中国”建设峰会、海峡青年节、丝绸之路电影节、福州国际马拉松赛等408场大型活动安保任务。

2019年8月12日，福州市在全国公安机关集中统一销毁非法枪爆物品活动中设置分现场，联动开展销毁行动 （市公安局 供）

全市2948家中小学、幼儿园安防“三率”均为100%，全市5882辆公交车的5个安全防范升级改造项目全部按期完成。全年处罚未如实登记旅馆653家次、机修业违法违规行为210家次，取缔无证经营旅馆、日租房、网约房252家次，通过行业场所信息系统抓获网上在逃人员423人。落实寄递物流管控，破获寄递物流渠道刑事案件29件，对寄递物流企业未落实管理制度行为落实处罚503件。

推广爆破作业智能化管理，在全市露天爆破作业现场启用“数码电子雷管”，在全市21个爆破作业单位部署爆破作业现场远程视频监控设备88个，加强领用、装药、警戒、起爆、爆后检查、退库等环节监管，处罚民爆从业单位违法违规案件12件，罚款155万元。

开展扫黑除恶专项斗争，突出整治“黄赌非”违法犯罪，查处涉黄涉赌案件4850件（其中刑事案件1328件），破获公安部督办案件3件、省公安厅督办案件22件，

开展清查整治攻坚2019、打击整治枪爆违法犯罪等行动，破获涉枪涉爆刑事案件73件118人，起诉52件96人，省公安厅公开缉捕涉枪涉爆在逃人员缉捕率100%，收缴枪支709支、子弹7.1万发、炸药4491千克、雷管286枚、烟花爆竹19094件、管制刀具7518把。破获福清系列非法制贩爆炸物品案，抓获涉案嫌疑人35人，查扣自制乳化炸药2518千克、土制炸药4827千克、雷管1223枚、制爆设备及大量原材料，被公安部评为2019年全国打击枪爆犯罪十大典型案例。

开展集中打击食品药品和污染环境犯罪“昆仑”专项行动，破获相关案件411件，其中食品案件233件，药品案件154件，污染环境案件24件。发起全国集群战役3件，破获省公安厅督办案件29件。

在全省率先推广五级巡防机制，整合2.3万名群防群治巡逻力量开展社区巡防。推进电动自行车智能防盗系统建设，建设侦测基站11212路，安装电动自行车20178辆，系统运行后发生安装防盗装置电动自行车被盗案件64件，找回53辆，抓获盗窃嫌疑人12人。

【社区警务】　2019年，福州市受理制发居民身份证46.48万张，申办临时居民身份证3万张。受理制发省外居民身份证2.1万张、省内异地居民身份证9.04万张，登记挂失居民身份证18万张，捡拾发还居民身份证36张。查处骗领身份证232人，行政处罚40人，收缴骗领身份证126张。第二届“数字中国”建设峰会期间，制发人员证件2.1万张，车辆证件2341张。全市新登记流动人口142.4万人，核查流动人口信息267.86万人，流动人口案前登记率77.38%，流动人口数据采集完成率89.81%，居全省第二位。完成出租房屋自主申报17.84万户，自主申报率61.99%；用工单位自主申报5984户，自主申报率98.97%；查处违反出租屋、流动人口管理案件9524件。受理居住证15.64万人，到期签注20.3万人。落实高校毕业生和人才落户工作，落户1.55万人。

策应扫黑除恶专项斗争，发现、获取有价值线索148条，从中破获黑恶势力集团、团伙29个，破获各类涉黑涉恶案件961件，刑拘犯罪嫌疑人952人。全年检查单位63.8万家（次），发现并督促整改火灾隐患、消防违法行为100.2万处，下发责令改正通知书47.9万份，受理行政案件6957件，下发行政处罚决定书6628份，行政拘留72人，警告3778人，罚款单位597家，罚款个人2259人，罚款633.8万元。全年调解矛盾纠纷1.6万件。

推进“枫桥公安派出所”创建活动，鼓楼公安分局东街派出所被公安部命名为全国首批“枫桥式公安派出所”。推动智能门禁建设，实现实有人口社会化采集，建成智慧门禁小区41个。依托“e福州”APP打造“无犯罪记录证明”系统，实现福州市民开具无犯罪记录证明全流程网上办理一条龙服务。在流动人口多的仓山金山派出所、盖山派出所和晋安新店派出所、远洋派出所开展居住证快递试点工作。

【网络安全监察】　2019年，福州市报送情报信息3989条，清理网上各类有害信息27.2万条，网警公开巡查执法转递涉黑等突出情况线索30条，警示违法网民3137人次，“福州网警巡查执法”账号3次入选全国网警公信五强，获评为2019年第一季度福建十大公安系统微博。全年侦办涉网刑事案件658件（含公安部督办案件8件），抓获犯罪嫌疑人1654人，其中自侦案件303件，抓获犯罪嫌疑人726人，办理案件协查1351件。开展“净网2019”专项行动及系列集群战役，破获案件421件，抓获犯罪嫌疑人1098人，8件案件获批公安部督办专案侦办，部督案件数全省第一。

结合第二届“数字中国”建设峰会、中华人民共和国成立70周年大庆等重大活动安保，开展网络安全执法检查，联合市委保密委、市委网信办实地检查有关单位92家；检查检测党政机关事业单位网站、互联网企业4503家次，督促相关单位整改漏洞隐患684处。实地检查网吧1.44万家次，处罚违规网吧83家次，摸排取缔无证网吧3家。

规范信息系统安全等保备案和网吧审批流程，信息系统安全等保备案办结时限由法定10个工作日压缩至3个工作日，网吧行政审批时限由法定20个工作日压缩至5个工作日。

【警卫工作】　2019年，福州市公安局完成中央领导人在榕视察、外国元首和重要外宾来榕访问等各级警卫任务24批次（一级警卫任务3批次，二级警卫任务5批次，三级警卫任务16批次）及第二届“数字中国”建设峰会、第六届世界闽商大会、第六届海峡丝绸之路电影节、第十六届中国戏剧节、全省庆祝中华人民共和国成立70周年系列活动、“5·18”“6·18”和省市两会、省市主要领导调研等重要会议、活动113场次。其中，4月10—12日，中共中央政治局原常委、国务院原副总理张高丽一行到福州调研；4月20—24日，汤加王国副首相塞密西·西卡率代表团到福州访问；4月25—26日，中共中央政治局原委员、中央政法委原书记孟建柱一行到福州调研，老挝人民革命党中央总书记、国家主席本杨一行到福州参加老挝文化和旅游推介活动；5月5—6日，中共中央政治局委员、中央书记处书记、中央宣传部部长黄坤明一行到福

州调研；5月29—30日，中共中央政治局委员、国务院副总理胡春华一行到福州调研；6月14—15日，中共中央政治局常委、全国政协主席汪洋一行到福州调研；9月26—27日，全国人大常委会副委员长蔡达峰一行到福州调研；11月27—28日，中共中央政治局原委员、全国人大常委会副委员长张春贤一行到福州调研；12月27—28日，中共中央政治局委员、北京市委书记蔡奇一行到福州调研。

【道路交通管理】 2019年，福州市发生道路交通伤亡事故1982件，死亡454人，受伤1764人，财产损失127.59万元，分别比上年下降2.56%、0.44%、8.65%、15.79%。全年查处各类交通违法行为812万余件，比上年上升16.47%，查处量全省第一，其中抓拍中心抓拍各类交通违法301万件，抓拍量上升7%；查处电动自行车交通违法91.6万件，扣车5万余辆，查处量居全国大城市前列。为市民免费换发电动自行车新式号牌和办理上牌注册业务，办理新车上牌注册1731辆，更换号牌15.28万辆。加强车辆缉查布控运用，签收有效预警19.1万件，拦截违法嫌疑车辆13.4万辆，现场处罚3万辆，检查登记“两客一危”等重点车辆12.8万辆。

完成87处普通公路道路与临水临涯隐患路段整治。完成22个警保联动农村劝导站建设任务，推动“千灯万带”工程，信号灯完成率100%，减速带完成率100%。公安交管办事窗口统一进驻福州市市民服务中心，将原有城区大队窗口改为自助窗口，交通违法处理实现“足不出户网上办、市民中心一窗办、大队自助便捷办”，全年办理车驾管业务9.7万件，处理营运车辆交通违法9.8万件。

“福州交警”APP累计网上预约处理交通违法597万人次，注册用户82万人；“交管12123”APP全年在线处理轻微交通事故5.18万件。年内，协调推进“114”移车服务，群众遇有福建省内车籍机动车妨碍通行的，由拨打“110”改为拨打“114”社会化语音服务热线，提供移车服务36.45万件（日均1900件），城区交通警情日均下降至491.9件。推进考试业务向县级下放延伸，在福清、连江实行小型汽车驾驶人全科目考试，建成罗源考试场。

【交通事故案例】 2019年1月28日13时许，柯某驾驶无牌两轮电动车沿福州市长乐区漳古路往203省道方向，行驶至漳港海防派出所十字路口时闯红灯继续行驶，遇右侧黎某驾驶小型轿车，双方车辆采取避让措施不及，致两车相撞，造成柯某受伤及车辆受损。

2月16日19时许，余某醉酒驾驶无牌两轮摩托车由闽清县东桥镇东桥街往过洋村方向行驶，途经过洋村桥头街路段时与拉着两轮手推车行走的涂某发生刮碰，造成涂某受伤及车辆损坏。

4月24日18时许，李某驾驶微型货车在马尾罗星西路阳光花都小区门口临停机非分隔线处欲开门下车时，与同向骑行两轮电动车的张某发生刮碰，致车辆受损，张某受伤，张某送医救治后于4月29日死亡。

4月28日7时许，王某驾驶重型半挂牵引车牵引的挂重型普通半挂车（左前照灯和后部转向灯、位灯及制动灯无效），行驶至324国道福清往福州方向21千米路段（因道路维修封闭四条机动车道）时，未注意观察道路交通状况且未按操作规范安全驾驶，碰刮同向由陈某骑行的电动自行车，造成陈某受伤，两车局部损坏。

5月11日21时许，黄某驾驶小型轿车由梅溪渡口往闽清县总医院方向，行驶至南山路与南北大街交叉路口路段左转时，与从闽清法院往福州方向行驶的苑某（酒后）驾驶的无牌两轮摩托车发生碰撞，造成苑某受伤及车辆损坏。

11月8日，宋某驾驶小型客车由连江县凤城镇北岳村沿国道104线，行驶至国道104线2285.60千米时，碰撞路中护栏后又与同向右侧林某驾驶的小型客车刮碰，造成两车及路中护栏损坏。

12月30日17时许，赵某驾驶电动自行车沿鳌峰路非机动车道由西往东行驶至鳌峰大桥公交车站附近时，与其右前方同向行驶的徐某驾驶的电动自行车发生碰刮，致徐某受伤、两车不同程度受损。

【森林公安】 2019年，福州市开展打击整治枪爆违法犯罪、林区禁毒、涉林“扫黑除恶”、“打击象牙、犀牛和虎及其制品非法贸易”、打击破坏野生动物资源犯罪、“昆仑行动”、打击在自然保护地上破坏森林和野生动植物资源违法犯罪、整治野味餐馆、秋冬季打击森林火灾违法犯罪等专项行动。全年受理各类涉林案件165件，其中立案刑事案件59件（含重特大案件3件），林业行政案件104件，治安案件2件；查处各类涉林案件124件，其中破获刑事案件30件（含特大案件1件、省森林公安局督办案件2件），林政案件92件，治安案件2件；打击处理各类违法犯罪人员164人次，其中追究刑事责任69人、林业行政处罚92人次、治安拘留3人次；收缴木材205立方米，收缴野生动物782只（条）、制品195千克，为国家挽回经济损失692万元。

【“110”指挥中心】 2019年，福州市“110”报警服务平台接报警电话251.2万个，其中有效警情119.1万件。全市警情倒查核实率99.94%、警情质量合格率98.44%、接处警满意率95.16%，“三率”均创历史新高。

学习推广新时代“漳州110”，专题研究规范“110”接处警工作。启动全市“110”接处警模式改革，县（市）区城关全面实行巡特警承担路面巡逻接处警任务。制定下发《福州市公安机关接处警工作规范》，规范接处警程序，全面推行警情分级响应制度，健全完善快速反应机制。

开通“110”微信报警服务平台。推进“110”报警台与“12345”非紧急救助服务系统、“12348”法律服务平台对接流转，健全完善非警务类求助分流处置工作机制，明确“110”受理报警求助职责范围、细化常见警情处置流程和工作规范，全年“110”与“12345”分流处置非警务求助警情6007件，“110”与“12348”联动处置纠纷警情1313件。推行社会联动和便民服务社会化工作，“114”受理移车服务55.53万件，开展社会化开锁2627件。推进整治电话骚扰“110”专项行动，落地核处372个号码279人，查处恶意报警扰警案

2019年8月20日，福州市七县（市）区公安局启动“110”处警模式改革

（市公安局 供）

件67件，行政处罚68人，骚扰警情比上年下降78.5%。开展以“警民牵手110，共创平安迎大庆”为主题的“110”宣传日系列宣传活动。

推进指挥业务系统从传统架构向云计算建构转型升级；依托移动警务和“互联网+”，探索建设智能报警、警情采集、预警处置等指挥APP。完成三台合一接处警系统升级改造项目系统割接上线、“110”巡逻车一体化实战平台（二期）硬件采购项目，在全市“110”巡逻车一体化实战平台试用5G信号。全年通过车载终端签收警情2.5万件、到场反馈2.3万件、处警结束反馈2.1万件，通过车载终端人车核查功能核查人员13.8万次、核查车辆13.9万次、人像比对2.2万次。

【监所管理】 2019年，福州市有公安监所20个，其中看守所9个，拘留所8个，强制隔离戒毒所2个，强制医疗所1个。全市监所新收被监管人数31350人，处理出所31170人。全年收集提供各类犯罪线索65条，破获各类刑事案件15件，抓获犯罪嫌疑人16人，网上在逃人员5人。

完善网上巡查督导工作机制，全年巡查全市监所40378所次，下发网上视频巡查通报23期，发现各类隐患和违规问题1043次，下达实时指令937次。年内，市公安局投入200余万元进行“智慧监管”“智慧磐石”“铁桶工程”项目建设，投入72万元建设看守所律师会见网络预约系统二期工程。福州市看守所律师会见网络预约系统投入运行后受理律师会见网络预约业务2万多人次，日均受理律师会见量从52人次提高至82人次，律师会见业务网络预约率92.3%。自12月29日起，全市收容教育所停止收教并于当日解教全部收容教育人员。

【公安法制】 2019年，福州市公安局编制权责事项1481项，市县两级行政审批和服务通用目录216项；开展第七轮简政放权工作，取消7项、下放18项；压缩办理时限，公安审批服务事项平均办理时限压缩至法定时限的22%；拓展公安“一趟不用跑、最多跑一趟”行政审批服务项目，配置率达92%；配合推动“榕e办”自助终端建设工作，梳理上报高频自助服务事项30项。

细化刑事案件法制部门“统一审核统一出口”机制，全年统一接受检察、审判部门送达的刑事判决书、取保候审决定书、监督纠违等文书材料100余件，均及时移转办理回复。市公安局全年组织执法考评259次，考评案件17.99万件，发现并纠正各类执法问题2.8万个，执法质量考评全省第三。

落实警情信息录入全流程管控机制，开展4个季度受立案专项考评，重点解决接警区建设和监控覆盖方面存在的突出问题，以及受立案过程中存在的执法顽疾。在东街派出所试点开展“受立案源头管控”改革，加强受立案环节源头管理。推动鼓楼公安分局制定出台《现场执法音视频记录设备管理使用工作规范》。开展执法重点环节专项检查，审查2017年以来办理的经济犯罪案件、撤案（或终止侦查）的刑事案件、取保候审后未移送审查起诉的刑事案件7555件。

组织546名民警参加基本级执法资格等级考试，组织104名民警参加高级执法资格考试，组织3064名市公安局民警和文职人员参加2019年度市直机关国家工作人员统一学法考试。组织执法培训113场，参训人员9284人次，派教员授课69次，组织旁听庭审73次，参加人数635人。

全年办理行政复议案件119件，办结刑事不予立案复议案件23件，办结刑事不予立案复核案件15件，办理行政诉讼案件191件。开展信访积案攻坚化解，公安部交办的5件重点信访积案全部化解；省公安厅交办的58件重点信访积案，停访息诉56件，息诉办结率96.5%。全年接到群众来信来访4791件，其中初访初信1581件，领导接待群众1166批1579件；在受理的来信来访中，市公安局领导接访群众246批326件、阅批群众信访件33件。

【公安科技信息通信建设】 2019年，福州市公安局成立全市公安大数据工作领导小组，组织编制《福州智慧公安三年建设规划（2019—2021）》《福州公安大数据智能化建设规划方案》，建设福州公共安全云平台（公安部分）项目，初步完成水务、燃气、电动车、停车场4项关键数据和典当、房屋、地铁及公交、幼儿园及中小学4项社会数据，并向省公安厅汇聚。配合开展“e福州”便民服务平台攻坚，形成31项公安便民服务事项，并指导协调业务部门开放系统数据接口，加快“e福州”APP、自助服务终端与公安业务系统对接，推动户政、出入境、交通等热点公安个人业务上线服务。依法提供信息服务，全年向政府机构提供数据579万余条。

2019年6月3日，福州市首台警用智能机器人“小安”在三坊七巷景区投入使用（市公安局 供）

推进“雪亮工程”建设，完成福州市公共安全视频监控建设联网应用社会公共视频资源接入项目建设，接入各类视频监控资源12万余路，并和全市公共部门共享共用。在前端智能感知设备建设方面，新建上线高清视频监控10547路、Wi-Fi探针9080路、公益Wi-Fi 3987路。在社会公共视频资源整合方面，整合视频资源52000路，涵盖全市主要医院、学校、商圈、展馆、小区等650个单位，完成福州市停车场(库)数据联网接入公安车辆卡口平台（一期）项目建设和竣工验收，汇聚联网318个停车场数据，上传停车数据401万条。在视频结构化智能应用方面，整合人像卡口3319路、车辆卡口4402路、Wi-Fi卡口12769路，省级联网数均为全省第一。存储结构化数据总量约350亿条，日均采集车辆数据15项3000万条、Wi-Fi探针数据4大类6500万条、人像图片500万张，实现全市抓拍人像实时建模比对。通过升级完善智能人像识别系统，建立人像预警追逃机制，下发指令抓获各类在逃人员638人（含命案逃犯14人），嫌疑人1498人。

完善350兆无线警用数字集群通信系统（PDT），在全市建有核心网交换中心4套、PDT基站180余座，实现全年系统零事故运行，配发PDT终端1.1万台。完成新版省市一体移动警务测试平台搭建，为全市民警配备警务通终端超过8000台，实现一线配备率100%。开展通信保障手段建设，年内融合通信系统、应急通信车、无人机反制系统相继建成并投入警务实战，在大型活动安保中发挥作用。

【中华人民共和国成立70周年大庆安保任务】 2019年，福州市公安机关聚焦中华人民共和国成立70周年大庆安保维稳主线，防范化解各类重大风险，开展“践行新使命、忠诚保大庆”实践活动，推进“平安三率”攻坚2019、治安清查整治攻坚2019行动。

加强社会治安巡逻队勤务，启动武警、民警武装联勤巡逻，增加城区武装巡逻点位至37个，成立50人特警反恐处突应急分队全时待命。成立排堵保畅和应急处置指挥部，启动24小时排堵保畅勤务机制，加强18处旅游景点、14个商圈以及重要交通枢纽排堵保畅。

（林攀）

检　察

【概况】 2019年，福州市检察机关受理提请审查逮捕各类犯罪嫌疑人10132人、受理移送审查起诉14459人，经审查决定批准逮捕8256人、提起公诉12468人；办理刑事检察监督2246件、民事检察监督527件、行政检察监督173件、公益诉讼201件，群众来信来访事项6773件。推进“实战+实务”全员培训，举办公益诉讼检察、生态资源检察等专题培训，22名检察官入选全省检察业务人才库。组织开展调查核实制度、捕诉一体办案模式、行政公益诉讼3项课题调研，被国家检察官学院确定为重点课题。部署开展对7个基层检察院巡察，发现并督促整改306个问题。设立检务督察机构，开展检察人员落实“三个规定”、违规经商办企业、违规融资借贷等专项检务督察。全年查处违纪检察人员6人。

年内，全市检察系统有46个集体和55名个人受到省级以上表彰。市检察院、鼓楼区检察院等8个检察院被评为全国检察宣传先进单位。台江区、晋安区、福清市检察院分别获得全国巾帼文明岗、全国青年文明号、全国维护妇女儿童权益先进集体称号。福清市、永泰县检察院分别拍摄的警示片《“未”你而来》和《活法》，获第四届平安中国“三微”比赛最佳微电影奖。刑事诉讼监督、民事检察监督、公益诉讼检察等业务有19个案件获评省级以上精品案例。市检察院被最高检确定为全国检察机关教学实践示范基地。

【刑事检察】 打击刑事犯罪　2019年，福州市检察机关起诉煽动颠覆国家政权、间谍、“全能神”等犯罪21人。起诉故意杀人、故意伤害、强奸等严重暴力犯罪977人，起诉盗窃、抢劫等多发性侵财犯罪2053人。办理“2·16”违建民房倒塌案、吴某宇“弑母案”。起诉电信诈骗犯罪267人、侵犯公民个人信息犯罪39人。起诉毒品犯罪1349人。办理钟某福等7人武装走私1.03吨“K粉”、海洛因案。起诉涉黄涉非犯罪236人。福清市检察院监督办理音西街道黑社会性质组织长期操纵卖淫案，起诉36人。起诉涉赌犯罪1172人。起诉醉驾、毒驾等犯罪2015人。起诉制售假药劣药、有毒有害食品等犯罪34人。参与互联网金融风险专项整治，起诉非法集资、金融诈骗、网络传销等涉众型经济犯罪229人。办理涉农违法犯罪案件316件，救助因案致贫、因案返贫群众45人。打击破坏生态环境资源犯罪，起诉207人。

扫黑除恶专项斗争 全市检察机关全年起诉涉黑犯罪267人、涉恶犯罪364人、“保护伞”犯罪6人。审查起诉“2·8”“套路贷”涉黑专案64人。督促立案9人，决定追加逮捕11人、追加起诉16人；不予认定黑恶势力犯罪34件，督促撤案5人。全年向纪委监委移送涉黑涉恶腐败线索76条。加强黑恶案件财产刑适用及执行监督。参与“三霸六黑”等问题综合治理，提出行业整治、堵漏建制等检察建议15份。年内市检察院获评全省扫黑除恶专项斗争先进单位。

民营经济服务保障 市检察院会同市法院、市公安局制定实施重大涉民营企业案件会商协作3项机制，出台8项工作举措。办理侵犯民营企业案件105件，挽回经济损失3368万元。审慎办理民营企业家涉罪案件，对可捕可不捕的依法不批捕59人，可诉可不诉的依法不起诉43人。部署开展涉民营企业案件羁押必要性审查专项活动，督促变更强制措施94人。加强涉企法律服务，召开企业家座谈会27场，举办送法进企业52场。

服务“三个福州”建设 市检察院制定实施12条服务保障意见。打击重大项目建设推进中寻衅滋事、阻挠施工等犯罪，起诉151人。加强数据产业领域知识产权司法保护，鼓楼区检察院集中起诉侵犯知识产权犯罪51人。围绕促进海洋开发、海洋产业发展，起诉盗采海砂、非法捕捞珍稀动植物等犯罪90人。马尾区、连江县、罗源县等地检察院开展“守护海洋”公益诉讼专项监督。长乐区检察院办理的漳港沿海酒楼违法排污案件，为全省守护海洋公益诉讼第一案。

反腐败检察职能 与纪委监委加强对接，受理移送案件94件，提起公诉93人，其中审查起诉长乐区营滨路工程建设腐败案21人。经上级检察院指定管辖，市检察院对广东省委原常委、统战部原部长曾志权和诏安县委原书记何德发重大受贿案提起公诉。行使诉讼监督直接立案侦查权，查办司法工作人员利用职权实施损害司法公正犯罪。

未成年人司法保护 打击性侵、故意伤害等侵害未成年人犯罪，全市检察机关全年起诉382人。落实最高检“一号检察建议”和市人大常委会专项审议未成年人检察工作意见，与教育部门建立联席会议制度，87名检察官兼任中小学法治副校长；在全国首创督促监护令，推动形成家庭、学校和社会共同预防未成年人犯罪机制。会同团市委开展校园周边“三无”食品、违规销售烟草等公益诉讼活动，发出检察建议23件。创新工作机制，鼓楼区检察院启动“护苗启航”行动，仓山区检察院建立职校保护联盟平台，台江区、长乐区、连江县检察院建立罪错未成年人临界预防机制，闽清县检察院推动加大“控辍保学”力度。

创新发展“枫桥经验” 推进“群众来信件件有回复”工作，建立“五办工作机制”，办理信访件4601件，实现群众来信7日内程序性回复率100%，3个月内办理过程或结果答复率100%；筹建面向全市范围的“12309”检察服务中心，相关做法在首届新时代检察工作论坛上作经验介绍。开展中华人民共和国成立70周年庆祝活动等重要时段维稳工作，摸排化解信访风险隐患43件，涉检重复信访比上年下降32%。

【司法活动监督】 *刑事立案和侦查活动监督* 2019年，福州市检察机关督促侦查机关立案76人、撤案114人，监督办案量位居全省首位。针对重大敏感复杂案件，提前介入侦查115件，提出完善证据意见241项。依法监督侦查措施适用不当情形，纠正滥用拘传、拘留和违规查封、扣押等问题123件。纠正漏捕漏诉问题，追加逮捕145人、追加起诉160人。

刑事审判监督 加强对裁判改变起诉事实或罪名案件的备案审查，提出和提请刑事抗诉24件、发出再审检察建议2件，法院改判13件、发回重审7件。落实出庭监督、量刑建议等机制，监督纠正庭审程序不当等问题36件，公诉案件量刑建议提出率87%。两级检察院检察长通过列席法院审判委员会，对34件疑难案件发表检察意见。

刑罚执行和监管活动监督 审查减刑、假释、暂予监外执行罪犯7385人，监督纠正221人。实行特赦案件报请、审理、裁定全程同步监督，核查拟特赦罪犯369人。开展财产刑执行专项检察，推动立案执行2290件。核查社区矫正对象7939人，纠正脱管漏管等问题91件。推行“派驻+巡回”检察监督新模式，监督纠正久押不决、安全防控不到位等问题195项。完善羁押必要性审查机制，督促变更强制措施632件。刑事执行检察领域3件案件获评全国精品示范案例。

民事行政检察监督 办理民事行政申请监督案件700件，对认为确有错误的民事行政生效裁判、调解书提出提请抗诉或发出再审检察建议47件。坚持纠正执行违法与支持依法执行并重，对认为执行活动不当的，依法提出检察建议97件，采纳率100%；对拒不执行判决裁定、非法处置查封扣押冻结财产构成犯罪的，提起公诉78人。针对虚构事实、虚构债务打“假官司”突出问题，发出再审检察建议27件，移送立案侦查5人。针对履职中发现的行政机关违法行使职权或者不行使职权问题，发出督促履职检察建议19件，均获采纳。

公益诉讼检察 摸排公益诉讼线索235条，发出督促履行职责检察建议180件，提起公益诉讼4件。深化公益诉讼“五个梯级”办案模式，诉前圆桌会议机制获最高检肯定推广。部署开展“福州古厝”暨不可移动文物保护公益诉讼专项活动。会同福州警备区在全省率先建立涉军英烈保护公益诉讼协作机制，晋安区检察院针对烈士陵园疏于修缮问题，发出全市首份英烈保护检察建议书。针对餐饮店偷排油烟、内河沿岸商铺直排污水等问题及食品药品罪犯未列入严重失信“黑名单”，开展专项公益诉讼活动，提出诉前检察建议6件。推动建立闽江流域生态环境司法保护协作机制，针对乱占、乱采、乱堆、乱建等侵害水体问题，发出公益诉讼检察建议37件。年内打造“福山福水检察蓝”生态修复示范园，该品牌入选全国检察工作品牌20强。

【监督渠道畅通】 *人大监督和政协民主监督* 2019年，福州市检察机关落实市人大会议决议，逐项办理、反馈代表意见186条。主动向市人大常委会专项报告生态资源检察、司法体制改革等工作，向市政协常委会通报检察工作。全年办理人大代表建议件28件，相关代表表示满意。深化联系走访人大代表、政协委员制度，推送每周检讯395条、榕检要况12期，邀请视察公益诉讼等工作571人次，邀请参加庭审观摩、见证宪法宣誓、检察建议公开宣告等活动181人次。

社会监督　全年公开案件程序性信息16980件、重要案件信息86件、终结性法律文书8074份。为律师提供案件查询3240件次，接待律师阅卷7155件次，听取律师意见491件次。拓展公众参与权，对拟不批准逮捕、拟不起诉、涉检信访等案件进行公开审查33件。强化公众监督权，拓展人民监督员监督办案活动范围，会同市司法局开展人民监督员专项培训。

【检察改革】　内设机构改革　2019年，福州市检察院重新调整设立19个内设机构。基层检察院根据业务量分别设立5～11个内设机构，机构数量精简1/3。突出专业化新型办案团队建设，全市检察机关设立金融证券、知识产权、公益诉讼、生态资源检察等办案组28个。结合内设机构调整，深化司法责任制综合配套改革，完善检察官权力清单、责任清单。坚持领导带头办案，两级检察院入额领导办理重大、疑难、复杂等案件2467件。

捕诉一体办案模式　将原侦查监督、公诉部门整合为刑事检察部门，并按照案件类型、案件数量设置机构，统一履行批捕、起诉、刑事诉讼监督等检察职能。捕诉一体改革后，一个刑事案件由同一检察官或办案组承办，提起公诉案件没有出现撤回起诉、无罪判决情况，退回补充侦查下降16%，办案周期平均缩短8天。

认罪认罚从宽制度　承担检察主导责任，对犯罪嫌疑人自愿认罪、同意量刑建议并签署具结书的7496件案件，从宽从快处理，全市认罪认罚从宽适用率75%，工作经验在全国认罪认罚从宽制度推进会上交流。推进量刑建议工作，对8691名被告人提出精准量刑建议，法院采纳率80%。台江区检察院探索轻刑案件诉前考察机制，对考察合格的犯罪嫌疑人作出相对不起诉决定，得到最高检肯定推广。

法律监督"五化"模式　推进线索收集多元化，在"12309"检察服务中心加挂诉讼违法举报中心牌子，福清市检察院设立派驻公安机关执法办案中心检察室。推进监督事项案件化，把群众反映强烈的监督事项纳入案件化范围，全年办理重大监督事项182件。推进调查核实全面化，制定出台调查核实工作规定，设立9个专业化调查核实办案组。推进办案监督均衡化，加大监督业务在案件质量指标评价中权重，推动"办案中监督、监督中办案"落到实处。

（黄兰英）

2019年10月9日，福州市检察院召开机关内设机构负责人任命大会暨授印仪式

（市检察院 供）

法　院

【概况】　2019年，福州市两级法院受理各类案件190464件，审执结171376件，分别比上年增长9.3%和11.1%；其中，市中院受理各类案件31884件，审执结30073件，新收案件数和结案数均位居全省中院第一。全市法院法官人均办案282.3件，市中院院庭领导办案11365件，占市中院结案总数的37.8%。全市法院5个集体、6人次受到国家级表彰，4个集体、94人次受到省级表彰。

开展法官能力提升行动和司法人才培树工程，举办"司法能力提升研修班"等培训9期，组织全市法院干警参加国家法官学院、省法院、市委党校举办的各类培训。在全国法院第三十届学术讨论会上，福州市中院获"三十年组织工作突出贡献奖"，鼓楼法院获"组织工作先进奖"。

年内，长乐法院完成对漳港法庭的改造升级和古槐法庭的修缮工作，福清法院渔溪法庭完成修缮，闽清法院新审判技术大楼项目动工建设，永泰法院清凉法庭新审判大楼竣工启用。

【刑事审判】　2019年，福州市两级法院审结各类刑事案件17920件。判决涉黑恶案件99件537人，其中"保护伞"案件6件6人，判处财产刑总金额1513.1万元，5年以上重刑率31.5%，移送涉黑恶线索68条。审结危害国家安全、危害公共安全犯罪2375件，审结故意杀人、故意伤害、绑架、强奸等严重刑事犯罪902件。参与食药品长效联动监管，审结制售假药、劣药、有毒有害食品等犯罪案件18件。审结贪污贿赂等职务犯罪126件，市中院审结广东省委原常委、统战部原部长曾某权受贿案。全年办结减刑假释案件7344件。

市中院在全省首创福州地区服刑罪犯在榕履行财产刑机制，促进罪犯改造自新。审理特赦案件，完成特赦审判任务。年内，市中院获评全省扫黑除恶专项斗争先进单位，全市法院5个集体和11名个人受到市扫黑除恶专项斗争领导小组的通报表扬。

【民商事审判】 2019年，福州市两级法院审结各类民商事案件83142件，诉讼标的额504.85亿元，其中，市中院审结12861件，诉讼标的额230.61亿元。审结各类涉民生案件18442件，诉讼标的额42.07亿元。完善裁审衔接机制，与劳动仲裁委联合发布《劳动争议案件疑难问题的解答》，顺畅财产保全、先予执行衔接渠道，加快支付令的申请发放流程，审理各类劳动争议纠纷2898件。审结各类涉医疗纠纷案件156件。推进家事审判改革试点，市中院联合市委政法委、市检察院、市教育局等13家单位建立家事审判联席会议制度，审结家庭纠纷案件8623件。推广“道交一体化平台”运用，指导基层法院在交警部门成立一站式道路交通巡回法庭，审结各类涉道路交通案件3223件。永泰法院实行“法院+公安+司法+保险”四方联动，打造道交纠纷联动处置“快车道”。保障民营企业健康发展，全市法院审结股东资格确认、股权转让等案件663件，审结买卖合同、借款合同等案件32103件。加强金融风险联合防范，市中院连续4年发布商事典型案例并召开金融风险联合防范座谈会。审结破产、清算案件27件。市中院借助金融机构“破产管理人综合管理系统”，加强对破产企业的资金监管和破产管理人的履职监督。审理福建亚通股份有限公司破产重整案、福建缔邦集团有限公司破产案等一批重大复杂案件。

【行政审判】 2019年，福州市两级法院审结各类行政案件3061件，国家赔偿案件222件。探索府院互动新模式，市中院与市政府召开府院主要领导出席的联席会议，共同搭建行政争议联动化解平台。审理涉土地房屋征收案件652件，审查涉土地房屋征收、两违治理强制执行案件304件。加大对涉城市内河行政行为的审查力度，确保《福州市城市内河管理办法》等地方性法规落实。市中院牵头多家行政机关开展研讨交流和实务培训。推进福州古厝司法保护工作，台江法院设立“福州古厝与文化遗产保护巡回法庭”，对全市涉历史文化街区保护的案件进行集中管辖。

【涉外涉港澳台审判】 2019年，福州市两级法院审结涉外、涉港澳台案件2129件。市中院制定服务保障榕台融合发展若干意见，加强与侨联、台港澳办、海关等多部门联动，召开涉台案件调解员聘任会议，邀请在大陆执业的台湾律师参与案件调解，涉侨涉台审判工作机制持续优化。市中院受邀参加全国涉侨纠纷多元化解试点地区工作经验交流会，并为省法院经验发言提供核心素材。闽清法院在台商企业设立法官工作室，拓宽涉台司法服务渠道。

【知识产权审判】 2019年，福州市两级法院审结著作权、商标权、专利权等各类知识产权纠纷3307件。发挥福州知识产权法庭职能，与国家知识产权北京专利审查协作中心福建分中心开展合作，选任专业技术人员参与技术事实查明，提高审判质效。市中院审理的一起侵害商标权纠纷案和一起擅自使用知名商品特有名称纠纷案，均入选“2018年福建法院知识产权司法保护十大案例”。年内，马尾法院与榕城海关创新知识产权“两互两共”联动机制，相关举措列入全省自贸试验区第15批创新举措。

【生态案件审判】 2019年，福州市两级法院审结各类涉生态资源环境案件296件，“补种复绿”面积95.33公顷。市中院以“古树名木保护”“海丝蓝屏”司法品牌为牵引，集合基层法院5个品牌分项目，在全省创新性开展“1+5”生态司法保护品牌创建。全市两级法院联动林业部门先后将3000余株古树名木纳入保护，建立古树名木司法保护基金，设立司法保护牌687面。永泰法院牵头县政府相关部门引入“古树名木保护+保险”工作机制，首次为409棵古树投保。市中院与连江等5个沿海基层法院开展“海上丝绸之路司法保护蓝色屏障”创建工作，在沿海渔村设立司法联动办公室，建立海洋生态修复示范基地，为渔船、渔排加挂海洋保护行为公约牌1500余面。构建同防共治生态司法保护平台，市中院牵头五地法院签署“闽江、敖江流域生态司法保护协作框架意见”，建立健全类案同判、跨域管辖等10项协作机制。市中院和长乐法院在闽江河口湿地建立生态司法保护工作室，助推福州国家生态文明示范区建设。

【案件执行】 2019年，福州市两级法院执结各类案件61482件，比上年增

2019年5月13日，福州市中院召开全市法院执行办案“百日竞赛”推进会

（市中院 供）

长16.9%，位居全省法院第二；执行到位金额148.79亿元，增长85.9%，位居全省法院第一。市中院执行案件总结案数4122件，人均结案数133件，均位居全省中院第一。全市法院执行四项核心指标全部达标，其中，有财产案件法定期限内结案率96.8%、执行结案率89.4%、终本合格率100%、进京信访案件办结率100%。加强失信惩戒，全市法院公布失信被执行人名单20663人次，对39394名被执行人限制高消费，开展执行统一行动152场次，腾房20.6万平方米，拘留被执行人836人次，判处拒执犯罪63件67人。推进涉民生案件执行，执结相关案件3253件，发放司法救助金776.8万元。深化体制机制创新，在全省率先出台《关于民事执行中合理估算查封、扣押、冻结财产价值若干问题的意见》；实行分段集约繁简分流执行，规范执行审限和执行款物发放管理；优化网拍标的物网络询价机制，网拍平均用时比上年缩短20余天。推进执行信息化建设，拓宽与银行、不动产登记中心等多部门的信息资源共享路径，实现对大部分异地财产的线上冻结、扣划。年内，市中院制定《关于执行工作作风建设"五必须、五不得"的规定》。

【司法服务】 2019年，福州市中院制定《奋力冲刺"六个更加"司法服务保障有福之州 幸福之城建设的工作意见》，全市法院先后为65个重点项目提供司法服务，福州"执行合同"评估时间从601天缩短至418天，对标世行标准，评估得分从全球经济体第32位升至第8位。制定《司法服务保障优化营商环境工作的实施方案》，其中19项举措纳入福州市优化营商环境2019年重点工作。马尾法院针对企业需求，开展"订单式送法"，护航民企健康发展。台江法院设立金融巡回办案点，靠前提供法律服务。创新推广重大项目的协调机制，先后组织召开相关研讨会、协调会等约35场，为地铁建设、北江滨中央商务区征收、内河整治等重点项目提供司法服务。发挥驻军巡回办案点作用，开展涉军纠纷实地调处，仓山法院被最高人民法院授予"停偿服务先进集体"称号。

【智慧法院建设】 2019年，福州市两级法院加速科技融合，全面普及自助诉讼服务体系，初步建成满足多元司法需求的信息化平台。设立"智慧司法云"平台，实现从起诉到审判全流程在线办理。全面部署网络直播和庭审语音识别系统，配备OCR识别等前沿技术。推动电子卷宗随案同步生成系统建设，全市两级法院96.8%的新收案件同步生成电子卷宗。构建信息化综合应用平台，推进科技法庭、司法集控管理中心、执行指挥中心技术设备更新，推广"法信"智能辅助办案系统、"一案一账户"、执行单兵系统等技术平台。年内，闽侯法院打造全省首家"智慧法院"，自主研发"智管平台"；长乐法院成立集约送达中心，实现送达智能化。

【审判管理监督】 2019年，福州市两级法院构建"六位一体"的新型审判管理体系，落实均衡结案要求，开展案件审理的动态跟踪、分类跟踪。全市法院法定审限内结案率99.95%，一审案件服判息诉率86.1%。发挥审判监督职能，全市法院审结各类再审案件346件，占结案总数的0.2%。市中院出台《关于小额诉讼程序适用问题的通知》《关于二审案件立案流转的若干规定（试行）》等规范性文件，统一裁判尺度、指导审判实践。

【涉诉信访化解】 2019年，福州市两级法院建立健全案件风险评估预防机制。市中院信访窗口接待来访群众4762人次，比上年下降19.6%；集体访6批次99人，下降14.1%。畅通法官判后答疑渠道，完善院长接待日流程，市中院院领导全年接待来访群众1329件次。

【司法体制改革】 *司法责任制及其配套改革* 2019年，福州市两级法院优化审判团队资源配置，构建新型审判管理格局。开展第四批法官入额遴选工作，全市法院通过笔试、面试、考核遴选66名员额法官。完善审判人员权责清单，健全随机分案为主、指定分案为辅的案件分配机制。全市法院择优选升22名三级高级法官、53名四级高级法官，该项工作走在全省法院前列。市中院聘用35名在校研究生担任实习法官助理，解决在编辅助人员不足的问题。鼓楼法院实习法官助理制度入选最高法院司法改革案例。年内完成基层法院内设机构改革，全市基层法院内设机构总数由164个减为114个，精简幅度30.5%。

诉讼制度和审判机制改革 推进以审判为中心的刑事诉讼制度改革，加强对庭前会议、非法证据排除、法庭调查3项规程的督察、指导和培训。全面落实认罪认罚从宽制度，全市法院审结相关案件4913件6309人。福清法院在全国法院推进认罪认罚从宽部署会上作经验介绍。推动案件繁简分流、轻重分离、快慢分道，完善案件繁简分流标准。全市法院一审案件适用简易程序的占58.7%；市中院以速裁方式审结各类案件2630件，服判率99.8%，平均结案周期为34天。经全国人大常委会授权，福州市两级法院被列为开展民事诉讼程序繁简分流改革工作试点法院。

多元化纠纷解决机制 强化纠纷预防和源头化解，引入专家、律师、社会志愿者参与纠纷化解工作，联合市监、司法、保险、工会等多部门构建诉调对接平台，实现诉讼调解与人民调解、行政调解、专业调解的全方位衔接。全市法院建立专门的诉调对接中心17个，聘请特邀调解员1037人，搭建专业化类型化调解平台13个。仓山法院成立以省人大代表名字命名的"展弘代表调解室"，连江法院组织退休法官成立"老法官调解室"，罗源法院聘请退休教师和村干部设立"金乡里"调解室。全市法院通过委派、委托调解的方式调解案件6222件，实现案件减量分流。

【司法便民措施】 2019年，福州市两级法院推进"一站式"诉讼服务中心建设，增设便民窗口和功能区域，全面应用自助诉讼服务技术。年内，全市法院跨域立案389件。推广中国移动微法院平台，晋安法院在全省率先应用该平台办理跨省域立案，闽侯法院在最高人民法院举办的全国移动微法院平台试点推进会上作典型经验发言。优化便民服务机制，市中院一次性开具裁判文书生效证明和退费票据。闽清法院联合县广播电视台，推出《庞法官信箱》栏目，为群众提供法律咨询服务。

【监督渠道畅通】　人大监督　2019年，福州市中院向市人大常委会专题报告商事审判、深化司法体制改革、人大代表建议办理等工作情况，根据审议意见改进工作；接受人事任免监督，全年向市人大常委会提请人事任免6批42人次；落实市十五届人大三次会议上代表提出的建议，办结代表建议13件，通过完善执行联动机制、健全法院人员待遇保障机制、召开律师调查令相关问题座谈会等具体举措，推动建议落实，代表建议办理满意率100%。拓宽联络渠道，市中院邀请人大代表旁听庭审、视察调研、见证执行、参加新闻发布会115人次。

政协民主监督　加强跟踪督办，市中院全年办理政协提案6件、委员来信2件。推动建议落地，在律师调解试点工作、加强诉讼财产保全工作等方面采纳委员建议，增强提案办理工作的实效性。

检察机关法律监督和社会监督　依法审理抗诉案件，全市法院审结各类抗诉案件28件，其中维持4件，改判13件，发回重审7件，撤回抗诉4件。全市陪审员参审案件24642件，一审适用普通程序结案案件陪审率71.9%。全市法院召开新闻发布会87场，回应“12345”便民服务平台上的群众诉求件4031件，开展“司法六进”活动703场。市中院普法宣传工作成效专刊登载于省委办公厅《八闽快讯》。

（黄舒烨）

2019年，福州市司法局制作播出全省首档“谁执法谁普法”广播直播互动栏目《我执法我普法》　（市司法局　供）

司法行政

【概况】　2019年，福州市有司法所173个，司法助理员390人；公证处16家，执业公证员101人（实习公证员26人）；律师事务所267家，执业律师4466人；法律援助中心13家，法律援助工作人员62人；司法鉴定机构41家，司法鉴定人442人；基层法律服务所17家，基层法律服务工作者98人。

根据中共福州市委办公厅、福州市政府办公厅印发的《福州市市级机构改革实施方案》，市政府办公厅（市政府法制办公室）的法制工作职责划入市司法局。中共福州市委全面依法治市委员会办公室设在市司法局，承担委员会的具体工作，设置市委依法治市办秘书处，负责处理市委依法治市办日常事务。市司法局设置内设机构12个（办公室、法治督察处、立法处、行政复议与应诉处、规范性文件备案审查处、社区矫正管理局、普法与依法治理处、人民参与和促进法治处、公共法律服务管理处、律师工作处、行政审批处、人事处），下辖直属单位6个，其中参公管理事业单位3个（福州市法律援助中心、福州市全面依法治市工作中心、福州市“148”公共法律事务中心），财政全额拨款事业单位3个（福州市公证处、福州市医患纠纷调解处置中心、福州市曙光教育服务中心）。

年内，全市司法行政系统有18个集体、9名个人获得省部级表彰，19个集体、18名个人获得厅局级表彰。市司法局局连续7年获“全国人民调解宣传工作先进集体”称号，并获评为“全国‘七五’普法中期先进单位”和“国家司法考试工作先进单位”；牵头全市普法依法治理工作，福州市获“全国‘七五’普法中期先进城市”称号；市法律援助中心被宣传部命名为第五批全国学雷锋活动示范点，蝉联5届司法部“全国法律援助先进集体”称号。

【公共法律服务体系建设】　2019年，福州市“12348”热线平台接听群众来电咨询25723人次，录入工单21402条；“福州掌上12348”新增关注数2300人次，推送文章207篇，浏览175043人次；“12348”福州法网在线律师解答实时咨询16502条，处理留言件446件；全市公共法律服务中心接待群众23746人次，解答法律咨询29714件，公共法律服务工作站接待群众29362人次，解答法律咨询19876件；承办福州市“12345”便民呼叫中心诉求件799件。市司法局在全省首创把民商仲裁服务融入公共法律服务体系建设，在全省率先实现掌上村（居）法律顾问查找呼叫一键通功能和无缝对接“12348”中国法网。2019年5月，市法律服务中心参与数字中国建设峰会中司法部“数字法治　智慧司法”展厅建设工作，在现场展出触屏一体机、自助柜员机、法律服务机器人等公共法律服务智能终端。

【人民调解】　2019年，福州市各级调解组织调解案件14805件，调解成功14790件，调解成功率99.9%；排查纠纷9979次，预防纠纷6979件。在全省率先出台《福州市关于加强人民调解员队伍建设的实施办法》，构建县（市）区调解中心、乡镇（街道）调委会和村（居）调委会的三级工作网络，完善行业性专业性人民调解组织多维网络。全市有各类人民调解组织3149个，实现

173 个乡镇（街道）、2908 个村（居）全覆盖；建立行业性专业性调委会 398 个，企事业调委会 25 个，调解员总数 11514 人。健全完善以人民调解为基础，人民调解与行政调解、司法调解、仲裁、诉讼、信访衔接联动的矛盾纠纷多元化解工作体系。全市进驻派出所（边防所）调解室 163 个，设立在法院调解室 27 个，检察院调解室 9 个，信访局调解室 11 个。

【社区矫正】 2019 年，福州市接收社区服刑人员 3530 人，解矫 3791 人，在矫 3890 人，无一人重新犯罪。推进县级矫正中心和刑罚执行一体化建设，推进社会力量参与社区矫正，培育社会公益组织参与社区矫正非管理类工作，指导建成福州市崇新社区矫正服务中心。全年报请福州市中级人民法院裁定特赦社区矫正对象 232 人。

【安置帮教】 2019 年，福州市新增刑满释放人员 5231 人，其中监所释放 2443 人，无缝衔接 2287 人，无缝衔接率 93.61%。建立以司法所工作人员为核心、专职社工为基础、村居街道工作人员为依托、志愿者队伍为补充的四级安置帮教工作队伍，形成司法所、村居及家庭“三位一体”的帮教模式。

【医患纠纷调解处置】 2019 年，福州市接访医患纠纷投诉 250 件，立案 202 件，结案 165 件，结案率 80%。赴现场应急处置医患纠纷 54 件（106 场次）。

【普法依法治理】 2019 年，福州市司法局制作上线全省首档常态化“谁执法谁普法”广播直播互动访谈栏目《我执法我普法》43 期，搭建广播、微信、客户端、网络全媒体的“互联网 + 普法 +N”传播新格局。“法治福州”微信公众号累计发布推文 600 余篇，总阅读量 48 万余次，有关注用户 8 万余人。建立推行行政案件庭审旁听制度，组织旁听行政诉讼案件庭审。优化普法依法治理示范点创建，组织开展优秀地域特色法治文艺作品征集评选，举办“12·4”国家宪法宣传周大型法治文艺汇演活动。在全省率先出台《关于建立福州市“民主法治村（社区）”动态管理制度（试行）的意见》，推进多层次多领域法治创建。全市有 9 个国家级、107 个省级、473 个市级“民主法治村（社区）”。

【律师工作】 2019 年，福州市有律师事务所 230 家，执业律师 3997 人，担任各级政府机关、企事业单位法律顾问 6347 家，代理案件 9.81 万件，收费 13.81 亿元。市司法局启动律师驻法院的调解工作室建设，印发《关于加快推进驻人民法院律师调解试点工作的通知》，将律师驻点市中院开展调解工作经验向全市推广；协调市院出台《律师调解工作经费使用管理暂行办法》，解决律师参与法院调解工作的经费保障问题。推动破产管理人协会成立，规范市场主体的再生和退出。推进村（社区）法律顾问示范点、律师参与涉法涉诉信访案件工作，开展律师维权和惩戒工作。加强律师行业党建工作，首次开展律师事务所党组织书记述职大会，召开律师行业党建工作现场推进会，举行“庆祝中华人民共和国成立 70 周年暨律师制度恢复重建 40 年”活动。

【公证工作】 2019 年，福州市公证机构办理各类公证事项 23 万件，业务收费 8548.41 万元。压缩办证时限，市公证处 2019 年所有公证项目办证时限压缩至 4 个工作日。推行“放管服”改革，落实窗口无否决权机制，实行首接责任制，推行当事人承诺制，实现“最多跑一趟”公证事项 41 项。

【法律援助】 2019 年，福州市办理法律援助案件 7502 件，接待困难群众法律援助咨询 24166 件，办理群体性案件 88 件、915 人次。开展“送法进军营”“法援惠民生·助力农民工”品牌维权等系列活动，加强农民工、残疾人、未成年人、军人军属等重点人群法律援助工作。推广刑事案件律师辩护全覆盖试点工作，全面启动律师驻法院调解工作室建设，开展法律援助机构驻诉讼服务中心律师调解工作，在全市 13 家法院诉讼服务中心实现律师法律服务工作站全覆盖。在全省首创“智慧法援智能指派模式”，运用大数据分析，构筑律师评价体系。

【行政审批】 2019 年，福州市受理各类行政许可及公共服务事项 3267 件。开展行政审批、公共服务“提速增效年”活动，推行证明事项告知承诺制，对 51

2019 年 9 月 3 日，福州市举办“永恒的信念——庆祝中华人民共和国成立 70 周年暨律师制度恢复重建 40 周年”活动（市司法局 供）

项行政服务事项按照新标准、新模板重新制作办事指南和办事流程。

【司法鉴定】　2019年，福州市司法鉴定机构办理鉴定业务32505件，收费5057万元。开展司法鉴定机构和司法鉴定人年度考核，开展“四类外”鉴定机构清理整改，完成司法鉴定机构准入评审，印发《关于严格执行司法鉴定程序有关要求的通知》，规范司法鉴定执业活动。举办痕迹、文检司法鉴定人培训班，组织司法鉴定机构参加全省司法鉴定行业“大练兵大比武”竞赛，福州市代表队获总成绩第一名和优秀组织奖。

【法律职业资格考试】　2019年，福州市司法局完成2019年国家统一法律职业资格考试福州考区4909名考生客观题考试和3335名考生主观题考试。年内，市司法局获“全国司法行政机关2019年国家统一法律职业资格考试工作表现突出单位”称号。

（陈玢）

仲　裁

【概况】　2019年，福州仲裁委员会受理仲裁案件1259件，比上年增长16.36%；受案总标的额59.53亿元，增长7.52%；审结案件数1156件，比上年增加237件，增幅25.79%。

福州仲裁委员会在全市18家市直相关部门、25家市属国有企业、13家园区、5家律师事务所开展调研，形成《着力提升福仲品牌推进区域仲裁中心建设的思考》和《加强我市仲裁队伍建设的思考》2份调研报告，收集意见建议15个，并逐项分解落实，年内完成14项整改任务。邀请北京科技大学、福州大学等高校的知名法学家举办仲裁业务培训6期。

【仲裁制度建设】　2019年，福州仲裁委员会召开仲裁案件研究会议15次，专项研究案件24件；安排专家论证会议6场。出台金融借款合同纠纷审理指引，进一步规范同类型案件审理标准。福州仲裁委员会与福州大学法学院合作开展的仲裁协议效力研究课题结项；全年搜集仲裁精选案例24篇。运用仲裁信息管理系统等现代化管理手段，加强案件的定期跟踪督办，压缩办理时限。制定仲裁案件繁简分流制度，快速审理简单案件，规范审理复杂案件。福州仲裁委员会秘书处办理仲裁案件平均审限48天，比上年缩短1天；案件结案率91.8%，比上年增加6.8%。全年审结的案件中，裁决结案486件，调解结案144件，撤案194件，诉调转化案件72件，诉调自动履行案件250件，受理前调解10件，调解、和解率合计58%。

【仲裁服务】　2019年，福州仲裁委员会走访省市直部门、企业、园区、律师事务所158家，组织参与市律协执业律师岗前培训，为13家企业开展仲裁培训，新增引导40多家企业选择仲裁方式解决经济合同纠纷。全年在官网、微信公众平台推送法律知识、福仲信息75条，开展福仲宣传片拍摄。

加强莆田仲裁中心等分支机构宣传推广，加大对分支机构办案秘书的业务培训。选派专人赴莆田驻点工作，加强与莆田地区法院、仲裁员、重点企业的联络推广。莆田仲裁中心全年受理案件25件，标的额3亿元。年内，福州仲裁委员会在宁德设立仲裁中心。

拓宽仲裁服务领域，在市政府重点项目、金融、国资等重点行业系统开展推广工作，为市国资系统及其下属企业举办仲裁实务培训，建立仲裁联络员制度；与市金控集团共同举办“仲裁规则基本解析”业务沙龙；召开省农信社福州办事处所属9家金融单位座谈会，研讨建立金融纠纷预防化解机制。加强与省消保协会合作，更名福州仲裁委银行保险仲裁中心。在软件园的智创平台设立知识产权仲裁窗口，为知识产权保护提供专业仲裁法律服务。福州农商银行率先在线上推广福州仲裁解决网络仲裁纠纷，同时在线下引导签署福州仲裁条款。年内，在省工商联、长乐冶金行业协会、福州市房地产协会、福建省典当协会等行业协会举办仲裁实务培训。

加强与其他仲裁机构的沟通交流，福州仲裁委员会作为创始成员单位参加中国自由贸易试验区仲裁合作联盟第二届圆桌会议，与天津、上海、广东等自贸区仲裁机构交流工作经验，共同研究自贸区仲裁机构治理机制改革和自贸区营商环境法治化治理能力建设，共同讨论、签署并发布《中国自贸区仲裁合作联盟宣言》。福州国际商事仲裁院全年受理涉自贸区案件68件，涉案标的额2.73亿元。

【多元调解机制】　2019年9月下旬，福州仲裁委员会在全省率先纳入“公共法律服务平台”，分别在“12348”福州法网和“12348”福州掌上官微设置“民商仲裁”模块及服务专线，对留言咨询问题及时答复，留言咨询解答满意率95%。在县（市）区、乡镇（街道）司法所建立173家福州仲裁工作站。与福建师范大学法学院合作，开展仲裁咨询和法律宣讲公益活动，普及仲裁法律知识。

加强仲裁与诉讼协调沟通，组建专业调解团队，受理鼓楼法院、仓山法院委托调解案件，逐案建立工作台账，引导当事人进行仲裁确认，促成案件转入仲裁程序。全年接收诉调案件1946件，涉案标的额12.65亿元，调解成功322件。

【仲裁信息化建设】　2019年，福州仲裁委员会优化“智慧仲裁”系统，对接浪潮公司，推进以立案、审案流程管理为中心，以细化阶段办案时间、简化特殊事件处理流程、压缩案件审理周期为目标的“智慧仲裁”系统建设，实现程序文书自动生成、案件信息精准检索、数据实时更新等功能。定期在福州仲裁委员会官网更新仲裁案例实务和理论研究、仲裁公告信息等内容。制定出台《网络仲裁规则（试行）》和网络仲裁收费规定，完成网络仲裁系统对外接口、立案、收费、组庭、裁决、送达、域名安全访问、仲裁员导入、基础数据配置等开发工作，系统进入测试阶段；普惠金融及小额贷款等案件，均可通过线上仲裁系统快速解决。对接金融机构与类金融企业，推动福州仲裁委员会“互联网+仲裁”建设发展。

（何孝伟）

（编辑　黄铭）

征兵工作

【概况】　2019年，福州市征兵工作围绕“四个确保”（确保100%完成任务、确保零责任退兵、确保新兵运输安全、确保廉洁征兵不发生问题）的目标，按照“十个步骤”（兵役登记、预征对象确定、体检初检、政治初审、体格检查、政治审查、走访调查、审批定兵、交接运输、跟踪走访）依法征兵、规范征兵。年度18周岁男青年兵役登记率达100%，完成新兵征集任务，征兵“五率”排名全省第二，市征兵领导小组组长、市长尤猛军被省军区表彰为征兵工作先进个人。

【征兵宣传】　2019年，福州市运用“两报”(《福州日报》《福州晚报》)、“两屏”（公交和的士LED屏）等媒体，采取政策宣讲、专题报告、发布公告等形式开展征兵宣传发动。召开全市征兵宣传大会，开展“五个一”活动，即一次基层专武干部、民兵营连长政策宣读，教育系统给每名男性高中、大学应届毕业生发一条政策短信，每个街道、社区组织一次适龄青年和家长政策宣讲，在福州市教育网、人才招聘网、人力资源网发布一次政策原文，民兵营连长到每个适龄青年家庭组织一次点对点的解读。

【廉洁征兵】　2019年，福州市健全完善“五个公开”(政策规定、数量指标、条件标准、程序步骤和征接兵纪律)、“五公布”（上站体检人员、“双合格”人员、预定新兵、定兵人员名单，举报电话和举报信箱）的公示制度，健全和完善“三个参与”（纪检监察部门全程参与、新闻媒体广泛参与、应征青年积极参与）的监督体系；健全完善持证上岗、形势分析、集中办公、集体定兵、轮岗回避、责任追究“六项机制”。把廉洁征接兵纳入政绩考核体系，明确各级领导、机关和征接兵人员的岗位职责，按照分级负责和“谁主管谁负责”“谁签字谁负责”原则，逐级签订责任状，落实目标管理，确保每名征接兵人员按制度办事，全市征兵工作未出现违规问题。

（苏敏）

民兵工作

【概况】　2019年，福州警备区围绕国防和军队改革主线，以及民兵调整改革精神，突出海上民兵队伍建设，科学编组民兵队伍，实现海上民兵实时指挥。年内完成所属县（市）区民兵应急分队的集中轮训备勤和考核。

【政治教育】　2019年，福州警备区开展“传承红色基因、担当强军重任”主题教育，开展庆祝中华人民共和国成立70周年活动。加强现役干部转改文职人员的思想工作，引领官兵服从调整。

【民兵组织整顿】　2019年，福州警备区推动出台福州市《2019年深化民兵调整改革方案》，充实直升机侦察、综合救援、网络攻防力量。在国动部千分制考核验收中，位居全国第六位。参加各项支前演练，组织重要目标协防、支前保障和战场管制。

【民兵训练】　2019年，福州警备区注重教学骨干培训，在省军区“四会教练员”比武中获第二名。完成民兵应急分队基地化轮训备勤任务，组织专武干部、民兵营连长等人员集训。年内，福州警备区民兵完成防台救灾、维稳处突等任务及国防动员业务考核。

（苏敏）

国防动员

【概况】　2019年，福州警备区结合市委议军会、警备区党委全会，组织地方各级领导进行国防教育学习；结合人武部党委班子调整，对12个县（市）区人武部党委第一书记进行重新任命；依托市委党校，组织党管武装培训班1期；结合乡村换届等时机，会同市委组织部调整专武干部和民兵营（连）长的选配与使用；组织党管武装绩效考评，表彰一批先进专武干部。

【国防教育宣传】 2019年，福州市举办各类国防教育学习讲座80余场次，乡镇以上领导参加学习教育1万多人次，福州市党管武装工作展览馆接待地方各级领导参观见学40多批次。各县（市）区和各双拥工作领导小组成员单位通过双拥简报、各种报刊杂志、有线电视、广播、网络、宣传栏（橱窗）公共交通LED屏、横幅等开展国防宣传活动。利用春节、清明、端午、“八一”、国庆日、抗战胜利纪念日、烈士纪念日、国家公祭日等重要节日纪念日开展国防教育内涵，并作为市级重大教育活动进行立项、部署。年内福州警备区获全省“爱我国防”演讲比赛第一名。

【后勤保障建设】 2019年，福州警备区完成5个委托管理项目的资产移交，清理违规公寓住房8套。加强武器装备管理，对全区现役和民兵武器弹药交叉使用和储存情况进行统计摸底核对；推进基础设施建设，新建战坂仓库电子围栏、机关车库、营区大门和监控系统等；实施营区绿化美化工程，完成办公场所规范化整治，指导县（市）区人武部加强在建工程和民兵训练基地建设。开展“真心敬老、真诚学老、真情为老”主题教育实践活动，组织慰问老干部、老党员和生活困难党员活动。

（苏敏）

双拥共建

【概况】 2019年，福州市加强军地双方相互配合、相互支持，召开各类协调会30余场，帮助驻榕部队解决随军家属就业、子女入学、部队建设征地等方面问题，为587名军人子女申办择校入学事宜，316名驻榕官兵家庭得到困难救助。福州警备区通过修路、捐资助学、医疗下乡等方式，对闽清县汶洋村挂钩帮扶。

【抢险救灾】 2019年，驻福州市各部队加强重大节日和防台抗汛等敏感期战备，制订防台抗汛、山林灭火、道路抢修等应急预案。全年出动兵力6543人次、车辆672辆次完成抢险救灾任务。

【文明共建】 2019年，驻福州市各部队与驻地乡镇（街道）、村（社区）、企业、学校等开展共创双拥模范城（县）、共建精神文明、共筑平安福州等活动。全年派出官兵1700多人次、出动车辆（机械）130辆次参与地方建设；出资280多万元用于改善学校教学环境、资助贫困学生就学、开展便民义诊等活动；组织便民义诊3000多人次；派出校外辅导员1000多人次帮助各类学校军训。

（苏敏）

人民防空

【概况】 2019年，福州市本级审批防空地下室面积40余万平方米，收取人防易地建设费316.3万元；办理竣工验收备案面积30余万平方米。对人防工程已开工报监项目实施质量监督，监督率100%。开展地铁兼顾人防工作，加强指挥通信场所建设管理，年内指挥通信设施设备检测维护良好。开展指挥通信业务培训，连续第33年举办全市中学生防空防灾知识竞赛。

【指挥通信建设】 2019年，福州市测试防空警报10381台次。4月21日组织开展全市试鸣防空警报，全市防空警报鸣响率99%。结合试鸣防空警报，先后在福州第三十九中学、闽侯县实验中学组织开展防空防灾疏散演练活动，参加人数3000多人。全年在台江、晋安、仓山区新增23套防空警报设备。加强指挥通信场所管理及指挥通信设施设备检测维护升级。参加全省指挥通信业务集训，组织突发事件预警信息发布系统和短波通信电台操作使用等业务培训，分别于3月和7月组织参加全省人防指挥信息系统联试联训，11月组织参加全省人防机动指挥所跨区训练。

【人防工程建设】 2019年，福州市人防办加强地铁2、4、5、6号线及F1机场快线的兼顾人防工作，在地铁2号线竣工验收中全市第一家办结竣工验收手续。5月地铁2号线开通后，地铁1、2号线实现地铁兼顾人防总建筑面积50余万平方米（不含区间），掩蔽面积12余万平方米，能够紧急掩蔽人数3万余人。落实中防万宝城日常安全监管责任，完成滨海新城人防专项规划编制工作。配合黎明湖升级改造工程，完成乌山人防工程的商业建筑拆除。全市人防工程资产平时服务利用率100%。全年组织对人防资产开发利用项目开展安全检查105趟次，发现安全隐患整改完成率100%。在于山人防工程内开辟约255平方米的便民读书角，夏天开放乌山北坡防空洞作为市民纳凉点，接待市民近15万人次，组织策划活动27场次。

【人防宣传教育】 2019年，福州市人防办在“福州人防”网站更新工作动态145条；更新人防微博153条，有57420名关注用户。结合“4·21”防空警报试鸣活动，在全市4500辆的士车顶和部分公交车后LED显示屏滚动播放宣传字幕，在3000辆公交车的移动视频播放试鸣通告；利用公交移动频道播放《防空与防灾》5集公益动画片。5月，组织“全市中学生防空防灾知识竞赛”，255名初中学生参加。向全市开设人防课程的初级中学免费印发《防空与防灾——中小学生读本》4.2万本。

（王锋）

（编辑 黄铭）

应急管理

综　述

【概况】　2019年，福州市平均年雨量1425毫米，比常年平均少5.1%，主要江河来水量较常年同期偏多29%，水情总体较平稳。全年5次连续性暴雨、7次大范围暴雨和10次局部暴雨；受到6个台风影响，台风未造成明显灾害损失；出现气象干旱过程1次，农作物受旱面积2004.67公顷。全市因灾直接经济总损失9175万元，无人员伤亡和失踪。

福州市“建设地下流体前兆观测台项目”投入运行，地震监测台网整体运行情况良好。全市超额完成“十三五”期间地震应急避难场所建设和地震预警信息专用接收终端建设任务，7个社区获评全国综合减灾示范社区，2所学校获评防震减灾科普示范校。

全市安全生产形势总体平稳，发生生产安全事故166起，死亡78人，受伤123人；发生火灾1336起，未发生较大以上火灾事故，全市火灾形势总体平稳；发生较大道路运输事故1起。年内，福州市完成80个老旧小区综合整治，被住建部列为城镇老旧小区改造7个试点城市之一。

【自然灾害避灾点建设】　2019年，福州市应急管理局重新摸排核实确定全市3020个自然灾害避灾安置点，组织编制《福州市自然灾害避灾安置点信息图册》，开发“掌上避灾”微信小程序，申报12个全国综合减灾示范社区，加强169个示范避灾点建设，督促指导属地镇村配备救灾网格员、充实救灾应急物资。

【社会救援队伍建设】　2019年，福州市应急管理局推动构建以消防救援为主力、以驻地部队为后援、以专家为支撑、以社会应急救援机动力量为补充的“大应急”力量体系，对两批10支涉及地震、山地、海上、空域等领域社会应急救援机动队伍（2100余人）进行授牌，在省内首次将社会应急救援力量纳入政府统一管理的应急体系范畴。

【应急管理基础建设】　2019年，福州市启动应急综合指挥平台建设，对接整合市气象、水利、林业、公安、消防、自然资源、地震等有关部门基础信息和应急指挥资源，构建应急管理大数据应用平台。市应急指挥中心硬件部分初步建成。推动福州市安全生产教育培训考核基地建设，完成基地主体工程建设。

（左榕燕）

安全生产监管

【概况】　2019年，福州市推进安全

2019年5月14日，福州市举办首批社会应急救援机动队伍授牌仪式

（市应急管理局 供）

监管基础建设、道路交通安全综合整治、重点行业领域专项整治、安全生产大检查行动、保护生命重点工程建设、安全宣传教育等工作，出台《福州市党政领导干部安全生产责任制职责清单》《市属国有企业负责人安全生产职责清单及责任追究暂行规定》等工作机制。市应急管理局委托中国安全生产科学研究院在市级城市安全生产风险评估基础上，推动鼓楼、晋安、福清、闽侯、连江等县（市）区开展延伸摸排评估。组织开展安全生产隐患排查治理专项行动、“防风险保安全迎大庆”安全生产专项行动等系列活动。

年内，全市安全生产形势总体平稳，发生生产安全事故166起，比上年减少33起，比上年下降16.6%；死亡78人，减少5人，下降6%；受伤123人，减少61人，下降33.2%。全市发生1起较大道路运输事故。

【道路交通安全综合整治】 2019年，福州市启动道路交通安全综合整治三年专项行动。完成87处道路交通隐患路段整治，建设116公里国省道公路安保工程和125公里农村公路安保提升工程，新改扩建140公里城市道路。全市大型客车、旅游客运车、“营转非”大客车、校车、危化品运输车检验率和报废率均达100%。完善农村交通安全劝导站建设，完成22个警保合作劝导站任务，推进劝导工作向厂区、景区及校园周边延伸。完成39处国省道沿线农村交叉路口交通安全设施“五有”工程建设。

【重点行业领域专项整治】 2019年，福州市持续开展非煤矿山、危险化学品、道路交通、消防安全、学校安全、建筑施工、自建民房、城镇燃气、渔业船舶、交通运输、民爆物品、特种设备等12个重点行业领域安全专项整治。

危险化学品与烟花爆竹 深化危险化学品综合治理，落实《化工园区安全风险隐患排查治理导则（试行）》和《危险化学品企业安全风险隐患排查治理导则》，推行安全风险研判与承诺公告制度，加强涉及“三重一高”企业和检修维修作业、特殊作业、装卸运输等重点环节的风险管控。年内出台《福州市烟花爆竹销售和燃放管理办法》。

交通运输 开展桥梁和隧道土建结构专项检查，采取拆除重建、维修加固等方式整治34座危病桥，改造提升2处连续长陡下坡路段、43座桥梁的安全防护能力，提质升级11座桥梁。加强交通运输动态监控，约谈危险化学品运输企业112家次，停运危险货物运输车辆32辆次，立案查处各类违法行为5415起。

工业企业 委托福建省安全生产科学研究院对全市6家涉及煤气的重点钢铁企业开展煤气安全专项核查工作。持续开展粉尘涉爆专项整治，深化金属粉尘和木质粉尘行业专项整治成果，23家重点企业全部检查完成。邀请省安科院专家对全市重点乡镇（街道）和企业的安全管理人员进行有限空间辨识和应急救援知识讲解和培训，培训191人。

消防安全 部署开展“防风险保平安迎大庆”消防安全执法专项检查行动，推进电动自行车、群租屋、文物保护单位、危险化学品企业等专项整治，检查单位1.9万家，整改火灾隐患1.3万处，临时查封107家，“三停”72家，摸排重大火灾隐患23家，整改销案20家。开展消防安全示范社区创建活动，在全市5732栋高层建筑设立2528名“楼长”，252个社区达到示范社区标准，在老旧居民住宅、沿街店面、木屋毗连区等火灾高危场所推广安装独立感烟报警器12897个、简易喷水灭火系统8765套。在消防安全重点单位、火灾高危单位、街道、社区100%建成微型消防站，并纳入消防指挥调度体系。组织城区物业小区电动自行车停放充电消防安全管理，排查整治物业小区、楼院1333个，清理违规充电605处，建成智能充电设施1363处。

建筑施工 开展建筑起重机械设备、钢管脚手架、建设消防安全、地铁建设等专项整治，全年检查在建工程2151项次，发现并整改安全隐患2302条，发出责令改正通知176份，立案查处3起违法违规行为，罚款11万元。

城镇燃气 打击瓶装液化气充装、储存、经营、运输等环节的违法违规行为，查处违法违规行为73起，查扣钢瓶3405只，治安拘留28人，罚款9万元。

【安全生产隐患排查治理专项行动】 2019年，福州市应急管理局在全市各行业领域和所有生产经营单位开展安全生产隐患排查治理，采取“五查双随机”、重点专项检查、专家检查等方式，集中排查治理隐患，全市出动执法人员116131人次，检查生产经营单位66951家次，排查整改隐患54741项，罚款4451.8万元，关闭取缔非法企业66家，停产停业106家。市府办印发《全市建筑工程安全隐患大排查大整治专项行动方案》，部署开展建筑工程安全隐患大排查大整治，组织12个督导协调组全程进行指导检查和考核验收，排查房屋592555栋，排查整治各类隐患房屋10456栋。挂牌整治第四批422个重大安全隐患点（市级30个，县级392个），截至年底，整治完成市级29个、县级362个。年内，福州市完成80个老旧小区综合整治，被住建部列为城镇老旧小区改造7个试点城市之一。

【安全宣传教育】 2019年，福州市应急管理局组织“安全生产月宣传咨询日”、生产安全事故综合应急救援演练、首届安全生产与应急管理优秀论文征集评选、安全生产专家研讨会、安全书法展、专家志愿服务宣讲、“安全生产七进”巡回宣讲等活动，开展市、县、镇、村各级和园区（开发区）应急管理干部及企业从业人员业务培训。年内，安全生产、应急管理法律法规及有关知识纳入普法教育、中小学校安全与应急教育、党校（行政学院）领导干部培训内容。

（左榕燕）

防汛抗旱

【概况】 2019年，福州市平均年雨量1425毫米，比常年平均少5.1%，属正常。各月雨量分布不均，其中1月和8—11月偏少至异常偏少，3月和6—7月偏多至显著偏多，其余月份正常。主要江河来水量较常年同期偏多29%，水情总体较平稳，据水文观测，主要江河未出现超保证水位的洪水，闽清县境内梅溪发生超警戒水位洪水7站次，敖江支流牛溪发生超警戒水位4站次。8月1日至12月5日，全市出现气象干旱；12月5日，全市出现中到大雨，干旱明显减轻；全市农作物受旱面积2004.67公顷，41991人饮水受到影响。全年出现5次连续性暴雨、7次大范围暴雨和10次局部暴雨，其中5月15—19日、5月31日至6月2日、7月5—11日的暴雨过程造成部分县（市）区受灾。全年影响福州市的台风有6个，分别为第4号台风“木恩”（影响时间7月2日）、第5号台风“丹娜丝”（影响时间7月17日）、第9号台风“利奇马”（影响时间8月9—11日），第11号台风“白鹿”（影响时间8月23—25日），第13号台风“玲玲”（影响时间9月2—5日）、第18号台风“米娜”（影响时间9月30日至10月1日），其中第4号台风“木恩”和第11号台风“白鹿”影响较大，其余4个台风主要影响是沿海出现8～10级阵风；台风未造成全市明显的灾害损失。

全市因灾直接经济总损失9175万元，无人员伤亡和失踪。4个县（市）区、37个乡镇街道受灾，受灾人口6576人，倒塌房屋17间，转移人口10571人。农作物受灾490.67公顷，其中粮食作物378公顷，经济作物损失890万元，水产养殖损失面积2.67公顷，数量19吨，农林牧渔业直接经济损失1280万元。县级以上公路中断3条次，供电中断3条次，工业交通运输业直接经济损失1700万元。损坏堤防2处，损坏护岸127处，损坏灌溉设施66处，水利设施直接经济损失1020万元。

【雨季强降雨灾害】 2019年5月15—19日，福州市连续中到大雨，部分乡镇暴雨。据气象部门统计，5月15日8时至20日8时全市累积雨量，有12个县（市）区91个乡镇超过50毫米，其中有25个乡镇超过100毫米。造成永泰县12个乡镇受灾，转移危险区人员602人，农田及秧苗、蔬菜被淹10公顷，部分乡村道路发生小溜方，直接经济损失275万元。

5月31日至6月2日，全市有明显降雨，其中5月31日部分县市暴雨，永泰大部分乡镇和其余县（市）局部乡镇大暴雨，永泰城峰镇特大暴雨，当天永泰国家气象站突破5月日雨量历史极值；6月1—2日中到大雨，局部暴雨。据气象部门统计，5月31日14时至6月3日8时累积雨量，全市142个乡镇降雨量大于50毫米，其中71个乡镇降雨量大于100毫米，8个乡镇大于200毫米，以永泰城峰镇290.9毫米为最大。最大小时雨强以永泰岭路乡71.8毫米为最大（5月31日19—20时）。暴雨过程造成2个县（永泰县、闽清县）、28个乡镇受灾，全市直接经济损失8650万元（永泰县直接经济总损失8453万元），转移危险区人员3551人，受灾人口5010人，倒塌房屋17间。其中，农作物受灾面积102.6公顷，经济作物损失820万元，水产养殖损失19吨，农林牧渔业直接经济损失1137万元；全市供电中断3条次，县级以上公路中断3条次，工业交通运输业直接经济损失1569万元；损坏护岸53处，损坏灌溉设施42处，水利设施直接经济损失846万元。

7月5—11日，全市连续中到大雨，部分乡镇暴雨到大暴雨。据气象部门统计，7月5日8时至12日8时的过程累积雨量，全市所有乡镇的降雨量均大于50毫米，其中11个县市（区）122个乡镇降雨量大于100毫米，2个县市（区）的3个乡镇超过250毫米。暴雨过程造成2个县（市）区（福清市、仓山区）、9个乡镇受灾，转移危险区人员833人，受灾人口478人，全市直接经济损失250万元。其中，农作物受灾面积378.13公顷，农林牧渔业直接经济损失55万元；工业交通运输业直接经济损失75万元；损坏护岸71处，水利设施直接经济损失70万元。

【气象干旱】 自2019年8月初，福州市降水持续偏少，统计8月1日至10月10日各县（市）区的累积雨量64.2毫米（闽侯）～249.4毫米（长乐），比常年平均少37.6%～81.4%。至10月10日，除长乐中旱，福州市区、罗源、连江、福清重旱外，其余3个县（市）区达到气象特旱标准。10月11—12日有明显降雨，其中12日大部分县（市）区出现中到大雨，长乐出现暴雨，长乐旱情解除，其余地区旱情有所减轻。10月16日至12月4日降雨稀少，旱情再度发展，统计10月16日至12月4日各县（市）区的累积雨量0.3毫米（福清）～14.3毫米（罗源），比常年平均少82.5%～99.5%。至12月5日，除长乐中旱，闽侯特旱外，其余6个县（市）区达到气象重旱标准。12月5日，全市出现中到大雨，干旱明显减轻。福州市农作物受旱面积2004.67公顷，41991人饮水受到影响。

【防汛备汛】 2019年，福州市水利局完成年度《福州市防汛防台风应急预案》修编，完成全市14座中型水库、107座小（一）型水库和316座小（二）型水库汛期防洪调度运用计划和防洪抢险应急预案审查审批。完成晋安河口直排闽江通道工程、桂后浦溪分流工程等城区重点治涝工程建设。启动防台风、防暴雨应急响应11次。针对旱情，通过控制水电站下泄流量，调度水库水量，开展人工增雨，启动应急取水供水工程，缓解受灾地区乡村人饮困难。台风来临前组织渔船回港避风、渔排人员撤离上岸，关闭沿海景区景点、施工工地、施工船和客渡船等，全年撤离海岸边、低洼地带、危房、简易工棚、易滑坡地带等危险区域群众10571人次。

全年组织1105人次，检查各类工程948处，其中水库390座，防洪堤106千米，海堤360.9千米，水闸292座，引水工程52处，其他工程108处。完成2018年出现的181处水毁灾损水利工程修复。开展防汛培训259场、参训人员17005人，开展应急演练409场、参加人员20045人。年内，首次对437座中小型水库开展防汛演练。

（陈嘉 左榕燕）

消防救援

【概况】 2019年，福州市发生火灾1336起，死亡10人，受伤6人，直接财产损失1745.1万元，未发生较大以上火灾事故，全市火灾形势总体平稳。福州市消防救援支队接警出动8274起，出动消防车辆12458辆次、出动人数72266人次，抢救被困人员1770人，疏散被困人员4523人。

截至年底，全市有单编政府专职消防队16支，乡镇专（兼）职消防队伍35支，企业专职消防队伍20支。年内，福州市消防救援支队完成消防审验职能移交工作；全年受理各类举报投诉办结率100%，举报人满意率95%。支队被应急管理部消防救援局评为庆祝新中国成立70周年消防安保工作先进集体，被市委市政府记集体二等功，在全省监督执法竞赛综合成绩名列第一，被评为2019年度执法质量考评优秀支队；支队官方微博列居省市十大政务微博。全市2人次获一等功、3人次获二等功、40余人次获三等功，20余人次获得省部级以上表彰。

【消防演练】 2019年，福州市消防救援支队组织在福建会堂、闽海能源有限公司、海峡国际会展中心等代表性场所开展11次全员全要素实战演练，制定完善重点单位预案1965份，组织演练2963次。

【消防检查】 2019年，福州市消防救援支队在全国率先开展“双随机一公开”消防监督抽查试点，工作经验在全省推广。全年检查单位2.1万家次，督促整改火灾隐患1.3万处，全市火灾形势持续平稳。

【消防设施建设】 2019年，福州市在全国省会城市率先出台《全市消防救援队伍职业保障机制》。全市有4个消防站竣工，3个消防站主体封顶，15个消防站在建。投入4900万元配备7辆火车南站地铁消防站消防救援车辆，投入878.23万元采购灭火剂、易耗急需器材。

【火灾和救援案例】 2019年1月27日18时22分，台江区大利嘉城对面民房发生火灾。福州市消防救援支队调派18辆消防车、100余名指战员到场处置，大火于28日2时55分被扑灭，火灾过火面积600多平方米，未造成人员伤亡。

2月16日5时50分，仓山区叶厦村121号民房发生坍塌，多人被困。市消防救援支队调派20辆消防车、110名指战员、4条搜救犬到场处置，省消防总队调派厦门、莆田、泉州3个支队共28辆消防车、155名指战员、5条搜救犬增援，经过近16小时救援，搜救出被困人员17人，其中14人生还，3人遇难。

6月14日11时57分，闽侯县青口晨鸿泰实业有限公司仓库发生火灾。市消防救援支队调派18辆消防车、120余名指战员到场处置，大火于20时许被扑灭，火灾过火面积2500多平方米，未造成人员伤亡。

8月28日2时9分，仓山区齐安路国艺花鸟市场二期店面发现火灾。市消防救援支队调派17辆消防车、90余名指战员到场处置，大火于11时许被扑灭，火灾过火面积300多平方米，未造成人员伤亡。

8月29日9时17分，仓山区战备路半田工业区章勇塑料厂发生火灾。市消防救援支队调派16辆消防车、75名指战员到场处置，大火于11时10分被扑灭，火灾过火面积约330平方米，未造成人员伤亡。

10月27日10时17分，长乐区漳港街道翔福物流园内一仓库发生火灾。市消防救援支队调派18辆消防车、近百名指战员到场处置，大火于14时许被扑灭，火灾过火面积约750平方米，未造成人员伤亡。

11月25日5时12分，仓山区盖山镇叶厦村25号民房发生火灾。市消防救援支队调派7辆消防车、39名指战员到场处置，大火于7时30分被扑灭。救援过程中房屋发生倒塌，1名消防员和1名群众被埋压。8时30分，被困群众被救出，9时58分，重伤消防员被救出并送往医院救治，13时15分，重伤消防员抢救无效牺牲。火灾过火面积约150平方米，造成1名消防员牺牲。

（左榕燕）

2019年4月2日，福州市大型石油化工事故应急救援演练在福清市江阴港城经济区闽海能源有限公司举行 （市消防救援支队 供）

防震减灾

【概况】 2019年，福州市6个县（市）和长乐区设防震减灾中心，鼓楼、台江、仓山、晋安、马尾5个城区防震减灾工作由各区应急管理局管理，福州市地震局于2018年12月更名为福州市防震减灾中心。年内，全市超额完成地震应急避难场所和地震预警信息接收终端建设任务；采购4大类59项专用地震救援装备器材，补充到福州市地震灾害紧急救援队（省市共建）。福州市政府连续第4年将防震减灾工作纳入市对县（市）区绩效考评。6项防震减灾信息收集工作纳入福州市网格化管理综合服务平台。福州市防震减灾中心为滨海快线等4项重点工程提供抗震设防建议。全年开展“平安福州·防震减灾”科普宣传暨应急演练进社区进学校进企业进机关系列活动16场。

【地震监测预报】 2019年，福州市防震减灾中心向福建省地震局报送周会商52期、月会商12期，向福州市委、市政府和相关人员发送震情速报短信、传真48份，报送震情简报24期。年内完成防震减灾“三网一员”名单更新，全市有防震减灾助理员175人、地震灾情速报员2844人、地震知识宣传员2829人。

【前兆地下流体观测台站建设】 2019年4月30日，福州市“建设地下流体前兆观测台项目”按序时进度通过专家验收并投入运行，实现至少每个县（市）区都有一个地下流体观测台，配合福州市遥测地震台网、动物宏观观测网及强震结构台阵，形成覆盖震前、震时、震后的地震监测台网。年内，全市有9口地下流体观测井、10个宏观观测点。福州市地震监测台网整体全年运行情况良好。

【地震灾害防御】 2019年，福州市防震减灾中心梳理防震减灾工作对标先进找差距12大项27项细化工作，并赴北京、天津开展调研工作，对标先进找差距。市应急管理局、市气象局、市防震减灾中心联合开展全国综合减灾示范社区创建工作，全市7个社区（鼓楼区南街街道灵响社区、台江区洋中街道铺前社区、晋安区宦溪镇创新村、闽侯县甘蔗街道瀛洲社区、连江县坑园镇象纬村、罗源县起步镇桂林村、闽清县坂东镇文定村）被评为全国综合减灾示范社区。全市2所学校（福州格致中学鼓山校区、福清市城关小学）被福建省地震局评为防震减灾科普示范校。

【地震科普宣传】 2019年，福州市防震减灾中心联合福建麒麟减防灾救援服务中心、曙光救援队开展“平安福州·防灾减灾”进社区、进学校、进企业、进机关科普宣传暨应急演练活动16场，推动防震减灾科普宣传和应急演练常态化，其中，5月11日，以“提高灾害防治能力，构筑生命安全防线”为主题的福州市2019年全国防灾减灾日“平安福州·防灾减灾”进校园活动在福州市第十一中学举行，500余人参加活动；市应急管理局、市防震减灾中心、晋安区应急管理局、晋安区农业农村局、王庄街道、福马社区、福建麒麟减防灾救援服务中心等在和源居小金星幼儿园开展全国防灾减灾日主题活动。年内，市应急管理局、市防震减灾中心与《福州晚报》开展为期15天、连续7期的防灾减灾知识有奖问答活动，5000多人参加活动；福州电视台和福州公交移动频道2次连续一周播放新制作的学校和医院避震疏散指南动漫片；市防震减灾中心向各县（市）区防震减灾中心、市教育局、市卫健委、福建工程学院等单位发放防震减灾动漫宣传片；组织20个家庭参观晋安区消防及地震安全体验馆；在福州电视台《民生面对面》栏目开展互动访谈节目1期；在《福州日报》开设专版专栏宣传防震减灾工作情况。福清市全年举办防震减灾法规高层宣教培训16场次，2200多人次党政干部参训；罗源县将提升防震减灾能力纳入全县干部培训内容。

【地震应急救援】 2019年，福州市防震减灾中心对五城区29处及长乐区6处避难场所开展3轮巡检。制订落实《2019年春节、全国两会及国庆等重要时段福州市震情保障工作方案》，“5·12”防震减灾宣传活动周期间，福州市防震减灾中心联合消防福州地震灾害紧急救援队、福建省曙光救援中心等，在福州市第十九中学开展地震应急互动演练。福州市防震减灾中心采购4大类59项专用地震救援装备器材，补充到福州市地震灾害紧急救援队（省市共建）。福清市66个部门及大型企业完善更新的地震应急预案并开展演练。

【地震应急避难场所】 2019年，福州市防震减灾中心按照《福州市人民政府办公厅关于印发“十三五”期间全市地震应急避难场所建设的实施方案的通知》要求，继续推动地震应急避难场所建设，年内建成23处。截至2019年底，全市基本建成地震应急避难场所102处（2018年计划建设49处，超额建成79处），超额完成方案提出的98处地震应急避难场所建设任务。

【地震预警信息发布终端】 2019年，按照《福州市人民政府办公厅关于印发福州市地震预警信息专用接收终端建设实施方案的通知》要求，福州市地震预警信息专用接收终端建设任务1104套，年内完成建设1124套。截至2019年底，全市建成地震预警信息专用接收终端2091套，其中，鼓楼区68套，台江区58套，仓山区147套，晋安区141套，马尾区73套，福州高新区70套，长乐区278套，福清市282套，闽侯县201套，连江县288套，闽清县173套，罗源县136套，永泰县176套；完成率106%，超额完成预警终端建设任务。

（王晶 左榕燕）

（编辑 黄铭）

外　　事

【概况】　2019年，福州市人民政府外事办公室接待外宾团组178批1186人，其中副元首及以上级别团组4批114人、副部级及以上团组24批311人、外国驻华使领馆团组24批113人、友城团组25批153人。审核和审批因公出国（境）486批1111人次，其中国家工作人员187批570人（次）、非公企业299批541人（次）。向外交部申报非公企业人员APEC商务旅行卡209人（次），办理签证310批4002人（次），签证成功率100%。发放领事保护宣传手册720余份，代办领事认证4285份，办理外国人来华邀请核实单336份670人（次），处置涉外和领事保护事件29起。与缅甸仰光市、英国格拉斯哥市、美国火奴鲁鲁市等签署结好意向书，与柬埔寨暹粒市缔结国际友好城市关系，至年底福州市有国际友城17个。赴南非德班参加城地组织第六届世界大会系列活动，推动福州市连任城地组织新一届世界执行局和理事会成员（2019—2022年）。协办外交部福建全球推介活动冷餐交流会，推介中西部扶贫协作产品。

【外国重要团组访问福州】　2019年3月13日，澳大利亚首都领地立法议会自由党党魁阿利斯泰尔·科（正部级）一行10人访问福州市华侨中学等。

3月21日，俄罗斯卡累利阿自治共和国副总理博德萨德尼科一行4人访榕，赴三坊七巷、上下杭、春伦茉莉花文创园等地考察。

3月26日，菲律宾前贸工部长罗伯特·王彬一行10人访榕，考察三坊七巷等。

4月3日，老挝中联部部长顺通·赛雅佳一行8人到榕访问，考察数字中国会展中心、新大陆集团、三坊七巷等。

4月10日，菲律宾外交部部长助理兼海洋司司长杰纳罗索·卡隆赫率代表团一行4人访问福州，参观福建省马尾造船有限公司，外交部边海司司长易先良等陪同。

4月16—17日，英国约克公爵、安德鲁王子一行15人访问福州，考察三坊七巷和春伦茉莉花文创园，对福州城市规划及发展表示赞赏。

4月20—24日，汤加王国副首相塞密西·西卡一行13人访问福州，参观茉莉花文创园、三坊七巷、宏东渔业公司、泛船浦教堂、网龙公司等。

4月28日，波兰奥波莱省副省长库巴兰查一行7人访问福州，副市长杭东会见代表团一行。

4月28—29日，老挝人民革命党中央总书记、国家主席本扬·沃拉吉率老挝代表团78人访问福州，参观新大陆集团和三坊七巷。对福州城市发展、数字福建、对外开放、保护文化遗产等工作表示赞赏。

5月17—18日，法国上法兰西大区副主席萨尔瓦多·卡斯蒂格里奥纳一行8人访问福州，考察长乐恒申合纤科技有限公司和三坊七巷等。

5月20—22日，马来西亚霹雳州行政议员杨祖强先生率霹雳州代表团一行8人访问福州，洽谈实兆远市与福州市下属县（市）区结好相关事宜。

5月24—25日，越南共产党中央检查委员会委员武太原一行13人来榕访问。

6月17—18日，泰国旅游警察局总局长提拉彭·坤达依一行13人来榕访问。代表团一行赴福建警察学院、三坊七巷等地参观考察。

7月6日，印度尼西亚海洋统筹部长卢胡特（副总理级）一行8人考察闽侯闽兴有限公司，参观闽兴公司竹编产品和铁艺制品等，希望闽兴公司赴印度尼西亚设厂。

7月16—17日，日本驻华大使（副部级）横井裕一行9人访问福州，拜会市领导、参观开元寺、琉球馆、琉球墓、三坊七巷，走访嘉陵本田、东北理光公司。

8月19—22日，日本公明党代理干事长兼国际委员会委员长、国会议员远山清彦一行11人来访，考察京东方、福建高壹工机等企业。

8月21—23日，日本国自治体国际化协会理事长冈本保一行3人来榕参加第十八届中日地方研讨会。21日晚，福建省委副书记、市委书记王宁会见嘉宾一行。研讨会由日本国自治体国际化协会主办、福州市政府承办，主题为“加强地方合作，共享发展机遇”，日本的相关省厅、驻华使领馆、地方政府、在华相关机构，以及中国的相关部委和省市地方政府、企业人士等170多人应邀参会。日本国自治体国际化协会理事长冈本保，福建省委副书记、市委书记王宁等致开幕辞。日本佐贺县知事山口祥义、佐贺县多久市长横尾俊彦，福州市副市长杭东等在主论坛上作主旨演讲。

8月28—29日，印度尼西亚多党议员考察团（副部级）一行22人来榕访问，参观三坊七巷；参观福州职业技术学院，围绕职业教育发展、青年学生就业、中国印度尼西亚职业教育合作等进行探讨；实地考察春申股份有限公司，了解福州与印度尼西亚在渔业养殖加工和基础设施建设方面的合作情况。

9月10—11日，比利时列日省教育与培训事务议员穆里耶·布罗德—薇兰（副省级）一行6人访问福州，考察福州外国语学校，表示希望推动两地加强中小学方面的交流。

9月21—24日，蒙古国人民党中央委员会委员、党建局局长巴·巴雅尔巴特尔一行33人来榕访问，参观三坊七巷等。

9月23—24日，印度尼西亚贸易部长恩卡迪亚斯托·鲁吉达率代表团一行30人来榕访问，参观福州新区福清功能区（元洪投资区），考察中国—印度尼西亚“两国双园”项目。福州市委常委、福清市委书记王进足会见代表团一行。鲁吉达部长在榕期间，出席印度尼西亚商务部与中国福建省政府合作举办的中国—印度尼西亚商贸论坛。

9月27—28日，美国俄勒冈州众议院议员杰夫·巴克一行8人到榕访问，参观福州外国语学校等地。

10月10—12日，德国莱法州州长德莱尔一行70人到榕访问，赴福州市外国语学校、福州三中开展教育交流。

11月13日，加拿大新斯科舍省省长斯蒂芬·麦克尼尔一行11人到榕访问，赴永辉集团商讨深化合作事宜。

11月20—23日，尼日利亚埃多州州长古德温·奥巴塞基一行10人到榕访问，参观三坊七巷、福清元洪食品工业园等地。

11月21日，新加坡文化、社区及青年部长傅海燕一行35人访问福州。福州市委常委、市政府常务副市长林飞会见傅海燕一行，出席新加坡远洋油轮公司向马尾造船厂订购的3艘油轮命名仪式。

12月10—16日，葡萄牙共产党中央书记亚历山大·阿劳诺一行3人到榕访问，赴永辉超市、华闽集团、春伦集团、三坊七巷等参观考察。

12月26—27日，柬埔寨人民党中央委员、柬埔寨青年联合会主席、干丹省副省长金太石一行10人到榕访问，赴三坊七巷参观考察。

【外国使领馆团组来访】 1月23—24日，韩国驻广州总领事洪性旭一行6人访问福州，拜会省、市领导，了解福州市经济社会发展情况，参观三坊七巷。

3月2日，印度尼西亚驻华大使周浩黎一行3人访问福州，拜会福清市领导，商谈设置产业合作区事宜，考察福州新区福清功能区。

3月27日，新加坡驻厦门总领事池兆森一行2人来榕，拜会市外办领导，探讨加强双边合作事宜。

4月3—4日，日本驻广州总领馆石塚英树总领事一行2人访问福州，拜会福州、福清市领导，参观福州新区、三坊七巷、网龙、开元寺、万福寺。

4月9日，萨尔瓦多驻华使馆大使杜兰访问福州，参观三坊七巷。

4月18日，美国驻广州总领事馆副领事罗凯娜一行2人访问福州，拜会市外办、福建自贸区福州片区综合服务机构。

5月5—8日，葡萄牙驻广州总领事科尔代罗一行2人访问福州，参加第二届数字中国建设成果峰会。

5月5—8日，澳大利亚驻广州总领事陆志成一行3人访问福州，参加第二届数字中国建设成果峰会。

5月5—8日，印度尼西亚驻华大使周浩黎一行3人访问福州，参加第二届数字中国建设成果峰会。

5月5—8日，印度尼西亚驻广州总领事谷丹多一行2人访问福州，参加第二届数字中国建设成果峰会。

5月16—22日，印度尼西亚驻华大使馆商务参赞马丽娜一行4人访问福州，参加第2届海丝博览会暨第21届海交会有关活动并组织印度尼西亚企业办展。

5月17—18日，新加坡驻厦门总领事池兆森一行2人访问福州，参加第二届海丝博览会暨第21届海交会有关活动。

5月17—19日，印度尼西亚驻广州总领事谷丹多一行2人访问福州，参加第二届海丝博览会暨第21届海交会有关活动。

5月17—18日，斯里兰卡驻广州总领事佩扬吉卡·达玛森娜访问福州，参加第二届海丝博览会暨第21届海交会有关活动，出席主宾国开馆仪式。

5月17—19日，斯里兰卡驻华大使馆公使衔参赞（国防武官）桑吉瓦访问福州，参加第二届海丝博览会暨第21届海交会有关活动，出席主宾国开馆仪式。

5月17—19日，美国驻广州总领事馆商务领事谢贝晴一行2人访问福州，与福建省、市有关部门商讨举办“选择美国”研讨会事宜。

5月17—20日，英国驻广州总领事馆副总领事李宜婷一行4人访问福州，参加第二届海丝博览会暨第21届海交会有关活动。

5月20日，泰国驻厦门总领馆商务领事维达一行5人访问福州，参观第二届海丝博览会暨第22届海交会。

5月29—30日，纳米比亚驻华大使凯亚莫一行2人访问福州，出席2019渔博会活动。

5月29—30日，苏里南驻华大使陈家慧一行2人访问福州，出席2019渔博会活动。

5月29—30日，印度尼西亚驻华大使周浩黎一行5人访问福州，出席2019渔博会活动。

5月29—30日，泰国驻广州总领事馆农业领事巴桐瓦蒂一行2人访问福州，出席2019渔博会活动。

6月4日，巴基斯坦驻华大使马苏德·哈立德一行3人访问福州，参观三坊七巷。

6月17—18日，外国驻华使节团一行52人访问福州，参观福耀集团、三坊七巷、索佳艺文化创意园。

8月6日，英国驻广州总领事馆领

事诺杰一行 2 人访问福州，拜会福州市外办，商讨建立友城事宜。

8 月 7—8 日，丹麦驻华使馆公使衔参赞罗蔓蕊一行 2 人访问福州，出席丹麦格兰富公司数字化水中心项目落成仪式。

8 月 21—23 日，日本驻广州总领事石塚英树一行 2 人访问福州，出席中日地方政府交流会，会见市领导，参观黄檗寺、福耀集团。

11 月 7 日，新加坡驻厦门总领事池兆森一行 5 人访问福州，与市外办探讨傅海燕部长访闽事宜。

11 月 10—12 日，东帝汶驻华大使赉迪拓一行 4 人到榕旁听东帝汶公民组织他人偷越国境罪一案庭审。

12 月 3—5 日，美国驻广州总领事馆李靖一行 11 人访问福州，出席由省民营企业商会举办的“中美民间经贸合作发展论坛”，并参访海峡水产中心、福耀集团。

12 月 11—12 日，波兰驻上海总领事切谢尔楚克一行 4 人访问福州，参观访问福州高新技术产业开发区。

【国际友城团组访问福州】 5 月 16—19 日，印度尼西亚泗水市维士努副市长一行 4 人应邀到榕参加海丝博览会和港口合作论坛，维士努副市长在论坛上发表主旨演讲并接受福州广播电视台等新闻媒体的采访，与福州市就两市结好和“两国双园”项目进行座谈。在榕期间，代表团考察元洪投资区和江阴港；参观市规划馆和三坊七巷等地。18 日晚，市长尤猛军会见代表团一行。

5 月 16—20 日，肯尼亚蒙巴萨副郡首威廉·金吉一行 4 人应邀请到榕参加海丝博览会和港口合作论坛。在榕期间，代表团参加海丝博览会系列活动并在港口合作论坛开幕式上发表讲话。18 日晚，市长尤猛军会见代表团一行。

5 月 17—18 日，法国敦刻尔克市副市长让—伊夫·弗雷蒙一行 4 人应邀到榕参加海丝博览会和港口合作论坛，与福州市就两地开展各领域合作进行座谈。18 日晚，市长尤猛军会见代表团一行。

5 月 17—20 日，缅甸仰光市市长茂茂索一行 2 人应邀到榕参加海丝博览会和港口合作论坛，并与福州市签署建立友好城市关系意向书。18 日晚，市长尤猛军会见代表团一行。

5 月 17—20 日，柬埔寨暹粒市副市长琳姆·法利卡一行 2 人应邀到榕参加海丝博览会和港口合作论坛。访问期间，两市签署建立友好城市关系协议书。18 日晚，市长尤猛军会见代表团一行。

5 月 17—20 日，俄罗斯鄂木斯克市议会主席科尔布特·弗拉基米尔一行 2 人，应邀到榕参加海丝博览会和港口合作论坛。在榕期间，代表团一行与市外办、市商务局、市应急管理局、市防汛办进行座谈，参观闽江学院。18 日晚，市长尤猛军会见代表团一行。

5 月 19—24 日，圭亚那乔治敦市政府派玛利亚学校代表团一行 26 人访问福州，与福州金山中学签署结好协议。访问期间，乔治敦学生在金山中学体验学校特色课程，并参观三坊七巷等地。

5 月 29 日—6 月 2 日，日本长崎市水产农林部次长兼水产政策课长岩永桂一行 4 人访问福州，参加渔业周·渔博会，考察福州市海洋与渔业技术中心及连江县和长乐区水产养殖加工企业。

6 月 3 日，英国格拉斯哥市副市长安妮·麦柯塔格特一行 4 人访问福州。市政府副市长杭东会见代表团一行，双方就深化友好交流、加强务实合作等进行座谈。

6 月 4—8 日，澳大利亚霍巴特市龙舟队一行 14 人到榕参加 2019 中华龙舟大赛福建福州站比赛。

8 月 25—27 日，英国爱丁堡大学生物科学学院外事主任彼得·德尔纳一行 4 人访问福州。副市长杭东会见代表团一行，就推动爱丁堡大学与福州市合作建立生物科学研究中心事与代表团交换意见。

9 月 6—11 日，印度尼西亚三宝垄市贸易局局长法瓦塔·萨德曼一行 5 人访问福州、厦门两地，参加“9·8”投洽会并参展，与福州市洽谈友好交流计划，并参观三坊七巷等地。

9 月 9—15 日，澳大利亚霍巴特市南霍巴特足球俱乐部一行 13 人代表霍巴特市到榕参加国际友城青少年足球赛。

9 月 11—15 日，日本长崎市足球队代表团一行 26 人到榕参加国际友城青少年足球赛。

9 月 12—14 日，澳大利亚霍巴特市议员达曼·托马斯一行 2 人访问福州，副市长杭东会见代表团一行。

9 月 20—22 日，日本长崎市大学生代表团一行 21 人参观三坊七巷。

9 月 23—26 日，日本长崎市上下水道局事业管理课主干迁川纯博一行 4 人访问福州，考察福州自来水公司和鼓岭柯坪水厂，交流自来水定价收费、管理建设与维护等事宜。

11 月 12 日，美国夏威夷福建总商会监事长柯宝成一行 3 人访问福州，参观自贸区福州片区，就推动福州市与夏威夷州火奴鲁鲁市友好交往、在自贸区设立夏威夷产品专柜等与相关部门进行座谈。

12 月 5—11 日，第二届“国际友城看福州”友城交流与地方合作研修班在榕举办。美国火奴鲁鲁市市长办公室主任盖瑞·黑川一行 2 人，美国塔科马市副市长康纳·麦卡锡，英国格拉斯哥市副市长安妮·麦柯塔格特一行 2 人，巴西坎皮纳斯市政府国际发展局局长克劳迪奥·苏亚雷斯，比利时列日市国际关系负责人勒近尔·斯蒂芬妮，法国敦刻尔克城市共同体欧洲及国际事务负责人科斯·娜塔莉，印度尼西亚三宝垄市友城联络员努格拉恩尼·阿提卡乌，马来西亚霹雳州非伊斯兰事务局主任张慧莹，斯里兰卡南方省发展厅厅长梅塞斯里·纳努纳·古努格、加勒市市长普里扬萨·萨哈布兰杜一行 3 人等到榕参加研修班。

【市领导出访活动】 2019 年 3 月 19—28 日，福州市副市长杭东应英国格拉斯哥市政府、瑞典宜家集团资产管理公司、丹麦艾尔姆风能叶片制品公司邀请，率团赴英国、瑞典、丹麦开展经贸洽谈及友城交流。

3 月 26 日—4 月 4 日，市委常委、福清市委书记王进足应哈萨克斯坦阿斯塔纳三宝有限公司、俄罗斯艾丽拉娃有限责任公司、日本维客食品株式会社邀请，率团赴哈萨克斯坦、俄罗斯、日本洽谈经贸项目。

3 月 28 日—4 月 4 日，市人大常委会副主任林峰应德国博霍尔特市政府、日本SYSTEM BRAIN株式会社邀请，率团赴德国、日本开展业务洽谈。

5月8—17日，市政府副市长严可仕应希腊阿格利达州政府、荷兰Sterk贸易有限公司、捷克赫鲁伯卡市政府邀请，率团赴希腊、荷兰、捷克开展农渔业项目洽谈、推进产能合作。

5月29日—6月3日，市政协副主席、市二医院副院长林绍彬应德国罗滕堡中医药学术大会邀请赴德国参加第50届国际中医药学术大会。

6月8—18日，市政协副主席、市工商联主席雷成财应坦桑尼亚畜牧和渔业部、津巴布韦哈拉雷市政府、纳米比亚渔业和海洋资源部邀请，率团赴坦桑尼亚、津巴布韦、纳米比亚开展产业合作、洽谈经贸项目。

6月12—22日，市政协副主席郑勇应阿根廷布宜诺斯艾利斯市议会、智利佩尼亚洛伦市政府、巴西坎皮纳斯市政府邀请，率团赴阿根廷、智利、巴西开展教育交流合作。

7月7—11日，市政府副市长李春应世界遗产委员会邀请，率团赴阿塞拜疆参加第43届世界遗产大会。

8月4—11日，市委常委、常务副市长林飞应德国克诺尔集团、西门子交通集团瑞典分公司邀请，率团赴德国、瑞典执行城市交流、轨道交通规划设计、投资建设合作、地铁车辆运营等任务。

8月19—28日，市委常委、组织部部长吴深生应丹麦斯文堡市政府、荷兰瓦赫宁根大学、比利时列日市政府邀请，率团赴丹麦、荷兰、比利时洽谈海外人才引进和科技人才项目合作事宜。

8月21—31日，市委常委、统战部部长陈晔应巴西坎皮纳斯市政府、智利智中商会、阿根廷布宜诺斯艾利斯省社会发展部邀请，率团赴巴西、智利、阿根廷开展经贸项目洽谈和友好交流对接。

9月20—27日，市政协主席何静彦应美国塔科马市政府、火奴鲁鲁市政府、斯里兰卡斯中友协邀请，率团赴美国、斯里兰卡举办“福州日”活动并开展友好交流。在塔市期间，签署福州市与塔科马市共同成立合作发展混合委员会协议书、港口合作协议、经贸合作协议、教育合作协议等一系列合作协议。

11月12—16日，市委常委、福清市委书记王进足应日本永辉商事集团邀请，率团赴日本开展经贸交流。

11月13—17日，市长尤猛军、副市长杭东应日本长崎市政府邀请，率团赴日本开展经贸及友好交流，参加“中国·福建—日本合作项目签约仪式暨经贸推介会”“对话关西”研讨会等重大活动，市政府就中日产业合作国际示范区、福州投资和贸易合作等进行推介，福耀玻璃、福州京东方等企业开展项目推介。

12月3—10日，市政协副主席罗蜀榕应巴林王国阿拉伯地区世界遗产中心、阿塞拜疆文化部邀请，率团赴巴林、阿塞拜疆交流洽谈世遗大会筹备工作并开展文旅推介。

【城市多边外交活动】 2019年2月27日，“21世纪海上丝绸之路城市棚户区改造”研讨会在北京举行。会议由丝路规划研究中心联合中国人民对外友好协会、世界城市和地方政府联合组织亚太区等单位主办，21世纪海上合作委员会协办。会议就共享中国城镇化经验、共建海丝沿线城市群等主题进行交流、探讨。

4月1—9日，市外办调研员张萍率队赴阿根廷布宜诺斯艾利斯市、乌拉圭蒙得维的亚市参加城地组织第三届文化峰会及2019年世界执行局会议，张萍作为亚太区唯一代表在圆桌会议上发言，介绍福州市经济社会发展情况及21世纪海上合作委员会运行情况，宣传介绍福州市“海上福州”建设、滨海新城建设等发展战略以及招商引资优惠政策。

5月18—19日，由中国人民对外友好协会、福州市人民政府和21世纪海上合作委员会主办的“海洋经济与城市发展——港口合作”论坛在福州举行，来自16个国家的城地组织和委员会、福州市国际友城、知名港航企业的代表及港口领域专家学者等共150多人参加。

5月20—23日，市外办主任吴晓杰率团赴义乌参加世界城地组织亚太区2019年执行局会议暨“一带一路”国际城市经贸合作对话会，并召开21世纪海上合作委员会第四次专业会议，推介福州市在旧屋改造和黑臭水体治理的成功经验。来自广州、杭州、印度尼西亚

2018年5月17日，21世纪海上合作委员会第一次全体会员大会在福州市顺利召开。来自五大洲的30个21世纪海上合作委员会创始会员代表、国家部委和省直部门相关领导以及委员会顾问等共110多人参会 （市外事办 供）

雅加达、韩国济州、新西兰一带一路促进委员会等委员会会员及智利等城市与组织代表 80 余人参加会议。

8 月 26—30 日，由 21 世纪海上合作委员会主办、闽江学院承办的 21 世纪海上合作委员会“海洋生态保护与管理”专题研讨活动在福州市举行。来自斯里兰卡、特立尼达和多巴哥、巴基斯坦等国家的 10 余名政府官员，清华大学、厦门大学、中科院环境科学研究院等 8 所高校和研究机构共 20 余名专家学者参加。此次研讨针对海洋浮游生物多样性及循环、海洋微生物多样性及生态重要性、海洋渔业资源、海洋生物多样性养护和永续利用技术进展、海洋塑料垃圾治理等方面安排 6 场讲座。

9 月 3—7 日，市外办副主任杜维广率团赴菲律宾参加城地组织亚太区理事会会议暨减灾害风险管理论坛，争取到福州市连任城地组织世界执行局和理事会成员的提名；召开 21 世纪海上合作委员会第五次专业会议，宣介福州市“海上福州”建设、防汛抗旱防台方面的经验做法，以及在海洋塑料垃圾治理等海洋环境保护领域的研究情况。

11 月 12—16 日，市外办吴晓杰主任率队赴南非德班参加城地组织第六届世界大会，促成福州市成功连任城地组织新一届世界执行局和理事会成员，并作为亚太区唯一代表发言，推介福州与 21 世纪海上合作委员会。

11 月，21 世纪海上合作委员会微信公众号上线运营，设置有《委员会简介》《章程》《会员》《精彩活动》等栏目。

【涉外交流活动】 2019 年 1 月 6—8 日，日本贸易振兴机构广州代表处清水顕司所长一行 3 人到榕访问。市长尤猛军会见代表团一行，就规划建设中日产业合作国际示范区进行深入交谈。代表团一行考察滨海新城、福清蓝色产业园、环福清湾区域、三坊七巷等。

3 月 14 日，中国印度尼西亚青年互访交流活动团一行 60 人到榕访问，代表团一行参观三坊七巷和熊猫世界等。

3 月 30 日，市外办举办“在榕外国人参观体验茉莉花茶传统制作工艺”活动。邀请 20 名在榕外国人赴福建春伦茉莉花茶文创园，参观并体验福州传统茉莉花茶窨制工艺，品茗茉莉花茶，了解福州茉莉花茶文化。

4 月 7 日，萨尔瓦多主流媒体记者团一行 38 人访问福州，参观福州市三坊七巷。

4 月 15—16 日，日本国自治体国际化协会北京事务所所长北村朋生一行 4 人到榕访问，推进第十八届中日地方交流研讨会筹备工作。市政府副市长杭东会见客人一行。

4 月 17—18 日，缅甸优秀青年代表团一行 14 人访榕，考察滨海新城规划馆、VR 体验中心、三坊七巷、熊猫世界等。

5 月 6—8 日，瑞士国家工程院院士乔治一行到榕参加数字中国建设峰会。

5 月 8 日，东京电视台北京支局局长佐藤真人一行 3 人访问福州，赴长乐滨海新城 VR 小镇采访。

5 月 8—11 日，菲律宾达沃市工商会主席阿图罗·米兰一行 18 人到榕访问，考察三坊七巷等地。

5 月 17—22 日，日本冲绳县产业振兴公社驻上海和福州代表处所长仲里雄磨组织日企到榕参加海交会。

5 月 18 日，土耳其主流媒体访问团一行 14 人访问福州，采访“5·18”展馆、港口论坛开幕式，参观三坊七巷、福道。

5 月 21—22 日，欧洲科技商会代表团一行 15 人到榕考察，与福州市企业进行对接，推动经贸等领域合作。

6 月 11 日，日本国自治体国际化协会北京事务所副所长堀池美江一行 4 人到榕访问，推进第十八届中日地方交流促进研讨会筹备工作。

7 月 17—18 日，日本贸易振兴机构广州代表处所长清水顕司一行 2 人到榕考察福耀集团等。

7 月 28—29 日，日本东亚共同体研究所琉球・冲绳中心负责人緒方修一行 2 人访榕，考察琉球馆和福州文庙，就加强琉球与福建交流历史的研究等进行交流探讨。

8 月 10—13 日，日本横滨青年会议所副理事长福地健太郎一行 4 人到访，考察福耀集团、星网锐捷等企业，参观自贸区。

9 月 7—11 日，菲律宾大学生代表团一行 24 人访榕，参观鼓山涌泉寺、摩崖石刻等。

9 月 10—15 日，第二届福州市国际友好城市青少年足球邀请赛在福州举行。福州市、日本长崎市、澳大利亚霍巴特市、福清西山学校等 4 支代表队经过 5 天比赛，分获第一至四名。比赛间隙，参赛队伍参观南少林、石竹山、三坊七巷等地，感受“中秋博饼”等中国传统民俗，增进对中国历史文化的了解。

9 月 19 日，巴西坎皮纳斯市政府驻福州商务办事处揭牌仪式在榕举行。市外办、市侨办、市商务局、市投促局、市文旅局、市科技局、鼓楼区、软件园管委会等相关部门负责人，以及多家企业代表参加活动。市委常委、统战部长陈晔出席揭牌仪式并讲话。

9 月 20—22 日，日本长崎县大学生交流团一行 23 人访榕，参观长乐 VR 小镇、三坊七巷、开元寺等，体验福州文化和风土人情。

9 月 27 日，市外办组织在榕日本企业代表 9 人座谈交流，介绍日本驻华大使访榕和第十八届中日地方政府交流促进研讨会情况，宣介中日产业合作国际示范区规划选址及推进情况。

10 月 26—27 日，市外办副主任王琳等 2 人赴北京参加由中国外文局和日本言论 NPO 共同主办的第十五届“北京—东京论坛”，对接部分参会日方代表，推介中日产业合作国际示范区。

10 月 28 日，日本长崎记者访问团一行 14 人访问福州，采访福清万福寺、黄檗文化。

10 月 28 日，市外办主任吴晓杰一行 5 人拜访日中经济协会北京事务所，与岩永正嗣所长及其助理泽津直也等 4 人座谈交流，宣介中日产业合作国际示范区选址及推进情况，并邀请岩永所长组织日本企业考察福州。

11 月 3 日，俄罗斯主流媒体访问团一行 10 人访问福州，采访福耀玻璃、福州市民服务中心。

11 月 22—25 日，非洲主流媒体团一行 28 人访问福州，参观鼓楼区军门社区、“福道”。

12 月 11 日，由中国人民对外友好协会与福建省人民政府联合主办、福州市人民政府等单位协办的 2019 年“巴斯文化论坛”在榕举行。全国对外友协会长李小林、副省长郭宁宁、副市长杭东、美国前国会参议员科克等中外代表100余人出席论坛。

（张行文）

侨　务

【概况】　2019年，福州市通过“5·18”海交会暨海丝博览会、“6·18”项目洽谈会、“9·8”投洽会等大型经贸平台，邀请海外侨胞和专业人士参与福州经济建设，通过举办“汇聚侨智侨力携手海丝同行”——2019年华商和专业人士海丝同行活动，举办“海外华商侨领创业分享会”，邀请出席第六届世界闽商大会境外闽商考察福州等活动，加深海外侨胞对福州“六区叠加”发展机遇、“三个福州”建设以及各项优惠政策的认识。全年推进涉侨招商项目线索19个，促成4个项目落地。

【归侨侨眷权益保护】　2019年，福州市转办侨胞信访来信104件、接待来访100多人次、及时办理回复“12345”诉求27件、接听解答来电咨询3000多个。筹集省级财政资金13.05万元，对109名低保救济的贫难侨给予200元/月的固定补助（县区财政负担100元/月）；对134名因病因灾造成生活困难的归侨发放归难侨生活补助16.08万元；对702人（次）因病因灾因学等原因导致生活困难的归侨侨眷发放临时救助和两节慰问经费53.25万元。自2019年11月1日起，实现福州市华侨回国定居办理事项在办理环节、办理时限和办理条件上的“三简化”。全年核发华侨回国定居证明3666份，出具不具备华侨身份认定书2702份。推广“三侨生”升学照顾中、高考身份证明县级预审，全年出具中考“三侨生”身份证明375份，出具春、夏季高考“三侨生”身份证明390份。

【海外侨务】　2019年，福州市在荷兰、比利时举办“榕情四海”系列活动。通过举办福州城市图片展、闽都文化展示和交流、福州投资推介、共建榕侨书屋、海外联谊等活动，全方位向当地各界人士推介福州，提高福州对外知名度、影响力。先后向11个国家24个海外主要侨团庆典活动发出贺电贺信、组团出席在阿根廷、泰国、菲律宾举办的重大庆典活动等。9月25日“第三届海外华裔中小学生‘印象·福州’书画、征文、摄影、华语演讲大赛”在福州启动，市委常委、统战部部长陈晔出席启动仪式。大赛自启动以来，收到来自西班牙、英国、美国、巴西、阿根廷、马来西亚、菲律宾、澳大利亚等9个国家的作品160件。组织开展全市侨情和港澳乡情调查工作，完善全市侨情资料。

2019年12月27日，罗源县台港澳侨同心驿站揭牌　（潘正林　摄）

【侨务联谊】　2019年，福州市先后接待来自79个国家和我国港澳台地区的到访团组55批1050人次，其中有第九届世界华侨华人社团联谊大会代表团一行、第六届世界闽商大会境外闽商代表团一行、世界福建青年联合会海外精英访问团一行、缅甸重点人士家族黄文钦一行等重要团组。走访慰问曹德旺、林宏修、陈清泉、林尚德等重点人士，走访侨资企业了解经营情况，协助排忧解困，推荐海外侨胞列席福州市两会参政议政。

【华侨捐赠管理】　2019年，福州市华侨捐赠金额4.545亿元，主要捐赠领域按照捐赠占比高低依次为文体事业、教育事业、社会事业、生产生活设施建设和卫生事业等。

（潘正林）

港澳事务

【概况】　2019年，福州市审批因公赴港澳455人次，其中审核审批国家工作人员因公赴港澳12人次，审批全市非公企业因公渠道赴港澳332人次。办理港澳通行证285本。引进港资企业112家，合同港资183亿元，实际使用港资44.3亿元；引进澳资企业4家，合同澳资1.75亿元，实际使用澳资4976万元。

【市领导赴港澳交流】　2019年7月27—29日，福州市委常委、统战部部长陈晔赴澳门参加“2019澳门庆双年暨第七届澳门陈婧姑民俗文化节”；10月28—30日，11月10—13日，12月22—24日，市委常委、统战部部长陈晔赴香港开展专项工作。

【榕港澳交流】　2019年1月13—16日，应香港贸发局邀请，福州市商务局组团赴香港参加第十二届亚洲金融论坛。

3月17—19日，市委统战部副部长陈长泽带领福清、长乐、闽侯统战部相关负责人赴澳门出席澳门福州十邑社团

2019年6月19日，香港高级公务员团一行26人参访新大陆科技集团

（市台港澳办　供）

总会成立3周年庆典，开展以“联谊交友”和“招商宣传”为主题的访问活动。

4月22日，第四届“海丝情·中国梦”港澳青年精英故乡行代表团一行90人访问福州，代表团先后参观马尾船政博物馆、金鸡山福道等。

4月27日，“登陆有福之州·共建幸福家园”在榕台港澳学子营在永泰嵩口开营，来自福州大学、福建师范大学等5所高校63名台港澳学生参与。

6月18—19日，由国务院港澳办组织，香港高级公务员团一行26人访问福州，先后参观三坊七巷、马尾船政博物馆、新大陆科技集团等。

7月23—27日，应香港贸发局和澳门贸易投资促进局邀请，市贸促会组团赴香港、澳门进行2020年海丝博览会招展推介和“2019年澳门国际品牌加盟展”论坛及招展推介。

7月24日，由澳门中华青年进步协会主办，国台办交流局、国家民委港澳台办、澳门中联办台务部及省台港澳办共同支持指导的“中华青年民族学习交流营2019”在福州举行，69名台港澳青年大学生参与。

8月9日，港澳榕籍社团青少年夏令营一行在福州先后参观三坊七巷、林则徐纪念馆、福道、马尾船政文化景区、滨海新城东湖小镇等地。

10月30—31日，第116期香港高级公务员代表团一行30人访问福州，先后参观福州规划馆、新大陆科技集团、福州滨海新区、福州市市民服务中心等。

11月23—25日，福州市林则徐纪念馆组团赴澳门参加“林则徐巡阅澳门180周年、诞辰234周年暨澳门林则徐纪念馆建馆22周年系列活动”。

11月27—30日，福州格致中学鼓山校区一行4人赴澳门执行回访交流任务，参加“庆祝中华人民共和国成立70周年、澳门回归20周年、澳门东南学校建校70周年”系列活动。

（黄嫒）

台湾事务

【概况】 2019年，福州市审批因公赴台交流团组258个2436人次。举办第七届海峡青年节等45项榕台特色文化交流活动。建成琅岐对台客运码头，开通马尾琅岐至马祖南竿客运航线，启用连江向马祖船运供水工程。出台促进两岸经贸合作6条措施，发布《福州市〈关于探索海峡两岸融合发展新路的若干措施〉》。永泰县嵩口镇被省台港澳办批准为福建省对台交流基地，捷联电子、两岸通、华优汇创被批准为市级台湾青年就业创业基地。

【榕台经贸合作】 2019年，福州市新批台资项目126个(含第三地转投资)，合同台资4.8亿美元；榕台贸易总额13.48亿美元，其中进口额7.56亿美元，出口额5.92亿美元。第二十一届“5·18”海交会参会参展台湾企业310家1167人，为历年来最多。自贸区福州片区首创对台小包邮件同屏比对快查快放模式。“马尾—马祖—台北”货运航线首航成功。市台协会与台湾六大工商团体之一台湾区电机电子工业同业公会签订合作备忘录。召开闽东北协同发展区对台经贸文化交流合作工作会议，建立对台部门交流协商机制。

2019年4月30日，吕元锦、陈奕廷、张俊一、曾仁宏等4名在榕工作生活的台胞获福州市“五一”劳动模范奖章

（市台港澳办　供）

【榕台文化交流】 2019年，福州市赴台举办第八届闽都文化论坛等15场闽都文化入岛进校园、走社区活动。举办第二届榕台大学生闽都文化体验营、第十二届海峡两岸民俗文化节等45项榕台特色文化交流活动，其中第七届海峡青年节、闽台匠人大会、两岸少年棒球邀请赛等5项活动被列为国台办2019年对台交流重点项目。8月5—9日第七届海峡青年节开幕，以“追梦·筑梦·圆梦”为主题，举办34项活动，两岸3534名青年参与，其中台湾青年1442人，首次来到大陆占54.8%。举办“两岸青年追梦说”“两岸青年筑梦行”“两岸青年圆梦汇”三大版块12项交流活动，涵盖就业创业、社工公益、气象环保、教育体育、乡建乡创等众多领域。活动期间，省委副书记、市委书记王宁，国台办副主任龙明彪等分别出席相关活动。中央台办专门印发简报向全国各省市台办宣传介绍海峡青年节活动主要做法及成效。

【榕台直航】 2019年，福州—台北松山、桃园、高雄等3条空中客运直航常态化航线每周客运有21个航班42个往返架次。全年福州空港往返台湾航班达2729航次，运送旅客37.05万人次；全国经福州水陆路邮政总包179.62吨，空运邮货量290.71吨。开通马尾琅岐—马祖南竿客运新航线，“两马”航线运送旅客13443人次；黄岐—马祖客运航线运送旅客51958人次。福州至高雄港、台中港、台北港、基隆港等港口海上货运直航常态化运营，全年集装箱运输30.16万标箱，散杂货运吞吐量344.79万吨。

【榕台媒体交流】 2019年，福州市开展“台农在福州”“台湾人才在福州”等主题采访活动，引导两岸媒体聚焦采访福州涉台活动及台胞专访120多场（次），中央电视台累计播发福州市涉台报道20条，《人民日报·海外版》刊发22条，营造推进榕台融合发展及建设台胞台企登陆第一家园的舆论氛围。引导《旺报》、《联合报》、东森电视台、中天电视台、东森新闻云等12家台湾媒体原创报道第七届海峡青年节盛况 267篇，各媒体的报道还在脸书、line等新媒体上同步刊发。

2019年5月17日，“两马”新航线——福州马尾琅岐至马祖南竿福澳航线成功首航 （市台港澳办 供）

【台胞权益维护】 2019年，福州市开展“市直机关服务基层年”活动，建立“四个一百”（走访百家台资企业、拜访百名台湾青年、联系百名台胞台属、解决百项问题）服务基层长效机制，走访在榕台商、台干、台青、台属，宣传惠及台胞台企政策措施，协调解决存在困难和问题。在市民（行政）服务中心设立台胞（台企）服务专窗，以台胞服务台胞。推进在榕台胞台企与福州市居民企业基本享受同等待遇，13名台胞分别获评为省“三八红旗手”、省“青年五四奖章”、福州“荣誉市民”等称号；台胞涂佳获准担任民办非企业单位福州市乐恒公益服务中心法人代表。22名台湾美容师美发师获颁国家职业资格证书。开展“2019化解涉台重大纠纷行动”，推动17件历年重点涉台纠纷积案全部协调解决。开展台胞投诉求助信访件工作，全年受理95件，办结94件，办结率98.9%。

【榕马交流】 2019年，福州市以榕马两地历史渊源、宗亲血缘、文化传承、语言习俗等为纽带，开展第十七届“两马同春闹元宵”、第十四届两马体育赛、2019“连江论坛”暨海峡两岸（连江）融合发展交流会等23项榕马交流活动，促进榕马旅游、民俗、文化、乡镇村里等多领域交流合作。马祖鱼丸制作技艺传承人曹常斌获评福州市第四批市级非物质文化遗产项目代表性传承人，为福州市首位获此称号台胞。2月15日，在福州举行第五次榕马磋商会，榕马双方就加强两地基础设施、旅游、渔业养殖合作等18项议题开展磋商。

（林锦）

（编辑 苏颖）

自然资源管理

综　述

【概况】 2019年，福州市经国务院和省政府批准的农用地转用和土地征收项目343个批次，批准用地面积2383.98公顷，其中市本级批准农用地转用和土地征收项目56个批次，批准用地面积471.4公顷，涉及农用地192.31公顷（耕地119.97公顷），新增建设用地205.71公顷，市重点项目北向二通道、天津大学福州校区、国道G316线长乐漳港至营前段等用地获批。全市审查并批准农村村民住宅农用地转用23个批次，批准用地面积11.10公顷。全市公开出让国有建设用地381宗，面积1656.83公顷，成交价款1160.66亿元；其中市本级出让经营性用地70宗，出让面积287.73公顷，成交价款783亿元，出让面积和成交价款比上年翻一番，土地市场总体保持平稳；出让安置型商品房用地129.53公顷，可建设安置型房面积330万平方米；市本级划拨国有建设用地使用权120宗，面积474.20公顷，协议出让8宗，面积30.53公顷。全市清理批而未供土地3066.67公顷，处置闲置土地78宗362.47公顷。

年内，福州市自然资源和规划局审理行政复议44件，答复行政复议案件22件，参加行政诉讼应诉68件。全年办理市人大代表建议66件，市政协委员提案46件（重点提案3件），所有代表建议、委员提案全部按时答复，按时办结率100%。受理来信来邮来访案件489件；接待群众来访545批次1962人次；接受群众复查申请16件，受理国土诉求专线“12336”和福州市“12345”便民呼叫中心诉求件4694件，所有诉求件均在时限内答复完毕，回复率100%。开展市人大下达的3项立法调研和草拟工作，完成《关于福州市耕地耕作层土壤剥离和再利用有关情况的报告》《福州市城市建筑外立面立法调研报告》《关于〈福州市海上构（建）筑物产权登记办法〉立法调研论证的报告》3项报告，提交市人大审定。

【审批改革】 审批制度改革　2019年，福州市自然资源和规划局结合自然资源部、省自然资源厅审批事项清单，梳理市、县（区）两级审批事项66项，拟定市自然资源和规划局权责清单初稿268项。下放使用集体建设用地审批、地质灾害责任认定、既有住宅增设电梯规划审批，以及乡村建设规划许可证核发、变更、延期4个自然资源和规划审批服务事项；取消矿泉水水源地年检、省级地质公园初审、国家级地质公园申报初审、国家级矿山公园申报初审4个自然资源和规划审批服务事项。

审批流程改革　通过改造审批流程、合并审批事项、调整审批环节、减少前置条件、梳理中介服务等措施，取消、豁免、合并办理事项30余项，政府投资市政、房建类项目审批时限压缩至35个工作日，社会投资类项目审批时限压缩至21个工作日，小型工

2019年，位于长乐区的天津大学分校区项目启动表土剥离试点工作（池　远　摄）

2019年，福州市组织申报3个省级山水林田湖草生态修复精品工程。图为闽清县金沙溪生态服务型流域生态修复工程

（闽清县水利局 供）

程建设项目审批受理时限压缩至30个工作日。

“多测合一”改革　推进“多测合一”改革工作，修订完善2018年底出台的《福州市建设项目“多测合一”工作细则（试行）》；从全市227家测绘单位（甲级22家、乙级77家、丙级102家、丁级26家）中筛选确定符合“多测合一”准入条件的测绘单位102家，并予以公布；编制完成《福州市工程建设项目“多测合一”成果手册》，于2019年底印发实施。

【生态保护修复】　闽江流域（福州段）山水林田湖草生态保护修复工程试点工程包计划总投资3.7亿元，2019年，完成总投资4.17亿元，完成率112%。年内，福州市向省山水林田湖草生态修复领导小组申报闽清县金沙溪生态服务型流域生态修复工程、永泰县清凉溪脆弱型小流域综合保护修复精品示范工程、长乐区闽江河口湿地流域性协同保护及入侵物种综合治理工程3个精品项目。

（林诚锦）

土地管理与利用

【耕地保护】　2019年，福建省政府下达福州市补充耕地任务260公顷（其中补充水田133.33公顷），全市完成806.67公顷，完成率310%。开展永久基本农田储备区划定工作，全市拟划入储备区面积2025.87公顷，划定初步成果率先上报省级审核。

【耕作层表土剥离】　2019年，福州市长乐区推进耕作层土壤剥离再利用工作，剥离“天津大学分校区”项目区内耕作层面积约100公顷，土方约24万立方米，剥离的表土对接长乐区正实施的旱改水项目93.33公顷，再利用土方17万立方米。

【集体土地建设租赁房试点】　2019年10月，福州市自然资源和规划局联合市房管局制定《福州市利用集体建设用地建设租赁住房试点实施细则》，规定用地筹集、供地计划、运营模式、项目建设、租赁监管、保障政策等6个方面内容。晋安区战峰村、仓山区联建村两个试点地块办理选址和规划设计指标手续，其中，联建村地块拟采用公开出让产权分割模式开发建设；战峰村地块采用作价入股模式，12月25日通过公开招标，市城投建筑中标，与战峰村合作开发租赁住房。

【产业用地保障】　2019年5月，福州市印发《关于保障项目用地促进产业发展的若干措施》，采取优化产业布局、提升开发强度、降低用地成本、建设标准厂房等方式保障产业发展空间；建立数字化管理平台动态跟踪企业发展现状，促进高质量发展；落实项目用地统筹协调机制，促进项目快速落地。7月，出台《福州市保障产业用地的实施意见》，支持产业发展，降低企业用地成本，推动产业结构转型升级，意见规定通过提高产业用地占比、提升开发强度、盘活存量用地、鼓励企业入园以保障产业发展空间；对创新型产业、总部经济、其他产业进行灵活供地，实行差别化管理，对园区内企业供地年限、分期供地、用地增容、建设标准产房作出相关规范；通过建立信息化管理平台，进行履约监管、用途管制、考核奖惩，实现全程服务。

【安置型商品房项目建设及回购款拨付】　2019年9月，福州市自然资源和规划局联合市房管局、建设局、财政局等部门制定《安置型商品房项目建设及回购款拨付工作流程》，将安置型商品房项目纳入工程建设审批制度改革流程审批服务；明确安置型商品房购房款拨付，在项目工程形象进度符合预售条件后拨付40%购房款，在被征收人与受让人签订安置型商品房购房合同后一个月内拨付40%购房款，在项目交房后拨付20%购房款。

【地籍管理】　2019年，全国第三次国土调查全面开展，福州市建立调查成果常态化市级预检机制，对全市近80万个图斑逐个“过筛子”问诊，逐个图斑把关成果质量，内、外业和建库工作全面完成，形成初步成果提交国务院第三次全国国土调查领导小组办公室核查，核查通过率100%。福州市第三次全国国土调查质量和进度居全省前列，经验做法在全省推广并在《中国自然资源报》刊发介绍。

年内，市自然资源和规划局全面完成全市2253个行政村农村地籍房屋调查，提前半年完成省政府办公厅下发的预定目标。

【不动产登记】 2019年，福州市颁发不动产权属证书（证明）53.17万本（份），其中证书23.11万本，证明30.06万份；不动产登记网上申请44.83万件。市本级不动产登记网上办事业务类型总数49个，实现一般不动产登记业务网上办事全覆盖。全市有56家银行及非银金融机构实现抵押直连，全年申请量8.6万件，抵押登记“全程不见面网办”被毕马威国际会计事务所评为全国首创。福州市“创新不动产登记工作模式”入选国务院自由贸易试验区工作部际联席会议办公室公布的第三批自由贸易试验区“最佳实践案例”。根据厦门大学中国营商环境研究中心参照世界银行标准评估结果，福州市财产登记指数对照全球190个经济体，排名从2017年的21位、2018年的13位提升至2019年的第6位。

年内，市自然资源和规划局制定下发《福州市农村宅基地及房屋确权登记办法（试行）》和《福州市农村宅基地及房屋确权登记试点工作方案》，在全市选取17个行政村开展农房确权登记试点工作。各试点县（市）区政府采取有偿使用方式处置试点村超占超建农房，探索农房确权登记路径。试点期间，全市试点村农房提交申请1953宗，发证1545宗。

【地质灾害防治】 2019年，福州市查明地质灾害（隐患）点1196处（其中市级重要灾害点38处），发放防灾明白卡7015张，避险明白卡6751张，补充更新警示标识牌79个，实现市、县（市、区）、乡（镇、街道办事处）、村（居）四级网络群测群防体系全覆盖，并实施动态管理。全市举办各类地灾培训17场次，参加培训2447人，开展地质灾害应急演练11场次，参加演练1395人。全市各级财政资金投入4826万元用于地质灾害搬迁、降险处理和工程治理等工作，完成地质灾害搬迁118户421人，工程治理17处惠及92户571人，降险处理100处惠及263户1173人。

（林诚锦）

2019年5月10日，主题为“提高灾害防治能力，构筑生命安全防线”的防灾减灾科普宣教和地质灾害应急演练活动在晋安区和源居小金星幼儿园举行（包书平 摄）

矿产管理

【第三轮矿产资源总体规划编制】 2019年，福州市自然资源和规划局牵头组织9个县（市）区按规定程序开展县级第三轮矿产资源总体规划报批工作，完成数据库修改、入库工作。9个县（市）区矿产资源总体规划通过市政府审批，并由各县级政府印发实施。

【矿产资源利用】 2019年，福州市自然资源和规划局印发《关于规范工程建设项目涉及矿产资源开采监管工作的意见》，加强对全市工程建设项目涉及矿产资源开采的监督管理；每季度开展矿产督察，发现问题及时督促矿山企业落实整改；开展采矿权人开采信息公示，用“红黑名单”完善守信联合激励和失信联合惩戒；开展打击非法违法采矿专项行动，定期开展“回头看”。全年发现并取缔非法违法采矿点7个，移送公安机关4件，追究刑事责任3人。加强机制砂矿山采矿权出让工作，完成1宗（永泰县）机制砂矿山采矿权拍卖出让。

【矿山治理】 2019年，福州市有废弃矿山360家，全年完成治理48家，治理面积206.85公顷，完成投资总额6240万元；累计治理112家，治理面积453.89公顷，投资总额16303.55万元。

（林诚锦）

国土执法监察

【卫片执法工作】 福州市2018年度土地卫片执法发现涉及违法用地1693宗，2019年整改到位1132宗，面积260.64公顷（占用耕地116.15公顷），其中立案查处603宗，面积136.3公顷，拆除违法建设494宗，拆除违法建筑占地面积61.6公顷，余下561宗未落实整改，面积143.13公顷（占用耕地73.98公顷），全市违法用地整改到位率为83.4%（不含未整改到位的省级以上重点项目）。按照自然资源部部署，

2019年1月23日，福州市仓山区城门镇对“大棚房”进行拆除　（林　铭　摄）

2019年增加季度卫片执法工作，前三季度核查1972宗监测图斑，发现违法用地240宗，面积202.27公顷（占用耕地71.67公顷），整改到位107宗，面积127.84公顷（占用耕地52.67公顷），整改到位率82.9%（不含未整改到位的省级以上重点项目）。

【大棚房专项清理整治】　2018年9月，福州市自然资源和规划局与市农业农村局联合开展大棚房专项清理整治，经逐一对比、实地核实，排查梳理属于“大棚房”问题127个，在后续整改过程中实行清单式管理。截至2019年3月20日，全市127个大棚房问题全部整改到位，整改率100%。

【土地例行督察】　2018年，土地例行督察发现福州市在永久基本农田保护、闲置土地、违法违规用地等方面存在495个问题（除批而未供外），未纳入督察意见书但仍需整改的问题清单263个问题。督察意见书涉及的495个问题，完成整改450个，整改率90.91%，未纳入督察意见书需整改的263个问题全部完成整改。

（林诚锦）

海洋管理使用

【海洋资源】　2019年，福州市海域面积8200平方千米。大陆岸线长度920千米，约占全省1/4，其中乡级以上海岛海岸线长度94千米。海岛406个，其中无居民海岛390个，有居民海岛16个。

【海洋经济发展示范区建设总体方案】　2019年，福州市自然资源和规划局联合市海洋与渔业局、市发改委等市直部门，围绕国家批复福州市两大创新示范任务，梳理、优化调整和补充完善总体方案内容，明确福州市海洋经济发展示范区建设发展总体要求、功能定位与空间布局、主要示范任务、保障措施等，编制形成《福州市海洋经济发展示范区建设总体方案》，年内通过省政府审查。

【海域空间管控】　2019年，福州市连江东洛岛陆岛交通码头、长乐长屿陆岛交通码头等民生工程用海获批，未占用自然岸线；罗源牛澳陆岛交通码头、连江长赤一级渔港、长乐东洛岛防波堤工程、江阴路堤工程、连江初芦和安海陆岛交通码头6个项目取得用海预审。

【海岛资源管护】　2019年，福州市自然资源和规划局组织开展无居民海岛调查统计，摸清无居民海岛资源变化情况。选取长乐东洛岛、连江蛤沙青屿、兀屿等资源条件较好的无居民海岛，开展海岛保护与利用试点项目海岛使用权市场配置前期筹备工作，依托技术单位编制开发利用方案和海岛使用论证报告，评估论证海岛利用活动影响。

【海岸线修测】　2019年，福州市自然资源和规划局启动福州市海岸线修测工作，以县（市）区为单位分组开展内外业工作，掌握海岸线的位置、长度、类型及开发利用等基本情况。全市完成外业修测，内业数据全部上传至省级审核，并报自然资源部东海局进行第一轮审查。

【海洋生态修复】　2019年，罗源、长乐、连江、福清制定蓝色海湾整治项目方案，申报财政部、自然资源部组织的国家“蓝色海湾”整治行动。罗源、连江、福清、长乐等地开展“退草还林”海洋环境整治修复示范项目，通过种植红树林、整治护花米草等形式，推动提升海洋环境。

（林诚锦）

自然资源管理信息化建设

【信息化平台建设】　2019年，福州市自然资源和规划局优化提升三维规划辅助决策、项目监管与服务平台等8个平台，其中，项目监管与服务平台建立新批、在建项目数据资源库，实现以项目为抓手，从规划选址到不动产登记的全生命周期“数据打包”共享应用；农房信息管理平台基本建成，入库141个行政村地籍房屋调查成果。8个信息化平台在第二届“数字中国”建设峰会上展出。

【三维规划辅助决策系统建设】　2019年，福州市自然资源和规划局建设“以大数据为基础、以时空三维建筑模拟分析为手段”的三维城市设计规划辅助决策系统，应用到建筑方案审查、规划辅助编制等领域，通过三维浏览、高度分析等多种辅助分析工具，实现城市现状和规划方案的全方位展示，可通过该系统进行地块城市设计多方案比选和建筑景观审查，指导出让地块建筑设计，提高地块精细化管控水平。年内，运用该系统完成三江口、金鸡山等多个片区、数十个地块的城市设计三维模型方案。

2019 年，福清市沙埔镇北岸海岸线修复项目完成红树林种植，滩涂开发为蛏田，实现海产养殖与生态旅游兼备

（林丽 摄）

【“多规合一”平台】 2019 年，福州市“多规合一”平台增设二级审批权限、附件上传等功能，实现市直单位内部并联审批。全年通过平台进行会商的项目 1177 个，其中 912 个项目通过会商，实现“事前协调”。动态更新平台数据，平台汇集市级空间数据图层 288 个。完成市级“多规合一”平台与其他县（市）区“多规合一”平台接口对接，实现市、县、区三级联通，并统一推送数据至市工程建设项目审批平台。

（林诚锦）

测绘管理

【数字县域地理空间框架建设】 2019 年，福州市在数字福清、闽侯、闽清空间框架建设完成的基础上，总结技术设计、项目实施、试运行等方面经验，推广用于长乐、永泰、罗源、连江等县（区）空间框架建设。数字长乐、数字永泰竣工并通过验收；数字罗源项目于 12 月底完成技术设计书。

【全市域数码航测工作】 2019 年，福州市完成全域 11596 平方千米数字正射影像图（DOM）和 2524 平方千米数字线划图（DLG）的生产，成果用于全市第三次全国国土调查、海岸线修测及水利、生态监测等工作。

（林诚锦）

（编辑 黄铭）

生态环境保护

综　述

【概况】　2019年，福州市围绕“蓝天、碧水、净土”三大保卫战，加强生态环境监督管理，推进生态环境问题整改。臭氧污染上升趋势减缓，环境空气质量在全国168个重点城市中排名第六位；加强重点流域水环境综合整治，推动农村生态环境持续改善。开展“散乱污”企业整治，推进生态环保体制改革，落实中央环保督察反馈问题督促整改。启动生态环境损害赔偿制度改革，成立生态环境损害赔偿制度改革工作领导小组印发实施《福州市生态环境损害赔偿制度改革实施方案》《福州市生态环境损害赔偿调查启动管理办法（试行）》《关于审理生态环境损害赔偿诉讼案件的实施意见（试行）》《福州市生态环境损害司法鉴定机构选定办法（试行）》等制度。2019年度福州市党政领导生态环境保护目标责任书考核排名全省第一名，生态环境质量位居全国前列。

全市有县级以上自然保护区12个，总面积527.4平方千米，其中国家级自然保护区2个，面积146.1平方千米；省级自然保护区2个，面积220.7平方千米；县级自然保护区8个，面积160.5平方千米。全市建立自然保护小区面积406.3平方千米。全市野生动植物种类繁多，属于国家重点保护的野生动物有73种，属国家重点保护的珍稀

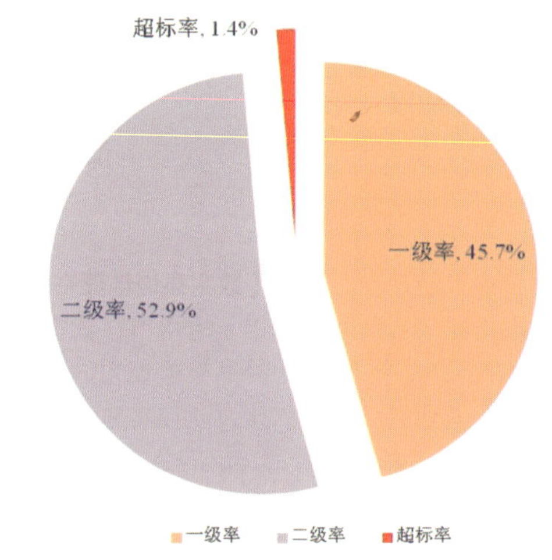

2019年福州市空气质量天数比例图

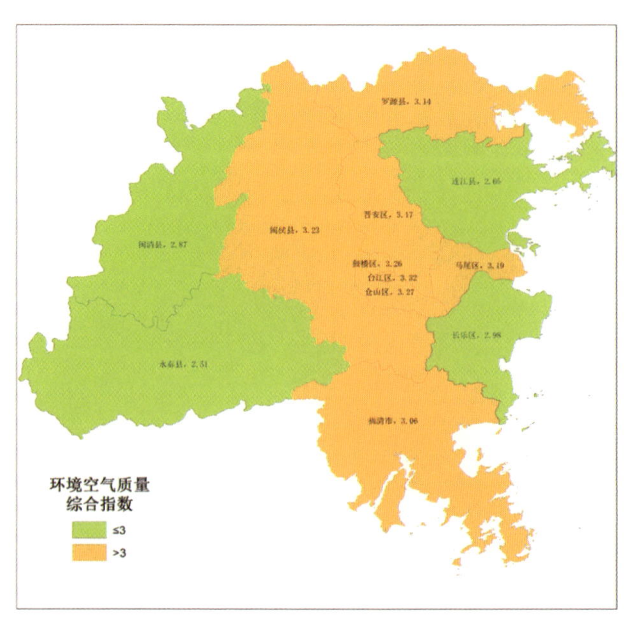

2019年福州市各县（市）区环境空气质量综合指数示意图

表 24　　2019 年福州市各县（市）区环境空气指标表

	鼓楼区	台江区	仓山区	晋安区	马尾区	高新区	长乐区	福清市	闽侯县	闽清县	连江县	罗源县	永泰县
综合指数	3.04	3.06	3.07	2.94	2.99	3.02	2.98	2.84	3.06	2.87	2.57	2.76	2.48
二级达标率（%）	99.5	99.2	99.2	99.5	98.9	98.1	99.2	99.5	98.6	99.7	98.1	99.4	99.7

野生植物有 25 种。

【大气环境】　2019 年，福州市城区环境空气达标天数 360 天，达标率 98.6%。全年 5 天超标，超标污染物有细颗粒物（PM2.5）、臭氧（O3）。全市年度空气质量综合指数 3.0，按照综合指数评价，位列全国省会城市第三名，在生态环境部发布的 168 个重点城市中排名第六位。

年内，城区空气中二氧化硫（SO2）年均值 5 微克 / 立方米，二氧化氮（NO2）年均值 22 微克 / 立方米，可吸入颗粒物年均值 42 微克 / 立方米，细颗粒物年均值 24 微克 / 立方米；一氧化碳（CO）百分位数浓度 0.9 毫克 / 立方米，臭氧百分位数浓度 138 微克 / 立方米；城区环境空气质量达到二级标准。

【水环境】　2019 年，福州市 3 条主要河流总体水质为优良；Ⅰ～Ⅲ类水质比例为 90%，Ⅰ～Ⅱ类水质比例为 60%（高于上年的 45%）。福州城区内河断面中晋安河三孔闸、龙津浦港头断面为Ⅴ类水质。全市 5 个市级集中式饮用水源地水质达标率为 100%；全市饮用水水源地水质达标率 100%。福州市近岸海域 17 个站位中，Ⅰ～Ⅱ类水质比例 82.4%。

闽江　闽江流域福州段总体水质保持优的水平，Ⅰ～Ⅲ类水质比例为 100%，Ⅰ～Ⅱ类水质比例为 63.6%。11 个评价断面中，闽侯大樟溪口未达到Ⅱ类水质考核目标，其余 10 个断面均达标。琯头、闽安、竹岐、下西园、莒口和湾边等 6 个断面水质达到Ⅱ类，优于Ⅲ类考核目标。

敖江　敖江流域福州段总体水质保持优的水平，Ⅰ～Ⅲ类水质比例为 100%，Ⅰ～Ⅱ类水质比例为 80%。5 个评价断面水质均达到水质考核目标。

龙江　龙江流域总体水质为中度污染的水平，Ⅰ～Ⅲ类水质比例为 50%，Ⅰ～Ⅱ类水质比例为 25%。4 个评价断

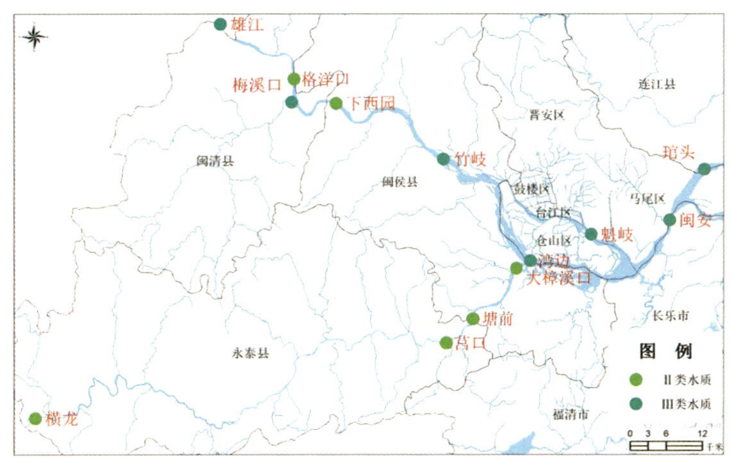

2019 年闽江流域水质状况示意图

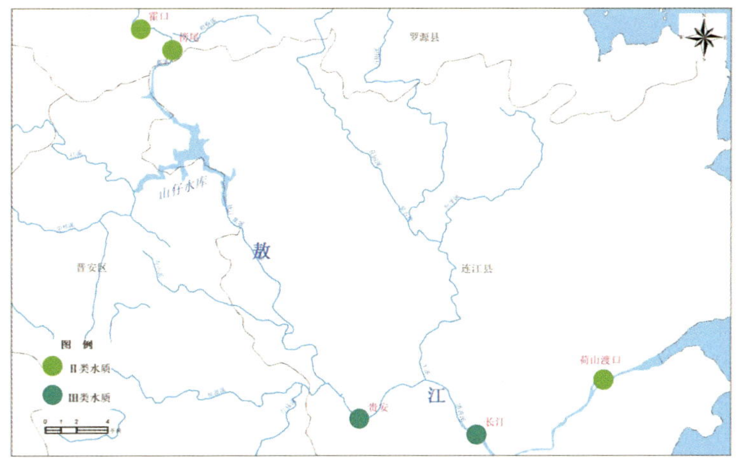

2019 年敖江流域水质状况示意图

2019 年龙江流域水质状况示意图

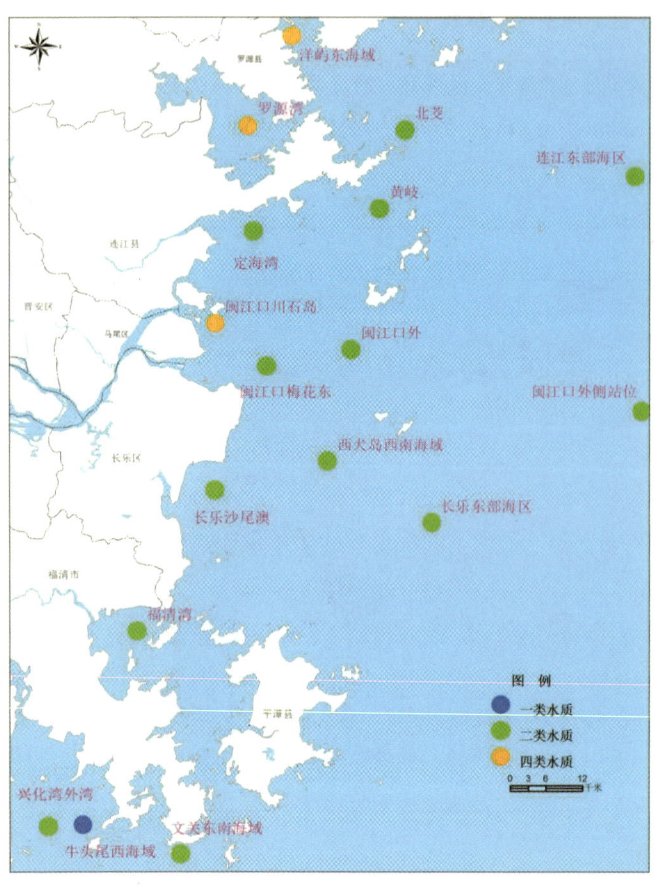

2019年福州市近岸海域水质状况示意图

面水质均达到考核目标，大斜龙江桥断面为Ⅱ类水质，前洋桥断面为Ⅲ类水质，倪浦桥断面为Ⅳ类水质，海口桥断面水质为Ⅴ类。

湖库　山仔水库、东张水库总体水质为良好，西湖全年水质仍为中度污染。山仔水库、东张水库水质富营养状况处于中营养水平，西湖水质富营养状况处于轻度富营养水平。

【声学环境】　2019年，福州市建成区区域环境噪声年均值57.2分贝，处于“一般”水平（55.1～60.0分贝）。道路交通噪声年平均值68.7分贝，维持在“较好”水平。

（黄华平）

生态环境监察整治

【大气污染整治】　2019年，福州市围绕污染防治攻坚战与蓝天保卫战要求，开展大气污染防治，提升环境空气质量。加强工业企业大气污染管理，实施VOCs与NOx协同减排，加强燃煤电厂超低排放监管，推进钢铁行业超低排放改造，开展104个大气精准治理减排项目，完成94家汽修企业“油改水”整治及25家加油站油气回收在线监控系统安装联网。深化能源结构调整，扩大江阴、元洪、长乐滨海松下片区集中供热覆盖企业范围，停用57台锅炉，推进燃生物质成型燃料锅炉与燃油锅炉在线监控设施安装，建立全市各类工业炉窑管理清单，完成22个工业炉窑治理。印发《福州市人民政府关于划定高污染燃料禁燃区的通告》，划定高污染燃料禁燃区。

加强面源综合治理，严控城市扬尘污染，建立常态化巡查、督查、约谈、通报机制，福州市提升环境空气质量领导小组办公室全年发出各类通报300多份，督促各职能部门强化扬尘监管，促进扬尘等污染源管控。强化移动源污染防治，加强机动车尾气排放监管，推进老旧车辆淘汰。出台国Ⅰ汽车淘汰补助办法，开展国Ⅰ汽车提前淘汰与补助工作，年内全市淘汰国Ⅰ汽车2325辆。加强非道路移动机械监管，印发《福州市非道路移动机械摸底调查和编码登记工作方案》，发布《关于加强高排放非道路移动机械环境监管的公告》，开展非道路机械摸底调查和编码登记工作，完成量居全省第二位。

【污染减排】　2019年，福州市推进结构减排、工程减排、管理减排和政策减排工作。全市年度减排目标为二氧化硫、氮氧化物排放总量均不得高于2015年水平，化学需氧量、氨氮分别比2015年减排3.44%、2.96%。经核定，4项指标均完成年度目标任务。

结构减排　加大落后产能淘汰和过剩产能压减力度，3家钢铁行业企业完成超低排放改造并投入运行，17家企业完成锅炉改天然气工作。扩大江阴、元洪、长乐滨海松下片区集中供热覆盖企业范围，停用锅炉57台，按进度推进全市9台65蒸吨/小时及以上的燃煤锅炉超低排放改造工作。建立全市各类工业炉窑管理清单，全年完成炉窑治理22个。巩固造纸、焦化（钢铁企业焦炉）、氮肥（尿素）、印染、原料药制造（抗生素、维生素）、制革六大重点行业治理成效，继续推进有色金属、农副食品加工、农药、电镀4个重点行业专项治理，实施清洁化改造。

工程减排　推进垃圾焚烧发电企业改造已有污染防治设施，削减污染物排放量，达到省级相关排放标准要求。发展新能源和可再生能源，加快天然气管网建设，配套建设燃气管道39.91千米。推进污水处理设施厂网建设和维护，全市17座城镇污水处理厂稳定达到一级A排放标准，所有工业集聚区完成污水集中处理设施建设，或通过污水管网依托周边城镇污水处理设施进行污水处理。年内新投运污水处理厂2座，新增一级A提标改造污水处理厂1座，新增配套管网长度656千米。

管理减排　加强重点涉水污染源排污许可证管理，加强排污申报、限期治理、总量控制、环境监察等全过程管理，推进排污许可证覆盖范围。推进VOCs与NOx协同减排，全年完成大气精准减排项目105个，25家重点企业VOCs在线监控安装联网。实施重点行业地方VOCs排放标准，全市新建钢铁、火电、水泥、有色项目执行大气污染物特别排放限值。

政策减排　完善总量控制目标责任考核制度，实行总量减排与环境质量挂钩的减排考核方式，完善重点减排项目日常调度制度。

【水环境综合整治】　2019年，福州市加强流域水环境综合整治，印发《福州市打好碧水保卫战2019年工作计划》《关于加快落实福建省碧水攻坚“三巩固”行动计划的通知》《关于落实福建省碧水攻坚“三巩固”强化监督工作方案的通知》，开展闽江、龙江、敖江流域治理，实施长乐区陈塘港，福清市渔溪、迳江、北溪、太城溪，闽侯县荆溪，罗源县花园溪、起步溪，以及高新区梧溪、锦溪等9条小流域综合整治为民办实事项目，流域水质总体稳中有升。巩固造纸、焦化、氮肥、印染、原料药、制革等六大行业清洁化改造成效，推进有色金属、农副食品加工、农药、电镀等四大重点行业清洁化改造；推进渣场填埋复绿工程及矿山生态修复治理工作，罗源县完成72座矿山生态恢复治理，5个堆渣场完成闭坑和覆土绿化。建立畜禽养殖污染监管长效机制，完成规模化生猪养殖场污水在线监控设施安装，促进种养结合、农牧循环发展，推进畜禽粪污资源化利用，全市163家拟保留生猪养殖场全部完成标准化改造；落实《福州市农村生活污水治理行动实施方案（2017—2019年）》要求，年内完成32145户三格化粪池新建改造和303个行政村污水治理。巩固近岸海域城镇污水处理厂提标改造成效，全市17座城镇污水处理厂全部达到一级A排放标准。

加强饮用水水源地保护。完成2019年县级以上集中式饮用水水源地评估和乡镇级饮用水水源地基础信息调查。组织实施市级饮用水水源地“回头看”，完成县级水源地水质自动监测站的建设联网工作。落实山仔、东张水库藻类防控工作方案。推进水源地规范化建设，完善饮用水水源地管理与保护体系。开展16个县级以上水源地电子地图边界核对及现场定界。加强水源地的水质监测，对市级集中式水源地每月监测3次，对县城集中式饮用水水源地每月监测1次，对乡镇集中式饮用水水源地每季度监测1次，并公开水质达标情况。

【固体废弃物处置】 2019年，福州市工业固体废物产生量751.2万吨，其中综合利用量721.7万吨（含综合利用往年量3.3万吨），处置量31.2万吨（含处置往年量2.3万吨），贮存量3.9万吨，处置利用率99.48%。工业危险废物产生总量16.41万吨，其中综合利用量8.08万吨（含综合利用往年量0.07万吨），处置量8.83万吨（含处置往年量0.59万吨），贮存量0.16万吨，工业危险废物全部依法安全处置。医疗废物无害化处理量7259吨，处置率100%。

【农业面源污染治理】 2019年，福州市推进土壤污染状况详查，完成农用地土壤污染状况详查。市生态环境局制定《福州市农用地土壤详查工作方案》，完成1225个土壤点位和267件农产品样品的采集工作，完成采集任务。开展重点行业企业用地土壤污染状况调查，成立福州市重点行业企业用地土壤污染状况调查工作协调小组，编制完成《福州市重点行业企业用地土壤污染状况调查工作方案》。加强各类土壤污染源监管，落实重点企业监管，全市51家土壤环境重点监管企业与所在地的县（市）区政府均签订土壤污染防治责任书，明确相关措施和责任，并开展土壤环境自行监测。

加强农用地保护与安全利用，巩固畜禽养殖污染治理成果。落实生猪养殖总量控制，各县（市）区拟保留的163家生猪养殖场年出栏总量控制在省、市政府下达的“十三五”生猪年出栏总量控制指标以内。全市应安装污染物在线监控设施的159家生猪养殖场全部完成设备安装。开展农药化肥减量化零增长行动，2019年全市化肥使用量比2017年下降3%，即全市化肥使用量控制在8.21万吨（折纯量）以内。年内，闽清县白樟镇启动受污染耕地安全利用和治理修复试点工作；永泰县启动耕地酸化土壤治理与修复试点工作。

加强涉重金属行业污染防控工作，编制并印发实施《福州市涉重金属行业污染防控工作方案》。开展生活垃圾填埋场调查评估。对全市7个简易垃圾填埋场开展环境风险评估，编制整治方案，邀请专家评审，并落实整治方案。加强建设用地环境风险管控，市生态环境局建立建设用地土壤环境状况调查评估制度，并督促各县（市）区开展重点行业企业回收地调查评估工作。

【海洋环境和渔业水域生态保护】 2019年，福州市推进海洋环境综合整治，下达沿海县（市）区海洋环境整治与修复资金650万元，用于互花米草整治、红树林种植等项目。全年完成互花米草清理43.33公顷，红树林种植33.33公顷。福清市首次尝试以种植红树林形式进行海洋生态补偿。加强海漂垃圾治理，下达各县（市）区2019年海漂垃圾清理整治市级奖补资金500万元，县级配套资金4000万元，用于全市海漂垃圾治理。长乐区试点开展“滩长制”，在全省属首例。

【环保专项整治】 2019年，福州市推动环境监管执法全覆盖，对突出环境问题实施挂牌督办。开展环境执法大练兵、“清水蓝天”、百姓身边突出生态环境问题集中排查、“散乱污”企业专项排查整治、生态环境“排险治乱”等专项执法行动，采用日查与夜查相结合、突击检查与联合执法相配合、日常检查与周末检查相交叉，通过“双随机”、测管联动、交叉执法等方式查处违法排污，打击环境违法行为。年内全市立案处罚环境违法行为699起，处罚金额3860.88万元，其中查封扣押215起、限产停产4起、行政拘留11起、司法移送2起。

【环境安全】 2019年，福州市推进环境风险评估，加强分级管理，全市较大环境风险等级企业54家、重大环境风险等级企业15家均完成风险源信息申报工作；对4个市级水源地保护区开展预案修编和风险评估工作。推进隐患排查，开展环境安全大检查，检查企业及各类场所371家，排查发现隐患问题109个，全部完成整改。组织开展环境应急演练及培训，举办2019年福州市饮用水水源地突发环境事件桌面推演。推进加油站地下油罐防渗改造工作，全市310座加油站完成防渗改造290座。2019年，全市未发生较大以上突发环境事件。

受福建省生态环境厅委托，福州市生态环境局全年代发辐射安全许可证56本，其中新发14本；截至2019年底，市生态环境局受省生态环境厅委托发证的放射源及射线装置246家，放射源407枚，射线装置数量1882台。根据统一部署要求，福州市结合危险物品一体化专项行动，对受省生态环境厅委托发证的全市38家使用放射源单位407

枚Ⅳ、Ⅴ类放射源开展检查，并对全市60家720枚放射源单位（含省部级管理单位）进行抽查。加强核应急宣传教育，采取线上线下相结合的宣传形式，线上依托“福州生态环境”公众号，定期向公众普及宣传核与辐射相关知识；线下组织福州市环保志愿者实地参观福建省核与辐射安全宣传基地。参加“融安·2019”福建省第三次核应急事故应急演习。落实核应急值班，确保台风等恶劣条件下及大型活动等重要时间节点期间的核与辐射安全。

（黄华平）

生态环境监测与科研

【生态环境监测】　2019年，福州市制定印发《福州市2019年生态环境监测方案》，涉及水、气、土、内河、农村、自动监测、监督性监测等30余个方面，明确责任单位和详细操作规范，完成市环境监测站垂直管理后全市监测工作。开展县级以上集中式饮用水源地水质自动监测站及视频监控设施建设，全市13个县级以上集中式饮用水源地水质自动监测站均建成联网，每个水站配套建成3～4个视频监控探头，可辅助实时观察站房内外、水厂取水口、自动站采样取水口周边区域情况。开展特色环境监测站建设工作，弥补市环境监测站上收后市级监测能力空缺。开展第二次污染源普查工作，完成《福州市第二次全国污染源普查工作报告》及《福州市第二次全国污染源普查技术报告》。

【环保信息化建设】　2019年，福州市生态环境局完成第二届“数字中国”建设峰会“数字生态”分论坛及4个子论坛的保障工作，组织5G在环境移动监测中应用、基于时空平台环保行业应用等相关案例参展。制定出台《福州市生态云平台建设和应用推进工作方案》，从生态环境数据采集汇聚、环境管理业务需求和应用场景的梳理分析，从市生态云平台开发建设、生态云平台深化应用等方面推进生态云建设和应用工作。市生态环境局投入68万元，开展网络与信息系统安全等级保护项目建设工作；投入37.8万元，采购为期3年的网络与信息系统等级保护第三方运维服务；加强“中国福州”门户网站环保专栏和“福州环境保护”微信公众号的管理维护工作，保障生态环境信息公开；指导县（市）区生态环境局开展各项信息化工作，借助福州市生态云建设项目开展生态云平台和数据资源中心的业务培训工作。

【生态环保科研】　2019年，福州市生态环境局开展重点环境科研，建成闽江水质及应急预警平台、龙江流域水环境模型，依托闽江下游生态环境变化观测基地、敖江塘坂水源地富营养化研究工作站等平台，开展闽江下游溶解氧、闽江口无机氮污染溯源、敖江塘坂水源地藻类防控研究，相关课题成果经院士专家鉴定达到国内领先水平。依托臭氧研究观测站、大气光化学观测方舱等平台，开展闽江口大气臭氧及其前体物来源于传输影响研究，为大气污染防控提供技术支持。参与重点行业企业土壤详查工作，建成完善土壤污染防治实验室，以该实验室为基础建成生态环境损害赔偿司法鉴定实验室，获得省司法厅颁发的司法鉴定许可证。开展福州市“十四五”生态环境保护规划、福州市环境总体规划（2018—2035）编制工作。年内，市生态环境局继续与复旦大学、河海大学、生态环境部环境规划院、生态环境部南京环境科学研究所等国内知名高校和科研院所联合开展区域性环境热点、焦点和难点问题研究。

【生态环境保护改革创新】　2019年，福州市继续开展环保机构监测监察执法垂直管理制度改革，“福州市环境保护委员会”更名为“福州市生态环境保护委员会”，由市委书记担任委员会主任，市长担任第一副主任，各县(市)区党委、政府参照“福州市生态环境保护委员会”架构，更名并调整充实组成人员，推动生态环境保护“党政同责、一岗双责”落实。整合相关部门生态环境保护执法职能，推进生态环境保护综合行政执法改革和执法队伍建设，“福州市环境执法支队”更名为“福州市生态环境保护综合执法支队”，重新核定支队主要职责、内设机构和人员编制。

年内，全市147家企业投保环境污染责任保险，保费257.12万元，责任限额达56350万元。推进福州市排污权交易工作，全市完成排污权交易468笔，交易金额4240.54万元。

（黄华平）

生态环保宣教与环境信访

【生态环保宣传】　2019年，福州市生态环境局针对污染防治攻坚战、服务经济高质量发展、生态文明试验区建设、第二轮中央生态环境保护督察迎检等重点工作，组织开展新闻宣传报道，全年在各级纸媒刊发相关新闻报道95篇，在福州电视台刊播相关报道16次，配合各类采访活动30余次，围绕福州市环境质量状况和污染防治攻坚战等主题召开例行新闻发布会。“福州生态环境”微信公众号全年推送277期832条信息，官方微博推送853条信息。以“6·5”环境日、生物多样性日、低碳日等各类环保纪念日为契机，开展生态环保公益宣传活动。组织开展“美丽中国，我是行动者”主题系列活动，配合开展“2019最美基层环保人”推荐宣传活动、环保设施对公众开放等环境教育活动，邀请生态环保组织、环保志愿者共同开展生态环保社会宣传活动。

【生态环保信访办理】　2019年，福州市生态环境局受理各级生态环境来信来访437件，其中生态环境部、省生态环境厅转办件263件，省、市有关部门转办件16件，群众来信122件，群众来访36批次84人次；受理“12369”投诉（含微信、网络、上级转办件）3286件，“12345”投诉件589件。各类投诉均已受理和办结。

（黄华平）

（编辑　黄铭）

经济管理

宏观经济管理

【概况】 2019年，福州市推进“三个福州”建设，开展“项目年”“招商年”“三产年”专项行动，全市经济社会发展取得新进展。全年地区生产总值完成9392.30亿元，提前一年完成“十三五”规划目标，比上年增长7.9%，增速居全省第四位。产业结构进一步优化，三次产业结构比例5.6:40.8:53.6，与上年相比，第一产业比重降低0.7个百分点，第三产业比重提高0.7个百分点。

【政策制定】 2019年，福州市制定《关于加快福州市产业发展的工作意见》《关于全市工业园区改造提升的实施意见》《完善服务企业和重大项目协调机制的工作细则》，《关于中心城区工业园区改造提升项目审查实施细则》等政策，推动产业加快发展。

【规划编制】 2019年，福州市启动“十四五”规划编制前期工作，开展宏观环境、产业发展、科技创新等方面21个课题研究。年内，前期课题全部完成，并汇编成册。

【产业发展】 2019年，福州市农业稳步发展，第一产业增加值比上年增长3.8%。福清市一都镇、罗源县起步镇入选全国农业产业强镇示范建设名单。推进设施农业、智慧农业发展，新建设施农业185公顷，省级现代农业智慧园2个；福州金鱼获国家农产品地理标志认证。全年建成美丽乡村400个，新建改造农村公路209.6千米。

工业加快转型，规模以上工业增加值比上年增长8.7%，年内引进富士康工业互联等1918个产业项目，动建蓝谷海工装备等1377个产业项目，建成奔驰技改等471个产业项目。培育光电芯片产业、新能源汽车产业等16个成长性好的产业基地。加速培育新兴产业，纺织新材料集群培育列入首批国家战略性新兴产业集群发展工程，战略性新兴产业集群建设获得国务院正向激励表彰。推动数字经济发展，全市数字经济规模达3500亿元，东南大数据产业园新注册133家，马尾物联网产业基地新引进关联企业51家。

服务业加快发展，第三产业增加值比上年增长8.3%。新培育海峡环保等总部企业16家，全市有总部企业81家；新增企业总部138家。朴朴电商、永辉生活、盒马鲜生等新零售门店超1000家。全年举办40场展会，展览面积136万平方米、比上年增长20%。年内，福州市获评为“中国十大影响力会展城市”。

【重点领域改革】 经济社会事业体制改革 2019年，福州市推进供给侧结构性改革、放管服改革、城市规划建设管理模式改革、区域协同发展机制创新、教育综合改革、医疗卫生体制改革等8个领域57项改革任务，出台改革文件制度53份，推出全国首个“智慧商圈可视化管理平台”，率先探索智慧商圈建设的“福州经验”。率先在全省实现市、县两级远程异地评标全覆盖、开展稳岗补贴工作、建设定点零售药店移动应用平台和医疗服务行为监管平台。

信用体系建设 施行《福州市社会信用管理办法》，《福州市社会信用条例》通过福州市人大常委会会议一审。推进公共信用信息平台共建共享，梳理公共信用信息目录9.25万项，归集信用信息数据10.10亿条。年内福州市在全国36个省会及副省级以上城市综合信用指数排名，由2016年的第24名升至2019年12月的第三名，并获批为全国第二批社会信用体系建设示范城市（区）。

生态文明建设 推进创新闽江流域山水林田湖草生态保护修复机制、五城区全面推进生活垃圾分类等17项年度改革任务进展落实。福州市生态环境损害赔偿制度设计初步完成，印发《福州市生态环境损害赔偿制度改革实施方案》，研究制订《福州市生态环境损害赔偿调查启动管理办法》《福州市生态环境损害赔偿磋商管理办法（试行）》等规范文件。年内福州市空气质量在全国168个重点城市中排名第6位；森林覆盖率57.26%，居全国省会城市第二位。连江生态产品市场化改革和城区水系综合治理经验被省生态办列为生态文明试验区建设第三批改革成果复制推广经验，并入选2019年国家生态文明试验区建设经验交流会，作典型经验进行发言交流和书面交流。

【价格管理】 价格改革 2019年，福州市发改委落实行政事业性收费单位名单和收费项目通告制度，重新梳理福州市行政事业性收费名单及项目。落实涉企收费目录清单常态化管理制度。

价格调控 居民消费价格指数比上年上涨2.9%，全年发放价格临时补贴和节日价格临时补贴1.01亿元，惠及94.2万人次。

价格监管 开展减轻企业负担工作，降低企业用水、用电、用气成本，为企业减轻负担7.47亿元。落实节假日免征高速公路通行费，免征通行费3.24亿元。清理涉企收费，减免行政事业性收费2768万元。

价格服务 排查全市养老服务机构用电、用水政策，对全市68家社区养老服务照料中心中已独立装表的中心，执行居民生活类价格，对未安装的中心提出整改措施。市本级完成成本监审任务13件，核减企事业单位上报不合理成本费用2300万元。

（于永钦）

国有资产管理

【概况】 2019年，福州市政府国有资产监督管理委员会履行出资人职责企业（简称“所出资企业”）资产总额3260.53亿元，比上年增长11.4%；所有者权益1618.35亿元，增长17.3%；实现营业收入331.35亿元，增长15.3%；实现利税49.2亿元，增长16.3%。所出资企业的资产总额和所有者权益均位居省内各设区市第二名。全年福州市国资系统国有资本经营预算收入安排28794万元，实际收入30159.83万元，比预算增收1365.83万元，增收比率4.74%；预算支出安排41200万元，实际支出37144.66万元。

【国资履职监管】 2019年，福州市国资委开展“服务企业行动”，出台《所出资企业主要负责人履行推进法治建设第一责任人职责规定》《关于加强县（市）区国有资产监管工作的指导意见》《关于规范所出资企业改制或关闭工作程序的意见》《关于进一步规范做好国资委系统领导干部因私事出国（境）管理工作的通知》等规范性文件。开展2019年度企业财务决算审计工作。完成2018年度企业财务决算审计工作。推动企业重大事项法律审核，推进新组建、新改制所出资企业总法律顾问的配备工作，所出资企业总法律顾问配备率90%，位居全省设区市国资系统之首。全年通过海峡纵横电子竞价平台竞租成交1500宗，成交价16.05亿元，溢价2.09亿元，总溢价率14.93%。

年内，市国资委督促所出资企业建立健全安全生产责任制，加强隐患排查整治，国资系统国有企业全年未发生较大以上安全生产事故。全年收集推送信用数据累计6亿条，占全市归集总量近60%。

【国企改革发展】 2019年，福州市国资委推动所出资企业完成固定资产投资581.22亿元，完成计划的131.47%。新组建福州市人才发展集团有限公司。作为全省首批9家国有控股混合所有制员工持股试点企业之一，福州安泰楼餐饮公司完成混合所有制改革和员工持股试点，引入1户民营企业和19名员工持股，注入外部资本651万元。助力脱贫攻坚，11家市属国有企业共同出资3000万元，组建甘肃聚春园食品有限公司，专门从事甘肃定西扶贫协作产业项目投资生产，吸收当地建档立卡贫困户就业。

【国有资本运作】 2019年，福州市国资委推进企业开展融资工作，服务市重点项目建设，所出资企业全年累计实现融资433.49亿元；发展直接融资，改善债务结构，所出资企业全年发行各类债券112.8亿元；提升企业信用评级，文投集团确定主体信用等级为AA级，评级展望为“稳定”。

推进国企与中信集团加深在融资、发债、产业等方面全方位合作，中信集团累计为21家市属核心国企38个项目提供集团授信额度258.5亿元，支持连江榕发（温麻）文化街区改造、福州金鸡新苑和榕发乌山郡旧城改造、福州洋里垃圾焚烧站等基础设施和民生建设项目。

加强供应链体系建设，指导市电子信息集团开发福州市国有企业供应链信息服务平台。推动福州市国有企业产业发展基金的设立，支持国企产业转型升级和发展，推动国有资本向重点行业和关键领域集中。推进企业上市资源的培育，梳理各集团下属企业的上市资源，福建源脉温泉公司完成股份制改制、国有股权确认等相关工作。

【国企党建】 2019年，福州市国资委落实全市基层党建工作重点任务，推进党建工作季度研讨推进会制度。推行“支部建在项目上，党旗插在工地上”，在水系治理、地铁、路桥等项目一线设立临时党支部（党小组）100多个。

加强党风廉政主体责任建设，开展全面从严治党工作，结合一线考察干部机制，完善党建和党风廉洁工作目标与企业负责人业绩考核和薪酬兑现挂钩。加强人才引进和科技创新，并将人才引进、培养等指标纳入国企党建目标责任考核，达成“榕博汇”等博士、硕士意向273人。组织企业参加第三届“榕博汇”等招才引才活动，提供44个岗位用于定向招收定西建档立卡户高校毕业生。7月25日，市委组织部与市国资委党委联合召开全市国有企业党的建设研讨推进会；全年福州市国资系统组织各类教育培训54700余人次。

（王培欣）

审　计

【概况】 2019年，福州市审计机关完成审计和审计调查项目366个，超年初计划19.61%。审计查出应上缴财政、归还原渠道资金、调账处理等审计处理处罚金额36.95亿元，移送纪检监察机关等部门查处事项35件，涉及金额5543.89万元，促进增收节支和挽回经济损失32.73亿元，推动建立健全规章制度和整改措施214项。福州市审计局蝉联“全国文明单位”三连冠，年内市审计质量、审计统计、信息宣传和审计信息化工作持续在全省审计系统名列前茅。福州市审计机关审计管理体制改革完成，福州市及12个县（市）区均成立审计委员会。

【国家重大政策措施落实情况跟踪审计】 2019年，福州市分季度开展清欠民营企业中小企业账款情况、减税降费政策措施落实情况、就业优先和稳定就业措施落实、“五个一批”和省市重点赶超项目等158项政策落实情况专项跟踪审计。审计抽查767个部门（单位）237个项目，涉及资金额1189.59亿元，揭示反映问题金金额6.31亿元，审计处理金额16.79亿元，移送有关部门处理事项9件。

【财政收支审计】 2019年，福州市审计局创新审计项目和审计组织方式“两统筹”，加强大数据审计模式，首次实现121个市直部门及所属387个单位一体化大数据审计全覆盖，并对市本级和20个市直部门及所属141家单位的1039个发展性项目预算执行及绩效管理进行审计。全市完成136个预算执行审计项目，查出未按规定纳入预算管理、违规改资金用途、资金滞留闲置等主要问题金额121.12亿元，促进增收节支8.74亿元和盘活资金34.79亿元。

【公用经费审计】 2019年，福州市对市直52个部门（单位）及县（市）区130个单位2018年度公用经费管理使用情况进行专项审计检查。审计的182个部门（单位）2018年公务接待费、公务出国（境）费用、公车运行维护费分别比上年下降28.13%、30.91%、23.06%，会议和培训费增长16.84%。对审计发现的接待人数超标、接待费报销不合规、违规发放车补、未定点维修或车辆报销手续不规范、通过租车等方式变相保留公车等问题进行处理和纠正，移送各级纪委监委问题线索5条，清退各类违规发放的补贴及报销的费用92.02万元。

【固定资产投资审计】 2019年，福州市对省、市重大项目、“五个一批”和赶超项目等106个建设项目开展审计专项跟踪检查，审计项目投资额1875.64亿元；完成34个公共投资项目审计。审计查出部分项目拆迁进度滞后、基建程序办理滞后、工程建设进度滞后、已完工程量超出投资概算等问题金额12.10亿元。连江、罗源、闽侯、仓山等4个县（区）政府投资审计中心对3076个工程项目进行造价审计，送审资金185.93亿元，核减18.97亿元。

【民生资金审计】 2019年，福州市对保障性安居工程、精准扶贫及乡村振兴战略实施相关政策和资金、就业优先及稳定就业措施落实等90个重点民生项目和资金进行审计（调查），查出违规改变项目资金和用途、资金不到位不落实、资金滞留闲置、违规招投标等问题金额6.59亿元，移送各级纪委监委侵害群众利益等问题线索7条。

【自然资源资产审计】 2019年，福州市审计局自然资源资产审计机制创新获得全市绩效考核综合执法类优秀及全省机关体制创新优秀案例三等奖，连江县自然资源资产负债表专项审计试点工作被《中国改革报》《经济日报》《福建日报》《今日头条》及《审计署工作通讯》、《福州改革交流》等宣传报道推介。

【经济责任审计】 2019年，福州市审计局对86个单位104名党政领导干部任期经济责任审计〔其中37名领导干部自然资源资产离任（任中）审计〕，其中离任审计 57人，占54.81%；任中审计 47人，占45.19%；查出主要问题金额81.94亿元，其中应负直接责任0.17亿元、领导责任81.03亿元、主管责任0.74亿元。

【审计信息采编】 2019年，福州市审计局采集、编报《福州审计信息》《审计要情专报》共47期171篇，被市级以上党政部门和新闻媒体采用108篇，其中《审计查出问题要“一追到底”全面提升审计监督效能》《福州市财政性投资建设项目工程款结算清算工作成效显著》《福州市审计局积极探索开展连江县自然资源资产负债表专项审计》被福州市委市政府、审计署官网及《中国审计报》《中国审计》等多方采纳。全年推送“福州审计”微信公众号75期248篇。

【审计信息化建设】 2019年，福州市政府印发《福州市加强大数据审计推进审计监督全覆盖的实施意见》，构建大数据审计工作体系，组建数据分析团队，推进审计监督全覆盖。制定出台《福州市审计业务电子数据管理暂行办法》《福州市审计局网络安全管理暂行办法》，加强数据采集和审计大数据的安全管理。市审计局在全省率先启动市本级预算单位财务数据全覆盖采集工作，自主开发财务大数据标准化小软件，研究引进echarts等新技术，完成513家预算单位财务数据、财政部门和重点行业业务数据采集工作。

【审计整改】 2019年，福州市委办公厅、市政府办公厅联合印发《关于完善审计整改提升成果运用的实施意见》，提高审计成果运用，构建审计“防未病、治已病”防护体系。对福州市2017—2018年538个审计项目3992个问题整改情况进行整改“回头看”，整改率提高至92.30%，促进上缴财政、减少拨款或补贴、盘活资金等32.73亿元；采纳审计建议和意见793条，完善制度规定和制定整改措施347项，市人大常委会召开专题会听取和审议“同级审”发现问题整改情况报告。对福州市2019年度100家被考核单位落实审计查出问题整改责任制和整改情况进行绩效考核。

【内部审计】 2019年，福州市有内部审计机构85个，其中专职机构42个。内审人员288人，其中专职人员170人。完成审计项目（单位）849个，其中财务收支审计67个，效益审计7个，经济责任审计424个，内部控制评审73个，信息系统审计8个，基本建设审计6个，其他审计264个。审计总金额958.23亿元，提出建议意见被采纳的有2959条。

【审计协会学会工作】 内部审计协会 2019年，福州市内审协会召开第二届理事会第六次、第七次会议和第三届会员代表大会，选举产生新一届理事会理事、常务理事和领导班子及监事会监事，对协会章程和会费缴纳管理办法进行修订。市审计局与市委组织部联合在西南财经大学举办为期一周的内审成员单位内审业务骨干培训班，45家会员单位参训。组织内审会员赴台湾交流考察。年内，抽调7名内审人员以审代培。市自来水有限公司报送的《电子商务在货物采购价格审计中的应用》被《中国审计》登载。

审计学会　福州市审计学会召开第九届会员代表大会和第九届理事会第一次会议，选举产生新一届理事会领导班子、常务理事和理事，审议通过《福州市审计学会章程（修正案）》。成立第一届监事会，选举产生监事会监事长及监事。全年完成论文64篇，超年度计划16.36%，被各级报刊登载或参加研讨会交流11篇。《解决我市行政机关及事业单位外聘人员管理途径研究》《加强审计监督服务　助力乡村振兴战略——关于乡村振兴战略实施效果的审计研究》被确立为2019年市政府重点调研课题，研究成果入选市政府发展研究中心《研究报告》参阅件，《解决我市行政机关及事业单位外聘人员管理途径研究》被评为市政府优秀调研课题三等奖。《关于乡村振兴战略实施效果的审计研究》被列入省厅调研课题，研究成果入选市政府发展研究中心《研究报告》参阅件。《创新自然资源资产审计　推进生态文明示范市建设》机制创新研究案例获得全市绩效考核综合执法类优秀及全省机关体制创新优秀案例三等奖，经验成果被《中国改革报》《经济日报》《福建日报》《今日头条》《审计署工作通讯》及《福州改革交流》等宣传报道。10月，审计学会以“礼赞新中国　审计谱新篇”为主题参加在福州市仓山万达广场举办的全省社科普及宣传周活动。

（林城冰）

统计与调查

【概况】　2019年，福州市统计局以开展第四次全国经济普查为重点，强化统计基层基础建设和统计法治建设。全年被省统计局、市委办公厅和市政府办公厅采用的信息170余条，完成统计分析136篇，18篇文章在报刊杂志发表，6篇文章得到市委市政府领导批示，3篇文章分获全省统计分析一、二、三等奖；组织编印《福州统计月报》《统计法规汇编》《福州市统计公报》《福州统计年鉴2019》等统计资料，刊发《建设有福之州，幸福之城》专刊；在门户网站实时更新统计数据、统计分析、统计工作动态1000余条。开展2018年度县（市）区政府绩效管理有关指标数据的科学采集和考核评分工作，参与改进2019年度县（市）区绩效评估指标体系、评估方法、计算方案。

国家统计局福州调查队编发调查分析23篇、市委办公厅和市政府办公厅信息99条，提供《福州经济运行情况月报》16期。开展统计调查宣传工作，“福州调查”微信公众号有5.5万名关注用户。

【普查工作】　第四次全国经济普查　2019年1月1日，第四次全国经济普查开始入户登记。福州市成立由市长尤猛军为组长的福州市第四次全国经济普查领导小组，统筹组织协调全市经普工作。选聘指导员和普查员8833人，召开大型培训会6场；举行以“走进四经普”为主题的第九届统计开放日启动仪式，普查期间向民众发送宣传短信近万条，刊播报道、宣传片等共达5925万次。年内，《福州市第四次全国经济普查公报》发布。市统计局被评为全国第四次经济普查先进集体。

第七次全国人口普查筹备工作　启动人口普查前期筹备工作。市统计局起草《福州市人民政府关于开展福州市第七次全国人口普查的通知》，起草普查领导小组成员单位、领导小组办公室及内设机构职责分工，编制经费预算和普查工作进度。11月14日，市统计局在《福州日报》刊登《福州市明年将开展第七次全国人口普查》，提前开展第七次全国人口普查宣传。

【专项调查】　2019年，福州市统计局组织实施农业、工业、建筑业、批发零售住宿餐饮业、房地产开发经营业、服务业等行业，能源、投资、居民收支、价格、人口、劳动、社会、科技、环境等领域各项常规统计调查和城市年报；开展电子商务交易平台情况调查、企业景气情况调查、高新技术产业、农业产业龙头企业调查、工业园区调查对象满意度调查、工业企业对美出口情况调查、“三新”统计调查、大城市月度劳动力调查任务、企业用工情况抽样调查、文化产业调查、营商环境调查、移风易俗调查、少数民族乡村社会经济调查等。国家统计局福州调查队完善语音电话调查系统，开通“86121314”调查专用号，实现福州及辖区内国家调查队系统80条语音调查线路统一对外呼出；开展福州市政府绩效调查、福建省及福州市安全感调查、福州市服务基层年抽样测评等专项调查，派员参加全国文明城市测评工作；完成国家统计局布置的全面从严治党民意调查。

人口变动情况抽样调查　市统计局对全市141个抽中调查小区、近4万名常住人口进行逐户逐人调查登记，开展现场登记督查工作。

规模以上企业创新调查　市统计局对2224家规模以上工业企业、498家特一二级规模以上建筑业企业和3910家大中型规模以上服务业企业2018年的创新情况开展调查。在调查的6649家企业中，50%的企业开展创新活动，比全省平均水平高10.4个百分点，连续3年居全省第一，其中47.84%的企业实现创新，8.05%的企业同时实现产品创新、工艺创新、组织（管理）创新、营销创新4种创新。

妇儿“两纲”统计调查　市妇儿工委办联合召开布置会，对“两纲”监测涉及到的20多个成员单位进行妇儿“两纲”监测统计工作布置；收集100多个部门数据，开展数据比对分析工作，形成《福州市儿童发展纲要（2011—2020年）2018年度统计监测报告》《福州市妇女发展纲要（2011—2020年）2018年度统计监测报告》。

【常规调查】　2019年，国家统计局福州调查队完成居民收支、居民消费价格、月度劳动力、农业农村、生产者价格、农民工市民化动态监测等常规调查。推进农业遥感测量与预报试点，针对农业调查方式效率不高的问题，国家统计局福州调查队开展全市粮食面积无人机遥感测量、农作物智能估产遥感定期预报和农田环境监测站等3项试点工作，并在全省调查队系统无人机遥感技能竞赛中获一等奖。提升住户调查补贴，针对住户记账户记账质量与记账补贴之间的矛盾，国家统计局福州调查队筹措资金，大幅提高记账户调查补贴，福州地区电子记账补贴户均在300元/月以上，其中有4个县（区）补贴500元/月，另有流量补贴、购机补贴等。年末全市电子记账开户率73.7%。

【统计机制创新】 2019年，福州市统计局创新月度统计服务入基层机制，成立培训小分队，采用市、县（市）区联动组织模式，实现培训全覆盖；走访企业，在服务中为企业填报报表释疑解惑；联动县区部门，协调推进解决企业在发展中遇到的难题。全年培训县（市）区统计干部、乡镇分管领导、乡镇首席统计员等841人次，其中乡镇分管领导176人次、乡镇首席统计员330人次。

创新经济普查工作机制和方法。实施乡镇领导班子包干制，建立工作推进通报机制；应用“部门联合”督导模式，发挥纵横联动的工作机制。开启“互联网+统计”探索实践，开拓“数字经普”思路；提前分发企业告知单和预约单，破解入户难、配合难的问题，确保及时准确填报普查报表。

【统计改革】 2019年，福州市统计局开展国民经济核算制度改革，根据《地区生产总值统一核算改革方案》，改革核算主体、核算方法、工作机制等。编制2017年实物量自然资源资产负债表，推进生态文明建设及体制改革。组织开展生态文明评价体系及绿色发展评价工作。开展“三新”统计调查，推进“四众”平台、重点互联网平台、新农业和新服务统计等“三新”统计专项调查。配合有关部门探索数字经济、海洋经济、平台经济的统计监测方法。

针对基层统计调查力量与业务工作不相匹配的矛盾，国家统计局福州调查队在部分地区开展“半职业化”辅调员改革试点工作。福州调查队住户专业及闽侯、连江、福清、永泰、长乐、鼓楼等6个县（市）区实施改革。编印“一册三表”，对地区改革情况及个体工作情况进行“双线”动态跟踪。

【统计法治建设】 2019年，福州市统计局推进“双随机一公开”监管工作，结合第四次经济普查完成对闽清县100多家有关单位和2个乡镇开展“双随机”抽查工作。组织编印统计法治宣传手册，开展统计法律知识“走进乡村、走进社区、走进网络”等活动。加强统计诚信体系建设。9月，市统计局在《福州日报》《福州晚报》的《谁执法谁普法》栏目对失信企业违法行为进行通报和公开曝光。

国家统计局福州调查队制定《福州地区国家调查队系统统计执法人员成长成才培训管理办法（试行）》《“谁执法谁普法”责任清单》等制度，建立福州地区国家调查队系统统计执法人才库。全年向755家调查对象发放统计调查法律义务告知书，对60家样本企业开展执法检查，对17家样本企业发出责令改正通知书，对4家违法企业给予警告，并处罚款1家。

（叶平　詹璐瑶）

项目招商

【概况】 2019年，福州市组织开展“2019招商年”行动，全年认定落地项目6281个、注册（备案）投资总额11830.17亿元，预期3年内实现有效投资7480.78亿元，其中总投资100亿元以上项目4个，总投资30亿～100亿元项目24个，总投资10亿～30亿元项目115项，总投资5亿～10亿元项目211个（分组按“下限在内”原则）。

【投资促进制度保障】 2019年，福州市以“三个福州”（“数字福州”“海上福州”“平台福州”）建设为统领，培育壮大战略性新兴产业，优化升级传统产业，加快发展现代服务业。市发改委、市投促局共同梳理近年来全市制定出台的主要产业优惠政策和措施，并进行编辑、节选，形成《福州市产业政策汇编》，归集综合政策、数字经济、海洋经济、平台总部经济、支持创新、其他政策和服务保障等七大类38项促进产业发展、创新创造和招商引资的优惠政策。

【重点产业领域招商】 2019年，福州市针对电子信息、高端装备制造、纺织化纤、高端冶金建材、精细化工、生物医药等6条产业链18个细分产业组织招商。加强技术改造招商，依托产业链龙头企业、成长性好的企业，聚焦扩大产能规模、提升产品质量、推动产品创新、推动节能技改等4个方面工作重点。加强现代服务业招商，以福州新区、自贸区福州片区、自创区福州片区为依托，加强现代服务业招商工作；以海西现代金融中心区、马尾基金小镇为重点，推动金融类项目集聚发展；以落实乡村振兴战略和创建国家全域旅游示范区为契机，引进特色现代农业、旅游业项目。

高端精品钢铁产业项目　福建大东海实业集团有限公司高端精品钢铁产业项目落地长乐区，预期总投资120亿元。项目对落后的生铁236万吨、粗钢135万吨产能进行技术升级改造。

精细化工产业一体化项目　福建申远新材料有限公司精细化工产业一体化项目落地连江县可门经济开发区，预期总投资113亿元。建设合成氨、制氢一体化装置、环己酮装置、苯胺、TMQ防老剂、6PPD防老剂等项目及公用工程和辅助生产装置。达产后年产值约150亿元，年纳税值约10亿元。

外海海上风电场C区项目　福建省福能海峡发电有限公司长乐外海海上风电场C区项目落地数字福建（长乐）产业园，预期总投资111.9亿元。项目建设规模498兆瓦，主要建设6兆瓦以上海上风力发电机组498兆瓦，1座220千伏海上升压站及配套工程。

富士康工业互联项目　富士康工业互联网科技赋能和工业人工智能支撑软件开发项目落地仓山区，前期投资约5亿元，为富士康在福建省投资的第一个项目。该项目包含工业互联网赋能中心

2019年12月19日，兴业银行全资子公司——兴银理财有限责任公司开业运营（张人峰 摄）

和工业人工智能赋能中心两大业务及研发中心。

兴银理财项目 兴业银行股份有限公司兴银理财项目落地鼓楼区，预期总投资50亿元。为兴业银行在福建省设立的第一家银行理财子公司。

日本“Seven&11”项目 由日本“Seven&11”与三福集团合资成立福建榕宁便利店管理有限公司，落地鼓楼区东街口商圈，预期总投资5亿元。企业主要经营市场管理服务、供应链管理服务百货零售，服装零售，珠宝首饰零售，计算机、软件及辅助设备零售等业务。

海峡星云项目 福建省海峡星云信息科技有限公司国产整机先进制造基地项目（一期）落地高新区，预期总投资18.54亿元。该项目围绕国产安全可控的过程芯片，推动建设基于国产芯片的高端整机先进制造基地，研制生产基于国产芯片的服务器、工作站等整机设备。

【招商宣传推介】 2019年，福州市利用数字中国建设峰会、海丝博览会暨海交会等活动，开展借会招商；创新“产业+资本”招商模式，开展福州市投资环境宣传推介。

2019年福州市异地商会新春座谈会 2月18日，市委统战部、市工商联联合举办以“坚定信心再出发、聚力共建新福州”为主题的2019年福州市异地商会新春座谈会，省委统战部及省工商联领导、市领导、市直机关单位主要负责人、福州异地商会企业家代表及福州民营企业家代表等260人参加。

第二届数字中国建设峰会 5月6日，第二届数字中国建设峰会在福州海峡国际会展中心开幕，百度、腾讯、华为、中国移动、中国电信、中电、中电科、中芯国际、清华紫光等一批数字经济头部企业参会。市投促局组织对参会参展企业开展招商活动。

海丝博览会暨海交会欢迎仪式及福州市投资促进大会 5月17日下午，第二届21世纪海上丝绸之路博览会暨第21届海峡两岸经贸交易会欢迎仪式暨投资促进大会在福州海峡国际会展中心举行。福州市举行招商引资项目集中签约仪式，160个有代表性的大项目、好项目在现场集中签约，总投资1944.47亿元。

福州投资环境推介会暨紫荆海峡科技母基金招商项目（北京专场）洽谈会 6月22日，福州市投促局、福州市金控集团在北京联合主办福州投资环境推介会暨紫荆海峡科技母基金招商项目（北京专场）洽谈会。通过联合金控集团与紫荆资本深度合作，发挥政府引导基金管理人对项目投资的集聚和整合效应，创新运用“产业基金引项目”模式，提高招商实效。

福州投资环境（深圳）推介会 7月12日，由福州市投促局、市政府驻深圳办事处联合主办的“深圳（福州）招商推介会”在深圳举行，近100家企业家代表和福州及各县（市）区政府代表等近130人参会。

“有福之州·幸福之城”宁夏银川和呼和浩特旅游招商系列推介活动 9月8—11日，由福州市文化和旅游局主办的“有福之州·幸福之城”2019幸福之旅文旅公众体验活动在银川和呼和浩特举行，推介宣传闽都文化、清新生态、温泉养生、滨海度假等福州特色旅游资源，近100家旅行商和媒体参加。

福州投资环境（广州）推介会 12月1日，福州市投促局、市人民政府驻深圳（广州）办事处联合主办福州投资环境（广州）推介会，企业代表150人参会，涉及通讯、互联网综合服务、有色金属产业链、生物医药、健康医疗、大数据、智能制造等20多个行业。推介会邀请甘肃省定西市商务局参会推介。

（袁庆烽）

（编辑 黄铭）

市场监督管理

综　　述

【概况】　2019年，福州市新增内资（非私营）企业808家，注册资本331.94亿元；新增私营企业47769家，注册资本7003.15亿元；新增外资企业488家，注册资本（金）47.33亿美元；新增个体工商户100015户，资金总额97.05亿元；新增农民专业合作社249户，出资总额16.03亿元。全市实有各类市场主体总数突破70万家（户），其中实有内资（非私营）企业10851家，注册资本3153.31亿元；实有私营企业268809家，注册资本32090.25亿元；实有外资企业5872家，注册资本351.64亿美元；实有个体工商户419584户，资金总额327.63亿元；实有农民专业合作社3051户，出资总额149.02亿元。

【个体经济】　2019年，福州市实有个体工商户41.96万户，比上年增长16.41%；资金数额327.63亿元，增长23.27%。新开业个体工商户10万户，比上年增长16.6%；资金总额97.05亿元，增长19.45%。注销、吊销个体工商户4.05万户。在个体工商户总户数中排名前五位的是批发和零售业，住宿和餐饮业，居民服务、修理和其他服务业，制造业，租赁和商务服务业，分别有268237户、70810户、47612户、10016户和6564户，各占总户数的63.93%、16.88%、11.35%、2.39%和1.56%。从事第一、二、三产业的个体户分别为3597户、10359户和405628户，分别占个体工商户总数的0.86%、2.47%和96.67%。

【私营经济】　2019年，福州市实有私营企业26.88万家，比上年增长8.34%；注册资金32090.25亿元，增长21.86%；从业人员154.85万人，下降16.72%。注册资金亿元以上的私营企业4896家，比上年增长31.65%；1000万～1亿元以上的私营企业84845家，增长16.32%；500万～1000万元的私营企业26096家，增长6.8%；100万～500万元的私营企业96672家，增长10.41%。从事一、二、三产业的私营企业分别为6583家、39730家和222496家，分别占私营企业总数的2.45%、14.78%和82.77%。

【内资企业】　2019年，福州市新增内资（非私营）企业832家。实有内资企业10851家，其中国有企业1128家，集体企业2621家，公司制企业6827家，其他企业275家。在总家数中排列前5位的是批发和零售业、金融业、租赁和商务服务业、制造业、建筑业，分别有2724家、1779家、1267家、1075家和705家，各占总数的25.1%、16.4%、11.68%、9.91%和6.5%。全市内资（非私营）企业注册资本3153.31亿元，比上年增长17.21%。

【外资企业】　2019年，福州市有外资企业5872家，比上年下降0.37%；注册资本351.64亿美元，增长13.54%，其中，中外合资的外资企业有1225家，中外合作的企业有22家，外资企业有2792家，外商投资股份有限公司有8家，其他外商投资企业有9家，外商投资企业分支机构有1816家。年末，全市从事第一、二、三产业的外资企业分别为113家、1565家、4194家，分别占外资企业总数的1.93%、26.65%和71.42%。外商投资企业（按国别、地区分组）中，港资企业居多，有1629家。

【农民合作社】　2019年，福州市实有农民专业合作社3051户，比上年增长2.49%；出资总额149.02亿元，增长17.19%。成员总数32477个，比上年增长3.48%，其中农民成员32005人，下降1.44%。出资总额1亿元以上的农民合作社5户；1000万～1亿元的农民合作社357户，比上年增长16.29%；500万～1000万元的农民合作社469户，增长5.39%；100万～500万元的农民合作社1265户，增长4.03%。

【企业年报】　2019年，福州市市场监督管理局针对2018年度企业年报公示工作，实行重点基层所年报市局“直管”督导的方式进行排名通报，先后多次约谈连续两周通报属于末位的县（市）

区局分管局长及基层所长。2018年度企业年报率89.9%，达到完成省市场监督管理局企业年报率不低于85%的工作要求。

在年报期间，借助邮政专用寄递服务渠道对未年报的企业进行连续两次的专用信函寄递催报服务，并依法依规对连续两次信函寄递退回的4641家企业以通过登记的住所或者经营场所无法联系的原因将其列入经营异常名录。年内，经过基层市场所实地核查确认，并按照相关程序对两年未年报、两年未纳税申报（“僵尸户”）6048家企业给予吊销营业执照处罚。

（邹惠珍）

2019年1月21日，福建自贸区福州片区首张电商营业执照在马尾发出

（市市场监督管理局 供）

商事制度改革

【概况】　2019年，福州市市场监督管理局落实优化营商环境“开办企业组”牵头单位职责，将企业登记与刻章两个环节由“串联”改为“并联”办理，开创全国领先的“零延时”刻章服务，实现企业开办现场受理后2个工作小时同时领取营业执照和印章，实现办事群众“最多跑一趟”、刻章“一趟不用跑”，全年办结现场刻章业务2738件，刻章5601枚，提前半年实现“压缩企业开办时间”3个工作日目标（现场1个工作日内）。年末，全市实有各类市场主体突破70万家（户），达70.82万家（户），比上年增长12.76%。市市场监督管理局作为“开办企业组”牵头单位将发票申领业务入驻“企业开办”窗口，实现企业登记、公章刻制、发票申领和无偿代办等业务“一窗受理”，提供“一站式”服务，市市场监督管理局驻行政服务中心窗口获“全国五一巾帼标兵岗”及“福州市最美奋斗者（集体）”等称号。

【企业注册登记改革】　2019年，福州市市场监督管理局试点推行企业注册“一网通办”和实名认证，出台便利店及连锁总部企业准入便捷服务、连锁经营企业食品经营许可实行评审承诺制等优化营商环境措施，实现企业注销“一网服务”，全面开展未开办、无债权债务企业简易注销程序，开展“不见面”审批改革试点，实现审批智能一体化的“365”天24小时不打烊的个体工商户登记。推广“互联网+政务服务+金融服务”模式，239个银行网点可协助办理企业登记和营业执照。推行企业设立登记身份管理实名验证。商标受理窗口业务受理范围从1项拓展至24项。

【自贸区创新举措】　2019年，福州市市场监督管理局在福建自贸区福州片区推出25条创新举措，其中多项举措属全国、全省首创。市市场监督管理局率先牵头制定全国首个《政府部门“双随机、一公开”监管工作规范》省级地方标准，被中央人民政府网、中央人民广播电台、新华网等19家国家级新闻媒体刊登报道，并获国务院、市场监督管理总局和福建省委、省政府肯定；率先与自贸区福州片区管委会联合行文出台《推进中国（福建）自由贸易试验区福州片区综合监管工作任务实施方案》，并配合自贸区管委会建设企业综合信息应用服务平台和自贸区福州片区大数据企业信息监测机制。年内，福州市在全省第一、全国第二推行证照分离改革，办件数量领跑全省；通过加强沟通对接、理顺许可事项、简化办事流程等举措，推进自贸区福州片区“证照分离”改革全覆盖试点工作。

（邹惠珍）

市场监管执法

【概况】　2019年，福州市市场监督管理系统办理案件4112件，结案4157件，罚没7709万元，案件在7个工作日内公示率100%。查处成品油案件21件，罚没71.66万元；走私贩私、无合法手续进口商品案件19件，罚没款59.16万元；立案查处混淆、虚假宣传、商业贿赂、不正当有奖销售等不正当竞争案件30件，结案30件，罚没126.67万元；联合公安机关开展整治食品安全问题成果展示暨违法食品公开销毁活动。摸排涉黑涉恶线索40条并按规定报备。开展“黑停车场”专项整治，查处涉停车场案件21件。

【流通领域商品质量监督抽查】　2019年，福州市市场监督管理局开展生产、流通及网络交易全领域线上、线下一体化监管，突出对重点领域商品开展抽检。依托“12315”投诉举报平台，对各类市场主体投诉、举报情况进行分析，制定全年流通领域商品质量抽查检验工作方案及计划。市本级投入抽检经费200万元，组织对眼镜产品、小家电、钢筋、陶瓷砖、水龙头、家用燃气设备、食品接触用品、学生用文具、儿童玩具、消防产品、电动自行车、电动助力车用阀控式铅酸蓄电池、电动车用充电器、儿童服装、童鞋、运动、休闲服装、T恤、牛仔服装、裙子等、环氧树脂胶粘剂、干粉涂料、浸渍板层压木质地板、木家具、儿童家具、电线电缆、灯具、插座、开关、成品油等1505批次商品进行抽检。加强对后处理情况督导工作，要求县（市）区市场监督管理局将后处理情况汇总上报市市场监督管理局；及时约谈相关企业负责人，监督抽查不合格企业的问题整改是否落实到位；针对抽检发现的不合格消防产品等抄送消防部门处置。

【广告监管】 2019年，福州市市场监督管理系统查处广告违法案件234件，罚没款422.19万元，其中17件被列入省级以上虚假违法广告典型案例。针对住宅小区违法广告监管，市市场监督管理局组织10个部门及市广告协会召开联席会议，开展住宅小区广告专项治理。市市场监督管理局综合执法支队网监科针对医疗、保健食品、药品、金融等重点商品或服务，加强线上广告监测，并通过“存证云”等技术为网络广告执法提供数据支持。推进广告活动主体信用评价管理，全年市场监督管理系统抽查800家广告活动主体，并将检查结果录入协同监管平台。

年内，全市规模以上广告企业营业额比上年增长124.3%。市市场监督管理局推动福建海西国家广告产业园区（福州园）建设，组织2018年度扶持资金申报工作，核拨扶持资金52.22万元。指导市广告协会联合广告园区开展“校企合作”，促进榕台广告交流合作。以第二届数字中国建设峰会为契机，指导楼宇电视经营单位参与公益广告活动。年内全市发布公益广告总数为报纸期刊419版次，广播电视46.16万条次，网站1969条次，“两微一端”（微博、微信和手机客户端）25万条次，其他媒介（包括户外广告、液晶显示屏等）94万条。

【企业信用监管】 2019年，福州市根据国家企业信用信息公示系统信息归集及运用工作要求，2次通报全市信息归集及应用工作情况，并纳入全市年度绩效考评，组织开展“一张网”《国家企业信用信息公示系统（福建）》成员单位联络员暨信息归集系统应用操作培训会议。全市参与全省“一张网”信息归集量1318905条，其中行政许可信息38168条、行政许可变更信息925304条、行政处罚信息10639条、抽查检查信息13448条、联合惩戒信息64条、小微企业扶持信息11282条。完善企业申请移出经营异常名录办事指南，健全经营异常名录申请移出约谈制度。年内全市累计列入企业经营异常名录企业52951家；移出企业经营异常名录18849家，其中2019年移出5935家；全市约谈企业3560家。

【“双随机、一公开”监管】 2019年，福州市市场监督管理局与市审改办联合下发《福州市2019年度全面推行“双随机、一公开”监管工作考评的通知》，上半年，市市场监督管理局联合市人社局、交通局、农业局、商务局、卫健委、烟草局等7个部门制定《2019年上半年全市涉企跨部门“双随机、一公开”联合抽查工作实施方案》，完成抽查企业4662家；下半年，联合市发改局、城管委、教育局、公安局、自然资源局、生态环境局、商务局、城建局、交通局、水利局、应急局、林业局、海渔局、统计局、税务局、消防支队、金融局等部门制定《2019年全市企业年报信息和经营行为跨部门“双随机、一公开”联合抽查工作实施方案》，通过政府采购公开招取3家会计师事务所，完成抽查工作任务；市市场监督管理局年初确定的21个抽查事项清单全部落实。

【电动自行车市场监管】 2019年，福州市市场监督管理局以实施电动车新国标为契机，4月4日组织福州市自行车电动车行业协会和各品牌电动自行车生产商、代理商、批发商等50余人，召开电动自行车市场监管工作会议，传达市场监督管理总局、工信部、公安部三部委《关于加强电动自行车国家标准实施监督的意见》，要求电动自行车生产、销售企业执行国家标准，按照新目录销售电动自行车，禁止改装行为。加强电动车目录管理，将71个品牌、78家生产企业的309款车型列入《福州市合格电动自行车产品目录》，于4月11日前在市市场监督管理局官网和“e福州”APP同步公布，并自4月11日起废止按旧国标审核纳入本市电动自行车目录的所有车型。年内，印发《关于开展新国标电动自行车专项检查的通知》，在全市以电动自行车生产企业及电动自行车销售店、配件店、维修店等为重点检查对象，以生产经营无3C认证、超标、目录外电动自行车及改装电动自行车行为为整治重点，开展专项执法行动。全市市场监管部门立案违法违规经营电动自行车案件48件。市市场监督管理局将电动自行车整车质量监督抽查列入2019年全年抽查计划，采取随机抽查的方式对市面流通的全市目录内的产品进行抽检。8月，随机抽取30批电动自行车整车产品、15批电动自行车电池和15批电动自行车充电器，其中3批次电动自行车不合格，1批次电池不合格，由辖区市场监督管理局处理。

【网络交易监管】 2019年，福州市市场监督管理局联合9个部门部署福州市网络市场监管专项行动（“网剑行动”），开展网络化妆品、网络医疗器械、生活垃圾分类、野生动物保护、殡仪服务公司监管、落实电子商务平台责任等专项监管工作，在全省率先组织实施同城快送市场治理专项工作，并组织开展网络市场定向监测，配合进行网络餐饮、二手车市场、房地产市场等多个垂直市场的规范管理。全年开展多部门联合检查10余次，约谈相关主体65户次，核查网店2.2万户次，回收自查材料202份，流转线索135条，查办网络交易类案件98件、合同类案件48件。市市场监督管理局首创“e治理”平台，通过线索流转、监管数据沉淀、订餐网店二次上线审核和平台红黄牌评价等功能开展监管，案例入选2019餐饮安全治理十大创新举措和2019全国市场监管领域政府类社会共治十大优秀案例，均名列首位。平台自10月运行后，日均产生线索6条，办结率98.6%。

年内，市市场监督管理局指导网络第三方订餐平台对试点餐饮网店的后厨进行实时网络直播，督促平台完善经营者的信用档案和评价体系。联合市财政局出台及施行《福州网络餐饮服务从业人员食品安全违法行为举报奖励办法》，鼓励从业人员尤其是外卖骑手发挥“吹哨人”作用举报网店违法行为，并通过现场活动、H5微片和窗口宣传等方式开展宣传。针对网络餐饮从业人员的举报顾虑，探索远程电子化举报兑奖机制，实现试点从业人员的“不露面”监管。

【消费维权】 2019年，福州市市场监督管理局消费者投诉举报指挥中心依托“12315”“12365”“12331”消费维权热线及全国“12315”互联网平台处理消费者诉求239445件，其中咨询175520件，投诉50172件，举报13753件；旅游平台173件；为消费者挽回经济损失2746.21万元。承办“12345”便民诉求系统诉求件4363件，办结率100%。组织“3·15”期间专题活动，3月14—15日，受理消费者咨询投诉举报3032件，其中“12315”“12365”“12331”“12358”4条热线受理消费者各类诉求2854件，涉及消费金额1021.07万元；“全国12315互联网平台”受理各类诉求170件；“96196”电梯应急救援热线接到群众诉求8件。邀请中国移动福州分公司、中国电信福州分公司、中国联通福州分公司、苏宁电器、国美电器、永辉超市等省级“12315”消费维权服务示范站点驻点市市场监督管理局指挥中心，现场解决相关消费纠纷。

（邹惠珍）

食品药品监督管理

【概况】 2019年，福州市实行餐饮服务单位食品安全量化分级管理，完成动态等级评定的餐饮服务单位38282家，占应评定餐饮服务单位的98.77%。推广追溯系统应用，全市正常生产企业全部注册，全年上传预包装食品追溯信息507万条。摸排小作坊935家次，新取证小作坊134家。

开展治理“餐桌污染”、建设“食品放心工程”，连续19年列入省市政府为民办实事项目，“五类产品”主要治理项目全部达到治理指标要求。其中，畜牧业生猪产销环节瘦肉精检测合格率99.99%，禽类药物残留检测合格率99.84%；种植业蔬菜农药残留检测合格率99.83%，蔬菜重金属检测合格率99.45%，主要水果农残检测合格率99.60%，主产区茶叶农残检测合格率100%；主要水产品养殖环节药物残留检测合格率98.54%；县级以上集中式饮用水源地水质检测合格率100%，市、县城区市政管网末梢水质检测合格率99.86%，瓶（桶）装饮用水生产企业产品检测合格率97.66%；加工食品检测合格率98.47%，储备粮质量监督合格率100%。全市食品安全状况总体良好，未发生较大及以上级别的食品安全事故，省对市食品安全满意率绩效考评蝉联全省第一。

【食品安全责任体系】 2019年，福州市在全省率先出台《福州市深化改革加强食品安全工作实施方案》《福州市党政领导干部食品安全责任制职责清单》，健全完善市、县、乡三级党政领导干部食品安全工作责任体系。调整福州市食品安全委员会，印发《福州市食品安全委员会工作规则》，增补市民政局、网信办等9个行业管理部门，形成以市政府主要领导为主任、32个职能部门为成员的食品安全委员会。推进国家食品安全示范创建，印发《福州市落实“福建省创建国家食品安全示范城市评价细则”责任分工》，市政府与各县（市）区政府、市食安委成员单位签订2019年度食品安全工作目标责任书。

【食品生产安全监管】 2019年，福州市各县（市）区市场监督管理局完成894家食品生产企业的信用等级评定及风险评级工作，依据各企业风险等级，制定监督检查计划，确定监督管理的重点、方式和频次，实施分级管理。组织食品生产企业“双随机”抽查，将肉制品（含速冻肉制品）、糕点、酒类、食用油、乳制品、蜂产品、饼干等生产企业，2018年首次获证食品生产企业、2019年监督抽检风险监测不合格（问题）食品生产企业整改情况的监督检查，列为2019年“双随机”抽查对象，制定实施双随机检查方案。加强“飞行”检查力度，市市场监督管理局全年飞行检查食品生产企业45家次。

开展食品生产环节风险排查治理，突出“一高两特”食品监管（高风险食品，特殊食品和学生、老年人等特殊人群食品），制定重点食品、重点问题、重点区域风险排查清单，整治食品生产企业“两超一非”、掺杂掺假、虚假标注、管理弱化等问题，组织食用植物油标签专项抽检，对11家近年来两次以上抽检不合格的食品生产企业进行责任约谈，2019年全市开展风险排查食品生产企业2402家次。加强食品生产小作坊监管，全市摸排小作坊935家次，新取证小作坊134家，推进闽侯青口小作坊加工集中区建设。

全年组织一线监管人员155人次参加省、市市场监督管理局组织的集中业务培训；印制培训宣传手册近5600份，分发基层一线监管人员。加强企业食品安全管理人员培训考核工作，指导企业管理人员培训，抽查考核食品生产企业食品安全管理人员1133人。

【食品流通安全监管】 2019年，福州市市场监督管理局继续开展“放心肉菜示范超市”创建活动，4家超市参与创建并通过审核验收。推动《福州市食用农产品“一品一码”流通追溯体系建设（2018—2019年度）实施方案》落实，福州市食品安全追溯管理云平台建成运行并向省平台报送数据；根据《福州市落实食品安全索证索票闭环管理工作方案》，完成对集中交易市场食品安全索证索票闭环管理专项整治工作，市县两级出动执法人员9550人次，检查集中交易市场10725家次，责令整改758家次，立案356件。完成全市食品销售主体信用等级评定40153家。

【餐饮业食品安全监管】 2019年，福州市餐饮服务单位食品安全量化分级管理完成动态等级评定的餐饮服务单位38282家，占应评定餐饮服务单位的98.77%。全市特大型及大型餐馆、中央厨房、集体配餐单位食品安全量化分级管理覆盖率100%，食品安全量化分级公示率100%。全年完成重大活动餐饮服务食品安全保障54场。市市场监管局部署餐饮环节食品安全监督抽检6210批次（涵盖学校食堂、幼儿园食堂、集体用餐配送单位和中央厨房等）。全市发现监督抽检不合格产品87批次，均进入核查处置阶段。

截至2019年12月1日，全市有22338家餐饮服务单位建成“明厨亮灶”，占全市餐饮服务单位总数的50.38%，全市学校食堂实现“明厨亮灶”全覆盖。2019年度福州市新申报省级“明厨亮灶”餐饮服务示范单位15家，建成放心食堂、放心餐厅60家。

年内，福州市市场监管局与市教育局召开3场校园食品安全联合会议，开展2019年幼儿园食堂食品安全专项检查工作、学校食品安全风险隐患排查工作、校园及周边食品安全专项整治工作、全市校园食品安全督查工作等6项校园食品安全专项工作。在整治食品安全问题联合行动中，全市市场监管系统检查学校、供餐单位及校园周边食品经营户7740户次，抽检食品1014件，约谈经营户42户次，责令改正510户次，立案查处7件，罚没金额11.96万元，没收违法经营的食品和食品添加剂2.68千克。

【食品安全检测】 2019年，福州市市场监督管理局下达市本级食品安全监督抽检任务13850批次（含食用农产品5710批次），完成抽检任务14063批次，不合格235批次，不合格率1.67%；其中完成食用农产品6996批次，不合格138批次，不合格率1.97%。在市市场监管局网站上公开市本级监督抽检信息，全年公布监督抽检信息21期，公开监督抽检数据12420批次，其中不合格食品221批次，不合格率1.78%。市市场监督管理局在全省率先组织6家承检机构160余名抽样人员参加业务考试，召开承检机构监督抽检质量分析会。

推进食品安全风险隐患排查，完成风险隐患排查任务2.5万批次，并根据筛查的倾向性问题开展2次有针对性的监督抽检。推进食品药品专家委员会建设，先后协调33人次专家参与县（市）区市场监督管理局组织的食品药品评估认定会11场；组织12人次专家为市市场监督管理局食品监督抽检异议处理等提供技术支持。在2018年各县（市）区食品药品网格化监管均进入福州市级网格化服务平台运行的基础上，推进食品药品网格化监管工作。年内，网格员采集上报8681件，立案8221件，核查结案7779件，其中，食品事件采集上报8180件，立案7772件，核查结案7354件；药品（含医疗器械）事件采集上报501件，立案449件，核查结案425件。

【药品流通监管】 2019年，福州市药品流通系统出动检查7800多人次，检查批发（连锁）企业95家次，检查零售企业3150家次，检查医疗机构及其他机构2103家次。药品结案172件，罚没款129.03万元，撤销3家零售企业GSP证书。开展药品抽样，抽样药品1680批次，快检1300批次；检验发现不合格5批次。全年药品市场质量安全总体平稳，未发生药品质量安全事故、药品质量重大舆情、特殊药品流弊事件，药品流通领域未发生安全事故。

开展药品零售企业执业药师“挂证”行为专项整治行动。全市召开专项部署会25场次；1889家药品零售企业开展自查并填写自查表，签署执业药师承诺书1946份，签署驻店药师承诺书1505份。开展药品零售企业现场检查1432家次，对64家次执业药师不在岗销售处方药行为责令改正，并对企业负责人进行约谈；立案查处22家，撤销1家药品零售企业GSP证书，查处2名“挂证”执业药师。变更执业药师233人，企业申请注销药品经营许可证7份，2名执业药师主动申请注销执业药师注册证。

探索“互联网+药品流通”和“互联网+电子处方应用”综合管理模式，引导零售药店依托具有远程医疗诊疗资质的第三方机构开展电子处方应用。全市1797家药店开展电子处方应用，占全市药店总数的86.5%。出台《关于进一步加强药品零售企业处方药销售监督管理工作的通知》，对药店经营范围、处方药销售、执业药师在岗履职等工作进行规范。

开展流通使用中药饮片质量集中整治。重点查处掺杂作假、染色增重、以次充好、以假充真等非法制售中药饮片行为；为他人违法经营中药饮片提供场所、资质证明文件、票据等条件；对供货方资质审查不严格，或从非法渠道购进中药饮片并销售（或使用）；非法分装、加工或贴签销售外购中药饮片；超范围经营毒性中药饮片等违法违规行为。专项整治行动期间，全市现场检查药品批发企业45家次、中药饮片零售企业1739家次、使用中药饮片的医疗机构950家次，发现违规问题60家次，责令整改49次。

开展药品零售环节违法违规经营突出问题专项治理，全市1962家药品零售企业开展自查，市市场监督管理系统出动执法人员2384人次，检查药品零售企业1315家次，检查发现问题217家次，限期整改148家企业，立案查处57家，罚没款17.582万元，移送公安1家。

【医疗器械监管】 2019年，福州市制定市县两级医疗器械监管职责，明确市市场监督管理局负责第一类医疗器械产品日常监管工作，第三类医疗器械（含兼营第二类医疗器械、代贮代送、异地设库）批发（含批零兼营）经营企业、市级以上医疗机构（含市管民营医疗机构）医疗器械质量监管工作；县（市）区局负责本辖区除药品零售连锁企业门店以外的第三类医疗器械零售企业、第二类医疗器械（不含兼营第三类医疗器械、代贮代送、异地设库）经营企业的质量监管工作，以及除市级以上（含市管民营医疗机构）以外医疗机构医疗器械使用质量监管工作。

开展医疗器械生产企业的日常监管，根据机构改革工作要求，医疗器械生产企业日常监管将上收省市场监督管理局负责，为保证改革期间监管不间断，市市场监督管理局2019年上半年继续按计划组织人员对26家停产生产企业开展巡查工作，并对7家企业开展全项目的现场检查，根据机构改革工作要求，配合省市场监督管理局福州稽查办开展医疗器械生产企业监管职权划转工作，在规定时限内完成二、三类医疗器械生产企业监管任务与省局福州稽查办的交接。

完成对全市2744家医疗器械经营

企业进行风险等级的调整和评定，并按企业的风险等级检查频次和年初工作计划开展日常监督检查和风险隐患排查工作，全市市场监督管理系统出动10047人次，检查5235家次（其中经营企业3528家次，使用单位1707家次），责令整改202家；处理投诉举报件55件，立案查处各类医疗器械案件75件，罚没款213.79万元。

对全市9家医疗器械代贮代送经营企业（含1家医疗器械代贮代送公司异地设库）实施全面检查，从检查情况看，代贮代送工作基本能按医疗器械的储存运输要求进行储存运输，各项记录基本可追溯。5月22日，国家药品监督管理局组织调研组对福州市医疗器械代贮代送开展调研。

开展医疗美容医疗器械使用质量专项整治，出动检查人员274人次，检查医疗美容机构110家次，对8起违法违规行为进行立案查处，年内结案5起，罚没款12万元。

加强无菌和植入性医疗器械监督检查工作，发放经营和使用环节自查表3410份，收回自查表3410份，占自查企业单位数的100%；出动检查人员2605人次，对562家经营企业和613使用单位进行现场检查，责令整改44家，立案查处42家，罚没款59.6万元。

开展眼视光医疗器械监督检查工作，出动检查人员569人次，检查经营企业236家、使用单位31家，责令整改25家，警告1家，查处违法违规企业4家，没收器械705个，罚没款24.22万元。

开展医疗器械国家级监督抽验和省级监督抽验工作，完成13批次国抽产品和65批次省抽产品的抽样、寄样和信息录入等各项工作，并对2019年省抽2批次（经营企业1批次，使用单位1批次）不合格产品，开展跟踪检查和处理。

11月4日，举办全市医疗器械监管人员业务知识培训班，邀请上海健康医学院副教授蒋海洪和福建省计量科学研究院医学所副所长陈维煌授课，市县两级市场监督管理局医疗器械分管领导和监管干部120多人参与培训。12月10日，结合机构改革新职能，召开全市市属以上医疗机构及部分第三类医疗器械经营企业工作会议，各级医疗机构设备科分管领导、负责人及第三类医疗器械批发企业负责人近500人参会。

（邹惠珍）

质量监督管理

【概况】 2019年1月，福州市出台《关于开展质量提升行动加快建设质量强市的实施方案》，细化质量提升行动建设质量强市的具体落实举措，补充完善相关质量激励政策。福州市新大陆公司获第六届福建省政府质量奖，恒杰塑业、坤彩科技获第六届福建省政府质量奖提名奖，获奖企业总数位居全省首位。丹诺西诚、天马科技、中建海峡、锦江科技、长乐供电5家企业获评第四届福州市政府质量奖。截至年底，全市有中国质量奖提名奖获奖组织2家，为福耀集团和船政交通学院(全省共4家获奖)；福建省政府质量奖获奖企业6家（含提名奖），总数居全省首位；福州市政府质量奖评比开展四届，累计产生获奖企业19家。

年内，市市场监督管理局面向小微企业举办质量管理知识公益培训班，讲授标准、计量、认证认可、检验检测等质量管理基础知识，全市各行业小微企业代表近100人参训。开展质量专家进企业公益巡诊活动，委托方圆标志认证集团福建有限公司邀请专家在13家企业开展公益诊断服务。组织企业参加省市场监督管理局举办的3期企业首席质量官和1期企业现场管理准则培训班，参训140人次。

【质量强市创建】 2019年，福州市组织开展服务业顾客满意度、市民质量满意度测评工作。根据测评结果，2019年度福州市服务业顾客满意度测评总体平均分80.61分，比上年提高0.18分；市民质量满意度测评总体平均分为88.11分，比上年度提高1.01分，处于全国同等城市上游水平。组织编印新一版《福州市小学生质量安全知识读本》，于9月质量月期间联合省市场监督管理局、省教育厅、市教育局发放至全市各小学，共计发放约10万册。

【标准化管理】 2019年，福州市主导或参与制（修）订国家标准41项、行业标准14项、地方标准17项。开展农业、工业、服务业标准化试点（示范）项目建设，其中指导福清圣禾农业发展有限公司通过福州市第八批省级农业标准化示范区考核验收；指导福耀玻璃工业集团股份有限公司开展国家级高新技术产业智能工厂标准化试点（示范）项目；指导连江县丹阳镇开展第三批国家

2019年4月10日，第四届福州市政府质量奖颁奖大会举行

（市市场监督管理局 供）

新型城镇化标准化试点项目。开展国家级团体标准试点工作，市市场监督管理局与福州经济技术开发区管委会、市工信局联合主办“2019福建省物联网技术和标准交流大会”，发布并实施第一批7项物联网团体标准。推进实施企业标准自我声明公开和监督制度，全年1216家企业上报7706项标准。组织标准化业务培训200余人次。

【计量管理】 2019年，福州市7个县级计量技术机构新建计量标准8项，复查23项。完成对县区级计量技术机构能力建设验收工作。各县区级计量技术机构全年免费检定强检计量器具48139件次，为企业减免费用530.19万元。完成对其他企事业单位新建计量标准考核2项，复查3项。县区级计量技术机构通过注册计量师二级20人，一级10人。

组织“5·20”世界计量日宣传活动，开展计量宣传、金银首饰称重、血压计、眼镜质量、人体秤检测、教授民众现场识别作弊秤、免费发放维权砝码、受理计量法律法规咨询、计量投诉等活动。全市开展计量宣传活动9场，发放宣传材料2970余份，为群众免费检测血压计、人体秤等计量器具159台件。组织全市141名基层计量监管人员和分管领导开展计量监管工作培训。在医疗机构、眼镜制配场所、餐饮行业（酒楼）、商店超市等4个领域开展诚信计量自我承诺活动，197家医疗机构、186家餐饮（酒楼）、215家商店超市、271家眼镜制配场所签订诚信计量承诺书。

开展重点领域安全防护类计量器具专项检查，全市出动执法人员1527人次，检查企业738家，抽查计量器具1585台件。开展电子秤专项整治，对全市各类餐馆、酒店、超市、集贸市场、生鲜小店和电子秤生产、销售、维修单位开展检查，查处未检定、检定不合格继续使用及使用作弊秤等计量违法行为，全市系统检查1100家单位，检查电子秤3100台，督促检定电子秤175台，立案查处12件。开展定量包装商品净含量计量监督随机抽查工作，抽查65家企业113批次产品，净含量标注合格率100%，净含量合格率95%。开展眼镜制配场所计量专项监督检查，全市出动309人次，检查制配镜店351家。开展加油机计量专项监督检查，按加油站总数的10%随机抽查，检查27家加油站。开展能效水效标识监督检查，全市出动检查人员363人，检查用能产品生产企业10家，销售企业103家，检查坐便器生产企业1家，销售企业43家。

【特种设备管理】 2019年，福州市在册特种设备98486台，其中锅炉3245台，压力容器15808台，电梯60519台，起重机械14105台，场（厂）内专用机动车辆4641台，大型游乐设施165台，客运索道3条；另有压力管道2910.69千米，气瓶135万只。全年出动安全监察执法人员6411人次，检查特种设备生产使用单位2915家，发出安全监察指令书503份，查办特种设备案件135件，行政处罚413.5万元。出台《福州市重大活动特种设备安全保障工作方案》，完成地铁2号线特种设备保开通工作，以及第二届“数字中国”建设峰会、福州古厝保护与文化传承论坛、渔博会、“5·18”海交会、“6·18”项交会等重大活动的特种设备安全保障工作。全年未发生特种设备事故或社会影响较大的特种设备事件。

2019年10月30日，2019福建省物联网技术和标准交流大会在福州举行
（市市场监督管理局 供）

开展“清网行动”，全市处理重要事项1996件，涉及特种设备6151台套；出台特种设备安全目标责任制季度考核机制，对各县（市）区市场监督管理局的“四个率”实行季分析、季通报考核跟踪举措，全市使用登记率99.88%，定检率99.26%，重要事项闭环率99.84%，4项指标均位居全省前列。对全市2.3万家特种设备生产使用单位进行分类整理，梳理年度日常监督检查计划1694家，制定下发年度日常监督检查计划实施方案。截至11月30日，完成全年日常监督检查计划。

开展危险化学品相关特种设备专项整治行动，以福清江阴、连江可门港、罗源湾等为重点，结合特种设备安全风险分级管控和隐患排查工作，在全市开展为期两个月的专项整治行动。全市检查危险化学品企业相关特种设备264家（次），出动检查人员813人次，发出指令书27份，检查发现隐患25处，均整改到位。开展大型游乐设施和客运索道安全隐患排查整治行动，全市出动人员322人次，检查大型游乐设施和客运索道运营单位127家（次），对列入重点的10个系列设备实现排查全覆盖。年内，市市场监督管理局组建特种设备安全专家库，对首批筛选的全市18家规模较大、特种设备数量较多、风险等级较高的大型化工企业、火力发电企业、冶金企业等进行专项检查、专家会诊。

【认证与检验检测监管】 2019年，福州市市场监督管理局制定并发布《关于组织开展2019年度检验检测机构资质认定监督抽查的通知》，制定生态环境检验检测机构资质认定检查方案和机动车安检机构检验检测机构资质认定检查方案；联合市公安交警支队、市环境生态执法支队对机动车检测站进行联合检查，抽查比例55%。5月、8月，市市场监督管理局举办两场认证与检验检测监管业务培训，培训电动自行车强制性产品认证监管业务及机动车安检机构监管。市市场监督管理局联合市环保生态局对社会化生态环境监测机构实施“双随机”抽查。全市完成检查机动车年检站26家、环境监测机构8家、食品检测机构2家，其他检验机构34家。

制定印发《2019年度认证与检验检测工作要点》《福州市市场监督管理局关于印发2019年度认证活动监督检查实施方案的通知》。全年检查认证活动1743件，检查企业853家，涉及认证机构106个。检查强制性产品获证企业126家、有机产品获证企业19家，食品安全管理体系获证企业63家，未发现认证违规行为。

（邹惠珍）

知识产权管理

【概况】 2019年，福州市专利申请总量29035件，授权总量18981件，其中发明专利申请量、授权量分别为8783件和3374件。年末全市发明专利累计拥有量15135件，位居全省第一；每万人发明专利拥有量达20.79件，位居全省第二；企业有效发明专利量占全市比重53.25%。年内新增有效注册商标5.3万件，累计有效注册商标20.7万件。国家知识产权局福州商标受理窗口于6月20日起全面采用网上申请系统，将商标申请受理业务范围从1项（新注册）拓展至24项，全年受理商标申请1409件，代发商标注册证1196件。“连江海带”获批国家地理标志保护产品。连江县海带行业协会被评为福建省2018年度优秀地理标志商标注册人。全市累计有地理标志商标26件，国家地理标志保护产品11项。

推行“知识产权贯标+专利导航”双模式提升企业知识产权工作能力，新增贯标培育企业54家，通过贯标认证企业70家。推动35家企业开展专利导航。推进知识产权强企战略，新增各级知识产权示范（优势）企业64家，其中国家知识产权优势企业15家，位居全省第二，福建省知识产权优势企业19家，位居全省首位；新增贯标培育企业54家，通过贯标认证企业70家；福建联迪商用设备有限公司的“一种授权获取终端攻击报警信息日志方法和系统”获第二十一届中国专利优秀奖，评审27项专利获得福州市专利奖。全市36家企业获得专利权质押贷款额度4亿元，48家企业为561件专利投保，保险保障金额近200万元。全年开展20余场各类知识产权培训，线上线下培训人员2000多人次、企业400多家，培育500多名福建省知识产权专员和300多名专利分析人才。

【知识产权示范城市】 2019年，福州市推进知识产权示范城市、知识产权强县培育、试点园区建设，实施知识产权示范（优势）企业、贯标企业培育等强企战略，福清市、仓山区、鼓楼区、晋安区、马尾区、闽侯县、长乐区7个县（市）区新一轮强县建设态势良好，福州高新区获批国家专利审查员实践基地。完善专利相关工作的考核指标体系，取消“发明申请增长率考核指标”，将“每万人口发明专利拥有量”“专利授权量增长率”纳入县域专利工作评价指标体系，优化区域专利评价工作导向。

年内，福州市知识产权中心受理国内专利资助2019件，资助金额981.25万元；受理国内专利奖励1948件，奖励金额775.8万元。受理国外专利资助109件，资助金额77.25万元；受理国外专利奖励37件，奖励金额30.5万元。受理年费资助206件，资助金52.16万元，发放专利代理机构代理授权发明专利奖励经费54.9万元。

【知识产权试点工程】 2019年，福州市新增各级知识产权示范（优势）企业64家，其中国家知识产权优势企业15家，排名全省第二；新增省知识产权优势企业19家，排名全省第一；新增市知识产权示范企业30家；3家企业知识产权工作负责人获得国家知识产权局“企业知识产权工作先进个人”称号。年内全市有各级知识产权示范（优势）企业560家，其中国家级78家，省级190家，市级292家。年内，市市场监督管理局对到期的国家知识产权示范（优势）企业、省知识产权优势企业等68家企业进行复核。推行“知识产权贯标+专利导航”双模式提升企业知识产

2019年12月11日，第十三届中国专利周福州高新区活动启动仪式暨国家知识产权专利审查实践（福州）基地实践点、2019年度福州高新区瞪羚企业授牌仪式在福州高新区举行

（市市场监督管理局 供）

权工作能力，新增贯标培育企业 54 家，通过贯标认证企业 70 家，累计通过贯标认证企业 106 家。推动企业开展专利导航工作，35 家企业开展专利导航分析评议。

【知识产权运用】 2019 年，福州市推广专利权质押贷款贴息项目，全市 36 家企业获得专利权质押贷款额度 4 亿多元。截至年底，累计 167 家企业获专利权质押贷款额度超 36 亿元。省、市两级财政安排专项资金进行专利权质押贷款贴息，覆盖年基准利率利息的 80%，累计为全市 40 家次企业贴息 1276.1 万元。20 家企业申报福建省企业专利权质押贴息项目，对海媚数码等 9 家企业下达福州市专利权质押贷款贴息项目经费 116.3 万元；市市场监督管理局组织召开 6 场企业专利权质押贷款培训，230 多家企业约 500 人参加培训。年内，51 家企业 591 件专利投保专利保险，保障金额 509.5 万元。截至 2019 年底，全市 375 家企业 3236 件专利投保专利保险，保险保障金额 4989 万元。省、市两级财政累计为 308 家次企业补贴保费 140 多万元。

推进国家专利审查协作中心建设运营，新招聘审查员 290 人，共有正式员工 399 人，其中审查员 375 人。建立专利审查质量管理机制，开展专利审查任务，完成第一次审查意见通知书 13651.6 件，结案 2601.71 件，超额完成国家知识产权局下达的任务。推进“知创福建”平台建设运营，平台建立设有知识产权综合服务热线、“知创中国”知识产权综合运营公共平台、海峡股权交易中心知识产权交易板块、军民知识产权融合运营平台等 10 个功能区，入驻 3 家政府职能部门和 39 家国内外高端知识产权服务机构。知识产权维权援助和综合服务热线通过各渠道受理的案件 3258 件，受理公共服务包专业咨询 500 多件，帮助 400 多家企业对接专业服务机构。知识产权保护响应中心协助各地市知识产权局办理各类案件 205 件。电子商务知识产权保护中心接受中国电子商务领域执法维权协作调度中心的电商领域专利纠纷案件 2696 件，出具咨询意见 2696 件。“知创福建”平台承接“福建省产业自主知识产权竞争力大数据运用展示”展区布展，300 余家企业、600 余人参观展区。推进国家专利技术（福建）展示交易中心运营，举办网上专利成果推介会 4 场，推介项目成果 315 项；促成专利交易 16 项，金额约 150 万元；公示 13 条拟转让专利及成果项目，涉及专利和项目成果 24 项，金额 914 万元。

【知识产权保护】 2019 年，福州市市场监督管理局开展知识产权重点领域专项行动、知识产权执法“铁拳”专项行动、各类商标品牌保护及全市驰名商标双随机抽查等，配合福建省知识产权局开展专利代理行业“蓝天”专项整治行动。全市市场监督管理系统立案商标侵权案件 146 件，罚没款 232.58 万元，移送公安机关较大商标侵权案件 6 件；查处假冒专利案件 389 件。

【知识产权宣传教育】 2019 年，福州市市场监督管理局开展知识产权宣传活动 30 余场；开展知识产权保护工作培训 2 场。组织开展“4·26”世界知识产权宣传日和宣传周大型宣传活动；以“知识产权助推实体经济高质量发展”为主题，开展 2019 年中国专利周宣传活动。开展“公共文化服务校园行”活动，在福州林则徐小学等中小学开展中小学校知识产权创新文化课 6 场。

全年开展知识产权线上培训 3 场，来自示范企业、高新技术企业、科研院所、服务机构的知识产权管理和科研人员参加培训；组织专利权质押贷款、专利保险、知识产权贯标、专利导航等线下业务培训，联合福建省知识产权培训中心和福建工程学院，邀请国家知识产权局资深审查员授课，开展为期各 4 天的 2019 年专利布局初级实战培训班和专利分析初级实战培训班，企业、大专院校、科研院所技术研发人员及专利工作人员参训，并取得由国家知识产权局颁发的结业证书；线上线下培训人员 2000 多人次，培训企业 400 多家。完成福建省知识产权专员申报工作，121 名来自企业、科研院所的知识产权管理和科研人员申报福建省知识产权专员。

（邹惠珍）

市场监督法制建设

【概况】 2019 年，福州市市场监督管理局出台《关于贯彻落实〈福建省药品监督管事权划分意见（暂行）〉的实施意见》，涉及药品、医疗器械、化妆品审批、日常监督检查、产品抽验、行政处罚、不良反应监测处置等各方面事权，明确市、县两级之间，以及市局各职能处室、局属单位之间的职责分工。开展第七轮简政放权梳理工作，审核论证涉及本部门的取消、通办的行政审批和公共服务事项，将梳理结果报行政服务中心。开展机构改革调整及政务服务事项梳理工作，市市场监督管理局与市审改办联合行文印发《福州市市、县、乡级市场监督管理政务服务事项基本目录的通知》。推进县级集成改革试点，市市场监督管理局下放 18 项行政权力至福清市试点单位，并协调省市场监督管理局下放 6 项行政权力至福清市试点单位。开展“互联网 + 监管”系统监管事项目录清单及检查实施清单梳理工作，梳理市市场监督管理局的行政监督检查事项，完成“互联网 + 监管”系统的前期清单梳理录入工作。组织对《中华人民共和国行政处罚法》《福建省商事登记和监管条例（征求意见稿）》《市场监督管理执法证管理办法》《市场监督管理行政处罚文书格式范本》《福建省药品监督管事权划分意见》等法律法规部门规章及规范性文件提出修改建议；参与《福州市生活垃圾分类管理条例》《福州市社会信用条例》等地方立法调研座谈会。

年内，全市市场监管系统配备执法记录仪 732 台，集中存贮音像记录信息 1568 条，审核重大行政执法决定 417 件。市市场监督管理局草拟完成《福州市市场监督管理局关于深入推进行政执法公示制度执法全过程记录制度重大执法决定法制审核制度的指导意见》征求意见稿。

【普法宣传】 2019 年，福州市市场监督管理局制定并下发年度普法工作计划和普法责任清单，组织各业务处室落实“谁执法谁普法”责任。加强系统内法制培训，组织全局执法人员收看总局举办的市场监管行政处罚程序规定视频培训会，10月底组织全市市场监管系统法制业务培训班1期。4月，市市场监督管理局被市司法局推荐申报全省“七五”普法先进集体。7月24日，市市场监督管理局作为普法单位参加市委依法治市办、市司法局、“先锋944”福州新闻广播推出的全媒体普法栏目《我执法 我普法》第十六期的直播，主题为保障“舌尖上的安全”；全年通过福视悦动平台收看直播的人数3.06万人。9月，市市场监督管理局组织全市市场监管系统人员参加全国市场监管法律知识竞赛，全市系统有1900人参与在线答题，参赛率100%，福州市总分名列全省第三名。年内，市市场监督管理局选送两名干部加入福建省市场监管局代表队参加全国复赛。

【执法监督】 2019年，福州市市场监督管理局召开案审会审理重大疑难案件25件；组织案件听证会5场；审理复议案件128件，其中作出撤销（含确认违法）决定11件，调解3件；办理被复议案件答复9件；应诉65件，其中行政首长出庭应诉2件。

4月17日，福州市市场监督管理局与市中院、仓山区法院在东部办公区召开市场监督管理行政诉讼疑难问题研讨会，就市场监管部门在行政应诉过程中存在的疑难、复杂问题如食品委托抽检程序、提交虚假材料取得工商注册登记、恶意诉讼、申请强制执行期限等问题进行研究讨论。10月，开展行政执法监督检查，并抽取各单位行政许可、行政处罚案卷各一卷进行案卷评查。12月，市市场监督管理局组织开展不合格食品核查处置卷宗抽查工作，按照5%的比例抽取5份卷宗检查。

【行政案件执法】 2019年，福州市市场监督管理领域立案4112件，结案4157件，罚没款7709.15万元。其中，食药类案件立案2236件，结案2292件，罚没款5453.79万元；工商类案件立案1362件，结案1366件，罚没款1615.73万元；质监类案件立案393件，结案399件，罚没款580.55万元；价格类案件立案104件，结案83件，罚没款57.04万元。

2019年7月24日，福州市市场监管局在第十六期《我执法 我普法》全媒体普法栏目中首次开展食品流通执法检查网络直播 （市市场监督管理局 供）

完善执法专案工作机制，启动运行各类专案组，深化打击侵犯知识产权和制售假冒伪劣商品、食品安全、互联网医疗广告、药品制售等重点领域案件查办，其中药械类专案案件10件，罚没款905.7万元；医疗广告等广告专案26件，罚没款43.07万元；“双打”类专案22件，罚没款63.6万元；保健品专项案件10件，个案入库最高金额50万元。

加强对县（市）区市场监管局执法办案的检查督查，加大对督办件、转办件、协查件办理情况的督查。全年转办案件线索242件，食品药品类案件协查件50件，完成药品认定140批次。落实与公安、检察机关的联席会议制度，召开案件工作会、协调会20余场次，全市市场监督管理系统移送公安案件48件。完善电子商务信用评价体系，摸排福州地区网络餐饮主体38681家，完成对8900余家各类涉网经营主体的电子商务信用评价。开展网络商品和服务信息定向监测，筛查情报1376份，完成数据比对分析3934家，固定网络证据1244件。

加强价格监督管理。开展小微企业收费优惠减免政策落实情况抽查，抽查行政事业单位22家、商业银行支行55家。开展医疗服务价格治理，联合市卫健委、市医保局对13家市属公立医院进行医疗收费检查。开展“扫黑除恶”停车场收费专项整治，全市市场监督管理系统检查停车场306家，查处未明码标价的停车场7家，责令整改未规范明码标价停车场4家。

（邹惠珍）

（编辑 黄铭）

财政 税务

财　政

【概况】　2019年，福州市（含平潭，下同）一般公共预算总收入1095.36亿元，完成年初预算的93.8%，比上年下降2%，剔除减税降费因素，同口径增长9.2%，其中地方一般公共预算收入668.08亿元，完成年初预算的94.4%，比上年下降1.8%，剔除减税降费因素，同口径增长8.1%；支出952.17亿元（含省专款和上年结转等支出，下同），增长3%。全市政府性基金收入1009.07亿元，完成年初预算的93%，比上年下降3.5%；支出1288.34亿元，增长18.2%。全市社会保险基金收入201.93亿元，完成年初预算的95.5%，比上年增长7.8%；支出185.04亿元，增长14.9%。

市本级一般公共预算总收入373.95亿元，完成年初预算的91.1%，比上年下降4.8%，剔除减税降费因素，同口径增长6.7%，其中地方一般公共预算收入219.35亿元，完成年初预算的92.8%，下降3.5%，剔除减税降费因素，同口径增长6.8%；支出232.16亿元，下降2.4%。市本级政府性基金收入588.47亿元，完成年初预算的88.5%，比上年增长0.5%；支出777.19亿元，增长17.3%。市本级社会保险基金收入146.08亿元，完成年初预算的93.7%，比上年增长6.2%；支出136.60亿元，增长16%。

【实体经济经营减负】　2019年，福州市新增减税降费146.38亿元（含国家政策和地方性政策减税降费）。降低制造业、交通运输业、建筑业等行业增值税税率，扩大进项税抵扣范围，对生产、生活性服务业加计抵减，试行期末留抵税额退税制度。实施小微企业普惠性税收减免，大幅放宽可享受企业所得税优惠的企业标准，政策范围覆盖95%以上的小微企业。落实个人所得税6项专项附加扣除政策，下调城镇职工基本养老保险单位缴费比例，减免、降低部分行政事业性收费，清理规范有关政府性基金。顶格减征“六税两费”，对小规模纳税人减按50%征收资源税、城市维护建设税、房产税、城镇土地使用税、印花税、耕地占用税和教育费附加、地方教育附加。

【脱贫攻坚投入】　2019年，福州市扶贫项目资金实行全过程绩效管理，完成省扶贫（惠民）资金在线监管系统与福州市惠民资金网衔接。完善扶贫协作和对口支援财政投入机制，福州市对口市、县帮扶到位资金7325万元，比上年增长46.5%，其中市本级到位资金3130万元；落实保障福州·定西东西部扶贫协作专项资金，全年拨付定西扶贫协作前方援建指挥部专项资金3.61亿元，其中市本级1.8亿元。

【污染防治投入】　2019年，福州市加强大气、水、土壤等污染防治资金投入，强化重点行业污染治理和危险废物污染防治；推动农村垃圾处理、污水治理、旱厕改造、拆违拆旧和房前屋后绿化；推进资源、能源节约和循环利用，落实支持节能减排、环境保护各项财政政策。

【经济发展投入】　2019年，福州市推保障“三个年”专项行动资金投入，推动“五个一批”重点项目，鼓励优先发展先进制造业、现代服务业，支持引进落地新材料、新能源、新业态项目。支持创新平台建设，落实研发经费分段补助政策，支持物联网开放实验室建成运营，利用福厦泉国家自主创新示范区建设专项资金，加快省、市技改基金投放使用，推动100个以上重点项目完成技改，培育省级“专精特新”企业和科技小巨人领军企业。建立人才工作资金池，实行引进高层次人才落地奖励、租房补贴等措施，落实“五个一千”人才行动计划，通过举办“榕博汇”等系列活动引进高层次人才2000人。

【城市建设投入】　2019年，福州市补齐城市基础设施短板，加大老城提升改造资金投入，持续推进重大工程和重点区域建设，保障6条地铁线同步开建，实施381个交通缓堵项目；推进安置型商品房试点，实施连片旧屋区改造45个、老旧小区整治80个；支持全国黑臭水体治理示范城市建设，加快城区水系综合治理全面清盘扫尾。

助力新城建设提速，支持滨海新城

重点区域开发，推进国省干线建设，实施景观提升改造、河道综合整治与绿化工程；支持天津大学福州国际校区、福州三中滨海分校、福州滨海实验小学等教育项目，建设第二工人文化宫、数字中国会展中心等公益文化场馆。

【民生保障投入】 2019年，福州市城乡居民低保补助标准统一为每人每月700元，提高城乡居民基础养老金补助标准至每人每月165元，适当提高特困人员、残疾人救助供养水平。落实就业创业扶持措施，实施阶段性降低失业和工伤保险费率政策。加快补齐基层、专科、龙头等医疗卫生短板，提高诊疗设施和公共卫生服务水平。支持市社会福利中心建成运营，给予城乡养老机构财政奖补。保障教育资源、教育质量、教学设施等建设提升，落实公益性文化、体育场馆运行和开放经费。推动社会精细化管理，支持构建智能化城市管理体系，实施生活垃圾分类“四定”方案，加快红庙岭垃圾处理体系化建设。支持“全民动员、绿化福州”行动，建成一批休闲步道、生态公园、景观湖、串珠公园、滨河绿道和公园绿地。

【财政管理改革】 2019年，福州市加强财政管理改革，研究出台市县财政事权和支出责任划分改革实施方案，提高市本级国有资本经营收益收缴比例至30%，完善国库集中支付方式划分管理，推进非税收入收缴与移动支付缴费对接。加大增收节支力度，应对减税降费带来的收支平衡压力，在确保企业享受政策红利的基础上，依法依规组织税收收入，盘活国有资源资产，除刚性和重点支出外其他一般性支出压减10%。提升绩效管理，出台全面实施预算绩效管理实施方案，完善“1+5+N”制度体系，建立市本级绩效指标基础库，建成市级预算绩效管理信息系统，实现全方位、全过程、全覆盖的预算绩效管理，在资金规模、监控内容、评价手段和结果应用等方面取得突破。深化财政法治建设，全面完成2018年度市级财政预算执行和其他财政收支审计报告反映问题的整改落实。年内，市财政局承办省、市人大代表建议106件、政协委员提案50件，全部按时办理完毕，答复满意率100%。

表25 2019年福州市一般公共预算收支执行情况表

预算科目	2019年快报数（万元）	2018年决算数（万元）	增长率（%）	预算科目	2019年快报数（万元）	2018年决算数（万元）	增长率（%）
一般公共预算收入合计	6680759	6803797	−1.8%	一般公共预算支出合计	9521668	9247552	3.0%
一、税收收入	4917614	5037373	−2.4%	一、一般公共服务支出	904023	780911	15.8%
增值税	1838682	1809165	1.6%	二、外交支出	—	—	—
营业税	—	2451	−100.0%	三、国防支出	13717	12972	5.7%
企业所得税	943426	976535	−3.4%	四、公共安全支出	492157	534700	−8.0%
个人所得税	388228	465384	−16.6%	五、教育支出	1810431	1659184	9.1%
资源税	2613	11779	−77.8%	六、科学技术支出	288521	290765	−0.8%
城市维护建设税	290964	287731	1.1%	七、文化体育与传媒支出	195049	137363	42.0%
房产税	232426	232515	—	八、社会保障和就业支出	1,037711	878383	18.1%
印花税	112158	110451	1.5%	九、医疗卫生与计划生育支出	858857	839612	2.3%
城镇土地使用税	64810	88754	−27.0%	十、节能环保支出	262098	182796	43.4%
土地增值税	636955	682507	−6.7%	十一、城乡社区支出	1651869	1686401	−2.0%
车船税	58401	52234	11.8%	十二、农林水支出	642767	749954	−14.3%
耕地占用税	44850	41372	8.4%	十三、交通运输支出	199703	278721	−28.4%
契税	299456	274243	9.2%	十四、资源勘探信息等支出	272997	315810	−13.6%
烟叶税	—	—	—	十五、商业服务业等支出	106758	111134	−3.9%
环境保护税	3404	2252	51.2%	十六、金融支出	4095	10322	−60.3%
其他税收收入	1241	—	—	十七、援助其他地区支出	12863	4151	209.9%
二、非税收入	1763145	1766424	−0.2%	十八、国土海洋气象等支出	100784	115526	−12.8%

续表 25

预算科目	2019 年快报数（万元）	2018 年决算数（万元）	增长率（%）	预算科目	2019 年快报数（万元）	2018 年决算数（万元）	增长率（%）
专项收入	574233	620811	-7.5%	十九、住房保障支出	181342	269117	-32.6%
行政事业性收费收入	110577	176373	-37.3%	二十、粮油物资储备支出	35081	26697	31.4%
罚没收入	260051	155340	67.4%	二十一、灾害防治及应急管理支出	59274	—	—
国有资本经营预算收入	52650	175174	-69.9%	二十二、其他支出	217590	170237	27.8%
国有资源(资产)有偿使用收入	659995	488989	35.0%	二十三、债务付息支出	173402	192130	-9.7%
其他收入	105639	149737	-29.5%	二十四、债务发行费用支出	579	666	-13.1%

说明：1.2019 年福州市一般公共预算收支数据包含平潭综合实验区收支数据；2. 其他收入包括捐赠收入及政府住房基金收入

（郑思吟）

税　务

【概况】　2019 年，国家税务总局福州市税务局组织各项收入 1405.59 亿元，比上年增收 146.05 亿元，增长 11.60%。其中，入库税收收入 1035.93 亿元，比上年减收 1.16 亿元，下降 0.11%；入库社保和非税收入 369.65 亿元，增长 66.18%，增长主要原因是职责划转。税务部门办理出口退（免）税 169.01 亿元，比上年增加 21.21 亿元，增长 14.35%。海关代征税收 85.80 亿元，比上年增收 1.74 亿元，增长 2.06%。税收总量在全省居次席，比厦门的 1167.08 亿元少 131.15 亿元，比泉州的 765.89 亿元多 270.04 亿元。从税收增长来看，增幅（-0.1%）居全省倒数第二，低于全省平均增幅 1 个百分点，比厦门（0.7%）低 0.8 个百分点，比泉州（-5.5%）高 5.4 个百分点。年内，全市税务系统正常管理纳税人 30.86 万户，其中单位纳税人 21.86 万户，个体工商户 8.72 万户，其他类型纳税人 2871 户；增值税一般纳税人 7.26 万户。

【减税降费】　2019 年，福州市税务局落实国家新增减税降费 146.44 亿元。其中，减税 130.64 亿元（个人所得税改革减税 33.05 亿元，2019 年新增小微企业普惠政策减税 17.24 亿元，深化增值税改革减税 67.93 亿元，2018 年减税政策到期后在 2019 年延续减税 1.77 亿元，2018 年减税政策在 2019 年翘尾减税 10.42 亿元），下拉税收增速 12.6 个百分点；社保降费 14.75 亿元（2019 年新出台降费政策减费 6.86 亿元，2018 年降费政策到期后在 2019 年延续减费 5.27 亿元，2018 年降费政策在 2019 年翘尾降费 2.62 亿元）；非税降费 1.05 亿元。落实地方性政策等减免 2.77 亿元。

【税收法制建设】　2019 年，福州市税务局收到重大税务案件申请 41 件（受理 40 件，不予受理 1 件），结转上年度重大税务案件 1 件，其中审结 34 件、在审 5 件、退回补充调查 2 件。收到行政复议申请 10 件，其中受理 6 件，不予受理 2 件，尚处于受理审查环节 2 件。开展规范性文件管理工作，制定税收规范性文件 4 份，清理后有效的税收规范性文件 5 份。3 月、4 月、8 月，分别开展贯彻落实税务总局取消 20 项、15 项、25 项税务证明事项的清理工作。开展公职律师考核和培养，11 名公职律师考核结果均为称职。年内新增公职律师 1 人，组织 2 人参加公职律师岗前培训。接收并核查上级推送的内控疑点数据 2415 条；对 3318 户次企业开展执法督察，发现整改问题 35 个；纠正执法过错行为 104 个，追究过错责任 54 人。

【货物和劳务税管征】　2019 年，福州市税务局完成国家税务总局、省税务局增值税普通任务和快速反应任务共 22 批次 145 户、挽回税款损失 3407 万元。开展金税三期系统、防伪税控系统、货运系统档案、发票等各项数据的核对、清理，全市处理数据近 5 万条。10 月 31 日，增值税发票管理系统 2.0 版上线。在全省率先试点推广基于手机和 PC 端的车辆购置税网上申报系统，只需 3 ～ 5 分钟即可完成车购税申报、缴税、资料报送全部事项。利用省级税务部门与交警部门建立的信息共享平台，实现车辆购置税完税信息税警联网共享。

【出口退税管理】　2019 年，福州市税务局通过压缩量化退税时限、按月通报落实等方式，将出口退税平均办理时限大幅压缩至 3.37 个工作日，实现全省退税最快的目标。关注异常出口、异常企业供货等信息，提高宏观监控分析水平，防范骗税风险，开展预警分析 444 户次。严格审核函调疑点，发出函调核查 895 份，涉及增值税专用发票 16956 份、计税金额 16.79 亿元、退税款2.51亿元。实现出口退税无纸化，全市出口企业通过电子税务局平台进行无纸化申报30605个批次，申报退（免）额153.76亿元，占总申报退（免）税额153.99亿元的99.85%。实行出口企业分类管理，全市备案出口企业中，一类企业83家、二类企业3123家、三类企业2809家、四类企业428家。

【企业所得税管征】 2019年，福州市税务局组织实施国税地税合并后第一次企业所得税汇算清缴工作。落实企业所得税优惠政策，2018年度全市汇算清缴企业享受税率、税额减免金额16.15亿元，享受税基减免971.24亿元，其中1098家企业享受研发加计扣除税收优惠政策，比上年同期的748家增加350家，增幅47.1%；加计扣除额57.8亿元，比上年同期的31.3亿元增加26.5亿元，增幅84.7%。全市有2.66万家企业享受2019年度小型微利企业所得税优惠，受惠面100%，比上年增加1184家，增幅4.67%；减免税额7.56亿元，增加5.06亿元，增幅202.98%。开展所得税多缴税金清理工作，清理历年企业所得税多缴税金2.22万家次，金额17.56亿元。

【个人所得税管征】 2019年1月1日起，新的个人所得税法施行，福州市税务局组织“个税改革党员志愿者服务队”，通过上电台、下企业、进社区、开讲堂等方式，实现个税改革宣传辅导全覆盖。完成专项扣除信息核验试点任务，罗源县税务局被选为全省首批3个专项附加扣除信息核验试点单位之一，在全省选定第2批16个试点单位中，福州市入选5个单位，福清县税务局被选为全国4个承担税务总局实地入户核实专项附加扣除数据工作任务的单位之一。开展优惠数据核实更正工作，全市215.55万人享受个税免征额提高及税率调整优惠政策，累计减免个人所得税28.49亿元；40.63万人享受个人所得税专项附加扣除优惠，累计减免个人所得税4.18亿元。

【财产行为税管征】 2019年，福州市税务局开展土地增值税清算工作，全年入库土地增值税60.88亿元，比上年减收3.83亿元，减幅5.92%。8月1日，福州市税务局新版电子税务局车船税代收代缴申报系统上线。9月1日起，耕地占用税法实施，开具新税法实施后全省首张耕地占用税税收完税凭证。11月1日起，在全省率先试点单位二手房“自主申报、告知承诺、当场完税、事后再核”的办税新流程，实现单位二手房权属转移登记“即办”。市税务局与市自然资源和规划局、市不动产登记和交易中心共同推进不动产登记“四合一”办证模式，被国家发展改革委选为先进案例向全国推广，入选国务院第三批自贸区“最佳实践案例”，受到市政府通报表扬。加强与房产、土地管理部门的协作机制，定期开展涉税信息交换，优化“先税后证”源头控管模式，堵塞管征漏洞，全年入库契税58.42亿元，比上年增收6.52亿元，增幅12.57%。加强与建设、环保部门的协作，开展施工扬尘、煤炭装卸和堆存煤粉尘的扩围工作，加强环保部门的协调配合机制，完善污染物排放等涉税信息数据的共享机制和交换渠道，全年入库环保税4227万元，比上年增收1425万元，增幅58.86%。

【社保费和非税收入管理】 2019年，福州市税务局按照划转改革工作要求，推进社保费“新三险”征管职责划转工作。1月起，承接原五险、机关保、职业年金的明细申报及城乡居民养老保险的零星申报；4月起，承接城乡居民养老保险全面征缴工作、城乡居民医保的新生儿缴费和补缴申报；9月起，开始城乡居民医保2020年度全面征缴工作。全年组织入库各项社会保险费293.83亿元，其中，企业职工基本养老保险126.54亿元，机关事业单位基本养老保险42.18亿元，职业年金15.62亿元，城乡居民养老保险3.3亿元，失业保险5.47亿元，工伤保险2.88亿元，企业职工基本医疗保险82.41亿元，城乡居民医疗保险10.93亿元，生育保险4.5亿元。在推进职责划转中，市税务局在全省率先推行金融普惠点入驻服务，解决办税大厅现金缴费问题；在“e福州”平台上线城乡居民医保缴费功能，开发“个账代扣业务系统”，破解药店代缴医保服务难题。

1月1日起，可再生能源发展基金、大中型水库移民后期扶持基金、核电站乏燃料处理处置基金、核事故应急准备专项收入4项非税收入征管职责划转至税务局。市税务局全年组织入库各项非税收入75.82亿元，其中残保金5.09亿元，工会经费2.25亿元，江堤费6.45亿元，教育费附加13.46亿元，地方教育费附加8.97亿元，文化事业建设费1.39亿元，废弃电器电子产品处理基金0.28亿元，可再生能源发展基金26.4亿元，大中型水库移民后期扶持基金11.38亿元，核事故应急准备专项收入0.018亿元。

【纳税服务】 2019年，福州市税务局连续第六年开展“便民办税春风行动”，推出75条贯彻落实的措施。推行清单式服务，“最多跑一次”清单事项增至159个，占比72.94%；实现“一趟不用跑”的事项167个，占比76.60%，其中111个事项实现全程网上办。落实税务总局公布的税收优惠事项清单，628项税收优惠事项一律由纳税人“自行判别、申报享受”，相关资料留存备查。组建驻厅专家团，成立由政策、管理、技术等方面人员构成的专家团队15支、165人，轮班进驻办税服务厅，为纳税人提供咨询答疑、问题解决等服务。拓展办税缴费服务渠道，实现微信、云闪付缴税，自然人代开发票增加支付宝缴税方式；缴费人可通过福建税务微信公众号、闽税通APP、云闪付、POS机自助缴费、农村普惠金融点及各办税服务厅普惠点等方式缴纳社保费。设置办税服务延伸点13个、24小时自助办税服务厅26个、“闽税通”自助办税服务室19个，方便纳税人自助选择办税。

福州市税务系统全年开展262场面向纳税人的实体培训，培训42788人次，一对一、面对面辅导50036人次，电话、微信辅导42344人次，推送政策短信、微信、邮件等82.78万条，印制发放各类宣传品81.46万份，制作宣传辅导视频短片10部。8月，市税务局上线应用小微企业涉税诉求和意见快速响应机制填报软件，将时限压缩为5个工作日，快速响应纳税人诉求524件。

年内，市税务局依托金税三期纳税信用管理系统实现全过程纳税信用管理，完成2018年度纳税信用评价232093户，经评价结果确认A级10164户占4.38%，B级75639户占32.59%，M级96858户占41.73%，C级4679户占2.02%，D级44571户占19.20%。建立健全动态管理机制，每月实时开展纳税信用补评和复评工作，对纳税信用级别进行动态管理，办理补评26户、复评244户。通过门户网站、微信、办税服务厅等公布纳税信用评价结果4.2万户次；通过福州市公共信用信息平台上传到“信用福州”守信红名单信息9970条、信用评价信息9970条、失信黑名单（重大税收违法案件信息）52条。加强银行业金融机构协作，依托电子税务局推广应用“税企银联动平台”，通过“银税互动”帮助解决中小微企业“融资难、融资贵、融资慢”难题。

【征管基础建设】 2019年，福州市税务局完成13批金税三期并库管户对照及数据清理任务，清理并库数据91.61万条，开展全员全功能、全流程双轨测试，全市录入并库测试业务120.78万笔，每日累计占比均为全省第一，2月1日福州市“金三并库系统”上线对外运行。推行网上办税，全年网上综合受理涉税事项1085.92万次，占比95.83%，综合排名全省第一，其中网上申报率97.73%，网上代开专票占比90.75%，网上涉税文书受理占比73.90%，网上发票申领率87.12%，其他涉税事项占比73.90%。优化税务注销办理，落实市场主体退出便利化措施，全年注销纳税人29933户，其中即办注销25131户，占比83.96%，一般注销3990户，占比13.33%，容缺承诺注销812户，占比2.71%。简化省内跨区域迁移流程，对不存在未办结事项的纳税人在省内跨区迁移，办理时限由原来20个工作日改为即时办结。在全省率先试点私房租赁委托代征模式，实现出租房源一次采集，税费种、征收率“套餐”配置，系统自动计税，纳税人自行纳税取票，被全省推广。帮助企业缓解资金压力，累计受理27笔延期缴纳税款申请，共计税款4.97亿元。

【国际税收管理】 2019年，福州市税务局开展转让定价调查及预约定价服务11件，其中涉及全国联查2件，双边预约定价服务2件。谈签全省首例双边预约定价安排，相关企业从日本国税厅获得退税约4300万元；完成全省首例针对无形资产向境外支付特许权使用费的特别纳税调整案例。

建立非居民税收管理各项工作台账，全年组织非居民企业税收收入约10亿元，比上年增加6636.23万元，增幅7.12%。开展分类走访，全年组织安排12场“走出去”纳税人及递延纳税政策培训。对112家“走出去”企业进行境外税收风险分析，辅导纠正47家企业申报错误。落实税收协定优惠，全年331家次非居民企业享受税收协定待遇，减免企业所得税1.51亿元。通过国际税收管理平台向G20中的15个国家发送588条自动情报信息，占全省系统报送自动情报信息的78.3%，核实回复来自新西兰、芬兰、斯洛文尼亚及日本的4份专项情报请求。

【税收风险管理】 2019年，福州市税务局突出税收风险分析识别工作重点，全年推送风险应对任务74批次，涉及企业2272家次，完成风险管理全流程任务1896家次，其中实际有问题683家次，累计入库税款8.4亿元。利用互联网信息抓取技术，开发全省首个“互联网涉税数据平台”，在全省范围首次将“新三板市场转让”“高管持股变动”及“韩国证券市场”“新加坡证券市场”等13项作为专项风险项目纳入平台监控范围，首期监控的十大股东信息生成评估任务46家次，涉及税款2.13亿元。

【大企业税收管理】 2019年，福州市税务局组织开展3批次千户集团税收风险应对任务，涉及38家企业、160个风险点，通过风险应对查补税款432.39万元、调增应纳税所得额4098万元。组织开展2批次税收风险分析任务，涉及297家企业、2171个风险点，风险分析预估税款6.77亿元。组织完成兴业银行等34家千户集团两个年度的账套数据采集任务。完成“千户集团”426家企业领导挂钩联系工作。制定涉税事项快速响应机制和重大涉税事项协调处理机制及税务联络员制度，为大企业提供个性化服务。

【税务稽查】 2019年，福州市税务系统稽查系列立案检查1260家，审结1072家，结案1062家。查补入库税费

2019年4月29日，福州市税务局向麦克赛尔（中国）数字映像有限公司送达由国家税务总局和日本国税厅签署的双边预约定价安排协议书，标志全省第一例双边预约定价安排协议在福州落地 （福州市税务局 供）

收入4.83亿元。开展“打击虚开骗税”两年专项行动，完成“鹰击”1—3号、“裕浩团伙”等案件查处，被税务总局、公安部、海关总署、中央人民银行等四部门授予“打击虚开骗税违法犯罪工作成绩突出集体”称号。整顿规范影视行业税收秩序。组织开展“双随机、一公开”抽查，安排纳税人自查75家，自查入库税款1817万元。开展扫黑除恶专项斗争工作，被授予“2018年度福建省扫黑除恶专项斗争先进单位”称号。

表26　2019年福州市税务各项收入分级次分税（费、金）种完成情况表

项目	累计入库（万元）	比上年同期增加额（万元）	累计比上年同期增长（%）
一、税费合计	14055855	1460542	11.60
（一）税收	10359348	−11624	−0.11
中央级	4907060	−4710	−0.10
地方级	5452288	−6914	−0.13
省级	930278	181671	24.27
地（市）级	1525365	−130474	−7.88
县（区）级	2996645	−58111	−1.90
1. 增值税	4270247	197207	4.84
其中：直接收入	3962247	72207	1.86
免抵调	308000	125000	68.31
2. 消费税	196886	37464	23.50
3. 企业所得税	2801588	−53799	−1.88
4. 个人所得税	888993	−193591	−17.88
5. 土地增值税	608775	−38323	−5.92
6. 其他税收	1592859	39418	2.54
（二）费金	3696507	1472166	66.18
1. 社会保险基金收入	2782131	915187	49.02
2. 其它费金	914376	556979	155.84
二、出口退（免）税	−1690052	−212052	14.35
三、海关代征	857952	17348	2.06
四、财政总收入	9121131	−296137	−3.14
五、地方财政预算收入	5026917	−146956	−2.84
六、市本级一般预算总收入	3049097	−243015	−7.38
七、市本级一般预算收入	1634428	−122882	−6.99

（林明明）

（编辑　黄铭）

农村建设

【概况】 2019年，福州市农林牧渔业总产值934.92亿元，比上年增长3.8%，产值总量持续保持全省第一；第一产业增加值526.47亿元，居全省前列，增长3.8%，增幅居全省第二；农村居民人均可支配收入21320元，增长9.8%，增幅居全省第五。

【乡村振兴试点示范建设】 2019年，福州市聚焦乡村振兴试点示范村打造，实施30个试点乡镇、311个试点村建设，创建6个省级重点县、15个省级特色乡镇和145个省级试点村，建立市县两级挂钩联系试点镇村等制度，探索打造福州样板、福州模式。引导县（市）区主动作为，其中晋安区通过农村人居环境提升带动产业发展、制度创新激发乡村内生动力，打造九峰村、前洋村为代表的实施乡村振兴战略和农村人居环境整治试点，九峰村入选2019年中国美丽休闲乡村、全国开展美好环境与幸福生活共同缔造活动第一批精选试点村，为全省实施乡村振兴战略提供独特的“晋安样板”。

【农村人居环境整治】 2019年，福州市重点实施农村“厕所革命”和农村垃圾治理、生活污水治理、农房规范试点、村容村貌提升、沿路沿江整治5个行动，全年完成农村户用厕所新改建任务3203户，农村无害化厕所普及率97.94%，实现乡镇公厕、行政村冲水式公厕全覆盖；清理生活垃圾122万吨，垃圾治理率100%，基本建成农村垃圾处理村收集、乡转运、县处理体系；全面完成行政村污水治理任务，完成三格式化粪池新改建32145户年度任务，农村生活污水治理率90.08%；整治裸房3026栋，新建示范农房694栋，拆除“两违”建筑422栋；完成“村植千树”657个村，新建美丽乡村300个、提升美丽乡村示范村100个，福州获全国“关注森林活动20周年突出贡献单位”称号；拆除破旧搭建面积5.9万平方米，装饰建筑立面面积45.2万平方米，整治沿线环卫面积555.7万平方米。

2019年，福州市晋安区九峰村入选2019年中国美丽休闲乡村、全国开展美好环境与幸福生活共同缔造活动第一批精选试点村　　　（晋安区农业农村局 供）

【农业农村改革创新】 2019年，福州市开展农村集体产权制度改革，在完成清产核资和成员认定的基础上，重点抓经营性资产股份合作制改革工作。全市2274个村，其中1849个村完成股份量化，量化时点经营性资产108.86亿元、集体组织成员343.7万人。全市成立村级集体经济组织2257个，录入全国赋码系统的村级组织2249个，向集体经济组织成员颁发股权证书63.17万本（一户一本）。农村土地承包经营权确权登记颁证基本完成，全市确认家庭承包耕地面积9.63万公顷，涉及农户63.24万户，证书颁发到户数61.45万本，占应颁证总数的97.18%。

全市19家农垦国有农场全部完成办社会职能改革，农垦国有土地使用权确权登记面积4257公顷，发证率95.6%，9家农垦国有农场（企业）先行完成公司制改制。

（陆小磊）

农业产业化

【概况】　2019年，福州市加快农业一二三产业融合，新增福清一都镇和罗源起步镇2个全国农业产业强镇、20个农产品产地初加工中心，七大特色产业全产业链总产值超1900亿元。年内，农业农村部对福州市开展四次风险监测抽样，总体合格率保持在97%以上。推进“一品一码”攻坚行动，实现食用农产品源头赋码、一品一码、凭码销售，全市完成1350家生产主体在福建省农产品质量安全追溯监管平台注册工作。完成32个省级优质农产品标准化示范基地、2个国际标准化示范基地创建。

【农业经营主体】　农业产业化龙头企业　2019年，福州市新增农业产业化重点龙头企业国家级1家、省级37家，294家市级以上农业产业化重点龙头企业全年完成销售收入908亿元，比上年增长7.2%，带动农户58万户。

农民合作社　全市新增省级农民专业合作社示范社6个、市级10个，闽清县海西汇农果蔬专业合作社和长乐美生农机专业合作社进入2019年全国农民合作社500强。全市市场监管部门注册登记农民专业合作社总数2655个（联合社25个），有效期内国家级示范社2个、省级示范社41个、市级示范社82个。开展农民专业合作社“空壳社”专项清理工作。经排查，建立“空壳社”异常经营名单684家，完成2011—2015年度74个市级农民合作社示范社的监测工作，经监测合格34个。

家庭农场　全市新增省级家庭农场示范场20个、市级15个。全市家庭农场发展数量累计892个，其中省级示范场86个、市级示范场96个。

【品牌农业】　2019年，福州市新增福建名牌农产品（农业类）3个、评选认定福州市知名农产品品牌10个、福州市知名农产品区域公用品牌3个、“三品一标”68个。福州茉莉花茶、一都枇杷入选2019年度中国农产品区域公用品牌。福州橄榄入选2019年度福建十大农产品区域公用品牌（农业类）。闽清梅溪镇、福清一都镇被评为全国“一村一品”示范村镇。

【休闲农业】　2019年，福州市认定福清天一生态农庄等14家休闲农业企业为2018年度休闲农业示范点。完成福州休闲农业综合信息服务系统项目建设。晋安区九峰村评定为2019年中国美丽休闲乡村。

【数字农业】　2019年，福州市新增省级现代农业智慧园2个、省级农业物联网应用基地6个；新认定市级数字农业示范基地项目2个、市级农业物联网应用示范点项目12个；培育数字乡村试点示范村22个；建成益农信息社1879个；建设全国数字农业建设试点项目2个。

（陆小磊）

农业技术推广与服务

【概况】　2019年，福州市7个主要农业县（市）区持续推进基层农技推广体系改革与建设工作，农业主推技术到位率95%以上。

【农村实用人才培养】　2019年，福州市各类农业专业技术人员1410人（其中女性460人），主要分布在市县乡各类农业技术推广机构、农业综合服务机构、科研所和农业龙头企业。实施基层紧缺人才补充计划，招收8名乡镇农技推广紧缺专业定向委培生；推荐13名非农专业或具有专科及以上学历的县乡农技人员参加专升本“直通车”学历教育。全市新型职业农民6.68万人，全年培训新型职业农民6276人，推荐上报新型职业农民专科学历教育学员168人，组织农村实用技术远程培训5.8万人次。拓宽农技员选聘渠道，从农业乡土专家、种养能手、新型农业经营主体技术骨干、退休农业科技推广人员以及科研教学单位一线服务人员中选聘一批产业紧缺、农民急需的特聘农技员。连江县、永泰县作为全省12个试点县之一开展农技推广服务特聘计划，招募特聘农技员9名。

【农业技术推广】　2019年，福州市培育长期稳定的农业科技试验示范基地20个、农业科技示范主体2915个，安装使用中国农技推广APP基层农技人员743人、使用率83.1%。建立各类优质专用高效重点农作物新品种展示示范项目45个，面积415公顷。全市农作物良种覆盖率98.6%，农作物专用优质率87.5%，水稻优质率86%。

【农业机械化】　2019年，福州市新建9个水稻、旱作生产全程机械化试点，7个特色农业产业全程机械化试点。连江县、福清市由省农机鉴定推广总站评定为省级主要农作物生产全程机械化示范县。至年末，全市水稻耕种收综合机械化率77.6%，主要农作物耕种收综合机械化率64.7%。全市农机合作社30个，作业服务面积1.9万公顷。

（陆小磊）

种植业

【概况】　2019年，福州市稳定粮食安全生产，推动农业供给侧结构性改革，农业种植基础设施建设，全年完成1.28万公顷高标准农田建设任务。

【粮食作物】　2019年，福州市粮食种植面积8.43万公顷，比上年增长1.2%；粮食产量46.88万吨，增长2%。水稻生产功能区划定耕地面积5.9万公顷。实施超级稻品种推广工程，全市推广超级稻总面积 1.46 万公顷，超级稻平均亩产 544 千克。在省对市 2018 年度落实粮食安全省长责任制考核中名列第一。

【特色农作物】 2019 年，福州市水果、蔬菜、茶叶、食用菌产业持续向好发展。全市蔬菜（含菜用瓜）种植面积 13.99 万公顷，比上年增长 4.1%；产量 410.7 万吨，增长 5.2%，居全省第一。食用菌产业持续转型升级，全年产量 23.94 万吨，比上年增长 7%，成为全国最大的香菇出口口岸。茉莉花茶、七境茶等产量持续增加，茶叶全年产量 4.24 万吨，比上年增长 5.3%。水果产量 83.74 万吨，比上年增长 8%，橄榄和李的种植面积和产量居全省第一。全市新建各类设施农业大棚 185 公顷，其中设施蔬菜面积 121.33 公顷，设施水果面积 55 公顷，设施食用菌面积 8.67 公顷。

【绿色生产】 2019 年，福州市实现化肥零增长减量化，完成化肥使用量（折纯量）7.77 万吨，比上年下降 4.07%。商品有机肥示范（示范推广及辐射）1.04 万公顷；种植绿肥（紫云英）0.53 万公顷；推广稻草还田 0.8 万公顷；耕地质量提升和化肥减量增效推广面积 21.67 万公顷（次）；建立市级商品有机肥示范推广点 25 个，示范面积 306.33 公顷。实现农药零增长减量化，全市开展农作物病虫害防治 24.11 万公顷次，农作物病虫害造成损失有效控制在 3% 以内。建立 21 个病虫害绿色防控技术推广示范点，带动推广面积 15.14 万公顷次以上，实现主要农作物绿色防控技术覆盖率 30.06%。农作物专业化统防统治推广应用面积 12.42 万公顷次、覆盖率 40.89%；农作物农药使用量 2746.58 吨，比上年下降 4.13%。开展农业废弃物治理，通过稻草高留桩、机耕稻草粉碎等措施，农作物秸秆综合利用率 92.4%。全面开展废旧农膜集中治理示范建设，全市建设农膜回收示范片 13 个，农膜使用量 5858 吨，废旧农膜回收量 5206 吨，回收利用率 82.5%。

（陆小磊）

林 业

【概况】 2019 年，福州市林业用地面积 74.89 万公顷（其中生态公益林 31.34 万公顷，商品林 43.55 万公顷），有林地面积 64.51 万公顷。全市森林覆盖率 58.06%，林木总蓄积 5074 万立方米，森林蓄积量 4860 万立方米。有国家级森林公园 5 个、省级森林公园 10 个。年内福州市获评为“全国关注森林活动 20 周年突出贡献单位”，市林业局获评为“全国保护森林和野生动植物资源先进集体”、福州市“抓项目促发展”专项行动先进集体。

【造林绿化】 2019 年，福州市完成植树造林 4867 公顷，占年度任务的 166.4%。完成森林抚育 1.32 万公顷、封山育林 1.33 万公顷。开展“村植千树”绿化行动，全市完成“村植千树”657 个村，占年度任务的 109.5%。推进滨海防护林二期建设。帮扶甘肃定西完成建设三期生态林 320 公顷。3 月 20 日，在南江滨东大道西侧马杭洲河绿化地块开展以“携手绿化八闽，共建宜居家园”为主题的省、市领导义务植树活动。春节期间，创新开展“春节回家种棵树”活动。年内，闽侯县、永泰县获“全国绿化模范单位”称号。

【国家森林城市创建】 2019 年，福州市组织开展国家森林城市建设三年提升行动（2018—2020 年），提升国家森林城市建设成果。开展“绿满榕城，绿进万家”活动，完善道路林荫网络、城市绿道、立体绿化、景观道路、公园乔木化改造，组织“最美庭院”“公园单位”“公园小区”主题评比活动。闽侯县荆溪镇创建省级森林城镇。

【森林旅游】 2019 年，福州市发展森林旅游产业，福州鼓岭、闽侯岁昌等 6 家森林康养基地获国家授牌，福建旗山国家森林公园等 6 处公园、景区入选全国特色森林旅游线路。推动改造提升城市周边 10 个省级森林公园，完成修复森林步道 5 条、20 千米，实施白沙林场大径材基地建设、大湖林场福建柏人工林片区保护等特色品牌建设，推进大湖森林小镇项目建设。4 月 13 日，在福州国家森林公园举办福州首届“全民森活节”。12 月 21 日，在永泰县举办 2019 福州市森林旅游节。

【集体林权制度改革】 2019 年，福州市开展重点区位商品林赎买，完成商品林赎买 503 公顷。开展林地占补平衡改革试点，累计完成确权发证面

2019 年 4 月 13 日，由福州植物园、市林业局、市林学会、福州日报社主办的福州首届全民“森活节”在福州国家森林公园举行。图为“绿色爱心联盟”成员单位荣誉授牌仪式

（安梓 摄）

积1186.67公顷。完成13家新型省级、市级林业经营主体标准化建设。成立闽清县金山林业投资发展有限公司并投入运行。在闽清县召开全市林业普惠金融现场推进会。在全省率先完成开展林地保有量异地占补平衡试点。在全省率先全面停止国有林场商业性采伐。

【森林资源保护】 2019年，福州市完成松材线虫病疫情松林防治性采伐改造面积2020公顷，占年度任务的147%。推进闽江河口湿地等5个生态修复项目。完成山体资源保护修复治理项目124个。完成全省第四次森林资源规划设计调查、湿地监测、红树林资源补充调查工作。开展第二轮中央环保督察涉林整改、森林督查、涉林扫黑除恶、毁林建墓整治、清查整治等专项行动。

【林业产业】 2019年，福州市完成闽清县、罗源县省级竹材精深加工项目建设。争取省级财政440万元、安排市级财政200万元用于永泰县、连江县、罗源县和高新区4个县区少数民族村、老区村发展林下经济，新增林下经济示范基地26个。新建花卉智能温室2.3万平方米，全市花卉苗木种植面积提升至5800公顷。完成4个项目招商工作，招商金额19.4亿元。

【林业审批服务】 2019年，福州市推行“四个一线”工作机制，建立与县市政府联席会议制度，在全省首创全面推行“市县同权”涉林审批机制，建立重大项目服务专班，平均每宗审批时间提速10天以上。年内全市审批办结各类项目用林273宗，使用林地定额660公顷，推动273个项目加快落地。

【林业科技】 2019年，福州市开展年度“三下乡”活动，发送各类技术手册、科普资料、宣传画年历等12种1800余份。举办林业科技培训班，全市林业系统60名专业技术人员参加培训。开展“杉木人工林林下华山姜仿野生栽培技术研究”“竹柏资源引种及培育技术研究”等科研项目研究。

（高剑雄）

畜牧业

【概况】 2019年，福州市调整畜牧产业结构，加大牛羊等草食性动物和鸡鸭等家禽养殖规模，全市禽畜出栏情况呈“四增一减”（家禽、牛、羊、兔增，生猪减）态势。针对非洲猪瘟影响生猪产能回落，出台《关于稳定生猪生产保障市场供应的意见》等政策文件，帮助恢复生猪产能。

【产业化经营】 2019年，福州市支持国家生猪核心育种场改进设施设备建设，提高种猪自主选育和市场供应能力，对国家生猪核心育种场在省级补贴200万元/场的基础上，市级配套给予100万元/场的补贴。推动福州市农垦种禽有限公司高产蛋鸡良种繁育与产业化工程（2017—2020年）项目建设，总投资2.42亿元。建设闽清和永泰现代特色畜禽基地，市级财政补助200万元。完成1家国家级畜禽养殖标准化示范场和15家省级优质农产品标准化示范基地（畜禽类）创建建设。

【重大动物疫病防控】 2019年，福州市完成春、秋两季重大动物疫病强制免疫工作，落实动物免疫日制度，全年免疫高致病性禽流感2353.57万羽、口蹄疫265.07万头、小反刍兽疫21.39万只、猪瘟167.87万头，确保存栏畜禽“应免尽免，不留空档”。11个种畜场维持净化，10个种猪场保持猪伪狂犬病的免疫净化场认证，1个种羊场保持布病的无免疫的净化场认证。继续围绕“人、车、猪、肉、料”五大环节开展非洲猪瘟防控工作；落实准调制度、“点对点”“批批检”制度、车辆备案制度、餐厨剩余物监管制度；全市建成9个大型生猪运输车辆洗消中心，永泰县、罗源县农业农村局建成兽医PCR实验室。9家屠宰场建成非洲猪瘟自检实验室。

【动物卫生监督】 2019年，福州市推进动物检疫、监督执法等工作，实现从畜禽养殖到屠宰全链条的有效监管。强化非洲猪瘟防控，“点对点”生猪调运监管落实到位。严把检疫关口，全面实施动物检疫合格证明电子出证，所有县级动物卫生监督所实现跨省调运动物检疫合格证明电子出证数据全国互联互通。开展动物卫生监督双随机抽查，提高抽查比率和频次，全市动物饲养的防疫监督检查抽查比例高于5%，动物屠宰活动中动物防疫情况及生猪屠宰活动监督管理调整为抽查比例高于40%，生鲜乳质量安全监督抽查比例100%。全市办理一般动物产品质量安全执法案件24件，动物卫生执法案件118件，其中一般程序40件。

【畜禽屠宰监管】 2019年，福州市牲畜定点屠宰管理着重企业主体责任落实，强化日常质量管理、重点目标监督检查。开展生猪屠宰标准化建设，永泰县青云食品有限公司通过省生猪屠宰标准化验收标准，成为全省第一批省级生猪屠宰标准化厂。开展生猪屠宰监管“扫雷行动”，打击私屠滥宰等违法行为，全年开展屠宰执法次数403次，出动执法人员1667人次，联合执法次数46次，查处问题12个，责令整改6起，立案10件，办结5件，捣毁私屠滥宰窝点数量3个。

【饲料行业监管】 2019年，福州市对80家饲料生产企业开展质量安全监管和抽样检查，所有饲料生产企业均按照农业部要求，全面完成中国饲料工业统计信息系统月报和年报统计上报工作。全市兽药经营企业在省农资监管平台和国家兽药产品追溯系统注册企业169家，上线率100%。

【畜禽粪污资源化利用】 2019年，福州市组织实施国家重点县福清市畜禽粪污资源化利用整县推进项目建设，项目总投资1.05亿元。连江县获批省级畜禽粪污资源化利用整县推进项目建设，项目总投资2500.64万元。制定出台《福州市畜禽粪污资源化利用整市推进实施方案（2019—2020年）》，市级财政下达500万元专项资金，全市粪污资源化利用率94.64%，大型规模养殖场粪污处理设施装备配套率100%。

（陆小磊）

海洋与渔业

【概况】 2019年，福州市渔业经济总产值1223.49亿元，比上年增长3.9%，占全省的35%，居全省首位。水产品总产量271.52万吨，比上年增长5.1%；渔业产值503.88万元，增长5.1%，占大农业产值的54%。水产品加工产量195.96万吨，产值396.02亿元。全市海洋生产总值突破2600亿元。年内推进10个渔港建设进度，探索和推进社会资本参与渔港项目建设。

【海洋经济】 “十三五”海洋经济创新发展示范城市建设 2019年，福州市推动“十三五”海洋经济创新发展示范城市项目建设，完成投资7.1亿元；完成5个福建省海洋经济创新发展区域示范项目总验收。连江县获批首批省级海洋产业发展示范县（全省3个），获4000万元资金支持。

国家级海洋经济发展示范区 成立市海洋经济发展示范区建设领导小组及办公室，建立工作机制，完善《总体方案》，通过省政府批准同意，由省直三部门印发实施。充实示范任务并细化分解，生成75个重点项目，总投资834亿元；年内完成投资150亿元，占年度投资计划115%。

海洋经济重点项目库 更新项目库，增补13个项目入库，年内立项项目8个，投资1.2亿元，补助资金2800万元。

项目审批 梳理调整市海洋与渔业局权责清单和政务服务基本目录。本级审批事项100%实现“最多跑一趟”要求，全年办结行政审批事项891件，服务质量满意度100%。

【海洋资源养护】 水生生物增殖放流 2019年，福州市开展福建省“6·6”八闽放鱼日福州主会场、“虫林野趣，鱼我同行”等19场放流活动，尝试在内河开展放鱼活动，全年放流海淡水苗种18种、14.4亿尾（粒），种类、数量均居全省前列，创历年新高，其中曼氏无针乌贼（卵）放流为全省首例。

“海洋牧场”人工鱼礁建设 争取国家、省级财政资金支持，推动福清、连江两地建设海洋牧场人工鱼礁项目。福清市东瀚人工鱼礁项目启动前期工作；连江县黄岐半岛人工鱼礁项目通过农业农村部组织的专家复审。

水生野生动物保护 开展水生野生动物繁育、展演、驯养、销售等场所专项执法检查、水生野生动物及其产品利用的“双随机”检查。

【水产养殖业】 2019年，福州市优化水产养殖结构，组织并完成市、县级沿海滩涂水域养殖规划。鼓励发展设施渔业、稻（农）渔综合种养等项目，全市建成并通过验收普通工厂化养殖2万多平方米、深水抗风浪养殖网箱69口、全塑胶养殖渔排4690口，稻（农）渔综合种养面积106.67公顷。拓展深远海装备养殖试验，上海振华重工的“振鲍1号”“振渔1号”和福船集团的“福鲍1号”平台在连江开展深海养殖试验。推动总投资3.8亿元的“福建省离岸深水环保智能渔场”项目，该项目被列入国家“智慧海洋”工程专项扶持计划。

【水产加工业】 2019年，福州市加大资金扶持，省、市级水产品加工补助资金1250万元，带动水产加工企业新增固定资产投资1.4亿元。年内全省最大的海上水产加工船赴外省起捕。

【渔业品牌建设】 2019年，福州市新增“连江鲍鱼”“永杰鱼天下牌金鱼”“SY牌干虾皮”3个市级知名农业品牌。连江海带获批国家地理标志保护产品。福州金鱼参加福州、淄博金鱼大赛，包揽全场总冠亚季军；8月受邀参加“宫廷金鱼”故宫展，9月获国家农产品地理标志认证；福州金鱼神州行活动持续开展，获得市委、市政府主要领导肯定批示。

【远洋渔业】 2019年，福州市远洋渔业产量29万吨，比上年增长13.6%，产值25.4亿元。全市远洋渔船增加到441艘，分布在世界三大洋、6个国家和地区。年内新增远洋渔船更新改造并投产67艘。推动国家级远洋基地落户福州连江，6月农业农村部批复同意福州市设立第三个国家级远洋渔业基地。在全省率先入渔南极海域，实现南极磷虾捕捞“零突破”。圭亚那渔业产业园区启动建设，新签约印尼养殖项目1个。

【渔业周·渔博会】 2019年5月30日至6月1日，2019海峡（福州）渔业周·中国（福州）国际渔业博览会在福州海峡国际会展中心举行，有34个国家和地区的近400家企业参与。现场零售额6954万，经贸配对额5.1亿元，签约重点项目13个，签约金额超227亿元。渔博会成为全国首个获得商务部批准的国家级渔业专业展会。鼓励全市企业赴马祖地区开展渔业生产，宏龙公

2019年，市海洋与渔业局推进水域滩涂养殖证发放工作。图为个体养殖户领取到水域滩涂养殖证 （郑瑞洋 摄）

司在马祖高登岛附近开展贻贝试养成功，圣博公司与马祖渔会签订马祖海域养殖合作协议。

【渔业安全体系建设】 渔业船舶管控 2019年，福州市在全省率先开展渔船组织化管理试点。严控渔船赴敏感海域生产，核实劝离渔船325艘次。开展大中型渔船北斗示位仪安装。实行渔船进出港报告制度。清理整治涉渔“三无”船舶，全市拆解“三无”船舶31艘，超额完成省下达任务。全省唯一将渔船油补发放资金上线惠民资金网。

防灾减灾 开展海洋观测预报及赤潮灾害预警报工作，全年有效应对赤潮事件3次。发布2018年海洋灾害公报。开展汛期安全隐患自查整改。在连江黄岐镇开展防灾减灾预警信息播报系统试点，解决信息传播“最后一公里”难题。全年完成7次防御台风工作，无人员伤亡。

应急处置 应急保障中心接警18起，协助成功营救船舶12艘，遇险人员45人，发送预警短信192万条。在全省率先出台《罗源湾外来避风渔业船舶防台风工作应急预案》。

安全生产监管 开展渔业安全检查4项专项行动，排查隐患524项，全部整改完毕。举办渔业安全宣传教育28场，开展船员培训54期，提升渔民安全生产意识和船员基本操作技能。

水产品质量安全 组织开展三级产地监督抽查、水产苗种监督抽查、禁用药快速检测等工作。年内全市渔业执法检查274次，立案查处1件，药残超标案件查处率100%。开展水产品质量安全宣传活动25场。推进水产品质量“一品一码”全程追溯体系建设，举办培训班20场，全市纳入监管水产生产主体768家，生成追溯码2304张，上传台账信息38336条。

渔港建设 至年底，全市建成39个渔港，其中中心渔港1个，二级渔港11个，三级渔港27个。年内推进10个渔港建设，规划新建、改扩建、提升改造各级渔港57个，加大渔港布局密度，探索和推进社会资本参与渔港项目建设。

【海洋渔业综合执法】 2019年，福州市发挥联勤执法“合署办公”、打砂专班优势，强化部门协作，形成高压态势，保障辖区海洋与渔业生产秩序。全年查处海洋与渔业案件239件，收缴罚没款1998.79万元。年内，市海洋与渔业执法支队获全国渔业执法工作集体及个人“双先进”。

（林莹）

水　利

【概况】 2019年，福州市（不含平潭，下同）完成水利投资58.92亿元，占年度任务58.79亿元的100.22%，其中重大水利项目完成投资52.48亿元，占计划52.42亿元的100.12%，面上项目完成投资6.44亿元，占计划6.38亿元的101.03%。其中马尾区2.06亿元、晋安区0.02亿元、仓山区0.09亿元、高新区0.99亿元、闽侯县4.88亿元、长乐区6.95亿元、福清市8.20亿元、连江县6.17亿元、罗源县6.59亿元、永泰县2.50亿元、闽清县4.22亿元、福州水务平潭引水开发有限公司10.46亿元、福州市城乡建设发展有限公司0.40亿元、福州市闽江下游防洪工程建设公司2.65亿元、福州市闽江下游河道管护中心（原福州市闽江下游管理处，3月更名）1亿元、福州市水系治理指挥部1.74亿元。

【水行政工作】 水资源管理工作 2019年，福州市完成《福州市水资源综合规划》《福州市水资源调度方案与应急预案》《福州市地下水保护规划》编制，完成《福州市水功能区划》修编及水功能区水质监测，完成《福州市水功能区纳污能力核定及分阶段限制排污方案技术大纲》审查。完成福州市取水许可管理工作，新证审批2本，移交取水许可证管辖权限1本（福清建新水库权限移交至福清市水利局）。收取2019年水资源费1711.66万元（其中福州市自来水公司补缴2018年水资源费54.76万元）。

河道采砂管理工作 制定《闽江下游福州段2019年度河道采砂计划实施方案》，全年闽江采砂控制总量127.5万立方米，其中安排省市重点项目建设用砂100万立方米（含水利工程建设用砂8万立方米）、各县（市）区民生用砂27.5万立方米。查扣违法采运砂船舶20艘次（违法采砂船舶14艘次，违法运砂船舶6艘次），查扣违法运砂车辆71辆次，拆解没收违法采砂船舶64艘，罚没款416.22万元，取缔非法采砂点13处，取缔非法堆砂场47处。开展水利行政执法人员业务培训1次。

水环境治理 开展“河湖长制”工作，整治“四乱”（乱占、乱堆、乱采、乱建）问题，福州市主要流域水环境功能区达标率100%，Ⅰ～Ⅲ类水质比例90%；县级以上集中式饮用水水源地水质达标率均为100%。开展涉堤违章清理整治工作，巡查75次、169人次。拆除金山大桥下江心沙洲、青年会防汛通道、三宝寺堤外驳岸、华龙园游艇码头、三县洲冬泳队、横江渡冬泳队、闽江冬泳队、临江冬泳队、太平洋老年游泳基地、通天府庙宇搭盖12处违建。清理菜地、搭盖、堆放物面积1800平方米。开展水葫芦专项清理、三江口堤段应急保洁专项行动。

水利规划编制 开展河道岸线及岸线生态保护蓝线规划工作。完成河道岸线规划296条，其中50平方千米以上河道及岸线生态保护蓝线规划73条。完成牛溪、斌溪200～500平方千米河道流域综合规划编制工作。

水土保持监督执法 审批生产建设项目水土保持方案262个（其中市本级28个，县级234个），对254个生产建设项目开展水土保持监督检查工作，完成自主验收报备15个。依法征收水土保持补偿费1941.71万元，其中市级征收248.26万元，县级征收1693.45万元。

行政审批 出台《关于推进水利工程建设项目审批制度改革的实施意见》和生产建设项目水土保持方案、水资源论证2个区域评估实施细则。除重大水利工程外的其他水利工程建设项目主流程审批时间压缩至36个工作日。“兴建、扩建、改建水工程和与水资源有关的建设方案和设计文件审查”（含“水利基建项目初步设计文件审批”“水利项目可行性研究报告行业审查”）、“生产建设项目水土保持方案审批”有关市级审批权限，下放至县级水行政主管部门。办结行政许可和公共服务事项80项。

【水利工程建设】 重大水利项目 2019年，福州市推进91项重大水利项目建设，完成投资52.48亿元。其中平潭及闽江口水资源配置工程累计完成隧洞开挖49千米，完成管道铺设5.59千米；霍口水库工程主坝浇筑至EL124高程，副坝右岸施工在建；江北城区山洪防治及生态补水工程累计完成主洞开挖16.92千米，支洞开挖5.07千米。向马祖地区供水近期工程动工建设。

安全生态水系建设 完成安全生态水系4条，包括永泰县清凉溪渔溪段安全生态水系建设项目、罗源县鉴江镇东湾溪安全生态水系建设项目、福州市植物园赤桥溪流域安全生态水系建设项目（一期）、闽清县敖江源头下祝河段安全生态水系建设项目，综合整治河长35千米；开工建设安全生态水系项目2个：连江县丹阳镇花园溪、官坂镇合山溪安全生态水系建设项目，完成投资3456万元，占年度投资计划2176万元的158.82%。审批2020年安全生态水系建设项目6个，包括福清市玉林溪、虎溪安全生态水系建设项目、闽侯县洋里溪二期、安平浦安全生态水系建设项目、罗源县白塔乡涠溪、洪洋乡洪洋溪安全生态水系建设项目。

堤防工程建设 开展2019年中央下达投资计划的4个福州市五江一溪堤防工程建设项目，包括闽江防洪工程福州段（二期）、闽江防洪工程福州段（三期）、闽江防洪工程福州段（四期）、闽江防洪工程闽清县梅溪段工程。年度投资计划13000万元（其中中央投资金6500万元），年内完成年度投资21668万元，占年度投资计划的167%。其中闽江防洪工程福州段(二期)主体工程完工。

农村饮水工作 核查整改闽清、闽侯、连江、罗源、永泰5个县76个乡镇4283户13429人建档立卡贫困人口已建饮水设施情况。开展农村饮水安全巩固提升工程，完成投资1764万元，涉及连江县、罗源县、福清市、闽清县，受益人口2.5万人。

水土保持综合治理 完成水土流失综合治理面积9342公顷，占福建省水利厅下达任务8000公顷的116.78%，完成投资10998.1万元，其中水利部门投入资金3987.5万元，完成水土流失综合治理面积3188.67公顷。完成定西水土流失综合治理生态林项目三期205.86公顷造林工作。完成2018年度省级重点县闽清县和省级重点乡镇连江县浦口镇、连江县江南乡、长乐区湖南镇、永泰县盖洋乡验收工作。完成3896人水土流失区建档立卡贫困人口燃料补助发放工作。完成生产建设项目水土保持遥感监管扰动图斑野外复核工作。

中小河流治理 完成罗源护国溪潮格主杭山段防洪工程左岸、右岸、闽清芝溪中小河流治理工程、永泰长庆溪嵩口段防洪工程主体工程，建设连江敖江流域防洪治理项目、罗源起步溪洋北至上长治段防洪工程左岸。年度完成投资10408万元，占年度投资计划8071万元的128.96%。

水利工程除险加固及养护 开展31座常态化病险水库除险加固项目建设，概算投资8583.93万元（其中省级补助4726万元），完成投资8583.93万元，占总投资100%。完成32座水库完成安全鉴定工作。完成全市439座小二型规模以上水库（其中大型水库2座、中型水库14座、小(一)型水库107座、小(二)型水库316座）的注册登记资料上报和1座水库的销号工作。完成福清市友谊、北郭、陈厝、虎丘海堤和连江县大官坂海堤除险加固建设任务。2019—2020年计划实施8条海堤除险加固工程，总长10.14千米，总投资9176万元，完成3条海堤除险加固（罗源松山海堤，福清北魏海堤、西海海堤）。5条海堤除险加固正在施工。完成罗源松山纳潮闸、福清柯屿垦区西堤水闸、福清柯屿垦区东堤水闸的除险加固任务。连江东岱新12孔续建工程正在建设，完成投资266万元，占年度计划投资331万元的80%。小型水利工程维修养护完成投资1321万元，占年度计划投资100%。

水电工程管理 完成4座农村水电站增效扩容改造项目的机组启动和完工验收，“十三五”13座农村水电站增效扩容改造任务全部完成。自2017年开展中央环保督察至2019年，累计完成405座水电站生态流量设施改造，完成率98.3%；完成399座水电站生态下泄流量在线监控装置安装，完成率97.79%；退出或报废水电站44座(装机10439千瓦)。核准开标水利工程公开招标项目17个。

库区移民安置工作 开展5座拟在建水库建设征地补偿和移民安置工作。开展大中型水库移民后期扶持，申报使用后扶资金9936.68万元，其中发放移民直补资金2072.4万元，受益直补移民34540人；申报后扶项目103个，投入移民资金7864.28万元。项目主要集中在环境综合整治和生产开发项目。开展水库移民后期扶持人口信息数据更新工作，确认34540个人口信息数据。

（陈嘉）

2019年6月17日，晋安河直排闽江通道正式通水，晋安河水由闽江北港防洪堤下的新出水口处入江（张人峰 摄）

（编辑 周弭姣）

工业

综 述

【概况】 2019年，福州市工业增加值2610.31亿元，规模以上工业增加值比上年增长8.7%，增速居全国省会城市第二、东部沿海省会城市第一。规模以上工业总产值总量突破万亿，比上年增长9.1%，总量居全省第二。纺织化纤、轻工食品、机械制造、冶金建材、电子信息五大行业产值超千亿规模，轻工食品行业产值首次突破2000亿元，五大产业实现规模以上产值超9500亿元。工业固定资产投资比上年增长16.2%，完成投资总量居全省第一，高于全市固定资产投资增速6.7个百分点。制造业投资比上年增长17.2%，占工业投资比重79.8%，其中先进制造业投资增长26.4%，比上年增长23.9个百分点；技术改造投资增长19.2%，完成技改投资总量位居全省第一。出台龙头企业改造升级行动方案，培育新增长点，帮扶减停产企业。制造业单项冠军数量全省第一。出台《推进全市高新技术企业标准厂房建设的工作方案》及实施细则。竣工厂房65.7万平方米，完成年度计划。建立周协调例会制度，“一企一议”推动项目建设。组织实施“海上福州”重点项目210个，全年完成投资660.99亿元，超额完成年度目标任务。海洋生产总值达2680亿元。化工新材料、海上风电装备、绿色钢铁、新能源、水产品精深加工等临港产业发展迅速，江阴国际深水大港、机场综合交通枢纽等重大基础设施项目在建。福州（连江）国家远洋渔业基地获批，成为第三个国家级远洋渔业基地。年内，获批国家“综合型信息消费示范城市”。举办第二届数字中国建设峰会分论坛和成果展览会，分论坛嘉宾和参会代表突破1.3万人次，成果展参展单位421家。组织评选民营数字经济示范企业33家。推进福州软件园“一园多区”建设，新增引进、增资扩产项目210个。建成全国最大规模的NB-IoT商用项目，完成30万台智能水表安装。成为物联网行业标准制定重要城市，物联网开放实验室累计发布标准21项，立项在编11项。落地建设国家工业互联网标识解析二级节点（福州）。摩尔云、海创云等5个平台获评省第一批工业互联网示范平台（全省9个），工业企业实现“上云上平台”811家。战略性新兴产业培育工作获国务院办公厅通报表扬。实施战略新兴产业发展专项，推进省级战略性新兴产业重点项目建设35个，功能性新材料建设国家战略性新兴产业集群发展。规模以上工业战略性新兴产业增加值占规模以上工业增加值比重26.3%，比上年增长1.6个百分点，增速5.6%；规模以上工业高技术产业增加值占规模以上工业增加值比重11.5%，增长0.6个百分点，增速7.1%。“小升规”企业增加。掌握规模以下工业企业销售收入，建立

2019年，福州市友谊新材料科技工业园项目加快建设。图为工人调试生产设备
（池远 摄）

培育提升企业库，提前部署申报纳统工作。提升企业409家，比上年增加258家，增长170.9%。绿色工厂和示范企业数量居全省第一。组织实施节能循环经济项目，推动企业节能降耗，建设绿色制造体系。福光光电、京东方光电、厚德节能、申远新材料、福耀玻璃5家企业入选工信部绿色工厂，占全省总数的25%；捷联电子、金强建材、雪人股份3家企业被工信部评为绿色供应链管理示范企业，占全省总数的75%。

【工业重点项目】　2019年，福州市智慧体育产业园、景丰6万吨锦纶等项目开工48个，唐源合纤锦纶、奔驰汽车技改等100个项目投产。招商落地项目总投资居市直机关第一位。组建11支招商小分队，分行业、领域开展产业链招商和技改招商。促成大东海绿色精品钢铁基地、立华智纺二期等项目落地63个，总投资430亿元，连续两年居市直单位第一。对接并纳入福建省经信项目管理系统的签约项目251个，总投资额1161.7亿元，居全省第二。组织实施市级工业重点项目294个，完成投资327.65亿元，推动友谊新材料科技工业园三期、华映柔性显示中心二期、福光非球面镜片改造、京东方显示器件生产线技改、景丰6万吨锦纶、新大陆POS技术改造等项目开工51个；金华鼎建筑产业基地、福建奔驰生产线技改、申远环己酮生产工艺变更、罗源闽光物联云商、鸿生高科PC构件等116项投产或部分投产。

【工业龙头企业】　2019年，福州市有省级工业和信息化龙头企业110家，居全省首位。规模以上工业企业中年产值超亿元的企业1300家，完成产值超9500亿元；产值超10亿元企业202家；超20亿元企业86家；超50亿元企业31家；超百亿企业（集团）15家。纺织服装、电子信息、机械制造等主导产业和新一代信息技术等战略性新兴产业企业占70%以上。长源纺织和联迪商用2家企业列入工信部第4批制造业单项冠军榜单（全省4家）；全市5家企业、9项产品获评省级制造业单项冠军（位居全省首位）。福州市累计列入国家级制造业单项冠军企业（产品）8家，省级制造业单项冠军企业16家、单项冠军产品33个，总量位居全省首位。

【中小企业服务】　2019年2月，福州市印发《进一步支持中小企业发展的若干措施的通知》，从强化组织领导、落实减税降费政策、助力企业成长、支持创业创新、加强企业服务、支持市场开拓、加强人才引进、强化监督检查等9个方面扶持中小企业发展。召开政策宣讲会13场次，惠及企业700余家。

培育“专精特新”中小企业，认定省“专精特新”中小企业59家，累计127家，上榜国家首批专精特新“小巨人”企业名单企业2家。组织企业参加第二届“创响福建”中小企业创新创业大赛暨2019年“创客中国”中小企业创新创业大赛福建区域赛，报名参赛项目近200个，进入闽东北赛区前50强项目36个，进入决赛项目16个，福建福信富通网络科技股份有限公司获企业组一等奖，市工信局和中小企业服务中心获优秀组织奖，排在全省首位。开展企业管理提升培训会13场次，惠及企业数量逾700家次，分两批次选送100家“专精特新”培育库企业的高管人员赴杭州浙江大学、上海复旦大学深造。与中国进出口银行签订合作协议，组织合作银行对有融资需求的重点企业开展“一对一”对接活动。举办产融对接活动，搭建政银企对接平台，累计推动200家企业、10余家银行开展对接，达成签约意向20多家，签约总金额逾3900万元。建立健全中小企业公共服务体系。打造“互联网+精准服务+协同创新”的中小企业公共服务平台网络，全年入驻专业化服务机构20多家，开展服务对接2000多家次。培育一批小微企业创业创新示范基地、中小企业公共服务示范平台，年内获批国家级示范平台1个，新审核通过国家级基地1个。福州市累计有国家级示范基地2个、省级示范基地7个，国家示范平台2个、省级示范平台15个。

【园区建设】　2019年，福州市有重点工业园区22家，其中国家级7家，分别是福州经济技术开发区、融侨经济技术开发区、福州高新技术产业开发区、福州新区仓山功能区、福州台商投资区、福州新区福清功能区、福州保税港区（海关特殊监管区）；省级9家，分别是福州软件园、福州福兴经济开发区、福州金山工业园区、闽侯青口汽车工业园区、罗源湾经济开发区、福清江阴港城经济区、龙田经济开发区、连江经济开发区、福州新区长乐功能区；其他6家，分别是闽台（福州）蓝色经济产业园、福州临空经济区、可门经济开发区、闽侯经济技术开发区、闽江口工业区、闽清经济开发区。出台《关于加强重点工业园区建设的若干措施》，建立市领导分管机制，加大资金、人才向重点园区倾斜。强化绩效考评，优化调整考评体系，制定2019年度园区绩效考评办法。推进园区基础设施项目建设，工业园区改造升级工程包项目完成投资9.9亿元，超额完成全年投资计划。

（林捷　曾长旺　郑凌峰　陈少华　廖世清）

机械冶金

【概况】　2019年，福州市机械装备制造行业实现产值1719.8亿元，比上年增长7.4%，全行业有规模以上企业542家。形成以福建奔驰为龙头汽车制造业、以马尾造船厂为龙头的船舶制造业、以金风科技为龙头的海上风电装备制造业、以及以明辉机电、中能电气为龙头的电机电气等门类齐全的机械装备制造业体系，拥有8个子行业，分别为汽车制造业、船舶及海工装备修造业、电气机械及器材制造业、通用设备制造业、专用设备制造业、金属制品业、仪器仪表制造业和金属制品、机械和设备修理业，成为福州市第三大支柱产业。年内冶金行业实现产值788.3亿元，比上年增长22.3%，全行业有规模以上工业企业38家。形成从高炉炼铁到主要生产各类建筑用的棒材（螺纹钢）、线材、角钢、槽钢、彩涂板及不锈钢板带等产品的产业链；初步培育形成以奋安铝业、中铝瑞闽为龙头的铝材产业，以宝钢德盛、吴航不锈钢为龙头的不锈钢产业，以闽光钢铁、亿鑫钢铁、吴航钢铁为龙头的普钢产业，以福耀集团、万达汽车玻璃为龙头的玻璃产业，以闽清陶瓷企业为龙头的陶瓷产业等。

【冶金行业】 2019年，福州市奋安公司铝型材处于国内领先地位。中铝瑞闽的铝板带处于国内先进水平，其带材（高端电子产品用铝）占有率全国第一，技术国内领先。福建祥鑫股份有限公司铝合金梯子技术位居国际水平。宝钢德盛是全国较大规模的不锈钢生产基地之一。

【造船工业】 2019年，福州马尾造船厂105米深水多功能水下支撑船和84米双体半潜式移动居住辅助平台完成研制并交付使用，全球首制227米深海采矿船“鹦鹉螺新纪元”出坞，第五艘1162TEU支线集装箱船完成试航任务，11000吨成品油/化学品运输船系列船第二艘交付使用；东南造船厂推进转型升级工作，年内交付使用船舶18艘，包括45M私人游艇，10000DWT油轮，20500DWT散货船，海上风电运维船、65M操锚供应船、65M多用途海洋支持船、85M海底支持维护船；爱莱格主要建造拥有自主品牌的TRAWLER系列40、44、48、51、58、65、75英尺各种游艇，产品全部销往欧美，公司生产并销售出口40英尺以上各类游艇近50艘；年内福建华东船厂船舶修理及改装256艘。

【重点项目建设】 汽车产业 2019年，福州市依托青口投资区，以福建奔驰、东南汽车为龙头，鼓励开发引进新车型，发展智能网联汽车、新能源汽车。利用雪人公司氢燃料电池技术，发展氢燃料汽车。推进与宁德时代等省内企业合作，发展新一代电动汽车。发展L4级自动驾驶汽车，利用现有汽车产能，加快智能化升级。围绕整车生产，完善零部件企业配套布局，支持星云电子等配套企业发展，重点引进汽车电子、燃料电池发动机等新能源汽车配件项目，开展冠城瑞闽新能源汽车动力电池、富得巴电机、万润电控等新能源汽车三电产品项目。

能源装备 以风电成套机组设计和组装为核心，带动风电关键零部件发展，开展核能、潮汐能、生物质能、地热能设备及核心配套零部件的研究和制造，建设海西核能工程技术中心。推进三峡海上风电产业园、三峡福建长乐外海百万千瓦海上风电场先行工程等风电装备项目建设，鼓励福州市区域内的海上风电开发企业优先采购福州海上风电装备产业园内企业生产的产品，优先购买其提供的运维、检测、认证、培训等服务。

智能装备 突破新型传感器、智能测量仪表、工业控制系统、伺服电机及驱动器等智能核心零部件。统筹布局和引进发展智能网联汽车、智能工程机械、智能生产线的整机生产企业。组织研发具有深度感知、智慧决策、自动执行功能的高档数控机床、工业机器人、增材制造装备等智能制造装备。发展具有自主知识产权的智能安防、智慧医疗、可穿戴智能产品、感知交互式影音设备等智能终端产品。

船舶修造 依托连江粗芦岛船舶修造基地，发展船舶制造产业，引进大企业大项目，重点发展多用途海洋工程船舶、游艇等，转型发展海洋工程装备，完善产业配套，打通海工船舶装备产业链。

纺织机械 以鑫港纺机为龙头，开展经编机械等高端针织机械研发生产，提升产品竞争力。结合长乐化纤纺织产业需求，鼓励和引导纺织化纤龙头企业通过收购兼并、强强合作等方式，策划对接国际、国内先进纺织机械项目，发展高端纺纱机械、印染机械、非织造机械、化纤机械设备等高速度、高效率、低能耗、成套性纺织机械，拓展品种类型，逐步对进口机械形成替代，打造本土纺织机械生产基地。

钢铁 依托大东海精品钢铁项目的汽车板、家电板、装备制造业用钢板等中高附加值品种，为汽车、机械、能源、集装箱等下游行业提供优质板材，支撑下游用钢产业发展。以宝钢德盛精品不锈钢绿色产业基地为依托，延伸不锈钢加工及应用产业链，加强罗源不锈钢生产基地建设，拓展不锈钢精深加工产业链，开发高档冷轧不锈钢产品。通过亿鑫钢铁和三钢闽光联合重组，调整钢铁产业结构。

【企业技术创新】 2019年，福建中海创集团、福建星云电子股份有限公司、福州国化智能技术有限公司等企业具备一定的智能制造系统解决方案供应能力；东旭光电、福耀集团、中铝瑞闽等7家企业获得工信部智能制造综合标准化与新模式应用项目；福耀集团、经纬新纤2家企业获得工信部智能制造试点示范项目；景丰科技、雪人股份、东南汽车等8家企业获得省级智能制造样板工厂（车间）示范项目；恒申集团、星网锐捷、冠城瑞闽等22家企业获得省智能制造试点示范项目；15家企业16个产品获得首台（套）重大技术装备（含智能制造装备）认定。

（丁杨菲）

电力工业

【概况】 2019年，福州市第一、二、三产业和居民生活用电分别为5.44亿、268.07亿、98.79亿、96.52亿千瓦时，分别比上年下降1.44%、增长2.08%、8.19%、4.35%。闽清、永泰、连江地区增幅居前，分别为10.25%、9.19%和9.14%。年内，国家电网福州供电公司获得由全国总工会颁发的“全国五一劳动奖状”称号，是2019年国网系统内唯一一家获此称号的单位。

表27 2019年福州地区全社会用电量情况表

地区	全社会用电量（亿千瓦时）	增长率（%）	工业用电量（亿千瓦时）	增长率（%）
市区	157.74	6.21	34.02	8.77
长乐	109.75	−0.55	90.96	−2.00
福清	82.35	2.29	55.33	−0.06

续表 27

地区	全社会用电量（亿千瓦时）	增长率（%）	工业用电量（亿千瓦时）	增长率（%）
罗源	39.02	4.22	34.02	4.24
闽侯	27.62	1.17	14.61	-4.30
连江	29.36	9.14	16.32	11.34
闽清	14.09	10.25	9.66	12.08
永泰	8.89	9.19	4.01	7.62
全市	468.82	3.74	258.93	1.80

【电力供应】 2019年，福州地区电网拥有220千伏变电站39座，主变78台，变电容量1506.62万千伏安，220千伏输电线路2275.45千米，其中电缆线路81.83千米。110千伏变电站156座，主变304台，变电容量1446.67万千伏安，110千伏输电线路2898.18千米，其中电缆线路428.98千米。35千伏变电站37座，主变65台，变电容量52.51万千伏安，35千伏输电线路852.74千米，其中电缆线路30.21千米。10千伏线路长度2.3万千米。

【电网建设】 2019年，福州市投产220千伏半章变等49项输变电工程，新增变电容量和线路里程180.16万千伏安和305.48千米。全市220千伏、110千伏重载变电站数量分别比上年下降12.5%和40%，迎峰度夏期间电力供应平稳。推进福州“世界一流城市配电网”建设，建成10千伏出线142条，完成城区支路缆化258条，成立城市核心区一流配电网示范区。城网户均停电时间缩短至1.39小时，户均配变容量提升至4.29千伏安。优化对马祖供电方案，完成大陆侧换流站址核准。

【农村电网改造】 2019年，福州市实施乡村电气化提升工程，新建改造10千伏配变1365台、线路2148千米，惠及12万农村居民用户。解决10千伏线路“卡脖子”23条、居民低电压1400户。全部乡镇实现至少2回10千伏线路供电，山区农村“低电压”问题基本解决。年内实现农村电网10千伏接线标准化率87.13%，供电可靠率99.951%，电压合格率99.986%，户均容量3.29千伏安。优化光伏扶贫项目接入服务，申请容量2442.15千瓦，实现清洁电量全额消纳。

【电力技术创新】 2019年，福州市推动供给侧和消费侧电能替代，完成替代电量23.29亿千瓦时，比上年增长5.33%。新装32.13万台高速宽带载波通信智能电表，实现鼓楼、台江核心区全覆盖。建成鼓楼军门社区“智慧能源小区”综合示范项目。完成市级车桩监管平台建设，全市充电桩接入率90.43%。完成300个配电站房开关防误锁具覆盖和应用。完成“多站融合”试点董奉220千伏变电站前期工作。共享变电站场地资源，开放数据中心站、5G基站、北斗地基增强站等公共信息基础设施建设。

【电力安全生产】 2019年，福州市开展安全生产集中整治，完成电气火灾综合治理、保障大电网安全等9个专项行动“回头看”，隐患整改率97.92%。推广作业风险管控平台，强化小型分散和非停电作业计划管控。落实风险隐患双重预控，管控电网运行风险529项。推进电网“全顺控、全防误”体系建设，实现106座变电站“全顺控”、41座变电站“全防误”。完成第二届“数字中国”建设峰会、庆祝新中国成立70周年系列活动等重要供电保障任务。实现连续电力安全生产4564天。

【供电服务】 2019年，福州市推行供电服务指挥中心与网络服务机构协同运作，高、低压故障抢修时长比上年下降48.93%、28.52%。推广不停电作业和“先复电后抢修”，不停电作业率89.82%。全地区低压接入标准容量提升至160千瓦，符合条件的小微企业客户实现“三零”（零上门、零审批、零投资）服务。

（吴文可）

医药化工

【概况】 2019年，福州市生物医药行业规模以上企业32家（其中医药27家，医疗器械5家），完成工业总产值96.7亿元，比上年增长28.3%。石油化工产业规模以上企业67家，完成规模以上工业总产值452.4亿元。

【生物医药工业】 2019年，福州市推进丽珠集团福州福兴医药有限公司高抗产品升级改造项目、福抗药业股份有限公司福抗药业产品升级改造项目、福州宏东食品有限公司宏东海洋生物产业园以及福建贝瑞和康检验所有限公司基因检测产业园项目等重要项目建设。全行业规模以上企业研发投入强度在2%以上。提升创新质量，新药注册占药品注册比重加大，一批高质量创新成果实现产业化，新药国际注册取得突破。海王福药研制开发出二类新药替米沙坦原料药与片剂、三类抗癌药等国家级新药30余种，获得数十本新药证书，278个品种规格涉及化学合成、制剂及医疗器械三大领域；丽珠福兴医药硫酸粘菌素甲烷磺酸钠、硫酸卡那霉素原料药产品各项技术指标在国内处于领先水平；盐酸万古霉素原料药产品率先打破国外厂商国内市场多年垄断地位，成为国内盐酸万古霉素原料药第二大生产商及销售商，占出口市场份额的28%；在免疫组化单克隆抗体研发方面，迈新公司完成免疫组化单克隆抗体自主开发80余种，申请发明专利24项，其中获得授权9项。打破国外公司对抗体原材料的垄断，实现国产替代；福抗药业的庆大霉素全球市场占有率排名第一。完成基本药物口服固体制剂仿制药质量和疗效一致性评价。海王福药推进药品一致性评价工作，开展11个品种，碳酸氢钠片通过药品一致性评价；福抗产品生产单元的工艺路线、生产布局按照欧美现行版、中国新版GMP标准设计实施，主要产品通过美国FDA、欧盟CEP和日本PMDA高端法规市场认证，拥有具备国际领先水准的现代化制药生产平台。丽珠福兴的四环素发酵水平达到国际先进水平，在国内率先开发出利用基因工程菌发酵法生产L—苯丙氨酸技术、抗生素清洁生产技术、高产硫酸粘菌素生产技术、高产卡那霉素生产技术、高产万古霉素生产技术等29项核心技术。

【石油化学工业】 2019年，福州市培育形成三类石油化工产品加工产业，分别为以耀隆化工为核心的煤产品加工产业、东南电化为核心的盐产品加工产业、中景石化为核心的石油化工产业。推进万华化学园落地开工建设，江阴千亿化工新材料专区初具规模。

（王均 林东）

轻纺塑料工业

【概况】 2019年，福州市532家轻纺工业规模以上企业完成工业总产值2985.2亿元，化纤产量5477.57万吨，比上年增长21.5%；纱线产量349.13万吨，增长5%；布产量421.4万米。短纤、长丝、混纺纱年产能近330万吨，纺纱年产能800～850万锭，锦纶民用丝年产能150万吨以上，是全国最大的化纤混纺纱生产基地和锦纶民用丝生产基地，经编产品占全国市场份额的六成，在国内涤纶纱、民用锦纶丝、经编花边等细分市场占据定价优势。

【纺织工业】 2019年，福州市纺织工业形成环己酮—己内酰胺（CPL）—对苯二甲酸（PTA）—涤纶、锦纶、氨纶—经编（含花边）—染整—后整理和化学短纤维—纺纱—织造—服装2条产业链。恒申集团、永荣集团、金纶高纤、新华源集团、山力化纤、长源纺织等一批龙头企业在国际国内具有较强竞争力。

【轻工食品业】 2019年，福州市箱包、塑胶制品等传统特色产业实现提质增效，祥兴集团箱包产品生产规模、技术装备处于行业领先水平，是全国最大的箱包制造企业之一，福建思嘉环保材料是中国制造生物质及污水相关工程的强化材料及沼气池终端产品的唯一制造商，并且是中国排名第一的涉水防护服材料、充气艇材料及气密材料制造商，国内领先TPU、膜结构以及防水卷材生产商之一。

轻工食品产业作为福州市第二大支柱产业，水产品加工是食品加工制造业的重要组成部分，以沿海县（市）为重点，发展水产品精深加工和出口加工业，形成连江和马尾海产品加工、福清与长乐鳗鱼对虾加工等具有区域优势、经济效益较高的水产品特色产业。油脂加工主要以福清、长乐的大豆、油菜籽、花生油生产企业为代表，产能较集中，规模体量大、副产品带动作用明显。酒、饮料、茶制造主要位于马尾、仓山、连江和闽侯。福州茉莉花茶是花茶类地域品牌非物质文化遗产，茉莉花茶制作传承具有鲜明特色。推进福州（连江）国家远洋渔业基地建设，打造从远洋捕捞、深海养殖、精深加工、冷链物流海洋食品全产业链条。推进元洪国际食品产业园建设，完善食品加工、冷链仓储物流、电子商务、公共服务平台及相关配套服务；探索“两国双园”模式，推动国际食品产业链合作。

【重点项目建设】 2019年，福州市轻工食品业重点推进胜田（福清）食品有限公司年产速冻食品5万吨、水产加工品2万吨项目，福州宏东食品有限公司宏东海洋生物产业园，福州伟华食品有限公司年产9万吨调味品项目，福建海文铭海洋科技发展有限公司水产品深加工项目，福建好莱屋轻纺有限公司调味品、食用油脂生产项目，福建吉百年食品有限公司黄酒、调味品生产项目，福建美汁源生物科技有限公司饮料一体化生产加工项目等一批重点项目建设。纺织行业重点推进长乐恒申合纤科技有限公司年产1万吨功能性改性纤维建设项目、福建锦江科技有限公司的年产15万吨聚酰胺一体化建设项目、福建唐源合纤科技有限公司年产2万吨锦纶DTY长丝生产线、福建长源纺织有限公司的功能性纱线智能化技改项目等。

（王均）

工艺美术

【概况】 2019年，福州市加大对传统工艺美术的抢救保护和振兴发展工作力度，完成产值218亿元，出口额112亿元。福州工艺美术分为两大类，一类是传统手工艺品，主要有脱胎漆器、寿山石雕、软木画、木雕、根雕等20多个品种；另一类是日用工艺品，主要有金银首饰、铁艺、木制品、帆布画、工艺钟、漆艺、皮革制品、园艺制品等家居装饰品和日用工艺品。

【工艺美术人才培养】 2019年，福州市开展工艺美术系列人员职称评审工作。牵头各县区、各工艺行业协会组织申报工艺美术职称，获得正高级工艺美术师任职资格4人、高级工艺美术师任职资格18人、工艺美术师任职资格74人、助理工艺美术师任职资格38人。对脱胎漆器、软木画等传统工艺品种实行大师带徒授艺津贴。启动第六届福州名艺人评选。年内申报特级名艺人16人、一级名艺人56人、二级名艺人126人。新增大师工作室5个，省级技能大师工作室3个，市级大师工作室2个。8月出台《福州市关于抢救保护软木画技艺的扶持措施》，为抢救保护濒临失传的福州重点传统工艺美术软木画技艺，由晋安区负责采取免租金方式提供600平方米以上面积场所，作为软木画技艺传承保护基地，用于软木画生产、传习及展示；提高软木画大师带徒津贴标准；在市旅游职专学校设立软木画专业奖学金；每年筛选不少于10名从事软木画生产创作的年轻学徒，每月给予2500元的生活补贴等保护措施。

【工艺美术行业重大活动】 2019年5月，福州市组织参与福建省第十届“争艳杯”大赛，获得5金、18银、18铜、29个优秀奖。7月，举办第二十五届工艺美术创新设计“如意奖”大赛活动。该届如意奖由福州市人民政府主办，福州市工业和信息化局承办，福州市寿山石行业协会、福州市脱胎漆器行业协会、福州市木雕行业协会、福州寿山石鉴定中心共同协办。大赛以“守匠心，致创新”为主题，组织逾300名福州市工艺美术从业人员报名参赛，参赛作品272件（套），评出获奖作品59件（套）。获9金、17银、27铜、最佳创意奖3件、最高人气奖3件。11月，参与中国轻工业联合会举办的中国工艺美术博览会，福州市展团获“百花奖”“百鹤奖”61项，其中金奖10项占全国金奖总数10%，福州市工信局被中国轻工业联合会授予优秀组织金奖。同期中国四大名石展在北京举行，由福州市人民政府、杭州市临安区政府、青田县人民政府、巴林右旗人民政府共同组织，福州团获10金、12银、15铜。

【工艺美术行业交流合作】 2019年，福州市由行业协会组织参加各种展会11次，其中由福州寿山石行业协会、福州脱胎漆艺协会、福州木雕行业协会、福州西园软木画协会等组织行业重点企业和协会会员，参加2019中国工艺美术博览会、四大名石展、第七届中国（湖南）国际矿物宝石博览会、第十四届中国（莆田）海峡工艺品博览会、第十五届中国（深圳）国际文化产业博览会、第十七届中国工艺美术博览会暨古典家具、收藏品博览会、2019杭州工艺美术精品展、2019厦门海峡文博会、“5·18”、2019年寿山石精品拍卖会。

（黄志强　吴鼎义）

城镇集体工业

【概况】 2019年，福州市城镇集体工业完成工业总产值949.3亿元。联合社所属行业有15家企业的17个项目列入福州市2019年工业重点项目，总投资50.51亿元，其中塑胶类总投资46.05亿元，家具类总投资4.46亿元。福融辉实业（福建）有限公司等13家企业“聚丙烯薄膜（bopp）（纸张复合膜、胶带基膜）”等15种产品列入福建名牌产品三年滚动培育与发展（2019—2021年）计划。福建恒杰塑业新材料有限公司获2018年福建省政府质量奖提名奖。福建融音塑业科技有限公司、福州弘博工艺有限公司获2019年度福建省知识产权优势企业。福建思嘉环保材料科技有限公司“一种薄膜表面处理剂及制备方法”、福建恒杰塑业新材料有限公司“一种高导热耐高压电力电缆套管”获福州市专利优秀奖。

【产学研合作】 2019年，福州市城镇集体工业联合社所属行业有2家企业的2个项目列入2019年市级产学研项目，包括祥兴（福建）箱包集团有限公司、福建师范大学福清分校“高强度PP箱体材料轻质化的研究及产业化”、福建晟扬管道科技有限公司、四川大学“不结垢矿用输送管道新材料技术开发项目”。有4家企业的4个项目列入2019年省级技术创新（产学研）项目，包括福建宝利特科技股份有限公司“轻量低雾化高端汽车内饰材料研发”；福清市友发实业有限公司“关于美纹纸二次浸渍改性工艺的研发与应用”；福建友谊胶粘带集团有限公司“关于硅改性聚醋酸乙烯水性离型剂的研发与应用”；福建恒杰塑业新材料有限公司、福建师范大学福清分校“海洋养殖网箱框架材料关键技术研究及产业化”。

【高新技术企业】 2019年，福州市有福融辉实业（福建）有限公司、福州福田工艺品有限公司、福建友和胶粘科技实业有限公司、福建友通实业有限公司、福建融音塑业科技有限公司、福清市巨利塑胶制品有限公司、福建德佳胶粘科技有限公司、福州莱斯特塑料焊接科技有限公司、福建和盛塑业有限公司、福州瑞诚鞋材模具有限公司、福清市迪川包装有限公司、福建兴大宇轻工制品有限公司、福建兴中艺轻工制品有限公司被认定为福建省高新技术企业。

【塑胶行业技术创新中心】 2019年，福州市塑胶行业技术创新中心为福州塑胶企业开发新产品及配方工艺设计7项，提供检测化验、咨询服务241项次。为福建师范大学化学与材料学院本科毕业生提供为期1个月的实训，联合培养高分子材料专业学生80多人次；为PT. ABPS Technology Batam（印度尼西亚公司）培训该公司中国市场销售人员20人次。赴马来西亚、印度尼西亚与马来西亚伊斯兰大学进行技术交流，计划在生物质利用、导热塑料等领域开展产学研合作。赴巴西、秘鲁、阿根廷考察；组织30多家企业高管和技术人员58人赴广州参加第三十三届中国国际塑料橡胶工业展览会（CHINAPLAS 2019国际橡塑展）；牵头组织12家企业赴德国参观2019年国际塑料及橡胶展览会（K2019）。

【企业改革改制】 2019年，福州市城镇集体工业联合社指导系统直属涉迁企业参与“抓项目促发展”专项行动，福州市制镜厂、福州市毛巾厂等15家企业启动征迁关闭，7家企业完成征迁，征迁项目涉及安置联合社系统职工、退休人员3548人，交地面积5.1万平方米。

【服务企业职工】 2019年“两节”期间，福州市城镇集体工业联合社为全系统19家困难企业334名困难在职职工争取救济款26.72万元，为41名归侨人员争取困难补贴4.88万元，为20家停产困难企业502名在职职工申报医保补助金额30.12万元。为职工开具有毒有害工种、超龄人员自费参保、职工工龄等证明函件25份。推进二轻机械厂、化学漆厂等企业宿舍征迁和安置工作。年内，市城镇集体工业联合社处理电机厂、化学漆厂、市二运公司、第二电器厂、市橡塑厂等多家企业集体上访，全年接待职工来访1600余人次。处理信访信息网络回复平台和“12345”平台管理转来信访件100件，回复省、市信访局及相关部门转来的信访件27件。

（兰静晖）

（编辑　周弭姣）

建筑业管理

【概况】 2019年，福州市完成建筑业总产值4527.63亿元，比上年增长15%，全市建筑业产值总量占全省1/3，居全省第一；实现建筑业增加值1241.22亿元，增长5.7%。完成房地产开发总投资171亿元，比上年增长24.7%。

【装配式建筑】 2019年，福州市新开工装配式建筑项目46个，建筑面积259万平方米，连续3年排名居全省第一。全市有装配式混凝土结构产业基地6个；装配式钢结构产业基地7个；国家级装配式建筑产业示范基地6个，占全省一半以上。

【建筑工程招标投标】 2019年，福州市开展电子化招标投标，实现施工、监理项目招标活动全过程电子化备案，降低投标人投标成本，实现阳光运行，消除时空屏障，构建统一招投标市场。出台《关于进一步完善福州市房屋建筑和市政基础设施工程应急项目招投标工作的实施意见》，简化招投标流程，缩短招投标时限。简化招投标程序。依托福建省公共资源交易电子行政监督平台，对福州市依法必须招标的建设工程的招投标活动实现全过程监管和招标备案工作“一趟不用跑”。

【工程造价管理】 2019年，福州市编制国家《市政工程消耗量定额》隧道工程册，修订《福建省古建筑保护修复定额》子目；发布6项典型项目概算指标；编制发布《2019年福州市建设工程材料价格》年刊和《福州建设工程造价管理信息》月刊，刊登材料价格信息约12万条。针对水系、轨道交通等重点项目，完善补充相关计价依据，发布轨道交通补充定额4项、水系补充定额7项、完成福州市水系PPP项目进口设备计询价定价工作，并确定计价规则。

【建筑节能和绿色建筑】 2019年，福州市新建民用建筑全面执行绿色建筑标准，城镇绿色建筑占新建建筑比重为89%。推进公共建筑节能改造与能效提升。通过省住建厅组织的公共建筑节能改造重点城市验收，推进364.4万平方米的节能改造示范项目，其中完成改造284.9万平方米。推进信息化建设，福州市建筑能耗监测系统列入“2019数字福州”项目。

【勘察设计】 2019年，福州市印发《福州市房屋建筑和市政基础设施工程施工图“多图一审”工作细则》《福州市城乡建设局关于做好消防设计审查承接工作有关事项的通知》等，通过优化审查流程、缩短审查时限、明确审查职

2019年12月18日，全国优秀建筑设计展示馆在福州市三坊七巷郎官巷正式开馆，它作为全国唯一的优秀工程勘察设计奖常年展馆，免费对市民开放 （陈暖 摄）

责等措施将消防、人防、通信等部门技术性审查纳入施工图审查。全市所有审查项目实现“多图一审”，其中有840个项目依托省住建厅“福建省建筑工程施工图数字化审查信息系统”实现数字化审查。举办2019年度全国建筑设计创新创优大会暨全国优秀建筑设计展示交流会，会议以“弘扬中国建筑文化 打造建筑设计品牌”为主题。设立于三坊七巷郎官巷“全国优秀建筑设计展示馆”为全国唯一的优秀工程勘察设计奖常年展示馆。

【建设工程质量安全监管】 2019年，福州市指导施工企业参评各级优质工程奖。年内获评中国建筑行业工程质量的最高荣誉奖“鲁班奖”项目1个，获评国家优质工程奖项目3个，获福建省内建设工程质量最高荣誉奖“闽江杯”项目13个。

【地铁工程质量安全监管】 2019年，福州市监督在建1号线2期、4号线、5号线、6号线等4条地铁线路建设，完成地铁2号线土建工程的验收监督工作；推进地铁项目标准化建设，出台《福州市地铁工程施工（土建）安全生产标准化优良项目考评暂行办法》；强化地铁风险应急管控，督促责任单位开展108次各类应急演练。

【城建档案管理】 2019年，福州市优化调整归档清单，审核时限由5个工作日压缩至4个工作日。增设业务咨询服务窗口，开展业务指导靠前服务，服务项目130个。核发《福州市建设项目档案审查意见书》154份。整理入库档案5393卷。接待查档1493人次，调阅档案2659盒。为999家单位和个人出具档案原件证明8978份。推进馆藏档案数字化工作，完成馆藏档案数字化加工项目633个、10346卷、250万页。成立轨道交通工程档案整理组，加强轨道交通工程档案业务指导和接收工作。年内接收福州市轨道交通工程1号线档案15项（含纸质、电子、声像档案）。

【建筑专业人才培训】 2019年，福州市开展特种作业人员、安管人员、监理人员、专业技术人员等各类培训20161人次；组织安管人员、特种人员等全省统一考试11233人次，合格发证8486本；探索多种培训模式，对接省建设人才与科技发展中心，先行先试开展特种人员网络继续教育培训。

【房地产开发企业资质检查】 2019年，福州市完成338家企业的转正升级、延续、资质检查工作；推进“鸿业大厦”历史遗留问题的协调处置和商贸大厦、瀚城国际等烂尾楼复工续建；印发《关于对新建住宅交付使用前实施房屋质量查验的通知》，规范新建商品房交付流程。

（黄金寿）

房地产业管理

【概况】 2019年，福州市房地产投资1813亿元，比上年增长26%，增幅居全省第一。全市商品房销售面积1634万平方米，比上年增长0.2%。二手房成交60395套、592.7万平方米，分别比上年增长12.6%、14.7%。全市商品房预售面积1424.7万平方米，比上年下降1.9%。全市实现房地产业增加值630亿元，比上年增长7.4%，全市商品房库存总量1260.5万平方米，去化周期14个月。

【住房租赁】 2019年，福州市入选全国16个中央财政支持住房租赁市场发展试点城市，3年将累计获中央财政试点补助资金24亿元。市政府出台《福州市落实中央财政支持住房租赁市场试点工作实施方案》，配套印发7份政策文件，推进试点工作。年内全市累计新增租赁住房3.42万套（间），其中新建租赁住房0.37万套32.13万平方米，改建租赁住房1.74万套58.4万平方米，盘活存量租赁住房1.31万套（间）38.29万平方米。首批兑现试点补助项目5个2396套（间）23.96万平方米，补助资金2.88亿元。

【住房保障】 2019年，福州市拟订《福州市完善住房保障体系试点工作实施方案》，将中心城区中低收入家庭、外来新市民全部纳入住房保障范围。实施实物配租和货币化租赁补贴并行的住房保障方式，多渠道解决住房困难群体的居住问题。年内全市开工棚户区改造项目30个，开工套数11072套，占年度目标任务的110.4%，建成保障性安居工程5701套，占省下达任务的126.7%。全年新增登记保障资格2297户，新增配租3109套（含定向配租633套），发放租赁补贴55万元。年内，福州市入选全国完善住房保障体系工作试点城市。

【房屋征收】 2019年，福州市出台《进一步完善城区旧屋区改造统筹安排调度机制的实施意见》，从规范货币补偿定价机制、合理控制货币补偿比例、切实保障群众基本住房、停止执行购房奖励、细化提前搬迁奖励标准、规范办公用房、工业仓储厂房等非住宅补偿政策等方面对全市征迁补偿政策进行统筹完善。出台《城区零星地块精准旧改项目搬迁补偿安置导则》，保障零星地块精准旧改项目房屋搬迁与补偿工作顺利实施。实施“2018—2020”三年旧改行动计划。全年106个连片旧屋区改造项目均进场实施征收，其中2018年实施并基本完成61个项目占地999.4公顷4.52万户1088万平方米的房屋征收工作，2019年实施45个项目占地323.6公顷1.17万户284万平方米，两年实施的106个项目中有71个项目完成征迁交地工作。市委、市政府首次提出加快推进城区零星地精准旧改工作，对不在连片旧屋区改造范围的D级危房、严重影响城市景观的房屋实行异地安置，建设串珠公园、街头绿地。年内实施项目98个，其中完成项目76个，实施封房或清退人员22个项目，解决1600多户、6000多人的居住及危旧房安全问题。首推安置型商品房，安置型商品房建设经验获省住建厅全省推广。启动39个安置型商品房项目，建设安置型商品房住宅4.2万套，超额完成年初既定的2019年启动建设不低于3万套安置型商品房住宅的目标任务。

【物业管理】 2019年，福州市80个老旧小区完成整治工作，小区环境、地下管网得到全面提升。选定鼓楼区的中

2019 年，福州市 80 个老旧小区完成整治工作。红墙新村旧改与屏东河综合整治一起推进，片区面貌为之一新　　（池　远　摄）

山、屏西片区，台江区的凤凰片区，仓山区的马厂片区、晋安区的环南片区 5 个片区作为第一批试点项目，制定改造工作、项目生成、资金筹措、社会力量参与、金融机构支持、动员群众共建、项目推进、存量资源整合、小区长效管理 9 项工作机制，确保试点工作推进。出台《关于进一步规范提升物业管理工作实施方案》和 9 个配套文件。实现全市住宅小区物业管理工作服务水平、长效管理、监督能力“三个全面提升”。强化房屋安全监管，建立健全“一案二账”（房屋排查台账，危房档案、应急预案）制度。年内城区累计排查老旧房屋 62040 幢（326461 套），面积 3653.95 万平方米，其中危房 2225 幢（9831 套），面积 61.44 万平方米，各县市区加大整治力度，累计完成整治排险 516 幢（1755 套）17.27 万平方米。五城区新归集住宅专项维修资金 5.60 亿元，累计归集余额 66.31 亿元，覆盖物业区域 116 个，向开发商追缴 237.83 万元，申请使用 1242.95 万元。年内福州市入选全国 7 个城镇老旧小区改造试点城市。

【房地产新政】　2019 年，福州市政府研究制定《福州市建立完善房地产市场平稳健康发展长效机制工作方案》，加大房地产精准调控力度，落实城市主体责任，合理控制房地产调控目标，四项指标增幅均控制在 5% 以内。其中新建商品住宅价格指数累计增幅 4.2%，二手住宅价格指数累计增幅 3.7%，住宅用地价格指数累计增幅 0.26%，住宅租赁价格指数累计增幅 0.2%。年内福州市列入全国 22 个房地产长效机制试点城市之一。

（刘力）

【住房公积金管理】　2019 年，福州市归集住房公积金 100.34 亿元，比上年增长 16.76%；新增缴存职工 11.14 万人；1996—2019 年，累计归集住房公积金 665.17 亿元。全年提取住房公积金 68.18 亿元，比上年增长 25.18%。其中购买、建造、翻建、大修自住住房提取 19.96 亿元，用于偿还购房贷款本息提取 31.14 亿元，离休、退休提取 7.01 亿元，与单位终止劳动关系未再就业和职工部分或全部丧失劳动能力造成家庭生活严重困难提取 5.44 亿元，职工租房提取 0.98 亿元。1996—2019 年，累计提取住房公积金 407.87 亿元。

全年发放个人住房贷款 55.95 亿元，比上年增长 48.51%，涉及 10944 户家庭。全年回收公积金贷款 21.02 亿元，比上年增长 19.73%。年底住房公积金贷款逾期率为 0.148‰，公积金贷款风险控制良好。1996—2019 年，累计发放贷款 105202 户、392.29 亿元，其中累计发放个人住房公积金贷款 98907 户、364.75 亿元；累计发放公转商贴息贷款 6295 户、27.54 亿元。贷款余额 247.50 亿元，其中个人住房公积金贷款余额 243.58 亿元，公转商贴息贷款余额 3.92 亿元；个人住房贷款使用率（不含贴息贷款）94.67%（含贴息贷款个人住房贷款使用率 96.19%）。全年实现增值收益 3.75 亿元，其中提取廉租房等保障性住房建设补充资金 2.35 亿元。1996—2019 年，实现增值收益 27.26 亿元，累计提取廉租房建设补充资金 16.06 亿元，上缴廉租房建设补充资金 13.71 亿元。

推进惠民举措，推动业务“网上办”，住房公积金综合管理信息系统率先接入全国住房公积金数据平台，成为全国首批、全省首家完成接入平台的公积金中心。“网上办”业务快速发展，实现与公安、民政、工商、不动产登记等部门的数据共享，全程网办业务 36 项，线上办理业务 20.4 万笔。推动业务“就近办”，新增 30 家承办公积金业务银行网点，实现福州市服务网点广覆盖，满足职工就近办理公积金业务的需要。推动业务“马上办”，重新梳理公共服务事项清单，服务事项按最小颗粒化原则将原有 30 项公共服务事项细分成 53 项，精简审批材料 170 项，实现“零复印件”办理业务。推动业务“一次办”，楼盘报备实行一次性办理，100% 在办服务事项实现“最多跑一趟”，45% 对外服务事项实现“一趟不用跑”。

（余珊珊）

【不动产交易】　2019 年，福州市新建商品房销售（网上签约口径，下同）13.34 万套（非住宅为间 / 个，下同），比上年下降 8.39%；面积 1071.74 万平方米，下降 6.92%；金额 1575.114 亿元，增长 0.12%；其中住宅 7.85 万套，增长 0.88%，面积 835.35 万平方米，下降 1.34%，金额 1319.73 亿元，增长 8.37%。商品房预售批准新增供给面积 1424.70 万平方米，比上年下降 1.92%，其中住宅 1066.85 万平方米，增长 11.43%。二手房交易 6.04 万套、面积 592.71 万平方米，分别比上年增长 12.65%、14.69%；其中住宅 4.68 万套、面积 499.86 万平方米，分别比上年增长 13.46%、12.84%。

市本级（五城区、不含长乐区）新建商品房销售 4.99 万套，比上年下降 9.38%，面积 371.12 万平方米，下降 6.79%，金额 814.724 亿元，增长 4.08%；其中住宅 2.75 万套、面积 278.05 万平方米、金额 680.868 亿元，分别比上年增长 11.43%、6.1%、16.92%。商品房预售批准新增供给面积 520.72 万平方米，比上年下降 3.28%；其中住宅 380.02 万平方米，增长 8.05%。二手房交易 3.48 万套、面积 263.69 万平方米，分别比上年增长 25.62%、27.09%；其中住宅 2.56 万套、面积 240.16 万平方米，分别比上年增长 28.12%、29.32%。

【不动产登记】 2019 年，福州市不动产登记和交易中心受理不动产登记业务 36.85 万件，发放不动产权属证书和证明 18.49 万份。“外网提交、内网审核、现场核验”这一创新工作模式被国务院自由贸易试验区工作部际联席会议办公室列为第三批 31 个“最佳实践案例”，49 项登记业务可通过该模式办理，实现一般登记业务网上办事全覆盖，年申请量 19.12 万件；“不动产抵押登记全程网办”改革创新成果被省政府列为福建自贸试验区第七批可复制创新成果，在全省复制推广，抵押登记服务窗口延伸至 29 家金融机构的营业网点，14 项抵押登记业务实现不见面全程网办，24 小时办结，年申请量 8.6 万件，占同类业务比重 62%；建成全省首个不动产登记 24 小时自助服务专区，覆盖五城区的不动产登记自助便民服务点增加至 23 个（其中 7 个点全天候 24 小时开放），所布设的自助服务终端全年服务量 65 万人次；压缩办事时间，一般不动产登记业务 4 个工作日内办结，为法定时限的 13.3%；简化办事流程，100% 事项可实现“最多跑一趟”，11.1% 业务实现“一趟不用跑”；精简办事材料，利用数据汇聚共享平台调阅数据，减证便民；优化窗口设置，启用总咨询导办服务台，设立企业服务专区 / 专窗，实行企业不动产转移登记和纳税申报“一窗受理”；拓展上门服务，组建学雷锋便民服务队，常态化为行动不便特需群体提供上门办证和送证服务，为企业自建项目办理不动产登记提供全流程专人跟进随访和上门指导服务。

（游小倩）

表 28　**2019 年福州市区新建商品房交易情况**

月份	面积（万平方米）	金额（亿元）	均价（元 / 平方米）
1 月	36.02	83.26	23113
2 月	20.18	48.10	23834
3 月	34.36	78.74	22920
4 月	26.08	60.27	23107
5 月	31.66	71.65	22633
6 月	33.76	71.13	21071
7 月	30.93	66.67	21555
8 月	32.23	70.62	21913
9 月	40.09	85.54	21340
10 月	28.12	61.96	22034
11 月	25.10	52.41	20884
12 月	32.60	64.36	19740

说明：上述统计数据为福州市区（五城区）新建商品房网签销售量统计数据，包括住宅、商业、办公等所有房屋。均价为简单算术平均价，受物业类型影响，不反映城市“均价”及其变化情况

（编辑　周弭姣）

商贸流通与服务业

商贸经济

【概况】 2019年，福州市实现第三产业增加值5034.8亿元，比上年增长8.3%，占全市GDP比重53.6%，比2018年提高0.7个百分点，增幅居全省第一；实现社会消费品零售总额5120.3亿元，增长9.6%，总量居全省第一，增幅居全省第七。年内全市有4个农产品批发市场进行“一进口一出口”标准化改造建设，10个城区农贸市场完成“农+超”提升改造建设；财政补助资金718.5万元，其中省级财政资金400万元，市级财政资金318.5万元。

【“菜篮子”工程】 2019年，福州市有市级直控城市蔬菜基地面积1.07万公顷，全市蔬菜基地年产蔬菜75万吨以上；市级直控副食品基地33个，其中生猪基地20个、蛋禽基地10个、肉禽基地1个、特色品种基地2个，均通过无公害产地认证或无公害产品认证，年储备60千克以上的活体生猪10.8万头，年可出栏生猪50万头、蛋1800万千克、肉禽30万羽、灰鹅4万头、黄兔9万只以上。年内完成2019年为民办实事项目，5家副食品基地被列为省级重点调控基地，37个蔬菜品种获得有效“绿色食品”商标使用权、43个获得有效无公害蔬菜商标使用权。

【零售业】 2019年，福州市推进“新零售之都”建设，“超级物种”“盒马鲜生”等新零售企业及六意、万嘉等便利店企业快速扩张。以东街口百货为代表的传统百货从纯百货业态向集购物、娱乐、休闲、餐饮一体的综合业态转型。全市有商超类连锁经营企业36家、连锁网点1511个；商业特许经营企业75家，主要集中在餐饮、零售、居民服务等行业；在福州市设立分支机构的直销企业（内资企业）11家；全市有中华老字号10个、福建老字号34个，主要涉及百货、餐饮、服务、艺术等行业，均正常运行。

表29　　2019年福州市商超类连锁经营企业名录

序号	企业名称	在福州市连锁门店数
1	永辉超市股份有限公司	73
2	永辉云创科技有限公司超级物种	10
3	永辉云创科技有限公司（永辉生活）	54
4	沃尔玛（福建）商业零售有限公司	12
5	福建新华都综合百货有限公司（超市类）	8
6	福州家乐福商业有限公司	1
7	福州兴福兴超市有限公司	5
8	福州国美电器有限公司	22
9	福建苏宁易购商贸有限公司（苏宁易购）	23
10	福州苏宁易站贸易有限公司（苏宁小店）	51
11	福建心蓝天超市管理有限公司	3

表 29

序号	企业名称	在福州市连锁门店数
12	大润发超市	3
13	福州屈臣氏个人用品商店有限公司	40
14	福州六意企业管理有限公司	184
15	福州百年万嘉超市有限公司	620
16	福建新盒网络科技有限公司（盒马鲜生）	3
17	天猫小店	85
18	福建星普电器有限公司（五星电器）	1
19	福州市禾盛粮油食品连锁有限公司	21
20	福州民天实业有限公司（民天超市）	2
21	福建省百汇万宁超市有限公司	198
22	福建世纪佳源超市有限公司	13
23	东南电器（福建）有限公司	23
24	爱家电器	3
25	福百家超市	7
26	福建新华都综合百货有限公司（百货类）	8
27	福建东百集团有限公司	4
28	大洋百货	3
29	福州苏宁易购广场有限公司	1
30	福州市天虹百货有限公司	3
31	福州王府井百货有限责任公司	1
32	福建冠业投资发展限公司（冠超市）	2
33	锦江麦德龙现购自运有限公司福州仓山商场	1
34	福州世纪联华商业有限公司	3
35	7-Eleven（榕宁）	4
36	福州谊品弘闽科技有限公司	16
合计		1511

表 30

2019 年福州市特许经营企业名录

序号	企业名称	备案时间
1	福州黄同茹餐饮管理有限公司	2019 年 12 月 30 日
2	福州五十一度餐饮管理有限公司	2019 年 12 月 17 日
3	泉州市麦德堡餐饮管理有限公司	2019 年 12 月 12 日
4	中建协筑（福建）供应链有限公司	2019 年 12 月 5 日
5	福州芋家人餐饮管理有限公司	2019 年 12 月 5 日
6	福建梦世飞餐饮管理有限公司	2019 年 11 月 29 日
7	福建小美银耳文化传播有限公司	2019 年 11 月 20 日
8	福州探饮餐饮管理有限公司	2019 年 11 月 8 日
9	福建天涯健康管理有限公司	2019 年 11 月 4 日

续表30

序号	企业名称	备案时间
10	福州市可奇餐饮管理有限公司	2019年10月18日
11	碧爱尚(福建)生物医药集团有限公司	2019年9月27日
12	福州客源餐饮管理有限公司	2019年9月27日
13	福州觉世双椒餐饮管理有限公司	2019年9月24日
14	福州流川风餐饮管理有限公司	2019年9月12日
15	福州酷行餐饮管理有限公司	2019年8月30日
16	福州富有恒餐饮合伙企业(有限合伙	2019年8月26日
17	福州敢秀餐饮管理有限公司	2019年7月19日
18	衣时代网(福建)服饰有限公司	2019年7月8日
19	福建淳百味餐饮发展有限公司	2019年6月4日
20	福州市秘觉网络技术有限公司	2019年5月5日
21	福建蜀都丰餐饮管理有限公司	2019年4月11日
22	福州董菲菲餐饮管理有限公司	2019年3月11日
23	福州手心的你餐饮管理有限公司	2019年3月7日
24	福建熹茗茶业有限公司	2018年9月14日
25	福州森竺新型环保材料有限公司	2018年8月15日
26	福州这里有餐饮管理有限公司	2018年4月23日
27	福州状元澜餐饮管理有限公司	2017年11月7日
28	福建省桥亭餐饮管理有限公司	2017年10月11日
29	福建伍车贸易有限公司	2017年6月20日
30	福州市马尾区坛兄弟餐饮管理有限公司	2017年8月25日
31	美亚百岁康健康产业集团有限公司	2017年7月5日
32	福建相逢客投资有限公司	2017年6月13日
33	福建涂奈克环保科技股份有限公司	2017年9月20日
34	福州雪品保洁服务有限公司	2017年4月14日
35	福州祥广记餐饮管理有限公司	2017年5月4日
36	福州巧云餐饮管理有限责任公司	2016年12月30日
37	福州豆府花城餐饮管理有限公司	2016年9月26日
38	福州市品果源餐饮管理有限公司	2016年9月1日
39	福建令狐冲餐饮管理有限公司	2016年6月21日
40	福州周麻婆餐饮管理有限公司	2016年7月7日
41	福州市早晨餐饮管理有限公司	2016年6月15日
42	福州尼奥餐饮管理有限公司	2016年4月20日
43	福州小叫天餐饮管理有限公司	2016年4月20日
44	福州国荣餐饮管理有限公司	2016年3月25日
45	福州六意企业管理有限公司	2015年12月28日
46	福州尚干餐饮管理有限公司	2015年12月22日
47	福州麦多万嘉超市有限公司	2015年12月22日
48	福建省华莱士食品股份有限公司	2015年11月12日

续表 30

序号	企业名称	备案时间
49	福州禾诚餐饮管理有限公司	2015 年 9 月 15 日
50	福州玛格利塔餐饮管理有限公司	2015 年 7 月 30 日
51	福建八方云集餐饮管理有限公司	2015 年 7 月 30 日
52	福建佳客来食品股份有限公司	2015 年 7 月 21 日
53	福建盛世经典餐饮管理有限公司	2015 年 5 月 6 日
54	福州明视眼镜有限公司	2015 年 3 月 12 日
55	福建仙芝楼生物科技有限公司	2014 年 10 月 11 日
56	福州金拱门食品有限公司	2014 年 5 月 14 日
57	福州市淳百味餐饮管理有限公司	2014 年 4 月 15 日
58	福州树人家政服务有限公司	2013 年 10 月 29 日
59	福州市生生润家政服务有限公司	2013 年 10 月 15 日
60	福建省尧山铁观音茶业股份有限公司（尧山国际控股股份有限公司）	2013 年 7 月 5 日
61	福州四季如春旅馆有限公司	2012 年 9 月 25 日
62	福州王氏贸易有限公司	2012 年 4 月 9 日
63	优蒂（福州）餐饮管理有限公司	2011 年 9 月 9 日
64	苏门至品燕窝（福州）有限公司	2011 年 5 月 16 日
65	福建宝岛眼镜（连锁）有限公司	2012 年 1 月 11 日
66	福州杰士餐饮管理有限公司	2012 年 6 月 15 日
67	福州市二七三汽车经纪有限公司	2009 年 9 月 14 日
68	福州豪亨世家餐饮管理有限公司	2009 年 7 月 14 日
69	福州宝岛眼镜有限公司	2009 年 7 月 14 日
70	福州文武雪峰农场有限公司	2009 年 4 月 22 日
71	福州仁量生物制品有限公司	2009 年 3 月 19 日
72	福州石山水餐饮娱乐有限公司	2008 年 12 月 9 日
73	福建骊特房地产综合服务有限公司	2008 年 8 月 19 日
74	福建九峰农业发展有限公司	2008 年 6 月 25 日
75	淘帝（中国）服饰有限公司	2007 年 11 月 19 日

表 31

2019 年福州市直销企业名录

序号	企业名称	在福州市设立分支机构时间
1	天津天狮生物工程有限公司	2012 年 6 月
2	南京中脉科技发展有限公司	2014 年 3 月
3	天福天美仕（厦门）生物科技有限公司	2015 年 4 月
4	佳莱科技有限公司	2015 年 12 月
5	广东九极生物科技有限公司	2016 年 6 月
6	湖南炎帝生物工程有限公司	2016 年 7 月
7	河北华林酸碱平生物技术有限公司	2016 年 7 月

续表 31

序号	企业名称	在福州市设立分支机构时间
8	苏州绿叶日用品有限公司	2017 年 8 月
9	江苏安惠生物科技有限公司	2017 年 10 月
10	北京罗麦科技有限公司	2017 年 10 月
11	新时代健康产业（集团）有限公司	2018 年 9 月

表 32　2019 年福州市中华老字号企业名录

序号	单位名称	认定时间	字号名称
1	福州民天集团有限公司	2007 年 2 月	民天
2	福州回春医药连锁有限公司	2007 年 2 月	回春
3	福州聚春园集团有限公司（聚春园大酒店）	2011 年 2 月	聚春园
4	福州鼓楼区同利肉燕老铺	2011 年 2 月	同利
5	福州市鼓楼区老卤酱鸭店	2011 年 2 月	老卤
6	福州台江老天华乐器行	2011 年 2 月	老天华
7	福建老酒酒业有限公司	2011 年 2 月	鼓山牌
8	福州市鼓楼区永和鱼丸店	2011 年 2 月	永和
9	福建省宏盛闽侯酒业有限公司	2011 年 2 月	青红牌、闽江牌
10	福州依海肉燕老铺	2011 年 2 月	依海

表 33　2019 年福州市福建老字号企业名录

序号	单位名称	认定时间	字号名称
1	福州聚春园集团有限公司（聚春园大酒店）	2007 年 2 月	聚春园
2	福州民天集团有限公司	2007 年 2 月	民天
3	福州回春医药连锁有限公司	2007 年 2 月	回春
4	福州豪峰食品有限公司	2007 年 2 月	赛园
5	福州台江老天华乐器行	2007 年 2 月	老天华
6	福州鼓楼区同利肉燕老铺	2007 年 2 月	同利
7	福州青芝田（正记）寿山石雕精品行	2007 年 2 月	青芝田（正记）
8	福州市鼓楼区老卤酱鸭店	2007 年 2 月	老卤
9	福州安泰楼酒家	2007 年 2 月	安泰楼
10	福建省宏盛闽侯酒业有限公司	2007 年 2 月	青红牌、闽江牌
11	福建老酒酒业有限公司	2007 年 2 月	鼓山牌
12	福州市鼓楼区永和鱼丸店	2007 年 2 月	永和
13	福州市台江区土伯捞化店	2007 年 2 月	土伯
14	福州亨得利钟表眼镜有限公司	2007 年 2 月	福州亨得利
15	福州市鼓楼区苏苏酱鸭店（停业）	2009 年 2 月	苏苏
16	福州市台江区兴利剪刀店	2009 年 2 月	郑兴利
17	福州市鼓楼区老伊海拌粉干店	2009 年 2 月	老伊海

续表 33

序号	单位名称	认定时间	字号名称
18	福建东百集团股份有限公司	2009 年 2 月	东百
19	福州市鼓楼区老还童眼镜店	2009 年 2 月	老还童
20	福州桐口白鹤粉干有限公司	2010 年 6 月	桐口
21	福州生顺茶业有限公司	2014 年 7 月	生顺
22	福州台江区没牙伯花生汤店	2014 年 7 月	没牙伯
23	福州市鼓楼区姜世琛艺术品店	2014 年 7 月	姜世琛
24	福州福民茶叶有限公司	2014 年 7 月	福民王
25	福州尚干餐饮管理有限公司	2014 年 7 月	尚干
26	鼎鼎（福州）食品有限公司	2014 年 7 月	鼎鼎
27	福建沈绍安脱胎漆器有限公司	2014 年 7 月	沈绍安
28	福州福胜春茶业有限公司	2016 年 11 月	福胜春
29	福州市木金食品有限公司	2016 年 11 月	木金
30	福州市台江区耳聋伯元宵店	2016 年 11 月	耳聋伯
31	永泰县嵩口清华饼屋瑞丰分店	2016 年 11 月	新泰成
32	福建瑞回春生物科技发展有限公司	2016 年 11 月	瑞回春
33	台江区彬德桥小吃店	2016 年 11 月	彬德桥
34	闽清闽茶粉干有限公司	2016 年 11 月	林大漠

【物流业】 2019 年，福州机场完成货邮吞吐量 13.1 万吨，比上年下降 1.59%。福州港口集装箱吞吐量完成 353.9 万标箱，其中多式联运完成集装箱吞吐量 4.17 万标箱。福港综合物流园区获批国家级示范物流园区，高速物流园、翔福物流园获批省级示范物流园区，高速物流园、汇丰杜坞物流园被列为国家级第一批智慧物流示范基地（园区），高速物流园获批省级现代服务业示范区。年内，福州市有 A 级物流企业 61 家，其中 AAAAA 级物流企业 6 家、AAAA 级物流企业 15 家，福建浩嘉冷链物流股份有限公司为四星级冷链物流企业，盛辉物流集团有限公司、盛丰物流集团有限公司、福建省交通运输集团有限责任公司、福州港务集团有限公司认定为总部企业。

表 34　**2019 年福州市 A 级物流企业名录**

级别	企业名录
AAAAA 级（6 家）	福建省交通运输集团有限责任公司、盛辉物流集团有限公司、盛丰物流集团有限公司、福建汇丰物流有限公司、福州港务集团有限公司、福州顺丰速运有限公司
AAAA 级（15 家）	福建八方物流股份有限公司、福建省宏捷物流有限公司、中国邮政速递物流股份有限公司福建省分公司、福州万全物流有限公司、福建万集物流有限公司、福建省交通建设投资有限公司、福建运杰物流有限公司、中国福州外轮代理有限公司、福建九州通医药有限公司、福州青州集装箱码头有限公司、福清盛辉物流有限公司、福建蓝海物流有限公司、福建青顺物流有限公司、福州京邦达供应链科技有限公司、福州新港国际集装箱码头有限公司
AAA 级（34 家）	福建八方迅通物流有限公司、福州商业储运公司、福州大榕树物流有限公司、福建省中通通信物流有限公司、福建华威商贸物流有限公司、福建省福州市烟草物流有限公司、福州外代储运有限公司、万全仓储（福州）有限公司、福建星胜丰物流有限公司、福建万达物流有限公司、福州胜狮货柜有限公司、福建星泰安物流有限公司、福州星光德邦物流有限公司、福建金运国际物流有限公司、福州中外运大裕保税仓储有限公司、福建兴顺物流有限公司、福建江阴国际集装箱码头有限公司、福建东迅储运有限公司、福州世海国际物流有限公司、福建合利物流有限公司、福建泰航国际物流有限公司、福建川捷物流服务有限公司、福州博通太平物流有限公司、中邮恒泰药业有限公司、福州盛辉物流有限公司、福建庆丰物流有限公司、福建可门港物流有限责任公司、福建友昌物流有限公司、福州苏宁物流有限公司、福建新景程物流有限公司、福建丰利物流有限公司、福州万全货运有限公司、福州海盈港务有限公司、福建省祥通运输有限公司
AA（6 家）	福建吉源物流有限公司、福州开发区马尾沥青有限公司、福建保达物流有限公司、福建浩嘉冷链物流股份有限公司、福州易鲜冷链物流有限公司、顺恒（福建）冷链物流有限公司

【会展业】 2019年，福州市举办各类展览会40场，展出面积136万平方米，比上年增长20%。其中规模以上(3万平方米以上)的展览9场，国家级展会9场，展览规模创历史新高。

表35　　2019年福州市举办国家级展会情况

展会名称	时间	规模(万平方米)	简要情况
第二届数字中国建设峰会	5月5—9日	6	峰会主题为“以信息化培育新动能 用新动能推动新发展 以新发展创造新辉煌”，定位为全国信息化发展政策发布平台、电子政务和数字经济发展成果展示平台、数字中国建设理论经验和实践交流平台、汇聚全球力量助推数字中国建设的合作平台。峰会议程包括：开幕式、主论坛、分论坛、成果展览会、政策发布、创新大赛和闭幕式7个环节。
第三十三届中国·福州国际汽车展览会	4月30日—5月3日	6	展会启动海峡国际会展中心4个展馆，展出(含活动)面积近6万平方米，吸引近100个国内外知名汽车品牌、260多家企业参展。4日内成交车辆5600辆，车展总成交额15亿元，客流近15万人次。
21世纪海上丝绸之路博览会暨第二十一届海峡两岸经贸交易会	5月18—22日	12	展会以“拓展海丝合作、深化两岸融合、共享发展成果”为主题，举行丝路中欧投资论坛、海洋经济与城市发展港口合作论坛、2019中国供应链高峰论坛三大平行论坛和10余场配套活动，安排展览面积12万平方米，展位4500个，31.36万人次参加展会，有80个国家和地区133个团组来宾参加展会。
2019年春季中国高等教育博览会	5月26—28日	6.062	展会以“讴歌新中国70年辉煌成就，推进教育现代化创新发展”为主题，吸纳1000余家高等教育产业领军企业参展，开设6.062万平米展区，3000余个展位，展示产品上万件，近2万名专业观众参与。同期举办30个高端论坛、160余场高水平学术报告，是自1992年高博会创立以来展位数量、参展企业最多，新技术和新产品发布数量最多的一届。
2019中国(福州)国际渔业博览会	5月30日—6月1日	4.6	展览面积4.6万平方米，设置1870个展位，吸引来自34个国家和地区的近400家企业参与；现场零售额6954万元，经贸配对额5.1亿元，采购商人数1.36万人。
第十七届中国·海峡项目成果交易会	6月18—21日	8	展览面积8万平方米，设置135个国际标准展位，1200多家企业参展。设中心展区、专题展区、综合展区三大展区。福州市对接项目包括合同项目518个，投资191亿元；协议项目162个，投资22.1亿元；意向项目35个，投资9.9亿元。
第34届福州国际汽车博览会	10月1—4日	5.4	展览面积近5.4万平方米，设置展位2700余个，国内外超100个主流汽车品牌、数千款主流热门车型参展。展会打破常规车展展示内容，整合新能源汽车整车、汽车后市场文化等展示。观展人数达20万人次，现场成交车辆超1.2万辆。
2019第三十五届中国植保信息交流暨农药械交易会	11月22—24日	12	展会以“减量控害，安全发展”为主题，展出面积达12万平方米，折合标展数6000余个，来自福州市外参会代表及客商代表超10万人。同时组织多场会议培训活动、行业论坛及近百场企业专场活动，参会人数近万人次。
第三届中国世界遗产主题文化博览会	12月5—8日	2.958	展览面积2.958万平方米，设3个分主题博览会，“一带一路”世界遗产文化旅游展区、中国世界遗产工艺美术展区及中国海峡佛教茶道文化展区。

【餐饮业】 2019年，福州市餐饮经营主体2万多家，餐饮业销售额587.46亿元，占全年社会消费品零售总额的11.47%，比上年增长7%。福州餐饮呈现出多样化、国际化、各地域餐饮融合发展的特点。

【拍卖业】 2019年，福州市经批准续存在营拍卖企业 60家，总成交额257.59亿元，拍卖场次1683场。

【电子商务】 2019年，福州市电子商务继续保持强劲发展态势，网络零售额731.97亿元，比上年增长19.2%；限额以上批发零售业通过公共网络实现零售额245.84亿元，增长26.2%。经福州市跨境电子商务公共服务平台统计，2018年跨境电商进口票数333.67万票，比上年增长421.14%；销售额5.65亿元，增长168.98%。全市有淘宝村48个，淘宝镇20个，淘宝镇数量位居全国第十六位、全省第二位。

【家庭服务业】 2019年，福州市在工商登记注册经营范围含有各种家庭服务项目的家庭服务经营单位数2185家，其中企业624家、个体工商户1561户。

表36 2019年福州市省级示范性家政服务站名录

序号	企业名称	序号	企业名称
1	福建省家政服务有限公司	2	福州洁丽保洁技术服务有限公司
3	福州博爱家政服务有限公司	4	福州市仓山区奥美林保洁服务有限公司
5	福州市仓山区阳光家政服务中心	6	福州市鼓楼区家家乐家政服务中心
7	福州市生生润家政服务有限公司道山路分公司	8	福州鑫铼易家庭服务管理有限公司
9	福州市鼓楼区好生活家政服务有限公司	10	福州树人家政服务有限公司
11	福州鑫兴源家政服务有限公司鼓楼分公司	12	福州市鼓楼区助人家政服务中心
13	福州正忠信家政服务有限公司	14	福州市鼓楼区晨林家政服务有限公司
15	福州市鼓楼区好运家庭服务有限公司	16	福州依佰分家政服务有限公司
17	福州馨雅安家政服务有限公司		

【废旧资源回收】 2019年，福州市再生资源回收经营者备案登记578家。

【石油销售】 2019年，福州市有加油站306家。全年汽油销售量838176.72吨，柴油销售量324058.41吨。

（陈裕）

粮油贸易

【概况】 2019年，福州市粮储系统围绕“深化改革，转型发展”，稳定粮食生产，落实储备任务，开展政策性粮食大清查及清查复核工作，推动省外粮食基地建设。粮食安全省长责任制考核核查得分2017—2019连续三年居全省第一，实现“三连冠”，获得省、市通报表扬。年内，全省粮食行业职业技能竞赛有13支代表队、108名选手参赛，表彰18人，其中福州市7人，获团体第一名。

【粮食储备管理】 2019年，福州市实施储备轮换“阳光工程”，落实储备粮管理，公开竞价交易。落实储备粮承储任务，宜存率100%。3月，对政策性粮食大清查情况进行抽查复核，组织交叉检查，举办专项培训班，规范储备粮管理。

【粮食安全保障体系】 2019年，福州市实施粮食产销合作，推进“引粮入榕”，鼓励粮食企业“走出去，引进来”。通过修改完善扶持政策，推动省外产区粮食生产基地从2000公顷提高至5667公顷，在全国粮食交易会签订粮食购销合同112万吨，市粮食批发市场年交易量122万吨，保障粮食供需平衡。全市14家企业获省“引粮入闽”奖励711.9万元。申报省级技术改造项目4项，获省产业发展补助资金85.87万元。评定13家市级骨干加工企业、32家骨干粮店，给予政策补贴291.05万元。

【粮食市场监管】 2019年，福州市开展粮食收购资格许可审批和监督检查，督促全市105家持证企业严格执行国家标准，保障口粮质量。开展春、秋两季粮油库存检查，抽检样品1053份，合格率100%。全年开展节日治理“餐桌污染”专项检查6次，对全市43家粮食收储企业开展4次“一品一码”追溯体系建设专项督查，实现原粮从收购入库到粮食加工环节的源头可溯、去向可查。

【国有粮食企业】 2019年，福州市推进粮食系统转型改革，其中，福州市稻花香米业有限责任公司在黑龙江省泰来县建立粮食生产基地，与当地政府签订合作协议，有现代化仓储设施和日处理稻谷1000吨的加工厂，采取“基地+订单”模式，构建育秧、生产、加工、销售全产业链。采取“先合作再合资，先试产再投产”的地方企业与中央企业合作新模式，促成福州市面粉公司和中粮集团合资成立公司，总投资3.8亿元，将生产线从日处理小麦400吨提高到900吨，确保企业良性发展。福州市军粮综合应急保障服务中心项目投资1.4亿元，用地1.6公顷，年内开展项目初步设计等工作。

（黄晓元）

烟草专卖

【概况】 2019年，福州市烟草系统实现税利28.08亿元。全年查获涉烟违法案件2405起，其中5万元以上大要案136起。年内获得“全国烟草行业先进集体”、福建省“五一”劳动奖状两项荣誉。

【卷烟销售】 2019年，福州市烟草系统加强总量调控、“五要素”单品调控、区域调控，卷烟销售实现节奏进度稳、市场动态稳、客户状态稳，卷烟价格指数104.2%，零售客户盈利率14.8%，28个重点品牌集中度90.72%。省产卷烟主导地位保持稳定，占总量比62.6%。

【烟草营销网络建设】 2019年，福州市烟草系统启动新零售建设试点工作，3家试点单位建成新零售终端19户。推进精益物流、智能物流、服务物流、高效物流建设，开展新能源送货车试点；完成异型烟分拣专线、件烟备货补货辅助系统技术改造，提升分拣设备自动化水平和作业效率。以现代物流企业为蓝本谋划建设“福莆宁”烟草区域物流中心，完成首块地块购置、项目可研报告编制和立项申报工作。年内设立福建福州海晟商贸有限公司。

【烟草专卖市场监管】 2019年，福州市烟草系统加快搭建“4530”数字模型，初步形成“四层多维”整体框架，构建以数据研判、量化评价为核心的专卖管理模式。加强数据信息在市场治理环节的整合运用，成立市县两级情报专班，打造“智慧稽查”。全年查处涉烟违法案件2427件，查获非法卷烟2071.4件，已收网待申报国标的重大案件10件，5万元以上案件136件，提请批准逮捕75人。破获福清、连江2件大型烟机制假案件，以及福清、城南2件大型包运案件，其中“7·3”福清烟机系列案案值1.5亿元，提请批准逮捕24人。在新型烟草制品监管方面，与海关、机场协作加强走私烟治理，福清局查获走私销售烟弹案，提请批准逮捕22人。在终端市场监管方面，以“532”重点区域为主攻方向，创新提出“555”市场监管模型工作法，探索“烟账互补、立体取证”经营查处方式，实现涉烟违法行为与社会诚信机制对接。启用“333违法违规大户监管办法2.0版”，打击违法违规大户68户、取缔34户。推广“一户一码”工作，开展“大户控制小户”专项治理，加强同一IP订货监管，严防套卡套订。推进行政审批服务改革，实现证件办理“最多跑一趟”。促成专销物入网流程“并联”，许可办理时限由原来户均16.3个工作日缩短至7.8个工作日。市烟草专卖局与市检察院、市市场监督管理局建立联席会议机制，推动对中小学周边售卖卷烟、电子烟行为的共管共治，约谈电子烟企业9家，劝退下架224户；清退校园周边店152户。

【烟草企业管理】 2019年，福州市烟草专卖局出台精益改善经费管理办法和精益积分制管理办法。完成体系文件换版，市局机关、各县级局对标开展结对活动，推行管理诊断工作。三项费用率3.99%，比上年降低0.17个百分点，降本增效超额完成400万元任务。推进专卖、营销、物流信息平台建设和互控模块优化，实现企业微信、“闽烟家园”全覆盖安装使用。全面导入新版安全生产标准化规范，建成1个微型消防站和35个志愿消防站。

（林伟民）

供销合作

【概况】 2019年，福州市供销社系统实现销售总额518.34亿元，比上年增长46.95%；实现利润总额1.59亿元，增长58.23%。实现消费品零售额196.86亿元；销售给农民的农业生产资料8.41亿元；连锁经营销售额36.82亿元；再生资源购进额17.58亿元；农产品购进额271.36亿元；电商销售额51亿元。年内，市县级供销社全部建立“三会”制度。市供销社5家所属社有企业完成公司制改制工作，福州供销集团加快股权划转及组建进度。市供销社整合系统资源，参与举办首届“一带一路”农产品农资（电商）交易会、首届供销年货嘉年华活动。三级供销社联合投资的青口供销大厦建成投用。市供销社在全省供销系统设区市综合业绩考核中连续第4年获评一等奖。

【烟花爆竹安全经营】 2019年，福州市供销社系统有烟花爆竹批发企业9家，承担所在城区、县（市）区烟花爆竹批发配送业务，分别是市城区2家、7个县（市）区7家。全系统烟花爆竹仓库9座，仓库总面积6192平方米，核定药量71吨。全年烟花爆竹批发销售额1600万元。

【农资供应及农业社会化服务】 2019年，福州市供销社系统冬储化肥44051吨，完成计划的104.88%；全系统改造提升新型庄稼医院6家，省级示范庄稼医院3家。福州供销雪美农业服务有限公司育苗播种、代耕、代插逾400公顷，完成蔬菜种苗近400万株，供应蔬菜量1万吨，受益农民600户。举办农业科技服务、农业技术培训8期，受训人员500人次，组织科技人员下乡服务80人次，无偿发放农业种植技术资料300多份。亭江供销社与福建青创生态农业发展有限公司合作组建福州青供休闲农业发展有限公司，注册资金800万元，发展大棚农业6.67公顷（100亩）。

【“新网工程”建设】 2019年，福州市供销社系统完成建设农资配送中心2个，消费品配送中心8个，农产品批发交易市场2个，再生资源交易中心1个，按全国总社行业标准完成26个农资网点，31个消费品网点的改造提升工作，完成60个农资连锁经营网点、32个日用消费品连锁经营网点建设任务。

【项目建设】 2019年，福州市供销社系统按序时进度推进完成市委、市政府招商任务6个；根据市供销社“项目引领转型发展”专项行动工作部署，谋划生成市供销社重点项目6个。合资成立福州青供农业综合服务有限公司，打造集农产品种植与销售、休闲农业、智慧农业于一体的农旅综合体；合资成立福州供销丰荣市场管理有限公司，建设福瑞新村“农 + 超”市场与天马新村供销丰荣生鲜馆；合资成立福州榕供天年养老服务有限公司，推动福兴投资区、洪山供销社社有资产改建养老服务项目，补足民生短板；合资成立福州新供广源再生资源有限公司，完成福州市生活垃圾可回收物临时分拣中心和 14 个环保驿站建设，推进垃圾分类与“两网融合”工作；罗源县开展供销社综合服务中心建设，打造集农产品展示交易、庄稼医院、电子商务、专业合作社联合社等于一体的综合性服务中心；福清市开展镜洋墩头综合服务中心建设，建设集日用消费品销售、农资供应和农副产品购销为一体的综合服务中心。

【为农服务平台搭建】 2019 年，福州市供销社系统新建村级基层社 25 个，发展农民专业合作社 131 个（其中 11 个农民专业合作社联合社），发展各类协会 2 个，发展农村综合服务社 128 个，改造提升基层社 14 个。福清市供销合作社被全国总社命名为全国“百强县级社”；福州市新店供销社、罗源县起步供销社、闽清县坂东供销社等 3 家基层社被全国总社命名为全国系统“基层社标杆社”；长乐市富农达农民专业合作社、连江县丹阳镇绿野果蔬种植专业合作社、连江县丹阳镇丹阳红瓜果种植专业合作社和闽清县鑫河江橄榄专业合作社 4 个农民专业合作社被评为省级示范社；闽清县东桥镇惠农农业专业合作社联合社和罗源县祥源综合农业专业合作社被评为省社级示范社；评选 4 家市社级农民专业合作社示范社。

2019 年，福州新供广源再生资源有限公司建设 5 座环保驿站并投入运营

（池远 摄）

【电子商务】 2019 年，福州供销便利宝电子商务综合服务有限公司对占地面积约 1 万平方米的云仓中心及配送设施（含冷链物流中心）进行标准化改造，对存储、装卸、搬运、包装、分拣等设备和配送车辆进行标准化更新，拓展云仓集配业务。连江县供销电子商务有限公司控股子公司——连江海盒子电子商务有限公司整合 21 家连江县水产龙头生产企业，100 多种品类、200 多种连江海产品、农特产品，通过线上线下助推农产品销售。

【再生资源回收体系建设】 2019 年，福州市供销社完成福州新供广源再生资源公司组建及市级过渡性临时分拣中心建设。福州新供广源再生资源公司开展建设以环保驿站为前端节点、智能分拣中心为后端枢纽、可回收物大数据平台为调度依托的新型城区可回收物回收体系。

（张一）

（编辑 周弭姣）

金融业

综 述

【概况】 2019年，福州市金融业增加值完成1005.35亿元，占GDP的10.7%，比上年增长11.6%。

银行业　全市有银行业金融机构60个（含法人机构21个），其中政策性银行与开发性银行3家、大型商业银行6家、股份制商业银行11家、城市商业银行5家、农村中小银行机构16家、外资银行10家、信托公司1家、金融资产管理公司4家、企业集团财务公司3家、理财子公司1家。至年末，全市本外币各项存款余额15757.34亿元，比年初增加1547.91亿元；本外币各项贷款余额17443.72亿元，比年初增加2000.54亿元；福州辖区涉农贷款余额4241.17亿元，比上年增长10.25%，高出全省涉农贷款增速2.72个百分点。福建海峡银行全行资产总额1624.16亿元，比上至年末增加88.6亿元、增长6.1%；全年累计实现营业收入30.18亿元，比上至年末增加2.77亿元，增长8.18%。市农商行资产总额438.5亿元，比年初增加68.68亿元、增长18.57%；全年累计实现各项收入21.03亿元，比上年增加2.98亿元、增长16.51%。

保险业　全市有保险公司主体61家（含法人机构1个，外资15家），其中财险公司28家、寿险公司33家。全年保费收入343.17亿元，比上年增长13.2%，占全省比重29.21%；累计保险赔付支出100.84亿元，比上年增长7.9%，占全省总额27.73%。

证券业　全市有法人证券公司2家，证券公司分公司37家，证券营业部136个，营业部手续费收入14.91亿元，利润总额5.29亿元；法人期货公司3家，期货营业部34个，营业部手续费收入4015.20万元，利润总额-938.92万元。

上市企业　全市有境内外上市企业83家，其中境内上市企业44家，境外上市企业39家。有上市后备企业272家，11家企业进入实质上市程序，其中3家进入证监会审核程序、8家在福建证监局辅导备案。场外融资方面，有场外挂牌交易企业89家，其中“新三板”83家。

2020年2月15日，福建海峡基金港暨海峡基金业综合服务平台在海峡股权交易中心正式启动　（市地方金融监督管理局 供）

【地方类金融】 2019年，福州市有融资性担保机构52个（含2个分支机构），注册资本98.7亿元，融资性担保总额765.82亿元，融资性在保余额317.02亿元。全市有小额贷款公司17家（其中经批准设立的网络小额贷款公司1家），注册资本合计36.7亿元，贷款余额26.23亿元，涉农贷款余额8.49亿元，当年累计发放贷款36.98亿元。全市有典当行69家（其中分支机构3个），注册资本总额16.75亿元，典当总额29.62亿元，典当余额10.83亿元。全市有内资试点融资租赁公司7家，注册资本22.05亿元，租赁资产33.71亿元，融资租赁业务收入2.5亿元。

【金融创新】 2019年，福建自贸区福州片区发布第五批10个金融创新案例，案例涵盖提升金融服务质效、推动跨境金融创新、突出对台和海丝特色、促进产业高质量发展等4个方面。福建自贸区福州片区发布的金融创新案例增至80个；福建省自贸试验区第十四批、十五批71项创新举措中福州片区相关金融创新举措有16项，其中8项被第三方评估机构评为全国首创。开启全国自贸区首个投标保证保险无纸化保函应用系统，用电子保函方式替代保证金，为企业减轻资金负担。创新对整车进口车辆的监管模式，银行机构为监管区内10余家车企授信1.3亿元。区内10家金融机构率先开展跨境业务区块链服务平台试点业务，办理业务约1.8亿元人民币。外管局福建省分局在自贸区福州片区推进自贸区外汇管理改革试点政策3.0版本——《深入推进中国（福建）自由贸易试验区外汇管理改革试点实施细则》。实现简化外汇登记管理、提高投融资便利性等6项外汇业务的创新突破，全年办理支付便利化业务1497.14万美元。人行福州中心支行在福州片区开展更高水平贸易投资便利化试点业务，支持区内银行为优质企业直接办理货物贸易、服务贸易人民币跨境结算业务，便利资本项目人民币收入资金在境内支付使用。搭建“政府+基金+企业”三方对接渠道，打造马尾基金小镇。先后引导多类基金投向福光股份等一批高成长性企业，助推福光股份成为科创板福建第一股。产融对接投向省内重点产业项目资金237亿元。推广“易速贷”、“不动产抵押贷”“六贷一透”“无还本续贷”等小微企业信贷产品，降低贷款利率，简化贷款审批手续，授信审批从原来的半个月提速到最快2日完成。截至2019年底，区内金融机构为小微企业授信40.66亿元，企业融资成本较挂牌前降低1/6。

（林城）

【福州市金融控股集团有限公司】 2019年，福州市金融控股集团有限公司完成各项业务总收入2.43亿元，比上年增加3900万元，增长19.12%；实现净利润1.28亿元;至年末资产总额237亿元。

引导基金支持产业发展。全年新增投资项目47个、投资额31.81亿元，其中投向福光股份、纵腾网络等25家实体企业27.1亿元。促成光学镜头行业全球领先企业福光股份与浙大光电学院合作，并投资9000万元助推其成为福建省首个、全国第一批登陆科创板的上市企业。2019年，福州市企业技术改造基金投放32.91亿元。联合紫荆资本在北京举办招商项目会；推动中国中车研究所国家级交通科技创新平台落地福州市；成功引入国内唯一拥有高通卫星轨道的上市民企达华智能，填补福州市在卫星通讯领域的空白；引进浙大国家光仪工程技术中心，助力打造“福州·中国光谷”；联合纵腾网络打造“福州跨境电商园区暨产业服务中心”。

2020年7月22日，全国首批25家科创板福建省唯一上市企业——福光股份在上交所科创板上市交易

（市地方金融监督管理局 供）

发挥普惠金融平台助力中小微企业发展。融资担保方面，全年完成融资担保业务122笔，比上年增长63%；业务总额10.85亿元，比上年增长3.3%。商业保理方面，全年完成保理业务10笔，累计投放资金9631.2万元，比上年增加4448万元，增长85.8%。融资租赁方面，完成波音737-800飞机售后回租并为福州航空提供2亿元融资，为福州市首例飞机融资租赁业务。典当业务方面，全年办理抵质押放款8967笔，实现典当总额4.77亿元，比上年增加4437.36万元，增长10.24%。在省典当行业协会换届选举中，典当公司再次被选为会长单位。

推动“数字福州”建设。集团与鼓楼区政府、毅达资本合作设立规模1亿元的数字产业基金，并引入国家中小企业发展基金共同投资大数据、物联网等数字经济产业。牵头组建福州大数据产业园公司，助力滨海新城建设和大数据产业发展。与5G通信上市企业达华智能开展智慧城市供应链金融业务合作，为福州市物联网高科技企业福水智联提供金融服务。

推动“海上福州”建设。推动上海振华重工深海远洋养殖装备平台“振鲍1号”“振渔1号”在连江县试产，并合作设立海洋产业投资基金。牵头多家银行举办“科技贷”“海洋渔业”等担保业务专场对接会。创新开发“政采e融”保理产品，完成首笔对福建宝中海洋公司240万元的政府采购融资。

推动“平台福州”建设。全年新设晋江凯辉、两翼（闽东北）发展等5支基金，协议规模26.3亿元，基金募集金额15.75亿元。至年末，由集团运营管理的福州市政府引导的基金有18只，协议规模148.08亿元，实际到资97.99亿元。中安绿色供应链平台全年完成保理业务8000万元，完成供应链业务39

笔1.96亿元，比上年增长12.33%。

（江海航）

中国人民银行福州中心支行

【概况】　2019年，中国人民银行福州中心支行落实“三档两优”存款准备金政策框架，通过全面降准、定向降准等政策，全年合计直接释放资金798亿元，正向激励民营小微企业信贷投放。创新再贷款、再贴现管理模式，推动信贷资产质押再贷款，明确优先接受经央行内部（企业）评级的合格信贷资产，同时指导推动地方法人金融机构债券资产质押、第三方债券质押等多样化质押方式。推进信贷政策支持“再贷款+”多维模式、支持小微企业再贷款“2+1”（即央行、金融机构+小微企业）工作机制，试点指导地方法人金融机构创设支农再贷款专属信贷产品。强化再贴现投向管理，优先办理绿色票据及民营企业票据，对承办名录内企业票据再贴现的金融机构试点实施“央行民企票据通”，鼓励支持中小金融机构办理再贴现业务，制定《福州辖区金融机构再贴现额度调整规则》，构建包含票据融资规模、平均票据面额以及小微、涉农票据占比在内的政策执行效果评估体系，引导增加民营小微企业及涉农领域贷款投放。落实贷款市场报价利率形成机制（LPR）改革，打破贷款利率隐性下限，辖内城商行、农信系统等已将定价模型中的贷款定价基准替换为LPR。将制造业中长期贷款和信用贷款纳入宏观审慎评估，实行正向激励和反向约束，引导辖内地方法人金融机构稳健投放狭义信贷。加强中小银行流动性监测，将流动性匹配率、优质流动性资产充足率纳入流动性监测指标体系。成立农信社系统风险互助基金，横向建立城商行、民营银行流动性合作互助机制，引导金融机构将信贷资金重点配置在涉农、民营企业、普惠小微、制造业、绿色发展等实体经济领域。至年末，地方法人机构资本充足率15.85%，比上年提高0.26个百分点；人民币贷款余额比上年增长22.4%，比全辖平均水平提高8.6个百分点，创近年新高；贷款存量份额19.9%，比年初提高1.4个百分点；地方法人金融机构人民币贷款新增1872亿元，比上年增加491亿元。

【金融服务经济建设】　2019年，中国人民银行福州中心支行出台《福建省银行业金融机构服务民营企业发展评价激励办法》，完成授信5133.44亿元。落实小微企业贷款尽职免责制度，建立小微企业贷款审批绿色通道或专营机制。开展应收账款质押融资专项行动，首批中征平台在线供应链融资业务成功落地。跨境金融区块链贸易融资业务实现零突破。至年末，试点银行通过区块链服务平台为66家企业办理511笔须进行报关单核验的出口应收账款（发货后）融资业务，合计4.96亿美元。发挥无还本续贷模式的优势，在20多家主要金融机构推广实施无间贷、连连贷、循环贷以及“支小再贷款+”等区域特色信贷产品。发展融资增信类保证保险及抵押物相关企业财产保险，全年为2万家次民营企业提供40亿元贷款，为7069家企业提供财产抵押保险保障1780亿元。

在全国率先将房贷利率与个人住房贷款限额作联动调整，加强房地产差别化信贷调控，福州个人住房按揭贷款保持合理增长。推动福州市申报绿色金融改革创新试验区，完成各季度辖内银行业存款类金融机构（法人）绿色信贷业绩评价工作，将评价结果纳入MPA考核。引导金融机构增加对企业节能减排的技改信贷投放，支持兴业银行推行绿色创新投资业务模式，打造节能减排和绿色低碳产业发展新机制。推进绿色金融产品创新，推广森林资源开发与保护贷款、林权收储贷款、林权按揭贷款等一系列贷款品种，成功落地排污权、碳排放权、用能权等环境权益质押融资逾8000万元。推动区域债券市场创新发展，推广运用各类创新型债务融资工具，全年企业在银行间市场发债筹资1809.4亿元，比上年增加468.6亿元。兴业银行为东百集团创设的1.8亿元信用风险缓释凭证是省内银行与担保公司采取风险共担模式而创设的首单CRMW项目。辖内地方法人机构发行金融债券825亿元，多举措推进市场化债转股，成功落地37亿元。在海峡股权交易中心“台资板”挂牌的在榕台资企业有58家。

支持福州自贸片区金融开放创新，发布第五批10个金融创新案例，推进金融重点试验项目落地。开展贸易投资便利化试点业务，支持福州自贸片区银行凭优质企业提交的《跨境业务人民币结算收/付款说明》或收付款指令，为其直接办理货物贸易、服务贸易人民币跨境结算业务及资本项目人民币收入资金在境内的支付使用。整合自贸试验区内台资企业适用的5项资本项目便利化举措，实现外汇登记简化管理，提高投融资便利性等6项外汇业务的创新突破。试点政策覆盖范围由区内台资企业扩大至区内所有企业，完善区内跨国公司跨境资金集中运营管理业务相关要求。年内，人行福州中心支行获评为“福建自贸试验区（2015—2019年）‘最佳创新举措’实施单位”奖，主要实施和推动的2项举措被评为“最佳创新举措”。

加大金融支持“一带一路”的建设力度，简化跨境担保外汇管理流程，推动金融机构扩大人民币跨境贸易结算群体范围，丰富企业贸易投资币种选择。引导福建海峡银行在全省首创远洋渔业企业跨境外汇“快捷通”，通过NRA人民币账户办理ODI款项收支。年内，福州自贸片区内的远洋渔业企业累计通过福建海峡银行办理跨境业务301笔，金额3.3亿元，比上年增长近100%。

【金融稳定维护】　2019年，中国人民银行福州中心支行在全国率先推动将央行评级结果纳入对农合机构的绩效考核，全国首创实现超八成地方法人机构将央行评级结果分析纳入董（理）事会议程。加强地方法人金融机构经营管理和风险监测，对央行评级结果不优于6级的机构建立差异化监管机制。在全国率先以评级结果为参照，对1～7级金融机构允许以未经央行内部评级的信贷资产质押获得央行融资，为金融机构提供超10亿元的资金支持。运用存款保险核查等监管手段对福建海峡银行等地方法人机构进行风险早期纠正，使该行逐步回归平稳发展渠道，其早期纠正做法入选全国典型案例汇编。加强重点领域金融风险处置，成立以银行主要负责人任组长的包商银行风险应对领导小组，依托“5合1”工作机制，压实地方政府部门责任。推动辖内6家同业债权净额在5000万元以上的金融机构签署债权收购与保障协议，获得先期保障债权金额142.13亿元。开展不良贷款、金融机构流动性、金融犯罪和金融腐败、房地产信贷、地方政府隐性债务、非法金融活动等重点领域风险的专项排查，协同当地政府制定防范化解重大金融风险攻坚战实施方案。建立法人机构流动性日报制度，加强舆情监测，确保金融业平稳运行。加强试点存款保险核查在全国性银行分支机构管理中的应用，推进将央行评级和存款保险纳入金融机构开业管理、重大事项报告管理、综合评价等内容，并将金融机构履行“两管理、两综合”事项情况纳入对金融机构央行评级和存款保险费率核定的考虑因素。建立法人金融机构资管业务季度监测机制，分析法人银行机构保本理财产品、非银法人机构分级产品和通道类产品的数量和规模持续下降的原因。开展市场化债转股对接，筛选有债转股意向的23家企业向银行机构和债转股实施机构实行推介，促成主办银行与企业结对子。

【金融服务与管理】 2019年，中国人民银行福州中心支行从资金供给多渠道保障、涉农金融机构主体作用、金融服务乡村振兴、乡村金融服务创新、跨部门政策合力等5个方面，推进乡村振兴。推广个人扶贫小额信贷、“公司+产业基地+贫困户”等新型模式，支持个人、产业和项目的精准扶贫。同时，推出产业扶贫保险。

加快农村普惠金融服务点规范化改造，采用轻终端化服务。推广云闪付APP，以交通场景、校企场景和医疗场景为支撑，拓展移动支付行业应用。在全国首个云闪付全覆盖校园——福州外语外贸学院，建立首个全国智慧校园示范点。在全国开通首个区域统一的医疗便民服务平台——榕医通APP，上线云闪付支付功能。率先在全国开展健康卡的“三码融合”项目试点。率先在全国上线运行税库银便民综合办税缴费平台，实现线上线下27种税费查缴。完成城乡居民医保缴费查询平台的搭建，推动金融机构进行农村普惠金融服务点智能终端改造。至年底，在全辖1.16万个农村普惠金融服务点实现医保缴费现金自主缴交功能。对福州市区24家银行机构、47个营业网点开展移动支付宣传情况现场督查。

推进小微企业减税降费政策落地，全年累计办理小微企业普惠性税收减免退付10.02万笔，合计2121.76万元。指导国家金库福清市支库与当地税务部门签订《关于高效落实减税降费政策和提高退库工作效率的协议》，福清市支库提高减税降费资金退付质效的做法在全省推广。推动“国债下乡”，指导承销机构依托农村普惠金融服务点为农村居民现场开通网银，开设储蓄国债托管账户，帮助农村居民使用本人账户购买储蓄国债（电子式）。推进国债通兑工作，至年末，15家承销机构中已有14家开通，储蓄国债全省异地通兑业务，其中8家支持全国通兑。在全市开展“省级国库县支库示范库”创建工作，实现基层国库业务全面标准化。

依托“福建省征信业务综合平台”，扩大涉企信用信息共享覆盖面，在全国率先与市场监管部门交换共享信息数据，为金融机构提供信息查询服务。推进村镇银行、证券公司、小额贷款公司、融资租赁公司、融资担保公司等小微机构接入金融信用信息基础数据库，提升征信服务水平。推广应用中征应收账款融资服务平台及动产融资统一登记公示系统，促成辖内首批中征平台在线供应链融资业务成功落地。年内，福州市区布设二代个人信用报告自助查询机28台。

开展首批现金服务示范区创建工作，推进开展银行业金融机构人民币流通标准化建设，规范现金服务流程。推动硬币自循环工作，全年福州市配备硬币兑换机129台，硬币清分机169台。推进农村反假货币综合示范区建设，在闽侯县构建大型农贸批发市场反假货币示范区。

【外汇监管服务】 2019年，中国人民银行福州中心支行采取多项举措防范跨境外汇资金异常流动。规范银行卡境外交易管理，全年辖内银行卡境外提钞笔数和金额实现“双降”。开展个人外币现钞存取数据和个人大额取钞数据核查，加强个人分拆结售汇行为监管，督促银行加大对个人分拆行为的事前拦截和筛查力度，全年大额高频现钞存取量比上年下降58.49%，个人用汇结构持续优化。开展服务贸易外汇业务专项核查，发现辖内被查银行涉嫌擅自发放离岸贷款、离岸贸易融资，其中“境外公司通过NRA账户获取离岸贷款以归还内保外贷”的问题，倒逼银行强化对NRA账户外汇的业务审查。更新辖内法人银行跨境融资风险加权余额上限，为资本项目实现跨境融资预警监控提供准确数据支持。全年跨境收支实现顺差213.3亿美元，连续47个月保持净流入。

推动跨境金融区块链服务平台试点落地，鼓励试点银行应用区块链技术提升中小微企业跨境融资效率。推动国际贸易“单一窗口”金融服务版块进入实质开发应用，开通“福建省税务备案表查询核注系统”，推动服务贸易跨境支付便利化。制定《深入推进中国（福建）自由贸易试验区外汇管理改革试点实施细则》，扩大资本项目管理便利化试点政策适用范围。制定《福建省台资企业资本项目管理便利化试点实施细则》，使试点政策覆盖区域范围更广泛，收入使用管理再优化，外债注销登记再简化。发挥跨境贸易投资便利化和台资企业试点政策叠加优势，引导辖内台资企业中非投资性外资企业使用资本项目收入开展境内股权投资。鼓励中资银行协调其海外分支机构与境内民企进行供需对接，适当引导银行外债资金流入，以增加可贷外汇来源替代企业购汇需求。合理运用跨境担保政策，支持内保外贷资金流入境内使用。

加强对异常出口企业的监测与管理，开展跨部门联合监管。排查资本项目跨境收支异常问题线索，加强对境外投资、境外放款、外商投资利润汇出、内保外贷的穿透式审核，限制房地产企业、政府融资平台通过跨境资金池境外放款。支持企业使用跨境人民币汇出投资资金以减少购付汇规模，通过NRA账户解决投资部分东道国汇路不畅等问题，帮助企业降低境外投资汇兑风险。开展内保外贷履约风险专项评估，创新构建企业内保外贷履约评估4级分类标准，关注房地产等特殊行业履约风险，及时化解存量风险。关注有关银行总行特有业务，检查资金来源与运用，发现变相内保外贷、跨境直贷、个人外汇理财等系统性问题。运用展业检查方法查实银行未尽职审核办理内保外贷人民币履约、个人境外刷卡消费、NRA账户外汇收支等业务。启动银行考核升级为银行外汇业务合规与审慎经营评估工作，督促银行机构平衡处理合规与创新的关系。完善数据情报导查思路，建立福建省外汇非现场检查指标库，整合维护近百个非现场指标，创新数10个非现场指标，丰富非现场检查指标体系，全年查处的案件80%来源于非现场分析发现的线索。打击地下钱庄、网络炒汇炒股等非法金融活动。

（王勉）

银行保险业

【概况】 2019年，福州地区有银行业金融机构10大类61家，营业网点1650个，从业人员3.65万人，其中政策性银行与开发性银行3家、大型商业银行6家、股份制商业银行11家、城市商业银行5家、民营银行1家、农村中小银行机构17家（包括农村信用社6家、农村商业银行4家、村镇银行7家）、外资银行10家、信托公司1家、金融资产管理公司4家、企业集团财务公司3家，合计资产总额2.26万亿元，各项贷款余额1.77万亿元，各项存款余额1.45万亿元，实现净利润193.85亿元。福建海峡银行、福州农商行等地方法人银行的资本充足率、拨备覆盖率和流动性等主要指标均符合监管要求。全市有保险公司主体61家（含1家法人机构），其中财产险公司28家、人身险公司33家。各级营业机构网点429个，保险专业中介公司网点175家，合计资产总额786.9亿元，累计实现保费收入343.3亿元，规模列福建省各设区市首位，其中财产保险97.5亿元，人身保险245.8亿元。承担风险总额24万亿元，累计各项赔付支出101.1亿元。至年末，福州地区法人银行业机构普惠型小微企业贷款余额511.94亿元，比上年增长38.79%；普惠型小微企业贷款户数5.28万户，比上年增长26.15%；新发放普惠型小微企业贷款利率6.92%，比上年下降0.31个百分点。

落实《福建银行业支持乡村振兴战略行动计划》，支持特色产业、基础环境、重点群体、文明乡风四大领域发展，提前一年实现“基础金融服务不出村、综合金融服务不出镇”的全覆盖目标任务。至年末，福州辖区涉农贷款余额4241.17亿元，比上年增长10.25%，高出全省涉农贷款增速2.72个百分点。通过党建扶贫、产业扶贫、平台扶贫、保险扶贫等扶贫模式，加大对贫困地区和贫困人口的金融支持力度。福州地区银行业机构发放扶贫小额信贷余额4543万元，帮助1104户贫困户发展生产，保险公司为福州地区443户建档立卡的贫困户提供产业扶贫保险风险保障1019万元。

加大自贸区金融创新力度，推广同业联合担保、全流程电子化投标保函系统、不动产抵押登记“全程网办”等创新成果。年内，片区5项金融创新举措被商务部列入新一批拟复制推广的自贸区制度创新成果，3项举措被省政府列入第七批可复制创新成果，3项举措入选福建自贸区最佳创新举措。至年末，片区内各项贷款余额1191.4亿元，比上年增长17.4%。银行机构为福平铁路、平潭海峡大桥、福州港江阴港区泊位工程等国家、省市级重点项目提供信贷支持。保险机构降低受中美经贸摩擦影响企业的保险费率，部分投保企业保险费较上年下降近三成。银行保险机构申报“海丝”核心区建设重点项目库，参加“西亚市场推介会”、闽企“走出去”风险管理论坛等平台。加强企业境外投资并购、为“一带一路”国家建设工程以及跨境贸易项目提供信贷支持、融资增信和风险保障。入驻海关通关数据应用平台“关数e”，拓展国际贸易“单一窗口”功能，开展关税保证保险业务。

福州市城乡居民大病保险参保居民494.1万人，提供风险保额6348亿元。累计为176万名职工提供城镇职工大额医疗费用商业补充保险，提供风险保额6688亿元。推进职工医保个人账户资金购买商业健康险业务。政策性老年人意外伤害保险项目在福州落地试点，推进税延养老保险试点及险资投资福州养老社区等项目落地。全年实现农业保险保费收入7921万元，提供风险保障118亿元，其中育肥猪保险保额从每头500元提高到800元，能繁母猪保险保额从每头1000元提高到1500元。农业产业扶贫保险自2019年初正式启动，累计承保贫困户433户，提供保障1000余万元。全年实现责任保险保费收入6.5亿元，其中农村公路灾毁保险及3～5级江（海）堤防设施财产保险实现全覆盖。承保企业环境污染责任保险133家，比上年增加63家，承担风险保障2.7亿元，比上年增长35%。

发展榕台金融交流，中行福建省分行为在榕台资银行办理资金存放11亿元，代理清算6631笔，合计145亿元人民币。与中行台北分行联动开展海外代付、出口融资等跨境业务2亿多美元。兴业银行向中国信托、国泰世华、兆丰、永丰等16家台湾地区银行业机构提供同业授信近200亿元。厦门银行福州分行推广“台胞专属信用卡”，为在榕台胞提供境外消费免收货币转换费、“小三通”船票折扣等优惠。君龙人寿福建省分公司会同总公司在原“大陆二级以上公立医院”基础上，研究探索开放台湾地区优质医院为理赔认可医院，便利台胞实现两岸通赔。至年末，在榕台资银行资产总额52.65亿元，占福州外资银行资产总额的15.43%；各项贷款、存款余额分别为28.41亿元、6.12亿元，分别比上年增长10.6%、63.41%，未发生不良贷款。

（唐福来）

【国家开发银行福建省分行】 2019年，国家开发银行福建省分行累计向福

表 37　　2019 年福州银行机构主要经营指标

机构分类	银行机构	本外币各项存款至年末余额（亿元）	比上年增长（%）	比年初增减数（亿元）	本外币各项贷款至年末余额（亿元）	比上年增长（%）	比年初增减数（亿元）
政策性银行	国家开发银行	327.24	−14.90	−57.31	3061.59	7.14	204.06
	中国进出口银行	24.68	−48.86	−23.59	890.98	17.03	129.67
	中国农业发展银行	65.29	−25.51	−22.36	394.83	11.03	39.24
国有五大银行	中国工商银行	1603.85	13.79	189.27	1523.28	17.30	145.82
	中国农业银行	1462.19	11.31	148.58	1310.98	17.13	191.71
	中国银行	1509.09	9.26	127.91	1314.76	16.58	186.98
	中国建设银行	2172.00	12.45	240.48	2129.49	10.50	202.38
	交通银行	281.43	−2.48	−7.17	399.11	20.06	66.68
股份制商业银行	中信银行	383.06	12.27	41.86	350.70	11.82	37.06
	中国光大银行	410.98	4.27	16.81	330.00	−9.95	−36.46
	华夏银行	120.42	11.20	12.13	143.24	−5.43	−8.25
	广发银行	124.69	32.05	30.26	143.64	9.42	12.37
	平安银行	275.24	62.17	105.51	245.31	22.25	44.65
	招商银行	419.72	4.43	17.81	493.95	5.04	23.72
	浦发银行	228.30	9.45	19.71	336.18	13.37	39.63
	兴业银行	1888.91	12.10	203.91	1049.07	26.49	219.72
	中国民生银行	319.71	3.01	9.34	414.27	−1.99	−8.4
	恒丰银行	84.94	−6.61	−6.01	60.35	−38.10	−37.15
	渤海银行	99.46	−3.39	−3.49	117.68	17.04	17.13
城市商业银行	厦门银行	137.38	26.90	29.13	168.41	21.16	29.41
	泉州银行	69.68	4.28	2.86	46.58	44.18	14.27
	厦门国际银行	422.33	19.93	70.18	391.96	51.84	133.83
	稠州商业银行	58.51	1.47	0.85	47.40	24.42	9.3
	福建海峡银行	892.20	5.15	43.68	520.98	13.06	60.18
农村合作机构		1366.18	13.17	159.00	897.93	18.21	138.31
	其中：福州农商行	957.09	13.54	114.17	631.71	21.14	110.25
中国邮储银行		349.85	10.59	33.49	307.54	19.95	51.15
村镇银行		33.64	4.62	1.48	42.91	21.46	7.58
外资银行		99.77	11.51	10.30	156.66	2.88	4.39
合计		16187.83	207.17	1508.79	17921.49	405.03	2029.23

州地区投放表内信贷资金2360.34亿元、专项建设基金154.14亿元，其中融资总量389.34亿元，发放表内本外币贷款276.02亿元；表内外贷款余额1409亿元，其中表内贷款余额1117.62亿元。

支持交通体系建设　与市财政局、地铁公司配合，运用成本规制模式率先为F1线项目提供授信225亿元。至年末，累计向福州地铁集团授信945亿元，发放福州地铁1、2、4、5、6号线表内贷款280.43亿元，其中年内发放102.18亿元，投放专项建设基金20亿元。年内，引导银团资金423.14亿元，表内贷款余额175.82亿元，向福州地区发放公路、铁路、轨道交通等重大交通领域项目贷款144.63亿元。

支持水利生态建设　加大对水系综合治理项目支持力度，至年末，累计向仓山龙津阳岐及金山片区发放贷款22.52亿元，已发放贷款10.52亿元，其中为金山片区项目提供生态环保类PSL优惠资金5亿元。推进平潭及闽江口水资源配置工程（“一闸三线”项目）建设，累计授信承诺表内贷款26.87亿元，提供专项建设基金9亿元。助力全市垃圾分类工作，为大件垃圾处置、洋里生活垃圾收运一体化等项目提供授信10.34亿元，已发放首笔贷款0.25亿元。

支持棚户区改造　至年末，累计向福州地区15个棚改项目授信406.67亿元，发放棚改贷款321.22亿元，其中享受PSL棚改专项优惠利率的贷款285.62亿元，占棚改贷款金额的88.92%。累计提供专项建设基金3.87亿元，棚改贷款余额147.86亿元。

支持产业转型升级　至年末，累计向京东方8.5代项目发放表内本外币贷款159.29亿元，其中年内发放9.14亿元；专项建设基金33亿元，引导各类资金186.48亿元；向福清核电6台机组累计融资332.30亿元，其中年内引导各类资金44.45亿元，占项目总体银行融资额45%以上，是该项目最大贷款行和资金保障主力银行。

（黄羽）

【中国进出口银行福建省分行】　2019年，中国进出口银行福建省分行累计发放贷款折人民币248.56亿元，全部投向实体经济领域。贷款余额本外币合计426.56亿元人民币，较年初增加60.29亿元，其中人民币贷款余额397.39亿元，较年初增加68.22亿元，外币贷款余额4.18亿美元。

银政合作　重点扶持福州辖区重点龙头企业，向福州“31500”行动计划内企业发放贷款158.30亿元，占该行在福州辖区贷款投放量的7成以上，自上年行动计划出台以来，已为该计划内企业发放贷款306.54亿元，年末计划内存量客户贷款余额289.40亿元，促使福州市取得规模以上工业增加值排名全国省会城市第二的成绩。

支持外贸企业　为福耀集团承销发行5亿元超短融资券；为康宏股份、元成豆业、长德蛋白等大豆加工企业提供5.68亿贷款，支持企业从巴西等地进口大豆；为中铝瑞闽提供1亿元流贷支持，用于拓展东南亚地区的销售网络构建。至年末，福州地区外贸产业贷款余额376.64亿元，比上年增加64.49亿元，占全部贷款余额的88.30%。

支持“一带一路”建设　服务福州企业“走出去”，重点扶持一批产业龙头企业与“一带一路”沿线国家和地区开展资源进口、境外投资、境外加工贸易合作。如宏龙渔业印度尼西亚金马安渔业基地、宏东渔业毛里塔尼亚综合基地、马中关丹产业园350万吨钢铁产能项目及中国武夷集团肯尼亚建筑工业研发生产基地和配套仓储建材超市项目等。至年末，在福州地区“一带一路”贷款余额127.01亿元，比上年增加27.92亿元。

服务实体经济　推动福州市传统产业优化升级和先进制造业发展，支持长乐恒申集团、永荣控股集团等纺织化纤龙头企业及中华软包装集团、中景石化、中江石化等石油化工重点企业做大做强。为省内军民融合龙头企业祥鑫集团发放8.33亿元贷款，牵头组建祥鑫新能源军民融合特种铝合金汽车轻量化一期8.99亿元银团项目并实现投放。落实政银企三方组建专项金融工作服务小组，通过行内联动机制对福州辖区内重点制造业开通受理、审批、放款绿色通道。至年末，福州地区制造业贷款余额197.04亿元，占全部贷款余额的46.19%，其中先进制造业贷款占制造业贷款比重近50%。

服务海洋经济　逆周期支持福建船舶制造企业稳定经营，支持马尾造船成品油船、油化船、东南造船水泥运输船等多个项目。支持福州远洋捕捞龙头企业转型，为平潭远洋渔业集团发放20艘渔船项目贷款和流动资金贷款。支持宏龙海洋综合虾养殖项目信贷需求，帮助企业向外拓展。

支持中小微企业　与福州市工信局签订合作协议，在福州市筛选20家符合条件的“专精特新”中小企业开展合作试点，已为相关企业提供12亿元融资支持。开展小微企业转贷，与福建海峡银行、泉州银行合作开展转贷业务。至年末，在福州地区小微企业转贷款余额12亿元，较年初增加2.03亿元，支持小微企业100多家，小微企业银行转贷平均利率较上年下降106个百分点。

（陈冬　谢弢）

【中国农业发展银行福建省分行营业部】　2019年，中国农业发展银行福建省分行营业部投放粮油储备贷款13亿元，带动储备粮油轮换86万吨。支持粮油市场化业务，投放“北粮南调”“引粮入榕”贷款25亿元，支持调入粮食905万吨，市场化粮油资金供应份额49%。向扶贫客户发放产业扶贫贷款27.9亿元，占全省系统的77%。引导3家企业吸收国家建档立卡贫困人口59人就业，8家企业向定点扶贫县捐款300万元。支持福州内河水系整治、东湖数字小镇、元洪创业服务中心、永泰文化温泉产业园、黄岐湾外养殖区建设等政府主导、百姓关注的重大民生工程项目31个，审批金额114亿元。助力纺织化纤、轻工食品等产业优化升级，累计向25家优质客户发放贷款58亿元。扶持小微企业，对接客户31家，实现投放7家，累计扶持3610万元，超额完成服务民营小微工程“双增”目标。

优化存款结构，引存交通综合补贴款、农村交通债券资金、中央耕地地力补贴资金、失地农民养老保障金、教育局校安建设专项资金等。客户服务、财务管理水平和资源配置持续优化。开办全省系统首笔网银业务，全年签约网银客户125户，线上业务替代率86.5%。开展贸易融资业务，为元成豆业、长德蛋白开立减免保证金信用证1.3亿美元、信用证项下进口押汇业务9.18亿元人民币。年内，实现国际业务结算1.82亿美元、完成率108.1%；综合收益129.1万元，比上年增加49.2万元；中间业务收入251万元，比上年增加17.5万元。

（吴霞）

【中国工商银行股份有限公司福州分行】　2019年，中国工商银行股份有限公司福州分行新三年发展规划稳步实施，拨备前利润、拨备后利润、净利润均实现比上年正增长。全部存款余额1600多亿元，比上年末增加近200亿元，月末存量和增量三破历史记录。各项目贷款余额超1400亿元，比上年末增加120多亿元。

支持实体经济　服务民营企业、制造业实体经济发展，制定个性化供应链融资方案。运用特有的项目运营期贷款、票据池业务等拳头产品，为企业制定综合融资方案，并深化大客户直营改革。全年办理票据贴现超50亿元，发行承销债券近20亿元，比上年增加8亿多元；发放公司贷款超390多亿元，其中民营企业贷款余额比年初增长8.66%，制造业贷款余额比年初增长15.12%。

普惠金融　率先获得法人“e抵快贷”开放资格，发展法人经营快贷，形成可以批量化拓户的小微企业集群客户特色方案。至年末普惠贷款余额比年初增加近35亿元，增长130%。获《福州日报》授予的第六届金榕奖——普惠金融服务创新品牌、《福州晚报》2019金融创新奖——“小微金融创新奖”。

国际业务　组建服务团队，针对中小企业开展具有针对性的国际业务推介。对接“第二届进博会”“中欧经贸合作磋商会”参会企业金融需求，为企业逐户制定综合性金融服务方案。创新汇率避险产品模式，推广远期结售汇“T+3”产品、包买他行项下国内证福费廷业务、项目贷款项下LPR利率掉期业务、零成本购汇期权组合、掉存通等创新交易产品。为客户办理6笔交易零成本期权组合业务，金额1500多万美元，并以差额交割方式进行交割。年内，办理零成本购汇期权组合业务近3亿美元，新增外汇融资4600多万美元。

银政合作　参与福建省直公积金中心、福州市公积金中心相关公积金年度归集、贷款委托协议的签订，按进度完成公积金账户归并工作。为福州市公证处、福州市委老干部局、团省委、省委台港澳工作办公室、省台湾同胞接待站和海峡论坛事务中心等6家政府机构提供“工银E政务”服务。参与公共资源交易中心土拍资金汇划和省财政厅三期国库现金管理招标。取得福建省职业年金受托及托管2项资格，增加企业年金客户13家。对接地方债券发行。

文明服务　开展“暖心工程”建设活动，“服务百姓、至臻至境”服务提升主题活动，“服务提升、百日行动”专项活动，重新制定行长坐堂服务制度。下辖的长乐支行营业室获评为“中国银行业文明规范服务五星级营业网点”称号；鼓楼支行营业室、闽都支行营业室、福清支行营业室获评为“2019年度总行级服务五星级网点”；长乐支行营业室、仓山支行营业室获评为“2019年度总行级服务四星级网点”。收到客户表扬工单55件，对外宣传刊发新闻稿1002条（次），客户满意度99.05%。

（闵锐）

【中国农业银行福州分行】　2019年，中国农业银行福州分行本外币各项存款余额1292.36亿元，比年初增加127.76亿元；各项贷款余额1195.11亿元，比年初增加174.32亿元。

服务实体经济　加大重大战略、重大项目、重点工程、优质企业的扶持力度，累计投放280.92亿元，完成总行与福州市政府战略合作协议中70个项目的对接，授信金额322.59亿元，累计用信金额122.29亿元。加大普惠小微企业服务力度，走访小微企业10582家，形成“台江园林”“福清机动车”“福清蓝谷产业园”等9个小微企业批量化整体金融服务方案。至年末，银保监口径小微企业贷款比年初增加19.44亿元。

服务乡村振兴　推进互联网金融服务“三农”“一号工程”，推进“一县一快农贷，一特色产业一快农贷”。运用新技术、新模式加强现代农业、美丽乡村等金融服务。至年末，涉农贷款余额364.5亿元，比年初增加36.6亿元，惠农e贷余额40.4亿元，比年初增加26.8亿元，增长197.06%；支持农户14791户，比年初增加6983户。食用菌、水产品、果蔬、花卉等23个特色产业和项目实现“快农贷”并上线应用。加大贫困地区金融服务力度，省级扶贫重点县永泰支行贷款余额27.28亿元，比年初增加8.82亿元；全辖发放个人精准扶贫贷款1.26亿元，比年初增加947.3万元。

服务品牌创建　加强网点升级改造，加大智能机具配置力度，推进“两墙、两柜、两屏”建设，实现超柜业务替代率93.09%。推行暖心服务，从一杯茶水、一把雨伞、一次搀扶等细心周到的贴心服务，到便捷、高效、专业的增值服务。强化场景金融建设及金融科技应用，加强线上线下结合、平台互通和城乡联动，建立全方位的服务渠道，推进智慧校园、智慧医疗、智慧宗教等核心场景建设，新增消费场景365个。

（陈鸿）

【中国银行福州市分行】　2019年，中国银行福州市分行全面管理除平潭外的福州各地分支机构，分行本部设公司金融部、交易银行部、个人金融部、风险内控部、综合管理部及营业部6个部门；下辖8家管辖行，120个网点。至年末，人民币客户日均存款1101.45亿元，比上年增加153亿元，增长16.13%，其中公司存款416.70亿元，比上年增加28.18亿元；储蓄存款684.75亿元，比上年增加124.83亿元；人民币客户时点存款1131.75亿元，比上年增加123.33亿元，增长12.23%，其中公司存款437.99亿元，比上年增加28.82亿元；储蓄存款693.76亿元，比上年增加94.51亿元；本外币日均存款市场份额（四大行口径）20.15%，比上年增长0.33%；人民币贷款时点余额1067.22亿元，比上年增加124.16亿元，增长13.17%，其中公司贷款（含贸融、票贴）496.4亿元，比上年增加50.87亿元；个金贷款（含卡透、分期）570.82亿元，比上年增加73.3亿元；跨境人民币市场份额22.85%，比上年增长9.98%，结算量276.43亿元，比上年增长33.4%。国际贸易结算业务量93.33亿美元，市场份额25.69%。国际结算市场份额长期稳居当地市场第一，连续5年实现正增长，连续9年保持经常及直接投资项目市场份额第一。

培育新动能　推行内部市场化，坚持绩效导向，全面推动EVA、RAROC价值创造指标应用于实际业务。成立“福州地区资本应用小组”，带动全辖研究资本、IFRS9，结合业务实际开展EVA主动管理。制订实施《EVA优化管理30条指导意见》，以“资本+”模式为方向，开展具有福州地区特色的资本节约型、价值创造型、质量效益型的发展道路。

支持实体经济　福州地区决策信息传导机制实现“短、频、快”，重大决策安排与业务调度，可以第一时间传导至各级机构，基层响应反馈时间在1小时以内。融入“三个福州”建设、福州新区开发、“一带一路”与自贸试验区建设、对台金融合作等领域，总行与福州市政府签署战略合作框架协议，未来5年中行将为福州市提供不低于3000亿元人民币的意向性融资支持。与在福建省设立分行的台资金融机构开展合作;与台北分行搭建自贸区跨境人民币同业往来资金池,吸收台北分行联行资金近71亿元;与台湾彰化银行续做多笔自贸区银行存放台资银行业务,累计金额6亿元。加强对先进制造业、高端制造业、基础设施建设等政府重点行业项目的营销服务力度,对地铁、海上风电等客户投放25亿元,同时储备诸如漳浦城冶、海峡发电、贝瑞基因、金风科技等20余亿元基建、制造业项目,助力地方性基础设施建设项目及制造业发展。支持民营企业发展,加大对“白名单”民营企业的资源配置及信贷投放。至年末,民营企业贷款余额254.53亿元,比上年增加59亿元,增量全省第一,增长31%;民营企业贷款投放量占全部贷款投放量的54%;民营企业有效客户4861户,比年初新增581户,体量与增速均排名全省第一。

业务转型 全辖完成对私ETC 7.15万户,完成120.32%,新增客户贡献度29.31%。助力省行推动福州市人社部门电子社保卡在手机银行的落地。推进“来聚财”“智慧付”的推动工作,发展信通捷SP业务,落地聚龙酒店收银PGS项目。年内,累计拓展中银智慧付商户7651户(考核口径),贡献度全省第一。来聚财激活商户1.85万户,有效商户1.04万户,交易2026万笔,户均存款2.76万元。

风险防控 加强不良管控,防范信用风险,全年实现监管零罚款。全辖累计发放扶贫贷款9900万元,服务“三农”发展,帮助中小微企业解决融资难、融资贵的问题。民营企业贷款增量、民营企业体量与增速,普惠金融重点领域贷款增量、普惠贷款户数增量均排名全省第一。发挥“公益中行”消费扶贫主渠道作用,定点支持扶贫县农副产品7万元。为西藏八宿县中学捐赠高原烧水锅炉改善办学条件。推广分类垃圾桶,联合福州晚报举办“变废为宝 中行在行动”公益系列活动。

(陈晶)

【中国建设银行福建省分行】 2019年,中国建设银行福建省分行以福建省人民政府与建行总行签署支持新福建建设战略合作协议为契机,依托建行总行打造的“三大战略”为优势,通过信贷与非信贷方式解决省内客户融资超过5000亿元。至年末,存贷款总量在当地同业率先突破1万亿元,连续20年实现安全稳定运行,入选全国建行系统十大重点分行;在监管部门服务实体经济监测评价中,连续多年居各大商业银行首位;连续8届在全省创文明行业活动中获评为“先进行业”;在当地金融机构中,唯一一家连续2届获评福建省“平安先进单位”。

引流资金 以“融资+融智”方式开展综合金融服务,对接“五个一批”项目,为65个重点项目提供支持,授信1323亿元。组建专业团队,为近100个省重点项目提供全流程、一对一的服务,做到项目早评估、早申报、早投放。通过理财方式募集社会资金74亿元,承销地方政府债券125亿元,为53家企业搭建跨境本外币双向资金池,累计流入资金上限631亿元。

跨境业务 加强服务自贸区金融建设,完成几十项金融服务创新与产品首单突破。推进跨境业务发展,全国首批实现行内“跨境e+”与海关总署“单一窗口”的成功对接,为同业唯一一家单年跨境人民币结算量“破千亿元”。发展对台跨境收支、对台跨境融资,在台资银行跨境人民币同业业务上填补多项两岸合作空白。率先通过国家外汇总局跨境区块链平台落地全省同业首笔跨境融资业务,累计交易突破75亿元,在当地同业中规模最大。

供给侧改革 支持福建省基础设施互联互通、现代产业体系打造,制造业贷款余额683亿元。完善民营企业授信业务尽职免责和纠错容错机制,民营企业贷款余额753亿元,比上年增加124亿元,占全部对公贷款新增的66%。对接“三去一降一补”,开展市场化债转股业务,多层次服务省属集团、地方国企、上市公司,储备债转股项目20亿元。

普惠金融 立足“小微快贷”等大数据产品,为福建省近4.3万户小微企业提供在线融资787多亿元,占小企业贷款总量的75%,其中通过银税直联“云税贷”服务,为全省1.5万户诚信纳税企业发放贷款275亿元。利用“建行惠懂你”APP,推广“一分钟融资、一站式服务、一价式收费”,绑定应用客户9万户,累计支用贷款64亿元。至年末,普惠金融贷款余额324亿元,连续3年完成“两增两控”目标,新发放小微企业贷款平均年利率4.95%,比上年下降144个基点。

支持乡村振兴 与福建省农业农村厅开展服务乡村振兴战略合作,创新“闽茶贷”“闽果贷”“闽匠贷”等“惠闽宝”系列产品。探索服务县域乡村“一群一方案、一链一产品、一县一特色”的模式,涉农贷款余额1028亿元。推进“村口银行”,打造“智慧乡村”平台,“裕农通·村村通”实现对全省1.1万多个行政村100%全覆盖。深化“互联网+农业”电商模式,出台服务乡村振兴战略34条举措。中标农业农村部“金融支农创新试点政府购买服务”。

服务金融科技平台 搭建宗教事务、精准扶贫、公积金网上云、住房租赁、安心养老、公益教育、党群、智慧政务等近20个服务平台。与团省委开展“团费云”合作,实现30万人次团费缴交。为数字福建云计算中心(社会和企业云)、永定光电信息产业园孵化器建设项目等高科技项目,提供“融资、融智”综合金融服务。年内,支持技术服务业等客户1100多家,信贷余额近11亿元。

(周卉)

【中国邮政储蓄银行福州市分行】 2019年,中国邮政储蓄银行福州市分行发放贷款约230亿元,贷款余额308亿元,比上年增加56亿元,增长20%。

服务“三农” 至年末,累计发放新型农业经营主体贷款超10亿元,涉农贷款余额87.34亿元,占全行贷款的28.4%。收集建档立卡贫困户台账23322户,其中直接对385户建档立卡贫困户发放扶贫类贷款1901万元,精准扶贫贷款余额7225万元。与福州市林业局、福州市农业农村局及多家县(乡)政府签订战略合作协议,提供260亿元专项信贷资金服务乡村振兴。

普惠金融 加大基础金融服务,在福州城乡铺设157家网点,其中县域网点占比65%,建成“助农取款服务点”66个、环卫工人爱心服务点36个和无偿献血者普惠金融服务点。与福州市退役军人事务局签订“拥军优抚”协议，退役军人服务在所辖支行全面铺开。累计投入300余万元推动ETC普及，为5.2万名客户带来高速畅行服务。发放房贷、车贷、信用贷、留学贷等消费类贷款近76亿元，净增加24多亿元，余额近130亿元。介入福州市教育局国家助学贷款项目，助力大学生近1400人次、发放贷款1000多万。年内，累计投入近千万元，重点开展贴近民生的公共出行（地铁、公交）、半价商圈、车主权益三大品牌系列优惠活动。

服务民营经济　对海洋渔业、现代农业、纺织行业、工艺品行业、软件信息行业、批发零售业等行业累计发放小微企业贷款14.86亿元，净增加近2亿元，余额15.38亿元。落实“两增两控”政策，让利5000多万元。

服务城市建设　为福州市交通建设集团、福州城市建设投资集团、福州市水务投资发展有限公司、福州自来水有限公司、京台高速（平潭）跨海大桥有限公司、平潭大唐海上风电有限公司等18家市属国企、县属国企及市属国企全资子公司（参与公司）累计授信165多亿元，其中已使用授信及债券投资34.39亿元。

（黄莹）

【福建省农村信用社联合社福州办事处】　2019年，福州市农信系统9家行社（含6家农信社、3家农商银行）服务三农及民营小微企业。至年末，资产总额1585.49亿元，比年初增加201.52亿元，增长14.56%；负债总额1434.35亿元，比年初增加182.72亿元，增长14.6%；所有者权益151.13亿元，比年初增加18.8亿元，增长14.21%；各项存款余额1348.87亿元，比年初增加155.89亿元，增长13.07%，6家县域行社存款市场份额居当地首位；各项贷款余额873.63亿元，比年初增加128.5亿元，增长17.25%；3家县域行社贷款市场份额居当地首位；资本充足率16.84%，拨备覆盖率319%，拨贷比4.02%；资产利润率1.53%，资本利润率16.1%。

普惠金融　福州农信系统全辖涉农贷款余额512.72亿元，比年初增加53.78亿元，增长11.72%；1000万元以下小微企业贷款余额223.93亿元，比年初增加92.46亿元，增长70.38%，高于各项贷款增幅54.2个百分点；小微企业贷款2.9万户，比年初增加6671户，贷款利率6.96%，低于2018年第四季度，不良率符合监管标准，辖内9家行社均实现小微企业贷款“两增两控”目标；单户500万元以下普惠型农户经营性贷款和单户1000万元以下普惠型涉农小微企业贷款总余额为337.63亿元，比年初增长16.01%，略低于各项贷款增速0.17个百分点，辖内9家行社普惠型贷款增幅均高于各项贷款增速。推进农村普惠金融服务点改造，全辖服务点1698个，基本实现“村村通”。服务点机具数量2194台，新机具占比70%。为响应城乡居民基本医疗保险由税务全面代缴新政，福州农信系统与福州市税务系统合作在各县区税务大厅政务中心布设21个农村普惠金融服务点，为客户代缴医保35万笔。

金融助理挂职工作　与福州市委组织部联合下文《关于选派首批“金融助理”挂职工作的通知》，并举行出征仪式。选派832名金融助理挂职全市168个乡镇（街道）、1536个村（社区）。

信用工程建设　召开大型“整村授信”项目启动仪式暨现场签约活动、拓展营销服务，推动信用工程建设。全年评定信用乡26个，比年初增加17个；信用村（社区）632个，比年初增加89个；信用户18.97万户，比年初增加8.4万户。

产品创新　围绕农村金融新需求，落地橄榄贷、芋农贷、菌e贷、李梅收购贷、设备抵押贷、水仙振兴贷、橙意满满贷、休闲产业贷、海域生产贷、菌菇贷、鲍鱼贷、花卉贷等信贷产品，助力乡村特色产业发展。全年累计发放各类特色信贷2.49万笔，发放金额44.89亿元。

合作领域　与福建省高速公路集团有限公司合作，在福州农信系统开设6家合作网点办理ETC业务，实现从营销到安装一站式服务。与市仲裁委联合召开仲裁工作推荐会，拓宽不良化解渠道。与市妇联开展“巧妇贷”合作，服务妇女就业、创业。福清汇通农商银行接入福建省住房公积金综合管理信息系统，办理公积金结算代扣代缴委托关系的签约、解约和维护，为住房公积金提供配套商业组合贷款等服务，并根据福州市住房公积金管理中心的授权为客户提供公积金缴存、提取、转移和贷款等业务。

智慧生活　福州农信系统建设县乡交通支付场景，参与银联“一分钱乘公交”营销活动。与公交公司合作，布放142台公交车载刷卡、扫码多合一设备，推出“一分钱”坐公交优惠活动，将便捷的金融服务带入乡村居民日常出行。建设包括智慧寺庙、智慧菜场、智慧旅游、智慧商超、智慧停车场等行业应用场景，参与中渼市集农贸市场改造，推广智能秤应用，打造现代智慧农贸；主动对接平潭综合实验区旅游集团和港发集团，在景区和公共停车场上线移动支付。完成“福州农信系统不动产抵押登记系统”二期建设，与福州市不动产登记和交易中心系统直连，把不动产登记窗口延伸到系统内营业网点，将抵押登记时间从3个工作日缩短到1个工作日。投产“客户征信一键查询”系统，实现贷款客户的征信信息、身份信息等第三方数据平台信息的一键式查询输出，将每笔贷款客户征信信息查询时间从手工查询方式下的20分钟缩短到3～5分钟，缩短客户办理业务等待时间。

（杨晓梅）

【福州农商银行】　2019年，福州农商银行设有1家营业部、23家一级支行、6家二级支行，1家社区支行、36家分理处，1家村镇银行。注册资本17.89亿元，资产总额436亿元，比年初增加66.18亿元、增长17.9%，其中各项贷款余额263亿元，比年初增加51.5亿元、增长24.3%；各项存款余额373亿元，比年初增加45.57亿元，增长13.92%；各项收入21.06亿元，比上年增加3.01亿元、增长16.68%；利润总额4.06亿元，比上年增加0.61亿元、增长17.75%；净利润2.59亿元，比上年增加0.63亿元、增长32.24%。

普惠金融　采取差异化的利率定价措施，对小微企业开展“减费让利”，落实小微企业“优先受理、优先审批、优先放款、优惠利率、优质服务”的“五优”政策，完成“两增两控”监管要求。针对小微企业，推出“乐业”系列贷款，下调符合条件的小微企业贷款利率。至年末，福州农商行1000万元以下小微企业余额104亿元，比年初增长228%，比其他各项贷款增速提高204个百分点。

信贷结构　执行《关于推进农村商业银行坚守定位强化治理提升金融服务能力的意见》，坚持“小额、流动、分散”的信贷原则，收入结构不断优化。全年利息收入15.6亿元，占总收入的74.5%，比上年增加2.5亿元、增长19.75%。至年末，单户30万元及以下的小额贷款(含普惠卡)余额29.73亿元，比上年增加6.06亿元；户数2.68万户，比上年增加6384户。

国际业务　丰富国际业务品种，成功办理首笔进口代收业务。年内，完成国际结算业务3615笔，金额1.18亿美元，比上年上涨3.21%，其中对私国际结算量1201.14万美元，比上年上涨26.48%；中间业务收入1120.98万元，比上年增加273.26万元。上线银星速汇业务，成为全国第三家与银星速汇公司合作的金融机构，是全国第一家与银星公司合作的农村商业银行，全年办理银星速汇2375笔，金额962.23万美元。

（陈晨晖）

【兴业银行福州分行】　2019年，兴业银行福州分行资产总额2242亿元，本外币各项存款余额1889亿元，本外币各项贷款余额1049亿元，次级以下不良贷款余额3.48亿元，不良率0.33%。

服务实体经济　针对产业园区和行业集群开展个性化金融服务，全年在园区开展推介活动11场。与科技厅合作推出科技贷产品，累计发放贷款1.39亿元。创设“快易贷”“年审贷”，优化中小企业产品期限和审批效率。探索线上申贷模式，实现小微业主全流程线上服务，监管口径“两增两控”全部达标。推进网点代办工商注册登记服务，成为福州市唯一一家全部网点均可代办工商注册的银行，全年代办工商注册超4000户。推进“智慧城市”建设，实现多家学校智慧系列系统上线，建成中小企业政采贷平台、“e交易”电子招投标平台等创新业务平台，全年互联网金融交易突破300亿元。开展优质实体龙头企业债券承销及债券投资业务，拓宽企业直接融资渠道，全年承销福建省地方债券101亿元，新发行非金融企业人民币债券104亿元。促成总行与中国清洁发展机制基金管理中心、省财政厅签署“绿色创新投资业务”合作协议，实现福建省首次引入清洁发展机制基金，全年绿色金融融资新增近50亿元。

风险防控　开展“治乱象、促合规”工作和信用文化建设，健全风险管理体制机制，把好授信准入关，扩大贷前尽职调查覆盖面。开展“兴航程”合规经营示范年活动，通过“合规宣贯下基层”“一把手讲合规”等形式，健全分行合规管理长效机制。开展“啄木鸟”员工异常行为排查，实现经营机构、员工全覆盖。

社会责任　开展企业河长绿色公益活动、无偿献血活动、敬老帮扶系列活动。打造消保服务品牌——“福小兴”，开展形式多样的消保宣传活动。推进网点智慧化改造，推广“客户星级服务体验”，总行营业部获评中国银行业协会“五星级网点”。全年累计向福建红十字会、长乐区慈善总会捐赠275万元。

（蒙璐）

【中信银行福州分行】　2019年，中信银行福州分行各项存款余额650亿元，新增87亿元，各项贷款余额618亿元，新增133亿元，设有营业网点52家。

服务实体经济　完成系统内首笔无还本续贷业务，创新推出畲乡贷、绿色贷、环保贷、拥军贷四大属地化特色普惠金融产品。发挥中信集团协同优势，促成中信重工泉州智能装备产业基地、中信旅游莆田国际研学中心2个百亿级项目在福建落地。全年为福建支柱产业、基础设施和民生领域等重点项目及民营企业、小微企业等提供综合融资超1300亿元。

金融服务　开展消保培训，加强消费者权益保护。完善金融知识宣教、投诉处理等工作制度。打造“婚嫁金融、寺庙金融、出国金融、拆迁金融”四大品牌，并上线配套手机银行、微信银行平台。践行“信守温度”品牌新主张，中信银行福州分行营业部获评为“2019年银行业文明规范服务百佳单位”称号，成为全省股份制银行首家也是唯一一家获评百佳的网点。

风险管控　执行不减少信贷规模、不釜底抽薪、不提高续贷门槛、不随意抽贷、不随意收贷压贷的“五不”要求，与企业保持“互尊、互信、互荣、公开”的关系，一户一策支持企业重组脱困。确立“3666平安中信”目标，成立合规风险、信用风险等7个风险管理工作小组。举办“风险、合规、反洗钱”知识竞赛，开展员工行为排查、案防飞行检查，以及印章、轮岗、征信等重点领域内控检查，保持案防高压态势。

（唐夏芸）

【中国光大银行福州分行】　2019年，中国光大银行福州分行表内外资产总额820亿元，比年初增加41亿元，增长5.27%；一般存款时点余额515亿元，比年初增加67亿元，增长15%；一般存款日均483亿元，比年初增加85亿元，增长21.26%；核心存款时点余额378亿元，比年初新增77亿元，增长25.61%；核心日均存款339亿元，比年初增加59亿元，增长21%；各项贷款（不含贴现）余额461亿元，比年初减少39亿元，下降7.8%。

对公业务　至年末，中国光大银行福州分行对公一般性存款时点余额321亿元，比年初增加21亿元，“7+1”同业对标增量排名第四；对公核心存款时点余额244亿元，比年初增加32亿元，“7+1”同业对标增量排名第三；大资产规模722亿元，比年初增加75亿元；当期新发放对公贷款利率始终排名系统前三名；全年承销福建省地方债37亿元，同业对标排名第二，在54家地方债承销团成员中承销量排名第七；存续债券余额106.33亿元，比年初增加33.63亿元，全年承销发行债券51.83亿元，市场占比6%，同业“7+1”对标中排名第四。

零售业务　至年末，全行AUM资产规模568亿元，比年初增加98亿元，增量总行排名第五位；时点存款余额196亿元，比年初增加42亿元，规模排名“7+1”可比同业第五位；核心存款

136 亿元，比年初增加 43 亿元，增量排名可比同业第一；辖内资产评级潜力及以上客户 8.42 万户，比年初增加 1.5 万户，增长 21.68%，系统内新增排名第 5 名；50 家社区支行九资余额 168 亿元，比年初增加 45 亿元；对私存款 56 亿元，比年初增加 19 亿元；网均九资 3.36 亿元，比年初增加 0.89 亿元。落地福建省交通罚没、省医保、省养老保险、省非税收入收缴等非税云项目，全年交易笔数 7453 万笔，总交易金额 192 亿元。

（俞君静）

【招商银行福州分行】 2019 年，招商银行福州分行各项人民币贷款余额 608.74 亿元，比年初增加 46.23 亿元；自营存款余额 449.5 亿元，比年初增加 29.9 亿元；不良贷款余额 6.09 亿元，比年初减少 3.2 亿元；不良贷款率 0.99%，比年初下降 0.64 个百分点，创 2013 年以来最低水平；实现利息净收入 17.7 亿元，非息收入 4.43 亿元，经济利润 9.9 亿元。

零售业务　全年零售存贷款规模创新高，零售存款日均增量、时点增量分别为 15.7 亿元、30.6 亿元。住房贷款余额突破 200 亿元大关，小微贷增量 13.75 亿元，优质闪电贷余额突破 20 亿元。新增零售中高端客户 4 万户，管理客户总资产存量月日均余额破 520 亿元。

金融创新　对公高价值客户净增 243 户，有效户净增 1839 户，小企业价值客户新增 148 户。引流地方政府专项债资金近 50 亿元，成功中标 2020 年福建省地方政府专项债服务银行资格。新增省职业年金受托及电子社保卡等 10 项资格。投行债券承销金额 160 亿元，撮合业务余额 42.7 亿元，比上年增长 440%。落地福建省近 6 年唯一成功注册并发行的保债计划 20 亿元。获得社保、非税两大便民服务场景，首家完成财政厅省级非税电子化清算代理。全年新增云缴费商户 235 户，其中党费商户 174 户，党费用户近万户。

（林亮）

【福建海峡银行】 2019 年，福建海峡银行资产总额 1624.16 亿元，比上年增加 93.39 亿元，增长 6.1%；各项存款余额 1119.67 亿元，比上年增加 83.77 亿元，增长 8.09%；各项贷款余额 743.74 亿元，比上年增加 63.25 亿元，增长 9.3%；累计实现营业收入 30.18 亿元，比上年增加 2.28 亿元，增长 8.18%；累计实现净利润 5.1 亿元，比上年增加 0.35 亿元，增长 7.38%。

存款业务　依托重点产品带动存款提升，资产带动负债提升见成效。通过债券投资、供应链 e 融资提高客户结算资金归行。对公存款增速超全国及全省平均水平，在省内城商行中增幅排名第二。发挥重点存款产品对储蓄存款的拉动作用，开启零售客户分层 3 年规划，零售有效以上客户 46.31 万户。加速理财转型，推出净值型理财产品。代销首只信托产品，销量突破 1.5 亿元。

服务经济建设　支持中心工作和主导产业，全年新增国有企业表内贷款 14.21 亿元，新增国有企业债券投资 48.1 亿元。在福州地区重点聚焦“三个福州”及“三个年”建设，服务“数字福州”示范企业及重点企业 21 家，审批融资敞口 20 亿元。服务海洋产业客户 88 户，融资余额 18.91 亿元。为 62 户链属企业提供融资 2.27 亿元。支持地方经济发展及基础设施项目建设，对接滨海新城项目建设审批融资 13.7 亿元，投放 11.23 亿元。落实“支持民营企业发展 20 条措施”，通过制定专项任务指标、“白名单”客户清单、“一行一特”方式推动业务增长，主要支持宏东渔业、永荣控股、大东海实业等一批制造业企业和重点招商引资企业。完成小微企业金融“两增两控”目标。

金融创新　至年末，“小微 e 快贷”产品授信 4440 户，累计放款 1948 户，其中 1835 户首次建立信贷关系，首次与金融机构建立信贷关系客户 947 户，放款金额 24.18 亿元，贷款余额 8.71 亿元。“供应链 e 融资服务平台”为 159 家链属企业放款 18.62 亿元，融资余额 12.19 亿元，其中 138 户首次建立信贷关系，首次与金融机构建立信贷关系客户 32 户。在省内城商行法人机构中率先推出票据线上贴现产品服务，累计签约线上客户 98 户，发放贴现金额 26.12 亿元。

合规建设　开展“巩固治乱象成果，促进合规建设”“合规建设三强化”信贷管理专项检查等治理活动。开展“内控提升年”活动，梳理、评估内控制度有效性，补齐制度短板，完善纠错机制。开展流动性应急管理提升活动，组织流动性合作互助演练与集中提款引发的流动性应急演练。

（张易楠）

【厦门国际银行福州分行】 2019 年，厦门国际银行福州分行下设 11 家下辖支行级机构及 1 家二级分行，实现福州城区的全面布局，并覆盖闽侯县、福清市、连江市、福州自贸试验区等重点区域。

服务实体经济　开展“深耕八闽、服务实体”金融服务升级年系列活动、“百名行长进企业”等专项活动。至年末，本地授信占比比年初提高 6.52 个百分点，贷款占比比年初提高 3.02 个百分点。民营企业贷款、普惠型小微企业贷款、涉农贷款等各项监管指标均完成，其中普惠金融贷款超额完成监管部门下达目标。

创新产品　通过与税务部门开展“银税互动”战略合作，为依法纳税、经营状况较好的小微企业提供线上融资服务。打造以税务数据为核心的底层框架，建立企业税务数据、行为数据、尽调数据及线上资产数据的企业经营情况综合评价模型。“国行 e 家”系列产品，包含“国行 e 融”“国行 e 企盈”“国行 e 联”三大产品，构建银企交互生态圈。

银政合作　与福建省商务厅合作实现全行首次通过单一窗口核登系统查验出口信息，升级国际结算服务；与福建省科技厅、福建省地方金融监督管理局合作签署科技贷合作协议，通过福建省科技型中小微企业贷款专项补偿金实现风险共担；与福建省地方金融监督管理局合作，接入福建省金融服务云平台，通过该平台可实现金融产品发布、企业融资需求对接等功能，成为获客新渠道。应邀参加第十七届中国·海峡项目成果交易会，向海峡两岸参展商和社会公众展示发展成果和产品服务。

助力扶贫　参与“厦一站·汇团圆”关爱留守儿童第五季公益活动，资助 10 多万元，助力 50 多个留守儿童家庭。向“鼓楼区·岷县东西部扶贫协作项目”捐赠 20 万元。与鼓楼区团委合作开展“山海协作、对口帮扶”爱心捐书活动，走进永泰县赤锡中心小学并捐赠图书100本。

（杨迪）

【广发银行福州分行】 2019年，广发银行福州分行（福州辖区）有1家二级分行（自贸试验区分行），6家支行（含分行营业部），15家社区支行（含小微支行）。全行累计贷款投放超240亿元，比上年增加98亿元；民营企业贷款余额56.85亿元，比年初增加7.53亿元，占对企业贷款余额近五成；民营企业贷款客户数116户，占企业贷款客户数（156户）的74.36%，民营企业比年初实现正增长；普惠型小微企业贷款余额10.17亿元，比年初增加0.7亿元其中普惠涉农贷款余额3.59亿元，比年初增加0.19亿元；绿色信贷余额9780万元，比年初增加9580万元。

助力福州建设　助力“平台福州”建设，对接公共资源交易平台、社保金融IC卡、公积金收缴、公共资源保证金等重点项目。启动福建省省级财政国库集中收付业务系统建设，为新增的医院、学校等56个机构事业类客户提供综合金融服务。与福建省国家税务局合作，对接自然人纳税数据端口，开发线上E秒贷，为诚信纳税个人提供消费信用贷。助力“数字福州”建设，推出涵盖智慧政务、智慧法院、智慧党务、智慧商事、智慧制造、智慧地产、智慧连锁、智慧医院、智慧学校、智慧保险、智慧交通、智慧旅游在内的12种行业综合金融服务方案。全年落地“智慧城市”项目10个，涉及“智慧城市”行业4个，覆盖智慧制造、智慧民生、智慧学校、智慧地产。助力“海上福州”建设，针对水产加工、冷链物流、水产交易市场及船舶修造、仓储物流等临港产业的资金需求，为福建东南造船有限公司、福州名成水产品市场有限公司、福建中景石化有限公司提供授信支持。

助力民营经济发展　按照“两个毫不动摇”原则支持民营经济，开通绿色审查审批通道，对制造业、小微企业、民营企业等领域贷款优先审批出账。部分授信客户开展线上评估，实现0评估费。民营企业贷款利率平均为4.73%，比上年降低0.58个百分点。完成无还本续贷12笔，比上年增加11笔。开通福州不动产登记中心直连系统，实现不动产业务“不见面全程网办”的线上服务模式。开发抵押贷款线上引流系统，线上提供材料、审批通过后再办理手续。

服务民生　在福州地区近1600家餐饮商户、便民超市开展“大牌周五五折”“天天精彩”等特惠优惠活动。新发放按揭贷款239户，贷款金额2.86亿；新发放信用消费贷182户，贷款金额1670.2万元。加强同福建省希望工程办公室及福建省内高校的合作，开展控辍保学工作。资助福建农林大学35名学生，资助南平市50名高中生。

（邢坤）

【集友银行福州分行】 2019年，集友银行福州分行资产总额折人民币225.27亿元，比年初增加76.56亿元，增长51.48%；贷款余额折人民币77.44亿元，比年初增加10.29亿元，增长15.33%；存款余额折人民币50.85亿元，比年初增加21.34亿元，增长72.31%；净利润折人民币1.67亿元；纳税0.56亿元，比上年增加0.19亿元，增长53.36%；本外币贷款余额折合人民币77.4亿元，其中人民币贷款余额38.67亿元，比上年增长221%，人民币贷款余额由上年的18%提高至50%；省内贷款余额比上年增加3.2亿元，占比由上年的15%提高至17.5%。

资产运营　至年末，国债及政策性金融债券持仓规模合计61.83亿元，其中国债余额49.12亿元，政策性金融债券余额12.71亿元。

合规建设　成立“内地分行规章制度建设小组”，梳理制度修订、重检、审批、颁布、废止等操作流程，推进制度建设规范化、流程化、体系化，开展“合规建设三强化”“巩固治乱象成果促进合规建设”“信用文化建设”“案件警示教育”“员工行为大排查”等活动。针对重点业务领域及员工异常行为组织风险排查，重点关注员工是否参与非法集资、充当资金掮客和私售飞单等行为，开展案防警示教育，实现全年“零案件”目标。

（饶潇）

【中国人民财产保险股份有限公司福州市分公司】 2019年，中国人民财产保险股份有限公司福州市分公司保费收入18.46亿元，比上年增长8.4%，其中车险保费收入14.27亿元，对标福州城区市场份额37.11%；非车保费收入4.19亿元，比上年增长24.33%，保费增加0.82亿元。

业务发展　抓实车险版块29项重点工作，以家用车为重点，强化续保跟踪督导，清理低附加值修理厂，提高4S店直赔获票率，实现车险承保利润稳定。加强风控管理、大项目续保管理，福海创、福耀、亿力等项目成功续保。新承保中核国电、福能集团统保等项目。发展法院执行救助保险、破产管理人员执业责任险、市政公众责任险等业务。创新分离式保函业务，实现新的业务增长点。推动助贷险业务布局，依托警保联动推广电动车保险，加强企业补充医疗险项目团队建设，借助互联网平台、手机销售、人保V盟、电销融合等多渠道拓展分散性非车险业务。

客户服务　加强理赔提速，小额案件快处跟进，跟踪重点险种及重点项目的理赔周期。换装新版本执法记录仪，实现客户在线视频查勘。通过运用拇指理赔加快移动查勘工作，使用低碳外修APP助力降赔减损。全年理赔风险数据占比2.89%，车险小额人伤快处率91.88%。加强客户投诉处理，开展客户投诉溯源分析整改工作，降低客户投诉绝对值。强化平台融合和差异化服务，推进“中国人保APP”客户线上化，为客户提供安全类、权益类、维修类、代驾类等服务。推动“警保联动”人保车管服务站建设，全年受理6年免检合格标打证服务2.67万笔，为外部民众受理车辆抵押业务7657笔。

工作创新　尝试区域化、行业化、集约化经营模式，探索新经济保险发展平台和个人客户发展平台。推进渠道、客户服务和内部运营数字化，把精细化管理作为优化商业模式的关键。落实“一体化战略”，加快产寿健一体化综拓团队试点建设，实现产代健寿保费394.69万元，健寿代产保费3911.76万元。

（陈颖）

【中国人寿保险股份有限公司福州分公司】 2019年，中国人寿保险股份有限公司福州分公司实现总保费31.39亿元，比上年增长3.92%；首年期交保费7.04亿元，比上年增长1.32%；保障型产品保费（10年期及以上）1.99亿元，比上年增长31.44%；短期险保费1.94亿元，比上年增长21.36%，其中个险渠道首年期交、首年标保、保障型期交、短期险完成率分别为113.18%、105.94%、100.38%、118.65%；银保渠道首年期交完成率108.34%，业务规模总量位列中国人寿全国35家大中城市分公司第8位；团险渠道大短险完成率104.76%。累计支付满期金1.64亿元，生存金、养老金1431.75万元，赔付保费2.54亿元。在政策性健康保险业务方面，为32万人承保。为闽清县新农合外伤补偿项目服务1717人次，补偿金额1385.16万元。对湖北丹江口、郧西、广西天等、龙州4个定点扶贫点开展扶贫帮扶工作，采购扶贫物资10.94万元，为1.26万名建档立卡贫困人员承保，保额13.18亿万元，累计赔付金额20.32万元。开展各类爱心捐赠，捐款85.14万元。闽清下祝乡源溪村、池园镇丽山村开展扶贫工作，通过发放慰问金、购买或协助销售农产品等方式，帮助当地群众脱贫。

（姚颖）

【海峡金桥财产保险股份有限公司福建分公司】 2019年，海峡金桥财产保险股份有限公司福建分公司辖内实现保费收入1.14亿元。进行MGA综合经营项目试点，在全省率先与福建吉诺汽车集团合作，在全国首家开展MGA项目试点。采取全委托方式，授权吉诺集团代理公司的车险产品，并由其自主开展承保、查勘、定损、理赔等业务。参与省水务集团、省能源集团、省建工集团、省冶金控股有限责任公司等企业的保险招投标工作。全年福建辖区内参加政府、股东及国资系统各类保险业务招投标19次，中标6次（含共保1次），中标保费345.66万元。

加大重点项目投入 中标福安市公共交通公司2019—2020年度机动车辆及承运人责任保险项目，保费46.38万元。参与共保福建船舶工业集团权属企业年度统保业务，含企业财产一切险、机器损坏险、船舶建造险等，签单保费228万元。独家承保福建投资集团权属企业（福投新能源、闽投资产）团体意外伤害、重大疾病、补充医疗保险业务，签单保费47.63万。中标南平市森林消防支队车辆保险服务项目，保费收入11.40万元。完成福州市鼓楼区60岁以上老年人公益性民生保险项目，承担鼓楼区12.9万名老人（保额48.6亿元）的民生性保险。中标福州市马尾区民政局老年人（团体）意外伤害保险和第三方财产损失险购买项目服务类采购项目，保费64万元。

（章榕）

证券期货业

【概况】 2019年，福州市有上市公司83家，其中境内上市公司44家，境外上市公司39家。证券公司2家（兴业证券股份有限公司、华福证券股份有限公司），证券分公司37家，证券营业部136家。期货公司3家（兴证期货有限公司、金友期货经纪有限责任公司、鑫鼎盛期货有限公司），期货营业部34家。

【上市公司】 2019年，福州市83家上市公司实现直接融资1033.89亿元，其中首发融资9.79亿元；3家上市公司通过非公开发行实现股权再融资307.50亿元；6家次上市公司通过发行公司债券等方式实现债权融资166.6亿元；12家次上市公司通过发行短期融资券、证监会主管ABS、二级资本债券等方式融资550亿元。

【场外市场】 2019年，福州市有上市后备企业272家，其中11家企业进入实质上市程序，3家企业进入首发审核程序，8家企业在福建证监局上市辅导。有83家中小企业进入全国中小企业股份转让系统（“新三板”）挂牌交易，6家企业进入海峡股权交易中心挂牌交易。

【证券期货】 2019年，福州市2家证券公司手续费收入14.91亿元，占全省（不含厦门）总数的53.27%；利润总额5.29亿元，占全省（不含厦门）总数的38.46%；3家期货公司手续费收入4015.20万元，占全省（不含厦门）总数的48.10%。

【基金业】 2019年，福州市（含平潭）在中国证券投资基金业协会登记的私募基金管理公司有185家，私募基金742只，私募基金管理规模1415.43亿元。

（刘莉鑫）

【兴业证券股份有限公司福州分公司】 2019年，兴业证券股份有限公司福州分公司实现营业净收入31470万元，比上年增长25.41%；实现净利润1.27亿元，比上年增长38.17%。有员工495人，其中取得投资咨询资格180人，期货从业资格136人，通过特许金融分析师（CFA）资格考试3人，通过投资顾问资格认证58人，通过上交所初级期权分析师资格39人，上交所高级期权策略认证分析师3人。获上海证券交易所十佳期权讲师荣誉称号1人、入围十佳期权金牌投顾1人、第二届新财富最佳投资顾问评选活动获奖投顾12人次，并有4人获“最佳投资顾问”大奖。2019年，兴业证券股份有限公司福州分公司获评福建省广播影视集团电视经济生活频道2019年度“优秀合作伙伴”称号，5名投资顾问获“优秀投资顾问”称号，3家营业部被福建省证券期货业协会选定为年度投教工作优秀集体。在福建省证券期货协会组织的投资者保护知识竞赛中，获个人赛一等奖、团体赛二等奖。

全年新增客户数5.22万户，新增有效户1.29万户，期末总有效户10.36万户，新增客户数和有效户数均排名全公司第一。AUM资产545亿，比上年增加91.3亿，增长20.1%。全年股基交易量9742亿元，市场份额4.11‰，比上年增长37.3%，股基交易量区域份额（含货币基金）19%。销售产品58亿元，其中权益类产品销售20.3亿元，固收类产品销售37.7亿元。湖东路、五一北营业部进入全国百强旗舰营业部，湖东路营业部在沪市提升8位，全国排名第

67位；在深市提升115位，全国排名第42位。五一北营业部在沪市提升95位，全国排名第123位；在深市提升26位，全国排名第66位。湖东路营业部获评“中国三十强证券分支机构”。

与福州市政府、平潭综合实验区、马尾区政府、台江区政府签订战略合作协议。协同公司研究院为福州市政府提供光电产业规划和资本市场发展建议，为福清市提供LNG和氢能源产业规划。协同政府各部门开展各类资本市场讲座20多场，包括科创板讲座、宏观经济讲座、政府融资专项讲座、国企员工内部培训等服务。服务区域企业通过股权融资、债权融资，为当地政府和各类企业融资226亿元。

（魏飞飞）

【华福证券有限责任公司福州分公司】2019年，华福证券有限责任公司福州分公司实现营业收入4.28亿元，净利润1.38亿元，累计贡献的各类税收16.5亿元。主体信用评级提升至AAA。福州分公司本部下设机构业务部和零售业务部等业务部门，负责统筹管理辖区18家证券营业部，并与福州投资银行部有效联动，为私人客户、机构客户、上市公司提供专业的综合金融服务。福州投资银行部为福州辖区企业融资提供承销、新三板持续督导、财务顾问等投资银行专业服务。经纪业务市场份额行业排名第24名，连续6年保持福建辖区第一。“小福牛”APP在证券时报举办的“2019券商中国·优秀证券公司APP”评选中获“综合服务满意奖”。资产管理业务获2019东方财富风云榜“最具成长潜力券商资管”奖。投资银行业务中股权业务主承销规模行业排名第38名，债券业务主承销规模行业排名第35名，ABS业务主承销规模行业排名第24名。获评第五届中国资产证券化论坛“年度创新机构奖”、证券时报“2019中国区资产证券化项目君鼎奖”“2019中国区债券项目君鼎奖”“中债绿色债券指数样本券优秀承销机构”奖。

投资者教育基地连续2年在中国证监会年度国家级投资者教育基地考核中获“优秀”评级。至年末，基地累计接待海内外游客逾58万人次，接待各地证监局、上市公司等单位交流参观10余次，多次承办福建证监局“百场科创·保护你我”等大型活动。与永辉超市、福日电子、汇泉啤酒等23家上市公司签订投资教育合作协议。获中国投保基金“投资者调查优秀证券公司”、深交所“优秀投教团队”、上交所“科创板投资者教育优秀会员”、华夏时报“年度投资者教育杰出贡献奖”等奖项。累计为福建省内10家企业发行优先股、企业债券、公司债券及二级资本债券等融资工具，融资规模超过220亿元，包括兴业银行、福建省能源集团和兴业证券等。为中国武夷实业股份有限公司、福建奥华集团有限公司、兴业资产管理有限公司等3家企业提供债券承销服务，发行债券4只，债券规模16.3亿元，其中中国武夷实业股份有限公司2019年非公开发行公司债券（第一期）（用于一带一路）为福建省首支上市公司一带一路债券，福建奥华集团有限公司非公开发行2019年可交换公司债券（第一期）为福建省首单深交所可交换公司债券。为福建中锐网络股份有限公司、福建坤兴海洋股份有限公司等公司提供新三板持续督导服务。为冠城大通股份有限公司、融侨集团股份有限公司、福建世贸瑞盈房地产开发有限公司提供融资财务顾问服务。

（雷良桃）

【兴证期货有限公司】 2019年，兴证期货有限公司在福州、北京、上海、深圳等地有19家分支机构。全年实现营业收入3.32亿元(不含子公司，下同)，比上年下降13.05%，行业排名22位，降低2位；手续费收入1.00亿元，比上年下降19.80%，位居行业43位，降低8位；利息净收入2.07亿元，比上年下降17.17%，行业排名12位，降低2位；实现税前利润1.03亿元，比上年下降19.28%；实现净利润0.78亿元，比上年下降17.38%，行业排名24位，上升2位；期末客户权益101.41亿元，较上年增加19.33亿元，增长23.56%，位居行业第11位；全年日均客户权益98.04亿元，比上年增长10.91%，其中自5月份起客户权益始终保持在100亿元以上；代理成交额合计6.55万亿元，比上年增长45.35%，市占率2.25%，其中商品期货成交额4.19万亿元，比上年增长18.45%，市场份额1.90%，低于上年的1.92%；金融期货成交额2.36万亿元，比上年增长143.60%，市场份额3.39%，低于上年的3.71%。

资管业务方面，确定FOF和量化CTA两大产品线。加强投研团队和运营团队的建设，搭建内外部销售渠道，主动管理产品业绩表现较好；基金代销业务方面，全年实现产品销售2.18亿元。

优化合规风控组织架构，筹建投融资业务审批部。完善反洗钱内控体系，形成反洗钱管理制度体系。完善风险控制体系，体现FICC业务抗市场风险优势。融入集团一体化管理体系，将办公系统迁移至兴证E家，将兴证期货APP接入“兴证直通车”。推进在福建省增设原油、铝、菜籽油等交割库工作，服务省内相关产业发展，以衍生品为工具实施一批“保险+期货”项目，为云南德宏州等全国多个贫困地区的橡胶、鸡蛋、玉米、红枣产业发展和农民增收作出贡献。举办各类协同会议183场，协同拜访公募基金85次、私募机构334次、企业114次。开展股指期货开户活动等系列市场推广活动。公司原12家营业部全部升级为分公司。新组建河南分公司，新设北京和深圳营业部已正式开业。在全国实现16家分公司、3家营业部，其中北上深三大核心区域实现1家分公司加1家营业部的合理配置。

（王辉）

（编辑　周弭姣）

信息业

电子信息产业

【概况】 2019年，福州市电子信息产业延续发展态势，其中计算机、通信和其他电子设备制造业规模以上工业增加值比上年增长0.3%；软件和信息技术服务业主营业务收入增长15.4%。

【两化融合】 2019年，福州市92个项目列入省级两化融合重点项目，覆盖电子、纺织、汽车、机械、建材等多个行业，总投资141亿元。68家企业通过两化融合管理体系评定。

【平板显示产业】 2019年，福州市平板显示产业重点依托融侨经济技术开发区，以捷联电子、福州京东方等企业为龙头，发展集玻璃基板、显示面板和模组、终端应用产品于一体的全产业链条，完善产业配套，形成产业联动发展格局，其中捷联电子、福州京东方两家企业产值超百亿元，旭福光电、捷星显示科技两家企业产值超10亿元。

【光电产业】 2019年，福州市光电产业重点依托福兴经济技术开发区、福州经济技术开发区、福州软件园等园区，形成光电产业布局，推动高意集团、腾景科技、福光股份、福晶科技等企业发展，其中福光股份成为首批科创板上市企业，高意集团的5G通讯网络核心光应用器件、腾景科技的100G数据中心收发器分光核心元件滤光片、福光股份的4K高清镜头、福晶科技的LBO晶体器件等光电产品在细分市场占有率位居国内前列。

【软件产业】 2019年，福州软件园各软件分园推进基础设施建设及招商引资工作，实现“全市一盘棋，功能有侧重”的特色软件名城格局。福大自动化（第40位）、新大陆科技（第42位）、网龙网络（第58位）3家企业入选2019软件与信息技术服务综合竞争力百强企业；网龙网络（第36位）、乐游网络（第84位）2家企业入选2019年中国互联网企业百强。福昕软件的电子办公PDF阅读器位居全国第一、全球第二；联迪商用的中国金融POS机市场占有率第一，2019年被认定为工信部制造业单项冠军产品；网龙公司的教育版图覆盖全球190多个国家，2019年单教育业务收入24亿元；瑞芯微电子连续12年获选“中国芯”最佳市场表现奖；博思软件的“公采云平台”和长威科技的“一品一码食品安全信息追溯管理平台”入选2019年中国国际软件博览会优秀案例。

【物联网产业】 2019年，福州市利用5G和NB-IoT等发展机遇，以马尾区为核心发展物联网产业。测试认证方面，物联网开放实验室成为全国首批完成华为IoT产品云平台接入认证要求的第三方实验室，通过CNAS、CMA等相关认证，提升测试能力。载体建设方面，推动物联网产业创新发展中心项目建设，项目总投资17.6亿元，占地面积7.47公顷，2019年4月启用，建成集企业总部、科技研发、创新孵化、生产制造等功能于一体的高新技术产业创新园区，大唐高鸿、中电合创、创高安防等物联网企业入驻。技术培训方面，物联网开放实验室与厦门大学共建工信部全国物联网人才培养基地，取得工信部“物联网产业及应用的领军人才高级研修班”承办资格，举办华为认证物联网工程师原厂培训班等相关讲座、培训55场，累计参加3117人次。

【公共服务能力】 2019年，华为福州软件云创新服务中心推动近千家企业上云，与80余家企业建立生态合作伙伴关系；华为（福州）物联网云计算创新中心提供LiteOS、华为IoT平台服务，与70余家企业开展云服务对接；数字产业基金大厦聚集66家金融机构，资产管理规模485亿元，对外投资108亿元。

【工业互联网】 2019年2月，福州市出台《关于推动工业互联网创新应用三条措施的通知》，培育福富、海创、摩尔、华鼎、富昌维控5个省级工业互联网示范平台，推动福耀、京东方、长源、福日电子、萱裕金属5家省级工业互联网应用标杆企业。年内，全市工业企业“上云上平台”企业850家。

（卓鹏　姜小凯　林圣杰　林仁平）

通信业

【中国电信福州分公司】 2019年，中国电信福州分公司完成业务收入32.05亿元，重点业务用户规模持续增长。完成福州市晋安河直排闽江通道通水仪式、九峰村美丽乡村现场会议、第十七届“6·18”海峡项目成果交易会和闽商大会、2019中华龙舟大赛（福州站）、“5·18”海峡两岸经贸交易会、第二届数字中国建设峰会、中国电信5G创新合作大会、福州市5G产业促进大会、两会，春节和元宵灯会、2019年国家统一法律职业资格考试、庆祝中华人民共和国成立70周年闽港澳台四地联欢晚会、国庆焰火晚会及闽江夜游活动、2019福州国际马拉松、海丝旅游节等活动的通信保障工作。年内获“全国文明单位”等称号。聚焦数字福州建设，打造基础网络及5G发展建设，在2016年实现“村村通4G”、建成“全光城市”的基础上，打造电信“三千兆”（千兆5G+千兆光宽+千兆Wi-Fi）。福州市电信宽带用户平均接入速率140M，全省第一、全国领先。落实推进携号转网服务、提速降费、防范打击通信信息诈骗工作要求及实名制等相关工作，营造健康安全的行业环境。年内，固话、移动、宽带、ITV用户规模分别为135万户、259万户、204万户、119万户。流量单价比上年下降23%，用户户均流量增长21.2%；宽带平均速率比上年增长43%。

网络业务　打造端到端大带宽光宽承载网，实现城区、乡镇99.7%光覆盖，行政村光改100%；全年新建FTTH端口超20万个，累计光端口248万个；布局城市千兆接入能力，全区范围基本具备10 GEPON接入能力，城域网出口带宽能力扩容至4T，提升高带宽业务保障能力。统筹800M/1.8G/2.1G频率资源，年内全市新增LTE站点1359个，建成具有差异化优势的4G网络，实现与C网相当及竞争对手可比覆盖质量水平。优化云资源布局，推进集约发展，中国电信福建东南信息园一期工程12月底确认结构部分推进至封顶阶段。

信息化建设　落实“互联网+”行动，对接福州市重大项目建设，开展重点项目信息化服务支撑响应，围绕平安福州、智慧经济、智慧民生3大领域提供信息化应用，助力“数字福州”建设。

平安福州　提供专业化智能监控解决方案，满足城市治安管理、交通管理、应急指挥等需求，为灾难事故预警、安全生产监控、重大活动组织管理、消防管理等诸多行业的经营管理和科学决策提供图像、数据资源信息服务；提供全球眼智能分析服务，支持智能监控、数据采集、人脸识别、车牌识别、边界报警、火灾报警等多种智能化拓展应用。

智慧医疗　以方便群众就医、优化医疗机构服务流程，提升全市居民健康管理水平为重点，打造“云—管—端—用”整体医疗行业信息化建设模式，结合中国电信天翼医疗安全可信云平台，实现医疗信息的互联互通，提供便民惠民、群众受益的“互联网+医疗”服务模式。

智慧教育　全年有1000多所中小学接入电信教育网络，覆盖率超过80%，全面实现中小学班均10M宽带；在此基础上搭建教育云平台，为学校提供智慧卡、校园安全监控、智慧教室、地震云等产品。

智慧交通　与福州市公安局联合推出“114”电话挪车服务，在保证公民个人信息安全前提下，解决市民挪车难问题。建设智能路侧停车系统，通过“地磁+云平台+POS机+APP”模式实现车位数据采集、状态监控、车位查找、在线缴费、收费管理、执法监管等功能，突出“物云融合”的能力优势，做到城市管理精细化和基础设施智能化。

智慧园林　综合应用云技术、无线网络技术、GPS定位技术、信息化技术等数字技术，为福州各级公园提供整体的智慧公园综合解决方案，树立现代化园林形象。

智慧小区　综合运用物联网NB-IoT、云计算、大数据等技术，以中国电信综治网格平台为基础，综合NB智能水表、智能井盖、智能停车、智能门禁、智能消防、智能烟感、智能路灯、智能梯控等27项物联网应用，实现在军门社区、滨海新城、中央党校等逾100个智慧小区、智慧园区、智慧景区、智慧党校等多场景拓展。

客户服务　2019年，中国电信福州分公司针对性开展服务攻坚，落实服务短板整改提升，未发生“三强”及“恶意扣费”等问题；组织开展客户体验及服务稽查34次，累计发现影响客户感知问题41个，涵盖5G业务、携号转网、天翼信号、宽带装维、营业受理、IT支撑等方面，针对存在问题落实整改提升；在2019年全省服务稽查项目评选中，获得一等奖2篇、二等奖4篇，三等奖5篇。组织福州分公司干部员工参与“守初心 担使命”之“我是用户进行时”活动，“电信业务我来办”“客服热线我来打”等六大主题体验平均参与3689人次，参与率98.1%；组织开展“守初心 担使命”之“教育传播”活动，年内各部门、单位累计开展“教育传播”专项和常态活动158场次；从“深化行业作风建设”“解决社会关注的热点问题”两大维度，细化分解成40项工作任务。

（陈丹彤）

【中国移动福州分公司】 2019年，中国移动福建公司福州分公司（简称“福州移动”）完成通信服务收入50.03亿元（含平潭，下同），缴纳各类税款1.87亿元。继续保持“全国文明单位”、福州市“平安单位”称号。获福建省电信普遍服务试点先进集体。

网络升级　累计建成2462个4G站点，网络信号覆盖率超过98%。完成482个小区宽带覆盖，新增FTTH端口18.2万个。累计完成30套5G NSA架构升级及5G流量区分改造，开通5G站点404个。建成全省首个5G融创实验室，在福州大学实现全省首个校园、办公区、科研室、宿舍区的5G信号全覆盖，实现全省首个高铁5G连续覆盖实际运用场景。

通信保障　以“关键时刻，信赖中国移动”为服务宗旨，设立监控系统、生产调度、5G推广、备件管理、远程视讯、应急通信六位一体的指挥中心，通过AI智能分析完善动态应急调度体系，累计调动应急宝与应急车1153辆次，完成“数字中国”建设峰会、新中国成立70周年系列庆祝活动、“利奇马”台风、全省防汛抗旱指挥会议等158场重大通信及网络信息安全保障任务，参与活动的客户平均网络满意率86.1%。组织开展传输网络生存能力优化提升工作，完成206项蓄电池配改，确保所有汇聚机房均具备8小时后备电池保护。

市场发展　推广“不限速大流量”资费，客户月均流量7.9G。配合福州市政府打造“双千兆智慧城市”，以家庭宽带为核心，融合语音遥控器、和家安防、智能组网等多个智慧家居产品，初步构建家庭生态圈，家庭宽带用户总数118万户，互联网电视用户87.83万户。

行业拓展　在连江县海域实现全国首个基于5G NSA网络的智慧海洋应用项目，打造以信息化手段支撑海洋渔业监管和行业发展的全业务平台，实现海上执法、赤潮监控、电子围栏、VR直播销售等功能。与罗源县政府、东南汽车等合作伙伴搭建基于5G网络的远程驾驶、无人扫地车、车路协同等应用场景。建成“5G+远程互动课堂”平台，推出远程高清直播课堂、AR/VR教学应用、全息投影教学等技术应用，助力第十九届“全国‘6+1’”小学教育改革发展联盟研讨会活动。在长乐滨海租赁房一期建成福州市首个智慧社区，深化5G+大数据+AI人工智能的数字化社区智能管理。挖掘云产品市场潜能，开拓智慧城市建设新领域，深化NB水表、智慧路灯、车辆防盗等日常应用合作，促进物联网规模化发展，物联网规模收入546.69万元。

客户服务　建立网络动态资源调度管理机制，推广智能组网业务，解决用户侧网络品质问题，累计解决遗留存量弱覆盖问题点1590个。推进携号转网服务流程穿越、受理系统改造等工作，年累计提供携号转网服务超5000次。聚焦投诉热难点及其他影响客户感知的问题，加强端到端质量监控，语音通话质量满意度比上年提升0.65PP，获全国通信行业“质量信得过”班组称号。推行投诉客户标签式管理，拓宽服务信息互联网传播平台。

（叶晨昱）

【中国联通福州分公司】　2019年，中国联合网络通信有限公司福州市分公司（简称“福州联通”）下辖4个大县分公司、11个部门和18个县区政企网格、29个社区网格、13个县区建维网格，实现收入20亿元，纳税1545万元。年内完成“数字中国”建设峰会、“迎大庆”新中国成立70周年重保、2019年国际自行车赛直播、2019年福州马拉松赛事等逾30场次活动保障。

网络建设　推进5G网络共建共享，5G网络建设在市区重点商圈、省市政府四大班子、省立等医院、福州火车站、海峡国际会展中心、福州大学等重点高校、福清江阴港口、长乐网龙学院等热点口碑区域完成网络覆盖，并对4K高清直播、智慧医疗、智慧港口、智慧教育、无人机巡检等众多行业应用进行探索，与电信合作完成共享5G站点开通，自建与共建基站数350个。推进基础设施精准建设，提升网络质量和客户感知。聚焦4G网络建设，加强4G网络深度覆盖及农村区域的广度覆盖，全年新建4G基站1819个，其中新增4G网络覆盖行政村419个。新增室内覆盖1286栋，扩容小区492个，4G基站规模9111个。4G网络人口覆盖率99%，行政村覆盖率95%，比上年提升19个百分点，单站日均流量提升22.62%。新增NPS建设站点103个，4G网络感知提升。完成本地与国干、省干一体化OTN建设，实现集团精品政企网业务落地。新建城区PEOTN网络，提供政企业务刚性管道接入能力。完善100G OTN覆盖，完成11个区县的部署和扩容。新建省干ASBR，实施全省IPRAN不同地市直联，实现全省云专线业务开通。实现5G承载与电信互联互通，实现5G共建共享传输网互通。推进国标小区光纤接入扩大宽带网络覆盖面，年内新接入宽带国标小区140个，新增覆盖用户8.99万户，FTTH宽带网络覆盖套数231万套，宽带网络城区住宅覆盖率80%。完成PON+LAN改造小区370个，改造端口5.56万线；全区宽带端口规模121万线，百兆网络速率接入能力提升至90%；宽带网络NPS提升至0.2分，较上年提升9.3分。

市场营销　推进产品互联网化，收敛在售产品种类，提升套餐内流量内涵，满足用户流量需求。平均流量单价4.2元/GB，资费比上年下降35.8%；户均DOU11.8G，增长52.2%。11月26日，开启“携号转网”服务。专项成立“携号转网”专项组，全区开放16个携出和携入厅。客户可通过短信、“10010”、手机网上营业厅APP、营业厅等多种方式咨询或办理“携号转网”服务。打造宽带业务差异化优势，家庭市场取得新突破。与广电启动战略合作，推动收入与用户双增长，10月启动合作甩单，实现无资源区域覆盖；6月推出省内异地号码办理当地宽带业务，满足异地联通号码用户在当地使用宽带的需求。

信息化服务　构建产业互联网专网，以联通集团骨干网为承载网络，针对金融政要大客户采用OTN网络承载，提供硬管道、高安全且量身定制的精品专网；针对中小型客户，提供云联网等智网产品，搭建出具备业务全流程、端到端的自动化开通手段、QoS差异化产品的产业互联网创新专网，缩短开通时限，提高业务可用率，为中小企业客户降低链路成本，提升运维服务能力，解决增值业务部署难等问题。探索5G行业创新应用，借助数字峰会、5G创新应用峰会契机，与49家企事业单位签署5G战略合作协议。在省内首次实现从前端4K摄像机+4K编码器通过5G回传后端4K直播平台的全流程穿通，并与市电视台合作开展福州国际马拉松赛、永泰国际自行车赛、海丝电影节等5G直播；在福清江阴港口进行基于5G+MEC的智慧港口网络建设，实现5G省内首家商业运行；与福建省立医院、福州市一医院等多家三甲医院展开远程医疗图像和多学科会诊等方向的5G应用建设。向工信局、福企网提交相关资质申报材料，成为上云补贴云服务商，沃云用户可申请政府上云补贴。向549家企业提供企业基础上云、管理上云、业务上云三大基础模块50余项功能，满足企业不同层次的上云需求，并设立专项企业上云优惠活动，支持和推进“企业上云”工作开展。提升信息化水平，助力智慧城市建设。依托中国联通东南研究院研发能力，在智慧河长、智慧消防、智慧校园、智慧党建、明厨亮灶、两违执法、美丽乡村建设、卫星行业应用等领域进行多项尝试，助力生态环境、农村信息化建设等方面。与福水智联公司合作，完成全国首例的NB-IoT智能水表的示范项目，推进NB-IoT应用落地，扩大智慧城市实践范畴。建立完善稳定的NB-IoT

商用网络，接入最大规模的NB-IoT连接，建设覆盖最完善的NB-IoT网络。

通信保障　福州联通从应急制度修订、保障机制优化、响应能力增强三方面入手，修订《中国联通福州市分公司通信保障应急预案》，明确应急通信保障组织架构与应急响应预案，形成基于应急保障工作的备战、临站、实战、决战四阶段的体系步骤，总结一本台账对任务、一份清单对责任、一个机制抓协同、一套指令作指挥的“四个一”全流程保障管理方案。年内完成“数字中国”建设峰会、“5·18”海峡两岸经贸交易会、第十七届“6·18”海峡项目成果交易会、第七届海峡青年节、第六届丝绸之路国际电影节、“迎大庆”新中国成立70周年重保、2019年中国羽毛球公开赛、2019年第35届植保大会、2019年国际自行车赛直播、2019年福州马拉松赛事等30多场次重大保障任务，做到“零中断、零故障、零投诉”，提升网络支撑保障能力。

客户服务　年内工信部有效申诉率每百万用户153.3次，比上年下降62%，完成管控目标要求。4月福州联通信息广场营业厅获“福建省用户满意电信服务明星班组”称号。5月中国质量万里行促进会对窗口服务质量诚信承诺情况进行考察，福州联通获评A类企业。

（吴卫航）

政府信息化建设

【概况】　2019年，“数字福州”表内项目268个，项目总投资50.6亿元，其中在建项目135个，计划新开工项目20个，前期建设项目113个。年内完成可研报告51项、标书33项、变更16项、验收51项。组织“数字福州”专家评审项目，资金总概算由8.64亿元核减为5.81亿元，节省财政资金2.83亿元，资金节约率32.7%。启动福州市公共资源交易大数据分析平台项目、城市公园信息化管理系统、不动产信息登记平台二期等一批项目建设，建成文化地图、国土资源土地监测监管系统、行政服务中心中介机构管理平台等38个项目。福州市数字经济规模超3800亿元，增速22%以上，GDP占比40%，数字经济规模与增速均列全省第一；政务数据共享开放利用水平全国领先；获“中欧绿色智慧城市卓越城市”称号；连续4年获“中国领军智慧城市奖”。

【信息化制度建设】　2019年，福州市印发《“数字福州”行动方案》《2019年“数字福州”工作要点》，从“数字中国”建设峰会筹办、优化升级基础设施、建设数字政府、实施数字经济领跑行动、强化实施保障5个方面，明确28项重点工作任务，量化可考核目标。制定《政府投资的信息化项目管理暂行办法》，对市本级财政投入的信息化项目，软件开发总投资额超过15万元或系统集成总投资额超过30万元纳入办法管理范围。出台《福州市政务数据资源管理办法》《福州市政务数据资源共享开放考核暂行办法》《福州市公共数据开放管理暂行办法》《福州市政务数据汇聚共享管理暂行办法》4个管理办法，推动数据资源共享开放规范化管理。编制《福州市政务云计算平台管理暂行办法》《福州市政务云计算平台暂行管理办法实施细则》，加强对全市政务云平台建设、应用、运维、安全、应急的全流程管理。

【政务信息化基础设施】　政务网络体系　2019年，福州市推进智网扩容工程建设，智网A平面主要承载政务外网与福州市政务云平台业务，完成89个业务系统接入，298家市直单位和2423家区县单位的网络接入，并完成4553个VPN用户、1452个多网隔离用户接入工作；B平面承载公安视频专网业务，接入公安共享平台，并完成9万多路公安视频监控的接入；互联网接入区完成公益Wi-Fi接入；专网对接方面完成市不动产等5家单位的专网与智网对接工作。

政务云平台　政务云平台为75家应用单位193个应用系统开通2302台虚机。云平台承载市综合协同办公系统（市直OA系统）、市网上审批系统、市行政处罚系统、市政府采购网、市惠民资金网、中国福州空间地理基础数据库、市人口库项目、“中国福州”门户网站群、市数字城管业务系统、市电子证照管理系统、市民融合服务平台、市“12345”便民平台、“e福州（福州通）”系统等“数字福州”信息化重点应用。

城市大数据平台　福州市大数据平台（一期）项目面向福州新型智慧城市建设的数据资源汇聚归集共享和开发需求，依据国家新型智慧城市建设相关标准，统筹整合福州市各类异构数据资源，从数据采集、数据汇聚、数据治理、数据存储到数据开放共享和数据服务，构建统一的城市大数据资源管理和服务中心，实现数据“聚、通、管、防、用”，支撑新型智慧城市的各类应用。福州市大数据平台（一期）项目可行性研究报

2019年9月17日，福州城市大脑暨闽东北信息化战略合作发布会在数字中国会展中心举行。图为城市大脑发布会专家学者交流　（叶义斌 摄）

告12月底通过评审。

【政务信息化应用】 2019年，福州市打造“数字中国”建设底座示范项目，“e福州”一码通行应用场景覆盖6区6县，注册用户和日活用户全省第一，实现公交地铁全覆盖、教育缴费全覆盖；信用茉莉分助力实现13个“信易+”场景落地，服务2.3亿人次；探索福州自主开放城市大脑新模式，启动可信数字身份认证、智慧停车、智慧社区、智慧养老等一批数字应用建设；“e福州”一码通行城市服务模式走向全国。

“e福州”平台 累计注册用户突破280万户，日活跃用户超过31万户，用户使用服务1.6亿次以上，注册用户数比上年增长150%，日活跃用户增长200%。完成6区6县各类政务服务APP清理整合，深化市民高频应用的交通出行、网上办事、文化教育、医疗卫生、住房保障、民生服务等9大领域应用场景的同时拓展鲜花到家、家政服务等第三方服务。实现全市公立学校教育缴费、扫码乘坐公交地铁6区6县全覆盖，药店支付结算覆盖全市。

信用茉莉分场景拓展 信用信息公共服务平台归集信用数据10亿条，比上年翻一番，居全省首位，累计提供信用“茉莉分”服务2.3亿人次，实现“信易行”“信易批”“信易贷”“信易存”等13个“信易+”落地应用，全国城市信用状况监测综合指数排名第三。

城市大脑建设启动 举办福州城市大脑联合发布会，成立福州城市大脑产业联盟暨福州城市大脑研究院，出台福州城市大脑顶层设计纲要，首批启动“经济运行分析平台、城市大数据平台、智慧停车、智慧社区”等一批城市大脑相关项目建设。

统一身份认证平台建成 为全市各平台提供统一的用户和身份认证体系。年内用户564.8万户，其中完成实名认证的用户419.6万户。为“e福州”APP、市网上办事大厅、福州市民公共服务平台等9家委办局13套平台提供统一的用户和身份认证能力支撑，对接交通出行、公积金、医社保等70个应用服务。

“e福州”便民服务平台上线 “e福州”便民服务平台依托“e福州”APP与自助服务终端，为企业群众提供多种便民服务的综合性办事平台。除可通过“e福州”APP，实现市民热点便民服务移动端“掌上办”外，还实现依托社区、便利店等自助服务便民站点，实现高频个人、法人服务“就近办”。“e福州”便民服务平台打破属地受理、审批限制，实现全市城区范围内政务服务事项就近自助办理。年内全市各县（市）区分期分批投放自助服务终端220台，提供96项自助办事服务。

时空平台和基础数据库建设 福州市时空信息公共服务平台项目11月完成竣工验收，平台实现城市空间信息、动态信息和公共信息等时空信息的处理、管理、分发、挖掘、共享、维护和更新，形成统一的城市数据资源池、基础支撑平台和服务支撑系统，推进信息资源共享应用，累计发布67类服务，为33个委办局46个系统提供数据服务支撑，为188个综治中心提供实时视频服务。

电子证照生成和应用 完成福州市电子证照系统数据归集管理。完成登记证照目录的市直部门59家、区县部门373家，登记证照及批文类别5604类，实现纸质证照生成，电子证照累计总量1800多万份，累计提供应用服务320万余次。

政府网站群建设 推动全市政府网站集约化建设，依托市政府网站群，整合县（市）区及市直各部门网站。全市53家市直单位网站和所有12个县（市）区政府网站依托市政府网站建设子网站，建成高聚合度、覆盖市、县（市）区、乡镇（街道）的政府网站群。所有市直单位政务服务事项归集至省网上办事大厅，在市政府网站上设置政务服务频道，按照服务对象、实施主体、服务主题等分类链接至省网上办事大厅相关栏目，为公众提供便捷的服务入口与分类服务。全市有服务项目20822个，其中市本级2307个，县市区18515个。

政务新媒体 全市有政务新媒体314个，其中微信公众号216个，新浪微博68个。“@福州发布”政务微博年内发布微博信息5187条，获网友转发、评论、点赞4.33万次，粉丝数近77.5万人，总阅读数近5098万人次。人民日报和新浪微博联合发布的《人民日报·政务指数微博影响力报告》中，“@福州发布”位居福建十大党政新闻发布微博第一位。

【政务信息安全】 2019年，福州市通过智网网络运维体系建设、政务云平台风险评估、政务云平台安全基线设计、政务云平台虚拟化安全模板构建、政务云计算平台巡检、政务云平台安全措施有效性验证、政务云平台季度安全整改加固、政务云平台上线安全评估及应用系统渗透测试、代码走查、服务器入侵清查等工作，保障云平台业务系统、智网网络等政务信息系统的整体安全稳定，保障第二届“数字中国”建设峰会、国庆70周年等各类重要活动的信息安全。

【政企合作政务信息化】 2019年10月9日，省委副书记、福州市委书记王宁，福州市委副书记、市长尤猛军率市政府考察团与华为公司轮值董事长徐直军等座谈，双方就加强鲲鹏产业对接、推动项目落地、办好“数字中国”建设峰会、建立常态化对接机制等事宜进行商谈。福州市布局信息技术创新应用产业，完成国产化政务办公系统试点工作，推广效果和进度全省领先，启动省国产政务云试点工作。落地福建鲲鹏生态创新中心、鲲鹏整机制造项目，推动福州本地超50家企业开展鲲鹏适配工作。

【第二届“数字中国”建设峰会】 2019年，第二届“数字中国”建设峰会由“一会一展一赛”以及“有福之州·对话未来”“数字经济·闽江夜话”等系列活动构成，峰会参展企业493家，参会嘉宾逾1500人，有63项国内自主可控核心技术亮相，163家企业发布新产品、新技术，首展率超过50%，峰会签约数字经济项目308个，总投资2520亿元，其中福州新增签约项目95个，总投资864亿元。出席分论坛的领导、院士、外宾、百强企业、独角兽企业、知名企业代表近700人，参与分论坛的嘉宾和参会代表逾13000人次。为期5天的“数字中国”成果展接待参观群众24万人次。2019“数字中国”创新大赛吸引451所院校、1182家企业8915位选手报名参赛。

（方杰）

（编辑 周弭姣）

旅游业

综 述

【概况】 2019年，福州市旅游接待总人数9654.17万人次，实现增量1420.86万人次，比上年增长17.3%，人数规模和人数增量均居全省第一；实现旅游总收入1450.58亿元，规模居全省第二，实现增量280.20亿元，居全省第一，比上年增长23.9%。全市有国家A级旅游景区46个，其中国家AAAAA级旅游景区1个，国家AAAA级旅游景区14个，国家AAA级旅游景区26个，国家AA级旅游景区5个。永泰县入围首批“国家全域旅游示范区”。

【景区管理】 2019年，福州市指导提升欧乐堡海洋世界、福道、中国瓷天下·海丝精灵谷、东关寨文化旅游区4家AAA级旅游景区，指导扶持7家A级旅游景区。制定《2019年度A级旅游景区复核工作方案》，组织各县（市）区及聘用专家库专家对全市A级旅游景区开展暗访复核，经复核，取消永泰闇亭寺AA级旅游景区质量等级。

【乡村旅游】 2019年，福州市乡村旅游经济持续增长，全市累计接待乡村旅游1893.92万人次，比上年增长15.1%；累计实现乡村旅游收入114.29亿元，增长20.6%；游客人均花费603元，增长4.8%。全市乡村旅游经营单位吸纳直接就业人数2.80万人，拉动间接就业人数37.15万人，带动农民增收15.61亿元。市文旅局组织并指导县（市）区开展乡村旅游产业培育，年内闽清县后垅村、永泰月洲村、罗源县福湖村被评为省级金牌旅游村，罗源县霍口畲族乡、闽清县云龙乡被评为四星级乡村旅游休闲集镇，永泰县春光村、罗源县福湖村、连江县天竹村被评为四星级乡村旅游村。全市累计培育109个省级乡村旅游特色村、12个乡村旅游休闲集镇、11个星级乡村旅游特色村、11个福州市乡村旅游精品示范点。策划乡村旅游专题宣传，以“乡”约福州，一起“村”游为主题，开展“2019美丽乡村旅游季”活动，推出福州乡村旅游周末直通车、10条乡村游线路，开展“十大乡村旅游点”“十大人气民宿”“福州最美婚纱拍摄乡村”评选以及闽清杜鹃花海国际山地户外节（村跑）、仓山第二届“花海季”文化旅游节等系列主题活动。挖掘旅游扶贫重点村的特色旅游资源，对连江县长龙镇岚下村、闽侯县洋里乡长基村、闽清县下祝乡翁山头村、永泰

表38　　2019年福州市国家A级旅游景区名单

评级	景　区
AAAAA级（1个）	三坊七巷历史文化街区
AAAA级（14个）	福州国家森林公园、于山风景区、鼓山风景区、中国船政文化景区、青云山风景区、永泰天门山风景区、石竹山风景区、福清天生农庄、中国云顶、贵安新天地休闲旅游度假区、溪山休闲旅游度假区、旗山森林人家旅游区、罗源湾海洋世界、永泰百漈沟景区
AAA级（26个）	长乐冰心文学馆、长乐显应宫、长乐九龙山庄、东壁岛滨海旅游度假区、连江青岛啤酒梦工厂、长乐猴屿洞天岩、灵石山森林公园、福州春伦茉莉花文化创意园、三叠井森林公园、罗源畲山水景区、闽清宏琳厝、源脉温泉园、金鸡山公园、中国寿山石馆景区、川捷休闲文体旅游区、汇雅温泉休闲旅游度假村、索佳艺陶瓷文化创意园、福清后溪旅游区、闽都民俗园、天泽·奥莱时代、贵安温泉景区、福建豪业七叠温泉景区、寿山石古矿洞景区、东湖数字小镇、长乐闽江河口国家湿地公园、福清瑞岩山景区
AA级（5个）	福州市博物馆、福建省委旧址纪念馆、琴江满族村、卧龙谷、万佛寺

县大洋镇漈尾村开展旅游扶贫规划、游客中心和停车场等旅游基础设施项目帮扶。挖掘红色旅游基因，打造永泰县岭路乡庄边村、洑口乡紫山村、大洋镇大展村洋尾寨、闽侯县荆溪镇、福清市一都镇、长乐区古槐镇龙田村6个红色旅游点。国庆70周年推出二日游红色研学线路，串联福建省革命历史纪念馆、马尾船政文化景区、中共福建省委旧址、新四军驻福州办事处旧址、林觉民·冰心故居、邓拓故居。

【榕港澳旅游】 2019年，福州市接待香港游客24.72万人次，比上年增长8.1%；接待澳门游客4.01万人次，增长23.4%。4月，市文旅局组团赴澳门参与第七届澳门国际旅游产业博览会。

【海峡旅游】 2019年，福州市在推动“两马”旅游和环马祖澳旅游品牌建设基础上，推动榕台海峡旅游发展，重点拓展台湾到榕旅游客源市场，以“黄岐—马祖”航线为纽带，开展“黄岐—马祖”优惠奖励。全年接待台湾游客42.98万人次，比上年增长0.2%；累计奖励旅行社台湾游客6961人次，补助金额109.749万元。全年黄岐至马祖开航1362次，运送旅客51487人次，比上年增长5.68%。

借助文旅融合契机，通过海峡两岸民俗文化节首次设立海峡旅游专区，实现台湾传统手工技艺传承人与福州市非遗传承人、台湾旅游公司代表与福州市旅游推介单位互动交流，共同展示两岸旅游资源和旅游商品。加大福州海峡旅游宣传力度，举办第七届海峡青年联欢晚会“携手·同心”联欢晚会，邀请千余名台湾青年到榕，累计组织1464人次开展福州文化旅游考察活动。指导开展第十二届闽台陈靖姑民俗文化旅游节活动，在台湾花莲、台中、彰化等地举办分会场，通过举办形式多样的文化旅游活动，扩大福州海峡旅游影响力。支持仓山区开展第十二届闽台陈靖姑民俗文化旅游节。

【自贸区旅游】 2019年，福州市开放商贸服务领域，在自贸试验区内允许申请成为赴台游组团社的3家台资合资旅行社试点经营福建居民赴台湾地区团队旅游业务；允许台湾导游、领队经自贸试验区旅游主管部门培训认证后换发证件在福州市执业；允许在自贸试验区内居住一年以上的持台湾方面身份证明文件的自然人报考导游资格证，并按规定申领导游证后在大陆执业；允许台湾服务提供者以跨境交付方式在自贸试验区内试点举办展览。

（梁鑫智）

旅游资源开发

【旅游资源规划】 2019年，福州市编制《最美晋安河旅游策划》，挖掘福州城市历史文化底蕴及晋安河生态、景观、民俗等资源，推进晋安河旅游景观环境和服务配套建设，带动晋安河周边休闲旅游发展；组织编制《福州邮轮旅游发展实验区发展规划》，年内通过专家评审。制订《闽东北协同发展区文化旅游产业协同发展专项规划编制方案》，规划闽东北区域精品旅游线路，探索创新闽东北文旅系统联合营销机制，并规划一批重点文化旅游协作项目，差异化打造山海生态和文化相融合的区域文化旅游圈。

【旅游项目建设】 2019年，福州市入库文旅项目70个，完成投资174.22亿元，其中49个文旅在建项目完成投资156.7亿元，完成年度计划投资101.2%。推进20个省文旅重点项目，实际完成投资86亿元，实际完成投资占比116.7%。其中，永泰欧乐堡水上乐园、福清永鸿文化旅游城项目、永泰美食街年内开业运营。省重点文旅项目闽侯八闽文化旅游项目累计完成投资41.26亿元，畲乡风情园、永泰水上乐园、佰翔海景酒店、长乐东洛岛无居民海岛保护与开发利用示范项目、琅岐国际海岛度假综合园项目一期、马尾对台综合客运码头建设项目、永鸿文化旅游城项目、滨海新城源脉温泉、永泰夜色经济街区建设项目、船政特色历史文化街区10个项目竣工。2月，内河旅游项目晋安河游船完成首航。

（梁鑫智）

旅游服务

【旅游公共服务】 2019年，福州市建成晋安区、闽清县2个旅游集散服务中心，推进机场游客服务中心和长乐区、台江区、连江县、闽侯县旅游集散服务中心建设建设。启动海丝国际旅游中心建设，着力打造“全域化、国际化、数

2019年2月1日，福州市内河旅游项目晋安河游船完成首航，首批60位市民在晋安河温泉公园码头登上“左海号”游船体验（陈建国 摄）

表 39　2019 年福州市五星级、四星级饭店名单

星级	饭店
五星级（8 家）	福州西湖大酒店、福建外贸中心酒店、福州金源大饭店、福州美伦华美达大饭店、福州香格里拉大酒店、长山湖（长乐）国际酒店、福州万富力威斯汀酒店、福州名城悦华大酒店
四星级（21 家）	福州大饭店、福清融侨大酒店、连江国惠大酒店、福清兰天大酒店、福州梅峰宾馆、福清冠发君悦大酒店、福建山水大酒店、福建阳光假日大酒店、福建省闽江饭店、福州（晋都）戴斯酒店、福清瑞鑫大酒店、福建黄金大酒店、福州新紫阳大酒店、福建国惠大酒店、福建银河花园大酒店、最佳西方财富酒店、福建丽景假日大酒店、福州聚春园大酒店、福州于山宾馆、阿弥陀佛（福州）饭店仓山奥体店、福建省豪业会务中心有限公司

字化”的一站式旅游服务综合体。推进旅游“厕所革命”新三年行动计划，投入 260 万元补助各县（市）区建成 53 座旅游厕所。

【星级饭店】　2019 年，福州市有星级饭店 41 家，其中市区 29 家、福清市 6 家、长乐区 3 家、连江县 1 家、闽清县 2 家。有五星级饭店 8 家、四星级饭店 21 家、三星级饭店 11 家、二星级饭店 1 家；有客房 8015 间，床位 12795 张。

【旅行社】　2019 年，福州市有 220 家旅行社，其中出境游旅行社 38 家、境内游旅行社 182 家，经营赴台游的组团社 8 家。

【导游队伍】　2019 年，福州市有持证导游 2185 人，其中初级导游 2052 人，中级导游 108 人，高级导游 25 人，中级以上占导游总人数的 6.09%。全市有外语导游 136 人，其中英语 117 人、日语 13 人、印尼语 1 人、德语 1 人、法语 2 人、俄语 2 人。

（梁鑫智）

旅游市场推广

【旅游客源市场拓展】　2019 年，福州市文旅局组织各县（市）区文体旅局和文旅企业分别赴韩国、阿塞拜疆、大连、白山、哈尔滨、成都、贵阳、银川、呼和浩特、宁波、南昌等 10 多个国家和城市开展“有福之州 · 幸福之城”旅游推介活动，通过图片展、旅游资源和线路推介、闽剧表演、互动问答等方式，展示福州特色鲜明的文化旅游资源，福州旅行商代表分别与哈尔滨、贵阳、呼和浩特、北京、太原等地旅行商代表就资源共享、产品互推、客源互送等方面签订战略合作协议，增进旅游交流合作。

【第五届“海上丝绸之路”（福州）国际旅游节】　2019 年 12 月 28 日，由文化和旅游部、福建省人民政府联合主办，福州市人民政府和福建省文化和旅游厅承办的第五届“海上丝绸之路”（福州）国际旅游节在福州举行。旅游节以“共建海丝之路 共促文旅繁荣”为主题，突出文旅融合，首次举办海外分会场活动和海丝国际文化旅游装备展览会，创新举办文旅经济高峰论坛和中外精品剧（节）目交流演出季，相关活动持续近一个月。旅游节贯彻落实国家“一带一路”倡议，邀请“一带一路”沿线 35 个国家和地区的驻华使领馆代表、旅游部门官员、旅行商、国际性旅游机构、旅游投资商近千名嘉宾参加。《人民日报》、新华社、中央电视台、中央人民广播电台、中新社等近 60 家境内外重要媒体 400 多名记者对活动进行报道，刊播各类新闻报道 1200 余篇（条）。12 月，福州市接待游客 932.79 万人次，比上年同期增长 19.8%；实现旅游总收入 148.83 亿元，增长 28.6%。“海上丝绸之路”（福州）国际旅游节作为福建落实全面打造 21 世纪海上丝绸之路核心区建设的重要举措，成为促进旅游合作、加强文化旅游融合的重要平台。

【展会营销】　2019 年，福州市文旅局组织县（市）区参加第十五届海峡旅游博览会、第二十七届广州国际旅游展览会、第十七届中国山东（济南）国际旅游交易博览会、第十一届中国国际旅游商品博览会、第十六届北京国际旅游博览会、第六届宁波国际旅游展、第五届中国—东盟博览会旅游展、第二十一届中国国际旅游交易会等重要旅游展

2019 年 12 月 28 日，第五届“海上丝绸之路”（福州）国际旅游节启动仪式在海峡国际会展中心举行。图为海上丝绸之路（福州）文旅经济高峰论坛环节

（郑帅 摄）

会，集中展现以闽都文化、清新生态、温泉养生、滨江滨海、海峡度假为代表的福州特色旅游资源。海丝旅游节期间，举办2019海丝国际文化旅游装备展览会与2019福建旅游生活展，融合专业性展会与群众性展会优势，实现双展合一。双展面积3万平方米，上百家境内外旅行商、全国著名A级景区景点，联手推出精品旅游线路产品、景区和酒店特价优惠券等优惠旅游产品。

【节庆宣传营销】　2019年，福州市文旅局承办近十年来全市规模最大的焰火燃放活动“福建省庆祝中华人民共和国成立70周年焰火晚会”，现场观众138.2万人，央视等媒体进行报道，各类平台累计在线观看人数超200万人次。推出“向幸福出发、带幸福回家”——2019中国·福州新春文化旅游月活动，围绕“坊巷、温泉、生态、美食”举办“百城万人游福州”、2019年海峡两岸民俗文化节、“打卡逛坊巷 万人免费泡温泉”等文旅主题活动，各县（市）区配套推出29项旅游惠民活动。新春文化旅游月活动期间，接待旅游人数895.07万人次，比上年增长21.0%；实现旅游收入120.83亿元，增长28.9%。策划“乐游福州PLUS”节庆品牌，举办海丝文博旅游月、中国旅游日福州分会场“幸福之旅照相馆”等特色活动200余场，实现“月月有活动，一年都精彩”。

【媒体宣传营销】　2019年，福州市在中央电视台《朝闻天下》《海峡两岸》、福建电视台《福建新闻联播》投放福州旅游形象宣传广告。结合新春文化旅游月活动以及春节、劳动节、儿童节、端午、中秋、国庆等主要节假日旅游优惠活动及精品线路，在《中国旅游报》《福建日报》《福州日报》《福州晚报》等报纸开展专题宣传，推出70余条旅游精品线路。

策划编印《爱上福州的101个理由》，开展话题营销。通过H5在微博、微信等自媒体平台线上征集爱上福州的第101个理由，举办新书发布会炒热话题，增加福州旅游品牌的曝光度。与福建字节跳动公司合作，在旗下流量产品抖音短视频平台发起“来福州DOU有福”全国超级挑战赛，同步发布《来福州DOU有福》主题音乐和贴纸。活动期间活动视频总播放量9.3亿次，22.4万人参与比赛。

发挥政务微博、微信、头条号、官方抖音号等政务自媒体矩阵优势，多角度开展福州市文化旅游宣传。福州市文化和旅游局新浪官方微博拥有粉丝近690万人。“遇见福州”微信公众号长期位居福建文旅官方影响力排行榜前列。

【智慧旅游服务】　2019年，福州市智慧旅游化水平不断提升，22家景区门票产品上线“e福州”旅游频道，AAA级以上收费旅游景区基本完成对接，三坊七巷实现智慧景区一键游。

（梁鑫智）

旅游管理

【旅游数据监测】　2019年，福州市加强对基层旅游统计人员的培训，加强对旅游企业的宣传指导，确保数据报送的及时性、真实性、完整性、准确性，做到应统尽统；开展招投标工作，委托第三方统计调查企业开展抽样调查及数据测算等工作；开展全市住宿单位名录库更新、各类其他旅游专项调查等工作。联系省文旅厅、市统计局，实时跟踪指标完成情况。

开展2019年春节“黄金周”、“五一”小长假、国庆“黄金周”等假日统计工作布置、统计值班、数据监测及总结分析等工作。按照全国《“黄金周”旅游信息统计调查制度》的要求进行包括全市的旅游住宿设施、旅行社、主要景（区）点、铁路、民航、公路等相关交通运输部门旅游数据监测、统计并监督落实报送情况。

【旅游安全管理】　2019年，福州市推进安全生产领域改革，开展安全生产标准化建设，指导旅行社开展旅责险统保示范项目，建立安全风险分级管控和隐患排查治理双重预防机制。开展安全隐患排查治理，全年出动检查人员6512人次，累计检查企业3712家次，排查整改一般安全隐患552处，未发生旅游安全责任事故。

【旅游服务质量管理】　2019年，福州市文旅局推进依法治旅，加强旅游市场监管，落实“双随机”抽查工作，配合市市场监督管理局等相关部门联合开展全市旅游市场随机抽查。严厉打击“不合理低价、零负团费及强制购物”等严重扰乱旅游市场秩序的违法违规行为，通过开展日常检查、联合检查、随机抽查等形式，整顿规范旅游市场秩序。全年出动执法人员2954人次，检查经营单位912家次，梳理排查38条问题线索，立案调查43件，移交案件4件，办结案件35件，其中警告2家次，罚款19家，取缔1家，累计处罚金额47万元。

实施旅游人才“十百千”培养计划，组织开展导游提升培训1000多人次。年内，全市有3名导游分别获全省导游大赛一、二等奖，3名导游获省金牌导游称号，3名讲解员获金牌讲解员称号。

【旅游投诉处理】　2019年，福州市落实“放心游福州”服务承诺，开展文化、旅游投诉处理工作，全年接到各类投诉544起，组织实施现场调解71次，为游客挽回经济损失约92万元。

【旅游法制建设】　2019年，福州市制定下发《2019年“谁执法谁普法”责任清单》，汇编完成《文化旅游广电文物常用法律法规规章文件汇编》，全书收录210个文件、100多万字、830多页。10月28日至11月1日，开展2019中西部文化市场综合执法对口交流协作第二协作区执法交流暨全市文化和旅游行政执法培训。

（梁鑫智）

（编辑 周弭婞）

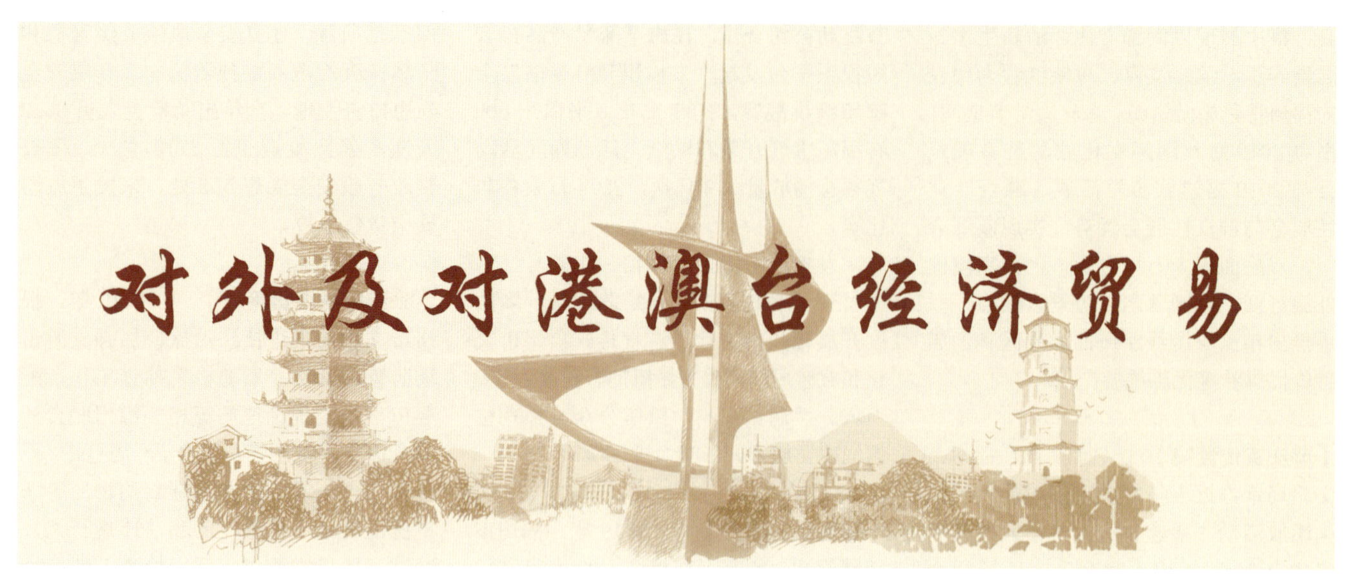

对外及对港澳台经济贸易

利用外资及港澳台资

【概况】 2019年，福州市新设外商投资企业310家，合同外资273.9亿元，全年累计实际到资65.3亿元，总量位居全省第二位。新设台资项目（不含第三地）124个，合同台资30.5亿元，实际到资8738万元。新设港澳资企业116家，合同港澳资184.77亿元，实际到资44.8亿元。

【外商及港澳台商投资项目】 2019年，福州市引进一二三三国际供应链管理平台、太平洋制罐、首创环保科技、闽海石化区域总部等外商投资项目，推动朴朴科技、连江液化空气有限公司等项目完成增资。其中港澳台商投资项目有众高发展、同道医疗器械贸易、昇洋发展、喜相逢集团有限公司、汇洁环保科技、太平洋制罐、盛为投资、和勇置业等。

【利用外资重大项目】 2019年，福州市引进外资备案项目64个，总投资244.6亿元，其中总投资5亿元以上项目15个。亚升投资、众高发展、和勇置业、汇洁环保、一二三三国际供应链管理平台等重大项目完成外资备案。

【招商引资】 2019年，福州市举办春节期间返乡的榕籍企业家、在榕外商投资企业家代表座谈交流会、“海交会”、2019中国供应链高峰论坛、中欧主题合作论坛暨中欧企业商务对接会、中国（福州）—日本经贸交流会、亚洲金融论坛、2019“厦洽会”、国际外商直接投资峰会、2019“一带一路”国际商协会大会、中国·福建—日本经贸合作项目签约仪式暨经贸推介会、中国福建—新加坡经贸合作推介会等重大经贸活动，宣传推介福州市投资环境，收集项目线索，搭建招商引资平台和渠道。年内邀请并接待日本贸易振兴机构、新加坡企业发展局、欧洲科技商会、日本半导体企业代表团、货拉拉等到榕考察；赴英国、瑞典、丹麦、日本、韩国等国家及北京、上海、香港等城市或地区举办招商推介会，拜访法国电力集团、爱立信、宜家、丰田通商、日中经济贸易中心、大阪健都、彩都、中之岛未来医疗国际基地医疗产业中心等企业、机构、园区，洽谈交流合作，挖掘投资线索。

【“海交会”和“厦洽会”签约情况】 2019年5月18—22日，第二届21世纪海上丝绸之路博览会暨第二十一届海峡两岸经贸交易会在福州市举行。市商务局挖掘外资项目17个，计划总投资

2019年5月18—22日，第二届21世纪海上丝绸之路博览会暨第二十一届海峡两岸经贸交易会在福州市举行。图为2019海峡两岸创投融合峰会启动仪式现场（池远 摄）

136.47亿元，拟利用外资13.62亿元。

2019厦门国际投资贸易洽谈会暨丝路投资大会福州市对接签约项目94个，总投资56.78亿美元，拟利用外资29.2亿美元；报送省厅签约合同项目57个，合同外资20.15亿美元。

（陈裕）

对外及对港澳台投资与劳务合作

【概况】 2019年，福州市（不含自贸区）新设备案境外投资项目30个，协议投资总额3.59亿美元，其中中方投资额2.56亿美元，协议投资目的地主要为日本、新加坡、德国、肯尼亚等16个国家和中国香港地区，主要涉及软件和信息技术服务业、非金属矿物制品业等行业。主要项目有福建诗山科技发展有限公司备案在印尼投资0.9亿美元，发展黑色金属冶炼和压延加工业；福州金冠达实业有限公司备案在马来西亚投资0.27亿美元，发展多式联运和运输代理业。

【对港澳台投资项目】 2019年，福州市（不含自贸区）新设备案投资中国香港项目3个，协议投资总额37.85万美元；备案投资中国澳门、中国台湾项目均无。

【对外劳务合作】 2019年，福州市派出劳务人员19512人，年末在外人员35339人，主要派往新加坡、马绍尔群岛共和国等国家和中国香港、中国澳门、中国台湾等地区。年内新签劳务人员合同工资总额45602万美元，劳务人员实际收入总额40771万美元。

（陈裕）

服务贸易

【概况】 2019年，福州市服务贸易进出口总额26.63亿美元，比上年29.52亿美元下降9.81%。其中出口额6.82亿美元，比上年6.22亿美元增长9.83%；进口额19.81亿美元，比上年23.31亿美元下降15.04%。

【技术进出口】 2019年，福州市（不含马尾区）签订技术进出口合同总额16538.38万美元，比上年19203.43万美元下降13.88%；其中签订引进技术和进口设备和合同项目31个，合同金额8695.55万美元，比上年11845.5万美元下降26.59%；签订技术出口合同项目377个，合同金额7842.83万美元，比上年7357.93万美元增长6.59%。

【服务外包】 2019年，福州市新增服务外包企业130家，服务外包合同金额83.34亿美元，比上年增长225.10%；其中离岸服务外包合同金额2.60亿美元，增长0.26%。服务外包执行金额15.65亿美元，比上年增长48.40%；其中离岸服务外包执行金额2.37亿美元，增长13.08%。福州市离岸服务外包主要发包地为新加坡、美国、日本、伊朗等国家和英属维尔京群岛地区、中国香港地区，全年执行金额2.07亿美元，占全市离岸服务外包执行金额87.53%。信息技术外包（ITO）是福州市主要业务类型，全年执行金额8.99亿美元，占全市服务外包执行金额56.89%，主要业务包括软件研发服务、信息技术运营和维护服务、集成电路和电子电路设计服务等。业务流程外包（BPO）和知识流程外包（KPO）增长迅速，其中业务流程外包（BPO）执行金额5.03亿美元，比上年增长78.46%，占全市服务外包执行金额31.08%，主要业务包括互联网营销推广服务、供应链管理服务、呼叫中心服务、人力资源管理服务等；知识流程外包（KPO）执行金额1.79亿美元，比上年增长175.14%，占全市服务外包执行金额11.31%，主要包括工程技术服务、工业设计服务、大数据服务、管理咨询服务、文化创意服务等。

（陈裕）

对外及对港澳台贸易

【概况】 2019年，福州市进出口总值2525.8亿元，比上年增长3.2%。出口总值1802亿元，比上年增长9%，占福州市GDP的19.19%，占全省出口总值的21.77%，出口商品销往231个国家与地区。进口总值723.8亿元，比上年下降8.9%，进口商品来自130个国家与地区。

在贸易总值中，对中国台湾地区贸易总额92.80亿元，比上年下降23.53%，其中销往台湾40.73亿元，增长7.74%，占全市比重的2.26%；自台湾购入52.07亿元，下降37.68%，占全市比重的7.19%。对中国港澳地区贸易总额69.17亿元，比上年下降25.74%，其中销往港澳66.69亿元，下降27.88%；自港澳购入2.48亿元，增长263.29%。

【民营对外贸易】 2019年，福州市有进出口实绩的民营企业4447家。全市出口总值1802亿元，比上年实际数增长9%，其中民营企业出口1175.21亿元，增长22.36%，占全市出口额的65.22%；全市进口总值723.8亿元，下降8.9%，其中民营企业进口349.58亿元，增长12.65%，占全市进口额的48.30%。

表40　2019年福州市出口额3000万美元以上商品情况表

金额分类	商品名称	出口金额（万美元）	占出口总额比重（%）
10亿美元以上（1项）	其他可直接连接且设计用于税目84.71的自动数据处理设备的彩色液晶监视器	178888	6.84

续表 40

金额分类	商品名称	出口金额（万美元）	占出口总额比重(%)
1亿～10亿美元(40项)	其他彩色监视器；其他木家具；其他塑料制鞋面的鞋靴；纺织材料制鞋面胶底的其他鞋靴；液晶显示板；用栓塞法装配鞋底及面的橡、塑鞋；棉≥85%染色平纹布，100g＜平米重≤200g；其他玩具；塑料或纺织材料作面的提箱、小手袋等；其他橡、塑或再生皮革外底，皮革鞋面的鞋靴；瓷制固定卫生设备；未列名已加工花岗岩制品；制作或保藏的鳗鱼；枝形吊灯及天花板或墙壁上的电气照明装置；未列名电灯及照明装置；其他光学元件；5903、5906或5907的织物制其他男式服装；车身（包括驾驶室）的未列名零件、附件；塑料片或纺织材料作面的其他类似容器；其他金属家具；其他贴面砖、铺面砖，包括炉面砖；其他以机织物或其它纺织材料做衬；家具的零件；其他贴面砖、铺面砖，包括炉面砖；电气的台灯、床头灯或落地灯；未列名贱金属雕塑像及其他装饰品；其他未搪瓷钢铁餐桌、厨房等家用器具及零件；未列名塑料制品；棉制未列名狭幅机织物；拖轮及顶推船；铝合金矩形板、片，0.2mm＜厚＜0.28mm；其他钢铁结构体；钢结构体用部件及加工钢材；专用或主要用于品目8471商品的液晶监视器；6301至6307的未列名制成品，包括服装裁剪样；其他带软垫的金属框架坐具；车辆用层压安全玻璃；其他未列名的木制品；未列名的机器零件，不具有电气器材特征的机器零件；未列名水泥、混凝土或人造石制品；机动车辆用点火布线组及其他布线组等	943089	36.08
5000万～1亿美元(58项)	塑料制其他家庭用具及卫生或盥洗用具；塑料制其他家庭用具及卫生或盥洗用具；塑料片或纺织材料作面的手提包；圣诞节用品；发光二极管（LED）灯泡（管）；棉≥85%印花平纹布，100g＜平米重≤200g；波分复用光传输设备；尼龙-6纱线，未加捻或捻度≤50转/米；未列名钢铁制品；已镶框玻璃镜；塑料制餐具及厨房用具；塑料制小雕塑品及其他装饰品；其他用作处理器及控制器的集成电路；磷酸氢二铵；电动的挂钟；家具用其他贱金属制附件及架座；未列名已加工大理石、石灰华及蜡石制品；其他木制小雕像及装饰品；橡、塑或革外底，皮革制鞋面的其他运动鞋靴；硫酸铵；其他制作或保藏的小虾及对虾；其他瓷餐具；塑料制人造花、叶、果实及其零件和制品；其他运动或户外游戏用设备；游泳池或戏水池；灯船、消防船、起重船等不以航行为主的船舶；厨房用木家具；其他贴面砖、铺面砖，包括炉面砖；其他彩色投影机；干香菇；其他0.35mm<厚度≤4mm铝合金制矩形厚板；纺织材料制鞋面胶底的拖鞋；不锈钢制餐桌、厨房或其他家用器具及其零件；压燃式内燃机发电机组，P≤75KVA；棉≥85%未漂平纹布，100g＜平米重≤200g；9405所列货品的其他材料制零件；压燃式内燃机发电机组，375KVA＜P≤2MVA；可载标准集装箱≤6000箱的机动集装箱船；制作或保藏的章鱼；化纤制机制花边；太阳能电池板；未列名化纤男式带风帽防寒短上衣、防风衣等；其他节日或娱乐用品，包括魔术道具等；手持（包括车载）式无线电话机；车辆用钢化安全玻璃；非电气的灯具及照明装置；乌龙茶，内包装每件净重＞3kg；其他卧室用木家具；橡、塑外底及鞋面的短统靴（过踝）；其他铅酸蓄电池；聚酯短纤，未梳或未经其他纺前加工；销售点终端出纳机；压燃式内燃机发电机组，75KVA＜P≤375KVA；制作或保藏的墨鱼及鱿鱼；载重量不超过10万吨的成品油船；未列名初级形状的乙烯聚合物；其他点燃式活塞内燃发动机的零件；带动力装置的玩具及模型；含聚酯非变形长丝≥85%的机织物；干木耳等	417922	15.99

续表 40

金额分类	商品名称	出口金额（万美元）	占出口总额比重(%)
3000 万～5000 万美元 (63 项)	其他冻的墨鱼及鱿鱼；未列名食品；手工钩编的其他装饰用织物制品；其他印刷品；合纤针织钩编物，宽＞30cm，弹性线≥5% 无胶线；橡胶或塑料制外底及鞋面的其他运动鞋靴；未列名塑料胶粘板、片、膜、箔等；其他未列名抗菌素；5903、5906 或 5907 的织物制其他女式服装；锂离子蓄电池；尼龙-6 弹力丝，每根单纱细度≤50 特；摩托车及机动脚踏两用车用零附件；5903、06 或 07 织物制 62011100 至 1900 类型服装；其他无机着色料及其制品；冻的墨鱼（乌贼属、巨粒僧头乌贼）；合成纤维制染色其他针织或钩编织物；棉制其他袜；棉制针织钩编的套头衫、开襟衫、外穿背心等；天然石料制的长方砌石、路缘石、扁平石；未列名成卷成张矩形浸涂印花纸，纸板，纤维纸；聚酯弹力丝；电动的闹钟；船舶压载水处理设备；棉制其他男裤；装有点燃式活塞内燃发动机的发电机组；未列名材料制人造花、叶等及其零件和制品；耳机耳塞及由传声器和扬声器组成的组合机；低值简易通关商品；聚酯短纤 85% 及以上的单纱；活鳗鱼，鱼苗除外；棉≥85% 未漂三或四线斜纹布，平米重≤200g；其他冻鱼；塑料或纺织材料面的置于口袋或手提包内物品；棉＜85% 与化纤纺未漂平纹布，平米重≤200g；其他丙烯聚合物非泡沫塑料板、片、膜、箔等；瓦楞纸或纸板制的箱、盒、匣；其他输入或输出部件；未列名物镜；卫生纸；其他钢化安全玻璃；其他电感器；装有驱动电动机的其他摩托车（包括机器脚踏两用车）及装有辅助发动机的脚踏车，不论有无边车；边车 45；珠宝或刀具木盒及类似品；第 94 章以外木家具；表壳用贵金属或包贵金属制成的其他手表；其他金属框架坐具；三轮车、踏板车和类似的带轮玩具；玩偶车；塑料制的外底及鞋跟；其他机械锯用锯片；其他棉制针织或钩编的手套；未列名静止式变流器；品目 8517 所列设备的其他零件；其他冻 0303.5 项下的鱼；花岗岩制石刻墓碑石；灯座，线路 V≤1000V；其他聚酯纱线，捻度≤50 转 / 米；其他铝制结构体；铝结构体用部件及加工铝材；其他塑料制衣服及衣着附件；其他染色合成纤维制经编织物；8701 至 8704 所列其他车辆用未列名零、附件；其他非工业用铝制品；人造纤维短纤≥85% 的单纱；化纤制针织钩编套头衫、开襟衫、外穿背心等；其他硅等	246221	9.42
合计	162 项	1786120	68.33

表 41　**2019 年福州市主要出口市场及对港台贸易情况表**

国别（地区）	金额（万美元）	占总额比重 (%)
美国	490207	18.75
日本	136644	5.23
菲律宾	114460	4.38
荷兰	105815	4.05
马来西亚	104554	4.00
中国香港	94509	3.62
越南	89304	3.42
新加坡	80160	3.07
英国	77526	2.97

续表 41

国别(地区)	金额(万美元)	占总额比重(%)
德国	77221	2.95
韩国	66814	2.56
印度尼西亚	61708	2.36
中国台湾	59188	2.26
加拿大	58722	2.25
泰国	52886	2.02
澳大利亚	51135	1.96
印度	45793	1.75
波兰	42581	1.63
阿联酋	38585	1.48
墨西哥	34997	1.34
沙特阿拉伯	34168	1.31
捷克共和国	33091	1.27
尼日利亚	31041	1.19
合计	1981109	75.82

表 42　2019年福州市进口额3000万美元以上商品情况表

金额分类	商品名称	进口金额(万美元)	占进口总额比重(%)
10亿美元以上(1项)	非种用黄大豆	110103	10.42
1亿美元以上(13项)	其他未锻造金,非货币用;平均粒度≥0.8mm,<6.3mm未烧结铁矿砂及精矿;对二甲苯;丙烯;液晶显示板;其他用作处理器及控制器的集成电路;饲料用鱼粉;褐煤,不论是否粉化,但未制成型;铬铁,按重量计含碳量在4%以上;其他烟煤;1,2-乙二醇;其他集成电路;3L<排气量≤4L的越野车等	495450	46.91
5000万~1亿美元(15项)	镍矿砂及其精矿;其他铸制或轧制的非夹丝的玻璃板、片;仅冷轧铁或非合金钢卷材,厚<0.3mm;铜矿砂及其精矿;平均粒度≥6.3mm未烧结铁矿砂及其精矿;其他煤;其他冻鱼;未列名机动车辆用变速箱及其零件;车身(包括驾驶室)的未列名零件、附件;其他芳烃混合物,T=25℃,蒸馏出芳烃≥65%;45000≥空载重量>15000公斤的飞机等航空器;其他冻对虾;线型低密度聚乙烯,比重小于0.94;甲醇;冻的墨鱼(乌贼属、巨粒僧头乌贼)等	104832	9.93

续表 42

金额分类	商品名称	进口金额（万美元）	占进口总额比重 (%)
3000 万～5000 万美元 (19 项)	平均粒度 <0.8mm 未烧结铁矿砂及其精矿；苯酚；5–7 号燃料油；初级形状的乙烯－乙酸乙烯酯共聚物；装入 2 升及以下容器的鲜葡萄酿造的酒；其他光学元件；精对苯二甲酸；冻带鱼；其他工业用单羧脂肪酸；精炼所得酸性油；感光乳液；其他初级形状的纯聚氯乙烯；经弯曲、磨边、镂刻等加工的 7003 至 7005 玻璃；表壳用贵金属或包贵金属制成的其他手表；冻格陵兰庸鲽鱼；8525 至 8528 所列其他装置或设备用其他零件；其他非工业用钻石；初级形状的聚丙烯；2.5L ＜排气量≤ 3L 的越野车；麦芽酿造的啤酒等	69184	6.55
合计	48 项	779569	73.81

表 43

2019 年福州市主要进口市场及对台贸易情况表

国别（地区）	金额（万美元）	占总额比重 (%)
巴西	142968	13.54
韩国	110171	10.43
瑞士	88273	8.36
印度尼西亚	81214	7.69
日本	77703	7.36
中国台湾	75615	7.16
澳大利亚	74820	7.08
德国	43309	4.10
美国	36045	3.41
泰国	29138	2.76
印度	26257	2.49
沙特阿拉伯	23845	2.26
马来西亚	22734	2.15
越南	17009	1.61
秘鲁	16159	1.53
西班牙	15665	1.48
菲律宾	13333	1.26
哈萨克斯坦	13007	1.23
合计	907265	85.90

（陈裕）

（编辑 周弭姣）

经济协作

【概况】 2019年，福州市推进闽浙赣皖福州经济协作区交流合作，在南平建阳召开第22次市长联席会，14个成员市围绕“践行绿色发展新理念，探索区域协作新机制”的大会主题，对深化区域合作提出意见建议。闽侯县、连江县分别与陕西省的富平县、浦城县，长乐区、福清市分别与江西省吉安县、井冈山市，继续互派干部挂职交流，助力脱贫攻坚、加强招商引资、改善民生福祉。推进援藏援疆工作，建立鼓楼、台江、仓山、晋安、马尾、长乐、福清、闽侯、连江9县（市）区与西藏八宿县及新疆奇台县各乡镇的全面结对帮扶关系。

（于永钦）

【产业项目对接】 2019年，福州市以各县（市）区政府为责任主体，分解下达各县（市）区民企产业项目对接目标任务，对新对接民企产业项目总投资、制造业总投资、开工率等各项指标进行细化。在市对县绩效考评指标中，将民企产业项目对接完成情况单列考核，制定完善《福州市民企产业项目对接绩效管理暂行办法》，对各县（市）区年度指标完成情况进行量化考核。年内，全市对接并纳入福建省经信项目管理系统的签约项目251个，总投资额1161.7亿元，超额完成省工信厅下达的目标任务，总投资额居全省第二。

（陈斐瑜）

山海协作

【概况】 2019年，闽东北区域协作项目包含交通能源、加工制造、生态环保、深海养殖、社会事业等领域的协同项目48个，总投资3867.52亿元，年度计划投资427.36亿元，完成投资440.1亿元，占年计划的102.3%。

（于永钦）

【福宁山海协作】 2019年1月17日，福州·宁德山海协作工作座谈会在福州召开。省委副书记、福州市委书记王宁主持会议，福州市领导尤猛军、陈为民、何静彦、严可仕，宁德市领导郭锡文、梁伟新、金敏、兰斯琦、黄建龙，福州市政协副主席、闽东北协同发展区办公室执行副主任王绍知出席会议。会上，福州市向宁德市捐赠山海协作资金200万元，两市各8家对口市直部门签订合作协议。

【福莆山海协作】 2019年12月6日，福州市政府副秘书长翁华锋率领相关市直部门和仓山区、闽侯县负责人赴莆田市仙游县，开展福州市与莆田市的山海协作活动，向仙游县捐赠山海协作帮扶资金110万元。

【省级扶贫开发重点县结对协作】 2019年，福州市8个经济较发达县（市）区结对帮扶8个省级扶贫开发工作重点县。结对双方党政主要领导开展考察互访活动，8个经济较发达县（市）区帮扶8个省级扶贫开发工作重点县（永泰县、建宁县、周宁县、霞浦县、寿宁县、连城县、松溪县、平和县）1.2亿元，协助引进企业16家。

（陆小磊）

扶贫开发

【概况】 2019年，福州市贫困户人均纯收入18274.21元（含转移性收入），“两不愁三保障”及饮水安全各项政策落实到位，200个贫困村平均村级收入32.19万元。

【产业扶贫】 2019年，福州市县级扶贫项目库入库扶贫项目603个，完成投资1.47亿元。首创“产业联盟＋贫困户”帮扶模式，全市207家企业组建休闲农业、传统工艺等产业联盟9个，带动665户贫困户稳定增收。实施第六轮市级扶贫济困春风行动，安排392.5万元帮扶785户有产业项目的贫困户继续发展生产。推广股份制、联营式、托管式等方式，通过租赁、转包、合作经营等方式，让贫困户分享生产、销售等相关环节的利润，完善贫困户与新型经营主体利益分配，帮助 50 多户贫困户每年稳定增收 3000 ～ 5000 元。

【就业扶贫】 2019 年，福州市将贫困劳动力纳入就业困难人员范畴，享受与城镇居民同等的就业创业扶持政策。累计向有就业意愿但未实现就业的 5420 名贫困劳动力推荐岗位信息，推动 4502 名有就业意愿的贫困人口数据录入省人社厅实名数据库。扶持 441 名贫困残疾人开展就业创业，每人补助 5000 元。对通过市场化手段难以就业的贫困劳动力采取公益性岗位进行托底安置，累计为 855 名贫困劳动力提供安置就业援助，781 名贫困劳动力获得公益性岗位。

2019 年 2 月 25 日，155 名甘肃省定西市到榕务工人员抵达福州，市、区人社部门领导和用工企业在火车站接站，并派车将务工人员送到企业 （叶义斌 摄）

【三保障及饮水安全】 义务教育保障 2019 年，福州市综合运用减免学费、教育补助、助学贷款等政策措施，对义务教育阶段贫困户子女全部免杂费，对非义务教育阶段贫困户子女给予 2000 ～ 4000 元补助，确保全市身体健全的贫困户子女无因贫辍学，阻断贫困代际遗传。

基本医疗保障 全市城乡居民基本医疗保险政府补助标准提高到 550 元 / 人 / 年。对贫困户城乡居民大病保险起付线降低 50%，报销比例提高 5%，取消贫困户大病封顶线。在全省统一的医疗保障的基础上，为全市贫困户购买精准扶贫医疗叠加保险、健康扶贫商业补充保险，扩大保障范围，大病救治病种从 18 种扩大到 31 种，受益贫困人口 4256 人次，累计发放补助 159.97 万元。市级定点医院从 3 个医院扩大到 16 个，为所有贫困户签约家庭医生，建立健康档案，实行电子化签约，并自动将政策延续到 2020 年底，对因病致贫的贫困户定期进行随访。永泰县建立医疗跟踪代办服务机制，由第一帮扶责任人或家庭签约医生作为代办人，对贫困户医疗报销、医疗救助未到位的，给予跟踪代办，直至政策落实到位。

住房安全保障 在实现全部贫困户住房安全有保障的基础上，对贫困户住房鉴定为 A、B 级，结构安全，但还存在漏雨、漏风、屋内居住条件恶劣等情况开展重点排查，建立动态工作台账，发现一户、解决一户。

饮水安全 实施农村饮水安全巩固提升工程，推进城乡供水一体化试点建设，提升贫困地区自来水普及率、集中供水率和水质合格率，夯实“两不愁三保障”基础。

【兜底保障】 2019 年，福州市农村低保标准提高到每人每年 8400 元，开展“四个一批”扶贫行动，即无力脱贫兜底一批、支出核减纳入一批、脱贫渐退扶助一批和重点保障改善一批，全市符合条件的 2590 名贫困人口全部纳入低保，实现应保尽保。将贫困户全面纳入城乡居民养老保险，由政府为贫困户代缴基本养老保险费，每人每年从 100 元提高到 200 元。为 1089 名贫困残疾人发放生活补助金 392 万元。为所有贫困户购买“扶贫保”“脱贫保”两款保险，为全市贫困户提供意外死亡、伤残保障、医疗津贴、误工补助等保险服务，实现全市贫困户风险全覆盖。年内，认定农村困难边缘群众 233 户 651 名，并通过临时救助、医疗救助等方式予以帮扶。

【对口帮扶定西市】 2019 年，福州市对定西市投入财政和社会帮扶资金 4.47 亿元，比上年增长 40.35%，其中财政资金 3.62 亿元；引进落地企业 28 家，实际投资额 3.325 亿元，增长 48.1%，带动贫困人口 9780 人，增长 18.3 倍；消费扶贫总额 1.99 亿元，增长 91.3%，带动贫困户 31429 人增收，增长 26.6 倍；谋划实施帮扶项目 197 个，带动定西市建档立卡贫困户 20.94 万人增收，增长 41.77%。实施人才交流培训，帮助定西市培训医生、教师等专技人才 12836 人次，增长 4.7 倍。帮助定西市建档立卡贫困户 2626 人到福州就业、15145 人就近就业、3526 人到东部其他地区就业，劳务协作和生态扶贫入选全球 110 例减贫案例。

（陆小磊）

（编辑 周弭姣）

福州新区

【概况】 2019年，福州新区完成地区生产总值2169.27亿元，比上年增长8.8%；规模以上工业增加值比上年增长10.2%；一般公共预算收入213.7亿元；社会消费品零售总额867.75亿元，增长9.7%。

【体制创新】 2019年，福州新区推动福州新区、福建自贸区、福厦泉自创区融合发展，完成“三区”联动运行机制与实施策略初步研究。

项目审批机制优化　承接17项省级行政许可，将部分省级经济审批权限和市级权限授权各功能区，滨海新城实现企业开办时间减至3个工作日，工程建设项目部门审批时间减至52个工作日；开发全国首个全流程电子化投标保函系统，全省首创现场刻章“零延时”，推行企业开办全程网上办“零见面”等改革举措。年内受理省级和市级行政许可事项800余件、“证照分离”改革办件量4880件，压缩办理时间148天，精简材料75件。

【规划编制】 2019年，福州新区完善规划目录台账，相关规划及研究成果76项。委托专业机构编制《福州新区总体规划（2015—2035年）环境影响报告书》，启动生态环境部审查程序。

【基础设施建设】 2019年，福州新区建成投用三江口大桥、数字中国会展中心等45个项目，三江口文化旅游城等46个项目开工建设。长平高速全线贯通，平潭海峡公铁大桥合龙。福州绕城公路东南段、福州长乐至平潭（长乐古槐至松下段）建成通车，推进福州机场二期高速公路等项目建设。滨海新城启动区17平方千米内形成“四纵八横”的骨架路网，大数据产业园3.8平方千米内实现全路网覆盖。

【双创示范基地建设】 2019年，福州新区建设国家双创示范基地，组织开展“创响中国”福州站活动，建设东湖数字小镇双创示范空间等双创示范点，帮助475个团队和企业获得13.8亿元投融资。

【产业升级】 2019年，中国·福州物联网产业基地集聚华为、中量航天等156家物联网企业，成立5G、城市大脑等产业联盟，大数据产业和精准医学产业初步成型。年内，被评为国家新型工业化产业示范基地、全国电子信息产业知名品牌示范区。

“海上福州”拓展新空间　海洋生产总值突破2600亿元，启动建设闽安山水远洋渔业专业码头，福州（连江）国家远洋渔业基地获批，福州海洋研究院挂牌成立，深海“振渔1号”“福鲍1号”养殖试验进展顺利，更新改造远洋渔船67艘。

“平台福州”构建新模式　完善“政基企”合作平台，打造基金产业集聚区，马尾基金小镇管理规模1437亿元，是省内管理私募基金规模最大的区域。推动京东（元洪）食品数字经济产业中心、东盟海产品交易所、福州跨境电商公共

2019年4月15日，福州数字中国会展中心交付使用　（福州新区 供）

服务平台等建设，推动创建综合保税区及申报国际医疗综合实验区，搭建东南沿海地区进口棉花贸易集散中心、培育国产汽车集散分拨平台。

【项目建设】 2019年，福州新区安排2019年度重点项目639个，完成重点项目投资逾2200亿元。推动福州融侨双语学校、福州滨海实验学校、福州海峡青少年活动中心、福州海西口腔医院及陶行知国际教育交流中心等22个民生项目竣工，福州会展中心片区水系综合治理等45个重大基础设施项目建成，福建三峡海上风电国际产业园、新福兴新能源汽车玻璃产业园一期项目等80个产业项目竣工。会同有关县区、各功能区推动阿里巴巴、东方银星、均和集团、贝瑞和康和博思软件等国内外知名企业区域总部入驻新区。移动、电信、联通三大运营商以及湛华智能、新中冠、游龙、嘉里樟岚、清华附中、正荣集团等项目摘牌落地。

【重点区域开发】 滨海新城建设 2019年，滨海新城核心区86平方千米控制性详细规划实现全覆盖；东南健康医疗大数据中心、贝瑞和康数字生命产业园等5批265个新城重点项目滚动开发，总投资约3100亿元，累计竣工项目40个，在建项目168个，累计完成投资约1045亿元，新城建设初具形象。

2019年11月11日，福建三峡海上风电国际产业园首台8.0兆瓦海上风力发电机正式交付。图为数字化控制的三峡福建海上风电集控中心 （福州新区 供）

三江口组团建设 策划生成重点项目135个，总投资919亿元，嘉里樟岚总部基地等59个项目开工，完成投资190亿元。亚升集团总部等8个产业项目落地，三江口大桥等12个基础设施项目建成。年内通过国家海绵城市试点建设考核验收。

福清湾、江阴湾建设 元洪国际食品产业园打造全球（元洪）食品数字经济产业中心、元洪在线跨境电商和丰大冷库3个平台，“两国双园”项目有序推进。江阴港区开通内外贸航线54条，江阴镇级小城市稳步推进，缘泰石油、江苏中车、丹麦LM叶片厂等项目在建。

【合作交流】 2019年，福州新区探索“两国双园”模式，中国—印度尼西亚“两国双园”列入海丝核心区建设重点项目，中国—哈萨克斯坦国际农业产业合作区签署框架协定。国家级邮轮旅游发展实验区加快建设，推进福州空港综合保税区申报设立工作。年内，举办海交会、海丝博览会、丝路国际电影节、海丝国际旅游节等重大活动。全年举办海峡两岸文化交流活动45场，出台促进两岸经贸合作6条措施，琅岐至马祖客运航线开通运营，连江向马祖船运供水工程启用。海峡创意产业园和海峡两岸青年创业孵化中心获国台办授牌为海

表44 2019年福州新区改革创新成果情况表

创新领域	具体内容
管理运行机制	出台《关于进一步创新福州滨海新城开发建设体制机制的实施意见（试行）》等“1+5”系列文件，开展“政务钉钉”试点工作，构建“科学完善、精简高效、规范创新”的管理运行机制。建立全程代办的土地报批联动工作机制，推行土地批供一体化机制，报批整体流程提速30%以上
资源综合利用	精准适用安居工程等政策，减少使用增减挂钩指标；优化项目选址，合理调剂使用跨省补充耕地指标；在全省率先开展并持续推广耕作层剥离再利用工作，实现滨海新城全覆盖、长乐区全域推广
城市建设与管理	在全市率先大规模实施装配式建筑，累计有27个项目采用预制装配式工艺，总建筑面积约390万平方米。引入福州大学科研团队，创建滨海新城沥青路面全过程施工质量管控新模式。采用标准化预制构件新模式，为滨海新城建设提质增效。应用新一代信息技术，从构建数据库、建设数据中心、搭建应用平台3个方面着手，打造“掌上国土”数字引擎
审批服务	开展17项省级行政许可承接以及省级权限代办、市级权限授权各功能区工作；开发全国首个全流程电子化投标保函系统，全省首创现场刻章“零延时”，推行企业开办全程网上办“零见面”等改革举措
住房保障	在全省率先落实租赁房用地，建设滨海新城租赁住房，并参与全国租赁房试点，加快安置房建设，开展涉迁群众回迁工作，安置房一期实现回迁。开展人才住房试点，开工建设人才住房。租用安歆公寓、恒申、山力、翔福物流园等公寓，购买悦海湾人才公寓作为公租房，供入驻企业员工居住使用，初步形成租赁房、安置房、商品房、共有产权房等多种类型、租购并举的住房保障体系

（万 粒）

峡两岸青年创业基地。

中国（福建）自由贸易试验区福州片区

【概况】 2019年，福建自贸区福州片区新注册企业5991家，其中内资企业5908家、外资企业83家；注册资本1384.76亿元，其中内资企业注册资本1334.01亿元，外资企业注册资本50.75亿元；区内企业实现税收76.41亿元。全区港口货物吞吐量4648.89万吨，比上年增长11.64%；集装箱吞吐量完成295.26万标箱，增长4.68%；进出口总额216.63亿元。

【体制创新】 2019年，福建自贸区福州片区在投资、贸易、金融、税务、事中事后监管、对台交流等领域推出2批92项创新举措，其中全国首创17项，分别新增6项、12项改革创新经验在全国、全省复制推广；20项创新举措和3个平台入选福建自贸试验区（2015—2019年）最佳创新举措和最佳创新平台；在中山大学发布的24个自贸（片）区2018—2019年度制度创新指数排名中，福州片区位列第八；发布自贸区改革创新实践案例24个，2个被商务部评为典型经验，“创新不动产登记工作模式”列入国务院第三批“全国最佳实践案例”；完成“多部门事项一口受理、网上运转、并行办理、限时办结”等10项集成改革，推出28组“证照联办”套餐服务；建立全流程电子化投标保函系统；工程建设项目并联审批进入4.0版本；创新医疗机构设置和执业许可并联审批模式、会展一站式审批模式。

【金融创新】 2019年，福建自贸区福州片区发布第五批金融创新案例10个。在全国率先开展跨境业务区块链服务平台试点，办理业务1.3亿元。关税保证保险试点累计保额13亿元。出口退税时间缩至3.37个工作日。区内银行机构创新推出“连连贷”“六贷一透”等信贷产品，较同期基准利率下浮10%。

【重点产业建设】 2019年，福建自贸区福州片区重点产业包括整车进口、跨境电商、物联网等贸易业态。

整车进口口岸　平行进口汽车保税展示交易中心开业，江阴整车口岸实现以滚装船形式进口汽车，全年进口外贸整车到港3925辆，比上年增长12%。

跨境电子商务　推动拼多多、考拉海购、京东物流等项目落地运营，跨境电商综合试验区获批，全年跨境电商累计交易票数586万票，比上年增长75%。

物联网产业　启用福州物联网产业创新发展中心，包括华为云计算创新中心、大唐高鸿等76家企业入驻。年内物联网核心产值350亿元；物联网开放实验室发布物联网国家标准14项、国际标准1项。

【对台合作】 2019年，福建自贸区福州片区成立福州首家大陆与台湾地区律师事务所联营办公室。在全国首创对台离岸创业基地和台湾离岸人才库及对台小包邮件同屏比对快查快放模式。在全国率先在海峡股权交易中心设立台资板。在全省率先实施公办中小学及幼儿园可聘用台湾全职教师。

【对外贸易】 2019年，万全新加坡物流中心揭牌运营，飞毛腿电子在印度孟买设立分公司。在AEO互认方面新增10个国家和地区，成立“一带一路”数据共享（国家级）联合实验室，区内企业新设36个“海丝”跨境电商海外仓。年内，江阴港区新增3条外贸海丝航线。

【事中事后监管】 2019年，福建自贸区福州片区率先实现海关、法院知识产权保护“信息互通、执法互助、信用共管”。设立市政府立法工作联系点和法制保障工作联系点。建设福建省自贸区首家“知创福建”平台工作站，率先建立起全面覆盖企业的知识产权专员制度。在全国率先制定“双随机、一公开”监管规范地方标准，构建企业信用分类监管体系。

（林仕锋）

（编辑　黄雯倩　姚国榕）

园区建设

福州高新技术产业开发区

【概况】 2019年，福州高新区工业总产值1320亿元，主营业务收入1530亿元；其中主体园完成一般公共预算总收入25.13亿元，地方一般公共预算收入16.82亿元。年内“2019招商年”“抓项目促发展”专项行动分列全市第五名、第七名，科技部火炬排名第32名。

【基础设施建设】 2019年，福州高新区旗山苑、溪源花园等44个基础设施项目开工，完成投资12.75亿元。1个居家养老服务照料中心、14个农村幸福院即将建成，福建林文镜纪念医院奠基动建，建成区实验小学、区第二、第三中心小学等配套项目。蔗洲变建成启用，10个水利项目在建，3座水闸竣工验收，打通3号路一期、4号路等10条主干道路。建成乌龙江休闲绿道，25条道路纳入垃圾社会化保洁和园林绿化社会化管养，环境空气质量长期保持城区前列。

【招商引智】 2019年，福州高新区实行全员招商，组建12支招商小分队；聘请招商大使等35名，出台宏盛、永福等招商引税政策。引进中国福建光电信息科学与技术实验室、创业黑马独角兽加速基地等468个项目，预计总投1014.39亿元；海康威视、中海创等7个项目在第二届数字中国峰会签约。承办首届福州“旗山论谈”，首批聘请引才大使14名、人才举荐委员会专家11名。在省内率先设立国家专利审查员实践基地。

【项目建设】 2019年，福州高新区推进第3～5轮“集中交地月”行动，攻克困扰福建师大新校区（三期）17年、万科又一城11年等征迁难题，全年完成交地243.33公顷、征迁51万平方米，61个项目清零交地。实现新开工项目103个、竣工项目38个；80个省、市重点项目累计完成投资129亿元，超序时进度3.7个百分点。创新园二期约21万平方米升级版厂房交付使用，三期45万平方米启动建设，中科曙光等项目入驻省电子信息集团先进制造基地并集中开工。

创新园三期（在建） 2018年8月动建，项目总投资21.92亿元。2019年计划投资4亿元，实际投资4.02亿元，完成100.5%，计划竣工时间2022年12月。

中科院海西研究院三期（竣工） 项目总投资3.17亿元，2017年10月动建，2019年12月竣工。2019年计划投资1.66亿元，实际完成投资1.72亿元，占年计划投资的103.43%。

福州高新区第三中心小学（竣工） 项目总投资2.38亿元，2018年6月开工，

2019年8月，福州高新区第三中心小学交付使用。图为校区俯拍照

（福州高新技术产业开发区 供）

2019年8月交付使用。2019年计划投资1.48亿元，实际完成投资1.51亿元，占年计划投资的102%。

（何剑梁）

福州软件园

【概况】 2019年，福州软件园汇聚770家企业，主板上市企业8家、上市公司分支机构15家，产值超亿元企业58家，国家重点软件企业10家，全国软件综合竞争力200强企业7家，高新技术企业163家，形成软件产品及行业应用、集成电路及智能制造、互联网及大数据、文化创意与科技融合四大特色产业集群。年内，完成营业总收入1012亿元，比上年增长25%；税收上缴21亿元，比上年增长10%；营利性服务业收入62亿元，规模工业总产值47亿元，财政总收入2.4亿元，上缴鼓楼地方财政1.3亿元，实际利用外资1.1亿元，进出口总额12.13亿元；实现千亿园区目标。

【企业提升改造】 2019年，福州软件园A区双创新城投入使用，共投资9.76亿元，新增建筑面积17.38万平方米。两大基地启动建设，E区25地块光电芯片产业基地项目动工；D区软件信息产业基地项目开展动工前期准备工作。完成B区、C区、G区支路白改黑。完成“腾笼引凤”三年计划，清退不符合园区产业发展、低附加值的企业20家，合计面积2.95万平方米。

【招商引资】 2019年，福州软件园推动数字经济领域领军企业落户园区。利用华为云创中心、基金大厦、知识产权交易、软交所福建工作中心等平台开展资本、平台招商。年内，招商落地项目60.5个，总投资81.24亿元；启动“数字福州”项目5个，总投资5.56亿元；“抓项目、促发展”项目17个，总投资23.75亿元。引进微医集团、毅达资本、武汉迈异等企业，阿里钉钉、新西兰绘梦集团、省农资集团、中景合天等重点项目落地园区。

【企业服务平台建设】 2019年，福州软件园打造“五凤论见”精品论坛，华为软件云、基金大厦、“知创福建”、智慧园区、海峡人力资源产业园、软件交易福建工作中心等公共服务平台建成运营。实施“众创空间—孵化器—加速器—园区”全链条、差异化的创新创业“苗圃计划”，以技术、资本、IP、人才、市场全方位服务企业。

“华为软件开发云”平台 为近1800家企业提供软件开发云相关服务，为340家企业发放补贴6417万元，与80余家优质企业建立生态合作伙伴关系，关联产值超过23亿元。

“基金大厦”公共服务平台 引进基金管理公司12家，注册基金规模14亿元，实现投融资对接2.85亿元，资管规模14亿元，开发基金联盟单位13家；基金大厦聚集66家基金类、股权投资类、资产管理类投资机构和基金公司，资管规模485亿元，对外投资108亿元，其中投资鼓楼区企业82.4亿元。

“知创福建”专业运营机构 3家政府职能部门和33家国内外知识产权高端服务机构驻点服务。举办专题讲座、贯标会、宣传周、专业培训班等活动10场，服务企业430余家次。

17期“五凤论见”活动 累计举办79期，参与活动企业超过3000家次，主题涵盖数字产业热点、人才发展、政策项目解读等领域，形成品牌效应，成为招商引资、企业服务、新阶参政新渠道。

软件交易福建工作中心 搭建标准化软件产品造价和评估体系，为80家企业提供政府信息化建设服务、进场招投标业务以及普惠金融服务。

福建中小微企业普惠金融服务平台 联合建设、招商银行提供60亿元的授信额度，为16家企业发放贷款，累计贷款额度6500万元。

【管理服务】 2019年，福州软件园开展“百十千”行动，走访企业251家次，帮助企业解决52个“一企一议”诉求，兑现省、市、区相关产业扶持政策，已兑现惠企政策扶持资金1037.85万元，惠及企业20余家，兑现力度位列市、区前茅。提升软件园政务中心服务水平，解决园区企业办事难、环节多等问题，优化税收考评、企业入驻、楼宇租赁等审批制度，压缩企业“跑手续”所需时间。完善综合业务管理平台、安防监控系统、园区数据库系统、园区应用支撑平台、安全系统5个方面建设；建立智能停车管理系统，新增停车位1013个，实现园区智慧化、智能化，协调电力、通讯等专业运营机构，降低相关费用。

【人才培育】 2019年，福州软件园建设软件人才拓展基地，成立数字人才工作站，为落地软件园数字人才工作站的创新大赛优胜团队提供30亿元银行授信、10亿元专业资本对接、10万平方米拎包入驻精装修孵化空间、1000万元云服务支持的“数字精英人才大礼包”。链接数字中国研究院的科研资源和海峡人力资源产业园的服务能力，举办海峡信息赛和鲲鹏训练营，推动发展“数字精英孵化计划”，吸纳各类数字经济方面的竞赛优秀人才与项目落地。支持和响应数字中国创新大赛，从资金、空间、技术、房补、子女就学5个维度为优胜赛队提供扶持政策，促进优秀创新成果在园区转化落地，其中福州大学获奖赛队落地园区。走进长春、成都、兰州、西安、武汉、长沙、南昌等省外985、211高校开展招才引智交流活动；在省内举办10余场人才招聘会，在园区举办校企交流会，推进人才培育和人才支撑工作。年内园区集聚各类技术人才30000多名。

【配套完善创新】 2019年，福州软件园有福山郊野公园20千米步道和200公顷生态公园，是全国生态环境最佳科技园区之一。

打造孵化加速平台，推动实施《福州软件园苗圃行动计划》，1万平方米拎包入住人工智能和资本加速器投入营运，依托创投、基金、知识产权等专业服务机构，助力企业加速孵化。引进上市企业顶点软件内孵化团队、旺星人智能科技、信诺通信息、福建天目区块链及领鹿谷网络科技等优质项目，2019年孵化中心新落地项目89个。

成立福州市数字产业加速基金，为园区企业提供特色普惠金融服务。为入驻企业职工提供医疗健康管家服务，园区83家企业301名高管办理保健服务卡；确保钱塘小学教学点正常运行，配合教育部门开展幼儿园开办先期准备工作，解决园区高管子女入学等实际问题；配备瑞幸咖啡等休闲场所和福山郊野公园休闲开放空间，G区党员户外活动中心山地公园投入使用。保护生态环境水系水质达到V类标准。

（叶敏英）

福州台商投资区

【概况】 2019年，福州台商投资区实现总产值3.34亿元，比上年增长48.95%，其中规模以上工业总产值3.24亿元，比上年增长44.56%。完成工业固定资产投资4.67亿元，比上年增长18.89%。

【基础设施建设】 2019年，福州台商投资区完成《智慧园区总体规划》《增量配电网规划》等专项规划编制。启动产业发展规划、松山片区控制性详细规划修编工作。以松山片区填海造地工程为重点任务，A片区完成面积281.47公顷，B片区完成52.87公顷。B片区滞洪区全部完工。群力塘工业用地农转用获省政府批复。推进大小获片防洪排涝工程、松岐中路（含松山一路）、通屿路、大获溪桥等建设工程，骨架路网基本成形。完成通屿路、松山路、小获片区内河工程等前期手续，填海工程、滨江路、B片区滞洪区等项目预算送审，大小获片防洪排涝工程（二期）修编完毕。

【特色产业培育】 2019年，福州台商投资区培育以"汽配及新能源、新材料（含绿色建材）、装备制造"等战略性新兴产业为主导的特色产业体系，重点对接闽东北协同发展区沿海工业产业布局，对接镁基电池、宁德锂电改造、新能源物流平台、汽车零部件制造等宁德龙头企业的产业链延伸项目，加快建设福州北翼汽车配件及新能源产业基地，打造闽东北汽车、新能源产业专业园区基础。

【重点项目建设】 2019年，福州台商投资区14个市重点项目完成投资额7.50亿元，5个省重点项目完成投资额4.21亿元，其中德塔电源、金吕金属、澳蓝空调、兴腾科技超序时完成投资任务。年内，乐星环境、旺联电子、安德福光电、大小获片防洪排涝工程（二期）4个项目实现开工动建，福源盛大、松山B片区滨江路2个项目完成竣工验收，乐星环境、旺联电子、百泓达消防、德塔电源、安捷利科技5个项目试投产。增量配电业务改革试点通过国家发改委审批，降低企业用能成本。启动省内首个5G自动驾驶测试基地建设，布局"5G+自动驾驶"产业集群新生态。完善"一企一议"企业服务机制，协调解决问题25个。与罗源县行政服务中心共同推进优化营商环境试点项目5个。完成第四次经济普查工作任务。与罗源县法院共同成立台胞台企法律家园工作室和涉台案件纠纷巡回调解室。

【招商引资】 2019年，福州台商投资区围绕新能源及汽配、装备制造、新材料等产业体系，先后派出招商团队30人次，赴北上广等地开展招商引资。全年对接各类项目70个，落地项目15个，总投资28.48亿元，其中万洋闽东北汽配产业园作为平台服务商，旨在吸收一批制造业中小企业集聚落地。与福州招商服务有限公司合资成立福州台商投资区招商服务公司，共享招商项目库。推动企业提质增效，指导推动榕工环保公司获批高新技术企业，并在"新三板"上市。新增航塑新材料、榕工环保、多盟动力3家规模以上企业，帮助企业获得各类补助345.2万元。通过企业嫁接、清退无效益企业等方式，加大已有厂房和土地资源盘活力度，弘景木塑地块引进新能源企业龙乾风光，推动骏瑞达地块强制收回手续。清退方畅科技，引进宏施轴承项目。创业园12栋标准厂房全年新引进企业10家。

（陈锦）

金山工业园区

【概况】 2019年，金山工业园区有企业3442家（其中规模以上工业企业145家、限额以上商贸企业65家、规模以上服务业企业73家），园区拥有各类省级以上创新创业平台机构37个，拥有国家高新技术企业158家，有效发明授权量1131个。年内园区实现规模工业产值491.33亿，比上年增长12.8%；限额以上社会消费品零售总额49.59亿元，增长16.3%；固定资产投资9.08亿元，增长184.8%；工业固定资产投资8.75亿元，增长204.1%；规模以上营利性服务业22.8亿，增长7%；建筑业总产值4.28亿元，增长29.1%；财政总收入4.79亿元，其中地方财政收入2.73亿元。

【园区规范提升】 2019年6月，金山工业园区开展规范提升工作，成立领导小组并下设"一办三组"。以金山工业园区橘园洲片区为试点，结合橘园洲片区地铁4号线洪塘停车场建设，推进整个橘园洲片区开发。年内结合园区规范提升、地铁征迁及日常管理服务工作，对可能符合纳统条件的企业进行登记跟踪，开展新增提升工作。园区全年新增提升工业企业39家，新增提升商贸企业18家，新增提升服务业企业12家，新增提升建筑业企业2家。

地铁4号线洪塘停车场及周边地块项目征迁 2019年7月7日指挥部、工作组全面进场，围绕"洪塘停车场项目第一批5公顷地块8月底交地"目标，用时55天完成第一批次6.67公顷的征收交地任务，涉迁企业146家全部签约，拆除厂房15座、建筑面积约13万平方米；在60天内完成第二批次14.67公顷征收交地任务，涉迁企业152户全部签约，拆除厂房32栋，建筑面积17万平方米；实现100%签约、和谐征迁。

整体规划编制 领导小组委托北京清华同衡规划设计研究院有限公司规划。金山工业园区橘园洲片区控制性详细规划2019年6月开始规划设计，9月完成编制，10月市政府批复。

规范整治 组织城管、市场监管、税务、应急、消防、环保等执法队伍开展综合执法，对不符合园区要求的非工业用地业主、承租户进行清退。截至11月底，橘园洲片区累计拆除违章搭建39处8141平方米，清退非工业单位148家，

完成整改面积5.2万平方米。同时，摸排出金山片区、浦上片区、福湾片区和义序机电园可供招商载体面积7.6万平方米。整理出的厂房资源优先用于对接地铁洪塘停车场、收储提升地块涉迁企业的安置。地铁4号线洪塘停车场项目涉迁企业295家（其中业主42家，租户253家），对接组走访优质企业，一对一联系服务涉迁优质企业，通过对接安置在园区的企业30多家。

征收收储　2019年9月，第一批收储地块A、C项目进场开展征收工作，A、C地块涉迁厂房16栋，面积9.22万平方米，涉迁企业56户。C地块涉及厂房7栋，拆除5栋，剩余2栋扫尾工作。12月，第二批收储地块D、E项目进场征收，共14栋厂房，面积6.7万平方米，涉迁企业60家。按照C地块、D地块、E地块的土地出让时点倒排时间，分片实施、先急后缓。

涉迁优质企业服务　走访优质企业，对涉迁优质企业加强一对一联系服务。鼓励优质企业自主提升，并根据园区提升改造方案和企业意向，为企业量身定制产业提升方案；第一家自主提升企业——奥特帕斯总平变更工作完成，企业进行建筑方案设计，准备报批相关材料。至年底奥特帕斯一期开发地块完成土地平整。

【项目建设】　2019年，金山工业园区推荐兴凯彩印、奥特帕斯、汉佰康等企业进行技改项目备案，指导金源泉、誉信达、宏利兴等企业做好项目备案，推动强产业补链条。落实主官协调解决问题机制，全年主官协调解决问题162个。开展“强产业补链条”项目工作。年内，“集中开工”累计上报开工数10个、“强产业补链条”实现开工数18个、“五个一批”实现开工数13个。

【招商引资】　2019年，金山工业园区完成常规招商项目31个，投资额69.17亿元；技改招商项目31个，投资额120.03亿元。建立园区内可供招商厂房信息的定期摸底机制，实时掌握空置厂房情况，并定期进行数据更新和发布。园区内可供招商厂房22处，面积10.36万平方米。推动招商项目落地生效，帮助金源泉和锦顺电子空置厂房、腾博电子和日宏电子空置厂房、易美特和永达鞋业空置厂房实现对接。

【基础设施建设】　2019年，金山工业园区供电配置设计双回路，220千伏变电站各一座；福州西区水厂和金山水厂为工业区提供两套供水系统，日供水能力15万吨；工业区污水管网接入市政污水管道，日排污能力6万吨，并开通金山污水处理厂及连坂污水处理厂；在工业园区各片区内均设有垃圾转运站或垃圾处理设施；电话装机容量1万门；设计配套管道液化气。

（范珊珊）

福兴经济开发区

【概况】　2019年，福兴经济开发区实现生产总值784.73亿元；完成规模以上工业产值392.4亿元，比上年增长14.3%；工业固定资产投资24.3亿元；实际利用外资1.8亿元。年内茶花家居荣登中国最具价值品牌榜单，高意集团收购美国菲尼萨公司，5G生产线建成投产。喜相逢集团、中信网安、泉牌阀门、量子中金等优质高科技企业入驻福州软件园晋安分园。

【招商引资】　2019年，鼓山镇及福兴经济开发区招商注册、备案项目170个，总投资540.058亿元。其中3亿元以上项目39个，招商引资成果位居晋安区前列。引进永正检验检测大数据研发中心、金强房屋公园、福建建筑智能创新中心、顺大—腾讯福州数字产业园、天一同益智能电网创新中心等项目。

【项目建设】　2019年，福兴经济开发区开（竣）工项目78个、总投资434亿元。全球首个格兰富环境治理体验中心入驻中莉创新产业园。欧居智能创新中心、永正检测创新中心等一批创新型产业项目开工建设，麦克赛尔数字映象新生产基地项目基本建成。盛辉智慧物流园、盛丰云通供应链协调平台加快建设。出让2幅工矿仓储（创新型产业M1）用地，产业载体扩容升级。

【科技创新】　2019年，福兴经济开发区新增一家泉牌阀门科技市级专家工作站。兆丰华生物、钜全汽配获选2019年国家级学会创新驱动服务站。新增大禹科技等4家为福建省科技小巨人领军企业培育名单。长榕弹簧等10家企业通过国家高新技术企业认定，其中新增高新技术企业6家。

（陈静华）

融侨经济技术开发区

【概况】　2019年，融侨经济技术开发区有规模以上工业企业173家，完成产值1015.74亿元，比上年增长7.16%；全社会固定资产投资104亿元，增长57.15%，其中工业固定资产投资95.23亿元，增长55.94%；规模以上工业税收15.54亿元，增长34.43%。在商务部对全国219个国家级经济技术开发区综合发展水平考评中进入全国百强（位居91位，上升37位）；在省商务厅对97个省级及以上开发区综合发展水平考评中入选全省十强、福州市第二。

【招商引资】　2019年，融侨经济技术开发区围绕电子信息、精密汽车部件、光学三大发展产业，推进“2019招商年”活动和“强产业补链条”专项行动。年内园区新增招商项目备案148个，属于三大产业的69个，其他部分为三大产业配套服务项目。在这些项目中，列入福清市“2019招商年”项目35个（任务17个），总投资96.01亿元。其中电子信息产业项目备案12个，总投资51.08亿元；精密汽车部件项目备案8个，总投资14.9亿元；光学产业项目备案2个，总投资5.7亿元。

【项目建设】　2019年，融侨经济技术开发区制定“两单一表”，推行项目目标管理，实行全程跟踪服务；推进“抓项目促发展”专项行动和建设项目“问题清零”行动，每半个月召开一次项目

2019 年，京东方柔性面板项目完成项目公司注册、备案、公告等工作，临建办公区主体结构竣工（融侨经济技术开发区 供）

协调会商会。年内列入省“五个一批”项目 30 个，年度计划投资 14.49 亿元，完成 24.56 亿元；在强产业补链条专项行动中，新开工项目任务 15 个，已完成 20 个；竣工项目任务 11 个，完成 15 个。京东方柔性面板项目完成项目公司注册、备案、公告等工作，临建办公区主体结构已竣工，推进室内地板铺设及室外绿化施工。

【科技创新】 2019 年，融侨经济技术开发区完成各类改扩建、技改项目 31 个，总投资 23.86 亿元；新增国家级高新技术企业 18 家（其中复核 4 家，共 43 家）、省级高新技术企业 16 家（共 28 家）、科技小巨人领军企业 5 家（共 17 家）；新增有效发明专利 126 件（共 570 件）、实用新型专利 396 件（共 2287 件）、外观新型专利 38 件（共 339 件）、企业 PCT 专利 15 件（共 62 件）；新增国家级绿色工厂 3 家、绿色供应链管理示范企业 1 家，新增省级绿色工厂 4 家、绿色供应链管理示范企业 1 家、绿色设计产品 7 个等。冠城瑞闽入选福建省智能制造示范企业，福耀玻璃入选“2019 中国民营企业 500 强”，捷联电子等 3 家企业入选“2019 中国民营企业制造业 500 强”。

【基础设施建设】 2019 年，融侨经济技术开发区推进“双保”服务，落实园区干部职工联系服务企业“双保”行动制度。组织实施洪宽工业村部分道路维修及绿化提升改造、南部片区清华路绿化改造等 5 项基础设施建设，总投资 7534 万元；推动市建局、城设集团完善园区所在街道市政雨、污水管网建设，年内新增 9 个路段管网，总长 12.3 千米。加快园区总体规划环评修编，完成送审稿报国家环境保护部审查；开展中央环保督察第一轮中发现问题整改“回头看”，抓紧抓实第二轮 5 件信访投诉件的核查整改，办结率 100%。

（俞意）

福州新区福清功能区

【概况】 2019 年，福州新区福清功能区在产工业企业 173 家，其中规模以上工业企业 76 家；另有商贸类企业 157 家。完成工业总产值 259.93 亿元，创历史新高，比上年增长 11%。其中规模以上工业产值 254.83 亿元，比上年增长 10.77% ；固定资产投资累计完成 67.9 亿元，增长 18.74%，其中工业固定资产投资 55.08 亿元，增长 20.59%。年内成立福州元洪商贸集团（市国有投资集团有限公司为出资方、注册资本金 10 亿元），作为食品产业运营平台并列入《福清市县域集成改革试点总体方案》。实现园区开发建设平台——港城公司 1 月份独立运营。

【基础设施配套建设】 2019 年，福州新区福清功能区在建有园区路网和创业服务中心、创业生态公园、华侨公园建设、A1 区填海等项目，完成投资约 9 亿元。创业生态公园、元城次三路、元城次四路、洪城次一路、洪嘉大道延伸段和滨海大道物流园段（丰大冷库段）等一批项目建成投用。推进大坝溪、首溪溪和东皋溪等水环境综合整治工程，实施海城路重要路段及其两侧强化绿化美化整治工程。完成“中国结”夜景灯

2019 年 6 月 16 日，元洪国际食品产业发展论坛在福州举办

（福州新区福清功能区 供）

光工程、山海路两侧人行道绿化带整治工作和洪嘉大道人行道改造工作。

【招商引资】 2019年，福州新区福清功能区围绕“建设食品产业生态链和大宗食材供应链”目标，推进产业链招商、平台招商。年内完成招商项目29个，总投资额82.54亿元，超额完成“福清市2019年招商年”要求，其中第二产业项目4个，总投资额11.79亿元；第三产业项目20个，总投资额63.15亿元；技改项目5个，总投资额7.6亿元。

【项目建设】 2019年，福州新区福清功能区“强产业补链条”开竣工任务38个（开工22个，竣工16个），全年完成亚琦元洪商贸城二期、煜烁食品、宇邦纺织二期等项目开工22个，完成胜田食品、丰大冷库一期等项目竣工16个。

【中国—印度尼西亚“两国双园”】 2019年，中国—印度尼西亚“两国双园”计划围绕国际食品产业链、供应链分工合作，共建中印尼经贸合作特区。中国园选址福州市元洪投资区，规划面积60平方千米。印尼园采取“一个贸易中心+若干产业基地”的开放模式。中国国家发展和改革委员会将中国—印度尼西亚“两国双园” 列入中国—印度尼西亚工业化与产能合作重点项目。

（念忠）

福州江阴港城经济区

【概况】 2019年，福州江阴港城经济区完成规模以上工业产值294.11亿元，比上年增长11.2%；完成固定资产投资103.91亿元，增长44.2%；完成工业固定资产投资94.53亿元，增长60.87%。江阴港区集装箱吞吐量首次突破200万标箱，达到204.97万标箱，比上年增长12.21%；港口货物吞吐量2865.88吨，增长9.11%；跨境电商运营94.22万票，增长416.75%；到港整车5164辆，增长24.98%。年内落地工业企业93家，投产71家（规模以上企业41家）。

【基础设施建设】 公共配套建设 2019年，福州江阴港城经济区启动钱塘洋起步区、新厝和江阴生活配套区等路网建设前期工作及生活配套用地报批、收储工作，同步推进福清一中和城关小学等校落地新厝生活配套区，启动3万平方米公租房建设。实施路灯照明、消防栓建设、河道疏浚、道路、污水管网等一批基础配套项目建设，启动江阴污水处理厂提标改造，推动完善东部产业区电力配套。实施园区颜值提升工程，引入社会化力量实施道路保洁200万平方米，绿化管养84万平方米；种植防风林21万平方米，绿化提升和补植60万平方米。

港口码头建设 2019年5月，《江阴港区壁头作业区规划方案补充》通过国家交通运输部审查，推进《江阴港区壁头作业区规划方案环境风险专项研究报告》修改完善。江阴港区6～9号码头建设持续推进，13号ABC、18号、19号码头开展前期工作。年内新增内外贸航线9条，内外贸航线累计54条，8条为“海丝”航线。10月，福州保税港区二期通过国家验收；11月，江阴港区进境粮食指定监管场地获海关总署验收通过。

【招商引资】 2019年，福州江阴港城经济区累计有正太新材料（一期）、艾尔姆叶片等26个招商项目备案，总投资157.06亿元，其中产业链、技改项目19个。福州江阴港城经济区全力推动万华化学集团福建产业园项目落地，引进江苏旭川新材料项目，培育异氰酸酯、聚氨酯产业链，着力形成园区经济新增长点。

【项目建设】 2019年，福州江阴港城经济区有正太新材一期、中水电四局等总投资264.53亿元的开工项目20个（完成全年任务117.65%）；完成友谊一期、新福兴汽车玻璃一期、富仕一期等总投资约64.9亿元的竣工项目12个（完成全年任务100%）。9月，缘泰石油项目现场进行软基处理开工仪式及试验性施工；安装友谊新材料科技工业园二期项目设备，推进福化天辰大型煤气化项目设备主体框架施工；中景石化科技园的美得石化第一套丙烷脱氢项目第四季度完成设备安装；三峡风电产业园各项目基本投产。7月，江苏中车项目首台3.0兆瓦、6.0兆瓦直驱永磁风力发电机下线；9月，金风科技首台8兆瓦海上风电机组、东方风电首台10兆瓦海上风电机组下线；中国水电四局项目开始生产吊车梁、钢柱等结构件；丹麦LM项目主厂房承台及地坪全部浇筑完成，钢结构进行吊装。

（陈书强）

2019年8月16日，福州江阴港城经济区坤彩科技江阴产业园举行正太年产50万吨二氧化钛、50万吨氧化铁项目开工暨富仕年产20万吨二氯氧钛项目正式投产动员活动

（福州江阴港城经济区 供）

闽台（福州）蓝色经济产业园

【概况】 2019年，闽台（福州）蓝色经济产业园依托中铝东南沿海铝精深加工产品项目品牌优势，延伸产业链，实现上下游产业对接，形成产业集聚群成片区发展。发挥蓝谷产业综合体项目的产业配套作用，引导小微企业、侨资企业、高新企业向园区集聚，实现项目双赢。蓝谷产业综合体项目一期招商依据汽车零配件加工、铝制品加工、食品包装业、家装建材制品为招商线索，完成意向订购企业125家。瞄准氢能源、新能源汽车等项目，切实加强对制氢产业落地的服务保障。

【基础设施建设】 2019年，闽台（福州）蓝色经济产业园“三横三纵”的主干路网基本建成，配套路网有“三横”滨海大道、江华大道、湖滨大道、“三纵”蓝色大道、闽台大道、海洋大道。中铝北侧出入口、中铝西侧道路、蓝谷西侧道路等4条企业配套道路完成建设并实现通车。日供水3.5万吨的龙田水厂—蓝园给水专管完成架设管道及验收并通水；日处理量2.5万吨的污水处理厂投入使用；由华润燃气公司投资建设日供气量48万立方米的LNG燃气站，位于污水厂北侧，为园区提供天然气供应。

【项目建设】 2019年，中铝东南沿海铝精深加工基地项目由中铝瑞闽公司投资建设，总投资100亿元，分期分阶段实施。一期一阶段高端电子和环境友好型包装材料智慧工厂项目，项目投资14.8亿元，用地46.67公顷，已实现投产；一期二阶段汽车轻量化用铝合金板带材生产线项目，项目投资约10亿元，用地33.33公顷，主体厂房完成建设并投产；一期三阶段交通运输及电子领域用连续性铝合金卷材生产线项目总投资14.8亿元，完成项目备案工作。

蓝谷海工装备产业综合体项目由福建省蓝谷投资开发有限公司投资，项目总投资30亿元，计划用地93.33公顷，建设标准厂房及产业配套设施合计100万平方米以上，分3期建设。项目采取分期分批建设模式，推进建设一期78栋单层厂房，其中23栋厂房基本完成建设，推进水电扫尾工程及消防验收工作；31栋厂房主体结构安装；推进部分厂房主体吊装工作。

鸿生装配式建筑及建筑资源再生项目由福建鸿生高科环保科技有限公司投资，总投资18亿元，达产后产值约50亿元，年创税收2亿元。项目计划用地58.8公顷，分3期建设。一期计划投资6亿元，于3月完成备案，项目第一宗6.87公顷用地完成土地平整和软基处理工作，完成地质勘察、总平面图设计。

荣德铵家集成墙面及相关产品智能化生产基地项目由荣德铵家（上海）建材股份有限公司投资，项目作为中铝东南铝精深加工基地下游产业链项目，主要建设铝锰合金集成墙面与顶面自动化生产线、配套装饰材料生产线、新型环保装饰材料研发中心、自动化仓储设备及系统、VR建模中心等，总投资20亿元，计划用地54.33公顷，分3期建设。项目一期用地6.5公顷，5月摘牌，年内完成桩基施工。

（陈榕）

福州新区长乐功能区

【概况】 2019年，福州新区长乐功能区原滨海片区107家规模以上企业完成规模以上工业产值1196.46亿元，比上年增长13.4%；固定资产投资217.65亿元，增长41.92%。东南大数据产业园及网龙片区实现营业收入123.25亿元，税收3.37亿元。

【招商引资】 2019年，福州新区长乐功能区完成招商项目141个，总投资352.09亿元。园区累计注册企业358家，注册总资本384.68亿元。产业园大数据企业41家（健康医疗大数据企业30家），初步形成大数据（健康医疗大数据）产业。获批7个第三方实验室（精准医学），有4家落地产业园。培育福建省数字福建云计算运营有限公司等12家省级高新企业和28家国家级高新企业，落地东方银星、贝瑞和康、博思软件上市企业3家。年内在福州市园区“2019招商年”行动考评中位列第二。

【重点项目】 2019年，福州新区长乐功能区列入福州新区重点项目153个。总投资2360.71亿元，年度计划投资497.23亿元，完成投资574.29亿元，完成年度计划的115.5%，超序时进度15.5个百分点。其中在建项目84个，总投资1568.59亿元，年度计划投资405.17亿元，完成投资472.51亿元，完成年度计划的116.6%，超序时进度16.6个百分点。福州融侨双语学校、银河骏鹏智能制造产业化项目、福州滨海新城区间路网及配套工程等23个已建成或部份建成。计划新开工项目35个，总投资345.50亿元，年度计划投资92.06亿元，完成投资99.33亿元，完成年度计划的107.9%，超序时进度7.9个百分点。网龙智能教育小镇二期项目、新福北路（环湖路）道路工程、福州滨海新城万新商务区（新投商务中心）等30个项目动工建设；立源科技智能纺织设备生产项目、省道209长安至湖里段道路工程等5个项目开展前期工作，尚未开工。预备项目34个，总投资446.62亿元，前期工作有序推进。

【营商环境优化】 2019年，福州新区长乐功能区政策兑现资金合计3.94亿元。对福州市大数据产业基地开发有限责任公司申请的人才公寓和研发楼租金8207.14万元。按照不同学历分别给予到园区工作的全日制应届毕业生不同标准的交通补贴。年内，审核福建慧美丰、联通产互等大数据产业园人才交通补助720份，共计87万元。对产业园常驻车辆特殊收费模式进行延期，已纳入特殊收费模式车辆并享受特殊收费优惠3133辆，累计支付高速通行费780万元左右。开通福州、长乐城区至滨海新城各类定制公交线路18条，每年投入200余万元运营开通园区内部环线班车，解决入驻企业日常通勤问题。协助联通公司700人入驻产业园，安排通勤专车、开通集中办理职工社保账户绿色通道。强化人才住房保障，开园以来，陆续投入使用人才公寓1160多套6万多平方米，其中悦海湾135套，租赁房一期366套人才公寓，保证中国东南大数据产业园招商引资工作推进。

【基础设施建设】 2019年，福州新区长乐功能区二期路网供水和路灯照明工程年初竣工并亮灯，竣工结算及配套供水接驳工程进展顺利；工业区5号路改造工程基本完成结算和结算审核工作；金纶大道拓改工程基本完成竣工决算审计等扫尾工作，推进路面维护修复等工作；推动松下粮食物流基地区间道路路网建设，其中1、2号支路前期已竣工，3号支路工程经福州市政府批准上报省国土厅进行土地批次等手续；松下片区集中供热二期项目着手锅炉热源站安装，风机、电力改造、3.5千兆增温增压管道和附属及环保配套设施同步开展，预计2020年5月份试运行；推动污水处理厂提标改造，二期提标改造工程（6万吨／日）2019年10月完成，一期提标工程（3万吨／日）建设中，预计2020年完成。

（殷桂贤）

福州临空经济区

【概况】 2019年，福州临空经济区规模以上工业企业242家，规模以上工业总产值1130.9亿元，比上年增长10.8%；税收14.1亿元，增长8.9%。年内，引进尚绿宝科技、德为实业等高端制造项目，推动长源纺织、万鸿纺织等传统企业开展技改，招商落地项目116个，总投资217.55亿元。全年开工项目47个，总投资约222亿元。年内，推进阿石创光电子、博那德二期、拓普达、骏鹏智能制造等40个续建项目建设。

【基础设施建设】 2019年，福州临空经济区启动安置房一二期（一期龙翔小区、二期棋山花园）、阜山（东吴）220千伏输变电工程、湖南镇卫生院新院等4项配套设施建设，总投资34.39亿元，开展仙昙路二期道路工程、安置房周边道路工程、文鹤路马山段、G228鹏程路二期改造等4项基础设施建设，总投资9.98亿元。

2019年3月，京东亚洲一号福州长乐物流园项目动工建设。图为主体厂房

（福州临空经济区 供）

【重点项目建设】 福州软件职业技术学院新校区投入使用 2019年3月新校区一区投入使用，在校学生3000余人。年内新校区二区单体教学楼和4栋宿舍楼（建筑面积6.3万平方米）开展主体建筑施工。新校区项目为网龙网络控股有限公司投资约15亿元，于2017年启动建设学院主教学楼、宿舍、食堂、后勤楼等功能区，建筑面积14.35万平方米。

中国智能骨干网核心节点项目建设 项目由阿里巴巴集团菜鸟网络科技公司投资11亿元，用地面积18.89公顷，总建筑面积101493平方米。该项目2018年12月动工建设，年内完成部分建筑主体施工。

京东亚洲一号福州长乐物流园项目建设 项目位于临空经济区湖南镇文岭镇交界。由福州旭东卓风物流有限公司投资6.5亿元，用地面积10.65公顷，总建筑面积5.6万平方米，建设订单生产中心、智能分拣中心及无人智能仓储中心，实现冷链、医药、中小件电子等自营订单及平台订单生产、分拣及销售服务全智能化。该项目2019年3月动工建设，年内项目主体厂房竣工，开展厂房内部精装修。

（吴增辉）

青口投资区

【概况】 2019年，青口投资区规模以上产值444.08亿元（其中汽车行业产值262.22亿元，占比59%；汽车配套厂规模以上产值123.09亿元），全区税收31.31亿元。社会消费品限额以上零售总额75.2亿元；固定资产投资完成66.3亿元。

【招商引资】 2019年，青口投资区发掘招商项目、三产项目线索180多个，新增落地项目有祥鑫股份汽配产业园项目、兰圃工业园项目等98个，涉及轻量化铝材、汽车橡胶、汽车玻璃、汽车制动器、新能源汽车、汽车销售、二手车销售等，总投资196亿元。其中，祥鑫股份汽配产业园项目总投资30亿元，兰圃工业园项目总投资28亿元，福州三盛实业有限公司EVA、XPE、IXPE泡沫产品扩建项目总投资5.11亿元，六和精密金属构件生产项目总投资5亿元。签订合同外资项目2个，福州六和汽车零部件有限公司扩建项目总投资5900万美元，福州井原六和精密机械有限公司扩建项目总投资2500万美元。

【产业项目建设】 2019年，青口投资区管委会“强产业，补链条”项目年行动完成18个开工任务，总投资27.14亿元。其中有福州六和机械有限公司汽车部件产能扩增技改项目（总投资1.01亿元）、福州泰全工业有限公司补增助力转向无刷马达4条生产线建设项目（总投资1.1亿元）、福州小糸大亿车灯有限公司新能源汽车LED车灯生产线技术改造项目（总投资2亿元）等；完成9个竣工任务，总投资12.51亿元。其中有东南（福建）汽车工业有限公司新能源汽车研发能力提升建设工程（总投资1.52亿元）、福州联泓交通器材有限公司汽车零部件生产项目（总投资1.26亿元）、福州宏玮工业有限公司技改项目（总投资1.05亿元）等。

完成工业项目规划选址及总平规划批复12项、建设用地规划许可证8项、建设工程规划许可证12项（福奔汽车，龙生机械5号厂房，海通轩辕7号、10号、11号等），完成规划核验14项（中凯信，新力3号、4号、9号厂房，泰全车间四，联泓厂房四等）。园区在建企业项目22个，总建筑面积552296.40平方米。其中，建成投产及主体建成的企业项目及配套设施项目13个（东南新能源研发能力提升工程、鸿溢服饰、联泓厂房四等6个建成投产，7个主体建成），总建筑面积328342.28平方米；主体在建的企业项目9个（海通轩辕、福奔汽车、鑫欣汽配等），总建筑面积223954.12平方米。

【基础设施建设】 2019年，青口投资区安排基础设施建设项目34个，计划投资3.56亿元，其中在建项目16个，完工10个，拟建项目8个，累计完成投资3.04亿元。东台大道至陶精路污水干管工程（一期）完成污水管网5.9千米，沉井19座，累计完成97%工程量；203省道至林森大道污水干管工程验收并投入使用；203省道至扈屿路污水干管工程10月完工；白水路改造工程水泥搅拌桩（软基处理）、箱涵、雨水、给水、污水、顶管工程、4座沉井、路基平整全部完成。路面水稳完成10800平方米、混凝土路面完成10700平方米，箱涵搭板1450米、箱涵调平层浇筑1450米、沥青路面铺设4500平方米，累计完成约88%工程量；洋山路道路改造工程累计完成54%工程量，计划2020年7月完工。灵岩路道路工程实施洋山路口至高速桥底约550米未涉及规划调整的路段，完成雨水管600米，污水管550米，给水管550米，道路平整390米，累计完成41%工程量；青潭溪上游段河道整治工程完成挡墙混凝土浇筑2780米，河道清淤1300米，累计完成约85%工程量；东台河下游段河道整治工程完成挡墙4700米，栏杆4500米，堤后路面4500米，河道清淤2300米，累计完成93%工程量；琯前河河道整治工程11月完工。

【市政设施建设】 2019年，青口投资区道路保洁和绿化养护实行“二合一”社会化管理，其采购服务招标工作是全省第三家、全市第一家采取最低价中标法。市政在建项目31个，完工28个，累计完成投资420.76万元。青口镇辖区交通设施项目完成，投资302万元；林森大道琯前约1千米路段和奔驰大道等5条道路增设交通安全设施已完成，投资50.91万元。完成与县水务公司的移交接管工作，将园区内32.92千米雨水管道和24.97千米污水管道的日常养护工作移交给县水务公司。

【企业服务】 2019年，青口投资区召开46次服务企业有关会议，协调解决98个问题，多措并举提升服务企业水平。联合县科技部门、乡镇制定企业研发投入（R&D）文件汇编宣传册，对经费补助政策进行宣传并指导企业做到应统尽统；印制青口投资区投资指南3000本，优化投资区工业项目报审服务流程。

（洪东旭）

连江经济开发区

【概况】 2019年，连江经济开发区实现地区生产总值153.51亿元，比上年增长30.8%；实现规模以上工业增加值85.22亿元，增长5.22%；实现税收5.88亿元；完成规模以上工业产值393.64亿元；完成固定资产投资96.77亿元，增长34.93%。其中公共基础设施建设投资20.9亿元，区内企业固定资产投资75.87亿元；实现出口总额36.48亿元，增长1.8%；实现进口总额5.37亿元，增长34.96%；实际利用外资9431万元，增长74.75%。有内外资企业157家，其中外资企业48家；全区有规模以上企业85家，实现年产值亿元以上的企业有茶花家居、青岛啤酒、聚春园食品、德通金属等37家。其中年产值超10亿元的有马尾船政、海汇生物、亿达食品、源博建材等8家。

【重点项目建设】 2019年，连江经济开发区有普洛斯（连江）物流园一期、冠通塑胶、新航食品、宜联管业等项目建成投产；宏东产业园一期软骨素、福宗实业、顺发机电、佳昆食品、宏鑫水产等项目完成主体工程建设；宏东产业园纵一路、福宗路、七号地块护坡工程以及东浦园区的都东路、岭下路等一批基础项目开工动建，按序时进度推进。

【创新品牌带动】 2019年，连江经济开发区形成以鞋帽制造加工、食品加工、船舶修造为主导的三产集聚产业。鞋帽制造加工产业产值152.26亿元，食品加工产业产值109.36亿元、船舶修造产业产值21.77亿元，合计实现产值283.39亿元，占全区工业产值393.64亿元的71.99%。全区有省级龙头企业6家、有效发明专利69项、通过ISO14000认证企业（项目）17家、省级企业工程技术研究中心1个、省级企业技术中心2个、市级企业技术中心6个、市知识产权示范企业4家、市知识产权贯标培育企业4家、院士工作站3个、市专家工作站5个。

【基础设施建设】 2019年，连江经济开发区康怡小镇PPP项目001、002、003地块场地平整、土石方平整工程完成80%；西北经济区区间路路坯工程施工中；格兰德机械、茶花家居二期、华兰泰五金、福立方家居、名木年华以及中马装配地块土石方平整工程开工动建；高新技术标准厂房二期项目进行土石方平整，完成30%。宏东水产加工基地宏晟冷链物流、宏海食品、聚力实业、龙福食品等项目启动土石方平整施工工程。

【土地要素保障】 2019年，连江经济开发区完成项目用地“农转用”报批8个103公顷。其中平安物流项目16.87公顷、康怡小镇PPP项目002地块11.67公顷、青塘片区“退二进三”项目二次招商再安置项目17.27公顷、中马装配项目25.13公顷、达道牛肉食品1.2公顷、达利气体项目2公顷、福州市粮库油库25.53公顷、宏利兴包装3.33公顷。实现项目用地摘牌8个48.6公顷，其中中马装配项目25.13公顷，平安物流项目16.87公顷、龙福食品2.07公顷，康达食品1.13公顷、永日香食品0.53公顷，鑫博食品机械0.67公顷，鑫远嘉食品0.73公顷，正友电器1.53公顷。

【转型提升改造】 2019年，连江经济开发区青塘片区“退二进三”完成收储企业12家，面积15.4727公顷；开始收储评估相关工作的企业21家，用地面积36.3347公顷，占27.43%；提交收储申请报告及相关材料的20家（含青塘村预留地），用地面积14.78公顷，占11.16%；政策动员尚余1家企业（福州格林生物科技有限公司），用地面积5.98公顷，占4.51%。冠海造船、冠海海运公司破产清算第一次债权人会议召开，发放拖欠多年的员工工资1600万元，完成资产评估单位的摇号确定，推进债权申报及资产评估工作。天汇无纺布项目用地由县土发中心实现收储。

（陈济备）

罗源湾开发区

【概况】 2019年，罗源湾开发区规模以上工业产值完成444.8亿元，比上年增长9.62%；固定资产投资完成26亿元，增长87.31%；地方级财政收入完成4.8亿元；限额以上社会消费品零售额完成2.89亿元，增长8.61%；其他营利性服务业完成1.1亿元，增长5.11%；出口总额完成2.11亿元；外资实际到资完成1000万美元。开发区累计引进项目159个，合同投资总额632多亿元，投产项目127个，其中规模以上企业26个，在建项目22个。

【基础设施建设】 2019年，罗源湾开发区完成金港工业园区规划编制，加强路网、水、电、气、通信等基础设施建设，完成松山片区（大、小获片）防洪排涝工程、松山片区鹤屿水闸、泵站及滞洪区工程、金港工业区防洪排涝（横向排洪沟及JC截洪沟）工程。南片工业区建成进厂污水主干管、岐鹤路污水干管、江滨南路污水干管、滨海城污水干管。北片工业区完成污水管网及提升泵站的可行性研究报告，并纳入罗源县南溪流域水环境综合整治PPP项目建设实施。

【招商引资】 2019年，罗源湾开发区引进项目20个，合计引资约32亿元。其中10亿元以上的项目1个，3亿～10亿元的项目1个。

不锈钢下游精深加工项目作为开发区招商工作重点之一。

【项目建设】 2019年，罗源湾开发区列入县级以上重点项目有15个，项目合计总投资214.53亿元，年度计划投资29.33亿元，累计完成投资37.78亿元。完成开工项目12个，竣工项目任务5个。2020年省重点项目有年产130万吨H型钢生产线、福建德盛镍业配套煤气工程节能减排改造升级项目、宝钢德盛600万吨精品不锈钢绿色产业基地一期项目等。推进冶金、建材产业向高端产品发展，污染排放向超低要求执行，做长做优不锈钢产业链，打造千亿冶金建材产业基地。

【重点项目】 2019年，罗源湾开发区建设重点项目有宝钢德盛二期项目总投资25.45亿元，年度完成投资2亿元，完成项目投资204.25%；三钢集团产能置换（罗源闽光部分）及配套项目总投资50亿元，年度完成投资20亿元，完成项目投资100%；罗源喷墨薄型高档墙地砖生产项目总投资10.8亿元，年度完成投资2.5亿元，完成项目投资100%；侨源气体配套闽光钢铁2号40000标准立方米每小时空分装置改扩建项目总投资3.26亿元，年度完成投资2200万元，完成项目投资100%；年产130万吨H型钢生产线总投资10亿元，年度投资2.77亿元，完成项目投资138.4%；宝钢德盛600万吨精品不锈钢绿色产业基地一期项目总投资52.8亿元，开展项目前期工作；福建空分气体有限公司制氧项目总投资3亿元，年度投资1500万元，完成项目投资100%；福建亿鑫钢铁有限公司产能置换及配套项目总投资40亿元，开展项目前期工作；福州港罗源湾港区淡头作业区9～11号泊位及仓储工程总投资6.494亿元，年度完成投资3050万元，完成项目投资101.67%；闽光物联云商项目（一期）总投资3亿元，年度完成投资1700万元，完成项目投资56.67%；罗源闽光综合原料场改造项目（一期）总投资1.65亿元，年度完成投资3000万元，完成项目投资100%；炼钢品种结构调整技术改造总投资2.92亿元，年度完成投资5000万元，完成项目投资75%；福州海鑫洲服饰加工生产项目总投资3.2亿元，年度完成投资1450万元，完成项目投资145%；18兆瓦（中温中压）发电站升级改造成30兆瓦（高温超高压）发电站工程总投资1.12亿元，年度完成投资1250万元，完成项目投资125%；红苹果环保型涂料生产基地项目总投资8400万元，年度完成投资1250万元，完成项目投资156.25%。

（陈佳霖）

（编辑 黄雯倩 姚国榕）

城乡规划

【概况】 2019年，福州市编制完成《福州市国土空间总体规划编制工作方案》《福州市生态保护红线评估工作方案》《福州市村庄规划编制方案》，结合名城保护完成重点区域、重点地段城市设计，结合城市发展，完成重点项目控制性详细规划编制与调整。

【国土空间总体规划】 2019年，福州市开展国土空间总体规划编制工作，成立工作领导小组，制定《福州市国土空间总体规划编制工作方案》。基本完成国土空间开发保护现状评估、资源环境承载能力和国土空间开发适宜性评价、重点专题研究等基础性工作，形成规划初步成果。

【生态保护红线评估调整】 2019年，福州市自然资源和规划局联合市生态环境局，会同各县（市）区及相关部门开展全市生态保护红线评估工作，建立工作联席会议制度，制定《福州市生态保护红线评估工作方案》，形成评估成果报省自然资源厅、省生态环境厅审核。

【村庄规划编制试点】 2019年，福州市全面评估市域1696个行政村7707个自然村村庄规划，制定《福州市村庄规划编制方案》，按照“因地制宜、分类指导、试点先行、统筹协调”原则，推进乡村规划编制工作，全市10个省级村庄规划试点村全部形成规划成果。

【城市设计】 2019年，福州市自然资源和规划局结合名城保护、老城提升、新城建设及城市“双修”等工作，按重点片区、重要地段、具体地块3个层次开展城市设计，编制完成滨海新城、三江口、江南CBD、帝封江、金鸡山南部区域等城市设计，涉及用地规模206平方千米。

【控制性详细规划】 2019年，福州市自然资源和规划局在2016年12月版控制性详细规划基础上，通过梳理甄别最新控制性详细规划、保护性详细规划、控制性详细规划调整成果，以及文物点、历史建筑普查等多个专项内容，形成福州四城区“控规一张图”成果。完善规划管理工作机制，结合规划调整实际情形提出分类分级处置机制；基本完成四城区63个旧改项目及晋安湖、省美术馆等60个重点项目控制性详细规划调整；推进马尾区控制性详细规划编制与调整、琅岐岛规划编制工作；制定历史遗留项目工作导则，推动中亭公寓、润华山庄、天安登云等11个项目办理，加快审批。在市区控制性详细规划全覆盖的基础上，完善教育、医疗、养老、体育、区域综合体等专项规划，补齐民生社会事业短板，带动区域组团发展。

（林诚锦）

城建项目投资

【概况】 2019年，福州市城市建设项目投资比上年增长1.4%，223个市管省重点项目、1220个市重点项目分别完成投资824.1亿元、4314.7亿元，分别占年计划的121.8%、111.3%。

【新型城镇化建设】 2019年，福州市推进福清市国家新型城镇化综合试点工作。推进14个省、市级特色小镇创建，完成年度创建投资70亿元，超年度计划投资额2个百分点。年内福清市在2018年度全国综合实力百强县市榜单中排名第19位，较上年前进3位，在全国新型城镇化质量百强县市中排名第30位。

【“项目年”行动开展】 2019年，福州市开展“强产业补链条项目年”专项行动，推动2108个项目开工建设，其中产业项目1394个，战略性新兴产业项目495个。“五个一批”项目新增2187个，新增项目总投资8776亿元。正向激励综合考评3个季度全省第一、一个季度全省第二，有14个次县（市）区入围全省前十位，占全省的35%。

（于永钦）

智慧福州建设

【概况】 2019年，福州市“智慧福州”管理服务中心（简称：福州市智慧中心）在第二十一届深圳高交会上获2019年“中国领军智慧城市奖”（连续4年获得该奖项）；在2019中欧绿色智慧城市峰会上获选“卓越城市”；“12345”便民（惠企）服务平台获“2019年度最佳管理效率奖”和“2019年度卓越百姓服务奖”。

【服务平台建设】 福州市网格化管理综合服务平台项目 2019年，福州市智慧中心推动福州市网格化管理综合服务平台系统优化；推动联动部门网格化处置人员入格、网格化管理采集事项完善等工作；配合市政法委开展网格化服务管理模式全面推广工作，完成综治9+X的大屏展示和各入格单位数据展示模块开发工作；启动网格化平台终验工作。

滨海新城规建管一体化平台（一期）项目 各子平台及模型数据库的核心功能开发工作完成，根据滨海新城建设指挥部各单位的意见，对规划、建设、管理等阶段各子平台进行测试完善。

【便民惠企服务】 2019年，福州市智慧中心通过建设全国首创的数字城市公共服务新模式——“数字福州 一码通行”，打造移动城市服务总门户——“e福州”平台和城市服务总客服——“12345”便民（惠企）服务平台，整合福州市政务服务、公共服务与便民服务，为市民和企业提供“一站式”政务服务和公共服务。以一个“福码”搞定从乘车出行、看病就医、教育缴费、移动支付到政务服务等九大便民服务，“e福州”平台与“12345”便民（惠企）服务平台实现互联互通，市民通过“e福州”APP即可进行投诉。年内，城市服务总客服——“12345”便民（惠企）服务平台累计受理群众有效诉求件104.56万件，诉求件回复率100%，及时查阅率99.97%，及时回复率99.97%，群众满意率99.7%，各项指标居全省前列。

畅通企业诉求通道 启动“12345+企业服务”新模式，年内平台累计受理企业诉求件22135件，企业诉求满意率99.62%，主要包括设立变更、人才落户、优待政策、消防审批、税务登记、营运管理等方面内容。完善“一企一议”流程，依托“12345”品牌效应，解决企业疑难问题。

上线智能语音系统 在“12345”电话人工受理基础上，增加智能语音交互功能，结合知识库应用，实现智能受理与即问即答，为市民提供自助语音服务，降低坐席人员工作强度，提高热线接通率。

开展舆情分析 基于“12345”平台运行十几年来积累的数据资源，利用大数据分析技术，针对热点、敏感诉求分析，捕捉社情民意和社会热点问题，挖掘诉求件背后的共性问题，进行预警预判，并通过“福州市‘12345’便民（惠企）服务平台大数据分析日报”“‘12345’一周热点诉求专报”等方式，为领导决策提供支撑。

举办首届岗位技能练兵大赛 11月，市智慧中心举办“展技能·扬风采”福州市“12345”平台（首届）岗位技能练兵大赛。

【数字城管】 2019年，福州数字城管系统受理上报有效案件114.3万件，日均发现问题约3130件，结案率99.96%，按期结案率99.04%。年内开展环境卫生类问题、车行道等专项巡查，为相关处置责任单位及时解决问题提供数据支撑。修订完善数字城管系统运行管理办法，促进平台规范化运转。通过月例会、现场抽查、系统归集抽查、收集媒体曝光案件、微信工作群业务指导等方式加强对数字城管系统信息采集工作的监管力度。推进“12345”平台、网格化平台数字城管模块与综治模块对接工作，实现多平台间的诉求推送办理。

【监督考评】 2019年，福州市智慧中心将“12345”便民（惠企）服务平台考核指标细化为诉求受理率、及时查阅率、按时办结率、反馈回复率、群众满意率、整合并线率、即时接通率、即时解答率、转办准确率九大指标，建立红、黄牌制度，健全完善科学监督考评体系。制定并印发《福州市2019年度“‘12345’便民服务效能”绩效考核办法》，从“12345”便民（惠企）服务平台办理效率和办理质量方面对各县（市）区及市直部门进行量化考核。同时，加强“12345”诉求件日常抽查与督查督办力度，建立线索移送机制，定期向市效能办移送不作为、慢作为及逾期查阅、逾期办理等问题，全年移送线索192件次。

【项目推进】 2019年4月19—20日，由福州市政府主办、市智慧中心承办的福州市5G产业促进大会召开，大会吸引业界嘉宾、市民和学生等逾5000人。

2019年1月29日，三江口大桥主线建成通车 （市建设局 供）

6月20日，福州市确定第一批5G应用试点示范工程项目，总投资预算2.71亿元。市智慧中心草拟《福州市关于加快推进5G发展7条政策措施（征求意见稿）》，在征求市工信局、市财政局等16家单位修改意见后，形成《福州市关于加快推动5G发展的7条政策措施（讨论建议稿）》。市智慧中心承担《行动计划》推进工作小组办公室职能，运用信息化手段开展项目管理工作，对141个项目进行跟踪管理，多次现场召开座谈会协调解决存在问题，确保《行动计划》项目有序推进。

（魏博文）

市政建设

【概况】 2019年，福州市城市建设委员会完成城建项目形象投资290亿元，比上年增长10.3%；福州市民生基础设施（补短板）建设完成投资955.44亿元，投资总量全省排名第一。年内福州市（六城区）建成区面积301.28平方千米，六城区建成区市政道路总长度2460.54千米，道路面积4278.11万平方米，道路密度8.17千米/平方千米，道路面积率14.2%。六城区污水处理率95.33%、公共供水普及率99.91%、城市燃气普及率99.05%。

【海绵城市建设】 2019年，福州市城市建设委员会推动三江口、鹤林试点片区建设，7月通过住建部2018年度海绵城市建设现场督导。9月，制定《福州市进一步加快海绵城市试点建设向全域海绵推进的工作方案》，推动试点海绵扩展到全域海绵。12月，通过住建部、水利部、财政部三部委联合检查。

【市政路桥建设】 2019年，福州市第一、二、三批治堵硬件建设项目完成172个，三江口大桥、南台大道、环岛路等主骨架路网相继通车，六城区道路密度8.17千米/平方千米，位于全省领先地位。福州在2019年缓解城市拥堵工作成效榜上位列全国第九名，交通健康指数62.7%，高峰延时指数1.67，比上年下降3.12%。

（黄金寿）

【公共停车场建设】 2019年，福州市自然资源和规划局牵头组织各责任单位挖掘停车资源，梳理建设项目清单，指导跟踪督促停车场项目建设，全市增加公共停车泊位数22197个，其中鼓楼区2668个、台江区1116个、仓山区1950个、晋安区2603个、马尾区1449个、长乐区1972个、福清市1018个、闽侯县2316个、连江县2132个、闽清县1370个、罗源县1200个、永泰县1795个、高新区608个。

【项目用地储备库】 2019年，福州市由市自然资源和规划局牵头编制《福州市四城区年度空间实施规划及项目生成策划（2019年度）》，建立建设项目用地统筹协调机制，强化部门联动会商，衔接规划编制与项目实施。通过“多规合一”信息平台开展多部门协同会商，生成可直接实施的2019年度项目库两大类17小类252个，其中居住、商业办公、工业研发等8小类经营性项目142个，教育、医疗、养老、市政等9小类划拨项目110个，生成约390个储备项目。

【城市慢行系统】 2019年，福州市自然资源和规划局同市园林中心牵头负责推进城区4条慢性系统建设，分别为光明港—森林公园慢道（简称吉道）、省体—金牛山慢道（简称福道）、北江滨—西湖公园慢道（简称问道）和奥体片区—金山公园慢道（简称乐道），新增建设34个项目，总投资1.51亿元，年内完成项目29个。

【闽江沿线环境综合整治】 2019年，福州市闽江沿线环境综合整治88段落185个项目，完成175项任务，完成率95%。其中违规采沙点与堆放、坟墓整治、山体裸露复绿、农房立面整治、闽江排污口整治等方面取得阶段性成效。

【建筑景观管控】 2019年，福州市加强对重点地段建筑景观的管控，建立完善建筑景观管控工作机制，编制完成《建筑景观管控工作导则》《三江口片区建筑景观管控指导意见》，明确纳入建筑景观管控的项目。开展《福州市建筑风貌导则》修编工作，并对原城市建筑风貌引导及管控的部分条款进行修订。审查复核鼓山大桥周边等成片区域的景观提升，以及“桂湖片项目”“乌山九巷”等项目的建筑景观。

（林诚锦）

【夜景灯光建设】 2019年，福州市编制《福州城区景观照明专项规划》，完成285个城区夜景灯光提升工程项目，扩展完善并形成“一江两河三线多片区”城区夜景灯光格局，重点打造镇海楼俯

2019年，福州市完成闽江两岸夜景灯光提升项目 （市建设局 供）

瞰视域、五一广场核心区域、三坊七巷、晋安河、白马河、闽江夜游精品区等夜景景观并增加福道（金牛山体育公园段）夜间照明。组织开展亮化精细化管理，确保夜景灯光完好率95%以上、亮灯率98%以上、管理覆盖率100%，节假日等重要节会期间亮灯率100%。

【户外广告管理】 2019年，福州市编制《户外公益广告规划》，完成户外招牌广告设置管理下放，组织开展户外广告精细化管理考核，完成4万余面招牌的安全隐患排查，拆除存在安全隐患招牌526面。组织522座公交站点（台）候车亭灯箱广告位置使用权拍卖，开展二环和三环沿线、城区主干道沿线、城区重要区域等户外广告专项整治，拆除广告1200余面。

【城市景观整治】 2019年，福州市城市建设委员会结合数字峰会、重要景观线路提升、小街巷整治、精准立面景观改造等工作，增加城市绿量、扩大市民活动空间、突出园林精品、清理违章构（筑）物、强化日常管养等措施，提升城市景观品质。结合第二届数字峰会开展城市品质提升工作，梳理工作项目1538个，于峰会召开前全面完成；开展福州市重要景观线路环境提升工作累计完成提升项目603个；结合城市新建道路、地铁沿线开展城区精准立面景观改造工作，累计完成中山路、高顶路、火车站周边等项目139个；开展五城区小街巷整治工作，完成小街巷整治92条。

【地下综合管廊】 2019年，福州市新开工建设洪湾路提升改造工程配套地下综合管廊、新店外环东段（原城区北向第二通道园中互通—新店外环）配套地下综合管廊2个地下综合管廊项目，续建福马路提升改造工程配套地下综合管廊、福泉高速公路连接线拓宽改造工程（A段）配套地下综合管廊等4个，累计形成廊体8.54千米，完成投资4.65亿元。

【体检试点城市建设】 2019年，福州市入选全国首批11个城市体检试点城市之一，围绕打造“幸福之城”目标，编制《福州市城市体检试点工作方案（2019—2020年）》，制定福州城市体检特色指标体系，下沉社区（街道）试点开展调查，形成《2018年度福州城市体检自检报告》等试点成果，确定由中国城市规划协会、清华大学中国城市研究院和住建部城乡规划管理中心，以及福州市、长沙市和广州市，形成“3+3”工作模式，制定指标体系，打造试点样板城市。同时推进城市体检信息平台建设，探索建立从感知采集、认知分析、综合分析诊断到支持精细化治理决策的城市体检智能化平台。

【城区水系治理】 2019年，福州市城区99条河道建成开放，23条支流完成治理。启动水系治理以来累计完成河道清淤295万立方米，新建修复沿河截污管250千米，截流井896座，新建驳岸90千米，完成沿河绿化景观建设168万平方米。出台地方性法规《福州市城市内河管理办法》，并配套制定印发《福州市城市内河管理办法实施细则》，将内河管理上升到法制层面，提升内河法制化、制度化、规范化管理水平。

【城区水系联排联调】 2019年，福州市建成移动排水能力72240吨/时，创新编制《福州市排水防涝快速响应预案》，形成一套含强降雨监控、路面巡查、应急排水、易涝点值守、后勤保障的系统排水防涝快速响应机制。强化监测预警能力建设，推进监测体系二期项目，接入共享平安福州63527路高清探头，城区排水防涝监测预警能力较上年翻了一番；在全省率先通过政府购买服务方式组建排水防涝应急队伍，组建闽江南、北2支专业排水巡查队伍，加强应急抢险常备力量建设。全年启动排水防涝应急预案44次，累计投入抢险人员5642人次，投入龙吸水、动力站抽水设备等各类工具设备1300余部，有效防抗“4·30”“5·18”“5·30”等短时强降雨，城区未发生大面积积水。依据智慧化调度方案，利用闽江潮汐，每日两次向城区引入活水1650万吨，城区内河保持在较高景观水位运行。通过水系流域分区、管网网格化、布设在线监测系统，将城区107条河、297千米截污管、898座截流井、76座调蓄池、7座分散式污水厂、5座集中式污水厂以及2500千米雨污干管，进行“厂网河”一体化管理，以提升水环境、水安全。

【污水处理】 2019年，福州市新建改造污水管网705.4千米，全省第一；全市新建改造雨水管网919千米，全省第一；全市发放排水许可342件，全年县级以上生活污水厂处理污水45036万吨，污水处理率95.2%，比上年提升1.1个百分点。

【城市供水】 2019年，福州市新建改造供水管网327千米，居全省第一；

2019年，仓山区流花溪完成景观建设 （市建设局 供）

全市供水漏损率从2018年的18.27%降至2019年的10.17%；完成户表改造工作8.3万户，居全省第一；完成全国上线规模最大的NB-IoT商用项目，安装NB-IoT智能水表30万台。

（黄金寿）

【城市供电】 2019年，福州地区全社会用电量468.82亿千瓦时，居全省第2位，比上年增长3.74%，增速居全省第五位。供电区域面积1.26万平方千米，供电户数362.75万户。落实“一般工商业电价再降10%”、转供电加价清理等政策。实施优化电力营商环境专项行动，高、低压客户办电环节分别减至3个、2个，平均送电时长分别减至33.5和3个工作日。

（吴文可）

【城市供气】 2019年，福州市六城区全年供应天然气2.84亿立方米，供应液化石油气5.04万吨，新建和改造燃气管网95.24千米；六城区管道燃气用户点火数增至77万户；完成《福州滨海新城核心区燃气专项规划》编制和报批；开展瓶装液化气安全专项整治，强化联合监管、层级监管，打击瓶装液化气充装、储存、经营、运输、使用等环节违法违规行为；防范治理燃气管道安全隐患点，建立地下燃气管道安全保护工作机制，防范第三方施工破坏燃气管道；开展燃气管网隐患排查整治，消除圈围占压燃气管道安全隐患。

【世界城市日中国主场活动】 2019年4月，福州市以“建设有福之州 打造幸福之城”理念，取得2020年世界城市日中国主场活动的承办权，并受邀参加2019年世界城市日叶卡捷琳堡全球主场活动及唐山中国主场活动，以城市宣传片与图片展现福州城市建设的良好形象。

【村镇建设】 2019年，福州市打造400个美丽乡村，将晋安区寿山乡九峰村、前洋村打造为省级美丽乡村建设示范样板，其中九峰村入选全国开展美好环境与幸福生活共同缔造活动精选试点村（全省3个）。年内累计实施美丽乡村和幸福家园工程1618个，覆盖率90.29%，排名全省前列。

【高铁沿线整治】 2019年，福州市推进福厦、温福、合福3条铁路沿线福州段再提升，同时开展向莆铁路（昌福线、永莆线）福州段整治，涉及鼓楼、仓山、晋安、马尾、福清、闽侯、连江、罗源、闽清、永泰10个县（市）区，整治点多、面广、线长，完成整治项目515个，完成投资2.67亿元。

【温泉资源开发利用保护】 2019年，福州市起草《关于规范福州市温泉开发与管理的意见（送审稿）》等文件；开展“多规合一”平台温泉保护区范围初期数据对接工作，完成审核1061个项目涉及温泉保护区情况，启动福州市城区温泉资源保护和开发利用专项规划编制工作；推进螺洲温泉资源开发，动建k3、k4温泉探采结合井。

【公共代建】 2019年，福州市城市建设委员会代建管理三级体系有效运转，推行市级财政投资项目业主（代建）量化考评，提升业主（代建）体系运转、制度完善、质量、进度、投资等方面管理水平。通过对全部重点项目、项目全过程，全方位（投资、质量、进度、程序、奖惩等方面）考评，提升业主项目管理水平工作方法。

【在建项目生态环境保护修复】 2019年，福州市城市建设委员会印发《福州市城乡建设项目生态环境保护修复技术导则（试行）》，市建设局牵头林业、交通、水利、园林等部门开展联合执法，加强对涉及生态环境破坏风险的建设项目的监管，年内全市存在需生态修复的项目累计竣工155个，完成山体植被修复面积2146678.85平方米。

【房屋安全隐患排查整治】 2019年，福州市城市建设委员会在全市范围内开展房屋安全隐患排查整治工作，编制印发《房屋安全隐患排查技术手册》《关于发动企业参与房屋安全排查工作的通知》等26篇指导性文件，全年排查房屋592576栋，其中重大安全隐患房屋1472栋，全部完成处置。

【营商环境优化】 2019年，在全国营商环境指标评估中，福州市“供水供气”指标位居参评城市前十位；经厦门大学营商环境研究中心评估，“办理建筑许可”指标较上年提升30位，为全市营商环境各组指标中提升幅度最大。创新设立项目审批“协调咨询室”；在全省首创“七大清单”，涵盖改革成果200余项。住建部组织全国工程建设项目审批制度改革工作交流推进会在福州举办，福州作经验交流介绍。住建部将福州市列入全国工程建设项目“清单制+告知承诺制”审批改革试点城市。

（黄金寿）

城市管理与执法

【概况】 2019年，福州市城市管理委员会依托福州市治违办牵头组织全市处置“两违”建筑面积1037.92万平方米。完成人行道日常中小修面积10.3万平方米、沥青路面日常维护面积15.6万平方米，完成路灯线路修复57296米、维修路灯9701盏，保养桥梁600余座次。清理取缔流动摊点和夜间大排档3万余起；查处违反“门前三包”行为1430起；纠正电动自行车乱停放行为22万起、搬离4.6万辆，清理暂扣坏损共享单车（“僵尸车”）约5万辆。5月1日起，五城区全面推行垃圾分类，在全国首创前、中、后端“四定”制度。五城区累计建成分类屋（亭）4747座，安装监控探头4523个，配备分类管理员4484名。红庙岭垃圾综合处理场消纳生活垃圾160.6万吨，红庙岭焚烧发电厂三期、危险废物综合处置（一期）等9个项目投产运营。全市实际统筹消纳中心城区各类建筑垃圾约1471万立方米，高新区窗厦建筑垃圾资源化项目一、二期，晋安益凤资源化项目一期，长乐龙峰资源化项目一期投产试运行。完成新建、改建320座城乡公厕，建成鼓楼区大凤和仓山区黄山垃圾转运站。出台《福州市生活垃圾分类管理办法》《福州市生活垃圾分类管理条例》。

【"两违"整治】 2019年，福州市处置"两违"建筑面积1037.92万平方米，完成省治违办下达年度目标任务的259.48%，"两违"处置处置量连续3年位居全省第一。根据市政府重点问题专项整治安排，完成生态敏感区"两违"专项整治130宗，整治面积16.03万平方米；违法停车场整治10个，整治面积约4.61万平方米；闽江流域沿线人迹活动岛屿违章搭盖47宗，整治面积4754平方米。

【市政设施维护】 2019年，福州市完成人行道日常中小修面积10.3万平方米、沥青路面日常维护面积15.6万平方米，完成路灯线路修复57296米、修灯9701盏，保养桥梁600余座次。实现道路完好率95%，主次干道亮灯率99.4%，支路亮灯率99.28%，桥梁合格率100%。

道路日常养护　以网格化将全市道路设施分片区进行半市场化养护管理，巡查发现病害并处置。结合数字城管、群众来电来函、媒体报道等途径，对道路设施进行日常维修养护，对沥青路面及人行道进行中修改造。累计完成人行道维护10.3万平方米，沥青路面修补15.6万平方米。开展井盖设施病害摸排及整治工作，完成市管道路的病害井盖整治458个。

路灯日常维护　完成市区道路路灯节能综合改造，路灯节能率提升40%。开展路灯设施日常维护工作，累计完成线路修复57296米、修灯9701盏，灯杆清洁3013根，灯杆油漆3013根，路灯迁移92项。

桥梁日常维护　开展桥梁日常巡检保养工作，对桥梁日常巡检工作实行分区划片管理。累计巡查桥梁67000余座次，发现各类病害约1177项（次），处治零星病害及保养桥梁600余座(次)。完成市区6处8个作业面1545米的声屏障安装任务。

箱柜整治及拆杆　完成第二批64条道路1548个箱柜整治（除电力箱柜外），拆除废弃杆97根，清理通信杆（基站）49根。

2019年，晋安区三环路冠盛汽修厂地块完成"拆墙透绿"　（蒋晓冬　摄）

【市容环境综合整治】 2019年，福州市重点开展"门前三包"、店外店整治、非机动车乱停放、马路市场等突出问题治理。取缔11家经各区政府审批的露天烹饪马路市场和14家不规范的便民市场；拔除私设地锁地桩312处；清理取缔流动摊点和夜间大排档3万余起；全部拆除市区闲置、废弃的海西报刊亭；增设5支流浪犬收容队，收容路面无主流浪犬775只。按照"透绿、透光、透风、透景"的总目标和"个个是精品、处处成景观"的要求，完成554个拆墙透绿点位。强化"门前三包"责任制落实，确保严管道路签订率100%，一般道路签订率90%。对屡次违反"门前三包"规定的商家采取信用联合惩戒措施。五城区查处违反"门前三包"行为1430起，处罚约63万元。开展部分道路禁停电动自行车试点工作，纠正电动自行车乱停放行为22万起、搬离4.6万辆，清理暂扣坏损共享单车约5万辆。设置非机动车停放区域，新增非机动车停放标线1800米。规范设置非机动车收费停放点，规范代管点审批程序，取缔社会闲散人员拎包收费、私设代管点现象。

【环境卫生管理】 2019年，福州市城市管理委员会以"一线五点"为重点全面提升清扫保洁质量，采用人机结合或人工冲洗等方式，对沿线道路进行全面冲洗，对绿化带进行全面清理。果皮箱每天清洗擦拭一次，消毒不少于两次。开展道路专项、环境卫生绩效评估等检查，落实奖惩和红黑名单制度。每月两次不定期对全市道路清扫保洁情况进行徒步检查，每月召集各区环卫中心、各保洁公司召开道路徒步巡查通报会并督促整改到位。累计检查道路3000多条次，绩效检查道路1500多条次，徒步精细化检查道路600多条次。组织各区、各公司落实"两节两会"、第二届数字峰会、"5·18""6·18"等重要节日及重大活动的环境卫生保障。全市完成各项重大活动突击任务20多次，清理环卫道路保洁范围外的垃圾点1000多个，清运垃圾200多吨。

【垃圾分类及无害化处理】 垃圾分类　福州市出台《2019年全面推行城区生活垃圾分类工作实施方案》《福州市城区生活垃圾分类"四定"工作实施方案》。制定分类经费保障工作意见、示范片区建设标准（含单位、小区）以及针对五城区、公共机构、市直部门、分类收运企业、分类管理员的职责与考核导则。5月1日起，五城区全面推行垃圾分类。在全国首创前、中、后端"四定"制度，确保分类全过程环环相扣、层层监管。8月起，城区全面开展精准分类"三端四定"。五城区累计建成分类屋（亭）4747座，安装监控探头4523个，配备分类管理员4484名。

红庙岭循环经济产业园区建设　红庙岭焚烧发电厂三期、危险废物综合处置（一期）、餐厨废弃物处理及资源化利用（一期）、大件（园林）

垃圾处理、飞灰扩建、炉渣扩建、卫生填埋场一期封场及生态修复、渗滤液调节池整治、二期供水扩容改造9个项目投产运营，基本满足垃圾分类处理需求。谋划启动红庙岭循环经济产业园区基础配套设施及景观提升改造、填埋场二期筛分、数字红庙岭及第三方监管服务、循环经济产业园综合管理和环保宣教基地4个项目。

红庙岭垃圾无害化处理 2019年，红庙岭垃圾综合处理场消纳生活垃圾160.6万吨，其中焚烧75.5万吨、填埋85.1万吨；焚烧发电厂发电2.58亿度，稳定化处理飞灰1.65万吨，综合利用炉渣12.15万吨，处理渗沥液87.14万吨。

农村垃圾治理 2019年，福州市完成农村生活垃圾治理三年行动计划任务，全市138个镇街（含涉农街道）、1975个行政村严格按照《农村生活垃圾治理验收办法（国家）》的“5有标准”实现农村生活垃圾治理全覆盖，基本建立“村收集、镇转运、县处理”城乡一体化处置体系。各乡镇（街道）全部建成垃圾中转站或购买垃圾压缩车，全市农村生活垃圾治理转入常态化保洁管理阶段。4月11个涉农县（市）区农村生活垃圾治理通过市级验收。

【建筑垃圾管理】 2019年，福州市查办未经核准擅自处置渣土、将建筑垃圾交给个人或未经核准从事建筑垃圾运输的单位处置、渣土车未密闭运输、滴撒漏、乱卸倒及未按规定时间和路线行驶等各类建筑渣土运输违法违规行为案件2887件，扣车1164辆，处罚金额1522.60万元。全市有渣土运输企业80家，轻型自卸货车企业72家。共有车辆3340辆，其中渣土车2378辆，轻型自卸货车962辆。组织12期1653名驾驶员参加安全学习培训。全市实际统筹消纳中心城区各类建筑垃圾1471万立方米，基本满足重点项目消纳需求，保障重点项目工程进度。高新区窗厦建筑垃圾资源化项目一、二期，晋安益凤资源化项目一期，长乐龙峰资源化项目一期投产试运行。在仓山区南台大道南段西侧地块新增布点1个大型综合性工程渣土（含河道淤泥、地铁盾构、泥浆等）资源化利用项目。

【环卫基础设施建设】 *厕所革命* 2019年，福州市完成新建、改建320座城乡公厕。2018—2019年累计新建、改建城乡公厕1244座，提前完成省住建厅972座的3年公厕建设任务。城市公厕全部推行市场化运营和精细化管理，农村公厕进行市场化运营试点，落实“有经费，有制度，有人管，有人查”。城乡公厕全部落实公厕长制，全面消除旱厕。

中大型转运站建设 谋划13座大中型地下垃圾转运站建设。年内完成鼓楼区大凤站和仓山区黄山站建设，动建晋安区洋里站。

提升设施配套建设 督促五城区环卫处开展垃圾转运站渗沥液处置工作，按时完成年度新建76座城市管理驿站及10座公厕污水无害化处理改造的工作任务。

【城管制度法规建设】 2019年，福州市制定出台《福州市生活垃圾分类管理办法》政府规章，自2019年5月1日起实施。制定出台《福州市生活垃圾分类管理条例》地方性法规，自2020年1月1日起实施。制定出台《福州市生活垃圾分类行政处罚规程》，进一步规范生活垃圾分类执法活动。按照新颁布实施的垃圾分类和内河管理办法规定，动态调整生活垃圾分类和内河管理行政处罚裁量标准。推行行政执法“三项制度”，在市政府门户网站行政执法公示专栏和部门网站公示行政处罚信息457条、行政许可信息264条。在全市范围内开展律师参与城市管理执法工作。落实“谁执法谁普法”普法责任制，分别于2019年6月和11月上线《我执法我普法》全媒体直播节目，以网络直播的形式向社会公众普及城市管理法律法规。组织开展全市城市管理行政执法培训，解读《福建省行政执法条例》，并对城市管理行政执法常见问题逐一进行分析解答，提高城管执法人员法律意识。

【行政审批和行政处罚】 2019年，福州市城市管理委员会审批窗口接受咨询5312人次，受理办结行政审批服务事项2068件，代缴城市道路挖掘占用修复费用1.42亿元。福州市城管支队拆除各类违章广告1008面，收容流浪犬775只，查处各类案件479件，罚款到账342万元。

优化营商环境 制定出台《福州市城市管理委员会关于简化城区电力等公共服务工程涉及破路计划审批的实施意见（试行）》，简化审批流程，将“市政设施建设类审批”涉及挖掘占用城市道路办理时限由原来的5个工作日压缩至3个工作日。简化运输建筑垃圾备案，对出让地块在建设过程中需要排放运输建筑垃圾的，只要建设或施工单位与取得准运资质的建筑垃圾运输企业签订承运合同后，交由运输企业申办运输企业运输建筑垃圾备案、建设项目消纳建筑垃圾基坑回填备案手续的，免费当场办结。

审批制度改革 开展福州市第七轮简政放权工作，将“占用挖掘城市道路审批”“依附于城市道路建设各种管线杆线等设施审批”和“缴纳城市道路挖掘修复费（占用费）”3个事项合并为“市政设施建设类审批”1个事项办理。推进“最多跑一趟、一趟不用跑”改革，所有审批服务事项全部推行“最多跑一趟”，其中“一趟不用跑”比例54.5%。

“放管服”改革 压缩办理时限，所有审批服务事项办理时限由原来20个工作日缩减至6个工作日；开展证明事项清理，精简申办材料19个，平均每个事项申请材料4.9个。调整占道破路计划审批有效期限，将城市道路占用挖掘的计划审批期限由原来的月计划调整为顺延2个月之内有效。

户外广告执法 结合“数字峰会”、国庆70周年、户外广告消防隐患整治和重要景观路线整治行动，开展逐路段清理行动，拆除违章商业广告1008面。

渣土和噪声执法 查处未密闭、未净车出场、裸土未覆盖等各类导致大气污染违法行为161起。采用严管重罚与宣传教育相结合的办法，引导在建工地文明施工，开展中高考噪音专项整治，发现处置超时限施工扰民问题158个。

市容执法 开展侵绿毁绿行为巡查，查处侵绿毁绿行为10起。配合开展黑臭水体联合整治，清理临河摊档145个，清理店外店57处，查处排放污水案件4件。

（叶璐）

园林绿化

【概况】 2019年，福州市园林中心推进“绿进万家·绿满榕城”项目与串珠公园建设，建成区园林绿地总面积12896.29公顷，建成区绿化覆盖率45.39%，建成区绿地率42.22%，人均公园绿地面积15.33平方米。

【城市绿化】 “绿进万家·绿满榕城”行动 2019年，福州市园林中心推动“绿进万家·绿满榕城”行动。通过绿色庭院打造、园林生活推广、美丽家园共建和十个“一批”绿化建设，推动市民绿化参与感，提升景观品质，拓展公共空间，提升生态环境和人居环境。应用加厚、加密、填空白、添层次等15种城区精准补绿模式，推进城区绿化精准补绿、精细提升工作。累计梳理林荫道291条，边角地整治238处，屋顶绿化204处，桥墩及墙体绿化9271处，最美街巷170条。

拓展城区市民休闲空间 以市民享用的公共休闲空间为重点、突出问题为导向，通过建设滨河串珠式公园、道路串珠式公园、社区串珠式公园等绿化提升、空间整治、精细管理、依法管控，建设市民家门口的公园绿地网络，打造公共休闲空间系统。完成滨河串珠公园102个，滨河绿道100.8千米，道路串珠式公园105个，社区式串珠公园122个，改造提升公园12个等。

串珠公园建设 结合城区水系综合治理项目，在内河沿岸建设串珠式公园绿地，打造水清、河畅、岸绿、景美的内河景观。构建与市民生活需求联系更加紧密的公园绿地网络，形成城市绿色通道、生态走廊、人文空间。2017—2019年累计在市民家门口建成串珠公园270个，滨河绿道500.8千米，新建改造提升公园绿地约266.67公顷。

重大活动城市景观提升 完成“5·18”“6·18”、渔博会等会展岛周边绿化花化景观品质提升工作，对会展周边及主要干道的斑秃、行人踩踏进行全面补植。对养管区域内大部分行道树进行全面修剪；根据第二届“数字中国”建设峰会品质提升部署要求，围绕会展中心主会场区域，机场、火车南北站重要门户及对宾客下榻酒店等全市“1点21条”关键道路、节点，实施沿线绿化景观提升、花化布置及绿化清洗工作，对福峡路、后坂路、潘敦璐、南二环、化工路、华林路、五四路等重要道路和重要节点，进行绿化提升，完成园林绿化任务120余项，改造提升绿化面积约8万平方米。

绿地管护 开展管辖绿地日常养护，投入8460人次，绿地施肥量3826.6吨，浇水378000吨，清场11024车次，修剪草坪24次720万平方米；修剪绿篱26次1616万平方米；对市区157条道路行道树进行修剪，完成修剪97012株。

2019年，福州市完成对重要主干道路绿化提升 （梁吉江 摄）

苗木补植 在2019年福州市举办第二界数字中国建设峰会期间，实施绿地补植3060平方米；清洗道路27条，行道树16897株。数字城管件补植行道树97株，灌木13000株、地被41938平方米。

病虫害防治 适时喷药，具体生物防治白马中路、道山路等天竺桂；六一北路、五四路、湖东路等芒果煤污病并生蚧壳虫；新园路盆架木绿绢叶螟；通湖路、乌山路香樟刺蛾。

道路花化 在江滨大道、会展岛、华林路、乌山路、五一广场、八一七中路等重点路段种植莳花，总面积约15万平方米。各路段主要种植莳花品种有矮牵牛、一串红、凤仙、海棠等。

三角梅养护 市区内94座高架桥、人行天桥累计有113千米三角梅。按照《福州市桥梁及地下通道三角梅养护质量标准》，每个月对城市三角梅社会化养护管理情况进行检查考评。

城区精准补绿 提升城区林荫网络建设，按照加厚、加密、填空白等15种补绿模式，推广城区高架桥、驳岸、人行天桥的立体绿化，梳理提升林荫道路62条，完成交通等候区30处，新建改造城市公园绿地321处。

防霜冻 针对鸡蛋花、黄金榕、扶桑、红叶乌桕、朱蕉、山丹等易受寒植物进行覆盖绿网、裹防寒布等措施进行预防植物受霜冻。覆盖面积约48.52万平方米。

【公园景区建设】 城市公园改造提升 2019年，福州市园林中心对市属各公园景区进行摸底梳理，完善提升城市公园绿地系统和品质，拓展城市公共空间。全年拓展城市公共空间项目13个，其中树下空间扩展项目涉及6个公园、公园花化彩化香化提升项目涉及7个公园。

于山风貌区提升 于山整体提升改造项目完成总体工程，东、西入口景观提升改造，复原南入口即定光寺前明城墙大台阶，打通于山宾馆与定光寺之间登山巷道，新增白塔观赏点；拆除管理办公楼等建筑物，全园水电基础设施改造、梳理绿化景观，新增林荫广场、增设雾森系统，打造空中“兰花园”；修复园内亭廊等古建筑，新增古建筑楹联匾额等。9月11日开园。

城市公园信息化管理系统建设　推进“福州市城市公园信息化管理系统”项目，完善公园多级管理平台方案。4月18日方案通过第二轮专家评审，组织完成招标代理抽取工作。

公园环境卫生综合整治　开展公园景区文明城市创建、爱国卫生、城乡环境综合整治、“讲文明树新风”公益广告宣传等监督、检查、整改工作。16个公园景区组织养护、修剪、保洁和管理人员约15.63万人次，加强公园景区和公厕设施维护和保洁，开展鼠药投放、蚊虫灭杀、翻盆倒钵等防“四害”和清除孳生地等工作。新增、修复和整改各类公益广告牌、文明标语、提示牌等1359面。

公园公益广告投放管理水平提升　解决西湖公园、闽江公园、乌龙江公园、动物园等“讲文明树新风”公益广告经费投入大和自身经费不足问题，推进重要区域公园景区的经费保障工作；组织参加“讲文明树新风”公益广告培训，提升园林系统公益广告宣传推广水平。

公园口其他重点项目　开展滨海新城东湖湿地公园规划方案征集及后续组织、施工等工作，完成第三轮第二次专家评审会。

【古树名木保护】　2019年，福州市园林中心建立古树名木管护数据监测系统，对市区一级古树名木管护实行招标，由专业管护队伍进行养护巡查。完成4项名木古树保护工作，分别是鼓楼流苏等4株一级古树专项保护、鼓山风景区涌泉寺后一级古树保护、福建师大生物系院内古树名木修剪及保护、乌山机关大院内1株特大树木保护工作。

【园林管理】　2019年，福州市开展2019年度养护单位移交衔接，完善考核检查制度，要求养护中标单位按照“定路、定量、定责”的网格化管理，开展管辖绿地的日常养护工作。采取月评、季评等方式，组织园林专技人员及中层管理人员参与，进行养护巡查考评。一至三季度，对各养护中标单位分别进行集中评比，按照评分标准逐条逐项对照现场检查情况评比打分并统计。研究制定公园考核方案及检查考核标准，完成11个市属公园上半年全面系统精细化检查工作，并对检查结果进行分析，细化下一步检查工作。完成公园分类分级管理办法初稿编写，组织市区两级公园管理单位进行研究讨论。规范统一公园景区安保、保洁、绿化养护、设施维护、场地租赁及各类展览等标书内容。组织市管公园租赁经营和服务采购类阳光会议合计26场，完成招投标工作18个。对重点项目（如地铁、水系、治堵、海绵城市项目）实行“绿色通道”服务，窗口即收即办、办完即转；实行容缺预审制，对审批基本条件具备、申报材料主件齐全，仅其他条件和材料有所欠缺的项目，窗口先予受理审批，申请人在规定期限内将材料补齐补正即可；主动通过共享获取电子证照库已有材料（如营业执照等）。所有审批事项均压缩在5个工作日之内；推广网络审批服务。推进“最多跑一趟”和“一趟不用跑”，引导群众在省网上办事大厅申报，申报率不低于30%。推广“榕政通”服务，每月榕政通服务办件量不低于10%。

【个人参与园林绿化活动】　2019年，依托福州园林微信公众号开设绿色银行，福州市民可建立个人绿色存折参与园林绿化活动，获得绿色积分，并形成积分储蓄账单，包括积分分值、获得日期等。累计积分可兑换绿植及园艺工具、动物园门票、西湖公园游船票、儿童游乐设施兑换券等。

【园林规划编制】　2019年，福州市园林中心编制《闽江两岸公共空间开放贯通规划》，塑造城市核心地带滨水公共空间，生成项目63个，分两批实施。编制《福州市拆墙透绿导则》《福州市边角地建设导则》，主次干道实体围墙、违章搭建、临时建筑构筑物应拆尽拆，建设开放街区。完成拆墙透绿473处；编制《福州市城区边角地绿化建设导则》，指导边角地建设的设计、施工和养护。

【园林专技人员培训】　2019年，福州市园林中心开展方案审查常态工作及专业技术人员培训，完成174项园林绿化规划文本、设计方案、施工图设计文件审查，类型包括道路配套绿化、公园绿地建设、绿地地下空间开发等。全年举办“园林一线专技讲堂”活动5场、园艺公益课堂系列活动25场；开展2019年上半年专技人员老年大学授课工作。

【园林特色活动】　2019年，福州市结合各公园景区特色，在元旦、春节等重要传统节日期间和“两会”“数字峰会”“5·18”等重要时间节点，开展特色花展、民俗文化、爱国教育、志愿服务等活动。各公园景区组织张贴刊播各类节庆、文明标语432条，悬挂国旗152面、彩旗4070面、各类灯笼及中国结6430个，摆放各类莳花约46.43万盆。开展送花苗、亲子种植、多肉DIY、盆景联展、园林志愿活动等42场，在各主流媒体刊发相关新闻报道数百条。

（秦月）

（编辑　黄铭　黄雯倩）

公路建设与养护

【概况】 2019年，福州市公路总里程1.17万千米，其中高速公路673千米，普通国道755千米，普通省道536千米。完成交通运输发展投资153.3亿元，其中公路类项目完成投资112.3亿元，枢纽场站及运输装备项目完成投资40.9亿元。专养公路建设与养护总投资5.2亿元，干线公路养护优良路率86.43%，路面技术状况指数PQI平均值91.1，养护工程质量合格率100%。

【高速公路建设】 2019年，福州市高速公路完成投资43.32亿元，占年度计划41.2亿元的106.15%。推进福州机场第二高速、沈海高速扩容工程福州段、政和杨源至永定高速福州段等项目前期建设；长平高速、福州绕城公路东南段、福银高速闽侯沙堤互通、福银高速闽侯鸿尾互通建成；长福高速、莆炎高速在建。

长平高速公路项目　起于长乐区古槐镇前塘村，与福州绕城高速公路东南段枢纽互通相连，经过江田镇、松下镇，终于海坛海峡长乐岸，全长21.7千米，设计速度100千米/时，项目总投资32.6亿元。年内完成投资1.1亿元，占年度计划100%，9月29日建成通车。

福州绕城公路东南段项目（连江洋门至闽侯青口）　起于连江洋门，连接已建成通车的福州绕城公路西北段和沈海高速公路罗源至长乐段，经过连江浦口，在长门、琅岐分别跨越闽江长门水道、梅花水道，经过长乐区潭头、鹤上、罗联、玉田，终于闽侯县青口镇青口村，全长91.6千米。其中主线73.9千米，疏港连接线17.7千米，设计速度100千米/时，项目总投资138.03亿元。年内完成投资9.082亿元，占年度计划100.9%，9月29日建成通车。

长福高速公路项目　起于东南绕城高速前塘枢纽互通，经过长乐罗联乡，福清阳下街道、龙山街道、海口镇、龙田镇、上迳镇、江阴镇，终于渔平高速公路庄前枢纽互通，全长40.23千米，设计速度100千米/时，项目总投资57.929亿元。年内完成投资17亿元，占年度计划105.15%。

莆炎高速公路项目　起于福州市永泰县梧桐镇漈关村，设漈关枢纽互通与

2019年9月29日，长平高速公路建成通车。图为长平高速公路松下跨海大桥　（林建峰 摄）

2019年，福州市推进国省干线公路路面改造工程建设。图为”白改黑“后的G228线福清山前至目山段　（市公路局 供）

甬莞高速公路福州至永泰段衔接，经过永泰县梧桐镇、嵩口镇及尤溪县中仙乡、坂面镇，终点位于尤溪县坂面镇华口村，设华口枢纽互通与沙厦高速公路衔接，路线全长65.8千米，其中福州段42.14千米（含三明插花地）。设计速度100千米/时，福州段项目总投资56.89亿元，年内完成投资16亿元，占年度计划106.67%。

（赖晓琴）

【国省道公路建设】　2019年，福州市国省道公路完成投资42.943亿元，占年度计划39.369亿元的109.08%。推进东南快速通道（长乐营前至滨海新城万新路复线段）、道庆洲过江通道工程、洪山桥至洪塘大桥拓宽改造工程等项目建设。推进国省干线公路路面改造工程建设，实施G104罗源松山段水泥混凝土路面改造工程，以及G104线罗源、连江段、G228线福清段、S209线福清段、S211线永泰段水泥混凝土路面“白改黑”工程42千米建设。

（赖晓琴 李然）

福州东南快速通道（长乐营前至滨海新城万新路复线段）　起于洋布互通，终于滨海与滨江路相接，由泽竹快速路及万新路组成，路线全长7.87千米，其中复线段泽竹快速路长1.125千米。主线采用双向六车道、一级公路兼城市快速路标准建设，主线设计时速80千米/时，辅路设计时速40千米/时；复线段万新路长6.745千米，其中K0+000～K5+450段采用双向六车道、二级公路建城市主干路标准建设，设计时速60千米/时，K5+550～K6+080段采用双向四车道、二级公路兼城市次干路标准建设，设计时速40千米/时，K6+140～K6+696段采用双向两车道、三级公路兼城市主干路标准建设，设计时速30千米/时。项目于2018年动建，2019年完成投资6.6847亿元，占年度计划111.41%。

道庆洲过江通道工程　起于福泉高速公路福州连接线下洋村段，终于长乐市洞头村与福州东南快速通道衔接，全长7.2千米，与地铁6号线公轨共线4.35千米，采用双向六车道城市主干道兼一级公路标准，设计速度60千米/时。项目于2017年5月动建，2019年完成投资17.26亿元，占年度计划121.3%。

福州洪山桥至洪塘大桥拓宽改建工程（洪山桥至三环路段）　起于洪山桥与杨桥西路、洪甘路的交叉口处，终点与三环快速路洪塘互通衔接，路线总长2千米，总投资15.37亿元，采用双向八车道城市主干道标准，设计速度60千米/时，项目于2016年6月动建。2019年完成投资5.812亿元，占年度计划173.5%。

福州洪塘大桥拓宽改建工程　起于洪塘大桥东侧桥头洪塘立交处，终于洪塘大桥西与国宾大道相接，路线全长2.43千米，总投资约18.42亿元，采用双向八车道城市主干道标准，路基宽度47.5米，设计速度60千米/时，项目于2017年3月底动建。2019年完成投资8.20亿元，占年度计划126.21%。

【农村公路建设】　2019年，福州市完成农村公路建设209.598千米，占年度计划199.62%；完成投资6.108亿元，占年度投资计划218.14%；完成农村公路安保工程988.012千米，完成年度计划里程100.3%；完成危桥改造9座，完成年度计划100.0%，投资2037万元，完成年度计划156.69%。行政村通达率100%，建设和改造省级53个重点扶贫县（罗源、连江）的资源路、旅游路、产业路（三产路）41.27千米。

（赖晓琴）

【交通安全检查】　2019年，福州市推进“雪亮工程”建设，设立专养公路视频监控点109个，可变情报板27面，交调设备15套，采取“三班倒”24小时工作制，实时监测专养公路路网运行情况。注销逾期未换证的货运业户8613户和长期停业未经营货车1.07万辆，约谈客运企业90家次、危货企业82家次，停运整改52辆客车、41辆危货车辆。完成闽清水口坝区水上救助站码头、“闽海巡113”、“闽海巡117”、“闽海巡118”、苍霞海事趸船码头建设任务，完成30路闽江水域高清视频安装。举办“福州市道路运输企业主要负责人与安全管理人员安全培训班”，通过21期现场机考，1505人取得安全证书。排查治理生产经营单位1517家，排查隐患586处整改，累计落实隐患治理资金31.5万元，立案查处各类违法行为5415起，媒体网站等曝光1家次，处罚金3879.67万元。交通建设、内河运输未发生安全生产责任事故，道路运输行业未发生较大以上责任事故，一般事故与往年同期基本持平。完成国省道安保工程109.7千米，农村安保提升工程累计完成557千米，危桥改造1座。

（赖晓琴）

【管理与养护】　2019年，福州市开

展“路面PQI值提升”“标准化养护示范线路”等养护管理标准化示范活动，打造“五优公路”。完成114座桥梁和13座隧道专业化检测，2座危桥维修加固，31座桥梁整治病害，43座桥梁提升安全防护能力，9座隧道开展提质升级活动。整治道路安全隐患路段4处，实施生命安全防护工程118.8千米、绿化提升72千米，建成“美丽交通生态公路”18.2千米。调整更新国省干线公路网命名编号，统一规范公路网标识体系。推进“厕所革命”，新、改建普通公路厕所4座，新建营前共建服务区，改建公路服务站4个，完善服务区（站）停车、休息、如厕等各类服务；新增视频监控点15个、交通流量观测设备3套。

【路政管理】 2019年，福州市下放路政审批事项2个，取消营业执照、身份证等申请材料，促进简政便民。出台优化公路营商环境工作要点，推进“互联网+政务服务”，开展大件运输许可服务大走访活动，建立“一对一”联络员服务机制，实现“信息多跑路、百姓少跑腿”。开展路域环境综合整治，加强与当地政府、交通综合执法机构联勤联动，保护路产路权。年内办理许可案件171件、路产赔偿案件135件，开展联合整治行动194次。

（李然）

公路运输

【概况】 2019年，福州市公路累计完成旅客运输量0.84亿人次、周转量43.11亿人千米，累计完成货物运输量1.56亿吨、周转量211.65亿吨千米。福州市交通运输现代服务业34个项目完成投资36.81亿元。

【客运市场管理】 2019年，福州市有客运企业114家，其中班车客运24家，旅游（包车）客运企业90家，全市道路旅客运输车辆3230辆，道路旅客运输经营从业人员9313人。道路旅客运输班线548条，其中市际班线155条，县际班线167条，县内班线226条。全市有34个等级客运站，其中4个一级客运站、5个二级客运站、2个三级客运站、13个四级客运站、10个五级客运站。

“四好农村路”运营　福州市140个乡镇全部通客车，2197个建制村通车率100%，4个乡镇综合运输服务站建成投入使用；加强城市公交、市镇班线和镇村公交之间衔接，县（市、区）城乡道路客运一体化评价达到5A等级。

运输服务优化　引导大型客运企业与“互联网+”融合，发展“运游结合”“商务专线”等新型服务，推动客运转型升级。年内闽运公司依托福州市许可的市际旅游标志牌160面，投放旅游包车客运车辆118辆。

【运输保障】 2019年，福州市道路运输中心强化重要时期、关键节点运输保障，规范运输市场。春运期间，组织客运车辆3388辆，落实旅游包车客运车辆80辆，完成道路客运量517.57万人次。第二届数字中国建设峰会期间，调派270辆保障用车、299名司机，为嘉宾提供车辆保障服务。“5·18”“6·18”等大型展会期间，做到车辆保障到位、人员保障到位、服务保障到位。法定节假日期间，采取公交加密班次、出租车驻守保障、地铁延长运营时间、人员现场跟班保障等措施疏运旅客。国庆期间，市道路客运发送旅客89.18万人次，公交客运量803.3万人次，出租车保障5300多趟次，输运旅客17000多人次，地铁客运量309.74万人次。

【货运市场管理】 2019年，福州市有1759家道路货运企业，其中危货运输企业74家，普通货运企业1685家。道路货物运输经营从业人员5.69万人，拥有各种类型货运车辆3.79万辆。

无车承运试点　推进无车承运试点工作，吸引省外企业入驻福州市，年内6家试点企业无车承运人业务交易额23.3亿元，提升物流效率15%，降低物流成本10%。

农村物流　县、乡、村三级物流网络节点覆盖率有所发展，其中县级物流中心11个，覆盖率100%，乡镇级物流节点125个，覆盖率96.15%，村级物流节点1643个，覆盖率75.75%。

货运行业转型升级　引导推广标准化、厢式化、轻量化、清洁能源货运车辆；推动冷链物流产业升级，提升冷链物流技术与装备水平；推动“干线铁路运输+支线公路甩挂”多式联运发展。

【巡游出租车管理】 2019年，福州市区有出租车企业20家，市区出租车6345辆，经营使用权属企业的出租车4149辆，占65.39%，经营使用权属个体的出租车2196辆，占34.61%；出租车从业资格驾驶员4.3万人，在岗驾驶员1.5万人。

出租车营运秩序整治　通过编印出租车文明宣传手册，制作出租车标准化服务宣传微视频、开展车容车况检查、组织开展违章司机复训考核等方式，提升车容车貌、行车风纪。

出租车企业服务质量信誉考核　开展出租车企业服务质量信誉考核，采取核查企业经营管理材料、现场勘验、随机抽查公营企业司机着装情况等方式，对福州市区出租车企业的基本条件、经营行为、安全生产、履行责任和管理水平等方面进行考核。考核等次为AAA级企业4家，AA级企业13家，A级企业1家，不定等次1家。

出租车车载终端系统安装　市区5008辆出租车安装车载终端系统，发挥科技管理作用，依托车载智能终端的视频、音频监控设备，对车辆车容车貌，驾驶员拒载、绕道、不按表收费等经营性违章进行全过程、全天候动态监管。

出租车共享服务站建设　推进建设集车辆保洁、维修、充电，司机餐饮、休息等于一体的共享服务站，为出租车驾驶员提供一站式综合服务，年内华威共享服务站投入运营。

行业正能量工作　市道路运输中心对2018年度十佳出租车司机及出租汽车行业十佳志愿者进行表彰，并制作十佳出租车司机及十佳志愿者的宣传海报张贴在火车南北站出租车候客通道、公交站台、企业服务站等地。举办迎国庆发车启动仪式、制作献礼微视频、在车上粘贴五星红旗、开展出租车行业技能竞赛等形式献礼70周年国庆。

【网约车管理】 2019年，福州市有许可的网约车平台公司22家，取得“网络预约出租汽车运输证”的车辆8533辆，30305人取得“网络预约出租汽车驾驶员证”。

网约车合规化整治 按照清违规，促合规原则，推进网约车平台不合规车辆清理，落实平台主体责任，福州市网约车双合规订单率超50%，全国排名居前20位。

网约车审批服务优化 简化办事流程，调整、优化福州市网约车管理细则及工作规范，简化网约车驾驶员考证流程和时限，开办网约车培训专班，组织专场考试，优化网约车审批服务。

网约车行业引导与服务 成立网约车行业协会，对接、走访、服务行业协会、企业、线下公司及从业人员，畅通沟通和诉求渠道，宣讲行业政策，出台扶持举措。

服务质量信誉考核 首次对5家在运营的网约车平台公司开展服务质量信誉考核，从企业安全责任落实、车辆与司机管理、运营服务状况、安定稳定、经营信用等方面进行综合考核评定。

【机动车维修管理】 2019年，福州市一、二、三类机动车维修企业784家，连锁型维修企业8家，连锁门店数35个，机动车综合性能检测机构22家。形成以一类企业为骨干、二类企业为基础、三类企业为补充的机动车维修检测市场服务体系。

机动车维修经营备案登记改革 出台关于贯彻机动车维修新规，规范备案管理的有关文件。完成206家临时备案企业转正式备案工作，新增机动车维修备案企业49家，备案登记制度改革走上正轨。

汽车健康档案系统建设 推广汽车健康档案系统，提升维修企业信息化管理水平，全市汽车健康档案系统一、二类维修企业对接率100%，提前超额完成年度任务。

第二轮政府购买营运车辆检测服务项目启动 通过公开招标，确定福州市晋安区盛辉机动车检测有限公司等14家机动车综合性能检测机构开展第二轮政府购买营运车辆检测服务，8月项目启动开始。

2019年9月，以“福州古厝”为主题的19路公交车作为福州市首批公交主题车厢正式上线 （石美祥 摄）

【运输驾驶从业人员培训管理】 2019年，福州市有机动车驾驶培训机构81家，教练车6267辆，教练员8529名，年培训人数17万余人，全市从业资格培训机构5家。

新模式探索 推广“计时收费、先培后付”的新型服务模式，鼓励行业推行驾培网络教学、女子教练班、VR教学等新型服务。探索驾培联盟体和经营性教练场等模式，整合驾校资源，缓解企业投资压力。

质量信誉考核 对驾校在考核期内的办学条件、经营行为、教学质量、服务水平等方面进行综合评价，规范驾培市场秩序，建立和完善优胜劣汰的市场竞争集中制，引导驾校注重质量、维护信誉。经考核评定，等级AAA级5家、AA级55家、A级20家、B级驾培机构1家。

从业资格考试 落实新修订的货运从业考试大纲和题库，调整实操考试项目及标准；优化出租车、网约车区域科目题库，突出安全和服务方面的应知应会知识；适时新增考点，完善微信在线模拟考试功能。

【公共交通】 2019年，福州市区有公交车辆4466辆，市区公交线路269条（其中快速公交9条），定制公交310条，公交场站（含枢纽站、停车场）88个，载客量4.08亿人次；公交从业人员8460人。新增、更新公交车519辆，新辟和优化公交线路90条，改造公交站台101个，新能源公交车519辆，超额完成为民办实事年度任务。

公共交通智能化建设 利用福州公交行业监管服务平台，对公交行业的资源供给、运行效率、服务水平、安全运行等发展状况进行总览总控管理，提高福州公交行业精细化监管能力。东街口、南街、道山路口等公交站点设置电子站牌18块，为候车乘客提供“线路模式”“周边查询”“便民服务”实时信息服务3项。市区所有公交线路实行“e福州”、支付宝、微信等手机支付方式；掌上公交覆盖市区所有公交线路，累计注册用户数266万人，月累计点击突破1968万人次。

成本规制和服务质量考核 推行公交行业成本规制和服务质量考核工作，高峰平均发车间隔缩短到12分钟以内，比上年缩短20%以上，日均运营趟次增长3%。

公交与地铁接驳换乘 开通11条地铁接驳专线，实现轨道公交无缝衔接；对303路、82路等公交线路增加配车数，强化公交与地铁的运力接驳；延长运营时长，对151路、141路和48路等延长末班车时间，与地铁末班时间相匹配。

表 45　2019 年福州市新增公交线路情况

序号	线路	始末站
1	350 路	公交大学城总站—旗山森林温泉度假村
2	地铁接驳 1 号专线	江南名城—金山浦上公交枢纽站
3	地铁接驳 2 号专线	金山工业区台江园—省立医院南院
4	地铁接驳 3 号专线	上街都巡—福州高新区海西园
5	地铁接驳 4 号专线	公交大学城总站—厚美村委
6	地铁接驳 5 号专线	桔园洲港湾站—淮安高沙
7	地铁接驳 6 号专线	福州高新区海西园—博仕后公馆
8	地铁接驳 7 号专线	公交大学城西停车场—侯官村
9	地铁接驳 8 号专线	金山体育场—奥体路公交总站
10	地铁接驳 9 号专线	金山文体中心—横江路东
11	地铁接驳 10 号专线	屏山—公交鹤林站
12	地铁接驳 11 号专线	得贵路—省社科院
13	马尾琅岐码头专线 1	马尾琅岐码头—廨院公交总站
14	马尾琅岐码头专线 2	马尾琅岐码头—马尾青洲公交总站
15	526 路	马尾琅岐码头—龙鼓海边
16	马尾 M2	马尾青洲公交总站—火车南站
17	马尾 M3	马尾青洲公交总站—省革命历史纪念馆站
18	351 路	汽车南站—利嘉自贸区
19	57 路区间	连坂村—连坂村
20	闽清 2 路支一	台山南路—台山南路（环行）
21	福清 201	福清水南车场—福清东张客运站
22	福清 301	福清高山海峡客运站—福清东瀚莲峰
23	福清 302	福清高山海峡客运站—福清东瀚沃口
24	福清 303	福清高山海峡客运站—福清东瀚可门
25	福清 533	福清恒清客运站（福清龙山车场）—福清海口综合运输服务站
26	福清 535	福清恒清客运站（福清龙山车场）—长乐松下
27	福清 536	福清恒清客运站（福清龙山车场）—福清龙田南西亭
28	福清 537	福清恒清客运站（福清龙山车场）—福清城头横圳
29	福清 538	福清恒清客运站（福清龙山车场）—福清城头新街口
30	福清 603	福清龙田客运站—福清渔溪
31	福清 605	福清龙田客运站—福清沙浦东陈
32	福清 607	福清龙田客运站—福清沙浦西山
33	福清 609	福清龙田客运站—福清沙浦青屿
34	福清 608	福清南门客运站（福清水南车场）—福清三山前薛核电站
35	福清 632	福清高山海峡客运站—福清三山前薛核电站
36	福清 633	福清动车站—福清三山华平客运站
37	福清 701	福清渔溪—福清龙山车场
38	福清 702	福清龙山车场—福清新厝桥尾
39	福清 703	福清南门客运站（福清水南车场）—福清江阴码头

续表 45

序号	线路	始末站
40	福清 705	福清渔溪车站—福清江阴镇区
41	福清 706	福清渔溪车站—福清江阴三峡产业园
41	福清 707	福清江阴港城经济区管委会—福清动车站
43	福清 708	福清龙山车场—福清渔溪黄檗寺
44	福清 802	福清公共交通公司—福清龙田龙辉街
45	福清 805	福清公共交通公司—福清江镜吴塘
46	福清 817	福清公共交通公司—福清江镜柯屿
47	福清 818	福清公共交通公司—福清龙田龙辉街
48	福清 912	福清水南闽运长途汽车站—福清东瀚车站
49	福清 913	福清水南闽运长途汽车站—沙浦
50	长乐 624 路	江田公交枢纽站—海西动漫城
51	长乐 630 路	闽运金峰车站—潭头公交首末站
52	长乐 635 路	金漳广场公交首末站—金漳广场
53	长乐 681 路	华威新能源公交站—福州外语外贸学院
54	永泰金泰专线	南门—太原
55	连江 18 路	树德学校—晓澳客运站
56	连江 19 路	连江汽车站—体育馆
57	连江山岗片区公交专线	树德学校—福凯公司
58	连江 382 路	连江汽车站—福州华威客运站

（宋彩惠）

铁　路

【概况】　2019 年，福州站每日图定开行列车 175 对，包含普速列车 10 对、动车组列车 110.5 对、动检列车 6.5 对、回空动车组列车 17 对、货物列车 21 对、单机 10 对；福州南站每日图定开行 153.5 对列车，包含动车组列车 128 对（办理乘降 97.5 对、通过 25.5 对、不办理乘降 5 对）、动检列车 4.5 对、回空动车组列车 17 对、货物列车 4 对。福州客运段承担福州—北京、福州—南京等 11 对普速旅客列车，福州—北京、厦门北—北京西 2 对 160 千米中速动车组列车，福州—北京南、福州—上海虹桥等 129 对动车组列车的乘务工作。福州机务段配属机车 277 台，福州车辆段配属客车 1319 辆，福州动车段配属动车组 202 组。

年内福州车站发送旅客 2941.58 万人，比上年增长 2.7%；福州车务段发送货物 1491.77 万吨，增长 40.64%。

【福厦高铁首条隧道贯通】　2019 年 9 月 16 日，福厦高铁首条贯通隧道——福厦高铁南峰隧道贯通。南峰隧道全长 673.02 米，地质条件复杂，存在浅埋偏压、人工填土、危岩落石等难题。在建设过程中，施工单位推行标准化管理，加强科技创新，优化资源配置，历时 473 天实现南峰隧道贯通。

福厦高铁自福州市引出，向南经莆田市、泉州市、厦门市，终至漳州市。线路全长 277.42 千米，为设计时速 350 千米的双线铁路。沿途设车站 7 座，其中漳州站为既有车站改扩建，福州南、莆田、厦门北站为并行既有站新建车站，福清西、泉港、泉州南站为新建站。福厦高铁北接合福高铁、温福铁路，南连厦深铁路、龙厦铁路，是“中长期铁路网规划”中“八纵八横”高速铁路网之一东南沿海铁路客运通道的重要组成部分。福厦高铁 2017 年 9 月开工，计划 2022 年 9 月建成通车。线路建成后，福州至厦门的动车运行时间将从约 2 小时缩短至 1 小时以内。

【平潭海峡公铁两用大桥贯通】　2019 年 9 月 25 日，福平铁路平潭海峡公铁两用大桥贯通。平潭海峡公铁两用大桥全长 16.34 千米，起于福州市长乐区松下镇，经人屿岛、长屿岛、小练岛、大练岛，至平潭岛。大桥设有 4 座航道桥，依次跨越元洪航道、鼓屿门水道、大小练岛水道、北东口水道；其中，跨度最大的元洪航道桥采用主孔跨径 532 米的钢桁梁斜拉桥，满足 5 万吨级航道单孔双向通航。全桥有 228 个桥墩，钢结构用量 124 万吨，混凝土用量 294 万立方米，是截至 2019 年全世界用钢量和混凝土量最多的桥梁。大桥下层设计为时速 200 千米的双线Ⅰ级铁路，上层设计为时速 100 千米的双向六车道高速公路。大桥处于台湾海峡，全年 6 级以上大风超过 300 天、8 级以上大风超过 120 天，是世界三大风暴海域之一，海域环境复杂，建设条件恶劣，有效作业时间短，施工难度大，被誉为“超级桥梁工程”。大桥于2013年11月开建，历时近6年实现贯通。工程建设中，海峡环境桥梁深水基础建造技术、常遇大风环境下高塔施工技术、钢桁梁整体全焊建造技术、海峡桥梁安全运营保障技术等应用填补国内空白。

【福平铁路联络线接入福州站】 2019年10月17日，福平铁路联络线接入福州站大拨接封锁施工开始；至18日凌晨，经过4个半小时封锁施工，福平铁路联络线接入福州站。福州车站站改工程全部完成。

福平铁路联络线引入福州站站改施工由福平铁路公司牵头组织，中铁二十四局集团公司为施工主体。工程将既有福州站联络线同时拨向两侧，与新建联络线对接。封锁施工结束后，福州车站针对新引入线路进行提速后续试验。试验期间，车站实行每日一图，对80趟旅客列车调整站内股道，确保列车安全正点运行。

（曾进）

轨道交通

【概况】 2019年，福州地铁续建线路5条，新开工线路1条，完成建设投资149.05亿元。其中续建线路：1号线（二期）完成6.04亿元、2号线完成20.76亿元、6号线完成41.87亿元、5号线（一期）完成38.52亿元、4号线（一期）完成41.86亿元。福州市轨道交通线网规模343.7千米，建设规划获批1、2、4、5、6号线规模149.3千米。1、2号线开通运营，4、5、6号线在建，形成“十”字加有环放射骨架网。

（陈强　于永钦）

【线路规划】 2019年，福州市线网规划含9条线路（1、2、3、4、5、6、7、8、9号线），343.7千米，设站198座。按照“补齐短板、持续推进、促进发展”要求，打通福州新区北翼交通瓶颈和引导滨海新城核心区，开展第二轮建设规划调整，包含2号线马尾延伸段和6号线东调段。

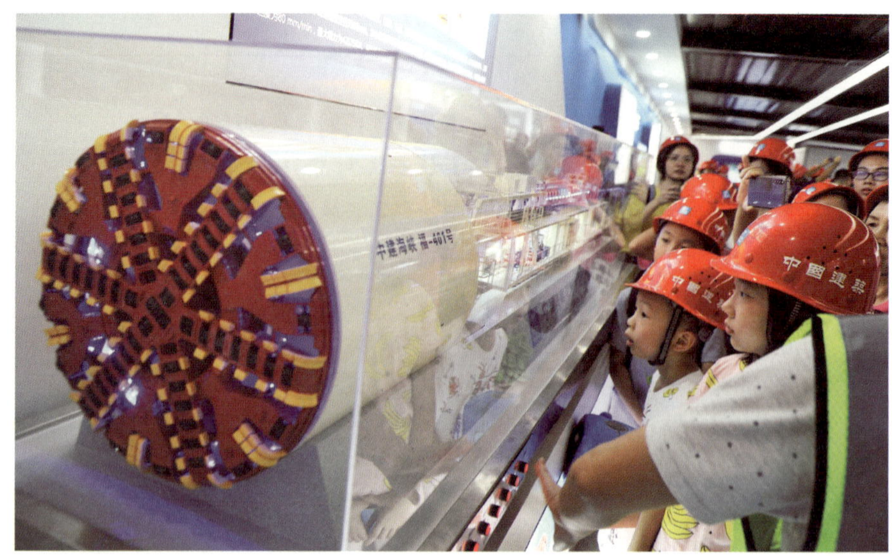

2019年8月31日，福州地铁举办市民开放日活动，80位市民代表参观福州地铁标准化示范工地地铁4号线池边站。图为小朋友们了解盾构机工作原理(郑　帅　摄)

地铁2号线马尾延伸段　起于洋里站，终于马尾港站，线路长16.88千米，设12座车站（洋里站、魁岐站、葆桢站、儒江站、兆锵站、马尾大桥站、马江渡站、船政文化城站、罗星塔站、青洲站、保税区站、马尾港站）。

6号线东调段　起于万寿站，终于国际学校站，线路长5.29千米，新建6座车站（滨海北站、花亭站、滨海CBD站、沙尾站、金滨路站、国际学校站）。

（于永钦）

【地铁运营】 2019年，福州市开行列车16.3万列次，运营总里程437.41万列千米，运行图兑现率99.99%，正点率99.97%，总客运量10733.86万人次，日均客运量29.41万人次，比上年增长76.32%。日均客运量实现新高，达到52.47万人次（9月30日）；各设备系统运行可靠度均高于国家标准，未发生运营安全事故。

1号线运营　开行列车9.52万列次，运营总里程235.94万列千米，运行图兑现率99.99%，正点率99.97%，总客运量7493.29万人次，日均客运量20.53万人次，比上年增长23.09%。

2号线开通　4月26日，福州地铁2号线开通初期运营，福建省委副书记、福州市委书记王宁，福州市政府市长尤

表46　2019年福州市地铁线路建设情况

序号	线路	进展情况
1	1号线二期	4个车站主体结构全部封顶，区间全部贯通，附属结构、机电施工、铺轨工程全面展开，其中铺轨工程累计完成60%
2	2号线	4月26日开通初期运营
3	6号线	13个车站主体封顶；9个区间双线贯通，盾构区间累计完成90%；矿山法区间累计完成85%；全面进入附属结构、铺轨工程、风水电及装修阶段
4	5号线一期	全线20个站点，动工19个，其中15个车站主体封顶，4个区间双线贯通，10个区间盾构掘进
5	4号线一期	21个站点全部动工，其中4个车站主体封顶，14台盾构始发掘进
6	滨海快线	机场站和大数据站主体结构接近封顶

猛军等省、市领导出席初期运营活动。年内2号线开行列车6.78万列次，运营总里程201.47万列千米，运行图兑现率100%，正点率99.97%，总客运量3240.57万人次，日均客运量12.96万人次。

运营保障　完成第二届“数字中国”建设峰会、“国庆70周年”“2019福州国际马拉松”等重大活动运营保障工作。打造“春运温暖回家路”“高考直通车”等核心运营品牌；“小茉莉”服务队收到各类表扬1200余次；围绕韵雅地铁、爱心公益等主题，构建生态服务圈，《城市地铁生态圈品牌体系的优化与战略实施》获第十七届全国交通企业管理创新成果部级一等奖。优化行车间隔，高峰期最小行车间隔缩短至5分45秒。一卡通、“e福州”APP、“码上行”APP等支付方式使用更加广泛，全年无现金支付比例增至70%，乘客站内通行速度提升。

【地铁资源开发】　2019年，福州地铁集团与中交和绿城联合体竞得的金山轻轨站预留地块开发项目——榕心映月首期开盘，当日售罄。全年广告、通信、商铺、文创等非票务资源收入约4177万元。年内《福州市轨道交通资源接入管理办法（试行）》实施。引进共享充电宝、车站连锁面包店等便民设施。定期推出地铁文创产品，制作和发行福州地铁10周年、中国地铁运营50周年纪念票卡等。

（陈强）

水路运输

【概况】　2019年，福州市有水路运输业56家，其中海运企业38家、内河企业18家，备案水路运输辅助业52家。拥有经营性船舶380艘297万载重吨，其中沿海179艘196万载重吨；内河船舶171艘13万载重吨；远洋船舶30艘88万载重吨。福州地区有内河在册各类船舶869艘、总吨343452吨。其中油船50艘、总吨7369吨；客（渡）船101艘客位3503座、总吨4818吨；其他在册船舶718艘，总吨331265吨。在册注册船员2418人。在册内河适任船员1030人，其中持内河一类适任证书船员368人，持内河二类适任证书船员420人，持内河三类适任证书船员242人。

【水上运输】　2019年，福州市新增水上运输运力14万吨。完成货运量1.42%亿吨，货运周转量2532亿吨千米，分别比上年增长18.84%和15.03%，客运量累计完成168.68万人，旅客周转量5329.85万人千米，分别下降9.64%和增长6.85%。年内引入4家航运公司入驻连江县、福清市，吸引资金1.8亿元，增加运力14万吨，实现航运业较大规模回流。

【内河水上交通安全监管】　2019年，福州市水路运输综合服务中心完成“两会”、第二届“数字中国”建设峰会、“5·18”海交会、“9·30”焰火晚会等重大活动期间水上交通管制及安全保障工作。以“平安交通”为主线，开展“水上交通安全专项整治”“内河船舶非法涉海运输治理”“长期脱管船舶专项整治行动”“国内航行船舶进出港报告专项整治行动”“隐患排查百日行动”“防风险、除隐患、保安全、迎大庆”等专项行动，结合行业安全生产主体责任指导服务工作，强化安全监管。组织行政执法检查922次，出动执法车辆545辆次，出动执法艇496艘次，出动人数2724人次，检查渡口202处次，锚地、停泊区、水工作业区263处次，各类船舶1183艘次，整改安全隐患70处；立案36件，结案35件，罚款金额36.68万元。

加强危险化学品重大危险源管控，严查水路危货运输企业和人员资质情况。组织开展“2019年内河交通应急救援联合演习”“洪塘大桥防船舶碰撞演习”“饮用水水源地突发环境事件应急演练”“水口坝下治理工程项目部防汛应急演练”等大型综合演习，提升中心应急反应和应急处置能力。年内救起落水人员27人，配合市公安局参与“1·14”浦上伤人案落水者搜寻行动，并找到犯罪嫌疑人尸体，完成搜寻任务。完成水口坝区水上救助站码头、“闽海巡113”“闽海巡117”“闽海巡118”、苍霞海事趸船码头建设；配合推进永丰、螺洲水上救助站建设；完成30路闽江水域高清视频安装，另有19路探头完成前期踏勘；完善防汛物资、应急物资配备，全面落实应急值守，确保发挥应急处置作用。推进智能海事管理，船舶进出港签证取消后，推行电子签证，福州地区闽江通航水域全面实行船舶进出港网络申报制度，在海事船舶报告系统上注册内河船舶227艘，辖区船舶进出港报告13416艘次。

【水上运输行业管理】　2019年，福州市根据《国内水路运输管理条例》《国内水路运输管理规定》，对符合资质条件的，准予进入水路运输市场经营。每年开展一次企业经营资质核查结合“平安船舶”“内河航运市场秩序”等专项整治行动，对有问题的企业进行整改，整改仍不合格的给予取消经营资格。全市除不在核查范围的经营国际航线的4家沿海航运企业外，应参加核查企业104家，其中沿海34家、内河18家、辅助业52家；完成核查国内水路运输企业98家，其中沿海企业34家、内河企业16家、辅助业48家。未参加核查企业6家，其中沿海企业1家、内河企业2家、辅助业3家，发出整改通知书6份。

年内，福州市应参加核查的船舶370艘，载重量269.79万吨。完成核查营运船舶362艘，其中沿海173艘，载重量255.96万吨；内河船舶189艘，载重量11.98万吨；未核查营运船舶8艘，载重量13.83万吨。未参加核查的企业和核查的船舶，结合专项整治行动加强重点监管，构建水路运输市场信用体系，建立航运企业“红黑”名单，并向社会公布。

（俞耀华）

港　口

【概况】　2019年，福州市域沿海码头泊位125个，泊位总通过能力12895

万吨（集装箱251万TEU），其中万吨级以上泊位48个，5万吨级以上泊位23个，10万吨级以上泊位18个。江阴港区4号5号泊位可靠泊载重吨为20万吨集装箱船，罗源湾港区可门作业区4号泊位可靠泊载重吨为30万吨散货船。年内江阴港区完成集装箱海铁联运41743标箱，比上年增长2.73%。

【港口建设】 2019年，福州市域完成港航建设项目投资23.1亿元，占年度计划20.7亿元的111.36%，其中码头建设16.3亿元，航道防波堤6.8亿元。年内完工项目3个，包括罗源湾港区将军帽作业区一期工程新增环保设施配套工程、福清湾深水航道二期疏浚工程和闽江马尾对台综合客运码头工程。新增泊位4个，包括松下港区山前作业区18号、19号泊位（18号泊位为5万吨级）和闽江马尾对台综合客运码头2号、3号泊位，新增年通过能力210万吨，旅客53.1万人次。

【港口运输】 2019年，福州港完成货物吞吐量1.7亿吨，比上年增长16.81%。其中闽江口内港区完成5474.68万吨，比上年增长25.73%；罗源湾港区完成5363.05万吨，增长14.04%。完成集装箱吞吐量340.82万标箱，比上年增长5.08%，其中江阴港区完成205万标箱，增长12.23%。完成旅客吞吐量25.57万人次，比上年增长23.43%，其中马尾—马祖、黄岐—马祖完成6.53万人次，增长12.96%；平潭—台北、台中完成19.05万人次，增长27.48%。

【港口安全】 2019年，福州港梳理危货企业建设手续，规范危货附证发放，通过购买服务委托第三方安评机构开展危货安全指导服务，强化港口安全生产风险辨识评估，完成37项检查及港口设施保安相关工作。加强重点时段检查指导，强化安全执法处罚，落实安全约谈制度；加强宣传教育培训，开展危货事故应急救援演练，编制危货应急手册，强化港口应急管理。完成年度安全生产责任管理目标，实现全年无安全生产责任事故。全年全港出动安全检查人员2656人次，检查港口码头企业841家次，排查并整改安全隐患1317项次，全港安全生产形势总体较为平稳。

（蔡斯雨）

航空运输

【概况】 2019年，福州长乐国际机场有航线119条，其中国际及地区航线27条、国内航线92条。全年运输起降106787架次，比上年下降1.76%；累计旅客吞吐量14760226人次，增长2.55%；累计完成货邮吞吐量131071.7吨，下降1.59%。年内元翔（福州）国际航空港有限公司2019年获国际机场协会ASQ出港服务质量测评全球同类机场第二名、民航局“净空2018”禁毒示范机场称号及福建民航系统工匠精神文化建设系列活动“突出贡献奖”。

【航空运输】 客运 2019年，福州长乐国际机场新增南阳、梧州、广州佛山、中卫、泸州、唐山、东营、万州、北京大兴、井冈山、宜宾、信阳12个国内航点，以及茨城、美娜多、芽庄和金边4个国际航点，42家航空公司参与国内外航线运营。其中，新开福州—芽庄、福州—金边和福州—美娜多的东南亚航线，加密东南亚航网通道，同时新开日本航点茨城，这是继东京和大阪之后的唯一日本新增航点；年内开发腹地市场，加大对腹地市场的营销力度，构建OTA与航空旅游的合作平台。全年境外旅客吞吐量212.2万人次，其中国际航线旅客 126.4万人次，地区航线旅客85.8万人次；国内旅客吞吐量1349.6万人次。

货运 累计完成货邮吞吐量13.11万吨，比上年下降1.59%。其中国内累计完成货邮吞吐量10.18万吨，比上年下降6.08%，国际累计完成货邮吞吐量2.92万吨，增长18.07%。开发中转运输业务，挖掘舱位资源，利用新优惠政策带动作用，推动相关货代公司共同开发郑州—福州—郑州中转运输产品；挖掘货邮吞吐量增长点，引入莆田跨境电商监管中心开展业务合作，首次实现异地监管中心与福州机场进行出口快件业务对接；优化国际进港快件货物运输保障流程，提升货物移库交接、查验申报时效，打造核心竞争产品；扩展库区容量，完成对货运站南侧2300平方米草地区域硬化改造，优化货运发展环境。

【航空安全管理】 2019年，福州长乐国际机场完成《机场使用手册》《安全保卫方案》等相关章节修订，陆续出台《视频监控系统管理规定》《网络与信息安全管理规定》《保密管理规定》等系列制度，强化员工保密意识，夯实安全基础；建立每两周一次的安全暨风险管理专题例会制度，累计召开专题例会16次，完成132项安全隐患的梳理并逐项制定风险防控措施，协调运行类问题87个，夯实安全运行基础；通过岗位技能竞赛，夯实“三基”建设；以“空港工匠杯”岗位练兵、一班一品、安全生产月等安全主题活动提高一线岗位员工增强岗位技能积极性。

【机场服务】 2019年，福州长乐国际机场开展不同空间区域商业功能组合合理布局，充实已有候机楼商业区业态和品牌，陆续引进新生医疗、青岛啤酒吧等新型商业业态并实现聚春园、汉堡王、拉图阿卑斯、倍轻松、娜尔思、大智慧沉香、国家地理、回力等新知名品牌入驻候机楼；落实机场全流程便捷乘机，配备自助值机设备53台，自助行李托运设备13台，旅客既可办理自助值机，又可办理自助行李托运；完成3个安检通道和2个登机口的人脸识别闸机安装，同时配套3条智能安检通道，旅客仅须在安检口刷一次身份证件，即可实现全流程刷脸乘机。

【机场基础设施建设】 2019年，福州长乐国际机场二轮扩能工程收尾工作基本完成，滑行道及停机坪改扩建工程进场施工；二期扩建工程方面，3月30日元翔（福州）国际航空港有限公司组织完成航站楼方案国际征集，并按照福州市政府和翔业集团要求进行多轮优化；8月22日项目建议书获国家发改委批复；完善社稳、节能、电磁环境、飞行程序等配套项目；9月28日机场二期配套工程开工；协助长乐区政府完成133.33公顷征地任务，对接国家、省、市、区四级国土部门，配合省自然资源厅完成土地利用和耕地保护专项报告踏勘论证，组织节地评价评审会。

（黄剑峰）

【福州航空】 2019年，福州航空有运营飞机16架，安全飞行5.28万小时；完成运输总周转量4.26亿吨千米。全年飞行班次25884班，旅客运输量331万人次，平均客座率85%。年内开展业务体系职业技能竞赛，选派业务骨干参加民航系统工匠精神比赛。福州航空向福州市鼓楼区慈善总会捐款3万元助力脱贫攻坚，与永泰县康乐村搭建党建共建平台，分别于5月、11月开展精准扶贫活动，并在康乐村扶贫点建立福州航空党校，成立福州航空红色图书馆，为贫困户子女提供千余册图书。

安全运行工作 年内累计安全飞行187395小时，飞行班次92802班，运输旅客逾1230万人次。航班正常率83.69%，比上年提升0.94个百分点，在全民航41家航空公司排名第11位，其中在福州本场放行正常率84.8%，高于机场均值4个百分点；连续10个月放行正常率高于福州机场平均水平。助力福州机场2019年“放行攻坚战”实现小时容量的扩容恢复。年内安全考核结果优秀，安全形势平稳正常。

航线网络布局 搭建福州基地骨架航线网络，推进哈尔滨、西安及宜昌基地航线网络建设。年内福州航空通航44个城市，开通61条航线，新增哈尔滨—太原—宜昌、宜昌—大连、福州—襄阳—西安等航线，形成以福州为核心，多基地共同发展模式。新增航线16条，其中夏秋航季初新增10条，冬春航季初新增6条。3月31日，福州航空实行差异化服务。对资源进行优化配置。

（陈羽）

邮 政

【概况】 2019年，福州市邮政行业业务总量累计完成119.13亿元，比上年增长22.31%；业务收入累计完成60.89亿元，增长13.52%。其中，邮政公司业务总收入11.53亿元，比上年增长19.67%。快递业务量完成4.76亿件，比上年增长16.32%；快递业务收入完成48.91亿元，比上年增长21.52%。全市取得合法快递业务经营许可证的企业119家，取得分支机构名录网点882家，备案末端网点1488家；拥有快递主要品牌19个，各类快递品牌在福州设有分拨中心19处；行业从业人员2.02万人，车辆1650辆。

【县级邮政业务】 2019年，福州县级闽侯邮政管理局、福清邮政管理局完成邮政行业业务总量42.4亿元，其中闽侯县邮政行业业务总量累计完成34.76亿元，全市排名第一，比上年增长37.86%；快递业务量1573.51万件。取得合法快递业务经营许可证企业25家，备案分支机构80家，登记快递末端网点213家，从业人员数逾5000人，各类快递品牌在闽侯设有分拨中心11处。邮政普遍服务营业网点29个，其中电子化网点27个，人工网点2个。福清市邮政行业业务总量累计完成7.64亿元，全市排名第四，比上年增长19.06%。取得合法快递业务经营许可证企业8家，备案分支机构158家，登记快递末端网点198家（较去年增加112家），村邮站17家。

【“双11”快递业务】 2019年“双11”期间（11月11—18日），福州市快递揽收量累计完成1605.23万件，投递量累计完成2536.2万件，分别比上年同期增长15.22%和29.84%；日均揽收量200.65万件，约为平时的1.6倍；日均投递量317.03万件，约为平时的2.2倍；其中，最高日揽收量（11日）365万件，约为平时的2.9倍；最高日投递量（15日）399万件，约为平时的2.8倍。

【“快递+”项目】 2019年，福州市邮政管理局推进“快递+”项目建设。跟进“快递+农产品项目”，调研“一镇一品”情况，先后挖掘闽侯橄榄、青山龙眼、闽清盈乐线面、金鱼、聚元牛排、一都枇杷、渔溪龙眼、东张柚子、沙埔花生等项目，开启“农村淘宝”计划，打通“快递下乡”快行道，推进“农村电商+快递”融合发展，并在永泰白云乡设立1个乡级农副产品展销中心。建有邮乐购站点1325个，比上年增加100个；全年实现快递业务量43.91万件。助推顺丰定制化精准服务新大陆、福建联迪、星网锐捷等“快递+制造业”项目，业务量17.32万件，业务收入合计825.77万元。拓展“快递+跨境电商”转型。利用自贸区及对台高地，推进顺丰做大海空联运转口业务，鼓励申通、韵达等企业以平潭为基地，促进经台经转快件发展。

【末端投递】 2019年，福州市建成第三方快递公共投递服务站723个，智能快件箱4351组，日均派件量约26万件，占市区投递量24%。推动福州大学城管委会及福州大学城13所院校提供场地及通行等保障，建成校园快递服务中心15个。

【邮运网建设】 2019年，福州市有普遍服务营业网点238个，与上年持平。其中自营网点226个，比上年增加5个；代办网点12个，减少5个。四项法定业务开办率100%，乡镇网点覆盖率100%。

【综合服务平台建设】 2019年，福州邮政分公司完成全区税邮、警邮合作布点工作，分布6区6县72个网点，实现每个县（区）至少有一个普服网点提供税邮、警邮服务，为群众提供机动车业务、交通违法自助处理、互联网平台用户注册、驾驶证业务四大类25项交管业务代办服务和代开税票服务。

【村村通邮建设】 2019年，福州市有2383个建制村，实现村村通邮。其中邮件直投入户1261个，投至村邮站的424个，投至村委会的698个。对5千克以内的包裹提供投递上门服务。

（王博 缪丹琳 陈武进 吴萍萍 陈瑾）

（编辑 黄雯倩 周弭姣）

口岸

口岸管理

【概况】 2019年，福州市辖区港口有生产性泊位125个，其中万吨级以上泊位48个（5万吨级以上泊位23个），其中结构按10万吨级以上18个。12月，福州关区进口整体通关时间23.71小时、出口整体通关时间1.12小时，较2017年分别压缩78.8%、90.3%，压缩比与全国水平相比高出35.45%、57.41%。单个集装箱进出口环节常规收费压减到400美元以内。

【口岸开放】 2019年，罗源湾港区环下屿岛作业区申报扩大开放获得东部战区同意，向海关总署上报将罗源湾港区环下屿岛作业区扩大开放列入2020年海关总署审理计划；闽江口内港区马尾琅岐对台客运码头通过省级验收并对外开放；闽江口内港区闽安山水码头、罗源湾港区将军帽作业区1号泊位、松下港区元载码头通过市级验收，并向省口岸办申请省级验收；黄岐港区黄岐对台客运码头、罗源湾港区环下屿岛作业区1～4号泊位临时进靠国际航行船舶获得交通运输部批准（每半年一批）；江阴港区进境粮食指定监管场地通过海关总署验收；福州保税港区（二期）通过国家验收。

表47　2019年福州市口岸客运统计表

口岸类型	出／入境	累计（人次）	比上年增长（%）
海港口岸（对台客运）	出境	31911	13.23
	入境	33460	12.1
	合计	65371	12.65
空港口岸	出境	1136054	2.66
	入境	1098014	1.73
	合计	2234068	2.2

表48　2019年福州口岸海运统计表

类别	完成量	比上年增长（%）	进口累计	比上年增长（%）	出口累计	比上年增长（%）
货物吞吐量（万吨）	16918.76	17.40	—	—	—	—
外贸吞吐量（万吨）	5456.55	4.77	3997.99	16.31	1458.56	−17.64
集装箱（万标箱）	337.21	4.55	—	—	—	—
外贸集装箱（万标箱）	168.14	−6.56	83.19	−6.16	84.95	−6.96

【口岸航线】 2019年，福州海港开辟至美国西部、西非、日韩、东南亚、中国台湾、中国香港、内支线37条贸易航线以及“两马”（马尾琅岐—马祖）、“黄岐—马祖”2条海上直航客运航线。

【口岸通关】 2019年，福州市制定《福州口岸进一步提效降费，促进跨境贸易便利化实施方案》《福州口岸2019年度鼓励进口货物提前报关奖励暂行办法》等措施，提前完成进口货物整体通关时间压缩60%，出口货物整体通关时间压缩70%的工作任务；向口岸相关企业兑现提前报关奖励的承诺。发放2018年10月至2019年10月提前报关奖励金206.597万元，申领的报关企业98家，进口提前报关率约60%。完善《福州口岸收费目录清单》，并通过福建省国际贸易单一窗口重新对外公示，会同市财政局等相关部门开展落实口岸减税降费及收费摸底排查整治工作，确保福州口岸江阴港区、闽江口内港区收费标准按照“福建省国际贸易单一窗口”公示《福州港口岸最新收费清单》执行。

（陈裕）

海关监管

【概况】　2018年3月，国家质量监督检验检疫总局的出入境检验检疫管理职责和队伍划入海关总署。2018年4月20日起，统一以海关名义对外开展工作。原驻榕海关和检验检疫机构通过机构改革，由11家整合精简到3家，分别为榕城海关（副厅级）、福州长乐机场海关（正处级）、马尾海关（正处级），均隶属于福州海关。其中榕城海关为新成立的海关机构，2019年1月29日揭牌运作，按授权负责福州市鼓楼区、台江区、仓山区、晋安区、福清市、闽侯县、连江县、罗源县、闽清县、永泰县行政辖区，马尾区（不含福州出口加工区等特殊监管区域）、长乐区行政辖区属地及长乐区松下港口岸等辖区海关各类管理工作；福州长乐机场海关按授权负责福州长乐机场开放区域以及与机场密切配套的航空物流、维修等特殊区域及进出境商业快件、跨境电子商务等海关各类管理工作；马尾海关按授权负责马尾区、福州长乐区行政辖区内海港口岸（除长乐区松下港外）和马尾区行政辖区内福州出口加工区等特殊监管区域海关各类管理工作。

2019年，榕城海关受理报关单13.9万单，监管进出口货物3324.7万吨、货值642.3亿元，监管进出口集装箱48.5万标箱，监管进出境人员11.2万人次，监管进出境运输工具6513辆（艘）次，监管进出境邮包约2815万个，检验检疫货物7.8万批次，完成税收入库59.4亿元。福州长乐机场海关受理报关单8.5万单、货值19.2亿美元，监管进出境航班1.6万架次、旅客224万人，其中对台航班3135架次、旅客34万人，监管进口快件183.2万个，发放口岸卫生许可证32份，完成税收入库7.4亿元。马尾海关全年受理报关单24.44万单，监管进出口货物1707.8万吨、货值915.6亿元，完成税收入库33.83亿元。

【榕城海关】　2019年，榕城海关实施“全通申报”等一系列便利化通关措施，最大化压缩通关时间，参加全省通关便利化测评上半年和下半年蝉联全省第一名。设立全国首本金关二期出境加工电子账册，签发全省首份自助打印原产地证书，开展全省首票边角料内销网上公开拍卖，为加工贸易企业边角料处理搭建网上拍卖“新平台”；为辖区外贸企业减征增值税7.67亿元、为收件人减税113.2万元；针对中美贸易摩擦影响，指导企业开拓欧盟市场、设置“海外仓”。

地方开放开发　打造罗源湾大宗散货物流“高速路”，进口矿产品实现“零等待”“零滞港”；支持罗源湾环下屿岛作业区、黄岐港区扩大开放，推进松下港邮轮码头、申远新材料等重点口岸项目发展，江阴港区进境粮食指定监管场地获总署批复、进口肉类指定监管场地获立项推荐，26个原关检作业场所场地完成整合，4个新场所完成注册登记；支持福清元洪国际食品产业园建设，打造省内进口酒类产品主通道；配合总关解决整车进口问题，江阴整车口岸实现“滚装船”靠岸零的突破，福州海峡汽车文化广场平行进口汽车展示交易中心建成运营。年内，福州关区首家B型保税物流中心通过四部委验收并投入试运行；福州保税港区（二期）通过验收；东南沿海铝精深加工基地百亿项目投产；福州保税港区对接“拼多多”等大型电商平台入驻。

榕台合作交流全国首创对台小包邮件同屏比对快查快放新模式，拓宽两岸邮路；推进黄岐对马祖客运旅检通道便利服务，先行先试旅客差异化通关模式，“黄岐—马祖”客运航线年进出境旅客首次突破5万人次；跟进落实“惠台26条措施”，为海交会、项交会、渔博会等涉台展会提供优质通关服务保障，总结形成以“活、专、特、快、实”为特色的服务榕台交流的“榕关模式”。

通关监管　开展“国门利剑2019”联合专项行动，配合开展“蓝天2019”专项行动，打击洋垃圾进口。辖区缉私部门破获“8·28”走私冻海产品、“7·7”走私成品油等案件14件，案值48.93亿元，涉嫌偷逃税款9.42亿元。查扣各类非法出版物6426件，比上年增长178.4%；下属驻邮局办事处“扫黄打非”工作获评全国先进。推进“龙腾行动2019”知识产权保护专项行动，年内累计扣留侵权物品2363批次、涉及侵权商品5.2万件，分别比上年增长312.4%、78.7%，查获数量占福州关区90%以上，其中连续查获1311副侵犯“apple logo”商标无线耳机，系福州关区邮递渠道价值最高的侵权案件。

监管改革　试点启动“全通申报”模式，通过科学优化集中通关流程，整合辖区属地企业资源、港口资源及窗口资源，形成“灵活就近＋集中处置”的业务优势，实现一窗通办辖区所有业务，提升通关效率、服务质量和便利化程度，累计受理处置进出口报关单18455份，比上年增长4.5倍，完成“线上预约”和“先办后补”业务1500批次，平均每批次节省时间约1.5小时。在江阴试点全国首创外贸空箱全流程智能化监管快放模式，利用超声波探测、物联网技术和智慧云平台等科技手段，对进境空箱进行智能化监管，空箱通关时间从36小时缩减至0.5小时，每箱节约成本200元，全年可节约物流成本1.58亿元。推动新通关预约平台在江阴港区上线试运行，研究编制《新通关预约平台操作指引》，推进海关“互联网＋”应用，优化现场作业流程。组织申报自贸创新措施8项次，有2项参与福州海关创新措施经国务院复制推广；帮扶辖区企业申请全省首份企业自助打印原产地证书，降低企业通关成本，提升通关效率，辖区企业自助打印原产地证书7317份，签证金额3.57亿美元；加工贸易业务实现“3个首次”，率先指导明达工业（福建）有限公司完成省内首票加工贸易边角废料内销网上公开拍卖工作，设立全国首本金关二期出境加工电子账册，首次建立福州关区以企业为单元的账册管理模式；推进“多查合一”改革，创新稽查工作“兵团作战”模式；对接福州市邮政公司，成立“全国最大对台邮件交换中心”，开展邮递物品监管方式改革的承接工作；针对邮政企业在邮递渠道叠加跨境直购模式的诉求，指导企业从场地建设、运输工具、信息化系统等方面对标最新标准，开展软硬件配套工作。

检验检疫　推进关口前伸后移，防控各类疫病疫情及有害生物传入，全年从进境货物中截获植物有害生物442种、12045种次，在福建口岸首次截获检出眼斑叩甲、栎三锥象等有害生物；检疫来自（或途经）非洲猪瘟疫区船舶440艘，封存猪肉及猪肉制品34836千克，在进出境邮递物品中截获猪肉类制品66批次、102.4千克，截获疫区猪肉制品10批次。在卫生检疫方面，榕城海关强化口岸传染病疫情防控，完善口岸突发公共卫生事件应对机制，加强口岸卫生安全监管；落实海关总署发布的黄热病、鼠疫、埃博拉出血热等疫情公告和警示通报要求，截获有死鼠的入境船舶1艘次、出入境人员中确诊8例传染病、出入境健康检查人员中检出25例传染病，其中1例为福州关区首次检出的输入性疟疾病例；组织开展传染病、核生化涉恐应急演练4次；指导江阴港区以海港口岸第一名的成绩通过海关总署关于口岸公共卫生核心能力建设复审。在进出口食品安全监管方面，榕城海关规范开展进出口食品生产企业备案，辖区有出口食品备案企业170家；开展出口食品境外通报调查、进出口食品生产企业后续监管，落实国门生物监测及进口粮食安全风险监控计划，“零扣分”通过2018年度落实粮食安全省长责任制现场考核；综合实验室推进实验室质量管理体系建设，加强检测质量控制，为食品安全提供技术保障；与福州市政府签订“2019年度福州市食品安全工作目标责任书”，构建食品安全联防联控机制。年内检验检疫进出口食品17382批、货值158975.42万美元；综合实验室全年累计完成法检样品731份，检测项目3770个。在进出口商品检验监管方面，榕城海关加强进出口危险化学品及其包装、进口汽车、固体废物等重点敏感商品检验；推进“口岸天平行动”，强化口岸大宗散装货物重量鉴定，开展进出口商品安全风险监测和跨境电商进口消费品风险监测抽样检测工作，开展出口工业品退货追溯调查，对进口铁矿、铜矿等矿产品实行“先放后检”监管方式，助力企业提高竞争力；帮扶建设棉产品集散地，创新实施保税仓储进口棉花集中检验、分批核放模式；创新进口丙烯监督检验监管模式，实现产品卸港、取样和检测的无缝衔接，提升企业年产量。年内开展进出口商品检验10585批次、35.4亿美元。进口商品抽样送检1362批，检出不合格产品115批次、4.7亿美元。出口商品抽样送检182批。

（苏治伟　陈寅）

【福州长乐机场海关】　2019年，福州长乐机场海关多措并举压缩通关时长，采用提前申报，强化通关时效复核，全年电子支付报关单占比99.31%；进出口整体通关时间分别为21.2小时和1.04小时，比上年缩短60.43%和19.3%；落实减税降费政策，深化增值税改革，推进多元化税收担保，加快资金流转，在进口环节为企业减轻增值税4000多万元，在入境环节为旅客减免行邮税35万元；试点“两步申报”改革，11月9日在福州关区率先试点空运货物“两步申报”改革，实现企业提前概要申报，货物到港放行，将原本15个小时的通关流程缩短至1分钟。

通关服务优化　在元旦、国庆节等重要假期，为闽籍人大代表、政协委员等提供通关便利，专案服务“数字中国”等重要经贸活动；打造定制化方案，拓宽物流绿色通道，为鲜活产品进口提供全天候通关查验服务，累计快速验放青蟹等鲜活产品2045批，价值1433.94万美元，分别比上年增长27.6%、17.9%，加班418人次；实施精准化监管，优化审单、查验、放行等环节，年内监管进出口快件183.2万个，货值4.14亿元，其中渠道人工布控查获率18.33%，居全国同类海关首位。

融入地方发展　服务福建省“丝路飞翔”发展战略，支持机场扩容，对标北京大兴机场设计标准，支持福州机场二期扩建工程项目8月份通过国家发改委立项审批；新备案俄罗斯依可亚航空、缅甸国际航空等航企7家，新开通柬埔寨、莫斯科等航线9条，年内长乐机场国际航线增至23条，涉及“一带一路”国家和地区的8条。

通关监管　打击象牙、犀牛角等濒危物种及制品走私，封堵废旧电子产品等洋垃圾入境。全年截获濒危动植物制品281件，比上年增长87.3%，其中象牙制品159件，并在全国口岸首次截获濒危动物长砗磲2只；查获“洋垃圾”入境违规情事12件，其中查获旧手机屏幕3批次，数量2138个，创近年之最；旅检渠道查获反宣印刷品3387本，光盘794件，是同期的9.1倍和8.4倍；“两简”、行政和刑事立案分别为137件、114件和10件，分别比上年增长87.7%、44.3%、25%，涉案金额逾4000万元。

后续监管　与福州市卫健委、福州市疾控中心、福州市烟草局和长乐区农业农村局就防控登革热、猪瘟疫情、烟草走私等事项签署合作协议，实现信息情报共享；全年开展各项桌面推演、预演、正式演练10次，并于6月和8月联合公安局、机场公司开展跨部门埃博拉出血热和口岸核辐射突发事件应急演练；引入稽查力量，确保税款应收尽收，一般贸易渠道补税123票、税款185.8万元，快件包裹补税595个、税款4.2万元。

监管改革　试点空运货物“两步申报”改革，在内蒙古、广西推广开展智能媒介监测系统测试，打造空港口岸强关的全业务示范亮点。主持申报《基于窄带物联网的鼠类智能监控网络的应用研究》获批福建省重点项目立项，6月初通过署级信息化项目评审，在9月23日中蒙口岸突发公共卫生事件跨境联合实战演练中进行专项汇报，系统在蒙古二连浩特口岸、广西南宁凭祥爱店口岸开展测试；推进工作犬基地建设，驯养罗素、史宾格等工作犬10只，其中工作犬查获禁止携带物402批次，占总截获量的6.6%。承接总署卫生检疫犬试训任务，2只拉布拉多开展集装箱场地实地演练，初步具备搜索小白鼠等目标能力。在关区率先使用“物流监控辅助系统”和智能关锁，严密进口快件转场的全链条监管，累计实施快件转场1055票，比上年增长5.58倍；将旅客信息登记、免税品数据申报融入厦门航空的“免税品客舱销售”系统，在简化企业报送数据的同时，实现全覆盖监管，全年监管免税品销售 20.4 万件、金额 4638.56 万元，分别比上年增长 15.9%、33.9%；在旅客出境环节引入行李预检系统，将智能审图与托运行李先期机检相结合，推动“智慧旅检”建设，关员日均作业时间缩短 2 小时。发挥国际卫生机场和国家反恐联系点溢出效应，加强涉恐、涉爆、核生化物品管控，检出入境人员医源性核辐射有害因子事件 43 件；发挥三级监控指挥中心联动优势，改造新增探头 42 个，开展监管场所巡查 32 次，实时视频监控和录像回放 2146 小时；发挥 CT 机、拉曼检测仪等新型监管设备作用，提升查验效能，其中利用拉曼仪定性象牙制品 9 件，占比 36%。

检验检疫　全年发放口岸卫生许可证 32 份，对 103 家所辖航食、口岸餐饮企业实行分级管理，开展卫生监督 160 家次，检查健康证明书 1228 人次，开展食品、饮用水委托检测逾 300 件；构建“境外预警、口岸防控、境内联控”的卫生防控体系，严防埃博拉出血热、中东呼吸综合征等烈性传染病传入传出，全年检出输入性传染病 176 例，其中确诊登革热病例 40 例，比上年增长 19 倍，首次检出输入性登革热 4 型病例；全年检出有害生物 1236 种次，其中检疫性 82 种次，在全国口岸首次截获细菌性软腐病菌，在长乐国际机场首次从鲜切花中检出李属坏死环斑病毒、从辣木籽中检出褐足球棒皮蠹。

（江帆　孟越）

【马尾海关】　2019 年，马尾海关研发上线“报关单工作流监控处置系统”，全流程跟踪通关各环节时效。与厦门东渡海关、海沧海关、古雷海关等探索建立跨关区隶属海关协作机制。12 月压缩进口整体通关时间至 39.01 小时，比上年同期再压缩 1.71 小时。在马尾口岸转关进口货物占福州关区 73.3% 和马尾海关所有货物 32.6% 的情况下，转关货物平均通关时间压缩至 105.1 小时、直航进口货物通关时间压缩至 7.01 小时（低于福州海关全部直航进口货物的 10.22 小时）。全年帮助口岸进出口企业减少进口环节增值税税负 2.35 亿元；梳理企业因申报错误而导致多缴税款情况，指导企业更正并申请退还，帮助出口水海产品企业争取出口退税 0.45 亿元；实现空箱业务改革，释放海关改革红利，每年为企业节省空箱吊箱周转费用 6000 万元。完成税政调研报告 33 篇；其中进口冻猪肉关税税率调整建议被国务院关税税则委员会采纳，进口关税税率从 12% 降至 8%。支持马尾对台客运航线迁至琅岐并于 5 月 17 日首航；应对马尾直航台湾海运快件船舶航次少、不稳定问题，协调平潭海关办理出口转关手续，借助平潭直航台湾海运快件船舶航次多、较稳定的优势，助力马—台海运快件“快上加快”，全年办结对台海运快件出口报关单 6.28 万票、0.25 亿元，比上年增长 4.2 倍、4.9 倍；对接省市区加快发展渔港的战略，支持马尾区建设渔港，服务辖区闽安山水码头转型升级为海洋渔获专用码头；支持福州出口加工区申请升级为综合保税区，并于 2020 年 1 月获国务院批复，成为福州关区首家获批建设的综合保税区；对“考拉海购”项目提供“一对一”专人服务，该项目从落地到正式投入使用仅用时 22 天。年内验放跨境电商包裹 493 万件、6.87 亿元，分别比上年增长 62%、54%，“双十一”当天验放 54 万件，包裹出区速率在全国跨境保税仓中排名第二；定制“码头＋冻库”监管作业模式，监管进口冷冻品 45.22 万吨、50.72 亿元，分别比上年增长 32.93%、56.90%；国际航行船舶供水“开放式申报＋验证式监管”工作模式被海关总署发布公告在全国推广；特定大宗散货区港联动运输模式海关监管制度被福建省政府发文在全省复制推广；推动福州关区海关特殊监管区域内“四自一简”业务率先在福州出口加工区落地；跨境电商业务至金二账册实现切换，出口加工区内所有电商货物纳入金二跨境账册管理；推动跨境电商 1210 保税出口业务、9610 出口业务落地。

（汪海涌）

边防检查

【概况】　2019 年 1 月 1 日，福州边检站举行转隶改制官兵集体换装仪式暨福州出入境边防检查站揭牌仪式。全年查验出入境（港）船舶 11883 艘次，比上年增长 133.41%，首次突破万艘大关；查验出入境（港）人员 177996 人次，增长 39.64%。连续第 7 次在全省口岸通关满意度测评中获“综合得分奖”，1 个集体获第三届“福建省十大法治人物”提名奖，1 个集体获评省级青年文明号。靠前服务保障多个省市重点口岸码头开放项目，完成琅岐—马祖客运航线首航出入境边防检查任务，打造台轮管理“黄岐模式”。

【两岸往来服务】　2019 年，福州边检站推动台轮管理服务“黄岐模式”建设，研发应用“台湾渔船停泊点边检管理服务系统”，实现停泊点管理配套设施与制度机制建设从无到有、逐步完善，备案台轮数量由 43 艘增长至 87 艘，年进出台轮 6000 余艘次，比上年增长 102%，业务量居全国前列、全省第一。助力“琅岐—马祖”新航线建设，投入完成首航勤务及安保任务，健全完善特色乡音服务、前台验证“四三”定式、“船到客下”查验模式等系列举措，保障“万人游马祖”等两岸重大交流活动。

【通关环境优化】　2019 年，福州边检站整合推广授权自助办证、锚地查验通关等举措，创新打造“修造船厂 VIP 通道”“远洋渔企通关 ING”“大型企业诚信服务套餐”等一批特色服务品牌，口岸通关效率提升，未发生任何因边检服务不到位而影响企业生产、船舶滞港事件，助力口岸综合竞争力提升。全年查验出入境船舶首破万艘大关、创历史之最，在全省口岸通关便利化测评中获“综合得分奖”。

【口岸建设项目】　2019 年，福州边检站落实《福建省已开放口岸范围内新建、改建码头泊位验收规定》，靠前对接马尾琅岐对台客运码头、马尾造船厂新址等多个省市重点项目建设，组建“口岸开放验收专项服务队”，先后 10 余次带队到实地踏勘、现场会商、全程指导，向地方党委政府、建设单位研提限定区域设置、监管设施建设等意见建议 20 余条。年内马尾闽安山水码头、罗源湾将军帽作业区通过市级验收。

（张磊）

海防管理

【概况】 2019年，福州市海洋与渔业部门开展打击非法采捕红珊瑚专项执法行动79次。实施海洋伏季休渔制度，发放休渔宣传材料8900多份，出动执法车辆309辆次，全年开展清理取缔涉渔“三无”船舶活动5场，清理取缔涉渔“三无”船舶31艘，均为船长12米以上渔船，其中钢质渔船23艘。福州海警部门查获涉嫌无合法、无齐全手续成品油案39件，非法采矿案13件，无证驾驶机动船舶案24件，查扣涉案船只43艘、涉案车辆19辆，抓获违法犯罪嫌疑人137名，查获成品油6400余吨，案值近3000万元，行政拘留24人，刑事拘留21人。福州海事部门全年组织实施海上搜救行动24次，协调海事系统舰艇56艘次，专业求助船32艘次，商船及其他社会船舶650艘次，专业求助飞机8架次，求助遇险人员254人，成功救起遇险人员252人，人命求助成功率99.2%，救助遇险船舶25艘，成功救助17艘。

【平安海域创建】 2019年，福州市海洋与渔业执法部门围绕“防风险、除隐患、遏事故”主题，通过“6·5”世界环境日、水上安全知识“五进”、“6·16”安全生产咨询日等活动，以安全生产月为契机，开展宣传、宣教活动，推进渔业安全生产、实现创建“平安海域”工作年度和阶段性工作部署落实。福州海警局先后与福建海洋与渔业执法总队直属四支队、福州海事局、马尾海关缉私分局等涉海职能单位建立区域协作和联勤联动机制，实现多部门齐抓共管、联勤联控的工作模式，推进海防检查。市公安海防支队聚焦“两节”“两会”“数字中国”等重大安保活动，加强对偏远岸线、船舶集中停泊地等重点部位走访力度，堵塞管防漏。福州海事局根据年度工作目标，加强海上交通安全源头管理和安全主体责任落实，紧密结合日常安全监管工作和各项专项整治活动，全年累计出动执法人员4143人次，执法船艇1639艘次，查处违法“两船”162艘次，实施船舶行政处罚664.36万元，船员行政处罚173.15万元，实施行政强制32艘，船员移送公安处罚8人。

【军警民联防】 2019年6月，福州市印发《中共福州市委 福州市人民政府 福州警备区关于调整市海防委员会组成人员的通知》，明确市海防委主任由省委副书记、市委书记王宁担任，市海防委常务副主任由市长尤猛军担任。8月制定印发《福州市新时代加强党政军警民合力强边固防的实施方案》。福州警备区为3个沿海人武部民兵船只配发6台海上Wi-Fi，强化通讯保障；组织开展海上民兵骨干集训。市公安海防支队在沿海村居组建护海员队伍254支，配备专兼职船管员107名。市海洋与渔业部门牵头市台港澳办、市公安局、福州海事局、福州海警局以及沿海各县（市）区政府建立涉台海上渔业纠纷联席会议制度，明确联席会议主要职责，解决涉台海上渔业纠纷。年内福州市管辖船只未出现赴敏感海域捕鱼被抓扣事件。

【海防基础设施建设】 2019年，福州市完成年度2条共计3000米海防执勤道路建设任务。完成2020年海防基础建设项目申报工作。完成“十四五”海防基础设施规划项目汇总申报工作。完成2018年度建设任务涉及的1个县级监控中心、9个监控站的竣工验收工作；11月8日下拨海防基础设施维护经费165.7万元。从市海防办机动经费额外拨付连江县坑园镇下屿村海防电子宣传屏维修维护资金6万元、连江县原73331部队县级监控中心和定海纱帽山监控站设备维修资金17万元、连江黄岐镇畚箕山海防宣传教育基地前期规划资金15万元。

（市海防办）

打击走私

【概况】 2019年，福州市反走私工作以庆祝中华人民共和国成立70周年安保维稳为主线，福州市人民政府打击走私综合治理工作办公室（简称市打私办）落实反走私综合治理工作责任制，全面提升反走私综合治理能力，创新建立“福州市打击成品油等物品走私区域联动协作机制”，严密联动配合，持续组织开展反走私专项打击行动，推进打击走私“闽侯治理模式”，深化反走私综合治理示范村建设，严打涉成品油、冻品以及象牙等各类走私违法犯罪。年内，福州地区立案1364件（刑事案件128件、行政案件1236件），案值约85.116亿元。在2019年度福建省设区市反走私综合治理工作考评中，福州市位列第一档次。

【专项打私行动】 *打击整治成品油走私专项行动* 2019年1—9月，福州市人民政府打击走私综合治理领导小组和市打私办持续开展打击整治成品油走私联合专项行动。海关、海事、交通、海洋渔业、公安、市场监管、商务等成员单位在沿海沿江重点水域及高速、国道等陆路要道，重点打击整治成品油走私违法犯罪活动，立案涉成品油刑事案件20件、行政案件171件，查扣涉案成品油9864.3吨。

“蓝天2019”专项行动 2月25日至12月31日，市打私办组织海关、海警、公安、市场监管、生态环境等部门，打击洋垃圾、象牙等濒危物种、疫区和未准入动物及其产品等破坏国内资源、破坏生态环境、破坏生态文明的货物（物品）等走私违法犯罪行为，立案涉固体废物刑事案件1件、行政案件5件，查扣禁止进口固体废物约130.1吨。

打击整治象牙等濒危物种走私联合专项行动 4月1日至5月31日，市打私办组织海关、海警、公安、市场监管、林业、邮政管理等部门集中开展象牙等濒危物种走私专项打击、市场清理综合整治和转运环节治理工作，立案象牙及其制品案3件、西洋参制品案1件。

【打私部署和打私宣传】 2019年，福州市打私办根据漳州市“3·16”非法经营案线索，要求存在可供走私成品油船只接驳堤岸的福清、上街两地进行整改。两地通过加装高清监控探头、改建岸堤、加强巡逻管控等方式完善沿海沿江一线管防能力。

区域联动协作机制　市打私办调研选定长乐区公安局与长乐机场海关缉私分局试点建立“反走私综合治理协作工作机制”，并于6月13日组织双方签订书面协议。该机制约定双方围绕共同打击区域非设关地成品油等重点商品走私，通过召开联席会议，互通打私工作情况和情报，共同分析研判辖区走私活动形式，研究制定专项行动方案和举措，建立常态化、规范化的打击联合协作机制。8月27日，拓展为“福州市打击成品油等物品走私区域联动协作机制”，覆盖地域由长乐区扩展至长乐、福清、闽侯、连江、罗源5个县（市）区，共建单位由县（市）区公安局和海关缉私部门再增加驻地海警工作站。

反走私综治宣传　3月，福州市打私办结合庆祝中华人民共和国成立70周年活动，在全市范围组织开展2019年“忠诚保平安、利剑除黑恶”反走私综治宣传月活动。3月19日，市打私办参加福建省社会工作主题宣传活动。年内，建设完成长乐区松下镇首址村、梅花镇梅新村、福清市城头镇梁厝村、高山镇北坑村、闽侯县祥谦镇新建社区、南通镇罗州村、连江县东岱镇东水村、浦口镇松坞村、罗源县松山镇北山村、鉴江镇井水村10个反走私综合治理示范村。

“送法进企业”专题讲座　11月27日，福州海关缉私局、福州市检察院、福州市企业和企业家联合会在福清共同举办“送法进企业”专题讲座，活动围绕“企业进出口业务中涉及走私犯罪问题探讨”“企业涉及走私犯罪的刑事责任及防范”主题，结合典型案例以案说法，为福清40余名进出口企业家讲授企业走私犯罪风险防范法律知识，解读民营企业发展中面临的营造公平竞争营商环境及预防犯罪等方面问题。

【打击走私重大案件】　*“8·28”走私冻海产品系列案*　2019年1月28日凌晨，福州海关缉私局与南宁海关缉私局开展收网行动，查处湛江龙某水产实业有限公司等涉案企业4家，抓获涉案人员41人，扣押涉案冻品366.47吨，扣押违法所得金额6700万元，冻结涉案资金1315万元，查证涉案走私冻海产品约5万吨。经查明，该案案值约35亿元，偷逃税款金额4.79亿元，查证涉案走私冻海产品约5万吨。该系列案中，湛江龙某水产实业有限公司涉嫌走私冻海产品案等4件分案分别被海关总署缉私局列为一级挂牌督办案件。

走私普通货物（燕窝）关联案　福州海关缉私局于4月9日、4月11日先后破获黄某英等人走私普通货物案（案值1.14亿元，涉嫌偷逃税款3550万元）、“2·12”林某等人涉嫌走私燕窝案（案值2.49亿元，涉嫌偷逃税款7746万元）。经查明，案中的两个犯罪团伙皆为通过非设关地偷运手段将在印度尼西亚等地订购、加工、生产的燕窝等普通货物走私入境后伺机销售牟利。两案被海关总署缉私局列为一级挂牌督办案件。

走私珍贵动物制品关联案　福州海关缉私局先后破获林某朋、陈某顺等人涉嫌走私珍贵动物制品案、张某鑫等人涉嫌走私珍贵动物制品案，并于3月31日抓获犯罪团伙成员3人。该团伙在尼日利亚收购象牙、穿山甲鳞片通过经中国香港中转伺机走私入境销售。根据福州海关缉私局通报的线索，香港海关、新加坡海关分别于1月16日、4月3日查获穿山甲鳞片重8.3吨（核定价值8750.07万元）、1.29吨（价值1.377亿元）；象牙2.1吨（核定价值8853.33万元）、177千克（价值737.51万元）。两案被海关总署缉私局列为一级挂牌督办案件。

“12·5”严某某等人走私普通货物案　2018年7月25日，福清海关缉私分局立案侦查严某某等人涉嫌走私普通货物案。12月5—6日，福清海关缉私分局联合福建省海警总队（筹备组）在台湾海峡、莆田、泉州、平潭、厦门、深圳等地开展抓捕行动，先后抓获犯罪嫌疑人21人，查扣涉案船舶3艘、涉嫌走私货物洋酒、保健品、奶粉、电子产品等约54吨，价值1121.81万元。另查获“呼喊派”邪教组织书记《圣经》（恢复本）2939本，淫秽书刊750本。该案被海关总署缉私局列为二级挂牌督办案件。

张某某等人走私普通货物案　6月14日，福清市公安局根据龙田镇海滨村举报线索，在该村海滨码头查获1起走私冻品案，现场查获走私冻品218.57吨，查扣吊车2辆、货车4辆、船只1艘，现场抓获涉案人员21人。后该案移交由福清海关缉私分局具体侦办。经查，该案查获冻品中20.35吨属国家禁止进口的货物，其余冻品价值558万元，涉嫌偷逃税款96.38万元。该案系龙田镇海滨村反走私综合治理示范村建设完成后，铜鼓群众举报而查获规模最大的冻品走私案。

“5·27”特大走私珍贵濒危野生动物制品犀牛角案　7月9日福建省、福州市两级森林公安局在福州、莆田、深圳等地开展收网行动，当场抓获犯罪嫌疑人5人（在后续侦办中另抓获归案4人，投案自首1人），缴获犀牛角制品8.50千克。经查明，该犯罪团伙多次从非洲收购并携带犀牛角制品乘机至香港，通过雇佣“水客”逃避海关监管经深圳福田口岸携带入境后，再运往福州收储并伺机销售至福建、广东、河北等地。

【职能部门打私工作】　*福州海关缉私局*　2019年，福州海关缉私局本部在福州市刑事立案35件，案值10.13亿元，涉嫌偷逃税款2.46亿元，刑事罚没入库1493.92万元；行政立案95件，案值7.582亿元，涉嫌偷逃税款163.34万元，行政罚没入库174.03万元。年内查证走私成品油1.98万吨，查扣成品油97吨；查扣象牙5.279千克、犀牛角1.22千克、虎骨4.88千克、非洲狮骨头4.28千克。查扣各类毒品1420克（大麻及大麻油1255克、冰毒14克、第三代毒品新精活性物质151克），麻黄碱11.2千克，查证走私海洛因2683.87克。抓获67人，刑事拘留33人，逮捕11人，取保候审21人，拘传2人。

马尾海关缉私分局　2019年，马尾海关缉私分局刑事立案20件，立案案值20.14亿元，涉嫌偷逃税款7.66亿元，刑事拘留40人，提请批准逮捕32人，批准逮捕26人，执行逮捕30人，移送审查起诉13案33人，法院判决4案13人；行政立案162件，立案案值4.64亿元。总计罚没入库805.52万元。年

内查证违法成品油28.39万吨，现场查扣成品1460.34吨；查扣其他主要货物有木板材382.80立方米、台货1450件、禁止进口的固体废物130余吨、红珊瑚制品53.57千克、象牙制品493克，查扣现金1217.35万元、冻结涉案银行账户80余个，冻结涉案资金1810.87万元。

福清海关缉私分局 2019年，福清海关缉私分局刑事立案18件，立案案值39.17亿元，涉嫌偷逃税款7.99亿元，当前案值51.17亿元，当前偷逃税款9.87亿元。刑事拘留80人，执行逮捕38人，移送审查起诉9案49人，移送起诉案值46.55亿元，移送起诉偷逃税款9.03亿元；行政立案113件，立案案值2.45亿元，涉嫌偷逃税款0.13亿元。罚没入库249.05万元。年内查证违法成品油14万吨，查扣成品油590.54吨；查证冻品5万吨，查扣冻品366.47吨；查扣禁止进口的固体废物720余吨。

长乐机场海关缉私分局 2019年，长乐机场海关缉私分局刑事立案10件，案值476.23万元，涉嫌偷逃税款136.82万元，刑事罚没入库172.96万元。抓获犯罪嫌疑人13人，刑事拘留7人，执行逮捕4人，移送审查起诉6案9人。累计抓获6名在逃人员。行政立案249件，案值3957.11万元，涉嫌偷逃税款157.37万元；办结行政案件219件，案值1569.09万元，行政罚没入库136.43万元。年内查扣主要货物有成品油81.84吨、虎皮2张、象牙制品0.72千克(查证3.26千克)、高鼻羚羊角0.13千克、砗磲贝壳1.42千克、海马干制品0.17千克。退运禁止进口固体废物100.96千克。

榕城海关驻邮局办事处 2019年，榕城海关驻邮局办事处累计向缉私部门移交案件线索222条，比上年增长24.7%。查发濒危案件情事67件（较上年增长42.55%）、246件、25.7千克（其中象牙制品34起、69件、13.28千克）；累计截获猪肉类制品63批次（其中11批次来自疫区）、97.78千克；查获枪支配件33起，多为台湾地区进境。累计截获违规印刷品音像制品6426件，较上年增长1.8倍。年内获得2018年度全国“扫黄打非”先进集体称号。查获侵权物品2184批、49750件，占福州海关查获总批次的99%以上。

福州海警局 2019年6月12日挂牌成立的福州海警局承接原福建省海警第一支队在福州市海域海上维权执法职责。年内，福州海警局（含原福建省海警第一支队）立案各类案件119件。其中走私相关案件46件，包括无合法、齐全手续成品油案件43件，查获无合法、齐全手续成品油7289.54吨，案值3280.29万元；无合法、齐全手续冻品案1件，查获冻品142吨；走私冻品案1件，查获冻品465吨；无合法来源台货案件1件，查获台货122件。

福州市公安局 2019年，福州市公安系统查获成品油案件168件（刑事案件19件，行政案件149件），查扣成品油3354.88吨；查获冻品案件3件（其中1件移交海关缉私部门），查扣冻品274.65吨；查获走私珍贵动物制品案1件，犀牛角制品8.503千克；协助辽宁省森林公安局查获非法收购、出售珍贵濒危野生动物制品案1件，查扣象牙制品80千克。4月8—12日，福州市公安局首次为打击走私启用公安检查站。其间启用三级查控勤务市际公安检查站10处，出动警力1448人次，盘查过往可疑车辆5433辆，查扣车辆13辆，查获无合法齐全手续成品油132.56吨，抓获嫌疑人16人。

福州市市场监督管理局 2019年，福州市市场监督系统立案查处无合法来源证明进口商品案件90件，比上年增长69.81%；罚没346.43万元，增长182.11%。其中无合法来源及不合格成品油立案21件，案值70.88万元，罚没54.61万元。在专项行动期间出动检查加油站点183家次，执法人员585人次；出动检查工艺品经营户223户次，执法人员338人次，发放宣传材料121份；深入辖内可能存在走私“洋垃圾”的交易市场、废品回收加工企业等区域开展检查摸排。

福州市烟草专卖局 2019年，福州市烟草专卖系统查获刑事案件24件，查扣走私烟100.66件，查获走私烟实物案值89.6万元，刑事拘留13人，批准逮捕8人；查获行政案件331件，查获走私烟79.14件，查获走私烟实物案值88万元。福州市烟草专卖局组织开展较大规模专项整治行动8次并坚持开展每季度市场暗访工作。年内会同海关部门召开打私联席会议，推进《福州烟草、海关联合打击烟草专卖品走私违法犯罪活动合作备忘录》落地实施。

（姜含林）

（编辑 黄铭 黄雯倩）

科学技术

综　述

【概况】　2019年，福州市全社会研究与开发（R&D）投入总量和增量继续保持全省第一，投入强度2.3%；年净增国家级高新技术企业380家，净增数连续两年全省第一，比上年增长37%，总数1407家。高新技术企业申报数量全省第一。全市发明专利拥有量继续保持全省第一，发明专利拥有量12635件，每万人发明专利拥有量17.524件。年内首家省创新实验室正式挂牌成立。

【研发投入】　2019年，福州市全社会R&D投入180.7亿元，占全省28.1%，总量连续三年位居全省第一。R&D投入强度2.3%，超过全国的2.18%和全省的1.8%，接近经济合作与发展组织（OECD）2.37%的平均水平。通过多种补助政策对企业创新投入和产业研发进行扶持，下达省市分段补助资金1.06亿元。

【创新载体建设】　2019年，福州市推进国家自主创新示范区（福州）片区建设。建立福州新区、自贸区福州片区、自创区福州片区“三区”联系会议制度；推进创新举措在国家自主创新示范区（福州）片区先行先试，形成福州片区第二批可复制推广的改革创新举措6项；自创区福州片区年度考核获第二名。采用院、校、地合作模式，推进福州市首家、全省首批省创新实验室——“中国福建光电信息科学与技术创新实验室”建设，授牌进入全面建设阶段；全市新增10个第四批省级新型研发机构，总数32个；新增省级技术转移机构5个，总数26个，居全省第一。新认定市级众创空间10个，省级14个。全市有国家级众创空间7个、省级58个、市级111个；对113个市级众创空间开展年度考评工作，给予考核合格的72个运营费用补助；举办2019年福州市榕创嘉年华暨福州市创新创业大赛，搭建企业和投资者有效对接平台，7家企业获省决赛奖项，获得二等奖2项，三等奖2项，5家企业进入全国行业总决赛，2家企业获得全国行业总决赛优秀企业奖。

【创新主体培育】　科技人才培育　2019年，福州市推荐申报2019年创新人才推进计划和国家“万人计划”青年拔尖人才科技部平台19人、团队2个。开展2019年度省“外专百人”等四项引智计划的申报工作，有7个项目入选；实施福州海西引智试验区四项引智计划，有8家单位入选；新设立6家海外人才联络处（海外科技合作联络站）。年内9人入选国家“万人计划”，5人入选科技部“2018年创新人才推进计划”，均居全省第一。

高新技术企业倍增计划新认定国家级高新技术企业609家，占全省49.4%，净增国家级高新技术企业380家，净增数连续两年全省第一，比上年增长37%，总数1407家，省级以上高新技术企业1612家；新增省科技小巨人领军企业127家，总数453家。制定出台《关于进一步加强高新技术企业培育工作的若干措施》。

企业创新扶持组织实施市科技计划项目132个，下达科技计划项目经费1085.6万元；全市565家高新技术企业获奖励7003万元；303家企业获得省级创新券补助1054万元，占全省38%；124家科技小巨人领军企业享受研发费用加计扣除奖励资金7325.8万元，占全省43%，获得奖励企业数、资金数全省第一。

【科技成果转移转化】　2019年，福州市24项科技成果被授予2018年省科学技术奖，其中一等奖3项，获奖总数和一等奖数量创历年新高，位居各地市首位；立项扶持市校合作项目32个；年内福州市技术市场合同认定登记3528项，合同成交总金额50.1亿元，比上年增长31.57%，位居全省第二。

【科技特派员】　2019年，福州市选派市级科技特派员631人、省级467人，实现科技特派员乡镇全覆盖。制定《福州市科技特派员工作管理办法（试行）》《福州市科技特派员专项资金管理办法（试行）》，起草《福州市进一步坚持和深化科技特派员制度的工作方案（讨论稿）》，并进入市委、市政府审定程序。出台《福州市星创天地管理办法（暂行）》，新认定市级星创天地8家。年内，累计有国家级星创天地4家、省级4家、市级19家。

【科技服务】 2019年，福州市科技局43个服务事项全面入驻市行政服务中心，其中“一趟不用跑”事项38个，“最多跑一趟” 5项。行政服务中心窗口受理审批事项3906件，限时办结率100%，缩短办理时限审批事项15个。开展“服务基层年”活动，建立局领导挂钩县（市）区科技部门工作机制、重点民营企业挂钩联系机制和“一企一议”工作机制。全年走访企业89家，解决企业政策咨询、困难诉求等问题164个。开展政策宣传和培训7场，参训人数逾2500人，借助中介等社会力量辅导完善企业申报材料近600家。招商落地项目18个，总投资26.34亿元。

（陈婉平）

科技创新体系建设

【研究与试验发展经费投入】 2019年，福州市出台《福州市推动新一轮经济创新发展的十项政策》《关于扶持“双创”工作的八条措施》《福州市促进科技成果转移转化若干措施》等系列政策，形成完整创新政策体系。推进企业研发经费分段补助、企业研发费用税前加计扣除、高新技术企业所得税优惠、科技小巨人领军企业研发补助、新型研发机构认定及奖励、创新平台建设补助等激励企业创新政策落实。兑现研发费用加计扣除、创新券补助、高新技术企业所得税减免等各类奖补合计13.99亿元，其中635家企业获得研发投入分段补助4.12亿元，争取省级财政投入1.24亿元；288家高新技术企业所得税减免金额8.4亿元。高新技术企业总数比2015年增长2倍多。建成国家、省、市各类重点实验室、技术中心、研发中心等500多个。对基础研究和应用研究，高校和科研院所R&D支出分别比上年增长19.6%和29.7%。福州市科技局统筹统计各市直部门，指导县（市）区开展R&D统计工作。利用云课堂平台组织召开全市研发统计新规视频培训会，指导企业规范建立研发专账、正确填报统计报表，并开展线上培训；局领导和处室对口联系12个县（市）区，带队走访重点企业、高校和科研院所，逐户指导；比对历年统计情况，对数据下滑明显的重点企业，及时跟踪服务，分析原因，指导企业正确填报；关注新增规模以上企业研发情况，扩大入库企业数量。

（王庆金）

【福厦泉国家自主创新示范区（福州片区）建设】 2019年，福州市安排福厦泉国家自主创新示范区专项资金3亿元，在省自创区建设工作领导小组成员单位考评中获第二名，获省级奖励5600万元。福州片区形成12项可复制推广的改革创新政策举措，在全省或福厦泉三片区进行复制推广。面向片区（一区二十四园）内企业围绕人工智能、高端装备制造、新材料、新能源、节能节水环保、生物医药与医疗器械、农业与海洋高新等战略性新兴产业7个方向征集市科技重大项目，有10个项目获得立项，安排扶持金额1000万元。借鉴吸收先进地区经验做法，会同福州新区、自贸试验区共同开展福州“三区”联动运行机制与实施策略研究。年内“三区”在招商产业人才政策共享、探索建设联动试点园区、共享产业公共技术服务平台、推动产业优势互补和加强知识产权保护等方面合作达成初步共识。

（李梅婷）

【行业技术创新中心建设】 2019年，福州市行业中心完成技术创新项目274个，为企业完成近3.4万批次的检测及成型服务；举办各种培训活动172场，培训各类人员近12000人；为企业提供新产品开发、配方工艺设计、技术咨询等服务近2900次；为企业引进专业技术人才近700人；举办135场专项研讨会；取得市级以上各类奖项49项；与企业签订合作协议1235家；协助企业申报国家、省级项目67个；全市行业中心年收入15.57亿元，其研发成果转化后创造经济效益16.84亿元。年内“福州市摩擦与润滑行业技术创新中心”等14家单位被认定为2019年度福州市行业技术创新中心，全市有53家行业技术创新中心。

（李海峰 李梦杭）

表49 2019年福州市新增行业技术创新中心名单

序号	行业中心名称	依托单位	主管单位
1	福州市摩擦与润滑行业技术创新中心	福州大学机械工程及自动化学院	福州大学
2	福州市大数据行业技术创新中心	福州大学数学与计算机科学学院	福州大学
3	福州市城乡空间规划行业技术创新中心	福州大学建筑与城乡规划学院	福州大学
4	福州市谷物食品行业技术创新中心	福建师范大学福清分校海洋与生化工程学院	福建师大福清分校
5	福州市动物繁育行业技术创新中心	福建农业职业技术学院动科学院	福建农职院
6	福州市海洋药物研发行业技术创新中心	闽江学院海洋研究院	闽江学院
7	福州市海洋生态养殖行业技术创新中心	闽江学院海洋研究院	闽江学院
8	福州市电力广义物联网行业技术创新中心	闽江学院计算机与控制工程学院	闽江学院
9	福州市区块链引擎行业技术创新中心	福州百谷王网络科技有限公司	鼓楼区

续表 49

序号	行业中心名称	依托单位	主管单位
10	福州市基因编辑行业技术创新中心	福建上源生物科学技术有限公司	台江区
11	福州市电力废气污染物检测行业技术创新中心	福建华佑检测技术有限公司	仓山区
12	福州市水气生态环境保护行业技术创新中心	福建中检创信检测技术有限公司	晋安区
13	福州市网络与信息安全行业技术创新中心	福建中信网安信息科技有限公司	晋安区
14	福州市智慧物联行业技术创新中心	福州物联网开放实验室有限公司	马尾区

（李海峰　李梦杭）

【科技企业孵化器建设】　2019 年，福州市有 38 家科技孵化器备案（含省属 5 家），其中国家级科技孵化器 6 家，省级科技孵化器 17 家，总服务场地面积超过 50 万平方米，在孵企业 800 多家。推荐 6 家申报国家级众创空间，认定省级众创空间 14 个，市级众创空间 10 个，全市有国家级众创空间 8 个、省级 58 个、市级众创空间 111 个，众创空间面积超过 20 万平方米，初创企业数量和创业团队总数 1946 家。年内首家民营企业孵化器——“特力林孵化器”被认定为国家级科技企业孵化器，“琴声创业园”和“博思创业园”2 家孵化器被认定为省级科技企业孵化器，按照《扶持“双创”工作的八条措施》，分别获得 130 万元和 70 万元奖励。

（魏慧玲）

表 50　2019 年福州市新增国家级、省级科技企业孵化器名单

序号	认定等级	孵化器名称	运营管理单位
1	国家级	特力林孵化器	福建特力林孵化器管理有限公司
2	省级	琴声创业园	福州琴声创业园管理有限公司
3	省级	博思创业园	福建博思创业园管理有限公司

表 51　2019 年福州市新增福建省众创空间名单

序号	众创空间名称	运营管理单位
1	飞客小镇众创空间	福建飞客科技有限公司
2	百度（福州）创新中心	福州易瑞通网络科技有限公司
3	福州闽都旅游创客空间	福州闽都旅游文化投资有限公司
4	米多多科技众创空间	福建米多多网络科技有限公司
5	兴子堂众创空间	福州兴子堂商业管理有限公司
6	慧创业	福建慧舟信息科技有限公司
7	滴咚众创空间	福建滴咚共享科技股份有限公司
8	旗山智谷	福建海西智慧建设教育服务有限公司
9	阿里巴巴创新中心（福州台江）	福州触控爱普软件有限公司
10	福州市职工创新创业创造广场	福州市华优汇创资产投资有限公司
11	财富星工场	福州星工场商业管理有限公司
12	福州筑梦之星众创空间	福州市筑梦之星科技有限公司
13	新媒空间	福州吾悦孵化器管理有限公司
14	永泰县“互联网＋两岸旅游产品”电子商务孵化器	永泰县优空间商业管理有限公司

表 52　2019 年福州市新增福州市众创空间名单

序号	众创空间名称	运营管理单位
1	文创和数字技术应用孵化中心	福州 863 软件专业孵化器服务中心
2	福州市职工创业创新广场	福州市华优汇创资产投资有限公司
3	聚优众创空间	福州思柏慧信息科技有限公司
4	腾灵众创空间	福建锋火传承文化发展有限公司
5	金创天承众创空间	福州金创天承众创空间有限公司
6	阳光能量加速器	阳光能量（福建）大数据孵化器有限公司
7	云泽速创—京东云（福清）创新空间	福州京创信息科技有限公司
8	小蚁空间	福建小蚁网络科技有限公司
9	闽江学院大学生创新创业孵化基地	闽江学院
10	福建商学院大学生创业园	福建商学院

（魏慧玲）

【海外人才管理】　2019 年，福州市依托英国高层次人才创业协会、世界自由贸易区联盟（FEMOZA）等海内外机构设立第三批 6 家引进海外人才联络处，发放设站经费 12 万元。全市海外人才联络处数量累计 18 家。2 个项目入选国家外国专家项目计划，其中 1 个入选引智示范推广项目，1 个入选高端外国专家引进计划，共获得项目资助经费 80 万元。1 月，开展高层次专业技术人才访学进修计划申报工作。经初审、专家评审，17 名福州市高层次专业技术人才入选访学进修计划。5 月，开展聘请海外高层次人才来榕培养人才项目申报工作。经初审、专家评审，有 7 家单位 15 个入选项目，并对入选项目实际票据进行核销，核销 5 家单位 8 个项目，实际发放金额 16.6 万元。

开展试验区四项引智申报评审工作。Vladimir Katanaev 等 3 名外国专家入选试验区“外专百人计划”，加拿大与福州市针对水上机场的高端产业合作交流等2个项目入选高端外专产业合作项目，绿色农业—微生物菌肥的研发及推广高端外国专家团队等 3 个团队入选海外高端人才团队计划。全年发放试验区四项引智计划经费补助 124.38 万元。

配合福建省外国（海外）专家局关于开展2019年度福建省“外专百人计划”等 4 项引智计划申报工作，福州市有 1 名专家入选省“外专百人计划”，1 个团队入选省“高端外国专家团队引进计划”，5 个项目入选省“服务重点扶贫县、革命老区苏区发展及闽台合作引智专项计划”，入选项目获得项目资助经费 70 万元。

（外专处）

【科学技术经费】　2019 年，福州市科技事业费用专项经费安排 7.56 亿元。通过研发费用加计扣除政策、研发投入分段补助政策、科技小巨人领军企业研发费用加计扣除奖励、科技创新券补助等政策落实，发挥财政科技投入的撬动作用，引导全社会加大研发投入；通过组织实施科技重大项目、区域科技发展项目、农业科研项目、社会发展项目、中小企业创新资金项目、市校（院所）合作项目等经费投入，攻克一批关键共性技术，提升区域创新能力。

表 53　2018—2019 年福州市科学技术支出情况表

年度	本级科学技术支出（万元）	本级财政一般预算支出额(万元)	本级科学技术支出占本级财政决算支出比例(%)
2018	75287	2380405	3.16
2019	75628	2321535	3.26

表 54　2018—2019 年福州市科学技术支出使用情况表

序号	使用领域	经费主管部门	经费金额（万元）	
			2018 年	2019 年
1	科学技术管理事务	市科技局等	780	895
2	基础研究	市科技局等	66	41
3	应用研究	市科技局等	2267	1809

续表 54

序号	使用领域	经费主管部门	经费金额（万元）	
			2018 年	2019 年
4	技术研究与开发	市科技局等	6711	6041
5	科技条件与服务	市科技局等	31041	33230
6	社会科学	市社科院等	684	951
7	科学技术普及	市科协等	2145	2877
8	科技交流与合作	市科技局等	—	3000
9	科技重大专项	市科技局等	78	63
10	其他科学技术支出	市科技局等	31515	26721
合计			75287	75628

（林硕）

高新技术产业

【高新技术企业】 2019 年，福州市通过国家高新技术企业认定 609 家，占全省（不含厦门）的 49.4%，高新技术企业净增 380 家，净增数连续两年全省第一，高新技术企业总数 1407 家，比上年增长 37%，两年增长 90%。全市新认定省级高新技术企业 542 家，省级以上高新技术企业 1612 家；备案科技型中小企业 1002 家；新增省科技小巨人领军企业 127 家，总数 453 家。年内组织举办全市性、重点县区、园区培训 7 场，参训人数逾 2600 人。借助中介等社会力量，辅导完善企业申报材料近 600 家。6 月市政府办公厅出台的关于加快福州市产业发展若干政策措施的通知文件中，对认定的国家高新技术企业每家奖励 20 万元，对市级众创空间每培育一家国家高新技术企业，奖励运营单位 5 万元。年内，全市有 565 家企业获得高新技术企业奖励。

（陈艳梅）

【科技型中小企业技术创新基（资）金】 2019 年，福建省、福州市创新资金项目采取“事前立项，事后补助”资助方式。省创新资金立项 9 个，支持资金 270 万元；市创新资金立项 20 个，支持资金 300 万元。年内验收市级创新基（资）金项目 20 个，验收合格 17 个，下达资金 255 万元。

【科技小巨人领军企业遴选】 2019 年，经福建省科技小巨人领军企业培育工作联席会议审核确认，福州市有 127 家科技小巨人领军企业被列入“科技小巨人领军企业培育发展库”，占全省新增 503 家的 25.4%，科技小巨人领军企业总数 453 家，其中 124 家科技小巨人领军企业享受研发费用加计扣除奖励资金 7325.8 万元，获得奖励企业数、资金数均为全省第一。

【科技型中小企业评价】 2019 年，福州市组织发动企业参与全国科技型中小企业评价工作，经福州科技局形式审查推荐，省级管理部门公示、公告，年内入库科技型中小企业 11 批次，合计企业 1002 家，占全省的 39.7%。

【科技创新券】 2019 年，福州市根据《福建省科学技术厅关于做好 2019 年度科技创新券补助工作的通知》要求，对符合条件的科技型中小企业、创客（已入住市级以上科技行政管理部门备案的科技企业孵化器、互联网孵化器、大学科技园、众创空间、尚未注册企业的创业者）研发过程中向高校、科研院所、企业等机构购买技术（开发、转让、咨询、服务）、检验检测、科研仪器设备使用、技术数据分析等科技创新服务的费用给予补助，有 299 家企业获得补助，获批补助金额 1054 万元。

【创新创业大赛】 2019 年，福州市组织科技型中小企业参加福州市创新创业大赛，192 家企业报名参赛，通过首轮初选，有 53 家企业晋级市复赛，对

2019 年 9 月 20 日，福州市创新创业大赛颁奖典礼在中瑞剧院举行。图颁奖典礼启动仪式

（福州日报社 供）

接第八届中国创新创业大赛暨第七届福建创新创业大赛，23家晋级复赛，5家晋级全国赛，2家获得全国优秀奖。5家第七届中国创新创业大赛的优秀企业获得中央财政支持资金150万元。23家企业获得省创新资金获奖项目奖励和大赛奖金383万元。

（谢辉）

农业科技

【星火计划】 2019年，福州市有14项农业科技项目获福建省星火计划项目。福建省星火计划主要围绕推进农业现代化和农业供给侧改革，以促进农业提质增效和绿色发展为重点，支持先进成熟适用的农业新品种、新技术和新产品的开发和产业化示范，为福建省实施乡村振兴战略提供技术支撑。年内，福州市有福建佰翔天厨食品有限公司“闽式传统菜肴加工关键技术的研究与示范”等2个企业项目获得省科技厅区域发展项目立项支持；福州昌育农业开发有限公司“水果型苦瓜新品种集约化育苗及配套栽培技术示范”等8个项目获得省科技厅星火项目立项支持；福州市农业科学研究所的“淀粉型甘薯良种的创制及高效简约化栽培技术集成”等2个项目获得省科技厅设区市农科院所建设发展项目立项支持。

福州市星火计划重点支持先进成熟适用的农业新品种、新技术和新产品的开发和产业化示范，推动乡村振兴发展，促进农业科技创新。支持科技特派员参与实施的技术开发项目，支持蔬果、食用菌等设施农业，水产品加工、农产品保鲜、冷链物流等技术的研究和推广应用。支持种业育种和繁育，畜禽、水产优良新品种规模化繁育技术及其配套的标准化健康养殖技术和质量控制技术。支持农业信息化、智能化控制和精准化服务的改造升级。福建胜华农业科技发展有限公司承担的“茶油软胶囊制备关键技术研究”等20个项目获得市星火计划立项支持；福州市蔬菜科学研究所承担的“夏秋苦瓜新品种选育”等10个项目获得市农业科研项目立项支持。

表55　2019年福州市省级星火计划项目表

序号	项目名称	承担单位
1	闽式传统菜肴加工关键技术的研究与示范	福建佰翔天厨食品有限公司
2	富含琼胶寡糖和益生菌的新型功能水产饲料的开发及应用	福建大昌生物科技实业有限公司
3	淀粉型甘薯良种的创制及高效简约化栽培技术集成	福州市农业科学研究所
4	植物生理实验平台提升与应用	福州市农业科学研究所
5	水果型苦瓜新品种集约化育苗及配套栽培技术示范	福州昌育农业开发有限公司
6	茶园农药化肥零增长绿色技术集成与示范	福建汇和茶业发展有限公司
7	李标准化栽培技术示范	福建省永泰县顺达食品有限公司
8	秀珍菇冷藏技术及热泵脱水干燥加工技术与装备推广示范	罗源县祥业食用菌专业合作社
9	绣球菌栽培工艺创新应用研究	福建容益菌业科技研发有限公司
10	高品质裹糠对虾系列产品加工关键技术研发及产业化示范	福清朝辉水产食品有限公司
11	饲料蛋白质资源高效利用技术的开发与应用	福建省新闽科生物科技开发有限公司
12	苦瓜新品种“春宝”的推广	福州市蔬菜科学研究所

表56　2019年福州市市级星火计划项目表

序号	项目名称	承担单位
1	复合薏米红曲粉加工关键技术研究及应用	福建拓天生物科技有限公司
2	西番莲果汁饮料护色剂及稳定剂联合优化的开发	福州西城食品有限公司
3	秸秆及其生物炭对福州茉莉花产量形成的影响及提升技术研究	闽榕茶业有限公司
4	优质、高产、抗病两系杂交稻红米闽红两优727的示范与推广	福建亚丰种业有限公司
5	福州茉莉花茶香气特征与眼部保健功效的研究	罗源生春源茶业有限责任公司
6	设施茄科蔬菜灰霉病防治技术推广应用	福清市绿丰农业开发有限公司
7	绣球菌液体发酵工艺优化研究	福建容益菌业科技研发有限公司

续表 56

序号	项目名称	承担单位
8	闽台高活性成分蛹虫草菌株筛选及菌种保藏工艺研究	福州惠生食用菌有限公司
9	营养型复合鱼糜加工关键技术的研发及其产业化应用	福建坤兴海洋股份有限公司
10	环保型特效杀螨剂的研制	福建新农大正生物工程有限公司
11	改善鳗鲡体色的生态型配合饲料研究与开发	福建天马饲料有限公司
12	茉莉花茶智能窨制设备的研究开发	福建春伦集团有限公司
13	高品质冷冻调理虾肉制品新技术研究与推广应用	福清朝辉水产食品有限公司
14	绿茶现代提取技术及新产品的研究与产业化	福建省蓝湖食品有限公司
15	单体牡蛎浮筏式笼养技术研究示范与推广	连江罗源湾金牌渔业科技有限公司
16	茶油软胶囊制备关键技术研究	福建胜华农业科技发展有限公司
17	中式烤鳗制品关键技术研究	福建福铭食品有限公司
18	抗生素替代物复合猪饲料开发关键技术研究及其产业化应用	福州天鹏饲料有限公司
19	运动和外源性肌肽互作对猪的营养调控作用	福清市丰泽农牧科技开发有限公司
20	基于酵母菌协同乳酸菌共发酵技术的开发及在动物养殖中的应用	福建省新闽科生物科技开发有限公司
21	夏秋苦瓜新品种选育	福州市蔬菜科学研究所
22	十字花科主要蔬菜种子包衣技术研究与应用	福州市蔬菜科学研究所
23	高品质辣椒螺丝椒的选育	福州市蔬菜科学研究所
24	定西草莓本地化种苗繁育体系和高产高效栽培技术研究	福州市蔬菜科学研究所
25	西洋南瓜新品种选育	福州市蔬菜科学研究所
26	优质百香果引进筛选与示范基地建设	福州市农业科学研究所
27	优质彩羽绿壳蛋鸡选育	福州市农业科学研究所
28	多肉植物主要病虫害综合防控技术与示范	福州市农业科学研究所
29	定西岷县中蜂疫病防控技术及黄芪蜜特性研究	福建农林大学蜂学院
30	福州市越冬番茄低温寒冻害气象指数保险产品设计研究	福州农业气象试验站

【科技特派员后补助项目】 2019年，福州市科技特派员后补助项目重点支持由省市级科技特派员通过参与项目合作等形式，与科技企业联合或指导科技项目实施，为福建省实施乡村振兴战略提供科技支撑。年内，福建有伦农业科技发展有限公司承担的“智慧农业农村平台”等13个企业的项目获得福州市科技特派员后补助项目立项支持。

表 57　**2019年福州市科技特派员后补助项目表**

序号	项目名称	承担单位
1	智慧农业农村平台	福建有伦农业科技发展有限公司
2	蔬菜品种选育与推广及植物新品种保护	福建金品农业科技股份有限公司
3	绣球菌生产综合环境智能控制系统建立	福建容益菌业科技研发有限公司
4	多联机小型发酵（液体）整体装置技术升级研发与示范	福州法莫优科机械科技有限公司
5	黄金百香果栽培技术示范与推广	福州泓雁生态农业开发有限公司
6	园林水生植物引种、高产繁殖栽培与推广应用	福建盛世阳光农业科技发展有限公司
7	猪脾转移因子注射液的实验室研究与应用	派生特（福州）生物科技有限公司
8	香菇的干燥及除杂关键技术研发及产业化示范	福州柏物产食品有限公司
9	高品质蛋鸭调质颗粒饲料研制及其产业化应用的研究	福州天鹏饲料有限公司

续表 57

序号	项目名称	承担单位
10	灵芝仿野生林下种植及有效成分萃取工艺的研究与示范	福州东星生物技术有限公司
11	穆阳水蜜桃引进种植科技示范	罗源县起步田后宜嘉生态农场
12	“恬香溢”绿茶生产关键技术研究	福建省卢峰茶业有限公司
13	水生植物对规模化养殖场沼液净化效果研究	福建省星源农牧科技股份有限公司

（赵龙）

科技奖励

【科学技术奖励】 2019 年，福州市有 18 项科技成果被授予 2019 年度福建省科学技术奖，其中福耀玻璃工业集团股份有限公司与厦门大学、福建工程学院等单位完成的“复合功能化车载玻璃关键技术研发及产业化”获福建省技术发明奖一等奖；福州瑞芯微电子股份有限公司与福州大学等单位完成的“基于 64 位 8 核处理器的移动互联终端 SoC 芯片”、福建汇川物联网技术科技股份有限公司与闽江学院等单位完成的“基于多传感器融合的工程建设远程监管关键技术及应用”2 项成果获福建省科学技术进步奖一等奖；中铝瑞闽股份有限公司与福建工程学院等单位完成的“印刷版基用超高品质铝合金带材成形制造关键技术及产业化”等 4 项成果获福建省科学技术进步奖二等奖；福建福清核电有限公司完成的“M310 核电机组工程建设重大创新与技术改进”等 11 项成果获福建省科学技术进步奖三等奖。

表 58　2019 年福州市获福建省科学技术奖项目情况表

序号	项目名称	奖励类别	主要完成人	主要完成单位	获奖等级
1	复合功能化车载玻璃关键技术研发及产业化	技术发明奖	周忠华 蒋炳铭 郭善济 王乾廷 阳 欢	福耀玻璃工业集团股份有限公司，厦门大学，福建工程学院	一等奖
2	基于 64 位 8 核处理器的移动互联终端 SoC 芯片	科学技术进步奖	李诗勤 林峥源 郑明魁 韩 江 黄 涛 苏培源 邓训金 陈 炜 张圣钦 陈志峰	福州瑞芯微电子股份有限公司，福州大学	一等奖
3	基于多传感器融合的工程建设远程监管关键技术及应用	科学技术进步奖	郑 文 林文忠 黄立强 韩晓东 孙小燕 张 翔 陈周与 郭月容 傅 平 罗海波	福建汇川物联网技术科技股份有限公司，闽江学院，福建省建设工程质量安全总站	一等奖
4	印刷版基用超高品质铝合金带材成形制造关键技术及产业化	科学技术进步奖	黄瑞银 魏祥昭 吴建新 崔志香 徐始祥 刘 琼 林善斌	中铝瑞闽股份有限公司，福建工程学院	二等奖
5	大规格长纤维增强热塑性复合材料的关键制造技术与产业化	科学技术进步奖	李良光 陈 晖 方 辉 王永刚 廖永辉 程国龙 林建全	福建海源复合材料科技股份有限公司，福建海源新材料科技有限公司，福建工程学院，福州大学	二等奖
6	引导组织再生技术的创新发展与推广应用	科学技术进步奖	张其清 张 瑗 刘玲蓉 张 丁 邱 晨 栾 杰 陈 江	福建省博特生物科技有限公司，中国医学科学院北京协和医院，深圳市人民医院，中国医学科学院整形外科医院，福建医科大学附属口腔医院，厦门大学	二等奖
7	榕基自主可控技术创新工程项目	科学技术进步奖（企业创新）		福建榕基软件股份有限公司	二等奖

续表 58

序号	项目名称	奖励类别	主要完成人	主要完成单位	获奖等级
8	M310核电机组工程建设重大创新与技术改进	科学技术进步奖	陈国才 林传清 宋 林 薛峻峰 徐金龙	福建福清核电有限公司	三等奖
9	43英寸液晶显示面板MMG套切技术研发及产业化	科学技术进步奖	王宝强 JANGJONGSEOK 王文超 方 涛 赖意强	福州京东方光电科技有限公司	三等奖
10	制冷螺杆压缩机制造关键技术及产业化应用	科学技术进步奖	吴维青 张功旺 林汝捷 魏德强 翁明祖	福建雪人股份有限公司，福州大学	三等奖
11	基于云计算与大数据的可视化防伪电子票据关键技术及应用	科学技术进步奖	林初可 宋 冬 林肖勇 黄荣明 张晓龙	福建博思软件股份有限公司	三等奖
12	锦纶6智能高效生产及立体仓储系统集成技术研究与应用	科学技术进步奖	付重先 吴华新 刘冰灵 金志学 杨金富	福建景丰科技有限公司，福建锦江科技有限公司，闽江学院	三等奖
13	特色海产食品深加工关键技术创新及产业化	科学技术进步奖	赖谱富 高向登 滕忠希 李怡彬 黄茂坤	福州百洋海味食品有限公司，福建省农业科学院农业工程技术研究所	三等奖
14	新能源汽车动力锂电池系统组装装备的高可靠性制造关键技术与应用	科学技术进步奖	汤 平 刘成武 李有财 赖秋凤 邓秉杰	福建星云电子股份有限公司，福建工程学院	三等奖
15	交通运输用高温、耐磨铝合金材料的研制及产业化	科学技术进步奖	黄铁明 冯永平 刘金霞 张建雷 池海涛	福建祥鑫股份有限公司	三等奖
16	人工智能在糖尿病及并发症管理中的研发及应用	科学技术进步奖	宋李斌 郭晓蕙 谭 枫 林中燕 周盛宗	福州康为网络技术有限公司，北京大学第一医院，闽江学院，中国疾病预防控制中心	三等奖
17	机器视觉智能测量及传输系统关键技术研发与应用	科学技术进步奖	林大甲 许锡顺 程永红 林宝栋 庄世勇	金钱猫科技股份有限公司	三等奖
18	基于区块链和大数据的电网企业运营多维分析关键技术及应用	科学技术进步奖	郑厚清 林 芬 贾德香 罗义钊 高 骞	福建网能科技开发有限责任公司，国网能源研究院有限公司，国网甘肃省电力公司，国网江苏省电力有限公司	三等奖

（张艳）

科技成果转移转化

【技术合同登记】 2019年，福州市技术开发、技术转让、技术咨询、技术服务四类合同登记3528项，合同总成交额501087.6万元，技术交易额479619.7万元，其中技术开发合同1630项，成交额232962.5万元；技术转让合同243项，成交额162035.4万元；技术咨询合同145项，成交额2112.5万元；技术服务合同1510项，成交额103977.2万元。在四类合同中，技术开发合同成交额占比最高，达到46.49%，技术咨询合同成交额较低，占0.42%，技术服务合同成交额占比低于全国占比，技术转让合同成交额占32.34%，高于全国占比。

【平台建设与交易活动】 2019年，“福州市促进在榕高校科技成果转移转化”系列活动启动仪式暨百家企业进福大项目对接会在福州大学举行。福州近150家企业和科研院所代表，近250名参会代表参加活动。其中福州大学的工业属性高效生物催化剂的设计与开发、新能源大数据的智能分析与软件开发等9个项目与福州的福建昌生生物科技发展有限公司、福建星云电子股份有限公司等企业签约，总金额超千万元。福州技术市场有限公司通过前期走访企业，筛选出142项优质科技成果在网站公布，与各县区发改科技局合作助推科技成果落地转化。探索互联网+科技成果转移转化新模式，全年举办4场网上专利成果推介会，累计推介项目成果315个。

开展福州市海洋技术市场化建设，4月与闽江学院海洋技术研究院联合举办福州市海洋专利技术成果网上推介会、2019年中国专利周优秀专利成果网上推介会、2019年海洋科技成果网上推介会。福州技术市场技术转移公共服务平台“国有科技成果交易公示平台”公示来自福建师范大学、福建省计量科学研究院等单位的13条拟转让专利及成果项目，涉及专利和项目成果24项，金额近914万元。年内各县市区科技部门助推马尾区、晋安区、高新区、连江县、福清市等县市区近100家企业科技成果转化，组织高校院所专家到企业直接交流，达成多项产学研合作项目。

（李海峰）

科技下乡

【概况】 2019年，福州市科技局完成20场科技下乡活动。联合福州市老区建设促进会到福清市一都镇开展科技“三下乡”活动，为老区人民赠送优质蔬菜苗，服务老区脱贫振兴；先后邀请福建省农科院、福建农林大学等专家到永泰县红星乡、闽侯县鸿尾乡等地开展脐橙栽培、铁皮石斛等中草药种植等技术指导，推动农业科技创新和扶贫工作，增强农民学科学、用科学的积极性和脱贫致富的主动性；以村植千树活动为契机，开展植树绿化活动，到闽清县省璜镇建功村，为当地农民送上香椿等优质树苗，助力乡村振兴、绿色发展；开展扶贫日活动，贯彻市攻坚领导小组部署，组织人员前往永泰县红星乡尧祥村生态农场，邀请省农科院土壤专家对永泰县红星乡脐橙种植基地进行技术指导；发挥科技特派员引导作用，把科技扶贫和科技下乡结合，到闽清、福清、仓山等县区及企业进行科技政策宣传与科技技术指导。

（李梅婷）

气象服务

【概况】 2019年，福州市气象局下辖气象台、气象服务中心、信保中心、财务核算中心、农业气象试验站、灾害防御技术中心6个直属单位，另辖长乐区、福清市、闽侯县、连江县、罗源县、闽清县、永泰县气象局。全市建成国家级地面自动气象站9个，区域自动气象站322个，农业气象观测站9个，自动土壤水分观测站4个。建有6个海洋气象观测站、3个海洋气象浮标站、2套船舶自动站（新增马尾马祖航线）、1座沿海风能资源观测塔、1套蓝天指数仪和1个全天空可见光成像仪等。有福州新一代天气雷达、福州淮安山探空雷达、罗源风廓线雷达站、福清移动风廓线雷达等各1部，移动应急指挥车1部，移动自动气象观测站8套。年内综合气象观测系统布局形成，覆盖福州市及台湾海峡的立体探测网已具雏形。

【气象观测】 2019年，福州市气象观测以发展多模式集成、集合预报等数值模式释用技术，加强人工智能等新技术在预报关键技术中的应用。完成2.5×2.5千米智能网格预报产品业务应用，完善福州市内涝气象风险预警模型。年内24小时晴雨预报准确率80.6%，高、低温预报准确率分别达81%和93.6%。短临预警能力提升，初步实现气象装备及网络运行的全天候自动化监控报警。国家级台站实现双套站业务运行，推进观测自动化改革。区域站可用性和及时率位列全省前列。实现装备网络运行全天候自动监控报警，备件全区统筹。S波段相控阵天气雷达项目落地闽侯，推进项目建设。

【气象防灾减灾】 2019年，福州市气象局建立与“三个提前”相适应的“四个融入”气象服务机制，形成全过程、全链条、全覆盖气象保障体系。在全省率先试点开展预警信号属地化发布，将预警联动停课机制纳入政府防汛防台风应急预案，预警信息发布系统对接人防、国土资源、生态环境、交警、城区水系联排联调中心5个部门。推动长乐、连江基层防灾减灾“六个一”标准化及连江县坑园镇象纬村全国综合减灾示范社区建设。全年启动应急27次，有效应对3次冷空气、2次强对流、5次持续性暴雨和6次台风影响天气过程影响，持续时间1584小时，发布服务材料509份，灾害性天气预警信号476次，发送预警短信947条，服务270万人次，实现重大气象灾害监测预警服务零失误。

【乡村气象服务】 2019年，福州市气象局发挥省级蔬菜特色农业气象服务中心作用，开展针对性直通式蔬菜特色农业气象服务；联合市海洋渔业技术中心发布24期水产气象服务专题，推进蔬菜台风指数保险和越冬番茄低温寒冻害气象指数保险工作；完成6个中央“三农”专项建设。年内5名专家入选省科技特派员。

2019年，福州市气象局建成8个地面烟炉作业点。图为用于人工增雨的烟炉（郑帅 摄）

【城市生态气象服务】 2019年，福州市气象局以气候资源开发利用、气候标准认证、人工影响天气等服务品牌，挖掘特色气候旅游生态资源，多场次开展福州“中国气候生态城市”、永泰“中国天然氧吧”品牌宣传，助推“鼓岭国家旅游度假区”入选福建首批避暑清凉福地，继续发布福州赏荷攻略，助力生态旅游提档升级。拓展茉莉花香气、橄榄等作物气候品质认证。全年实施人工增雨作业111次助力抗旱保蓄、森林防火、环境改善。建成8个地面烟炉作业点和10套雨滴谱仪，为开展人影效果评估提供数据基础。

【台风气象服务】 2019年，台风未造成福州市明显气象灾害损失。全年福州市遭遇6个台风影响，分别为第4号台风“木恩”、第5号台风“丹娜丝”、第9号台风“利奇马”（超强台风级）、第11 号台风“白鹿”、第13号台风“玲玲”、第18号台风“米娜”。其中第4号台风“木恩”和第11号台风“白鹿”给福州市造成较大风雨影响。“白鹿”台风影响福州市期间，福州市气象局8月23日12时45分起启动重大气象灾害（台风）Ⅳ级应急响应；24日15时起提升为Ⅲ级应急响应，25日11时起调整重大气象灾害（台风）Ⅲ级应急响应为Ⅳ级。全市气象部门第一时间将预报预警信息传递到各级党政领导、重点服务单位、地质灾害抢险救灾指挥部成员、重要地质灾害点群测群防网络联系人以及气象灾害应急联系人、气象协理员、联络员和志愿者。福州市局本级累计发布预警信号9次，累计预警短信发布条数9条，接收短信人数39512人次，决策气象服务产品报送7份，新浪微博发送信息132条，微博转载评论点赞3102次，阅读量184万次，微信发送信息8条，专家接收媒体采访1次、连线2次。

【公共气象服务】 2019年，福州市气象局启动3次特别工作状态，完成数字中国峰会、海青节、海丝博览会、中华人民共和国成立70周年、福州国际马拉松等重大活动气象保障。与城区水系联排联调中心、交警、生态环境、海事等多部门联动，提升城市气象保障服务。新增琅岐—马祖航线气象服务；与福州海上搜救中心、马祖议会签订航线气象服务合作框架协议，探索海峡两岸气象融合发展新路。

打造“福州气象”官方公众气象服务品牌，微博粉丝总数突破55万，微博排名位居政务微博气象榜前列，多次位列福建省政务榜首，获市政府办公厅通报表扬。全国首推“323路公交车—移动城市气象会客厅”，推广“福州预警发布”微信公众号，气象服务公众覆盖率超95%，公众满意度93.3%。

【气象基础设施建设】 2019年，福州市推进基层台站建设。闽清局13个月完成台站迁建，并实现整体搬迁；福清、连江等局迁建及闽江口（琅岐）生态海洋气象综合观测站项目有序推进，农试站（晋安区局）进入搬迁前期的规划选址及论证阶段。闽侯县局完成气象预警服务平台升级改造。

【气象行政管理】 2019年，福州市气象局出台市县业务集约优化意见，推进市县两级现代综合气象业务体系重构。新增永泰县预警信息发布中心，市县两级预警信息发布中心地方事业编制增加到21名。在全省率先制定出台可复制、可推广的区域气候可行性论证和雷电灾害风险评估实施细则，1个园区项目通过专家评审。推动气象探测环境和设施保护工作纳入市人大常委会监督检查和行政审批“多规合一”平台。办理审查项目110个，防雷安全检查250次、施放气球安全日常巡查177次，依法查处违法施放气球行为4次。通过《我执法我普法》广播互动栏目平台，首次实现气象行政执法与普法宣传教育同步。年内全市窗口受理58件行政许可案件，接受群众来电来访咨询434件。

【气象科普宣传】 2019年，福州市气象局开展内部政务及对外科普宣传。中国气象报刊（网站）登稿件8篇，福建省气象局“今日关注”上稿79篇。以宣传助推重点工作开展，引导社会舆情导向，协调有关单位做好舆情处置，完成“12345”反馈39份。参与全市气象科普三年行动计划制定，利用社会新媒体开展气象科普宣传，多部门联合开展气象科普宣传7次。携手市政法委及省气象学会，全国首推“323路公交车—移动城市气象会客厅”活动。举办第七届海峡青年节·海峡气象青年汇专场活动，在海青节34个活动中排名第三，相关专题片在央视播出。

【气象科技创新和人才培养】 2019年，福州市气象局组织召开闽东北协同发展区气象工作会议，建立科研人才激励机制和区域科研奖励配套资金池，立项闽东北协同课题6项。从创新团队培育、科研项目扶持和闽东北区域人才交流合作等方面明确措施和目标，每年统筹50万元资金用于科研和人才培养，培育与区域“龙头”、省会城市气象工作相适应的科研能力和人才队伍。全市气象部门立项厅局级科研项目2个，县处级科研项目25个，发表或交流业务技术论文23篇。举办培训班14期、培训873人。

（王晓佳）

（编辑　黄雯倩　周弭婋）

社会科学

综　述

【概况】　2019年，福州市社会科学界6项课题获国家社科基金项目立项，19项获省社会科学规划项目立项，21项获市社会科学规划项目立项。年内举办第二届福州市社科界学术年会，包括主论坛“福州乡村振兴论坛”及“首届中华文化与两岸文创产业融合发展论坛”“不忘初心跟党走红色基因代代传——庆祝中华人民共和国成立70周年”主题教育论坛、“纪念解放福州70周年——林白暨五县中心县委游击队”红色论坛和“老年健康·尊严·幸福——共享有福之州、共创幸福之城”4个分论坛。新成立市老年事业研究会。市长江支队历史研究会在全国大中城市社科联第三十次工作会议被授予“全国社科组织先进单位”称号。

【社科宣传普及】　2019年，福州市各级社科组织举办普及活动近450场次。福州市社科联举办“礼赞新中国奋进新时代”社会科学普及宣传周活动。鼓楼区社科联举办省级非遗“福州方言八音”保护项目传播推广交流活动、“中国‘法制’与‘法治’建设发展”专题报告会；晋安区社科联举办“弘扬榕城拗九节传承闽都敬老情”活动、“家庭和谐是幸福之本”专题讲座，联合寿山石馆举办“以钮寄怀——寿山石钮雕艺术展”“第四届海峡两岸中青年篆刻大赛获奖作品展”“翰墨歌盛世丹青颂祖国”书画展；马尾区社科联举办“马江讲坛国学班”，围绕“弘扬国学精神·传播船政文化”举办7场专题讲座；长乐区社科联依托冰心公园讲坛、长安百姓讲坛举办“初心使命的时代背景和任务要求”“讲家风学家训传家风”等讲座报告；闽侯县社科联举办“实施乡村振兴战略推动农村三产融合发展”社科专题报告。福州市社科普及基地——福州市博物馆举办文物鉴赏公益活动；福州则徐中学举办“绿色人生·绿色无毒”——纪念虎门销烟180周年暨6·26国际禁毒日毒品防范宣传专项活动，马江海战纪念馆举办“为大山里的孩子圆梦”文化研学活动，闽侯县图书馆举办2019年寒假小小图书管理员、年俗文化展、世界读书日系列活动，闽都民俗园举办迎新春灯展、水稻收割农耕文化体验活动，闽都乡学讲习所举办“论语颜渊”系列讲座、“那些年福州事”“鳌峰坊的文化与传统”“福州宗教古厝”主题讲座，霍口畲族乡福湖村举办罗源县“三月三”畲乡民俗文化旅游节等。

表59　2019年福州市获国家社科基金项目立项课题

项目名称	项目类别	负责人	所在单位
摆脱贫困后农村老年人相对贫困治理模式创新研究	一般项目	张赛玉	闽江学院
人民币国际化与汇率异常波动研究	一般项目	王阳照	闽江学院
经济高质量发展中的空间并购模式与产业政策转型研究	一般项目	刘正桥	阳光学院
现代化经济体系建设背景下绿色金融创新路径及政策优化研究	一般项目	曾喜梅	阳光学院
基于广义虚拟经济理论的能源价格改革路径研究	一般项目	刘宣	阳光学院
创新生态系统环境下众创空间知识共享与创造研究	一般项目	陈国宏	阳光学院

表 60　　2019 年福州市获省社科规划项目立项课题

项目名称	项目类别	负责人	所在单位
革命老区、中央苏区脱贫奔小康研究	重大项目	石　敏	福州外语外贸学院
文物保护利用的福建实践与思考	重大项目	林晓捷	福州外语外贸学院
领导干部贯彻新形势下党内政治生活若干准则相关问题研究	重大项目	徐国立	福州外语外贸学院
我省历史文化名城名街名村保护与活化研究	重大项目	黄建平	福州外语外贸学院
福建省出口农产品质量安全提升及农户福利效应研究	一般项目	林　文	闽江学院
基于乡村振兴战略的农民生态文明意识及行为的实证研究	一般项目	刘江翔	闽江学院
乡村振兴战略背景下福建乡土文化传承研究	一般项目	李丽娟	闽江学院
海峡两岸（闽台）城市交流合作机制创新与效应评估	一般项目	邓启明	闽江学院
新乡贤引领下的福建村落体育文化治理研究	一般项目	王长龙	阳光学院
经文辩读视域中理雅各经典译解思想研究	一般项目	雷阿勇	闽江学院
台湾地区政党政策演变对两岸关系之影响	一般项目	陈正强	闽江学院
台湾居住证实施后融入感、归属感与逐步统一之影响评估	一般项目	姚佳伶	阳光学院
基于国际网络关系视角下吸引台湾省中小企业来闽投资的国际化因素研究	一般项目	彭耀平	阳光学院
网购服务共生体的价值共创研究	一般项目	于宝琴	阳光学院
福建省社会企业发展现状调研及培育对策研究	一般项目	王衍宇	阳光学院
基于可持续发展的福建省污水污泥资源化利用最优化模拟与实证研究	一般项目	吴容容	阳光学院
虚拟现实（VR）对“语言关键期儿童”二语词汇习得的实证研究	一般项目	蒋国武	阳光学院
福建省普惠性民办幼儿园生态化运行机制研究	一般项目	陈　强	闽江师范高等专科学校
贺贻孙研究	青年项目	李　园	闽江学院
乡村振兴背景下新时期我国民间乡村影像的发展研究	青年项目	魏韶礼	阳光学院
福建省区域物流产业空间布局及区域经济融合发展路径研究	青年项目	朱文娟	福州理工学院
双重背景的台湾作曲家民族风格音乐创作研究	青年项目	林奕瑄	闽江学院
清代闽侨与海丝沿线国家华文教育发展研究	青年项目	史玄之	闽江学院

表 61　　2019 年福州市获省第十一届社会科学优秀成果奖获奖成果

成果名称	获奖等次	获奖作者	所在单位
“两微”舆情生成、传播与治理	二等奖	匡文波	闽江学院
福建自贸区与福厦泉自主创新示范区“双自联动”产业发展研究	二等奖	福建省自贸区研究课题组	闽江学院

（张薇）

学术交流活动

【“不忘初心跟党走红色基因代代传”主题教育论坛】 2019 年 8 月 5 日，由福州市社科联主办、福州市长江支队历史研究会承办。福建省委党校、福州大学、福建师范大学、福州市长江支队历史研究会“长江支队在高校”课题组、闽侯县长江支队历史研究会等 7 位专家学者围绕“不忘初心跟党走红色基因代代传”主题，就高校红色教育传承问题作专题发言。市社科联（院）党组书记李辉等省市有关负责人参加活动。

【中华文化与两岸文创产业融合发展论坛】 2019 年 8 月 6 日，由福州市社科联、福州广播电视台主办，福州市易经文化研究会承办，为市社科联策划创办的首个集“智库平台 + 产业孵化”于一体的涉台综合性平台，入选国台办第七届海峡青年节活动重点项目。论坛采取“1+N”模式，推动学术研究、创意价值与产业链价值链对接，打造两岸人文社科界、产业界、资本投资方等相关领域共同参与的平台智库、产业孵化器，《人民日报》、新华社、《台湾中国时报》、《台湾联合报》等几十家境内外媒体相继报道。主论坛在福州市博物馆举办，题为“从两岸博物馆文创看文创产业新发展”。在鳌峰书院、福州市图书馆、鼓岭北京故宫文创展示基地、马尾船政博物馆等多处举办分论坛和专题考察研讨会，内容包括“两岸书院与中华文化传承”“生态文明理念与‘绿色’产业体系构建”“项目运营与产业基地聚合创新模式”“文化创意与青年创业创新”等。两岸文博文创产品精品展同期开展。福建省社科联副主席王秀丽出席活动并宣布主论坛开幕。福州市社科联（院）、福州市委台港澳办、福州市文化和旅游局等有关单位负责人参加论坛活动。来自北京故宫博物院、台北“故宫博物院”、中国社科院等21名知名专家作主题发言，500多名来自两岸学界、产业界代表参加研讨。

【第四届全国“一带一路”沿线城市智库联盟大会】 2019年8月19—21日，第四届全国“一带一路”沿线城市智库联盟大会在陕西省宝鸡市举行。来自沿线城市的200多名社科联代表和智库专家围绕“文化创新与城市发展”主题进行学术交流，福州市社科联副主席张春斌出席大会，以“创意产业与‘丝路’文化交流”为题作专题发言。

【中国人民解放军长江支队入闽70周年庆祝大会】 2019年8月24日，由福建省长江支队历史研究会与福州市长江支队历史研究会联合举办。福建省委副书记、福州市委书记王宁出席并讲话，老干部马潞生、叶继革、马新岚等出席会议。长江支队历史研究会首任会长吕居永、名誉会长马潞生先后发言。会议期间举办专题研讨会，省内外研究学者参与交流研讨。

【福州市诚信促进会第三次会员代表大会】 2019年9月19日，福州市诚信促进会第三次会员代表大会召开。福建省诚信促进会会长陈伦，福州市委副书记、市长尤猛军出席并讲话，福建省诚信促进会常务副会长陈乙熙、林文秀、陈峰，市领导关瑞祺、林恒增，市级老领导陈大强、陈奇、王讚猷等参加活动。大会选举产生新一届理事会理事、常务理事、秘书长、副会长、监事长、会长。授予鼓楼区诚信促进会等55家单位（企业）“诚信先进单位”，授予黄维国等76人“诚信工作先进个人”称号，并向先进代表颁发牌匾和荣誉证书。

【“纪念解放福州70周年——林白暨五县中心县委游击队”红色论坛】 2019年9月29日，由福州市社科联、福州市委党史和地方志研究室主办，福州市中共党史学会、福州市闽浙赣边区革命史研究会承办。省、市老领导，市各县（市）区和平潭、古田、霞浦、屏南党史方志室负责人及各学会、研究会代表近200人参加论坛。6名专家学者及革命者后代代表围绕解放福州战役中的林白游击队，研讨红色基因传承与革命传统教育。省政协原主席游德馨向大会赠送100本《红色感动——林白同志纪念文集》书籍。

【老年健康·尊严·幸福——共享有福之州、共创幸福之城】 2019年10月10日，由福州市社科联、福州市老年学学会举办，来自高校和省市社区养老机构等专家学者、老年产业实际工作者100多人参加论坛。专家学者围绕“老年健康·尊严·幸福——共享有福之州、共创幸福之城”主题深入研究，就老年养老、医养结合、老年心理健康等方面提出新思路新观点，福建师范大学游友基教授作学术点评，福建省委老干部局原副局长林子利、原福建省卫计委巡视员唐慧如等省市有关部门领导参加论坛活动。论坛收到相关学术论文60余篇，市老年学学会择优编印成册。

【2019年福州市社会治理创新研讨会】 2019年10月25日，福州市社会科学院举办“2019年福州市社会治理创新研讨会”，来自省市高校、社科院、党政机关的近20名专家学者围绕“互联网+社会治理”“城市社区治理”“乡村社会治理”“交通综合治理”等专题展开研究探讨。编印研究成果《2019年福州市社会治理创新研讨会论文集》。

【福州市船政文化研究会第二次会员大会暨换届大会】 2019年11月24日，福州市船政文化研究会在于山堂召开第二次会员大会暨换届大会。海军史、船政史学者陈悦在会上作“福建船政文化研究回顾与未来展望”专题学术讲座。市社科联（院）党组书记、市社科联副主席李辉，市社科联（院）党组副书记、市社科院院长杨震，市委宣传部副处级领导陈昕出席会议；阳光学院党委书记陈少平，福建省文史研究馆原馆长卢美松，市闽都文化研究会常务副会长林山，市博物馆馆长张振玉，福建师范大学教授王岗峰，海军史、船政史学者陈悦等专家学者受邀列席会议。大会选举产生新一届理事会、监事会。

【福州乡村振兴论坛】 2019年12月30日，由福州市社科联、中共福州市委乡村振兴办、晋安区人民政府联合在晋安区寿山乡举办，为第二届福州市社科界学术年会主论坛。来自福建师范大学、福建农林大学、晋安区寿山乡人民政府和台湾的8名专家学者围绕“实施乡村振兴战略加快推进福州城乡融合发展”主题，总结福州市以协调推进乡村振兴战略和新型城镇化战略为抓手、加强城乡融合发展的经验做法，为加快福州市“三农”工作高质量发展献言建策。市社科联（院）党组书记、副主席李辉，晋安区人民政府副区长陈立新分别代表主办单位致辞。福建农林大学石德金教授、市委乡村振兴办副主任鲍瑞芳分别做论坛点评。福州市社科联（院）党组成员、副主席张春斌主持论坛并做学术总结。论坛召开前组织开展福州乡村振兴实践研究主题征文活动，收到省市高校、社科研究机构和乡村振兴一线部门论文50余篇，评选一等奖2篇，二等奖7篇，三等奖14篇。

（张薇　欧阳龙）

社科研究成果

【福州市社会科学界联合会研究成果】 2019年，福州市社科规划项目负责人发表学术研究成果57篇，其中国家权威刊物、CSSCI 来源期刊、英文国际刊物、国家级刊物论文 20 篇，省级刊物论文 34 篇，市级刊物论文 3 篇。

年内编印社科规划研究《成果要报》11 期，其中《福州打造幸福之城的文化支撑》《福州市辐射带动海峡西岸城市群建设发展研究》《关于乡村振兴战略背景下加强我市畲族文化传承发展的建议》获市委、市政府领导批示；《新时期进一步做好老干部精准服务工作的思考与探索》被省委老干部局评为福建省 2019 年度老干部工作调研文章一等奖，入编《福建老干部工作》；《形塑好公平正义的政法形象——福州市政法系统新闻宣传工作调研报告》被评为 2019 年度福州市平安建设（综治工作）重大课题调研报告优秀等次，《福州近期政法舆情回应过程及效果剖析》《福州市社会心理服务体系建设的路径探索》《关于运用法治防治校园欺凌的调研报告》被评为 2019 年度福州市平安建设（综治工作）重大课题调研报告良好等次。收集整理 2018 年度结项的 28 项市社科规划成果编印学术集刊《理论与实践研究（2018 卷）》。收集整理 9 个福州新区研究项目编印《福州新区研究》。

（张薇）

【福州市社科院研究成果】 2019 年，福州市社会科学院立项课题 17 项，其中院重大课题 3 项，院重点课题 11 项，院一般课题 3 项。《高质量发展实现赶超背景下福州加强品牌建设路径研究》获 2019 年市委重点调研课题立项；《新乡贤文化建设研究——基于乡村振兴战略的角度》《我市侨乡乡村振兴路径与对策》《城乡融合与国际化大都市视野下的福州新区乡村振兴路径与对策》获 2019 年市政府重点调研课题立项。《“十四五”时期福州加快融入“一带一路”打造“海丝”核心区支点城市的思路和重点举措研究》获福州市“十四五”规划前期研究课题立项。《数字经济引领福州经济高质量发展研究》《海洋经济背景下提升福州渔业竞争力路径研究》获 2019 年度福州市中国特色社会主义理论体系研究中心项目立项。《高质量发展背景下福州加强品牌建设路径研究》刊登于《闽都通讯》第 9 期、《福州调研》2019 年第 10 期，被“有福之州”微信公众号转载；《新乡贤文化建设研究——基于乡村振兴战略的角度》获 2019 年度市政府系统优秀调研课题评选结果三等奖；《基于城区公共交通安全的福州地方治理》课题调研工作被市委政法委通报表扬，论文被评为优秀论文；《城乡融合视野下的福州新区乡村振兴路径与对策》获“实施乡村振兴战略　加快推进福州城乡融合发展”主题征文二等奖。全院研究人员公开发表论文 16 篇，合计 10.87 万字；参与编著学术著作 3 部，合计 7.4 万字；在《闽都通讯》《福州调研》《研究报告》等重要内参上发表研究报告 7 篇；在全国性与省级学术论坛作为主题发言 3 次，入选论文集 3 篇。

全年编印《福州社会科学》6 期，刊出论文 60 篇，编发《领导参阅》8 期，以市社科院社会学研究所为依托，成立福州市社科院社会治理研究中心。

（欧阳龙）

【中共福州市委党校研究成果】 2019 年，中共福州市委党校组织申报的各类课题立项 28 项。其中，福建省委党校中特理论研究中心课题立项 8 项，福州市社科规划项目立项 1 项，福州市中特理论研究中心课题立项 6 项，福州市委办 2019 年度重点调研课题立项 1 项，2019 年市综治办调研课题立项 1 项，2019 年度市直机关工委重点调研课题立项 1 项，福州市政法委平安建设课题立项 1 项，福州市党校系统课题立项 9 项。年内全校教职工发表科研论文 73 篇，其中在省级 CN 以上期刊上发表 46 篇，市级 CN 刊物 17 篇。

（黄璟）

【福州市政府发展研究中心研究成果】 2019 年，福州市政府发展研究中心组织完成各类调研成果 160 多项。编发《研究报告》179 期，编辑出版《福州经济》杂志 6 期。编印《2019 年福州发展研究报告》文集。

（林舒浩）

【闽江学院社科研究成果】 2019 年，闽江学院新增市厅级以上纵向社科立项及横向委托项目 137 个，其中国家级项目 3 个（含转入 1 个）、省部级项目 27 个、市厅级项目 47 个，社科类横向委托项目 60 个。到校社科类科研项目经费 648.54 万元，其中纵向 227.28 万元，横向 421.26 万元。在福建省第十三届社科优秀成果奖评选中，获二等奖 2 项。教师发表核心以上论文 86 篇，主编出版专著、编著等 18 部。新增 1 个校级社科平台（闽江学院华商创业研究中心）。

（刘明聪）

【闽江师范高等专科学校研究成果】 2019 年，闽江师范高等专科学校获省市级以上课题 34 项，其中《福建省普惠性民办幼儿园生态化运行机制研究》获福建省社科立项，《习近平教师教育思想的孕育与发展》等 5 项获福建省教育规划重点立项，《大数据时代福州市智慧社区居家养老的研究》等 5 项获福州市政府、福州市科技局、福州市科学技术协会重点立项，《融媒体发展时代高校思想政治教育创新路径研究》等 13 项获福建省教育厅立项。学校签订横向课题 4 项，申报受理专利 10 项，获专利 1 项。教师发表论文 206 篇，其中核心刊物 18 篇，撰写论著 11 种。完成 7 份政策咨询报告，其中《促进我市高新技术企业发展的加速机制研究》在福州市人民政府发展研究中心主办的《研究报告》全文刊发，并获福州市政府主要领导和分管领导批示，获市政府办公厅通报表扬。年内学校新增主管刊物《艺风》（刊号 CN-35Q）。

（罗谦）

（编辑　姚国榕）

教育

综 述

【概况】 2019年，福州市有各级各类学校2558所，在校生168.16万人，专任教师9.73万人，其中幼儿园1243所，在园幼儿27.8万人，专任教师1.54万人；小学893所，在校生58.91万人，专任教师3.05万人；初中224所，在校生24.4万人，专任教师1.71万人；高中102所，在校生10.57万人，专任教师0.81万人；中等职业学校45所，在校生8.95万人，专任教师0.44万人；特殊教育学校14所，在校生1725万人，专任教师455人；在榕高校37所，在榕高校在校生37.4万人，专任教师2.13万人。

年内，福州市入选省高校“三全育人”综合改革试点区，在未成年人思想道德建设指数测评中获全国省会和副省级城市第七、全省第一。市教育局获评全国“七五”普法中期先进集体。全市五学科奥赛国赛奖牌、金牌数和省赛一等奖数居全省首位；全国第六届中小学生艺术展演获奖数和一等奖数居全省首位；2人入选国家“万人计划”教学名师，1人入选教育部乡村优秀教师培养奖励计划，9人获全国模范教师等国家级先进个人称号。福州职业技术学院入围国家“双高计划”高水平专业群建设单位。

表62　2019年青少年科技创新大赛、机器人比赛及高中学科竞赛获全国三等奖、福建省一等奖以上名单

姓名	选送学校	奖项名称
杨　馨	福州第三中学	第34届全国青少年科技创新大赛一等奖
丁子健	福建师大附中	第34届全国青少年科技创新大赛二等奖
邱承昊	福州格致中学	第34届全国青少年科技创新大赛二等奖
徐立岳	福州第三中学	第34届全国青少年科技创新大赛三等奖
邓舒航	福建师范大学附属小学	第34届全国青少年科技创新大赛三等奖
汪淑榕	福州市宁化小学	第34届全国青少年科技创新大赛三等奖（科技辅导员科教创新项目）
邓舒航	福建师范大学附属小学	第34届福建省青少年科技创新大赛一等奖
赵紫东	福州市茶园山中心小学	第34届福建省青少年科技创新大赛一等奖
钟晗菲	福州屏东中学	第34届福建省青少年科技创新大赛一等奖
杨　馨	福州第三中学	第34届福建省青少年科技创新大赛一等奖
邱承昊	福州格致中学	第34届福建省青少年科技创新大赛一等奖
江雨兮	福州第八中学	第34届福建省青少年科技创新大赛一等奖
丁子健	福建师大附中	第34届福建省青少年科技创新大赛一等奖
徐立岳	福州第三中学	第34届福建省青少年科技创新大赛一等奖
汪洋海	福州第一中学	第34届福建省青少年科技创新大赛一等奖

续表 62

姓名	选送学校	奖项名称
何彦德	福州高级中学	第 34 届福建省青少年科技创新大赛一等奖
黄陈恺	福建师大附中	第 34 届福建省青少年科技创新大赛一等奖
周　灵、黄宇玲、张怡悦	福州屏东中学	第 34 届福建省青少年科技创新大赛一等奖
林博宇	福清高山中心小学	第 34 届福建省青少年科技创新大赛一等奖
吴兴恬	福州教育学院附属第三小学	第 34 届福建省青少年科技创新大赛一等奖
江　昊	福州教育学院附属中学	第 34 届福建省青少年科技创新大赛一等奖
徐睿阳、何泓锐、许子捷、郑　想	福州教育学院附属第二小学	第 19 届中国青少年机器人竞赛 VEX 机器人挑战赛一等奖
温余睿、林显哲、梁天宇、许心烨	福州屏东中学	第 19 届中国青少年机器人竞赛 VEX 机器人挑战赛一等奖
黄煜轩、林思辰、许　睿、郑晗	福建师大附中	第 19 届中国青少年机器人竞赛 VEX 机器人挑战赛一等奖
鲍科丞、黄兵伟、李　倩、李鑫磊	福州华侨中学	第 19 届中国青少年机器人竞赛 FLL 机器人挑战赛一等奖
郭紫钰、王建翔	福州市仓山小学	第十七届福建省青少年机器人竞赛 FLL 机器人挑战赛一等奖
李子博源、郑恩佳	福州市麦顶小学	第十七届福建省青少年机器人竞赛 FLL 机器人挑战赛一等奖
刘林添、董仁麒	福州第十五中学	第十七届福建省青少年机器人竞赛 FLL 机器人挑战赛一等奖
鲍科丞、黄兵伟	福州华侨中学	第十七届福建省青少年机器人竞赛 FLL 机器人挑战赛一等奖
何泓锐、许子捷、徐睿阳、郑　想	福州教育学院附属第二小学	第十七届福建省青少年机器人竞赛 VEX 机器人挑战赛一等奖
温余睿、梁天宇、林显哲、许心烨	福州屏东中学	第十七届福建省青少年机器人竞赛 VEX 机器人挑战赛一等奖
高芷若、郑思齐、吴尔轩、肖涵予	福州市晋安区青少年校外体育活动中心、福州第十九中学	第十七届福建省青少年机器人竞赛 VEX 机器人挑战赛一等奖
黄煜轩、许　睿、林思辰、郑　晗	福建师大附中	第十七届福建省青少年机器人竞赛 VEX 机器人挑战赛一等奖
王驰骋、柯力维、谢崇斌、郑培炎	福州格致中学、福州屏东中学	第十七届福建省青少年机器人竞赛 VEX 机器人挑战赛一等奖
刘俊辉、江梓函	福州市第四中学桔园洲中学	第十七届福建省青少年机器人竞赛创意机器人挑战赛一等奖
钟子谦	福州第三中学	2019 年全国青少年信息学奥林匹克竞赛金牌
林昊翰	福州第一中学	2019 年全国青少年信息学奥林匹克竞赛银牌
王文铎	福州第三中学	2019 年全国青少年信息学奥林匹克竞赛银牌
陈彦谞	福州第一中学	2019 年全国青少年信息学奥林匹克竞赛银牌
陈亮舟	福建师大附中	2019 年全国青少年信息学奥林匹克竞赛银牌
陆　宏	福建师大附中	2019 年全国青少年信息学奥林匹克竞赛银牌
周　正	福建师大附中	2019 年全国青少年信息学奥林匹克竞赛银牌
柳文骏	福州第三中学	2019 年全国青少年信息学奥林匹克竞赛铜牌
林　恺	福建师大附中	2019 年全国青少年信息学奥林匹克竞赛铜牌
王安哲	福州第三中学	2019 年全国青少年信息学奥林匹克竞赛铜牌
陈雨昕	福州第一中学	信息学（CCF CSP-J/S2019 提高级）一等奖

续表 62

姓名	选送学校	奖项名称
陈栉旷	福州长乐第一中学	信息学(CCF CSP-J/S2019 提高级)一等奖
陈煜翔	福州长乐第一中学	信息学(CCF CSP-J/S2019 提高级)一等奖
郑轲旸	福建师大附中	信息学(CCF CSP-J/S2019 提高级)一等奖
谢濡键	福建师大附中	信息学(CCF CSP-J/S2019 提高级)一等奖
林昊翰	福州第一中学	信息学(CCF CSP-J/S2019 提高级)一等奖
陈亮舟	福建师大附中	信息学(CCF CSP-J/S2019 提高级)一等奖
陆　宏	福建师大附中	信息学(CCF CSP-J/S2019 提高级)一等奖
范棋珈	福州第一中学	信息学(CCF CSP-J/S2019 提高级)一等奖
陈予菲	福州长乐第一中学	信息学(CCF CSP-J/S2019 提高级)一等奖
方昀昊	福州第一中学	信息学(CCF CSP-J/S2019 提高级)一等奖
何文焜	福州第三中学	信息学(CCF CSP-J/S2019 提高级)一等奖
马飞洋	福建师大附中	信息学(CCF CSP-J/S2019 提高级)一等奖
陈　贤	福州长乐第一中学	信息学(CCF CSP-J/S2019 提高级)一等奖
林政宇	福州时代中学	信息学(CCF CSP-J/S2019 提高级)一等奖
魏　来	福建师大附中	信息学(CCF CSP-J/S2019 提高级)一等奖
邹品聪	福建师大附中	信息学(CCF CSP-J/S2019 提高级)一等奖
匡　亮	福州第三中学	信息学(CCF CSP-J/S2019 提高级)一等奖
徐沐杰	福建师大附中	信息学(CCF CSP-J/S2019 提高级)一等奖
陈　宇	福建师大附中	信息学(CCF CSP-J/S2019 提高级)一等奖
何宇轩	福州第二中学	信息学(CCF CSP-J/S2019 提高级)一等奖
俞　畅	福州时代中学	信息学(CCF CSP-J/S2019 提高级)一等奖
段博瀚	福州第三中学	信息学(CCF CSP-J/S2019 提高级)一等奖
张天杰	福州第一中学	信息学(CCF CSP-J/S2019 提高级)一等奖
周圣力	福建师大附中	信息学(CCF CSP-J/S2019 提高级)一等奖
王博文	福州第一中学	信息学(CCF CSP-J/S2019 提高级)一等奖
冯业齐	福建师大附中	信息学(CCF CSP-J/S2019 提高级)一等奖
杨沛山	福州第一中学	信息学(CCF CSP-J/S2019 提高级)一等奖
雷　宇	福州第一中学	信息学(CCF CSP-J/S2019 提高级)一等奖
谭兆辰	福州第三中学	信息学(CCF CSP-J/S2019 提高级)一等奖
张纳百川	福州第一中学	信息学(CCF CSP-J/S2019 提高级)一等奖
叶宇成	福州第三中学	信息学(CCF CSP-J/S2019 提高级)一等奖
林　澍	福州第一中学	信息学(CCF CSP-J/S2019 提高级)一等奖
周川迪	福州第一中学	信息学(CCF CSP-J/S2019 提高级)一等奖
张志心	福建师大附中	信息学(CCF CSP-J/S2019 提高级)一等奖
黄晟焱	福建师大附中	信息学(CCF CSP-J/S2019 提高级)一等奖
杨晋晟	福州第一中学	信息学(CCF CSP-J/S2019 提高级)一等奖
林圣涵	福州延安中学	信息学(CCF CSP-J/S2019 提高级)一等奖

续表 62

姓名	选送学校	奖项名称
胡以承	福州第一中学	信息学（CCF CSP-J/S2019 提高级）一等奖
江添辉	福州第一中学	信息学（CCF CSP-J/S2019 提高级）一等奖
薛　哲	福州第十九中学	信息学（CCF CSP-J/S2019 提高级）一等奖
黄盛唐	福州时代中学	信息学（CCF CSP-J/S2019 提高级）一等奖
郑逸韬	福建师大附中	信息学（CCF CSP-J/S2019 提高级）一等奖
黄睿轩	福建师大附中	信息学（CCF CSP-J/S2019 提高级）一等奖
陈圣尧	福州第三中学	信息学（CCF CSP-J/S2019 提高级）一等奖
陈建涛	福州市长乐区航城中学	信息学（CCF CSP-J/S2019 提高级）一等奖
林泽锂	福建师大附中	信息学（CCF CSP-J/S2019 提高级）一等奖
刘星佳	福州市三牧中学	信息学（CCF CSP-J/S2019 提高级）一等奖
王思凯	福建省福清第一中学	信息学（CCF CSP-J/S2019 提高级）一等奖
姚　远	福州第一中学	信息学（CCF CSP-J/S2019 提高级）一等奖
林田川	福建师大附中	信息学（CCF CSP-J/S2019 提高级）一等奖
陈佳博	福州第三中学	信息学（CCF CSP-J/S2019 提高级）一等奖
黄宇浩	福州第三中学	信息学（CCF CSP-J/S2019 提高级）一等奖
倪子杭	福建师大附中	信息学（CCF CSP-J/S2019 提高级）一等奖
张宇衡	福州时代中学	信息学（CCF CSP-J/S2019 提高级）一等奖
汤锐杰	福州第一中学	信息学（CCF CSP-J/S2019 提高级）一等奖
林舜华	福州三牧中学	信息学（CCF CSP-J/S2019 提高级）一等奖
王芷若	福建师大附中	信息学（CCF CSP-J/S2019 提高级）一等奖
黄劲涵	福州时代中学	信息学（CCF CSP-J/S2019 提高级）一等奖
林子灿	福州第一中学	信息学（CCF CSP-J/S2019 提高级）一等奖
郑欢洋	福州第一中学	信息学（CCF CSP-J/S2019 提高级）一等奖
何梓滔	福州三牧中学	信息学（CCF CSP-J/S2019 提高级）一等奖
潘恩宁	福州长乐第一中学	信息学（CCF CSP-J/S2019 提高级）一等奖
陈炫杰	福州第一中学	信息学（CCF CSP-J/S2019 提高级）一等奖
林子涵	福州时代中学	信息学（CCF CSP-J/S2019 提高级）一等奖
张陈旸	福州延安中学	信息学（CCF CSP-J/S2019 提高级）一等奖
缪　言	福州第一中学	信息学（CCF CSP-J/S2019 提高级）一等奖
黄星皓	福州延安中学	信息学（CCF CSP-J/S2019 提高级）一等奖
蔡一锴	福州第一中学	信息学（CCF CSP-J/S2019 提高级）一等奖
陈　孚	福州第一中学	信息学（CCF CSP-J/S2019 提高级）一等奖
陈浩天	福州第一中学	信息学（CCF CSP-J/S2019 提高级）一等奖
陈宇恒	福州第三中学	信息学（CCF CSP-J/S2019 提高级）一等奖
左江田	福州第三中学	信息学（CCF CSP-J/S2019 提高级）一等奖
林　骅	福州第三中学	信息学（CCF CSP-J/S2019 提高级）一等奖
连俊榕	福州第一中学	信息学（CCF CSP-J/S2019 提高级）一等奖

续表 62

姓名	选送学校	奖项名称
陈凌山	福州时代中学	信息学(CCF CSP-J/S2019 提高级)一等奖
俞贤皓	福州第三中学	信息学(CCF CSP-J/S2019 提高级)一等奖
林而立	福州时代中学	信息学(CCF CSP-J/S2019 提高级)一等奖
杨思汗	福建师大附中	信息学(CCF CSP-J/S2019 提高级)一等奖
郑力炫	福州长乐第一中学	信息学(CCF CSP-J/S2019 提高级)一等奖
苏铿懿	福州市台江区教师进修学校附属第一小学	信息学(CCF CSP-J/S2019 提高级)一等奖
林舒扬	福州时代中学	信息学(CCF CSP-J/S2019 提高级)一等奖
李梓阳	福建师大附中	信息学(CCF CSP-J/S2019 提高级)一等奖
黄沁琳	福建师大附中	2019 年第 28 届生物学联赛福建赛区一等奖
罗　昊	福州第三中学	2019 年第 28 届生物学联赛福建赛区一等奖
王承翔	福州第三中学	2019 年第 28 届生物学联赛福建赛区一等奖
刘　鑫	福州第三中学	2019 年第 28 届生物学联赛福建赛区一等奖
吴远征	福州第一中学	2019 年第 28 届生物学联赛福建赛区一等奖
陈弘雨	福州第一中学	2019 年第 28 届生物学联赛福建赛区一等奖
林鑫奕	福建师大附中	2019 年中国物理学奥林匹克竞赛金牌
念心远	福建师大附中	2019 年中国物理学奥林匹克竞赛银牌
谢源浩	福建师大附中	2019 年中国物理学奥林匹克竞赛铜牌
林　瀚	福州第一中学	2019 年第 36 届中学生物理竞赛福建赛区一等奖
林书睿	福州第一中学	2019 年第 36 届中学生物理竞赛福建赛区一等奖
徐　可	福州第一中学	2019 年第 36 届中学生物理竞赛福建赛区一等奖
冯睿骐	福州第一中学	2019 年第 36 届中学生物理竞赛福建赛区一等奖
汤　政	福州第一中学	2019 年第 36 届中学生物理竞赛福建赛区一等奖
肖卓凡	福州第一中学	2019 年第 36 届中学生物理竞赛福建赛区一等奖
王福森	福州第三中学	2019 年第 36 届中学生物理竞赛福建赛区一等奖
林鑫奕	福建师大附中	2019 年第 36 届中学生物理竞赛福建赛区一等奖
谢源浩	福建师大附中	2019 年第 36 届中学生物理竞赛福建赛区一等奖
念心远	福建师大附中	2019 年第 36 届中学生物理竞赛福建赛区一等奖
杨文韬	福建师大附中	2019 年第 36 届中学生物理竞赛福建赛区一等奖
莫昊宇	福建师大附中	2019 年第 36 届中学生物理竞赛福建赛区一等奖
郑以哲	福建师大附中	2019 年第 36 届中学生物理竞赛福建赛区一等奖
丘瑞岑	福建师大附中	2019 年第 35 届中国数学奥林匹克赛金牌
孙谌劼	福州第一中学	2019 年第 35 届中国数学奥林匹克赛金牌
金惟楚	福建师大附中	2019 年第 35 届中国数学奥林匹克赛银牌
鄢继鑫	福州第一中学	2019 年第 35 届中国数学奥林匹克赛银牌
陈雨昕	福州第一中学	2019 年第 35 届中国数学奥林匹克赛铜牌
丘瑞岑	福建师大附中	2019 年全国高中数学联赛福建赛区一等奖
金惟楚	福建师大附中	2019 年全国高中数学联赛福建赛区一等奖

续表 62

姓名	选送学校	奖项名称
陈雨昕	福州第一中学	2019 年全国高中数学联赛福建赛区一等奖
鄢继鑫	福州第一中学	2019 年全国高中数学联赛福建赛区一等奖
孙谌劼	福州第一中学	2019 年全国高中数学联赛福建赛区一等奖
刘震熙	福州长乐第一中学	2019 年全国高中数学联赛福建赛区一等奖
魏欣悦	福建师大附中	2019 年全国高中数学联赛福建赛区一等奖
高燕鹏	福州长乐第一中学	2019 年全国高中数学联赛福建赛区一等奖
石　泉	福州第三中学	2019 年全国高中数学联赛福建赛区一等奖
叶骁炜	福建师大附中	2019 年全国高中数学联赛福建赛区一等奖
冯明强	福建师大附中	2019 年全国高中数学联赛福建赛区一等奖
徐　可	福州第一中学	2019 年全国高中数学联赛福建赛区一等奖
念心远	福建师大附中	2019 年全国高中数学联赛福建赛区一等奖
徐铭锐	福建师大附中	2019 年全国高中数学联赛福建赛区一等奖
李子慕	福建师大附中	2019 年全国高中数学联赛福建赛区一等奖
林子涵	福州第一中学	2019 年全国高中数学联赛福建赛区一等奖
周致韬	福州第三中学	2019 年全国高中数学联赛福建赛区一等奖
黄梓涵	福州第一中学	2019 年全国高中数学联赛福建赛区一等奖
楼　成	福州第一中学	2019 年全国高中数学联赛福建赛区一等奖
黄弈骁	福州第一中学	2019 年全国高中数学联赛福建赛区一等奖
林立锟	福建师大附中	2019 年全国高中数学联赛福建赛区一等奖
黄晨欣	福州第一中学	2019 年全国高中数学联赛福建赛区一等奖
郑　晖	福州第三中学	2019 年全国高中数学联赛福建赛区一等奖
林骏楠	福州第一中学	2019 年全国高中数学联赛福建赛区一等奖
叶陈昊	福州第三中学	2019 年全国高中数学联赛福建赛区一等奖
滕戈垚	福州第一中学	2019 年第 33 届全国中学生化学竞赛银牌
叶诺辰	福州第一中学	2019 年第 33 届全国中学生化学竞赛银牌
乐　铖	福建师大附中	2019 年第 33 届全国中学生化学竞赛铜牌
叶诺辰	福州第一中学	2019 年第 33 届化学奥林匹克福建赛区一等奖
乐　铖	福建师大附中	2019 年第 33 届化学奥林匹克福建赛区一等奖
滕戈垚	福建师大附中	2019 年第 33 届化学奥林匹克福建赛区一等奖
阮博元	福州第一中学	2019 年第 33 届化学奥林匹克福建赛区一等奖
刘践之	福建师大附中	2019 年第 33 届化学奥林匹克福建赛区一等奖
卢　祺	福州第三中学	2019 年第 33 届化学奥林匹克福建赛区一等奖
王绎涛	福州第一中学	2019 年第 33 届化学奥林匹克福建赛区一等奖
肖舜午	福州第一中学	2019 年第 33 届化学奥林匹克福建赛区一等奖
陈　骁	福建师大附中	2019 年第 33 届化学奥林匹克福建赛区一等奖
苏　旸	福建师大附中	2019 年第 33 届化学奥林匹克福建赛区一等奖
方彦杰	福建师大附中	2019 年第 33 届化学奥林匹克福建赛区一等奖
王子昊	福州第三中学	2019 年第 33 届化学奥林匹克福建赛区一等奖

【素质教育】 2019年，福州市组织思政德育、研学实践师资培训和班主任轮训；闽江学院教师陈东获全国、全省高校思想政治课教学展示特等奖；新增3名省中小学心理健康教育名师工作室领衔名师。出台《福州市中小学家访工作规定（暂行）》，推进垃圾分类教育，完善师生信用管理体系。小学生林峻德被国家五部门表彰为“新时代好少年”。建设“中学团校”，试点开设“中学青马班”课程；举办第一届市直（省属）中学生模拟联合国大会。加强综合素质培养，在中国青少年机器人竞赛暨世界青少年机器人邀请赛中，市代表队一等奖获奖数居全省第一；举办小茉莉艺术节、“秀·艺”音乐会、小茉莉交响乐团新年音乐会等活动；提高中考体育分值，为市属12万余名学生筛查视力并建档，中小学生体质健康合格率95.49%，足球特色学校增至223所；指导开展劳动教育特色项目，发布推进中小学生研学实践实施意见，新增4个省级研学实践教育基地；加强中小学“书香墨香校园”建设，新增省级语言文字规范化示范校17所。

【教育信息化】 2019年，福州市推进智慧校园试点校建设，有智慧教室2285间。启动市教育管理公共服务平台建设，学业质量监测与诊断平台完成初步验收。福州市代表队在全国新媒体新技术教学应用大赛中获奖数居全省第一；组织第十五届省信息技术与课程整合三优联评活动，获优秀组织奖；全市获评为“一师一优课、一课一名师”省级优课137节、部级优课56节。

【学校规划建设】 2019年，福州市完成中心城区及福州新区中小学、幼儿园布局专项规划编制。新改扩建幼儿园20所、中小学37所，拆除重建、加固改造校舍面积12.99万平方米。天津大学福州国际校区、福州学校（暂名）动工建设，福州三中滨海校区、福州三中晋安校区和福州滨海实验学校等市属校建成开学。推进城镇小区配套幼儿园治理，需治理配套园318所，其中219所办成公办园或普惠性民办园，103所产权办理到辖区教育局名下。

表63 2019年福州新建幼儿园一览表

类型	学校名称	规划建设面积（平方米）	规划办学规模（班）
公办幼儿园	闽侯县上街青州幼儿园	3500	9
	闽侯县五虎山幼儿园	4790	12
	连江县温泉幼儿园	4500	12
	连江县下宫中心幼儿园	3000	9
	连江县坑园中心幼儿园	3000	9
	罗源县碧里中心幼儿园	3200	9
	闽清县坂东镇第二中心幼儿园	5000	12
	闽清县塔庄镇七都幼儿园	3050	6
	永泰县实验幼儿园分园	5600	12
	福清市占泽中心幼儿园	5739	15
	福清市东瀚中心幼儿园	6681	15
	福清市三山中心幼儿园	6560	15
	长乐区壶井中心幼儿园	2500	12
引入社会资本投资建设幼儿园	鼓楼区温泉街道河西幼儿园	650	3
	仓山区螺洲新城幼儿园	3200	9
	马尾区名城港湾八区幼儿园	3200	12
	晋安区世欧王庄配套幼儿园（暂名）	3200	12
	高新区上街镇万科幼儿园	2000	9
	罗源县起步镇长治幼儿园	1037	6
	福清市宏路街道春天幼儿园	4000	15

表 64

2019 年福州义务教育学校建设一览表

学校名称	学校类型	项目名称	建设类型
福州金山小学	小学	教学综合楼	改扩建
仓山区南台实验小学	小学	教学综合楼	改扩建
仓山区东方威尼斯小学	小学	教学综合楼	新建
长乐区松下大祉小学	小学	教学综合楼	改扩建
高新区实验小学	小学	教学综合楼	新建
高新区三岐小学	小学	教学综合楼	新建
闽侯县鸿尾超墘小学	小学	综合楼	改扩建
连江县山边小学	小学	教学综合楼	改扩建
连江县温泉小学	小学	教学综合楼	新建
永泰县小东坑小学	小学	教学综合楼	新建
福清市实验小学	小学	第二校区工程	新建
福清市滨江小学	小学	第二校区工程	新建
福清市江阴庄前小学	小学	新校区及附属配套工程	改扩建
福州金山八期中学（暂名）	初中	教学综合楼等	新建
福州十九中	初中	教学楼重建	改扩建
鼓楼区杨桥中学	初中	教学综合楼	改扩建
马尾区金砂初级中学	初中	综合楼	改扩建
岳峰中学（福州三中晋安校区）	初中	教学综合楼等	新建
晋安区东山中学	初中	教学综合楼等	新建
连江县筱埕中学	初中	教综楼、师生宿舍楼、食堂	改扩建
仓山区首山中学	九年一贯制	教学综合楼等	新建

表 65

2019 年福州高中建设一览表

学校名称	学校类型	项目名称	建设类型
福州三中滨海校区	高中	教学楼、实验楼、图书馆、学生宿舍等	新建
福州外国语学校	完中	高中教学楼重建	改扩建
福州十八中	完中	食堂、操场及操场地下室	改扩建
福州三中	高中	运动场改造	改扩建
福州高级中学	高中	图书馆、体操馆加固改造	改扩建
福州格致中学鼓山校区	完中	教学楼 A、B、C 加固改造	改扩建
福州金山中学	完中	综合楼加固改造	改扩建
福州教育学院二附中	完中	高中教学楼加固改造	改扩建
福州屏东中学	完中	综合实验楼加固改造	改扩建
福州四中	完中	团结楼、勤奋楼、求实楼改造及附属工程	改扩建
闽侯三中	高中	改扩建一期工程	改扩建
罗源高级职业中学	高中	综合实践基地（电气车间）	改扩建
闽清高级中学	高中	教学办公综合楼	改扩建
福清融城中学	完中	实验综合楼	改扩建
福清第一中学	完中	新校区	新建
福州民族中学	完中	体艺楼	改扩建

【教师管理】 2019年，福州市出台中小学、幼儿园教师职业行为负面清单及处理办法，全年查实处理违反师德师风案件11件。40个先进集体、100名先进工作者获市委、市政府表彰；5人获评全省最美教师提名奖；福州教育学院附中校长曾淑煌入选“与新中国共成长的70位闽籍优秀女性”；时代楷模、原群众路小学校长吕榕麟获评“最美奋斗者”。提高中小学高、中级岗位比例，全市高、中级岗位分别新增2657个、1551个，解决790人“已评未聘”问题。推动长乐、闽侯教师“县管校聘”改革，推广两地“编制周转池”和全员竞聘上岗经验。完善教师正高级职称评审和聘后考核办法，强化教学实绩导向。开展市级29个项目14965人次教师培训；完善《名师工作室管理办法》，遴选新一批21个市级名师工作室；市级新认定骨干教师416人、学科带头人97人，全市市级骨干教师、学科带头人分别占专任教师的5.1%、2.1%以上。开展教师岗位练兵和技能大赛，遴选800名县（市）区级优秀教学能手。市属校首批引进优秀青年教育人才41人，比上年增加15人。连江、仓山教师进修学校分别通过省级示范性、标准化评估。

【教育教学交流】 2019年，福州市推动对外、对台港澳教育交流和师生赴外研学，加强与日本那霸等友城教育交流。第一批752所基础教育学校审批具备招收培养国际生资格。推进闽东北协同发展区教育帮扶合作。分别选派4名、22名教师赴西藏、宁夏支教，接收甘肃定西6批次101名干部、教师到福州市区学校跟岗。举办第七届海青节·首届海峡两岸校园音乐交流周。

【民办教育】 2019年，福州市教育局落实《福州市人民政府关于鼓励社会力量兴办教育的实施意见（试行）》，新办民办幼儿园21所、民办中小学1所。印发《福州市校外培训机构设置标准（试行）》。在全省率先创新开展校外培训机构诚信评价活动，评选出8家AAA级机构、130家AA级机构、45家A级机构、220家B级机构、12家不合格机构。对653家校外培训机构及分支教学点开展专项治理工作“回头看”活动。委托第三方评估机构对市属16所民办学校开展2018年度年检工作。

【终身教育】 2019年，福州市获批3个社区（老年）教育示范基地（占全省75%），7个示范性社区（老年）学校、学习中心（占全省63.6%），8个优质学习团队（占全省66.6%），2所高校老年大学，2个高水平示范性老年大学立项单位，2个社区教育乡土教材，4个继续教育网络课程，4个终身教育课题研究项目。

（郑丹）

2019年9月10日，福州市教育系统庆祝第35个教师节大会召开，100位新教师进行入职宣誓

（市教育局 供）

学前教育

【概况】 2019年，福州市有独立幼儿园1243所，其中公办性质幼儿园328所，民办幼儿园915所（包含普惠性民办幼儿园640所）；附设幼儿园及教学点532个。在园幼儿27.79万人，其中3～5岁在园幼儿27.45万人，入园率99.22%；农村3～5岁在园幼儿4.85万人，入园率97.3%。5月20日，市教育局在晋安区教师进修学校附属幼儿园举办以“科学做好入学准备”为主题的学前教育宣传月启动仪式，开展沙龙论坛、家园互动、幼小签约仪式等活动。

【政府购买普惠性民办幼儿园教育服务】 2019年，福州市印发实施《关于福州市普惠性民办幼儿园管理办法（试行）和福州市政府购买普惠性民办幼儿园教育服务暂行办法（试行）的补充通知》，对最高限价作调整，对购买服务的承接主体作修订，提高定额奖补标准，并将生均公用经费补助向普惠性民办幼儿园延伸。全年市级财政拨付普惠性民办园定额奖补资金5327.26万元。建立福州市“两率”月报制度并下发《2019年度福州市学前教育发展指数目标完成情况绩效考核办法》。

【“普惠性学前教育测评”六项指标全满意】 2019年，在福州市第十五届人大常委会第十九次会议上，市人大常委会组成人员对《福州市人民政府关于大力发展普惠性学前教育情况报告审议意见研究处理情况的报告》进行满意度测评。测评工作围绕坚持政府主导大力发展普惠性幼儿园、健全学前教育经费投入、科学规划布局、多渠道建设普惠性幼儿园、加强教师队伍建设、完善幼儿园教师培训机制等6个项目展开，经37名市人大常委会组成人员逐项表决，六项测评结果均获“满意”。

【公办性质幼儿园招生改革】　2019年，福州市制定下发《福州市教育局关于2019年秋季幼儿园招生工作的意见》，要求全市参与派位改革试点工作的公办性质的幼儿园安排不低于计划招生数30%的学位进行公开派位，并鼓励有条件的县（市）区适当扩大派位招生的比例。将部分省属部门办园、高校办园纳入年度招生改革试点。全市259所独立公办幼儿园、326所附设公办幼儿园以及167个教学点参加公办幼儿园派位，总计划招生数3.15万人，公开派位学位2.37万个，占全市参与公办园招生改革试点工作的园所招生总数75.31%，参与招生改革试点工作的独立园比上年增加28所、公开派位学位增加1245个。

【幼儿园教学教研活动】　2019年，福州市19所省、市级示范性幼儿园开展“福州市市级教学开放观摩活动”。组织开展全市幼儿园“巧用材料，玩转游戏专题研讨活动”，展示教师组织实施幼儿园活动区游戏优秀成果，各县（市）区幼教教研员、公民办园长、骨干教师近3000人次参加。市早教指导中心开展“0～3岁婴幼儿早期教育工作观摩研讨活动”，全市各县（市）区幼教专干、教研员、早教基地园教师150人参加。

【示范园评估】　2019年，福州市教育局组织专家组对7所申报参评“福州市示范性幼儿园”的公民办幼儿园开展评估认定工作。全市有三级示范性幼儿园437所，其中省级示范园37所、市级示范园78所、区县级示范园322所，在示范性幼儿园就读幼儿13.7万人，示范性就读占比49.29%，提前超额完成《福建省第三期学前教育行动计划实施意见》中“到2020年，各级示范性幼儿园在园幼儿比例提高到40%”的目标任务。

（郑丹）

义务教育

【概况】　2019年，福州市有小学893所，比上年减少2所；在校生58.91万人，比上年增长3.4%；专任教师3.05万人，增长9.6%。初级中学194所，在校初中生24.4万人。

【义务教育教育教学】　2019年，福州市教育局开展第四批“义务教育管理标准化学校”创建工作，抽调88名专家，组建22个评估组，对161所小学开展管理标准化市级评估验收，其中149所被确认为省级义务教育管理标准化学校。组建400人的乡村小规模标准化学校评估专家库，推动181所小规模学校通过“福州市乡村小规模标准化学校”评估达标验收。组织市级专家评估组对首批省级义务教育教改示范性建设学校开展中期绩效评估工作。组织“一师一优课”评选，小学入选省级“优课”57节。组织小学生参加第35届福州市青少年科技创新大赛，获各类科技奖项179项。开展全市中小学校本教材审查工作。成立“省市属小学教学联盟”。研究福州教育学院附属第二小学品牌输出方案。推动16所小学实施学校联盟、集团化办学。新增20所小学纳入农村薄弱校委托管理。

【义务教育学校评估】　2019年，福州市有56所初中通过省级验收，被评为义务教育管理标准化学校，分别为：福州第八中学、福州三中罗源校区、福州教育学院第二附属中学、福州第十四中学、福州第二十九中学、福州市鼓山中学、福州则徐中学、福州北峰中学、福州市宦溪初级中学、福州市海云初级中学、福州市金砂初级中学、连江华侨中学、连江县蓼沿中学、福州一中贵安学校、连江明智学校、闽侯县大湖中学、闽侯县虎峰初级中学、闽侯县昙石山中学、闽侯县竹岐中学、闽侯县第四中学、闽侯县青圃初级中学、闽侯县洋里中学、闽清县金沙学校、闽清县第二中学、闽清县塔庄初级中学、福清红博学校、福清江兜华侨中学、福清市江镜初级中学、福清市临江初级中学、福清市瑟江初级中学、福清市祖钦中学、福清虞阳中学、福清东张中学、福清洪宽中学、福清市宏路中学、福清市里美初级中学、福清市民乐初级中学、福清市沙埔初级中学、福清西山学校、福清元载中学、福州市长乐区湖南中学、长乐第二中学、长乐第七中学、长乐第四中学、福州市长乐区城关中学、福州市长乐区漳港中学、长乐第六中学、长乐第三中学、罗源县松山中学、罗源第二中学、罗源县中房中学、永泰县埔埕中学、永泰县葛岭中学、永泰县三洋中学、福州高新区南屿初级中学、福州高新区建平初级中学。

【小学招生】　2019年，福州市小学招收一年级新生10.1万人。五城区继续实行小学招生预报名制度，4.2万名适龄儿童进行网络预报名，其中1.56万名随迁子女进行网络填报志愿。教育行政部门和学校通过福州教育网、中国福州、福州教育手机报、政务微博微信、主流报媒等渠道主动向社会公开招生政策信息以及工作咨询方式、信访接待地址等，主动接受社会监督。

【初中招生】　2019年，福州市招收初一新生8.47万人。五城区初中招生工作实行中小学相对就近对口升学办法，公办小学毕业班学生按初招对口方案安排公办初中升学。五区小学毕业生35492人，其中录取体艺特长生143人，录取福州外国语学校日、德、法、西班牙语班177人，录取福州艺术学校8人，录取民办初中5348人，回原籍升学2064人，对口升学25742人。

【民办初中摇号】　2019年，福州市民办初中的第一志愿报名人数超过招生计划数，摇号录取比例增至55%。参加民办校摇号学生4460人，通过摇号录取学生1930人。

【随迁子女招生】　2019年，福州市小学一年级招收随迁子女2.59万人，全市义务教育阶段随迁子女在校生20.07万人（小学14.82万人，初中5.25万人），占义务教育阶段在校生的24.1%，随迁子女在公办学校就读比例达93.3%。

【义务教育学籍管理】　2019年，福州市教育局审核非小学新生注册信息497条。组织开展全市小学、初中毕业升级及一年级新生建籍，完成市属校小学0.34万人次、初一新生1.56万人次，处理学籍异动、关键数据变更、问题学籍327条。

（郑丹）

普通高中教育

【概况】 2019年，福州市中学326所，其中完全中学72所，高级中学20所，九年一贯制学校30所，十二年一贯制学校10所，在校高中生10.57万人。

【教学质量提升】 2019年，福州市教育局联合市财政局、人社局制定《福州市普通中学提升教学质量正向激励实施办法（试行）》，将市属公办高中晚自习和高三周六辅导的劳务费每课时从60元提至90元。开展市级层面线上和线下尖优生培养工作，开展尖优生冬令营、两期夏令营和金秋营等培训。成立首批五学科11个奥赛基地校，在福州一中、福州三中、师大附中、福州高级中学、长乐一中设立学科奥赛基地。参加“一师一优课、一课一名师”活动，获得省级优课137节，部级优课56节。加强中小学校本课程建设与管理。公开招投标采购普高选排课和学生发展指导平台，供市属学校使用。开展省级义务教育教改示范校中期评估工作。

【福莆教育共建】 2019年4月3日，福州市教育局与莆田市教育局在福州三中签订合作共建普通中学框架协议，福州三中、莆田一中等16所学校两两之间签署姊妹合作协议，福州三中和莆田二十四中、莆田一中和福州十一中等32所学校两两之间签署帮扶共建协议。

【高考综合改革培训】 2019年7月15—18日，福州市承办全省北片区（福州、三明、南平、宁德、莆田五市及平潭综合实验区）暨福州市普通高中教务管理业务培训，参训人员400人。11月27—28日，举办福州市高考综合改革暨质量提升培训会，邀请省内外教育教学专家分享经验，开设讲座11场，参训人员350人。

【省级基础教育改革发展试验区建设】 2019年8月2日，福建省教育厅公布省级基础教育改革发展实验区名单，福州市为普通高中改革发展实验区，鼓楼区、连江县为义务教育改革发展实验区，仓山区为特殊教育改革发展实验区。

【中考中招工作】 2019年，福州市（不含平潭）中考报名7.16万人，其中市区（含长乐区）报名3.5万人；八年级学生地理、生物考试报名7.76万人，其中市区（含长乐区）报名3.73万人。中考安排86个考点，其中市区（含长乐）考点39个。为44名残疾考生提供优先入场、引导辅助、佩戴助听设备及听力免考、携带电子助视器或光学放大镜、提供大字号试卷或适当延长考试时间等合理便利服务。普高投档（不含平潭）3.71万人，职业学校投档2.96万人。办理中考加分照顾4050项。

年内，福州市教育局印发《福州市高中阶段学校考试招生制度改革实施方案》，明确2021年中招录取总分为800分，其中语文、数学、英语各150分，体育与健康40分；物理按卷面分数的90%计入，化学按卷面分数的60%计入，道德与法治和历史按卷面分数的50%计入，地理和生物按卷面分数的30%计入。物理、化学、道德与法治、历史4个学科实行投档折算分数+等级的方式；地理、生物和体育学科只实行投档折算分数，不再实行等级投档方式。社会考生（往届生）中招录取时，报考普通高中按中考学科投档总分扣减20分后再投档。2021年起，将分配到有选择生源初中指标的30%调整到无选择生源初中，其中市区农村初中10%，其余无选择生源初中20%。从2022年开始，定向生指标全部分配至无选择生源的学校，以无选择生源学校的初中毕业学生数按比例分配定向生名额。定向生录取降分幅度2021年增加至35分。

【科技实践活动】 2019年8月，在第31届国际信息学奥林匹克竞赛上，福州三中学生钟子谦获得一枚国际金牌（全省唯一）。在2019年度五学科奥赛全国决赛中，福州市代表队获金牌4枚、银牌11枚、铜牌8枚，获奖数居全省首位。在全国青少年科技创新大赛中，福州代表队获青少年科技创新项目一等奖1项、二等奖2项、三等奖3项，专项奖1项。参加第19届中国青少年机器人竞赛暨2019世界青少年机器人邀请赛，福州代表队获一等奖5个、二等奖1个，一等奖数全省第一。

（郑丹）

特殊教育

【概况】 2019年，福州市有特殊教育学校14所，其中智障类7所，视障类1所，听障类1所，自闭症类1所，综合类4所；在校特殊教育学生数3005人，其中特教学校在校生1725人，随班就读1117人，附设特教班就读11人，送教上门152人。在校特殊教育学生中，学前教育1人，小学生2192人，初中生812人；残疾在校生中，智力残疾2067人，视力残疾119人，听力残疾328人，其他491人；特教学校教职工509人，其中专任教师455人。

【特殊教育提升】 2019年，福州市教育局印发《福州市第二期特殊教育提升计划实施方案（2019—2020年）》，将从提高残疾儿童少年义务教育普及水平、加快发展非义务教育阶段特殊教育、加大经费投入力度、加强基础能力建设、加强师资队伍建设和深化教育改革等方面，完善福州市特殊教育体系，提升特殊教育水平。

【特教资源教室建设】 2019年，福州市新增普通学校资源教室8所，分别为：闽江师范高等专科学校附属实验小学、福州市仓山小学、福州市东方小学、福州市晋安区第二实验小学、福州市金城小学、永泰县赤锡中心小学、闽侯县南屿江口小学、闽清县下祝中心小学。

（郑丹）

中等职业教育

【概况】 2019年，福州市有中职学

校22所（不含盲、聋哑学校，技工院校和省属在榕中职学校），其中民办学校2所。有7所省级示范性现代中职学校培育建设项目学校，7所省级规范化中职学校，8所省级达标中职学校。福州市中职学校全日制（含五年专）在校生4.39万人，非全日制学历教育在校生45人。

【中职学校建设】 2019年，福州机电工程职业技术学校、福州建筑工程职业中专学校、福州旅游职业中职学校、长乐职业中专学校、福清龙华职业中专学校、福清卫生学校、罗源县高级职业中学等7所学校通过省教育厅专家组考评验收，继续认定为2019年福建省示范性现代中等职业学校建设工程A级培育项目校。福州文教职业中专学校、连江职业中专学校、闽侯职业中专学校等3所学校被省教育厅认定为福建省第三批规范化中等职业学校。

【中职招生】 2019年，福州市中职学校（含在榕中职学校、五年专高职、技工院校）招生2.95万人，比上年增加2790人。22所中职学校招生1.7万人。

【中职学校毕业生就业】 2019年，福州市有中职学校毕业生1.2万人，就业人数1.18万人，就业率98.09%，比上年增长0.9%，对口就业率91.5%，增长6.5%。其中直接就业6563人，升学高一级学校5187人，占毕业生总数43.3%，比上年增长7.8%。毕业生就业中，石油化工、休闲保健类、旅游服务类、轻纺食品类、加工制造类、医药卫生类、教育类等大类专业对口就业率相对较高。

【中职学校特色专业建设】 2019年，福州市有9所中职学校新增设智能制造与3D打印技术、无人机操控与维护、新能源汽车技术等20个专业，其中10个专业属于与新一代信息技术产业、装备技术产业、节能环保产业等紧密对接的急需专业。撤销停办学前教育、会计、通信运营服务等7个办学规模小、效益差的专业。

【中职学校校企合作】 2019年，福州市中职学校与505家主要企业合作，建立校外实训基地432个，订单培养学生5112人；推进13所学校23个专业866名学生参与36家企业（单位）合作开展第三批现代学徒制试点；合作企业接收顶岗实习学生5711人，接收毕业生就业2316人；中职学校为企业培训员工1.86万人次，开展技能鉴定3083人次，开展技术咨询或项目合作57个；中职学校为乡村振兴战略开展职业培训3972人次，牵头组建职业教育集团14个。

【中职学校教学教研培训】 2019年，福州市举办市级系列教育教学展示交流研讨活动，开展“四课一评”教学教研活动和市级课题研究与论文评选、汇编，推进省级课题立项11项，市级课题立项44项。开展中职学校教育质量提升综合诊断督导工作。实施名优骨干教师5年培养规划，组织教师专题技能和信息化教学能力提升培训、教研组长专项培训班等，选派教师参加省级、国家级骨干教师培训。组织60多名职业学校领导、骨干教师赴宁波市开展为期一周的业务培训。中职学校陈蔚名师工作室（中职信息化教学）、赵崇晖名师工作室（中职建筑工程）、方张龙名师工作室（中职电子技术）、杨松名师工作室（中职旅游）等4个名师工作室列入2019年新一届福州市名师工作室。

【中职学校承办国赛】 2019年，福州商贸职业中专学校在马尾海峡青年交流营地首次承办全国职业院校技能大赛（中职组）虚拟技术（VR）制作与应用赛项，整个赛项工作实现“零咨询、零投诉”。福州商贸职业中专学校获2019年全国职业院校技能大赛突出贡献奖；校长方张龙获2019年全国职业院校技能大赛优秀工作者。

【中职学校教师教学大赛】 2019年，福州市中职学校教师参加“网龙杯”2019年福建省职业院校教师信息化教学能力比赛，金牌数、奖牌总数居全省第一，其中一等奖14个、二等奖15个、三等奖17个，分别占全省的33.3%、23.4%、16%；市教育局获“最佳组织奖”。参加全国职业院校技能大赛教师教学能力比赛获三等奖4个。参加以“新理念、新资源、新探索”为主题的福建省中职学校教师“三优联评”大赛活动，获3金7银9铜的优异成绩，奖牌总数占全省约30%，居全省第一。

表66 福州市中职学校获2019年全国职业院校技能大赛教师教学能力比赛三等奖名单

序号	所在学校	参赛作品	参赛教师
1	福州环保职业中专学校	探寻知识脉络，揭秘数字王国——计算机基础知识	许继平、柳传宝、许涓琦
2	福州建筑工程职业中专学校	钢筋混凝土框架施工图识读	陈　希、杨红武、鲍蓉芝、赵崇晖
3	长乐职业中专学校	“智能垃圾分类机器人”造型设计与制作——三维建模综合实训	赵婕妤、陈锦吓、吴娜娜
4	长乐职业中专学校	化妆局部修饰与整体造型	朱婷婷、王凯旋、黄小雅

表 67　福州市中职学校获“网龙杯”2019 年福建省职业院校教师教学能力比赛一等奖名单

序号	所在学校	参赛作品	参赛教师
1	长乐职业中专学校	指数函数及其图像与性质	黄小雅
2	长乐职业中专学校	函数的单调性	陈素影
3	长乐职业中专学校	眉毛的塑造	朱婷婷、郑德煌、王凯旋
4	长乐职业中专学校	奔跑吧，小黄人	赵婕妤、吴娜娜
5	长乐职业中专学校	汽车闪光器电路	王茜茜
6	长乐职业中专学校	菊花酥的成型	宋红辉、张鑫
7	福州环境保护中专学校	十进制数与二进制数的相互转换 ---- 运用“射击气球法”巧解数制转换	许继平、柳娜、许涓琦
8	福州环境保护中专学校	小乌龟旅行记 —— 弹唱应用	翁少芳、付志荣、施大闽
9	闽清职业中专学校	中国民歌之山歌	毛优婷、赖洁星、钱敏
10	闽清职业中专学校	贝塞尔工具在 Logo 设计中的应用	黄燕、王锦、马昭向
11	福清龙华职业中专学校	青玉案·元夕	陈小华、魏达维、谢艳
12	福清卫生学校	肌动时刻 —— 颈背部肌肉	陈云燕、林敏娜、佘雪花
13	福州建筑工程职业中专学校	框架梁端节点构造详图识读	陈希、杨红武、赵崇晖
14	福州商贸职业中专学校	入库堆码方式选择及方案设计	陈倩、蒋舒凡、林凯

表 68　福州市中职学校获福建省第十五届职业院校教师“三优联评”比赛一等奖名单

赛项	所在学校	参赛教师	参赛作品
微课制作	福清卫生学校	叶玉平	置胃管技巧
信息技术创新教学案例	长乐职业中专学校	黄小雅、虞妍玲	指数函数及其图像与性质
	长乐职业中专学校	朱婷婷、郑德煌、王凯旋	眉毛的塑造

【中职学校学生技能大赛】　2019 年，福州市中职学校学生参加全国职业院校技能大赛，获奖 24 个，比上年增加 7 个，其中一等奖 3 个、二等奖 9 个、三等奖 12 个，一等奖数量在福建省代表队内位列第一。

中职学校学生参加第五届福建省“互联网 +”大学生创新创业大赛职教赛道暨第三届黄炎培海峡职业教育创新创业大赛，福州建筑工程职业中专学校、福州机电工程职业技术学校、福州旅游职业中专学校、福清龙华职业中专学校等 4 所学校包揽“双创”大赛中职组 4 个项目所有金牌。

举办福州市第十四届中等职业学校（含技工院校）学生职业技能竞赛，23 所中职学校 1349 名选手参加。组织福莆宁中职学校学生开展技能信息技术、汽车运用与维修、现代制造技术 3 个大类 20 个项目联赛，其中宁德市 11 所学校 93 名选手、莆田市 9 所学校 169 名选手报名参赛。

表 69　福州市中职学校获 2019 年全国职业院校技能大赛奖选手及指导教师名单

奖次	获奖项目	学校名称	获奖选手	优秀指导教师
一等奖	扁平绿茶	福州旅游职业中专学校	吴蕊冰	林燕群
	建筑装饰技能	福州建筑工程职业中专学校	丁余超 / 王松	程桦 / 赵崇晖
	虚拟现实（VR）制作与应用	福州商贸职业中专学校	洪端亮 / 李龙 / 陈柳廷	蔡洪亮 / 林文强
二等奖	电梯维修保养	福州建筑工程职业中专学校	林子尧 / 杨鑫雨	翁寿俊 / 郑祥宇
	现代模具制造技术·注塑模具技术	福州第一技师学院	叶祖彪 / 黄旭钒	林锦辉
	制冷与空调设备组装与调试	福州机电工程职业技术学校	郑凯	郑敏旺

续表 69

奖次	获奖项目	学校名称	获奖选手	优秀指导教师
二等奖	制冷与空调设备组装与调试	福州机电工程职业技术学校	黄　硕	许孟韬
	汽车机电维修	长乐职业中专学校	谢云川	刘鹏帅
	汽车营销	长乐职业中专学校	陈剑龙 / 陈德晶	杨校文 / 严　丽
	扁平绿茶	福州旅游职业中专学校	郑梦琳	黄祖玉
	通信与控制系统集成与维护	福州机电工程职业技术学校	罗安政 / 李子波 / 陈　锴	杨金勇 / 林　超
	智能家居安装与维护	福州机电工程职业技术学校	叶呈祥 / 方志扬 / 程礼权	涂世昌 / 谢文玲
三等奖	现代物流综合作业	福州商贸职业中专学校	李　璇 / 曾浩斌 / 吴万枝 / 李　鑫	黄娜娜 / 蒋舒凡
	电气安装与维修	福州第二技师学院	代　立 / 陈茂林	叶　坚 / 翁华萍
	酒店服务	福州旅游职业中专学校	郑梦影 / 苏榆雯	张玉佩 / 江丽容
	卷曲绿茶	福州商贸职业中专学校	王宁凌	郭淑敏
	化工生产技术	福州工业学校	蔡镇洲 / 蔡镇雄 / 左学智	郭剑恩 / 林　斌
	工程测量	福州建筑工程职业中专学校	陈家俊 / 周国耀 / 邱文锦 / 王子文	林松江 / 杨红武
	工程测量	永泰城乡建设职业中专学校	徐正忠 / 谢星泽 / 张海滨 / 程　溶	康秀明 / 陈　峰
	服装设计与工艺	长乐职业中专学校	潘　滢 / 柯美玲	寇　杨 / 王艳操
	平面模特组	福州文教职业中专学校	邱虹铭	陈　怡
	艺术专业技能（戏曲表演）	福州市艺术学校	何建柠	林隽永
	护理技能	福清卫生学校	林子钐	郑玉春
	护理技能	福清卫生学校	黄海燕	郑玉春

表 70　福州市中职学校获 2019 年福建省职业院校学生技能大赛一等奖选手及指导教师名单

序号	参赛项目	所在学校	参赛选手	指导教师
1	护理技能	福清卫生学校	林子钐	郑玉春
2	沙盘模拟企业经营	福州财政金融职业中专学校	林梓涵 / 林艳霞 / 陈伟 / 刘晓雯	张　钰 / 林汉镇
3	现代模具制造技术(注塑模具技术)	福州第一技师学院	叶祖彪 / 黄旭钒	林锦辉
4	数控加工技术（数控铣）	福州第一技师学院	叶祖彪	吴恩权
5	中西式面点	福州第一技师学院	陈美霞	阮燕珍
6	机电一体化设备组装与调试	福州机电工程职业技术学校	吴仁健 / 卢文杰	程予荣 / 金　磊
7	制冷与空调设备组装与调试	福州机电工程职业技术学校	郑　凯	郑敏旺
8	制冷与空调设备组装与调试	福州机电工程职业技术学校	黄　硕	许孟韬
9	物联网技术应用与维护	福州机电工程职业技术学校	宋宏鑫 / 李武夷 / 董健行	苏　晋 / 林　超
10	网络布线	福州机电工程职业技术学校	张泓 / 马腾杰 / 吴永磊	涂世昌 / 郑　华
11	建筑 CAD	福州建筑工程职业中专学校	徐统华 / 廖宏睿	赵崇晖 / 胡自英
12	建筑装饰技能	福州建筑工程职业中专学校	丁余超 / 王　松	程桦 / 赵崇晖
13	工程测量	福州建筑工程职业中专学校	陈家俊 / 周国耀 / 邱文锦 / 王子文	林松江 / 杨红武

续表70

序号	参赛项目	所在学校	参赛选手	指导教师
14	工程测量	福州建筑工程职业中专学校	林守权/林侃/游家乐/朱章程	陈 琼/黄 晶
15	手工制茶(扁平绿茶)	福州旅游职业中专学校	吴蕊冰	林燕群
16	酒店服务	福州旅游职业中专学校	郑梦影	张玉佩
17	酒店服务	福州旅游职业中专学校	苏榆雯	江丽容
18	西餐热菜	福州旅游职业中专学校	张 伟	黄灵亮
19	西餐热菜	福州旅游职业中专学校	王家存	黄灵亮
20	中餐热菜	福州旅游职业中专学校	陈兰清	刘本坦
21	中西式面点	福州旅游职业中专学校	黄学瑾	林 琴
22	虚拟现实(VR)制作与应用	福州旅游职业中专学校	王佳慧/吴金洪/常嘉耀	黄迎辉/章 倩
23	手工制茶(卷曲绿茶)	福州商贸职业中专学校	王宁凌	郭淑敏
24	虚拟现实(VR)制作与应用	福州商贸职业中专学校	陈柳廷/洪端亮/李龙	蔡洪亮/林文强
25	艺术专业技能(中国舞表演)	福州市艺术学校	陈瑶姿	李 佳
26	艺术专业技能(键盘乐器演奏)	闽江师范高等专科学校	王子萱	林 苹
27	汽车机电维修	长乐职业中专学校	谢云川	刘鹏帅
28	汽车营销	长乐职业中专学校	陈剑龙/陈德晶	杨校文/严 丽
29	服装设计与工艺	长乐职业中专学校	陈雯纬/柯美玲	寇 杨/王艳操
30	建筑CAD	永泰城乡建设职业中专学校	黄腾辉/黄贞炜	余小春/侯美云

【职教交流活动】 2019年，福州市召开闽东北协调发展区职业教育交流合作协商推进会，邀请南平、宁德、莆田、平潭等4市区交流分享各地职业教育办学经验，研究谋划推进闽东北协同发展区职业教育工作协同发展的相关事宜，制定合作协作框架。组织21名教学骨干教师和学科带头人赴宁德市中职学校，开展“同课异构”公开教学展示、教学技能暨班主任基本功选拔赛评审认定等活动。市属中职学校承担宁德市中职学校名师和专业（学科）带头人培养人选第二轮跟岗研修工作和名师培养人选跟岗研修。组织10名职教专业骨干教师和1名挂职干部，赴定西市10所中职学校开展为期一个月送教支教活动和半年挂职锻炼。接待定西市教育行政管理干部考察团一行16人到榕考察学习；接收定西市14名骨干教师和17名职业学校教育教学管理人员，到榕参加6所中职学校的跟岗学习培训。

（郑丹）

高等教育

【概况】 2019年，福州市有市属高校11所，其中应用型本科4所，高职7所，公办3所，民办8所。年内，市属高校招生2.78万人，全日制在校生8.3万人，专任教师数5259人，专业总数313个，拥有省级以上重点实验室6个，省级以上实训平台47个，省级以上创新创业基地18个。市属高校毕业生平均就业率达96.8%。

【市属高校工作】 2019年，闽江学院更名通过省级考评上报教育部。福州职业技术学院获评为“国家优质专科高等职业院校”，闽江师范高等专科学校通过第二轮高职高专人才培养工作评估并被列入“福建省示范性现代职业院校建设工程”，福州职业技术学院、闽江师范高等专科学校共同获评为福建省创新创业创造教育师范院校。闽江学院大学生创新创业创造孵化基地、阳光学院创四方园、福州理工学院FIT+创新创造中心获评为福建省产创融合教育实践示范基地。福州软件软件职业技术学院和福州英华职业学院完成新校区搬迁工作。

【天津大学福州国际校区建设】 2019年，天津大学新加坡国立大学福州联合学院校区建设动工，第一届联合学院60名博士生入学，联合学院首席研究员发表多篇署名“天津大学福州国际校区”的论文。

【民办高校】 2019年，福州市开展民办高等教育发展专项资金（2019—2020年）专项申报评审工作，经评审，福州软件职业技术学院等3所民办高职院校的10个项目获专项资金资助，合计金额772.17万元。

表 71　　2019 年在榕普通高校一览表（35 所）

学校类型	院校
本科院校	福建农林大学
	福州大学
	福建医科大学
	福建中医药大学
	福建师范大学
	福建工程学院
	闽江学院
	福建江夏学院
	福建警察学院
	福州外语外贸学院
	福建技术师范学院
	福州理工学院
	阳光学院
	福建商学院
	福建广播电视大学
独立学院	福州工商学院
	福建农林大学金山学院
	福建师范大学协和学院
	福州大学至诚学院
高职高专院校	福建幼儿师范高等专科学校
	福建卫生职业技术学院
	福建信息职业技术学院
	福建农业职业技术学院
	福建船政交通职业学院
	福建体育职业技术学院
	福建生物工程职业技术学院
	福建艺术职业学院
	福州职业技术学院
	闽江师范高等专科学校
	福州英华职业学院
	福建华南女子职业学院
	福州黎明职业技术学院
	福州软件职业技术学院
	福州科技职业技术学院
	福州墨尔本理工职业学院（中外合作办学）

（郑丹）

【闽江学院】 2019年，闽江学院有4个校区，校园总面积149.69万平方米，校舍总面积54.16万平方米，其中教学科研行政用房27.42万平方米。教学科研仪器设备总值3.32亿元。各类纸质图书193.19万册，电子图书140.17万册。年内完成多个行政、教学公共区域维修改造项目，完成“一卡通”新系统建设，升级财务、招标采购、OA办公等信息化系统，创新创业大楼动工。启动校园核心区景观一期改造工程。通过省高等学校设置评议委员会对学校申报“更名大学”的考察评审。

学科专业 有15个二级学院，拥有工商管理专业硕士学位点，开设本科专业61个，其中1个专业入选2019年度国家级一流本科专业建设点，9个专业入选省级一流本科专业建设点。加强学科分层建设分类指导，推进1个省级一流学科（高原学科）、6个省级应用型学科的建设，编制《闽江学院双一流建设2018年度进展报告》。实施一流专业建设计划，启动国家工程教育认证、国家师范类专业认证前期准备工作。申请新增海洋技术本科专业，对接海上福州战略。

师资队伍 有专任教师1000多人，硕士以上学位教师占88.77%（其中博士学位教师占33%）。实施高端人才引英工程和优秀人才毓秀工程，年内引进博士及各类人才86人（含柔聘），研究引进拔尖以上高层次人才32人（含省引进生），新增国务院政府特殊津贴专家等高层次人才27人次（含团队）。实施教师分类管理，推进教师评价考核机制改革。加强双师双能型教师队伍建设，认定第一批双师双能型教师249人、双师双能型培养对象55人。境内外进修访学52人，组织推荐241人次参加国家、省市各类专项培训。在第五届省高校青年教师教学竞赛中获特等奖1项、一等奖2项、二等奖1项。

本科教育 有全日制在校生1.65万人。实施一流课程建设计划，2门课程获2019年度福建省精品在线开放课程认定，2019年度省级精品线上线下混合式课程8门，其中建设项目3门、培育项目5门，12门课程确定为2019年度省级线下一流本科课程，1门课程确定为2019年度省级社会实践一流本科课程。11个项目获批2019年度省级本科教育教学改革研究项目，13个项目获教育部2019年度第一批产学合作协同育人项目立项。成立创新创业创造学院。入选大学生创业训练计划项目国家级24个，省级47个。获第五届中国“互联网+”大学生创新创业大赛国赛1银1铜、省赛1金1银4铜；“挑战杯”大学生课外学术科技作品竞赛全国二等奖1项，省级特等奖1项、一等奖3项、二等奖2项、三等奖4项；1个学生项目首次入围全国大学生创新创业年会。

研究生教育 制定实施《闽江学院研究生教育发展规划(2019—2025年)》，111名教师被福州大学、温州大学等校外高校聘为硕士生导师，获批1个省级专业学位研究生导师团队。与福州大学、福建师范大学、福建农林大学、温州大学等高校联合培养硕士生49人。

科研工作 新增主持国家级科研项目20个，省部级项目54个。获省第十三届社科优秀成果奖，二等奖2项；省科技奖二等奖1项，三等奖2项；授权发明专利23项，年内新增成果转化及专利转让项目72个，比上年增长2.6倍。福州海洋研究院正式挂牌运行，自然资源部东南生态脆弱区监测修复工程技术创新中心、省科技厅福建省海洋传感功能材料重点实验室、省发改委福建省船舶智能航行安全控制工程研究中心等获批建设。1个项目获中央引导地方科技发展专项资助。1个学院获省科技厅“省级产学研合作示范基地”称号。创新校地共享合作新机制，落实福州县（市）区校地合作协议，为乡村振兴等提供发展规划和咨询服务。55人被选任为2019年福建省个人科技特派员，15人被选任为2019年福州市个人科技特派员。

合作交流 招收来自“一带一路”等国家留学生60人，选派学生前往英、美、日等国家开展学习交流活动。推进闽台合作，全年赴台学习交流学生570余人次，与台湾教师互访交流140余人次。发展非学历教育，牵头组建福建省军民融合教育培训联盟，承接福州地区军队退伍干部进高校专项培训项目。

（郑娴）

【福州职业技术学院】 2019年，福州职业技术学院内设阿里巴巴大数据学院、福职中欧航空学院、机器人学院、机电工程学院、交通工程学院、建筑工程学院、国际教育学院、商学院、文化创意学院、特殊教育学院等10个二级学院，招生专业41个。全日制高职在校生10480人，各类成人学历在校生10062人，国际留学生40名。学院入选教育部学校规划建设发展中心公布的“互联网+中国制造2025”产教融合促进计划建设院校名单。通过教育部第一批现代学徒制试点单位验收。年内入选中国高等教育学会创新创业教育分会第三届理事单位，是福建省唯一入选的高职院校。学院有80名志愿者为第二届数字中国建设峰会提供志愿服务保障。学院被福建省高校教育信息化学会授予“福建省高职院校智慧校园示范学校”；被福建省教育厅认定为“福建省创新创业创造教育示范建设院校”。阿里巴巴大数据学院获评“福州市五一先锋号”。学院与福州隆祥航空产业园有限公司合作共建的航空产业学院入选福建省首批高职院校产业学院试点项目。

专业建设 虚拟现实技术、大数据技术与应用、云计算技术与应用、飞机机电设备维修、通用航空器维修、建设项目信息化管理、游戏设计等7个专业招生，新申报人工智能技术服务、跨境电子商务、焊接技术与自动化等3个专业，专业与区域产业契合度进一步提升。开展书证融通工作，获建筑信息模型（BIM）等15个“1+X”技能等级证书试点，完善专业课程设置，推进“1”和“X”的有机衔接。教育部、财政部公布中国特色高水平高职学校和专业建设计划建设单位名单，福州职业技术学院软件技术专业群入选高水平专业群建设单位（B档）。教育部公布《高等职业教育创新发展行动计划（2015—2018年）》项目认定结果，福州职业技术学院入选优质专科高等职业院校，6个骨干专业、3个生产性实训基地、1个“双师型”教师培养培训基地、1个虚拟仿真实训中心、1个协同创新中心等多个项目上榜。学院通过教育部2019年全国深化创新创业教育改革示范高校建设工作验收，累计获得教育部下拨专项创新创业经费112万元。

师资队伍　新增优秀青年骨干教师2名、励园名师2名、评选电子商务等4个校级优秀教学团队。引进国内高层次人才2名（国内“985”高校博士1名）、台湾高层次人才1名（被省人社厅预确认为省级C类引进高层次人才）。选送微视频《我与高等职业教育的今生情缘——记高等职业教育创业者孙芳仲》获福建省教育系统2019年“读懂中国”主题活动全省特等奖，是全省入围特等奖（5个）的唯一一所高职院校，被推荐参加全国评审。

人才培养　全日制在校生数超过万人，毕业生就业率99.34%，专业对口率87.83%。构建“十大”育人体系，遴选产生3个校级“三全育人”综合改革试点院（系）。推进4个省级“思政课程”“课程思政”教学改革试点项目、19个校级“课程思政”改革试点项目研究工作，推广“一课一思政”。学院获福建省高校“三全育人”综合改革试点高校，文化育人项目《构建匠心筑梦文化育人体系》和实践育人项目《实施“励园思创融合”工程，打造创新创业实践育人新高地》获福建省高校思想政治工作精品项目。学院获全国职业院校技能大赛一等奖1项、二等奖2项、三等奖8项，累计获奖31人次；连续9年获全省职业院校技能大赛团体一等奖，2019年获一等奖8个、二等奖16个、三等奖20个。获全国职业院校信息化教学大赛三等奖1个，全省职业院校信息化教学大赛获奖一等奖5项、二等奖2项、三等奖2项（一等奖数位列全省高职第一名）。在第五届“互联网+”大学生创新创业大赛等各级各类三创竞赛中获金奖2项、银奖3项、铜奖3项、优秀组织奖1项。连续4届获福建省大学生职业规划大赛第一名。获第十届“外研社杯”全国高职高专英语写作大赛（福建赛区）一、二等奖。学院健身气功代表队在2019年福建省高校健身气功锦标赛中获4金4银1铜；获2019年全国高等院校健身气功锦标赛普通院校组大舞集体赛一等奖、普通院校组八段锦集体赛二等奖，取得福建省普通院校组全国赛个人项目首金。2016级广告设计与制作听障班学生林永彦获2018年度“中国大学生自强之星”奖学金。学院大学生创新创业园区被认定为“2019年省级创业孵化基地”，并获50万元建设补助经费。

教学科研　各级立项科研项目61项，为社区送科技服务17项，技术培训36项，专利转化6项，科研与技术服务总收入占学校事业收入的5.57%。学院创新创业教育工作案例入选教育部高等学校创新创业教育指导委员会2019年度高职院校创新创业教育特色典型案例。由工业和信息化部主管的中国开源云联盟举办的第四届中国优秀云计算开源案例评选活动结果公布，“福州职业技术学院混合云特色实践”案例获二等奖。作为教育领域唯一获奖案例，被《中国信息化周报》授予“2019数字化转型优秀应用案例”。

合作交流　学院作为联盟首批成员参加中国高校众创空间联盟第一次全员大会和成立仪式。受邀参加2019年中国高校创新创业教育联盟年会并成为新加盟高校。与马来西亚、印度尼西亚、泰国等国高校共建鲁班学院和分校；与多个国外院校开展留学生、师资和员工培训；开展文化交流合作，将课程标准和中华优秀文化输送和传播到马来西亚、印度尼西亚、泰国和匈牙利等12个国家。举办20个发展中国家人力资源研修班、2019年阿富汗五金制品加工及进出口贸易研修班、2019年尼泊尔隧道工程与技术培训班等系列大型活动。学院举办中国—印尼教育合作研讨会，来自印度尼西亚泗水州立大学、伊桑哥伦达洛等10所高校的15名代表，马来西亚国际文化交流中心董事长及福建医科大学、闽江学院等10所高校的代表参加会议，福建省教育厅、福州市教育局领导到会指导。福州职业技术学院、泰国职教委曼谷职业教育中心、北京唐风汉语教育科技有限公司和北方天途航空技术发展有限公司四方合作共建的“中泰鲁班学院”在泰国职教委曼谷职业教育中心揭牌。

资源库建设　建设会展策划与管理、广告设计与制作国家级教学资源库2个，人工智能等省级教学资源库4个；广告设计与制作专业教学资源库和2门精品在线开放课程通过省级验收。现有省级精品在线开放课程14门，网络平台教学资源量累计488GB，访问量1163万人次，被访问课程1200门。

校园文化　建成红色文化长廊和职业教育文化长廊，获第三届市属高校校园文化建设成果交流展示优胜奖（第一名）。学院建有福州评话、福州伬艺两个国家级非物质文化遗产传习基地。福州伬艺《销烟颂》作为福建省唯一入围的作品，参加中国曲艺家协会等单位主办的纪念五四运动100周年首届大学生曲艺周展演；福州伬艺《丝路扬帆》、福州评话《遇见大贵人》获第三届福建省曲艺丹桂奖大赛福建曲种业余组比赛3项大奖，《丝路扬帆》入选第九届海峡两岸曲艺欢乐汇（全国唯一高校参加）。原创话剧《拥抱盛夏》获第七届福建艺术节6项大奖、第三届福建省大学生戏剧节6项大奖。获第三季《福州听我说》电视宣讲大赛最佳组织奖，1名教师获最佳创意奖和榕城宣讲员。

微软创新学院揭牌并开班　2月28日，微软创新学院在滨海新城东南大数据产业园揭牌并举行首批学员开班仪式。福州市副市长李春，福州新区副主任、长乐区委书记许南吉，校党委书记林子波，校长李秋斌，东湖数字小镇镇长陈国平，微软（中国）有限公司、深圳伊登软件有限公司代表等共同为微软创新学院揭牌。微软创新学院计划在3年内为福州培养输送12100名大数据人才。

“中欧航空学院”揭牌　3月21日，由福州职业技术学院、中欧航空集团有限公司（荷兰）与福州隆祥航空产业园有限公司合作设立的“中欧航空学院”成立。福州市副市长李春、学校党委书记林子波、校长李秋斌、福建省商务厅欧洲处处长陈奇、中欧航空集团（荷兰）董事长李鸣共同揭牌。

福州市人工智能产教融合实训基地签约暨揭牌　10月25日，由福州职业技术学院、福州市职业教育实训中心与深圳市商汤科技有限公司合作共建的福州市人工智能产教融合实训基地成立。副市长李春到校调研并出席福州市人工智能产教融合实训基地签约暨揭牌仪式。

共建实训与培训基地揭牌仪式　7月8日，学院与福州地铁集团有限公司共建实训与培训基地揭牌。校企双方就加强合作，共建轨道交通学院展开探讨。

国际智能应用系统工程学术研讨会　4月28日，由福州职业技术学院和国际电气电子工程师协会（IEEE）、国际发明学会共同举办的“2019国际应用智能系统工程研讨会”召开，校党委书记林子波、校长李秋斌、国际发明学会理事长等出席开幕式，来自德国、韩国等国内外130余名专家学者参加会议。IEEE向学校颁发主办证书。

（林秀明　江允英　卢菲菲）

【闽江师范高等专科学校】　2019年，闽江师范高等专科学校（简称闽江师专）设有旗山、仓山、甘蔗、光禄坊4个校区，占地面积65.89万平方米（含新增规划26.67万平方米），建筑面积32.36万平方米（含在建17.16万平方米），有教职工520人，设有10个系（部、院），在校生7493人；设有福州教育研究院、福州市艺术学校和附属实验小学1所、附属幼儿园4所。学校被评为福建省首届文明校园，入选福建省示范性现代职业院校建设工程培育项目。

专业建设　新增“早期教育”“大数据技术与应用”“新能源汽车技术”“生物制药技术”“国际贸易实务”等5个专业，有30个专业，其中国家级《高等职业教育创新发展行动计划（2015—2018年）》项目骨干专业2个，全国职业院校民族文化传承与创新示范专业点1个，福建省示范专业2个，福建省创新创业试点专业4个，福建省职业院校产教融合示范专业2个，福建省小学教育服务产业特色专业群和新一代信息技术专业群各1个。获批教育部“1+X”证书制度试点5个、参与教育部职业教育专业教学资源库建设项目1个，国家级在建项目专业数占比20.00%；获批福建省首批高职院校产业学院试点项目——数字教育产业学院、福建省创新创业创造教育示范院校建设项目等20个，省级在建项目专业数占比66.67%。2019年省级以上教学改革项目64个，比上年增加21个。

师资队伍　学校专任教师298人，生师比16.2:1。专任教师中，专业课教师占85.2%，“双师素质”教师占专业课教师的86.2%；高级职称占37.6%，其中正高级26人；硕士研究生以上占70.1%，其中博士26人。聘请行业企业专业技术人员和高技能人才担任兼职教师占专任教师数的25%，教师全部具有中级及以上专业技术职称或二级及以上职业资格。引进海（境）外教师6名。新增中国戏曲“梅花奖”获得者、省宣传文化系统“四个一批”人才，福建省职业院校专业带头人培养人选，福建省“清海杯——黄炎培职业教育”杰出校长、杰出教师等各类人才12人。与福州大学、福建师范大学合作，柔性引进10名高层次人才引领专业发展。新增认定“双师型”教师16人，教师到企业兼职93人次，聘请107名行业专家学者、能工巧匠为兼职教师、客座教授、专业建设委员会委员。选送7名教师分赴境内外知名高校访学研修。校内成立国家级领军人才陈明志等3个技能大师工作室及国家非物质文化遗产传承人陈乃春等3个名师工作室。教师参加专业技能竞赛获全国奖6项，省级奖13项；指导学生参加市级以上专业技能竞赛获123个奖项，其中国家级奖项26项（一等奖5项，二等奖10项）。

招生就业　全年招生录取3268人，比上年增长24.2%；报到人数3098人，报到率94.8%。2019届毕业生1107名，毕业生就业率99.37%；专业相关度84.07%，用人单位对学校人才培养工作的满意度100%；327名毕业生通过专升本考试继续提升学历层次，专升本占比29.54%。

产教融合　牵头组建福州幼教集团，与福州市高新区、仓山区、晋安区、永泰县开展政校合作，举办附属实验小学、附属实验幼儿园、附属第二幼儿园，闽江师范高等专科学校永泰幼儿园并筹建附属第三幼儿园；推进闽江文旅演艺职业教育集团工作，成立法人型经济实体，建立闽越水镇、三坊七巷文化街区等实践基地，举办首届传统文化艺术节暨校企合作成果展，展示“产业链—创新链—教育链—人才链”的“四链贯通”成果。引入社会资金，政府和企业计投入1600万元搭建信息化平台——数字闽师，融入“数字福州”建设，构建智慧校园。与华为技术有限公司、新大陆公司等11家国内外知名企业开展合作，共建“华为ICT学院大数据技术实训中心”“物联网智慧生活体验与研究中心”“VR/AR资源开发中心”“数字教育产业学院”，挂牌福建省众创空间——“海峡青创小镇·闽师源”。校企共建校外实习实训基地147个，年度新增福州青少年活动中心、福州九色鹿培训学校等校外实习实训基地22个；与企业合作开展“1+X”证书制度试点，开展9个省级现代学徒制、“二元制”人才培养模式改革试点项目，培养学生占比在校生数27.9%，委托培养、定向培养和订单培养达1250人；与企业深度合作共同完成校本教材20本，其中新增活页式和工作手册式教材4本，新增实训指导书17本。

技能竞赛　学生获全国职业院校技能大赛一等奖1项、二等奖1项、三等奖4项（在全省排名第八），福建省职业院校技能大赛一等奖5项、二等奖16项、三等奖7项、优秀奖5项（在全省排名第十）；获全国大学生机器人大赛ROBOTAC赛事一等奖；获全国大学生数学建模竞赛福建省赛区一等奖2项、二等奖1项；获第六届福建省高校师范生教学技能竞赛一等奖3项、二等奖2项、三等奖2项、优秀奖1项以及“优秀组织奖”；获福建省第十四届水仙花戏剧比赛一等奖4项。学生参加第五届福建省“互联网+”大学生创新创业大赛的项目有898项，参赛学生3388人，项目“简单点数学绘本”获银奖、“数字白茶产销闭环系统”获铜奖，学校被省赛主委会授予“优秀组织奖”。

科研工作　学校获省市级以上科研项目立项34项；其中《福建省普惠性民办幼儿园生态化运行机制研究》获省社科立项，《习近平教师教育思想的孕育与发展》等5项获省教育规划重点立项，《大数据时代福州市智慧社区居家养老的研究》等5项获市政府、市科技局、市科协重点立项，《融媒体发展时代高校思想政治教育创新路径研究》等13项获省教育厅立项；发表学术论文206篇，其中SCI1篇、核心18篇；论著11部。承接横向科研项目4项。新增批准、受理实用新型专利11项。完成政策咨询报告7份，其中1份获市政府通报表扬。两个项目参加福建省“618”科技成果展，其中“儿童情景式人工智能学习拼拼板”和中科院签订科研成果转化协议。与福州大学共建“食品与药品检测技术联合实验室”，与温州职业技术学院共建“浙南轻工装备智能技术协同创新中心福州分中心”。学校新增主管刊物《艺风》（刊号CN-35Q）。

社会服务　学校设有8个技术技能培训中心，4个职业资格鉴定中心。开展社会培训56144人次，总培训量204816人日，社会服务总收入2959万元。《福建省普通高校发展潜力监测报告（2019）》显示，学校社会技术培训量位居全省高职院校第2位。举办职业技能培训班22期，培训量比上年增长117.5%。承办第三届中华职业教育创新创业大赛指导教师培训班、国家发改委“东部城市支持西部地区人才培训计划”三期培训班。牵头组建福州幼教集团，集团旗下有4个附属幼儿园。成立福州高新区社区大学。发挥福州市闽江职业院校联盟牵头作用，与成员单位共同开展人才培养。学校有40名教职工兼职市级以上行业理事以上职务。实施对口甘肃省定西市教育帮扶工程，开展东部城市支持西部地区人才培养计划，与福州科技职业技术学院、华南女子学院、福州职业中专学校等多家学校开展对口帮扶。

全年参与生产、咨询和技术服务项目106个，服务对象200多万人次和200多家单位，其中送教下乡150场次，服务超过3000人次。技术服务到款额1563万元，比上年增长58%。《福建省普通高校发展潜力监测报告（2019）》显示，学校技术服务收入位居全省高职院校第1位。

校园文化　组织开展庆祝中华人民共和国成立70周年“我和我的祖国”主题活动，开展“我和祖国共成长”“开学第一课”革命文化、校史文化教育、“同升国旗、同唱国歌”升旗仪式、“风展红旗如画 共筑红色热土”大学生创新创业青年红色筑梦之旅、全校教职工“与祖国和时代同行”合唱比赛、“圆青春梦想 助祖国腾飞”青年学生多媒体作品征集展示等活动。结合“清明节”“端午节”等中国传统节日，开展经典诵读、“我们的节日”系列活动。“请进来”开展“高雅艺术进校园”活动3场，中央歌剧院、福建人民艺术剧院、福建省杂技团到校演出经典歌剧片段；校“繁星艺术团”“走出去”赴福州职业技术学院、三明林业学校、三明医学科技职业学院等学校开展“高雅艺术进校园”6场。选送视频《情暖大湖乡》参加全省第三届大学生校园微拍大赛，获三等奖。学校小鹿仔新媒体中心入选“2019年度全国百强职院媒体”。2019年开展冰心文化研究课题3项，编撰《有了爱就有了一切——冰心作品选读》校本教材3卷，建设冰心文化研究数据资源库，收集整理冰心作品、手迹及研究文献3000余件。冰心文化建设成果被福建省教育厅推荐参评全国高职院校文化建设案例50强。学校获评福州市全民阅读示范点。闽剧资源数据库建设获2020年度福建省地方戏曲扶持专项资金资助。学校创排的闽剧《红裙记》作为代表福建省的唯一一台大戏，参加由国家文化和旅游部主办的2019年戏曲百戏（昆山）盛典展演，并作为第十六届中国戏剧节的闭幕大戏上演并获优秀剧目奖；闽剧《扈家庄》赴京参加国家艺术基金2019年度传播交流推广资助项目——艺术职业教育戏曲教学成果展演。

合作交流　推进“一带一路”沿线国家和地区华文基础教育教师培训，先后举办柬埔寨华文基础教育师资培训、海上丝绸之路华文教育师资研修班，培养培训115名来自柬埔寨、马来西亚、印度尼西亚、缅甸等国家的华文基础教育教师，培训人次2360人次。实施“留学闽师”项目，学校招收第一批4名来自柬埔寨的外国留学生到校学习。与福建闽柬实业有限公司、闽柬产业园开展订单式人才培养柬埔寨语商贸人才，与印度尼西亚泗水州立大学、柬埔寨皇家金边大学、泰国格乐大学等签订国际合作办学协议，开展校校合作，拓展双语人才培养渠道，培养“一带一路”双语商贸人才。学校先后入选“中国—柬埔寨职业教育合作联盟”理事单位及福建省“21世纪海上丝绸之路职业教育联盟”副理事长单位，与各国教育领域专家、高校及机构就国际教育文化交流、人才培养等方面开展合作。有来自国（境）外院校与机构共计11批次36名代表到校开展国际教育交流活动。先后与6所海外高校签署国际办学合作协议，比上年增长83%。

附属学校　闽江师范高等专科学校附属实验小学（以下简称附小）从旧校区迁至有25个班的活动房临时校区过渡办学，原址重建新教学综合大楼，于12月31日封顶。附小与闽江师专初等教育系、市教育研究院组建“学用共同体”，为福建师范大学，闽江师专等师范院校的师范生提供顶岗、实习、实训等岗位，实施“三导师实训模式”（教学导师、班主任导师、行政导师）。年内通过福建省义务教育管理标准化学校评估。相声《多彩福州》获福州市社会主义核心价值观教育优秀文艺节目一等奖；附小少先队大队获“福州市优秀少先队大队”称号；校啦啦操社团获2019年中国（福州）少儿啦啦操精英赛冠军；校足球队获2019年福州青少年校园足球联赛“高新杯”乙组冠军、甲组亚军等。年内闽江师范高等专科学校附属实验幼儿园（以下简称附幼）经评估认定为“福州市示范性幼儿园”。附幼的省级“十三五”立项课题《基于学习共同体的有效园本教研实践研究》和市级“十三五”立项课题《游戏化美育课程的探索与建设》均结题，被评选为优秀课题。与福州市永泰县联合举办闽江师范高等专科学校附属永泰幼儿园。

（罗谦）

（编辑 姚国榕）

综　述

【概况】　2019年，福州市制定《福州市文化体制改革2019行动计划》，明确7项重点突破事项和12项县（市）区改革试点任务。完善文化市场综合执法机构设置，将旅游质量监督管理所建制划入，整合组建区文化市场综合执法大队。探索“媒体+文创”发展新模式，积极打造“福州有意思”“一碗福州”“我把福州寄给你”等平台。其中，“一碗福州”入选2019创新创意超级杯“传媒创新案例”、福建省文化改革典型事例等。年内福州市入选第三批国家公共文化服务体系示范区。

【文化事业】　2019年，福州市承办第十六届中国戏剧节，组织福州市第四届茉莉花文艺奖评审。打造电视纪录片《严复》、音乐剧《茶道》《茉莉》等项目，《遇见福州》旅游演艺项目在全市重点景区巡演。制定福州市文艺人才培养规划，成立福州市电影电视家协会。创建第三批国家公共文化服务体系示范区，并出台后续建设规划（2019—2022）。举办“宜夏”榕城文化艺术季，开展五大板块200多项群众性文化活动。完善福州文化云平台，打造群文“一码通”品牌。推进乡村文化振兴，组织“三下乡”活动，组织乡村文化旅游活动400多场，拍摄制作农产品公益宣传片，建设400个高级版基层综合性文化服务中心，推进旅游“厕所革命”新三年行动计划。完成“文化惠民·七进”“周周有戏”“文化志愿手拉手”等各类惠民演出近800场，“相约九日台”周末音乐会开办县区专场，组织农村公益电影放映、公益电影进校园2.5万多场。

【文化产业】　2019年，福州市开展第二届“文化企业十强”和“最具潜力文化企业”评选。全市获评省级“文化企业十强”5家，省级“文化企业十强”提名企业3家，省级“最具成长性文化企业”8家；27个项目获省级文化产业发展专项资金1451.4万元，占全省各设区市的25.3%，项目数和资金量均位列全省第一。举办“我把福州寄给你”2019文创设计大赛。全市获福建文创奖金奖4个（全省5个）、银奖3个、铜奖3个及特别贡献奖、组织促进奖。

【闽都文化】　2019年，福州市举办古厝保护与文化传承论坛，出台《福州古厝保护“1+6”》系列政策。上下杭、朱紫坊、烟台山历史风貌区基本完成修复，15个特色历史文化街区建成开放，51条传统老街巷完成保护整治，冶山、新店古城、昙石山3个遗址公园加快建设，在仓山区试点推进“M·博”（迷你博物馆）建设。永泰庄寨建筑群入选第八批全国重点文物保护单位，全市新入选国家历史文化名镇名村3个、中国传统村落32个。完成福州市红色文化生态保护利用规划编制，推出红色研学线路。出台《关于进一步加强福州市非物质文化遗产保护工作的十条措施》，花茶制作技艺（福州茉莉花茶窨制工艺）入选国家级非遗代表性项目保护实践优秀案例，8个项目入选第六批省级非遗代表性项目名录。

【文化交流】　2019年，福州市组织大陆和台湾媒体联合开展“两岸媒体福州行”采访活动。举办海峡两岸民俗文化节、榕台大学生闽都文化体验营等45项榕台特色文化交流活动。首次赴台举办海峡论坛项目“两岸昙石山文化交流活动”，举办闽都文化入岛进校园、走社区活动15场。赴马祖举办第十七届“两马同春闹元宵”活动，推动福马两地民间社团交流合作。举办第六届丝绸之路国际电影节，打造海丝品牌。启动福州海上丝绸之路史迹专题调查，修改福州海丝保护利用规划，建设海丝国际旅游中心。举办第五届海丝国际旅游节，组织“碗礁一号”沉船出水瓷器国内巡展。在三坊七巷宫巷林聪彝故居打造“福州城市会客厅”。举办第五届福州十邑春晚，举办新加坡“春到河畔”文化庆典、塔科马市“福州日”活动等。

（杨智文）

专业文艺

【概况】　2019年，福州市国家艺术基金项目福州评话《孝子》通过结项验收。2个节目获第三届福建省曲艺丹桂奖大赛节目奖一等奖、1个获文学奖一等奖。启动“春种空间”计划，内容涵盖各类剧（文）本打造、活动文案策划、开展评论研究、组织艺术采风、艺术档案管理、专业素养提升等。年内举办第十六届中国戏剧节，打造《遇见福州》旅游演艺项目，完成2019年福州市各界人士新年茶话会和2019年福州市春节团拜会文艺演出；完成2019年文化科技卫生“三下乡”启动仪式文艺演出活动。开展闽剧《银筝断》走进莆田、安溪、厦门大学、集美大学活动，主办“壮丽七十载·讴歌新时代”——福州市庆祝中华人民共和国成立70周年大型音乐会。创排音乐剧《茶道》，复排音乐剧《茉莉》，提升闽剧《红裙记》《陈靖姑》。

表72　　2019年福州市专业文艺获奖情况表

获奖单位／个人	获奖等级	赛事名称	获奖项目
福州闽剧艺术传承发展中心林广	国家级	第三十三届田汉戏剧奖	撰写新编历史剧《戍途》获三等奖
福州闽剧艺术传承发展中心余根舒	省级	第十四届福建省戏剧水仙花比赛	专业组表演奖一等奖
福州闽剧艺术传承发展中心谢婉萍	省级	第十四届福建省戏剧水仙花比赛	专业组表演奖二等奖
福州闽剧艺术传承发展中心干晓滢	省级	第十四届福建省戏剧水仙花比赛	专业组表演奖二等奖
福州闽剧艺术传承发展中心黄东闽	省级	第十四届福建省戏剧水仙花比赛	专业组表演奖三等奖
福州闽剧艺术传承发展中心王善锦	省级	第十四届福建省戏剧水仙花比赛	专业组表演奖三等奖
福州闽剧艺术传承发展中心谢嘉宇	省级	第十四届福建省戏剧水仙花比赛	专业组演奏奖三等奖
福州闽剧艺术传承发展中心	市级	福州市第四届茉莉花文艺奖	闽剧《陈靖姑》获一等奖
福州闽剧艺术传承发展中心	市级	福州市第四届茉莉花文艺奖	闽剧《银筝断》获二等奖
福州闽剧艺术传承发展中心林广	市级	福州市第四届茉莉花文艺奖	撰写新编历史剧《戍途》获三等奖
福州市闽都文化艺术中心陈乃航	省级	第十四届福建省戏剧水仙花奖	歌剧《永远的花样年华》选段中饰演金环获专业组表演一等奖
福州市闽都文化艺术中心曾钺	省级	第十四届福建省戏剧水仙花奖	京剧《虞姬泪》选段中演奏琵琶获专业组演奏一等奖
福州市闽都文化艺术中心蔡丝露	省级	第五届福建舞蹈“百合花奖”专业舞蹈大赛	独舞《择》获表演银奖
福州市闽都文化艺术中心林姝敏	省级	第五届福建舞蹈“百合花奖”专业舞蹈大赛	独舞《择》获创作铜奖
福州市闽都文化艺术中心王雅楠、徐雅卉、蔡丝露	省级	第五届福建舞蹈“百合花奖”专业舞蹈大赛	三人舞《隐·战》获表演银奖
福州市闽都文化艺术中心林姝敏、邹洋	省级	第五届福建舞蹈“百合花奖”专业舞蹈大赛	男子群舞《逆行的背影》获创作银奖
福州市闽都文化艺术中心	市级	福州市第四届茉莉花文艺奖	舞蹈《长恨天涯隔一水》获一等奖
福州市闽都文化艺术中心	市级	福州市第四届茉莉花文艺奖	舞蹈《尚香初遇》获二等奖
福州市闽都文化艺术中心	市级	福州市第四届茉莉花文艺奖	音乐剧《茉莉》获三等奖
福州评话伬艺传习所	省级	第三届福建省曲艺丹桂奖大赛	福州评话《怒打韩通》获节目奖一等奖（专业组）
福州评话伬艺传习所	省级	第三届福建省曲艺丹桂奖大赛	福州评话《尚书庙奇遇》获节目奖二等奖（专业组）
福州评话伬艺传习所	省级	第三届福建省曲艺丹桂奖大赛	福州评话《煮面一碗一千元》获节目奖二等奖（专业组）
福州评话伬艺传习所	省级	第三届福建省曲艺丹桂奖大赛	福州评话《智救朱美兰》获节目奖三等奖（专业组）
福州评话伬艺传习所	省级	第三届福建省曲艺丹桂奖大赛	福州评话《遇见大贵人》获节目奖三等奖（业余组）
福州评话伬艺传习所林剑平	省级	第三届福建省曲艺丹桂奖大赛	创作《煮面一碗一千元》获文学奖二等奖

续表72

获奖单位/个人	获奖等级	赛事名称	获奖项目
福州评话伬艺传习所毛钦铭、刘宜威	省级	第三届福建省曲艺丹桂奖大赛	创作《怒打韩通》获文学奖三等奖
福州评话伬艺传习所黄宗沂	省级	第三届福建省曲艺丹桂奖大赛	创作《遇见大贵人》获文学奖一等奖
福州评话伬艺传习所、福州市曲艺团	市级	福州市第四届茉莉花文艺奖	福州评话《孝子》获一等奖
福州市艺术创作研究中心马文正	省级	由福建省音乐家协会承办的“廉歌颂祖国奋进新时代——庆祝新中国成立70周年”廉政歌曲征集评选活动	作词的歌曲《记得你》获优秀作品
福州市艺术创作研究中心马文正	省级	由福建省文学艺术届联合会、福建省文化和旅游厅主办的第三届福建省曲艺丹桂奖大赛	创作的小品《送月亮》获文学奖一等奖
福州画院	省级	“庆祝中华人民共和国成立70周年——福建省美术作品展暨第十三届全国美展福建省作品选拔展”	《古厝丽影》获优秀奖
福州画院	国家级	“第十二届中国艺术节全国优秀书法篆刻作品展览”	书法作品参展
福州画院	国家级	“2019年中华情·中国梦书画作品展”	《依依似君子》参展
福州画院	国家级	"第六届全国画院美术作品展"	《饮春》入选
福州画院	国家级	第六届丝绸之路国际艺术节"今日丝绸之路国际美术邀请展	《闲庭春深》入选
福州画院	国家级	“盛世中国”——庆祝中华人民共和国成立70周年书法大展	《中国女排第一次站上世界冠军领奖台》入选
福州画院	国家级	第六届丝绸之路国际艺术节“今日丝绸之路国际美术邀请展”	《古厝新韵》入选
福州画院	国家级	“第六届今日丝绸之路国际美术邀请展”	《芳菲四月谱新韵》入选
福州画院	国家级	民盟中央庆祝国庆70周年全国美术作品展	《春郊雨后》入选
福州市闽都文化艺术中心	省级	福建省第七届艺术节	魔术杂技剧《雏鹰展翅》获舞美三等奖

【艺术创作】 2019年，福州市闽都文化艺术中心与福建省歌舞剧院共同创排音乐剧《茶道》。复排音乐剧《茉莉》、闽剧《陈靖姑》、《红裙记》。修改提升闽剧《林则徐与王鼎》和《银筝断》。

【文艺演出】 2019年，举办福州市各界人士新年茶话会、福州市春节团拜会文艺演出、文化科技卫生“三下乡”启动仪式文艺演出活动。组织市属文艺院团策划、编排一台集伬艺、闽剧、畲族山歌、非遗题材舞蹈及茉莉花茶等元素于一体的旅游演艺《遇见福州》，在五一节、国庆节及周末等节假日在全市重点景区开展巡演活动。五四期间，以“青年当自强”为主题，开展闽剧《银筝断》走进莆田、安溪、厦门大学、集美大学巡演活动。5月5日，由市属文艺院团编排的包含闽剧、伬唱、舞蹈等福州地方特色的节目参加“三坊七巷·对话未来”水榭戏台演出和“数字经济·闽江夜话”非遗元素展示表演。6月21日，音乐剧《茉莉》参与“宜夏”榕城文化艺术季开幕式演出。9月27日，由市委宣传部和市文旅局共同主办的“壮丽七十载·讴歌新时代”——福州市庆祝中华人民共和国成立70周年大型音乐会在海峡文化艺术中心歌剧院举行。9月30日，承办“福建省庆祝中华人民共和国成立70周年焰火晚会”。福州五城区实地观看焰火晚会表演的总人数138.2万人。东南卫视、海博TV、福州新闻网、福州日报“掌上福州”APP进行直播（转播），各类平台累计在线观看人数超200万人次。

【传统戏剧保护】 2019年，福州市完成福州现存明清以来4000余册闽剧传统剧本的修复裱糊、清整编号、录入扫描工作。修复裱褙和整理工作按照“修复整理—数字化处理—保管利用”3步走的抢救保护方案，遵循“全员培训，业务素质高；全程跟踪，修复标准高；全检验收，图像质量高”的工作原则。

【第十六届中国戏剧节】 2019年10月26日，第十六届中国戏剧节开幕式在福州市海峡文化艺术中心举行，开幕大戏为滑稽戏《陈奂生的吃饭问题》。戏剧节主题为“追梦新时代 经典共传承”，来自全国各地的24种艺术形式的30台优秀剧目参演，2000名戏剧人参加，吸引观众3万多人。闽剧《红裙记》、《龙台驸马》和音乐剧《茶道》代表福州市参与演出。首次在戏剧节期间举办戏曲音乐创作高峰论坛和戏剧创作高峰论坛，媒体宣传报道近6700篇条，网络转载、点击率1227万次。11月12日，闭幕式在福州工人文化宫举行。

（梁鑫智）

公共文化

【概况】 2019年，福州市出台《福州市推进乡村文化振兴工作方案》《福州市基层综合性文化服务中心建设分类标准》等政策文件。市图书馆出台《福州市图书馆档案管理办法》《福州市图书馆项目内控管理办法》《福州市图书馆工作人员考核办法》等规章制度。推进互动体验空间、复合式阅读空间、演播室、录音室环境改造工程、馆内设备升级改造工程、读者餐厅装修、展厅提升改造等空间建设项目。新建30台“城市街区24小时自助图书馆”并投入运营，全市有82台自助图书馆。新建福州市国家安全局、福州市民政局等5个图书流通点；新建福州市中级人民法院和茶文化主题分馆，推进“福州书房”分馆建设工作。完成九日台音乐厅内部修缮和周边环境提升建设、消防设施设备整改、配电房设备更新等项目。各县（市）区相继建设400个升级版基层综合性文化服务中心。

【群众性文化活动】 2019年，福州市举办“激情广场大家唱”“文化惠民·七进”“文化志愿手拉手”“相约九日台”周末音乐会、“艺术扶贫”等文化活动。组织开展第19届“新福州人歌手大赛”、“祖国颂”庆祝新中国成立70周年专场音乐会、“礼赞新中国 悦度新福州”大型阅读推广、“壮丽70年·奋斗新时代”主题书展等活动。组织开展第十届海峡两岸老年书画交流活动，收集4省27个地市以及台港澳地区的书画作品近300幅，邀请100余名嘉宾（其中台港澳嘉宾14名）。开展文化惠民活动，举办省级“周周有戏”公益性低票价演出87场、非物质文化遗产地方剧种公益性演出499场。

【全民阅读】 2019年，福州市开展线上、线下全民阅读推广活动，举办“礼赞新中国 悦度新福州”大型阅读推广、“壮丽70年·奋斗新时代”主题书展、“4·23”世界读书日、最惠购书节等全民阅读活动。福州市图书馆作为全市中心馆，开展讲座类、影视展播类、培训手工类等线下活动及“榕图赠书”“阅读打卡”等线上类活动，打造一人一世界、光影驿站、茶通人心等多个系列的活动品牌。福州市少年儿童图书馆打造“小茉莉讲堂”“榕城未来阅读讲堂”“小茉莉爱贝公益英语角”“奇形怪状故事会”等阅读活动品牌，举办“雷锋少年侠”阅读活动、“宜夏杯”腹有诗书诗歌大赛、“深度阅读·大唐李白”诗王争霸赛等阅读竞赛活动。

表73　**2019年福州地区公共图书馆、馆藏规模情况表**

图书馆名称	总藏书量（万册）	馆舍面积（平方米）
福州市图书馆	156.48	58000
福州市少年儿童图书馆	57	21008
鼓楼区图书馆	1.47	1160
台江区图书馆	54.11	1560
晋安区图书馆	135.96	2028
仓山区图书馆	108.90	3311
马尾区图书馆	52.06	8700
福清市图书馆	181.40	12256
长乐区图书馆	104.26	4600
闽侯县图书馆	97.96	8778
连江县图书馆	72.32	4251
闽清县图书馆	49.92	3420
罗源县图书馆	32.28	1500
永泰县图书馆	42.93	8300

【福州市图书馆】 2019年，福州市图书馆藏书量156.48万册，比上年增长16.09%。全馆接待读者1035504人次，比上年增长31.2%；新办读者证24117张，增长24.3%；外借文献483484册次，增长24.1%，开展各类活动260余场次，活动参与人数超过15万人次。市图书馆微信公众号粉丝数超4万人。市图书馆与“E福州”和

市民卡系统完成对接，开通银行卡、手机支付功能。“福州市图书馆”微信小程序于5月上线。与系统优化相适应，提升24小时自助图书馆、自助借还机、服务器、数字阅读设备等硬件设备。

【福州市少儿图书馆】 2019年，福州市少儿图书馆图书总藏量约57万册，年接待读者约36万人次，馆本部外借图书超30万册次，全年举办116场次读者活动，活动线下参与人数超15万人次。全年开展多场“榕城未来阅读讲堂”“小茉莉爱贝公益英语角”等读者活动。举办“雷锋少年侠”阅读活动、“宜夏杯”腹有诗书诗歌大赛、“深度阅读·大唐李白”诗王争霸赛等阅读竞赛活动，创新运用“互联网+”形式，线上线下互动人数累计超100万人次。开展“公共文化服务校园行”“文化惠民七进”工作，组织工作人员到学校、社区开展阅读推广活动。全年组织多场“小茉莉志愿者”系列志愿服务活动。

【福州市群众艺术馆】 2019年，福州市群众艺术馆完成230多场惠民演出、110多场文化讲座，20多期艺术展览，40多场群文赛事，服务群众50多万人次。微信公众平台累计发布信息386条图文资讯，阅读总数约34万人次。打造“群文‘一码通’”品牌，实现一码查询、一码索票、一码预约、一码参赛、一码体验“五个一”功能。推进“文化志愿手拉手”文化志愿品牌活动，统筹打造以艺术公益课程、基层文化工作人员培训、文艺团队和文艺骨干培训、艺术扶贫、非遗校园行、与大师同行、线上培训7个子项目为核心内容的“艺术普及大课堂”品牌。其中，“艺术扶贫”在原3所扶贫学校的基础上，延伸至聋哑学校；“非遗校园行”走进多所中小学开展专题讲座、传承人互动教学；“与大师同行”让普通市民有机会聆听大家之声、领略大师风采等。建立60个馆外培训基地、69个非遗传承示范基地、100个激情广场教学示范点。全年完成170余项培训，新增培训项目占比超过15%，累计6000多课时，受益人数20余万人次。

【福州画院】 2019年，福州画院举办书画展30余场，累计参观人数10余万人。举办“致用书法讲坛”系列公益学术讲座6场，听众累计600余人。20余件作品分别入围、入选第六届今日丝绸之路国际美术邀请展、第六届全国画院美术作品展览、第十三届全国美展福建省作品选拔展、第十二届中国艺术节全国优秀书法篆刻作品展览等。福州画院常务副院长郭辉国画作品《依依似君子》参加由中国文联等主办的“2019年中华情·中国梦书画作品展”；画师陈云41幅作品编入由江苏美术出版社出版的《中国高等美术院校教学范本精选·陈云作品》；画师李木教书法作品参加由文化和旅游部主办“第十二届中国艺术节全国优秀书法篆刻作品展览”；画师张剑国画作品《古厝丽影》获由福建省美术家协会等主办的“第十三届全国美展福建省作品选拔展”优秀作品奖；画师梁丹雯国画作品《芳菲四月谱新韵》获由中华人民共和国文化和旅游部等主办的“第六届今日丝绸之路国际美术邀请展”优秀作品奖；画师柯学刃书法作品入选由中国书法家协会主办的“源流·时代——以王羲之为中心的历代书法与当前书法创作展览”；画师李君琳国画作品《饮春》入选由中国国家画院主办的“第六届全国画院美术作品展览”；画师黄梦洁国画作品《空谷松风》入选由中国美协主办的第二届“泾上丹青——全国中国画作品展”。开展第十三届全国美展福建福州创作草图观摩会、福州画院建院40周年画师作品展、福州·定西东西部扶贫协作书画作品交流展暨冰雪采风写生等活动。

（梁鑫智）

非物质文化遗产

【概况】 2019年，福州市出台《关于进一步加强福州市非物质文化遗产保护工作的十条措施》，明确2020年起市级每年投入非遗保护专项资金800万元。8个项目入选第六批省级非遗代表性项目名录（含扩展项目和新增保护单位），5个项目入选福建省第五批国家级非物质文化遗产代表性项目推荐名单，评选20家非遗项目传承示范基地和51名市级第四批非物质文化遗产代表性项目代表性传承人。花茶制作技艺（福州茉莉花茶窨制工艺）入选国家级非遗代表性项目保护实践优秀案例。出版发行《寻脉——福州非物质文化遗产》《大美福州 多彩非遗——福州非物质文化遗产画册》。

【非遗基地保护】 2019年，福州市文化和旅游局公布全市第四批非遗项目传承示范基地名单，20家单位入选。与市财政局联合制定出台《关于进一步加强福州市非物质文化遗产保护工作的十条措施》，从传承展示设施、评估检测体系、传承人队伍建设、示范基地机制、数字化保护、“非遗进古厝”模式、非遗文化品牌打造、文旅融合发展、保护激励机制、法律法规建设十个方面进行整体规划。

【非遗宣传活动】 2019年，福州市举办2019海峡两岸民俗文化节，参展项目100多个，演职人员5000余人，邀请台资企业50多家、台胞近100人，现场参与群众近25万人次。开展2019年“文化和自然遗产日”系列活动。举办“非遗进古厝”等大型主题活动，“非遗过大年”非遗短视频大赛、“遇见福州 多彩非遗”摄影联展、“国风·匠心·潮——让非遗点亮生活”非遗文创产品设计征集大赛等互动展示活动，举办闽台匠人大会并组织项目参加数字中国峰会·闽江夜话、第十五届深圳文博会、海峡两岸经贸交易会等交流活动。出版发行《寻脉·福州非物质文化遗产》《传承与守望——老福州记忆》《大美福州 多彩非遗——福州非物质文化遗产画册》。与师大美术学院合作，启动“非遗长卷”项目创作。

【非遗项目申报评审】 2019年，福州市花茶制作技艺（福州茉莉花茶窨制工艺）入选国家级非遗代表性项目保护实践优秀案例。8个项目入选第六批省级非遗代表性项目名录（含扩展项目和新增保护单位）。佾舞、南少林宗鹤拳、福州壶山林氏中医内科、滩涂泥撬赶海习俗、王审知信俗等 5 个项目入选福建省第五批国家级非物质文化遗产代表性项目推荐名单。3—10 月，开展第四批市级非物质文化遗产代表性项目代表性传承人的申报和评审工作，评选出 51 名传承人拟作为福州市第四批市级非物质文化遗产代表性项目代表性传承人。

（梁鑫智）

文博事业

【概况】 2019 年，福州市有各种文博场馆 23 家，接待游客逾 400 万人次。福州市博物馆和林则徐纪念馆举办专题展览及免费鉴宝、道德讲座、第二课堂等活动约 450 场（次），免费讲解超 6000 场次。举办全市文博馆所讲解员培训班，各县（市）区博物馆、市属博物馆、非国有博物馆和甘肃省定西市各文博单位约 40 名讲解员参加培训。市海上丝绸之路展示馆《福地宝船　海丝帆影》陈列展览获“福建十大陈列展览精品奖”，福州市博物馆《海丝遗珍——“碗礁一号”沉船及平潭水域出水瓷器》和《福在福地》获“福建文物考古博物馆科研成果奖”，福州市博物馆“文物在我身边”公共文化服务校园行项目被市委文明办选为福州市 2019 年公共文化服务校园行特色项目。

表 74　**2019 年福州地区博物馆、纪念馆及馆藏规模情况表**

博物馆名称	性质	隶属关系	质量等级	免费开放	馆藏规模（平方米）
福州市博物馆	文物	地市属	国家二级	是	7934
林则徐纪念馆	文物	地市属	无级别	是	392
台江区博物馆	文物	区县属	省三级	是	124
仓山区博物馆	文物	地市属	无级别	是	67
中国寿山石馆	行业	区县属	无级别	是	430
长乐区博物馆	文物	区县属	国家二级	是	4445
中国船政文化博物馆	文物	区属	国家三级	是	903
闽清县博物馆	文物	区县属	省三级	是	476
罗源县博物馆	行业	区县属	省三级	是	2144
永泰县博物馆	文物	区县属	无级别	是	53
闽侯县博物馆	文物	区县属	省三级	是	4064
福州市鼓楼区博物馆	文物	区县属	省三级	是	573
福州马江海战纪念馆	文物	区县属	无级别	是	202
连江县博物馆	文物	区县属	国家三级	是	7082
郑和史迹陈列馆	文物	地市属	无级别	是	8
福清市博物馆	文物	地市属	省三级	是	96
福建省林如高纪念馆	非国有	地市属	无级别	是	330
福建省贞美历史文化博物馆	非国有	地市属	无级别	是	303
福建省尔雅茶文化史博物馆	非国有	地市属	无级别	是	300
福建省藏真阁古玩文化博物馆	非国有	地市属	无级别	是	319
福建省福博物馆	非国有	地市属	无级别	是	381
福建省雨田古代玉器博物馆	非国有	地市属	无级别	是	1000 余
福建省桢楠文化艺术博物馆	文物	地市属	无级别	是	300

【海上丝绸之路申遗】 2019 年，福州市启动海上丝绸之路史迹专题调查工作，协助组织召开《福州市海上丝绸之路文化遗产申报策略研究》（修改稿）专家会，基本确定福州海丝申遗策略。根据市申遗办的意见，组织市规划设计研究院修改完善福州海丝保护利用规划。组织《海丝遗珍——“碗礁一号”沉船出水瓷器展》赴河北省邯郸市、辽宁省大连市等地展出。

【新店古城遗址考古发掘】 2019 年，

福州市文物局组织厦门大学历史系和福州市文物考古工作队，联合对新店古城遗址一期核心区启动项目3个地块开展考古发掘工作，对遗址范围内三处古建及其周边开展考古勘探工作，发现西汉时期闽越人聚落（城）遗址边缘堤路合一的人工构筑物（经美国贝塔实验室碳14检测，距今2300年）、汉代夯土城墙和宋代河堤基础。

【2019年“海丝文博游”】 2019年6月22日至7月21日，福州市举办“海丝文博游”旅游月活动，活动内容包括启动仪式、“五色光华·千年回眸”“一带一路”文化带上的古珠饰展、百媒亿粉和福州海丝手绘地图发布等。其中《五色光华·千年回眸——“一带一路”文化带上的古珠饰展》由非国有博物馆福建省雨田古代玉器博物馆为主承办。

【福州市博物馆】 2019年，福州市博物馆接待参观观众171万人次，举办专题展览及免费鉴宝、道德讲座、第二课堂等活动182场（次），免费讲解接待4257场次。全年举办的主要展出有：与屏南耕读文化博物馆联合举办《福在福地——屏南耕读文化博物馆福文化收藏展》；与福建省收藏家协会联合主办《翰墨民族情 漆盏八闽艺——福建省收藏家协会工艺美术展》；与深圳大学海洋艺术研究中心共同承办《寻梦中国帆——中国古代船模作品巡展》；与大理州博物馆联合举办《蝴蝶泉边好梳妆——白族精品服饰展》；与上海中国航海博物馆联合举办《器成走天下——碗礁一号出水文物特展》；为庆祝中华人民共和国成立70周年，举办《撷英聚萃——庆祝新中国成立70周年文物征集成果展》等；《海丝遗珍——“碗礁一号”沉船出水瓷器展》在河北沧州市博物馆、邯郸市博物馆、辽宁大连博物馆、吉林市博物馆继续巡展。在福州文庙每周举办一次道德讲堂，听众约5000人。开展每月一次免费文物鉴赏活动，邀请文物专家林存琪、周端等为150多名文物收藏爱好者免费鉴赏800多件各类收藏品，涵盖陶瓷、字画、铜器、寿山石、玉器等。

【林则徐纪念馆】 2019年，福州市林则徐纪念馆接待游客240多万人次（含赴外展览），开展社教活动约700场，讲解接待3049场次；举办展览37场次，其中引进临时展览16场，外出巡展21场；发布微信消息1415条、官方微博信息531条，网站信息149条，浏览量超10万人次。获市委市直机关工委授予的“福州市直机关党员政治生活馆分馆”“党建文化示范长廊”称号。8月30日，由市文化和旅游局、市文物局主办，林则徐纪念馆承办，福州新闻网协办的大型专题“左海伟人与福州西湖——纪念林则徐疏浚福州西湖190周年”和H5产品“穿越1829，看看林则徐怎么整治福州西湖”在福州新闻网上线。

全年举办的主要展览有：在香港饶宗颐文化馆举办“林则徐禁毒文化节——纪念虎门销烟180周年”专题活动暨“林则徐家风展”；在澳门林则徐纪念馆参与举办“林则徐禁毒文化节——百年中国禁毒文物展、林则徐家风展”；举办“宣示主权行结缘莲峰庙——纪念林则徐巡阅澳门180周年专题展”；举办“古厝寻踪尺牍传情——林则徐遗迹保护暨福州历史名人文献保护成果展”；林则徐纪念馆举办“回首家山无限情——纪念林则徐修浚西湖190周年”专题展，组织全国性的“2019年讲解员免费培训班”，选派馆中两名讲解员参加“美丽福州讲解员职工技能大赛”，分获一等奖、二等奖。与虎门、伊犁、蒲城、澳门四地林则徐纪念馆联合举办“苟利国家生死以 岂因祸福避趋之——纪念虎门销烟180周年五馆联展”。

（梁鑫智）

文化市场监管

【概况】 2019年，福州市出动执法人员3200多人次，巡查企业1880家，责令整改经营单位79家，约谈企业22家，立案查处案件94起。组织开展全市旅游安全生产大检查、消防安全大检查、涉恐安全隐患大排查工作、“四项行动”、旅游安全执法年专项活动及旅游行业公共场所涉电设施用电安全、扫黑除恶专项检查。

【执法队伍建设】 2019年，福州市完成市级文化市场综合执法机构改革，组建文化市场综合执法支队鼓楼、台江等4个主城区大队，实现同城一支队伍。组织36人次参加文旅部和省厅局各类培训；完成全系统240名执法证更换及新证资格考试；举办中西部文化市场综合执法对口交流协作第二协作区培训班，闽滇赣三省五地市200多人次在福州、玉溪、九江三地开展执法交流活动。

【专项检查】 2019年，福州市检查演出经纪机构146家次、大型演唱会11场、娱乐场所223家次、网吧555家次、演出场所经营单位97家次和文物保护单位56个。年内市文化市场综合执法支队获2018年度全国查处侵权盗版案件有功单位三等奖，1件案件获评2018—2019年度全国文化市场综合执法重大案件。

（梁鑫智）

文化交流

【概况】 2019年，福州市通过开展境外文化推介活动，加强与境外合作交流。依托各类旅游节、论坛，搭建文化交流平台。拓展台港澳地区入榕旅游客源，组织实施《2018—2020年福州市海峡旅游扶持办法》，推动台港澳开展交流合作。

【海外文化交流】 2019年2月1—7日，福州市文化和旅游局组织市闽都文化艺术中心组成38人演出团赴新加坡参加2019年“春到河畔”文化庆典系列演出活动。9月21日，福州闽剧艺术传承发展中心两名青年演员随福州市“福州日”友好交流团赴美国友城塔科马市参加福州与塔科马纪念结好25周年暨2019“福州日”活动。其后，并分别至林肯中学、华州中美总商会开展文化交流演出，表演闽剧《珍珠塔》选段、福州语歌曲等。

【榕台文化交流】　2019年，福州市组织福州闽剧艺术传承发展中心组成55人文艺演出团队随“两马同春闹元宵”交流团赴马祖，参加在马祖举行的元宵佳节联欢系列活动。演出节目有传统经典大戏《碧玉簪》、十多个经典折子戏节目及踩街巡游等相关活动。

【内地文化交流】　2019年，福州市承办第十六届中国戏剧节、福州古厝保护与文化传承论坛、数字中国建设峰会“数字经济·闽江夜话”、海上丝绸之路国际旅游节、福建省庆祝中华人民共和国成立70周年焰火晚会和音乐会等重大活动。组织《海丝遗珍——“碗礁一号”沉船出水瓷器展》赴河北省邯郸市、辽宁省大连市等地展出。

（梁鑫智）

新闻出版

【概况】　2019年，福州市有出版物发行单位923家，其中出版物批发单位171家，出版物零售单位752家，出版物销售额超过77亿元，从业人员2.7万人。市属报刊5家，侨刊乡讯8家，连续性内部资料42家。全市有印刷企业435家，工业总产值87.55亿元，从业人员1.6万人。其中，规模以上重点印刷企业（年印刷总产值超过5000万元）24家，上市印刷企业3家，实施绿色印刷的出版物印刷企业22家，数字印刷企业17家，外商投资印刷企业24家。仓山区集聚印刷企业129家，晋安区75家，福清市67家，形成印刷企业集群。17家印刷企业投入1.56亿元购买20台四色以上印刷机。

【出版和印刷发行管理】　2019年，福州市完成年度核验工作，对8家侨刊乡讯社进行初审，全部通过福建省新闻出版局终审；审核连续性内部资料年检45家，通过42家，注销3家。规范市属报刊、内部资料的审读制度，聘请9名市属报刊、连续性内部资料审读员及3名一次性内部资料审读员。完成印刷企业年度报告工作和出版物发行单位年度核验工作。履行属地管理责任制，对出版发行市场和印刷企业进行监督管理；组织开展出版物印刷发行市场双随机检查、中小学教材教辅印刷发行等专项检查行动，打击各类侵权盗版行为，取缔各类非法出版物。

【全民阅读】　2019年，福州市全民阅读工作组委会办公室依托“4·23”世界读书日·海峡读者节，举办2019年福州市“书香榕城”全民阅读启动仪式，公布全市第二批全民阅读示范点25家，引导全市各类书店在4月23日至5月23日推出全年最优惠举措，开展热销书展销、阅读讲座等系列活动。9月联合成员单位开展第十三届“书香八闽”暨2019年“书香榕城”全民读书月活动，围绕“辉煌70年、逐梦新时代、书香伴我行”主题开展主题演讲、经典诵读、读书征文、知识竞赛、阅读晚会等活动。10月，福州三中、福建葫芦文化产业发展有限公司被福建省全民阅读组委会办公室评为福建省第二批全民阅读示范单位。

（沈　凡）

【版权管理】　2019年，福州市通过网站、微信、广播电视台、图书馆、报刊书亭等传统及新兴媒体渠道刊发版权宣传短片及相关资料。进驻第二十一届海峡两岸经贸交易会，开展版权保护宣传现场咨询服务活动。编制《版权常见问题解答手册》，开展作品登记和相关版权法律法规的宣传普及工作。年内作品登记量32734件，位居全省第二。组织全市12个县（市）区版权执法人员参加全省版权执法骨干培训班。开展打击网络侵权盗版“剑网2019”专项行动，开展专项整治，实施分类规范，核查30余件重点版权案件线索，调解1件，立案7件，其中办结5件行政处罚案，罚款28.4万元；“土豆游戏机”微信小程序涉嫌侵犯软件著作权案等2件涉嫌刑事案件转公安机关办理，获中宣部版权管理局等四部门联合督办；“嘀哩嘀哩”网站侵犯著作权案获评为“2019年度福州市打击侵权假冒十大典型案例”，案件详情及评析获“新华网”专文刊载。市文化市场综合执法支队获全国查处侵权盗版案件有功单位三等奖。

（林晓艺）

【福州日报】　2019年，福州日报社完成融媒体指挥中心二期建设，通过流程优化、平台再造、资源整合，建成以大数据、云计算为引擎的福州日报社融媒体指挥中心，初步实现统一信息汇总、统一线索研判、统一选题策划、统一指挥调度、统一审核把关、统一效果评估等一体化融合功能，其信息内容、技术应用、平台终端共融互通，建立起“报网端微屏”（指报纸、网络、客户端、微信微博、融媒体智慧屏）一体化的媒体传播矩阵，媒体用户从传统媒体的20万订户增至1471万用户粉丝数。

全年在中央级媒体发表稿件40篇。8月7日，福州日报社与新华社福建分社签订战略合作协议。11月，第25届福建新闻奖公布，《福州日报》《福州晚报》及福州新闻网有28件作品获奖，其中一等奖2件、二等奖7件、三等奖19件。福州新闻网《图解》专栏被评为福建新闻奖新闻名专栏。《福州晚报·海外版》在美国、马来西亚、印度尼西亚、英国、澳大利亚、南非等国家开办的中英文海外版刊出119期、294版，推出56个对外宣传主题专版，91篇文章被海外合作媒体及华文头条推送。

重要主题宣传报道　策划执行168项重要主题宣传报道。报道福州市“抓项目、促发展”项目年行动、福州“2019招商年”行动、“三产年”专项行动。开设“数字中国·有福之州”专版，开设“峰会声音”“峰会聚焦”“高端访谈”等专栏，报道第二届数字中国建设峰会。相关系列报道结集成册，编辑出版《数字中国建设峰会》（2019，第二届）。开设《聚焦“5·18”》专栏，报道第二届海丝博览会暨第二十一届海交会投资促进大会相关情况。新媒体采用图文、视频等方式，全程直播探馆、逛展、论坛现场等内容，累计发布稿件（含视频）逾1200篇，累计访问量1963万。6月5日，福州市召开全市产业发展促进大会，开展《“数字福州”行动方案》《“海上福州”行动方案》《“平台福

州”行动方案》等宣传报道。7月26—28日，举行福州古厝保护与文化传承论坛，开展对工业遗产、历史文化街区、历史文化名城、名镇及传统村落的保护与复兴、非物质文化遗产的保护传承等方面的报道。8月5—9日，聚焦报道在福州举行的第七届海峡青年节。10月15—20日，第六届丝绸之路国际电影节在福州举行，以“光影熠福、丝路扬帆”为主题进行宣传报道。10月26日至11月12日，第十六届中国戏剧节在福州海峡文化艺术中心开幕，开设“追梦新时代、经典共传承”戏剧节专栏，组织开展560多篇系列报道。11月—12月，报社组织策划“山海相拥、协同共赢——走进闽东北大型主题采访系列报道”，报道结集出版《走进闽东北》一书。

庆祝中华人民共和国成立70周年专题报道　推出庆祝中华人民共和国成立70周年系列专题报道，开设“壮丽70年·奋斗新时代”专栏，组织采写200多篇报道，开设《壮丽70年·奋斗新时代——经济社会发展成就巡礼》48版特刊。《福州晚报》开设“壮丽70年奋斗新时代”专栏，刊发报道320篇，开设《壮丽70年·奋斗追梦》系列特刊。报社新媒体中心组织策划“祖国，福州向您汇报——壮丽70年·福州故事”大型网络直播活动，开设“我们的70年”“榕耀70”“歌唱祖国·一首歌一座城——福建那么好听”等专题，实行集纳滚动播报，总阅读数2100万人次。

幸福邮箱　《福州日报》、《福州晚报》、福州新闻网以及官方微信、微博客户端，同步开设《幸福邮箱》全媒体专栏，以“建设有福之州 打造幸福之城——请你来献策”为主旨，设置内河水系治理、垃圾分类、旧城改造、食品安全、优化城市公共交通等议题，收集市民的意见建议，全年收集各类意见建议8000条。

对外宣传推介　7月5日，中国外交部在北京举行福建全球推介活动，福州日报社新媒体中心联动12县（市）区融媒体中心，围绕生态福州、数字福州、魅力福州、宜居福州、智慧福州、绿色福州等6个主题推出18篇系列报道。报社新媒体中心团队制作《世界，你好！这里是福州》《世界，你好！这里是文化福州》《世界，你好！这里是宜居福州》《世界，你好！这里是数字福州》等微信推文，各平台总阅读数超600万。7月19日，国务院新闻办公室在北京举行福建专场新闻发布会。报社联动各区县融媒体中心连续推出《福州颜值值几许》《福州魅力有几分》《福州经济高数字》等报道，各区县结合各自实际进行同题宣传，阅读量突破200万人次。

县级融媒体中心建设　7月16日，福州市县级融媒体中心建设推进会在福州日报社召开，由报社参与全市12个区县（含高新区）的县级融媒体中心的技术平台建设。报社与全市六区六县签署框架合作协议，推进县级融媒体中心建设。8月31日，报社完成“福州新闻云”技术平台的建设及接入；11月底，12个区县完成融媒体中心建设；12月上旬，各区县完成接入“福州新闻云”平台。

文化产业经营　“一碗福州”项目获2019年中国深圳创意共享大会“媒体创意案例”、福州市文化产业“双龙头”项目，入选省重点文化产业项目名录，并获2019年度福建省文化产业发展专项资金扶持100万元。报社2019年出版发行书籍38本，其中，《福州晚报》编辑出版《寻脉——福州非物质文化遗产》《传承与守望——老福州记忆》。《爱上福州的101个理由》，由福州日报社与福州市文化和旅游局合作，于5月出版发行。开展庆祝中华人民共和国成立70周年征文、“口述福州解放”等活动，出版《礼赞新中国·幸福新福州——庆祝中华人民共和国成立70周年大型征文优秀作品集》《口述福州——解放1949》等书籍。

福州日报社报史馆　建设福州日报社报史馆暨党员政治生活馆，场地总面积约70平方米，通过图文、视频等多媒体手段，分设“殷切关怀、谆谆教诲”“接续奋斗、继往开来”“不忘初心、牢记使命”“展望未来、再创辉煌”等展览板块。

（林玉和）

【新华书店】　2019年，福建新华发行（集团）有限责任公司福州分公司实现销售码洋22003.04万元，比上年增加1764.55万元，增长8.72%；营业收入20477.2万元，比上年增加1638万元，增长8.69%；实现利润总额696.66万元，比上年增加6.07万元，增长0.88%。政治理论读物发行在各门店设立政治理论专柜，全年实现销售1269.37万元，比上年增长30.47%。其中，《习近平新时代中国特色社会主义思想学习纲要》实现销售350.94万元，《新中国发展面对面（理论热点面对面2019）》实现销售54.41万元。

营销创新　以图书进农村、进社区、进家庭、进学校、进机关、进企业、进军营为载体开展“七进”营销，打造安泰书城的芳草小地 、杨桥书城的博观小站、金山书城的何颖姐姐绘本故事会、天虹书城的新华姐姐讲故事的特色阅读品牌，邀请作家安东尼、厦门大学外籍教授潘维廉、主持人朱迅等作家进学校、企业进行签售讲座，实现销售490.3万元，比上年增长126.46%。

馆配图书采购　邀请福州市中小学校图书馆和公共图书馆参加第五届海峡读者节馆配图书的采购征订，现场采购图书225万元。联合福建省新华图书有限公司举办面向全省的2019年福建省“中小学馆藏图书现采会”，实现销售395万元。全年实现馆配图书销售1273万元。

中小学教材教辅发行　中小学教材实现销售5697.67万元，比上年增长18.49%。中小学教辅实现销售4019.51万元，比上年下降6.43%。中小学教材教辅累计实现销售9721.55万元，比上年增长6.78%。

大中专教材拓展　与福建卫生职业技术学院签订供货合同；与福建师范大学、福建外语外贸学院、福州职业技术学院、福建商学院、福建工业学校等续签供货合同；中标福清龙华学校、永泰职业中专学校教材项目。实现大中专教材销售4879.90万元，比上年增长22.29%。

（林云）

【《文化生活报》】　2019年，福州广播电视台旗下的文化生活类专业周报《文化生活报》拓展出版图书和设计业务。设计制作《陈为新雕刻》《礼赞新中国　奋进新时代·寿山石韵艺术大展作品集》《寿同金石·第四届海峡两岸中青年篆刻大赛作品集》《守望兰亭·福建省第八届刻字艺术展》《一日一诗书》《福建省第三回诗书画印作品邀请展作品集》《我与家乡共同成长——首届“冰心杯”福州市中小学生征文优秀作品集》《八闽非遗艺萃》等书籍。与诸多部门艺术家合作，开辟定制专刊业务。举办“寿同金石”第四届海峡两岸中青年篆刻大赛。大赛收到来自北京、上海、山东、江苏、浙江、福建、台湾等全国30个省、自治区、直辖市以及香港特别行政区、澳门特别行政区的参赛作品1070件，其中台湾地区参赛作品112件。

（任平）

广播电影电视

【概况】　2019年，福州广播电视台有5个电视频道、4个广播频率，以及公交移动频道、地铁电视频道、文化生活报、福视悦动手机客户端、城市户外LED大屏等媒体资源。全年组织制作电视公益广告51条，广播公益广告97条，多篇作品获评省级扶持项目。

【新闻宣传报道】　2019年，福州广播电视台围绕“在习近平新时代中国特色社会主义思想指引下”“庆祝新中国成立70周年”“数字中国建设峰会”等主题和重点活动，开展三级新闻策划，推出“壮丽70年　奋斗新时代”“同走新闻路”“开展生活垃圾分类”等一系列融媒体宣传策划，以专题、系列报道、特别节目、短视频等形式进行宣传报道。

（任平）

【电影】　2019年，福州市有影院62家，每个县（市）区至少有1家数字影院，总屏幕数410块，约每2万人拥有一块屏幕。全年电影票房5.9亿元，蝉联全省第一。开展农村公益电影放映工作，全年在2205个行政村放映电影27523场，其中商业片14726场，观影人次1791578人次。推进电影进校园工作，在124所中小学，放映940场次，观影学生11.6万人次。全年电影备案94部，取得拍摄许可46部，取得公映许可证11部。全国公映影片6部，总票房11.75亿元，其中《误杀》《小小的愿望》分别位列国产票房第13位、26位。10月15—20日，第六届丝绸之路国际电影节在福州举行。总体规模为历届丝路电影节之最，有“一带一路”沿线55个国家和地区近2000人次嘉宾参加，征集160部影片，举办440多场影片展映活动。与16个国家（地区）完成中外合拍、版权交易、影视文旅等32个项目签约，合作意向185亿元。

（林宏民）

【新媒体传播】　2019年，福州广播电视台推出原创短视频产品2036条，全网点击量超10万人次的作品564条，其中全网点击量超100万人次的作品64条，全网点击量超1000万人次的作品18条，全网点击量超1亿人次的作品1条。短视频《人民记忆：70年70城　记住福州》的点击量超5300万人次。新媒体产品中，有30多条微视频在“学习强国”学习平台、新华社客户端等央级媒体渠道陆续发布。

【新技术应用】　2019年，福州广播电视台打造福州本地新闻+政务+服务的移动客户端平台——“福视悦动”，整合全市政务服务与电视节目和新闻资源，实现电视屏与手机屏深度融合。“福视悦动”平台采用分层SOA架构设计，提供搜索、异步任务、统计分析、审核日志、计划任务等平台API服务，对外提供媒体云CMS内容管理和手机及WEB访问功能。

【节目创作】　2019年，福州广播电视台推荐参评各类国家级、省级、地市级评奖评选61项446件作品。福建新闻奖有14件作品获奖，一等奖3件，其中《邀您一起为自贸区打CALL》获福建新闻奖媒体融合作品一等奖，并获省记协推荐参加中国新闻奖评选。《福州创建森林城市经验获联合国粮农组织推广》获广播消息类一等奖；《生命的延续》获电视专题类一等奖。福建广播电视艺术奖累计15件作品获奖，《爱的承诺》《首届“数字中国建设峰会”迎宾曲MV〈天下福地　最美福州〉》等6件作品获福建省广播电视艺术奖一等奖。参加福州市第四届茉莉花文艺奖评选，获二等奖2件，三等奖1件。在“新春走基层”活动践行“四力”先进集体、先进个人和优秀作品评选中，福州广播电视台选送的3个项目获奖。其中，“先锋944”福州新闻广播融媒体直播团队获评先进集体；新闻记者胡平获评先进个人；媒体融合作品《直播：探访福州最大货运站　体验铁警日常徒步巡线工作》获评优秀新闻作品。在“礼赞新中国　我说新福建”微视频作品推优展播中，福州广播电视台选送的《数字改变生活》获优秀奖。在2019年“好记者讲好故事”演讲比赛，福州广播电视台宣讲员王玮在全省比赛中取得金奖，在全国比赛中获优秀选手称号。

【广播电视公共服务体系建设】　公益广告服务　2019年，福州市广播电视台全年组织制作电视公益广告51条，广播公益广告97条，多篇作品获评省级扶持项目。在电视各频道排播“庆祝新中国成立70周年”“壮丽70年·奋斗新时代”等各大主题的公益广告9万多条次。

城区新闻服务　电视新闻综合频道为各县（市）区提供新闻上宣服务，每周三、四、六开辟5分钟时段（22：50—22：55），为台江区、晋安区、仓山区提供城区新闻宣传服务，播出《台江新闻》《晋安新闻》《仓山新闻》。

【交流与合作】　2019年，福州广播电视台电视新闻在中央电视台播出151条，其中《新闻联播》15条；在福建电视台播出858条，其中《福建新闻联播》和《福建卫视新闻》556条。广播新闻在中央人民广播电台播出184条，其中《全国新闻联播》《新闻与报纸摘要》36条，在福建电台播出561条，其中《福建新闻》61条。

完成荷兰、丹麦、比利时等6个国家17名“海外福州人”的拍摄工作，并在央视中文国际频道《华人世界》栏目播出。广播外宣节目先后在美国纽约地区、澳大利亚墨尔本地区等常态化落地。推进广播外宣节目覆盖“一带一路”沿线国家福州人聚集地落地，与“华人头条APP”展开合作，通过其在海外的菲律宾、马来西亚、泰国、新加坡、印度尼西亚、日本、西班牙、加拿大、阿根廷、南非等10个海外福州人聚集站点，率先实现左海之声频率覆盖。举办“世界福州十邑春节联欢晚会”。

（任平）

主流媒体看福州

【概况】 2019年，中央、省属新闻媒体对福州市各类正面报道1万多篇（条）。其中，《人民日报》刊登47篇，新华社播发近700篇（条），中央广播电视总台播出460多条，《福建日报》刊发1000多篇，福建电视台主要频道播出新闻1500多条。

【庆祝中华人民共和国成立70周年宣传报道】 2019年，中央、省属媒体推出中华人民共和国成立70周年相关报道，其中新华社刊登《福建福州：火树银花迎国庆》《二胡声扬赞祖国 92岁老兵说唱中国故事》；中央人民广播电台刊播《港澳台闽籍乡亲在福州观大型主题展 感受福建70年发展变化》；中央电视台在《新闻联播》栏目中播出《靓丽盛装迎国庆 深情祝福送祖国》《歌唱好生活 礼赞新中国》、《夜景绚丽祝福祖国》等报道；中新社刊发《绚丽焰火照亮福州夜空 港澳台同胞同庆新中国70华诞》《港澳台同胞聚闽同庆“十一”：对祖国未来发展充满希望》等报道；《福建日报》连续刊登《红红火火迎盛景 万众同心庆国庆》《颜值高内涵足 有福之州幸福长》《光耀八闽 普天同庆》等多篇报道。

【“不忘初心、牢记使命”主题教育宣传报道】 2019年，中央、省属新闻媒体持续关注福州主题教育工作创新举措和成效亮点。其中，《人民日报》刊发《支部，如何在基层工作中唱主角》《扛起政治责任 不折不扣整改（守初心 担使命 找差距 抓落实·深入开展“不忘初心、牢记使命”主题教育）》等报道；《光明日报》刊发《学深悟透筑根基 凝心聚力解难题》；中央电视台《新闻联播》栏目播出《“不忘初心、牢记使命”主题教育进行时 福州：察民情 访民意 解难题》；《福建日报》头版刊发《福州：运用先行成果，融入主题教育》；福建电视台播出《“不忘初心、牢记使命”主题教育 福州：狠抓问题整改 让群众有更多获得感》。

【“2019招商年”宣传报道】 2019年，福州市开展“2019招商年”行动，中央、省属媒体推出相关报道。其中，《人民日报》在头版头条推出重点报道《优化营商环境培育壮大新动能（在习近平新时代中国特色社会主义思想指引下——新时代新作为新篇章）》；中央人民广播电台播出《福州投资促进大会签约160个项目总投资近2000亿元》；中央电视台财经频道播出《合作签约齐聚福州共商共建数字城市》等报道；《福建日报》刊登《有福之州：项目多了产业壮了发展快了》《提振精气神：项目攻坚更有力营商环境创一流》等多篇重点报道。

【古厝保护宣传报道】 2019年6月，《人民日报》重刊习近平重要文章《〈福州古厝〉序》，福州古厝保护与文化传承论坛于7月在福州举行，中央、省属媒体关注福州古厝保护采取的措施、成效和亮点，推出一系列报道，全面展示福州古厝保护利用和历史文化名城建设发展成果。其中，《人民日报》刊登《古厝新生名城增辉》《千年闽都跃然眼前（解码文脉）》等报道；《新华每日电讯》刊登《福州：古厝保护与利用》；《光明日报》头版刊登《福州古厝：派江吻海放异彩》；中央电视台在《新闻联播》栏目播出《古厝花开月满人和好时节》《福建闽清宏琳厝修缮完成》，新闻频道在《共和国发展成就巡礼》专题中播出《福州古厝：新旧融合老厝新生》《守望古厝延续文脉（三坊七巷）》；《福建日报》刊登《守护福州古厝，让闽都文化绽放新光彩》《福州古厝重焕生机》等报道。

【生态文明建设宣传报道】 2019年，福州市推进生态文明建设，特别是在水系综合治理、城市绿道建设方面取得良好成效和亮点，中央、省属主要媒体关注水系综合治理和城市绿道建设工作，推出相关报道。其中，《人民日报》刊登《道在林间走 人在画中游》；《新华每日电讯》刊登《有“福”市民：漫步森林中，行走树冠上——福州推进城市绿道建设让民众畅享山水之美》《“活”水兴榕城》《福州这样“开方”治水》等深度报道；《光明日报》刊登《山水之美造福“有福之州”》；《经济日报》刊登《福州打造具有山水城市特色的“绿岛链”——推窗见绿 出门进园》《审好“生态账”推动绿经济》；中央人民广播电台在《新闻和报纸摘要全文》栏目播出《城市绿道巡礼 福州用园林手法串山连水 让绿色走进千家万户》《福州86条内河整治完毕，每小时水质如何，市民河边看“笑脸和哭脸”便知》；中央电视台在《新闻联播》栏目刊登《福州绿道：拉近生活与山水的距离》；中新社刊登《探访福州最美城市森林步道：行走山水 福道如画》；《福建日报》刊登《榕城绿意今更浓》《有福之州绿道美》等报道。

【脱贫攻坚、乡村振兴宣传报道】 2019年，福州市在扶贫攻坚和乡村振兴方面取得工作成效。《人民日报》据此刊登《端牢乡村旅游“金饭碗”》；《新华每日电讯》刊登《跨越山海，“一根萝卜”连起的扶贫路》；《光明日报》刊登《福州开启东西部教育精准扶贫新模式》；《中国日报》刊登《国务院扶贫办〈扶贫信息〉介绍福州市经验做法 榕定劳务协作按下“快进键”》；《福建日报》刊登《福州定西扶贫劳务协作模式入选“全球减贫案例”》《扎实推进扶贫协作 携手打赢脱贫攻坚战》；福建电视台在《福建卫视新闻》《福建新闻联播》栏目播出《授人以渔：探索东西部协作帮扶的华威模式》《福州：“闽宁协作”新模式 助力惠民扶贫》等报道。

【全国两会宣传报道】 2019年，全国两会期间，《人民日报》刊发《生态高颜值发展高质量》；新华社刊登《尤猛军：“海上福州”建设成果丰硕福州将加快建设海洋经济强市》；《福建日报》刊登《倾尽福州所能助力定西脱贫》《侯艳梅：当好一线劳动者“代言人”》《国脉科技：踏准脉动，融合发展壮大》等多篇报道；福建电视台新闻中心推出的全国两会特别报道《奋斗新时代·两会观察》。

【第二届数字中国建设峰会宣传报道】 2019年，第二届数字中国建设峰会期间，各媒体开辟专题专栏，刊发相关报道500余篇（条），中央级报纸共刊发整版专题报道9个，头版10篇，中央电视台“新闻联播”栏目播发3条，《福建日报》刊发整版报道6个。在《人民日报》《光明日报》《经济日报》《中国日报》《科技日报》及新华社、中央人民广播电台等中央主要新闻媒体整版刊发第二届数字中国建设峰会彩色专版报道。

【21世纪海上丝绸之路博览会暨第二十届海峡两岸经贸交易会宣传报道】 2019年，第二届21世纪海上丝绸之路博览会暨第二十一届海峡两岸经贸交易会举办期间，邀请中央、省属50多家媒体200多名新闻记者参与采访，刊登各类正面报道200多篇（条）。其中，新华社刊登《组图“5·18”开幕 19个展区迎八方来客》《中外专家齐聚榕城共商港口城市交流与合作》等报道；《光明日报》刊登《“两马”新航线正式启航，榕台交流迈出新步伐》；中央人民广播电台刊播《第二届21世纪海上丝绸之路博览会在福州开幕》《福州再推六条惠台新举措 加码助力促进两岸经贸交流合作》；《中国日报》刊登《两岸通-台湾人才项目对接洽谈会助力交流与发展》；中新社推出报道《第21届“海交会”将突出“海丝”国际合作平台和对台交流平台作用》《福州再推六条惠及台胞新举措 加快打造台胞台企登陆第一家园》；《福建日报》刊登《第二届21世纪海上丝绸之路博览会暨第二十一届海峡两岸经贸交易会5月18日至22日在福州举办》《走进第二届海丝博览会暨第二十一届海交会——合作，共同的心声》等多篇报道。

【第七届海峡青年节宣传报道】 2019年，第七届海峡青年节期间，中央、省属新闻媒体综合运用音、视、图、文等播报形式，全面报道大会相关情况。其中，新华社刊登《福州出台43条措施探索海峡两岸融合发展新路》《2019海峡青年（福州）峰会举行 助力两岸青年筑梦圆梦》等报道；《光明日报》刊登《第七届海峡青年（福州）峰会举办》；中新社运用融媒体手段，通过文字、图片、视频等多种形式，多角度报道海青节系列活动；《中国青年报》刊发图文报道《福州举办第七届海峡青年节 探索两岸青年融合发展新路》；《福建日报》刊登《福州出台43条措施探索海峡两岸融合发展新路》《2019年海峡青年（福州）峰会举行》等报道。

【第六届丝绸之路国际电影节宣传报道】 2019年，第六届丝绸之路国际电影节举行期间，以重点活动、电影展映等为报道重点，邀请中央、省属主要新闻媒体开展宣传报道工作。其中，《人民日报》整版刊登新闻专题报道《光影盛宴 丝路共享》；新华社刊登《第六届丝绸之路国际电影节在福州开幕》《中外电影合作高端对话在福州举行》等多篇报道；《光明日报》刊登整版报道《光影熠福 丝路扬帆——第六届丝绸之路国际电影节开幕》；中央人民广播电台刊播《第六届丝绸之路电影节15日晚在福建福州开幕》《“一带一路”电影交流合作论坛16日在福州举行 弘扬丝路精神推动电影交流互鉴》等报道；中央电视台新闻频道《新闻直播间》栏目播出《福州聚焦丝路光影 共筑文化盛会》，中央电视台电影频道全程直播闭幕式红毯仪式及晚会；中新社连续刊登《第六届丝绸之路国际电影节在福州开幕》《“丝路电影”溢出效应明显》《市民点赞第六届丝绸之路电影节：这是我们的节日》《丝路电影节搭建“一带一路”文化之桥》等多篇报道；《福建日报》刊登《第六届丝绸之路电影节昨晚在福州开幕——透过银幕，致敬中国精神》《电影国家名片为丝路架心桥》等多篇报道。

【第五届“海上丝绸之路”（福州）国际旅游节宣传报道】 2019年，第五届“海上丝绸之路”（福州）国际旅游节举行期间，各级各类媒体综合运用音、视、图、文登播报形式，报道旅游节相关情况。其中，《人民日报》刊登《文旅融合杨帆海丝——福州全面推进国家全域旅游示范区创建》专版报道；新华社刊登《第五届“海上丝绸之路”（福州）国际旅游节开幕》《2019“海丝连世界·欢乐游福州”花车巡游开启》等多篇报道；《光明日报》刊登《第五届“海上丝绸之路”（福州）国际旅游节开幕》；中新社连续刊登《福州设“海丝国际旅游中心” 八个国家旅游机构意向入驻》《第五届“海丝”国际旅游节落幕 刚果（金）冀合作发展》等多篇报道；《中国旅游报》刊登专题报道《共建海丝之路 共促文旅繁荣——第五届“海上丝绸之路”（福州）国际旅游节精彩纷呈》；《福建日报》从开幕式起持续推出《共建海丝之路 共促文旅繁荣——第五届“海上丝绸之路”（福州）国际旅游节今日开幕》《海上丝绸之路（福州）文旅经济高峰论坛举行》等多篇报道。

（雷振宇）

（编辑　姚国榕）

历史文化街区

综　述

【概况】　2019年，福州市三坊七巷、朱紫坊、上下杭等历史文化街区保护利用累计完成投资14.79亿元，累计完成上下杭福州市商务总会旧址等9处文保院落、上杭路73号等49处未定级文物点、上杭路85号等90处风貌建筑修复。当年实现营业收入2.08亿元，利润总额2231.84万元（不含南街项目）。年内南公园、梁厝、塔亭、师大学生街（施埔路）、新店古城遗址等新增历史文化街区保护修复工作启动；下杭路及隆平路于“十一”国庆期间开街，中平路、隆平路、青年横路、支前路4条道路建设启动；唐城宋街遗址博物馆建设工程完工。9月17日，三坊七巷历史文化街区在“2019中国文旅品牌影响大会·大国之旅景区”评选中获“景区综合大奖”和“智慧景区建设先锋奖”。三坊七巷、朱紫坊、上下杭等历史文化街区通过海峡电子竞价平台等对外招租，成交102个项目。

【历史文化街区文化旅游】　2019年，福州市三坊七巷历史文化街区组织开展新年艺术季主题活动、新春民俗活动、闽剧文化周、坊巷音乐节、品牌旅游月等主题文化活动321场，推出街头艺术演出2174场。朱紫坊历史文化街区组织开展“北京故宫博物院文物——德化白瓷复刻展”、“朱紫夏韵 古建筑创意搭建活动”、“遇见福州”旅游演艺巡演、福建省工艺美术精品展等主题文化活动共170场。上下杭历史文化街区举办第六届丝绸之路国际电影节论坛、“见证上下杭”主题摄影展、榕城美食文化嘉年华等活动，利用春节、“五一”、中秋等节庆推出各类文化主题活动173场，推出街头艺术演出1358场。

（林妙花　杨妙萍）

街区保护修复

【三坊七巷保护修复】　2019年，福州市三坊七巷保护修复项目完成投资额3093万元。完成光禄坊、吉庇路市政管网提升改造工程，数字中国峰会花化氛围营造项目（施工），三坊七巷打通及整治设计大光里公厕工程，塔巷73号、宫巷37号施工等工程；启动福州城区亮化和夜景灯光工程建设项目——三坊七巷夜景灯光提升项目、三坊七巷M2M5停车场过坊地下通道、三坊七巷街区景观改造提升等项目。

【朱紫坊保护修复】　2019年，福州市朱紫坊保护修复项目完成投资额2450万元。完成法海路沿线市政管网接驳工程；完成朱紫坊历史文化街区重要节点拆违工作、府学弄14号保护修复工程；建设芙蓉弄、花园弄、府学弄等多处景观节点；改造东入口停车场；对萨氏民居门头房、方伯谦照壁进行抢修；启动朱紫坊花园弄、府学里等多处电线杆电缆下地工程；修缮街区商铺院落屋面、墙面、水电接驳、石板翻铺以及升级安泰河沿岸建筑及法海路夜景灯光等。

【上下杭保护修复】　2019年，福州市上下杭保护修复项目完成投资额13.26亿元。完成上下杭福州市商务总会旧址等9处文保院落、上杭路73号等49处未定级文物点、上杭路85号等90处风貌建筑修复以及4座旅游公厕建设任务；启动中平路、隆平路、青年横路、支前路4条道路建设。

【烟台山保护修复】　2019年，福州市烟台山保护修复项目完成修缮仓观顶8号、崇圣庵巷2号、佛寺巷72～78号、佛寺巷113～123号、佛寺巷133号等历史建筑5栋；修缮完成俄国领事馆旧址等省级文保建筑1栋、亭下山清代古民居、福庐、仁庐、仓山影剧院等文物登记点4栋。年内对罗宅、洪宅及亭下路建筑组团等进行商业管理，引入传统文化、手工艺、文化体验等多种业态经营。

【梁厝保护修复】　梁厝村特色历史文化街区以“三江口第一村”“福州艺术门户”“城区最美村落”为定位，以“山环水绕、一核两片”的功能空间实施保护规划（“一核”：以梁氏宗祠及其周边空间为核心进行功能空间组织。“两片”：以龙瑞路为分界线，向西为以龙瑞寺为核心、以公园绿地为主的精神文化体验区；向东为以梁氏宗祠为核心，以商业、商务、居住等功能为主的人文交往活动区），突出环靠燕山、水绕聚落的空间结构，和“江—村—山—寺”整体空间格局，保护燕山地形地貌和景观环境，延续龙瑞寺、梁厝聚落与燕山的空间关系，恢复“村—田”景观。

2019年，街区启动景观工程、道路街巷工程及文保、文物点保护修缮工程。景观工程方面，开展河道水塘开挖、土地平整、苗木移植、种植土回填等相关施工作业；道路街巷工程方面，进行综合管廊建设，道路街巷旧砼路面破除等市政施工作业；文保、文物点保护修缮工程方面开展进场拆违，同步开展围挡保护等工作。

【南公园历史建筑群】 南公园历史建筑群古称河口，项目规划范围东至六一中路，南至新港路，西至规划中选路，北至国货西路，面积约22.58公顷。项目规划范围东至六一中路，南至新港路，西至规划中选路，北至国货西路，面积约22.58公顷。核心保护范围：东至万寿桥、万寿一道、天后宫（妈祖庙）一线，南至龙津小学北侧围墙，西至南公园西侧、路通河西岸、路通桥一线，北至国货路，面积约8.11公顷。建设控制地带：核心保护范围之外，面积约14.47公顷。

2019年，福州市三坊七巷保护开发有限公司开展南公园城市设计方案招标工作，并从台江区接收南公园片区151户，推进施工招标及委托工作。年内启动一期项目范围内20余处院落建设及市政、景观工程。

（林妙花 杨妙萍）

古厝保护与开发利用

【刘冠雄故居】 刘冠雄故居位于宫巷11号，始建于清乾隆年间，占地面积1875平方米，为全国重点文物保护单位。2019年，刘冠雄故居引入福建华侨主题馆项目，展厅由“根魂梦”、华侨历史、专题陈列、华侨文化、刘冠雄家族介绍、福建海外杰出女性风采展示等部分构成，介绍福建杰出华侨历史人物和福建华侨简史；完成《初心使命——福建省侨联成立60周年》图片展布展工作并对外开放。

【林聪彝故居】 林聪彝故居位于宫巷24号，占地面积3600平方米，建于明代，弘光元年（清顺治二年，1645年），曾为南明隆武政权大理寺衙门，后为林则徐次子林聪彝所购置居住，为全国重点文物保护单位。2019年，林聪彝故居引进福州市重点文化项目“福州城市会客厅”，展厅从“榕之脉”“榕之胜”“榕之杰”“榕之厝”“榕之粹”5个视角，展现福州自然环境和历史人文。

【陈兆锵故居】 陈兆锵故居位于法海路8号，占地面积3500平方米，为省级文物保护单位。陈兆锵曾任江南造船所所长、福州船政局局长等职，创办全国第一家飞机制造厂及海军飞潜学校，并兼任校长。该宅院始建于清代乾隆年间，1921年陈兆锵购置并重建。2019年，陈兆锵故居引入福建省工艺美术博览园项目，集福建工艺美术展览、学术交流、技艺表演、艺术品鉴、手工艺DIY于一体，由福建省工艺美术大师协会和福建省艺术收藏协会共同创办。

【采峰别墅】 采峰别墅位于上杭路122号，由马来西亚华侨杨鸿斌于民国9年（1920）建造，宅院因建在彩气山南麓，取“采五峰之灵气”因此取名，是福州现存最完好的近代典型的中西合璧民居建筑，为福建省级文物保护单位。2014年启动修复，2019年采峰别墅修复基本完成，主要对建筑主体、木构件、墙体及花基等进行修复。

【永德会馆】 永德会馆位于硋埕里20号，始建于清雍正年间，光绪年间重修，民国20年重建。永德会馆由永春、德化两县在榕商帮筹资建设，用于联络同乡感情和开办公益事业。1949年后，永德会馆作为公产，为台江区房管局管理，先后做过草席厂，汽车改装厂，文化工艺厂等，现为台江区级文物保护单位。2018年启动修复工程，于2019年12月初完成工程验收。2020年3月交付永春德化两县，作为两县文化展示馆使用。

【罗氏绸缎庄】 罗氏绸缎庄位于下杭路181号，为省级文物保护单位。上下杭历史文化街区是闽商发祥地，罗氏绸缎庄创始人罗翼庭是闽商中“江西帮”的代表人物，后其次子罗祖荫接班。抗日战争爆发前是“罗恒隆绸缎庄”的鼎盛时期，罗祖荫被称为福州的棉纱大王，其资参与兴办下杭路的“福州市私立南郡小学”（福州市下杭小学前身），曾任“福州市私立南郡小学”董事会董事，同时捐资给福州市“福商学校”（福州四中前身）。抗美援朝期间，罗祖荫响应并捐资参与由福州市工商联发起的“福州市工商联工商界捐二架飞机”的活动。罗氏绸缎庄2018年启动修复工程，2019年基本完成修复及预验收，并根据预验收意见进行整改；同时引入福州非遗展示馆项目，以“福乐、福匠、福韵、福传”为主题，打造展示传统技艺、传统美术、传统民俗等非遗项目的多功能展示馆。

（杨妙萍）

文化宣传

【品牌资源宣传】 2019年，福州市三大历史文化街区举办“筑梦古厝·向新而生”2020年招商资源推介会、“我与三坊七巷的十年”旅游达人分享会、“乐游坊巷，坊巷音乐节”、“福满八闽 情系中华”快闪活动、“芙蓉花开——朱紫坊全民摄影节（第一季）”等宣传活动200多场。对接中央电视台《新闻联播》《晚间新闻》《朝闻天下》《新闻直播间》及《共同关注》等栏目的直播和拍摄。配合完成《国家荣光》《福州古厝》《共和国发展成就巡礼福建篇：福州古厝 重放光彩》《记住乡愁》等中央电视台节目，《福建如你MV》《福州城市形象宣传片》《大美福州·古厝篇》等省市宣传片，以及“福满八闽 爱我中华”政府公益节目、微电影《冰心·关于女人的故事》等的拍摄；运用微信、微博等新媒体平台，实时宣传街区活动信息，年内三坊七巷官微总阅读量136万次，三坊七巷官博月平均阅读量11.33万次。“我与三坊七巷的十年”新浪微博话题发布10天，阅读量738.5万次。

【主题文化活动】 三坊七巷活动区 2019年2月1日—3月底，“艺苑沐春风 文韵呈瑞祥”——2019年福建省艺术馆迎新春非遗展演系列活动在三坊七巷历史文化街区福建省非物质文化遗产博览苑举办。

2月14日，“福州古厝”——历史建筑图片展在三坊七巷南后街宗陶斋开幕。

3月21—27日，“中国心·两岸情”海峡两岸（福州）世界诗歌日交流活动在三坊七巷历史文化街区福州文艺家之家举办。

4月18—20日，闽剧文化艺术周在三坊七巷、朱紫坊、上下杭等3个历史文化街区举行。推出闽剧专场演出、闽音鸣春、闽剧快闪、闽剧巡游等20多场闽剧活动。

5月1—8日，“穿越时空·对话未来”文化周活动在三坊七巷历史文化街区举办。5月5日举办“有福之州·对话未来”活动。

5月1日，“奋风逐梦——庆五一非遗系列展演活动”在三坊七巷历史文化街区福建省非物质文化遗产博览苑举行。

6月8日，2019“文化和自然遗产日”福建主会场启动仪式在三坊七巷历史文化街区光禄吟台举行。福建革命历史述略展、福建近现代革命史视频展等在三坊七巷历史文化街区南后街75号展览馆展出。

6月21日，2019“宜夏”榕城文化艺术季正式开幕，活动持续至8月8日。

7月1日，“闽韵流芳·古厝有戏”非遗进古厝文化艺术月拉开序幕。期间，三坊七巷历史文化街区举办坊巷榕腔、古厝看大戏等活动；朱紫坊历史文化街区举办经典新绎等活动；上下杭历史文化街区举办闽剧进古厝、评话品鉴等活动。

9月20日—10月13日，石耀新时代——中国工艺美术大师艺术作品展在三坊七巷历史文化街区福建海峡民间艺术馆展出。

9月20日—11月底，“乡土情·中国梦”——福建农民漆画展在三坊七巷历史文化街区福建省非物质文化遗产博览苑展出。

9月23日—10月20日，汉唐火洲·丝路风采——新疆吐鲁番汉唐文物精品展在三坊七巷历史文化街区福建民俗博物馆展出。

9月30日—10月7日，福州市第25届工艺美术“如意杯”大奖赛作品展在三坊七巷历史文化街区南后街75号展览馆开幕。

10月1—7日，庆祝新中国成立70周年“向祖国告白·坊巷巡礼”活动在三坊七巷历史文化街区举行，包括千人共赏国庆大阅兵、国庆70周年快闪、“表白我的国”百人共画祖国情活动、“闽歌飞扬·声庆华诞”活动、“向祖国汇报”曲艺经典致敬新中国成立70周年专场演出、“我和我的祖国”越剧经典折子戏专场演出、“祖国长盛 非遗长青”——盛世华诞“剧”精彩国庆七天乐系列活动等。

10月—11月，传承·守望——福州木雕技艺品读展在三坊七巷历史文化街区福建省非物质文化遗产博览苑展出。

10月—12月，闽韵流淌在高原——闽藏漆画技艺培训班成果展在三坊七巷历史文化街区福建省非物质文化遗产博览苑展出。

10月15—21日，第六届丝绸之路国际电影节“光影在线”全媒体直播间和电影节分论坛在三坊七巷历史文化街区举办。

11月21日，福建省首个“福州古厝和文化遗产保护巡回法庭”揭牌仪式在三坊七巷安民巷53号、上下杭永德会馆举行。

12月10日，“我家的两岸故事——迁台历史记忆两岸四城巡展”在三坊七巷历史文化街区南后街展览馆开幕，两岸嘉宾近200人出席开展活动，活动持续至12月19日。

12月28日—1月4日，“花坊艺游”第二届三坊七巷新年花市活动在三坊七巷历史文化街区举办。

朱紫坊活动区 1月23日，“来福州DOU有福”福州旅游全国超级挑战赛启动仪式在朱紫坊历史文化街区开幕，活动持续到2月19日。

4月5日—5月31日，“大森林”交响演出在朱紫坊38号广场举行。

4月13日—5月3日，“牵手梦想 共绘未来”画展在朱紫坊历史文化街区展出。

5月1—4日，福州·朱紫坊“对话未来”五月创意市集在朱紫坊38号广场、安泰河沿岸举办。

5月12日，北京故宫博物院文物——德化白瓷复刻展在朱紫坊兰园举办。

5月12—27日，献礼建国70周年——“中华家园”曾成钢雕塑作品展在朱紫坊展览馆举办。

7月13日，“2019年福建省文创（朱紫坊）市集”在朱紫坊历史文化街区开幕。文创市集共12期，分为非遗新生、闽台融合、高校青创、旅游手信、动漫周边、文博创意等6个主题专场，每个专场举办2期，每场36个摊位。

7月13—21日，“武夷岩彩 陈铎乡戏”——陈铎作品展在朱紫坊20号风物堂展出。

7月28日，福州古厝保护和文化传承论坛“历史·文脉”古厝保护与利用分论坛在朱紫坊38号古民居举行。

8月31日，“青春有约”公益交友之“跟团团一起去保护古厝”专场活动在三坊七巷历史文化街区和朱紫坊历史文化街区举行，120名团员青年参加活动。

9月25日—10月10日，“时光·印记”系列展览在朱紫坊历史文化街区举办。活动包含“古厝·记忆”老照片展、“辉煌70年 魅力新福建”摄影作品大赛及作品展、故宫博物院文物——德化白瓷复刻展、李大林写兰作品展等。

9月28日—10月27日，“福建漆画名家精品展”“清风雅韵——书画精品展”在朱紫坊历史文化街区法海路8号陈兆锵故居举办。

10月1—7日，“筑梦中国 悦动朱紫”系列文化演出在朱紫坊历史文化街区举办。活动包括国庆70周年快闪活动、“寻梦旧时光 魅影朱紫坊”国庆70周年爱国电影展播、“秋·颂”文艺雅集、“秋艺坊”传统文化体验活动、福建文创（朱紫坊）市集等。

11月16日，“遇见福州”旅游演

艺巡演在朱紫坊38号广场举办。

11月29日—12月2日，福建省第二届全国“海石杯”奇石宝玉石书画交流展活动在朱紫坊38号展览馆举办。

上下杭历史文化街区　2月1—28日，上下杭“首届创意橱窗秀”在上下杭历史文化街区举办。

4月14—19日，以“诸君漫说登场好，曲部风流斗巧妆”为主题的上下杭首届闽剧周在上下杭历史文化街区举办。

5月1日，“上下杭·对话未来”五一系列活动在上下杭历史文化街区举办。

7月28日，福州古厝保护和文化传承论坛“保护·传承”历史文化街区保护与复兴分论坛在上下杭历史文化街区永德会馆举行。

8月20—22日，“共话军地融合　再续鱼水情深”系列活动在上下杭历史文化街区举行，共4场。

国庆期间，“国潮正当时　表白我的国”福州上下杭历史文化街区庆祝建国70周年系列活动在上下杭历史文化街区举办。活动包括：“百年·上下杭”音乐光影秀、2019“遇见福州·幸福之城”摄影大赛摄影作品展、“橱窗记忆，看得见的老字号”艺术展览、“台江新貌　魅力双杭——庆祝中华人民共和国成立70周年摄影展”、保护·传承·发展福州历史文化名城保护成果展、闽都文化研究会书画艺术展、古董车展、文创市集——杭肆等。

10月16日，“遇见福州”旅游演艺巡演在上下杭历史文化街区举办。

11月2日，“见证上下杭”摄影图片展暨新书发布会在上下杭永德会馆开幕，同名摄影书《见证上下杭》正式首发。

11月3日，“建有福之州　做有福之人”福州集体婚礼在上下杭历史文化街区举行。

12月12日，以“当闽菜遇上非遗”为主题的“八闽美食嘉年华”在上下杭历史文化街区开幕，有10个特色展区100个美食摊位300多种美食。现场举办非遗主题系列专场演出、“闽菜流芳”图片展等活动。

12月19日，第六届（2019）福建文创奖颁奖盛典在上下杭历史文化街区举行。

12月21日，“温暖童心　彩色新年”彩虹基金公益画展在上下杭历史文化街区开展。画展展出400幅来自全省各地小朋友们的画作，并通过爱心认捐、义拍等方式为“彩虹基金”筹集善款。

【“宜夏”榕城文化艺术季】　2019年6月21日，2019“宜夏”榕城文化艺术季正式开幕，活动持续至8月8日。期间，三坊七巷历史文化街区举办“传统文化周末”活动、“乐游宜夏”坊巷音乐节、庭院夏趣——传统美学手作集活动、己亥七夕“盛福摇金玉”主题活动等；朱紫坊历史文化街区举办“朱紫夏韵”主题活动，包括古建筑创意搭建活动、传统手工艺（皮影戏）亲子互动制作体验、大漆体验、“爱在歌声里，朱紫坊宜夏主题音乐会暨庆祝建党98周年、建军92周年”音乐会等；上下杭历史文化街区举办油纸伞DIY传统体验、双杭音乐节等活动。

【民俗节庆活动】　2019年，福州市结合闽都传统习俗和街区特色文化，三坊七巷、朱紫坊、上下杭等3个历史文化街区举办各类民俗节庆活动数十场。其中，三坊七巷历史文化街区举办“最美坊巷·迎新贺岁”活动、“家在鼓楼，浓情端午”活动、“盛服假面会七夕”传统七夕活动、“坊巷·朗秋”2019年三坊七巷品牌旅游月主题活动等系列活动。上下杭历史文化街区在春节期间以“年味有FUN儿”为主题，开展“首届创意橱窗秀”“上下杭首届年味街宴”系列活动；七夕举办“双杭十二时辰·七夕灯会”活动等；中秋期间开展“花好月圆　邂逅双杭”主题活动。朱紫坊历史文化街区举办“红火过年　乐舞朱紫”春节主题活动、2019福州朱紫坊首届亲子文化庙会活动、“粽叶飘香过端午，幸福和谐市民乐”活动、“古厝朱紫间·且喜好月圆”主题活动等。

（林妙花）

旅游开发

【旅游接待】　2019年，福州市三大历史文化街区完成旅游接待7054批次，旅游接待量1720.19万人次，完成接待重要党政代表团90批、外国政要8批；完成漆艺国际双年展、第二届中国数字峰会、海丝国际电影节、福州古厝保护和文化传承论坛等大型接待工作。

【旅游营销】　2019年，福州市加强与各大地接社、组团社、电商平台的常态化合作，全年签订合作旅行社103家，事业单位102家，电商平台6家，酒店9家。推出14款自主文创产品，开设三坊七巷及上下杭小小讲解员培训班、庭院夏趣传统美学手作集、学坊巷历史·体验非遗油纸伞、大漆·朱紫坊研学精品课程等研学实践课程；打造精品旅游线路，推出“寻味坊巷”线路；设置临时游客咨询点，启动预约讲解服务；举办主题IP活动、“筑梦古厝·向新而生”三坊七巷招商资源推介会、上下杭路“杭肆”文创市集等。参加第28届上海旅游销售洽谈会、第十五届中国（深圳）国际文化产业博览交易会、2019中国国际旅游交易会等重大旅游推介活动。

【景区建设】　2019年，福州市三坊七巷历史文化街区对接引入刘冠雄故居福建省华侨文化展示中心项目；林聪彝故居引进福州城市会客厅文化项目；小黄楼及水榭戏台引入闽剧、民乐等常态化演出；引进传统雕刻与古典家具（中元艺术）、书吧复合空间（麒麟书局）、古董车展览展示（御驾文儒）、油纸伞及剪纸展示、闽菜特色体验式餐饮业等项目。朱紫坊历史文化街区引入的陈兆锵故居福建省工艺美术博览园于9月底开放；引进“鹿森文化”“集贤宾”“自古琴院”“小海狸手工铺”等项目入驻。上下杭历史文化街区内的罗氏绸缎庄作为福州市非遗展示馆，基本完成修复，并根据预验收意见进行整改；永德会馆于12月初完成工程验收；采峰别墅年内基本修复完成，计划打造成艺术展陈空间；引进钟表博物馆、电竞馆、海丝文化博物馆、百龄百货、隆达典当行、闽菜博物馆等特色项目入驻。

（林妙花　杨妙萍）

（编辑　姚国榕）

体育

群众体育

【概况】 2019年，福州市新建478个全民健身工程，举办30项1138场次赛事活动，市级体育社会组织增至100家，有各级老年人体育协会组织2585个。城市社区形成“10分钟体育健身圈”，人均场地面积2.1平方米。全市有等级社会体育指导员16808名，达到每万人拥有20名等级以上社会体育指导员标准。参与体育锻炼人数提升，每周参加1次及以上体育锻炼人数达60%以上，经常性参加体育锻炼人数达52%以上。

【全民健身设施】 2019年，福州市实施省级、市级为民办实事计划，建设478个全民健身工程，投入资金4800多万元。采取“一地多用”“镶金嵌玉”模式，建设多功能运动场8片、笼式足球场3片、笼式篮球场3片、门球场3片，更新、更换健身路径340条，建设室内健身房4个、纳凉点轨道棋20套、智能健身驿站12个、提升改造农民体育健身工程77个，建设室外智慧健身房2个、市级农民全民健身活动中心3个、体育公园1个。新建福清市、罗源县等2个县级老年人体育活动中心，鼓楼区、台江区、仓山区、晋安区、马尾区、闽清县、永泰县等7个县（市）区依托青少年校外活动中心、文化活动中心、老干部活动中心建设老年人体育活动中心，全市有老年活动中心3886个，有117个单位被评为省老年人健身康乐家园，373个单位被评为市老年人健身康乐家园。部分地区创新体育场地管理办法，连江县制定出台《连江县体育公园运营管理方案》，通过招投标、公开拍租完成体育公园物业服务外包和游泳馆委托运营。鼓楼、台江、仓山继续采取服务外包形式开展对辖区内健身路径点定期维修维护；仓山引进企业构建“共享公共运动场”管理新模式，在闽江世纪城球场和江滨公园内球场开展智能无人化管理试点。

【全民健身活动】 2019年，福州市将“运动健身进万家”“农村百队千场篮球赛”“全民健身运动会”“农耕趣味运动会”等活动串联，全市各级举办30项1138场次赛事活动，市级牵头主办赛事活动256场，参与群众超370万人次，各县（市）区平均开展10项次以上全民健身赛事活动，开展“一县一精品、一街一品”品牌赛事打造，市级协会开展141场赛事活动。其中福清政企合作共办300场以上群体赛事活动；仓山全民健身运动会8项比赛参与人员近2000人，观众达十几万人；台江区举办趣味运动会；罗源县举办彩虹mini马拉松赛、五人足球赛等赛事；闽清全民健身活动涵盖山地自行车、健身秧歌、太极拳等群众基础项目；长乐采取购买社会服务的形式，组织地方特色传统武术项目进校园、进乡镇、进社区、进企业、进机关、进军营，形成足、篮、乒、羽、网、游泳、棋牌等项目的联赛、擂台赛、挑战赛等赛事系列。马尾区举办“两马”体育联谊赛，晋安区举办鼓岭山径赛，永泰县举办大青云越野赛及自行车大众精英赛，闽侯县举办五虎山越野赛及夜跑大会，福清市举办大姆山越野赛，闽清县举办杜鹃花海国际山地户外节。

【健身科学指导】 2019年，福州市新增18名国家级、28名一级、196名二级、570名三级社会体育指导员，全市等级社会体育指导员人数分别为国家级125名、一级621名、二级4594名、三级11468名。市级举办3期全市骨干社会体育指导员培训班及市直机关第九套广播体操骨干培训班，各县（市）区举办52场次培训班，市级体育类社会组织举办36项48期单项骨干培训班，市县两级培训骨干近6万人次。完成“E福州”全民健身公益活动平台信息录入。策划“全民健身我先行”“我与祖国共奋进”等主题宣传活动，在“福州体育”微信公众号、福州体育门户网站刊发各类信息1000余条。联合卫计等部门，以赛事活动为平台，开展现场体质监测、健身气功推介、运动指导等健身养生主题活动，举办巡回科学健身讲座56场，开展机关体育健身运动技能培训。

【体育组织建设】 2019年，福州市体育局指导飞镖运动、电子竞技、潜水运动等7家体育组织注册运行，新增会员 5446 人。市级体育社会组织增至 100 家，会员总数 5.09 万人，正常开展业务活动市级体育社会组织 81 家，其中体育协会 50 家、体育俱乐部 31 家。全市有各级老年人体育协会组织 2585 个，覆盖率 93.4%，街道建协率 100%，老体协会员 58.08 万人，辅导站 2108 个，辅导员 6149 人。全市建立健身气功站点 140 余个，全市建点覆盖率 100%。指导 14 家协会成立裁委会，培训 200 名二级裁判员。51 家体育组织成立 48 家兼合式党组织，覆盖率 88% 以上。近 80 家市级体育类社会组织体育协会（俱乐部）开展体育活动和竞赛 52 项 141 场活动，参与人数 30 余万人次，依托社会筹措活动经费 500 多万元。

【体育交流】　2019 年，福州市举办 7 场大型体育交流型赛事活动，开展体育交流 12 批次 1000 余人次。邀请国际友城霍巴特市与台江区共同组队参与端午节举办的中华龙舟大赛。6 月 24—28 日，10 支台湾门球队参加在海峡奥体中心举办的 2019 美丽中国 · 全国门球大赛（福州站）暨第十三届海峡两岸门球邀请赛。7 月 11—15 日，第二届梦想全垒打两岸（福州）少年棒球邀请赛在福州中加学校举行，海峡两岸逾 200 名学生进行 20 余场比赛。第三届海青杯两岸青少年棒球邀请赛于 8 月 8 日在闽江学院闭幕，台湾 6 所小学组队到福州开展竞技交流。4 月 11—18 日，2019 首届中英鸣鹤拳春令营开营，来自英国的 15 位武术爱好者组团到福州参加活动。9 月 13—17 日，福州市国际友好城市澳大利亚霍巴特市、日本长崎市派遣代表队到福州参加 2019 年青少年校园足球邀请赛。连江县举办“定海湾杯”福马两岸船钓赛，马尾举办十四届“两马”体育联赛。

（卢余清）

竞技体育

【概况】　2019 年，福州市在训运动员 1.2 万人，其中新周期注册运动员近 4000 人，有 26 名福州籍现役国家队运动员，在国际重大赛事中获 24 金。其中林莉、林声、刘灵玲、李发彬、李雯雯等 5 人列为省一类重点队员。成立市竞技体育项目发展规划研讨工作小组，分项目开展十七届省运会队伍组建、训练备战、远期品牌打造等规划研讨，确立田径、排球、足球等 7 个省级竞技体育品牌项目打造目标，制定《福州市体育训练“市县联办项目”管理办法》，发展排球、足球、高尔夫等市队县办、市县联办、市队协会办项目，调动各县（市）区参与“一县一品”打造。在第二届全国青年运动会中，全市有 109 人进入青少组决赛，获 11 枚金牌、11 枚银牌、20 枚铜牌，计入第十七届省运会金牌 27 枚，居全省第一，省体育局授予市体育局“二青会备战参赛工作贡献奖”。其中体校组获 9 枚金牌、8 枚银牌、16 枚铜牌；社会俱乐部组获 2 枚金牌、3 枚银牌、4 枚铜牌；男排俱乐部组由福州市代表福建省参赛，获第四。2019 年省年度赛于 7 月 3 日—8 月 31 日期间举行，设 28 个大项，其中市体校承担 16 个大项，市体工队承担 7 个大项，市水上中心承担 5 个大项，各训练单位有 1200 余人参加赛事，计入第十七届省运会金牌 12 枚。在训运动员参加全国及以上单项赛事，获第一名 52 个、第二名 60 个、第三名 40 个。

【体育后备人才培育】　2019 年，福州市通过组织 5 次苗子集训，各项目招录新生 500 余人，各县（市）区向市级输送 168 名运动员，市级训练单位向省项目中心、省体校等输送运动员 34 人。组织首轮冬训，加强对重点项目和关键技术的协作攻关，通过测验研判各项目综合训练水平、调整备战训练方向。开展“阳光体育运动”“科学健身校园行”“营动福建”冬夏令营等各类青少年体育比赛或活动，推进足球、游泳、网球等运动项目进学校。优化中小学生体育联赛制度，3 月启动 12 项 17 场中小学生比赛，赛程跨越两个季度，有近 5000 名中小学生参赛，其中，田径联赛、游泳达标赛均有 1000 余名选手参赛。27 家单位展开“营动福建”青少年体育冬夏令营 47 项（次）活动，直接参与学员近 2 万名，比上年参与人数增长 4 倍。启动《福州市足球 2020 行动计划》编制，会同教育部门，制定青少年足球运动员注册、竞赛组织、校园足球及体教融合工作目标举措。

【后备人才基地建设】　2019 年，福州市 12 所县（市）区少体校有学生 2311 人，有 10 所实现“二集中以上”（集中训练、集中食宿）管理，台江、仓山、晋安、马尾、长乐、福清、闽侯等与市级、社会联办项目 26 个次。鼓楼区 7 所学校和 7 个俱乐部签订合作协议，设立 9 个驻点训练基地；晋安区在周边体育传统学校开展下午课后驻点帮扶训练，并与 3 所学校建立篮球、射击、摔跤、田径合作共建协议；永泰县推进武术进校园，请武术非遗传承人进校授课，在部分小学设立“少体校武术示范基地”开设武术教学课程。11 月 12—15 日，由市体育局、市教育局组织联合考评小组，开展单项体育后备人才基地、体育传统特色项目学校及重点体育传统特色项目学校复评工作，检查 14 所体育传统特色项目学校、3 所少体校，最终对 37 家单位 55 个项目落实 200 万元补助。市体校改扩建项目完成建设进度，年度投资 5000 万元，完成第三标段 4 号体校宿舍楼、5 号体工队宿舍楼装修、北大门施工、拆除散打馆建筑物等工程。

（卢余清）

体育产业

【概况】　2019 年，福州市根据《福州市人民政府关于加快体育产业发展建设体育强市实施意见》，加快健身休闲产业发展，将体育与旅游、文化、教育、医疗、互联网等产业融合发展，完成 13 个招商项目，总投资额 17.54 亿元。全市体育服务业规上企业增至 23 家，较上年新增 5 家，营业收入指标约增长 25%。体育彩票年度销售额 18 亿元。

【体育产业政策研究】　2019 年，福州市出台《公共体育设施布局专项规划（2020—2035 年）》，滨海新城帆船小镇（国际帆船中心）选址论证评审通过。

根据实际修订《福州市体育产业发展专项资金使用管理暂行办法实施细则》，对仓山区、世纪星“乐滑冰”冰上运动培训、福清后溪旅游区漂流等20个国家、省级体育产业示范基地（项目、单位）实施省市两级产业资金补助610万元。全市建成3个国家级、18个省级体育产业示范基地（单位、项目）及2个中国体育旅游精品项目，居全省第一。完成2019年全市体育事业统计、第四次全国经济普查工作及体育场地统计调查。

【体育产业发展平台】 2019年，福州市确定“2019招商年”“三产年”工作任务，建立“2019招商年”领导小组统筹机制，完成海峡奥体运动休闲综合体、侠客谷户外登山基地、福建龙江马术基地13个招商项目，总投资17.54亿元。开展招商推介，配合促成市政府与非凡中国达成体育产业战略合作协议，谋划晋安湖体育公园、仓山三江口体育用地引进民间投资项目，与非凡中国达成投资运营晋安湖项目意向。在省体育产业项目招商推介活动及第21届厦门“9·8”国际投资贸易洽谈会上，签订闽清东桥运动小镇、圣塘湾运动旅游综合体等项目8个，总投资额25.2亿元。服务重点项目落地建设，体育服务业规上企业增至23家，通过局企业和重大项目服务小组走访、“一企一议”制度服务重点企业。组织各县（市）区参加国际体育博览会，开展体育产业领域对外交流，寻找合作空间。

【体育产业融合发展】 2019年，福州市开展竞赛表演业产业链提升、中心片区产业融合发展等课题调研。引导各县（市）区开发集运动休闲、地域文化、竞赛表演于一体的体旅线路和产品，其中永泰县打造大青云骑行线，闽侯县打造五虎山越野线。以体育企业为主体策划路跑、骑行、足球等各类大众性运动健身项目，带动健身休闲、体育培训、体育场馆运营、体育赛事服务、体育用品制造等业态发展。推动体育产业园、天翔体育文创园等平台建设，福州体育科技园累计吸纳155家企业注册，累计注册资本22.91亿元，天翔体育文创园吸引70多家企业及项目入驻，园区日均客流量3000人，逐步形成数个“体育+文化”“体育+康养”“体育+商业”产业集群。

【体育市场管理】 2019年，福州市编制市体育局新一轮简政放权事项清单及市、县、乡体育政务服务事项基本清单，调整“一单两库一细则”，推进“双随机一公开”监管、企业信用信息归集公示、福州市公共信用体系建设等机制，分别于7月、11月，联合安监、市场监管等部门，开展两次综合执法行动。各县（市）区落实属地管理，组织综合执法行动21批次。深化“放管服”改革，优化审批流程设置，推行“互联网+政务服务”“一趟不用跑”“最多跑一趟”，完成审批事项32批次，审批二级运动员214人、社会指导员180人。

（卢余清）

大型赛事

【概况】 2019年，福州市举办举重世界杯、第六届中华龙舟大赛（福建福州站）、第二届世界女子围棋赛暨世界人工智能围棋大赛、第六届中国羽毛球公开赛、第八届环福州·永泰国际公路自行车赛、第五届福州国际马拉松、2019年全国徒步大会开幕式暨十五届十万人健步行、2019年全国新年登高健身大会、中国门球公开赛暨第十三届海峡门球邀请赛、全国群众登山健身大会暨第十二届海峡两岸十万人登山活动等10项国际国内大型赛事活动。十大赛事直接参与运动员20万人，央视各频道直录播时长突破60小时，通过搭建“卫视+网络+国际直播”的全球化媒体合作平台，有近千家境内外主流媒体参与宣传，宣传面覆盖20余个国家地区。策划美食节、自行车展览、“自行车运动嘉年华”、看赛事游福州等活动，服务参赛观赛人群，打造城市体育嘉年华，现场直接参与群众100万人次。2019中国羽毛球公开赛、2019环福州·永泰国际公路自行车赛、2019中华龙舟大赛（福建·福州站）、2019福州国际马拉松四大赛事被省体育局认定为“福建省体育产业示范项目”。

【2019中国羽毛球公开赛】 2019年11月5—10日在海峡奥体中心综合体育馆举行，福州公开赛是2020东京奥运会的积分赛，为超级750赛，赛事设男单、女单、男双、女双和混双5个项目，奖金总额70万美元。吸引包括林丹、谌龙、石宇奇、戴资颖、马琳、桃田贤斗、安东森、金廷在内的羽坛名将参赛，赛事有23个国家和地区的216名运动员参赛。赛事首次实现5个单项奖杯有赞助商冠名，赛事期间，推出“游古厝、看羽赛”活动，配套举办中国（福州）羽毛球公开赛大众精英赛暨省全民健身运动会“首开杯”羽毛球项目联赛、城市能量无限大“全民助力跑”等活动。11月7—10日，央视体育频道CCTV5、CCTV5+累计直播16小时，央视体育、中国体育报、新华社、当代体育等约50家媒体参与赛事报道，刊发宣传稿12.8万篇。“人民楷模”王文教、汤仙虎、林建成3名羽坛功勋应邀出席观摩，与羽毛球爱好者讲述亲身经历、分享拼搏故事。

【2019环福州·永泰国际公路自行车赛】 2019年11月16—23日在福州市举行，赛事升级为UCI2.Pro级，总里程达813千米，为省内级别最高自行车赛。进行7个赛段比赛，分别为福州、马尾、长乐、连江、福清、永泰城关至云顶以及永泰城关绕圈赛段，新增马尾琅岐、福清两个赛段。有22支来自五大洲16个国家和地区的优秀车队、132名运动员参赛。赛事创下多个“首次”：首次由广电媒体运作赛事，与市广播电视集团联合办赛；首次举办高规格开幕式，现场设立嘉年华互动区域，开展赛事知识普及；首次有洲际职业车队参赛，法国马赛车队以及各国家队、洲际队参赛；首次实现全赛段直播，采用“央视直播+全赛段直播”方式，央视体育频道11月20日直播连江赛段，时长78分钟，海南卫视、福州广播电视台对7个赛段全程直播，15家网络平台和境外马来西亚电视台对赛事同步直播，直播时长累计10小时，点击率超4亿人次，500家境内外主流媒体参与报道。

表 75　　**2019 年福州市运动员参加全国以上比赛获得冠军汇总表**

姓名	项目	类别	比赛名称	比赛小项
林　莉	排球	国际世界杯	第 13 届女子排球世界杯	女排
林　声	击剑	国际世锦	世界击剑锦标赛	女重团体
李发彬	举重	国际世锦	世界举重锦标赛	男子 61kg 抓举
李发彬	举重	国际世锦	世界举重锦标赛	男子 61kg 挺举
李发彬	举重	国际世锦	世界举重锦标赛	男子 61kg 总成绩
李雯雯	举重	国际世锦	世界举重锦标赛	女子 87+kg 抓举
李雯雯	举重	国际世锦	世界举重锦标赛	女子 87+kg 挺举
李雯雯	举重	国际世锦	世界举重锦标赛	女子 87+kg 总成绩
黄先婷	帆板	国际亚锦	亚洲帆板锦标赛	女子 RS；X 级场地赛
李雯雯	举重	国际亚锦	亚洲举重锦标赛暨 2020 年东京奥运会资格赛	87+kg 级抓举
李雯雯	举重	国际亚锦	亚洲举重锦标赛暨 2020 年东京奥运会资格赛	87+kg 级挺举
李雯雯	举重	国际亚锦	亚洲举重锦标赛暨 2020 年东京奥运会资格赛	87+kg 级总成绩
李发彬	举重	国际亚锦	亚洲举重锦标赛暨 2020 年东京奥运会资格赛	61kg 级抓举
李发彬	举重	国际亚锦	亚洲举重锦标赛暨 2020 年东京奥运会资格赛	61kg 级挺举
李发彬	举重	国际亚锦	亚洲举重锦标赛暨 2020 年东京奥运会资格赛	61kg 级总成绩
刘灵玲	蹦床	国际	蹦床世界杯系列赛	女子个人
刘灵玲	蹦床	国际	蹦床世界杯系列赛	女子个人
李雯雯	举重	国际	国际举重比赛暨东京奥运资格赛	女子 87+kg 抓举
李雯雯	举重	国际	国际举重比赛暨东京奥运资格赛	女子 87+kg 挺举
李雯雯	举重	国际	国际举重比赛暨东京奥运资格赛	女子 87+kg 总成绩
潘涵潇	羽毛球	国际	2019 新西兰国际未来系列赛	混双
潘涵潇	羽毛球	国际	2019 新西兰国际未来系列赛	女双
翁泓阳	羽毛球	国际	中国（陵水）国际羽毛球大师赛	男单
李发彬	举重	国际	举重世界杯赛暨 2020 年东京奥运会资格赛	61kg 级抓举
李晶炜	射箭	最高级	全国室外射箭锦标赛	反曲弓混合团体淘汰赛、决赛
黄梦恺	击剑	最高级	全国击剑锦标赛	男花团体
李发彬	举重	最高级	全国男子举重锦标赛	61kg 级抓举
李发彬	举重	最高级	全国男子举重锦标赛	61kg 级挺举
李发彬	举重	最高级	全国男子举重锦标赛	61kg 级总成绩
李雯雯	举重	最高级	全国女子举重锦标赛	87+kg 级抓举
李雯雯	举重	最高级	全国女子举重锦标赛	87+kg 级挺举
李雯雯	举重	最高级	全国女子举重锦标赛	87+kg 级总成绩
陈惠颖	武术套路	最高级	全国武术套路冠军赛	女子南刀
陈惠颖	武术套路	最高级	全国武术套路冠军赛	女子南棍
黄梦恺	击剑	国内	全国击剑冠军赛	男花团体
林俊杰	蹦床	国内	全国 U 系列青少年蹦床锦标赛资格赛 1	单跳团体男子 11–12 组
黄先婷	帆板	国内	全国帆板冠军赛（RS:X 级）	女子 RS；X 级场地赛
王佳悦	举重	国内	全国举重 U19 锦标赛暨二青会预赛	女子 76kg 抓举
王佳悦	举重	国内	全国举重 U19 锦标赛暨二青会预赛	女子 76kg 挺举

续表 75

姓名	项目	类别	比赛名称	比赛小项
王佳悦	举重	国内	全国举重 U19 锦标赛暨二青会预赛	女子 76kg 总成绩
李雯雯	举重	国内	全国举重 U19 锦标赛暨二青会预赛	女子 87+kg 抓举
李雯雯	举重	国内	全国举重 U19 锦标赛暨二青会预赛	女子 87+kg 挺举
李雯雯	举重	国内	全国举重 U19 锦标赛暨二青会预赛	女子 87+kg 总成绩
王世洪	田径	国内	全国青年（U20）田径锦标赛	男女混合异程接力
庄亦兰	田径	国内	全国青年（U20）田径锦标赛	男女混合异程接力
肖远鹏	田径	国内	全国青年（U20）田径锦标赛	男女混合异程接力
欧 莹	田径	国内	全国青年（U20）田径锦标赛	女子 400 米栏
肖远鹏	田径	国内	全国室内田径锦标赛分区赛 (3)	男子 200 米
肖远鹏	田径	国内	全国室内田径锦标赛分区赛 (3)	男子 200 米
肖远鹏	田径	国内	全国田径大奖赛（2）	男子 400 米
邓雪琳	田径	国内	全国田径大奖赛（4）	女子 100 米栏
肖远鹏	田径	国内	全国田径大奖赛（4）	男子 4x400 米接力
陈惠颖	武术套路	国内	2020 年全国武术套路冠军赛（传统项目赛区）	女子南刀
陈惠颖	武术套路	国内	全国武术套路冠军赛（传统项目赛区）	女子其他象形拳（地术）
陈颖颖	羽毛球	国内	全国羽毛球冠军赛	女双
黄梦恺	击剑	国内	全国击剑锦标赛暨二青会预赛第一站	男花个人
乌天琪	举重	国内	全国青年举重男女锦标赛	81kg 级抓举
罗灵馨	皮划	国内	全国皮划艇静水青年锦标赛	女子甲组 500 米双人皮艇
罗灵馨	皮划	国内	全国皮划艇静水青年锦标赛	女子甲组 500 米四人皮艇
周 欣	皮划	国内	全国皮划艇静水青年锦标赛	女子甲组 500 米四人皮艇
念鹏辉	皮划	国内	全国皮划艇静水青年锦标赛	男子乙组 1000 米双人划艇
温宇欣	皮划	国内	全国皮划艇静水青年锦标赛	女子乙组 500 米单人皮艇
温宇欣	皮划	国内	全国皮划艇静水青年锦标赛	女子乙组 500 米双人皮艇
温宇欣	皮划	国内	全国皮划艇静水青年锦标赛	女子乙组 500 米四人皮艇
林浚源	射箭	国内	全国射箭（U18）锦标赛	男子反曲弓个人淘汰赛、决赛
林浚源	射箭	国内	全国射箭（U18）锦标赛	男子反曲弓团体淘汰赛、决赛
林剑禹	武术散打	国内	全国青年武术散打锦标赛	男子 70 公斤级
余 睿	游泳	国内	全国青年游泳锦标赛暨二青会预选赛	男子 100 米蝶泳
陈天鑫	武术套路	国内	全国青少年武术套路锦标赛暨第十届亚洲青少年武术锦标赛选拔赛	集体基本功
池再林	武术套路	国内	全国青少年武术套路锦标赛暨第十届亚洲青少年武术锦标赛选拔赛	集体基本功
池再林	武术套路	国内	全国青少年武术套路锦标赛暨第十届亚洲青少年武术锦标赛选拔赛	女子 A 组太极拳
池沁娴	武术套路	国内	全国青少年武术套路锦标赛暨第十届亚洲青少年武术锦标赛选拔赛	集体基本功
王佳悦	举重	国内	全国举重 U19 锦标赛暨二青会女子预赛	76kg 级抓举
王佳悦	举重	国内	全国举重 U19 锦标赛暨二青会女子预赛	76kg 级挺举

续表 75

姓名	项目	类别	比赛名称	比赛小项
王佳悦	举重	国内	全国举重 U19 锦标赛暨二青会女子预赛	76kg 级总成绩
李雯雯	举重	国内	全国举重 U19 锦标赛暨二青会女子预赛	87+kg 级抓举
李雯雯	举重	国内	全国举重 U19 锦标赛暨二青会女子预赛	87+kg 级挺举
李雯雯	举重	国内	全国举重 U19 锦标赛暨二青会女子预赛	87+kg 级总成绩
李伟杰	足球	国内	青超联赛男子 U19	C 组
林　兴	冲浪	国内	" 全国冲浪锦标赛 跨省组合：董子豪（河北）、黄耀成（河南）"	U15 组男子短板团体赛
陈　凤	体操	国内	全国少年体操 U 系列冠军赛	女子 U9 个人全能
陈　凤	体操	国内	全国少年体操 U 系列冠军赛	女子 U9 跳马
王文选	射箭	国内	全国射箭奥项锦标赛	男子团体淘汰赛、决赛
施益民	体操	国内	全国体操冠军赛	男子跳马
李雯雯	举重	国内	二青会举重决赛	体校甲组女子 +87 公斤级
王佳悦	举重	国内	二青会举重决赛	体校甲组女子 76 公斤级
戴　阳	网球	国内	二青会网球决赛	社会俱乐部乙组男子双打决赛
陈星瑜	网球	国内	二青会网球决赛	社会俱乐部乙组男子双打决赛
林俊杰	蹦床	国内	二青会蹦床决赛	体校乙组男子单跳团体决赛
庄亦兰	田径	国内	二青会田径决赛	体校甲组女子 4×400 米接力决赛
欧　莹	田径	国内	二青会田径决赛	体校甲组女子 4×401 米接力决赛
章惠玲	田径	国内	二青会田径决赛	体校乙组女子跳远
林任泉	武术散打	国内	二青会武术散打决赛	体校甲组男子 52 公斤级名次公告
陈天鑫	武术套路	国内	二青会武术套路决赛	体校甲组男子南刀
郑欣怡	水球	国内	二青会水球决赛	体校乙组女子水球名次公告
高楠菁	跆拳道	国内	二青会跆拳道决赛	体校组女子 −49 公斤
陈惠颖	武术套路	国内	2020 年全国武术套路冠军赛（传统项目赛区）	女子南刀
陈惠颖	武术套路	国内	全国武术套路冠军赛（传统项目赛区）	女子其他象形拳（地术）
池再林	武术套路	国内	二青会武术套路预赛（体校组）	女子甲组太极剑
王世洪	田径	国内	二青会田径项目体校甲组预赛	男子异程接力
肖远鹏	田径	国内	二青会田径项目体校甲组预赛	男子异程接力
欧　莹	田径	国内	二青会田径项目体校甲组预赛	女子 4x400 米接力
庄亦兰	田径	国内	二青会田径项目体校甲组预赛	女子 4x400 米接力

【2019 中华龙舟大赛（福建 · 福州站）】 2019 年 6 月 5—7 日，2019 中华龙舟大赛（福建 · 福州站）在福州市海峡国际会展中心浦下河水域举行。该赛事为亚洲乃至世界顶级龙舟赛事，福州站为全国端午龙舟赛事主会场。来自全国各地 66 支龙舟队 2000 多名运动员参赛，其中，有福州三县洲、仓山浦下等 6 支福州龙舟队伍晋级到 36 支标准龙舟队伍中参加决赛；福州市传统龙舟赛有 23 支队伍报名，邀请澳大利亚友城、香港侨民、福州大学教师学生组队参赛。赛事现场有 23 万人次观众，50 多家媒体 100 多名记者参与赛事报道，各级媒体播出新闻 1257 篇，中央电视台 1 套、5 套并机直播时长 5 小时，穿插民俗文艺表演、龙舟工艺制作及下水仪式风俗专题展示、龙舟巡游、竞技龙舟队伍建设等内容。

【2019 福州国际马拉松】 2019 年 12 月 15 日在福州市五一广场举行。该赛事为中国田径协会“金牌赛事”，中国马拉松 A1 类认证赛事，为“2019 年‘奔跑中国’马拉松系列活动”系列赛的收官之站。竞赛项目有全程马拉松（42.195 千米）、半程马拉（21.0975 千米）、迷你马拉松（约 5 千米），吸引 22 个国家和地区近 5 万名选手参赛，其中年龄最大为 86 岁。赛事全新打造赛道线路，以市中心（五一广场）为起点、海峡奥体中心为终点，途经三坊七巷、西禅寺、上下杭、解放大桥、烟台山、闽江两岸

等城市标志地段。央视体育频道对赛事全程直播，时长2小时45分钟，有30多家国内外媒体同步直播报道。来自肯尼亚选手Paul Waweru CHEGE以2小时10分41的成绩获全程马拉松男子组冠军并创造新赛会纪录（原赛事纪录为2小时14分44秒）；肯尼亚选手Judith JERUBET获全程马拉松女子组冠军。肯尼亚选手DANIEL MUCHUNU MWANGI获半程马拉松男子组冠军；来自福建厦门的郭美娟获半程马拉松女子组冠军。

【第二届“吴清源杯”世界女子围棋赛暨2019世界人工智能围棋大赛】 赛事本赛部分及世界人工智能围棋大赛于2019年4月26—29日在长乐区滨海新城举行，决赛部分及亲缘围棋邀请赛于2019年11月30日—12月4日在吴清源会馆举行。大赛包括第二届“吴清源杯”世界女子围棋赛、“博思杯”2019世界人工智能围棋大赛、人机对抗赛、2019中日女子围棋超新星邀请赛、2019全国及中韩新闻媒体围棋邀请赛、数字中国建设峰会人工智能围棋比赛6个系列赛。比赛之余，先后举办开闭幕式、欢迎仪式、两场指导棋活动、快闪活动的拍摄、5场职业棋手大盘讲解、吴清源纪念对弈活动、吴清源诞辰105周年纪念展等系列活动。其中女子赛吸引9个国家及地区的28名女棋手参赛；人工智能大赛有5个国家的8支人工智能团队参加，多支队伍为首次参赛；中日女子围棋超新星邀请赛，来自中日两名最年轻的女子职业棋手吴依铭二段和仲邑堇初段同台竞技。

2019年12月4日，中国围棋协会主席林建超向福州市颁发“大师故里 围棋名城”牌匾

（市体育局 供）

大赛首次作为数字中国建设峰会配套活动，在数字中国峰会现场举行人工智能比赛和展示，多次获得世界冠军的国产人工智能星阵围棋与来自比利时的人工智能Leela zero（里拉零）进行一场围棋对抗赛。赛事吸引20多家中央媒体参与宣传，其中新华社报道50余篇，新华社发布的快闪短片点击量近50万人次，“学习强国”学习平台10次对赛事进行集中报道，韩国两家电视台全程报道，其他直接新闻报道约800篇，转发量破万。福州市获由中国围棋协会颁发的全国第一个“大师故里 围棋名城”荣誉牌匾。

【2019年举重世界杯】 2019年2月23—28日，2019年举重世界杯赛在福州市马尾体育馆举行。该赛事为2020年东京奥运会资格赛，有中国、日本、韩国、美国、意大利等16个国家和地区的近130名举重运动员，包括世界纪录保持者俄罗斯选手卡什丽娜、印尼选手伊拉万，朝鲜选手严润哲、林贞心，中国选手邓薇、孟苏平等名将参赛。中国举重代表队派出20名选手参赛，以31金、九破世界纪录的成绩收官。福州选手李雯雯首次参加国际大赛，获女子87公斤以上级亚军。中央电视台体育频道（CCTV-5）对赛事进行全程直播。

（卢余清）

（编辑 姚国榕）

卫生事业

【概况】 2019年，福州市有各级各类医疗机构2253个（含省属，不含平潭及卫生室，下同），其中医院132所；医疗卫生机构床位3.83万张，比上年增长2.19%，其中医院床位3.22万张，增长2.28%；专业卫生技术人员6.09万人，增长6.34%，其中医生2.36万人，增长8.48%，护士2.68万人，增长6.47%。每千人拥有卫生机构床位5.21张，每千人拥有卫生技术人员8.29人，每千人拥有注册医师（助理医师）3.21人，每千人拥有注册护士3.66人。全市社区卫生服务中心50个，卫生技术人员1970人；社区卫生服务站132个，卫生技术人员1089人；乡镇卫生院124个，卫生技术人员5280人。市属13所医院总诊疗量506.83万人次、住院量16.94万人次、总收入53.91亿元。

【公立医院综合改革】 2019年，福州市市级、县级财政投入约32.3亿元用于深化医改相关建设。建立完善公立医院院长绩效考核体系，按照“两个允许”要求推进公立医院薪酬制度改革，实施院长目标年薪制和医院工资总额管理，建立以医务性收入为主、与绩效考核挂钩的收入分配薪酬机制。启动三级公立医院绩效考核，遴选福建医科大学孟超肝胆医院、福州市中医院、福州市第一医院、闽清县总医院、永泰县总医院等5家公立医院开展现代医院管理制度省级试点，福州市第二医院、福建医科大学孟超肝胆医院、福清市医院、闽清县总医院、永泰县总医院等5家公立医院实行总会计师制度试点，福州市第二医院列入总药剂师制度省级试点，全市二级以上公立医院全部开展医院章程制定。全年获省级公立医院综合改革等医改补助金4321万元。完善公立医院药品供应保障机制，组织全市所有公立医疗机构全面跟进“4+7”药品集中采购和使用试点，全年节省药品支出8700万元，肿瘤、乙肝、高血压等疾病的患者药费显著下降。完善医疗服务价格动态调整机制，实现同级医院、同城同价。

【基层医疗卫生】 2019年，福州市累计投入9497.76万元，推进20所中心乡镇卫生院支持发展工程和20个社区卫生服务中心能力提升工程，开展115个标准化村卫生所建设。开展“优质服务基层行”活动，62个基层医疗卫生机构达到基本标准以上，其中4个达到推荐标准的单位获国家卫健委通报表扬。开展家庭医生签约服务，加强签约信息化支撑能力建设，新版家庭医生电子签约服务系统和“榕医通”家庭医生签约模块上线运行，全年签约居民234.148万人，签约率31.9%。推进基层医药卫生体制改革，有关情况被国家卫生健康委采纳作为“基层医改”典型经验通报全国学习推广。福州被纳入国家城市医疗联合体建设试点，全市组建并实施运作10个县域紧密型医共体，覆盖9个县（市）区，其中晋安、闽清、永泰被确定为紧密型医共体国家级建设试点县。新增感染性疾病、肝病介入、肝病感染护理等专科联盟3个。

【基本公共卫生】 2019年，福州市城乡居民人均基本公共卫生服务补助标准提高到每人每年60元。高血压患者规范管理率66.36%，糖尿病患者规范管理率68.09%，严重精神障碍患者规范管理率84.99%。引入第三方考核评价机制，全市在项目省级年度绩效评价中位列全省第二。

【疾病预防与控制】 2019年，福州市甲、乙类传染病报告发病率281.98/10万人，报告死亡率0.58/10万人，丙类传染病报告发病率204.81/10万人；人均期望寿命达到79.25岁，重大慢性病过早死亡率降至13.18%。完善重大疾病联防联控机制，全市传染病疫情总体平稳，艾滋病疫情保持低流行态势，及时规范处置登革热疫情，市、县卫健部门累计入户开展蚊媒孳生环境调查近30万户，实验室初筛及复核相关病例标本6000余份。加强艾滋病等重点传染病防治，率先在全省达到90%的艾滋病抗病毒治疗覆盖率目标。完成福清市、永泰县疾控中心实验室达标建设。开展全市预防接种单位大排查及整改“回头看”，完成2019—2021年度规范化（星级）

2019年12月1日，福州市开展世界艾滋病防治日宣传活动　（市卫健委 供）

预防接种门诊重新验收与复核评定，规范化预防接种门诊建设总体达标率达96.11%。成立儿童牙病防治、精神卫生2个疾病防治技术指导中心，指导和推动全市提升儿童牙病防治、精神疾病防治工作。组建跨专业、跨部门的心理健康服务专家组，全市医学心理援助热线开通24小时免费心理咨询服务。推广鼓楼区儿童口腔疾病综合干预项目经验，完成全市儿童青少年近视摸底调查工作（全市儿童青少年近视率53%），推进第四轮全国艾滋病综合防治示范区工作，建成马尾区、连江县两个省级慢性病综合防控示范区，推动福清市、闽侯县和长乐区创建省级和国家级慢性病综合防控示范区。

【卫生监督执法】　2019年，福州市开展各类医疗专项监督检查、打击非法医疗美容专项整治，全面启动二级以上医疗机构驻点监督工作，完成市二医院、市六医院、市中医院的驻点监督任务。全市公共场所须进行量化3975个，量化公示3882个，公示率97.6%；涉水企业应监督41家，覆盖率100%；加强学校周边公共场所卫生监管，学校卫生综合评价实施工作覆盖率98%。开展食品安全风险监测，完成全市卫健系统为民办事项目——食品污染及有害因素监测任务，完成798份食品样品的采集和728份样品的检验任务，完成7258例食源性疾病病例监测；加强餐具、饮具集中式消毒服务机构监督，启用福建省集中式消毒餐饮具“一品一码”追溯系统，完成创建国家食品安全示范城市集中式消毒餐饮具抽检任务636份。推动联合奖惩工作开展，落实国家出台的联合惩戒备忘录，制定该领域的市级联合奖惩细则，产生全省首例严重危害正常医疗秩序领域惩戒对象名单，并推送到市公共信用信息平台实施联合惩戒。全年组织业务培训19场，培训卫生监督员、医疗机构放射工作人员等约2100人次，办理行政处罚案件152件，处罚及没收违法所得483418元。

【职业安全健康监管】　2019年，福州市开展全市职业病防治技术支撑机构摸底调查及全市矿山、冶金、化工等行业领域尘毒危害专项治理、尘毒危害专项执法工作，市县两级出动专项执法监督检查工业企业用人单位552家次，下达执法文书214份，其中警告19项，责令限期整改122项；市本级职业卫生技术服务机构监督检查立案1件，罚款9000元。开展市属医疗卫生机构放射卫生专项监督检查工作，检查放射诊疗机构13个；开展职业性放射性疾病监测项目工作，全市监测28个医疗卫生机构。开展“健康中国，职业健康先行”主题职业病防治法宣传周活动。

【卫生应急处置】　2019年，福州市将5类8支市级卫生应急队伍增至5类10支，队伍人数由186人增至224人。完善航空医学和海上医学救援网络，开展应对突发公共卫生事件公众宣传教育。完成省市庆祝中华人民共和国成立70周年系列活动、第六届海丝电影节、第十六届中国戏剧节、福州国际马拉松赛等66场重大会议活动的医疗卫生保障，累计派出医护人员1244人次、救护车209辆次。开展突发公共卫生事件应急处置和社会安全事件紧急医学救援。

【妇幼保健】　2019年，福州市制定进一步支持福州市妇幼保健院建设发展的五大政策措施，推动市妇幼保健院发展。每千分娩量产科床位数30.69张。扶持妇幼保健特色专科发展，在罗源县妇幼保健院开展孕产期营养规范化门诊建设。实施母婴安全行动计划，落实母婴安全五项制度，依托市产科质控中心开展产科服务质量控制，对落实母婴安全工作不力的单位实施约谈通报制度。依托榕医通APP母婴档案模块建成全省首创的出生防控缺陷大数据平台，为服务对象提供健康宣教，并对符合条件的孕妇在试点医院进行无创产前DNA检测进行一定减免补助，有2400余人完成无创DNA补助报销。开展新生儿耳聋基因筛查项目，累计为2.3万名新生儿进行免费耳聋基因筛查。组织实施妇幼重大公共卫生服务项目，扩大两癌项目HPV检测试点覆盖面，全年各项目惠及24余万人次。

【卫生人才队伍建设】　2019年，福州市卫生健康委员会与市人社局联合发布《2019—2020年市属医疗卫生单位紧缺急需专业目录》，指导市属医疗卫生单位开展紧缺急需卫技人才招聘。组织市属医疗卫生参加“榕博汇”“高校毕业生供需见面会暨博士对接洽谈会”“向幸福之城出发”等招聘活动，并开展自主招聘工作。组织市属11家医疗卫生单位赴南方医科大学等4所省外院校招聘，与47个优秀毕业生现场签订就业协议。招录助理全科医生、全科转岗等培训对象19人。开展2期全科师资培训班培训学员43人次。对闽侯、罗源等5个县乡1668名乡村医生完成规范培训。派出赴国内外访学进修人员235

人次。市卫健系统 12 人被评为“福州市第一届闽都英才”。推进援博、援藏等工作，选派 12 名专业医务人员援助博茨瓦那医疗队，选派 2 名专业人员援助西藏。

【卫生健康信息化】 2019 年，福州市加强区域医疗卫生信息化的基础平台建设，完善“榕医通”便民服务平台，新增免疫预约、基层卫生扫码支付、家庭医生在线签约等功能，全年累计注册用户约 83 万人，线上便民服务（如在线充值退款、预约挂号、在线查询医疗报告、费用单据等）使用人次达 202 万人次，177 万多名患者通过榕医通账户实现跨医院就诊。“榕医通”便民服务平台被中国人民银行、国家卫健委等六部委列为金融科技应用试点项目。推进健康医疗大数据国家试点工程，东南健康医疗大数据中心封顶，完成产值 4.8 亿元。启动省属医院的福州市居民健康医疗数据回流至福州市居民健康信息系统平台，健康医疗大数据产业园年度新增注册健康医疗类企业 35 家，注册资金 11.23 亿元。

【卫生科技教育】 2019 年，福州市获医疗相关科研项目立项 202 个，其中国家级项目 8 个，省级项目 48 个，市级项目 127 个，其他项目 18 个，总资助经费 973.1 万元、配套经费 900 余万元。全市卫生健康系统全年发表 SCI 论文 64 篇，获得国家授权的专利 18 项，其中发明专利 2 项。福建医科大学孟超肝胆医院的科研成果《肝细胞癌早期诊断和预后判断的分子标志物筛选及临床应用》项目获得 2018 年度福建省科学技术进步一等奖。福建省福州神经精神病防治院获批院士工作站，与贺林院士专家团队合作开展精神疾病基因遗传方面的科学研究。福州市第一医院继续与北京大学郭应禄院士和清华大学程京院士开展项目合作、学术交流及人才培训，开展腔镜技术、精准医疗及无创产前基因检测等学科建设。福建医科大学孟超肝胆医院继续与吴孟超院士专家团队合作，开展肝胆系统相关诊疗新技术，组建并发展肝癌微创治疗技术团队、放疗科、泌尿外科，丰富外科技术体系，完善肝病诊疗体系。

【中医药服务】 2019 年，福州市新立项 9 个省级中医重点专科项目（含 4 个农村医疗机构中医特色专科建设项目），建成 1 家全国名老中医药专家传承工作室，并新立项 1 家。晋安区被评为“全国基层中医药工作先进单位”。福州市中医院的潘鸿贞被国家中医药管理局认定为“全国中药特色技术传承人才”。开展全市中医药实践技能大练兵，在全省中医药实践技能大赛中，福州市两支代表队分别取得团体二等奖和三等奖。

【医疗服务管理】 2019 年，福州市依托滨海新城医院，引入复旦大学附属华山医院与福建医科大学附属第一医院合作共建国家区域医疗中心，列入首批国家区域医疗中心试点单位。推进福州肺科医院与北京胸科医院等国内高水平医院全面合作。推动 10 个市级医学中心、12 个市级临床重点专科项目建设，新增福州市第一医院心血管内科、新生儿科、肾内科，福州市第二医院重症医学科、神经外科，福州肺科医院胸外科，福建医科大学孟超肝胆医院肿瘤科，福建省福州儿童医院新生儿科等 8 个市级临床重点专科项目进行重点建设，完成 6 个省级临床重点专科（西医类）建设项目年度自评。完成 9 个县（市）区县域医疗服务技术平台五大中心建设，完成 2019 年县医院医疗服务能力基本标准和推荐标准建设要求。推进扫黑除恶专项斗争，完成中央扫黑除恶督导组“回头看”各项迎检任务。在全省第三方医院满意度调查中总体满意度为 90.24 分，排名第一。在全省率先出台《市属公立医院医务人员不良执业行为记分管理暂行办法》。卫健系统海岛女医生王锦萍被评为福州市首位全国道德模范。

【医疗质量监管】 2019 年，福州市完成二级公立医院 2018 年度评价。落实《福州市公立医院规范临床路径管理工作三年行动方案（2018—2020 年）》，完成 2018 年工作情况通报。开展市医疗乱象专项整治和医疗机构感染防控排查整顿工作。组织市属医院完成 2013 年以来药品耗材使用管理及价格情况全面自查，组织人员完成对市属医院有关情况督查。制定《2019 年深入落实进一步改善医疗服务行动计划重点工作方案》，改善医疗服务。落实公立医院质量信息公开，按季度在卫健行政部门门户网站及医院官网公开 15 条公立医院质量信息。配合市医保局开展电子处方流转试点，出台试点工作方案，福州市第一医院、福建医科大学孟超肝胆医院为首批试点医疗机构，实现处方信息、医保结算信息和药店消费消息共享，满足患者多样化用药需求。组织全市公立医疗机构落实跟进国家组织药品集中采购和使用试点，25 种中选药品价格平均降幅 52%。

【医学鉴定】 2019 年，福州市受理医疗事故技术鉴定案件 40 例，其中按照法定程序完成鉴定 21 例，4 例双方协商解决，4 例按规定中止，有 11 例程序进行中。鉴定为医疗事故 9 例，占 42.86%，不属于医疗事故 10 例，占 47.62%，无法做出鉴定结论 2 例，占 9.52%。鉴定案例涉及前三位的学科：妇产科、骨科与急诊科。鉴定案例涉及的医疗机构级别：省级 6 例、县（市）级 7 例、乡镇卫生院 3 例、民营 5 例。协助其他设区医鉴办完成医疗事故技术鉴定 2 例。全年受理首次职业病鉴定 7 例，完成鉴定 5 例（职业性噪声类 3 例、职业性尘肺类 2 例），2 例程序进行中，完成鉴定案例中 4 例维持原诊断结论，1 例改变原诊断结论。协助其他设区市医鉴办完成职业病诊断鉴定 12 例。全年受理市病残儿医学鉴定 11 例，完成鉴定 10 例，另有 1 例患儿体格检查缺席予以终止。

【民营医疗机构】 2019 年，福州市新增民营医疗机构 312 个，床位 525 张。其中，三级医院 1 家，二级医院 2 家，一级医院 2 家，未定级医院 3 家，护理院 1 家，医学检验实验室 1 个，医学影像诊断中心 2 个，康复医疗中心 4 个，血液透析中心 2 个，健康体检中心 1 个，门诊部 81 个，其余均为诊所、医务室等。鼓励外籍、台港澳地区医师到榕执业，在榕短期执业的外国医师有 13 人，台港澳医师有12人。

【爱国卫生活动】 2019年，福州市按照“共推‘厕所革命’，共促卫生健康”的宣传月活动主题，开展专题活动，采取多种措施宣传。推进农村卫生户用厕所改造工作，完成改造3203户，占比100%，推进全市32145户农村生活污水治理三格化粪池新建改造工作任务。

【病媒生物防制】 2019年，福州市五城区开展统一外环境除四害消杀活动12次、统一室内烟熏灭蚊蟑活动2次。根据登革热疫情情况，组织全市开展秋季灭蚊工作，设立宣传点1764个，接受咨询人数166814人，派发宣传单560583张，派发灭蚊药品889104包，媒体宣传报导1333次，出动专业消杀人员13917人次、大型消杀设备645台次，其他喷雾器背负式设备1659台次，使用各类药品44219公斤。累计清除蚊虫孳生地51377处，清除阳性积水33161处，投放缓释剂11009.29公斤，疏通沟渠189196.5米，清理沙井855个，处理中、大型水体527处。全市派出督导组341个，督导人员3261人次，检查单位、社区4524个。

【健康城市建设】 2019年，福州市利用医师节和全民健身日活动，推进全民健康生活方式行动，启动“万步有约”健走激励大赛，全市累计建成健康公园、健康步道等9大类健康支持性环境671个。按照国家卫生城市和省级卫生城市的新标准，对新创建的4个国家级卫生乡镇、10个省级卫生乡镇、195个省级卫生村及9个省级卫生社区进行督导检查。组织对马尾亭江镇、晋安岳峰镇“国家卫生镇”的复审督查，通报两镇存在问题并督促整改。4个乡镇通过国家卫生乡镇考核，福州市在全省健康城市考评中位居首位。

【老龄健康】 2019年，福州市有医养结合机构20个，医疗卫生机构与养老机构建立签约合作关系156对。福州市被确定为国家安宁疗护试点城市，在台江、晋安、仓山的3个社区启动老年人心理关爱项目试点工作。

（张先玲）

人口与家庭发展

【概况】 2019年，福州市常住人口651.91万人，其中育龄妇女160.74万人，已婚117.56万人；出生57933人，出生率8.92‰；出生人口政策符合率93.42%；人口出生性别比110.2；自然增长率4.17‰。全市流动人口147.87万人，其中流入人口102.91万人，流入育龄妇女34.85万，已婚育龄妇女26.05万人，流入人口出生1.28万人，其中政策内出生1.2万人，政策符合率93.98%。流出人口44.95万人，其中流出人口中育龄妇女15.13万人，流出人口中已婚育龄妇女13.20万人，流出人口出生5920人，政策内出生5423人，政策符合率91.60%。

【生育政策实施】 2019年，福州市实施全面两孩生育政策，逐步从计划生育管理转向计划生育服务。组织市属新闻媒体并运用各种宣传手段，宣传中央关于调整完善生育政策、促进人口长期均衡发展的决策部署。综合利用电视、报纸、门户网站、政务微博等媒体平台加大对全市人口计生工作的宣传。加强卫生计生宣传栏、健康教育专栏等宣传阵地建设，规范优化卫生健康户外宣传环境和宣传标语。全面落实一、二孩生育登记和再生育审批制度，依法依规修改生育服务办事指南，简化程序及申请材料。加强生育登记服务制度的宣传，提高一孩、二孩生育登记比例。

【计生家庭奖扶】 2019年，福州市坚持“新人新办法、老人老办法”，对政策调整前符合条件的计划生育家庭继续实施计划生育家庭系列奖励扶助制度。全市农村部分计划生育奖励扶助106253人，城镇部分独生子女家庭奖励扶助122815人，农村二女奖励33259人。建立奖励扶助标准动态调整机制，逐步提高计划生育奖励扶助制度的标准。2018年起，计划生育特扶金标准普通家庭49～59周岁每人每月1310元，60周岁每人每月1410元；低保家庭49～59周岁每人每月1600元，60周岁每人每月1700元。开展“2019年寻找我最喜爱妈妈小屋”活动，福州市儿童公园、福州市第一院、福州和睦佳医院、中国邮政储蓄银行福州分行、福建锦江科技有限公司、罗源县妇幼保健院获评为福建省2019年度“我最爱的妈妈小屋”。

（张先玲）

（编辑 姚国榕）

居民生活

【概况】 2019年，福州市全体居民人均可支配收入38719元（不含平潭），比上年增长9.5%。人均消费支出27490元，比上年增长10.3%。

【城镇居民收入】 2019年，福州市城镇居民人均可支配收入47920元，比上年增长7.8%。其中，工资性收入30288元，比上年增长8%；家庭经营净收入4123元，增长5.4%；财产净收入6436元，增长11.6%；转移净收入7073元，增长5.2%。

【城镇居民消费支出】 2019年，福州市城镇居民人均消费支出32662元，比上年增长9.4%。其中，食品烟酒类、衣着类、居住类、生活用品及服务类、交通通信类、教育文化娱乐类、医疗保健类及其他用品和服务类分别比上年增长7.6%、6.5%、11.9%、3.2%、3.1%、13.7%、18%、28.9%。

【农村居民收入】 2019年，福州市农村居民人均可支配收入21320元，比上年增长9.8%。其中，工资性收入11259元，比上年增长9.3%；家庭经营净收入5319元，增长7.9%；财产净收入1120元，增长13.8%；转移净收入3622元，增长13.2%。

【农村居民消费支出】 2019年，福州市农村居民人均消费支出17711元，比上年增长9%。其中，食品烟酒类、衣着类、居住类、生活用品及服务类、交通通信类、教育文化娱乐类、医疗保健类及其他用品和服务类分别比上年增长7.3%、9.5%、8.7%、4.2%、3%、13.5%、26.2%、22.8%。

（詹璐瑶）

市场物价

【概况】 2019年福州市区居民消费价格比上年上涨2.5%。保持平稳上涨态势；房地产市场平稳发展，市场价格总体稳定，其中12月新建商品住宅销售价格比上年同期上涨4.2%、二手住宅销售价格比上年同期上涨3.7%。

【居民消费价格】 2019年，福州市区居民消费价格总水平比上年上涨2.5%。其中，消费品价格上涨3.7%，服务价格上涨0.8%；食品类价格上涨10.1%，非食品类价格上涨0.8%。八大类商品及服务价格与上年同期相比，实现“七涨一降”：食品烟酒类上涨7.1%，其他用品和服务类上涨3.9%，衣着类上涨1.4%，教育文化和娱乐类上涨1.3%，生活用品及服务类上涨1.3%，医疗保健类上涨1.0%，居住类上涨0.4%，交通和通信类下降1.3%。

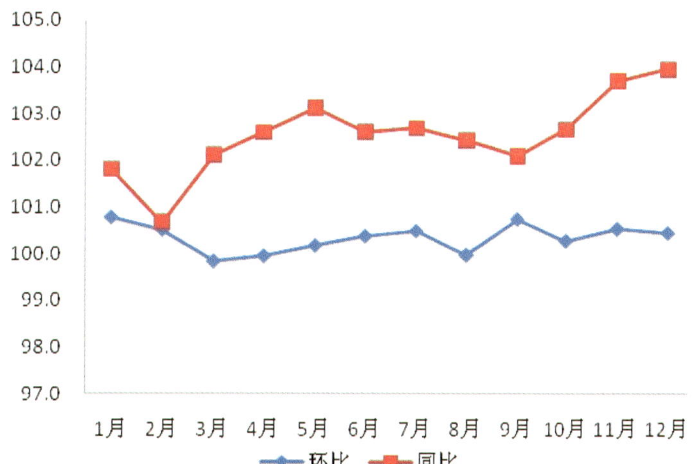

2019年福州市区居民消费价格分月指数

表76　　2019年福州市区居民消费价格分类指数

指　标	指　数
福州市区居民消费价格总水平	102.5
食品烟酒	107.1
衣着	101.4
居住	100.4
生活用品及服务	101.3
交通和通信	98.7
教育文化和娱乐	101.3
医疗保健	101.0
其他用品和服务	103.9

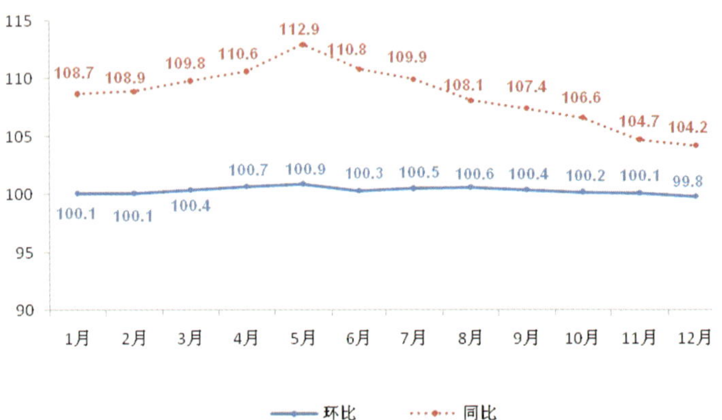

2019年福州新建商品住宅销售价格分月指数

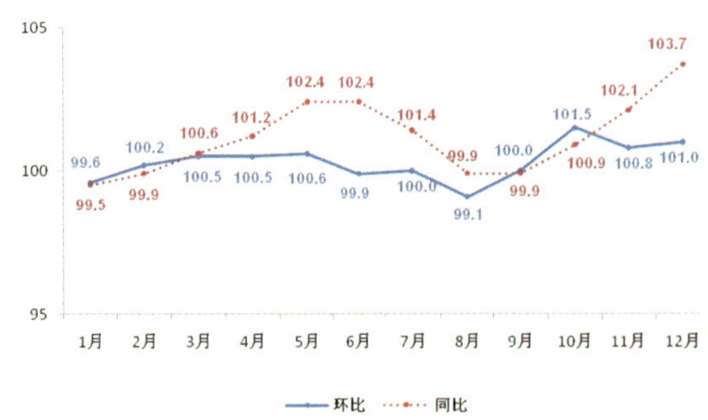

2019年福州二手住宅销售价格分月指数

【房地产价格】　2019年，福州市房地产市场平稳发展，市场价格总体稳定。12月，福州新建商品住宅销售价格比上年同期上涨4.2%，二手住宅销售价格比上年同期上涨3.7%。

（詹璐瑶）

劳动就业

【概况】　2019年，福州市城镇新增就业13.55万人，完成全年任务11.24万人的120.55%；城镇失业人员再就业1.42万人，完成全年任务1.3万人的109.23%；就业困难人员再就业0.452万人，完成全年任务0.45万人的100.58%；新增农业富余劳动力转移就业3.68万人，完成全年任务3万人的122.67%。城镇登记失业率2.16%，控制在省下达的年度任务指标3.5%范围以内。

【就业创业】　援企稳岗　2019年，福州市制定出台《关于做好面临暂时性生产经营困难且恢复有望企业认定有关工作的通知》《关于进一步支持企业做好稳定就业岗位工作的通知》等文件，对参加失业保险并依法缴纳失业保险费12个月以上且上年度未裁员或净裁员率低于福州市上年末城镇登记失业率的，连续两个自然季度应征增值税销售额或出口额同比下降10%以上的规模以上制造业企业、软件和信息技术服务业企业，按参保人数×7740元/每人的标准，发放困难企业稳岗返还补贴，全年为73家企业发放1.667亿元，金额居全省首位，受惠职工2.25万人。对年内未达到困难企业稳岗返还条件但因受中美经贸摩擦、产业转型升级等因素影响，虽然出现经营性困难，但积极采取措施稳定就业岗位的企业，发放工业企业结构调整专项奖补资金，全年为420家企业发放奖补资金5072万元，受惠职工超5万人。对不裁员或净裁员率低于全国2018年末城镇登记失业率（3.8%）的企业，予以50%失业保险费返还，全年为4150家企业发放稳岗返还1.19亿元，受惠职工52.3万人。

公共就业服务　每周三、五常态化举办免费招聘会，举办“就业援助月”“春风行动”“民营企业招聘周”“退役士兵和随军家属专场招聘会”等系列招聘活动，累计303场，3905家（次）企业提供15.3万个（次）岗位，帮助1.27万人成功就业。将全市就业困难人员、城镇零就业家庭、农村转移就业困难人员、有就业意愿的农村建档立卡贫困人口列入就业援助对象，实行实名制管理服务，形成就业援助的长效机制。加大公益性岗位开发力度，新安置278名就业困难人员到劳动保障协理员、劳动保障监察员、保洁员、护林员等公益性岗位就业，为1588名就业困难人员发放公益性岗位补贴 2838 万元、社保补贴 603 万元。全年帮扶城镇失业人员实现再就业 14232 人，帮扶就业困难人员再就业 4523 人，帮助 30 户零就业家庭的 30 名困难人员实现就业，全市城镇零就业家庭动态为零。

高校毕业生就业　在榕高校毕业生约 9.1 万人，年度就业率 96.9%；实名登记本地生源离校未就业毕业生 5288 人，实名登记就业率 99.28%。举办福州市 2019 年高校毕业生供需见面会暨博士对接洽谈会、民营企业招聘周、福州市 2019 年夏季大中专毕业生供需见面暨第十七届校企对接会、“2020 向幸福之城出发”引才校园行（福州站）活动等 4 场大型现场招聘会，达成就业意向超过 1.5 万人次。招募 150 名高校毕业生到基层服务，其中选调生 70 名、“三支一扶”计划 65 名、服务社区计划 15 名。运营福州市高校毕业生创业孵化示范园，39 个创业团队入驻。为 5943 名应届毕业生发放求职创业补贴 1188.6 万元，为 8312 名 2020 届毕业生发放求职创业补贴 1662.4 万元。开展福州市青年见习计划，参加就业见习 1443 人，发放见习补贴 373.8 万元。开展“植根榕城”优秀创业项目资助评审，评选出 100 个优秀创业项目并给予每个项目 3 万～10 万元的资金支持，发放资金 500 万元。

福州定西东西部扶贫劳务协作　全年组织新福兴玻璃工业集团有限公司、飞毛腿（福建）电子有限公司、福建捷联电子有限公司、福耀玻璃工业集团股份有限公司等 67 家企业，到定西市所有县区和 71 个深度贫困村举办招聘会 78 场，提供就业岗位 1.25 万个，吸纳定西籍建档立卡户劳动力 2757 人到飞毛腿（福建）电子有限公司、福建福光股份有限公司福建捷联电子有限公司、福建腾龙鞋业有限公司、好事达（福州）家具有限公司等 95 家企业稳定就业，超额完成年度 1800 人目标任务。组织 42 家事业单位、34 家市属国有企业面向定西招聘 108 名建档立卡贫困户未就业高校毕业生（事业单位 38 人，国有企业 70 人）。向临洮县临洮中学、连儿湾初中、站滩小学等 20 所学校捐赠美育教室基础设施款 79.75 万元，帮助改善甘肃省定西市临洮县部分学校美育教学条件。举办“定西市家政服务双师型师资培训班”，为定西培养 30 名电子商务“双师型”教师。资助 137 名定西籍建档立卡贫困家庭子女入读福州第一技师学院、福州第二技师学院。国务院扶贫办《扶贫信息》第三次介绍福州经验。7 月，入选中央组织部编选的《贯彻落实习近平新时代中国特色社会主义思想在改革发展稳定中攻坚克难案例》系列丛书，作为中央党校和国家行政学院教学用书、教学手册，供党员干部在“不忘初心、牢记使命”主题教育活动使用。10 月，入选 110 个“全球减贫案例征集活动”获奖案例，是全国东西部扶贫劳务协作唯一入选案例。

【职业能力建设】　职业技能培训　2019 年，福州市培训各类人员 60130 人次，其中新培养高技能人才 6957 人，培训农民工 2.2 万人次。全市新增国家级高技能人才培训基地 4 个、国家级技能大师工作室建设项目 3 个、省级技能大师工作室 40 个，数量居全省首位。评选 20 个市级技能大师工作室，授予 11 人“福州市技术能手”称号。举办福州首届“FIOT”杯物联网、第二届闽菜烹饪、家庭服务业、美容美发、工业机器人等市级一类职业技能竞赛。选拔 16 名电工选手所组成的福州代表队参加 2019 年全省电工职业技能竞赛，其中 7 名选手进入全省前十五名。增设“专业技术人员内生动力与职业水平”“信用管理概论”“新时代教师队伍建设”等公需课程，新增闽江师范高等专科学校为福州市专业技术人员继续教育基地，继续教育办班 713 期、培训 142910 人次。和浙江大学、复旦大学、中国海洋大学、闽江学院联合举办福州市城镇化大片区开发专题研修班、新时代下的新闻和舆论工作专题研修班、“经略海洋　打造新时代海洋强国”专题研修班和社会工作师实务体系专题研修班，4 期有 177 人参训。工勤人员岗位继续教育培训全面实行网络化培训。

表 77　　2019 年福州市获省级以上技能人才培训基地和工作室情况表

项目	名称	项目单位
国家级高技能人才培训基地（4 家）	国家级高技能人才培训基地	福州第二技师学院
	国家级高技能人才培训基地	福建技师学院
	国家级高技能人才培训基地	福建省汽车运输技工学校
	国家级高技能人才培训基地	中国移动通信集团福建有限公司
国家级技能大师工作室（3 家）	张榕宾技能大师工作室	福州第一技师学院
	王凯祥技能大师工作室	中国铁路南昌局福州车辆段
	马红星技能大师工作室	福建福清核电有限公司
福建省级技能大师工作室（40 家）	马红星技能大师工作室	福建福清核电有限公司
	孙梓清技能大师工作室	东南（福建）汽车工业有限公司
	姚海文技能大师工作室	祥兴（福建）箱包集团有限公司
	杨瑾技能大师工作室	福建奔驰汽车有限公司
	郑幼林技能大师工作室	福州雕刻工艺品总厂
	陈忠技能大师工作室	福建中元艺术品有限公司

续表77

项目	名称	项目单位
福建省级技能大师工作室（40家）	余春洲技能大师工作室	福州市首邑木雕有限公司
	张其仕技能大师工作室	福建意达工艺品有限公司
	李壮斌技能大师工作室	福州职业技术学院
	陈伟杰技能大师工作室	福州市鼓楼区文儒九号酒店
	危赛明技能大师工作室	福建茶叶进出口有限责任公司
	吴恩权技能大师工作室	福州第一技师学院
	刘振宇技能大师工作室	福州第二技师学院
	刘传斌技能大师工作室	福州三坑两涧文化传播有限公司
	傅天龙技能大师工作室	福建春伦集团有限公司
	俞海金技能大师工作室	东南（福建）汽车工业有限公司
	林可春技能大师工作室	福建船政交通职业学院
	张晨辉技能大师工作室	福建工贸学校
	李大斌技能大师工作室	国网福建省电力有限公司电力科学研究院
	温育翔技能大师工作室	中国电信股份有限公司福建分公司
	郑静技能大师工作室	中国电信股份有限公司福建无线电通信分公司
	蓝荣杰技能大师工作室	福建理工学校
	陈康技能大师工作室	福建农业职业技术学院
	黄耀波技能大师工作室	福建省锅炉压力容器检验研究院
	廖伟技能大师工作室	中国移动通信集团福建有限公司
	吴子特技能大师工作室	中国电信股份有限公司福州分公司
	陈为新技能大师工作室	福建省工艺美术研究院
	王瑜技能大师工作室	国网福州供电公司
	许国辉技能大师工作室	福建福清核电有限公司
	陈育彬技能大师工作室	福州万商汽车服务有限公司
	游雄峰技能大师工作室	福建宏宇电子科技有限公司
	江蓉技能大师工作室	福建华电可门发电有限公司
	彭细兵技能大师工作室	福建奔驰汽车有限公司
	林锦辉技能大师工作室	福州第一技师学院
	杨明技能大师工作室	福建天工艺术文化传播有限公司
	吴杰技能大师工作室	福建大森木雕有限公司
	李厚漪技能大师工作室	福建五谷香餐饮管理有限公司
	卓明华技能大师工作室	福州大饭店有限公司
	吴成建技能大师工作室	石塔山（福州）茶业有限公司
	黄灵亮技能大师工作室	福建省福州旅游职业中专学校

技工教育 推进“企业新型学徒制”工作，推动飞毛腿（福建）电子有限公司、捷星显示科技（福建）有限公司、福建福光科技有限公司、蜂行者企业服务有限公司、福州福兴妇产医院有限公司等企业与福州第一技师学院、福州第二技师学院、福建技师学院、福建省飞毛腿高级技工学校合作培养，培养企业新型学徒1000人。

福州第一技师学院院成为第45届世界技能大赛数控车项目中国集训基地，学生叶祖彪入围第45届世界技能大赛国家集训队，获人社部通报表扬。学院师生在市级以上技能竞赛中共计58个项目132人次获奖(国家级2项5人次，省级27项62人次，市级29项65人次)，9人获参加2020年全国选拔赛资格，学生曹学朦获人社部2019年“技能雏鹰”称号，教师王孝森获评“全国技术能手”，新增“林锦辉福建省技能大师工作室”。

表 78　　2019 年福州第一技师学院师生获省级以上技能竞赛奖励情况表

级别	竞赛名称	竞赛项目	奖项	参赛选手	指导教师
国家级	全国职业院校技能竞赛	现代模具制造技术·注塑模具技术（团体）	二等奖	叶祖彪、黄旭钒	林锦辉
国家级	第三届全国智能制造应用技术技能大赛	精密模具智能制造单元综合应用	二等奖	吴恩权、林锦辉、李行信	
省级	第八届全国烹饪技能竞赛（福建赛区）	果蔬雕刻（专业组）	第一名	张福顺	
省级	第 46 届世界技能大赛福建选拔赛	烘焙	第一名	林杨远	倪　达
省级	第 46 届世界技能大赛福建选拔赛	机电一体化	第一名	王盛良、黄尊锦	林邦舜、郑丽英
省级	第 46 届世界技能大赛福建选拔赛	数控车加工	第一名	陈健	王孝森
省级	第 46 届世界技能大赛福建选拔赛	机电一体化	第二名	邹锦涛、王梓昌	林邦舜、唐敏
省级	第 46 届世界技能大赛福建选拔赛	数控铣加工	第二名	曹学朦	叶祖涛
省级	第 46 届世界技能大赛福建选拔赛	机电一体化	第四名	余腾飞、黄宏远	林邦舜、苏紫珍
省级	第 46 届世界技能大赛福建选拔赛	数控车加工	第六名	张鹏航	王孝森
省级	第 46 届世界技能大赛福建选拔赛	数控铣加工	第六名	谢定存	叶祖涛
省级	第 46 届世界技能大赛福建选拔赛	汽车技术	第六名	陈晓威	陈若旭
省级	第 46 届世界技能大赛福建选拔赛	焊接技术	第七名	祁飞鹏	张榕宾
省级	第 46 届世界技能大赛福建选拔赛	焊接技术	第八名	水生祥	张榕宾
省级	第 46 届世界技能大赛福建选拔赛	原型制作	第八名	谢定存	吴恩权
省级	第 46 届世界技能大赛福建选拔赛	原型制作	第九名	张鹏航	吴恩权
省级	第 46 届世界技能大赛福建选拔赛	数控铣加工	第十名	陈康	叶祖涛
省级	第 46 届世界技能大赛福建选拔赛	焊接技术	第十名	林煜	张榕宾
省级	2019 年福建省职业院校技能竞赛	新能源汽车检测与维修	三等奖	朱达、赵羽	赵旻、陈若旭
省级	2020 年福建省职业院校技能竞赛	数控综合应用技术	一等奖	曹学朦、陈健、陈康	王孝森、叶祖涛
省级	2020 年福建省职业院校技能竞赛	车身修复（钣金）	一等奖	饶瑞江	赵　旻
省级	2020 年福建省职业院校技能竞赛	车身涂装（涂漆）	一等奖	林伟伟	母嘉玮
省级	2020 年福建省职业院校技能竞赛	新能源汽车检测与维修	二等奖	徐宇、朱达	陈若旭、林奶铃
省级	2020 年福建省职业院校技能竞赛	网络搭建与应用	二等奖	李金鑫、林海杰	郑极福、何秀芳
省级	2020 年福建省职业院校技能竞赛	物联网技术应用与维护	二等奖	陈伟杰、杨辉楠、周旻	李惠娜、陈捷
省级	2020 年福建省职业院校技能竞赛	现代模具制造技术·注塑模具技术（团体）	二等奖	陈培灿、江承键	林锦辉
省级	2020 年福建省职业院校技能竞赛	机器人技术应用	三等奖	黄宏远、余腾飞	林邦舜、苏紫珍
省级	2020 年福建省职业院校技能竞赛	机电一体化设备组装与调试	三等奖	邹锦涛、黄梦	唐敏、高国栋
省级	2020 年福建省职业院校技能竞赛	汽车营销	三等奖	林志明、王文杰	王婷、陈富强
省级	2020 年福建省职业院校技能竞赛	零部件测绘与 CAD 成图技术	三等奖	陈锡豪、林康	王陈芳
省级	第一届全国技工院校学生创业创新大赛福建省选拔赛	跨境电商 ERP 工具组图翻转功能创新	二等奖	方浩杨、陈良程、赵霞霞	林建荣、柯少秦
省级	第一届全国技工院校学生创业创新大赛福建省选拔赛	父母学校＋入户早教项目企划	三等奖	罗诗琦、罗晓雅、池宇情	潘冰玲
省级	第一届全国技工院校学生创业创新大赛福建省选拔赛	基于 IP 授权运作模式的汽车喷漆美容店	优秀奖	刘翔、韩祖勤、江富强、陈伟强	谢贤熙

续表 78

级别	竞赛名称	竞赛项目	奖项	参赛选手	指导教师
省级	2019 年中国技能大赛——全国新能源汽车关键技术大赛福建选拔赛	新能源汽车关键技术	二等奖	陈若旭、林奶铃	
省级	2019 年中国技能大赛——第十一届全国交通运输行业汽车维修工(学生组)职业技能大赛福建省选拔赛	汽车维修工	二等奖	张开吉、章荣毅	陈若旭、林奶铃
省级	第五届福建省“互联网+”大学生创新创业大赛	“一车多席”大型客货车驾驶员模拟培训系统	铜奖	王成军、薛志杰、江富强、陈伟强、黄为亲	邓志宏

福州第二技师学院被国家人力资源和社会保障部授予“国家高技能人才培训基地”称号;柳振宇技能大师工作室被福建省人力资源和社会保障厅授予“福建省级技能大师工作室”称号。教师叶坚、翁华萍指导学生代立、陈茂林参加全国职业院校技能大赛电气安装与维修,并获团体三等奖。

表 79　2019 年福州第二技师学院师生获市级以上技能竞赛奖励情况表

级别	竞赛名称	竞赛项目	奖项	参赛选手	指导教师
国家级	2019 年全国职业院校技能大赛	电气安装与维修(团体)	三等奖	代　立、陈茂林	叶坚、翁华萍
省级	2019 年福建省职业院校技能大赛(中职组)	数控加工技术(数控车)	二等奖	何靖宇	陈恩贵
省级	2019 年福建省职业院校技能大赛(中职组)	数控综合应用技术(团体)	二等奖	王俊伟、何靖宇、何嘉祺	吴小凤、王国平
省级	2019 年福建省职业院校技能大赛(中职组)	网络搭建与应用(团体)	三等奖	高文杰、方常宽	林楷、林各锦
省级	2019 年福建省职业院校技能大赛(中职组)	液压与气动系统装调与维护	优秀奖	林传烽	柳振宇
省级	2019 年福建省职业院校技能大赛(中职组)	液压与气动系统装调与维护	优秀奖	雷鑫龙	谢友银
省级	2019 年福建省职业院校技能大赛(中职组)	动画片制作	优秀奖	翁慧榕	陈晶晶

【劳动关系维权】 2019 年,福州市出台对劳动关系和谐单位的 14 项激励举措。开展劳动关系动态监测预警和隐患排查工作,对欠缴社保 1 个月、2～6 个月的企业分别给予黄灯、红灯预警,排查 50 人以上黄色、红色预警企业分别有 182 家次、141 家次。福州市在“非公有制经济组织参与平安建设情况”综治考评位列全省第一,被人社部列入全国深化构建和谐劳动关系综合配套改革试点的 8 个地区之一。福建祥鑫股份有限公司、福建春伦集团有限公司、长乐恒申合纤科技有限公司等 3 家企业被授予“全国模范劳动关系和谐企业”称号,6 个乡镇(街道)被授予“2018 年度福州市劳动关系和谐乡镇(街道)”称号,36 家企业被授予“2018 年度福州市劳动关系和谐企业”称号。

劳动争议调解仲裁　设立“法院执行+劳动维权”法院驻人社局根治欠薪联动执行工作室,建立“五联动”“三优先”根治欠薪联动执行工作机制。实行劳动监察、劳动仲裁“一窗受理”制度,明确仲裁窗口人员岗位职责和责任体系等系列规章制度。现场宣传劳动法律法规,依法置换仲裁调解书 2987 份,经验在全省调解员、仲裁员培训班上作案例分享。启用人社部《劳动人事争议调解仲裁基本工作制度范本》,推进市县两级仲裁机构办案场所建设。指导福建省清洗保洁行业协会成立行业协会劳动争议调解中心,覆盖企业 200 家、劳动者 5 万人。年内全市立案受理仲裁案件 11366 件,上年度未结案件 330 件,审结 10965 件,结案率 93.75%;全市调解组织结案及仲裁机构结案 16294 件,调解组织达成调解协议及和解、仲裁调解结案 13363 件,调解成功率 82.01%。

解决拖欠农民工工资问题　成立全市根治拖欠农民工工资工作领导小组,建立属地、行业责任清单、任务清单、考评清单,在全省率先将各县(市)区、各行业欠薪治理工作纳入综治考评工作。先后开展清理整顿人力资源市场专项行动、根治欠薪夏季行动、根治欠薪冬季攻坚 3 个专项检查活动,全市劳动保障监察机构为 2577 人追回工资 2661 万元。开展 2018 年度保障农民工工资支付政府考核工作。推进企业劳动保障守法诚信等级评价、工资支付行为守信激励和失信惩戒工作,评出 A 级企业538家、B级企业40家、C级企业27家，评价守信单位581家、一般失信单位20家、严重失信单位20家，向社会公布重大劳动保障违法行为8起。根据《福建省拖欠农民工工资“黑名单”管理实施细则》规定，向省厅上报拖欠农民工工资“黑名单”案件5件。

（黄启韩）

社会保障

【概况】 2019年，福州市参加养老保险444.96万人（含机关保企业制7.72万人），参加工伤保险177.61万人，参加失业保险130.76万人，累计新增21.67万人（次）。全年为7.2万家企业减少城镇职工养老保险、工伤保险、失业保险缴费9.7亿元。

【养老保险】 城镇职工养老保险 从2019年5月1日起，福州市将全市企业职工基本养老保险单位缴费费率从18%降至16%，缴费基数由过去“城镇非私营单位在岗职工平均工资”改为“城镇非私营单位和私营单位加权计算的全口径就业人员平均工资”，个体工商户和灵活就业人员可在平均工资60%～300%之间自愿选择缴费基数。5—12月，减轻全市8.09万家企业养老保险单位缴费负担5.06亿元。调整退休人员养老金待遇，调整后全市企业退休人员月人均养老金2628.51元，月人均增加148.92元。扩大参保覆盖面，全市企业职工养老保险参保191.97万人，其中在职160.08万人，离退休31.89万人。9月23日，上线福建省金保二期社会保险业务平台。福州市社保中心工伤保险科被福建省妇女联合会授予“巾帼文明岗”称号。全年基金收入126.54亿元，支出97.62亿元，累计结余9.15亿元。

城乡居民养老保险 建立健全城乡居民基本养老保险待遇确定和基础养老金正常调整机制，月基础养老金最低标准提高到165元；65～69岁、70～79岁、80岁以上的待遇领取人员，其基础养老金每人每月分别高于基础养老金最低标准10元、20元、30元。推进社保扶贫工作，按时为贫困人员全额代缴居民保最低标准缴养老保险费；全市有46020名贫困人员参加居民保，其中政府为25869名贫困人员代缴517.9万元，为20151名贫困人员发放待遇3983.76万元。审核全市征地报批366批次，涉及耕地面积820.74公顷，预留被征地农民养老保障金 5.77亿元，全市51.5万人纳入被征地农民养老保障。开展城乡居民养老和医疗保险村级便民信息化平台建设，启用全市2007个村级信息化便民点，全年通过村级信息化平台和移动端经办业务累计51710笔。扩大参保覆盖面，全市城乡居民养老保险参保224.87万人，其中领取待遇80.55万人；基金收入22.12亿元，支出18.08亿元，累计结余25.84亿元。

机关事业单位养老保险 推进机关事业单位退休“中人”待遇按新办法重算工作。截至12月底完成符合“中人”待遇重算条件人员7870人。调整退休人员养老金待遇，调整后全市机关事业退休人员月人均养老金为4971元（不含提租补贴），月人均增加204.10元。全市机关事业单位养老保险参保人员20.4万人，其中在职12.82万人，离退休7.59万人；基金收入48.38亿元，支出44.64亿元，累计结余24.91亿元。

【工伤保险】 2019年，福州市工伤保险参保企业9.66万家，参保职工177.61万人，工伤保险基金累计收入4.08亿元，累计支出2.84亿元，历年滚存结余22.17亿元。其中市本级累计收入4.08亿元，累计支出1.34亿元，滚存结余21.99亿元。为全市7.63万家企业减轻工伤保险缴费负担1.97亿元。

【失业保险】 2019年5月1日至2020年4月30日，福州市用人单位按照与之建立劳动合同关系职工的月工资总额的0.5%缴纳失业保险费。2019年，为全市6.85万家企业减轻失业保险缴费负担2.74亿元。全市失业保险参保人数130.76万人，失业保险基金总收入7.3亿元，总支出5.07亿元，失业保险基金滚存结余43.77亿元。全年领取失业保险金人数28373人，发放失业保险金19951.51万元，基本医疗补助金6632.92万元，农民工一次性生活补助238.3万元，价格临时补贴993.47万元，稳定岗位补贴17633.2万元，技能提升补贴112.55万元。

（黄启韩）

【医疗保障】 2019年，福州市将城乡居民医保政府补助标准从510元提高至550元，城乡居民医保大病保险起付线从3万元降至2.7万元，城乡居民医保大病保险报销比例从50%提高到60%。按全省城镇单位就业人员的年平均工资调整职工医保缴费上下限基数，全年为参保单位节省资金4.77亿元；将职工医保大额医疗费用补充保险保费（每人65元/年）改为由统筹基金统一支付，全年为参保单位节省8000多万元。建立医保待遇动态调整机制，将职工医保普通门诊最高支付限额由每人每年6000元提高到每人每年10000元；取消职工医保门诊特殊病种在社区卫生服务中心和乡镇卫生院的起付线，促进分级诊疗制度的建立和推进家庭医生签约；从2019年7月1日起，将原困难企业的职工大病医疗保险、职工住院医疗保险与职工基本医疗保险并轨，实现待遇均等化。完善高血压、糖尿病用药保障政策，报销比例分别为50%、60%。出台福州市医疗保障扶贫三年行动实施方案，将农村贫困人口的城乡居民医保大病保险起付线比上年降低50%、支付比例提高5个百分点。落实福建省精准扶贫医疗叠加保险，提高第一道补助封顶线，将第二道补助的病种从13种增加到31种，扩大大病救治试点医院范围，新增第三道补助；全年精准扶贫医疗叠加保险累计赔付246.32万元、比上年增长192%，报销比例95.8%。实施健康扶贫商业补充保险，全年赔付375.53万元，最高报销比例可达97.52%。针对黑户、未办理二代身份证等无法制作社会保障卡的部分贫困人口，在全省率先制作“特殊扶贫卡”，确保贫困人口就医能实现“一站式”结算。

【医疗保障改革】 药械采购改革 2019年，福州市完善以医保支付结算价为基础的药品联合限价阳光采购，实施药品采购货款阳光结算，全年药品采购入库金额31.8亿元、货款代结算金额31.8亿元，代结算率100%。从2019年6月3日起全市公立医疗机构全面跟进国家4+7带量集中采购，中选药品入库金额8117.9万元，占同品种药品入库量的64.7%，节约医药费用8700万元。推进医疗器械（耗材）阳光采购。

医疗服务价格改革　规范18项特需医疗服务项目和44项新增医疗服务项目编码，出台28项“互联网+诊疗服务”远程会诊收费项目和收费标准。

医保支付制度改革　推行医保付费总额控制，300个病种实行按病种收（付）费，在福州市第一医院试点按疾病诊断相关分组（C-DRG）收付费改革，对实行“人财物”统一管理的县域医共体实行医保打包支付，在基层医疗机构实行普通门诊按人头付费，在市精神病疗养院实行按床日付费。

【医疗保障监管系统建设】　2019年，福州市建设医疗保障人脸识别身份核验系统，建立参保人员人像大数据库，在全省率先建设人脸识别身份核验系统，推行基层医疗机构门诊就医“先拍后结”，防范人卡不一、欺诈骗保等行为，上线人脸识别系统的医疗机构759家。建设医疗保障移动稽核管家系统，借助手机进行远程查房，防范挂床住院、冒名住院等行为。在福州市中医院、福州市第六医院、鼓楼医院和福清市医院等15家开展试点，建设医疗服务行为监管系统，2019年8月12日，在全省率先试点上线医疗保障医疗服务行为监管平台，运用人工智能和大数据技术，打造数据整合、特征构建、风险识别、靶向定位、动态预警的智慧监管体系，实现对医疗机构全过程、全周期医疗行为的精准定位，累计发现24549条涉嫌违规线索。建立奖励举报制度，开展打击欺诈骗保专项行动，全年累计拒付违规金额4678.51万元，暂停定点医药机构结算117家、解除定点医药机构医保结算13家、暂停1人的社会保障卡，暂停医保医师处方权3人、移送司法机关4家。

【医疗保障服务】　2019年，福州市开通村卫生所医保服务，将359家村卫生所纳入医保定点。推行定点医药机构备案网上办理服务，4月29日出台《福州市医保定点医药机构试行网上备案办法》，从5月1日起在全省率先实行医药机构网上备案，医药机构可通过关注微信公众号直接申请医保定点，办理时限从20个工作日缩短为5个工作日，从7月1日起，定点医药机构的信息变更可通过关注微信公众号直接办理。有15家养老院内设医疗机构被纳入医保定点。开通“福州市医疗保障局”微信公众号业务办理功能，参保人员“零见面”即可办理门诊特殊病种定点医疗机构变更和异地就医备案登记。推进“减证便民”专项行动，开展“一趟都不要跑”和“最多跑一趟”办事清单管理。

（苏明辉）

民政事务

【概况】　2019年，福州市制定出台《关于建立城乡低保工作容错免责机制的意见（试行）》《福州市居家社区养老集成改革试点总体方案》《关于做好革命老区脱贫奔小康工作的若干措施》等政策。建立完善农村留守儿童、困境儿童关爱保护体系。全年累计发放城乡低保金和特困金5.34亿元，保障5.74万名低保对象和特困人员。发放临时价格补贴9期，1949.72万元。

【社会救助】　2019年，福州市在全省率先出台《关于建立城乡低保工作容错免责机制的意见（试行）》，被省民政厅社会救助工作交叉践学活动列为典型经验（综合篇）。开展农村低保专项整治、低保扩面和不能自理特困人员集中供养工作，全年新增低保人数5150人，生活不能自理特困人员集中供养率从25.28%提高到75.56%。全年累计发放城乡低保金和特困金5.34亿元，保障5.74万名低保对象和特困人员；发放临时价格补贴9期，1949.72万元。

加强和改进临时救助工作，将临时救助对象按不同困难类型分为急难型和支出型，急难型的给予直接救助。建立乡镇临时救助备用金制度，救助金额在3000元以下的由乡镇政府（街道办事处）审批。全市有20722人次享受临时救助，发放救助金3412.12万元。

建立两类（低保户、建档立卡贫困户）对象信息比对机制，每季度与扶贫部门比对一次。开展“四个一批”扶贫行动，即无力脱贫兜底一批、支出核减纳入一批、脱贫渐退扶助一批和重点保障改善一批，将全市2590名建档立卡贫困户纳入低保。推进公租房配置网上运行工作，开展申请对象家庭经济状况核对，全年公示20批次、2297户拟登记保障资格申请人名单。

【养老服务】　2019年，福州市降低养老准入门槛，取消养老机构设立许可，实行备案制。推进公建民营，通过公开招投标引入社会力量承接运营管理，市县两级社会福利中心社会化运营率90%，乡镇敬老院社会运营率80%。推动出台《福州市居家社区养老集成改革试点总体方案》，推进形成福州特色“3443”养老服务模式。实施智慧养老工程，投资1500万元建设市级智慧健康养老服务平台。全市有各级各类养老机构161家，居家社区养老服务站439个，居家社区养老服务照料中心97个，街道和重点乡镇覆盖率100%；农村养老服务设施2207个，建制村覆盖率100%；各级各类养老床位总计47401张。

【儿童福利】　2019年，福州市建立完善农村留守儿童、困境儿童关爱保护体系。开展全市农村留守儿童、困境儿童关爱保护工作，为6000余名农村留守儿童和困境儿童健康成长创造环境。全市保障290余名孤儿，年度发放保障金450余万元。实施“残疾孤儿手术康复明天计划”，实施1例手术治疗和3例康复治疗。开展儿童收养工作，全市办理收养登记（含涉港、澳、台、华侨）141件，合格率100%。

【福利慈善】　2019年，福州市开展慈善法规政策宣传活动，实施白内障慈善复明行动和血友病救助项目，救助血友病患者25人，白内障患者300人。推动慈善助老超市建设，首家慈善助老超市晋安区西园店在西园老年公寓开业，各县（市）区建成10家慈善助老超市。开展“两节”慰问活动，下拨慰问金1433.68万元。救助各类流浪乞讨人员986人次，其中未成年人34人次，并成功寻亲86人。保障困难残疾人基本生活和提高重度残疾人照护水平，全市享受困难残疾人生活补贴29793人、重度残疾人护理补贴41553人，发放困难残疾人生活补贴资金7029.55万元、重度残疾人护理补贴资金4099.65万元。拓展中福在线和“刮刮乐”销售市场，全年福利彩票销量2.85亿元，其中中福在线视频票销售2.32亿元，“刮刮乐”即开票销售0.52亿元。

【社区治理】 2019年，福州市开展“推进社区治理现代化”专题调研。落实社区治理三年行动，超额完成第一年度社区治理创建任务。台江区通过省级社区治理与服务创新实验区结项验收。“福州市以军门社区工作法为引领推进城市社区治理创新”入选中组部“贯彻落实习近平新时代中国特色社会主义思想，在改革发展稳定中攻坚克难”主题教育案例社会建设卷，第二届全国社区大讲堂在福州举行，市民政局作社区治理工作经验交流发言。鼓楼区南街街道三坊七巷社区、晋安区象园街道连辉社区、马尾区罗星街道马限社区、福清市江镜镇南宵村等4个城乡社区的社区工作法入选省级优秀社区工作法。开展首届“台湾大学生来榕社区服务”体验活动。

【社会组织管理】 2019年，福州市民政局成立社会组织党组织140家，覆盖150家社会组织，覆盖率91.5%，组建支部党建联盟。开展市财政支持社会组织参与社会服务项目工作及“三社联动”试点项目，项目35个，资金446.5万元。出台《福州市公益性社会组织社会工作者薪酬待遇指导标准》，在全省首开两岸社工论坛。开展行政审批制度改革，推进“互联网+政务服务”，在全省率先推出社会组织年检改年报。62个审批服务事项均列入“最多跑一趟”与“一趟不用跑”事项清单，“一趟不用跑”比例达99%以上。

【殡葬管理】 2019年，福州市制定出台全市整治违建坟墓三年行动方案和长效管理机制，全市整治62745台坟墓，整治率100%，同步恢复植被56.4万平方米，工作经验在中国社会报刊登推广。免除鼓楼区、台江区、仓山区、晋安区、马尾区、长乐区、闽侯县居民基本殡葬服务费，实现基本殡葬服务的普惠性、均等化，全市免除居民基本殡葬服务费3499.19万元。

【婚姻登记管理】 2019年，福州市强化婚姻登记规范化管理，全市办理婚姻登记63855对，其中涉港澳台侨和外国人3065对。举办“爱在第一家园”海峡两岸新人的集体婚礼。

【地名管理】 2019年，福州市开展地名管理，编制新版《福州市城区图》和《福州市行政区划图》，完成58条总长719.75千米界线联检任务。

【老区建设】 2019年，福州市出台《关于做好革命老区脱贫奔小康工作的若干措施》，下拨市级老区扶建专项资金800万元，补助老区村基础设施建设项目68项。举办蓝莓种植、火龙果种植及病虫害防治技术、食用菌栽培等实用技术培训班，培训人员130多人。争取省级老区发展专项资金补助50万元，补助5个老区革命遗址保护利用。在《福建日报》《福州日报》上刊登老区宣传报道6篇。

（林志鸿）

退役军人事务

【概况】 2019年，福州市加强退役军人服务保障体系建设，下发《基层退役军人服务中心（站）工作指南》《退役军人服务中心（站）建设与工作规范（暂行）》，明确服务中心（站）工作制度设立、工作运转、服务规范，建成市级退役军人服务中心及县区级退役军人服务中心12个，乡镇（街道）退役军人服务站175个，村（社区）退役军人服务站2669个。在市、县级退役军人服务中心专设信访接待窗口，设立局领导周接待、下沉督查检查、老兵接访模式等制度。

【退役军人思想政治建设】 2019年，福州市退役军人事务局通过退役军人服务中心（站）加强对自主择业军转干部、退役士兵教育引导，持续开展习近平新时代中国特色社会主义思想、党的路线方针政策、退役军人有关政策学习宣传。9月29日，组织全市退役军人代表、自主择业军转干部、军休老干部举办“初心不忘、红心向党”庆祝中华人民共和国成立70周年专场文艺晚会。年内，市退役军人事务局开通微信公众号，加强政策法规宣传解读、政务公开、先进典型宣传。

【双拥共建】 2019年，福州市退役军人事务局组织开展新时代“军民共学党的十九大精神、共建新时代有福之州、共同发扬和践行社会主义核心价值观”活动，全市各级各部门和驻榕各部门结对共建273个，开展活动1053场，参与人数4.6万人次。开展“双拥”和国防教育示范区建设，建成“双拥”和国防教育公园1个、示范路2条、示范点4个，军地双方组织开展“双拥杯”征文比赛和文体比赛等活动。围绕争创双拥模范城“九连冠”分解创模任务，10月12日召开全市双拥办主任会议进行动员部署，11月29日在武警福州支队组织开展“军民共创双拥模范城”系列活动启动仪式。统筹推进随军家属就业创业工作，未就业随军家属补贴按每人每月700元标准发放。开展救助困难军人家庭活动，市财政安排100万元，并接受社会各界捐助，对家庭困难的军人每人补助5000元，为215名困难退役军人发放救助金107.5万元。

【移交安置】 2019年，福州市退役军人事务局采取“公开职位、量化计分、自主择岗”的“全公开、全透明、全程监督”的“阳光安置”办法，加强军队转业干部和符合政府安排工作条件的退役士兵安置。5月，组织军转干部在市委党校进行岗前培训或进入闽江学院参加为期1年的融入式脱产培训，接收安置自主择业军转干部并组织进行适应性培训。核实统计人员数量，会同市财政局制定《核拨2019年度退役士兵补助费方案》，完成补助金额申请、核拨工作和各类补助经费发放。

【退役军人就业创业】 2019年，福州市成立以退役军人事务、教育、财政、人社等部门为成员单位的退役军人职业教育和技能培训工作领导小组，把退役军人培训和就业创业情况纳入各级党委、政府及相关部门干部绩效考核和“双拥”创建的重要内容。7月举办以“退役不褪色、换羽再高飞”为主题的福州市退役军人及现役军人军属专场招聘会，93家重点企业提供各类岗位2800余个，2000余名退役军人和现役军人军属参加，达成就业意向817人。9月19日，市退役军人事务局举办社会力量助力退役军人就业创业合作协议签约仪式，在技能培训、学历提升、职业测评、就业平台搭建、创业孵化基地、金融服务保障、法律援助、健康医疗等方面开展合作。年内，全市召开退役军人专场招聘会12场，507家企业提供各类岗位14473个，签订就业协议946人。

【优待抚恤】 2019年，福州市完成优抚信息系统数据审定、优抚对象档案资料及二代身份证采集和数据核查、“两参”退役人员基础信息数据核查等工作。完成文林山革命陵园纪念设施及市光荣院维修改造。在春节、“八一”、国庆等重大节日开展走访慰问活动，走访慰问各类优抚对象21144人次，发放慰问金总额1077.24万元。

【褒扬纪念】 2019年，福州市退役军人事务局依托文林山革命烈士陵园，组织开展“传承·2019清明祭英烈”主题系列活动，全市10多万人次参与，被“学习强国”列入学习内容。在全市退役军人信息采集工作的基础上，为烈属军属和退役军人等家庭悬挂光荣牌15.9万面；组织开展中华人民共和国成立70周年纪念章发放活动、“9·30”烈士纪念日向革命烈士敬献花篮仪式、全国退役军人工作模范单位和模范个人评选表彰等活动，福州市退役军人张红兵获评为全国模范退役军人。

【军休服务管理】 2019年，福州市开展军休干部接收工作，全年接收军休干部91人。完成各军休所党组织结构调整，设立军休所党总支、工作人员支部和军休干部支部，结合老干部特点，加强党员管理教育，组织政治生活。年内，福州市军休活动中心投入使用，活动中心共8层，建筑面积9217平方米，设置健身房、书画室、阅览室、棋牌室、活动室、会议室、培训中心、老干部餐厅等功能区。落实军休干部“两个待遇”。组织全市军休干部积极参加省退役军人事务厅举办的军休干部书画摄影作品展，上报优秀书画摄影作品100余幅；“八一”建军节前夕组织开展市军休中心揭牌仪式、歌咏比赛、书画摄影作品展、军休干部趣味运动会等系列活动；组织军休干部参加福建省退役军人事务厅的武夷山疗养活动。

【退役士兵社保接续】 2019年，福州市退役军人事务局成立解决部分退役士兵社保问题工作专班，加强与社保、医保、财政、税务等部门配合，落实经费保障，顺通缴费渠道，利用公安信息网、移动电信短信群发、政策告知书签收、“一对一”电话通知等方式，确保宣传到位。推进审核、信息录入及完成缴费等工作，基本完成部分退役士兵社保接续收件。

（陈维桦）

2019年3月31日，福州市退役军人事务局举办“传承·2019清明祭英烈”公祭活动 （市退役军人事务局 供）

民族宗教事务

【概况】 2019年，福州市组织开展2018年度各级少数民族发展专项资金使用情况自查自纠工作，采取委托第三方财务专业机构共同参与的方式，核查各县（市）区收集汇总的项目建设台账，对少数民族补助资金使用管理情况进行全程跟踪。开展民族宗教政策法规培训，举办基层宗教干部培训班。开展以“礼赞70年·铸牢中华民族团结共同体意识”为主题的民族团结进步宣传月，推进民族政策法制宣传教育“六进”活动。

【少数民族乡村发展】 2019年，福州市民族与宗教事务局申请下达中央少数民族发展资金325万元，省级少数民族发展与补助款170万元，落实市级少数民族发展补助专项资金1125万元，改善民族乡村基础设施条件。举办两期少数民族村主干培训班，培训少数民族乡、村干部近100人。举办“三月三”畲族传统节日民俗文化活动、首届中国畲族传统服饰文化周暨2019罗源文化和旅游推介会、2019年福州市中国农民丰收节罗源分会场暨第三届罗源县“稻鱼畲风”节、2019年海峡两岸少数民族茶产业交流暨第五届福建省少数民族名优茶评选等活动。推进少数民族特色村寨建设，罗源县的许洋畲族村、八井畲族村获评“中国第四批少数民族特色村寨”。组织《竹韵酒香畲山春》《畲家糍粑打打乐》两项畲族原创少数民族节目作为表演项目参赛，分别获第十一届全国少数民族传统体育运动会技巧类和综合类表演项目三等奖，雷晓鑫等8名少数民族运动员获体育道德风尚奖。

【城市民族团结】 2019年，福州市开展“礼赞70年·铸牢中华民族团结共同体意识”为主题的民族团结进步宣传月，推进民族政策法制宣传教育“六进”活动，编印发放《民族宗教政策法规宣传手册》10000册，设立宣传栏，在公交车、新闻频道LED屏滚动播出民族团结宣传标语。开展民族团结进步宣传进鼓楼区天元社区、鼓楼区第二中心小学活动。开展全国民族团结进步模范推荐工作，罗源县委及永泰县富泉乡芭蕉民族村民委员会书记董玉英分别获评为全国民族团结进步模范表彰集体和模范个人。

2019年11月14日，福州市民宗局、鼓楼区教育局、鼓楼区民宗局开展民族团结进步宣传进鼓二小活动 （市民宗局 供）

【宗教事务管理】 2019年，福州市民族与宗教事务局受理行政审批办结宗教教职人员身份备案194名。为少数民族群众办结民族成份更改25人。依据《宗教事务条例》的规定，受理办结宗教团体申请设立固定处所4处，审核申报拟新建教堂建筑物1处。9月29日起，市、县两级民族宗教行政审批和服务事项不入驻网上审批平台和行政审批服务窗口。开展民族宗教政策法规培训，与市委统战部联合举办基层宗教干部培训班，举办佛教、天主教、基督教教职人员和民间信仰联系点场所管委会人员培训班，全市1008名民族宗教干部、民族宗教界人士参训。推进基督教团体和场所规范管理，组织宗教活动场所开展垃圾分类、文明敬香活动。协调全市民间信仰联系点银行结算工作，协助21个联系点开立临时对公账户。开展安全工作大检查、“迎大庆 保平安”等专项排查工作。完成“5·18”第二届数字中国建设峰会、第六届丝绸之路国际电影节保障工作。年内市民宗局获评第五届世界佛教论坛筹备和服务保障工作先进集体。宗教团体和宗教活动场所开展文艺活动和升国旗仪式，迎接祖国70周年华诞。

【宗教文化宣传和交流】 2019年，闽侯雪峰崇圣禅寺和旗山万佛寺举办“初心不忘，宗风远绍”第三届海丝佛教福建论坛，福清黄檗山万福寺举办首届国际黄檗禅论坛，全市宗教团体、宗教活动场所及民间信仰场所参与开展福州古厝研讨峰会、陈靖姑信俗文化节、两岸青年信俗文化季、陈文龙信俗文化节、写春联送福字、公益助学、为偏远海岛居民进行慈善义诊等活动。

（吴静欣）

（编辑 姚国榕）

鼓楼区

【概况】 鼓楼区区域面积35.43平方千米。辖9个街道、1个镇，有69个社区，户籍人口58.9万人。

2019年，鼓楼区273个“五个一批”项目完成年度投资360.2亿元，一季度正向激励综合考评居全省第三。“项目年”专项行动考评位列全市第五，开工项目143个，总投资434.69亿元，完成市对区考核任务130%；竣工项目57个，总投资136.84亿元，完成市对区考核任务123.9%；中维动力、福信富通等52个亿元以上战略性新兴产业项目落地动工，数量居全市前列。“三产年”专项行动考评位列全市第三，第三产业增加值增量排名全市第一；新增规模以上企业620家，数量全市最多；21个服务业跨越发展重点项目总投资55.6亿元，超计划任务25.5个百分点。59个市级以上重点项目完成投资179.78亿元，完成年计划116.26%。在2019年中国城区综合竞争力百强排名中位列第23，获评全省唯一的中国最具投资价值城区。

【经济建设】 2019年，鼓楼区实现地区生产总值1916.7亿元，比上年增长7.6%，总量居全市首位，全省第二，提前一年完成“十三五”规划目标，其中第三产业增加值1542.9亿元，三次产业比重为0:19.5:80.5；规模以上工业总产值140.6亿元，比上年增长14.3%。一般公共预算总收入50.9亿元；地方一般公共预算收入30.1亿元；城镇以上固定资产投资比上年增长12.0%；社会消费品零售总额1175.5亿元，增长9.0%；实际利用外资4.14亿元；外贸进出口总额590.8亿元；城镇居民人均可支配收入56446元，比上年增长7.7%。

工业 福州软件园技工贸总收入首次突破千亿元大关，达1012亿元；双创新城投入使用，新增载体面积17万平方米；D区、E区改造提升动工建设。高新区洪山园实现技工贸总收入417亿元；金牛“互联网+”小镇培育平台型企业23家。

服务业 数字经济规模占经济总量比重55.3%，新落地数字经济项目133个，总投资233.77亿元；与毅达资本合作设立全市首支数字产业加速基金。新培育市级总部企业3家，新引进企业总部10家，总部企业数量占全市1/3；出台扶持企业上市“榕树计划”，瑞芯微在主板上市；全区上市企业26家，市重点上市后备企业60家，数量居全市首位。重点培育电子商务、供应链及物流服务、医疗大数据和康养、旅游集散综合服务等9大类49个平台经济项目，全区平台经济规模480亿元。在全省首创“商务楼宇星级评定”标准，全省首个楼宇经济信息化平台上线运行；在全市首推“楼长制”和标杆商务楼宇政企联席会议制度，打造信和广场、三盛国际中心

2019年10月14日，福州软件园A区双创新城建设完成 （鼓楼区政府办 供）

等十大标杆楼宇；改造提升外运大厦、环球广场等8栋楼宇，税收超千万元楼宇108栋，超亿元楼宇21栋。举办“东街口数字生活节”“五四路美好生活节”等商圈促销活动，东街口商圈获评省级示范商圈，年销售额80亿元，比上年增长23%；承接全省首届“商博会”活动，达明美食街入选全国首批城乡便民消费服务中心。首店品牌增至192个，新南街成为全省首店经济冠军街；世界最大的连锁便利店7-ELEVEN落户，开业首日营业额创该公司全球纪录。超级物种、盒马鲜生、永辉生活等新零售门店36家。

招商引资　“招商年”专项行动考评位列全市第4，举办数字峰会招商座谈会、平台经济重点招商项目签约会等5场专题招商签约推介活动，引进兴银理财、汇洁科技、东软集团等577个项目，总投资933亿元，其中50亿元以上项目3个、10亿元以上项目10个。

【城区建设与管理】　2019年，鼓楼区推出老旧小区“初级版、中级版、高级版”分类整治模式，完成25个老旧小区综合整治。在全省首创“街巷长制”，完成21条传统老街巷整治，在改造中试点“多杆合一”，引入有声文化，打造以中山路为主轴的“一路七巷”示范精品。实施程厝里等13个项目27万平方米房屋征迁，完成卧湖路56号等6个零星旧屋区改造。建成万科登俊园等4个安置房项目，推进华润万象城等15个地块85万平方米安置房建设。完成杨桥江滨节点等7个市政缓堵工程，改造红墙巷等7条小街巷，实施保福路等9条道路“白改黑”，建成公共停车泊位1471个。完成缆线下地100段、箱柜整治235处。新建改造公厕21座。在全市率先启动生活垃圾分类管理，全区1474个居民小区落实“四定”工作，垃圾分类正确率近80%。打造鼓屏路等20条道路保洁“示范街”“精品街”。率先在八一七路、古田路等5条道路开展“两车”禁停试点。拆除“两违”5.3万平方米，历史违建处置率100%。

【社会事业】　科技　2019年，鼓楼区培育国家级众创空间3家、省级众创空间8家、市级众创空间14家，数量居全市首位。新增省级院士专家工作站和省级示范院士专家工作站各1个；新增省级新型研发机构3个、省级重点实验室1个。软件园区块链孵化中心、人工智能加速器投入运营。推进国家知识产权强县工程示范区建设，新增市“贯标”培养企业8家、市知识产权示范企业5家。新增高新技术企业95家、省级科技小巨人领军企业21家。在全省率先推出“数字精英孵化计划”，成立数字人才工作站，举办海峡信息赛和“数字中国创新大赛鲲鹏赛道”。

教育　获评为省级基础教育改革发展实验区。新改扩建3所公办幼儿园，新开办2所社区微型精品幼儿园，学前教育普惠率88.71%，公办学额覆盖率49.18%。新改扩建达明小学、杨桥中学等10所中小学，新增学位900个。钱塘小学教育集团横向拓展办学模式持续深化，延安中学教育集团形成全市首个十五年一贯制办学模式；茶园山中心小学、杨桥中学挂牌成为中国科学院大学福建学院附属小学和附属中学，并分别设立“卢嘉锡班”；延安中学实现全市公立学校中考16连冠，杨桥中学连续3年争先进位。实施“强师工程”，在全省率先聘请义务教育阶段台湾全职教师。在全市率先推进校内课后托管服务试点，服务学生1.1万余人。

文化体育　组建全市首支文物保护志愿服务总队，认领保护未定级不可移动文物120处。以书院文化为主题，打造鳌峰坊历史文化街区，完成《福州鳌峰史话》编纂。举办“文薮鼓楼·雅颂鳌峰”等主题活动120余场次。举办区第十四届全民健身运动会等体育赛事。福道入选2019年度中国体育旅游精品推荐项目。

卫生和计划生育　扩建改造南街、华大等6个街镇社区卫生服务中心，场所达标率80%。东街街道社区卫生服务中心试点“互联网+医疗健康服务中心”建设，获第三届全国基层卫生信息化应用创新大赛三等奖。通过全国基层中医药工作先进单位复审评审，实现社区卫生服务中心标准化中医馆全覆盖。儿童口腔疾病综合干预、出生缺陷预防干预典型经验在全市推广。

社会保障　新增就业2.67万人，失业人员再就业0.31万人。观风亭社区养老服务照料中心、汤边社区家园、金牛山社区家园投入运营，推出全区首家“长者食堂”。全年累计为低保、失独等特殊困难老年人和80周岁以上老年人购买居家养老服务券727万元。为鼓楼户籍人员购买民生综合意外险，为60周岁以上老年人购买意外伤害险和第三者财产损失险。发放低保、临时救助、残疾人两项补贴、特困人员供养金等各类救助补助金572万元。居民医保征缴做到应保尽保，基本实现全覆盖。加强与岷县、永泰县对口协作，筹集和拨付帮扶资金6322万元；在全市首创“技能扶贫”模式，推动15个扶贫协作项目落地岷县。

生态建设　改造屏山公园、于山公园、黎明湖公园并对市民开放。推进城市慢行系统建设，打通西湖左海—北江滨、省体—金牛山2条47.7千米长慢行步道，完成福山郊野公园二期建设。完成19条内河整治，建成26个串珠公园、33千米长滨河绿道。实施闽江两岸贯通工程（鼓楼段），完成高铁沿线花廊绿廊建设。推进“绿进万家、绿满榕城”行动，完成拆墙透绿130处7274米、边角地绿化100处1.4万平方米、立体绿化50处1.8万平方米；新增绿地1万平方米，全区绿化覆盖率40.92%，绿地率34.72%，人均公园绿地面积10.62平方米。辖区环境空气质量达标率99.4%，西北区饮用水源保护区水质连续24年100%达标。落实河湖长制。

平安建设　健全完善“鼓楼智脑”，在全市率先建成城市运行指挥中心，推行社会治理“一线处置”工作机制。整治市区两级重大安全隐患点33个，建成小区电动自行车充电桩300处，完成重点单位微型消防站提升改造336个，整治1344个小区消防通道。在全省率先推进商务楼宇老旧电梯修复更新。推进扫黑除恶专项斗争，全区刑事案件总量下降。“平安鼓楼”微信公众号在全国政法机关微信影响力排名中位列前茅。打好防范化解金融风险攻坚战，创建全省首家防范非法集资宣传教育示范点。完善“1235”矛盾纠纷多元调处体系，排查调解纠纷1174起，成功率99%以上。完善“智慧食安”监管平台，开展药械安全专项整治，食品药品安全形势平稳。

表 80　**2019 年鼓楼区街道（乡镇）基本情况一览表**

街道（乡镇）	辖地面积（平方千米）	人口		社区（经合社）（个）	财政总收入（万元）	地方财政收入（万元）	规模以上工业总产值（万元）
		户数（户）	人口数（人）				
鼓东街道	1.11	15297	49569	5	80469	44649	16412
鼓西街道	1.816	19448	62551	6	26946	17404	10279
温泉街道	2.211	20243	73137	7	85017	47896	235320
东街街道	0.722	9977	35225	4	40852	25804	79361
南街街道	1.535	15517	45092	6	13614	8966	10814
安泰街道	1.544	8717	25013	4	27236	18467	34293
华大街道	3.273	24470	87496	9	46634	25815	15758
水部街道	1.297	11868	35289	5	49082	29537	30191
五凤街道	9.548	26175	77559	11	30664	17466	40522
洪山镇	12.374	32738	98087	12	74030	51495	445143

说明：数据来自鼓楼区统计局、鼓楼区自然资源和规划局　　（吴锦地）

台江区

【概况】　台江区县级行政区域界线3条（台江鼓楼线6.482千米，台江晋安线7.37千米，台江仓山线10.98千米），总长24.832千米。土地面积约18平方千米，辖宁化、上海、义洲、苍霞、茶亭、洋中、新港、后洲、瀛洲、鳌峰10个街道，52个社区居委会。2019年，台江区总户数117016户，户籍人口318261人，比上年减少963人，男性156561人，占49.19%，女性161700人，占50.81%。年内完成为民办实事项目十大类67个，年度投资8.26亿元。1月23日，南公园片区房屋征收工作中，新港路（二期）地块、竹排埕地块实现100%签约、100%搬迁、100%拆平。

【经济建设】　2019年，台江区实现地区生产总值538.60亿元，比上年增长8.4%。其中第二产业增加值87.55亿元，增长2.3%；第三产业增加值451.05亿元，增长9.5%。三次产业比为0：16.3：83.7。全区一般公共预算总收入27.01亿元，比上年增长14.4%，位列全市第一。其中地方一般公共预算总收入17.09亿元，比上年增长12.0%，位列全市第一。全区一般公共预算支出21.11亿元，比上年增长17.0%。固定资产投资149.07亿元，比上年增长21.4%。城镇居民人均可支配收入52399元，比上年增长8.0%。

工业　台江区有规模以上工业企业17家。规模以上工业产值累计完成10.86亿元，比上年增长5.7%；规模以上工业增加值增长5%；全年工业固定资产投资累计完成16.72亿元。

服务业　第三产业增加值完成451亿元，比上年增长9.5%，规模以上营利性服务业营业收入53.6亿元，累计增长17.8%。年内，台江区在福州市“三产年”专项行动各县区考评中排名第一。

招商引资　先后引进阳光集团供应链、曹操出行平台、观韬中茂律所、东方富明公司等一批好项目。“2019招商年”行动通过认定项目377个（含3个不计入项目数的项目）、投资总额450.96亿元，综合评分64.3，在全市13个县市区中排名第9，招商项目转化生效位列全市第一。其中定向招商项目通过12个，投资额14亿元。

【城乡建设与管理】　2019年，台江区征收办为全区11个项目办理征收前置审批手续。根据2019年旧屋区改造计划清单，台江区涉及同晖“1·26”灾场及周边地块、省科学器材公司及塑胶厂危房地块等旧改任务2项，合计征收占地面积7.12公顷，拆除旧房面积13.33万平方米，涉迁户数1568户。同晖“1·26”灾场及周边地块11月23日按期启动签约，截止12月13日签约期限，完成签约1430户，签约率超97%。摸排出存在墙体风化、露筋等严重隐患的17处房屋，全部列入零星旧改计划予以征收排除隐患。17个项目占地约1.918公顷，涉拆旧屋面积3.781万平方米，征迁户数565户。

【市政建设与管理】　2019年，象园路等80条城市道路、瀛洲桥等10座桥梁下放台江区监管、维护、大修改造和挖掘、占用许可审批。下放管养内容包括道路路面、人行道、桥隧、路灯、雨水系统等市政设施（污水排放设施暂不下放）。原区管123条道路上市管路灯设1119盏下放区管养（不含变压器）。在建规划红线20米以下的道路竣工验收后移交区管养。市财政下拨管养经费243万元。

小街巷设施维护　完成西洋路16号弄、荷塘路、三保直街、高顶路、水巷、菏泽巷、上游巷、白马桥道、河上巷、交通支巷、铺前顶支路、广达路370号、浦尾巷、长乐南路6号支巷、江中路、三保街、龙庭路、龙庭支路、长乐南路18号支巷、长寿支路等20条小街巷改造和10个街道小街巷的路面、管网维护。

内河治理　有12条内河纳入水系综合治理PPP项目，年底基本建成开放，水质保持良好。

城区道路建设　新建改造鳌峰片BE地块区间道路、下杭路、朝阳街南段、中平路、隆平路、柔远雅苑周边道路、北江滨路网k路、横一路、横二路、纵一路10条区属市政道路；新建改造雨水管网8千米、污水管网2.02千米。完成福州市缓解城区交通拥堵行动第二批、第三批项目鳌峰片BE地块区间道路、太平里路—太平二路、下杭路、光明路、瀛江路等6条道路新建改造。

缆化下地工作　2019年，台江区完成白马桥道、下杭路、新港路、荷塘路、嘉园屯新村等106条道路通信管沟建设工作。总长度约27公里，总投资约3117万元。

2019年2月26日，上下杭历史文化街区开街亮相　（台江区委宣传部 供）

【社会事业】　科技　2019年，台江区新增国家级高新技术企业67家，新增省级高新技术企业76家。福建省气柜设备安装有限公司、福建省东锅节能科技有限公司、福建安吉达智能科技有限公司、福建亿芯源半导体股份有限公司、福建知鱼科技有限公司、福建银讯信息科技有限公司、福建省金皇环保科技有限公司7家企业被省科技厅认定为福建省科技小巨人领军企业。智恒科技、弘扬软件认定为省级新研发机构。新媒空间、财富星工场、阿里巴巴、华优汇创、摩天之星获得省级众创空间称号。

教育　区属小学19所、中学5所（含1所完中）、职业学校1所、育智学校1所；有独立设置的各类型幼儿园57所，其中公办园14所，民办园43所。有在校生32641人，其中小学生25223人、初中生5703人、高中生1147人、职业高中生465人、特教学生103人。在园幼儿13838人，3～5岁入园率99.01%，实现以公办为主导、公民办并举的多种教育形式相结合的幼儿教育服务网络格局。

文化体育　拓展“江滨大舞台”“暑期加油站”“四点半艺术公益课堂”“非遗进校园”等本土文化品牌活动。举办演出、讲座、展览等各类群众性文化旅游活动200余场。其中国庆期间以“壮丽七十年·奋斗新时代”为主题，在全区开展60余场群众性文艺活动。台江区滨江合唱团获得首届中国“新时代·新作品”合唱比赛银奖，台江区滨江白玉兰舞蹈团获得2019年福州市全民健身运动会广场舞大赛一等奖和人民网“2019年人民广场舞大赛”福州赛区一等奖，台江区滨江少儿舞蹈团获中国舞蹈家协会教学成果展演福州站冠军，并以全场最高分获得东南卫视《少年·舞起来》栏目优秀节目征集第二轮选拔赛“东南舞王”称号。台江区滨江人声乐团（ant pie singers）获得2019年新福州人歌手大赛金奖。举办全区全民健身运动会，并组队参加福州市体育比赛，获得19个第一名，17个第二名，23个第三名，1个团体总分第一名，3个团体总分第二名。

卫生和计划生育　医疗卫生机构256家，其中医院10家、社区卫生服务中心10家，卫生院1家，医疗卫生机构床位数量5061张，卫生技术人员数量9364人，其中执业（助理）医师数量3712人，注册护士数量4363人，每千人拥有医疗卫生机构床位数量10.48张，每千人拥有卫生技术人员数量19.39人，每千人拥有医生数量7.69人。年内台江区出生人口3303人，出生率10.36‰；死亡人口2535人，死亡率7.95‰；人口自然增长768人，人口自然增长率2.41‰。

社会保障　发放城镇人员失业金14021人次2257.6万元；为全区60周岁以上享受城居保待遇的9581人按月发放基础养老金，累计发放2046.21万元；纳入被征地农民养老保障人数2885人，享受养老补助953人。全年登记失业率2.14%，城镇新增就业10019人，安置下岗失业人员2927人，其中困难人员再就业890人。

生态建设　空气质量达标率99.2%，区域环境噪声58.8分贝，交通道路噪声66.7分贝。

平安建设　聚焦平台台江、平安街道、平安社区、平安小区及行业系统联动联创，着力严防严控重点群体、行业、领域各类风险隐患，开展扫黑除恶、公共安全领域大排查大化解大整治等专项行动，打造“金斗社区基层社会治理试点”“四级巡防”“家园事务服务中心”等一批市域社会治理亮点项目，各类案件立案数大幅下降，化解矛盾纠纷，群众安全感率、扫黑除恶好评率居全省、全市前列。

社区建设　2019年，台江区推进社区治理三年行动，完成18个年度创建目标，其中13个为达标社区，5个为标杆社区；完成创建省级社区治理和服务创新实验区创建任务。

表81 2019年台江区街道基本情况一览表

街道	辖地面积（平方千米）	人口		社区（经合社）（个）	规模以上工业总产值（万元）	财政总收入（万元）	地方财政收入（万元）	财政支出（万元）
		户数（户）	人数（人）					
宁化街道	2.9	8008	21540	5个社区，2个经合社	8037.7	8729	2223	3017.75
上海街道	2.65	20980	60395	7	7348.9	3868	5383.3	3468.99
义洲街道	0.86	12743	29843	5个社区，1个经合社	2977.2	2370.68	1552.6	2398.24
苍霞街道	1.07	11472	29957	5	5993.2	3063.19	2781.2	3140.29
茶亭街道	0.88	6642	19000	4个社区，1个经合社	3551	2591.5	11011.6	2636.7
洋中街道	0.88	6079	17827	4个社区，1个经合社	59451.2	2116.75	4605.2	2198.57
新港街道	1.35	10562	29492	5个社区，1个经合社	—	3249	16700.20	3342.4
后洲街道	0.91	11778	27912	6	12875	2771	4954	2684.4
瀛洲街道	2.2	12599	45418	5个社区，1个经合社	—	2772.26	8034.3	2763.4
鳌峰街道	5.1	35712	50640	6个社区，1个经合社	2586.8	4996.24	16050.7	4947.16

说明：数据来自台江区统计局 （李倩倩）

仓山区

【概况】 2019年，仓山区区域面积142平方千米，辖8个街道、5个镇，有79个社区、102个行政村。户籍人口620713人，常住人口85.8万人，人口自然增长率7.9‰。全区有春伦茉莉花茶文化创意产业园、福建索佳艺陶瓷文化创意园2家国家AAA旅游景区，及螺洲古镇、林浦古村、烟台山历史风貌区、金山寺、花海公园等重要旅游资源。年内获2019年度全国科技创新百强区（福建省福州市仓山区47位）、2019年全国绿色发展百强区（福建省福州市仓山区48位），获评为国家城乡融合发展试验区。

【经济建设】 2019年，仓山区生产总值824.87亿元，比上年增长8.4%。其中第一产业增加值1.65亿元，比上年增长0.5%；第二产业增加值333.79亿元，增长8.3%；工业增加值272.94亿元，增长8.7%；第三产业增加值489.43亿元，增长8.7%。人均地区生产总值97387元，比上年增长6.3%。农林牧渔业总产值3.29亿元，比上年增长0.5%。固定资产投资比上年增长12.6%。社会消费品零售总额649.86亿元，比上年增长10.5%。实际利用外资13.94亿元，比上年增长0.2%。一般公共预算总收入43.85亿元，比上年增长2.2%，其中地方一般公共预算收入28.51亿元，增长0.6%。城镇居民人均可支配收入44495元，比上年增长7.9%。

招商引资 开展“招商年”专项行动，创新提出区领导认领招商任务、重点项目评估审核等机制，引领全区形成招大商、招好商氛围；完成潘墩综合楼、环站新城等36个总面积44万平方米的商贸楼项目回购。全年引进永辉一二三三全球供应链、滴滴等优质项目873个，总投资1701亿元。项目总数、总投资额、常规项目数、常规项目投资额4项指标位居全市第一。“招商年”综合考评位居全市第一，“项目年”综合考评位居全市前列。

智能产业 把智能产业作为新兴产业主攻方向，编制印发《仓山区智能产业三年行动计划（2019—2022）》，创新实施“12510”体系，引进百度云AI实验室、华为人工智能孵化中心、北京大学北斗网格智能空间协同创新实验室、中国移动5G联创开放实验室、中国信通院数字经济创新发展研究中心等一批重点实验室，构建起互联网小镇、人工智能（AI）小镇、北斗小镇三个产业小镇。全年累计推动中软国际、字节跳动等108个智能产业项目落地，产值超过100亿元。

工业 规模以上工业增加值比上年增长8.6%，新增提升规模以上工业企业64家。启动工业园区规范提升工作，金山工业园区橘园洲片区作为全市试点，出台提升改造实施细则，完善工业园区产业准入、运营和退出机制；创新“货币补偿+厂房安置”、土地先租后售、工业园区总体容积率提高至3.0、企业改扩建免收土地增容费等措施；累计规范清退非工业单位148家，整改面积5.2万平方米；完成橘园片区A、C地块102.4亩工业用地收储；鼓励企业自主提升，奥特帕斯等优质企业试点项目启动实施。持续拓展产业载体，红星农场南侧地块调整为工业用地；改造飞客小镇等标准厂房，新增建筑面积近5万平方米。推动企业技改提升，实施福顺微集成电路芯片技术改造（二期）等13项技改项目，完成投资2.8亿元；实施森达电气生产装备智能化等13个省级“两化”融合重点项目，完成投资4.8亿元。鼓励企业做精主业，宜美电子、仙芝楼等5家企业获评省“专精特新”中小企业。

服务业　第三产业增加值比上年增长9.3%，占GDP的比重提升到59.3%，新增提升限额以上商贸业、规模以上服务业企业160家。落实“三产年”专项行动，海通广场等19个“服务业跨越发展”重点项目完成投资87.5亿元，完成年计划的129.5%。推进“平台仓山”建设，培育发展永辉一二三三全球供应链、华威商贸物流等31个平台项目，实现销售额65亿元。推进服务业集聚发展，浦上电商产业集聚区、国艺花鸟市场等八大现代服务业集聚区初具规模。推进能源产业发展，落地君海能源等优质企业，区国投公司分别与中海油、中石油开展战略合作。推进电商产业发展，32家限额以上电商企业实现零售额37.4亿元，比上年增长30.3%。万达、爱琴海等各大商业综合体开展特色促销活动100多场，浦上商圈、奥体周边等夜色经济街区更加活跃。

【城乡建设与管理】　福州新区三江口片区建设　2019年，仓山区推进三江口片区建设，完成樟岚收储一二三地块等20个项目征迁，交地227.67公顷、拆迁72万平方米。三江口大桥、双湖新城北侧规划路等12个基础设施项目建成。开展海绵城市建设试点，建成盛景黄山北区海绵化改造等试点项目30个。新引进亚升集团总部等产业项目58个，总投资107.4亿元。福州学校等10个项目有序推进。

征迁安置　推进浦下江边旧改、跃进郭宅一二期等110个项目征迁，征迁面积263.3万平方米，实现净地交地项目80个486.6公顷。其中启动连片旧屋区改造项目21个、占地215.87公顷、涉迁177.6万平方米；完成9个地铁站点征迁任务，用时3个多月完成地铁洪塘停车场项目两期近300户企业搬迁、31.7万平方米旧厂房拆除，交地21.33公顷；完成龙津河1号支流等25条支流（河段）征迁任务，拆迁49万平方米，交地27.33公顷；完成白湖北园、首山南北侧等7个南二环景观带项目征迁，涉迁面积28.3万平方米，绿化面积6万平方米。清理批而未供土地222.27公顷。全年出让土地18宗、面积128.27公顷，成交金额312亿元，出让面积、成交金额位居五城区第一。

市政建设　完成缓堵硬件项目45个，南台大道、环岛路等主干路网相继通车，新建公共停车场20个，新增停车位1738个。完成22条道路505盏市政路灯防漏电改造，完成21条道路281个箱柜整治。开展农村人居环境整治，完成31个行政村生活污水治理，实现全区102个行政村全覆盖。推进“厕所革命”，新建城乡公厕50座，改造农村公厕12座，建成城市管理驿站22座。

2019年1月1日，仓山区图书馆金山新馆投入使用　（仓山区文旅局 供）

景观建设　推进“四位一体”建设，完成拆墙透绿121处、零星地块及边角地绿化整治130处、通信及电力缆化下地42.8千米、小街巷改造15条，征收零星旧房27处、2.7万平方米。开展“绿化仓山提质”行动，实施绿化提质项目161个，完成南台大道等道路沿线绿化提升改造16.5万平方米、屋顶绿化30处、墙体绿化20处、山体林相景观改造10公顷，全区新增提升绿地面积36.2万平方米。全区人均公园绿地面积15.5平方米，绿化覆盖率45%，提前完成十三五规划任务。完成高铁、闽江沿线环境整治、南二环等重要线路景观提升、城区夜景灯光提升等任务181项。31条主河道整治“卷地毯”攻坚基本完成，飞凤河、马洲支河等11条主河道通过验收；建成滨河串珠公园34个，面积16.7万平方米；新增滨河步道30千米。完成污染源整治745个，关停“散乱污”企业51家，3个市级水源地水质达标率保持100%。

【社会事业】　教育　推进高湖小学、首山中学等13所中小学校建设，金山八期中学等5所中小学校建成投用，新增中小学学位8505个；推进浦口新城幼儿园等5所公办幼儿园建设，建成马榕幼儿园分园等3所公办幼儿园，新认定5所普惠性民办幼儿园，新增学位3700个，实现幼儿园公办率50%、普惠性幼儿园学位覆盖率85%以上。深化6所名校集团化办学试点，探索与优质民办学校开展合作办学，扩大优质教育资源覆盖面。优化环保职专专业设置，推进产教融合发展，提高职业教育办学水平。加强区教师进修学校建设，发挥名师工作室带动作用，加大教师培养培训力度。

文旅与体育　利用国家体育产业示范基地等资源，提升福州体育科技园、海峡文化艺术中心等平台运营水平，引进落地一批知名文体品牌项目。推进公共文化服务体系建设，推进“高级版”基层综合文化场所建设，新建、改造各类球场、智能健身驿站等体育设施40处。推进冠城大通广场等项目建设，全年接待游客737万人次，实现旅游业总收入86.1亿元，比上年增长30%。完成烟台山公园改造并对市民开放，建成陈靖姑文化主题公园，举办第十三届闽台陈靖姑民俗文化旅游节；开发环南台岛休闲路骑行健身项目；结合古厝保护提升，打造1—2条精品旅游线路，配合举办福州国际马拉松等重大赛事活动。

卫生和计划生育 推进市二医院改扩建、福建医大附一医院分院等5个省、市优质公立医院项目建设，建成投用市妇幼保健院新院、孟超肝胆医院门诊楼，新设置民营医疗机构68家。启动建新镇第二卫生院、螺洲镇卫生院提升改造等基层医疗机构建设。开展执业药师“远程审方＋多点执业”试点，打造“互联网＋药事服务＋药品监管”平台，推进药品电子处方应用，确保覆盖率80%以上。提升养老服务水平，建成区社会福利中心，新建1个居家养老照料中心、1所农村幸福院，全区新增床位400张以上，实现居家养老服务中心各镇街全覆盖。

社会保障 安排实施25个为民办实事项目。完善社会保障体系，深入实施全民参保计划，实现法定人群基本全覆盖；落实社会保险降费减负政策，提高城乡居民医保政府补助标准和基础养老金标准。全年新增城镇就业13500人，城镇失业人员再就业2300人。开展第七次人口普查工作。探索实施“区统筹、镇主导、村受益”工作机制，盘活、利用村集体资金，采取股份制购买、建设大型商贸项目、工业厂房等办法，发展村集体经济，解决被征地群众生产生活出路问题，全部村财收入均超10万元；启动联建村村集体用地建设社会保障房试点项目。推进云锦公馆、铂悦华郡等安置型商品房项目建设，建成安置房40万平方米以上，安置回迁20万平方米以上。

生态建设 环境空气质量综合指数3.07，全区环境空气达标天数362天，优良率99.2，建成区区域环境噪声57.6分贝，道路交通噪声平均值66.4分贝，3个市级集中式饮用水源地水质达标率100%。

平安建设 围绕法治仓山和平安建设，全年排查矛盾纠纷700件，接收社区矫正对象428人，安置帮教人员1725人，办理各类公证1788件，组织法律活动321场，承办法律援助案件370件。

表82 **2019年仓山区街道（乡镇）基本情况一览表**

街道（乡镇）	辖地面积（平方千米）	人口		社区（村）（个）	财政总收入（万元）	地方财政收入（万元）	财政支出（万元）
		户数（户）	人口（人）				
下渡街道	1.82	11714	34632	5	11748	9117	2444
仓前街道	1.15	9214	27452	5	4914	3454	2571
上渡街道	3.74	12719	37207	5	4348	3085	1858
临江街道	1.00	6654	19184	4	5789	3612	1844
对湖街道	2.09	13096	38004	5	2750	1990	1914
三叉街街道	0.51	6360	17576	4	3465	2450	1618
东升街道	0.66	4277	11622	3	2142	1332	842
金山街道	11.54	35513	108850	26	14213	9473	7950
仓山镇	3.15	—	—	14	34637	20429	10658
城门镇	45.4	28777	98693	25	52958	31191	16386
盖山镇	37.69	31616	102231	36	44932	31149	14454
建新镇	32.42	38383	111824	40	63498	45163	32274
螺洲镇	5.06	4309	13438	9	17159	10636	4126

说明：1.仓山镇人口分属在对湖、仓前、上渡和下渡街道中统计；
2.数据来自仓山区公安局、自规局、财政局、民政局

（陈暖）

晋安区

【概况】 晋安区位于福州市东北部，区域面积552平方千米。辖3个街道、4个镇、2个乡，有80个社区、114个行政村。户籍人口42.55万人，常住人口87万人。

2019年，5个省重点项目完成投资28.92亿元；107个市级重大项目完成投资513.96亿元。475个省“五个一批”项目完成投资497.31亿元。累计开工项目206个，竣工项目235个，“项目年”专项行动位居全市第二。年内，

晋安区获评省级义务教育阶段人工智能教育实验区、全国“七五”普法中期先进区，再次入选全国科技创新百强区、全国投资潜力百强区、全国绿色发展百强区、全国新型城镇化质量百强区，列入国家级紧密型县域医共体建设试点、全省乡村振兴重点县（区）。

【经济建设】 2019年，晋安区实现地区生产总值884.8亿元，比上年增长7.6%，三次产业比例0.8:29.6:69.6。一般公共预算总收入38.51亿元；地方一般公共预算收入24.25亿元；财政支出31.53亿元；固定资产投资额573.96亿元，比上年增长15.1%。城镇居民人均可支配收入48327元，比上年增长7.6%；农民人均纯收入21799元，增长10.2%。

农业　农林牧渔总产值12.37亿元，比上年增长3.7%。特色品牌农业持续发展，新增4个“三品一标”农产品，鑫农高科、禾意生态获评市级休闲农业示范点。推进农村集体产权制度改革试点工作。发展农村集体经济，落实新一轮15个薄弱村扶持工作。开展第三次全国国土调查，农村地籍房屋调查、推进农房确权登记试点工作。

工业　实现工业增加值171.64亿元，增长8.6%。推动福兴经济开发区新一轮城市设计和控规调整，喜相逢、中信网安等优质企业入驻软件园标准厂房；欧居智能、永正检测等一批创新型产业项目开工建设；麦克赛尔数字映像生产基地基本建成；高意5G生产线建成投产。

服务业　第三产业增加值615.81亿元，比上年增长8.4%；实现社会消费品零售总额1000.23亿元，增长11.6%。推进宜家项目建设，提升五四北、东二环、王庄等商圈品质，建成夜色经济街区11个，新增企业总部18家。盛辉智慧、盛丰云通等新型物流供应链平台动工建设，5A级物流企业增至3家。申报“乡约北峰”全域品牌，提升改造皇帝洞、飞云峡等景区景点，“几何坞”等一批精品旅游民宿建成开业。鼓岭获评中国旅游影响力十大度假区、全国新兴森林旅游地品牌、全国康养森林基地。

招商引资　实际利用外资64439万元。落地招商项目628个，项目总投资1581.01亿元，其中产业链项目4个、总投资17.4亿元，技改项目85个、项目总投资286.67亿元，外资项目7个、总投资28.07亿元，考评总得分排名全市第2位。

【城乡建设与管理】 城乡规划　新增绿化面积63万平方米，45千米的“古道”全面贯通（光明港公园至国家森林公园），升级城市生态福利。新（改）建城区道路21千米，完成100条道路缆化下地，改造桂香街等22条小街巷。九峰村、前洋村成为全省美丽乡村建设示范样板，九峰村获评农业农村部“中国美丽休闲乡村”、住建部“美好环境与幸福生活”共同缔造活动精选试点村。新（改）建山区道路9条、30千米，完成农村公路养护提升工程（生命防护工程）17条、65千米，打造鼓宦线、前九线等北峰环线全景公路。

征迁安置　启动28个旧改项目，完成13个连片旧屋区清盘扫尾，征收房屋面积400万平方米。出让土地33幅、107.8公顷。开工建设安置型商品房150万平方米，回迁20个征迁项目、3300多套安置房。

市政建设与管理　新建公共停车场15个，新增停车泊位1700个、充电桩330个。实施二环、三环、福马路等重点道路景观提升工程610项，整治提升老旧小区11个。建成垃圾分类屋（亭）907座、宣教屋30座，新建公厕42座。全省规模最大的益凤建筑垃圾资源化项目建成投产。

【社会事业】 科技　实施科技项目340个，兑现各类扶持资金4000万元。搭建科技创新服务平台，新增市级院士（专家）工作站3个、市级众创空间2家、市级星创天地2家。申报国家级（省市级）技能大师工作室8个，全市首家政府主导的人才驿站——智汇晋安建成启用。规模以上企业研发投入比上年增长12.5%，新增国家知识产权优势企业2家、知识产权贯标培育企业4家。新增国家级（省级）高新技术企业97家、省科技小巨人领军企业16家、省级“专精特新”中小企业5家，4家企业获省科学技术进步奖。18家企业列入市级重点上市后备企业。

教育　福州三中晋安校区等6个学校工程建成投用，新增学位5300个。引进5所省属公办园，普惠率、公办学额率位居全市前列。在全省率先开展少先队改革试点。区属公立中学高中在校生3126人，初中在校生13384人，小

2019年9月30日，晋安区社会共商共治服务平台“八闽第一站”正式启用
（石美祥　摄）

学在校生52260人（公办49969人、民办2291人），区属在园幼儿29115人（公办8448人、民办20667人），特殊教育学校在校生68人。

文化体育　推进古厝保护、文物保护、非遗传承等工作，新店古城遗址公园（一期）项目完成征迁，寿山石馆完成数字化提升。建成公共图书馆总分馆服务体系，改造提升155个村（社区）文化服务中心，启用八·一七革命纪念馆等一批爱国主义教育基地。全民健身和竞技体育同步发展，建成1个多功能运动场、30条健身路径等体育设施。

卫生和计划生育　推进省儿童医院、省妇产医院、省疾控中心建设，区医院、区妇幼保健院改扩建一期工程建成投用，岳峰、宦溪、茶园社区卫生服务中心（卫生院）完成改造提升。区公立医疗集团启动运行，区医院获评二甲综合医院。全年出生人口3337人，人口出生率8.51‰，出生人口性别比107.01，人口自然增长率4.43‰。

社会保障　各级财政用于民生支出21.1亿元，占一般公共预算支出73%。完成21件省市级、81件区级为民办实事项目。城镇新增就业19965人，城镇失业人员再就业2477人，城镇就业困难人员再就业699人，农转957人；区社会福利中心一期投入运营，新增养老床位300张。试点开办茶园街道养老助餐食堂，王庄、象园街道实现社区居家养老服务站专业化运营。养老保险参保扩面4200多人，城乡居民和城镇职工基本医疗保险参保扩面2万人，发放城乡低保金、临时救助金、残疾人补贴1600多万元。新建区退役军人服务中心，实现乡镇（街道）、村（社区）两级退役军人服务站全覆盖。

生态建设　落实“河湖长制”，完成28条内河水系综合治理，推进10条支流整治扫尾。完成鹤林片区海绵城市试点，晋安湖公园开工建设，全省最大的单体蓄水池——斗门调蓄池建成投用。完成造林绿化1466.67公顷、森林抚育400公顷、封山育林866.67公顷。推进国家生态文明试验区建设，完成第二次全国污染源普查，通过第二轮中央生态环境保护督察。

平安创建　区禁毒教育基地揭牌开放，社区矫正监管指挥中心建成投用，刑罚执行一体化工作走在全省前列。开展“扫黑除恶”“利剑护航”等专项行动，打击黑恶势力组织13个，刑事案件比上年下降11.6%。创建国家食品安全示范城市，加强餐桌污染治理、食品药品监管、“一品一码”全过程追溯体系建设，第三方评估食品安全工作模式入选全国社会共治提名案例。强化区域安全风险评估成果运用，排查整治自建民房、道路交通、危险化学品、消防等领域安全隐患，加强应急管理、防灾减灾等工作。

社区建设　开展全国农村社区治理实验区创建工作，建成两岸社区交流中心，上线运行“晋我家”智慧社区管理平台。推行“三社联动”工作模式，培育“村童妈妈聚乐部”等社会组织品牌，丰富社区治理内涵。健全基层网格化服务管理体系，新建综治中心200个，各类综治信息数据实现整合共享。

表83　2019年晋安区街道（乡镇）基本情况一览表

乡镇（街道）	辖地面积（平方千米）	户籍人口（人）	社区（村）（个）	财政总收入（万元）	财政总支出（万元）
鼓山镇	50	114209	43	44585	27226
新店镇	48.3	85110	44	31913	20822
岳峰镇	11.3	77149	20	39321	16750
宦溪镇	133	13990	25	15004	11954
寿山乡	170.8	12109	22	7126	8897
日溪乡	130.6	6964	12	4057	6591
茶园街道	4.7	51921	12	25039	11102
王庄街道	3.6	35485	9	19515	6210
象园街道	1.6	28632	7	9028	4436

说明：数据来自晋安区统计局、晋安区财政局、晋安区民政局、福州市公安局晋安分局

（吴全福）

马尾区

【概况】　马尾区区域面积275.58平方千米，其中福州经济技术开发区面积23平方千米。辖一个经济区（琅岐经济区）、三镇一街（琅岐镇、亭江镇、马尾镇、罗星街道）、75个村居，户籍人口18.28万人，常住人口27.84万人。2019年，马尾区连续两年获得全国科技创新百强区、全国新型城镇化质量百强区等称号。开展“三个年”专项行动，通过“项目年”，开工项目143个，竣工项目60个，开、竣工率分别为130%、120%；通过“招商年”，引进时代星云等项目432个、总投资565.6亿元；通过“三产年”，培育引进植护网络等服务业项目36个，建成九州通医药供应链等项目9个。

【经济建设】　2019年，马尾区实现地区生产总值576.26亿元，比上年增长5.2%，三次产业结构0.8∶58.1∶41.1；

社会消费品零售总额232.55亿元，增长11.2%；一般公共预算总收入34.92亿元，下降2.6%；地方一般公共预算收入22.84亿元，下降4.9%；一般公共预算支出37.07亿元，下降19.1%；固定资产投资额182.66亿元，下降40.6%；城镇居民人均可支配收入53119元，增长8.3%；农村居民人均纯收入27599元，增长9.7%。

农业　农林牧渔业总产值9.82亿元，比上年增长3.6%。新增无公害产品认证3个、绿色食品产品认证1个。全区12家市级以上农业产业化龙头企业完成销售收入129.93亿元。

工业　34个省市重点技改项目完成投资17.4亿元，比上年增长30.8%。实施工业园区改造提升项目16个，新建“升级版”标准厂房27万平方米。战略性新兴产业产值占规模以上工业产值48%，居全市首位。新增省级以上高新技术企业53家、制造业单项冠军企业2家、科技小巨人领军企业12家、“专精特新”中小企业4家，昇兴集团等21家企业入选省级工业龙头企业，福水智联等11家企业获评省级高成长企业，福光股份成为全国首批、全省首家科创板上市企业。实施“数字马尾”项目26个，数字经济规模突破500亿元。物联网开放实验室发布首个国际标准，省工业互联网信息安全产业基地落地建设，华为全国首个物联网云计算创新中心投入使用，物联网产业创新发展中心揭牌运营，引入大唐高鸿等企业51家。承办第二届数字中国建设峰会物联网分论坛、省第二届工业控制系统信息安全攻防大赛等活动，组建物联网公共实训基地，开通运行中央党校“智慧后勤”项目。新大陆科技、网龙网络登上中国软件和信息技术服务综合竞争力百强榜，网龙网络、乐游网络入选中国互联网企业百强榜。

服务业　实施“海上马尾”项目22个，海洋经济规模突破800亿元。海文铭、科乐通等项目建成投产，冷库库容突破80万吨、占全省总量的20%。更新改造远洋渔船30艘，坤兴海洋等30家规模以上水产品加工企业完成产值133亿元，比上年增长4.6%。实施“平台马尾”项目21个，平台经济纳统销售额突破20亿元。基金小镇建立全国首个基金业综合服务平台，集聚私募投资机构365家，基金管理规模1455亿元，获评“中国基金小镇行业年度杰出贡献20强”。跨境电商进口保税票数增长84.6%，占全省总份额的31%，小马货运、OPPO手机区域结算中心等一批平台项目落地。

招商引资　外贸出口总额134.63亿元，比上年下降25.7%；实际利用外资11.31亿元，增长179.1%。福州物联网产业基地、马尾基金小镇获评福建自贸区（2015—2019年）最佳创新平台，被省自贸办认定创新举措6项，其中全国首创2项。启用全国首个全流程电子化投标保函系统，开设全省首个涉外登记“一窗受理”服务窗口，全省首创现场刻章“零延时”服务，在全市率先推行“茉莉分”在工程建设招投标领域应用。

【城乡建设与管理】　2019年，马尾区启动国土空间总体规划编制，完成船政文化城保护与发展规划编制。建成保障性住房2121套、17.4万平方米，完成回迁安置1972户，改造连片旧屋区5个、零星旧房地块11个。地铁2号线马尾延伸段通过国家发改委专家评审。推进东部快速通道、港口路下穿、福马路提升改造等12条道路建设，铁南西路三期等4条道路建成投用，三江口大桥、东南绕城高速（琅岐段）通车。实施新一轮城市品质提升项目156个。实施缆化下地50项、夜景灯光工程13项，新建改造公厕9座、雨污管网45千米。新增公共停车泊位958个。天台水库、琅岐海峡水厂、福州主城区与马尾供水干管连接线工程完工，新建供水管网20千米。改造老旧小区8个，整治小街巷11条，拆除“两违”建筑10.3万平方米。在全市首创生活垃圾“公交化”收运等4项工作机制，罗星街道、马尾镇推行生活垃圾分类“四定”，建成生活垃圾分类屋（亭）362座，琅岐镇、亭江镇实施生活垃圾干湿分类。加强电动自行车规范管理，完成第三批交通缓堵项目48个，城区道路日均堵情下降3.4%。推进社区治理，创建标杆社区7个、达标社区23个，马限社区“民意导向法”被确认为全省第二批优秀社区工作法。

【社会事业】　科技　认定省级新型研发机构3家、工业设计中心1个，参与制定国家标准12项、行业标准3项，万人有效发明专利授权量居全省前列。

教育　实施教育建设项目9个，新增学位570个，普惠性幼儿园覆盖率83.9%，亭江第二中心小学等6所学校通过省级“义务教育管理标准化学校”评估，师大二附中通过省一级达标校复查，开发区职专被认定为省规范化中等职业学校。

文化体育　举办船政文化节、琅岐葡萄节等旅游节庆活动，年接待游客突破500万人次，比上年增长18%。马尾造船厂片区保护工程开工建设，推进船政博物馆改造提升、船政官街整治等项目，船政特色历史文化街区基本建成。编创首部船政题材闽剧《马江魂》，原创闽剧《龙台驸马》参加第十六届中国戏剧节。开展古厝保护，举办船政工业遗产保护与发展专题论坛，完成121处历史建筑保护挂牌工作，闽安迴龙桥、邢港码头被列为海丝史迹点。承办举重世界杯暨东京奥运会资格赛、福州国际公路自行车赛（马尾赛段）等大型体育赛事，马尾区运动员李雯雯揽获世界举重锦标赛抓举、挺举、总成绩三项冠军。举办庆祝新中国成立70周年系列活动。

卫生与计划生育　成立马尾区总医院和镇街分院。建立全省首家县区标准化代谢性疾病管理中心，通过省级慢性非传染性疾病综合防控示范区验收。年内出生人口987人、人口出生率6.66‰、出生人口性别比107.3、人口自然增长率0.54‰。

社会保障　民生支出24.3亿元，占一般公共预算支出的70.23%。提高退休人员养老金待遇、城乡居民基础养老金标准、居民医保人均筹资水平，城乡低保保持动态规范管理。区社会福利中心基本建成，新建农村幸福院9所，提升居家养老服务站6个，居家社区养老服务照料中心实现镇街全覆盖。新增城镇就业人口8585人，城镇登记失业率降至1.4%。

生态建设　国家生态示范工业园区通过复核，空气质量优良率98.8%，水源地水质达标率保持100%。河（湖）长制全面落实，推进小流域水环境综合整治，闽江国控琯头断面、白眉溪省控小流域水质达标率100%。完成第二次全国污染源普查工作。完成“两高”沿线人居环境整治项目406个、闽江两岸管控整治项目26个、闽江两岸贯通工程8.7千米。推进磨溪河整治一期工程等5个项目建设，魁岐河综合治理一期基本完成。实施“绿满榕城·绿进万家”行动，天马山生态公园人行天桥启动建设，实施拆墙透绿52处、边角地绿化20处，新增绿地面积22万平方米。

平安建设　整治市区两级重大安全隐患点33个，消防救援大队获评“全国消防监督管理工作先进单位”。调解各类矛盾纠纷2789件，完成法律援助案件360件。获评“全省‘七五’普法中期先进区”称号。

表84　　2019年马尾区街道（乡镇）基本情况一览表

街道(乡镇)	辖地面积（平方千米）	人口		社区（村）（个）	规模以上工业总产值（亿元）	财政总收入（不含基金）(万元)	财政总支出一级预算（万元）
		户数（户）	人口数（人）				
罗星街道	28.08	10031	43160	10	256.4	74894	4528
马尾镇	53.62	14486	44121	18	400.27	44283	3721
亭江镇	105.60	9481	26200	20	162.15	16137	7067
琅岐镇	88.28	22000	73615	28	—	12456	2849

说明：数据来自马尾区公安局、民政局、统计局、财政局　　（郑凯）

长乐区

【概况】　长乐区位于福州市东部，辖4个街道、12个镇、2个乡，土地面积658平方千米。户籍人口76.11万人，常住人口75万人。开展“项目年”“招商年”“三产年”专项行动和“大干100天，当好排头兵”主题竞赛活动，安排重点项目342个，总投资4166.9亿元，年度计划投资504.1亿元，完成投资513.1亿元，完成年度计划投资101.7%，超序时进度1.7%。1月9日，长乐区被文化和旅游部办公厅评为“2018—2020年度中国民间文化艺术（闽剧）之乡”；10月，在《人民日报》公布的全国综合实力百强区中位列第56位。

【经济建设】　2019年，长乐区实现地区生产总值951.52亿元，比上年增长7.7%。第一产业增加值58.44亿元，比上年增长3.8%；第二产业增加值605.93亿元，增长8.6%；第三产业增加值287.15亿元，增长6.4%，三次产业结构为6.14∶63.68∶30.18。人均地区生产总值112773元，比上年增长8.7%。一般公共预算总收入（不含基金）76.68亿元，比上年增长2.7%；地方一般公共预算收入49.42亿元，增长4.3%。公共财政预算支出65.28亿元，比上年增长5.8%。入库统计固定资产投资项目306个，完成固定资产投资比上年增长19.2%，完成工业固定资产投资增长19%。全区民间投资比上年增长16.5%。城镇居民人均可支配收入49226元，比上年增长7.6%；城镇居民人均生活消费支出32389元，增长9.1%；农民人均可支配收入24315元，增长9.5%；农民人均生活消费支出20067元，增长8.7%。城乡居民食品消费支出占消费总支出的比重为38.8%。

农业　农林牧渔业总产值104亿元，比上年增长3.8%。其中种植业产值27.1亿元，比上年增长3.6%；林业产值0.2亿元，增长4.7%；畜牧业产值8.7亿元，下降7.2%；渔业产值65.6亿元，增长4.8%。实现农林牧渔业增加值59.8亿元，比上年增长3.8%。粮食播种总面积1.15万公顷，产量6.8万吨。水产品总产量18.7万吨，比上年增长5%。其中海水品产量11.3万吨，比上年增长2.2%；淡水品产量7.4万吨，增长9.7%。牛奶产量0.06万吨，比上年增长4.6%；肉类产量1.9万吨，下降8.1%；禽蛋产量1.5万吨，增长0.4%；蔬菜产量61.5万吨，增长6.1%。

工业　规模以上工业总产值2787.29亿元，现价增长10.7%。按企业规模分为大型工业1264.41亿元，比上年增长9.6%；中型工业669.31亿元，增长7.3%；小型工业829.62亿元，增长15.2%；微型工业23.96亿元，增长25%。按行业分为食品饮料加工业155.38亿元，比上年增长13%；纺织业2021.39亿元，增长7.8%；羽绒加工及制品业36.14亿元，增长6.9%；冶金业240.45亿元，增长27.9%；机械工业104.6亿元，增长35.8%；电力生产供应业40.52亿元，下降0.8%。规模以上工业产销率97.3%。实现规模以上工业增加值增长8.9%。规模以上工业企业利润总额173.74亿元，比上年增长16.8%，其中内资企业138.13亿元，增长9.2%；港澳台商投资企业10.59亿元，下降6.1%；外商投资企业25.01亿元，下降127.8%。规模以上工业企业每百元主营业务收入中的成本86.68元，主营业务收入利润率6.39%。

服务业　交通运输、仓储和邮政业增加值20.51亿元，比上年增长7.8%。客运周转量43749万人公里，比上年增长2.9%。其中陆运43495万人公里，比上年增长2.9%；水运254万人公里，增长15.6%。货运周转量222316万吨公里，比上年增长26.7%。其中陆运84901万吨公里，比上年增长18.7%；

水运137414万吨公里，增长32.3%。民航旅客吞吐量1476万人次，比上年增长2.6%。邮电、移动机构单位40个，有固定电话8.99万部、天翼17.43万部、移动电话63.03万部。全区邮路总长度350千米、农村投递路线1627千米、邮政储蓄年末余额37.97亿元。完成邮电、移动业务总收入7.07亿元，其中电信业务总量2.18亿元、移动业务总量3.77亿元；邮政业务总量1.12亿元。全区接待国内外游客500.86万人次，比上年增长13.5%。有6个国家3A级旅游景点、1个国家2A级旅游景点，有五星级旅游饭店1家、四星级旅游饭店1家、三星级旅游饭店2家，旅行社14家（本地社10家，省福州市设立的分社4家），另有旅行社服务网点37个。长乐区金融机构（不含保险和证券机构）有22家。金融机构本外币存款余额964.43亿元，比年初增长14.5%，其中居民储蓄存款余额387.3亿元，比年初增长9%。金融机构本外币贷款余额1044.75亿元，比年初增长17%，其中企业贷款增长15.2%，个人贷款增长19.7%。社会消费品零售总额244.82亿元，比上年增长4.6%，第三产业增加值287.15亿元，增长9.7%，位居福州市第六位。全区有各类市场主体4.62万户，其中私营企业1.1万户，注册资本（金）1891.3亿元，第三产业占比73.06%；年内新登记注册内资市场主体2659户，新增注册资本（金）及出资额515.81亿元，比上年增长37.37%，其中新设立私营企业2583户，批发与零售业、建筑业、信息传输、软件与信息技术服务业等行业占比超50%。市场主体中，批发、零售业2.55万户，比上年增长32.47%，注册资本总和451.34亿元，雇工总人数5.94万人；住宿、餐饮业5271户，比上年增长30.92%，注册资本总和11.97亿元，雇工总人数1.51万人；租赁、商务服务业1514户，增长33.51%，注册资本总和445.58亿元，雇工总人数1.01万人；居民服务、修理业10627户，增长203.72%，注册资本总和16.05亿元，雇工总人数1.23万人。典当公司有福建省长乐市融鑫典当有限责任公司、福建富通典当有限公司、福州融通典当有限公司、福州宝利源典当有限公司、福建省金洋典当有限公司、福建省银源典当有限公司6家。油库企业4家，在营成品油零售企业37家，其中加油站企业27家、加油船企业12家。

招商引资　长乐区参加“5·18”海交会，签约项目20个，总投资370.83亿元，其中外资项目2个，总投资1.5亿元。参加“9·8”厦门国际投资贸易洽谈会，签约外资项目3个，总投资1.7亿美元，利用外资9000万美元。全区合同利用外资1.54亿美元，比上年增长2.9%；实际利用外资2.43亿元，完成全年目标72.1%。引进落地大东海高端精品钢铁、立华智纺、支付宝数字城市科技、上海均和、游龙网络等项目。其中高端装备制造和现代物流项目60个，总投资150亿元；湛华科技、博思软件等企业集聚东南大数据产业园，园区累计入驻企业344家，总注册资本310亿元。

【城乡建设与管理】　2019年，长乐区融入福州新区建设发展，编制各类规划20项。全年组织召开规划审查会28场，开展“四书三证”（建设项目选址意见书、建筑设计方案审查意见书、建设工程开工前验线意见书、建设工程规划条件核实意见书与建设用地规划许可证、建设工程规划许可证、乡村建设规划许可证）审结工作，完成闽江沿线规划管控12项整治工作以及区“三馆三中心”、大东海项目、福州至长乐机场城际铁路F1线、长乐外海海上风电场A区陆上集控中心、和平街特色历史文化街区改造等重大项目前期选址审查论证工作。

对标福州中心城区，实施旧城改造。推进营前瀛洲片区、吴航东关片区、航城江莲片区旧城改造项目，并启动吴航西关横路片区旧城改造项目，全年完成投资20.2亿元，完成房屋拆除面积17万平方米。

推进龙景路、会堂南路、港南路、东鹤路等城区道路建设，城区（含部分乡镇）市政道路总长6.28万米。实施城区道路路灯照明智能控制管理系统项目和临空经济区江夏路配套路灯、兴民路市政路灯、金梅路路灯改造等工程，全区各类路灯6.39万盏。新增公共停车泊位1972个，其中城区1073个、乡镇899个。投资建设海峡路（附小一分校至长限泵站段）污水管网改造，郑和中路延瑞桥至航辉花园段污水管道改造，长山湖、洋野河道、长山碧水河道综合整治，乡镇（街道）村居污水支管及入户管建设等排污工程。推进东区水厂、炎山取水泵站扩建工程，动工建设东区水厂至漳港环岛DN1200出厂干管工程、三汊港大桥至玉田镇（营滨路）供水管道工程、瀛洲片区供水管道工程、空港工业区至梅花镇（梅文路）供水管道工程等供水管网，全年供水总量7427.86万立方米，水质综合合格率99.86%，高于国家标准中不低于95%的要求。古槐井门500千伏变电站投入使用，文武砂四站、漳港百户、鹤上路北3座新扩建110千伏变电站提前送电，全社会累计用电量109.75亿千瓦时。管道天然气供气总量6299.32万立方米，管道液化气供气总量3907.30吨，瓶装液化气供气总量6390.87吨。

【社会事业】　科技　2019年，长乐区实施数字经济赋能先进制造业行动，设立首期10亿元智能制造专项基金，支持工业数字化、智能化技术改造和工业互联网创新应用，推动数字经济与实体经济融合发展。恒申合纤、景丰科技等46个技改项目完成投资141亿元，永荣控股、恒申集团、金纶高纤3家企业上榜2019中国民营企业500强，吴航不锈钢、山力化纤等11家企业上榜2019福建民营企业100强。指导企业申报福建省政府质量奖，其中福建锦江科技有限公司入围第六届“福建省政府质量奖”现场评审环节。对获得第四届福州市政府质量奖的国网福州市长乐区供电有限公司以及福建锦江科技有限公司实施福州市级配套奖励各50万元。实施知识产权战略，指导企业申报国家、省、市专利奖、“福州市2019年企业知识产权管理规范”（贯标）培育名单认定等专利奖及知识产权相关项目，其中4家企业入选“贯标”培育名单；3家企业获评“2019年福州市知识产权示范企业”。

教育　安排学校建设项目27个，建筑总面积638601平方米，计划总投资346244万元，2019年度计划投资152712万元，完成年度投资176192万元，完成率115.38%。中等职业教育招生1451人，在校生3219人，毕业生879人。成人高等教育招生91人，在校生250人，毕业生49人。全区有131所公办中小学校，其中教师进修学校1所，中学30所，中等职业学校1所，九年一贯制学校2所，小学97所。普通中学在校生30501人，比上年增长0.5%；招生10787人，降低0.8%；毕业生11401人，增长31.5%。小学在校生55308人，增长0.3%；招生9878人，降低5.1%；毕业生8080人。全区幼儿园（含小学附设学前班）142所，在园生25822人，比上年增长1.2%。特殊教育学校1所，在校生145人。

文化体育　巩固提升国家公共文化服务体系示范区创建成果，建设高级版镇级综合文化站3个、村级综合文化服务中心46个，推进乡村文化创城示范基地建设。通过政府购买服务方式组织开展惠民演出等活动20余场。开展艺术扶贫60课时、各类公益培训3688人次。下拨文保专项经费259万元，对全区10乡镇（街道）、单位的21处文物保护单位等急需保护修缮和抢险修缮的项目进行补助。完成九头马民居第一期修缮工程，编制九头马民居二期工程修复方案设计。拨付专项资金200万元，完成国家级历史文化名村—琴江村多处文物建筑保护修缮。拨付60万元，对和平街历史街区打造中的区级文物保护单位明万历司马第陈省故居第一进主厅进行修缮提升。承办第二届“吴清源杯”世界女子围棋赛暨“博思杯”世界人工智能围棋大赛、环福州·永泰国际公路自行车赛；举办长乐区第七届全民健身运动会，组队参加福建省全民健身运动会《八闽大地太极拳健康工程》太极拳比赛、第十六届全国武术之乡武术套路比赛。投入464.7万元实施全民健身工程，建设社区多功能运动场、门球场和笼式篮球场各1个，新建修复30个全民健身路径点，新建2片网球场、1个智能健身驿站，完成10个农民体育健身工程提升。

卫生和计划生育　推进医疗卫生基础设施建设，区医院外科综合大楼、江田镇中心卫生院改建提升项目投用；空港医院、松下镇卫生院扩建项目竣工，组织验收准备；区人民医院主体工程13层在建。年内全区各类医疗卫生机构417所，其中区直卫生单位5家，区直医疗机构5所，街道社区卫生服务中心4所，乡镇卫生院14所，社区卫生服务站、村卫生所、医务室（卫生站）、门诊部、诊所382所，民营医院6所，急救中心1所。医院床位数2536张，卫生技术人员2605人。全区出生人口1.10万人，比上年减少2907人，人口出生率14.5‰。人口自然增长6944人，人口自然增长率9.19‰。

社会保障　全年区财政用于民生领域支出46.91亿元，占一般公共预算支出的71.1%。教育、医疗卫生、养老等188个民生补短板项目完成投资196.98亿元，35个为民办实事项目完成投资31.6亿元。城镇新增就业8826人，转移农村富余劳动力6418人，推进保障性安居工程建设，新开工棚改安置房200套，新增公租房配租565套。区慈善总会等社团组织开展扶贫济困、医疗救助、老区帮扶、见义勇为等活动，累计救助金额2388.63万元，受益群众5.67万人次。

生态建设　实施水、大气、土壤污染防治行动计划，完成全国第二次污染源普查。开展陈塘港、“散乱污”企业（作坊）等综合整治，完成支河道清淤疏浚58条，整治“散乱污”企业（作坊）58家。建成污水管网462千米，完成滨海污水处理厂二期扩建及提标改造工程，全区污水处理能力20万吨/日。植树造林272公顷，封山育林1126.67公顷，“村植千树”完成124个村，森林覆盖率26.67%，空气质量优良率99.18%。实施闽江流域长乐段山水林田湖草生态保护修复项目17个，完成投资2.3亿元。推进闽江河口湿地保护区保护提升工作，加强滨海湿地保护，管控围填海，治理水土流失913.33公顷。

平安建设　开展扫黑除恶专项斗争，推进“平安长乐”和“七五”普法工作。建成区公安AI算力中心，滨海新城AI无人警亭入选全国政法智能化建设智慧警务十大创新案例。开展文明创城、安全生产、突发事件应急处置、食品药品安全、防汛防台等工作。

【滨海新城建设】　2019年，长乐区完成临空经济区分区规划等编制工作，滨海新城核心区控制性详细规划实现全覆盖。年内滨海新城及其临空经济区完成征交地1326.67公顷，拆迁121万平方米。推进五批265个重点项目建设，总投资3148亿元；蚂蚁金服、均和集团、东方银星等99个项目引进落地；数字中国会展中心、福州软件职业技术学院、福州三中滨海校区、福州实验学校、融侨赛德伯学校二期与三期等31个项目建成投用。出让CBD核心区输配环地块，推动地铁6号线、316国道漳港至营前段等重大线性工程建设，机场城际铁路（F1线）动工建设。滨海新城安置房一期交房，安歆公寓与租赁房一期A区交付入住，滨海新城至福州、长乐城区公交线路相继开通18条，引进久号、健坤团餐。承办第二届数字中国建设峰会长乐分会场、全国信息技术应用创新研讨会等活动。

【和平街特色历史文化街区建设】　2019年，长乐区保护更新规划和平街特色历史文化街区，规划建设历史文化体验区、东门街特色商业区、旅游服务接待区、传统名居体验区、高端酒店及民宿体验区、太平桥商务休闲区、汾阳溪生态景观区、传统院落体验区8个功能街区。一期规划面积20.5公顷，长约800米，范围自长乐一中大门口至吴航街道办事处南边道路，涵盖司马第、太平桥、汾阳溪、东风巷，有28处明清古建筑及部分民国建筑。征收房屋面积14万平方米，签约910户。其中太平桥至高级中学门口为一期规划首期建设范围，面积8.6公顷，长约375米。2018年开始修复建设。年内修复古建筑5栋，第一批次7栋商铺（院落）在福州海峡纵横资产租赁交易电子竞价平台挂网公开招租，5栋商铺（院落）成交；完成士绅文化展示馆、长乐记忆馆装修布展工作。

表 85　　**2019 年长乐区街道（乡镇）基本情况一览表**

街道（乡镇）	辖地面积（平方千米）	人　口		社区（村）（个）	规模以上工业总产值（万元）
		户数（户）	人数（人）		
吴航街道	8.5	21598	56378	13	—
航城街道	57	18599	57369	21	1451621
营前街道	38.8	11713	37641	13	1296395
首占镇	30.9	10159	35328	14	13942
玉田镇	54.7	11608	43470	11	140988
罗联乡	21.5	3501	11733	8	86842
鹤上镇	47	20095	63636	22	2216968
古槐镇	51.8	19396	64402	23	679953
江田镇	86.4	16576	61068	17	4469488
松下镇	38.6	7203	28064	9	2297821
文武砂镇	32	8108	27555	9	3496459
漳港街道	42.4	18458	60489	19	3948128
湖南镇	32.8	10075	32009	44	3102602
金峰镇	29.88	20352	70495	21	1519771
文岭镇	33	10636	35070	12	1488001
梅花镇	5.8	5781	15096	6	258559
潭头镇	56	17279	55265	23	991912
猴屿乡	22.02	2160	5073	4	—

说明：数据来自长乐区自然资源和规划局、民政局、统计局、财政局　　（胡方磊）

福清市

【概况】　福清市区域面积 2430 平方千米。辖 7 个街道、17 个镇。户籍人口 139.12 万人。有旅居海外华侨华人和新移民 160 万人，遍布世界 165 个国家和地区。

2019 年，福清市开展 172 件为民办实事项目，市财政用于民生支出 85.8 亿元，占一般公共预算支出的 73.6%。入选福州市唯一的全省先行开展县域集成改革试点县市，推进 7 大类 30 项改革措施，自贸区福清区块外贸空箱智能化监管等 2 项创新举措获评全国首创，农村集体产权制度改革做法被农业农村部作为典型经验在全国刊发推介。实施产业集群发展战略，四大园区规模以上工业总产值突破 1500 亿元，融侨开发区规模以上工业产值首破千亿大关，成为福州市首个千亿产业园，跻身国家级开发区百强榜单。完成全年重点项目征迁，拆迁总建筑面积 69.3 万平方米，启动利桥历史特色文化街区建设。推进乡村振兴各项重点工作，生命公园建设模式被列为全省殡葬改革典型经验，“同置业、壮村财”工程实现所有行政村村集体经营性收入突破 10 万元，乡贤促进会累计筹集资金 8.6 亿元，成为引领乡风文明、助推乡村振兴新动力。入选福建省县域经济实力“十强”和县域经济发展“十佳”。在全国综合实力百强县市排名第 18 位，全国科技创新百强县市排名第 12 位，全国绿色发展百强县市排名第 19 位。

【经济建设】　2019 年，福清市实现地区生产总值 1150.15 亿元，比上年增长 7.6%。其中第一产业增加值 100.55 亿元，比上年增长 4.0%；第二产业增加值 604.25 亿元，增长 8.7%；工业增加值 477.8 亿元，增长 8.6%；第三产业增加值 445.35 亿元，增长 6.8%。固定资产投资比上年增长 3.0%。社会消费品零售总额 520.2 亿元，比上年增长 9.9%。外贸出口额 427.0 亿元，比上年下降 3.4%。一般公共预算总收入 139.2 亿元，比上年增长 8.7%；其中地方一般公共预算收入 85.0 亿元，增长 11.3%。城镇居民人均可支配收入 48559 元，比上年增长 8.1%；农村居民人均可支配收入 25212 元，增长 10.0%。

农业　实现农业总产值 183.9 亿元，比上年增长 4.0%。新增 10 个优质农产品标准化示范基地，蔬菜产量、设施大棚面积保持福州市第一。星源农牧国家数字农业试点项目竣工投产，新增工厂化水产养殖面积 1.6 万平方米，新培育省级现代农业智慧园 1 家、省级农业物联网应用示范基地 2 家。“一都枇杷”获评全国特色农产品区域公用品牌，一都镇入选全国“一村一品”示范村镇和国家农业产业强镇示范建设名单。举办第二届福州(福清)枇杷节、首届福清(沙埔)开渔节暨海洋文化旅游节等活动。

工业　完成规模以上工业总产值1951.9亿元,比上年增长8.3%。四大园区规模以上工业总产值突破1500亿元。融侨区创建国家新型工业化产业示范基地通过复评验收,洪宽创新科技产业园、佰仕达科技、森达电气等项目如期动建,中能充电桩等项目建成投产。福清功能区胜田食品、御冠食品等项目竣工投产,丰大冷库等21个项目动建或挂牌。京东(元洪)食品数字经济产业中心开园,中国—印度尼西亚“两国双园”列入印度尼西亚区域综合经济走廊备选项目。江阴港城经济区正太新材一期等20个项目动工建设,新福兴新能源汽车玻璃产业园一期、友谊新材料科技工业园一期等相继投产。亚太地区最大容量海上风机在三峡海上风电国际产业园下线,实现海上重器福清制造。江阴港区上线省内首个5G“智慧港口”平台,实现5G信号全覆盖。蓝色产业园中铝汽车轻量化用铝合金板带材项目竣工投产,蓝谷海工装备产业综合体建成标准厂房20万平方米,入驻企业125家。

服务业　开展“三产年”专项行动,推进全市19个总投资230亿元的服务业重点项目,福清公路港等项目竣工投运,新增福清市级以上总部企业3家。成立石竹山风景名胜区管委会,启动石竹山国家5A级景区创建工作,一都镇东关寨文化旅游区创建国家3A级旅游景区,永鸿文化旅游城等项目建成开放。全年接待游客628.55万人次,年旅游收入突破155亿元。

招商引资　开展“项目年”“招商年”“五个一批”等专项行动,动建蓝谷海工装备产业综合体等227个总投资807.7亿元项目,建成富仕新材料年产20万吨二氯氧钛等93个总投资333.7亿元项目,推动周大生科技文化时尚创意园等161个总投资994亿元项目备案落地。福清功能区元洪国际食品产业园举办新春年货节、首届元洪国际食品交易会等系列活动,引进元洪国际食品展示交易中心二期等29个总投资82.5亿元项目。全年实际利用外资56631万元,比上年增长3.3%。

2019年6月24日,福清洪宽创新科技产业园一期项目举行开工动员仪式。产业园一期项目用地面积123亩,总建筑面积约6.54万平方米(融侨经济技术开发区　供)

【城市建设与管理】　2019年,福清市完成中心城区景观风貌、老城区整治规划、国土空间开发保护现状评估等6项规划编制工作。长福高速主线路基全部完成,滨海大通道累计通车20.2千米,推进福厦高铁福清西站建设。实施环城路融宽环路B段等市政道路建设,建成通车市政道路31条16.3千米,完成32.2千米国省县道和48.5千米农村公路改造。完成新改建供水管网19.8千米、雨水管道24.9千米、燃气管道21.6千米。完成福清动车站改扩建工程,龙江汽车客运站封顶,新开通28条城乡道路客运一体化线路。新增电动汽车公共充电桩260个,新投入165辆纯电动公交车,新增道路停车泊位1018个。“智慧福清”APP投入试运行,建成“智慧城管”综合执法平台,推行环卫智能化监管系统。开展“三车”整治,不停车超限检测系统投入使用,推进非标电动车上牌工作。建成农贸市场食品安全追溯管理云平台,完成融北农贸市场等6家“农+超”改造提升,试点开展生活垃圾分类工作。开展“村植千树”绿化行动,植树造林面积522.8公顷,建成龙江湿地公园A段、虎溪西园、东门口袋公园等一批串珠公园和街头绿地,新增绿道8.5千米,绿地45公顷,中央公园环山慢道部分建成开放。城头镇吉钓岛村医王锦萍获评第七届全国道德模范荣誉称号,是福州市首位全国道德模范。

【社会事业】　科技　2019年,福清市新认定省科技小巨人领军企业8家,福州市级众创空间2家,培育“专精特新”企业5家,全社会研发经费投入31.5亿元,比上年增长18.5%。11家企业推行首席高级技师制度,福清核电公司“马红星技能大师工作室”申报为国家级电工技能大师工作室。深化“融聚英才”工程,推荐国家“千人计划”1人、省“百人计划”4人和台湾人才“百人计划”11人、省级高层次人才73人,新引进省级工科类青年1003人。实施福抗药业产品升级改造等56项重点技改项目和16项节能改造项目,17家企业入围福建省工业和信息化高成长培育企业名单。宏港纺织、冠城瑞闽入选福建省智能制造试点示范企业,福耀玻璃、京东方科技、捷联电子、福光科技等企业入选国家绿色制造示范企业。福耀玻璃入选“2019中国民营企业500强”,捷联电子等3家企业获评“2019中国民营企业制造业500强”。

教育　完成14所城乡公办中小学和6所幼儿园新改扩建,新增学位4800个,新认定112所普惠性民办幼儿园。实施集团化办学,成立滨江小学和福清三中2个教育集团、11个初中教研联盟。三华职业技术学校被认定为省级规范化中等职业院校,福建师范大学福清分校独立设置本科正式更名为福建技术师范学院。

文化体育　承办环福州·永泰国际公路自行车赛福清赛段等赛事，侨乡街舞团亮相央视春晚。榕籍女排运动员林莉成为福清市首位获世界杯冠军运动员。市老年人体育活动中心、市工人文化宫建成投入使用，安装100套户外体育健身路径，提升改造20个农村体育健身工程，完成2个省级多功能体育运动场和1个省级笼式五人制足球场建设，基本形成城市社区“10分钟体育健身圈”。推进“文化惠民乐万家”工程，举办“三象合一”石齐艺术展等艺术展览和文艺演出。南少林宗鹤拳和佾舞入选第五批国家级非物质文化遗产代表性项目推荐名单，黄檗山万福寺重建工程竣工落成，举办首届国际黄檗禅论坛。

医疗卫生　实施福清市医院急救中心扩建等15个医疗卫生“补短板”项目，市中医院住院大楼主体封顶。深化公立医院综合改革，落实院长目标年薪考核制，制定紧密型医疗健康共同体建设实施方案，推进分级诊疗体系建设。福清市医院获评中国医院质量管理奖，福清市医院胸痛中心通过国家级认证，成为省内首家县级医院标准版胸痛中心。年内市中医院获评二甲中医院，渔溪中心卫生院升级为二级综合性医院并更名为福清市第四医院。

社会保障　融侨、洪宽人力资源市场挂牌成立，新增城镇就业2.2万人，转移农村富余劳动力5250人。城乡居民基本医疗保险财政补助标准提高至550元，基本公共卫生服务财政补助标准提高至69元。建成保障性住房4901套。城区6家五星级居家养老服务照料中心、39个居家养老服务站建成运营，新增养老床位数1231张。

生态建设　开展第二轮中央生态环境保护督察通报问题整改落实工作，推进生态环境问题大排查大整改，实施江阴污水处理厂提标改造等58项总投资约3亿元的整改项目，完成江阴港城经济区9千米污水管网建设。实施龙江中下游污水处理设施工程，建成海口镇区污水处理厂，新建城区污水管网24.8千米，排查清疏市政管网10千米。开展土壤污染风险防控试点工作，加强大气污染精准治理，全年环境空气质量优良率99.4%，比上年增长3.5%。

平安建设　抓重点行业领域专项整治，整改各类安全隐患10525个，全市生产安全事故起数、死亡人数、受伤人数等指数同比下降，全年未发生较大及以上生产安全事故。推进扫黑除恶专项斗争，开展公共安全领域矛盾纠纷大排查大化解大整治攻坚行动，全市刑事案件发案率下降4.1%，连续5年实现同比下降，群众安全感率居省、福州市前列。

表86　**2019年福清市街道（乡镇）基本情况一览表**

乡镇（街道）	辖地面积（平方千米）	人口		社区（村）（个）	规模以上工业总产值（万元）	固定资产投资（万元）	税收收入（万元）
		户数（户）	人数（人）				
玉屏街道	7.3	23199	68060	18	—	53538	47271
龙山街道	34	19678	59378	20	119171	497854	54120
龙江街道	31.1	13268	41814	13	220487	291730	29940
音西街道	51.1	20753	65158	22	1902706	890012	137268
宏路街道	36.6	11412	36912	14	756037	666215	81335
石竹街道	15.4	5749	17331	11	5405832	214739	107701
阳下街道	69	14041	45023	24	2173250	890243	56870
镜洋镇	88.6	8761	27474	17	634155	58951	16784
东张镇	128.5	9640	31801	19	25133	19149	6080
一都镇	108	3634	11970	7	—	25778	523
渔溪镇	115.3	15487	50802	22	363852	142314	18600
上迳镇	50	9761	34219	16	432509	146153	11058
江阴镇	69.75	28528	93265	23	2694228	1047956	77387
新厝镇	73.6	8142	27034	16	403666	32983	13431
海口镇	52.64	24781	78978	20	225226	251133	32036
南岭镇	34	2387	7875	8	—	30845	2284
城头镇	70.5	18884	64574	27	1695854	544754	43487
龙田镇	88	38521	139881	42	1172977	211488	20113
江镜镇	47.7	28068	104665	26	42028	393895	5027
港头镇	45	25576	86816	31	64129	64511	2743

续表 86

乡镇(街道)	辖地面积(平方千米)	人口		社区(村)(个)	规模以上工业总产值(万元)	固定资产投资(万元)	税收收入(万元)
		户数(户)	人数(人)				
三山镇	102	36698	127674	36	1048860	51404	36785
高山镇	40.5	20864	73264	25	76408	107867	16747
东瀚镇	74	12325	44370	17	—	30568	9712
沙埔镇	42	13709	52911	22	62381	55870	9489

说明：数据来自福清市统计局、公安局、民政局　（福清市政府办公室）

闽侯县

【概况】 闽侯县区域面积2136平方千米，辖1个街道、8个镇、6个乡，328个行政村（社区），户籍人口70.33万人。2019年县域经济综合竞争力、投资潜力再上全国百强，县域经济实力连续10年入围全省“十强县”；获评全国绿化模范单位、省级农产品质量安全县；被确定为建设新时代文明中心第二批全国试点县。

2019年，闽侯县开展“到一线去，大干120天”等专项行动，重大项目开工280个、竣工110个，“五个一批”项目两个季度综合考评排名全省前十；重点项目征收房屋192万平方米，交地800万平方米。

【经济建设】 2019年，闽侯县实现地区生产总值740.22亿元，比上年增长7.9%；一般公共预算总收入116.31亿元，其中一般公共预算收入73.23亿元；固定资产投资562.46亿元，增长15.5%；社会消费品零售总额354.33亿元，增长9.9%。城镇居民人均可支配收入45177元，增长8.8%；农村居民人均纯收入20434元，增长10.5%。

农业　实现农业总产值78.94亿元，比上年增长4%。完成9333.33公顷水稻生产功能区、357.07公顷永久基本农田储备区划定工作，新增超级稻示范点2个。南通容益菌业智慧园、廷坪“绣山花谷”等项目建成投产。闽侯金鱼再次斩获全国大赛总冠军。打造乡村振兴试点乡镇3个、村居40个。

工业　实现规模以上工业总产值1154.95亿元，比上年增长9.1%。六和机械等49个省市级技改项目完成投资62亿元，正大欧瑞信二期等15个建设项目竣工投产，新培育规模以上工业企业84家，新增市级以上企业技术中心、工业设计中心9个，“东南DX5”万台下线，奔驰汽车入围“2019福建企业百强”。

服务业　实现第三产业增加值299.98亿元，比上年增长5.9%。鹭燕医药总部等项目引进落地，居然之家、西方财富酒店开业运营，万家广场、海峡汽车文化广场等大商圈、大市场。新培育限额以上(规模以上)服务业企业104家。《闽侯县全域旅游发展总体规划》发布实施，《闽侯，闽江最美的问候》文旅宣传片在央视播出。

招商引资　举办2019闽侯发展大会、“拼产业、护企业”推进大会、中国闽侯文旅高峰论坛等招商推介大会，全年落地项目516个，总投资1045.43亿元，其中10亿元以上项目8个。引进外资项目14个，总投资128亿元。聚焦建设台胞台企登陆的第一家园，出台探索海峡两岸融合发展新路26条措施，引进两岸花缘农业等台资项目6个。

营商环境　“放管服”改革推进，552个事项按小时计算，“最多跑一趟”和“一趟不用跑”事项占比分别提高到93%和45.1%，全流程网办事项占比高于全市平均水平，群众满意率99.9%。新增各类市场主体8827个，比上年增长23%。一般不动产登记在全市率先实现移动支付方式缴费，登记时限、发证平均用时、外网申请占比等指标居省市前列；纳税服务“同城通办”，办税时间压缩至140小时；企业开办时限压缩至3个工作日，创新推行“微信申请+直接登记+自动审核+自助打照”登记模式。

2019年10月22日，在闽侯江滨市民广场举行“两岸一家亲 奔向新时代”2019中国·闽侯海峡两岸夜跑大会　（吴心钰 摄）

【城乡建设与管理】 城乡规划 2019年，闽侯县启动编制3个城市组团“358城市化提升规划”，完成《闽侯县总体规划修编2017—2035》、8个乡镇总规、10个片区控制性详细规划编制及生态红线评估、城镇开发边界线划定工作。

征迁安置 征迁安置面积56万平方米，保障性住房配租1701套、配租率99%。县城旧城改造二期、三期征迁工作基本完成。

市政建设管理 实施闽侯二桥、旗山湖等一批重大城市功能配套项目，南通大道一期等11个交通项目建成通车，荆溪河道整治等4个水利项目竣工完成。新增沙堤、鸿尾2个高速落地互通，总数增至14个、全省县级第一。新增公共停车泊位4650个，新建改造公厕62座，新建农村公路105千米，修复水利水毁工程36处。依法整治“两违”面积135.8万平方米、“大棚房”15宗，整治裸房5575栋、面积130万平方米。

【社会事业】 科技 2019年，闽侯县与大学城7所高校签订战略框架协议。专利授权3471件、新增专家（院士）工作站5个，数量均居全市第一。引进高层次人才31名，落实产学研项目15个，创建市级以上技能大师工作室4个，中国福建光电信息科学与技术实验室挂牌成立。福州软件园闽侯分园、旗山智谷在建，中科院海西研究院二期、创新园二期竣工投用。新增高新技术企业104家，规模以上工业战略性新兴产业和高新技术产业产值比上年增长13.3%。

教育 委托福州至一教育入驻管理闽侯二中、虎峰初级中学，与福建师大合作共建闽侯六中，完成《闽侯县中小学幼儿园布局专项规划》，设立闽侯县教育基金；县第二实验小学等17个教育项目建成投用，新增各类学位9318个，普惠性幼儿园学额覆盖率比市下达目标高8.7个百分点；23所中小学通过省级义务教育管理标准化验收，县实验小学入围教育部基础教育信息化应用典型案例，东南学校获评全国教育系统先进集体，肖守凑同志获评全国优秀教师，新增市级学科带头人、骨干教师16名，名优骨干教师数量居7县（市）区前列。

文化体育 推进“两点”“三共”“四联”文化惠民工程，青橄榄合唱团获中国“新时代、新作品”合唱展演金奖，新增健身路径55条，推进定向越野赛等群众文体活动开展。完成2处国家级、18处省级文物保护单位落点工程，申报非遗传承基地2个，新增非遗项目4个、传承人5名。

医疗卫生 落实医药卫生体制改革措施，基层医疗卫生机构诊疗量占63.1%，药价平均降幅52%；县医院新病房大楼等10个医疗卫生项目在建，竹岐卫生院新院建成投用；招聘卫生专技人员123名，在全市率先试行村医“乡聘村用”管理模式，白沙镇获评国家级卫生乡镇。

社会保障 财政民生支出85亿元，占一般公共财政预算支出的81.9%。完成57个总投资20亿元的省市县三级为民办实事项目。城镇新增就业8197人、农村富余劳动力转移就业4103人，大中专毕业生就业创业省级资助项目获奖数全市第一。落实精准脱贫“两不愁三保障”工作，13个老区村加快发展，东西部对口帮扶工作取得成效。“三医联动”的医疗保障体系更加健全，职工基本养老保险扩面9500人，比上年增长12%。县社会福利中心投入运营，青口、上街、荆溪、白沙照料中心及小箬、廷坪敬老院建成投用，每千名老年人床位数提高到27.7张，比上年增长6.8%。

生态建设 中央环保督察反馈问题有效整改，县域空气优良率98.6%；县垃圾焚烧发电厂如期建成，垃圾分类试点工作启动实施，农村生活垃圾治理通过省市考评验收；推进河湖长制工作，开展江心岛、乌龙江祥谦段河岸等生态修复提升工作，治理水土流失400公顷，建成污水管网102千米，县级以上集中式饮用水水源地水质达标率、闽江流域干流优良水Ⅰ～Ⅲ类比例、省控小流域Ⅲ类以上水质比例均达100%。造林绿化及森林经营面积3200公顷，森林覆盖率提高到59.3%。

平安建设 成立县应急指挥中心，投用县消防救援业务用房，整合社会应急救援力量7支，整改安全隐患2474个。推进“平安闽侯”建设，扫黑除恶专项斗争破获涉黑涉恶案件160件，闽侯四级巡防工作经验在全市推广，“七五”普法成效明显。

表87 **2019年闽侯县街道（乡镇）基本情况一览表**

街道（乡镇）	辖地面积（平方千米）	人口		社区（村）（个）	农林牧渔业总产值（万元）	规模以上工业总产值（万元）	财政总收入（万元）
		户数（户）	人数（人）				
青口镇	127	27581	89976	40	101160	3120685	243808
尚干镇	5	5987	18064	13	13170	186809	25045
祥谦镇	89	19873	66451	20	78500	1133324	44274
南通镇	112	17350	49669	17	88860	363569	32082
高新区(含南屿镇)	171	29685	91940	31	47950	1613321	251253
上街镇	157	20962	71963	18	22480	646766	56027
竹岐乡	224	9093	30578	22	57620	333568	18205
鸿尾乡	157	9535	34061	20	52440	454089	8097
荆溪镇	131	15895	48956	19	77910	1426230	70786

续表87

街道(乡镇)	辖地面积(平方千米)	人口		社区(村)(个)	农林牧渔业总产值(万元)	规模以上工业总产值(万元)	财政总收入(万元)
		户数(户)	人数(人)				
甘蔗街道	47	21226	59615	19	19909	1833556	139393
白沙镇	175	9882	33271	25	42900	388200	10555
洋里乡	151	8409	29002	24	63480	17180	1101
大湖乡	282	10086	35679	27	65180	16861	381
廷坪乡	217	9590	34190	25	31420	—	372
小箬乡	46	2658	9904	8	18010	—	451

说明：数据来自闽侯县统计局

(郭 清)

连江县

【概况】 连江县区域总面积4280平方千米，其中陆地面积1168平方千米，海域面积3112平方千米。辖22个乡镇，有278个村居，人口约67万人。

2019年，连江县实施市重点项目76个，完成投资317.24亿元，占年度投资计划110.35%。对接“三个福州”生成项目122个，全年动建20个、竣工14个。年内福州(连江)国家远洋渔业基地获批动建，成为第三个国家级远洋渔业基地。创建“连江鲍鱼中国特色农产品优势区”。

【经济建设】 2019年，连江县实现地区生产总值591.56亿元，比上年增长7.5%，三次产业结构23.3∶42.1∶34.6。一般公共预算总收入52.96亿元，比上年增长8.8%，其中地方一般公共预算收入33.41亿元，增长4.6%。城镇居民人均可支配收入39176元，比上年增长7.5%。农村居民人均可支配收入19537元，比上年增长9.6%。

农业　实现农林牧渔业总产值247.75亿元，比上年增长4.7%。水产品总量118万吨，“连江海带”获批国家地理标志保护产品。建设深远海智能化养殖平台，开展“振鲍1号”试验，“振渔1号”“福鲍1号”下水。宏东远洋渔业产业园一期竣工，宏东现代水产品交易市场建成投用。长龙现代茶产业园、丹阳现代蛋鸡产业园在建，引进农产品精深加工生产线4条。在全省率先启动个体鲍鱼养殖户养殖证发放。2月27日，连江县黄岐镇大建村举行水域滩涂养殖证颁发仪式，为首批50名鲍鱼养殖户颁发水域滩涂养殖证。6月27日，农业农村部批复同意建设福州(连江)国家远洋渔业基地。基地规划建设面积1533.3公顷，范围覆盖连江县、马尾区和福清市部分渔港和区域，采用“一核心、多节点”方式布局，建设现代远洋渔业产业体系。

工业　规模以上工业增加值比上年增长8.3%。全年工业用电量16.32亿千瓦时，比上年增长11.3%。工业固定资产投资176.66亿元，比上年增长25%。福州港罗源湾港区可门作业区开放。申远二期设备安装完成，申马环己酮一期投料试车，金榕润滑油、瑞玻玻璃等项目竣工，恒捷差别化锦纶项目部分生产线投产，九闽新能源汽车、康怡小镇等项目启动建设。

服务业　实现社会消费品零售总额203.05亿元，比上年增长11.8%。普洛斯物流园一期竣工，正祥农产品现代物流园、平安汽车物流园动建。福州软件园连江分园年产值超100亿元，引进万物易联、福登科技等29个数字产业项目，慧连物流、金网运通获评网络货运平台省级示范企业。发展全域旅游，建成省二级旅游集散中心，全年游客总量约400万人次。

招商引资　实际利用外资9.11亿元。利用“海交会”“厦洽会”等招商平台落地项目456个，总投资926亿元。“6·18”期间，实现项目成果对接63个，总投资135亿元。

2019年12月27日，福建省向马祖近期供水工程启用仪式在连江县黄岐镇对台客运码头举行
(叶建立 摄)

【城乡建设与管理】 2019年，连江县温麻历史文化街区魁龙坊对外开放，化龙街、天王前街传统街区初步建成。完成杭浦沟等项目改造，建设城市绿道2.1千米，处置“两违”面积67万平方米。104国道连江至晋安段改线工程完工，104国道连江至晋安段、228国道下岐至东边段通车。塘坂引水二期工程主线通水。完成黄岐中心渔港整治提升，坑园前屿等4个渔港相继建成。12月27日，福建向马祖近期供水工程启用。原水取自安凯乡郭婆水库和敖江流域塘坂水库，经黄岐半岛水厂净化、消毒后输送到黄岐配水厂，由黄岐配水厂专管送至对台码头，供水能力每小时500吨。

【社会事业】 科技 2019年，连江县认定国家级高新技术企业5家、省科技小巨人领军企业4家。中科院海西研究院可门化工中试基地甲酸甲酯单管试验成功，进入千吨级中试装置工艺包与工程设计阶段。全县有院士（专家）工作站17个，引进高层次人才16人。全年专利申请量765件，比上年下降60.57%，其中发明专利109件；全年专利授权量695件，比上年增长5.62%，其中发明专利54件。

教育 全县幼儿园在校生27238人，小学在校生51075人，初中在校生20638人，高中在校生8854人，中职在校生1636人，特教在校生209人。全年新改扩建校舍12.65万平方米，消除危旧校舍1.3万平方米，温泉小学、连江一中鲤鱼山分校等7个建设项目建成投用。教育“两项督导”高分通过省级评估，连江一中、黄如论中学通过省一级达标校复评与创建。高考本科上线率80.98%，中考四项重点指标位居福州七县（市、区）第一。

文化体育 新建乡镇宣传文化长廊14个，开展文化惠民综艺演出、闽剧公演等各类文化展览、文艺活动140多场，高级版基层综合性文化服务中心在建。全县文物保护单位71处，其中，省级文物保护单位14处，县级文物保护单位57处。举办2019“连江论坛”暨海峡两岸（连江）融合发展交流会，对接签订民宿发展等6项合作协议。马祖澳（马祖列岛与福建连江之间海域）两岸黄岐鱼丸制作手艺人共同获评“福州市非物质文化遗产传承人”称号。

卫生和健康 浦口卫生院新院、下宫卫生院病房综合楼等17个项目完工，闽川医院投入运营。小沧畲族乡获评“国家卫生乡镇”。县社会福利中心投用，晓澳居家养老日间照料中心、41所农村幸福院相继建成。全年出生5197人，出口人口性别比108.21，人口自然增长率2.3‰。

社会保障 新增城镇就业2743人，转移农村富余劳动力4319人。罗山造福工程二期竣工，黄岐古石村完成搬迁。老区苏区基本消除村集体经营性收入空壳村和薄弱村。推进扶贫协作和对口支援工作，连江·陇西扶贫劳务协作取得较好成效。

生态建设 生态产品市场化改革试点工作取得突破，自然资源资产管理平台上线运行。在全省率先发放鲍鱼养殖户养殖证，黄岐湾外78公顷海带养殖示范区建成。全年植树造林421.3公顷，完成水土保持综合治理666.7公顷，丹阳花园溪、官坂合山溪万里生态水系动工建设。县级以上集中式饮用水水源地水质达标率100%，空气质量保持全市第二。保护沿海岸线资源，清理海漂垃圾，更换养殖塑胶浮球22万粒。实施“一革命五行动”，常态化治理农村生活垃圾，新建城乡公厕40座，新建改造三格化粪池6340户。

平安建设 推进食品安全整治，取缔“黑作坊”27家。开展“防风险保平安迎大庆”专项行动，安全生产形势总体平稳。在全市率先启动渔船组织化管理工作。推进扫黑除恶专项斗争，新增破获涉恶案件60件，打掉黑恶势力2伙。开展信访、维稳、矛盾纠纷调解、社区矫正、安置帮教等工作。

村务建设 推进农村集体产权制度改革，所有乡镇完成登记赋码，261个村居挂牌成立股份经济合作社。浦口镇中麻村入选全国乡村治理示范村。丹阳镇杜棠三落厝开业运营。

表88 **2019年连江县街道（乡镇）基本情况一览表**

街道（乡镇）	辖地面积（平方千米）	人口		社区（村）（个）	固定资产投资（万元）	规模以上工业总产值（万元）	财政总收入（万元）
		户数（户）	人数（人）				
凤城镇	6.19	29675	93350	14	70002	19290	37931
敖江镇	41.54	11755	42765	14	117951	2566998	34250
江南乡	75.18	7887	26605	16	34884	99280	7363
东湖镇	45.85	4960	16622	11	81201	434163	10262
浦口镇	52.40	10706	35646	14	65085	145939	6840
东岱镇	24.73	9928	32320	9	29019	203335	5965
晓澳镇	20.08	11168	34456	7	29642	493959	8402
琯头镇	61.09	18672	56906	28	65042	160357	5098
潘渡乡	142.87	7338	23779	14	100000	—	27935
小沧乡	65.24	1264	4403	5	7359	—	186
丹阳镇	111.53	8505	29152	19	70493	17211	1985

续表88

街道(乡镇)	辖地面积(平方千米)	人口		社区(村)(个)	固定资产投资(万元)	规模以上工业总产值(万元)	财政总收入(万元)
		户数(户)	人数(人)				
蓼沿乡	124.57	8427	30189	23	38698	—	908
长龙镇	66.51	3830	12837	7	23171	11197	3276
透堡镇	25.81	6520	23134	8	51092	6211	10450
马鼻镇	38.82	13418	48523	15	58000	36630	10937
官坂镇	49.44	9143	33582	16	45856	44934	2447
坑园镇	39.33	6847	24773	8	92157	1347410	7403
下宫乡	32.36	4520	15718	9	85180	42966	4604
筱埕镇	32.99	8261	27271	11	88639	318092	1853
黄岐镇	13.43	7258	23446	11	79149	173854	2759
安凯乡	30.87	4967	17140	11	37766	227119	682
苔菉镇	8.30	7790	25950	8	58694	214767	2551
其它	—	—	—	—	2513937	740823	335498

说明：数据来自连江县统计局

(邱耀宗)

闽清县

【概况】　闽清县区域面积1466平方千米，辖11镇、5乡，有21个社区、271个行政村，户籍人口32.48万人。有20余万侨胞旅居新加坡、马来西亚、印尼等国家和地区。2019年，闽清县实施县重点项目298个（其中在建210个，谋划88个），帝境杭箫新型建筑工业化基地、银帆空调、县体育中心改造等77个项目开工建设；吉腾铝塑板、拓优陶瓷、力鑫电器、城乡环卫一体化、宏琳厝古民居修复、气象站搬迁项目、闽清县科技馆等80个项目建成竣工。全年累计完成投资112.22亿元。以综合评价第一名再次获得“福建省县域经济发展十佳县”称号。

【经济建设】　2019年，闽清县实现地区生产总值323亿元，比上年增长9.6%；一般公共预算总收入28.9亿元，增长7.6%；地方一般公共预算收入15.8亿元，增长9.4%；固定资产投资101.4亿元，增长21.7%，社会消费品零售总额64.8亿元，增长13.2%；全年进出口总额17.9亿元、增长95.5%，实际利用外资3357万元。城镇居民人均可支配收入34230元，比上年增长8.7%；农村居民人均可支配收入16101元，增长9.4%。

农业　全年农林牧渔总产值56.35亿元，比上年增长4.7%。梅林农牧、同一农牧、麒麟山茶业等产业化项目带动成效明显，新增设施农业20公顷、“三品一标”农产品10个、农业标准化基地5个、农业物联网示范基地2个。改造提升高标准农田1333.33公顷、补充耕地35.2公顷。培育“一村一品”示范村48个，口袋精酿啤酒、豪业生态农业等省级农民创业示范项目通过验收，雄江万喜家庭农场获评省级示范场。举办“2019福州市中国农民丰收节”“中国·福州橄榄节”等活动，梅溪镇入选全国第九批“一村一品”示范村镇。

工业　规模以上工业产值211.88亿元，比上年增长11.29%，新增规模以上工业企业22家，规模以上工业增加值增长8.8%。白金工业园区落地项目14个，总投资31亿元，建成投产双棱竹业、民天食品等9个项目；中建（福建）绿色建筑产业园建设取得新成效，推进中建钢构、博雀科技等13个产业链项目，新合发建材、经纬护栏等项目建成投产。全年实施技改项目27个，完成投资22.6亿元。福建九鼎、中城建设入围全省百强企业，实现建筑业总产值751.85亿元，比上年增长18.4%。

服务业　第三产业增加值114亿元，比上年增长13.1%；新增限额以上商贸企业21家、规模以上服务企业11家。推进东桥“六天下”等一批项目，建成投用高铁北站旅游集散服务中心，瓷天下海丝精灵谷获“2019中国文旅融合示范景区”称号，云龙后垅村入选全省首批“金牌旅游村”。全年接待游客186万人次，比上年增长20.3%，旅游收入11.07亿元，增长23.2%。

招商引资　全年签约引进中建协筑新型材料、东桥嘉禾康养田园综合体等200个项目，总投资306.9亿元，展正钢构、日本福建商会烤鳗等39个产业项目转化落地。

【城乡建设与管理】　2019年，闽清县投入14.5亿元，建成新城三期景观、二期路网、支路三等基础设施，动建法院、公安、移动等部门服务大楼及府前广场地下停车场项目，县实验中学、第三实验小学、第二幼儿园开放招生。投入18.5亿元，完成猴山、南山、新旧城二通道三大片区征迁扫尾，完成梅溪路等3条城区道路“白改黑”，整治光明路、学林路等3条背街小巷，改造智能化路灯2400盏、雨污分离管网7.4千米，新增公共停车位594个。完成台山公园景观改造、城区重要桥梁立体绿化等一批市政提升项目。投入18亿元建成横五线、联一线等15条84.9千米道路，127县道省璜至谷洋段、塔庄茶口连接线等9条52.3千米道路在建。落实“路长制”管理，新建农村道路30千米，完成养护示范提升路120千米、道路安保工程94千米。推进全域环境整治常态化、长效化，处置“两违”35.5万平方米，整治裸房537栋，新建城乡公厕45座、三格式化粪池4574户。推进202省道、127县道沿线风貌整治，实施金沙、省璜、东桥、雄江等镇区道路“白改黑”，新建、提升美丽乡村62个。提升“两高一水”沿线人居环境81千米。整治违建坟墓1805座。申报省级传统村落23个，下祝洋头村入选省级历史文化名村，云龙后垅村列入省重点改善提升传统村落。城乡环卫一体化全面实施，县生活垃圾焚烧发电厂、环卫基地、10个乡镇垃圾中转站在建，铺设城乡污水管网5.7千米。治理水土流失753.33公顷。在全市率先实施城乡供水一体化项目，兴建东桥水厂，铺设城乡供水主干管道21千米。

【社会事业】 教育 2019年，闽清县建成闽清高级中学教学办公综合楼、金沙学校体艺楼等，新增公办幼儿园3所，新建中小学2所，增加学位2840个。完成县教师进修校搬迁改造，闽清一中新校区天儒楼主体封顶，县青少年校外活动中心投入使用。白南中心小学等7所学校通过“义务教育管理标准化学校”市级评估，闽清一中通过省一级达标校复评验收。闽清职业中专学校委托福建船政交通职业学院管理办学模式取得新成效，校企合作实现零突破。

科技文化体育 入选省科技小巨人领军企业7家，入库备案省科技型中小企业10家，发放各类科技奖励和补助经费985.45万元。全县专利授权量1944件，其中发明授权82件，实用新型1395件，外观设计467件；建成市级全民健身中心1个，新增健身路径20条，提升改造行政村农民健身工程6个。闽清籍运动员池再林获第10届亚洲青少年武术锦标赛剑术冠军。新增市级非遗项目传承基地2个、市级代表性传承人3人，新建乡村非遗传习所5个，梅城印记历史文化街区二期对外开放。举办“歌颂祖国 唱响礼乐”“万人拼国旗”等庆祝新中国成立70周年系列活动。

卫生和计划生育 与市一医院、孟超肝胆医院实现双向转诊。实施儿童脑发育公益普惠优智工程，与省康复医院共建中医少儿康复科。改扩建乡镇卫生院3所、村卫生所（室）23家，建设东桥120急救分中心。全年出生人口3056人，人口出生率8.83‰，出生人口性别比112.81。

社会保障 县财政用于民生支出25.8亿元，占一般公共预算总支出80%。完成50个为民办实事项目。落实就业扶持政策，建成乡镇就业和社会保障服务平台6个，新增城镇就业1853人，转移农村富余劳动力3988人。建成县智慧养老服务信息平台，实施白樟下炉、上莲莲埔、三溪上洋等田园式养老试点，新增乡镇居家养老照料中心7个、社区居家养老服务站8个、农村幸福院36个、养老床位522张。

生态建设 城区空气优良率99.7%，县乡集中饮用水源地和主要干流水质达标率保持100%。巩固畜禽养殖污染专项整治成果。实施梅溪流域河道综合整治、安全生态水系下祝段等17个水利项目，整治河道65千米，修建生态护岸60千米，新建安全生态水系20千米、造林绿化966.67公顷。全年造林绿化970.27公顷，森林覆盖率提高至68.25%。实施县垃圾无害化处理场渗滤液调节池改造，综合整治“散乱污”企业64家。

平安建设 群众安全感率、扫黑除恶好评率、执法工作满意率分别为98.83%、92.25%、98.6%，其中扫黑除恶好评率居全省第六，平安建设（综治工作）考评保持“优秀”等次。全省禁毒重点关注县实现“摘帽”，信访工作考核连续4年获得全市第一。

2019年6月29日，闽清县梅溪新城科技馆正式投入使用 （闽清县政府办 供）

【“大通道”贯通】 2019年，闽清县梅溪新城至省璜镇“大通道”投资13.73亿元，先后打通11座桥梁和3个隧洞，5月全线通车，实现省璜到达县城的时间压缩到30分钟，形成半小时交通圈，由东往西串联起6个乡镇和14个村，与国省干道五条子线连接，全程35千米，其中一级公路9.42千米，二级公路25.77千米。

【市级扶贫开发重点县“脱帽”】 2019年，经闽清县申请、市级初审和公示、市直部门实地核查等程序，闽清县综合贫困发生率、贫困人口错退率、贫困人口漏评率、群众认可度、农民人均可支配收入增幅、住房安全保障、基本公共服务水平等9项指标均超过退出标准，达到脱贫退出条件。年内闽清县建档立卡贫困户家庭年人均纯收入16581元，比上年（14075元）增加17.81%。

全县建档立卡贫困户主要通过就业帮扶481户、产业帮扶88户、采取低保兜底149户。全年人均可支配收入达到1万元以上的有636户，其中人均超过2万元以上的有156户，3万元以上的有35户。

表89　　2019年闽清县乡镇基本情况一览表

乡镇	辖地面积（平方千米）	人口		社区（村）（个）	农林牧渔总产值（万元）	规上工业总产值（万元）	地方财政收入（万元）	地方财政一般预算支出（万元）
		户数（户）	人数（人）					
梅城镇	9.27	14579	42392	12	7011.85	70343	9618	6628.6305
梅溪镇	114.13	7006	24158	22	46519.16	54304	3458	2590.1768
云龙乡	40.42	3782	11706	10	36313.19	353482	15626	15899.1480
白樟镇	80.78	5835	18936	14	45078.50	496551	21325	1788.4069
金沙镇	156.67	4110	14120	19	30192.24	116477	2916	3161.8582
白中镇	41.80	5483	18984	14	25119.20	451136	13936	925.8092
池园镇	89.47	6884	24274	20	30600.40	194354	2743	1999.3096
上莲乡	122.68	3657	13404	18	37569.12	12122	880	2399.8664
坂东镇	58.53	13954	45135	28	57386.15	86741	8928	3433.1575
三溪乡	47.00	2923	9773	12	20225.52	—	2156	1250.0760
塔庄镇	73.27	7813	26279	25	38905.65	7671	5100	11654.9854
省璜镇	116.67	5439	20100	27	42714.34	—	4053	4284.0410
雄江镇	111.20	2066	6090	13	24688.71	14718	1773	2287.4623
桔林乡	107.20	2043	6765	13	30393.31	—	3858	8537.8756
东桥镇	187.34	6051	22700	23	43168.74	58579	1531	1753.4376
下祝乡	80.14	5451	20075	22	47618.17	11404	1143	1850.0701
合计	1466.57	97076	324891	292	563504.25	2118816	99042	70444.3111

说明：数据来自闽清县统计局、公安局、税务局、财政局

（许昌民）

罗源县

【概况】　罗源县区域面积1187平方千米。辖6个镇、5个乡，有12个社区、189个行政村。户籍人口26.96万人，常住人口22万人，是福建省畲族主要聚居区和老区县之一。

【经济建设】　2019年，罗源县实现地区生产总值303.4亿元，比上年增长8.5%。一般公共预算总收入18.97亿元，其中地方一般公共预算收入11.28亿元。固定资产投资152.1亿元，比上年增长20.2%。进出口总额25.8亿元，比上年增长16.1%。城镇居民人均可支配收入35756元，比上年增长8.6%；农村居民人均可支配收入16449元，增长10.6%。

农业　实现农业总产值82.98亿元，比上年增长4%；农业增加值46.18亿元，增长4%。形成“一菇独秀，八产并进”的农业产业发展格局，年生产食用菌1.46亿袋、产值超过10亿元，新增生态种养、林下经济、花卉苗木、竹产业项目（基地）25个。动建省级现代农业重点项目2个，建成乡镇电商服务站9个、益农信息社新站点150个，发展农民专业合作社468家。全县流转土地5126.67公顷，新增设施农业大棚面积63.33公顷。获评省级农产品质量安全县、“平安农机”示范县，起步镇获批“2019年全国农业产业强镇”。

工业　实现规模以上工业产值506.7亿元，比上年增长12.1%；规模以上工业增加值增长8.8%；建筑业增加值19.2亿元，增长9.6%；工业固定资产投资76亿元，增长47.9%。全县120个重点项目完成投资143亿元，超年度计划15.8个百分点，推动亿元以上“五个一批”项目288个，总投资1328亿元，17个省重点项目完成投资55.2亿元，空分气体制氧、宝钢德盛1780毫米热轧、年产130万吨H型钢生产线等9个重点项目开工建设，德塔应急智能电源发电机组、华能火电厂、澳蓝科技等36个重点项目建成投产。

服务业　“三产年”行动全市排名第1。实现第三产业增加值86.9亿元，比上年增长10.3%；社会消费品零售总额77.5亿元，增长12.9%。全年接待游客230.7万人次，比上年增长17.1%；实现旅游收入26亿元，增长23.4%。全年销售商品房50.7万平方米，比上年增长9.3%。推进闽光物流云商等25个服务业重点项目建设，完成投资40.97

亿元。新增提升限额以上、规模以上商贸服务业企业62家。年末金融机构存款余额147.1亿元，比上年增长9.85%；贷款余额210.1亿元，增长9.64%。

招商引资　全年落地121个产业项目，总投资216亿元；实际利用外资8217万元。全年注册企业2028家，注册资本254.64亿元；其中私营企业1743家，注册资本236.16亿元。引进数字经济项目26个、完成投资13.24亿元，海上经济项目15个、完成投资91.06亿元，平台福州项目6个、销售总额19.19亿元。引进福建特斯拉动力机械有限公司智能发电设备、辰达机电年6000万件冲压件、鑫汇年产200万米新型高强度预应力管桩、福建贸阳新建材科技有限公司平台经济项目等一批项目。

【城乡建设与管理】　2019年，罗源县岐阳片区旧城改造启动，全县新建、在建房地产项目15个，建筑面积超过150万平方米，推进4个安置房项目。实施南溪沿岸和凤梅生态公园景观整治，城区绿化覆盖率47.3%。新增1000个公共停车位，配套44个电动汽车公共充电桩，新改建岐阳路网、西二环路、罗中路等市政道路。整治高速高铁沿线环境，开展火车站站前综合治理。推动乡村振兴4个试点镇、36个试点村建设，新建提升35个美丽乡村。完成“厕所革命”公厕建设任务，改造7267户农村户厕，农村生活污水垃圾治理取得成效。新改建农村公路66千米，完成农村公路生命防护工程76千米。争取到乡村振兴专项债券资金1.92亿元。消除集体经营性收入5万元以下薄弱村。

年内完成104国道石门里到迹头、迹头到渡头路面改造，104国道碧里至白塔公路、228国道碧里至鉴江段公路建成通车，将军帽作业区进港道路、疏港公路在建。推进霍口水库、昌西水库和白塔乡洄溪、洪洋溪洪洋乡段安全生态水系建设，启动城市二次供水改造和农村安全饮水工程，半章输变电工程建成投运。

【社会事业】　科技　2019年，罗源县规模以上企业研发投入经费6.6亿元，比上年增长18.6%，新增国家高新技术企业3家、省级高新技术企业4家。认定县级科技特派员58人、市级科技特派员41人、省级科技特派员30人，实现11个乡镇全覆盖。

教育　完成第三实验幼儿园、洪洋中心幼儿园、凤坂小学、碧里小学等一批教育基础设施建设，白塔、飞竹、霍口3所农村中学恢复原址办学。学年度有幼儿园在校学生9529人，小学在校生19307人，初中在校生6743人，高中在校生2835人，中等职业技术学校在校生1642人，特殊教育学校在校生44人。

文化体育　举办庆祝新中国成立70周年系列活动、“畲乡凤来仪”系列活动、首届“七境茶”文化节、首届杜鹃花文艺奖评选活动，“凤凰装”等畲族非物质文化遗产亮相第三届中国世界遗产（福州）高峰论坛。完成“九大中心”田径场提升改造，新建健身路径20条、运动场地3个，罗源籍运动员在第二届全国青运会上获得2枚铜牌。

卫生和计划生育　实施“4+7”药品带量采购、临床路径管理、单病种付费等“三医联动”措施。完成县精神病防治院提升、白塔卫生院凤坂分院和凤山社区卫生服务中心修缮改造，推进县医院扩建病房大楼建设。年度出生人口2710人，人口出生率9.64‰，出生人口性别比105.61，人口自然增长率4.54‰。

社会保障　县财政用于民生支出23.4亿元，占一般公共预算支出的76.5%。年度投入2.05亿元，实施16个为民办实事项目。新增城镇就业2804人，城镇失业人员再就业182人，转移农业富余劳动力3812人，城镇登记失业率控制在1.5%。城乡居民养老保险新增参保11938人。改造提升养老服务场所13个，新建农村幸福院17所、老年活动中心4个，县社会福利中心“公建民营”改革有序推进。

生态建设　推动中央环保督察反馈问题整改，有效整治“青山挂白”，累计投入1.27亿元，完成关闭矿山生态治理三年行动。治理工业污染排放、道路运输、建筑工地扬尘，推进大气污染防治。落实河（湖）长制，牛蛙养殖污染整治全面完成，海漂垃圾污染得到较好控制，饮用水源地水质达标率100%。完成植树造林和森林经营3193.33公顷，创建10个省级“森林村庄”，森林覆盖率58.3%。

平安建设　推进“平安罗源”建设、“七五”普法，全县刑事案件下降，健全完善矛盾纠纷调处机制，规范信访工作。实行领导干部安全生产责任清单化管理，防灾减灾救灾能力增强，食品药品安全状况总体良好。公众安全感满意率99.08%；扫黑除恶好评率95.50%，位居全省第一；执法工作满意率98.38%。

2019年5月12日，福州台投区（罗源松山片区）无人扫地车亮相（刘其燚 摄）

【改革工作】 2019年，罗源县政府机构改革完成。农村集体产权制度改革基本完成，189个村成立农村股份经济合作社，完成股份合作改革。实施企业开办“一站式办理、一天开业”、企业注销“一窗受理、八天办结”。减税降费4.2亿元，释放为企业减负的制度红利。推进公共资源交易改革。完善人才引进机制，在全市率先成立人才发展促进中心，进行紧缺急需人才储备，4人入选“闽都英才”。

表90 2019年罗源县乡镇、开发区基本情况一览表

街道（乡镇）	辖地面积（平方千米）	人口		社区（村）（个）	农林牧渔业总产值（万元）	规模以上工业总产值（万元）	财政总收入（万元）
		户数（户）	人数（人）				
凤山镇	31.65	19596	61166	17	7109	114228.5	12602.0
松山镇	117.85	11096	40359	26	189709	17630.6	7733.0
碧里乡	100.68	7598	25739	12	208284	195258.8	1096.0
鉴江镇	66.69	3792	13090	9	162391	27248.5	965.0
起步镇	73.09	8193	27695	21	77240	50473.7	3464.0
洪洋乡	70.11	4078	13275	18	24427	9979.6	728.0
中房镇	132.10	73310	23894	23	45865	32644.8	656.0
白塔乡	71.44	4387	15001	15	26303	72231.7	1928.0
西兰乡	77.64	4015	13285	17	27996	48896.0	1365.0
飞竹镇	120.79	4654	16002	19	28360	44418.2	663.0
霍口畲族乡	197.55	6094	20243	24	31404	—	649.0
开发区	10.17	—	—	1	—	4448767.8	47871.0

说明：数据来自罗源县统计局

（兰克辉）

永泰县

【概况】 永泰县地处福州西南部，东邻闽侯、福清，西界德化、尤溪，南连莆田、仙游，北接闽清，区域面积2230平方千米。辖9镇12乡、255个行政村、17个社区，户籍人口38万人。有畲族、傣族、蒙古族、回族等12个少数民族，人口6000多人。

2019年，永泰县实施重点项目129个，完成投资165.3亿元，其中55个结转项目全部动工，74个计划新开工项目动工37个。全社会固定资产投资完成113.8亿元，比上年增长21%，其中项目（不含房地产）投资59.6亿元，增长10.4%。

【经济建设】 2019年，永泰县实现地区生产总值282.6亿元，比上年增长10.8%；财政总收入（不含基金）20.3亿元，增长8.6%，其中地方财政收入12.3亿元，增长11.4%；社会消费品零售总额74.8亿元，增长11.4%；城镇居民人均可支配收入33475元，增长8.2%；农村居民人均可支配收入15856元，增长10.7%。

农业 实现农林牧渔业总产值87.2亿元，比上年增长4%。稳定粮食播种面积1.68万公顷；划定水稻功能区1.13万公顷；引进农业项目190个。推进农业节庆活动和区域公共品牌创建，举办枇杷采摘节、第二届茉莉花采摘文化节和耕读文化节暨农民丰收节等农事节庆活动。新增2个绿色食品、14个有机食品产品认证及1个福州市知名农产品李都牌永泰李干。开展农村新型经营主体调查、摸底，全县新增家庭农场27个，新增合作社102个。新增市级农民专业合作社示范社1家，新增县级家庭农场示范场10家，市级家庭农场示范场4家，省级家庭农场示范场3家。

工业 完成规模以上工业产值69.6亿元，比上年增长8.2%，工业固定资产投资完成15.7亿元，比上年下降6.6%。抽水蓄能电站建设全面提速。莆炎高速公路、平潭及闽江口水资源配置工程等重大项目有序推进。提升规模以上工业企业6家，新增一级建筑企业3家。完成建筑业总产值642亿元，比上年增长18.2%，建筑业和房地产业税收入库10.95亿元，比上年下降7.2%。商品房销售面积84.77万平方米，比上年下降5.9%。

服务业 全年接待游客量1275.2万人次，比上年增长21.8%；旅游总收入57.3亿元，增长30.5%，获批首批国家全域旅游示范区。欧乐堡水上乐园建成营业，海洋科普研学基地落成，海洋极地世界晋升3A景区，获评全国海洋科普教育基地。引进山东水发、三源智联、乾景园林等产业龙头企业，云顶、御温泉、赤壁等景区实现重组更新。新增省级乡村旅游村和省级旅游精品示范村8个，梧桐镇荣获省级乡村旅游休闲集镇，月洲村入选全省首批“金牌旅游村”，胜华农业获评省级观光工厂。评

定金宿、银宿级民宿13家。智慧旅游平台建成投用，主要旅游景区、交通节点实现旅游导览图和标识标牌全覆盖。

招商引资　实施“2019招商年”专项行动，赴上海、南京、台湾、北京和青岛等地开展招商工作，引进自媒体孵化产业园、清控森林康养度假、中医药康养小镇等大项目好项目636个，总投资826.8亿元。实际利用外资4481万元，比上年下降42.9%；出口总值90726万元，增长46%。

【城乡建设与管理】　城乡规划　2019年，永泰县推进全县新一轮总体规划修编和空间发展战略规划编制。开展17个乡镇总体规划修编，完成8个村传统村落保护与发展规划和6个村省级历史文化名村的保护规划编制工作。完成永泰大樟溪生态景观带规划编制，远期规划至2030年。

征迁安置　实施重点项目房屋征收（包括在建续建项目）27宗，其中国有土地上房屋征收2宗，集体土地上房屋征收25宗。全年完成房屋征收面积7.7万平方米。开展“两违”综合整治，拆除违法建设521宗、54.3万平方米。

市政建设与管理　355国道濑下至蕉濑段、211省道城峰至大洋段、青云山至联一线等重大交通项目开工建设。二环路古岸桥至马洋桥段全线贯通。刘岐大道东段、县城三环路、南区次一路及大汤西路等配套路网在建。闽江防洪工程福州段（三期）、龙峰园防洪排涝工程、南城区排洪工程（二期）建成投用。推进城峰、葛岭片区和梧桐、嵩口安置房建设。保罗环保产业示范基地主体建成，台口垃圾填埋场完成封场整治。新改扩建城乡污水管网29千米、供水管网17千米、供气管网5千米。新增公共停车泊位631个、充电桩46台。数字城市智慧停车服务平台上线运行。增开公交班次50趟次，开通闽运出租车。沙浮棚户区改造进入攻坚扫尾。规范居民小区物业、建筑垃圾堆放、户外广告等管理。新建美丽乡村44个，提升14个，新改建农村公厕93座、三格式化粪池7336户，试点推行净化槽农村污水处理技术，打造月洲生活垃圾分类试点村。入选全省大中型水库移民后扶项目建设示范区。建成“四好农村路”35千米。开展农村宅基地及房屋确权登记试点。梧桐镇白杜村获评全国乡村治理示范村。

【社会事业】　科技　2019年，永泰县专利申请量307件，比上年下降45.4%；专利授权量325件，增长9.35%。全县通过国家级高新技术企业和省级高新技术企业5家。优空间和莱篮公两家公司通过市级众创空间第一年度考核。

教育　召开全县教育大会，成立县级教育基金会和17个乡镇教育基金会，推行教师奖励性绩效工资制度改革，中考综合考评居七县（市）第二。城建校获得全省测量技能大赛第一。小东坑幼儿园，霞拔、嵩口等乡镇中心幼儿园建成，城峰中心小学完成扩建，东门中学、实验幼儿园分园在建。东门小学、葛岭中学、埔埕中学等13所学校通过“福建省义务教育管理标准化学校”市级现场评估。

文化体育　承办全省乡村文化振兴现场会和福州古厝保护与文化传承分论坛。建设村级文化服务中心33个。永泰庄寨建筑群入选第八批全国重点文物保护单位。新增中国传统村落26个，国家级传统村落数量位居全省首位。举办首届闽台张圣君文化旅游节、第八届环福州·永泰国际公路自行车赛、第三届大青云越野赛等大型赛事活动。参加全国传统武术比赛，斩获13金13银9铜。

卫生和计划生育　推进县域紧密型医共体改革，在全省率先明确县总医院法人地位，推行医保支付改革，建设标准化村卫生所，县域就诊率提升到51.8%。县中医院、妇幼保健院完成搬迁。县中医院通过二级甲等中医医院评审。全年出生人口3946人，人口出生率9.83‰，人口自然增长率5.45‰，出生人口政策符合率92.07%，出生人口性别比115.51。全年完成免费孕前优生健康检查413对。

社会保障　建立农村困难边缘群众动态跟踪管理机制和支出型贫困家庭最低生活保障机制，消除薄弱村，51.8%的村集体年经营性收入达10万元以上。实现农村富余劳动力转移就业2930人，新增城镇就业2001人，下岗失业人员再就业201人，城镇登记失业率下降至2.56%。新改扩建农村幸福院24个。城镇职工基本养老保险覆盖26403人，城乡居民养老保险参保率80%，城镇基本医疗合计参保率96.7%。

生态环境　空气质量保持全市首位，通过第二轮中央环保督察。完成“村植千树”80个村，建设“三沿一环”森林景观带84.73公顷，造林绿化1333.33公顷，获评全国绿化模范单位称号。举办第二届数字中国建设峰会数字生态分论坛。完成清凉溪安全生态水系、长庆溪嵩口段中小流域治理。小汤山生态公园竣工开园。开展全省综合性

2019年9月21日，中国·永泰首届耕读文化艺术节暨2019年农民丰收节开幕

（永泰县政府办 供）

生态保护补偿试点。深化林地占补平衡和商品林赎买改革，赎买面积400公顷。启动地质灾害保险试点改革。探索河湖管理新模式，建设河湖物业服务中心。在全省率先推行“古树名木保护+保险”工作机制，设立全市首个古树名木司法保护工作点。

平安建设　破获涉黑涉恶案件52件，刑事案件量比上年下降7.1%，深化法治县创建工作，平安“三率”位居全市前列。调处矛盾纠纷1075件，成功调处1074件。在全市率先成立应急救援指挥中心，创新“应急+保险”工作机制，生产安全事故起数、死亡人数、伤亡人数实现“三下降”。

【全省乡村文化振兴现场会在永泰召开】　2019年10月22—23日省文旅厅、住建厅、广播影视集团，以及来自全省各地、市、县有关部门负责人出席会议。会上，长乐区、云霄县、石狮市蚶江镇、永安市槐南镇、仙游县、松溪县、蕉城区霍童镇授牌为“中国民间文化艺术之乡”。与会人员前往永泰嵩口古镇、月洲村等地展开实地考察，并结合实地看点，了解永泰推进乡村文化振兴工作亮点。

【永泰获首批国家全域旅游示范区称号】　2019年3月，永泰县从全省15个创建单位中以全省第一的成绩获评“首批国家全域旅游示范区”（全省有3个）。永泰从项目带动品牌建设、加快“旅游+”产业融合发展、实施目的地系统营销、优化旅游市场环境、建设旅游公共配套等方面，推进全域旅游建设。

【举办中国·永泰首届耕读文化艺术节暨2019年农民丰收节】　2019年9月21日开启活动序幕，突出“耕读传家，自然永泰”主题，划分为大洋、同安两个专场，彰显文化、稻田、美食3种元素，包括耕读话丰年版块、稻田嘉年华版块、耕读市集、福建民俗和农耕文化展览、非遗服饰展览、乡村创客市集等。

表91　**2019年永泰县乡镇基本情况一览表**

乡镇	辖地面积（平方千米）	人口		社区（村）（个）	农林牧渔业总产值（万元）	规模以上工业总产值（万元）	财政总支出（万元）
		户数（户）	人数（人）				
塘前乡	89.45	1570	4889	6	21058	78109	1102.61
葛岭镇	239.04	5416	17827	18	73981	93042	3555.35
樟城镇	5.04	12425	34281	8	2688	5979	1093.52
城峰镇	88.18	10707	30575	21	43645	277718	3014.56
清凉镇	105.05	4397	12377	12	79906	68544	1119.85
富泉乡	64.52	2432	7126	9	25409	7114	1944.03
岭路乡	114.63	2331	8259	10	34518	—	2512.47
赤锡乡	98.7	4644	16965	15	32645	33543	1130.81
梧桐镇	171.92	12318	40437	22	71340	13158	2024.93
嵩口镇	248.82	10821	32932	21	73693	7727	2170.16
洑口乡	133.12	4364	13902	10	26558	7114	1366.57
盖洋乡	114.54	3038	9598	10	27525	4681	962.15
长庆镇	160.72	8251	24941	15	58409	31749	831.80
东洋乡	48.57	3021	9030	10	23600	7114	640.32
霞拔乡	59.54	5630	17629	11	25853	—	1190.97
同安镇	138.9	10187	32415	23	62177	13749	1280.24
大洋镇	107.71	10136	35341	18	59645	19543	1292.35
盘谷乡	30.28	3441	10645	6	23974	16141	1616.69
红星乡	46.17	3093	8878	8	27472	4647	1259.48
白云乡	105.17	4942	13834	13	52696	2270	3116.12
丹云乡	59.8	1462	4055	6	24859	4465	812.04

说明：数据来自永泰县统计局、财政局、公安局　　（李康）

（编辑　苏颖）

人物名录

福州市院士名单

表 92　　2019 年在福州市工作的院士名单

序号	姓名	出生年月	籍贯	当选年度	职务（职称）	毕业院校	研究领域
1	谢联辉	1935 年 3 月	福建龙岩	1991 年	中国科学院院士、福建农林大学植物病毒研究所所长（教授）	福建农学院	植物病理学、植物病毒学及天然产物
2	吴新涛	1939 年 4 月	福建石狮	1999 年	中国科学院院士、中国科学院福建省物质结构研究所研究员	厦门大学	结构化学和簇化学
3	洪茂椿	1953 年 9 月	福建莆田	2003 年	中国科学院院士、中国科学院福建省物质结构研究所研究员、第三世界院士、福建省科协副主席（研究员）	福州大学	无机化学（纳米功能分子和新型无机—有机聚合物）
4	谢华安	1941 年 8 月	福建龙岩	2007 年	中国科学院院士，现任福建省农业科学院学术委员会主任，福建省作物品种审定委员会副主任（研究员）	龙岩农校	三系杂交稻和超级杂交稻育种
5	付贤智	1957 年 7 月	福建邵武	2009 年	中国工程院院士、福州大学党委副书记、校长，福建省科协副主席（教授）	北京大学	光催化

（苏燕铃）

2019 年福州市先进人物名单

表 93　　2019 年全国“五一”劳动奖章、福建省“五一”劳动奖章福州市获得者名单

表彰奖项	姓 名	工作单位及职务（职称）
全国“五一”劳动奖章	张建银	中建海峡建设发展有限公司总承包公司福州数字中国会展中心项目经理
	叶寒辉	福建医科大学孟超肝胆医院主任医师、副院长
	黄月喜（女）	福建经纬集团有限公司生产厂长

续表93

表彰奖项	姓名	工作单位及职务(职称)
福建省“五一”劳动奖章	汤海凤(女)	福州市钱塘小学德育处主任
	张瑞琴(女)	福州市鼓楼区环境卫生管理处业务科科长
	陈鲤萍(女)	国家税务总局福州市台江区税务局纳税服务股股长
	董秀玉(女)	福州市仓山区教师进修学校教科室主任、教师
	石青萍(女)	福建省福州第七中学英语教师
	姚兴南	福建思嘉环保材料科技有限公司技术课课长
	董晴(女)	福建医大附一护养中心名誉副院长(副主任)、福建省世纪菁华教育投资有限公司法人、小星星连锁幼儿园名誉园长
	蒋永美(女)	福建朝日环保科技开发有限公司采购部副经理
	曹春新	福州市长乐区公安局金峰派出所所长
	董永建	福建省长乐第一中学信息技术教师
	李章平	中共福清市纪律检查委员会第二纪检监察室主任
	俞裕文	福清市公安局音西派出所刑侦大队街面犯罪侦察一队副队长
	符磊	福建奔驰汽车有限公司党委书记、执行副总裁
	刘水琼	福州明芳汽车部件工业有限公司生产部经理
	吴其法	连江县广播电视事业发展中心记者
	陈劲成	福建雄江黄楮林国家级自然保护区管理处科研宣教科科长
	任丽飞(女)	罗源县凤山镇闽凤社区居民委员会副主任
	卢巍	中国移动通信集团福建有限公司福州分公司职员
	林重	福建省马尾造船股份有限公司生产管理部项目副经理
	孙梓清	东南(福建)汽车工业有限公司副技术长
	李涛	福建星网锐捷通讯股份有限公司云方案研发部经理
	刘文刚	福建天辰耀隆新材料有限公司重排分厂厂长
	翁秀英(女)	永辉超市福建彩食鲜供应链管理有限公司物流配送中心主管兼永辉慈善专员
	王文静(女)	平安银行股份有限公司福州分行运营管理部经理
	林武	福州市公路局永泰分局小坪公路站站长
	黄华辉	福州金顺保洁服务有限公司管理员
	夏让欣	福建省水利投资开发集团有限公司党委书记、董事长
	镇千金(女)	福建榕基软件股份有限公司财务总监
	赵舒妮(女)	福州教育学院附属第四小学教科室主任
	黄小靖	福州市第一医院科主任、主任医师
	杨晓(女)	福州市园林局党委书记、局长
	李白蕾(女)	福州日报社记者
	何泽舜	福州市水利局副主任科员
	林芸(女)	福州市重点项目建设和管理办公室协调督查处处长
	何士涛	福州市公安局刑事侦查支队技术处副处长兼警犬训导队队长
	张颖华(女)	国家税务总局福州市税务局社会保险费和非税收入科副主任科员
	黄向红(女)	福州市第二医院护理部主任
	陈苏萍(女)	福州市仓山区实验小学办公室副主任

表 94　　2019 年福州市劳动模范名单

序号	姓名	工作单位及职务（职称）
1	董冀粤	福州市鼓楼区人民政府办公室职工、福州市鼓楼区达明美食街管理委员会主任
2	罗江平	福建中科光芯光电科技有限公司车间主任
3	林　锦（女）	福州市鼓楼区鼓西街道陆庄社区居民委员会党委书记、主任
4	王林敏（女）	福建联审工程管理咨询有限公司注册造价工程师
5	彭　辉	中共福州市鼓楼区委宣传部副部长、福州市鼓楼区文化体育和旅游局党组副书记、福州市鼓楼区广播电视局局长
6	郭力丹（女）	福州市鼓楼第二中心小学校长
7	王　锋	福州市台江区后洲街道中亭街社区居民委员会党委书记、主任
8	江　烽	福州市台江区城建征收工程处副主任
9	高　敏（女）	中共福州市台江区委办公室室务会成员、中共福州市台江区委党史和地方志研究室主任
10	陈　彬	福州市仓山区金山街道安全生产监督站站长、福州市仓山区金山街道安全生产委员会办公室主任
11	黄锦峰（女）	福州春晖制衣有限公司销售总监
12	黄莉玲（女）	福州市仓山区下渡街道港头社区居民委员会党委书记、主任
13	薛　平	香港祥龙集团、福建腾龙鞋业有限公司常务副总裁、总经理
14	于光龙	福州高意光学有限公司工程师
15	黄应华	福建华科光电有限公司 ONP 生产线线长
16	林晖榕	福州市晋安区城乡建设局主任科员
17	林　友	福州市晋安区建设投资发展中心主任、福州市晋安区危旧房改造工作办公室主任、福州市晋安区园林中心主任科员
18	郑子文	福建上润精密仪器有限公司总工程师
19	黄荣端	福州万德电气有限公司行政内勤专员
20	钱　菁（女）	福州市马尾区医院儿科科主任
21	翁茂荣	福建福清汇通农村商业银行股份有限公司下梧支行行长
22	高华平	福建捷联电子有限公司研发处副处长
23	施传灏	胜田（福清）食品有限公司销售部特通部经理
24	黄永剑	福建省东南电化股份有限公司光化车间主任
24	何瀚芳	福清市档案馆副主任科员
26	高子安	福建省福清市医院党委书记、院长
27	蔡　东	福州市长乐区自然资源和规划局用地科科长
28	林伟应	福州市长乐区工业和信息化局技术进步科负责人
29	刘　智	长乐力恒锦纶科技有限公司技术员
30	池彬彬（女）	福建锦江科技有限公司外联主管
31	王宝泉	国网福建省电力有限公司福州市长乐区供电公司副总经理
32	陈　锜	国网福建省电力有限公司闽侯县供电公司输电运检技术中级师
33	林真真	福州宝井钢材有限公司市场部经理
34	刘昌铭	闽侯县公安局刑事侦查大队教导员
35	林望嵩	福建星联汽车配件开发有限公司开发课课长
36	陈传太	福建闽侯民本村镇银行股份有限公司董事长

续表 94

序号	姓名	工作单位及职务（职称）
37	石芳芳（女）	福建申远新材料有限公司人力资源和行政部经理
38	林绍添	国网福建省电力有限公司连江县供电公司乡镇供电所管理部主任
39	刘昌清	连江县林业局东岱镇林业站站长
40	林友玉	连江县晓沃镇人民政府塘坂二期指挥部常务副指挥、主任科员
41	魏　军	青岛啤酒（福州）有限公司总经理
42	池菊香（女）	闽清县邮政局上莲支局投递员
43	祝昌镇	福州市公路局闽清分局梅城公路站站长
44	张碧芳（女）	闽清县司法局云龙司法所所长
45	陈大年	福建省罗源第一中学教研室副主任、实验室管理中心主任
46	邱道钦	福建罗源闽光钢铁有限责任公司炼铁车间副主任
47	陈宇航	福建省永泰县华尔锦纺织有限公司研发实验中心主任
48	温婵娟（女）	中国邮政集团公司福建省永泰县分公司梧桐镇支局局长兼所主任
49	林　泉	福建胜华农业科技发展有限公司车间主任
50	林家府	永泰县智慧信息产业园开发有限公司总经理
51	林剑华	福建省送变电工程有限公司福建电力海缆抢修队队长
52	陆兵子	福建银河花园大饭店有限责任公司 PA 主管
53	王　缘	福建东南造船有限公司总装建造室副主任
54	林　春	东海航海保障中心福州航标处航标养护中心航标管理员
55	叶国昌	福建省汽车运输有限公司党委书记、董事长
56	陈　杰	福州文化旅游投资集团有限公司、福州市三坊七巷保护开发有限公司党委副书记、总经理
57	郑　莉（女）	福建东南保安守押有限公司大队长
58	蒋荣龙	海欣食品股份有限公司成型课副主任
59	江庆元	宝钢德盛不锈钢有限公司公司党委书记、董事长
60	吴秀清（女）	福建海峡银行股份有限公司福州晋安支行行长
61	陶武样	盛辉物流集团有限公司集团福州汽车修理分公司技术主管
62	陈小燕（女）	福建省建设人力资源集团股份公司党群工作部副主任
63	郑云云（女）	中国农业银行股份有限公司福州分行华林支行网点主任
64	林军华	福州聚春园会展酒店有限公司总经理
65	潘桂成	福州海峡出租车有限责任公司出租车驾驶员
66	高小平（女）	福州市规划设计研究院院长助理、环境综合所所长
67	林　宁	福州市地铁建设工程质量安全监督站副站长兼监督师
68	张俊华	中建海峡建设发展有限公司党委副书记
69	黄志强	福州市建设发展集团有限公司党委书记、董事长
70	毛祚财	福州市水务投资发展有限公司党委副书记、总经理
71	林永高	福州市农业科学研究所科研人员
72	林金栋	福建福人林木收储有限公司业务部经理
73	朱明伟	伟兴有限公司董事长
74	陈　靓	福建博思软件股份有限公司非税票据事业项目部副总经理

续表 94

序号	姓名	工作单位及职务（职称）
75	林晓锋	新东网科技有限公司通信事业部技术经理
76	熊炳中	恒锋信息科技股份有限公司软件项目经理
77	郑　辉	网龙网络控股有限公司（集团）执行董事、福建网龙计算机网络信息技术有限公司董事长
78	袁小平	福建省福州华侨中学政治学科教研组组长
79	王衍宇（女）	阳光学院商学院副院长
80	方晓敏（女）	福建省福州教育学院附属第二小学党总支书记、校长
81	张　宏	福州市疾病预防控制中心艾防科科长
82	曾仁宏	福州市第六医院康复科副主任
83	王　强	福州市公安局技术侦察支队一大队大队长
84	陈文新	福州市公安局交通警察支队仓山大队科员
85	李忠喜	福州市公安局第一看守所副所长
86	孙　洋	福州市体育运动学校女排教练
87	谢建杰	福州市发展和改革委员会行政审批（政策法规）处处长
88	蔡　敏（女）	福州市城乡建设局行政审批处副处长
89	陈培煌	中共福州市委组织部干部一处处长
90	高赟燕（女）	中共福州市纪委、福州市监委信访室主任
91	林颖捷	福州新区开发投资集团有限公司福州滨海临空开发建设有限公司副经理
92	吕元锦	东南（福建）汽车工业有限公司总经理助理、生技部部长、工会副主席
93	陈奕廷	福州福华纺织印染有限公司总经理
94	张俊一	福建新大陆自动识别技术股份有限公司产品经理
95	朱冬柱	中共福州市马尾区琅岐镇龙台村支部委员会书记
96	林辉明	福清市海口镇东阁村农民
97	陈永旺	中共福清市玉屏街道石井村支部委员会书记、村主任
98	陈开注	福州市长乐区钦农农业专业合作社社长
99	李　洋	中共闽侯县白沙镇林柄村支部委员会书记
100	郑尚杰	中共连江县黄岐镇大建村支部委员会书记
101	章增强	中共闽清县省璜镇官洋村支部委员会书记
102	兰晓丽（女）	罗源县霍口畲族乡王廷洋村农民
103	林　容	中共永泰县葛岭镇巫洋村支部委员会第一书记

（余荣发）

表 95　**第十七届福建青年“五四”奖章标兵、福建青年“五四”奖章福州市获得者名单**

表彰项目	类别	姓名	工作单位及职务（职称）
“五四”奖章标兵		何伙珍（女）	福州建筑工程职业中专学校教师
“五四”奖章	青年农民	陈燕金（女）	连江县江南乡梅洋村党支部书记、村委会主任
	青年技能人才	张天水	三明市消防救援支队白沙路特勤站副站长
		陈小波	国网福州供电公司信通分公司物联网建设管理高级师
	青年科教人才	付进华	福建省福州高级中学教务处副主任

续表95

表彰项目	类别	姓名	工作单位及职务(职称)
“五四”奖章	青年法务工作者	陈胜男(女)	闽侯县人民检察院第五检察部副主任
		陈婷婷(女)	福州市鼓楼区人民检察院办公室主任
		林 敏	闽侯县人民法院综合办主任
	青年经济商务工作者	王 钻	福建纵腾网络有限公司总裁
		潘德标	福建申远新材料有限公司总经理
	青年台港澳及海外华侨人士	陈安邦	福建长源纺织有限公司特聘副总工程师
		郭屹凡	福建景盈国际贸易有限公司法人代表
		蔡佩纭(女)	多纳思维教育咨询有限公司创始人
	青年社会组织和社会中介骨干	张 洁(女)	福州市信任社会工作服务中心主任
	青年新闻及文体工作者	林卫军	福州广播电视台主任记者
	其他综合类	郑航毅	福州市公安局水部派出所案件审理一中队中队长
		徐澄钰(女)	闽江学院人文学院2016级汉语言文学班学生
		黄相钰	福州市委组织部非公企业和社会组织工委办公室主任
	疫情防控一线优秀个人	郑丽玲(女)	福州市鼓楼区温泉街道东大社区书记、主任

表96 2019年福建省“十佳”共青团员、共青团干部和福建省优秀共青团员、共青团干部福州市获得者名单

表彰项目	姓名	工作单位及职务(职称)
福建省“十佳”共青团员	朱 炜	中建海峡总承包公司安平佳园项目部安全总监(助理工程师)
福建省“十佳”共青团干部	李 滔	福州市台江区少先队总辅导员
福建省优秀共青团员	王中原	飞毛腿技师学院音乐教师
	刘晓莹(女)	福建省长乐第一中学2018级8班学生
	李 蒙(女,土家族)	福州铜盘中学初三一班学生
	张 婷(女)	福建省连江县大风车青少年事务社会工作服务中心社工
	张婷婷(女)	福州第十九中学教师
	张楚涵	福州第八中学高一三班学生
	林春仲(女)	福州市疾病预防控制中心职工
	郑 艳(女)	福州职业技术学院学生社团联合会主席、信息技术工程系18软件8班学生
	郑 雯(女)	福州市晋安区宦溪镇人民政府一级科员
	黄祥达	福州市台江区青少年活动中心教师
福建省优秀共青团干部	叶 辉	福州屏东中学校团委书记
	刘 彤	福清市人民检察院机关团支部书记、青工委副主任
	许 敏(女)	闽清县白樟镇人民政府团委书记
	李小霞(女)	罗源县白塔乡人民政府团委书记
	李彦杰	福州市鼓楼区洪山镇人民政府团委副书记
	林 晨	福州市长乐团区委书记
	林琦萍(女)	闽侯县祥谦镇团委书记
	林 静(女)	福州市晋安团区委书记
	黄 瑶(女)	福州外国语学校团委书记
	鲁梦云(女)	永泰团县委办公室主任

表 97　2019 年福建省青年岗位能手标兵、福建省青年岗位能手福州市获得者名单

表彰项目	姓名	工作单位及职务（职称）
福建省青年岗位能手标兵	侯思远	福州市城乡建总集团有限公司工程师
福建省青年岗位能手	陈　秦	中国共产党连江县纪律检查委员会、连江县监察委员纪检二室副主任
	韦萃芸（女）	政信云（福州）数据技术有限公司项目经理
	胡更乐	罗源县农村信用合作联社营业部主任
	李彧辉	福州市建筑设计院有限责任公司高级工程师
	陈顺有	厦门大学附属福州第二医院副主任医师
	林环周	中建四局建设发展有限公司福州分公司、国际公司高级工程师
	李　扬（女）	福州市国土资源综合行政执法支队督导室副主任
	王军艳（女）	中建商品混凝土（福建）有限公司办公室党建主管
	陈柏叡（台）	福州市皮肤病防治院主治医师
	张孝荣（台）	福州市电子信息集团有限公司信息技术管理中心业务经理
	向　斌	福州凌云数据科技有限公司软件开发工程师

（潘竞波）

表 98　2019 年全国“三八”红旗手、福建省“三八”红旗手标兵、“三八”红旗手福州市获得者名单

表彰项目	姓名	工作单位及职务（职称）
全国“三八”红旗手	杨　晓（女）	福州市园林局党委书记、局长
福建省“三八”红旗手标兵	黄銮英（女）	罗源县起步镇下长治村党支部组织委员
福建省“三八”红旗手	鄢继恩（女）	鼓楼区洪山镇锦江社区党委书记、主任
	吴梦妤（女）	台江区宁化街道社区卫生服务中心主任、书记
	刘云平（女）	仓山区行政服务中心管理委员会主任（行政编制）、区人民政府办公室副主任（兼）
	黄巧曦（女）	福州第十中学副校长
	陈惠珍（女）	福州经济技术开发区市政公用事业管理处党总支书记、副主任
	程　民（女）	闽侯县商务局副局长
	程　清（女）	福建省长乐第一中学德育处督导，中共长乐一中第一支部书记
	夏　金（女）	福清市城关小学校长、高级教师、特级教师
	周　梅（女）	福清市三山镇宣传统战委员
	陈丽琴（女）	罗源县凤山镇机关工会主席、社区办主任
	张雪容（女）	闽清县梅溪镇党委副书记
	黄丹晶（女）	福州高新区妇工委副主任、南屿镇妇联主席
	陈月香（女）	福州市动物疫病预防控制中心高级兽医师
	孙秀娟（女）	福州广播电视台《福州新闻》栏目责任编辑
	钱黎芳（女）	晋安区委组织部部务会议成员、常务副部长
	林　静（女）	福州市金门同胞联谊会秘书长
	林　穆（女）	福州市城乡建设委员会党办主任
	潘云苓（女）	福州市第一医院中西医结合肿瘤内科主任医师
	刘　燕（女）	福州华侨中学党委书记、校长

续表98

表彰项目	姓名	工作单位及职务(职称)
福建省“三八”红旗手	朱 玲(女)	闽侯县人民法院党组书记、代理院长
	何晓斌(女)	福州市文化广电新闻出版局文物保护处处长
	王 静(女)	福州市科学技术局人事处副处长
	蒋佩琪(女)	福建连江桃园体育娱乐有限公司副董事长
	吴文靖(女)	福州乐加教育培训学校校长

表99　**2019年福建省“三八”红旗集体福州市获表彰名单**

序号	集体
1	福州市旗汛口幼儿园“旗智社团”
2	福州市仓山区培智学校
3	晋安区人民检察院侦查监督科
4	长乐区医院急诊科
5	福清市医院护理部
6	连江县东湖镇妇联
7	罗源县凤山镇凤美社区居民委员会
8	永泰县农村信用合作联社营业部
9	福州日报采集中心
10	福州市乌山小学语文教研组
11	福州市鼓楼区人民检察院未成年人检察办公室
12	福州住房公积金管理中心城区管理部(市市民服务中心公积金窗口)

(黎明)

表100　**2019年全国道德模范、福建省道德模范福州市获得者名单**

表彰项目	类型	姓名	工作单位及职务(职称)
第七届全国道德模范	助人为乐类型	王锦萍(女)	福清市城头镇吉钓村卫生所医生
第七届全国道德模范提名奖	诚实守信类型	翁希明	福建朝日环保科技开发有限公司党委书记、董事长
第六届福建省道德模范	助人为乐类型	陈建龙	恒申控股集团有限公司党委书记、董事长
	见义勇为类型	林兴春	福州市长乐区城关派出所辅警
	诚实守信类型	翁希明	福建朝日环保科技开发有限公司党委书记、董事长
	孝老爱亲类型	刘小明	福州市于山风景区管理处办公室主任

表101　**2019年福州市道德模范名单**

表彰项目	类型	姓名	工作单位及职务(职称)
第六届福州市道德模范	助人为乐模范	马长白	鼓楼区五凤街道左海社区居民
		叶 罡	罗源县蓝豹减灾事业发展中心志愿者
		张 伟	闽侯第八中学教师
	见义勇为模范	滕用华	福州市鼓山地区人民检察院副主任科员
		江奇峰	迪信电子通讯有限公司信息广场营业厅职员
		林 栋	东海航海保障中心福州航标处机工

续表 101

表彰项目	类型	姓名	工作单位及职务（职称）
第六届福州市道德模范	诚实守信模范	林向凯	宏德盛（福建）实业发展有限公司董事长
		黄钗明	闽清县云龙卫生院退休中医师
		郑炳春	福州尚干餐饮管理有限公司总经理
	敬业奉献模范	王开佺	福州市长乐区松下镇长屿小学负责人
		田　彬	福州市公安局巡特警支队一大队排爆中队中队长
		黄　颂	国网福州供电公司鼓楼综合运维一班班长
		施雅利（女）	福建省军区福州第三离职干部休养所门诊部主管护师
	孝老爱亲模范	程顺城	永泰县赤锡乡念后村村民
		黄思林（女）	闽侯县竹岐乡半岭村村民
		林秀花（女）	连江县官坂中心小学教师
第六届福州市道德模范提名奖	助人为乐模范	柯文沣	晋安区新店镇新盛社区居民
		周　琦	南昌铁路局集团公司福州车务段劳服公司副主任
	见义勇为模范	严仕煊	闽侯县鸿尾乡安樟村村民
		谢孔枝	长乐区湖南镇鹏谢村村民
	诚实守信模范	吴选辉	福清市新厝镇桥尾村村民
		陈振兴	长乐永益针纺有限公司董事长
	敬业奉献模范	陈雷雷	福州市公安局海防支队民警
		周在祥	福州市医患纠纷人民调解委员会主任
	孝老爱亲模范	林端峰	罗源县残疾人联合会职工
		张少清（女）	闽清县中石化梅溪加油站职工

表 102　**2019 年“中国好人榜”“福建好人榜”福州市获得者名单**

表彰项目	姓名	工作单位及职务（职称）
“中国好人榜”	高春宝	福州市儿童公园管理处主任
	陈　照	罗源县林业局绿化办干部、罗源县源野救援队队长
	林金松	连江县黄岐镇四海环保志愿服务队理事长
	王开佺　林珠金（女）	长乐区松下镇长屿小学教师
	洪新根	学大教育培训机构物理老师
	刘小明	福州市于山风景区管理处办公室主任
“福建好人榜”	高春宝	福州市儿童公园管理处主任
	陈坚英（女）	国网罗源县供电有限公司营销部副主任
	林兴春	长乐区城关派出所辅警
	吴鹤霖	福州市公安局后洲派出所警务队长
	黄以孟	仓山区对湖街道师大社区理论宣讲员
	刘小明	福州市于山风景区管理处办公室主任
	程丽英（女）	闽侯县甘蔗街道三英村村民
	方　熙	国网闽侯县供电公司办公室副主任
	洪新根	学大教育培训机构物理老师
	李伟翰	长乐区公安局交警大队副大队长

续表 102

表彰项目	姓名	工作单位及职务(职称)
“福建好人榜”	陈　照	罗源县林业局绿化办干部、罗源县源野救援队队长
	林金松	连江县黄岐镇四海环保志愿服务队理事长
	吴智官	连江县苔菉镇琇邦村村民
	李金天	福州市水路运输综合服务中心监督员

表 103　　2019 年“福州好人榜”名单

序号	姓名	工作单位及职务(职称)
1	陈　捷(女)	福建省闽清精神病防治院护士
2	高春宝	福州市儿童公园管理处主任
3	陈坚英(女)	国网罗源县供电有限公司营销部副主任
4	江爱明	马尾区琅岐镇星辉村老人会会长
5	许明康	福清“美丽一生”形象设计美发店负责人
6	吴鹤霖	福州市公安局后洲派出所警务队长
7	张理强	连江县敖江镇长汀村党支部第一书记
8	林兴春	长乐区城关派出所辅警
9	黄以孟	福州市仓山区对湖街道师大社区理论宣讲员
10	黄乃澄	罗源县医院副院长、主任医师
11	刘小明	福州市于山风景区管理处办公室主任
12	张　洁(女)	福州市信任社会工作服务中心总干事
13	李　晞	福州市公安局交通警察支队台江大队二级警长
14	程丽英(女)	闽侯县甘蔗街道三英村村民
15	方　熙	国网闽侯县供电公司办公室副主任
16	张江华(女)	福建省制图院总工办职工
17	潘云苓(女)	福州市第一医院中西医结合肿瘤科主任医师
18	高木秋	长乐区首占镇丰山村村民
19	赵　星	闽侯县上街镇侯官村村民
20	林　峰	国家税务总局福州市台江区税务局办公室工作人员
21	洪新根	学大教育培训机构物理老师
22	张瑞英(女)	怡家园物业公司皇庭美域服务中心保洁员
23	李伟翰	长乐区公安局交警大队副大队长
24	陈　照	罗源县林业局绿化办干部、罗源县源野救援队队长
25	彭道菊(女)	中航环卫公司员工
26	庄珍钦(女)	连江县透堡中学教师
27	郑巧珍(女)	长乐区玉田镇长青村村民
28	林金松	连江县黄岐镇四海环保志愿服务队理事长
29	陈翔宇	长乐区“两违”综合治理办公室职员
30	李　巍	永泰县公安局富泉派出所综合股副股长
31	林廉炎	永泰二中退休教师

续表 103

序号	姓名	工作单位及职务（职称）
32	吴智官	连江县苔菉镇琇邦村村民
33	宋木香	长乐区文武砂镇洽屿村村医
34	陈钦官	长乐区潭头镇文石村老人协会会长
35	王琦斌	福州市公安局东街派出所案审组组长
36	朱 利（女）	永泰县樟城镇吉祥社区居民
37	李金天	福州市水路运输综合服务中心监督员
38	黄嫩娇（女）	连江县透堡镇南街村村民
39	张丽香（女）	闽清县梅溪镇石湖村党务工作人员
40	庄 辉	晋安区鼓山镇党政办职员
41	毛文丑	闽清县下祝乡杉村学校教师
42	蔡 云（女）	福州市公安局仓山刑侦大队技术二级主管
43	黄守婷（女）	闽清高级中学高三 2 班学生

（魏淑佳）

（编辑 黄铭）

附录

地方性法规

福州市城市内河管理办法

（2019年1月9日福州市第十五届人民代表大会第三次会议通过

2019年3月28日福建省第十三届人民代表大会常务委员会第九次会议批准）

第一条 为了加强本市城市内河管理，保护和改善城市内河环境，发挥城市内河综合功能，推进生态文明建设，根据《中华人民共和国水污染防治法》《中华人民共和国防洪法》《中华人民共和国河道管理条例》《福建省河道保护管理条例》等有关法律、法规，结合本市实际，制定本办法。

第二条 本办法适用于本市中心城区城市内河的规划、建设、保护、利用及相关的管理活动。

第三条 城市内河的管理应当遵循统一规划、综合治理、严格保护、合理利用的原则，实行统一管理与分级、分部门负责相结合的制度。

第四条 市、县（区）人民政府应当加强对城市内河管理工作的领导，将城市内河管理工作纳入国民经济和社会发展规划，所需经费列入同级财政预算。

第五条 城市内河管理实行河长制。本市各级河长负责组织领导相应河段的水资源保护、水域岸线管理、水污染防治、水环境治理、水生态修复等工作，指导协调和统筹解决相应河段出现的重大问题。

第六条 市城市内河行政主管部门负责城市内河监督管理工作，组织实施本办法。

城乡规划、园林绿化、水利、生态环境、城市管理、交通运输等有关主管部门在各自职责范围内承担城市内河的监督管理职责。

县（区）城市内河行政主管部门负责本行政区域内城市内河的管理工作。

第七条 市、县（区）人民政府应当加强城市内河保护的宣传教育，增强市民维护城市内河生态环境意识。

任何单位和个人有权对破坏城市内河的行为进行劝阻和举报。

第八条 城市内河实行名录制度。

城市内河名录由市城市内河行政主管部门负责组织编制和调整，报市人民政府批准后公布。

城市内河名录的内容包括城市内河名称、起止点、河道长度、水域面积、主要功能、管理范围等事项。

市、县（区）人民政府应当根据城市内河名录设置城市内河界桩和河长公示牌。河长公示牌应当符合规范要求，并载明城市内河名称、河（段）长、河长职责、治理目标、管理责任区段、管理范围、禁止行为、举报电话、河道专管员等事项。

任何单位和个人不得擅自移动、损毁城市内河界桩和河长公示牌。

第九条 市城市内河行政主管部门应当会同城乡规划、园林绿化、水利、生态环境、交通运输等主管部门编制城市内河专项规划，报市人民政府批准后公布实施。

编制城市内河专项规划应当满足优化生态环境、保护历史景观风貌、水环境生态综合治理和排水防涝的需要，实现水清、河畅、安全、生态的目标。

经批准的城市内河专项规划不得擅自修改，确需修改的，应当征求有关部门、专家和公众的意见，按照法定程序批准并公布。

第十条 城市内河疏浚清淤、生态补水和污水截流等综合治理工程，以及在城市内河管理范围内修建码头、跨河桥梁、管线设施、景观照明设施、配套用房等工程，应当符合城市内河专项规划，遵照生态环境、市容环境卫生、海绵城市建设、排水防涝等有关规定和技术标准。

建设单位应当在工程可行性研究报告报请审核前，将工程建设方案报城市内河行政主管部门审查同意后，按照基本建设程序履行审批手续。

第十一条 城市内河综合治理工程建设应当符合下列规定：

（一）满足沿河驳岸退距要求；

（二）配置建设相应的截污管网设施；

（三）保留自然弯曲的河岸线、深潭、浅滩、泛洪漫滩、天然的砂石、水草、江心洲（岛），优先采用自然护岸、植物护岸等生态护岸形式；

（四）保持水体流动，促进城市内河自净能力和生态系统的恢复；

（五）不减少城市内河水域面积；

（六）保护和展示沿河历史文化遗存；

（七）同步建设两岸绿地、慢行交通系统和照明设施，并根据实际需要配建旅游、休闲、健身等设施；

（八）其他符合生态环境保护的要求。

城市内河综合治理工程按照城市市政基础设施基本建设程序组织实施。

第十二条 市、县（区）人民政府及有关部门对城市内河专项规划实施前已批准建设的建筑物、构筑物，不符合城市内河专项规划的，应当进行改建或者征收，并依法予以补偿。对未经批准建设的建筑物、构筑物应当依法限期整改或者拆除。

第十三条 任何单位和个人不得擅自占用城市内河管理范围内的水面、陆地等。因城市内河治理等特殊需要临时占用的，应当经城市内河行政主管部门批准。

临时占用城市内河的建设工程开工前，建设单位应当编制相应的防汛防台风应急预案，经科学论证后，报城市内河行政主管部门备案，并承担施工范围内城市内河的防汛防台风安全责任。

临时占用期限不得超过两年。建设单位应当在临时占用期限届满之日起十五日内恢复原状。

第十四条 在城市内河管理范围内，除市政污水处理设施的出水口外，不得新建、改建或者扩建排污口。市政污水处理设施需要设置出水口的，应当征得城市内河行政主管部门同意，由生态环境行政主管部门负责对环境影响报告书进行审批。

市政污水处理设施的出水应当达标排放，并由生态环境行政主管部门定期进行监测，监测结果应当向社会公布。

在城市内河管理范围内新建、改建或者扩建雨水排放口的，应当经城市内河行政主管部门批准。

城市内河行政主管部门应当对城市内河管理范围内的出水口、雨水排放口编号建档，实施监督管理。

第十五条 城市内河行政主管部门应当组织对城市内河水系流域范围内的截污管、截流井、调蓄池、步道、绿化等设施状况以及驳岸、河床、岸线等基础数据进行调查，并建立和完善城市内河档案，实行城市内河信息化管理。

城市内河行政主管部门应当定期组织有关部门对城市内河进行巡查。

第十六条 鼓励采取政府购买服务、政府与社会资本合作等多种形式，吸引社会力量参与城市内河的治理和管理养护。

城市内河行政主管部门应当加强对城市内河建设管理责任单位的监督检查，督促管理、养护责任的落实。

第十七条 城市内河水系实行联排联调，联合调度库湖闸站、联动排水引水，实施排水防涝、生态补水，保证河道畅通、水体质量和合理生态流量，保护城市内河生态环境。

第十八条 城市内河清淤采取常态化清淤和应急清淤相结合的模式，及时控制和消除内源污染，提升城市内河水体质量，保障河道行洪需求。

第十九条 在城市内河管理范围内，任何单位和个人不得擅自填河断水、拦河筑堰、设置阻水抽水设施等阻水障碍物。

对城市内河管理范围内的阻水障碍物，按照“谁设障、谁清除”的原则，由城市内河行政主管部门提出清障计划和实施方案，报请应急管理行政主管部门责令设障者在规定的期限内清除。逾期不清除的，由应急管理行政主管部门组织强行清除，所需费用由设障者承担。

第二十条 在城市内河管理范围内实施景观照明工程、开展旅游休闲等活动的，应当符合城市内河专项规划的要求，并接受城市内河等行政主管部门的监督管理。

第二十一条 在城市内河管理范围内，禁止下列行为：

（一）擅自放养动物、打捞鱼虫、电鱼；

（二）抛弃、掩埋动物尸体；

（三）向水体丢弃生活垃圾；

（四）炸鱼、毒鱼、张网捕鱼；

（五）未经市政污水处理设施处理直接排放污水；

（六）擅自建设与防洪、水文、交通、园林景观、取水、排水、排污管网无关的设施；

（七）损毁坝闸、护坡、码头、驳岸、护栏等城市内河设施；

（八）弃置、堆放、流放影响行洪、航运和水工程安全的物体；

（九）弃置、排放、倾倒泥土、泥浆、建筑垃圾等废弃物；

（十）从事打井、钻探、爆破、挖筑池塘、采石、取土等危害堤防安全的活动；

（十一）擅自占用城市内河水域从事餐饮、娱乐等经营活动；

（十二）侵占城市内河规划岸线；

（十三）擅自截弯取直，擅自填堵、缩窄、硬化城市内河；

（十四）擅自铺设缆线、管道；

（十五）法律、法规规定的其他损坏城市内河设施，破坏城市内河生态环境的行为。

第二十二条 擅自移动、损毁城市内河界桩或者河长公示牌的，由城市内河行政主管部门责令改正，并处以二百元以上一千元以下的罚款；造成损失的，依法承担赔偿责任。

第二十三条 未经批准在城市内河管理范围内新建、改建或者扩建排污口、雨水排放口的，由城市内河行政主管部门责令限期拆除，并处以五万元以上十万元以下的罚款；逾期不拆除排污口的，依法强制拆除，所需费用由违法者承担，并处以十万元以上五十万元以下的罚款，情节严重的，可以责令停产整治。

第二十四条 在城市内河管理范围内有下列行为之一的，由城市内河行政主管部门责令改正；情节严重的，按照以下规定处以罚款：

（一）擅自放养动物、打捞鱼虫、电鱼的，处以五百元以上一千元以下的罚款；

（二）抛弃、掩埋动物尸体的，处以五百元以上二千元以下的罚款；

（三）向水体丢弃生活垃圾的，处以一千元以上三千元以下的罚款；

（四）炸鱼、毒鱼、张网捕鱼的，处以三千元以上五千元以下的罚款。

第二十五条 在城市内河管理范围内有下列行为之一的，由城市内河行政主管部门责令停止违法行为，限期清除障碍或者采取其他补救措施，并处以五万元以上十万元以下的罚款：

（一）擅自占用城市内河管理范围内的水面、陆地或者占用期限届满后未及时恢复原状；

（二）擅自填河断水、拦河筑堰、设置阻水抽水设施等阻水障碍物；

（三）擅自建设与防洪、水文、交通、园林景观、取水、排水、排污管网无关的设施；

（四）损毁坝闸、护坡、码头、驳岸、护栏等城市内河设施。

第二十六条 本办法未规定处罚的其他违法行为，法律、法规已有处罚规定的，从其规定。

第二十七条 违反本办法规定的行为，违法情节严重、对社会造成不良影响的，由作出处罚的部门将其记入本市公共信用信息平台。

第二十八条 城市内河等行政主管部门的工作人员滥用职权、玩忽职守、徇私舞弊的，依法给予处分；构成犯罪的，依法追究刑事责任。

第二十九条 本办法所称中心城区包括市辖六区，闽侯县甘蔗街道、荆溪镇、上街镇、南屿镇、南通镇、尚干镇、祥谦镇、青口镇、竹岐乡，连江县琯头镇。

第三十条 本办法所称城市内河管理范围是指城市内河两岸规划绿线以内的区域范围；没有规划绿线的，指规划蓝线以内的区域范围。具体管理范围由市城市内河行政主管部门划定，报市人民政府批准后公布。

第三十一条 本市中心城区以外的内河管理可以参照本办法执行。

第三十二条 市人民政府应当根据本办法制定实施细则。

第三十三条 本办法自2019年6月1日起施行。2013年8月30日福州市第十四届人民代表大会常务委员会第十二次会议通过，2013年9月27日福建省第十二届人民代表大会常务委员会第五次会议批准的《福州市城市内河管理办法》同时废止。

福州市烟花爆竹销售和燃放管理办法

（2019年6月27日福州市第十五届人民代表大会常务委员会第二十次会议通过

2019年9月26日福建省第十三届人民代表大会常务委员会第十二次会议批准）

第一条 为了加强烟花爆竹销售和燃放管理，减少环境污染，保障公共安全和人身、财产安全，根据国务院《烟花爆竹安全管理条例》和有关法律、法规，结合本市实际，制定本办法。

第二条 本市行政区域内烟花爆竹的销售和燃放管理，适用本办法。

第三条 本市烟花爆竹的销售和燃放实行严格管理、综合治理的原则，遵守安全环保、文明节俭的要求。

第四条 市、县（市、区）人民政府应当加强对烟花爆竹销售和燃放管理工作的领导，建立烟花爆竹销售和燃放综合管理协调机制，统筹协调烟花爆竹销售和燃放管理工作中的重大事项。

应急管理部门负责烟花爆竹销售的管理；公安机关负责烟花爆竹燃放的公共安全管理。

生态环境、市场监督管理、城市管理、民政、住房保障和房产管理、供销等部门按照各自职责，做好烟花爆竹销售和燃放管理的相关工作。

第五条 乡（镇）人民政府和街道办事处应当将烟花爆竹燃放管理纳入社会综合治理工作，加强组织协调和指导监督。

村（居）民委员会、物业服务企业以及其他管理人应当配合做好烟花爆竹燃放管理的有关工作，加强对燃放烟花爆竹行为的劝导，引导依法、安全、环保、文明燃放烟花爆竹。

第六条 市各级人民政府以及相关部门应当组织开展烟花爆竹燃放管理的宣传活动，鼓励移风易俗，倡导经营、使用电子鞭炮、礼花筒等安全、环保的替代品。

广播、电视、报刊、网络等媒体和电信运营商应当做好烟花爆竹燃放管理的公益宣传。

学校和未成年人的监护人应当教育和引导未成年人依法、安全、环保、文明燃放烟花爆竹。

第七条 本市限制燃放烟花爆竹的区域为鼓楼区、台江区、仓山区、晋安区（不含宦溪镇、寿山乡、日溪乡）、马尾区（不含亭江镇、琅岐镇）。

除上述区域外的其他县（市、区）人民政府可以另行规定本辖区范围内限制燃放烟花爆竹的地点、时间等有关事项。

第八条 限制燃放区域内允许燃放烟花爆竹的时间为：

（一）除夕、正月初一全天；

（二）农历腊月二十四、正月初二到初六、正月十五的六时至二十二时。

在重大庆典活动和其他节日期间，需要举办焰火晚会或者其他大型焰火燃放活动的，应当依照有关规定报批后由市、县（市、区）人民政府予以公告。

第九条 禁止在下列地点燃放烟花爆竹：

（一）文物保护单位；

（二）三坊七巷、朱紫坊、上下杭、烟台山、鼓岭等历史文化街区、历史文化风貌区和历史建筑群保护范围内；

（三）建（构）筑物内，车站、码头、机场等交通枢纽，轨道交通设施以及铁路线路安全保护区内；

（四）加油站、加气站等易燃易爆危险物品生产、经营、储存场所及其周边一百米范围内；

（五）城市主次干道及高架桥、立交桥、人行天桥、隧道及地下通道；

（六）医疗机构、幼儿园、学校、敬（养）老院、图书馆、档案馆、博物馆；

（七）输变电设施安全保护区内；

（八）风景名胜区和林地、公共绿地、苗圃等重点防火区；

（九）市、县（市、区）人民政府确定并公布的其他禁止燃放烟花爆竹的地点。

前款规定的禁止燃放地点，其所有权人或者管理人应当在出入口或者显著位置设置禁止燃放标志，明确具体范围并负责管护。

第十条 从事烟花爆竹经营的单位和个人，应当取得应急管理部门核发的烟花爆竹经营许可证件，依照经营许可证件核定的有效期、品种和规格经营。

市人民政府应当按照安全、环保的原则，确定本市限制燃放区域内允许销售、燃放的烟花爆竹品种、规格，并于每年春节三十日前向社会公布。

第十一条 烟花爆竹批发场所、零售经营点的设置应当遵循严格控制、合理布局的原则。

禁止在城市市区布设烟花爆竹批发场所。

限制燃放区域每个街道（镇）辖区范围内烟花爆竹零售经营点的布设数量不得超过一个。

第十二条 烟花爆竹零售经营者经营许可期限届满后，应当停止销售，并立即通知原批发企业进行回收，不得自行存放。烟花爆竹批发企业对未售完的烟花爆竹应当在三日内完成回收。

第十三条 限制燃放期间，市生态环境管理部门可以根据城市空气质量情况启动应急响应。各县（市、区）人民政府根据响应级别采取应急措施并向社会公告后，限制燃放区域内禁止燃放烟花爆竹。

第十四条 燃放烟花爆竹应当遵守安全要求，不得有下列行为：

（一）从屋顶、楼道、阳台、窗户向外抛掷烟花爆竹；

（二）向烟花爆竹零售经营点、行人、车辆、建（构）筑物、在建工地、树木、河道、公共绿地、窨井等投掷烟花爆竹；

（三）影响道路交通安全；

（四）采用其他危害公共安全和人身、财产安全的方式燃放。

第十五条 无民事行为能力人或者限制民事行为能力人燃放烟花爆竹的，应当由监护人或者监护人委托的完全民事行为能力人陪同看护。

第十六条 对违反本办法销售、燃放烟花爆竹的，任何单位和个人有权劝阻，并向应急管理部门、公安机关等举报。应急管理部门、公安机关等接到举报后应当依法、及时予以查处。

第十七条 违反本办法规定，有下列行为之一的，由公安机关责令改正，并处一百元以上三百元以下罚款；构成违反治安管理行为的，依法给予治安管理处罚：

（一）违反第七条、第八条规定，在限制燃放的区域和时间燃放烟花爆竹的；

（二）违反第十五条规定，未陪同看护的。

第十八条 违反本办法规定，有下列行为之一的，由公安机关责令改正，并处三百元以上五百元以下罚款；构成违反治安管理行为的，依法给予治安管理处罚：

（一）违反第九条规定，在禁止燃放的地点燃放烟花爆竹的；

（二）违反第十条第二款规定，燃放规定品种和规格以外的烟花爆竹的；

（三）违反第十四条规定，不遵守安全燃放要求的。

第十九条 违反本办法第十条第一款规定，烟花爆竹经营者超过许可证件核定的有效期、品种、规格销售烟花爆竹的，由应急管理部门责令停止非法经营行为，处五万元以上十万元以下罚款，并没收非法经营的烟花爆竹及违法所得。

第二十条 违反本办法第十二条规定，烟花爆竹零售经营者在销售期限届满后未及时通知原批发企业进行回收或者自行存放烟花爆竹的，由应急管理部门责令改正，并处三千元以上五千元以下罚款；烟花爆竹批发企业未按时限完成回收的，由应急管理部门责令改正，并处一万元以上三万元以下罚款。

第二十一条 应急等管理部门及其工作人员违反本办法，有下列情形之一的，由上级行政管理部门或者监察机关责令改正；情节严重的，对直接负责的主管人员和其他直接责任人员，依法给予处分；构成犯罪的，依法追究刑事责任：

（一）对不符合法定条件的烟花爆竹销售、燃放申请予以许可的；

（二）对违法销售、燃放烟花爆竹的行为不依法查处的；

（三）对举报人的举报不受理、不及时查处的；

（四）其他不履行烟花爆竹监管职责的。

第二十二条 本办法自 2019 年 12 月 1 日起施行。

福州市生活垃圾分类管理条例

（2019 年 8 月 30 日福州市第十五届人民代表大会常务委员会第二十一次会议通过

2019 年 9 月 26 日福建省第十三届人民代表大会常务委员会第十二次会议批准）

目 录

第一章 总 则

第一条 为了加强生活垃圾分类管理，提高生活垃圾减量化、资源化、无害化水平，促进城乡精细化管理，改善城乡生态环境，推进生态文明建设，根据《中华人民共和国固体废物污染环境防治法》《中华人民共和国循环经济促进法》《福建省城乡生活垃圾管理条例》等有关法律、法规，结合本市实际，制定本条例。

第二条 本市行政区域内生活垃圾的分类投放、收集、运输、处置及其相关管理活动，适用本条例。

本条例所称生活垃圾，是指在日常生活中或者为日常生活提供服务活动中产生的固体废弃物以及法律、法规规定视为生活垃圾的固体废弃物。

第三条 生活垃圾应当分类投放、分类收集、分类运输、分类处置。

生活垃圾分类管理工作遵循政府推动、全民参与、城乡统筹、因地制宜、源头减量的原则。

第四条 市、县（市、区）人民政府应当加强对生活垃圾分类管理工作的领导，把生活垃圾分类管理工作纳入本级国民经济和社会发展规划，建立生活垃圾分类管理工作的协调机制，制定生活垃圾源头减量、资源回收利用、设施建设和运营管理等政策措施，保障生活垃圾分类管理的人员配置和资金投入。

乡（镇）人民政府、街道办事处负责本辖区内生活垃圾分类的日常管理工作，指导督促辖区单位、个人和分类投放管理责任人履行生活垃圾分类义务。

第五条 市市容环境卫生行政主管部门是本市生活垃圾分类管理的主管部门，负责本条例的组织实施。

县（市、区）市容环境卫生行政主管部门负责本行政区域内生活垃圾的分类管理工作。

第六条 自然资源和规划行政主管部门负责将生活垃圾分类收集、运输、处置基础设施的环境卫生专项规划，统筹纳入规划管控。

商务行政主管部门负责制定和实施回收行业发展规划和其他具体措施。

生态环境行政主管部门负责有害垃圾运输与处置的监督管理，以及危险废物处置企业的环境监管。

住房保障和房产行政主管部门负责督促物业服务企业开展生活垃圾分类工作，将生活垃圾分类管理纳入物业服务企业的信用管理体系。

教育行政主管部门应当督促各级各类学校将生活垃圾源头减量和分类投放、回收利用、无害化处理等知识纳入教育教学和社会实践内容，培养和提高学生的生活垃圾源头减量和分类等意识。

市场监管、文化旅游、农业农村、财政、邮政等部门按照各自职责，做好生活垃圾分类管理相关工作。

第七条 村（居）民委员会应当做好生活垃圾分类宣传、落实工作，配合乡（镇）人民政府、街道办事处督促辖区单位、村（居）民、分类投放管理责任人开展生活垃圾分类工作。

第八条 单位和个人应当积极参与生活垃圾分类，减少生活垃圾产生，履行生活垃圾分类投放义务。

第九条 本市各级人民政府以及相关部门应当加强生活垃圾分类的宣传教育，推动形成全社会共同参与的良好氛围。

报纸、期刊、广播、电视、网络等媒体应当定期开设专栏开展生活垃圾源头减量和分类的宣传，普及生活垃圾分类知识，增强社会公众的生活垃圾源头减量和分类意识。

第十条 鼓励和支持生活垃圾处置科技创新，促进生活垃圾处置先进技术、工艺的研究开发和转化应用，提高生活垃圾处置的科技水平。

第二章 分类标准与投放

第十一条 生活垃圾按照下列标准进行分类：

（一）可回收物，是指适宜回收和可循环再利用的废纸类、塑料、金属、纺织物、电子电器、玻璃、木料等废旧物质；

（二）易腐垃圾，是指从事餐饮服务、集体供餐、食品加工等活动产生的餐饮垃圾和居民家庭产生的厨余垃圾等易腐的废弃食材、剩菜剩饭、蔬菜瓜果、肉类、水产品等生活废弃物；

（三）有害垃圾，是指对人体健康、自然环境造成直接或者潜在危害的废弃电池、荧光灯管、温度计、血压计、药品、油漆、溶剂、化学农药、消毒剂、胶片和相纸等物质；

（四）大件垃圾，是指整体性强、需要拆解处理，重量超过五千克或者体积超过零点二立方米或者长度超过一米的废旧家具以及家用电器、电子产品等固体废弃物；

（五）其他垃圾，是指除前四项以外的其他生活废弃物。

市人民政府应当根据分类标准制定生活垃圾的具体分类目录，并向社会公布。

第十二条 市市容环境卫生行政主管部门应当制定本市生活垃圾分类指南，明确分类的标识、颜色及投放、收集、运输、处置规则等内容，并向社会公布。

县（市、区）市容环境卫生行政主管部门应当统筹组织乡（镇）人民政府和街道办事处制定适合本辖区的生活垃圾分类管理实施方案，并组织实施。分类管理实施方案应当包括生活垃圾的投放模式、收集时间、运输线路等内容。

第十三条 任何单位和个人应当按照规定的要求将生活垃圾分类投放到有相应标识的收集容器内或者指定的收集点，不得随意抛弃、倾倒、堆放生活垃圾。

生活垃圾分类投放应当符合以下规定：

（一）可回收物应当投放至可回收物收集容器或者交售给具备法定条件的再生资源回收企业；

（二）易腐垃圾应当投放至专用收集容器；

（三）有害垃圾应当在采取防止破损或者渗漏的措施后投放至专用收集容器或者专门设置的投放点；

（四）大件垃圾应当堆放至指定场所；

（五）其他垃圾应当投放至其他垃圾收集容器或者密闭收集点。

农村生活垃圾无法按照前款规定分类投放的，可以先分为易腐垃圾与其他类型生活垃圾两类进行投放。

第十四条 推行生活垃圾分类投放管理责任人制度。

实行物业管理的区域，物业服务企业为生活垃圾分类投放管理责任人。物业服务合同对管理责任人的责任归属有约定的，从其约定。

未实行物业管理的区域，管理责任人按照下列规定确定：

（一）国家机关、企业事业单位、社会团体以及其他组织的办公或者生产场所，本单位为管理责任人；

（二）市场、商场、宾馆，餐饮服务、展览展销场所，机场、码头、车站以及旅游、文化、体育等公共场所，经营管理单位为管理责任人；

（三）公园、道路、桥涵、地下通道、人行天桥等公共场所，管理单位或者其委托的单位为管理责任人；

（四）建设工程施工现场，施工单位为管理责任人；

（五）村庄，村民委员会为管理责任人。

不能确定管理责任人的，由所在地乡（镇）人民政府、街道办事处确定管理责任人，并向责任区公示。

第十五条 生活垃圾分类投放管理责任人应当负责以下工作：

（一）建立生活垃圾分类的日常管理制度，配备垃圾分类管理员；

（二）按照规定设置生活垃圾收集容器和场所，并在显著位置公示设置布局图、不同类别生活垃圾的投放地点、投放时间、分类投放的行为规范、投放方式，保持收集容器正常使用和整洁；

（三）在责任区范围内配合开展生活垃圾分类知识宣传，指导单位、个人做好生活垃圾源头减量和分类投放；

（四）监督责任区生活垃圾分类投放，对单位或者个人不符合生活垃圾分类投放要求的行为，要求其改正；拒不改正的，可以向所在地的乡（镇）人民政府或者街道办事处报告。乡（镇）人民政府或者街道办事处应当对投放人进行教育、劝导；经教育、劝导仍不改正的，及时报告所在地的县（市、区）市容环境卫生行政主管部门处理；

（五）将分类投放的生活垃圾交由具备法定条件的企业收集、运输；

（六）制止混合已分类投放的生活垃圾的行为；

（七）建立生活垃圾分类投放管理台账，记录责任区内产生的生活垃圾类别、数量、去向等情况，每月定期向所在地的乡（镇）人民政府、街道办事处报送上月台账。

第十六条 餐饮垃圾产生单位应当落实餐饮垃圾源头减量和分类工作责任，餐饮垃圾应当交由具备法定条件的企业收集、运输和处置，不得直接排入公共水域、厕所、市政管道或者混入其他生活垃圾。

第三章 分类收集、运输与处置

第十七条 已分类投放的生活垃圾应当分类收集、分类运输、分类处置。

生活垃圾分类收集、运输企业发现交付的生活垃圾不符合分类标准的，应当要求管理责任人改正；管理责任人拒不改正的，有权拒绝接收，并及时报告所在地的县（市、区）市容环境卫生行政主管部门。

生活垃圾分类处置企业发现交付的生活垃圾不符合分类标准的，应当要求生活垃圾分类收集、运输企业改正；拒不改正的，有权拒绝接收，并向所在地的县（市、区）市容环境卫生行政主管部门报告。

县（市、区）市容环境卫生行政主管部门应当在接到报告后二十四小时内进行处理。

第十八条 可回收物、有害垃圾、大件垃圾应当实行预约或者定期收集、运输。

易腐垃圾和其他垃圾应当每日定时收集、运输，做到日产日清。

禁止在人行道、绿地等公共区域堆放、分拣生活垃圾。

第十九条 禁止将已分类收集的生活垃圾混合运输。

运输有害垃圾应当遵守国家有关危险废物转移和危险货物运输管理的相关规定。

可回收物由再生资源回收企业分类收集、分类运输。

易腐垃圾、大件垃圾和其他垃圾由具备法定条件的收集、运输企业按照规定运往指定处置场所。

第二十条 市市容环境卫生行政主管部门应当会同相关部门制定本市生活垃圾分类运输车辆的管理标准。

运输车辆应当标明相应类别的生活垃圾标志，安装车辆行驶以及收集、运输过程记录仪，并保持全密闭和具有防臭味扩散、防遗撒、防渗沥液滴漏功能。

第二十一条 从事生活垃圾分类收集、运输的企业，应当遵守下列规定：

（一）按照生活垃圾类别、运输量、作业时间等，配备相应的作业人员和符合要求的专用车辆；

（二）按照规定的时间、频次、路线、地点分类收集、运输生活垃圾；

（三）不得沿途丢弃、遗撒生活垃圾、滴漏污水或者进行敞开式分拣、压缩和转运生活垃圾；

（四）及时清理作业过程中产生的废水、废气、废渣，保持生活垃圾转运设备和周边环境整洁；

（五）对分类运输车辆和生活垃圾转运站设备实行日常养护，并规范作业；

（六）建立管理台账，记录生活垃圾来源、种类、数量、去向等情况，并定期报告所在地的县（市、区）市容环境卫生行政主管部门；

（七）其他有关生活垃圾收集、运输的规定。

第二十二条 市容环境卫生行政主管部门应当建立生活垃圾转运机制，合理布局并按照有关规定和标准建设生活垃圾转运站，规范生活垃圾转运作业的时间、路线和操作规程，做好环境污染防治工作。

经过转运站中转的生活垃圾，应当密闭存放，存放时间不得超过十二个小时。

第二十三条 生活垃圾应当按照有关规定分类处置，提高再利用率和资源化水平，促进循环利用。

可回收物由再生资源回收利用企业进行处置。

易腐垃圾和大件垃圾由具备法定条件的企业进行资源化利用或者以无害化方式处置。

有害垃圾应当由具备危险废物经营许可资质的企业进行无害化处置。

其他垃圾应当进行综合利用，不能综合利用的采用无害化方式处置。

第二十四条 生活垃圾分类处置设施的建设应当符合国家和本省、市有关标准、技术规范，生活垃圾分类处置设施所采用的技术、设备、材料应当符合国家标准。

第二十五条 生活垃圾分类处置企业应当遵守下列规定：

（一）按照规定配备生活垃圾处置设施、设备以及合格的管理、操作人员，并保证设施、设备运行良好；

（二）按照规定的时间和要求接收并分类处置生活垃圾；

（三）建立管理台账，计量和统计每日收集、运输、进出场站和处置的生活垃圾，并将相关统计数据报送市容环境卫生行政主管部门；

（四）根据环境影响评价文件的审批要求和有关规定制定环境监测计划，委托具有相应监测资质的单位进行监测，并将监测结果及时报送生态环境行政主管部门；

（五）安装污染物排放自动监控设备和超标报警装置等，并与生态环境行政主管部门的监控设备联网，及时传输上报主要污染物排放数据；

（六）按照规定配套污染防治设施，污染物排放应当符合国家和本省、市相关规定以及项目环境影响评价文件的审批要求；

（七）建立环境信息公开制度，及时公开生活垃圾处置设施主要污染物的排放情况；

（八）严格按照有关要求，履行安全生产职责，并建立安全生产应急预案；

（九）不得擅自关闭、闲置或者拆除处置设施、场所，确需关闭、闲置或者拆除的，应当依法核准；

（十）其他有关生活垃圾分类处置的规定。

第二十六条 餐饮垃圾的产生、收集、运输和处置实行联单管理制度，并逐步实施电子联单信息化管理。

第二十七条 餐饮垃圾处置企业在处置过程中应当采取有效的污染控制措施，按照生活垃圾分类处置标准，实施无害化处置。

禁止将餐饮垃圾及其加工物用于食品生产加工；禁止使用未经无害化处置的餐饮垃圾饲养畜禽。

第二十八条 农村生活垃圾处理应当实行户分类、村收集、乡（镇）转运、县（市、区）处置的模式。

县（市、区）人民政府应当对农村生活垃圾的分类收集、运输和处置给予财政补助和支持。

第二十九条 农村易腐垃圾按照资源化利用要求，采用生化处置等技术就地处置，直接还田、堆肥或者生产沼气，有条件的地方应当配置易腐垃圾处置设施进行处置。

可回收物、大件垃圾和有害垃圾应当建立收集点，专项回收，集中处理。

第三十条 城乡结合部和人口密集区域的农村生活垃圾，纳入城市生活垃圾分类收集运输处理系统。

第四章 保障与促进

第三十一条 市、县（市、区）人民政府应当遵循资源节约、环境保护与生产生活安全原则，建立涵盖生产、流通、消费等领域的生活垃圾源头减量工作机制。

第三十二条 企业应当遵守国家和本省、市有关规定，优先选择易回收、易拆解、易降解、无毒无害的材料和设计包装方案，生产废弃物产生量少、可循环利用的产品。

第三十三条 市场监管、邮政管理部门应当督促企业执行绿色包装相关标准，促进快递包装物的减量化和循环使用。

鼓励快递和电子商务企业在本市开展经营活动使用电子运单、环保包装，并引导消费者使用可降解、可循环使用的环保包装。

第三十四条 国家机关、事业单位、社会团体、公共场所管理单位以及国有企业应当使用有利于保护环境的产品、设备和设施，提高再生纸的使用比例，减少使用一次性办公用品。

第三十五条 本市推行净菜上市，推进洁净农副产品进城。

果蔬生产基地和新建集贸市场应当按照标准配置废弃果蔬就地处置设施，有条件的已建成集贸市场、生鲜超市应当配置废弃果蔬就地处置设施。

第三十六条 产生生活垃圾的单位和个人应当按规定缴纳生活垃圾处理费，专项用于生活垃圾的收集、运输和处置。

市、县（市、区）人民政府应当按照“谁产生谁付费、多产生多付费”的原则，逐步建立计量收费、分类计价、易于收缴的生活垃圾处理收费制度。

农村地区的生活垃圾处理费可以采取多渠道方式筹集。

生活垃圾处理收费标准应当向社会公开。

第三十七条 本市实行生活垃圾跨区域处理补偿制度。跨行政区域处理生活垃圾的，遵循“谁受益、谁补偿”的原则，由生活垃圾移出方所在地的人民政府根据转移处理量向接收方所在地的人民政府支付补偿费。

第三十八条 市人民政府应当制定并公布可回收物指导目录，构建再生资源回收体系，制定低价值可回收物回收利用的优惠政策和激励措施，鼓励企业参与低价值可回收物的回收利用。

第三十九条 鼓励在国家机关、企业事业单位、社区等场所设置可回收物的分类回收设施。

鼓励物业服务区域、商场、超市、便利店等经营者或者管理者就地设立便民回收网点。

鼓励商品生产者、经营者采用押金、以旧换新、设置自动回收机、快递送货回收包装物等方式回收再生资源，实现回收途径多元化。

第四十条 市容环境卫生行政主管部门、乡（镇）人民政府、街道办事处和生活垃圾分类投放管理责任人可以通过奖励、积分等方式，发动居民和单位开展生活垃圾源头减量和分类工作。具体奖励办法由市容环境卫生行政主管部门会同财政等部门制定。

鼓励企业、个人采取创新奖励方式发动居民和单位开展生活垃圾源头减量和分类。

第四十一条 酒店、餐饮、旅游、家政、环境卫生、物业管理、再生资源回收利用等相关行业协会应当制定本行业生活垃圾分类和减量工作方案并组织实施，开展本行业生活垃圾源头减量和分类的培训、技术指导、实施评价，引导、督促会员单位参与生活垃圾源头减量和分类活动。

第五章 监督管理

第四十二条　市、县（市、区）人民政府应当建立和完善生活垃圾分类管理工作的综合考评制度，并将生活垃圾分类管理综合考核结果纳入所属部门、下一级人民政府的绩效考核指标。

第四十三条　本市开展文明单位、文明社区、文明校园、文明村镇、文明家庭等精神文明创建活动以及卫生单位、卫生社区（村）等卫生创建活动，应当将生活垃圾源头减量、分类的情况纳入评选标准。

第四十四条　市容环境卫生行政主管部门、乡（镇）人民政府和街道办事处应当建立生活垃圾分类监督检查制度，对生活垃圾分类投放管理责任人和从事生活垃圾分类收集、运输、处置的企业进行监督检查，并及时向社会公开检查情况和处理结果。

第四十五条　市容环境卫生行政主管部门应当制定本行政区域生活垃圾收集、运输、处置应急预案，建立应急机制。

生活垃圾分类收集、运输、处置企业应当根据市容环境卫生行政主管部门的要求编制收集、运输、处置应急预案，并报送市容环境卫生行政主管部门备案。

因突发性事件造成无法正常收集、运输、处置生活垃圾的，市容环境卫生行政主管部门应当立即启动应急预案，及时安排生活垃圾收集、运输、处置。

第四十六条　本市实行生活垃圾分类社会监督员制度。

市容环境卫生行政主管部门可以向社会公开聘请社会监督员，参与生活垃圾分类监督工作。社会监督员中应当包括人大代表、政协委员、市民代表、志愿者等。

社会监督员有权对生活垃圾分类投放、收集、运输、处置等情况进行监督。

第四十七条　单位拒不履行生活垃圾分类义务，并造成严重不良影响和后果的，由市容环境卫生行政主管部门将其记入本市公共信用信息平台。

第四十八条　市容环境卫生行政主管部门应当建立生活垃圾分类投放、收集、运输、处置管理信息系统，定期向社会公开相关信息，并与相关部门实现信息共享。

第六章 法律责任

第四十九条　违反本条例规定，未按照规定分类投放生活垃圾的，由市容环境卫生行政主管部门责令停止违法行为，限期改正，逾期不改正的，对单位处一万元以上五万元以下的罚款，对个人处五十元以上二百元以下的罚款。

第五十条　生活垃圾分类投放管理责任人未履行本条例规定工作责任的，由市容环境卫生行政主管部门责令限期改正，逾期不改正的，对单位处一千元以上五千元以下的罚款，对个人处五十元以上二百元以下的罚款。

第五十一条　生活垃圾分类收集、运输企业违反本条例规定，有下列情形之一的，由市容环境卫生行政主管部门责令改正，并按照下列规定进行处罚：

（一）混合收集、运输已分类的生活垃圾的，处一万元以上三万元以下的罚款；

（二）运输车辆未标明相应类别的生活垃圾标志或者未安装车辆行驶以及收集、运输过程记录仪的，处一万元以上三万元以下的罚款；

（三）未按照规定配备符合要求的专用车辆，或者生活垃圾转运设备不整洁的，处五千元以上三万元以下的罚款；

（四）未按照规定配备相应的作业人员，或者未对分类运输车辆和生活垃圾转运站设备进行养护的，处五千元以上二万元以下的罚款；

（五）未按照规定的时间、频次、路线、地点分类收集、运输的，处一万元以上三万元以下的罚款；

（六）沿途丢弃、遗撒生活垃圾、滴漏污水的，或者进行敞开式分拣、压缩和转运的，处二万元以上五万元以下的罚款；

（七）未及时清理作业过程中产生的废水、废气、废渣，处五千元以上三万元以下的罚款；

（八）未按照规定建立管理台账，记录生活垃圾的来源、种类、数量和去向的，处一万元的罚款。

第五十二条　生活垃圾分类处置企业违反本条例规定，有下列情形之一的，由市容环境卫生行政主管部门责令改正，并按照下列规定进行处罚：

（一）未按照规定配备生活垃圾分类处置设施、设备以及合格的管理、操作人员，并保证设施、设备运行良好的，处三万元以上十万元以下的罚款；

（二）未按照规定的时间或者要求接收、分类处置生活垃圾的，处三万元以上十万元以下的罚款；

（三）未按照规定建立管理台账的，处一万元的罚款；

（四）未建立安全生产应急预案的，处一万元以上三万元以下的罚款。

第五十三条　市容环境卫生等行政主管部门工作人员滥用职权、玩忽职守、徇私舞弊的，依法给予处分；构成犯罪的，依法追究刑事责任。

第五十四条　违反本条例规定的其他行为，法律法规已有规定的，从其规定。

第七章 附 则

第五十五条 本条例自 2020 年 1 月 1 日起施行。

表 104　　2019 年福州市政府发布政府令目录

文件文号	文件名称	发布日期	实施日期
政府令第 75 号	福州市生活垃圾分类管理办法	2019.3.29	2019.5.1
政府令第 76 号	福州市社会信用管理办法	2019.6.28	2019.8.1
政府令第 77 号	福州市人民政府关于修改《福州市电动自行车管理办法的》的决定	2019.10.8	2019.11.10

规范性文件目录

表 105　　2019 年福州市政府（含市政府办公厅）规范性文件目录

序号	文件文号	规范性文件名称	公布日期	实施日期
1	榕政综〔2019〕10 号	福州市人民政府关于支持民用航空加快发展的意见	2019 年 1 月 11 日	2019 年 1 月 1 日
2	榕政〔2019〕1 号	福州市人民政府关于福州长乐国际机场净空保护区范围和控制要求的通告	2019 年 1 月 7 日	2019 年 1 月 7 日
3	榕政办〔2019〕10 号	福州市人民政府办公厅印发关于加快金鱼产业发展六条措施的通知	2019 年 1 月 15 日	2019 年 1 月 15 日
4	榕政〔2019〕2 号	福州市人民政府关于进一步做好当前和今后一个时期促进就业工作的实施意见	2019 年 2 月 3 日	2019 年 2 月 3 日
5	榕政综〔2019〕52 号	福州市人民政府印发关于进一步支持中小企业发展的若干措施的通知	2019 年 2 月 27 日	2019 年 2 月 27 日
6	榕政办〔2019〕69 号	福州市人民政府办公厅关于印发福州市免除基本殡葬服务费实施方案的通知	2019 年 3 月 19 日	2019 年 3 月 1 日
7	榕政〔2019〕4 号	福州市人民政府关于对民用小型航空器和空飘物采取临时性行政措施的通告	2019 年 4 月 10 日	2019 年 5 月 1 日
8	榕政综〔2019〕116 号	福州市人民政府关于进一步促进社会力量办医的实施意见（试行）	2019 年 4 月 17 日	2019 年 4 月 17 日
9	榕政综〔2019〕117 号	福州市人民政府关于鼓励社会力量兴办教育的实施意见（试行）	2019 年 4 月 17 日	2019 年 4 月 17 日
10	榕政综〔2019〕145 号	福州市人民政府关于印发加快福州市区块链产业发展的三条措施的通知	2019 年 5 月 9 日	2019 年 5 月 9 日
11	榕政综〔2019〕165 号	福州市人民政府关于印发福州市促进两岸经贸交流合作六条措施的通知	2019 年 5 月 22 日	2019 年 5 月 22 日
12	榕政办〔2019〕88 号	福州市人民政府办公厅关于印发《福州市历史建筑保护管理办法（试行）》的通知	2019 年 5 月 23 日	2019 年 5 月 23 日
13	榕政〔2019〕5 号	福州市人民政府关于印发《福州市残疾儿童康复救助办法》的通知	2019 年 5 月 27 日	2018 年 10 月 1 日
14	榕政办〔2019〕109 号	福州市人民政府办公厅关于印发福州市城镇小区配套幼儿园移交规程的通知	2019 年 6 月 13 日	2019 年 6 月 13 日
15	榕政办〔2019〕110 号	福州市人民政府办公厅关于印发福州市促进电子商务产业加快发展实施办法的通知	2019 年 6 月 16 日	2019 年 6 月 16 日
16	榕政办〔2019〕106 号	福州市人民政府办公厅印发关于加快福州市产业发展若干政策措施的通知	2019 年 5 月 30 日	2019 年 5 月 30 日
17	榕政办〔2019〕115 号	福州市人民政府办公厅关于印发福州市建筑垃圾管理规定实施细则（暂行）的通知	2019 年 6 月 27 日	2019 年 6 月 27 日

续表 105

序号	文件文号	规范性文件名称	公布日期	实施日期
18	榕政办〔2019〕118 号	福州市人民政府办公厅关于印发福州市展会发展专项资金管理办法的通知	2019 年 7 月 15 日	2019 年 7 月 15 日
19	榕政办〔2019〕121 号	福州市人民政府办公厅关于加强城市建设中文物保护工作的意见	2019 年 7 月 27 日	2019 年 7 月 27 日
20	榕政〔2019〕7 号	福州市人民政府关于改革国有企业工资决定机制的实施意见	2019 年 8 月 15 日	2020 年 1 月 1 日
21	榕政办〔2019〕127 号	福州市人民政府办公厅关于印发《福州市城市内河管理办法实施细则》的通知	2019 年 9 月 12 日	2019 年 9 月 16 日
22	榕政办〔2019〕129 号	福州市人民政府办公厅关于稳定生猪生产保障市场供应的意见	2019 年 9 月 30 日	2019 年 9 月 30 日
23	榕政办〔2019〕131 号	福州市人民政府办公厅关于进一步规范涉迁坟墓补偿和安置工作的实施意见	2019 年 10 月 18 日	2019 年 10 月 18 日
24	榕政办〔2019〕132 号	福州市人民政府办公厅关于印发福州市职业技能提升行动实施方案（2019—2021 年）的通知	2019 年 10 月 16 日	2019 年 10 月 16 日
25	榕政综〔2019〕317 号	福州市人民政府关于印发《福州市政务数据资源管理办法》《福州市公共数据开放管理暂行办法》《福州市政务数据资源共享开放考核暂行办法》的通知	2019 年 11 月 15 日	2019 年 11 月 15 日
26	榕政办〔2019〕139 号	福州市人民政府办公厅印发关于进一步发展流通促进消费增长的若干措施的通知	2019 年 11 月 27 日	2019 年 11 月 27 日
27	榕政〔2019〕13 号	福州市人民政府关于划定高污染燃料禁燃区的通告	2019 年 12 月 30 日	2019 年 12 月 30 日
28	榕政〔2019〕14 号	福州市人民政府关于加强城区存量房交易税收管理的通告	2019 年 12 月 31 日	2019 年 12 月 31 日
29	榕政办〔2019〕145 号	福州市人民政府办公厅印发关于促进平台经济发展四条措施的通知	2019 年 12 月 30 日	2019 年 12 月 1 日

2019年市委、市政府为民办实事项目完成情况

一、实施公交服务便民工程

1. 新购置公交车200辆

完成情况：新增、更新公交车辆519辆，占任务量的259.5%。

2. 新建改造100个公交站台

完成情况：新建改造公交站台101个，占任务量的101%。

3. 新建1个公交首末站

完成情况：新建公交首末站位于三环路螺洲大桥桥下。已完成验收，可供停车使用。

4. 新增优化公交线路20条

完成情况：新辟和优化公交线路67条，占任务量的335%。

二、实施城区连片棚户区（旧屋区）改造

5. 基本完成2万户以上城区连片棚户区（旧屋区）征迁改造

完成情况：五城区累计完成2.02万户城区连片棚户区（旧屋区）征迁改造。

三、治理餐桌污染和改造提升农贸市场

6. 治理餐桌污染，建设食品放心工程

完成情况：

（1）农业源头监管方面。一是推进农业标准化生产。完成32个生产基地的树牌亮相。二是加强农产品质量安全监测。配合农业农村部完成全年共四次风险监测抽样428个，监测合格率98.4%；配合省农业农村厅完成全年共四次“检打联动”抽样448个，合格率100%；完成市本级每月一次“检打联动”农产品抽样共317个，监测合格率100%；完成市本级水产品中禁用药物残留抽样快速检测累计756批次，抽检合格率100%。

（2）食品生产加工、流通、餐饮环节监管方面。一是开展风险隐患排查。全市共组织1950人次、检查食品生产企业990家次、责令整改75家次。二是开展专项整治工作。开展打击农村假冒伪劣食品行动、校园食品安全守护行动、食品生产环节非法添加、节日市场监管、食盐质量安全、集中交易市场索证索票、食品生产加工小作坊、食品安全问题联合行动等专项整治。全市市场监管系统共立案查处食品类行政案件1127件，罚没金额约3761.19余万元。三是做好食品抽检。全市共完成食品监督抽检29648批次（含食用农产品），不合格467批次，合格率98.4%。四是抓好一品一码追溯体系建设。市平台共有6740家食用农产品经营主体注册，采集146万余条农产品进货记录，944万余条农产品配销记录，155万余条检测记录。在我市鼓楼区、连江县推行加工食品“一证通”制度试点工作。

（3）饮用水质量安全监管方面。已抽检市、县城区市政管网末梢水质抽检样本数5661件，其中合格水样5650个，检测合格率99.81%。加强瓶（桶）装饮用水生产企业监管，共组织440人次、检查企业103家次、责令整改13家次。

（4）强化食品安全风险监测方面。采集化学污染物及有害因子监测食品样品618份，微生物及致病因子监测食品样品180份。食源性疾病监测哨点医院涵盖全市各级医院和社区卫生服务中心（乡镇卫生院）共96家，完成7496例，占任务量的131.5%。

（5）打击食品安全犯罪方面。全市共破获食品刑事案件237起，其中省公安厅督办案件10起。

7. 实施10个城区农贸市场“农+超”改造提升

完成情况：已全部完成10个城区农贸市场“农+超”提升改造。

8. 储备活体生猪10.8万头

完成情况：已累计完成10.8万头活体生猪储备。

四、进一步改善农村生产生活条件

9. 建成农村公路85公里

完成情况：建成农村公路185.909公里，占任务量的218.7%。

10. 新建改造3万户村庄三格化粪池

完成情况：完成新建改造三格式化粪池30000户（闽侯县4666户、高新区68户、马尾区289户、长乐区1163户、永泰县6846户、闽清县4268户、罗源县6782户、连江县5918户）。

11. 实施农村饮水安全巩固提升工程，受益人口2.45万人

完成情况：项目所涉及的县（闽侯、连江、罗源、闽清）农村饮水安全巩固提升工程已基本完成。完成投资1573万元，完成年度计划1500万元的104.87%（闽侯县完成投资528万元；连江县完成投资221万元；罗源县完成投资399万元；闽清县完成投资425万元）。

12. 完成农村公路安保提升工程60公里

完成情况：完成农村公路安保提升工程62公里，占任务量的103.3%。

13. 危桥改造4座

完成情况：4座危桥改造（永泰县2座、罗源县2座）已全部完工。

14. 综合治理水土流失3万亩

完成情况：完成综合治理面积4.783万亩，占任务量的159.43%（永泰县0.386万亩，闽清县1.139万亩，连江县1.368万亩，闽侯县0.6万亩，罗源0.485万亩，长乐区0.375万亩，福清市0.38万亩，晋安区0.01万亩，马尾区0.02万亩，仓山区0.02万亩）。

15. 建成罗源县鉴江镇东湾溪安全生态水系

完成情况：已完成工程建设。

五、继续实施缓堵等市政项目

16. 实施橘园洲大桥东桥头及周边拓宽改造工程

完成情况：已建成通车。

17. 实施国货互通立交改造工程

完成情况：已建成通车。

18. 实施三环辅路跨福飞路高架桥工程

完成情况：已建成通车。

19. 实施鳌峰洲大桥南桥头节点改造工程

完成情况：已建成通车。

20. 建成生物医药和机电产业园 4 号道路工程

完成情况：已建成通车。

21. 建成生物医药和机电产业园 11 号道路工程二期

完成情况：已建成通车。

22. 建成滨海新城漳东路

完成情况：已建成通车。

23. 建成滨海新城马漳路

完成情况：已建成通车。

24. 建成滨海新城大数据产业园二区路网纵向支路工程

完成情况：已建成通车。

六、进一步缓解停车难问题

25. 新增公共停车泊位 7000 个

完成情况：已建成 15150 个泊位，占任务量的 216.4%。

七、办好人民满意的教育

26. 新建、改扩建公办幼儿园 13 所，新增学位 3150 个

完成情况：新建、改扩建公办幼儿园 13 所已竣工，新增学位 3150 个。

27. 新建、改扩建小学 13 所和初中 8 所，新增学位 8305 个

完成情况：新建、改扩建小学 13 所和初中 8 所已竣工，新增学位 8305 个。

八、提升公共卫生服务能力和养老服务等水平

28. 将基本公共卫生服务政府补助标准从每人每年 55 元提高到每人每年 60 元

完成情况：基本公共卫生服务政府补助标准已由每人每年 55 元提高到每人每年 60 元，并完成本年度基本公共卫生服务项目市级经费下达任务。

29. 新建居家社区养老服务照料中心 12 个

完成情况：已建成居家社区养老服务照料中心 12 个。

30. 五城区免除逝者基本殡葬服务费用（含接运、消毒、72 小时内的冷藏、火化、寄存、骨灰盒六项费用）

完成情况：五城区已从 2019 年 3 月 1 日起免除居民基本殡葬服务费。

九、加快体育事业发展

31. 建设 6 个多功能运动场

完成情况：已建成。

32. 建设 3 个室内健身房

完成情况：已建成。

33. 建设 2 个门球场

完成情况：已建成。

34. 建设 3 个笼式足球场

完成情况：已建成。

35. 更新更换健身路径 250 条

完成情况：已建成。

36. 农民体育健身工程提升改造 50 个

完成情况：已建成。

37. 开展 30 项次全民健身活动项目

完成情况：已举办全民健身活动项目 30 个，300 场次，参与人数约 90 万人。

十、加强环卫基础设施建设

38. 建成福州市大件垃圾（园林）处置厂，规划每日处置大件垃圾 100 吨、园林垃圾 60 吨

完成情况：福州市大件垃圾（园林）处置厂已建成，并投产试运行。

39. 新建、改建城乡公厕 318 座，其中，新建城市公厕 169 座、乡镇公厕 63 座、农村公厕 26 座，改建农村旱厕及简易水冲公厕 60 座

完成情况：已完成新建改造城乡公厕 320 座，其中，城市公厕 169 座、乡镇公厕 65 座、农村公厕 86 座。

十一、城区水体列入正常管养，保持水清河畅

40. 完善管养机制，纳入政策管养，实现内河长制久清

完成情况：已全面建立健全管养机制，完工河道全部纳入正常管养。颁布实施《福州市城市内河管理办法》，提升内河法治化、制度化、规范化管理水平；印发《关于全面落实福州市城区内河日常管养标准化工作方案》《城区水系综合治理 PPP 项目建设期运营考核机制》等文件，确保河道水质、沿河设施、截污系统运行和环境卫生等得到有效维护和保持；通过政府河长和企业河长协同管理，紧密联动，强化河道巡查管理；由各水系治理 PPP 项目公司成立运营团队，各运营管养团队设置河面保洁、水质监测、设备检修、调度等专业小组，确保已经完工的河道（或系统）能够及时纳入管养，实现长制久清；通过购买社会化服务建立了内河水系巡查支队，配合内河执法人员开展巡查工作，实现了对市区内河巡查的全覆盖。在日常工作中，内河执法人员与巡查队员通过微信工作群建立了联动机制，实时掌握内河动态，开展常态化联合巡查，发现问题执法人员第一时间到达现场并进行有效处置。

十二、实施老旧住宅小区综合整治提升和供水管网改造

41. 实施 60 个老旧住宅小区综合整治提升，达到“沟通、路平、灯亮、安全、有序”公共配套设施基本完善的目标

完成情况：已完成 72 个老旧住宅小区综合整治提升，超额完成年度目标任务。

42. 改造老旧住宅小区一户一表 3 万户

完成情况：已完成老旧住宅小区一户一表改造 55928 户，占任务量的 186%。

43. 改造给水管道 20 公里

完成情况：已完成给水管道改造约 117 公里，占任务量的 585%。

十三、提升绿化水平

44. 改造提升 5 条林荫道

完成情况：已完成江滨中大道、八一七路、仓房街、建新中路、乌山支路等 5 条林荫道改造提升。

45. 完成 3 处 1000 平方米以上的街头绿地建设或改造提升

完成情况：已完成建新路与浦上大道西北角地块，晋连

路与连江中路交叉口地块，鹤林高架桥西南侧原海中舟地块等3处街头绿地建设或改造提升。

46. 实施城区增种大树，完成15条道路增种二排树，30处交通等候区增种乔木

完成情况：已完成15条道路增种二排树，30处交通等候区增种乔木。

47. 建成乌龙江休闲绿道景观工程

完成情况：该项目已完成竣工验收并投入使用。

十四、实施福州市“12345”便民服务平台系统改造提升

48. 将人工智能语音系统与热线整合相融合，将大数据挖掘分析与平台流程智慧化相结合，使之形成诉求数据链路监控

完成情况：已完成“12345”便民服务平台系统改造，相关功能已实现。

十五、提升化工基地应急救援能力

49. 建成江阴、可门化工基地应急救援项目

完成情况：江阴、可门化工基地消防站已建成并投入执勤。

十六、提升城区排涝能力

50. 实施晋安河口直排闽江通道工程

完成情况：已建成并投入运行。

十七、推进道路安全隐患整治

51. 完成64处道路交通危险路段隐患整治任务

完成情况：64处普通公路道路安全隐患整治已全部完成（永泰9处，闽清9处，福清8处，长乐8处，高新区8处，罗源8处，公路局4处，马尾8处，晋安1处，连江1处）。

52. 完成23处小水库、沟渠、池塘等周边临水临崖路段隐患整治任务

完成情况：23处临水临涯隐患路段已全部完成整治（闽清3处，连江2处，马尾2处，福清2处，高新1处，永泰7处，长乐1处，闽侯1处，罗源4处）。

（吴宏姜 黄杨见 杨兰英 林珍彦）

机构及负责人

中共福州市委员会

书　记：王　宁
副书记：尤猛军
常　委：修兴高
　　　　林　飞
　　　　陈　晔
　　　　高　明
　　　　蔡战胜
　　　　吴深生
　　　　张　忠
　　　　阮孝应
　　　　刘卓群
　　　　周强国
秘书长：张　忠
副秘书长：程小马
　　　　　戴清泉
　　　　　张炜鸣
　　　　　廖海军

福州市人民代表大会常务委员会

主　任：陈为民
副主任：鄢　萍
　　　　陈建平
　　　　陈春光
　　　　关瑞祺
　　　　林　峰
　　　　肖　华
　　　　李　凡
　　　　李永祥
秘书长：林　颖
副秘书长：丘志强
　　　　　叶　勇
　　　　　欧阳伟键
　　　　　林国晃

福州市人民政府

市　长：尤猛军
副市长：林　飞
　　　　黄忠勇
　　　　严可仕
　　　　潘东升
　　　　杭　东
　　　　杨新坚
　　　　李　春
　　　　林中麟
秘书长：朱汉民
副秘书长：刘广辉
　　　　　林　强
　　　　　吴德泉
　　　　　陈金友（兼）
　　　　　翁华锋
　　　　　蔡　文
　　　　　林从宇
　　　　　虎发仁（挂职）
　　　　　方青云（兼）
　　　　　纪文杰
　　　　　许剑锋

中国人民政治协商会议福州市委员会

主　席：何静彦
副主席：雷成财
　　　　林治良
　　　　林绍彬
　　　　林恒增
　　　　郑云春
　　　　王绍知
　　　　林　锋
　　　　罗蜀榕
　　　　郑章干
　　　　林　澄
秘书长：张大斌
副秘书长：林忠武
　　　　　林　敦
　　　　　路　琳
　　　　　张　莉

福州市中级人民法院

院　长：胡志伟
副院长：林志雄
　　　　刘伟光
　　　　赵彦邦
　　　　黄勤民
　　　　连　强
政治部主任：赵　洵

福州市人民检察院

检察长：张时贵
副检察长：余深画
　　　　顾　颀
　　　　董良馨
　　　　陈秀云
　　　　郑龙清
政治部主任：林修钢
鼓山地区检察院
　检察长：郑　东

中共福州市委工作部门及办事机构

市委办公厅［市委军民融合发展委员会办公室、市委法规局、市委保密委员会办公室（市国家保密局）、市委机要局（市密码管理局）、市档案局］
　主　任：程小马
　副主任：朱秀兰
　　　　　兰　超
　　　　　吴志群
　　　　　李仲福
　市委督查室主任：袁永喜
市委军民融合发展委员会办公室
　副主任：兰　超（兼）
市委法规局
　局　长：吴志群（兼）
市委保密委员会办公室（市国家保密局）
　主任（局长）：（空缺）
市委机要局（市密码管理局）
　局　长：朱秀兰（兼）
市档案局
　局　长：林香平
市委政策研究室
　主　任：廖海军
　副主任：李贵勇
　　　　　王新刚
市委全面深化改革委员会办公室
　主　任：张　忠（兼）
　副主任：张永森（常务）
　　　　　朱红艳
　　　　　林吓清
市纪律检查委员会、市监察委员会
　书　记：修兴高
　副书记：张娇兴
　　　　　肖敦颖
　　　　　叶　谊
　常　委：林裕煌
　　　　　曾开寿
　　　　　林　海
　　　　　薛　博
　　　　　李　充
　秘书长：薛　博（兼）

市监察委员会
主　任：修兴高
副主任：张娇兴
肖敦颖
叶　谊
委　员：林裕煌
曾开寿
林　海
郭有旭

市委巡察工作领导小组办公室
主　任：鄢　荣
副主任：雷秋元
李明华

市委组织部（加挂市委非公企业和社会组织工作委员会、市公务员局牌子）
部　长：吴深生
副部长：陈　惠（常务）
王　聪
林　舫
吕　斌
邓　岚（兼）
刘毅宙

市委非公有制企业和社会组织工委
书　记：王　聪
专职副书记：陈有飞

市公务员局
局　长：刘毅宙

市委宣传部［加挂市新闻出版局（市版权局）、市政府新闻办公室牌子］
部　长：阮孝应
副部长：叶友琛（常务）
张学勇（兼）
孙晓岚
楼卫东（兼）
陈日官
杜　微（兼）
陈　昱

市新闻出版局（市版权局）
局　长：孙晓岚

市政府新闻办公室
主　任：陈　昱

市委精神文明建设办公室（加挂市精神文明建设指导委员会办公室牌子）
主　任：张学勇
副主任：陈　甦
练　文

市委网络安全和信息化委员会办公室（加挂市互联网信息办公室牌子）
主　任：杜　微
副主任：田　磊
张振东

市委统一战线工作部（加挂市政府侨务办公室牌子）
部　长：陈　晔
副部长：阮文光（常务）
张性魁（兼）
程　辉
陈长泽
王寿钦（兼）
林　峰

市委政法委员会
书　记：高　明
副书记：潘东升（兼）
郭家彬（常务）
李　勇
余永俤
政治部主任：陈建祥
秘书长：刘　钟

市委台港澳工作办公室（加挂市政府台港澳事务办公室牌子）
主　任：邓达木
副主任：林桂强
谢祖禄
黄炬辉

市委机构编制委员会办公室
主　任：陈政宝
副主任：林小宝
陈　华

市委市直机关工作委员会
书　记：（空缺）
副书记：陈晓晖（常务）
刘蓉晖
郑慧中
郑　勇

市委老干部局（加挂市委离退休干部工作委员会牌子）
局　长：邓　岚
副局长：曾海方
刘丹峰
张翠红

福州市人大常委会工作机构及专门委员会

市人大法制委员会
主　委：严孟灿
副主委：张　诚

市人大财政经济委员会
主　委：朱光华
副主委：张　航

市人大社会建设委员会
主　委：吴兰铮
副主委：陈吕南

市人大监察和司法委员会
主　委：李　锋

市人大常委会办公厅
主　任：丘志强
副主任：许海霖
张　弛

市人大常委会研究室
主　任：饶春贵
副主任：杨永生

市人大常委会人事代表工作室
主　任：蓝　锋
副主任：谢晓妹
林韵洁

市人大常委会法制工作委员会
主　任：张　诚
副主任：林　峻
林　薇

市人大监察和司法工作委员会
主　任：郭　云
副主任：黄修钗

市人大常委会财政经济工作委员会
主　任：张　航
副主任：张　娟
周孙熙

市人大常委会城建环境工作委员会
主　任：黄宇清
副主任：周开城
谢晓芳

市人大常委会华侨（台胞）工作委员会
主　任：张修强
副主任：魏道航

市人大常委会农村经济工作委员会
主　任：杨信增
副主任：杨健浩

市人大常委会教科文卫工作委员会
主　任：陈　燕
副主任：（空缺）

市人大常委会信访局
局　长：郑昌进

福州市人民政府工作部门

市政府办公厅
主　任：刘广辉

副主任：李　强
易承卫
陈　磊
李世苞
魏善庆
潘福全
市政府督查室主任：陈登兴

市发展和改革委员会
主　任：游通铃
副主任：李占卫
王石融
林　津
林国信
蔡峻林
肖开玉（挂职）
总经济师：郑礼招

市教育局（与市委教育工作委员会合署办公）
局　长：唐　希
副局长：陈　亮
念　琪
陈　颖
邵东生

市科学技术局
局　长：任义文
副局长：张文胜
王博斌
詹志勤

市工业和信息化局
局长：王国晓
副局长：林端雄
林高星
翁云疆
谢学科（挂职）
李　欣（挂职）
总工程师：王敏辉

市大数据发展管理委员会（加挂市“数字福州”建设领导小组办公室牌子）
主　任：张青雅
副主任：韩　宁
张记欢（挂职）
总工程师：施文建

市民族与宗教事务局
局　长：王寿钦
副局长：杨清荃
何仲武

市公安局（加挂市打击走私综合治理工作办公室牌子）
局　长：潘东升
副局长：黄作璋
黄敦蒲
朱　卫
陈武成
潘　明
吴祖刚
政治部主任：施玉安
市打击走私综合治理工作办公室
主　任：朱　卫（兼）
副主任：毛建忠（兼）

市民政局（加挂市革命老根据地建设办公室牌子）
局　长：郭建国
副局长：赵艺萍
林　峰
黄大明
杨玉华
市革命老根据地建设办公室
主　任：刘建平

市司法局
局　长：唐新文
副局长：方振荣
丁　萍
庄晶萍
陈元武

市财政局（加挂福州新区财政与投融资局牌子）
局　长：林中麟
副局长：黄振奋
林冬阳
杨东林
黄一川
总会计师：许怡庄

市人力资源和社会保障局
局　长：王命瑞
副局长：熊玉平
高远忠
程良榕
张　莺
总会计师：倪　馨

市自然资源和规划局
局　长：郑章干
副局长：张仁灿
张　帆
林立淼
姚晓征
张裴雷（挂职）
总工程师：官升玲
总规划师：张　武
总建筑师：（空缺）

市生态环境局
局　长：游昕
副局长：汪家升
蔡　芹
谢延风
祁明峰
总工程师：许爱琼

市城乡建设局
局　长：陈漠诚
副局长：郑　鸿
张麒蛰
郑　军
高　尚
朱宸熠
总工程师：林宝钧

市住房保障和房产管理局
局　长：罗若谷
副局长：孙文锋
阮观伟
商志强
顾　巍
郑　宇（挂职）

市城市管理委员会
主　任：林　坦
副主任：杨立宏
金德荣
林长盛
郭绍兴

市交通运输局
局　长：陈希治
副局长：林著惠
陈思明
邱吉忠
王镜秋
罗树波（兼）
总工程师：林金泉

市水利局
局　长：陈济斌
副局长：吴聪先
林松宝
陈　异
总工程师：林　凯

市农业农村局（加挂市扶贫开发领导小组办公室、市委实施乡村振兴战略领导小组办公室牌子）
局　长：林　健
副局长：林友隆（挂职）
黄礼滨

黄大文
鲍瑞坊
方光文
陈　峰
总畜牧兽医师：张宏彦
市扶贫开发领导小组办公室
主　任：林　健（兼）
市委实施乡村振兴战略领导小组办公室
主　任：林　健（兼）
市商务局（加挂市口岸工作办公室牌子）
局　长：林汉隽
副局长：沈鹭滨
黄雪勋
徐　强
潘　文
薛　男
杨卫华（挂职）
市口岸工作办公室
主　任：林汉隽（兼）
副主任：沈鹭滨（兼）
市投资促进局
局　长：黄济霖
副局长：严周文
陈　伟
薛松涛
市粮食和物资储备局
局　长：卢　林
副局长：廖胜彪
陈　军
陈友义
市文化和旅游局（加挂市广播电视局、市文物局牌子）
局　长：翁国平
副局长：李春茂
陈炳荣
陈思源
吴聿建
朱寿良
市广播电视局
局　长：翁国平（兼）
副局长：陈炳荣（兼）
市文物局
局　长：吴聿建（兼）
市卫生和健康委员会
主　任：郭春曦
副主任：叶　明
叶晓霞
陈新旭
陆　涵
侯　林（挂职）
市退役军人事务局（加挂市双拥共建工作领导小组办公室牌子）
局　长：张则铭
副局长：杨国玲
杨丽云
袁朝海
市双拥共建工作领导小组办公室
主　任：张则铭（兼）
副主任：杨丽云（兼）
市应急管理局
局　长：陈仁德
副局长：吴红城
林　晞
刘承勇
王学初
任立明
总工程师：叶　军
市审计局
局　长：林良云
副局长：林光明
陈立武
林　芳
林志强
林　翔（挂职）
总审计师：黄建忠
市政府外事办公室
主　任：吴晓杰
副主任：王　琳（挂职）
张　薇
杜维广
市林业局
局　长：童桂荣
副局长：冯　平
张坤松
总工程师：翁荣声
市海洋与渔业局
局　长：林海华
副局长：陈明东
陈如祥
高　晶
总工程师：陈国生
市市场监督管理局（加挂市知识产权局牌子）
局　长：陈宗胜
副局长：陈　敏
颜耀鹏
高　峰
叶　明（兼）
何朝晖
蔡晓峰
薛　文
食品安全总监：周　璇
药品安全总监：周韶辉
质监总工程师：陈宝明
市知识产权局
局　长：何朝晖（兼）
市体育局
局　长：张　涵
副局长：刘　丹
黄　毅
郭志农
市统计局（加挂福州新区统计局牌子）
局　长：彭锦华
副局长：朱　政
陈　杰
杨　航
总统计师：曹寿全
市人民防空办公室
主　任：陈燕敦
副主任：陈　颖
杭　琥
市医疗保障局
局　长：林　澄
副局长：郑道新
张端仁
总会计师：陈政爱
市地方金融监督管理局（加挂市金融工作办公室牌子）
局　长：杨猛猛
副局长：谢志成
曹军州
吴　亮（挂职）
市金融工作办公室
主任：杨猛猛（兼）
市政府信访局（与市委信访局合署办公）
局　长：陈金友
副局长：严　萍
林　彬
林　锋
李文昌
市机关事务管理局
局　长：高明保
副局长：陈起平
范永东
丁如丹
林淑玲
莫素静

总会计师：陈金岳

市政府国有资产监督管理委员会

主　任：曾国俊

副主任：陈宙泉

蔡立福

政治部主任：辛　晓

福州市人民政府派出机构及其他机构

市政府驻北京联络处［加挂市政府（北京）招商中心牌子］

主　任：刘用全

副主任：林伟航

薛松涛（挂职）

市政府驻上海办事处

主　任：葛根旺

市政府驻深圳办事处

主　任：王　辉

市森林公安局

局　长：严永春

市行政服务中心管委会（加挂市市民服务中心管委会牌子）

主　任：张晓容

副主任：王栋梁

翁宜冰

林蔡仁

市历史文化名城管委会（市三坊七巷管委会）

主　任：杨　勇

副主任：吴聿建（兼）

朱祖辉

林少鹏

总工程师：林中林

市市场监督管理行政执法支队

支队长：程建明

政　委：刘德利

福州新区管委会

主　任：尤猛军（兼）

副主任：黄忠勇（常务）

陈　斌

何杰民

福州新区福清功能区管委会

主　任：张　帆（兼）

副主任：林友华（常务）

项箴雄

黄　侠

杨　林

福州江阴港城经济区管委会

主　任：高双成

副主任：王　啸

曾台曦

福州新区长乐功能区管委会

主　任：蔡劲松（兼）

副主任：陈　锦（常务）

陈家登

黄华贤

陈宝贵

江盛才

肖小阳（挂职）

福州新区仓山功能区管委会

主　任：梁　栋（兼）

副主任：潘仰武（常务）

黄朝锋

沈建文

中国（福建）自由贸易试验区福州片区管理委员会（福州保税港区管理委员会）

主　任：杭　东（兼）

副主任：赵学峰（常务）

许用贵（兼）

张　帆（兼）

李　平

梁　栋（兼）

游　力

梁　勇

福州高新技术产业开发区管委会

党工委书记：黄建雄

主　任：黄建雄

副主任：陈志毅

林　武

林勉建

卢坚辉

史李春（挂职）

林　斌

魏志谋（挂职）

福州地区大学新校区管委会

主　任：李　春（兼）

副主任：聂晓梅（常务）

黄胜进

林　蔚

张艳明

中国人民政治协商会议
福州市委员会工作机构

市政协办公厅

主　任：林忠武

副主任：肖湘榕

李　民

市政协调查研究室

主　任：陈小刚

副主任：李　伟

市政协提案委员会

主　任：余　松

副主任：官　兵

市政协经济建设委员会

主　任：谢　侹

副主任：谢瑞金

市政协教科卫体委员会

主　任：汪芷江

副主任：陈　芳

市政协港澳台侨和外事委员会

主　任：郑建平

副主任：（空缺）

市政协社会和法制委员会

主　任：朱宗瑜

副主任：李林菁

市政协民族和宗教委员会

主　任：兰鸣伟

副主任：李大林

市政协文化文史和学习委员会

主　任：陈高英

副主任：许水英

市政协人口资源环境委员会

主　任：许舜举

副主任：刘　鸿

市政协农业和农村委员会

主　任：林辅胜

福州市民主党派与工商联

民革福州市委员会

主　　委：林　锋

专职副主委：陈子华

民盟福州市委员会

主　　委：林治良

专职副主委：林文亮

民建福州市委员会

主　　委：罗蜀榕

专职副主委：倪　真

民进福州市委员会

主　　委：顾　颀

专职副主委：柴刚丽

农工党福州市委员会

主　　委：林　澄

专职副主委：（空缺）

致公党福州市委员会

主　　委：鄢　萍

专职副主委：陈京香

九三学社福州市委员会

主　　委：林绍彬

专职副主委：罗　枫

台盟福州市委员会

主　　委：甘海疆

专职副主委：粘少梅

福州市工商业联合会

主　席：雷成财

副主席：张性魁

宋晓非

张　强

福州市人民团体、群众团体机构

市总工会

主　席：陈　晔（兼）

副主席：郑湘国

林如长

高远忠（兼）

娄月琴（兼）

黄文斐（挂职）

王　慷

经费审查委员会

主　任：尤　山

共青团福州市委员会

书　记：陈　浩

副书记：肖善颖

叶　苏

邓玉峰（挂职）

市妇女联合会

主　席：陈　红

副主席：林　怡（挂职）

娄月琴

陈　菁

黄坚瑜（兼）

王　慷（兼）

市社会科学界联合会

主　席：阮孝应（兼）

副主席：李　辉

张春斌

陈　亮

市文学艺术界联合会

主　席：鄢　萍（兼）

副主席：卓继辉

李　朴

市残疾人联合会

理事长：郑永登

副理事长：叶　青

徐世元

黄　望

市科学技术协会

主　席：林治良（兼）

副主席：尤典真

杨云华

翁金榜

黄彩进（挂职）

市归国华侨联合会

主　席：蓝桂兰

副主席：李清华

市台湾同胞联谊会

会　长：林鸿榕

副会长：杨　军

中国国际贸易促进委员会福州市委员会（中国国际商会福州商会）

会　长：潘　威

副会长：陈　长

郑　玲

市计划生育协会

专职副会长：刘惠珍（常务）

王　锋

市中华职业教育社

主　任：罗蜀榕（兼）

副主任：姚文南

陈长水

市红十字会

会　长：严可仕（兼）

副会长：胡晓强（常务）

胡树林

胡经民

市法学会

会　长：高　明（兼）

专职副会长：陈建忠

秘书长：陈建忠（兼）

市对外友好协会

副会长：（空缺）

福州市参公事业单位

市委党校、市行政学院、市社会主义学院

市委党校（市行政学院）

校（院）长：吴深生（兼）

副校（院）长：王小珍（常务）

林秀玲

市社会主义学院

院　长：王小珍

副院长：林秀玲

阮文光（兼）

市委党史和地方志研究室

主　任：高锦利

副主任：叶　红

陈清华

宋建兴

总编辑：蔡爱丽

市档案馆

馆　长：林香平

副馆长：宋美榕

刘若清

吴　斌

市委讲师团

团　长：张启强

市大数据服务中心

主　任：刘珍昌

市政府发展研究中心

主　任：郑　立

副主任：姚瑞强

郑洪海

刘　庆

市供销合作社联合社

主　任：陈春恩

副主任：林洪锦

陈建文

林秀萍

市知识产权中心

主　任：何朝晖

市防震减灾中心

主　任：戴　黎

副主任：江　晨

市园林中心

主　任：杨　晓

副主任：陈　凡

翁　芬

总工程师：林　诚

市城镇集体工业联合社

主　任：陈　彪

副主任：陈子平

林爱华

市环境卫生管理处

处　长：赵　勇

市卫生计生监督所

所　长：林　强

市文化市场综合行政执法支队

支队长：时　光

政　委：陈彤丹

市道路运输综合服务中心

主　任：陈　坚

市水路运输综合服务中心（市船舶检验所）

主　任（所长）：何国明

市国土资源综合行政执法支队

支队长：韩　鸣

政　委：林　国

市海洋与渔业执法支队

支队长：林步达

政　委：（空缺）

市五一广场管理处

主　任：林　忠

福州住房公积金中心

主　任：兰仰金

副主任：蔡　颖

郑宗沐

总会计师：张　敏

市不动产登记和交易中心

主　任：林京洪

副主任：邓世清

林礼岑

杨荣南

市鼓岭旅游度假区（市鼓山风景名胜区）管委会

主　任：陈劲松（兼）

副主任：马建明

颜学清

董　健（兼）

总工程师：林　诚

市政府水电库区移民中心

主　任：（空缺）

福州市事业单位

市"智慧福州"管理服务中心

主　任：曾伟东

副主任：陈惠平、张毅

福州广播电视台

台　长：陈　航

副台长：陈建斌

宋　敏

郑继业

念　斌

总编辑：陈建斌

总工程师：林钦华

总会计师：黄一峰

福州日报社

社　长：楼卫东

副社长：陈滨峰

谢联灵

总编辑：陈滨峰

日报副总编辑：吴金垵（常务）

庄永强

金麦子

晚报副总编辑：张维璟（常务）

刘　琳

卓良辉

市社会科学院

院　长：杨　震

副院长：林丽娟

陈　昕（挂职）

福州地区大学新校区基建管理中心

主　任：陈传熙

副主任：林　震

福州地区大学新校区后勤服务管理中心

主　任：陈永辉

副主任：何晨东

福州仲裁委员会

主　任：柯有铭（兼）

秘书处秘书长：黄尚斌

秘书处副秘书长：陈　晴

市疾病预防控制中心

主　任：张晓阳

市国有房产管理中心

主　任：刘　锋

副主任：卢　征

林嵩飘

王　捷

总会计师：张燮磊

市土地发展中心

主　任：翁晖辉

副主任：潘建平

周洪兵

市民用建筑统建办公室

主　任：（空缺）

副主任：陈　怡

陈　榕

市城区水系联排联调中心

主　任：张麒蛰

副主任：陈永锋

薛裕彬

市医疗保障基金中心

主　任：陈宗利

市交通运输综合行政执法支队

支队长：涂荣册

政　委：黄澄澄

市市政工程中心

主　任：林　武

市规划勘测设计研究总院

院　长：高学珑

副院长：桂兴刚

市公路事业发展中心

主　任：程闽红

市建筑设计院

院　长：陈丽敏

市农业科学研究所

所　长：陈云增

市蔬菜科学研究所

所　长：陈秀娟

市海洋与渔业技术中心

主　任：杨小强

市城市管理综合行政执法支队

支队长：郑世忠

政　委：程明星

福州市属院校、医院

闽江学院

党委书记：何代钦

院　　长：王宗华

党委副书记：陈　曦

刘元芳

纪委书记：张娇兴

副院长：李新贤

吴建铭

傅高升

福州职业技术学院

党委书记：林子波

党委副书记、院长：李秋斌

党委副书记：沈锦华

纪委书记：庄晓钟

副院长：刘松林

张兰英

刘春兰

闽江师范高等专科学校

党委书记：陈荣生

党委副书记、校长：林　贤

党委副书记、纪委书记：陈　新

副校长：黄耀荣

张　兰（挂职）

林　旻

福州教育研究院

院　长：林明华

福清卫生学校

校　长：刘翔炜

福州市体育运动学校

校　长：黄　辉

福州第一技师学院（保留省机械工业技术学校牌子）

院（校）长：张美青

副院（校）长：母安明

刘伟诚

余　丰
张挺青
林美云

福州第二技师学院
院　长：张礼旺

福州工业学校
党总支书记：石　晶
校　　长：陈　欣

福州市第三中学
党委书记：林晓枫
校　　长：陈　炜

福州市第八中学
党委书记：朱　静
校　　长：连仁昌

福州格致中学
党委书记：周雪英
校　　长：徐　聪

福州市第一医院
党委书记：曹文瑜
院　　长：王　琳

福州市第二医院
党委书记：张　帆
院　　长：林凤飞

福州结核病防治院
党委书记：高　虹
院　　长：陈力舟

福州神经精神病防治院(福州市第四医院)
党委书记：张　忠
院　　长：林　力

福州市皮肤病防治院
党总支书记：江　波
院　　长：（空缺）

福州市传染病医院
党委书记：李建清
院　　长：刘景丰

福州市妇幼保健院
党总支书记：李丹玫
院　　长：夏　泳

福州市中医院
党委书记：廖锦芳
院　　长：杨晓煜

福州市第八医院(福州铁路中心医院)
党委书记：阮能健
院　　长：张郁澜

福州儿童医院
院　　长：郑伯禄

中共各县(市)区委员会、县(市)区人大、人民政府、政协

中共鼓楼区委
书　记：朱训志
副书记：黄建新
王振松
常　委：晁　旭
陈一飞
陈　辉
杨　辉
杨朝晖
郑寅球
陈文成（挂职）
陈晓彬
张朝阳

鼓楼区人大常委会
主　任：胡道坦
副主任：唐庆善
马宇建
姚晓敏
林善章
杨效清

鼓楼区人民政府
区　长：黄建新
副区长：杨　辉
黄绍兴（挂职）
林　诚
郑炳锋
黄瑞忠
高　翔
王得臣（挂职）
林　渊
王茂盛
张玉佩（挂职）

鼓楼区政协
主　席：李瑞琨
副主席：谢裕波
陈宏鸥
钟　薇
王文锐

中共台江区委
书　记：李　凡
副书记：叶仁佑
陈诸凯
常　委：陈　杰（挂职）
吴　勤
吴声龙
王晶晶
吴晓云
陈自勇
张其顺
陈炳雄（挂职）
徐　超
杨　奇

台江区人大常委会
主　任：何长嘉
副主任：郑功敏
卓小明
刘华杰
薛安发

台江区人民政府
区　长：叶仁佑
副区长：徐　超
郭　挺
林立清
林友惠（挂职）
汪映霞
沈　力
朱　腾
何　宝
薛　萍（挂职）
陈　林

台江区政协
主　席：邓万铣
副主席：陈丽霞
黄怀英
唐佑钗
徐　平

中共仓山区委
书　记：蔡战胜
副书记：梁　栋
陈登峰
常　委：周龙敏
李　雄
黄炳新
黄　翔
许延华
魏辅彧
任　巍
李亦仁

仓山区人大常委会
主　任：阮　锋
副主任：陈玉莲
张玉俤
刘玉卿
赵旭宇

仓山区人民政府
区　长：梁　栋
副区长：黄　翔
潘宣彬（挂职）
王香华

林文峰
余垂霄
高晓健
刘治军（挂职）
王　刚（挂职）
林谋东
华智敏
钟治民（挂职）
郑　航

仓山区政协

主　席：陈　峰
副主席：邓　斌
张敬明
吴　滨
郑东平

中共晋安区委

书　记：张定锋
副书记：林　涛
张忠健
常　委：李朝波
林文福
叶晓兰
林隆侑
赵宁辉
陈　恒
张恒山（挂职）
丁振新

晋安区人大常委会

主　任：赵　坚
副主任：王伟国
刘　磊
董明光
陈善英

晋安区人民政府

区　长：林　涛
副区长：李朝波
张　琴
毛向标
郑　南（挂职）
林　欣
陈立新
林　立
康学斌（挂职）
林柳强
林　群
吕立邦（挂职）

晋安区政协

主　席：魏晓辉
副主席：张秉洁
郑喜明
张秋英
蒋　云

中共马尾区委

书　记：赵学峰
副书记：许用贵
张清泉
常　委：伍南腾
江智文
苏　建
林　全
陈　巍
陈　禺
余颖凌

福州经济技术开发区党委

书　记：赵学峰
副书记：许用贵
张清泉
委　员：伍南腾
苏　建
陈　巍
陈　禺

马尾区人大常委会

主　任：郑是平
副主任：唐　寅
吴　强
王　峪
林　翔

马尾区人民政府

区　长：许用贵
副区长：陈　禺
潘德璋
张发春
林群慧
江典顺
杨　荣（挂职）
林建豪
吴晓峰
徐国珍（挂职）

福州经济技术开发区管委会

主　任：许用贵
副主任：陈　禺
张发春
林群慧
江典顺

马尾区政协

主　席：张　林
副主席：林海鹰
邓文飞
吴永润
卢　融

中共长乐区委

书　记：何杰民
副书记：蔡劲松
林建国
常　委：赵　峰
余岸明
郑子毅
许开夏
林　盛
刘　超
卓国鸿
吴永忠

长乐区人大常委会

主　任：林建国
副主任：林春营
林少惠
沈小航
陈国衍

长乐区人民政府

区　长：蔡劲松
副区长：吴永忠
陈航星
林建华
黄雨涛
张惠玲（挂职）
李育民
林增祥
刘冬兰（挂职）
徐　俊（挂职）

长乐区政协

主　席：陈增国
副主席：林勇魁
李瑞芳
林　宇

中共福清市委

书　记：刘卓群
副书记：张　帆
张新怿
常　委：陈存枫
陈恒东
张是全
林　彤
罗明炜
徐　东
林峭立
刘建东

福清市人大常委会

主　任：林　中
副主任：俞大军
朱育平
林鹤志
蔡和斌

福清市人民政府

市　长：张　帆
副市长：陈存枫
潘俏黎
刘必建
李文清
施家雄
张晓玲（挂职）
周　莹（挂职）
王言霖

福清市政协

主　席：翁芳明
副主席：陈　生
吴华云
何德信

中共闽侯县委

书　记：李永祥
副书记：王建生
赵春荣
常　委：郑学锦
曾　玉
林坤泉
陈祥波
王智武
查水金
郭建刚
魏邦仲
樊学双

闽侯县人大常委会

主　任：黄诗杨
副主任：郑铭魁
曾小榕
林　燕
叶　键

闽侯县人民政府

县　长：王建生
副县长：林坤泉
张　旗
叶　玲
余深传
卢占忠
程心东
马晓红（挂职）
余传庆
丁明波（挂职）
林　敦（挂职）

闽侯县政协

主　席：林建善
副主席：林　炳
陈昭锋
张君著
郑钱清

中共连江县委

书　记：周应忠
副书记：郑立敏
黄齐秋
常　委：孙祥光
林毅敏
林贤清
程　靖
冯慧钦
王和平
李承辉
陈　钦

连江县人大常委会

主　任：张金潮
副主任：魏宗仁
凌婷柳
吴贤鹏
邱仁龙

连江县人民政府

县　长：郑立敏
副县长：孙祥光
陈坚斯
俞传华
栾国泰（挂职）
叶居信
刘麟翔
张波志（挂职）
何　鸿
刘江远（挂职）

连江县政协

主　席：林承祥
副主席：董俊光
雷发勇
陈成开
倪锦平
刘碧芳

中共闽清县委

书　记：陈忠霖
副书记：郑子记
林志斌
常　委：江　泳（挂职）
郑　浩
张光增
赵　勇
郑晓春
黄　斌
叶金春
林燕青
汤国勤

闽清县人大常委会

主　任：刘久兴
副主任：黄　坚
林从娇
叶林生
林以銮

闽清县人民政府

县　长：郑子记
副县长：江　泳（挂职）
郑　浩
陈婉霞
张　凯
张文裕
高理銮
王致镜
叶国勋
张　韬（挂职）
林海涛（挂职）

闽清县政协

主　席：毛行青
副主席：陈　峰
黄道立
谢养书
陈秀宜

中共罗源县委

书　记：刘晓强
副书记：孙　利
刘必霖
常　委：兰可明
黄元祥
林家枢
沈海勇
谢　婧
俞章龙
杨大兴
郑育新

罗源县人大常委会

主　任：肖永建
副主任：陈敏鸿
何瑞强
赖时铿

董智先

罗源县人民政府

县　长：孙　利

副县长：兰可明

蒋金狮

林　颖

陈启辉

徐忠琼

康学昆（挂职）

周宇骋

黄　锋

张昆鹏（挂职）

罗源县政协

主　席：董志干

副主席：陈明娟

兰志红

陈　文

于贤杰

中共永泰县委

书　记：陈　斌

副书记：雷连鸣

许以章

常　委：姚　伟

柯永华

王礼灯

吴　钢

郑建双

曹方敏

李卫榕

俞　华

永泰县人大常委会

主　任：王德冠

副主任：张庆宗

黄身瑜

罗智林

陈振灯

永泰县人民政府

县　长：雷连鸣

副县长：俞　华

林　巍

魏秀惠

侯一晞

唐　磊

余　斌

姜应明（挂职）

邱小文（挂职）

丁　虹（挂职）

上官浩龙（挂职）

张　文

张国淼

永泰县政协

主　席：陈家恬

副主席：江惠文

张培奋

史　瑜

王　宁

福州市园区管理机构

福州市软件园管委会

主　任：陈　斌

副主任：陈望青

卢坚辉

福州市台西科技园区管委会（加挂福州海西现代金融中心区管委会牌子）

主　任：（空缺）

福州市金山投资区管委会

主　任：赵朝晖

福州福兴经济开发区管委会

主　任：（空缺）

福州市火车站地区综合管理办公室

主　任：（空缺）

福州市琅岐经济区管委会

主　任：江智文

副主任：邢鼎斌

张如福

袁云福

福州临空经济园区管委会（筹）

主　任：王命发

福建闽江河口湿地国家自然保护区管理处

主　任：郑　航

闽台（福州）蓝色经济产业园管委会（筹）

主　任：张新怿（兼）

副主任：李文清（兼）

吴忠东

高　勇（兼）

福清融侨经济技术开发区管委会

主　任：何玉金

副主任：颜美春

施如星

林　捷

严　凯

福清江镜华侨农场

场　长：高　勇

福清东阁华侨农场

场　长：庄瑞顺

福州市青口投资区管委会

主　任：（空缺）

副主任：程心东

陈　榕

林碧莹

福建连江经济开发区管委会

主　任：林承文

福建雄江黄褚林国家级自然保护区管委会

主　任：许家琪

福州台商投资区管委会

主　任：李小荣

副主任：薛承龙

倪德锦

罗源湾开发区管委会

主　任：范永刚

永泰青云山风景名胜区管委会

主　任：李志专

（林　乐）

（编辑　黄　铭）

表 106　福州市国民经济和社会发展总量和速度指标

项　目	单位	总量指标							
		1990 年	1995 年	2000 年	2005 年	2010 年	2015 年	2018 年	2019 年
人口与就业									
年末户籍总人口	万人	535.30	562.27	589.23	614.84	645.90	678.37	702.66	710.09
# 市区人口	万人	129.24	137.52	148.49	176.11	188.59	199.96	284.59	289.66
社会从业人员	万人	245.83	280.45	293.62	330.00	389.24	511.77	625.38	602.95
# 城镇单位职工人数	万人	75.79	82.40	68.42	80.95	105.48	156.28	174.23	176.19
城镇私营个体从业人员	万人	6.19	9.67	21.30	37.19	65.35	122.83	218.00	193.76
国民经济核算									
地区生产总值	亿元	102.40	464.14	876.39	1426.56	3242.65	5777.42	8516.09	9392.30
第一产业	亿元	29.41	98.52	135.18	165.03	261.60	381.80	494.93	526.47
第二产业	亿元	41.21	167.19	378.89	642.13	1460.35	2556.68	3498.50	3830.99
第三产业	亿元	31.78	198.44	362.32	619.41	1520.70	2838.93	4522.66	5034.84
工业	亿元	34.50	130.01	321.15	543.74	1184.72	1876.89	2412.70	2610.31
建筑业	亿元	6.71	37.18	57.74	101.25	281.96	689.36	1103.42	1241.22
工农业									
农林牧渔业总产值	亿元	42.48	159.46	217.42	290.79	480.01	764.88	876.78	934.92
规模以上工业总产值	亿元	—	—	750.11	1860.18	4544.17	7845.00	—	—
固定资产投资									
固定资产投资	亿元	—	174.75	237.53	603.26	2317.44	4893.91	—	—
# 房地产开发投资	亿元	—	55.00	75.85	222.03	670.69	1381.12	1440.32	1812.77
贸易与价格									
社会消费品零售总额	亿元	45.28	179.58	327.64	600.08	1413.48	2925.53	3830.80	4198.94
居民消费价格指数（以上年为 100）	%	100.1	118.2	101.7	102.6	103.2	101.7	—	—
对外经济									
进出口总额	亿美元	3.23	23.50	51.18	136.89	246.00	333.42	374.22	367.02

续表 106

项　目	单位	总量指标							
		1990 年	1995 年	2000 年	2005 年	2010 年	2015 年	2018 年	2019 年
出口总额	亿美元	2.34	15.67	27.29	86.72	163.14	211.20	252.71	261.40
进口总额	亿美元	0.89	7.82	23.89	50.17	82.86	122.23	121.51	105.62
新批外资项目	项	233	678	295	326	186	339	524	310
合同外资金额	亿美元	2.74	32.27	9.55	11.66	16.73	31.75	40.01	39.40
实际利用外资（历史可比口径）	亿美元	1.02	11.25	8.01	16.00	24.82	—	—	—
（验资口径）	亿美元	—	—	—	6.40	11.85	16.79	7.83	9.41
财政金融									
一般公共预算总收入	亿元	—	37.84	68.79	165.22	402.51	848.04	985.04	1095.36
一般公共预算收入	亿元	10.94	25.82	55.35	127.68	247.82	560.46	680.38	668.08
一般公共预算支出	亿元	8.28	27.45	54.04	118.99	262.42	725.93	924.76	949.76
金融机构存款年末余额	亿元	85.41	397.14	1033.85	2375.75	5909.42	10831.49	13751.86	15293.58
金融机构贷款年末余额	亿元	67.72	236.08	883.05	1772.78	4953.91	10583.71	14843.80	17035.95
人民生活									
城镇非私营单位在岗职工平均工资	元	2128	5827	11199	18314	34806	62478	80567	86100
城镇居民人均可支配收入	元	1537	4896	7944	12661	22723	34982	44457	47920
城镇居民人均消费支出	元	1381	4021	6009	8382	15778	24825	29849	32662
农村居民人均可支配（纯）收入	元	864	2303	3860	5197	8543	15203	19419	21320
农村居民人均消费支出	元	765	1818	2921	3503	6071	13152	16250	17711
教育卫生									
普通高等学校数	所	12	12	13	36	31	32	34	35
普通高等学校在校学生数	人	28188	34162	65737	194073	281680	320965	319943	340330
普通高等学校专任教师数	人	4329	4047	4754	12698	17209	19982	20523	21334
普通中学学校数	所	247	327	364	467	326	322	320	326
普通中学在校学生数	人	213767	285031	378207	417772	327105	300024	321625	349443
普通中学专任教师数	人	13140	16461	20305	25158	24390	24091	24737	25216
卫生机构数	个	1208	1067	1633	1675	1837	2020	2065	2252
# 医院、卫生院	个	198	199	242	240	202	232	243	255
卫生技术人员数	人	23953	24180	23034	25203	34366	49934	56607	60878
# 医生	人	9330	10275	10639	11056	13813	18307	21189	23588
卫生机构床位数	张	16267	17137	19125	19425	24035	33106	37455	38277

续表 106

项　目	单位	平均增长速度(%)					
		1991-2019年	1996-2019年	2001-2019年	2006-2019年	2011-2019年	2016-2019年
人口与就业							
年末户籍总人口	万人	0.98	0.98	0.99	1.03	1.06	1.15
#市区人口	万人	2.82	3.15	3.58	3.62	4.88	9.71
社会从业人员	万人	3.14	3.24	3.86	4.40	4.98	4.18
#城镇单位职工人数	万人	2.95	3.22	5.10	5.71	5.87	3.04
城镇私营个体从业人员	万人	12.61	13.30	12.32	12.51	12.84	12.07
国民经济核算							
地区生产总值	亿元	13.93	12.01	11.24	11.27	9.82	8.40
第一产业	亿元	4.73	3.78	2.62	2.55	2.75	3.57
第二产业	亿元	15.49	13.39	11.89	11.51	10.12	7.25
第三产业	亿元	15.07	12.22	12.32	12.45	10.45	10.04
工业	亿元	15.71	13.51	11.67	11.14	9.78	7.07
建筑业	亿元	13.67	11.89	12.73	13.07	11.34	7.84
工农业							
农林牧渔业总产值	亿元	6.19	4.89	4.08	4.36	4.07	3.60
规模以上工业总产值	亿元	—	—	—	—	—	—
固定资产投资							
固定资产投资	亿元	—	16.68	19.57	19.24	13.23	9.71
#房地产开发投资	亿元	—	15.68	18.18	16.18	11.68	7.04
贸易与价格							
社会消费品零售总额	亿元	16.91	14.03	14.37	14.91	12.86	9.45
居民消费价格指数(以上年为100)	%	—	—	—	—	—	—
对外经济							
进出口总额	亿美元	17.73	12.13	10.92	7.30	4.55	2.43
出口总额	亿美元	17.67	12.44	12.63	8.20	5.38	5.48
进口总额	亿美元	17.90	11.45	8.14	5.46	2.73	-3.59
新批外资项目	项	0.99	-3.21	0.26	-0.36	5.84	-2.21
合同外资金额	亿美元	9.63	0.83	7.74	9.09	9.98	5.54
实际利用外资(历史可比口径)	亿美元	—	—	—	—	—	—
(验资口径)	亿美元	—	—	—	2.79	-2.53	-13.47
财政金融							
一般公共预算总收入	亿元	—	15.05	15.68	14.47	11.77	6.61
一般公共预算收入	亿元	15.23	14.52	14.01	12.55	11.65	4.49
一般公共预算支出	亿元	17.77	15.91	16.28	15.99	15.36	6.95
金融机构存款年末余额	亿元	19.59	16.43	15.23	14.23	11.14	9.01
金融机构贷款年末余额	亿元	21.00	19.52	16.86	17.54	14.71	12.64

续表 106

项　目	单位	平均增长速度（%）					
		1991–2019 年	1996–2019 年	2001–2019 年	2006–2019 年	2011–2019 年	2016–2019 年
人民生活							
城镇非私营单位在岗职工平均工资	元	13.61	11.87	11.33	11.69	10.59	8.35
城镇居民人均可支配收入	元	12.59	9.97	9.92	9.97	8.64	8.19
城镇居民人均消费支出	元	11.53	9.12	9.32	10.20	8.42	7.10
农村居民人均可支配（纯）收入	元	11.69	9.72	9.41	10.61	10.70	8.82
农村居民人均消费支出	元	11.44	9.95	9.95	12.27	12.63	7.72
教育卫生							
普通高等学校数	所	3.76	4.56	5.35	−0.20	1.36	2.27
普通高等学校在校学生数	人	8.97	10.05	9.04	4.09	2.12	1.48
普通高等学校专任教师数	人	5.65	7.17	8.22	3.78	2.42	1.65
普通中学学校数	所	0.96	−0.01	−0.58	−2.53	0.00	0.31
普通中学在校学生数	人	1.71	0.85	−0.42	−1.27	0.74	3.89
普通中学专任教师数	人	2.27	1.79	1.15	0.02	0.37	1.15
卫生机构数	个	2.17	3.16	1.71	2.14	2.29	2.76
# 医院、卫生院	个	0.88	1.04	0.28	0.43	2.62	2.39
卫生技术人员数	人	3.27	3.92	5.25	6.50	6.56	5.08
# 医生	人	3.25	3.52	4.28	5.56	6.13	6.54
卫生机构床位数	张	2.99	3.41	3.72	4.96	5.31	3.69

说明：1.2017 年起固定资产为不含农户数据，下同；

2.2016 年、2017 年农林牧渔业产值等数据，以第三次全国农业普查数据为基础进行核定和修订，下同

表 107

2019 年福建省及 9 个设区市主要经济指标

指　　标	单位	全　省		福州市	
		绝对数	比上年增长 (%)	绝对数	比上年增长 (%)
年末常住总人口	万人	3973.0	—	780.0	—
城镇化率	%	66.5	—	70.50	—
地区生产总值	亿元	42395.00	7.6	9392.30	7.9
第一产业	亿元	2596.23	3.5	526.47	3.8
第二产业	亿元	20581.74	8.3	3830.99	7.8
第三产业	亿元	19217.03	7.3	5034.84	8.3
农林牧渔业总产值	亿元	4636.56	3.6	934.92	3.8
固定资产投资	亿元	—	5.9	—	9.0
一般公共预算总收入	亿元	5147.04	2.0	1095.36	−2.0
一般公共预算收入	亿元	3052.72	1.5	668.08	−1.8
社会消费品零售总额	亿元	18896.83	10.0	4198.94	9.6
实际利用外资（验资口径）	亿元	315.41	3.3	65.30	17.9
出口总额	亿元	8277.9	8.7	1802.0	9.0
城镇居民人均可支配收入	元	45620	8.3	47920	7.8
农村居民人均可支配收入	元	19568	9.8	21320	9.8
城镇非私营单位在岗职工平均工资	元	84374	13.5	88952	10.4

续表 107

指标	单位	厦门市		莆田市	
		绝对数	比上年增长(%)	绝对数	比上年增长(%)
年末常住总人口	万人	429.0	—	291.0	—
城镇化率	%	89.2	—	61.7	—
地区生产总值	亿元	5995.04	7.9	2595.387	6.6
第一产业	亿元	26.49	0.7	123.6542	2.8
第二产业	亿元	2493.99	9.7	1377.9765	7.3
第三产业	亿元	3474.56	6.6	1093.7563	6.2
农林牧渔业总产值	亿元	57.40	2.8	231.85	3.0
固定资产投资	亿元	—	8.7	—	6.0
一般公共预算总收入	亿元	1328.47	1.7	226.39	0.2
一般公共预算收入	亿元	768.32	1.8	143.12	1.5
社会消费品零售总额	亿元	2257.92	12.2	1625.57	9.0
实际利用外资(验资口径)	亿元	134.16	25.0	9.00	65.3
出口总额	亿元	3528.7	5.7	230.4	2.7
城镇居民人均可支配收入	元	59018	8.5	40065	7.8
农村居民人均可支配收入	元	24802	10.7	19687	9.4
城镇非私营单位在岗职工平均工资	元	97779	16.6	70204	8.5

续表 107

指标	单位	三明市		泉州市	
		绝对数	比上年增长(%)	绝对数	比上年增长(%)
年末常住总人口	万人	259.0	—	874.0	—
城镇化率	%	60.9	—	67.2	—
地区生产总值	亿元	2601.6	8.0	9946.7	8.0
第一产业	亿元	303.1	3.8	218.6	2.4
第二产业	亿元	1402.9	9.0	5855.3	8.3
第三产业	亿元	895.5	8.0	3872.8	7.8
农林牧渔业总产值	亿元	513.04	3.9	394.75	2.4
固定资产投资	亿元	—	9.3	—	6.1
一般公共预算总收入	亿元	168.41	1.6	838.97	−2.6
一般公共预算收入	亿元	107.76	0.1	457.75	−3.5
社会消费品零售总额	亿元	784.08	10.2	5351.87	10.2
实际利用外资(验资口径)	亿元	1.32	−49.7	44.13	5.3
出口总额	亿元	176.6	7.5	1453.5	21.9
城镇居民人均可支配收入	元	37942	8.8	49592	7.5
农村居民人均可支配收入	元	18312	10.3	22142	9.2
城镇非私营单位在岗职工平均工资	元	86559	15.5	72321	11.1

续表 107

指　　标	单位	漳州市		南平市	
		绝对数	比上年增长 (%)	绝对数	比上年增长 (%)
年末常住总人口	万人	516.0	—	269.0	—
城镇化率	%	60.0	—	57.5	—
地区生产总值	亿元	4741.8	6.5	1991.6	6.0
第一产业	亿元	480.9	3.9	315.4	3.4
第二产业	亿元	2315.3	7.6	831.3	5.8
第三产业	亿元	1945.7	5.5	844.8	7.1
农林牧渔业总产值	亿元	882.20	4.0	558.90	3.5
固定资产投资	亿元	—	0.1	—	0.1
一般公共预算总收入	亿元	356.20	1.2	149.10	1.0
一般公共预算收入	亿元	219.41	0.3	96.23	1.8
社会消费品零售总额	亿元	1786.35	9.8	730.62	10.7
实际利用外资（验资口径）	亿元	38.10	-24.8	5.50	-47.1
出口总额	亿元	469.6	-12.0	114.0	6.6
城镇居民人均可支配收入	元	38975	8.3	35148	8.2
农村居民人均可支配收入	元	19885	9.3	17385	9.6
城镇非私营单位在岗职工平均工资	元	83421	19.1	76230	13.4

续表 107

指　　标	单位	龙岩市		宁德市	
		绝对数	比上年增长 (%)	绝对数	比上年增长 (%)
年末常住总人口	万人	264.0	—	291.0	—
城镇化率	%	58.0	—	57.6	—
地区生产总值	亿元	2679.0	7.1	2451.7	9.2
第一产业	亿元	288.2	3.4	313.3	3.8
第二产业	亿元	1218.0	8.2	1256.0	12.2
第三产业	亿元	1172.7	6.7	882.4	7.1
农林牧渔业总产值	亿元	503.34	3.5	560.16	3.9
固定资产投资	亿元	—	6.4	—	6.8
一般公共预算总收入	亿元	324.90	9.5	221.58	10.4
一般公共预算收入	亿元	155.62	2.9	126.80	5.3
社会消费品零售总额	亿元	1312.96	7.7	848.53	10.4
实际利用外资（验资口径）	亿元	3.28	10.2	1.41	17.2
出口总额	亿元	179.9	7.2	284.2	31.2
城镇居民人均可支配收入	元	38815	8.5	35887	9.0
农村居民人均可支配收入	元	18859	9.9	17804	10.3
城镇非私营单位在岗职工平均工资	元	78850	18.6	82982	17.9

表 108

2019 年全国 26 个省会城市主要经济指标

城市	地区生产总值		第一产业增加值		第二产业增加值		第三产业增加值		社会消费品零售总额	
	绝对数（亿元）	比上年增长 (%)	绝对数（亿元）	比上年增长 (%)	绝对数（亿元）	比上年增长 (%)	绝对数（亿元）	比上年增长 (%)	绝对数（亿元）	比上年增长 (%)
福州	9392.30	7.90	526.47	3.80	3830.99	7.80	5034.84	8.30	4198.94	9.60
广州	23628.60	6.80	251.37	3.90	6454.00	5.50	16923.23	7.50		7.80
成都	17012.65	7.80	612.18	2.50	5244.62	7.00	11155.86	8.60	7478.40	9.90
南京	14030.15	7.80	289.82	0.70	5040.86	6.70	8699.47	8.60	6135.74	5.20
哈尔滨	5249.40	4.40	569.50	2.60	1127.30	3.10	3552.60	5.20		5.60
沈阳	6470.30	4.20	284.00	3.80	2178.60	2.40	4007.60	5.20	4479.60	10.60
长春	5904.10	3.00	348.10	2.10	2495.40	5.30	3060.60	1.00		3.90
济南	9443.40	7.00	343.10	1.30	3265.20	7.80	5835.10	7.00	5162.20	8.10
武汉	16223.21	7.40	378.99	3.00	5988.88	6.50	9855.34	8.20	7449.64	8.90
西安	9321.19	7.00	279.13	4.30	3167.44	7.60	5874.62	6.80		6.00
杭州	15373.00	6.80	326.00	1.90	4875.00	5.00	10172.00	8.00	6215.00	8.80
石家庄	5809.90	6.70	449.50	1.60	1831.70	2.10	3528.70	9.80	3545.40	8.30
太原	4028.51	6.60	42.48	2.10	1518.64	5.90	2467.39	7.10	1952.81	7.80
合肥	9409.40	7.60	291.90	1.70	3415.30	7.70	5702.20	7.80	3234.51	8.70
南昌	5596.18	8.00	212.89	2.90	2653.82	8.00	2729.47	8.40	2369.33	11.20
郑州	11589.70	6.50	140.90	−4.90	4617.00	6.20	6831.80	7.10	4671.52	9.50
长沙	11574.22	8.10	359.69	3.20	4439.32	8.00	6775.21	8.40	5247.03	10.10
南宁	4506.56	5.00	507.27	5.30	1044.97	4.40	2954.32	5.20	2307.41	4.20
贵阳	4039.60	7.40	161.34	5.60	1496.67	8.20	2381.59	7.00	1380.41	6.20
昆明	6475.88	6.50	270.29	5.50	2078.75	4.60	4126.84	7.70	3056.57	9.70
兰州	2837.36	6.00	51.68	5.50	945.38	1.90	1840.30	8.40	1454.94	7.60
西宁	1327.82	7.00	51.33	4.40	398.78	7.70	877.71	6.40	592.59	5.00
银川	1896.79	6.30	64.71	2.00	828.82	6.40	1003.26	6.50		6.20
海口	1671.93	7.50	71.18	−1.40	276.00	3.60	1324.75	8.80	785.58	4.70
乌鲁木齐	3413.26	6.50	27.69	2.10	906.14	1.10	2479.43	8.40	1389.19	2.60
呼和浩特	2791.46	5.50	114.21	1.20	823.84	2.20	1853.41	7.30	1646.53	2.70

续表 108

城市	固定资产投资额	出口总额	实际利用外资	一般公共预算收入		城镇居民人均可支配收入		农村居民人均可支配收入	
	比上年增长 (%)	绝对数（亿元）	绝对数(亿美元)	绝对数（亿元）	比上年增长 (%)	绝对数（元）	比上年增长 (%)	绝对数（元）	比上年增长 (%)
福州	9.00	1802.00	9.41	668.08	−1.8	47920	7.8	21320	9.8
广州	16.50	5257.98	71.43	1697.21	4.0	65052	8.5	28868	10.9
成都	10.00	3309.80	80.40	1483.00	7.9	45878	8.9	24357	10.0
南京	8.00	3006.85	41.01	1580.03	7.5	64372	8.5	27636	9.4
哈尔滨	7.30	119.80	3.30	370.90	−3.5	40007	5.8	18238	7.7

续表 108

城市	固定资产投资额	出口总额	实际利用外资	一般公共预算收入		城镇居民人均可支配收入		农村居民人均可支配收入	
	比上年增长(%)	绝对数(亿元)	绝对数(亿美元)	绝对数(亿元)	比上年增长(%)	绝对数(元)	比上年增长(%)	绝对数(元)	比上年增长(%)
沈阳	13.20	315.90	16.50	730.30	1.3	46786	6.2	18124	9.6
长春	−19.00	148.60	3.30	420.00	−12.1	37844	7.0	15455	8.6
济南	12.60	622.50	22.40	874.20	7.2	51913	7.3	19454	9.1
武汉	9.80	1362.30	—	1564.12	2.3	51706	9.2	24776	9.4
西安	1.10	1730.21	—	702.55	2.6	41850	8.1	14588	9.8
杭州	11.60	3613.00	61.30	1966.00	7.7	66068	8.0	36255	9.2
石家庄	6.20	655.10	—	569.10	9.5	38550	8.4	15853	9.2
太原	10.20	651.72	0.97	386.62	3.6	36362	8.0	18377	9.0
合肥	9.00	1392.45	33.92	745.99	4.7	45404	9.5	22462	10.2
南昌	10.20	645.78	37.72	476.08	3.1	44136	8.1	19498	9.1
郑州	2.80	2678.25	44.05	1222.53	6.1	42087	7.8	23536	8.7
长沙	10.10	1396.43	63.74	950.23	8.0	55211	8.7	32329	8.8
南宁	9.90	363.91	—	370.93	3.3	37675	6.8	15047	10.2
贵阳	1.50	—	17.80	417.26	1.4	38240	8.9	17275	10.4
昆明	2.80	—	—	630.03	5.8	46289	7.7	16356	9.8
兰州	−4.70	—	—	233.23	−0.1	38095	8.8	13605	10.0
西宁	2.60	—	—	101.79	9.5	34846	7.4	12577	9.4
银川	−6.20	104.40	—	154.70	−10.7	38217	7.4	15282	7.9
海口	−15.40	86.33	6.72	185.34	9.1	38977	7.9	16116	8.3
乌鲁木齐	2.00	334.36	—	472.46	3.1	42667	6.4	21448	9.3
呼和浩特	5.20	63.50	—	203.12	−0.8	49397	6.1	18974	10.4

表 109

2019 年福州市与 15 个副省级城市主要经济指标

城市	地区生产总值		固定资产投资额	社会消费品零售总额		出口总额	实际利用外资	一般公共预算收入		城镇居民人均可支配收入		农村居民人均可支配收入	
	绝对数(亿元)	比上年增长(%)	比上年增长(%)	绝对数(亿元)	比上年增长(%)	绝对数(亿元)	绝对数(亿美元)	绝对数(亿元)	比上年增长(%)	绝对数(元)	比上年增长(%)	绝对数(元)	比上年增长(%)
福州	9392.30	7.90	9.0	4198.94	9.6	1802.00	9.41	668.08	−1.8	47920	7.8	21320	9.8
广州	23628.60	6.80	16.5	—	7.8	5257.98	71.43	1697.21	4.0	65052	8.5	28868	10.9
成都	17012.65	7.80	10.0	7478.40	9.9	3309.80	80.4	1483.00	7.9	45878	8.9	24357	10
南京	14030.15	7.80	8.0	6135.74	5.2	3006.85	41.01	1580.03	7.5	64372	8.5	27636	9.4
哈尔滨	5249.40	4.40	7.3	—	5.6	119.80	3.3	370.90	−3.5	40007	5.8	18238	7.7
沈阳	6470.30	4.20	13.2	4479.60	10.6	315.90	16.5	730.30	1.3	46786	6.2	18124	9.6
长春	5904.10	3.00	−19.0	—	3.9	148.60	3.3	420.00	−12.1	37844	7	15455	8.6

续表 109

城市	地区生产总值		固定资产投资额	社会消费品零售总额		出口总额	实际利用外资	一般公共预算收入		城镇居民人均可支配收入		农村居民人均可支配收入	
	绝对数（亿元）	比上年增长(%)	比上年增长(%)	绝对数（亿元）	比上年增长(%)	绝对数（亿元）	绝对数（亿美元）	绝对数（亿元）	比上年增长(%)	绝对数（元）	比上年增长(%)	绝对数（元）	比上年增长(%)
济南	9443.40	7.00	12.6	5162.20	8.1	622.50	22.4	874.20	7.2	51913	7.3	19454	9.1
武汉	16223.21	7.40	9.8	7449.64	8.9	1362.30	—	1564.12	2.3	51706	9.2	24776	9.4
西安	9321.19	7.00	1.1	—	6.0	1730.21	—	702.55	2.6	41850	8.1	14588	9.8
杭州	15373.00	6.80	11.6	6215.00	8.8	3613.00	61.3	1966.00	7.7	66068	8	36255	9.2
大连	7001.70	6.50	−19.8	—	1.8	1914.80	8.7	692.80	−1.6	46468	6.7	19974	10.3
青岛	11741.31	6.50	21.6	5234.20	8.1	3411.90	58.4	1241.70	0.8	54484	7.2	22573	8.4
宁波	11985.10	6.80	8.1	4473.70	7.7	5969.60	23.6	1468.50	6.4	64886	7.9	36632	8.9
深圳	26927.09	6.70	18.8	6582.85	6.7	16708.95	78.09	3773.21	6.5	62522	8.7	—	—
厦门	5995.04	7.90	9.0	2257.92	12.2	3528.71	—	768.32	1.8	59018	8.5	24802	10.7

（陈孜）

（编辑 黄铭）

索引

说　明

一、本索引采用主题词分析法，按主题词首字汉语拼音字母顺序排列。同音字按声调升序排列。音调相同的字，按笔画升序排列；如笔画相同，按起笔形横（一）、竖（丨）、撇（丿）、点（丶）、折（乛）的次序排列。

二、类目、分目标题用黑体字。“特载”“专题”“大事记”“人物名录”“附录”“统计资料”内容不作索引。

三、索引主题词后的数字表示页码，数字后的 a、b、c 表示栏别左、中、右。

四、空两格起排的词条为上一主题的“附见”。

A

B

C

D

E

F

G

H

J

P

Q

R

T

Y

Z

《福州年鉴（2020）》优秀撰稿人

（按类目顺序排序）

撰稿单位	撰稿人
市民族与宗教事务局	吴静欣
市委组织部	张　宇
市直机关工委	林　萍
市人大常委会	连蔡煜
市政府办公厅	吴晓萍
市大数据发展管理委员会	叶伟奇
民盟福州市委会	王　翀
市司法局	陈　玢
市水利局	陈　嘉
市自然资源和规划局	林诚锦
市审计局	林城冰
市市场监督管理局	邹惠珍
市财政局	郑思吟
市海洋与渔业局	林　莹
市城市管理委员会	叶　璐
市交通运输局	赖晓琴
市气象局	王晓佳
市体育局	卢余清
市卫生健康委员会	张先玲
长乐区党史地方志研究室	胡方磊